中国社会科学年鉴

中国宗教研究年鑑 2015

YEARBOOK OF RELIGIOUS STUDIES IN CHINA

曹中建 主编
郑筱筠 执行主编

中国社会科学出版社

图书在版编目（CIP）数据

中国宗教研究年鉴.2015／曹中建主编.—北京：中国社会科学出版社，2017.4

ISBN 978-7-5203-0414-6

Ⅰ.①中… Ⅱ.①曹… Ⅲ.①宗教—研究—中国—2015—年鉴 Ⅳ.①B928.2-54

中国版本图书馆CIP数据核字(2017)第100958号

出 版 人　赵剑英
责任编辑　姜阿平
责任校对　胡新芳
责任印制　张雪娇

出　　版　中国社会科学出版社
社　　址　北京鼓楼西大街甲158号
邮　　编　100720
网　　址　http://www.csspw.cn
发 行 部　010-84083685
门 市 部　010-84029450
经　　销　新华书店及其他书店

印刷装订　三河市东方印刷有限公司
版　　次　2017年4月第1版
印　　次　2017年4月第1次印刷

开　　本　787×1092　1/16
印　　张　40
插　　页　2
字　　数　1024千字
定　　价　248.00元

凡购买中国社会科学出版社图书，如有质量问题请与本社营销中心联系调换
电话：010-84083683

目　录

第一篇　政策法规

第二篇　研究综述

第三篇　年度论文

第四篇　年度推荐论文

第五篇　年度著作

第六篇 年度人物

第七篇 年度新闻

第八篇 年度会议

第九篇 年度研究数据

第十篇 论文索引

第十一篇　年度信息

第十二篇　附　　录

CONTENTS

I Policies and Regulations

II Research Overview

III Annual Papers

IV Annual Recommended Papers

V Annual Books

VI Annual People

VII Annual News

VIII Annual Meetings

IX Annual Data for Studies

X Paper Index

XI Annual Information

XII Appendix

第一篇

政策法规

关于开展整治违法违规设立功德箱等借教敛财问题专项工作的通知

国宗发〔2015〕32号

一段时期以来，一些地方出现非宗教活动场所和非宗教团体违法违规设立功德箱、雇佣假僧假道、非法从事宗教活动骗取钱财等以教牟利现象，屡禁不止、愈演愈烈。此类问题严重违反党的宗教政策和国家法律法规，扰乱正常宗教活动秩序，损害佛教道教界的形象和声誉，伤害信教群众的感情和游客的权益，造成恶劣的社会影响。

《宗教事务条例》明确规定：非宗教团体、非宗教活动场所不得接受宗教性的捐献。2012年国家宗教事务局等十部门联合下发的《关于处理涉及佛教寺庙、道教宫观管理问题的意见》（国宗发〔2012〕41号，以下简称“十部门文件”）明确指出：除经政府宗教事务部门依法登记的宗教活动场所外，其他场所一律不得组织、举行宗教活动，不得接受宗教性捐献。对非宗教活动场所设立功德箱、接受宗教性捐献、开展宗教活动等借教敛财行为，政府宗教事务部门要会同公安、住房城乡建设、文化、工商、旅游、文物等部门，按照有关法律、法规规定，坚决予以查处，并视情予以通报；构成犯罪的，移交司法机关依法处理。假冒宗教教职人员进行宗教活动的，由政府宗教事务部门责令停止活动，有违法所得的，没收违法所得；有违反治安管理行为的，由公安部门依法给予治安管理处罚；构成犯罪的依法追究刑事责任。

为进一步制止和纠正违法违规设立功德箱等借教敛财问题，现提出如下要求：

1. 根据《宗教事务条例》和十部门文件，功德箱只能设立在宗教活动场所，用于接受宗教性捐献，非宗教活动场所、非宗教团体不得以功德箱或其他形式收取宗教性捐献。各地宗教、公安、住房城乡建设、旅游、文物等部门要统一认识，明确政策界限，切实落实《宗教事务条例》和十部门文件的要求，对宗教活动场所、文物保护单位、风景名胜区及旅游景区内违法违规设立功德箱、假冒宗教教职人员等借教敛财问题，进行一次全面认真的排查整治。

2. 各地宗教、公安、住房城乡建设、旅游、文物等部门要运用法律、行政和舆论等手段开展综合治理，依法取缔非宗教活动场所和非宗教团体违法违规设立的功德箱，严厉查处假冒宗教教职人员非法从事宗教活动，骗取钱财等案件。要对违法主体进行教育工作，并视情予以通报；有违法所得的，没收违法所得；情节严重的，处违法所得1倍以上3倍以下的罚款；涉嫌犯罪的，移交司法机关处理；对情节严重、屡禁屡犯的典型案件要严肃处理，支持曝光揭丑，并追究相关组织和责任人责任。

3. 政府宗教事务部门要开展政策法规宣传普及工作；推动实行功德箱信息公告制度，采用必要方式方便信众游客识别；推动设立监督举报电话，接受宗教界、信众游客和社会舆论的监督，推动监督检查工作的常态化。

4. 政府宗教事务部门要指导宗教活动场所严格按照《宗教活动场所财务监督管理办法（试行）》，加强对功德箱的监督和管理。要将宗教活动场所内功德箱的监督管理作为本地宗教活动场所财务监督管理验收标准的重要内容；要指导宗教团体、宗教活动场所制定功德箱的管理办法，进一步明确功德箱的设立条件、具体位置、数量、日常管理和善款的收取、使用、监督等问题，确保宗教性捐献用于与宗教宗旨相符的活动以及社会公益慈善事业，切实防范资产流失；要指导宗教活动场所加强对法物流通的规范管理；加强对宗教活动场所供奉灵位、牌位等活动的监管力度。

5. 对于支持、参与乱设功德箱等借教敛财活动的党政干部，可向纪检监察机关反映，由纪检监察部门按党纪政纪严肃处理，构成犯罪的依法追究刑事责任。

国家宗教事务局　中央统战部
公安部　住房城乡建设部
国家旅游局　国家文物局
2015 年 4 月 1 日

国家宗教事务局、公安部关于进一步明确申请宗教活动场所登记应提交有关消防证明的通知

各省、自治区、直辖市政府宗教局、民宗委（厅、局）、公安厅（局），新疆生产建设兵团民宗局、公安局：

为了加强宗教活动场所消防监督管理，规范宗教活动场所登记，根据《宗教事务条例》、《宗教活动场所设立审批和登记办法》和《建设工程消防监督管理规定》的有关规定，现就申请宗教活动场所登记应提交的有关消防证明规定如下。

1. 宗教活动场所在建设工程竣工后，应当按照《建设工程消防监督管理规定》的规定办理消防验收或进行消防备案。宗教活动场所包括寺院、宫观、清真寺、教堂和其他固定宗教活动处所。

2. 宗教活动场所房屋建筑总面积大于二千五百平方米的，申请登记时应当提交公安机关消防机构出具的场所房屋消防验收合格证明材料。其他宗教活动场所房屋建筑，申请登记时，应当提交公安机关消防机构出具的场所房屋消防备案证明材料。

国家宗教事务局　中华人民共和国公安部

2015 年 4 月 23 日

藏传佛教学衔授予办法(试行)

《藏传佛教学衔授予办法（试行)》已于2015年4月16日经国家宗教事务局2015年第4次局务会议通过，现予公布，自2015年6月1日起施行。

局长　王作安

2015年4月28日

藏传佛教学衔授予办法(试行)

第一章　总　则

第一条　为了规范藏传佛教学衔授予工作，促进藏传佛教人才培养，根据《宗教院校学位授予办法（试行)》以及国家有关法律法规，结合藏传佛教实际，制定本办法。

第二条　本办法所称藏传佛教院校，是指依据《宗教事务条例》、《宗教院校设立办法》设立，由中国佛教协会或省、自治区佛教团体举办，培养藏传佛教教职人员和专门人才的全日制高等院校。

第三条　本办法所称藏传佛教学衔，是指藏传佛教院校学生在校学习期满，成绩合格，或寺庙学经班学员达到同等学力，经藏传佛教院校学衔评定委员会对其政治思想表现、宗教操守、课程考试和辩经考试、论文答辩等情况进行全面审查合格后，获取的学衔。

第四条　中国佛教协会成立藏传佛教学衔工作指导委员会，负责指导藏传佛教学衔授予的相关工作。藏传佛教学衔工作指导委员会成员由中国佛教协会选聘，报国家宗教事务局备案后，由中国佛教协会颁发聘书。

藏传佛教学衔工作指导委员会日常工作由中国藏语系高级佛学院负责。

第五条　国家宗教事务局和省、自治区人民政府宗教事务部门对藏传佛教学衔授予工作进行监督指导。

第二章　学衔等级及评定机构设置

第六条　藏传佛教学衔分初、中、高三级，分别为禅然巴、智然巴、拓然巴。

第七条　禅然巴、智然巴学衔由省、自治区佛教团体举办的藏传佛教院校授予。拓然巴学衔由中国藏语系高级佛学院授予。中国藏语系高级佛学院可以根据需要开办中级学衔班，授予智然巴学衔。

第八条　藏传佛教院校设立学衔评定委员会，负责学衔评定授予工作。

第九条　藏传佛教院校学衔评定委员会成员，经举办该院校的省、自治区佛教团体审定，分别报省、自治区人民政府宗教事务部门和藏传佛教学衔工作指导委员会备案。

中国藏语系高级佛学院学衔评定委员会成员，经中国佛教协会审定后，报国家宗教事务局备案。

藏传佛教院校学衔评定委员会成员，由该藏传佛教院校院长签发聘书。

第十条　藏传佛教院校学衔评定委员会可以根据需要设立学衔申请人资格审查委员会、辩经考评委员会和论文答辩委员会，履行下列职责：

（一）审查学衔申请人的有关情况，包括政治思想表现、宗教操守、学力证明、课程考试和辩经考试、论文答辩材料等；

（二）组织学衔申请人的辩经考试；

（三）组织学衔申请人的论文评审和答辩工作。

第三章　申请学衔条件

第十一条　学衔申请人应当维护国家统一，反对民族分裂，爱国爱教，遵纪守法；严守戒律，正信正行；具有相应的佛学理论知识和讲经说法能力，完成教学计划或相应课程的学习和修持，成绩合格，符合相应学衔的申请条件。

第十二条　申请禅然巴学衔，应当符合以下条件：

（一）较好地掌握因明学《释量论》、般若学《现观庄严论》、中观学《入中论》和《俱舍论》；

（二）初步具备从事佛教研究工作的能力；

（三）具备从事佛教教务活动的基本能力。

第十三条　申请智然巴学衔，应当符合以下条件：

（一）系统掌握因明学《释量论》、般若学《现观庄严论》、中观学《入中论》和《俱舍论》、戒律学《戒律本论》，并在相应研究领域有较深的造诣；

（二）具备从事佛教研究工作的能力；

（三）具备从事佛教教务活动的能力；

（四）能够运用国家通用语言文字进行简单交流和阅读。

第十四条　申请拓然巴学衔，应当符合以下条件：

（一）系统深入掌握因明学《释量论》、般若学《现观庄严论》、中观学《入中论》和《俱舍论》、戒律学《戒律本论》，并在相应研究领域有突出成果；

（二）具备独立从事佛教研究工作的能力；

（三）具备较强的从事佛教教务活动的能力；

（四）能够较熟练地运用国家通用语言文字进行交流和阅读。

第十五条　有下列情形之一的，不具备申请学衔的资格：

（一）道德品质和持戒守法方面犯有严重错误的；

（二）课程考试中作弊，情节严重的；

（三）论文剽窃他人学术成果，情节严重的；

（四）在校期间受过留校察看以上纪律处分的。

第四章　学衔申请与授予

第十六条　学衔申请人申请学衔应当向藏传佛教院校提交本人填写的《藏传佛教学

衔申请表》。

第十七条 符合本办法第十二条规定的藏传佛教院校毕业生和寺庙学经班达到同等学力的学员，可以分别向所就读的藏传佛教院校、寺庙所在地的省、自治区藏传佛教院校申请禅然巴学衔。

符合本办法第十三条规定的藏传佛教院校毕业生和寺庙学经班达到同等学力的学员，可以分别向所就读的藏传佛教院校、寺庙所在地的省、自治区藏传佛教院校申请智然巴学衔。

符合本办法第十四条规定的藏传佛教院校毕业生和寺庙学经班达到同等学力的学员，可以向中国藏语系高级佛学院申请拓然巴学衔。

第十八条 藏传佛教院校学衔评定委员会应当对学衔申请人的政治思想表现、宗教操守、课程考试和辩经考试、论文答辩等情况进行全面评审，并召开学衔评定会议讨论通过学衔授予决定。会议有五分之四以上的成员参加方为有效。

学衔评定会议采取无记名投票方式进行表决，出席会议三分之二以上成员同意方可通过学衔授予决定。形成决定的，应当当场制作会议纪要，并由参加会议的成员审阅、签名。表决不得采取通讯方式。

第十九条 经藏传佛教院校学衔评定委员会评审不合格的，一年之后可以再次提出学衔申请。学衔申请人对藏传佛教院校学衔评定委员会的评审结果有异议的，可以请求受理其学衔申请的藏传佛教院校予以复审。

第二十条 省、自治区藏传佛教院校学衔授予情况，由举办该院校的省、自治区佛教团体分别报省、自治区人民政府宗教事务部门和藏传佛教学衔工作指导委员会备案。

中国藏语系高级佛学院学衔授予情况，报藏传佛教学衔工作指导委员会备案。

藏传佛教院校授予学衔人员名单，由中国佛教协会报国家宗教事务局备案。

第二十一条 经国家宗教事务局备案后，中国佛教协会将被授予藏传佛教学衔人员名单在中国藏语系高级佛学院网站公布。

第五章 罚 则

第二十二条 对已被授予藏传佛教学衔的人员，发现有违反本办法第三章有关规定情形的，由授予其学衔的藏传佛教院校学衔评定委员会撤销其学衔。

第二十三条 藏传佛教院校学衔评定委员会成员有下列行为之一的，由藏传佛教学衔工作指导委员会根据情节轻重，责令改正、暂停或取消其藏传佛教院校学衔评定委员会成员资格：

（一）泄露评定意见及投票情况的；

（二）公布评定结果前，泄露评定结果的；

（三）为学衔申请人拉票，试图影响评定结果的；

（四）收受学衔申请人贿赂的。

藏传佛教院校学衔评定委员会成员有前款第（三）项或第（四）项行为的，由藏传佛教学衔工作指导委员会宣布违规授予的学衔无效。

第二十四条 藏传佛教院校学衔评定委员会有违反学衔授予程序和规定行为的，由藏传佛教学衔工作指导委员会宣布违规授予的学衔无效，并根据情节轻重，责令整改、暂停学衔授予工作或重组藏传佛教院校学衔评定委员会。

第六章　附　则

第二十五条　《藏传佛教学衔申请表》、《藏传佛教学衔证书》由藏传佛教学衔工作指导委员会统一印制。

第二十六条　《藏传佛教学衔证书》由藏传佛教院校院长签发。

第二十七条　在藏传佛教院校学习的境外留学生和从事研究工作的境外学者，其学衔授予按照本办法的规定办理。

第二十八条　中国佛教协会和省、自治区佛教团体可以根据实际情况制定实施细则。

第二十九条　本办法自 2015 年 6 月 1 日起施行。

中国道教协会章程

第一章　总　则

第一条　本会定名为中国道教协会，简称中国道协，英文译名：TAOIST ASSOCIATION OF CHINA，英文缩写：TAC。

第二条　本会是全国道教徒联合的爱国宗教团体和教务组织。

第三条　本会宗旨：团结、带领全国道教徒爱国爱教，拥护中国共产党的领导和社会主义制度，遵守国家宪法和法律法规，培育和践行社会主义核心价值观，积极与社会主义社会相适应；兴办道教事业，弘扬道教教义，维护道教界合法权益；发扬道教优良传统，传扬道教文化，为促进经济社会发展，为维护宗教和睦、民族团结、社会和谐、祖国统一、世界和平做贡献，为实现中华民族伟大复兴的中国梦发挥积极作用。

第四条　本会接受业务主管部门国家宗教事务局和社团登记管理机关民政部的业务指导和监督管理。

第五条　本会会址设于北京。

第二章　业务范围

第六条　本会主要业务和工作任务：

（一）团结、带领全国道教徒遵守宪法、法律、法规和国家政策。

（二）协助政府贯彻落实宗教信仰自由政策，依法维护道教界的合法权益，深入调查研究，反映道教组织、道教界人士和信教群众的意见和要求，充分发挥桥梁纽带作用。

（三）大力弘扬道教优秀文化，为传承中华文明和建设中华民族共有精神家园做贡献。

（四）建立健全道教有关规章制度，加强信仰建设、道风建设和教制建设，严肃戒律，纯正道风。

（五）加强对地方道教团体、宫观和道教院校的教务指导，协调关系，促进团结，支持地方道教团体依法依规办好教务。督导道教团体、宫观搞好管理和自身建设，提高道教徒整体素质，树立道教良好形象，促进道教事业健康发展。

（六）兴办道教教育事业，办好道教院校，培养道教人才。

（七）主办传戒、授箓等重大教务活动，做好直属宫观的管理工作。

（八）开展道教文化艺术交流活动，加强学术研究，整理编印道教书刊，协助做好道教文物古迹与非物质文化遗产保护工作。

（九）开展社会公益慈善活动，弘扬道教生态环保理念，服务社会，利益人群。

（十）开展同香港特别行政区、澳门特别行政区和台湾地区道教组织及海外道教界侨胞的交往与联谊工作，增进了解，团结合作。

（十一）加强与国外道教组织、道教界人士及国际宗教和平组织的友好往来，促进中外道教文化交流，开展道教的国际联谊工作。

第三章　组织机构及负责人的产生和罢免

第七条　本会最高权力机构是全国代表会议。其职权是：

（一）制定和修改本会章程；

（二）选举理事，组成理事会；

（三）审议理事会工作报告和其他重要文件；

（四）讨论和决定本会重要工作事项；

（五）决定终止事宜；

（六）决定其他重大事宜。

第八条　全国代表会议代表的名额和分配办法，由会长会议研究决定。代表人选由各省、自治区、直辖市道教协会召开常务理事会议或会长会议按分配名额协商提名，报中国道教协会审核确定。

第九条　全国代表会议须有三分之二以上的代表出席方能召开，其决议须经到会代表半数以上表决通过方能生效。

第十条　全国代表会议每五年召开一次，因特殊情况需要提前或延期召开的，须由理事会表决通过，报业务主管部门审查并经社团登记管理机关批准同意。

第十一条　理事会是全国代表会议的执行机构，在全国代表会议闭会期间领导本会开展工作，对全国代表会议负责。

第十二条　理事会的职权：

（一）贯彻实施本会章程规定和全国代表会议通过的决议和决定；

（二）全国代表会议召开期间，选举常务理事，组成常务理事会；

（三）全国代表会议召开期间，选举会长、副会长；

（四）全国代表会议召开期间，根据会长提名决定秘书长；

（五）全国代表会议召开期间，根据秘书长提名决定副秘书长；

（六）全国代表会议召开期间，决定专门委员会委员、副主任、主任；

（七）全国代表会议召开期间，决定咨议委员会委员、副主席、主席；

（八）根据会长会议提议，增补、罢免和接受请辞理事、常务理事、副会长、会长；

（九）授权会长会议在必要时任免秘书长、副秘书长，任免专门委员会主任、副主任；

（十）全国代表会议赋予的其他职权。

第十三条　理事会会议须有三分之二以上理事出席方能召开，其决议须经到会理事三分之二以上表决通过方能生效。

第十四条　理事会每届任期五年，理事可连选连任。理事会会议每两年举行一次，必要时可提前或延期举行。情况特殊时也可采用通讯等形式召开。

第十五条　常务理事会是理事会执行机构，在理事会闭会期间领导本会开展工作，对理事会负责。

第十六条　常务理事会的职权：

（一）执行理事会的决议和决定；

（二）筹备召开全国代表会议和理事会议；

（三）提出全国代表会议主席团成员建议名单；

（四）审议本会年度工作总结和计划；

（五）审议本会年度财务结算和预算报告；

（六）理事会赋予的其他职权。

第十七条 常务理事会会议须有三分之二以上常务理事出席方能召开，其决议须经到会常务理事三分之二以上表决通过方能生效。

第十八条 常务理事会每届任期五年，常务理事可连选连任。常务理事会会议每年举行一次，必要时可提前或延期举行，情况特殊时也可采用通讯等形式进行。

第十九条 会长、副会长、秘书长每届任期五年，可连选连任一届。因特殊情况需延长任期的，须经全国代表会议到会代表三分之二以上表决通过，报业务主管部门审查并经社团登记管理机关批准同意后方可延长任期一届。

第二十条 会长为本会法定代表人。本会法定代表人一般不兼任其他社会团体的法定代表人。

第二十一条 会长行使下列职权：

（一）对外代表本会，对内领导会务；

（二）召集和主持会长会议、会长办公会议、常务理事会会议、理事会会议及其他有关会议，讨论决定重要会务；特殊情况下可委托副会长召集或主持上述会议；

（三）督促和检查全国代表会议、理事会议、常务理事会议决议的落实情况；

（四）代表本会签署有关文件；

（五）理事会和常务理事会赋予的其他职权。

第二十二条 副会长协助会长执行职务。

第二十三条 会长会议成员由会长、副会长、秘书长组成。会长会议每年不少于一次。

第二十四条 会长办公会议成员由会长、驻会副会长、秘书长组成。会长办公会议每月不少于一次，根据工作需要可随时举行。

第二十五条 秘书长负责处理日常会务，行使下列职权：

（一）执行本会理事会议、常务理事会议、会长会议、会长办公会议通过的有关决议和决定；

（二）主持本会办事机构开展日常工作，组织实施年度工作计划；

（三）提名副秘书长人选；

（四）处理其他日常事务。

第二十六条 副秘书长协助秘书长工作。

第二十七条 本会理事会设道教教务教风委员会、道教教育委员会、道教文化艺术委员会、道教慈善公益委员会、道教养生委员会、道教权益保护委员会、道教海外交流委员会七个专门委员会。各专门委员会对会长会议负责，职责由会长会议确定。

第二十八条 各专门委员会委员、副主任、主任从本届代表中产生。

第二十九条 本会理事会设咨议委员会。咨议委员会委员、副主席、主席由理事会推举产生。咨议委员会任期与本届理事会相同。

第三十条 咨议委员会参议会务，提出建议和意见。

第三十一条 本会根据会务工作需要，由理事会聘请特邀顾问。

第三十二条 本会根据会务工作需要，设置若干工作部门，分别承办有关工作事项。

第三十三条 本会根据道教事业建设和发展需要，设置文化、教育、慈善、服务等事业机构。

第四章 资产管理与使用原则

第三十四条 本会经费来源：

（一）政府资助；

（二）地方道教协会、道教宫观等缴纳和道教信众捐助的经费；

（三）社会捐赠；

（四）自养收入；

（五）利息；

（六）其他合法收入。

第三十五条 本会根据国家财务法规建立严格的财务管理制度，保证会计资料合法、真实、准确、完整。

第三十六条 本会必须配备具有合格专业资质的会计人员。会计不得兼任出纳。会计人员必须进行会计核算，实行会计监督。会计人员调动工作或离职时，必须严格按照国家有关规定办清交接手续。

第三十七条 本会的资产管理执行国家规定的财务管理制度，每年向常务理事会报告财务收支情况，并接受理事会和审计部门的监督。

第三十八条 本会换届或更换法定代表人之前，必须接受社团登记机关和主管部门组织的财务审计。

第三十九条 本会的资产，任何单位、个人不得侵占、私分和挪用。

第四十条 本会专职工作人员的工资和保险等福利待遇，参照国家对事业单位的有关规定执行。

第五章 章程的修改程序

第四十一条 本会章程的修改，须经全国代表会议表决通过。

第四十二条 本会修改的章程，须在全国代表会议表决通过后 15 日内，报主管部门审查同意后，由社团登记管理机关核准方能生效。

第六章 终止程序及终止后的财产处理

第四十三条 本会完成宗旨或其他原因需要注销时，由理事会提出终止动议。

第四十四条 本会终止动议须经全国代表会议表决通过，并报主管部门审查同意。

第四十五条 本会终止前，须在主管部门及有关机关指导下成立清算组织，清理债权债务，处理善后事宜。清算期间，不得开展清算以外的活动。

第四十六条 本会经社团登记管理机关办理注销手续后即为终止。

第四十七条 本会终止后的剩余财产，在主管部门和社团登记管理机关的监督下，按照国家有关规定，用于发展与本会宗旨相关的事业。

第七章 附 则

第四十八条 本章程经2015年6月28日中国道教协会第九次全国代表会议表决通过。

第四十九条 全国代表会议的代表，各地道教协会、道教宫观、道教院校和其他道教组织都有遵守本章程，贯彻执行本会决议和决定的义务。

第五十条 本章程解释权属本会理事会。

第五十一条 本章程自社团登记管理机关核准之日起生效。

道教宫观管理办法

（2010 年 6 月 23 日中国道教协会第八次全国代表会议通过，
2015 年 6 月 29 日中国道教协会第九次全国代表会议修订）

第一条 为加强道教宫观管理，维护道教界合法权益，保障道教活动正常进行，更好地服务信众，根据《宗教事务条例》、《宗教活动场所财务监督管理办法（试行）》和《中国道教协会章程》，制定本办法。

第二条 本办法中所称道教宫观，是指经县级以上（含县）人民政府宗教事务部门依照《宗教事务条例》等规定依法登记，作为道教活动场所开放的宫观和其他固定道教活动处所。

第三条 宫观必须在当地人民政府宗教事务部门的行政领导下，由道众自主管理，并接受道教协会的教务指导。

第四条 宫观须设立管理组织，实行民主管理：

（一）宫观应根据实际情况，实行传统的执事制度，并通过民主协商推选产生民主管理组织。

（二）民主管理组织成员，应由拥护中国共产党的领导、拥护社会主义制度、爱国爱教、遵纪守法、道风纯正、办事公道、身体健康、有一定管理能力和道教学识的道士担任。

（三）民主管理组织成员任职情况，须公示并经道教协会确认后报该宫观的登记管理机关备案。

第五条 民主管理组织的职责：

（一）团结和引导宫观道众和信教群众，进行爱国主义、社会主义和法制教育，遵守国家宪法、法律法规和各项政策，维护社会和谐稳定，促进经济社会发展；

（二）协助人民政府贯彻宗教信仰自由政策和宗教法规，保障宗教活动正常进行；

（三）维护宫观和道教徒的合法权益；

（四）安排、处理宫观的宗教活动和日常事务；办好教务和宫观自养；

（五）团结和引导常住道众和广大信众，正信正行，服务社会；

（六）组织道众参玄悟道，学修并进，提高道众素质，开展讲经说法和道教文化研究，积极培养道教人才；

（七）保护和维修宫观建筑、文物古迹，保护宫观环境，搞好宫观安全消防、清洁卫生，开展文明敬香，建设文化宫观、和谐宫观、生态宫观；

（八）积极开展公益慈善活动；

（九）建立健全各项规章制度，加强财务管理；

（十）定期向宫观常住道众报告工作，重大问题须经常住道众民主讨论；

（十一）开展对外友好往来；

（十二）研究决定其他重要事宜。

第六条 道众管理和教育：

（一）宫观应根据实际需要和自养能力，合理确定宫观常住道众数额；

（二）宫观可选收爱国守法，信仰道教，年满十八周岁，有一定文化和修养，家庭同意，身体健康，持有身份证的自愿出家或入道者。考察二年以上，对其中安心道教事业，品行良好者，经宫观管理组织同意，按相关规定给以冠巾或传度，确定常住；

（三）宫观收徒，由本人申请选择师父，经师徒双方同意后，报请该宫观管理组织批准；

（四）宫观要加强对道众特别是对年轻道众的培养教育，提高综合素质，鼓励学习文化技能，并根据宫观实际情况提供相应支持。宫观内的道众要严格遵守“三皈五戒”和庙规戒律，勤于职守，坚持早晚功课修持和传统仪范，纯正道风，道俗有别；

（五）宫观要严格遵守国家户籍管理的规定，不得收留不明身份人员；接纳其他宫观道士来本观参学，必须核验其身份证、道士证（或符合规定的证明信件），及时向当地公安机关申报。对随意收留人员，并造成恶劣影响的，宫观管理组织要对相关人员给予相应处理；

（六）宫观道众外出参学朝山，应经宫观管理组织同意并持限期证明方可外出。外出道士不得干预所到宫观的内部事务，不得私自在社会上做法事、化缘以及从事其他违规活动。无正当理由，逾期不归者，视情节轻重按庙规给予迁单等相应处理；

（七）乾道和坤道应分观或分院居住；

（八）宫观可视情况接受信仰道教的公民为居士。道教居士要遵守宫观管理制度，不干预宫观内部管理事务；

（九）宫观应按照国家相关政策，为常住道众办理医疗、养老等社会保险；根据自身实际条件，为生活困难的常住道众提供帮助；安排好年老退居道士的生活。

第七条 宗教活动的管理：

（一）宗教活动必须在《宗教事务条例》允许的范围内进行。按照道教传统习惯，信教群众邀请道士到家里举行追思、度亡等活动，需经所在宫观管理组织同意和安排，其规模、时间和次数，以不妨碍社会秩序、生产秩序和生活秩序为原则；

（二）在宫观内进行的敬香、上殿、诵经、讲经说法、过道教节日、做道场等正常宗教活动受法律保护；

（三）宫观内不得从事扰乱社会治安、骗人骗财和危害公众身心健康的违法乱纪活动；不得强拉或诱惑游客和信教群众花高价烧高香；不得将宫观或殿堂承包给任何企业或个人经营；

（四）宫观举办传度、冠巾等大型宗教活动，须按程序报批，获准后方可举行；

（五）海外的道教信徒可按照《中华人民共和国境内外国人宗教活动管理规定》，在道教宫观过宗教生活。宫观在与国外道教界交往时，应坚持独立自主自办、平等友好、相互尊重的原则；宫观在与港澳台道教界交往时，应坚持互相尊重、互不隶属、互不干涉的原则；

（六）宫观可以接受境内信徒的布施和境外组织及个人不附加条件的捐赠，但不得以任何方式向境外宗教团体和宗教界人士索要财物。一切布施、捐款，除明确供养个人外，均归宫观所有，并按财务规定及时入账；

（七）宫观可经销道教出版物、道教用品和艺术品等。

第八条　财务管理：

（一）宫观要遵守《中华人民共和国会计法》和《民间非营利组织会计制度》等规定，严格执行《宗教活动场所财务管理监督管理办法（试行）》；

（二）宫观应当配备取得会计从业资格证书的会计人员负责会计事务。财会人员的安排由本宫观管理组织决定。宫观要依法设置会计账簿，并保证其真实完整，管理好财务档案，重大开支要由本宫观管理组织集体研究决定，每年至少组织一次财务检查；

（三）宫观的功德箱、捐款箱须指定三人管理。功德箱、捐款箱开启时，该三人应同时在场，点清捐款数额，经登记后交本场所财务人员入账；

（四）宫观的一切经济收入都必须纳入财会账目。宫观应开立单位银行结算账户，将经济收入及时存入该单位结算账户。宫观经济收入主要用于日常开支，道教活动支出，安排道众生活，维修宫观，保护文物古迹、环境，开展公益慈善活动和其他社会服务支出，任何单位或个人均不得将宫观的财物据为己有；

（五）宫观的一切财物（包括动产和不动产）都必须登记造册，统一管理。固定资产的报废，须经宫观管理组织集体研究决定；

（六）宫观要定期公布收支情况，每项收入和支出，单据、账目清楚，符合财务手续，并接受政府宗教事务部门的检查和道众的监督。

第九条　治安、消防管理：

（一）宫观要严格执行国家治安、消防规定，建立岗位责任制，接受公安、消防部门的检查指导；

（二）宫观必须完善消防设施，配置消防器材并按规定更新，备有消防用水。缺乏水源的地方，要增设消防水缸，修建蓄水池，要保证消防通道出入口的畅通；

（三）宫观必须加强对一切火源、电源和各种易燃、易爆物品的管理，庙内禁止存放易燃、易爆等违禁物品，严禁在殿堂内进行生产和生活用火用电。设置“严禁烟火”和“严禁吸烟”等明显标识，引导信众在指定地点燃点香蜡和表纸等；

（四）设置安全监督员监督，定期组织防火安全检查，提高道众消防意识和消防技能，及时消除火险隐患，防止火灾发生，做到经常化、制度化；

（五）举办大型宗教活动要有处置突发事件预案，防止出现拥挤踩踏等事故，确保安全。

第十条　文物保护：

（一）宫观要根据《中华人民共和国文物保护法》，对场所内的文物登记造册，指定专人管理，制定保护措施，严防失窃。宫观的文物保护、建筑的维修，应接受相关部门的指导；

（二）任何团体和个人不得赠送、抵押、变卖宫观的文物；

（三）宫观内拆建、改建和新建相关设施等，必须报请当地政府宗教事务部门和有关部门审批。

第十一条　环境保护：

宫观要遵照国家《环境保护法》、《森林法》、《野生动物保护法》等，引导信众文明敬香、合理放生，保护好宫观的自然环境。

第十二条 其他：

（一）其他单位和个人不得在宫观内设置商业和服务网点、举办陈列和展览，如确属必要，须经宫观同意；

（二）宫观的房产和地界应绘制成图，报有关部门批准，办理合法手续，领取证书；

（三）宫观不得将房产出租、出借给任何单位和个人设立会所，经营牟利。

第十三条 各地道教协会和宫观可根据本办法制定具体实施办法。

第十四条 本办法由中国道教协会负责解释。

第十五条 本办法自公布之日起施行。

道教宫观主要教职任职办法

（2010 年 6 月 23 日中国道教协会第八次全国代表会议通过，
2015 年 6 月 29 日中国道教协会第九次全国代表会议修订）

第一条 为加强道教教制建设，促进宫观管理，根据《宗教事务条例》、《宗教活动场所主要教职任职备案办法》和《中国道教协会章程》，制定本办法。

第二条 本办法所称的主要教职，是指道教宫观的方丈、监院和住持。

第三条 担任方丈须具备以下条件：

（一）爱国爱教，遵纪守法；

（二）信仰坚定，品行端正，戒行精严，办事公道，品德服众，威仪可法；

（三）领受初真、中极、天仙三坛大戒；

（四）年龄 40 岁以上，出家 20 年以上，身体健康；

（五）熟悉道教全真经典科仪，具有较高的道学素养，能够讲经说法、主持法务活动；

（六）持有道教教职人员证书。

第四条 担任监院、住持须具备以下条件：

（一）爱国爱教，遵纪守法；

（二）信仰坚定，品行端正，戒行精严，办事公道，待众谦和，品德服众，有一定的组织协调和管理能力；

（三）已受戒或受箓；

（四）年龄 30 岁以上，出家或入道 10 年以上，身体健康；

（五）具有较高文化水平，毕业于道教院校或具有同等道学水平；

（六）熟悉道教经典科仪，具有较高的道教素养，能够讲经说法、主持法务活动；

（七）持有道教教职人员证书。

第五条 方丈的职责：

（一）弘扬道法，传承戒律；

（二）度世演法，作全真之模范、律门之纲领；

（三）指导参玄修持；

（四）督察本宫观管理组织的行为。

第六条 监院、住持的主要职责：

（一）组织开展教务活动，主持宫观事务；

（二）弘扬道法，纯正道风，引导道教徒提高自身素质；

（三）贯彻执行宫观规章制度，加强宫观管理，办好宫观自养；

（四）负责保护好宫观文物和建筑设施，维护宫观周围环境；

（五）依法维护宫观和常住道众的合法权益；

（六）引导宫观积极开展公益慈善活动，弘扬道教优良传统和优秀文化。

第七条 宫观礼请方丈，须经该宫观民主管理组织协商提出人选，逐级上报至省、自治区、直辖市道教协会同意后，由中国道教协会核准并报请国家宗教事务局备案。完成备案程序后，方可举行升座仪式。

第八条 宫观选任和礼请监院、住持，应坚持民主协商、选贤任能的原则，按照以下程序进行：

（一）由该宫观前任监院、住持或该宫观民主管理组织提出人选，经当地道教协会审查后，提交该宫观常住道众进行民主评议；

（二）监院、住持人选经宫观常住道众民主评议获三分之二以上赞成后，由该宫观民主管理组织报当地道教协会审核；

（三）当地道教协会审核同意后，由该宫观民主管理组织按照《宗教活动场所主要教职任职备案办法》的规定报政府宗教事务部门备案；

（四）完成备案程序后，方可举行升座仪式。

第九条 中国道教协会直属宫观的方丈、监院、住持人选，由该宫观报中国道教协会同意后，报国家宗教事务局备案。

第十条 监院、住持每届任期为五年，可连选连任一届。因特殊情况需延长任期的，须经所在宫观常住道众三分之二以上同意，方可延长任期一届。

第十一条 75 岁以上的教职人员，原则上不新担任宫观监院、住持。

第十二条 监院、住持一般不得兼任其他宫观的监院、住持。有特殊情况需要兼任其他宫观监院、住持的，按照《宗教活动场所主要教职任职备案办法》相关规定办理。

第十三条 监院、住持接受宫观民主管理组织、宫观常住道众和道教协会的监督。监院、住持有下列行为之一的，由所在地道教协会根据情节轻重给予劝诫、撤销职务的惩处：

（一）违反国家法律、法规、规章和宗教政策的；

（二）违犯道教戒律和宫观规章制度的；

（三）散布不利于社会和谐稳定言论的；

（四）未按规定履行职责的；

（五）宫观重大事务不按民主程序办事，造成严重后果的；

（六）违反财务管理制度，侵吞或者挥霍宫观财产的。

劝诫的决定，由该宫观所在地道教协会会长会议集体讨论作出，并以书面形式告知本人。

撤销职务的决定，由该宫观所在地道教协会常务理事会集体讨论作出，报该宫观所在地省、自治区、直辖市道教协会同意，并报原任职备案的政府宗教事务部门注销其备案。

中国道教协会直属宫观监院、住持撤销职务的决定由中国道教协会作出，并报国家宗教事务局注销其备案。

第十四条 方丈任职期间违反国家法律法规和道教戒律，对其惩处的决定由中国道教协会作出。须撤销职务的，报国家宗教事务局注销其备案。

第十五条 监院、住持因健康或其他原因不能履行职责的，可提前退居。

第十六条 监院、住持离职，应当经宫观民主管理组织报当地道教协会审核同意后，报原任职备案的政府宗教事务部门注销其备案。

第十七条　监院、住持正常离职或者提前退居后，由所在宫观或当地道教协会妥善安排。

第十八条　本办法由中国道教协会负责解释。

第十九条　本办法自公布之日起施行。

关于道教协会和宫观负责人带头加强道风建设的若干意见

（2015 年 6 月 28 日中国道教协会九届一次常务理事会议通过）

十八大以来，中共中央出台改进工作作风，密切联系群众的八项规定，开展反“四风”的群众路线教育实践活动，坚持进行反腐倡廉，以党风政风转变带动社会风气的好转。国家宗教事务局近年来开展“教风年”主题活动，对道教界道风建设提出了新的标准和要求。道教协会和宫观负责人作为道教事业的带头人和骨干力量，是道教社会形象的标杆，其道风好坏影响着道教的健康传承。为发挥道教协会和宫观负责人在加强道教道风建设方面的表率和示范作用，现提出如下意见：

一、虔诚奉道。坚定道教信仰，恒心参玄，带头坚持诵念《早晚功课经》，礼敬神明，研读经典，讲经弘道。

二、学修并进。组织所在的协会或宫观建立学修制度，安排固定的学修时间和明确的学修任务，带头提高宗教修养、道德修养和学识修养。

三、持守规戒。带头遵纪守法；带头奉行《道教宫观规约》，做到持戒精严、言行端庄、道众拥戴、信众尊敬。

四、道相庄严。模范执行祖师教诲，仪容仪表严正，做到威仪整肃，道装规范，道相庄严，引领道众树立良好形象。

五、如法如仪。带头严格遵循道教传统仪规和中国道教协会有关规定，如法如仪地组织和参加拜师、皈依、冠巾、传度、传戒、授箓、升座、斋醮等科仪活动。不参加未经政府宗教事务部门批准的宗教活动。

六、规范管理。完善所在道教协会和宫观的制度建设，严格按制度办事。切实加强宫观民主管理，营造良好的宗教氛围，严禁将宫观商业化、世俗化、家族化。严格落实国家宗教局等十部门《关于处理涉及佛教寺庙、道教宫观管理有关问题的意见》的要求，规范教务活动和法物管理。坚持文明敬香，严禁高价售香、拍卖头炷香。严禁将殿堂承包，严禁与旅游公司、黑导游合作或变相合作骗人钱财。

七、生活俭朴。积极响应中共中央关于反“四风”的要求，规范接待活动，厉行节约，勤俭办事，不得浪费道教协会和宫观财物，不准讲排场，比阔气，不准用公款搞娱乐消费等活动，更不得以云游参访等为名，用公款组织游山玩水、安排私人度假、出国（出境）等旅游活动。出差、出境的交通、食宿以及办公用房、公务用车等均要严格执行国家相关标准。宫观方丈、监院和住持等负责人的办公用房和丹房，既要遵守道教传统风格，也要节约从简，不得破坏传统格局搞豪华装修。

八、服务信众。完善并带头执行服务信众制度。要了解信教群众的需求，以真诚的态度、慈悲的胸怀、亲和的语言、端庄的举止和良好的服务感化信教群众。不得以任何个人目的，主动向居士索取财物，更不得以各种名义借教敛财、弄虚作假、欺骗信众。

九、率先垂范。中国道教协会驻会领导要带头加强组织意识和集体观念，个人因公出差、因私休假、云游参访等需经单位批准、备案。原则上不参加地方道协和宫观举办的一般性庆典、开光、小型研讨会等活动；确有需要，可委派京外就近的中国道协领导参加。

第二篇

研究综述

2015年度马克思主义宗教观研究综述

黄　奎

2015年，习近平总书记在中央统战工作会议上就宗教问题发表重要讲话；中共中央颁布的《中国共产党统一战线工作条例（试行）》就宗教工作做出新的规定，《中国共产党纪律处分条例》就涉教类违纪问题制定详细处分条款；年底问世的《中华人民共和国反恐怖主义法》也列有明确的涉教条款。在上述大背景下，马克思主义宗教观研究学科在以往的学术基础上继续向前推进。下面着重介绍2015年的一部专著、一部论文集、若干重要论文和一次学术研讨会及相关理论观点和热点问题。

一　重要专著

段德智的专著《境外宗教渗透与苏东剧变研究》属于教育部哲学社会科学研究重大课题攻关项目，旨在依据辩证唯物史观，在“历史合力论”视野下，从境外宗教渗透和境内宗教工作失误的角度和高度解读苏东剧变。一方面试图通过具体而翔实的材料说明境外宗教渗透，首先是美国—梵蒂冈“神圣同盟”的宗教渗透，是苏东剧变的一个重要原因，说明防范和抵制境外宗教渗透对于维护社会主义国家的意识形态安全和国家安全的极端重要性。另一方面还试图依据史实说明，社会主义国家在宗教问题上无论是采取右的还是“左”的政治路线，都不利于引导宗教与社会主义相适应，也都不利于防范和抵制境外宗教渗透、维护社会主义意识形态安全和国家安全，唯有坚持马克思主义宗教观和党的宗教工作基本方针，才能有效防范和抵制境外宗教渗透、维护社会主义意识形态安全和国家安全。

该著作者段德智，武汉大学哲学学院宗教学系教授、博士生导师，曾任武汉大学宗教学系主任，享受国务院颁发的政府特殊津贴。主要著作有：《宗教概论》《宗教与社会》《宗教学》《新中国宗教工作史》等。他主持完成教育部哲学社会科学研究重大课题攻关项目“境外宗教渗透与我国意识形态安全战略研究”。

二　重要论文集

曾传辉主编的论文集《马克思主义宗教观研究（2013）》，收录2013年马克思主义宗教观研究领域里具有代表性的原创论文近20篇，主要围绕中国宗教研究范式与话语反思，中国特色社会主义宗教理论阐发、思想概念辨析和演进，高校宗教观教育，以及本学科重要问题研究综述和前沿报告等方面展开，既有高度的理论思辨和严谨的史实考证，又密切联系实际，反映了该领域的最新成果和现有水平，具有较高的学术价值和现实意义。

三 重要论文或观点

2015 年 3 月 11 日，朱维群在全国政协十二届三次会议上发言时强调，当前须警惕防止宗教“去中国化”“逆本土化”倾向的发生和扩散。历史上凡是外来宗教，都必然要经历一个中国化的过程，否则就难以存在和发展。今天中国的社会是社会主义社会，宗教在其中所具有的形态也必然与以往旧时代有所不同。也就是说，宗教适应了历史上的中国还不够，还要适应今天的中国。宗教与中国的社会主义社会相适应，主要体现在三个层面上：从最基本的层面上，就是要求宗教界爱国守法，拥护中共的领导和社会主义制度，服从政府依法管理，依法依规开展宗教活动。在我们国家，不允许有法外之宗教，也不允许有法外之教徒。“相适应”的第二个层面，要求宗教界不仅满足信众信仰上的需求，还要在现实社会生活中多做有益于民众幸福、社会和谐的事。第三个层面，则要求宗教界进一步挖掘和弘扬教义教规中有利于国家发展、社会稳定和道德提升的内容。①

2015 年秋朱维群在一次调研座谈会上发言指出，要防止旧中国宗教领域一些过时的东西，在今天以“中国化”的名义死灰复燃。这些东西是在旧有历史条件下产生的，也可以说是与旧中国的社会相适应的，但是已经不能适应今天社会主义的中国社会。要防止这些已经过时的、陈旧的、在民主革命中被否定的东西又被抬出来，干扰今天宗教的进步和社会的发展。要警惕“去中国化”倾向发生。“去中国化”就是否定中国宗教自身的优良传统，在对宗教经典的解释、宗教活动场所的建设、宗教服装、礼仪等方面不是按中国人的需要和中国的国情去办，而是一切以外国为标准。这种倾向背离中国宗教进步方向，也背离广大信教群众的愿望，发展下去，甚至会为宗教极端主义打开大门。极端化倾向，不能说有的宗教天然就有、有的宗教天然就没有，如果我们工作做得不到位，宗教界人士头脑少这根弦，每个宗教都有可能出现这个问题。当前要特别注意在扩大对外开放过程中，提防境外极端主义渗透，破坏我们来之不易的和谐环境。②

叶小文在《积极引导宗教与社会主义社会相适应，我们共产党人要有团结信教群众的本事》一文中说，我国宗教坚持中国化方向的关键，是要用社会主义核心价值观引领、用中华文化浸润我国各宗教，支持宗教界对宗教思想、教规教义进行符合时代进步要求的阐释，坚决防范西方势力利用宗教进行的政治和意识形态渗透。当前，宗教极端主义在世界范围内活跃，在我国新疆地区也频频露头。它与恐怖主义结合，给社会安全带来威胁。宗教极端主义不是宗教，但却是宗教的异化物。民族分裂主义、宗教极端主义越是千方百计利用宗教进行分裂和暴力恐怖活动，我们越是要善于按照宗教自身的规律做好宗教工作，把广大信教群众团结在我们周围。我们共产党人要有这个本事。历史和现实反复证明，宗教既蕴涵着引发冲突的因素，又蕴含着促进和谐的因素；宗教更为重要的是具有“放大器”的二重功能，既可能扩大冲突，又可以促进和谐；在一个深刻变革、快速转型

---

① 朱维群：《警惕防止宗教“去中国化”倾向发生扩散》，中国新闻网（http：//www. chinanews. com/gn/2015/03 - 11/7121208. shtml）。

② 朱维群：《宗教中国化就是与中国特色社会主义相适应》，中国网（http：//cppcc. china. com. cn/2015 - 10/17/content_ 36828033. htm? from = timeline&isappinstalled = 0）。

的社会中，宗教二重作用更加凸显，既可能产生严重的破坏作用，也可以产生特殊的积极作用。当今世界，宗教问题处理得好与不好，仍然是检验一个国家能否有效维护社会稳定的试金石。发挥宗教积极作用，不是把宗教当作济世良方，人为助长宗教热，而是要因势利导、趋利避害，引导宗教努力为经济发展、社会和谐、文化繁荣、民族团结、祖国统一服务。①

王作安在《坚持走中国特色宗教工作之路》一文中强调，正确处理我国宗教问题，必须始终坚持马克思主义宗教观。改革开放以来，我们党立足于社会主义初级阶段这一基本国情，着眼于改革开放这一最大实际，坚持以马克思主义宗教观为指导，提出了关于宗教问题的基本观点和基本政策，积累了处理宗教问题的中国经验，形成了中国特色社会主义宗教理论。党的十八大以来，以习近平同志为总书记的党中央高度重视宗教问题。在指导统战工作、宗教工作、西藏工作、新疆工作以及其他相关重要工作中，就宗教问题和宗教工作做出重要论述，提出了新思路新要求，明确了宗教工作的根本方向、基本原则、政策要求和工作重点，丰富和发展了中国特色社会主义宗教理论，为中国特色宗教工作道路提供了基本遵循和行动指南。我们党坚持无神论，但主张宗教信仰自由，通过领导人民制定宪法和法律、法规，保障公民的宗教信仰自由权利。国家保护正常的宗教活动，维护宗教界合法权益，但宗教必须在宪法和法律范围内活动，宗教不得干预行政、司法、教育等国家职能的实施，不得妨碍正常的社会秩序、工作秩序和生活秩序。实行宗教信仰自由政策，不是要提倡宗教，而是要使信教群众和不信教群众联合起来，共同致力于中国特色社会主义伟大事业。尽管宗教信仰是个人的私事，但宗教界人士和信教群众首先是国家公民，应当遵守国家法律；宗教行为涉及公共利益，应当依法进行管理。依法管理宗教事务，不是限制宗教界人士和信教群众的宗教信仰，而是要求他们遵守国家法律，履行法定义务，做守法公民；不是干涉宗教团体内部事务，而是要求宗教在法律范围内正常开展活动，不得利用宗教从事非法违法活动。要支持宗教界自主办好宗教事业，反对外来干涉和控制，抵御境外势力利用宗教进行的渗透。要把境外利用宗教进行渗透和正常对外交往区别开来，支持我国宗教界在独立自主、平等友好、相互尊重的基础上开展对外交往，增进同各国人民之间的了解和友谊。宗教同所在社会相适应，这是宗教生存发展的基本规律。无论是本土宗教还是外来宗教，都要坚持中国化方向，走与社会主义社会相适应的道路。宗教工作本质上是群众工作，做好信教群众工作是宗教工作的根本任务。要加强思想政治工作，向人民群众进行辩证唯物主义和历史唯物主义（包括无神论）教育，正确对待生老病死、吉凶祸福等问题，树立科学的世界观和人生观。同时，要宣传马克思主义宗教观和党的宗教工作方针政策，加强宗教问题理论研究，引导人们正确看待宗教问题，共同支持做好宗教工作。共产党员不得信仰宗教，不得参加宗教活动，但共产党员要认真贯彻党的宗教政策，团结信教群众。②

卓新平在《认真领会“四个必须”　深化“积极引导”意蕴》一文中认为，“必须坚持中国化方向”所体现的是中国宗教要“坚持独立自主自办的原则”，我们必须基于宪法精神和相关法律法规将宗教“拉进来管”、使之有序发展，而不能把宗教“推出去乱”、

① 叶小文：《积极引导宗教与社会主义社会相适应，我们共产党人要有团结信教群众的本事》，《光明日报》2015 年 6 月 15 日。

② 王作安：《坚持走中国特色宗教工作之路》，《紫光阁》2015 年第 8 期。

让其放任自流。如果一些做法违背法治化管理的基准，突破相关宗教在法律允许范围内的信仰底线，则会造成宗教界纠结、迷茫，甚至抵制、抗议的恶果，出现不利于安定团结、有损于爱国爱教的局面；这也会破坏党和政府的形象，打破正常的政教关系和顺畅的党群关系，使党和政府的领导艺术、执政能力受到怀疑或非议。“必须提高宗教工作法治化水平”就是要真正做到“依法管理宗教事务”，中国宗教的存在及发展，必须有序进入法治化的轨道，这是中国社会主义法治的基本要求，也是时代发展对当今中国宗教的必要管理。“必须辩证看待宗教的社会作用”就是以历史唯物主义和辩证唯物主义的立场、观点及方法来看待和评价中国的宗教，对中国宗教的评价应该反映中国当代社会现实，而不是仍然保持基于1949年前的中国社会或19世纪的欧洲社会所分析得出的宗教认知来论说宗教的本质及其社会作用。“必须重视发挥宗教界人士作用”是对党的统一战线理论、群众工作路线的科学运用。做好“四个必须”是积极引导宗教与社会主义社会相适应的具体体现和具体举措。应把广大信教群众作为基本群众来看待，将之视为可以依靠的基本力量来拉近，而不是将之看作因相信“有神”而致的异己力量来疏远。不能仅仅要求宗教适应社会主义社会，而对广大宗教界人士积极适应社会主义社会所出现的有利变化、做出的有益贡献却熟视无睹、无动于衷、麻木不仁。只有实事求是地指明并肯定宗教界人士所发挥的积极作用，真正重视其积极作用的发挥，才能够有效地从其内部积极防范和及时消除宗教极端主义与宗教保守主义的影响，最大限度地减少其消极作用和境外渗透，使宗教界人士有信心、有动力地积极适应社会发展和进步，保持同社会主义社会的一致，能够与社会同心同德，和时代共同发展。认真贯彻落实“四个必须”，就是要争取中国的宗教对国内起到社会稳定、民族和谐的作用，对外则能起到彰显并扩大中华文化影响的作用，从而使境外的负面干涉、恶意攻击毫无作用、彻底失效。“积极引导”还可以使中国宗教走出去发挥文化软实力的积极作用，推动世界不同文明、不同信仰的对话，在各国各民族中起到沟通作用，促进“一带一路”战略的发展。①

段启明在《正确认识和处理我国的宗教问题——在认识和处理宗教问题上要防止和反对两种倾向》一文中指出，中国共产党继承和发展了马克思主义宗教理论，从中国的具体国情出发，成功地解决了革命时期和社会主义建设时期的宗教问题，在认识和处理宗教问题上积累了丰富的经验。这些经验集中到一点，就是完整准确地理解和掌握马克思主义宗教观，全面正确地贯彻执宗教信仰自由政策，坚持政治上团结合作，思想信仰上相互尊重的原则，发展同宗教界的爱国统一战线，在认识和处理宗教问题上防止和反对“左”的和右的两种倾向。在新的历史时期，认真总结和推广这些经验，必将提高全党认识和处理宗教问题的能力。一些人有意无意地否定马克思主义宗教观，有意模糊世界观界限，曲解党和国家有关宗教的政策法律，以各种方式削弱甚至反对科学唯物论、无神论教育，如提出要“淡化无谓的意识形态之争”，认为在改革发展的今天，执政党要使宗教适应、服务于社会主义社会，“唯有将宗教与无神论、阶级斗争、科学技术的关系重新定位”，使“正教显扬”“扶正（正教）祛邪（邪教）”。邪教与宗教有神论、迷信愚昧思潮在思想上同属唯心主义、有神论。现实存在的宗教，绝不是某些人“理想化”了的宗教。我们绝不能把宗教信仰问题政治化，但是我们也绝不能无视意识形态领域里唯心论与唯物论、有神论与无神论的斗争，尤其不能放松政治这根弦，不能无视在宗教问题上还存在的严重的

① 卓新平：《认真领会“四个必须” 深化“积极引导”意蕴》，《中国民族报》2015年7月28日。

政治斗争，不能无视国内外敌对势力以宗教为“首选武器”对中国进行和平演变。无产阶级政党任何时候都应当在思想上同宗教有神论、迷信邪说世界观划清界限，任何时候都应当坚持马克思主义的辩证唯物主义和历史唯物主义。要在党内开展马克思主义宗教理论和科学无神论的教育，教育党员做彻底的唯物论、无神论者。①

曾传辉在《必须辩证看待宗教的社会作用》一文中指出，从唯物史观来看，对于宗教社会作用的价值评判会因立论者阶级立场不同和社会条件变迁而相互转化。如果说从宗教在人类社会的发展中发挥着重要的作用和人类社会总体上处在前进过程中的前提，推论出宗教的积极作用是主要的结论，那么，这样的逻辑可能靠不住。在人类社会发展史上发生过重要作用的事物有很多，这并不能保证它的作用主要是积极的。从国际共运史来看，有区别地对待宗教信仰问题是马克思主义政党思想路线的优秀传统。中国共产党宗教信仰自由政策，是对近现代世界政教分离思想路线的继承和发展。中国共产党继承了国际共产主义运动的精神财富，并在此基础上创造性地发明了统一战线的理论和政策。使宗教信仰真正成为公民的私事，是马克思主义政党实行宗教信仰自由政策的实质，也是其崇高目标，而利用宗教则背离了这种精神。从法治精神来看，辩证地看待宗教的社会作用体现在政教分离的宪法原则之中。国家的义务是保护公民不在有无宗教信仰、信仰何种宗教方面受到逼迫，而不是鼓励公民信仰或者不信仰宗教。社会主义国家吸取世界历史上政教合一、以教干政的经验教训，既避免宗教统领政治，也避免因为政治原因人为地消灭或推动宗教传播。从社会影响来看，只有辩证地看待宗教的社会作用，才能倡导科学理性的社会氛围，减少宗教的消极作用。宗教是人类社会中广泛存在的社会现象，也是阶级社会中特别复杂的上层建筑组成部分。宗教既有社会整合功能，也有社会解构功能；对维持社会秩序既可发挥建设作用，也可发挥破坏作用。如果不能辩证地看待宗教的社会作用，就会使马克思主义政党混同于历代封建王朝和西方资产阶级政党，只愿意谈宗教的积极作用而忽视其消极作用，汲汲于利用宗教来维护统治地位，结果必然会上有所好，下必甚焉，助长迷信之风，使社会上怪力乱神泛滥，国家失去主心骨。②

毛胜在《毛泽东思想活的灵魂与中国宗教学研究》一文中指出，实事求是、群众路线、独立自主是以毛泽东为代表的中国共产党人把辩证唯物主义和历史唯物主义运用于中国革命和建设，在长期的理论与实践探索中形成的立场、观点和方法。我们学习、坚持和发展毛泽东的宗教观，加强和深化中国宗教学研究，正确认识和处理中国宗教出现的新问题，最根本、最重要的就是深刻领会和掌握这三个方面。③

任杰在《追寻人文，超越终极——构建中国宗教研究范式的几点思考》一文中强调，中国宗教研究应当立足中国国情，强化问题意识。因为研究的目的归根到底是为了更好解决问题，解决复杂问题为多学科大显身手提供了舞台，也为多学科在参与解决共同问题中提供了交流、对话、借鉴的平台和渠道。实际问题的圆满解决这一客观标准有助于避免或抑制众多理论流派在方法论上的某些无关宏旨的纷争、冲突或排斥，凝聚成宏大的宗教研究共同体，从理论与实践的结合上建成体现中国精神、具有中国气派的中国宗教研究

---

① 载曾传辉主编《马克思主义宗教观研究（2013）》，社会科学文献出版社 2015 年版。

② 曾传辉：《必须辩证看待宗教的社会作用》，《中国民族报》2015 年 9 月 1 日。

③ 载曾传辉主编《马克思主义宗教观研究（2013）》，社会科学文献出版社 2015 年版。

范式。①

叔贵峰在《建国以来我国马克思主义宗教观研究范式的回顾和反思》一文中认为，新中国成立以来我们在马克思主义宗教理论研究领域存在着一些研究范式，如宗教世界观的唯物主义化，宗教理论发展的中国实践化，大学生宗教教育的意识形态化，宗教功能的政治化。值得反思的是，马克思的宗教观并非以旧唯物主义为理论基础的，马克思主义宗教观教育要以“理”服人，在时刻警惕“宗教渗透”的负面作用的同时更要加强做好“与宗教长期共处”的理论研究。②

龚学增在《中国特色社会主义宗教理论体系建构的再思考》一文中认为，中国共产党把马克思主义宗教观运用于中国，用马克思主义的立场、观点、方法研究和解决中国革命、建设、改革开放不同历史时期的宗教问题，运用中国人民喜闻乐见的文化形式、思维习惯和表达方式来阐述马克思主义宗教观，揭示中国革命、建设、改革进程中宗教问题的规律，使之成为具有中国风格中国气派的马克思主义宗教观。③

加润国在《中国特色社会主义宗教理论纲要》一文中指出，中国特色社会主义宗教理论是在中国共产党第十七次全国代表大会提出“中国特色社会主义理论体系”这一“当代中国马克思主义”的基本范式和核心话语体系之后，我国宗教理论界顺理成章地提出来的表达“当代中国马克思主义宗教观”的核心话语体系。由于马克思主义在我国意识形态领域居于指导地位，作为中国特色社会主义理论体系组成部分的中国特色社会主义宗教理论，自然应当成为当代中国宗教学研究的核心话语体系。④

宫玉宽在《挥之不去的“鸦片论”——经典马克思主义宗教观研究之反思》一文中认为，在经典马克思主义宗教观中，关于宗教的大量论述是针对具体问题的，只具有特殊真理性，“宗教是人民的鸦片”就属于这种情况。我们理解这类论述，只能从当时的社会历史状况去理解经典马克思主义宗教观的真理性。不能用经典马克思主义宗教观作为我们研究宗教学的指导思想，而应当以唯物史观作为世界观和方法论，指导宗教学的研究。⑤

刘泳斯、张雪松在《浅析中国化马克思主义宗教观对民族与宗教关系的认识与反思》一文中认为，马克思、恩格斯对于民族与宗教关系问题的阐述可简要总结如下：反对把民族解放归结为宗教解放，这是违反历史唯物主义基本原则的；将某一民族与特定宗教等同起来，保护信仰自由就会成为列强侵略的借口；将民族问题与宗教问题等同起来，宗教就会成为煽动或实施压迫的借口。无论是马克思、恩格斯等马克思主义经典作家，还是新中国成立后的中国共产党，对于民族宗教问题的权威论述都反对将宗教问题与民族问题直接等同起来。⑥

王志军在《马克思主义“宗教论”思潮批判》中指出，许多西方学者有意无意地将马克思主义解读为一种“新宗教”，但马克思主义不是宗教，因为马克思对宗教，尤其是犹太—基督宗教进行了毫不留情的批判，明确划清了与宗教的界限；马克思主义中存在

---

① 载曾传辉主编《马克思主义宗教观研究（2013）》，社会科学文献出版社2015年版。

② 同上。

③ 同上。

④ 同上。

⑤ 同上。

⑥ 同上。

“神圣性”要素，但是“神圣性”不是宗教的专利，也不能成为马克思主义是“新宗教”的证明；马克思对资本主义的激烈批判和对其必然灭亡的预言，与犹太先知的预言有着本质差别。①

李建生在《中国共产党关于马克思主义宗教观教育的论述及现实意义》一文中指出，在我国，马克思主义宗教观教育是以马克思主义宗教观的基本理论观点、党和国家的宗教政策，以及相关的科学知识为教育内容，以培养受教育者对包括宗教在内的一切自然、社会和生命现象的科学态度和科学精神为教育目的，并围绕一定时期党和国家的中心任务和实践中产生的具体思想认识问题对广大干部和群众进行的一种特殊形式的思想教育。②

韩雪在《苏联解体中的宗教因素浅析》一文中指出，苏联时期的宗教政策在列宁以后先是对宗教组织及其信徒采取打压、限制的政策，而后又对宗教组织及其信徒的急剧膨胀趋势采取放任自流的政策。偏激、不稳定的宗教政策，以及穿插于其中的违反马克思主义宗教观的反宗教运动，对苏共政权得以维持、存在的民众基础造成了难以低估的颠覆性影响，事实上给苏共、苏联造成了严重的危害。这也是苏联最终解体的原因之一。③

成晓叶在《试析拉美左翼政治与拉美宗教社会主义思潮》一文中指出，拉美解放神学将马克思主义与神学结合在了一起，拉美的穷人跟着马克思主义站了起来。古铁雷斯在《解放神学》中从历史的维度解放了他们的自由，人们开始自己掌握命运。古巴的政教关系从最初的对抗到后来的共处，到特殊时期甚至达成了合作的态度，古巴前领导人菲德尔·卡斯特罗认为当代拉美的天主教由过去为富人服务转变为现在为穷人服务，基督徒与马克思主义者的历史遭遇和奋斗目标如出一辙，基督的伦理规范与共产主义的思想品质相同，因此革命政权与宗教人士之间应该建立战略性联盟。古巴的经验具有世界意义。④

禾众在《关于“宗教市场论”的若干评议》一文中转述了某学者对于宗教市场论的剖析：将中国宗教市场区分为红市、黑市和灰市的三色理论即“宗教市场论”是为宗教高速扩大势力支着儿的。它把神灵当作商品，把宗教组织和神职人员当作公司和商人，将信徒和俗众当作需求者，而社会和文化领域则是宗教市场或潜在市场。它发现的“信仰法则”是：一神教最具竞争力，多神教软弱无能；“张力”和“排他性”是宗教得以强大的内驱力，宗教冲突，特别是担当社会冲突的载体，是吸引教徒“委身”最有力的渠道。它把宗教的经济收益定为最高利益，鼓动社会一切领域都应该对宗教开放，自由竞争，蔑视民主宪政，抨击国家主导，属于宗教至上、宗教无政府思潮。其在中国是向依法治国的方针挑战，直接冲击“教育与宗教相分离”的国家立法。⑤

王静在《卢卡奇〈历史和阶级意识——马克思主义辩证法研究〉对拜物教的分析》一文中指出，卢卡奇的名著《历史和阶级意识——马克思主义辩证法研究》引领了西方马克思主义思潮，被誉为西方马克思主义的圣经。卢卡奇在这部著作中对拜物教的分析，揭示了拜物教和商品社会的关系，指出了马克思主义辩证法对于克服和超越拜物教的意

---

① 载曾传辉主编《马克思主义宗教观研究（2013）》，社会科学文献出版社 2015 年版。

② 同上。

③ 同上。

④ 同上。

⑤ 同上。

义，阐明了宗教产生的根源、宗教发展的动力以及宗教的功能。[①]

谢添在《解放战争时期中国共产党的宗教工作研究》中指出，解放战争时期，中国共产党制定实施了一系列有利于推翻美蒋反动统治的宗教政策，包括保护宗教界的合法权益，废除封建宗教土地所有制，打击宗教界的反动势力；积极开展了少数民族地区的宗教工作，包括尊重少数民族宗教信仰和风俗习惯，保护少数民族合法权益和正当利益，团结少数民族宗教界人士建立民族区域自治；积极引导宗教与创建新中国相适应，包括确立宗教信仰自由为基本国策，巩固党同宗教界的统一战线，重视城市宗教事务管理，加强党对宗教工作的领导。[②]

黄奎在《反邪教立法问题简析》一文中建议，在国内外形势发生深刻变化的大背景下，形成和树立总体国家安全观，以宽广视野和创新思维看待宗教问题、邪教问题，以社会经济发展新常态下“推进国家治理体系和治理能力现代化”的总目标为参照，适时制定《反邪教法》，充分发扬以往行之有效的综合治理的好传统，广泛动员全社会力量，群策群力，群防群治，在日益完善的国家治理体系中明确相关部门和人员的政治责任和法律责任，以“不治已病治未病”“消除隐患于萌芽状态”为目标愿景，建立层次分明、分工明确的防治邪教的目标责任制。[③]

曾传辉在《邓小平的宗教观》一文中认为，改革开放以后邓小平以伟大战略家高屋建瓴的宏大视野，为恢复和完善宗教信仰自由政策指明了大方向，为社会主义条件下我国宗教理论和宗教政策的系统化奠定了坚实的基础。邓小平宗教观的主要内容包括：要充分认识宗教社会作用的双重性，既要实行宗教信仰自由政策，也要防止出现宗教狂热；既要贯彻落实宗教自由政策，也要加强共产主义信念与科学世界观宣传教育；要发挥宗教文化在促进海内外同胞情谊和国际民间交往方面的积极作用；要坚持独立自主的宗教政策。[④]

四 重要会议

为研究新情况、解决新问题、激发新思维，为吸引聚合海内外相关学术资源，切实推进新常态视野中的马克思主义宗教观研究，中国社会科学院世界宗教研究所与中国宗教学会共同主办的马克思主义宗教观研讨会于2015 年5 月30 日至31 日在北京召开。

来自国家宗教事务局、中央社会主义学院、中央文献研究室、陕西社科院、江西社科院、天津社会主义学院、四川省人民政府参事室、中国人民大学、中央民族大学、陕西师范大学、新疆师范大学、辽宁大学、四川大学、湘潭大学、渤海大学、燕山大学、内蒙古工业大学、牡丹江师范学院、山东枣庄学院、常德市委党校等单位的中国学者，和来自美国、德国、澳大利亚、韩国及法国等国家的外国学者，共约50 人出席会议。

中国社科院世界宗教研究所所长卓新平研究员在开幕辞中强调，对于宗教信仰的评价和把握乃事在人为，需要我们正确理解、积极引导、因势利导；我们民族宗教工作的范围

---

① 王静：《卢卡奇〈历史和阶级意识——马克思主义辩证法研究〉对拜物教的分析》，《世界宗教文化》2015 年第2 期。

② 谢添：《解放战争时期中国共产党的宗教工作研究》，《世界宗教文化》2015 年第2 期。

③ 黄奎：《反邪教立法问题简析》，《世界宗教文化》2015 年第6 期。

④ 曾传辉主编：《马克思主义宗教观研究（2013）》，社会科学文献出版社2015 年版。

基于两个底线之间，其上线为“发展是硬道理”，其下线为“稳定压倒一切”，在这两线之间的重要空间，其和谐有序发展就在于坚持党的宗教工作基本方针。

该研讨会以“事实与价值：新常态视野中的马克思主义宗教观”为主题，采用中英文同声传译方式进行。与会者围绕宗教研究中的事实判断和价值判断、资本运动视域中的宗教图景、全球信教人口统计分析、宗教事务法治化管理、宗教公益慈善、新疆伊斯兰教地域化现状及对策、基督教中国化等问题各抒己见，并在互动环节展开热烈讨论。

年会模式的马克思主义宗教观研讨会，在国际学术交流方面有了突破性进展，开创了学术研究的新维度。

2015年度宗教学研究综述

梁恒豪

一 宗教哲学

(一) 论著

1.《宗教与哲学》(第四辑)[①] 汇集了国内有代表性的一批宗教哲学与宗教学研究方面的专家学者的最新力作，以“宗教与哲学关键词”为主题，内容涵盖西方宗教哲学、宗教与哲学的关系、对中国哲学思想的宗教信仰考察、犹太思想、伊斯兰哲学、宗教学理论等诸多领域，充分展现了国内宗教哲学与宗教学研究的最新成果，具有很高的学术价值。

其中，《“神性”，太“神性”了——克尔凯郭尔的“神”》是叶秀山先生宗教哲学研究的最新成果，论文对克尔凯郭尔的宗教哲学思想有创造性阐发。论文认为，克尔凯郭尔认为“绝对存在”的“神”并非超越的，而是“现实”的。它依靠的并非逻辑证明，而是时间中“瞬间”的“存在意识—自由意识”，在于和“神—永恒”“直接”交往。一旦“意识到”自己的自由，人就会“意识”到有一个“绝对相异者—他者”的“存在”，他“愿意”为自由者“牺牲一切”，决不推卸“责任”，包括“不是应该”的“责任”；这样一个“事实”上的“仆位”之“神”，“瞬间”就“在”我们的“瞬间”之中。

另外，该辑还专门刊出“徐梵澄先生诞辰106周年纪念”专辑，汇集《“情心”与“思心”——对徐梵澄评〈清代八卦教〉一文的读解》(孙波)、《精神哲学视界中的艺术鉴赏——徐梵澄〈古画品录·臆释〉之索解》(赵波)等研究文章，以及相关的《赫拉克利特》译文(兰纳德著，贺佳译)。

2.《绝对视域中的康德宗教哲学》[②] 是国内康德宗教哲学研究领域的最新力作。该书旨在从“伦理神学”和“道德宗教”两个维度分析康德道德地建构宗教的思想逻辑，阐释存在于纯然理性界限内的宗教信仰在何种意义上“可能”，又在何种意义上“可行”，并在绝对视域中检视康德宗教哲学的现代性效应，理性地诠证自由与至善、神圣、仁慈与正义、善与恶、道德救赎与上帝恩典、良知与信仰、法治与法权等价值理念。

3.《哲学与宗教的永恒同盟——谢林〈哲学与宗教〉释义》[③] 一书作者通过对谢林

---

① 金泽、赵广明主编：《宗教与哲学》(第四辑)，社会科学文献出版社2015年版。

② 傅永军：《绝对视域中的康德宗教哲学》，社会科学文献出版社2015年版。

③ 先刚：《哲学与宗教的永恒同盟——谢林〈哲学与宗教〉释义》，北京大学出版社2015年版。

著作的逐章释义，系统阐发了德国古典哲学家谢林的重要文本《哲学与宗教》。全书分为两个部分，第一部分的主体内容是按着顺序对《哲学与宗教》的每一章分别加以阐释，第二部分则是作者对该文本的详细翻译。谢林作为德国古典哲学发展中期的重要人物，对黑格尔有着重大影响，但国内的相关研究和翻译都非常稀少，该研究有着填补学术空白的意义。

(二) 论文

1. 王健发表《在观念与历史之间——对余英时分疏“道统”与“道学”之意义的思考》[①] 一文认为，余英时的《朱熹的历史世界——宋代士大夫政治文化研究》，依朱熹《中庸章句序》，分疏了“道统”与“道学”之不同的历史所指；意在将道学或理学研究“回转”到历史的“语境”和“事境”中。此一“回转”说，实则透过对现代哲学史研究的评骘，深触到反思中国传统思想研究的路径与方法，乃至其存在的价值性问题。然而，由于忽视了观念与历史之间的内在关联，所谓“回转”说，虽然分别为“道统”与“道学”赋予了不同的历史意涵，但却使“道体”（或曰“心体”“性体”）这一经典儒学的核心理念，在余氏的叙事中，变得粗疏不清。本文在论述“道体”与“道统”“道学”之关系时，特阐明朱熹之“道统”说，非在为理学家们争取所谓“传道正统”，而实在“中和”精神的历史之传。恰如钱穆所言，“传道即传心，传心犹传薪”。

2. 姚卫群发表《古印度哲学中的“真假”与“善恶”观念》[②] 一文认为，“真假”与“善恶”观念是古印度宗教哲学中的重要内容。从印度远古圣典吠陀奥义书开始，哲人们就常把这二者联系起来讨论。婆罗门教、佛教和耆那教等在发展中都很重视这两组概念，常将它们相提并论。梳理这方面的内容，进行认真研究，对于我们探索宗教哲学的基本特点，促进社会和谐发展具有积极意义。

3. 方向红发表《〈黄帝内经〉中“神”概念的现象学意义》[③] 一文认为，中医经典著作《黄帝内经》中的“神”在本文中主要指“五神”即“神”“魂”“魄”“志”和“意”，它们分别为心、肝、肺、肾、脾所藏。从胡塞尔现象学视角来看，“心神”类似于“自身意识”，“肝魂”几乎等于“内时间意识”，“肺魄”正是“动感意识”，“脾意”接近于“意向性”，而“肾志”已经完全属于“意志”了。这种对应关系丰富了中医的“五神”学说。然而，尽管具有这些相似性，《黄帝内经》仍然从自身的理论体系和临床实践出发，在诸多方面，例如在“意向性”与“意志”的关系、“内时间意识”中言语行为的发生的可能性、意识与情绪的原初关联、外在世界的客观性和实在性的证成等方面，做出了不同于胡塞尔现象学的理解和结论。这些差异将会引发古老的中医和现代的现象学之间的进一步对话。

4. 王希发表《简析苏菲学者贾米的〈存在论〉》[④] 一文认为，伊斯兰神秘主义对待

① 王健：《在观念与历史之间——对余英时分疏“道统”与“道学”之意义的思考》，载金泽、赵广明主编《宗教与哲学》（第四辑），社会科学文献出版社 2015 年版。

② 姚卫群：《古印度哲学中的“真假”与“善恶”观念》，载金泽、赵广明主编《宗教与哲学》（第四辑），社会科学文献出版社 2015 年版。

③ 方向红：《〈黄帝内经〉中“神”概念的现象学意义》，载金泽、赵广明主编《宗教与哲学》（第四辑），社会科学文献出版社 2015 年版。

④ 王希：《简析苏菲学者贾米的〈存在论〉》，《世界宗教研究》2015 年第 5 期。

“存在”问题的进路颇为不同，在其代表人物贾米看来，存在就是作为必然者的真主本身，是唯一真正的实在和基质；通常被认为是自立的“是什么（本质）”相对于存在而言只是心智性的偶性，因此，存在优先于本质。

5. 尚杰发表《德里达的信仰》① 一文认为，德里达的“解构”并非“破坏”的同义词。“解构”是建构性的，是特殊意味的建构，它强调无法归类的他者。这个“他者”与德里达所使用的一系列关键词之间是相互解释的，例如延异、痕迹、增补性等。这些词语共同组成了一个具有“家族相似”特征的思想群，它们揭示了德里达的信仰，即超越任何“主义”、认识论或知识论，并期待全然的他者的“没有宗教的宗教”，或者说一种解构之后的哲学。

(三) 会议

2015 年 8 月 6—10 日，由中国社会科学院世界宗教研究所宗教学理论研究室、中国社会科学院世界宗教研究所儒教研究中心与中国人民大学国学院联合举办的第四届宗教哲学论坛“古今之辨：哲学、宗教、政治——宗教哲学 2015 青岛论坛”顺利举行。与会的专家学者来自中国社会科学院世界宗教研究所、中国社会科学院哲学研究所、北京大学、中国人民大学、山东大学、中山大学、中央民族大学、首都师范大学、深圳大学、中国海洋大学等院校。

围绕古今之辨，在此次论坛宣读的论文有：张祥龙教授的《儒家通三统的新形式和北美阿米什人的社团生活——不同于现代性的另类生活追求》、李存山研究员的《从两篇对话看外来宗教与儒家文化的关系》、傅有德教授的《近现代文化论争中的“中西之分”与“古今之别”》以及张志刚教授的《钱穆再论“中国无宗教”》等。

在此次论坛宣读的论文还有：李秋零教授的《“人是目的”：一个以讹传讹的康德命题》、何光沪教授的《神性探索的新模式——麦奎利的辩证有神论》、杨春梅教授的《荀学中人类知性的运用及其限度》、杨桂萍教授的《中国伊斯兰哲学：文本、概念、问题和特点》、韩星教授的《由文武之道到文武之政、文武之教——儒家治理之道的现代意义》、赵法生研究员的《孟子心性论与牟宗三的道德形而上学》，以及陈立胜教授的《谁之“思”何种“位”？——儒学“思不出其位”之中的“政治”与“心性”向度》、李大华教授的《商人伦理与宗教伦理——兼论华南地区道教世俗化运动》、卢国龙研究员的《“随方设教”义疏》、梁涛教授的《王安石政治哲学发微》等。

此次宗教哲学论坛的参会论文汇集了宗教哲学领域的最新学术成就，充分展示出中外对比的宽广视野和古今之辨的深层思考。

二 宗教心理学

2013 年 6 月，《宗教心理学》（第一辑）由社会科学文献出版社出版；2014 年 6 月，中国社会科学院世界宗教研究所举办“中美宗教心理学论坛”，宗教心理学逐渐开始受到国内学界和社会各界的关注和重视。2015 年，该学科继续保持发展态势，研究基础继续夯实、研究队伍不断壮大、学科发展环境利好，中国宗教心理学作为新近兴起的交叉学

① 尚杰：《德里达的信仰》，《哲学动态》2015 年第 2 期。

科，继续呈现缓慢上升的发展势头。

（一）研究进展

1. 辑刊

《宗教心理学》（第二辑）于2015年12月由社会科学文献出版社出版。该辑刊的结构大致分为以下几个部分：历史展望、域外视野、理论前沿、思想交谈、学术述评和实证研究。该辑刊集中了宗教心理学研究领域最新的研究成果，很好地反映了该学科的发展现状和最新进展。其中，陈彪在《意识和宗教经验》① 一文中指出，从心理学角度研究宗教，心理学家们首先关注的当然是个体的宗教经验。当克拉克学派对宗教经验特别是皈依经验进行生理学的考察时，美国有两个著名的哲学家（也是心理学家）却从意识的角度来研究宗教的经验。詹姆斯和普拉特都认为，对不同传统中的广泛的宗教现象，宗教心理学应该做一种系统描述的、根本不带个人倾向的学术研究。

陈永胜教授在《中国宗教心理学实验研究的可行性和重大主题》② 一文中指出，西方的实验研究方法在中国文化背景下同样是可行的，这一点在国家社科基金项目“中国特色个体宗教心理发展研究”中已经得到证实。目前课题组进行了多项关于信仰基督教儿童和信仰天主教儿童宗教认知发展、宗教情感发展、宗教行为发展的实验研究。实验结果采用多变量统计方法进行处理，主要考察任务、年龄、性别的主效应和交互效应。作者认为，发挥宗教界人士和信教群众在经济社会发展中的积极作用，是中国共产党“十八大”报告提出的一项战略任务。因此，如何挖掘道教、佛教、基督教、天主教、伊斯兰教教义中符合社会主义核心价值观的内容进行有关实验研究，不仅对落实“十八大”报告的精神具有非常现实的意义，而且对丰富中国文化背景下宗教心理学实验研究的时代内涵具有重要的学科建设价值。

曹娟在《奥尔波特内在、外在宗教取向二分在非基督宗教中的适用性探讨——以佛教徒和基督徒对比为例》③ 一文中指出，奥尔波特的内在、外在宗教取向二分是宗教心理学最有影响力的理论之一，但它是否能够直接在中国应用，是否有不适合之处是一个需要加以研究的问题，该论文的目的即在于探讨奥尔波特的内在、外在宗教取向二分理论在中国的适用性。该论文选取在中国社会具有相当重要性的佛教徒来作为基督徒的参照。通过问卷的形式，该研究发现，奥尔波特的内在、外在宗教取向二分思想在佛教徒中主要有五个方面的不适用性。（1）亚伯拉罕系宗教的基本范畴和概念在非基督教文化中不适用。（2）基督教的“真正的信徒”的标准并不一定是其他宗教的“真正的信徒”的标准。（3）奥尔波特的“外在取向”并没有穷尽所有的可能性。（4）宗教取向二分理论成立的前提——“有真正的信徒和非真正的信徒两种类型，且二者之间能够明确分开”——可能在佛教中不适用。（5）部分佛教徒的行为并非源自宗教，而是源自他们所处的文化环境，因此对于这一部分信徒，宗教不能用来解释他们的行为，宗教也不是他们行为的

---

① 陈彪：《意识和宗教经验》，载金泽、梁恒豪主编《宗教心理学》（第二辑），社会科学文献出版社2015年版。

② 陈永胜：《中国宗教心理学实验研究的可行性和重大主题》，载金泽、梁恒豪主编《宗教心理学》（第二辑），社会科学文献出版社2015年版。

③ 曹娟：《奥尔波特内在、外在宗教取向二分在非基督宗教中的适用性探讨——以佛教徒和基督徒对比为例》，载金泽、梁恒豪主编《宗教心理学》（第二辑），社会科学文献出版社2015年版。

原因。

何沛怡、石林在《重大疾病患者宗教应对的质性研究：以中国基督徒为例》[①] 一文中指出，宗教应对是近20年来西方宗教心理学的重要研究方向之一。当人们遭遇疾病、丧失、战争等严重威胁个体生命健康和生活质量的压力事件时，往往转向更高的力量以帮助自己应对，宗教也常常成为他们的应对资源。在中国，关于宗教应对的理论和实证研究仍处于起步阶段。在国内宗教信众逐年增多、癌症等重大疾病威胁越来越多民众的时代背景下，探索宗教如何影响个体应对疾病，具有重要的现实意义。该研究以基督徒为例，探索重大疾病患者的宗教应对过程，揭示个案可能采用的宗教应对策略和持有的宗教应对资源，及应对过程中宗教应对方式、宗教信仰等方面可能存在的变化。采用质性研究方法，原因在于：宗教是一种复杂的现象，宗教应对领域目前仍缺乏坚实的理论，质性研究可以深入研究对象的经验世界，进行细致、动态的描述和分析，寻求解释和理解。

2. 专著、译著

陈兵教授《佛教心理学》（上、下册）2015 年 8 月由陕西师范大学出版总社再版发行。这是迄今最为系统、全面、深入的心灵学说专著，通过佛教对“心”的诠释，教导我们转识成智，实现找心、安心、净心，最终找到生命的价值。这部作品为深入探究人类心灵实相、治愈心理疾患奠定了坚实的基础，以现代心理学与佛法的双重视角，用浅近的文字使佛法智慧通过心理学融入人们的生活，解决现实中所遇到的心理问题。作者从现代心理学和佛法的双重视角，对古今中外各系佛教思想的核心——有关心灵的学说，做了一番现代整合，忠实地浓缩了佛法的精华，做出使现代人容易明白的诠释。既有深刻的理论论证，又有治理自心、完善人格，乃至明心见性，获得大智慧、大安乐、大自在的具体技术。是一部深入浅出的学术力作，是佛教心理学的最佳教科书，是学佛修行的必要辅导，为心理学工作者提供了精深博大的参照体系，为广大爱好佛学和心理学的读者提供了学习佛法的方便。

英国人维特根斯坦的《美学、心理学和宗教信仰的演讲与对话集（1938—1946）》一书，由刘悦迪译，于 2015 年 2 月由中国社会科学出版社出版发行。该书由维特根斯坦的 6 个学生整理他的口授记录而成，俗称“剑桥演讲录”，与其大多数作品一样，维特根斯坦善于展示对话的力量，用简洁的词语表达深刻的意义。在此书中，他从语言分析的角度探讨了“美”“信仰”等语词的含义，尤其展示了美与幸福及生活理想的关联。

3. 论文

李春尧在《宗教心理学在中国发展的困境与前景》[②] 一文中指出，在宗教学的诸分支中，宗教心理学是内涵最模糊，也是发展最薄弱的一个子学科。该文在简要介绍宗教心理学的起源之后，试图给“宗教心理学”提出广、狭两种定义，以此明确研究对象。在此基础之上，该文拟讨论宗教心理学在中国的发展过程中遭遇的困境：学科定位的问题、人才培养的问题、应用实践的问题、学科本土化的问题。针对这些问题，该文试图提出一些建议，希望能有助于此学科在中国的发展。最后，该文认为，中国宗教心理学的远景广阔。就当前现实而言，它还能在规范宗教市场、防治邪教泛滥方面起到积极作用。

---

① 何沛怡、石林：《重大疾病患者宗教应对的质性研究：以中国基督徒为例》，载金泽、梁恒豪主编《宗教心理学》（第二辑），社会科学文献出版社 2015 年版。

② 李春尧：《宗教心理学在中国发展的困境与前景》，《甘肃理论学刊》2015 年第 2 期。

张格雨、张新娟、卫书颖发表《国内宗教性研究综述》① 一文认为，宗教性是宗教的一个核心概念，是行为、信念的综合体现。它常被用来判断是否信仰宗教和信仰宗教的程度。自20世纪初，国外就开始了对宗教性的研究，获得了丰硕的成果。然而在国内对宗教性的研究起步较晚。随着越来越多的人加入信教的行列，宗教的影响在中国社会中日益突出，我国心理学界开始关注研究宗教心理问题，研究对象涉及宗教归因、宗教认同、精神性、宗教性等。通过对以往文献的梳理，该文从宗教性的概念与结构、测量工具的编制、影响因素三个方面展开综述，并分析以往研究的不足，同时对未来的研究进行展望，以为相关研究工作的开展提供借鉴。

周普元在《论存在分析宗教心理学的双重X模型》② 一文中指出，在“潜意识”领域，竭力向“意识”呈现是精神分析的基点，而存在分析的“意义治疗学”则寻求精神现实的意识，体现了主体竭力向客体世界建立联结的事实。文章构建了存在分析的双重X模型，运演了第二重X模型的大我在心灵动力的驱使下，唤醒第一重X模型的小我在本能和冲动的游离状态中对自身人性的重视，唤醒一个作为万物灵长所必须承担的责任。存在分析的治疗方法在一定程度上符合精神分析的治疗原理，即作为第一重X模型的人（主体）认识到自己（自我中超我的层面）与第二重X模型的客体大我世界（即世界的爱、良心、责任、意义等）存在的差距，进而产生心灵动力——紧张，在意义意志的指引下，个体自我在世界客体中寻求现实意义，唤起自我在被抛弃的世界中生存下去。宗教不仅对精神或神经病患者有治疗作用，而且对正常人、对所有人的心理发展和人格成长都有一种治疗作用。

李丹发表《关于宗教信仰者精神幸福的研究综述》③ 一文指出，精神幸福强调精神性的问题与宗教问题息息相关，研究宗教信仰者特有的幸福对更清晰地把握和更全面地认识信教者的心理幸福感具有重要意义。目前精神幸福的国内外研究相对较少，了解精神幸福的国内外研究现状有助于深化对该领域的研究，为该领域研究开辟新天地。

罗清峰、秦竹发表《傣族南传佛教心理调适方法与中医心理疗法的相关性研究》④ 一文，通过田野调查、文献研究整理提炼出傣族南传佛教中蕴含的心理调适方法，与中医心理调适方法进行对比，探讨了傣族南传佛教与中医在心理调适方法上的相关性。结果显示，傣族南传佛教蕴含着丰富的心理调适方法，在心理病症的预防和治疗方面有着显著作用。因此，作者认为傣族南传佛教与中医在情志病症的预防和治疗方面有诸多相通之处。

刘继同发表《人类灵性概念框架范围内容、结构层次与中国本土灵性社会工作服务体系建构》⑤ 一文。作者首先解释了人类灵性需要体系对当代中国社会发展和灵性生活重要的现实、理论、政策、专业、学科和全球性意义。其次探讨了普世性和客观性的人类灵性需要体系框架的内涵外延、主要构成要素、层次结构和不同要素之间相互关系，阐明了人类灵性需要体系结构特征、地位角色和功能作用，尤其是人类灵性需要与精神健康、宗

① 张格雨、张新娟、卫书颖：《国内宗教性研究综述》，《青春岁月》2015年7月（上）。

② 周普元：《论存在分析宗教心理学的双重X模型》，《社会心理科学》2015年第8、9期。

③ 李丹：《关于宗教信仰者精神幸福的研究综述》，《科学导报》2015年第1期。

④ 罗清峰、秦竹：《傣族南传佛教心理调适方法与中医心理疗法的相关性研究》，《中国民族民间医药》2015年第8期。

⑤ 刘继同：《人类灵性概念框架范围内容、结构层次与中国本土灵性社会工作服务体系建构》，《人文杂志》2015年第2期。

教信仰生活和心理学的区别联系等，旨在建构人类灵性关怀社会服务体系的专业价值观与思想理论基础。最后回到中国社会现实处境，尤其是在全球化处境、不同文化交融互建与多种文明共生，主体自觉、文化自觉和理论自觉背景下，简要讨论如何建立中国本土化与专业化灵性社会工作服务体系，改善中国人灵性生活质量，提高中国人的健康福祉水平，建立健全全球性社会政策与社会服务体系，谋求人类社会健康和谐发展，为实现中华民族伟大复兴的中国梦增添精神文化和灵性智慧。

意娜发表《曼荼罗（坛城）的现代宗教哲学与心理学阐释》[①] 一文认为，曼荼罗（坛城）象征了现象和本体方面的全部实在。曼荼罗（坛城）由最初的宗教尊像建筑等实物形式发展为抽象的形式化图式，并在历史演进中升华为文明原型、文化符号和艺术图式。荣格第一个将曼荼罗（坛城）的名称引入宗教哲学和心理学领域，荣格从无意识的精神极出发，将曼荼罗（坛城）的图形看作一种原型理念。从哲学意义看，曼荼罗的意象凝聚了富于人类本性的哲学蕴涵，同时又彰显了东西方的区别与不同。藏密曼荼罗（坛城）充分展现了自身的独异性。

王志成、徐晓燕发表《心理学与宗教：佛教与过程思想的心神关系研究》[②] 一文，集中介绍了心理学与宗教国际学术研讨会（International Symposium on Psychology and Religion）上发表的最新研究。该研讨会于2014年5月29—30日在浙江普陀山举行。此次研讨会由浙江大学全球化文明研究中心主办，美国过程研究中心中国部协办，普陀山国际佛教文化交流中心承办，旨在通过东西方文化的相互印证和交流，探索全球化、现代化背景下学术思想与精神实践相结合的有效方式，推动东方精神文明在中国的复兴、发展、传播和繁荣。

刘欢发表《心理学家冯特的宗教观》[③] 一文认为，威廉姆·冯特（Wilhelm Wundt）是被世人称为“心理学之父”的科学心理学创始人，他毕生的学术研究方向可以归为两类：个体心理学（即实验心理学）和社会心理学（即民族心理学）。在冯特生命的后20年间，他致力于包括宗教内容在内的民族心理学研究，首次系统采用心理学理论与方法来分析宗教的起源发展及其本质，同时还提及了宗教与其他各民族文化要素的关系，从而构建了宗教心理学的学术基础。其宗教观点主要体现在《民族心理学》《民族心理纲要》和《民族心理学诸问题》三部专著中。

刘欢发表《浅谈美国心理学之父的宗教观》[④] 一文认为，在美国人心中，威廉姆·唐姆斯才是真正的“心理学之父”，因为他比冯特更早发表心理科学方面的学术专著，只是没有建立自己的“莱比锡实验室”。那么这位美国心理学之父对于宗教心理学有何建树？在他的著作《宗教经验之种种：人性之研究》之中，又是怎样描述信众的宗教心理归属？作者在文中简要回答了上述问题。

梁恒豪发表《西方精神性概念的发展、应用及与中国处境的关联》[⑤] 一文指出，随着西方尤其是西欧宗教的发展和演变，个人的信仰从制度性宗教脱离出来的趋势日渐明显。

---

① 意娜：《曼荼罗（坛城）的现代宗教哲学与心理学阐释》，《青海师范大学学报》2015年第2期。

② 王志成、徐晓燕：《心理学与宗教：佛教与过程思想的心神关系研究》，《国际学术动态》2015年第3期。

③ 刘欢：《心理学家冯特的宗教观》，《社科纵横》2015年第2期。

④ 刘欢：《浅谈美国心理学之父的宗教观》，《教育》2015年第13期。

⑤ 梁恒豪：《西方精神性概念的发展、应用及与中国处境的关联》，《世界宗教研究》2015年第6期。

随着“信仰而不归属”的提出，强调个人信仰的精神性概念引起越来越多的讨论，其重要性和未来的发展态势值得重视。该文通过对精神性在西方发展的探讨，从个体心理向度考察精神性及其与宗教的关系，进而从宗教心理学视角考察精神性的定义和特征，以精神性挣扎为例探讨这一概念的应用，最后考察了精神性与中国处境的关联。

(二) 2015 年宗教心理学的会议

2015 年 6 月 6—7 日，由中国社会科学院世界宗教研究所主办的“宗教心理学理论、方法、应用探新研讨会”在北京展览馆宾馆召开。参加此次会议的领导、嘉宾和学者有全国人大常委会委员、中国宗教学会会长、中国社会科学院学部委员、世界宗教研究所所长卓新平研究员，中国宗教学会常务副会长、世界宗教研究所金泽研究员，世界宗教研究所宗教学理论研究室主任赵广明研究员，世界宗教研究所部分同事以及来自中国社会科学出版社、北京大学、中国人民大学、北京师范大学、中央民族大学、中国政法大学、浙江大学、四川大学、南京师范大学、陕西师范大学、浙江师范大学、济南大学、曲阜师范大学、天津外国语大学等科研机构和高校从事宗教心理学研究的专家学者 30 余人。宗教心理学的会议前后持续两天，讨论的主题包括从心理学视角阐释中国传统宗教和文化，探讨在中国进行宗教心理研究可运用的研究方法，对中国的宗教现象和教徒心理进行的实证研究，关注社会和谐和个体身心健康。与会学者报告了最新的研究成果，并积极参与讨论，最后就充分发挥宗教的积极作用，以及中国宗教心理学的学科建设问题等提出了意见和建议。会议气氛热烈，与会人员均表示很有收获。

2015 年 11 月 13—15 日，第六届“戒幢论坛——佛法与心理治疗”在苏州西园寺举行，与会的专家学者近 30 人，有近 300 余人旁听学习。论坛的主题报告有两个：济群法师的《心灵创造幸福》和赵旭东的《文化在精神治疗中的作用》。其他分会场的与会学者们围绕“幸福”“正念”“慈悲”的主题分别发表自己的论文，每场都留有充分的时间交流讨论。幸福分论坛的论文有：《佛法与幸福》——贤宗法师；《幸福运动和幸福科学研究》——韩岩老师；《听中觉悟，慈悲正念》——申荷永教授；《佛学与精神分析治疗·成为自我与放下自我》——张天布；《自我与无我：心理疾患等与佛学》——徐钧老师；《回声论证与唯识无境》——张学新教授；《正念、慈悲与梦僧修行·明惠法师的梦境探究分析》——徐光兴教授。正念分论坛的论文有：《默照禅修中促进转化的慈悲与智慧》——杨蓓教授；《大乘禅法及其禅心化佛教的机宜》——惟海法师；《发现本心与本性：认识其在心理治疗中的意义》——傅文青教授；《接纳承诺疗法（ACT）与佛学》——祝卓宏教授；《略谈西方正念师资培训与认证》——温宗堃教授；《基于我执思想建构正念体悟疗法的自我理论》——东振明老师；《从替代性正念到合作性正念·一种心理治疗的实质性理解》——张沛超老师；《佛教禅定：中国本土心理学研究方法的典型代表》——彭彦琴教授；《六度与心理建设》——界文法师。慈悲分论坛的论文有：《母爱缺失与慈悲认同》——李孟潮医师；《龙树中道思想与人本主义心理治疗》——湛空法师；《佛家传统仪式：水陆法会的心理动力学意义》——赵梅老师；《佛教与世间法互动中可能出现的问题探讨》——朱建军教授；《荣格心理学思想之中国宗教渊源探微：以佛教为例》——梁恒豪博士；《中国文化与拉康》——严和来博士；《处理它：佛教的与心理咨询的方法》——朱彩方教授；《“躯体症状障碍”注记》——宁铂老师；《分离创伤·从存在心理治疗到佛教》——廖乐根老师。

综上所述，国内有关宗教心理学的研究已经起步，学术力量逐渐增强，对该学科的重要性和加强研究的必要性认识越来越充分，国内越来越重视该学科的人才培养，有的学校试开了宗教心理学课程，甚至来自不同领域的国内少数学者还集中力量召开了几次国内宗教心理学会议，试图整合宗教心理学的研究力量，探讨合适的研究主题及国际合作前景。虽然中国宗教心理学学科研究基础依旧薄弱，学科建设也还有很长的路要走，但发展前景很好，潜力极大。

三 宗教社会学

(一) 宗教社会学理论研究

1. 对西方经典理论的引介

2015 年度，引介的西方经典理论著作为《宗教美国，世俗欧洲？——主题与变奏》(*Religious America, Secular Europe? A Theme and Variations*)①。

格瑞斯·戴维（Grace Davie）于 2015 年 7 月 14 日上午在中国社会科学院世界宗教研究所做了题为“对宗教的社会学思考：欧洲范式及其全球适用性”（Thinking sociologically about religion: European paradigms and global applications）的学术报告②。

此外，渠敬东主编的《社会理论辑刊·第一辑·涂尔干：社会与国家》问世，极大地拓宽了对宗教社会学家涂尔干的研究。

2. 对重要概念、重要理论及理论家的研究

（1）对社会学理论家马克思关于宗教论述的新解读

张志刚教授在《中国宗教研究的几个关键问题》一文中，对社会学三大奠基人之一的马克思关于宗教论述的方法论意义做了深入的解读。③

（2）对美国版公民宗教的歧义及公民宗教的功能解读

孙尚扬教授将贝拉关于公民宗教的论述放回到美国当时的社会政治和学术背景中进行解读，并论及儒教是否可建构为中国的公民宗教问题。④

（3）对大卫·马丁的研究

钟智锋博士在编选的《宗教社会学：大卫·马丁读本》⑤ 的基础上，梳理出了马丁对宗教社会学政教关系研究的主要贡献及其对中国研究的启示。⑥

（4）世俗化理论及新世俗化理论

对卢曼世俗化理论的研究则有秦明瑞的《世俗化及其后果——卢曼社会系统理论视

---

① ［美］彼得·伯格（Peter Berger）、［英］格瑞斯·戴维（Grace Davie）、［英］埃菲·霍卡斯（Effie Fokas）：《宗教美国，世俗欧洲？——主题与变奏》，曹义昆译，商务印书馆 2015 年版。

② http://iwr.cass.cn/xw/201507/t20150715_19102.htm.

③ 张志刚：《中国宗教研究的几个关键问题》，《世界宗教研究》2015 年第 5 期。

④ 孙尚扬：《现代社会中的意义共契与公民宗教问题》，《世界宗教研究》2015 年第 3 期。

⑤ David Martin, *Sociology of Religion: A David Martin Reader*, Edited by Wei Dedong and Zhong Zhifeng, Baylor University Press, 2015.

⑥ 钟智锋：《大卫·马丁的宗教政治学》，载金泽、李华伟主编《宗教社会学》（第三辑），社会科学文献出版社 2015 年版。

角下的分析》[1] 一文。该文引用了不少德文文献，将卢曼的理论放在其系统论的视角下进行分析。[2]

李华伟发表了《卡萨诺瓦的新世俗化理论》一文，分析了卡萨诺瓦对世俗化理论的新贡献。[3]

（5）对宗教认同理论的探讨

何其敏教授专门撰文，探讨“宗教认同”研究的路径问题。何其敏教授指出，无论是强调差异，还是强调有差异的认同，都是一种建构性叙事。[4]

（6）对杨庆堃关于“民间信仰”与“弥散型宗教”概念及关系的辨析

李华伟发表了专文探讨了杨庆堃理论中的“民间信仰”与“弥散型宗教”两个概念，指出中国学界对这两个概念的理解存在颇多争议与误解。[5]

（二）立足中国宗教经验的理论探讨

1. 宗教类型学

《宗教社会学》（第三辑）的中心论题为宗教类型学，郁喆隽、卢云峰、胡安宁、邵铁峰分别从不同层面对类型学进行了讨论。

2 市民社会视域下的迎神赛会研究

郁喆隽的专著《神明与市民——民国时期上海地区迎神赛会研究》出版，以民国时期上海地区迎神赛会为例，首开民间宗教与市民社会关系的历史社会学研究，并挑战了以往的宗教学理论，为宗教社会学的研究呈现了丰富的内容和方法。

（三）定量研究

1. 宏观宗教图景的描绘

2015 年，在宗教的量化研究上，最为重要的成果是中国人民大学发布的《中国宗教调查报告（2015）》[6]。

2. 具体问题的量化分析

方文教授发表了关于《中国非信徒与基督徒的心态地图比较》一文，该文为社会心理学在中国语境中对宗教地位感知和不同宗教信徒心态地图进行试验研究的尝试[7]。

李峰以长江三角洲数据为例探讨了科学主义、文化民族主义与民众对中国宗教信任关

---

① 秦明瑞：《世俗化及其后果——卢曼社会系统理论视角下的分析》，载金泽、赵广明主编《宗教与哲学》（第四辑），社会科学文献出版社 2015 年版。

② 同上书，第 174 页。

③ 李华伟：《卡萨诺瓦的新世俗化理论》，《中国社会科学报》2015 年 1 月 21 日。

④ 何其敏：《导言：探索“宗教认同”研究的基本路径》，载金泽、李华伟主编《宗教社会学》（第三辑），社会科学文献出版社 2015 年版。

⑤ 李华伟：《论杨庆堃对“民间信仰”与“弥散型宗教”的研究：贡献、问题与超越》，载陈进国主编《宗教人类学》（第六辑），社会科学文献出版社 2015 年版。

⑥ http：//blog. sina. com. cn/s/blog_ 3d25d0c90102vpc2. html.

⑦ 该文采用恐惧管理理论的典范实验程序，通过牙痛启动和死亡显著性启动，以探究当代中国非信徒和基督徒大学生样本作为评价主体在世俗语境和死亡启动语境中心态地图的异同。论文发现存在显著的评价主体的内群体偏好效应、非线性的死亡启动效应和中国不同宗教群体作为评价对象上的分化效应。参见方文《中国非信徒与基督徒的心态地图比较》，《世界宗教文化》2015 年第 3 期。

系的影响。①

(四) 学科建设

1. 由中国学者主编的西方宗教社会学大家自选集在美国出版

魏德东副教授和钟智锋博士主持编选的宗教社会学大师读本在海外出版。《宗教社会学：大卫·马丁读本》②《宗教社会学：罗德尼·斯达克读本》③ 均由美国贝勒大学出版社出版。

2. 教材

北京大学孙尚扬教授撰写的《宗教社会学》（第四版）④ 被作为普通高等教育“十二五”规划教材、北京高等教育精品教材由北京大学出版社出版。

3. 学科辑刊与论坛

《宗教社会学》（第三辑）出版。该辑对中国宗教进行了类型学研究的尝试，为建构中国宗教社会学的中层理论而努力。

由中国社会科学院世界宗教研究所举办的“宗教社会学 2015 北京论坛——宗教的功能与公共性”于 2015 年 10 月 31 日至 11 月 1 日在京召开⑤。

4. 学科会议

2015 年 10 月 23—25 日，国际科学研究宗教学会（SSSR）与宗教研究协会（RRA）联合年会在美国加利福尼亚州举行。会议的主题是“全球化时代宗教、文化与研究方式的多元化”（Pluralization of Religions, Cultures, and Research Methods in an Era of Globalization）⑥。

2015 年 7 月 17—18 日，第 12 届宗教社会科学年会在中国人民大学举行。此届年会的主题是“全球政治中的宗教”（Religion in global Times），亮点颇多。

2015 年 7 月 11—12 日中国社会学会年会第 2 届宗教社会学论坛在湖南省长沙市举行。

四 宗教人类学

近年来，随着学科的交叉与交融的逐步深入，宗教人类学的发展得到了越来越多学者的关注。整体而言，2015 年国内学界对宗教人类学的研究势头依旧强劲，各种理论流派的研究均有涉及，各大宗教研究依旧有所覆盖，尤其在宗教人类学的理论与方法探讨方面，有诸多的新思考。

在学术活动方面，每年一届的中国宗教人类学学术论坛如期在湖南召开。此次会议由

---

① 李峰：《科学主义、文化民族主义与民众对佛道耶之信任：以长三角数据为例》，《世界宗教研究》2015 年第 3 期。

② David Martin, *Sociology of Religion*: *A David Martin Reader*, Edited by Wei Dedong and Zhong Zhifeng, Baylor University Press, 2015.

③ Rodney Stark, *Sociology of Religion*: *A Rodney Stark Reader*, Edited by Wei Dedong and Zhong Zhifeng, Baylor University Press, 2015.

④ 孙尚扬：《宗教社会学》（第四版），北京大学出版社 2015 年版。

⑤ http://iwr.cass.cn/xw/201511/t20151105_19591.htm.

⑥ http://isbrt.ruc.edu.cn/isbrt/Article/Class31/Class47/201511/2204.html.

中国社会科学院世界宗教研究所、中国宗教学会、吉首大学哲学研究所和吉首大学民族学研究所联合主办，吉首大学民族宗教与文化研究中心、湖南省湘西土家族苗族自治州宗教事务局以及《吉首大学学报》编辑部协办。会议以茶马古道为研究对象，探讨文明与宗教之间的关系问题。此次论坛分别设立了“一带一路建设与多元宗教生态”“‘一带一路’的宗教人类学研究”“茶马古道上的多元宗教融合与族群认同”“茶马古道上的多元宗教传播与文化交流”等多个分论坛。可以看出，此届的宗教人类学会议主题紧扣时代旋律，视角独特，对于拓展宗教人类学的研究具有一定的意义。与此同时，“首届中国宗教人类学工作坊：世俗时代的修行”于2015年6月20日在海南举办。参加此次工作坊的学者都是宗教人类学研究领域的著名专家。探讨主题是宗教修行实践，内容包括湘西苗族巴岱、中国侗族村落、中国的道教学院新式传习法、巴哈伊社团的儒禧研习课程，以及台湾神佛授法通灵与修行、缅甸帕奥禅修系统在中国的修与行、女性基督教徒的信仰与生活、泰国城市中产阶层佛教实践、美国华人教会信徒等田野调查，围绕修行与灵性教育、修行与身心实践、修行与信仰戒律、个体与集体的修行、修行的语义学分析等进行深入研讨。该种专题形式的、小规模的研讨会，对宗教人类学界某个特定主题开展研究，既能将某一问题进行透彻、深入的研究，又能将宗教人类学领域的各方面如道教、基督教、民间宗教等领域的专家学者聚合起来，具有多方面的启发意义。

在论集著作方面，由陈进国主编的《宗教人类学》（第六辑）于2015年12月由社会科学文献出版社出版。该期一如既往地分为名家特约、思想交谈、本土眼光、田野现场、域外视野、学术评论几大栏目。既包含了理论方面的探讨，也呈现了诸多的田野调查成果；既有国内学者的本土研究，也包含国外学者对中国的思考；同时还有国内学者的域外视野，以及国外学者对自身国度宗教问题的集中关注。魏乐博、赵文词等人对中国道德体系及与之相关问题的思考，对读者思考中国问题具有极大的启发意义。何蓉、刘正爱两人则从不同角度开展对宗教场所的思考，提供给读者比较的视角。“田野现场”一栏聚焦于基督宗教，对中国台湾、中国云南、韩国以及俄罗斯的基督宗教开展研究。该期的“域外视野”则聚焦于日本宗教的研究，为读者了解日本宗教提供了重要的内容。另一本由孟慧英、吴凤玲所著的《人类学视野中的萨满医疗研究》由社会科学文献出版社于9月出版。这是近年来宗教人类学领域对于萨满研究的又一总结性成果，而且该研究将宗教与现代医疗、身体等联系起来，拓展了宗教在社会中的作用与意义。

就发表的论文而言，首先，理论与方法方面的探索与思考是2015年度宗教人类学研究的亮点。庄孔韶的《宗教人类学研究的两个整体性原理》一文，从人类学视角宏观探讨宗教人类学研究方法的问题。他提出，宗教人类学的研究需要涉及两种整体论的观察角度：一是涵盖生境的、组织的、意义的整体论观，一是生物—文化整体论观。我们使用人类学的认识论，从传统的作为文化诠释的研究工作，同时进入应用的宗教人类学的新的研究方向。[①] 该观点的提出实际是作者本人对自身多年研究实践的一个总结，同时也是当前人类学研究中颇为流行的一个观点，即开展宗教人类学的田野研究之时不仅仅要关注田野文化的某一层面，同时也要用整体论的眼光来看待文化—社会整体、自然—人文整体。该观点对于我们开展宗教研究具有极大的启发意义。王建新的《论宗教民族志的本土经验》一文则基于人类学角度提出了一个“宗教民族志”的概念，该概念源自人类学民族志，

---

① 庄孔韶：《宗教人类学研究的两个整体性原理》，《青海民族研究》2015年第1期。

作者认为当前中国宗教民族志的研究尚少，而宗教研究需要开展民族志的调查和书写，发展该研究迫在眉睫。[①] 尽管民族志一词在人类学领域已经为学界所公认，然而，在宗教学领域则属于一个新概念。可以说，作者的这种呼吁对于跨学科研究来说有着极为重要的作用。此外，还有杜靖的《弗里德曼为什么只重视中国宗教的功能而忽略系谱：兼论作为一种福利制度的中国宗教》[②] 和胡梦茵、黄剑波的《社会科学可以研究祈祷吗？——从莫斯〈论祈祷〉谈起》[③] 都以与人类学前辈对话的方式来研究自身关注的问题。另有历史学专业出身的吴青的《社区信仰与学科进路——宗教人类学介入本土研究的评检》[④] 以当前宗教人类学中基督宗教研究为话题，探讨现今宗教人类学开展社区研究的现状以及存在的不足。这种不足表现在当前基督宗教的社区研究当中缺少一种历史的视角和维度。作者的这种提醒为开展宗教人类学田野调查提供了一定的参考意义，他实际是将人类学学科中结构主义所缺少的历史维度引入宗教人类学的研究当中，这无疑也是跨学科研究中一种较为深入的观点。此外，Л. А. 戈戈季什维利、凌建侯的《复调话语的渊源：论巴赫金的宗教人类学第一原则》则将文学研究、宗教学研究、哲学研究、人类学研究结合起来加以探析，为我们思考宗教人类学研究的多样性提供了案例。[⑤]

其次，基督宗教、佛教、道教、伊斯兰教、民间宗教、民族宗教等方面的研究也如往年有不少的文章。基督宗教研究近年来在中国宗教人类学研究领域已经发展成一股强大的力量。这种强大不仅表现在研究人员数量的日渐增多，而且还表现为学者学术功底之扎实、思考问题之深入、研究范围之扩大。艾菊红的《基督教在韩国的本土化实践》[⑥]、龚浩群的《清教的流变：美国东镇一位神教会的约定、政体及其现代转型》[⑦] 两文代表了中国学者对国外基督教发展情况的关注。黄剑波的《基督徒见证的事实、意义与阐释——兼及口述史与宗教研究》[⑧] 则将近年来颇为学者所关注的口述史引入宗教的研究当中，对于宗教学来说无疑具有新意。

随着近年来藏传佛教研究的日渐兴盛，宗教人类学中藏传佛教的研究成果颇显规模。法国学者莱昂内尔·欧巴迪亚的《本土化的去疆域化？藏传佛教在法国及世界各地的全球本土化案例》[⑨] 一文，着眼于近年来“全球化”概念，认为宗教的全球化并非是简单地去疆域化，而是一种在疆域内本土化的过程。郎维伟、周勇军的《嘉绒藏族村落社会的

---

① 王建新：《论宗教民族志的本土经验》，《北方民族大学学报》（哲学社会科学版）2015 年第 2 期。

② 杜靖：《弗里德曼为什么只重视中国宗教的功能而忽略系谱：兼论作为一种福利制度的中国宗教》，《青海民族研究》2015 年第 1 期。

③ 胡梦茵、黄剑波：《社会科学可以研究祈祷吗？——从莫斯〈论祈祷〉谈起》，载金泽、李华伟主编《宗教社会学》（第三辑），社会科学文献出版社 2015 年版。

④ 吴青：《社区信仰与学科进路——宗教人类学介入本土研究的评检》，《世界宗教研究》2015 年第 3 期。

⑤ Л. А. 戈戈季什维利、凌建侯：《复调话语的渊源：论巴赫金的宗教人类学第一原则》，《俄罗斯文艺》2015 年第 2 期。

⑥ 艾菊红：《基督教在韩国的本土化实践》，《世界民族》2015 年第 4 期。

⑦ 龚浩群：《清教的流变：美国东镇一位神教会的约定、政体及其现代转型》，《中央民族大学学报》（哲学社会科学版）2015 年第 4 期。

⑧ 黄剑波：《基督徒见证的事实、意义与阐释——兼及口述史与宗教研究》，《基督教文化学刊》2015 年第 1 期。

⑨ 莱昂内尔·欧巴迪亚：《本土化的去疆域化？藏传佛教在法国及世界各地的全球本土化案例》，《国际社会科学杂志》（中文版）2015 年第 2 期。

宗教文化——以大渡河上游的沈村为例》[①] 则从宗教生态论的视角描述了多元宗教共存的地方实例。完麻加、吉毛措的《宁玛派密咒师羌姆表演仪式的人类学解读——以格瓦彭措桑木丹林的羌姆表演为例》[②] 则延续了宗教人类学研究中经典的仪式研究。朱靖江的《神圣的凝望：藏族"村民影像"中的神山崇拜》[③]、刘琪的《"化外"的村落与"自在"的社会——对一个藏边村庄神山、阿曲与社会的人类学考察》[④] 则关注了近几年兴起的藏族神山崇拜研究。王玥玮的《礼物交换与佛教经济学——一个西藏"寺院—村落"共同体的互惠与团结》[⑤] 则从宗教经济角度考察了西藏寺院—村落共同体之间的经济联系。而王蕙的《文化人类学视野下的大理白族佛教法舞研究》[⑥] 一文，研究佛教仪式的舞蹈，视角独特而新颖。

道教方面的研究，有陈进国的《道教人类学的路径反思——评志贺市子〈香港道教与扶乩信仰：历史与认同〉》[⑦]，整体而言，略显单薄。

伊斯兰教研究则多集中于仪式研究当中，如马燕的《回族宰牲仪式的宗教人类学解读》[⑧]、祖木拉提·哈帕尔的《巴扎麦西来甫仪式的人类学解读：以莎车为研究对象》[⑨] 均是聚焦于仪式方面。

民间宗教与信仰一直是宗教人类学研究不可或缺的一部分，李正元的《试论西北民间信仰中的地域守护神》[⑩]、王含章的《象征隐喻与传统再造：甘肃盐神信仰的人类学研究》[⑪]、马清虎的《安多热贡地区二郎神信仰的人类学研究》[⑫]、刘燕的《民俗生活中的神马信仰——以云南腾冲神马为例》[⑬]、尤明慧的《在场与在上：祖先崇拜的文化人类学思考》[⑭]、孙玉春的《汉族祖先崇拜的人类学研究》[⑮] 均是该方面的代表。

---

① 郎维伟、周勇军：《嘉绒藏族村落社会的宗教文化——以大渡河上游的沈村为例》，《民族学刊》2015 年第 3 期。

② 完麻加、吉毛措：《宁玛派密咒师羌姆表演仪式的人类学解读——以格瓦彭措桑木丹林的羌姆表演为例》，《宗教学研究》2015 年第 3 期。

③ 朱靖江：《神圣的凝望：藏族"村民影像"中的神山崇拜》，《西南民族大学学报》（人文社会科学版）2015 年第 12 期。

④ 刘琪：《"化外"的村落与"自在"的社会——对一个藏边村庄神山、阿曲与社会的人类学考察》，《西南民族大学学报》（人文社会科学版）2015 年第 2 期。

⑤ 王玥玮：《礼物交换与佛教经济学——一个西藏"寺院—村落"共同体的互惠与团结》，《民族宗教研究》2015 年第 3 期。

⑥ 王蕙：《文化人类学视野下的大理白族佛教法舞研究》，《云南民族大学学报》（哲学社会科学版）2015 年第 4 期。

⑦ 陈进国：《道教人类学的路径反思——评志贺市子〈香港道教与扶乩信仰：历史与认同〉》，《世界宗教研究》2015 年第 4 期。

⑧ 马燕：《回族宰牲仪式的宗教人类学解读》，《宁夏社会科学》2015 年第 3 期。

⑨ 祖木拉提·哈帕尔：《巴扎麦西来甫仪式的人类学解读：以莎车为研究对象》，《西北民族研究》2015 年第 1 期。

⑩ 李正元：《试论西北民间信仰中的地域守护神》，《北方民族大学学报》2015 年第 2 期。

⑪ 王含章：《象征隐喻与传统再造：甘肃盐神信仰的人类学研究》，《北方民族大学学报》2015 年第 1 期。

⑫ 马清虎：《安多热贡地区二郎神信仰的人类学研究》，《宗教学研究》2015 年第 2 期。

⑬ 刘燕：《民俗生活中的神马信仰——以云南腾冲神马为例》，《民俗研究》2015 年第 6 期。

⑭ 尤明慧：《在场与在上：祖先崇拜的文化人类学思考》，《山西师大学报》（社会科学版）2015 年第 7 期。

⑮ 孙玉春：《汉族祖先崇拜的人类学研究》，《民族论坛》2015 年第 7 期。

萨满教研究方面，基本维持了前几年的研究态势。色音的《中国萨满教现状与发展态势》①、郭淑云的《汉军萨满祭祀仪式的象征与功能：以2012年吉林乌拉陈汉军张氏家族祭祀仪式为例》②、于洋的《史禄国对满族萨满类型的研究与相关反思》③ 则是该研究领域的代表。

就理论流派来说，功能论、仪式研究等仍是部分学者喜欢探讨的话题：陈寒非的《巫蛊、信仰与秩序的形成——以湘西M乡“中蛊”现象为例》④ 和黄韧的《中国民间信仰在都市化语境中纠纷解决功能——以广州增埗的拆迁事件为例》⑤ 两文均是功能论的代表。仪式研究仍然是中国学者较注重的方面：明跃玲的《文化互动与仪式变迁：“武陵民族走廊”跳香仪式的田野调查》⑥，何菊的《宗教祭祀仪式的分与合：基于云南省大理市周城白族村段氏家族的人类学分析》⑦，佘港、向勇的《鄂渝地区土家族丧葬仪式中舞狮习俗的文化人类学分析》⑧，彭兆荣的《仪式中的族群历史记忆——广西贺州地区瑶族“还盘王愿”仪式分析》⑨，孙荣艾的《福建村庙祭祀仪式中的民俗体育——以武夷山枫坡村奶娘庙“拔烛桥”为个案》⑩ 是该方面的代表作。

就研究对象来说，少数民族宗教研究的盛行仍然是中国宗教人类学发展中的一个特色：澜清的《奕车人聚居地多元宗教的力平衡分析——基于信仰主义人类学视角》⑪、田泥的《论湘西的苗传道教》⑫、郭佩的《近三十年彝族宗教崇拜观念研究综述》⑬ 是此方面的代表。

此外，对某些内容的关注则成为2015年度宗教人类学研究的一些新话题，如对“宗教人”的关注：王媖娴的《从家户到群体：村落生活中的香头角色——以河北丰村为个案的考察》⑭，白志红、钟小鑫的《缅甸僧侣的社会网络与资本累积——一个村落寺庙住

---

① 色音：《中国萨满教现状与发展态势》，《西北民族研究》2015年第1期。

② 郭淑云：《汉军萨满祭祀仪式的象征与功能：以2012年吉林乌拉陈汉军张氏家族祭祀仪式为例》，《西北民族研究》2015年第1期。

③ 于洋：《史禄国对满族萨满类型的研究与相关反思》，《满族研究》2015年第2期。

④ 陈寒非：《巫蛊、信仰与秩序的形成——以湘西M乡“中蛊”现象为例》，《广西民族研究》2015年第3期。

⑤ 黄韧：《中国民间信仰在都市化语境中纠纷解决功能——以广州增埗的拆迁事件为例》，《地方文化研究》2015年第2期。

⑥ 明跃玲：《文化互动与仪式变迁：“武陵民族走廊”跳香仪式的田野调查》，《中南民族大学学报》2015年第2期。

⑦ 何菊：《宗教祭祀仪式的分与合：基于云南省大理市周城白族村段氏家族的人类学分析》，《中南民族大学学报》2015年第2期。

⑧ 佘港、向勇：《鄂渝地区土家族丧葬仪式中舞狮习俗的文化人类学分析》，《四川体育科学》2015年第3期。

⑨ 彭兆荣：《仪式中的族群历史记忆——广西贺州地区瑶族“还盘王愿”仪式分析》，《百色学院学报》2015年第7期。

⑩ 孙荣艾：《福建村庙祭祀仪式中的民俗体育——以武夷山枫坡村奶娘庙“拔烛桥”为个案》，《体育科学研究》2015年第4期。

⑪ 澜清：《奕车人聚居地多元宗教的力平衡分析——基于信仰主义人类学视角》，《西南边疆民族研究》2015年第2期。

⑫ 田泥：《论湘西的苗传道教》，《吉首大学学报》（社会科学版）2015年第4期。

⑬ 郭佩：《近三十年彝族宗教崇拜观念研究综述》，《四川民族学院学报》2015年第8期。

⑭ 王媖娴：《从家户到群体：村落生活中的香头角色——以河北丰村为个案的考察》，《吉首大学学报》（社会科学版）2015年第6期。

持的人类学研究》[①]；对物的研究：彭牧的《灵屋、物质性与冥界的日常生活》[②]；以及对宗教场所的聚焦：林敏霞的《神圣化抑或世俗化：大众旅游与宗教旅游目的地关系探析》[③]，孙健灵的《会泽寺庙会馆的宗教人类学考察》[④]；还有对空间的研究：吴晓美、周金琰的《浮动的“中心”：湄洲岛妈祖信仰空间考察》[⑤]。这些研究主题都给宗教人类学这一分支学科添色不少。

总而言之，宗教人类学近年来整体上朝着向上的趋势发展，研究队伍越来越壮大，而且越来越走向理论与实践相结合的方向，本土化研究愈加深入，也开始有了走出去的眼光，相信今后在该领域的成果将会越来越多地呈现在大家眼前。

---

① 白志红、钟小鑫：《缅甸僧侣的社会网络与资本累积——一个村落寺庙住持的人类学研究》，《世界宗教文化》2015 年第 5 期。

② 彭牧：《灵屋、物质性与冥界的日常生活》，《世界宗教文化》2015 年第 3 期。

③ 林敏霞：《神圣化抑或世俗化：大众旅游与宗教旅游目的地关系探析》，《青海民族研究》2015 年第 3 期。

④ 孙健灵：《会泽寺庙会馆的宗教人类学考察》，《曲靖师范学院学报》2015 年第 1 期。

⑤ 吴晓美、周金琰：《浮动的“中心”：湄洲岛妈祖信仰空间考察》，《民俗研究》2015 年第 1 期。

2015年度佛教研究综述*

夏德美

在2015年的佛教研究成果中，最引人注目的是出现了第一部世界佛教的通史著作。另外，在传统的研究领域内，无论是在汉传佛教、藏传佛教、南传佛教方面，还是印度佛教、日本佛教等方面都继承了以往研究的基础，出现了一些新成果，其中既有通观全局的概括性论述，也有对具体问题的深入挖掘。

一 《世界佛教通史》的问世

魏道儒主编、国内外20多位老中青年佛教研究学者参与撰写的《世界佛教通史》（中国社会科学出版社2015年版）共800多万字，历时8年完成，是中国社会科学院创新工程重大科研成果，论述佛教从起源到20世纪在世界范围内的兴衰演变主要过程，在国内外学术界属于首创。

该书由14卷15册构成。第一卷·印度佛教（从佛教起源到公元7世纪），周贵华著。该卷将佛教的兴起、发展与变化放在一个政治、经济、文化、宗教交织与演变的背景中考察，并充分注意到了佛教作为解脱与觉悟之学自身的思想与宗教特质，给出了一幅古代印度佛教在世俗与出世的张力下演变的较为完整的历史面貌。

第二卷·印度佛教（公元7世纪至20世纪），周广荣著。该卷指出6、7世纪之交，佛教发生了前所未有的变化，一方面大乘佛教的中观派与瑜伽行派渐趋合流，出现以智藏、寂护等人为代表的中观瑜伽行派，另一方面受印度教影响的秘密佛教遽然兴起，很快成为与大乘波罗蜜道并立的真言道，且在8—13世纪初成为印度佛教的主流。近代以来，随着西方殖民国家对佛教文化遗产的发掘，以及印度周边国家佛教复兴运动的兴起，佛教作为一种宗教文化遗产在印度重新焕发出光芒与魅力。

第三卷·中国汉传佛教（从佛教传入至公元6世纪），魏道儒、李利安著。该卷在借鉴已有重要成果的基础上，通过充分运用第一手资料，侧重从域外佛教文化输入，中国佛教自身发展演变，中国社会各阶层对佛教的认识、理解和反应三个方面考察这一阶段佛教演变流传的全过程，重视分析佛教中国化，佛教与中国固有文化关系等方面的问题。比较集中地论述了这一时期佛教的重要历史事件、经典、思想、人物、学派、制度等，兼及礼俗、典故、

* 本文所列举的著作主要取自注重宗教类图书的出版社，论文取自宗教学领域有代表性的重要刊物，可能会遗漏一些重要文章。此外，2015年度有数十次佛教会议，其中有很多有质量的论文，因篇幅所限，个人涉猎有限，故没有涉及。

建筑、文学、艺术，比较充分地展示了佛教在这个历史阶段逐渐丰满起来的立体形态。

第四卷·中国汉传佛教（公元7世纪至公元10世纪），魏道儒等著。该卷联系制约佛教发展演变的政治、经济、思想文化、国际关系等因素，重点探讨了三个方面的内容：其一，中国佛教通过诠释外来经典进行理论创新的过程，中国佛教经院哲学发展到极盛的过程，中国佛学整体框架基本形成的过程。其二，禅宗产生、发展和壮大起来，成为最适应中国社会的佛教形态，成为中国佛教最鲜明特色的过程。其三，佛教深入中国文化的各个方面，在中国社会取得了前所未有新地位的过程。

第五卷·中国汉传佛教（公元10世纪至公元19世纪中叶），魏道儒等著。该卷依据第一手材料，阐述了佛教在不同王朝的演变全过程，并且关注了经济、政治、民族、意识形态、科举制度、科技等因素在促成佛教新格局形成和发展演变等方面的不同作用，对本阶段佛教的主要禅学思潮、派系思想、管理制度、文化艺术，以及清代前中期的寺院组织管理制度、法事仪轨等进行了重点梳理。

第六卷·中国汉传佛教（公元19世纪中叶至公元20世纪），纪华传著。该卷系统研究了鸦片战争至20世纪中国佛教的曲折发展与艰难复兴过程，全面论述了清末佛教制度的衰微、近代社会巨变对佛教的影响，民国时期宗教法规与宗教政策，佛教僧团组织，庙产兴学运动，佛教改革与人间佛教，佛教僧人积极参加抗战的可歌可泣的感人事迹，以及佛教教派的新兴与发展等内容。

第七卷·中国藏传佛教（上、下）（从佛教传入至公元20世纪），尕藏加著。该卷系统论述了藏传佛教的起源、形成和发展的历史轨迹，全面阐述了藏传佛教各宗派见地、密宗传承、修学次第等教法仪轨；深入解析了政教合一、活佛转世、寺院教育等组织制度，并对不同时期的宗教思潮、代表人物、文献典籍等做了介绍，从而展现了藏传佛教独特的宗派风格、精深的佛学思想、系统的教理体系、严密的修持实践。

第八卷·中国南传佛教（从佛教传入至公元20世纪），郑筱筠、梁晓芬著。该卷充分运用历史文献资料和田野实证资料，参考借鉴中国及东南亚相关研究成果，全面阐述了中国南传佛教自东南亚国家不同区域传入、传播、发展和演变的历史过程。

第九卷·日本佛教（从佛教传入至公元20世纪），王颂著。该卷在全面独立解读分析原始资料的基础上，博采众长而有所创新。其观点明晰、文字深入浅出、材料充实、内容覆盖面广，是一部可以信赖的、具有时代特色的日本佛教通史著作。

第十卷·韩国佛教（从佛教传入至公元20世纪），何劲松著。该卷认为韩国佛教是整个汉传佛教的重要组成部分，韩国僧人不仅在本国佛教史上创造过辉煌成就，也对中国佛教的义理建设和宗派建设发挥过重大作用。该卷系统论述了韩国佛教的历史演变，并始终关注韩国佛教与中国佛教的密切关系。

第十一卷·越南佛教（从佛教传入至公元20世纪），［越］释清决等著。该书作者对本国佛教提出不少新观点。例如，作者认为，佛教传入越南后，大致在公元1世纪末2世纪初，越南已成为汉地三大佛教中心之一。作者认为，初期的越南佛教主要是受印度佛教文化的影响。从公元5世纪起，越南佛教的一个突出特点是信奉《法华经》。诸如此类的观点，对我们了解越南佛教、了解越南僧俗学者对本国佛教的看法，很有作用和价值。

第十二卷·斯里兰卡与东南亚佛教（从佛教传入至公元20世纪），郑筱筠著。该卷以斯里兰卡和东南亚各国的南传佛教为研究重点，梳理了南传佛教在这些国家传入、发展、演变的历史过程及体现出来的特色。该卷对大乘佛教以及密宗在这些国家的发展变化也予以关注。

第十三卷·亚洲之外佛教（从佛教传入至公元20世纪），杨健著。该卷对不同佛教类型在亚洲之外（包括欧洲、南北美洲、大洋洲和非洲）国家和地区初传、发展、演变的历史进行了阐述和分析，涉及佛教的思想、宗派、组织、制度、寺院、仪式、重要人物、代表著作、重大事件、传播方式等诸多内容，对佛教在亚洲之外国家和地区的本土化问题、佛教的和平传播等问题进行了探讨。这是学术界对亚洲之外佛教首次进行的较为全面的贯通性研究，具有填补学术空白的意义。

第十四卷·世界佛教大事年表，夏德美编著。该卷主要依据《世界佛教通史》，并参考已有的研究成果，对世界佛教史上出现的重大事件进行了编年式梳理。

《世界佛教通史》以辩证唯物主义和历史唯物主义为指导，坚持历史与逻辑相统一的原则，以史学和哲学方法为主，并且借鉴考古学、文献学、宗教社会学、宗教人类学、宗教心理学、宗教比较学、文化传播学等相关学科的理论和方法，全方位、多角度对世界范围内的佛教进行深入研究。

全书各卷本着“原始察终，见盛观衰”的史学原则，对每一研究对象既进行梳理脉络的纵向贯通，又考察影响该对象变化的多种因素的横向贯通。在论述不同国家和地区的佛教时，始终联系影响佛教兴衰变化的政治、经济、民族、科学技术和思想文化等因素，始终将宏观把握和微观探索结合起来，系统阐述众多的佛教思潮、派系、典籍、人物、事件、制度等，并且兼及礼俗、典故、圣地、建筑、文学、艺术等。

该书各卷在研究不同国家、地区和民族中的佛教时，对于遇到的特殊情况、独有内容和重要问题，或者做出了填补学术空白的创新工作，或者做出了充实科研薄弱环节的提高工作，或者取得了百尺竿头更进一步的闪光突破。在绝大多数卷都不同程度涉及的佛教和平传播问题，佛教本土化问题，佛教教义体系、礼仪制度和文化艺术的关系问题，中国佛教在世界佛教中的地位问题，该书所取得的具有原创性、基础性、创新性的成果更为丰富，不仅对于以后的佛教研究有重要价值，对于研究其他宗教，对于研究宗教学基本理论也有重要启发和借鉴意义。

该书所采用的资料文本主要来自汉文、梵文、巴利文、藏文、西夏文、傣文、日文、英文、法文、越南文等语种，有些分卷在运用田野调查资料和实物资料方面做了比较多的工作。全书的所有叙述、说明、分析和评论都建立在经过考证、辨析的可靠资料的基础上，切实做到把资料的权威性、可靠性和多样性结合起来、统一起来。

《世界佛教通史》提出的问题、总结的规律、形成的观点，是对作为世界三大宗教之一的佛教的全面认识、系统阐述和深度开发，能够为认识和处理当今国内外错综复杂的宗教问题、为建设社会主义精神文明、为践行社会主义核心价值观、为实施“一带一路”伟大战略提供可资参考的历史借鉴和理论依据。

二　中国汉传佛教研究

佛教史的研究在汉传佛教研究中一直受到重视。2015年出现了几种佛教史著作。孙昌武的《北方民族与佛教：文化交流与民族融合》[①] 论述了十六国时期、北魏、西夏、

---

① 孙昌武：《北方民族与佛教：文化交流与民族融合》，中华书局2015年版。

金、元、清这些少数民族政权领导下的佛教政策、佛教发展状况，以及佛教在文化交流、民族融合方面所起的作用。斯坦利·维斯坦因著，张煜译的《唐代佛教》[①] 广泛利用各种世俗和佛教文献，对唐代佛教的兴衰进行了编年式的研究。该书关注的焦点是佛教界与唐王朝不断变化的关系。任宜敏的《中国佛教史·清代》[②] 对清代佛教历史进行了全面梳理。刘成有的《汉传佛教》[③] 对整个汉传佛教的发展脉络进行了梳理。

区域佛教史继续得到关注，邓家宙的《香港佛教史》[④] 介绍了香港佛教如何由山林郊野步向繁华都市、由隐居自修到深入社会、由扎根本地到连接国际，具体展现了香港佛教由出世到应世的发展情态。郑群辉的《潮汕佛教研究》[⑤] 围绕"佛教与潮汕社会文化建构的关系"这一中心论题，对潮汕佛教历史文化做了全景式描述，凸显了佛教对潮汕历史文化的深远影响。此外，包世轩的《北京佛教史地考》[⑥]，任颖卮、王东升的《青岛佛教研究》[⑦]，刘正刚的《佛教与佛山文化》[⑧]，吴道军、纳光舜、马虹的《贵州佛教文化史》[⑨]，赵伟的《崂山道教与佛教研究》[⑩]，等都是对某一地区佛教的研究著作。与区域佛教有关的论文有赵改萍的《北魏时期佛教在山西的发展》[⑪]，王欣的《汉唐时期的西域佛教及其东传路径》[⑫]，张泽洪、焦丽锋的《丝绸之路河南道多元宗教文化传播研究》[⑬]，以及王韵的《唐代南方丝绸之路与中印佛教文化交流》[⑭]。

对佛教思想、学派、宗派的研究仍然是 2015 年度研究的重点。刘正平的《如来藏与本觉思想比较研究》[⑮] 从譬喻的角度、从语言的结构性上把握如来藏概念的梯度和广度，以摄受诸法的因果时间序列来阐述如来藏，使得如来藏哲学的大乘意义更加清晰化和条理化。净慧的《圆顿止观行法述略：以智者大师在当阳玉泉寺所述〈摩诃止观〉为中心》[⑯] 是对天台宗止观法门的系统论述。马克瑞著、韩传强译的《北宗禅与早期禅宗的形成》[⑰] 在大量文献尤其是敦煌文献的基础上，论证了北宗禅在中日早期禅宗发展中的作用与地位，尤其是对神秀历史地位的评价，一反传统扬慧能抑神秀的习惯。净慧的《禅宗心性论》[⑱] 从存在、思想和语言三个维度阐明了惠能禅思想的构成，提出要以参禅的方式进入

---

① ［美］斯坦利·维斯坦因：《唐代佛教》，张煜译，上海古籍出版社 2015 年版。

② 任宜敏：《中国佛教史·清代》，人民出版社 2015 年版。

③ 刘成有：《汉传佛教》，中国民主法制出版社 2015 年版。

④ 邓家宙：《香港佛教史》，中华书局（香港）有限公司 2015 年版。

⑤ 郑群辉：《潮汕佛教研究》，暨南大学出版社 2015 年版。

⑥ 包世轩：《北京佛教史地考》，金城出版社 2015 年版。

⑦ 任颖卮、王东升：《青岛佛教研究》，中央编译出版社 2015 年版。

⑧ 刘正刚：《佛教与佛山文化》，齐鲁书社 2015 年版。

⑨ 吴道军、纳光舜、马虹：《贵州佛教文化史》，贵州人民出版社 2015 年版。

⑩ 赵伟：《崂山道教与佛教研究》，人民出版社 2015 年版。

⑪ 赵改萍：《北魏时期佛教在山西的发展》，《宗教学研究》2015 年第 2 期。

⑫ 王欣：《汉唐时期的西域佛教及其东传路径》，《中国历史地理论丛》2015 年第 3 期。

⑬ 张泽洪、焦丽锋：《丝绸之路河南道多元宗教文化传播研究》，《世界宗教文化》2015 年第 6 期。

⑭ 王韵：《唐代南方丝绸之路与中印佛教文化交流》，《中华文化论坛》2015 年第 4 期。

⑮ 刘正平：《如来藏与本觉思想比较研究》，宗教文化出版社 2015 年版。

⑯ 净慧：《圆顿止观行法述略：以智者大师在当阳玉泉寺所述〈摩诃止观〉为中心》，湖北人民出版社 2015 年版。

⑰ ［美］马克瑞：《北宗禅与早期禅宗的形成》，韩传强译，上海古籍出版社 2015 年版。

⑱ 净慧：《禅宗心性论》，湖北人民出版社 2015 年版。

对禅宗美学的理论建构。托马斯·伍德著，晏可佳、罗黄海波译的《万法唯识——唯识论的哲学与教理分析》[①] 是对唯识宗哲学、逻辑的分析。道坚的《净土宗概论》[②] 对净土宗的内容、发展脉络进行了梳理。秦萌的《民国时期真言宗回传中的显密之争》[③] 对民国时期的显密之争进行了系统梳理。

这一方面的论文有：方广锠的《读〈续高僧传·道纪传〉》[④] 对传统所谓的南北朝时期的佛教学派提出质疑，主张当时"有学无派"。刘慧姝的《试论〈坛经〉世出世法的不二》[⑤] 指出，《坛经》实践了世出世法的不二，将一乘精神既深入世法，又超出世法之上，体现了一乘顿教的特点。吕建福的《陀罗尼字门及其相关问题研究》[⑥] 是对与密宗有关问题的研究。杨孝容的《女性视野下"唯一佛乘、即凡证圣"的佛教成佛观》[⑦] 主要依据佛典经教从女性视角考察佛教对成佛的认识。陈进、费小兵的《佛教与基督教忏悔思想之比较研究》[⑧] 通过对两者"忏悔"的分析，就佛教和基督教在中国的发展进行了理论推演。

对佛教戒律、僧制、组织制度的研究是2015年度佛教研究的一个热点。夏德美的《晋隋之际佛教戒律的两次变革：〈梵网经〉菩萨戒与智顗注疏研究》[⑨] 通过对《梵网经》和《菩萨戒义疏》成书因缘、内容源流、作用价值、相互关系的详细考证、全面梳理和深入分析，论证了两部经典在中国佛教戒律史上的独特地位、重要作用和广泛影响。该书从通览中国佛教戒律发展总趋势的视角，做出了晋隋之际佛教戒律经历两次重大变革的论断，由此探索了佛教戒律中国化在特定历史阶段的具体进程、特定方式和运行机制。该书从顺应重视佛教戒律的社会主流思潮出发，指出了两部经典在当代佛教契理契机发展过程中所能提供的参考、借鉴和启示。魏迎春的《晚唐五代敦煌佛教教团戒律清规研究》[⑩] 通过对晚唐五代敦煌地区僧尼违戒个案的系统研究，探讨僧尼违戒饮酒、蓄财之风形成的历史原因和社会原因，指出晚唐五代敦煌佛教的世俗化主要体现在佛教戒律的演变和清规的制定，以便适应中国社会的实际情况。敦煌佛教戒律演变和清规制定有其自身的原因和特色，同时与整个中国佛教的发展有着密切的关系。张雪松的《佛教"法缘宗族"研究：中国宗教组织模式探析》[⑪] 将宗族概念引入明清以来中国佛教传统宗派的研究之中，提出了"法缘宗族"的命题，全面探讨了模拟宗法制度在中国佛教中的宗派组织、寺院管理、经济文化诸方面的意义。该书认为：以派辈谱系编制为典型特征的禅宗与"遍利三根"的净土宗之间的"禅净关系"，并非并列的两个教派团体的关系，而是"有之以为利，无

---

① ［美］托马斯·伍德：《万法唯识——唯识论的哲学与教理分析》，晏可佳、罗黄海波译，上海古籍出版社2015年版。

② 道坚：《净土宗概论》，宗教文化出版社2015年版。

③ 秦萌：《民国时期真言宗回传中的显密之争》，载《佛教文化研究》，江苏人民出版社2015年版。

④ 方广锠：《读〈续高僧传·道纪传〉》，载《佛教文化研究》，江苏人民出版社2015年版。

⑤ 刘慧姝：《试论〈坛经〉世出世法的不二》，《世界宗教研究》2015年第1期。

⑥ 吕建福：《陀罗尼字门及其相关问题研究》，《宗教学研究》2015年第1期。

⑦ 杨孝容：《女性视野下"唯一佛乘、即凡证圣"的佛教成佛观》，《宗教学研究》2015年第3期。

⑧ 陈进、费小兵：《佛教与基督教忏悔思想之比较研究》，《宗教学研究》2015年第1期。

⑨ 夏德美：《晋隋之际佛教戒律的两次变革：〈梵网经〉菩萨戒与智顗注疏研究》，中国社会科学出版社2015年版。

⑩ 魏迎春：《晚唐五代敦煌佛教教团戒律清规研究》，上海古籍出版社2015年版。

⑪ 张雪松：《佛教"法缘宗族"研究：中国宗教组织模式探析》，中国人民大学出版社2015年版。

之以为用”的互补关系。前者维护了中国佛教僧侣的正统性，后者则成为正统佛教与民间信仰之间交流的重要中介。关于这方面的论文，有王蒙的《宋元时期禅林上堂仪轨探源》①，指出宋元时期的禅林上堂仪轨是中外文明交流互鉴的产物，其在充分理解中国传统文化的基础上，更加注重对世俗礼制的吸收和对传统佛教礼仪的融入，建立起更加完备统一的上堂仪轨体系。

佛教与中国本土文化关系方面，也有不少成果。韩焕忠的《佛教四书学》② 既给出了佛教四书学基本的历史线索和学术内容，还具体展示了儒佛两种不同思想文化传统间彼此互动的历程，对中国佛学史研究具有充实和深化的重要意义和积极的推进作用。有关这些问题的论文也有不少。洪修平的《儒佛道三教关系与隋唐佛教宗派》③ 指出，隋唐佛教宗派是隋唐多元文化格局中与儒、佛、道三教关系下中国佛教发展的新成果。中国佛教宗派的理论具有儒学化、道学化的特色，但并不能由此而否认或不承认其对印度佛教的继承及与之根本上的一致。刘林魁的《〈慧琳音义〉所见〈利涉论衡〉〈道氤定三教论衡〉考》④ 参照藏内外文献勾勒了《利涉论衡》《道氤定三教论衡》书中所记载两次三教论衡的大致面貌，对于研究唐代宗教关系以及中唐以后帝王诞节三教论衡的演变很有帮助。李海燕的《初唐宗教政策的折射：王勃与三教思想》⑤ 分析了王勃存世作品中的儒、释、道三教思想，指出这既是对其祖王通“三教可一”命题的继承，也是初唐三教并举宗教政策的折射。林建德的《道家消长律与佛教缘起法之哲学比较——以〈老子〉与〈中论〉为主的考察》⑥ 以《老子》和《中论》为主，比较了道家与佛教核心思想的异同。王格的《“心学真宗”：论万历时期的王学与佛教之关系》⑦ 指出，王学影响的扩大促进了宗门重振运动，促进了民间信仰和劝善活动的流行，同时使得儒家自身矩矱变得模糊，引起不同教派各方面不同的反应。

对佛教重要人物的研究也很丰富。方瑾的《中国佛教里程碑：道安法师贡献之研究》⑧ 从中国佛教在道安之前的状况、道安在他的时代所做的工作，以及道安对其后中国佛教发展的影响三个方面展开论述，使道安作为中国佛教构建者的地位一目了然。同时将现有研究中存在的某些争议或晦昧不明的观念还原到佛教本身的世界观、伦理观、历史观中进行厘清。该书指出“中国佛教”的骨骼和灵魂——严格崇佛、灵活变通、理行双入、依教修行从道安开始基本形成，而这正是当代重建中国佛教所必须遵循的指南。史经鹏的《有无之间、系心于佛——再论庐山慧远的法性思想》⑨ 指出慧远的法性概念在不同时期具有不同内涵，时而与法身的概念紧密结合，时而单独作为实法的本性而存在。但作为佛教领袖和积极修行者，慧远最终的法性思想表现出了鲜明的修行论特质。周晓微的《佛

---

① 王蒙：《宋元时期禅林上堂仪轨探源》，《世界宗教文化》2015 年第 3 期。

② 韩焕忠：《佛教四书学》，人民出版社 2015 年版。

③ 洪修平：《儒佛道三教关系与隋唐佛教宗派》，载《佛教文化研究》，江苏人民出版社 2015 年版。

④ 刘林魁：《〈慧琳音义〉所见〈利涉论衡〉〈道氤定三教论衡〉考》，《宗教学研究》2015 年第 2 期。

⑤ 李海燕：《初唐宗教政策的折射：王勃与三教思想》，《理论学刊》2015 年第 8 期。

⑥ 林建德：《道家消长律与佛教缘起法之哲学比较——以〈老子〉与〈中论〉为主的考察》，《文史哲》2015 年第 5 期。

⑦ 王格：《“心学真宗”：论万历时期的王学与佛教之关系》，《中山大学学报》2015 年第 3 期。

⑧ 方瑾：《中国佛教里程碑：道安法师贡献之研究》，湖北人民出版社 2015 年版。

⑨ 史经鹏：《有无之间、系心于佛——再论庐山慧远的法性思想》，《世界宗教文化》2015 年第 2 期。

陀跋陀罗于中国华严宗、禅宗、净土宗贡献新探》① 分析了佛陀跋陀罗对中国华严宗、禅宗与净土宗三大宗派的影响。杨维中的《真谛三藏梁安郡的翻译活动考述》② 考察了梁安郡的范围，真谛在这一地区的译经活动及翻译出的经典。陈扬的《昙鸾对国外净土宗佛教的影响》③ 分析了昙鸾对日本、朝鲜等国净土宗的影响。伍先林、刘渊的《石头希迁的回互禅学》④ 指出与马祖道一盛倡大机大用，其禅法偏向于纵向的实践性（“用”）的禅风相比，石头希迁强调“回互”特色的禅法更偏向于横向的理论分析。石头与马祖这两系禅法在禅宗发展史上不是相互对立的，而是相互补充的。王启元的《紫柏大师晚节与万历间佛教的生存空间》⑤ 指出，明末京中之“攻禅”，既由偶然的政治风波引起，也伴有士大夫对当日狂禅惑世的反感，还掺杂初来传道的天主教士的推波助澜。这些都与晚明一代的党争关系密切。这使得紫柏殒命有别于明朝其他的僧案，成为近世思想史上一个重要坐标。张勇的《论孤山智圆的韩愈观》⑥，指出智圆大力推挹韩愈，其动机在于挽救佛教危机，但其实际意义已经远远超出护教范围。这标志着北宋佛教儒学化的正式开始，为北宋“古文运动”的顺利展开扫除障碍，为宋明理学的建构提供了思路上的启示。

佛教信仰方面的研究受到越来越多的关注。邵育欣的《宋代妇女的佛教信仰与生活空间》⑦ 结合宋代佛教信仰的时代特色与宋代家庭生活状况和相关秩序理念，站在女性的立场，以“生活空间”作为观察视角，分析宋代佛教女信徒在现实生活中的活动空间及想象与思维的精神空间，进而探讨佛教信仰对妇女物质、精神生活的影响。魏道儒的《浙江义乌双林文化的结构、内涵与价值》⑧ 指出，浙江义乌双林文化是以傅大士崇拜为核心，由寺院文化、僧团文化和居士文化三者有机统一的综合性佛教文化形态。它是外来佛教文化与中国本土文化长期融合的产物，同时也是居士阶层在中国佛教发展中影响、作用和价值至关重要的体现。其文化内涵丰富，蕴含着超越历史、超越信仰，具有永恒价值的生活智慧和美德，成为义乌文化精神的重要组成部分。郭俊良、赵伟的《宋元佛教青苗会研究》⑨ 指出佛教青苗会活动主要出现在江浙地区，应是受到这一地区民间青苗会及其他农业祈祷习俗的影响。夏广兴的《佛顶尊胜陀罗尼信仰与宋代丧葬习俗——以尊胜墓幢的建立为中心》⑩ 从宋代大量兴建尊胜墓幢的事实，探讨了佛顶尊胜陀罗尼信仰对宋代丧葬习俗的影响。胡彬彬、吴灿的《明清时期长江流域的佛教造像愿文》⑪ 对明清时期长江流域佛教造像愿文进行了系统研究。陈金凤的《略论汉地佛教中的财神信仰》⑫ 指出财神佛教化虽然与佛教原始的宗教伦理相矛盾，但它适应了中国社会和佛教发展的需要，

---

① 周晓微：《佛陀跋陀罗于中国华严宗、禅宗、净土宗贡献新探》，《宗教学研究》2015 年第 3 期。

② 杨维中：《真谛三藏梁安郡的翻译活动考述》，《宗教学研究》2015 年第 3 期。

③ 陈扬：《昙鸾对国外净土宗佛教的影响》，《世界宗教文化》2015 年第 6 期。

④ 伍先林、刘渊：《石头希迁的回互禅学》，《宗教学研究》2015 年第 3 期。

⑤ 王启元：《紫柏大师晚节与万历间佛教的生存空间》，《世界宗教研究》2015 年第 1 期。

⑥ 张勇：《论孤山智圆的韩愈观》，《文学遗产》2015 年第 5 期。

⑦ 邵育欣：《宋代妇女的佛教信仰与生活空间》，中国社会科学出版社 2015 年版。

⑧ 魏道儒：《浙江义乌双林文化的结构、内涵与价值》，《世界宗教文化》2015 年第 4 期。

⑨ 郭俊良、赵伟：《宋元佛教青苗会研究》，《宗教学研究》2015 年第 3 期。

⑩ 夏广兴：《佛顶尊胜陀罗尼信仰与宋代丧葬习俗——以尊胜墓幢的建立为中心》，《世界宗教研究》2015 年第 1 期。

⑪ 胡彬彬、吴灿：《明清时期长江流域的佛教造像愿文》，《世界宗教研究》2015 年第 2 期。

⑫ 陈金凤：《略论汉地佛教中的财神信仰》，《世界宗教文化》2015 年第 5 期。

是佛教世俗化、民间化、大众化的突出反映，体现出佛教中国化深入的历史进程。

佛教与社会各方面的关系，也是研究的重点。佛教与政治方面，周齐的《清代佛教与政治文化》[①] 是一部以政治文化为视角来系统研究清代佛教的学术专著。作者对清前期顺、康、雍、乾四朝提出的佛教政策与佛教的关系进行了梳理和探讨，对清代佛教与清代社会政治文化诸因素相互交织的诸问题进行了归纳和综合分析，并通过一些典型个案，具体分析了处于清代君主极权和文化专制体制下的士人对于佛教的认识态度及其影响。王松、宣立品的《雍正皇帝与迦陵禅师》[②] 探讨了雍正皇帝对佛教的态度及其与迦陵禅师的关系。朱东润的《〈续高僧传〉所见隋代佛教与政治》[③] 根据《续高僧传》所记载的资料（这些资料未受唐初官方史家贬隋观念之影响）对隋代政治的真相进行了阐发。杨维中的《从度僧看隋初佛教复兴的渐进性》[④] 认为隋文帝在开皇年间处理度僧问题是渐进的，有所节制的。孙英刚的《武则天的七宝——佛教转轮王的图像、符号及其政治意涵》[⑤] 分析了史籍中有关武则天在明堂设置“七宝”的政治和宗教意涵。

佛教与法律方面，陈义和的《佛教与宋代法律》[⑥] 探讨了宋代佛教与法律之间的互动关系，揭示了宋代法律自身的特点以及其中的佛教因子，分析了宋律对于佛教发展的影响以及对佛教世俗化的推进。张雪松的《唐代法律对宗教异端书籍查禁制度探析——以佛教疑伪经录为个案的研究》[⑦] 从唐代法令对宗教异端书籍查禁的角度来探讨佛教疑伪经问题。陈灵海的《通往唐永徽〈律疏〉之路——中古佛教律学与世俗律学互动论》[⑧] 指出，重新认识中古佛教律学与世俗律学的互动关系，重估永徽《律疏》的成绩，有助于更好地理解中国古代律学发展的进程与脉络。刘泳斯的《南宋佛教与金融司法实践》[⑨] 探讨了南宋佛教寺院中普遍设立的金融机构——“长生库”吸纳社会各界资金、进行金融放贷的活动。

佛教与社会生活方面，柯嘉豪的《佛教对中国物质文化的影响》[⑩] 从与佛教相关的器物入手考察它们在印度的起源以及流传到中国的过程，尤其注重它们传入中国以后产生的变化，在流传、发展过程中本身意义的变化，以及它们与中国文化之间所产生的互动影响。从文化传播和文化交流的角度审视佛教中的器物，描绘出了一幅佛教中主要器物发展史的历史图景。付志刚的《中古史上佛教与城市空间流变研究》[⑪] 指出，佛教不仅推动了中国古代城市从封闭向开放的转变，也促进了中国城市街道功能的多元化演进，从而对古代中国城市的发展与演变产生了深远的影响。秦开凤的《世俗性与功利化：消费视角下

---

① 周齐：《清代佛教与政治文化》，人民出版社 2015 年版。

② 王松、宣立品：《雍正皇帝与迦陵禅师》，燕山出版社 2015 年版。

③ 朱东润：《〈续高僧传〉所见隋代佛教与政治》，《世界宗教研究》2015 年第 1 期。

④ 杨维中：《从度僧看隋初佛教复兴的渐进性》，《世界宗教文化》2015 年第 6 期。

⑤ 孙英刚：《武则天的七宝——佛教转轮王的图像、符号及其政治意涵》，《世界宗教研究》2015 年第 2 期。

⑥ 陈义和：《佛教与宋代法律》，中国政法大学出版社 2015 年版。

⑦ 张雪松：《唐代法律对宗教异端书籍查禁制度探析——以佛教疑伪经录为个案的研究》，《世界宗教文化》2015 年第 3 期。

⑧ 陈灵海：《通往唐永徽〈律疏〉之路——中古佛教律学与世俗律学互动论》，《学术月刊》2015 年第 9 期。

⑨ 刘泳斯：《南宋佛教与金融司法实践》，《世界宗教文化》2015 年第 3 期。

⑩ ［美］柯嘉豪：《佛教对中国物质文化的影响》，赵悠等译，中西书局 2015 年版。

⑪ 付志刚：《中古史上佛教与城市空间流变研究》，《宗教学研究》2015 年第 1 期。

的宋代佛教新发展》[1] 指出，在宋代处于中国封建社会转型期的大背景下，宋代的佛教信仰消费也具有了世俗性、大众化的特点，同时，功利主义和利己主义色彩渐浓。

佛教与文学方面，陈引驰的《文学传统与中古道家佛教》[2]，以中国古代文学史及其中的大家、名作为研究对象，分析其中的佛道元素，展示佛道思想在中国文学发展中所起到的重要作用。张昌红的《论佛偈对六朝传统诗歌体裁的影响》[3] 指出，佛偈一定程度上使中国传统诗歌偏离了原来的抒情主题，分化出了山水诗、宫体诗、叙事诗、哲理诗等。刘正平的《神变、变相与变文——再论变文称名问题》[4] 指出唐代出现了以变相故事为对象的"转变"，其记录文本即变文，其讲唱表演场所被称为"变场""戏场"。

关于近现代佛教的研究，2015 年度出现了较多成果。近现代佛教组织方面，许效正《社会剧变中的佛教与国家——中华佛教总会与民初政府关系述评》[5] 论述了中华佛教总会围绕着佛教社团的地位、佛教寺产的所有权归属、佛教寺产的判断标准等问题，与民国政府展开的反复抗争，以及这些抗争对民国政府的佛教管理政策、佛教社团的组织形式和活动方式等方面产生的影响。李钧杰的《论析香港佛教联合会成立的因由》[6] 通过口述历史、二手文献和照片等多重历史方法斟证、阐释了影响香港佛教联合会成立的两个因素，澄清了关于学界对于太虚大师莅港弘法的部分错误解读。

近现代佛教重要人物生平活动及其思想方面，存德的《印光法师佛学思想研究》[7] 系统研究了近代净土宗大师印光的佛学思想，展现了近代中国佛教和中国文化的艰难转折和开展。崔玉卿的《由孝入佛：印光大师佛教教育方法论浅析》[8] 指出印光大师由孝入佛的佛教教育方法论对于近代中国佛教界探索佛教教育和自身发展之路具有重要意义。尹邦志、覃江的《印顺法师对汉藏教理的融摄——以〈中观今论〉为例》[9] 指出，印顺法师在重庆汉藏教理院的岁月是他思想形成的关键时期；法尊法师在这里翻译的西藏经典，以及他们二人之间的讨论深刻左右了印顺法师的佛学建构。赵翠翠、李向平的《"人间佛教"的社会观研究——以太虚、巨赞和赵朴初的佛教思想为中心》[10] 以太虚、巨赞和赵朴初三位佛教思想家的相关理论为中心，梳理并讨论"人间佛教"理论中有关"社会建设"的基本观念。于光的《太虚大师与民国"维持佛教同盟会"研究》[11] 指出民国之初太虚大师成立的"维持佛教同盟会"，很好地反映出太虚的佛教改革思想，它的消亡也是当时佛教界沉寂的必然结果。祈伟的《虚云和尚的文学创作与佛教使命》[12] 指出，虚云的文学

---

① 秦开风：《世俗性与功利化：消费视角下的宋代佛教新发展》，《宗教学研究》2015 年第 2 期。

② 陈引驰：《文学传统与中古道家佛教》，复旦大学出版社 2015 年版。

③ 张昌红：《论佛偈对六朝传统诗歌体裁的影响》，《文艺评论》2015 年第 8 期。

④ 刘正平：《神变、变相与变文——再论变文称名问题》，《世界宗教文化》2015 年第 2 期。

⑤ 许效正：《社会剧变中的佛教与国家——中华佛教总会与民初政府关系述评》，《世界宗教研究》2015 年第 4 期。

⑥ 李钧杰：《论析香港佛教联合会成立的因由》，《世界宗教文化》2015 年第 2 期。

⑦ 存德：《印光法师佛学思想研究》，宗教文化出版社 2015 年版。

⑧ 崔玉卿：《由孝入佛：印光大师佛教教育方法论浅析》，《世界宗教文化》2015 年第 2 期。

⑨ 尹邦志、覃江：《印顺法师对汉藏教理的融摄——以〈中观今论〉为例》，《宗教学研究》2015 年第 2 期。

⑩ 赵翠翠、李向平：《"人间佛教"的社会观研究——以太虚、巨赞和赵朴初的佛教思想为中心》，《宗教学研究》2015 年第 1 期。

⑪ 于光：《太虚大师与民国"维持佛教同盟会"研究》，《宗教学研究》2015 年第 1 期。

⑫ 祈伟：《虚云和尚的文学创作与佛教使命》，《哈尔滨工业大学学报》（社会科学版）2015 年第 5 期。

创作不仅吸收了历代佛教文学常用的表现手法，还尝试了山居诗、牧牛颂、山中四威仪等特殊的佛教写作传统；目的是借助佛教文学的复兴，实现他重建佛教文化、延续佛教法脉的宏伟理想。洪修平的《赵朴初的人间佛教思想及其现实意义》① 指出，赵朴初的人间佛教思想有两点特别值得注意，一是他引证中印佛教的经典，为人间佛教的合理性提供了理论依据；二是他提倡人间佛教思想，是为了更好地担当新的历史时期的“人间使命”。此外，还有王佳的《倓虚大师年谱》②，程恭让、李彬的《星云大师对佛教的十大贡献》③。

近现代佛教与文化、信仰方面，姚彬彬的《现代文化思潮与中国佛学的转型》④ 把中国近现代佛教的发展史归纳为从宗派佛教向学派佛教的转型历史，并从这个角度出发认识整个中国近现代佛教，认为20世纪中国佛教开展的思想背景是启蒙文化思潮。作者在研究现代华严学、唯识学和禅学诸方面都有相当精彩的论述；在探讨各派人物过程中，提出了许多言之有据的新看法。王芳的《论中国近代观音信仰的外在形态》⑤ 指出，近代观音信仰的变迁，于其外在形态方面有着鲜明的体现。

对于佛教现状的调查和研究，越来越受到重视。学诚的《全球化背景下的中国佛教》⑥ 认为，中国佛教的发展传播，一方面应借重佛教自身多语系、多元化的丰富资源，总结提炼新的应机法门；另一方面应整合虚拟空间与现实场景，发挥互联网新媒体的传播优势。谭苑芳的《“法施”“无畏施”和“财物施”的融汇与实践——以我国东南沿海佛教社会福利发展为例》⑦ 指出，沿海地区佛教社会福利事业已初步形成了一套富有层次性和体系化的社会应对机制，区别于传统布施观。王大伟的《论寺庙与民俗的形成——以四川遂宁广德寺与本地观音信仰为例》⑧ 指出，寺庙与民俗共同成长，寺庙借助民俗活动为其生存和发展提供足够的资本，而民俗也视寺庙为其存在下去的精神家园。薛一飞、邢海晶的《佛教僧人网络化修行及其影响研究——以四川省汉传佛寺僧人网络化缘和持戒为例》⑨ 选择最基本的两项网络化修行活动——化缘和持戒作为考察内容，通过问卷调查和个别访谈的方法，考察网络对僧人修行的实际影响，分析网络化修行中僧人所面临的现实问题并探索有效的解决方法。司聃的《试论佛教在我国与东盟国家友好往来中的助力作用——以柳州开元寺为例》⑩ 阐述了开元寺在积极发挥佛教作用、促进我国与东盟国家友好往来中的作用。

文献整理是从事佛教研究的基础性工作。2015 年度，整理出版的文献有于海波点校

---

① 洪修平：《赵朴初的人间佛教思想及其现实意义》，《世界宗教文化》2015 年第 2 期。

② 王佳：《倓虚大师年谱》，《世界宗教文化》2015 年第 3 期。

③ 程恭让、李彬：《星云大师对佛教的十大贡献》，《世界宗教文化》2015 年第 3 期。

④ 姚彬彬：《现代文化思潮与中国佛学的转型》，宗教文化出版社 2015 年版。

⑤ 王芳：《论中国近代观音信仰的外在形态》，《世界宗教文化》2015 年第 5 期。

⑥ 学诚：《全球化背景下的中国佛教》，《世界宗教研究》2015 年第 4 期。

⑦ 谭苑芳：《“法施”“无畏施”和“财物施”的融汇与实践——以我国东南沿海佛教社会福利发展为例》，《宗教学研究》2015 年第 1 期。

⑧ 王大伟：《论寺庙与民俗的形成——以四川遂宁广德寺与本地观音信仰为例》，《宗教学研究》2015 年第 2 期。

⑨ 薛一飞、邢海晶：《佛教僧人网络化修行及其影响研究——以四川省汉传佛寺僧人网络化缘和持戒为例》，《宗教学研究》2015 年第 2 期。

⑩ 司聃：《试论佛教在我国与东盟国家友好往来中的助力作用——以柳州开元寺为例》，《世界宗教文化》2015 年第 6 期。

的《净土十要》①、富世平校注的《大宋僧史略校注》②、王孺童的《〈瑜伽师地论〉注疏三种》③、杨之峰点校的《阅藏知津》④、俞信芳校注的《四明尊者教行录校注》⑤ 等。

对文献典籍的研究也是佛学研究的重要方面。释源博的《敦煌遗书二十卷本〈佛说佛名经〉录校研究》⑥ 分三大部分进行论述：第一部分阐述二十卷本《佛说佛名经》产生的由来；第二部分论证二十卷本《佛说佛名经》产生的历史年代，介绍此经的内容和结构；第三部分主要就十八卷本问题，以及二十卷本在《佛名经》体系演化中的历史地位进行探讨。熊娟的《汉文佛典疑伪经研究》⑦ 依据存现状态、语料性质对疑伪经进行分类，梳理了疑伪经在汉语史上的价值。方广锠的《第三种辽藏探幽》⑧ 对收藏在韩国中央研究院的高丽刻本《药师瑠璃光如来本愿功德经》进行研究，指出该刻本应源于辽藏，可能是依据某辽藏重新书写刊刻的另刻单经，也可能是该另刻单经的覆刻本。是否属于第三种辽藏系统，与应县木塔所出每行 15 字的《华严经》有何关系，尚须进一步研究。曹刚华的《清代佛教史籍的刊刻》⑨ 总结了清代佛教史籍刊刻的三种方式：一是随着《嘉兴藏》而刊刻，二是随着被收入的传统丛书而刊刻，三是单本清代佛教史籍的刊刻。这一方面的论文还有周黄琴的《〈楞严经〉的疏解——以陆西星的〈楞严经说约〉〈楞严经述旨〉为例》⑩、于淑健的《敦煌伪经〈佛说要行舍身经〉考略——兼及与三阶教的关联》⑪ 等。

此外，还有一些学者对佛教研究方法进行了探讨。这方面的研究有胡永辉、洪修平的《中国中古佛教研究的资料创新与方法论多元重构》⑫，叶秀山的《佛家思想的哲学理路——学习佛经的一些体会》⑬，胡永辉的《近现代佛学研究方法论建构的理论来源及其类型》⑭ 等。

三 藏传佛教、南传佛教、印度佛教及日本佛教研究

教派思想、历史、重要人物及典籍的研究一直是藏传佛教研究的重点。何峰的《论宗喀巴大师的三次关键抉择》⑮ 探讨了宗喀巴三次关键抉择与创立格鲁派之间的内在联

---

① （明）智旭：《净土十要》（上、下），于海波点校，中华书局 2015 年版。

② （宋）赞宁：《大宋僧史略校注》，富世平校注，中华书局 2015 年版。

③ 王孺童：《〈瑜伽师地论〉注疏三种》，宗教文化出版社 2015 年版。

④ （明）智旭：《阅藏知津》（上、下），杨之峰点校，中华书局 2015 年版。

⑤ （宋）宗晓编：《四明尊者教行录校注（附四角号码综合索引）》，俞信芳校注，浙江大学出版社 2015 年版。

⑥ 释源博：《敦煌遗书二十卷本〈佛说佛名经〉录校研究》，宗教文化出版社 2015 年版。

⑦ 熊娟：《汉文佛典疑伪经研究》，上海古籍出版社 2015 年版。

⑧ 方广锠：《第三种辽藏探幽》，《世界宗教研究》2015 年第 3 期。

⑨ 曹刚华：《清代佛教史籍的刊刻》，《世界宗教研究》2015 年第 3 期。

⑩ 周黄琴：《〈楞严经〉的疏解——以陆西星的〈楞严经说约〉〈楞严经述旨〉为例》，《宗教学研究》2015 年第 2 期。

⑪ 于淑健：《敦煌伪经〈佛说要行舍身经〉考略——兼及与三阶教的关联》，《宗教学研究》2015 年第 1 期。

⑫ 胡永辉、洪修平：《中国中古佛教研究的资料创新与方法论多元重构》，《世界宗教研究》2015 年第 1 期。

⑬ 叶秀山：《佛家思想的哲学理路——学习佛经的一些体会》，《世界宗教研究》2015 年第 2 期。

⑭ 胡永辉：《近现代佛学研究方法论建构的理论来源及其类型》，《世界宗教文化》2015 年第 1 期。

⑮ 何峰：《论宗喀巴大师的三次关键抉择》，《世界宗教研究》2015 年第 5 期。

系。刘秧的《新噶当派源流及其历史特征研究》① 在追溯新噶当派的历史渊源和教义思想的基础上，就新噶当派的历史发展特点及其在西方兴起的原因进行了探讨。柳森的《达天通理与六世班禅之晤考论》② 考察了达天通理与六世班禅这两大不同佛教系统高僧会晤事件的原委，并对其中反映出来的部分汉传佛教僧侣对藏传佛教的认识与态度做了初步探讨。切排、唐传营的《明朝中央与藏区地方权力互动中的藏传佛教高僧》③ 分析了明朝“多封众建”的治藏方针对西藏政治和宗教的影响。尹立的《〈无上金刚乘前行讲义〉中皈依法的心理分析》④ 对萨迦派《无上金刚乘前行讲义》中的皈依法修行内容进行了心理学的分析。拜根兴、张军山的《近代日本佛僧在西藏的活动考述——以河口慧海〈西藏秘行〉、多田等观〈入藏纪行〉为中心》⑤ 以日本僧侣河口慧海、多田等观的两部西藏游记，来探讨近代西藏的风土地貌以及近代日本僧人与西藏接触的见闻。

关于藏传佛教现状的研究和调研也有一些成果。尕藏加的《文化时空与信仰人生》⑥ 运用多种学科的理论与方法，对我国藏族地区的传统文化与生态环境、多元共荣之区域文化传承、多元共存之宗教文化历史、多元文化中的宗教信仰生态、大众僧尼与宗教生活、当代僧侣与宗教职业、寺院教育与文化传承、高僧大德与宗教人生、宗教信仰与文化理念、宗教信仰与生活模式等做了全方位、多角度的研究、解析和归纳，并提出了许多具有创新意义的学术观点。美朗宗贞的《藏传佛教格鲁派“三大寺”制度化分析》⑦ 从政治学、制度学、宗教学与文化人类学视野，深入探究了拉萨三大寺——甘丹寺、哲蚌寺、色拉寺的组织制度设置、运作与制度化等问题。白玛措的《当代藏族尼众新教育体系的调查研究》⑧ 运用田野调查资料，论述一个新的教育模式和体系在当代藏族尼众中正在建立。王佳的《当代东北地区藏传佛教信仰状况调查研究》⑨ 指出藏传佛教在东北佛教信徒中具有一定的影响力，是民族文化的重要载体，也是民族团结、宗教交流的重要纽带。

有关南传佛教的研究，主要有以下成果：梵智长老的《法王论：佛教法王观念的历史考证》⑩ 从社会背景方面着手，探究王、法王、素可泰法王这三个名词的来源，以及在不同时代，其含义扩展的情况。郑筱筠的《跨界与融合：佛教与民族文化的云南叙事》⑪ 指出，在长期的历史发展过程中，佛教与民族文化都以不同方式参与了云南民族文化体系的建构。佛教经由不同路线和地点传入了不同的佛教流派，它们与云南固有的民族文化冲突、斗争、融合，最终沉淀下来，与民族文化融为一体。其中民族文化形成了云南文化结构体系的一个特殊底色，而宗教文化则在不同时段系统的网格点与民族文化相互交织、相

---

① 刘秧：《新噶当派源流及其历史特征研究》，《宗教学研究》2015 年第 1 期。

② 柳森：《达天通理与六世班禅之晤考论》，《宗教学研究》2015 年第 2 期。

③ 切排、唐传营：《明朝中央与藏区地方权力互动中的藏传佛教高僧》，《世界宗教文化》2015 年第 4 期。

④ 尹立：《〈无上金刚乘前行讲义〉中皈依法的心理分析》，《宗教学研究》2015 年第 3 期。

⑤ 拜根兴、张军山：《近代日本佛僧在西藏的活动考述——以河口慧海〈西藏秘行〉、多田等观〈入藏纪行〉为中心》，《西藏民族大学学报》（哲学社会科学版）2015 年第 4 期。

⑥ 尕藏加：《文化时空与信仰人生》，西藏人民出版社 2014 年版。

⑦ 美朗宗贞：《藏传佛教格鲁派“三大寺”制度化分析》，《宗教学研究》2015 年第 1 期。

⑧ 白玛措：《当代藏族尼众新教育体系的调查研究》，《宗教学研究》2015 年第 3 期。

⑨ 王佳：《当代东北地区藏传佛教信仰状况调查研究》，《世界宗教文化》2015 年第 1 期。

⑩ ［泰］梵智长老：《法王论：佛教法王观念的历史考证》，宗教文化出版社 2015 年版。

⑪ 郑筱筠：《跨界与融合：佛教与民族文化的云南叙事》，中国社会科学出版社 2015 年版。

互影响，最终形成跨界与融合这样的内生性关系特点，完成佛教与民族文化在云南的实践经验和历史叙事。郑筱筠的《“成长的烦恼”——转型时期中国南传佛教管理之困境》[①]指出，正确处理南传佛教传统的管理模式、佛教协会管理系统和波章管理系统三者之间的对接是解决南传佛教管理困境的关键。阮氏锦的《越南北传佛教戒律的传承与当代弘扬概述》[②] 分析了越南北朝戒律传承的历史和弘扬的现状。

有关印度佛教的研究有以下成果。姚卫群的《印度婆罗门教哲学与佛教哲学比较研究》[③] 是对婆罗门教哲学和佛教哲学中的主要思想进行的系列专题比较研究，主要包括发展线索与远古圣典、事物根本与基本构成、思维方法与逻辑推理、伦理观念与修行理论，恒常变化与轮回解脱，以及思想交锋与文献记述等。研究中涉及的婆罗门教哲学的主要文献是吠陀奥义书、婆罗门教六派哲学中的根本经典及古代的相关注释等。研究中涉及的佛教哲学主要文献是印度早期佛教、部派佛教、大乘佛教和后期佛教中的有关经论等。谈锡永的《佛典密意系列：龙树二论密意》[④] 选出龙树论师《六正理聚》中《六十如理论》及《七十空性论》两篇，加以疏释，用以表达龙树说“缘起”、说“性空”、说“真实义”、说“法智”，以至说“无生”的密意。姚卫群的《古印度佛教的四姓平等观及多元倾向的思想体系》[⑤] 考察了佛教产生时的古印度社会发展形态或基本结构。何欢欢的《中观空性的因明论证——“掌珍比量”辨析》[⑥] 通过分析清辩《大乘掌珍论》中的“掌珍比量”，集中考察“中观空性的因明论证”这一具有划时代意义的哲学思想与方法论。刘朝霞的《佛家业力因果的认知方式及认知能力培养解读——以汉译四部〈阿含经〉为例》[⑦] 以汉译四部《阿含经》为基本信息来源，讨论业力说的认知方式、特点及对认知能力的培养。韩吉绍的《道教炼丹术传入印度考论》[⑧] 指出，印度炼丹术的出现与道教炼丹术的传入有重要关系。

有关日本佛教的研究有以下成果。梁明霞的《近代日本新佛教运动研究》[⑨] 以明治政府新政下的宗教社会状况为背景，集中考察了明治中期兴起的由新佛教徒同志会发起的新佛教运动。张文良的《日本当代佛教》[⑩] 从历史和社会两个维度，对日本当代的传统佛教宗派、新佛教团体及日本佛教的民间信仰和学术研究等方面进行了全方位的考察。

---

① 郑筱筠：《“成长的烦恼”——转型时期中国南传佛教管理之困境》，《世界宗教研究》2015 年第 4 期。

② ［越］阮氏锦：《越南北传佛教戒律的传承与当代弘扬概述》，《世界宗教文化》2015 年第 6 期。

③ 姚卫群：《印度婆罗门教哲学与佛教哲学比较研究》，中国大百科全书出版社 2015 年版。

④ 谈锡永：《佛典密意系列：龙树二论密意》，复旦大学出版社 2015 年版。

⑤ 姚卫群：《古印度佛教的四姓平等观及多元倾向的思想体系》，《杭州师范大学学报》（社会科学版）2015 年第 5 期。

⑥ 何欢欢：《中观空性的因明论证——“掌珍比量”辨析》，《世界宗教研究》2015 年第 2 期。

⑦ 刘朝霞：《佛家业力因果的认知方式及认知能力培养解读——以汉译四部〈阿含经〉为例》，《宗教学研究》2015 年第 2 期。

⑧ 韩吉绍：《道教炼丹术传入印度考论》，《宗教学研究》2015 年第 3 期。

⑨ 梁明霞：《近代日本新佛教运动研究》，宗教文化出版社 2015 年版。

⑩ 张文良：《日本当代佛教》，宗教文化出版社 2015 年版。

2015年度道教与民间宗教研究综述

张维祺

道教和民间宗教都是中国文化的重要有机组成部分，近年来对于道教与民间宗教的研究势头依旧呈现了稳中有升的趋势，本文通过对道教和民间宗教研究的分别叙述，尝试厘清2015年中道教和民间宗教研究的主要趋势和主要成果，意在抛砖引玉，为他人之研究尽一点绵薄之力，文中有不当之处也望各位专家学者加以指正。

一　道教研究

道教是中国土生土长的宗教，也是现今中国五大宗教中唯一一个完全根植于本土文化的宗教。道教在中国的历史发展中曾经起到了重要的作用，与儒释二教并称于世；但是，随着近代以来对于道教态度的转变，道教的发展一直处于衰微状态，而相应的对道教的研究也长期处于缓慢发展之中。值得庆幸的是，自改革开放以来，伴随着党和国家政策的帮扶，道教的研究有了飞跃性的发展，涌现了一批新的道教研究的生力军，并取得了一定的成果，但是，对道教的研究仍旧是不够的，在各个领域内还有着巨大的挖掘研究空间亟待我们去发现解决。

在2015年最大型的研究成果可以说就是《中华大典·宗教典·道教分典》① 的面世，《中华大典》是国务院批准的重大文化出版工程，新闻出版署列为“十一五”国家重大工程出版规划之首。《中华大典》是一部沿袭古代传统而按现代学科分类的新型类书，其规模之大，为明代大型类书《永乐大典》的2倍、清代大型类书《古今图书集成》的4倍，将超过中国古代所有类书字数的总和。《中华大典》下含“典”24个，《宗教典》即为其中之一，下分《儒教分典》《佛教分典》《道教分典》和《伊斯兰、基督与诸教分典》。其中，由王卡主编、汪桂平副主编的《道教分典》于2015年出版发行。分典共设神仙、教史人物、经籍、教义、科戒、符咒法术、医药养生、金丹、宫观仙境九个总部，全书共计351.6万字，精装2册。《道教分典》是对《道藏》及藏外资料进行重新分类整理而形成的一部大型道教文献集成，不仅为道教研究提供了基本资料，亦为从事医药学、地理学、科技史等学术研究者提供了文献参考。②

---

① 王卡、汪桂平：《中华大典·宗教典·道教分典》，河北人民出版社2015年版。

② http：//iwr. cass. cn/zj/zjxz/wk/zz/201505/t20150504_ 18744. htm.

（一）传统史料研究

在传统的道教研究中，文献典籍的研究始终占据着非常重要的地位。20世纪初，随着敦煌文书的发现以及涵芬楼版《道藏》的刊印，对于道教文献的研究逐步成为道教研究的核心内容，而数十年来也取得了许多成果。但是，道教文献数量庞大，且内容驳杂，对于文献经典的研究依旧有许多的问题未解决，而文献的研究和解读很大程度上是其他领域研究的基础，所以近年来文献研究这一领域依旧是研究的重头。

1. 敦煌道教文献研究

自20世纪初敦煌文书发现以来，对于敦煌文书的研究就如雨后春笋一般蓬勃发展，虽然敦煌的道教文书在敦煌文书中相对较少，但是其对于整个道教的研究却有着举足轻重的意义：一则敦煌道经的发现极大地丰富了唐宋乃至更早时期的道教文献，并以此来对后世所传文献进行相互的验证与考证；二则敦煌道经的发现对于我们了解南北朝至宋代的道教发展有着巨大的辅助作用。

王卡的《敦煌本〈洞真高上玉帝大洞雌一玉检五老宝经〉校读记》[①] 通过对近年来新公布的三件敦煌道经残写本[②]进行考定，认为这几件残片均为道教上清派的重要经典《洞真高上玉帝大洞雌一玉检五老宝经》的唐代写本；此外王卡先生还在文章附录中于《道藏》本校订后列出三件残片的释文，这对于我们研究早期上清派的思想以及上清派的发展提供了重要的史料依据。

郜同麟的《〈太上洞玄灵宝天尊名〉新探》[③] 从道经残写本背面所抄的佛教文献入手对敦煌本《太上洞玄灵宝天尊名》进行再考证，对此前王惠民所排定的残写本次序表示认同，但在此基础上对所存经文中带有方位的天尊之名进行讨论，认为现存几件敦煌残写本虽为此经同一写本，但整体经文应分为三卷，且已经缺失较多。

郜同麟在《〈九真中经〉新考》[④] 一文中通过对比敦煌本《紫文行事诀》中所引《九真中经》与《正统道藏》中所收《九真中经》，认为后世所传《九真中经》（即明正统《道藏》本）已非最初的版本，部分内容已经被窜改。

2. 经典典籍研究

即使在整个道教研究中，对于经典典籍的重视程度也是排在首位的，且取得的研究成果也是最多的。但相对于浩如烟海的经典典籍数量，我们现在的研究也只能算是沧海之一粟，还有着巨大的研究空间。

（1）《阴符经》考证

《阴符经》，亦名《黄帝阴符经》，是道教非常重要的一部经典，自出现以后，其地位就在不断地攀升，在《四库全书总目》中《阴符经》所列的位置已经超越《老子》。

王宗昱的《对朱熹〈阴符经考异〉的再考察》[⑤] 对《朱子成书》中的《阴符经》、明《道藏》内“蔡氏注”《黄帝阴符经注》、明《道藏》内署名“崆峒道士邹述注”《黄帝

---

① 王卡：《敦煌本〈洞真高上玉帝大洞雌一玉检五老宝经〉校读记》，《敦煌吐鲁番研究》2015年第2期。

② 三件残片分别为2012年杏雨书屋《敦煌秘笈》第八册羽612和羽614、石谷风《晋魏隋唐残墨》060号。

③ 郜同麟：《〈太上洞玄灵宝天尊名〉新探》，《敦煌吐鲁番研究》2015年第2期。

④ 郜同麟：《〈九真中经〉新考》，《宗教学研究》2015年第3期。

⑤ 王宗昱：《对朱熹〈阴符经考异〉的再考察》，《世界宗教研究》2015年第3期。

阴符经注解》以及清代朱子的《阴符经考异》等其他相关文献进行对比考证，认为所谓朱熹撰写的《阴符经考异》应是一个被逐渐改造的文本，而这一改造过程实际上是一段对于朱熹崇拜而形成的神化过程。此过程主要包含四个阶段：第一阶段为《朱子成书》前，将蔡元定注释作为朱熹著作；第二阶段是黄瑞节《朱子成书》中将蔡朱二人的文字编辑在一起并增加附录；第三阶段为以《道藏》本为代表的改编黄瑞节本，并去蔡元定著作权；第四阶段则为清代署名朱熹的《阴符经考异》的本子。

陈苿在《〈黄帝阴符经疏〉是李筌作还是袁淑真作之考证》① 一文中认同此前陈进国的观点，认为《黄帝阴符经疏》应是李筌所作②，并在此基础上又补充了三点证据。第一，在《道藏》本里唯有李本和袁本将第二章题为“富国安人演法章”，其余注本都为“安民”，且其余文本格式分章也均有不同，陈苿认为此当为避李世民讳，因李氏为唐玄宗时人，而袁氏为宋人。第二，通过对文中提到关于安史之乱解读，认为作者应是经历过安史之乱的人。第三，通过对文本细节的研读，认为袁氏本在所使用的文字中有逻辑上的漏洞，并认为这些是在抄袭的过程中出现的逻辑错误。

（2）道教类书研究

《无上秘要》是我国现存已知的最早的道教类书，对于了解早期道经具有巨大的价值，周作明的《〈无上秘要〉与早期道教经书》③ 一文中从同经异名、同名异经、异名异经、经中之经（名）、经书类名、内容亡佚之经名和题注已佚之内容七个方面进行考察，认为《无上秘要》一书共征引经书 122 种，其中上清经 71 种、灵宝经 34 种、三皇经 5 种、天师道经 2 种、其他各类经书 10 种。这一研究成果对于我们了解早期道经的总体情况及早期道教的经教体系有着很高的价值。

黄海德在其文《〈云笈七签〉中的道教慈爱思想》④ 中通过对《云笈七签》中《太清中黄真经》《灵宝无量度人上品妙经》和《云笈七签》中所列“修斋求道十戒”的解读，认为道教将慈爱作为其教理教义的核心，同时也将之作为奉行道教戒律的伦理规范。邹秀季的《〈云笈七签〉心性思想——以“性”、“心”、“神”、“情”为中心》⑤ 从性、心、神、情四个方面对《云笈七签》中的道教心性思想进行讨论，认为此时的道教心性学除了与道家思想关系紧密外，还在概念话语、修行方法等方面均受到了儒家与佛教心性理论的影响，但同时也认为道教在这种影响之下，依旧保持以神仙崇拜为核心的道教教理教义思想。

（3）机构所藏文献研究

项璇的《国家图书馆道教文献残页“xixdi11jian1. 04 – 1”等三张考辨》⑥ 对国家图书馆所藏的三张道教文献残页进行再考证，发现此三张残页的出处可能来自道教的重要经典《灵宝无量度人上品妙经》，同时还认为此三张残页并非如此前林世田先生所考证的为明代文献，而极可能是西夏时期所刊印。

---

① 陈苿：《〈黄帝阴符经疏〉是李筌作还是袁淑真作之考证》，《宗教学研究》2015 年第 2 期。

② 陈进国：《李筌〈黄帝阴符经疏〉的真伪考略》，《中国道教》2002 年第 4 期。

③ 周作明：《〈无上秘要〉与早期道教经书》，《西南民族大学学报》（人文社会科学版）2015 年第 3 期。

④ 黄海德：《〈云笈七签〉中的道教慈爱思想》，《中国道教》2015 年第 4 期。

⑤ 邹秀季：《〈云笈七签〉心性思想——以“性”、“心”、“神”、“情”为中心》，《河北科技师范学院学报》（社会科学版）2015 年第 2 期。

⑥ 项璇：《国家图书馆道教文献残页“xixdi11jian1. 04 – 1”等三张考辨》，《宁夏社会科学》2015 年第 4 期。

3. 道教金石研究

自陈垣先生的《道家金石略》问世以来，对于道教金石碑刻的研究和使用越来越得到重视，许多的研究也正是依赖于金石碑刻的资料的发现而取得了进展，对于金石的使用也逐渐成为道教研究中的常规手段。

赵卫东的《碑刻资料与全真道研究》① 回顾和展示了这100多年中道教碑刻资料研究的发展、碑刻资料在全真道研究的具体应用和碑刻资料的使用给全真道研究带来的革命性、创造性发展。全文首先对近现代主要的道教金石碑刻资料著作做了简要的介绍，这其中的著作包括《道家金石略》《巴蜀道教碑文集成》《陕西金石文献汇集》《金元全真教石刻新编》《江南道教碑记资料集》《北京道教石刻》《北京内城寺庙碑刻志》《山东道教碑刻集》《广州府道教庙宇碑刻集释》和《云南道教碑刻辑录》，这对于我们在研究中搜集第一手资料具有非常大的帮助；接着文章对近130多年的全真道研究进行回顾，并指出了碑刻资料在这些研究中的使用方法和具体使用情况；最后介绍了由于碑刻资料的使用给全真道研究带来的创新性突破，再一次突出了碑刻资料在全真道研究中的重要性。

刘固盛、王凤英的《荆州玄妙观元碑〈中兴路创建九老仙都宫记〉考论》② 对湖北荆州所存元碑《中兴路创建九老仙都宫记》进行考证，对于该碑的考证有助于我们了解九老仙都宫的创建和玄教在荆州地区的传播具有重要的研究价值。文中通过对碑记的解读否定了玄妙观即九老仙都宫的史料记载，并梳理元代玄教著名道士唐洞云与九老仙都宫的关系，且认为因此关系而使九老仙都宫成为荆襄地区新的传教中心。

（二）道教哲学思想研究

1. 老学与庄学

老庄之学自古有之，历朝历代对于老庄的研究一直都是研究重镇，并在此基础之上形成了老学与庄学，随着现代考古的发现和西方学科体系的传入，对于老庄的研究也出现了新的角度与方法，并取得了一定的学术成果。

郭店楚简《老子》是迄今为止发现的最早的《老子》的抄本，此本一经发现就受到学术界的重视，对于研究早期道家思想以及《老子》文本、思想在历史上的变迁具有极其重要的意义，所以对于此抄本的研究一直从未间断过。王坤鹏的《郭店楚简〈老子〉甲组新释》③ 对楚简《老子》甲组中的“绝智弃辨”章、“大少之多”章、“道恒无名”章的相关文字与今天传世的几个本子进行比对并进行了新的释读。

康德衡的《〈道德经〉“治大国若烹小鲜”新解》④ 对《道德经》中的名句“治大国若烹小鲜”进行重新解读，认为自韩非子以来对于此句的理解存在严重的理解误区，韩非子的注释将老子本来的意思复杂化，而忽略了义理层面上的治国思想；并在文章最后提示我们在研究中不应一味地因循守旧而失去了进一步探索的动力。

强昱的《陆希声〈道德真经传〉的形上学》⑤ 对中晚唐著名哲学家陆希声的《道德

① 赵卫东：《碑刻资料与全真道研究》，《海岱学刊》2015年第1期。

② 刘固盛、王凤英：《荆州玄妙观元碑〈中兴路创建九老仙都宫记〉考论》，《世界宗教研究》2015年第6期。

③ 王坤鹏：《郭店楚简〈老子〉甲组新释》，《世界宗教文化》2015年第5期。

④ 康德衡：《〈道德经〉“治大国若烹小鲜”新解》，《宗教学研究》2015年第1期。

⑤ 强昱：《陆希声〈道德真经传〉的形上学》，《宗教学研究》2015年第1期。

真经传》所表达的哲学架构进行了梳理，认为陆希声在对老子哲学的诠释过程中，提出了一个纯粹的本体论哲学系统，这一主张充分继承了王弼与成玄英的思想。在文中强昱还认为这一哲学系统始终以自我存在为出发点，而体用关系是其完善自身系统的有机组成部分，并且，在陆希声这一哲学系统中还淡化了宇宙论问题，这一纯粹的本体论哲学体系深刻影响着宋、金、元时期的哲学发展。

老子对于“道”的创造性的哲学诠释极大地扩展了中国哲学的思维空间，同时“道”也是老子哲学的核心概念，而对于“道”的体会与领悟更是中国哲学区别于西方哲学的最大特点。孙功进的《老子的体道论探析》① 从《道德经》文本出发，从“道”之特点的体认、具体的体道方法及体道者个人的状态三个方面诠释老子的体道论。

自东汉末“五斗米道”出现以来，《老子》一书一直被道教界奉为最重要的经典和理论来源，道教人士也从未间断过对于《老子》一书的宗教性解释。其中《老子想尔注》是早期道教对于《老子》进行宗教性解释的重要经典之一，陈辉的《论〈老子想尔注〉改易〈老子〉原文与道教理论的构建》② 简要介绍、分析了《老子想尔注》七个改易之处及部分改易的原因和目的，并认为《老子想尔注》改易《老子》是在用老而非解老，最终目的是构建一套宗教理论体系。

李生龙的《历代〈庄子·养生主〉之文本文化与艺术阐释评议》③ 对历史上出现的关于《庄子·养生主》的注疏评论中所涉及的解题、警句、寓言、结构以及相关的文化艺术问题加以梳理、辨析与评议。

刘怡在其《略谈〈庄子〉神人与道教神仙的差异》④ 文中指出，《庄子》中所描述的神人与道教中的神仙具有明显区别，但是《庄子》中的神人概念确实为道教神仙及神仙体系的构建奠定了一定基础，而从“神人”到“神仙”的变化也是道家哲学概念向道教宗教观念的重要转折。

2. 道教内丹思想

戈国龙的《道教内丹学论“道的演化”》⑤ 认为，道是不能作为客观对象而被观察与思考，且是主客未分时的浑然一体，所以虽然道本身不能被演化，只有当前提变为人的意识所投射的世界时，道才能被演化，所以说是我们演化了道在我们头脑中投射的象。道的演化有顺、逆两重次序，顺是由一体的道向万物的过程，逆是万物不断回归道的过程，同时还在文中对历史上出现的顺、逆两条路线的宇宙演化模型分别进行了透彻的诠释。

丁常春、吴振亚的《刘名瑞内丹思想略论》⑥ 对刘名瑞的内丹思想进行简要讨论，文章从筑基调药、筑基炼己、二五妙合、周天火候、大药玄机、温养圣胎、出定演神、回室安神和忘神合虚几方面进行研究分析，认为刘名瑞在继承前人内丹思想的基础上，还进行了一定的改革创新，特别是创造了“收光聚神”之法。

---

① 孙功进：《老子的体道论分析》，《商丘师范学院学报》2015 年第 10 期。

② 陈辉：《论〈老子想尔注〉改易〈老子〉原文与道教理论的构建》，《陕西理工学院学报》（社会科学版）2015 年第 2 期。

③ 李生龙：《历代〈庄子·养生主〉之文本文化与艺术阐释评议》，《中国道教》2015 年第 6 期。

④ 刘怡：《略谈〈庄子〉神人与道教神仙的差异》，《华夏文化》2015 年第 3 期。

⑤ 戈国龙：《道教内丹学论“道的演化”》，《中国哲学史》2015 年第 1 期。

⑥ 丁常春、吴振亚：《刘名瑞内丹思想略论》，《宗教学研究》2015 年第 1 期。

（三）道教的科仪术法研究

1. 道教科仪术法

姜守诚在其文章《宋元道教神霄派遣瘟送船仪研究——以〈神霄遣瘟送船仪〉为中心》[①]里以《道法会元》中的《神霄遣瘟送船仪》为主要研究对象，首先从文献学的角度对送船仪的十个环节分别进行了讨论与分析，接着对《神霄遣瘟送船仪》使用的部分宗教用语、包含的地域地理文化信仰和文章结构进行了细致的梳理与分析。

姜守诚在他的另一篇文章《道教文献中“开通道路”考释》[②]中对“开通道路”这一道教仪式进行研究，“开通道路”又称为“开通冥路”“开通冥漠”“开通冥道”，是一项重要的道教科仪，其目的是打开通往阴间的冥路，让亡灵可以顺利到达幽冥。作者在他的文章中主要通过使用明《道藏》内存在的与“开通道路”相关的史料，对“开通道路”仪式中的章信、符箓、偈文和灯幡进行研究，来了解此种仪式的仪轨流程和具体细节。

刘莉的《“天心正法”与唐代正一考召法术》[③]通过考察“天心正法”与《金锁流珠引》中所收的唐代正一考召法术的关系来比较二者间法术职能、行法过程和法师仙职等几个方面，认为“天心正法”来源于《金锁流珠引》中所记的唐代正一考召法术。

2. 道教经箓

通过一些影视、文学作品的传播，道教的符箓为世人所熟知，但是符与箓具体来说应是两种并不完全相同的道教概念，世人所了解的大多是符而非箓，即使在学术界和宗教界，对于道教经箓的研究也仍然处于初级阶段，究其原因，最主要的是因为道教经箓的实物存世极少，这也极大地影响了这一领域的研究。吕鹏志撰写的两篇文章《道教抄本〈先天勘合玄秘并填箓填引〉初探》[④]和《赣西北发现的天师经箓》[⑤]，对其在民间收集到的两类文本进行了分析和解读，这一发现对于我们研究道教经箓有着重要的作用，但是吕鹏志也在其文章中指出，对于经箓的研究确实存在着收集原始材料的困难。

（四）道教史研究

关于道教史的研究分支较多，比较常见的有道教在各朝代中的情况，道教各派别的历史发展，道教在各区域的发展历史，道教名山宫观的历史脉络，以及道教重要人物研究等诸多角度。

1. 教派关系

林巧薇的《试论元代集贤院与地方道教事务管理的关系》[⑥]对元代集贤院的设立、官制以及具体的地方管理方法进行了梳理、讨论和分析，并着重研究了集贤院与各教派间的关系，特别是玄教在元代中后期所起到的历史作用，认为集贤院设立的全真道、龙虎山张天师与玄教存在“三足鼎立”的状况，且由于玄教更高的政治地位促进了正一派的发展，

---

① 姜守诚：《宋元道教神霄派遣瘟送船仪研究——以〈神霄遣瘟送船仪〉为中心》，《宗教学研究》2015 年第 1 期。

② 姜守诚：《道教文献中“开通道路”考释》，《东方论坛》2015 年第 2 期。

③ 刘莉：《“天心正法”与唐代正一考召法术》，《宗教学研究》2015 年第 4 期。

④ 吕鹏志：《道教抄本〈先天勘合玄秘并填箓填引〉初探》，《宗教学研究》215 年第 3 期。

⑤ 吕鹏志：《赣西北发现的天师经箓》，《世界宗教研究》2015 年第 3 期。

⑥ 林巧薇：《试论元代集贤院与地方道教事务管理的关系》，《世界宗教文化》2015 年第 6 期。

为明以后龙虎山张天师获得主持全国道教事务奠定了基础。

林巧薇的《全真道与玄教在元代中后期发展之比较研究》[①] 一文首先介绍全真教在元代的兴衰过程和玄教的历史沿革，然后对比了两教在元代的发展状况，认为两教在元代都得到了空前的发展，特别是在元代中后期玄教更得到统治者的大力扶持。无论是与全真教还是与龙虎山张天师相比，玄教在这一时期都具有更高的政治地位。虽然全真教在这一时期略有式微，但全真教在教派势力、宫观数量规模和民间影响力上高于玄教。

2. 教派与区域道教

陈文龙、郑衡泌《周思得道派与明代道录司》[②] 一文通过比较分析《明实录》、丫髻山碑刻、白云观《诸真总簿》等资料，系统地描述了周思得教派在明清时期的传承和发展；这其中还梳理了道派的派字和其分派规律，并通过周思得弟子在明道录司任职的情况推测出周思得道派在明代具有较大的影响力。

曾龙生的《论明代正一道张天师继承制度的演变及其后果》[③] 对明正统前后，张天师继承制度由兄终弟及转变为嫡长子继承制这一现象加以分析，认为是皇权的介入导致了这一转变，这一情况也造成了张天师一系中直系与旁系的巨大矛盾；明代皇帝为保证嫡长子继承制的顺利实施也在其后采取了一系列措施来帮助和巩固张天师的继承地位。

元代以后，全真道虽没有元代时的政治地位，但是全真道逐渐走向社会各阶层，使得全真道反而在明清时期得到另一次发展。刘固盛、涂立贤《明代全真道在武当山的传承与发展》[④] 的文章中就提及了这一情况，并指出武当山全真道在明代积极调整自身，一方面积极取得皇室支持，另一方面争取更多的信众，并保持其教派特色，从而争取到更多的发展空间，尽管在明代政治地位无法超越正一道，但武当山全真道的影响力却从未降低，对于世俗社会的渗透也显著加强。

田茂泉的《清代四川全真道发展略说》[⑤] 一文以清代方志资料为主，辅以金石碑刻、游记、诗文等其他资料，对青城山、二仙庵、青羊宫、灌县二王庙等四川地区的重要宫观以及著名道士进行了介绍，以此描绘出清代四川全真道特别是龙门派发展的大致情况。

尹志华的《清代全真道传戒史料补述》[⑥] 对其新近发现的三条史料进行考证，对白云观藏王常月画像中的题词进行考证，认为此题词是果亲王在雍正八年（1730）所题；对清代名臣郝浴撰写的《鼎新吴山第一峰茅君疏引》进行解读，认为这段史料是现今最早的提及王常月在江南传戒的文献资料；对北京房山周口店镇发现的两通碑记内容进行释读，此两碑记主要记述了龙门派第九代弟子王太定的相关事迹，并以此推断其时在当地已恢复了全真道的传戒制度。

3. 道教名山宫观

《齐云山志》[⑦] 对三种明代山志进行了点校整理，其中主体部分为《齐云山志》（合校本），以明鲁点编、明万历二十七年（1599）刻本《齐云山志》为底本，以明末重印本、清

---

① 林巧薇：《全真道与玄教在元代中后期发展之比较研究》，载《全真道研究》（第四辑），齐鲁书社 2015 年版。

② 陈文龙、郑衡泌：《周思得道派与明代道录司》，《世界宗教研究》2015 年第 4 期。

③ 曾龙生：《论明代正一道张天师继承制度的演变及其后果》，《宗教学研究》2015 年第 3 期。

④ 刘固盛、涂立贤：《明代全真道在武当山的传承与发展》，《宗教学研究》2015 年第 4 期。

⑤ 田茂泉：《清代四川全真道发展略说》，《宗教学研究》2015 年第 1 期。

⑥ 尹志华：《清代全真道传戒史料补述》，《中国道教》2015 年第 5 期。

⑦ 汪桂平、王皓月：《齐云山志》，刘志点校，王卡审订，社会科学文献出版社 2015 年版。

康熙五年本、清道光十年本为补校本，形成一种合校整理本。外附两种，一为明嘉靖版《齐云山志》节选，录自天一阁博物馆藏本；二为《齐云山桃源洞天志》，以清道光十三年刻本为底本，参校以各版本之《齐云山志》。总之，《齐云山志》（附二种）的整理出版，使得历代记录齐云山的山志资料，在这本书里合成全璧，书中记载的徽州地方文化、明清道教史事，均具有独特而珍贵的史料价值，成为相关研究者必备的一部基本资料书。①

李留文的《王屋山“第一洞天”独尊地位的形成》② 认为，王屋山“第一洞天”地位的形成与两晋中原士族及文化的南迁密切相关，更直接源于道教上清派祖神魏华存及其师傅清虚真人王褒与王屋山的非比寻常的关系，而更深层的原因则与当时晋王朝南迁这一历史相关。

陶金的《茅山神圣空间历史发展脉络的初步探索》③ 一文对茅山神圣空间的发展进行了细致的梳理，该文以《茅山志》为主线，以地图研究为方法，并结合《真诰》中对于神圣性描述的研究，最终展示了一个自先秦而至近代的神圣空间的源流、扩大、鼎盛、平稳发展和逐渐消失的发展脉络。

陈文龙的《阁皂山宫观史及其灵宝派传承世系考》④ 一文根据作者在阁皂山收集的数块道士墓碑等材料，结合现有的相关文献资料，对唐代到清代阁皂山宫观和灵宝宗坛的历史进行了讨论，且考证到清雍正十二年（1734），阁皂山灵宝派共传承73代。

4. 道教人物

严正道的《唐代道士罗公远考》⑤ 对唐代著名道士罗公远的生平事迹进行考证，认为罗公远名瑣，字公远，约在五代时被封为永元真人，崇宁三年（1104）改封普济真人，且推断其生卒年大约在永徽间至天宝后，其活动区域主要在巴蜀和长安，但淮泗、湘鄂赣等地也有其遗踪，且通过对文献的阅读认为罗公远在当时应该与叶法善、张果相仿，而却不受唐玄宗赏识。

雷闻的《太清宫道士吴善经与中唐长安道教》⑥ 考察了吴善经的道门谱系，不仅落实了申甫师傅泉景仙的身份，而且还将这一法脉追溯至高宗时的高道万振，这显示了一个法脉在长安道观中的传承形态，且通过对吴善经及其法脉的深入研究，更加有助于了解中唐时期长安道教的面貌。

张方的《明末全真道士郭静中生平考略》⑦ 主要通过地方志、文集以及碑刻等史料，对明末道士郭静中的法脉传承、主持宫观、社会交往、治学修为，以及与当时几位朝廷大员的关系等问题进行了详细的考证。

（五）交叉学科中的道教研究

1. 道教与医学

（1）道医关系

道教以羽化成仙为其终极修行成果。自古以来，道医通常是一起称呼的，许多的道士

① http://iwr.cass.cn/zj/zjxz/wgp/zz/201505/t20150514_ 18786.htm.

② 李留文：《王屋山“第一洞天”独尊地位的形成》，《宗教学研究》2015年第1期。

③ 陶金：《茅山神圣空间历史发展脉络的初步探索》，《世界宗教文化》2015年第3期。

④ 陈文龙：《阁皂山宫观史及其灵宝派传承世系考》，《宗教学研究》2015年第4期。

⑤ 严正道：《唐代道士罗公远考》，《宗教学研究》2015年第3期。

⑥ 雷闻：《太清宫道士吴善经与中唐长安道教》，《世界宗教研究》2015年第1期。

⑦ 张方：《明末全真道士郭静中生平考略》，《宗教学研究》2015年第3期。

也是当时著名的中医或养生家，道教同中医养生的关系一直是十分紧密的。

裘梧在《道教与中医：中国文化滋养的连理枝》[①] 中从医道同源、医道通仙、医中有道、道中有医、医道同归的角度梳理了道教与中医的关系，认为道教与中医同声相应，同气相求。

《道医集成》[②] 是中国道教协会主持，中华中医药协会、山东中医药大学、南京中医药大学等单位共同承担的大型文化工程项目。《道教对中医药的影响：从本草与服食养生说起》[③] 和《以身观身：对道教与中医学身体观的认识》[④] 两篇论文作为其阶段性成果分别从本草服食和道教练养的角度对道医关系和道教养生进行论述。

孙亦平的《从〈东医宝鉴〉看道教养生论对东医学的影响》从朝鲜王朝时期编撰的《东医宝鉴》[⑤] 入手，探讨了其中收录的与道教有关的身心修养、人体修炼和长生成仙的道教养生论，认为《东医宝鉴》提倡"以道治心"、以道疗病，追求"身道合一"的具有道教特点的理念，最终反映了道教在朝鲜半岛的传播状况和对整个朝鲜半岛东医学的影响。

程雅群的《李时珍〈本草纲目〉与道教神仙方术》[⑥] 从《白茅堂集》中对李时珍"幼以神仙自命"和《本草纲目》中引据的道家道教文献以及对道教养生思想的吸收，还有《本草纲目》中的鬼神巫卜观念这几个方面入手，认为李时珍与道教的关系十分复杂，《本草纲目》对于道教内容的吸收也是采取扬弃的手段，且道教养生对于《本草纲目》乃至整个古代中医医学都具有特别重要的影响和意义。

（2）文献的研究

2015 年 10 月，屠呦呦凭借其发现提取的青蒿素而获得诺贝尔医学奖，这在国内造成了巨大的反响，也因其研究原始材料来源于中国古代著名医学典籍《肘后备急方》而使整个学术界对于道教中的医学文献典籍更加重视。

詹石窗的《重新认识道教医方的价值：从屠呦呦发现青蒿素获诺贝尔奖谈起》[⑦] 针对屠呦呦根据《肘后备急方》的记载最终提炼出有效治疗疟疾的青蒿素，对《肘后备急方》进行了介绍，最后指出，在道藏典籍中还有许多具有价值的医学文献值得关注。

刘珊、张其成等的《〈道藏〉中医药文献研究考略》[⑧] 中对于近年《道藏》中的中医药文献的研究进行了简单的梳理和分类，认为对于《道藏》中医药文献的研究很少，且多为整体性论述，缺少更为细致的研究。张青颖、沈艺等的《〈道藏·洞玄部〉中医药文献特点初探》[⑨] 对《道藏·洞玄部》中的中医药文献的具体分布进行了简要介绍，认为洞玄部医药文献具有分布广泛且具特色和医药著作比例小于养生著作比例两个显著特点。这两篇文章均为"北京白云观所藏明《道藏》医药养生文献整理与利用研究"的阶段性

---

① 裘梧：《道教与中医：中国文化滋养的连理枝》，《中国宗教》2015 年第 7 期。

② 《道医集成》一书还处于编纂阶段，并未出版。

③ 王振过、刘鹏：《道教对中医药的影响：从本草与服食养生说起》，《中国道教》2015 年第 4 期。

④ 刘鹏、王振过：《以身观身：对道教与中医学身体观的认识》，《中国道教》2015 年第 5 期。

⑤ 孙亦平：《从〈东医宝鉴〉看道教养生论对东医学的影响》，《宗教学研究》2015 年第 3 期

⑥ 程雅群：《李时珍〈本草纲目〉与道教神仙方术》，《宗教学研究》2015 年第 4 期

⑦ 詹石窗：《重新认识道教医方的价值：从屠呦呦发现青蒿素获诺贝尔奖谈起》，《中国宗教》2015 年第 11 期。

⑧ 刘珊、张其成等：《〈道藏〉中医药文献研究考略》，《中医文献杂志》2015 年第 4 期。

⑨ 张青颖、沈艺等：《〈道藏·洞玄部〉中医药文献特点初探》，《中医文献杂志》2015 年第 4 期。

成果。

（3）道教养生

道教养生是道教十分具有特色且在现今依然受到重视的体系。张崇富的《论道教叩齿养生的理论基础》[①] 对道教叩齿术进行了理论性的讨论，通过对道教文献和医学文献的查阅，梳理了叩齿术的主要功能，并深入分析了叩齿术的医学理论基础。章原的《丘处机〈摄生消息论〉中的养生理念》[②] 通过对丘处机《摄生消息论》中的养生理念进行梳理分析，将其分为四时养生之道、脏器养生与脏病防治两个主要方面。认为《摄生消息论》广泛地吸收了之前养生典籍的重要理论，并结合了历代养生家的实践，使其成为道教养生理论中的大成之作。

2. 道教与文化艺术

（1）道教与文学

李刚的《道教神仙鬼怪所激发的中国人的想象力和创造力》[③] 认为道教与中国古代文学艺术是一种双向互动关系：一方面文学艺术吸收道教神仙思想和神话故事作为素材，另一方面道教也借助文学艺术达到宣传自身、扩大社会影响力的目的；并在文章中通过对道教神仙鬼怪故事、道教“气”“神”概念的分析，认为在古代文艺作品中，充满活力的艺术想象力和创造力是来自于道家、道教。

中国最具代表性的古典文学作品莫过于四大名著，在中国古典四大名著中也有着许多与道教相关的内容，尹志华《〈西游记〉里的四大天师》[④] 对《西游记》中多次出现的张、葛、许、邱四大天师从道教学术的角度对进行了介绍和分析。阮海云、段海宝《“红楼”遗梦与道教精神：从〈好了歌〉说开来》[⑤] 从《红楼梦》第一回中出现的《好了歌》入手，对红楼梦中出现的一些道教元素和道教思想进行了简要梳理。

（2）道教与音乐

道教科仪音乐是道教中主要的音乐形式，也是道教对于中国音乐发展做出的重要贡献之一。蒲亨强、陈芳的《南北朝道教斋乐传承之研究》[⑥] 从音乐史的角度对南北朝道乐的传承进行梳理，认为北朝与南朝道乐区别较大，北朝乐主要承袭天师道统和一些佛教戒律，南朝乐主要承自灵宝法，且兼收天师、上清、佛教等诸多因素，并确立了较为系统的传承体系，最后推测南朝道乐在历史发展中占据了主流地位。蒲亨强的《南朝道教仪式音乐初步研究》[⑦] 对南朝道乐中存在的天师道“上章仪”和灵宝派“投简仪”“度亡仪”“授度仪”的唱词、韵律、规矩等方面进行了讨论和分析。陈瑜的《晋北民间道教科仪音乐的历史源流与地域分布》[⑧] 通过田野考察所获得的第一手资料，从宗教音乐角度对晋北地区民间道教科仪音乐的历史源流、科仪传统、音乐特征、文化变迁等方面进行考察研究。

---

① 张崇富：《论道教叩齿养生的理论基础》，《宗教学研究》2015 年第 1 期。

② 章原：《丘处机〈摄生消息论〉中的养生理念》，《中国道教》2015 年第 1 期。

③ 李刚：《道教神仙鬼怪所激发的中国人的想象力和创造力》，《世界宗教文化》2015 年第 2 期。

④ 尹志华：《〈西游记〉里的四大天师》，《中国道教》2015 年第 4 期。

⑤ 阮海云、段海宝：《“红楼”遗梦与道教精神：从〈好了歌〉说开来》，《中国道教》2015 年第 5 期。

⑥ 蒲亨强、陈芳：《南北朝道教斋乐传承之研究》，《中国音乐学》2015 年第 2 期。

⑦ 蒲亨强：《南朝道教仪式音乐初步研究》，《音乐艺术》（上海音乐学院学报）2015 年第 2 期

⑧ 陈瑜：《晋北民间道教科仪音乐的历史源流与地域分布》，《中国音乐学》2015 年第 3 期。

二　民间宗教研究

（一）宝卷的整理收集

宝卷是唐、五代变文、讲经文演变而成的一种传播宗教的艺术形式①，是一种区别于佛道教经书典籍的传统中国宗教的经典形式。2015 年马西沙先生主编的《中华珍本宝卷》（第三辑）正式出版发行，《中华珍本宝卷》（第三辑）从第二十一册至第三十册，共计八千页，收入四十四部宝卷。该辑延续了第一辑、第二辑的高水平。其中明代折本宝卷过半，明、清两代孤本达三十部。而孤本中珍品、令人叹为观止者不在少数，第二十一册收录了明折本《佛说大藏显性了义宝卷》《销释童子保命宝卷》，皆为中国社会科学院世界宗教研究所所藏之海内孤本。20 世纪 80 年代马西沙先生在写作《中国民间宗教史》时已开始研究宝卷。明嘉靖二年再版折本《皇极金丹九莲正信皈真还乡宝卷》原为吴晓铃先生所藏，现藏于首都图书馆，明嘉靖二年版的这部宝卷的出版，对明、清民间宗教史的深入研究大有裨益。日本学者泽田瑞穗认为《皇极金丹九莲正信皈真还乡宝卷》是清雍正年间江西黄德辉所撰，这显然是不正确的。首都图书馆藏本是多种版本中最早的，但它仍是再版者，可知此卷初版之古。第三辑还收录了佛教图书馆珍藏宝卷、黄天教经书明代折本《佛说利生了义宝卷》、明版《太上老君说自在天仙九莲至圣应化度世真经》、清初折本五卷本《天仙圣母源留泰山宝卷》。而首都图书馆馆藏的另一部明折本孤品《佛说清净无为直指正真收圆宝卷》，该辑亦有收录。第三辑收录了日本早稻田大学所藏孤本清代《佛说三皇初分天地叹世宝卷》，又收录天津图书馆馆藏《太上玄宗科仪》及《销释般若心经宝卷》。第三辑收录个人藏品以周启晋先生为最多，其中珍本有明正德版《姚秦三藏西天取清解论宝卷经》、明折本《高上玉皇本行集经礼请卷》，后者应为道教稀见之经本。所收明万历二十一年折本《玄天真武宝卷》、明万历九年刊本《武当山宫观仙迹记》中，后者是研究武当山历史最珍贵的孤本宝卷。明万历折本《古佛当来下生弥勒出西宝卷》虽为清重刻本，但亦颇珍贵。又收日本藏《销释普贤菩萨度华亭县生天宝卷》亦为孤本。周启晋先生所藏五部六册会解宝卷类经论虽为民国时代石印本，但其所印经书则为明代宝卷会解，为海内孤本，极具研究价值。该辑第三十册五部宝卷皆为北京师范大学图书馆馆藏，为清末民初年间刻印之宝卷，但多为孤本，颇珍贵，亦收入。②

（二）民间信仰

在中国，民间信仰是一直存在着的，或许有许多的民间信仰并没有成为一种教团的主要信仰形式，但是相对于已经成形的民间宗教团体，民间信仰范围更加宽泛。在中国这片土地上有着不计其数的民间信仰，有许多还不为我们所知；而即使我们已经看过、了解过的一些民间信仰，对其的研究仍然比较缺乏。

张祝平在其文《民间信仰社会治理面临的问题及其对策》③ 中指出，应该将宗教信仰自由作为公民的基本权利进一步加以重视，并将民间信仰与其他宗教一样平等对待。决策

---

① 马西沙：《中国民间宗教简史》，上海人民出版社 2005 年版，第 103 页。

② http：//iwr. cass. cn/xw/201510/t20151008_ 19450. htm.

③ 张祝平：《民间信仰社会治理面临的问题及其对策》，《中国民族报》2015 年 4 月 7 日第 6 版。

层的认识是做好民间信仰工作的前提。为此，有必要加强各级领导干部民间信仰基本知识的教育培训，以提高干部对民间信仰的思想认识和正确管理民间信仰的能力。建议组织编写民间信仰知识读本，使大家进一步明确民间信仰与迷信、民间信仰与宗教、民间信仰与日常生活、民间信仰与中国文化的关系，以及民间信仰的功能、特征等；将民间信仰知识和相关政策法规纳入各级党委、政府中心组学习内容，纳入各级党校和行政学院干部培训的教学内容，使各级干部特别是广大基层干部能进一步解放思想、实事求是，正确认识民间信仰的历史性、长期性、民族性及其特征和社会政治价值，给民间信仰以正确定位。

彭尚青的《民间信仰精英的权威建构与实践逻辑——以陕北黑龙庙王氏父子为例》[①]借助布迪厄在“委任”关系中的权威论述，以陕北黑龙庙王氏父子为例，论述了他们作为庙宇管理委员会的会长，在庙宇经营中的权威建构与实践逻辑。基于他们在权威建构上的关系特征与信仰实践中的双重逻辑，该文认为，当前社会环境下的民间信仰精英权威的实践已然跨越了“国家—地方”“仪式—活动”的分类界限。

宁俊伟在其文章《关于山西清代部分地区关帝庙碑刻的研究——兼论关帝财神之职》[②] 中以山西地区的清代关帝庙碑刻为主要研究材料，来了解对于关帝信仰中的立庙初衷、信众所认同关帝的庇佑范围及关帝财神角色等问题。其立庙初衷一是为了彰显关帝忠勇侠义的精神。二是通过重建或扩建庙宇来达到人神互惠，希望更多地得到关帝的庇佑。同时，作者在文中还指出了关帝信仰的主要功能，包括关帝庙的风水功能和对关帝的救苦解厄的希望。最后还讨论了关帝作为财神的信仰形式，认为现代社会将关帝作为财神供奉的观点是值得商榷的，关帝在民间的主要形象还是忠义，而非财富的获得。

周金琰在《湄洲妈祖祖庙祭典及其当代意义研究》[③] 一文中介绍了海神妈祖的由来和妈祖信仰的形成、湄洲妈祖祖庙的肇建及宋代妈祖祭典的起源。对元、明、清三代妈祖祭典的规格提升、发展和规范等时代特征分别进行了探讨。重点对新时期的湄洲妈祖祭典范式做了详细阐述。最后对湄洲妈祖祭典的当代意义做了简要分析与归纳，认为妈祖祭典是传承中华传统美德和向世界展示中华优秀文化的一种特殊形式。

陈景熙在《华南民间信仰的建构与海外传播——新加坡蔡府王爷信仰的案例》[④] 一文中梳理了新加坡蔡府王爷信仰的发源、发展及海外传播的大致脉络，揭示乩童降乩的民间宗教仪式传统、血缘认同的文化心理、海外移民的历史传统等历史文化因素在华南民间信仰的建构及海外传播、传承的历史过程中发挥作用的具体机制。

（三）民间宗教教派

相对于各种民间信仰形式，民间宗教教团应该说已具备了比较完备的教团体系和理论结构，对于教团教派的研究角度也更加多元且复杂。

---

① 彭尚青：《民间信仰精英的权威建构与实践逻辑——以陕北黑龙庙王氏父子为例》，《世界宗教文化》2015 年第 5 期。

② 宁俊伟：《关于山西清代部分地区关帝庙碑刻的研究——兼论关帝财神之职》，《世界宗教研究》2015 年第 5 期。

③ 周金琰：《湄洲妈祖祖庙祭典及其当代意义研究》，《世界宗教研究》2015 年第 5 期。

④ 陈景熙：《华南民间信仰的建构与海外传播——新加坡蔡府王爷信仰的案例》，《世界宗教文化》2015 年第 5 期。

李志鸿的《闽西罗祖教与佛教》[①] 从晚清民国时期闽西高僧与罗祖教的复杂关系、晚清民国时罗祖教与佛教道场的重建和当代的闽西罗祖教与佛教的关系三个主要方面进行探讨，认为闽西罗祖教与佛教并非正教与邪教的关系，而是源与流的关系，并以此引申认为，我们应该摒弃过去所谓正统与民间的概念，只述传统与新兴。

韩松涛的《中教及中教道义会研究》[②] 对民国时期成立的中教及中教道义会的创立、发展、传播、组织形式以及教理教义进行了概述，并对中教道义会在民国时期所起的积极作用和慈善事务进行了细致的介绍，最后在文中介绍了中教及中教道义会在新中国成立以后的命运和被取缔的细节。

石沧金的《跨国网络中的何氏九仙信仰与琼瑶教》[③] 对莆田的何氏九仙信仰与琼瑶教的宗派史、庙宇、主要经典和宗教仪轨仪式等进行了简单介绍，并在文中着重讨论了莆田的何氏九仙信仰和琼瑶教外传至南洋后，逐渐形成的跨越莆田及新、马、印（尼）的民间宗教网络，以及其他一些宗教信仰的关系。认为这一民间宗教网络既包含丰富的宗教信仰内容，也富含乡缘情结，更含有传承发扬中华传统文化的深厚情结。

濮文起等的《"师傅林"：天地门教研究的新发现——河北省 HH 市 NPH 镇"师傅林"调查记》[④] 从对河北省 HH 市 NPH 镇两处天地门教（一炷香教）的"师傅林"调查入手，对天地门教的"师傅"和"师傅林"制度的形成、发展、特点和功能进行了考察研究，认为这种民间宗教的表现形式有其特定的历史成因和传播原因，不能盲目地予以取缔，也不应对此种文化形式不予理睬。

三　总结

无论是道教还是民间宗教，它们的根都在中国的文化土壤之中，二者在历史上相互交融、相互作用、相互影响，在二者的不同教派、不同地域中既出现过相互扶持的友好局面，也出现过相互倾轧的景象，但是这都是不同的宗教形式在历史上所表现出的正常现象。在当今的中国，二者的状况也迥然不同：一个是被政府承认的，具有合法资格的五大宗教团体之一；另一个是经历过取缔，正在逐渐重生的传统文化形式。二者时代命运的不同，也使得二者的研究状况不尽相同。对道教的研究古已有之，而在西方学术体系被引进中国之后，对于道教的研究方法和研究角度也被极大地丰富，虽然道教研究相对于中国的其他四大宗教而言还相对薄弱，但是一个较为完善的研究体系已经粗具规模；反观民间宗教团体，在历史上就常常被作为打击取缔的对象，这种命运也一直持续到新中国成立初期，所以对其的学术性研究更是少之又少，即使有一些早期的研究也时常被放入佛、道教的研究体系之中，少有单独研究的状况。直到近 30 年，党和国家对于民间宗教态度的变化，才逐渐带动了这一文化形式的研究。

王卡先生认为，将民间宗教称为中国本土宗教更为合适，而道教与民间宗教是一种

① 李志鸿：《闽西罗祖教与佛教》，《世界宗教研究》2015 年第 5 期。

② 韩松涛：《中教及中教道义会研究》，《世界宗教研究》2015 年第 3 期。

③ 石沧金：《跨国网络中的何氏九仙信仰和琼瑶教》，《世界宗教研究》2015 年第 2 期。

④ 濮文起、莫振良、濮蕾：《"师傅林"：天地门教研究的新发现——河北省 HH 市 NPH 镇"师傅林"调查记》，《世界宗教文化》2015 年第 5 期。

"大道教"的关系。笔者以为王卡先生提出的这种"大道教"的说法并非是要将民间宗教划入道教之中，而是从二者的文化源头入手来界定中国的本土宗教形式，只是借用了"大道教"这一词语来表现。王卡先生在接受采访中也曾说过："中华民族的传统信仰是所谓的天道、天理。跟西方信仰的上帝不同，中国人对'天道'的解释包括了人格性和自然性两个方面。一切事物的根源是天道，大自然依据阴阳法则生成了万事万物。这是中国人的核心宇宙观。金岳霖先生曾说过：中国文化最崇高的概念就是'道'，求道、行道是中国人追求的人生理想和超越目标。对于道的追求在中国民间有着各种各样的组织，不只是狭义的道教，凡是有这种信仰的都属于'大道教'的范围。"① 所以对于二者的研究我们不能厚此而薄彼，更不能有文化上的歧视，应该将二者同时纳入中国传统文化的研究之中，既要厘清二者的区别，对其中的不同领域进行更加深入的研究，更要明白二者始终存在的错综复杂的关联性。

① http：//www. thepaper. cn/newsDetail_ forward_ 1352577.

2015年度基督教研究综述

石衡潭

2015年，在基督教研究学科发展中，总体上呈现出这样一种局面与状况：基督教中国化议题受到普遍关注与热烈讨论；各学科总结成果与经验，各界别人士共同参与探讨。基督教史研究继续作为重心，新成果新材料不断出现。圣经注释与研究逐步升温，神学思想研究还是以译介为主，中国基督教现状调查与研究遍地开花，基督教与文学艺术法律经济等方面关系的研究不断拓展。

一 基督教中国化议题受到普遍关注与热烈讨论

基督教中国化成为2015年基督教研究的主要课题，举办了数次大型研讨会，《中国宗教》《天风》等杂志推出了相关专辑，“基督教中国化研究丛书”推出了新作。

2015年8月25—26日，江苏省基督教两会在南京举办了第二届“基督教中国化”神学研讨会，近150人参加了研讨会，19篇论文的作者进行了大会交流。

二 各学科总结成果与经验，各界别人士共同参与探讨

王潇楠著《宗教学研究论著与文本解读：当代宗教研究、基督教研究专辑》① 是对当代宗教研究和基督教研究的相关专著、论文集和译著近700部进行汇集、分类和整理后形成的文本解读成果。

杨华明的《当代中国基督教研究的进路与趋势》② 指出，现下中国基督教学科的发展承袭了近年来多重进路并行发展的稳定态势，呈现出一派思想研究绿树常青、史学研究根深蒂固、实证研究枝繁叶茂、经典研究果实丰硕、交叉学科枝条绵延的生动局面。

赵晓阳、郭荣刚的《60年来中国基督新教史研究评析》③ 从基督新教通史研究、自立运动和合一运动研究、本色化与本土化研究、本土教派研究、中国基督教神学思想和神学家研究五个方面对60年来的研究成果做了概述与分析。

---

① 王潇楠：《宗教学研究论著与文本解读：当代宗教研究、基督教研究专辑》，中国社会科学出版社2015年版。

② 杨华明：《当代中国基督教研究的进路与趋势》，载《基督宗教研究》第18辑，宗教文化出版社2015年版。

③ 赵晓阳、郭荣刚：《60年来中国基督新教史研究评析》，《世界宗教研究》2015年第4期。

其他重要文章还有王皓的《19世纪至20世纪初的中国天主教史研究述评》①，郭荣刚、林孝斌的《全球化视野下的基督教中国化研究》②，吴昶兴的《大秦景教研究述评——历史、语言、文本综论（上）》③，李楠的《回顾与前瞻：30年来中国内地会史研究》④，刘双的《近十年来国内农村基督教研究综述》⑤，张永广的《改革开放以来中国基督教对外交流活动述评》⑥，张华、李丙权的《比较研究视域中的文学、汉学和宗教研究——第十届“神学与人文学”暑期国际研讨班综述》⑦等。王悦的《鲁迅与基督教关系研究评述》⑧指出，关于鲁迅与基督教关系的研究，研究者主要持有神论和无神论两种立场进行研究，出现了以马克思主义、存在主义和基督教信仰为认知资源的多样化研究现状。因研究方法和视角的不同，研究呈现多元、开放的特点。

2015年5月27—28日，中国社会科学院世界宗教研究所主办，国务院发展研究中心民族发展研究所、河北省信德文化研究所协办的“当代中国天主教发展研讨会”在北京隆重举行。此次研讨会是中国社会科学院世界宗教研究所基督教研究室首席研究员王美秀主持的国家社科基金重点课题“梵蒂冈和世界天主教最新发展及对我国的影响研究”的阶段性研讨会。与会者共计30人，发表论文24篇。这是改革开放以来国内举办的第一次以当代中国天主教发展为题的学术研讨会，也是国内天主教会教职人员第一次与国内宗教研究机构、高校学者就当代中国天主教会的现状与发展进行面对面的交流与分享。中国社会科学院世界宗教研究所副所长郑筱筠研究员在开幕式上致开幕词；国务院发展研究中心民族发展研究所赵曙青名誉所长、信德文化研究所所长张士江等致辞；王美秀研究员主持了开幕式。张士江所长回顾了当代中国天主教会的历史，对现状与问题做了反省，晏可佳所长根据改革开放以来的宗教政策法规结合在上海就天主教爱国会进行的调研情况做了发言。在为期一天半的会议中，与会者就当代中国天主教会的发展和挑战及当代宗教政策、教会礼仪、教区、堂区牧灵福传、文字福传、新兴教友团体、修院培育、女修会奉献生活、大众传媒、公益慈善事业、在华外籍教友群体的宗教生活、天主教会内的海外留学情况和中梵关系等10多个主题进行了8场研讨。5月27日晚上，大会还进行了晚场漫谈，由任延黎研究员和王美秀研究员分别就梵蒂冈与古巴和越南关系与大家进行了交流。对这次会议的报道被凤凰卫视网站等多家媒体转载，还有其他媒体做了后续的深度采访，在各界引起极大反响。

2015年6月26—28日，首届“中国的东正教研究及东正教群体”学术研讨会在中国社会科学院世界宗教研究所召开。研讨会由中国宗教学会、中国社会科学院基督教研究中心举办。此次会议获得了来自中国社会科学院世界宗教研究所、国家宗教事务局、北京大

---

① 王皓：《19世纪至20世纪初的中国天主教史研究述评》，载《基督宗教研究》第18辑，宗教文化出版社2015年版。

② 郭荣刚、林孝斌：《全球化视野下的基督教中国化研究》，《世界宗教研究》2015年第1期。

③ 吴昶兴：《大秦景教研究述评——历史、语言、文本综论（上）》、《基督教文化学刊》2015年第1期。

④ 李楠：《回顾与前瞻：30年来中国内地会史研究》，《宗教学研究》2015年第2期。

⑤ 刘双：《近十年来国内农村基督教研究综述》，《赤子》2015年第14期。

⑥ 张永广：《改革开放以来中国基督教对外交流活动述评》，《世界宗教研究》2015年第2期。

⑦ 张华、李丙权：《比较研究视域中的文学、汉学和宗教研究——第十届“神学与人文学”暑期国际研讨班综述》，《基督教文化学刊》2015年第1期。

⑧ 王悦：《鲁迅与基督教关系研究评述》，《名作欣赏》2015年第23期。

学、北京师范大学、现代国际关系研究院、北京外国语大学、黑龙江大学、吉林大学、内蒙古大学等机构40多名嘉宾以及新疆、内蒙古和哈尔滨等地东正教管委会的代表参与会议，提交了20多篇论文，就中国的东正教研究的历史，中国东正教与国际关系、社会生活，东正教与哲学、文学，东正教研究现状和东正教现状等专题展开了讨论。

2015年10月16—18日，中国社会科学院基督教研究中心和安阳师范学院宗教文化研究所主办的“中国基督宗教史专题学术研讨会”在安阳召开。来自全国23所高校、8个研究机构、6个宗教团体、3家报刊社共计52名专家学者出席研讨会。此次研讨会共收到42篇论文，33位学者在大会上报告了自己的研究成果。与会学者围绕基督宗教研究方法、基督宗教与中国社会、传教史研究、教会与社会工作、中国天主教本土化、教会与教育、传教与反思、政教关系与对外关系等方面进行了8场研讨。

2015年12月19日，由中国社会科学院世界宗教研究所和中国社会科学院基督教研究中心主办的“2015年天主教研究论坛”在北京举行。来自中央统战部、国家宗教事务局、河北省民族宗教事务厅、中国天主教“一会一团”、河北信德文化学会、复旦大学、上海社会科学院、暨南大学等机构的相关领域专家学者40余人参加了研讨。卓新平就中国天主教史、中国天主教现状、中国天主教的国际背景几个重要方面做了主题发言。发言指出，中国天主教的现状极为独特，中国天主教的处境和存在方式值得研究。早在20世纪20年代，中国天主教就提出了中国化，在今天的时代背景下，中国天主教怎样体现中国化、中国化方向应该怎么认识，尤其值得关注。历史上，天主教在中国社会存在身份认同的问题，天主教的信仰与社会主义核心价值观的关系在当下的语境中也不能回避，需要正确面对。研讨会上，与会专家学者就中国天主教研究的学科格局、历史视野、现状反思进行了广泛深入的讨论。具体问题涉及如何撰写一部体现学术界研究成果、篇幅中等、雅俗共赏的中国天主教史？明清天主教研究是否可以成为一个独立学科，与甲骨学、敦煌学并驾齐驱？如何普及与提高拉丁语教学，使学者像使用英语一样熟练使用之？天主教神学研究如何转化为社会成果？天主教研究如何在公共层面进行，避免自我独语？这些问题虽然还没有完全一致的答案，但学者们还是达成了一些基本共识，对进一步开展天主教研究具有指导与参考作用。

基督教研究受到各界的关注，各界人士也更多地济济一堂，共同探讨。这是以前所不太多见的场面。以往基督教研究限于学界与教界，而且两个界别的交往不多。各自研究各自的，各自开研讨会。在这种情况下，容易产生一些隔阂与误解，甚至有些互不认同：学界的人觉得教界的学术性不高不强，教界的人认为学界研究对教会没有实际作用。现在，有部分学者被邀请去神学院讲学，更可以就共同的主题坐在一起交流讨论，就可以避免这些隔阂，也更能够激发出思想的火花。近年来，教界做了很多的努力，2015年的效果比较明显。不少大型的研讨会是教界人士主动寻找学界的合作，邀请学界人士参加；同时，教界也最大限度地邀请各地教牧人员和神学生参与和旁听会议，让他们拓宽眼界，增长见识。在“当代中国天主教发展研讨会”和“2015年天主教研究论坛”上，甚至有不少修女前来参加会议。这是难能可贵的，是一大进步。

不仅学界与教界有了沟通，而且政界和媒界也参与进来。上面提到了以基督教中国化为主题的几个大型研讨会，至少都有学界、教界、政界和媒界的几方面人士参加。政界的参与增强了会议的实力与底气，媒界的加盟扩大了会议的覆盖面与影响力。2015年，对学术会议的报道、对学术成果的宣传力度更大、渠道更多也更及时了。

三 基督教史研究继续作为重心，新成果新材料不断出现

2015 年 1 月，民主与建设出版社推出了西蒙·蒙蒂菲奥里的《耶路撒冷三千年》。此书依年代顺序，以三大宗教围绕“圣城”的角逐，以几大家族的兴衰更迭为主线，生动讲述了耶路撒冷的前世今生；作者通过大量的田野调查和文献考据，以客观、中立的角度，透过士兵与先知、诗人与国王、农民与音乐家的生活，以及创造耶路撒冷的家族来呈现这座城市的三千年瑰丽历史，还原真实的耶路撒冷。

作为断代史的重要著作有夏伯嘉编著的《天主教世界的复兴运动（1540—1770）》[①]。此书根据特伦特丰富的档案资料展示了中世纪教士的生活，他们与家庭及邻里的关系，以及受到承认和鼓励的，但与教会法律的传统规范有所冲突的文化模式。对 16 世纪中期特伦特大公会议到 18 世纪耶稣会遭镇压期间天主教的历史进行了全面细致的描述，根据丰富的档案资料，还原了宗教改革以后天主教复兴的过程，揭示了天主教在欧洲社会的广泛影响，是欧洲史、天主教史的代表性著作。该书参考了至少 8 种不同语言的学术成果，立论严谨、文笔清晰、内容广泛而又细致，可谓该领域的最新权威著作。麦克吉佛特著，林中泽、龚伟英译的《优西比乌：生平作品及声誉》[②] 也让人们对这位基督教早期重要的史学家有了更多的了解。

中国人撰写的基督教通史有游斌、潘少铎、郭白歌合作撰写的《基督教》[③]。全书分为八个章节，各章节的内容分别是基督教诞生的世界、从耶路撒冷到地中海、基督教与罗马帝国、帝国的教会、中世纪的东西部教会、宗教改革运动、圣书与信仰、神学——谈论上帝的学问等。

对各国基督教不同时期历史的研究也取得了重要进展。张瑞华所著的《清教与美国——美国精神的寻根之旅》[④] 在美国历史的框架下进行分章叙述，重点梳理、分析米勒的清教思想，揭示米勒笔下新英格兰思想与美国思想之间的关系。分析 20 世纪 50 年代之后的清教研究，包括清教的后米勒时代，重点分析学界对米勒思想的继承、批评、修正与扩展，揭示多学科以及跨大西洋研究等语境中学者对清教与美国关系的认识。张钟鑫编著的《近代新加坡华人基督教研究（1819—1949）》[⑤] 以近代新加坡华人基督教为研究个案。第一章，通过梳理 1819—1949 年新加坡华人基督教发展的历史脉络，将这一过程分为“酝酿”“萌芽”“丰收”以及“停滞与重建”四个阶段进行阐述，企望尽可能勾勒其历史全貌；第二章，通过论述新加坡华人教会创办教育、医疗和印刷出版事业，探讨教会社会事业对于新加坡华人教会发展之功用；第三章，通过阐述基督教在新加坡华人社会传播过程中所遇到的问题，观察新加坡华人基督教发展的独特性；第四章，对新加坡华人基督教与各族群间的关系加以分析，从而折射出族群差异对于基督教传播的影响；第五章，在上述探索的基础之上，阐述新加坡与中国华南沿海教会的联系与互往，并通过华人教牧精

① ［美］夏伯嘉编著：《天主教世界的复兴运动（1540—1770）》，余芳珍译，上海人民出版社 2015 年版。

② ［美］麦克吉佛特：《优西比乌：生平作品及声誉》，林中泽、龚伟英译，上海三联书店 2015 年版。

③ 游斌、潘少铎、郭白歌：《基督教》，中国民主法制出版社 2015 年版。

④ 张瑞华：《清教与美国——美国精神的寻根之旅》，中央编译出版社 2015 年版。

⑤ 张钟鑫编著：《近代新加坡华人基督教研究（1819—1949）》，福建人民出版社 2015 年版。

英的个案研究以及分析华人基督徒的文化认同，讨论新加坡华人教会与中国的关系，进而找寻新加坡在教会网络中的应有位置。通过以上论述，该书试图勾勒近代新加坡华人基督教的历史面貌，依此找寻其在教会跨国网络中的位置，总结新加坡华人基督教的特点，并探寻基督教与新加坡华人乃至东南亚华人族群建构与民族认同的关系。关于世界基督教史的重要论文有刘艳的《西方基督教基要主义运动与“大历史”的兴起》[①] 等。

中国基督教史仍然是基督教史研究的一个重点。近年来，元代基督教研究比较沉寂，唐晓峰的《元代基督教研究》[②] 打破了这一局面。此书是有关元代也里可温研究的系统之作。作者参阅并引证了大量一手文献资料，梳理了元代基督宗教这段乏人问津的历史。该书可使我们初步掌握元代中西文化交流的历史概况，深入了解基督宗教的传播和发展规律，合理借鉴元代对基督宗教的管理制度。该书内容严谨、客观并具有较高的权威性。

在对明清以来基督教研究方面，不仅继续开展对来华传教士及其传教活动的研究，又进一步展开了对中国基督徒的研究，使得这些以前被忽略或显模糊的身影逐渐清晰起来，中国社会的广阔背景也被一一勾画出来。吕江英撰写了《康熙初年的历法之争与儒耶冲突》[③]。清朝初年发生过一桩儒者杨光先因历法问题控告传教士的案件，导致传教士汤若望入狱，钦天监历科官员李祖白等五人被杀。这个案件，因为杨光先说过“宁可使中国无好历法，不可使中国有西洋人”，往往被当成士大夫保守顽固、排斥新鲜事物的反面例证，当事人杨光先也被认为是阻挡中西文化交流和中国科技发展的绊脚石。但若深入了解当时社会的政治、文化情况，将历史事件放到历史中去研究，却会有不同的发现。此书就是这样一部发现之作。

张先清的《小历史：明清之际的中西文化相遇》[④] 考察了耶稣会士利玛窦、艾儒略等人入华后的文化活动及其在中西文化交流史上的作用。书中尤其重视从中文文献视角探讨明清时期中国士大夫对待西学的态度认识，并强调对个体在历史中的投射加以细致探究；从“小历史”角度，深入考察不同文化背景的文人文化接触行为，提供了一种审视明清之际中西文化相遇的“大历史”视角。

四 圣经注释与研究逐步升温

2015 年，在圣经释经学方面，翻译出版了 J. 斯科特·杜瓦尔（J. Scott Duvall）、J. 丹尼尔·海斯（J. Daniel Hays）著《圣经释经之旅》[⑤]。该书包含五部分内容：“如何阅读圣经——基本工具”，“情境——过去和现在”，“意义与应用”，“诠释之旅——新约”，“诠释之旅——旧约”。全书清楚地阐明了圣经应当如何阅读、诠释和应用，既有条不紊，读起来又趣味盎然，绝不艰涩难明，中文翻译也甚佳。书中对新约、旧约不同文体进行了恰到好处的讨论。作者用浅显易懂的文字把圣经学者最精辟的研究成果介绍给读者，行文

① 刘艳：《西方基督教基要主义运动与“大历史”的兴起》，《史学月刊》2015 年第 9 期。

② 唐晓峰：《元代基督教研究》，社会科学文献出版社 2015 年版。

③ 吕江英：《康熙初年的历法之争与儒耶冲突》，中华书局 2015 年版。

④ 张先清：《小历史：明清之际的中西文化相遇》，商务印书馆 2015 年版。

⑤ ［美］J. 斯科特·杜瓦尔、J. 丹尼尔·海斯：《圣经释经之旅》，世界 e 家翻译小组译，同济大学出版社 2015 年版。

不仅突出单独的经文细节，也关注圣经的总体结构，还提供解释和应用每一种新约和旧约文体的准则，以及许多实在的范例，让读者可以学会使用足够的工具来“按正意分解真理的道”。此外，还有博恩澈著《研读妥拉：犹太深度释经法入门》①。

在圣经注释方面，宗教文化出版社推出了威尔斯比“圣经解经系列”的《心得安慰：以赛亚书》《义无反顾：耶利米书》《心怀敬畏：以西结书》《毅然决断：但以理书》《肩负重任：列王纪上》《与众不同：列王纪下和历代志下》《心意笃定：尼希米记》。这是美国著名作家、牧师、圣经学者威尔斯比的毕生巨著。该系列书籍的特色有四：（1）该书不是一般经文注解的解经书，而是让信徒既能明白圣经真理，又能在生活中应用和实践的灵命塑造之书，深入浅出，寓理论于实践；（2）该书运用平行体去铺排大纲，更容易让信徒记忆，创意新颖，结构严谨；（3）该书以经解经，论点皆以多处圣经经文为论据；（4）该书具有时代感，把远古的真理套入现代人的世界，每一卷都有一个“现代的”形容词概括中心思想。

分卷注释方面有《加尔文圣经注释全集：约翰福音注释》②、莱尔著《〈马太福音〉释经默想》③。后者把《马太福音》的每章经文分成若干部分，每部分约十二节，以简短的文字说明经文的主要内容和目的，逐段释经，然后提出三四个要点，专门加以阐述。这些要点有的是教义性的、有的是应用性的。莱尔的释经简单明了，却充满洞见。此外，还有彼得·马斯特斯著《所罗门情诗——〈雅歌〉赏析》④。

中国人撰写的圣经注释书有上海三联书店的“天道圣经注释”系列，在鲍会园著《罗马化注释》（2013）、曾祥新著《士师记注释》（2014）之后，又继续推出了唐佑之著《约伯记注释》（2015）。此外，该社还出版了李炽昌编著《跨文本阅读——希伯来圣经诠释》⑤、游斌著《希伯来圣经导论》⑥。《希伯来圣经导论》介绍了以色列的历史（主要是民族简史）、宗教、风俗制度、古代西亚文化的影响、希伯来圣经的形成、托拉（Torah）、先知书（Nevi’im）、圣卷（Kethuvim）等经卷的结构、特色、神学思想。罗伟著《启示录注疏》⑦ 更是一部不可多得的力作。过去30年间，欧美学界对启示录的研究可说是方兴未艾。不论对启示录所属的启示文学范畴，或是对启示录与旧约关系等方面的研究，都有了长足的进步。该书涵盖了过去150年间学界对启示录的研究心得，并在此基础上跨进一步。不单在欧美和汉语学界之间搭建了一座桥梁，也为启示录的研究提供了新的洞见和视野。

圣经辞典与工具书方面出现了霍桑（Gerald F. Hawthorne）主编的《21世纪保罗书信辞典》⑧。该辞典以一本书的篇幅，吸纳当代保罗学术研究的精华，神学、文学、背景资料，一应俱全，同时，兼顾保罗神学重要主题的深度（例如：律法、复活、神的儿子）、广度（例如：基督论、末世论、基督之死）、诠释方法（例如：修辞批判学、用社会科学

---

① 博恩澈：《研读妥拉：犹太深度释经法入门》，同济大学出版社2015年版。

② ［法］约翰·加尔文：《加尔文圣经注释全集：约翰福音注释》，华夏出版社2015年版。

③ ［英］莱尔：《〈马太福音〉释经默想》，梁曙东译，生活·读书·新知三联书店2015年版。

④ ［英］彼得·马斯特斯：《所罗门情诗——〈雅歌〉赏析》，景丽译，团结出版社2015年版。

⑤ 李炽昌编著：《跨文本阅读——希伯来圣经诠释》，上海三联书店2015年版。

⑥ 游斌：《希伯来圣经导论》，上海三联书店2015年版。

⑦ 罗伟：《启示录注疏》，上海三联书店2015年版。

⑧ ［美］霍桑：《21世纪保罗书信辞典》，杨长慧译，团结出版社2015年版。

的角度研究保罗书信)、背景资料(例如:启示论、希腊化主义、昆兰文献),以及保罗神学与文学研究的其他主题(例如:早期大公主义、保罗神学的中心思想、继包珥之后研究保罗的学者)。此外,《21 世纪保罗书信辞典》精选两百则以上与保罗书信、保罗神学有关的关键字词,由近 20 年来最受重视的福音派圣经学者们分别撰专文介绍,不但针对保罗各卷书信有详尽的剖析,也涵盖了大家所关心的重要议题,例如:“称义”“保罗新释”“圣灵的恩赐”“宣教”“教会论”等;更特别的是,许多和信徒生命成长息息相关的主题,如:“保罗的心理学”“保罗的灵修学”“保罗的祷告学”“保罗的婚姻观”等,也都罗列其中。主编霍桑是美国伊利诺伊州惠顿大学希腊文教授、圣经研究学会主席。

约翰·德雷恩著、徐嘉言译《圣经的世界》① 一书作者在精彩的描述中详细介绍了那些铸就了圣经故事的不同世界。从早期的狩猎采集时代遗址到耶稣活动的罗马帝国时代,时间跨度有数千年之久。他记述了宗教意识从人类历史早期到希腊人复杂的哲学和泛神论之间的崛起。在背景介绍里他补充了其他的东方文化——埃及人、亚述人、巴比伦人、波斯人和许多像犹太人那样较小的族群。他的描写综合覆盖了这些民族的宫廷和军事组织构架,他们的家庭生活、社会和经济关系、宗教仪式和文化习俗。其中包含 140 幅图片,形象地呈现了圣经的世界。

中国人编写的圣经辞典有白云晓编著的《圣经人名词典》(英汉对照)、《圣经地名词典》(英汉对照)② 此二书与《圣经语汇词典》为同一套系。是根据《圣经百科全书》(*The International Standard Bible Encyclopedia*)和《新圣经词典》(*New Bible Dictionary*)编译的。引用圣经的原句或原意互相解释,在必要时选用少许历史考证。为了不失圣经的实质本意,该书文字保持了圣经中古老的语言风格。不仅是对基督教经典具有解读意义的一本工具书,同时,其以文学资料之生动、史实资料之严谨,对西方文学作品中常见的语汇和典故做出了来源可靠的探析。

五　神学思想研究仍以译介为主

在基督教神学思想研究方面还是以译介为主,出版了几本大部头著作。马歇尔(I. Howard Marshall)的《路加:历史学家与神学家》③ 是对路加及其思想的全面介绍。路加的两卷著作横跨耶稣的传道及初代教会的发展,他对基督信仰的理解究竟又是如何呢?他是早期教会传统忠实的报道者,还是重构了基督教起源的故事?该书从历史学家的路加、信仰“救恩”的路加和布道家的路加等多重面相,帮助我们全面了解圣经作者路加在信仰理解上的过程与收获。路加绝对称得上是使徒保罗之外,对新约正典最具影响力的作者。他所执笔的福音书和使徒行传几占新约圣经三分之一的篇幅,其叙事从耶稣的诞生开始,直到保罗被囚于罗马,引领我们横跨 60 余年的时空。然而,20 世纪欧美学者质疑:历史与神学是否真能兼容共存?历史记载是否应该包含超自然的事件场景?路加是否以历史事件的形式来包装福音信息?或者他是否扭曲了原始基督教信仰传统,好达到巩固

① [英]约翰·德雷恩:《圣经的世界》,徐嘉言译,东方出版社 2015 年版。

② 白云晓编著:《圣经人名词典》、《圣经地名词典》(英汉对照),中央编译出版社 2015 年版。

③ [英]马歇尔:《路加:历史学家与神学家》,黄龙光译,团结出版社 2015 年版。

初代教会组织的目的？作者马歇尔深入此新约研究议题，在激烈论争之中做出铿锵有力的响应：路加关于耶稣与初代教会的信息，乃是建立在可靠的历史之上，历史和神学、信仰之间并不存在冲突。他证实了路加是审慎忠实的历史学家，且是具独特观点的神学家，在妥善运用传统资料之下，坚固了初代基督徒的信心，而路加作品的神学原创性，则丝毫不逊于保罗书信或希伯来书。

山东省基督教协会出版了《马丁·路德证道集》。此书是根据教会主日年历排列的，由芬兰赫尔辛基大学黄保罗博士教授带领的团队历时六年时间编译完成，分为中文版和中英文版两个版本。编者参考了信义宗、罗马天主教及大公教会的传统，对每个主日的节庆颜色、引题经文进行了介绍，提供了三年一次轮换的证道经文建议。该书由马丁·路德的59篇《家庭证道集》和4篇其他证道组成，具有极其丰富的神学思想和神学研究价值。

《爱德华滋选集》① 中爱德华滋用加尔文派的思想，解答了理性时代所发生的问题。此卷选材系出自马克科密神学院（McCormick Theological Seminary）哈若突念教授（Prof. Joseph Haroutunian）之手。哈氏乃研究爱德华滋的权威学者。此卷虽只包含爱氏已出版著述不足十分之一，然所选译各篇材料，乃是精华所在，足以使我们窥见他伟大思想系统的大纲。该书属于“基督教历代名著集成”系列图书，同属该系列的还有《奥古斯丁选集》《约翰·卫斯理日记》《人的本性与命运》《中世纪灵修文学选集》及《历代基督教信条》等书。

2015年，中央编译出版社推出了一套主要书籍。海斯著、白陈毓华译的《基督教新约伦理学》② 是20世纪90年代广受称誉的新约伦理探讨，他不仅描述个别书卷的伦理教导，更提出整合任务，那就是梳理出贯穿新约正典的焦点（群体、十架、新造）和诠释任务，将新约伦理转化为基督徒伦理及实践任务，将新约伦理的憧憬实践在当下的社会生活里。莱特著、黄龙光译的《基督教旧约伦理学》③。这是莱特积30年研究旧约伦理的心得，写成这本内容详尽的教科书。作者先提出旧约伦理学的神学、社会、经济架构，帮助读者把自己摆在以色列的位置上，探究这群子民如何认知、体验他们与上帝的关系以及这样的体验如何影响了他们的伦理观念和实际生活。然后，再带着当代人所关心的伦理议题，来到旧约圣经面前仔细聆听；不论是经济、土地与贫穷、生态与地球、政治与列国、法律与正义、社会、文化与家庭，或是个人自处之道，都能从整本圣经中得到崭新和宽广的洞见。该书自1983年问世以来，广受好评。如今经过大幅修改，再加上学术界旧约伦理学研究的最新综述，并辅之以详尽的参考书目，使得该书更加雅俗同赏。

另外一部主要伦理学著作是提摩太·凯勒（Timothy Keller）著，李晋、马丽译的《慷慨的正义：上帝的恩典如何让我们行义》④。关于什么是正义，提摩太·凯勒在书中剖析了一些错误观念，比如行义就是惩罚罪恶、行义会带来纯正教义和灵性活力的亏损，指出施行正义就是关心穷人和弱势群体，这是圣经的重要教导，与正统教义和福音使命不相矛盾。凯勒借着对圣经经文的分析和生动实例，让人感受到上帝对于穷人和弱势群体深切

① ［美］爱德华滋：《爱德华滋选集》，谢秉德驻地，宗教文化出版社2015年版。

② ［美］海斯：《基督教新约伦理学》，白陈毓华译，中央编译出版社2015年版。

③ ［英］莱特：《基督教旧约伦理学》，黄龙光译，中央编译出版社2015年版。

④ ［美］提摩太·凯勒：《慷慨的正义：上帝的恩典如何让我们行义》，李晋、马丽译，上海三联书店2015年版。

的爱，同时让人看到今日信徒和教会在行义上深深的亏欠。更重要的是，凯勒指出，上帝的恩典是行义的动力；正如信心必然带来行为，蒙恩必然使人行义。

此外的重要著作有卡尔·施米特著，刘宗坤、吴增定译《政治的神学》[①]，大卫·霍尔（David W. Hall）、马修·伯顿（Mathew D. Burton）著，石松译《加尔文与商业》[②]，沃尔德伦（Jeremy Waldron）著，郭威、赵雪纲等译《上帝、洛克与平等：洛克政治思想的基督教基础》[③]。

神学思想研究方面，香港学者余达心推出了《极端仁慈的上帝》[④]。这是作者多年经历中西方思想的冲撞之后所用心血凝成的一部力作，是华人对基督教神学做出的新贡献。该书以三位一体的真理为经、以上帝的约爱为纬，使读者对上帝有全面的认识。它对历代教会的信仰表述，无论是东方的或是西方的，既做出了肯定，同时也做出了批判。在批判西方神学传统的某些进路时，也开启了中国人文精神传统追寻生命之学的路向。这种上帝观及由此而引出的本体论以至世界观与中国人文精神产生了不少的共鸣。

高喆的《辛劳与礼物：工作神学批判研究》[⑤] 通过梳理、诠释以及批判宗教改革以来基督教神学领域中两条主要的工作神学进路，探究现代经济领域中人类工作的本质与意义，并在基督教的传统叙事中找到建构一种恰当工作模式的资源，以克服当下普遍存在的工作异化问题。该书表明，呼召与合作创造对于当代的工作神学而言，绝非一个非此即彼的选择；相反，需要在二者之间达成一种辩证的平衡。当代一种恰当的工作神学既应包含礼物之赠予的维度，同时亦应包含合作创造的维度。这样，它便指向了一种“作为礼物之赠予的合作创造”。

中国学者研究神学思想的主要论文有叶秀山的《欧洲中古“神学”的“天国”》[⑥]、赵林的《希腊形而上学对基督教神学的初期影响》[⑦] 等。

齐宏伟出版了《上帝的火柴：用安徒生童话点亮心灯》[⑧]。安徒生童话不需要推荐，但最需要导读。在安徒生童话读者最多的中国，由于价值观的前置，导致多年来人们一直误解安徒生本人，误读安徒生童话。齐宏伟在反复阅读安徒生所有童话的基础上，经多年研究积淀，又反复斟酌、比较、筛选，从安徒生所有童话中精选了20篇代表作，带领父母、老师和孩子走进安徒生伟大、神奇的童话王国。全书深入浅出、雅俗共赏，既能滋养人的心灵，且又不失诗意和灵动言说。该书是从信仰角度解读安徒生童话的迄今唯一的一本。

齐宏伟还推出了《丰盛的筵席：20部信仰文学经典新读》[⑨]。该书选取了20本文学经典，对其信仰内涵进行深入挖掘，向读者展现经典少有人知却又是至关重要的那一面，

---

① ［德］卡尔·施米特：《政治的神学》，刘宗坤、吴增定译，上海人民出版社2015年版。

② ［美］大卫·霍尔、马修·伯顿：《加尔文与商业》，石松译，四川人民出版社2015年版。

③ ［美］沃尔德伦：《上帝、洛克与平等：洛克政治思想的基督教基础》，郭威、赵雪纲等译，华夏出版社2015年版。

④ 余达心：《极端仁慈的上帝》，证主出版社2015年版。

⑤ 高喆：《辛劳与礼物：工作神学批判研究》，人民出版社2015年版。

⑥ 叶秀山：《欧洲中古“神学”的“天国”》，《云南大学学报》2015年第1期。

⑦ 赵林：《希腊形而上学对基督教神学的初期影响》，《圣经文学研究》2015年第1期。

⑧ 齐宏伟：《上帝的火柴：用安徒生童话点亮心灯》，陕西师范大学出版社2015年版。

⑨ 齐宏伟：《丰盛的筵席：20部信仰文学经典新读》，团结出版社2015年版。

正如作者所说："经典之为经典，就在于蕴含其中的'想法'力图在最大程度上反映真、善、美，它们对真、善、美是一种'澄明'而不是'遮蔽'。"

刘建军出版了《圣俗相依》[①]，该书主要围绕基督教与西方文学的关系问题编撰而成，前一部分偏重于基督教文化的本体研究，后一部分侧重于基督教文化与西方文学的关系研究。基督教与文学艺术关系的主要论文有李雪平的《莎翁〈李尔王〉中的基督教倾向探析》[②]，张鸿的《基督教文化在浪漫主义文学中的灵现》[③]，蒋乡慧的《安徒生与王尔德童话拯救模式的比较研究》[④]，王乙珈、孙逊的《早期天主教汉文小说〈儒交信〉论略》[⑤]，吴霞、伍珺的《鲁迅视野中的基督世界》[⑥]，景莹的《铁凝小说中基督教文化的存在形态》[⑦]，隋欣、陶亚兵的《西方中世纪基督教音乐管理观念探究》[⑧]，刘国旭的《基督教美术中"光"的象征意义探究》[⑨]。

许正林著《基督教传播与大众媒介》[⑩] 讨论基督教与大众传播媒介的交互关系，纵向探究了其历史渊源和发展演变，横向审视了其全球辐射和影响扩展，是该领域的首创之作。此外还有黄元山、林洁珍著《经济金融与基督教视角》[⑪]，张文木著《基督教佛教兴起对欧亚地区竞争力的影响》[⑫]。邹芙都、樊森著《西方传教士与中国甲骨学》[⑬] 认为甲骨学草创之初，非独有罗王"有作""考史"、董郭"亲履殷墟""杂治"甲骨。中国甲骨学有今日之成就，实出于"各国多数学者的共同努力"。这"各国多数学者"中就包含有一个特殊的群体——20世纪初活跃于中华大地的西方传教士，他们不仅在甲骨学草创之初就积极参与甲骨购藏、流布、著录和研究，而且对甲骨学在国际范围的传播、甲骨学"世界性"显学地位的建立均有着不可磨灭之功。

今后一段时间，基督教中国化议题还将持续为各界关注，会继续汇聚研究力量，产生重要学术成果，并产生较大社会影响。其发展是否顺利、效果是否理想，有赖各界的悉心维护，共同努力。随着对中国基督教史料的挖掘，中国基督教史研究将会出现一些新的突破。除各个具体课题成果外，可望出现单卷本与多卷本的中国基督教史和中国基督教思想史。中国学者会越来越多地进入圣经研究领域。在神学思想研究方面，也有望出现中国学者出于中国视角的创新之作。现状调研会继续展开，基于社会学与人类学视角的观察会进一步加强，也会迈向纵深和趋于整合。交叉学科研究会不断扩大，也会出现一些体大思精之作。总之，困难依旧不少，但较好前景还是可以期待的。

---

① 刘建军：《圣俗相依》，中央编译出版社2015年版。

② 李雪平：《莎翁〈李尔王〉中的基督教倾向探析》，《牡丹》2015年第22期。

③ 张鸿：《基督教文化在浪漫主义文学中的灵现》，《牡丹江教育学院学报》2015年第1期。

④ 蒋乡慧：《安徒生与王尔德童话拯救模式的比较研究》，《长沙大学学报》2015年第4期。

⑤ 王乙珈、孙逊：《早期天主教汉文小说〈儒交信〉论略》，《学术界》2015年第7期。

⑥ 吴霞、伍珺：《鲁迅视野中的基督世界》，《哈尔滨工业大学学报》2015年第5期。

⑦ 景莹：《铁凝小说中基督教文化的存在形态》，《南通大学学报》2015年第5期。

⑧ 隋欣、陶亚兵：《西方中世纪基督教音乐管理观念探究》，《艺术教育》2015年第3期。

⑨ 刘国旭：《基督教美术中"光"的象征意义探究》，《贵州工程应用技术学院学报》2015年第2期。

⑩ 许正林：《基督教传播与大众媒介》，上海人民出版社2015年版。

⑪ 黄元山、林洁珍：《经济金融与基督教视角》，上海社会科学院出版社2015年版。

⑫ 张文木：《基督教佛教兴起对欧亚地区竞争力的影响》，清华大学出版社2015年版。

⑬ 邹芙都、樊森：《西方传教士与中国甲骨学》，科学出版社2015年版。

伊斯兰教研究

2015年度伊斯兰教研究综述

李维建

一　学术成果[①]

近年来，中国从事伊斯兰教研究的学者队伍不断扩大，研究机构也在增多，研究成果也在迅速增加。各种形式的研究成果，如雨后春笋般涌现，形势喜人，在学术理路上，既有理论建构的探索，也有就事论事的分析，还有基础研究的积累等。但同时，也有“乱花渐欲迷人眼”之感，对于读者，如何各取所需，选择阅读，也成了一个不小的难题。2015年，关于伊斯兰教的研究，成果形式多样，大部头的有专著、文集、译著和资料整理，还有更多的学术论文；在学术交流方面，也召开了几次颇有影响的学术会议。下面将呈现出这些研究成果与会议，并做简要的分析。

（一）专著、文集、译著与资料整理

1. 专著类

学术专著通常都是作者多年积累的结果，代表着作者一段时间研究、思考的结晶，在阅读和创作日益“碎片化”的今天，能给读者呈现一部有分量的学术专著，是件功德无量的事。2015年，有关伊斯兰教研究的专著也算丰富，且研究范围进一步扩大，作者的关注点在时空上、专题上都比往年更广泛，从伊斯兰世界东端的菲律宾，到传统的研究热点中东，再到西部的欧洲，今年都有专著出现。彭慧、陈万里、廖百智和伍慧萍四位学者的作品，《菲律宾穆斯林的摩洛形象研究》[②]《二战后中东伊斯兰国家发展道路案例研究》[③]《埃及穆斯林兄弟会的历史与现实——把脉中东政治伊斯兰走向》[④]《移民与融入——伊斯兰移民的融入与欧洲的文化边界》[⑤]，为读者带来伊斯兰世界最新的发展态势及其思考。自1928年成立至今，穆斯林兄弟会成为伊斯兰学术界研究的“常青树”，持续得到关注。长期以来，穆斯林兄弟会是政治伊斯兰的代表和象征。2000年以来，国内

---

① 限于作者能力和见识，本综述所列举的学术成果和学术会议，很可能是一个“不完全名单”，如有未统计者，见谅。再者，在统计学术成果时，作者也根据突出学术性的标准，相应地做了选择。

② 彭慧：《菲律宾穆斯林的摩洛形象研究》，华中师范大学出版社2015年版。

③ 陈万里：《二战后中东伊斯兰国家发展道路案例研究》，宁夏人民出版社2015年版。

④ 廖百智：《埃及穆斯林兄弟会的历史与现实——把脉中东政治伊斯兰走向》，世界知识出版社2015年版。

⑤ 伍慧萍：《移民与融入——伊斯兰移民的融入与欧洲的文化边界》，上海人民出版社2015年版。

也有一些关于穆斯林兄弟会研究的论文出现，不过还没看到有这方面的专著。廖百智的《埃及穆斯林兄弟会的历史与现实——把脉中东政治伊斯兰走向》一书，应该说开了先例，为中国学术界研究政治伊斯兰提供了基本的素材。2015 年，宗教人类学、伊斯兰哲学、伊斯兰经典研究也都有新著问世，在宗教人类学研究方面，有马强的《田野中的洞察：人类学伊斯兰研究散论》①，伊斯兰哲学研究方面有《伊斯兰文化中的新柏拉图主义研究》② 和《中庸与调和——儒家和阿拉伯伊斯兰思想的比较》③。在宗教经典研究方面有《汉译古兰经第一章详解（历代伊斯兰教经典学术文库）》④。

2. 文集类

2015 年，有两本伊斯兰教研究论文集出现，分别是马占明著的《伊斯兰文化研究论集》⑤ 和葛壮主编的《长三角都市流动穆斯林与伊斯兰教研究》⑥。中国当前是世界上人口流动规模最大的国家，由于东西经济发展差距的存在，西部的穆斯林向东部流动也是当前中国人口的流动的一大景观。对穆斯林人口迁移的研究，一直有学者在默默地耕耘，马强教授和尤佳教授都曾有专著问世，分别对广州、西安和南京的（流动）穆斯林社区作过个案研究。这次葛壮研究员牵头出版的《长三角都市流动穆斯林与伊斯兰教研究》，以长三角的穆斯林流动人口和伊斯兰教为研究对象，又进一步拓展了这一研究领域。该书对伊斯兰教及外来穆斯林流动人口在上海及长三角主要城市的发展状况进行了纵向与横向相结合的全方位研究，着重关注城市中穆斯林群体的饮食、婚姻、文化适应以及生存等问题的探究，在详尽的第一手资料的基础上，对相关政策的制定和实施，提出了前瞻性建议，将当代都市伊斯兰教的研究又推进了一步。

3. 译著类

引进国外伊斯兰研究的学术精品，是对中国伊斯兰研究的“输血”，增加营养，有利于中国伊斯兰宗教学术研究健康成长。2015 年，中国学者在伊斯兰教研究方面迎来了译作的丰收年，多部译著佳品问世。这些作品题材广泛，涉及伊斯兰历史、教派、哲学、金融，甚至音乐艺术。历史方面有《伊斯兰世界帝国》⑦ 和《艾布·哈尼法传》⑧，教派方面有《伊斯兰新兴宗教运动——全球赛莱菲耶》⑨，哲学方面有《伊斯兰的精神和形式》⑩，伊斯兰金融方面有《伊斯兰金融理论与实践（伊斯兰金融学研究译丛）》⑪，艺术方面有《音乐的西流（伊斯兰经典文化译丛）》⑫。应该说这些译作都是让人眼前一亮的作品，其中有两部作品更加有特色，一是杨桂萍教授主持译介的《伊斯兰新兴宗教运

① 马强：《田野中的洞察：人类学伊斯兰研究散论》，青海人民出版社 2015 年版。

② 吴雁：《伊斯兰文化中的新柏拉图主义研究》，宁夏人民出版社 2015 年版。

③ 吴旻雁：《中庸与调和——儒家和阿拉伯伊斯兰思想的比较》，昆仑出版社 2015 年版。

④ 伍特公：《汉译古兰经第一章详解（历代伊斯兰教经典学术文库）》，宗教文化出版社 2015 年版。

⑤ 马占明：《伊斯兰文化研究论集》，宁夏人民出版社 2015 年版。

⑥ 葛壮：《长三角都市流动穆斯林与伊斯兰教研究》，上海社会科学院出版社 2015 年版。

⑦ ［美］罗宾·多克：《伊斯兰世界帝国》，王宇洁、李晓瞳译，商务印书馆 2015 年版。

⑧ ［埃及］穆斯塔法·舍肯阿：《艾布·哈尼法传》，马金鹏译，华文出版社 2015 年版。

⑨ ［荷］梅杰：《伊斯兰新兴宗教运动——全球赛莱菲耶》，杨桂萍等译，民族出版社 2015 年版。

⑩ ［土耳其］奥斯曼·努日·托普巴希：《伊斯兰的精神和形式》，谭卉颖译，宗教文化出版社 2015 年版。

⑪ ［印度］贾米尔·伊克巴尔、阿巴斯·米拉胡：《伊斯兰金融理论与实践（伊斯兰金融学研究译丛）》，刘艳芬等编译，宁夏人民出版社 2015 年版。

⑫ ［日］岸边成雄：《音乐的西流（伊斯兰经典文化译丛）》，郎樱译，宁夏人民出版社 2015 年版。

动——全球赛莱菲耶》。赛莱菲耶运动席卷伊斯兰世界，它巨大的影响力吸引了众多学者的目光，但是对这一运动从宗教学的角度做系统性的研究却是相当困难的，对中国学者尤其如此。在中国学术界，杨桂萍教授此前曾对赛莱菲耶做过尝试性和开拓性的研究，这次她领衔推出《伊斯兰新兴宗教运动——全球赛莱菲耶》这一译著，将国外对赛莱菲耶研究最有影响的成果介绍到国内，必将引起中国学者对方兴未艾的赛莱菲耶运动的进一步关注和研究。二是郎樱译的《音乐的西流（伊斯兰经典文化译丛）》。该书证明，伊斯兰教有丰富的音乐文化，横跨欧亚大陆的阿拉伯音乐，无论在历史上，还是在现代，都具有很大的意义。在世界音乐史上，具有如此巨大影响力的音乐，除阿拉伯音乐外，仅有中世纪的印度音乐与近代的欧洲音乐。该书认为，伊斯兰音乐与东西方音乐有着千丝万缕的联系。它像一条纽带似的将东西方音乐联结起来。这本译作可能在一定程度上颠覆了人们对伊斯兰与音乐艺术关系的认识与理解，是对伊斯兰艺术研究的丰富与发展，也是对某些宗教极端主义禁止音乐舞蹈的强有力抗议。

4. 资料整理类

文献资料的整理，耗费大量的精力和时间，是学术研究的基本功和重要前提，值得尊重，尤其是在许多学术机构不将文献整理视作学术成果的今天，文献集成类作品的出现，实在是“与他人做嫁衣”式的学术奉献。2015 年度，中国伊斯兰学术界又现资料整理的成果，两部关于回族伊斯兰教的历史报刊文选集成，《回族历史报刊文选【宗教卷·伊斯兰教研究】（上、下）》[①] 和《回族历史报刊文选【宗教卷·伊斯兰教概论与历史】（上、下）》[②] 隆重推出，丰富了中国伊斯兰教研究的资料库。

（二）学术论文

学术专著因内容多，分量大，需要长期积累，相比而言，学术文章却可以“短、平、快”，及时反映学术进展，或对新现象进行及时述评和分析，或反映作者阶段性的研究成果。通过数据库检索发现，2015 年，关于伊斯兰教的学术文章或“准学术”文章，多达数百篇，一向冷僻的伊斯兰教学术研究，俨然成了热点和“显学”。这些文章涉及伊斯兰教研究的主题既广泛又具体，显示出当今中国学者的开阔视野和深入思考。

1. 中国伊斯兰教研究

中国学者向来重视中国伊斯兰教研究，2015 年学者们对中国伊斯兰教的思考，既有普遍的主题，也有特别的关注。伊斯兰哲学和清真寺研究属于普遍的研究主题，历来为学者辛勤耕耘的领域，这方面的代表性文章有王希的《刘智“三一说”新解》[③]、马广德的《中国清真寺研究的历史现状与展望》[④]。《刘智“三一说”新解》认为，真一、数一、体一构成的“三一说”是具有代表性的中国伊斯兰思想，也是刘智《天方性理》一书的整体思想构架，其宗旨在于以哲学方式论述伊斯兰教的三项基本原则，即“认主独一”“先知性”和“复归”。真一、数一、体一是一个按逻辑顺序依次显化，构成“大化循环，尽终始返”的完整过程。2015 年是中国人民反法西斯战争胜利 70 周年，马景以此为出发

① 雷晓静编：《回族历史报刊文选【宗教卷·伊斯兰教研究】（上、下）》，宁夏人民出版社 2015 年版。

② 雷晓静编：《回族历史报刊文选【宗教卷·伊斯兰教概论与历史】（上、下）》，宁夏人民出版社 2015 年版。

③ 王希：《刘智“三一说”新解》，《北方民族大学学报》2015 年第 6 期。

④ 马广德：《中国清真寺研究的历史现状与展望》，《回族研究》2015 年第 1 期。

点，并结合伊斯兰教与基督教对话的主题，推出了两篇文章，《中国穆斯林与抗战——来自基督教传教士胡籁明的观察记载》[①] 和《王静斋与近现代伊斯兰教基督教对话》[②]。《中国穆斯林与抗战——来自基督教传教士胡籁明的观察记载》一文认为，胡籁明是 20 世纪 30 年代来华的美国基督教传教士，最初目的是在中国穆斯林中开展福音工作，不久他放弃了传教的目的，转向研究中国穆斯林。抗战爆发后，他在沦陷区、战区和大后方搜集和调查中国穆斯林的抗战情况，撰写了大量文章，为中国穆斯林抗战研究提供了重要素材和视角。《王静斋与近现代伊斯兰教基督教对话》则研究了王静斋与基督教对话的历史片断，作者认为，王静斋作为中国近现代伊斯兰教界的知名阿訇，除了在穆斯林中享有盛誉外，在伊斯兰教与基督教对话方面也扮演了重要的角色。该文对他在伊斯兰教与基督教对话方面的思想历程做了初步的探讨，拓宽了近现代伊斯兰教与基督教关系的研究。妇女研究是中国伊斯兰研究并不常见的主题，2015 年马亚萍的《社会性别视域下的伊斯兰教与中国穆斯林女性研究》[③]，给人以耳目一新之感，作者认为伊斯兰教与中国穆斯林女性研究既是国际社会性别研究领域的主要组成部分，也是国内人文社会科学研究领域的重要组成部分。改革开放以来，随着国内人文社会科学研究深入发展，尤其是学界引入社会性别理论方法，推动了宗教学、女性学、民族学、社会学等领域在社会性别框架下的伊斯兰教与中国穆斯林女性研究发展。2015 年度比较有特色的论文还有《西北穆斯林民间公益组织的文化分析》[④]《〈穆斯林的葬礼〉与伊斯兰文化探究》[⑤]《浅析伊斯兰婚姻家庭法对新疆穆斯林婚姻的影响》[⑥] 等。

中国提出“一带一路”的倡议，推动“产能走出去”和资本输出，促进国内经济转型，“一带一路”首先面对的是许多伊斯兰国家，如何在学术上为中国的“一带一路”倡议保驾护航，提出合理实用的建议，成为中国学者 2015 年度的热点之一。在伊斯兰教研究方面，代表性的文章主要有《伊斯兰教与“一带一路”建设》[⑦]《“一带一路”的伊斯兰因素与新型国家安全战略》[⑧]《“一带一路”与伊斯兰文化的关系》[⑨]《丝路货币上的宗教印记研究——蒙古汗国钱币的伊斯兰化及其影响（一）》[⑩] 等。《伊斯兰教与“一带一路”建设》认为“一带一路”与伊斯兰教有不解之缘。“一带一路”沿途是世界上典型的多类型国家，以及多民族、多宗教聚集区域，古代四大文明古国诞生于此，佛教、基督教、伊斯兰教、犹太教等也发源于此并流传至世界各个角落。“一带一路”以经贸合作带动人文交流，以人文交流促进经贸合作，必将在各民族、宗教文化相互碰撞、融合中扮演

---

① 马景：《中国穆斯林与抗战——来自基督教传教士胡籁明的观察记载》，《北方民族大学学报》（哲学社会科学版）2015 年第 4 期。

② 马景：《王静斋与近现代伊斯兰教基督教对话》，《世界宗教研究》2015 年第 4 期。

③ 马亚萍：《社会性别视域下的伊斯兰教与中国穆斯林女性研究》，《回族研究》2015 年第 3 期。

④ 苏慕瑜：《西北穆斯林民间公益组织的文化分析》，《北方民族大学学报》（哲学社会科学版）2015 年第 6 期。

⑤ 岳凌、王本朝：《〈穆斯林的葬礼〉与伊斯兰文化探究》，《乐山师范学院学报》2015 年第 7 期。

⑥ 王白中、文婧：《浅析伊斯兰婚姻家庭法对新疆穆斯林婚姻的影响》，《新西部：中旬·理论》2015 年第 3 期。

⑦ 马明良：《伊斯兰教与“一带一路”建设》，《中国穆斯林》2015 年第 6 期。

⑧ 李林：《“一带一路”的伊斯兰因素与新型国家安全战略》，《中国穆斯林》2015 年第 6 期。

⑨ 高占福：《“一带一路”与伊斯兰文化的关系》，《中国穆斯林》2015 年第 6 期。

⑩ 李志鹏：《丝路货币上的宗教印记研究——蒙古汗国钱币的伊斯兰化及其影响（一）》，《决策与信息》2015 年第 35 期。

非常重要的角色。《“一带一路”的伊斯兰因素与新型国家安全战略》认为伊斯兰教是中国构建新型国家安全战略过程中一个必须认真考量的重要因素，也正是主张打破原来片面的国家安全观，从广义的国家安全战略的高度，以辩证的视角，综合考量伊斯兰因素在构建“一带一路”过程中所可能扮演的多种角色以及所具有的多重含义。《“一带一路”与伊斯兰文化的关系》认为，“一带一路”战略的实施回避不了伊斯兰教问题，“一带一路”建设不止政治和经济两个目标，还包括“民心相通”的理念，这是关于“一带一路”建设成败的关键所在。

2. 国际伊斯兰教研究

近几年的国际伊斯兰教研究，一方面延续传统的研究重点，即中东伊斯兰教研究，尤其是2011年“阿拉伯之春”后对政治伊斯兰的关注；另一方面，学者的目光已不仅限于中东伊斯兰教，而是逐渐扩展到伊斯兰世界周边地区，包括南亚东南亚、欧洲、撒哈拉以南非洲、中亚等地。

（1）欧洲伊斯兰教研究

2015年，“查理事件”震惊全球，欧洲伊斯兰教和穆斯林移民问题，立刻成为学术界的焦点，中国学者推出大量研究文章，从各专业、各视角分析、思考欧洲伊斯兰教和穆斯林移民，甚至还有学者分析巴黎“查理事件”对中国经济的影响。《英国穆斯林族裔及其社会融入：回顾与反思》[①] 对英国长期奉行的多元文化主义进行了反思，作者认为，对多元文化主义的过度彰显不益于培育国家认同，无助于推动社会融合，相反它却能加深穆斯林族裔的自我隔离、社会排斥及边缘化。《“伊斯兰威胁欧洲”？——政治的想象与宗教的建构》[②]《“伊斯兰恐惧症”：飘扬在欧洲上空的裂痕》[③]《西欧伊斯兰极端主义形成的根源研究》[④] 三篇文章则重点考察了欧洲宗教极端主义问题，从宗教、政治、文化、经济等多视角，分析欧洲宗教极端主义和恐怖主义的起源、发展与现实影响。《“伊斯兰威胁欧洲”？——政治的想象与宗教的建构》认为，冲突不在文明之间，而在于欧洲人对伊斯兰教片面性的、偏见化理解与伊斯兰激进主义对世俗文化的片面解读之间。事实上，当前多元文化的政策，是有利于穆斯林的政治与文化融合的。但是，“政治的想象”与“宗教的建构”，使欧洲的文化多元主义面临着被消解的危险。《“伊斯兰恐惧症”：飘扬在欧洲上空的裂痕》认为，穆斯林移民带来的“伊斯兰恐惧症”，在欧洲一些地区蔓延。二战后欧洲引以为傲的多元文化受到深刻冲击，现在的欧洲对外来文化的政治宽容度在下降，欧洲梦正出现裂痕，将欧洲带入“危险时期”。《西欧伊斯兰极端主义形成的根源研究》认为，西欧伊斯兰极端主义兴起的原因首先是西欧国家穆斯林群体多年来在社会经济和政治方面遭遇的不平等待遇而引发的不满，同时还有西欧国家右翼政治势力为其政治利益发表的反穆斯林言论和政府公共政策对穆斯林群体自尊造成的伤害，最后还有穆斯林群体中的部分激进分子出于身份认同和利他主义动机为维护群体利益和报复西方社会而采取的极端主义恐怖行为。《征服与被

① 胡雨：《英国穆斯林族裔及其社会融入：回顾与反思》，《世界民族》2015年第5期。

② 李维建：《“伊斯兰威胁欧洲”？——政治的想象与宗教的建构》，《世界宗教文化》2015年第1期。

③ 陈君：《“伊斯兰恐惧症”：飘扬在欧洲上空的裂痕》，《东西南北》2015年第9期。

④ 汪波：《西欧伊斯兰极端主义形成的根源研究》，《阿拉伯世界研究》2015年第2期。

征服：穆斯林与欧洲关系的历史考察》[①] 是一篇有特色的文章，作者在“查理事件”后的喧嚣中，以冷峻的历史视角，考察了穆斯林与欧洲的关系史，认为不论昨日还是今天，不论东方还是西方，今日欧洲与穆斯林关系问题上面临的困境似乎都在表明：不论征服还是被征服，似乎都不过是对这句话的一个短暂而世俗的注脚。

2015年度，其他关于欧洲伊斯兰教研究的文章还有《试论9—19世纪西方文本中的伊斯兰形象》[②]《法国伊斯兰布卡运动20年——政教分离传统下的本土治理和移民文化的纷争》[③]《德国反伊斯兰运动兴起的原因及影响》[④]《巴黎恐怖袭击对中国经济的影响》[⑤] 等。

（2）中东伊斯兰研究，主要是“伊斯兰国”研究

中东伊斯兰教研究，是中国学者伊斯兰研究的传统重点领域，研究主题也非常广泛和深入，但是，2015年的中东伊斯兰教研究，最炙手可热的主题是“伊斯兰国”，学者们围绕“伊斯兰国”的起源、发展、现状、对外关系、组织结构、意识形态等进行全方位的剖析，共发表了近200篇论文。下面是一些有代表性的作品：《“伊斯兰国”的意识形态：叙事结构及其影响》[⑥]《在网络奇观中建构“抵抗性认同”——“伊斯兰国”网络视频对西方穆斯林青年的影响解读》[⑦]《“伊斯兰国”为何牵动世界的神经》[⑧]《论“伊斯兰国”对赴欧洲难民的态度》[⑨]《“伊斯兰国”的反文化营销》[⑩]《中亚地区面临的“伊斯兰国”威胁分析》[⑪]《“伊斯兰国”影响下的西方青年极端化现象分析》[⑫]《“基地”组织和“伊斯兰国”（IS）的比较研究》[⑬]《世界各国打击“伊斯兰国”反恐立法的焦点与困境》[⑭]《从安全环境分析“伊斯兰国”在北非的扩张》[⑮]《突尼斯的和平缘何屡受“伊斯兰国”的挑战》[⑯]《“伊斯兰国”崛起的背后》[⑰]《“伊斯兰国”的前世今生——“伊斯兰国”成

---

① 王宇洁：《征服与被征服：穆斯林与欧洲关系的历史考察》，《文化纵横》2015年第6期。

② 刘宇：《试论9—19世纪西方文本中的伊斯兰形象》，《宁夏社会科学》2015年第4期。

③ 陈振铎：《法国伊斯兰布卡运动20年——政教分离传统下的本土治理和移民文化的纷争》，《世界民族》2015年第6期。

④ 李超：《德国反伊斯兰运动兴起的原因及影响》，《国际研究参考》2015年第2期。

⑤ 邵素军：《巴黎恐怖袭击对中国经济的影响》，《全国商情》2015年第44期。

⑥ 李捷、杨恕：《“伊斯兰国”的意识形态：叙事结构及其影响》，《世界经济与政治》2015年第12期。

⑦ 杨先影、刘娜：《在网络奇观中建构“抵抗性认同”——“伊斯兰国”网络视频对西方穆斯林青年的影响解读》，《中国青年研究》2015年第11期。

⑧ 田文林：《“伊斯兰国”为何牵动世界的神经》，《党建》2015年第4期。

⑨ 肖习：《论“伊斯兰国”对赴欧洲难民的态度》，《世界宗教文化》2015年第6期。

⑩ 严帅：《“伊斯兰国”的反文化营销》，《半月谈》2015年第24期。

⑪ 廖成梅、杨航：《中亚地区面临的“伊斯兰国”威胁分析》，《外国问题研究》2015年第4期。

⑫ 李宁：《“伊斯兰国”影响下的西方青年极端化现象分析》，《阿拉伯世界研究》2015年第6期。

⑬ 杨增光：《“基地”组织和“伊斯兰国”（IS）的比较研究》，《山西警官高等专科学校学报》2015年第4期。

⑭ 贾宇、张金平：《世界各国打击“伊斯兰国”反恐立法的焦点与困境》，《云南师范大学学报》（哲学社会科学版）2015年第6期。

⑮ 张金平：《从安全环境分析“伊斯兰国”在北非的扩张》，《山东警察学院学报》2015年第6期。

⑯ 王金岩：《突尼斯的和平缘何屡受“伊斯兰国”的挑战》，《当代世界》2015年第11期。

⑰ 李明波：《“伊斯兰国”崛起的背后》，《看世界》2015年第23期。

长史：前世篇》[①]、《以色列为何不打“伊斯兰国”?》[②]《“伊斯兰国”的宣传》[③]《当前中东“外国恐怖主义战斗人员”问题探析》[④] 等。

上述论文中，从伊斯兰教学术研究的视角来看，最有价值的是《“伊斯兰国”的意识形态：叙事结构及其影响》，这是一篇对“伊斯兰国”意识形态与指导思想的分析，作者认为，仅从反恐的角度研究“伊斯兰国”的冲击是不够的，“伊斯兰国”深层次的威胁在于它从意识形态和实践层面将“哈里发”理念系统化和实践化。通过回归过去——以暴力塑造现实、憧憬末日决战及建立“哈里发全球帝国”的宏大叙事结构，“伊斯兰国”建构了相对完备的意识形态体系。这一意识形态对现代民族国家体系的否定和冲击主要体现在：以武力控制领土并建立“政权”来重建神权帝国，否定现代民族国家的主体地位；否认主权来源的世俗性和平等性，以实施真主主权为名创建神权政治统治；以反对殖民遗产为口号否定现有国家边界，鼓动“哈里发帝国”的扩张，挑战国家领土完整；通过各种手段将自身针对平民的暴力“合法化”，不断以残暴行为挑战国际和平准则及人类文明底线。应对“伊斯兰国”的威胁有赖于有效的国际反恐合作，但如何真正遏止其意识形态的长期挑战，国际社会仍任重道远。

除了“伊斯兰国”外，其他关于中东伊斯兰教研究的文章还有：《阿富汗塔利班重组及其挑战》[⑤]、《从波斯帝国到伊斯兰共和国——地区变局下的伊朗政治体制透视》[⑥]《观察中东局势应避免严重误判》[⑦]《简析苏菲学者贾米的〈论存在〉》[⑧] 等。

（3）伊斯兰世界周边的伊斯兰教研究

2015 年，中国学者也更加关注伊斯兰世界的周边地区，南亚、东南亚和撒哈拉以南非洲，都成为重点关注的地区。关于南亚伊斯兰教，学者们主要研究极端组织、宣教团体在这一地区的渗透、扩张与发展。《极端组织“伊斯兰国”在南亚的渗透：现状、动因与趋势》[⑨]《“伊斯兰国”在南亚地区渗透的态势及影响》[⑩]《伊斯兰国与基地组织在东南亚、南亚的扩张比较》[⑪] 三篇文章，主要研究“伊斯兰国”“基地”组织等在南亚、东亚的扩张，《伊斯兰教宣教团体在东南亚的传播与发展》[⑫] 则考察了伊斯兰宣教团体在该地区传播与发展的历史进程，以及社会各界的态度和看法，以此彰显宣教团体在该地区的发展轨迹和特征。对于撒哈拉以南非洲伊斯兰教，《解读“博科圣地”：宗教研究的视角》[⑬] 一文则着重考察了极端组织“博科圣地”，认为西部非洲日益崛起的萨拉菲主义使外来的文

---

① 胡文翰、何智文：《“伊斯兰国”的前世今生——“伊斯兰国”成长史：前世篇》，《环球军事》2015 年第 23 期。

② 肖建明：《以色列为何不打“伊斯兰国”?》，《南风窗》2015 年第 22 期。

③ 万婧：《“伊斯兰国”的宣传》，《新闻与传播研究》2015 年第 10 期。

④ 贾春阳：《当前中东“外国恐怖主义战斗人员”问题探析》，《现代国际关系》2015 年第 10 期。

⑤ 王凤：《阿富汗塔利班重组及其挑战》，《现代国际关系》2015 年第 10 期。

⑥ 范鸿达：《从波斯帝国到伊斯兰共和国——地区变局下的伊朗政治体制透视》，《当代世界》2015 年第 8 期。

⑦ 安惠候：《观察中东局势应避免严重误判》，《阿拉伯世界研究》2015 年第 4 期。

⑧ 王希：《简析苏菲学者贾米的〈论存在〉》，《世界宗教研究》2015 年第 5 期。

⑨ 郑迪、张金平：《极端组织“伊斯兰国”在南亚的渗透：现状、动因与趋势》，《理论月刊》2015 年第 11 期。

⑩ 姚芸：《“伊斯兰国”在南亚地区渗透的态势及影响》，《国际研究参考》2015 年第 11 期。

⑪ 杨凯：《伊斯兰国与基地组织在东南亚、南亚的扩张比较》，《东南亚研究》2015 年第 5 期。

⑫ 马景：《伊斯兰教宣教团体在东南亚的传播与发展》，《世界宗教文化》2015 年第 3 期。

⑬ 李维建：《解读“博科圣地”：宗教研究的视角》，《西亚非洲》2015 年第 2 期。

化和思想、制度和政治很难在当地落地生根。而外来的宗教极端思想迎合了国内下层民众抗争的需要，使“博科圣地”同时兼具宗教极端主义、恐怖主义和社会抗争的性质，恐怖主义和社会抗争也由此被涂上了浓厚的宗教色彩。

（4）专题研究

2015年，除研究热点和基于地区性的研究之外，也出现了一些对伊斯兰教普遍性主题非常有价值的研究论文，如对伊斯兰激进主义、妇女观、伊斯兰人权观、伊斯兰复兴主义、中道思想等研究，值得关注。这方面的代表性论文有：《正本清源，润物无声——对穆斯林激进主义发展的回顾与思考》①《穆斯林“荣誉谋杀”与伊斯兰妇女权益观——基于多维视角的应对之道》②《当代穆斯林学者人权探讨路径评介》③《伊斯兰复兴：谁之复兴？何种复兴?》④《谨守中道是伊斯兰发展道路》⑤《伊斯兰进步思想初探》⑥ 等。

二 学术会议

学术会议是学者之间交流的重要形式，2015年，伊斯兰教学术界也组织了若干次的学术会议，围绕大家比较关心的话题，展开了比较充分的讨论，收到很好的效果。

（一）“中国与伊斯兰世界：文化相遇”国际学术研讨会

2015年2月3—4日，“中国与伊斯兰世界：文化相遇”国际学术研讨会在土耳其伊斯坦布尔召开。此次研讨会是受外交部委托、由中国社会科学院和伊斯兰合作组织（OIC）所属伊斯兰历史、艺术与文化研究中心（IRCICA）合作主办的国际学术会议。

此次会议邀请到来自中国和伊斯兰世界数十位具有影响力的代表参加，内容涉及“丝绸之路上的中国与伊斯兰世界交往”“现代中国与伊斯兰世界之间的国际交往”“全球化语境中的中国与伊斯兰世界”等中国与伊斯兰世界文明交往的重要理论与现实问题，是一次具有较高规格和较大影响力的国际学术研讨会，对促进中国和伊斯兰世界之间的文明交往、政治协作、经济互通、文化交流等都具有积极意义。

由来自中国社会科学院世界宗教研究所、西亚非洲研究、历史研究所、世界历史研究所、北京大学、外交学院等单位的13人组成的中国代表团出席此次会议。外方代表则包括来自土耳其、沙特阿拉伯、印度尼西亚、巴基斯坦等国家的大学和研究机构数十位学者和专家。

参会学者围绕“中国与伊斯兰世界的历史相遇”“文化与宗教的相遇”“文化与艺术的相遇”“经济的相遇”“国际关系的相遇”等主题进行广泛、深入、热烈的研讨。这次会议的成功举办具有重要意义。不但对促进中国与伊斯兰世界的文明交往，扩大我国在伊

---

① 陆忠伟：《正本清源，润物无声——对穆斯林激进主义发展的回顾与思考》，《现代国际关系》2015年第10期。

② 王吉春：《穆斯林“荣誉谋杀”与伊斯兰妇女权益观——基于多维视角的应对之道》，《重庆三峡学院学报》2015年第5期。

③ 张红娟、吕耀军：《当代穆斯林学者人权探讨路径评介》，《回族研究》2015年第3期。

④ 张宇洁：《伊斯兰复兴：谁之复兴？何种复兴?》，《文化纵横》2015年第2期。

⑤ 马志阳：《谨守中道是伊斯兰发展道路》，《民族论坛》2015年第1期。

⑥ 晏琼英：《伊斯兰进步思想初探》，《世界宗教文化》2015年第6期。

斯兰世界的影响与合作起到了积极的推动作用，而且对探讨文明对话、文明交往，促进中华文明与伊斯兰文明之间的交流与互鉴，具有重要的现实意义。同时，为中国学术“走出去”、中国学者“走出去”，并在国际舞台展现中国学术界的独特魅力和风采提供了平台。

（二）“伊斯兰教与中国社会”学术研讨会

2015 年 10 月 27—29 日，在北京召开了“伊斯兰教与中国社会”全国伊斯兰教学术研讨会。此次会议由中国社会科学院世界宗教研究所、中国宗教学会主办，世界宗教研究所伊斯兰教研究室承办。来自全国各地约 120 余位专家、学者出席了此次会议。全国人大第九、十届常委会副委员长许嘉璐先生莅临会议，并做重要讲话。

与会代表围绕“伊斯兰教与中国化”“伊斯兰教与本土化”“中国伊斯兰教与对外交流”“伊斯兰教与当代中国社会”“伊斯兰教与中国地方社会”“伊斯兰教与地方知识”“伊斯兰教与中国文化”以及“伊斯兰思想与文化”等主题展开发言和讨论。学者们有的从汉文译著探讨伊斯兰教与中华传统文化关系，也有的从思想文化融合角度来审视伊斯兰教与中华传统文化的交往与融合；既有回顾中国伊斯兰教的国际交往历史传统，也有展望中国伊斯兰教在当前“一带一路”战略下的最新发展；既有讨论伊斯兰经师的思想学说，也有对散佚的中国伊斯兰手稿的研究；有的学者思考伊斯兰教与西北穆斯林社会发展关系，也有的思考当前伊斯兰教管理工作以及与中国社会相适应的问题；等等。

此次会议上接 20 世纪 80 年代以来在西北五省区召开的伊斯兰教学术研讨会，重启了全国伊斯兰教学术研讨会的帷幕，具有承上启下的作用和里程碑式的意义，必将载入我国伊斯兰教研究的史册。

（三）关于伊斯兰教与“一带一路”倡议的研讨会

2015 年至少有三次讨论伊斯兰教和“一带一路”倡议的会议，分别是“中国伊斯兰教界服务‘一带一路’建设工作”研讨会、“‘一带一路’与伊斯兰国家发展”国际研讨会、“重新连接中国与伊斯兰世界”国际学术研讨会等。

“中国伊斯兰教界服务‘一带一路’建设工作”研讨会于 2015 年 11 月 3—4 日在北京举行，由中国伊斯兰教协会主办。20 余名专家学者和企业家参加会议，中央统战部、外交部、国家宗教局也派员参会。国家宗教局蒋坚永副局长出席开幕式。学者们认为，“一带一路”建设是关系人类命运的重大课题，是中华民族伟大复兴进程中的机遇与挑战，也是中国伊斯兰教健康发展的机遇与挑战。“一带一路”建设具有政治互信、经贸交往、文化互鉴等多重内涵，中国伊斯兰教界和中国穆斯林要充分发掘伊斯兰教深厚的文化底蕴，积极发挥文化交流与合作的作用，促进不同文明的共同发展，为“一带一路”建设做出积极努力。

“‘一带一路’与伊斯兰国家发展”国际研讨会由河北大学伊斯兰国家社会发展研究中心主办，北京语言大学阿拉伯研究中心承办，17 家大学及社会研究机构协办，2015 年 11 月 18 日在北京召开。来自海内外专家学者近 80 人参会。与会专家就“一带一路”沿线国家的发展以及我国“一带一路”战略建设等话题开展了开放、多元的研讨，并共同倡议成立了“一带一路沿线国家研究智库联盟”，发布了《“一带一路”沿线国家研究智库联盟倡议书》。

“重新连接中国与伊斯兰世界”国际学术研讨会由郑和国际和平基金会与马中友好协会主办，2015 年 8 月 11—12 日在马来西亚首都吉隆坡马来亚大学人文与社会科学系举行。会议围绕“郑和、印度洋和伊斯兰世界”“伊斯兰与中国穆斯林：多样经验”“当代中国社会的伊斯兰：团结、改革与清真寺”“穆斯林移民”“中国与伊斯兰世界之间的关系”等主题展开讨论，探讨了在“一带一路”和向西开放的国家战略背景下，重温郑和下西洋的历史意义和现实价值；同时也展望未来，为当前国家战略的顺利实施做出有益贡献。

三 分析与展望

2015 年中国学者对伊斯兰教的研究，继承之前不断发展的势头，呈现出更加繁荣和良性演进的可喜局面，而展望 2016 年及更远的将来，的确让人充满期待。现在回头看一下，这些琳琅满目的研究成果，有许多可圈可点的地方：研究范围更加广阔，已触及整个伊斯兰世界；视野更加宽广，从伊斯兰教内在与外在的多种因素观察和分析；研究手段更加多样，伊斯兰学术界之外的学者参与伊斯兰热点讨论，将其他学科的研究手段、方法与视角引进伊斯兰教的研究。总之，2015 年的伊斯兰教研究，是宗教学研究与非宗教学研究相结合，多主题、多学科、多手段互补、互渗、互鉴，共同铸出的辉煌。至于对 2015 年研究的分析和对未来的展望，不可能面面俱到，下面仅就两个话题做一点阐述。

（一）热点跟踪研究的利与弊

伊斯兰教是一个人口覆盖广、影响面大的国际性大宗教，并且，多数时候它还强调自己是一种全面的生活方式，而不仅仅是通常所理解的世俗社会中的现代宗教，所以伊斯兰教在当代社会表现出来的是，在许多国家中，它与世俗社会的交集很多，从普通人的日常生活，到国家政治与国际关系，伊斯兰教都有所“关切”和关联；表现在媒体上，就是容易成为新闻，甚至新闻热点。因此，虽然不能说每年，至少每隔几年的全球新闻热点中，总是少不了伊斯兰教相关的内容。2015 年，与国际伊斯兰教有关的新闻热点至少有两个，一是“伊斯兰国”，一是由“查理”事件而引起的欧洲穆斯林难民及欧洲伊斯兰化的话题；与国内伊斯兰研究有关的热点至少有一个，即“一带一路”倡议。

对于这两个话题，都在中国学术界引起巨大反响和学术回应，各种专业的学者都增加了对这两个话题背后的主角——伊斯兰教——的思考，纷纷将目光转向伊斯兰教和穆斯林，许多学者，哪怕是有些平时的研究与伊斯兰教毫无关联的学者，也在这方面迅速补课，并进行思考和研究，发表自己的看法，致使 2015 年关于“伊斯兰国”和欧洲伊斯兰教的学术文章数量大增。其实，中国学术界对这两个热点的关注并不是孤立的，再往前推几年，2011 年的“阿拉伯之春”，也曾唤起中国学者的关注和对伊斯兰教的巨大学术热情。这种现象的背后，其实是中国的学术研究易受热点事件引导的一种特殊现象，当然这种现象也不只是中国独有，只是近几年中国学术界表现得比较突出，或者可称为学术界的“热点引燃效应”。

客观地说，“热点效应”对伊斯兰教的研究好处很多，至少它在突然之间引起众多学者对伊斯兰教的关注，引起学术界对伊斯兰教研究学科的热情，虽然最终有很多学者在热点过后，不再关注伊斯兰研究，但“热点效应”仍能吸引一些新的研究力量进入这个学科，留下来长期工作，为伊斯兰研究增加新生力量，无疑能促进这一学科的发展。同时，多样的学科背景的学者加入伊斯兰研究，给本学科带来新的研究方法和研究视角，推动伊斯兰研究的深入发展。“热点效应”带动的研究，以现实研究和实用性研究为导向，可以突出伊斯兰研究学科的实用性，为国家出谋划策，凸显本学科的现实意义。当然，在“热点效应”的催化下，最后就是“人多力量大”的自然结果，伊斯兰学科研究成果的“井喷”，短期内出现大量研究成果。这些无疑都是“热点效应”给伊斯兰研究带来的益处。

不过，我们也应注意到，仅靠“热点效应”不可能真正推动中国的伊斯兰教研究。首先，“热点效应”推动下的学术研究，不具有可持续性，许多学者会在热点消失后，最终退出伊斯兰教研究，“热点效应”带给伊斯兰学科的只是短期内的“虚假繁荣”，热点事件消失后，比如“伊斯兰国”不再成为热点后，短期聚集起来的人气，很快就会“人走茶凉”，伊斯兰学科重新陷入沉寂。其次，“热点效应”刺激下的伊斯兰研究，通常都属浅尝辄止式的研究，有些学者只是因为追逐热点，关心时事，才前来临时“凑热闹”，并不准备做长期研究，也缺乏伊斯兰研究所必需的扎实的基本功，这种心态和目的下的研究，难以深入，也难以推出令人满意的学术成果。再次，那些长期从事伊斯兰教研究的学者，在这种“热点效应”下，也容易受其影响，临时放弃自己的专业研究，而去追逐热点，会对伊斯兰学科的可持续发展造成伤害。结果，在“热点效应”支配下的伊斯兰研究，以若干年为一个周期，忽冷忽热，总给人一种坐过山车般的感觉，“刺激”过后又恢复平静，这对本学科的长远发展是不利的。因此，未来，伊斯兰学科必须要克服“热点效应”的负面影响，造就一批潜得下心、耐得住寂寞的学术队伍，推动本学科的可持续发展。

(二) 做好伊斯兰教的微观研究

如果自 1964 年中国科学院（前身为中国科学院哲学社会科学部）世界宗教研究所成立算起，严格意义上的现代伊斯兰教学术研究，已有半个多世纪的历史了。这期间，中国学术界的伊斯兰教界研究，从无到有，再到目前的洋洋大观，实属惊人的进步。前辈学者的研究，给我们留下了丰厚而经典的学术遗产，分析这些成果，尤其在国际伊斯兰教研究方面，基本上有一个共同的特点，那就是这些研究的宏观性。具体来讲，就是围绕伊斯兰教的基本历史、教法、教派、经典、哲学、苏非主义、中东伊斯兰教等，都有比较经典的成果。前辈学者这样做，至少有两个客观原因，一是当时在中国，伊斯兰教研究刚刚起步，而这些方面的研究，则是伊斯兰学术大厦的基石，不可或缺，而且这些研究都是拓荒之作，也非常艰难，前辈学者是花费了巨大的心血，才把这些基石铺好，成为我们前进的起点；二是，限于当时学术的资料短缺，学术先辈们也只能进行这类宏观性的研究。据说，最初研究伊斯兰教时，只有一本《古兰经》，他们的研究，只能从研读《古兰经》开始。但不管怎么说，伊斯兰研究的大厦打好了坚实的基础，这些宏观性的研究，成为后辈学者认识伊斯兰教、研究伊斯兰教的必读作品。

前辈的路，我们要继续走下去，一方面，我们仍要继续宏观性、战略性的伊斯兰研究；另一方面，在宏观的基础上，中国学者应该更加微观地研究伊斯兰教。对伊斯兰教的微观研究，既是学术发展规律所至，即从宏观至微观、从基础到深入的研究进展规律，决定着我们走到了微观研究的阶段；同时，微观研究也是中国进一步融入世界的现实需要。

且不说“一带一路”直接面对中东、中亚、南亚的伊斯兰国家，即使在非洲、欧洲、美洲，伊斯兰教也是这些地区非常重要的因素，迫使我们去加深理解，加强研究。再如，“基地”组织、“伊斯兰国”“博科圣地”的兴起并长期存在，其背后组织理路、宗教意识形态、宗教与政治的复杂关系，也就是政治伊斯兰，或者具体地说，这些组织与赛莱菲耶主义的关系，是理解它们的基础，凭借之前我们对伊斯兰教的宏观理解，来观察这些新现象，已经不足了。我们必须更细致微观地研究政治伊斯兰，研究赛莱菲耶主义。事实上，目前已经有杨桂萍教授等国内学者在赛莱菲耶的研究上先走了一步。

那么，从微观研究的角度上来说，下一步的工作应放在哪里呢？至少有下面几个方面，可视为伊斯兰学术的增长点，亟待加强研究。从地域研究上来说，除传统的中东伊斯兰教研究之外，伊斯兰世界周边的研究，是我们的弱项，如欧洲、撒哈拉以南非洲、南亚东南亚、中亚、北美等，少有细致、深入的研究成果面世，需要加强；从伊斯兰运动的研究上说，如前所述，政治伊斯兰是重点方向，包括赛莱菲耶运动、瓦哈比运动、塔卜利厄运动、圣训派运动等，这些研究也是中国资本全球化过程中，理解伊斯兰世界政治与宗教的关系所必需的；从伊斯兰教与现代性的方面说，需要加强研究伊斯兰教这个世界公认的在现代化之路上遭遇困境的宗教，加强专题性研究和理解；其他诸如伊斯兰教与民族、伊斯兰教与国际关系、当代伊斯兰组织研究、伊斯兰地方化、伊斯兰现代宣教、重要伊斯兰国家的国别研究等，都是亟须研究的任务。总之，宏观性的研究大体已就，以后的研究要宏观与微观兼顾，更加注重细节与微观。

儒教研究

2015年度儒教研究综述

张宏斌

一　年度儒教研究透视

笼统而言，2015年度的儒教研究在学理和实践层面均有所推进，这种推进其根本在于时势使然，不可阻遏。儒教研究30余年来，不同学者秉持不同视角、不同学术进路坚持迥异方向，批判、赞扬乃至中立，交织共进，声响汇聚。冷眼观之，进大于退，官方和民间的进路从开始的赫然分判到不约而同、从泾渭分明到鸿沟渐消，复兴和重建的局面廓然成势。

二　儒教问题研究追踪

（一）代表性论文

陈明教授的《重思中国：国家之发生、国族之建构以及帝国之转型——基于儒家视角的历史考察》① 一文从王权与教权、国家与社会的互动关系讨论中国国家建构和国族建构的历史进程。文章认为，秦灭六国建立起中国的帝国形态，在郡县制的制度框架内采取"以法为教，以吏为师"的政策，进行社会整合和文化整合，因实施成本过高，二世而亡。汉武帝与董仲舒合作，通过吸纳儒家王道思想实现了与社会的良性互动，确立了仁、孝的主流文化价值系统，从而以文治武功奠定了中国国家的基本格局，成就了世界规模最大的汉族族群。

干春松教授的《儒学史的叙述与建构反思》② 一文认为，在现代学科体系传入中国并建立之后，儒学被要求呈现出客观化与知识化的面貌。此后，各种显在的和隐含的意识形态因素不断地渗透到学术领域。在学科化的大势下，儒学的价值取向并没有消失，而以历史的眼光来梳理其发展史是一种理论的必然要求。儒学第三期发展的叙述，及其受到的相应批评，均反映了历史观、信仰等多重因素对于现代儒学史撰作的方法论意义。在当下的学术环境中，我们应容纳多面相与多层次的儒学史叙述模式。纯粹的学术史书写，在方法上必须客观、中立；至于侧重于发掘儒家精神生命的成长史的书写，作为一种建构，其书

---

① 陈明：《重思中国：国家之发生、国族之建构以及帝国之转型——基于儒家视角的历史考察》，载《原道》第二十七辑，东方出版社2015年版。

② 干春松：《儒学史的叙述与建构反思》，《学术月刊》2015年第11期。

写者以此种精神的延续为目标。这种叙述模式指向未来，体现了书写者对于儒家思想之前景的期许。

张志刚教授的《“儒教之争”反思——从争论线索、焦点问题到方法论探讨》① 一文认为，“儒教之争”事关重大，关系到如何理解儒家、儒学或儒教的本质，如何阐释中国传统文化的特性，如何弘扬中国文化传统的精神，如何进行中外文化比较、世界文明对话，等等。宗教概念问题是整个儒教之争的理论症结所在，而“比较方法”与“文化自觉”则成为贯穿整个儒教之争的两个深层问题。全面梳理以往的争论线索，客观评论各派的论争焦点，深入探讨现存的概念、理论，尤其是方法论问题，有助于推动今后的研究与讨论。

孙尚扬教授的《现代社会中的意义共契与公民宗教问题——兼论儒教可否建构为中国的公民宗教》② 一文认为，公民宗教问题是一个亘古常新的问题，其重要性在现代社会中尤其突出。在推行政教分离这一原则的现代社会中，公民宗教乃是公共生活这一领域中的意义共契之来源。但是，公民宗教并不像一些学者宣称的那样只有先知功能，事实是，公民宗教既有先知功能，也有教士功能。中国思想界试图将儒教建构为当代中国的公民宗教以提供民族凝聚之精神资源的方案，可能会因为其遭到的诸多质疑而难以落实，或者说很难行得通。

赵法生教授的《荀子天论与先秦儒家天人观的转折》③ 一文认为，儒学被称为天人之学，儒家对于人道的考量历来与天命和天道问题密切相关，对于天命和天道的思考奠定了儒家道德形而上学的基础。作为先秦最后一位儒学人师，荀子论天的方向却发生了根本性转折：他强调天人之分，将天定义为质料化的存在物，消解了传统上天在儒家思想中所具有的神圣性和超越性，从而瓦解了儒家道德形而上学的根基。荀子物化的天论导致了儒家思想史上天与人之间内在联系的断裂，使得他的天论成了对以孔子的天命观和《易传》的天道观为代表的儒家形上思想的颠覆。否定天的形上意义并没有使他的天论为科学的自然观开辟道路，因为人对于自然深处的奥秘和律则的好奇与追问乃是科学产生的必要条件，此种态度却是为荀子所坚决排斥的。同时，天与人之间的断裂也使得他表面看来达到了顶峰的人文主义成了失去天道支撑的寡头人文主义，这种寡头人文主义本身已经包含着走向自身反面的可能，也为韩非的法家思想提供了一个可乘的思想缺口。

渡边义浩先生的《论东汉“儒教国教化”的形成》④ 一文认为，由于在东汉形成了“儒教国家”，“儒教的国教化”得以完成。“儒教国家”形成的指标应包括四点：（1）作为正统思想的儒教体制的形成；（2）儒教一尊体制的确立；（3）儒教渗透到中央及地方官僚阶层并为他们所接受；（4）儒教统治的形成。在这四个指标中，第一个和第四个指标是在章帝时期举行的白虎观会议确立的；第二个和第三个指标，则是在东汉初期就已经确立的。换言之，东汉时期“儒教国家”的形成可以从章帝时期的白虎观会议上找到答案。“儒教国家”通过重新解释其所依据的经义来适应时代的变化，皇帝由儒教得到其支

① 张志刚：《“儒教之争”反思——从争论线索、焦点问题到方法论探讨》，《文史哲》2015 年第 3 期。

② 孙尚扬：《现代社会中的意义共契与公民宗教问题——兼论儒教可否建构为中国的公民宗教》，《世界宗教研究》2015 年第 3 期。

③ 赵法生：《荀子天论与先秦儒家天人观的转折》，《清华大学学报》2015 年第 2 期。

④ 渡边义浩：《论东汉“儒教国教化”的形成》，《文史哲》2015 年第 4 期。

配正统性，并利用具有儒教教养的文人官僚和与他们同样出身的在地势力来进行统治，这种传统中国固有的国家支配体制，一直延续至道教、佛教隆盛之后。东汉“儒教国家”的支配体制与儒教的关系，是传统中国国家支配的理念基础。

周叶君的《从儒家到儒教：以朱子礼学重建为中心》[①] 一文认为，为抵消佛道二教对世俗社会的影响，改变礼崩乐坏的现状，朱熹以《仪礼》为本经，以《大学》修齐治平的理想进阶为依据，对传统儒家礼学进行重建，改变了传统礼学自上而下的路径，使之由政治转向生活，自下而上的礼学重建注重日常生活的践履，强调传统宗法社会秩序的构筑和行为方式的规范，并在实践中固化社会的等级制度、宗法观念，使儒家不仅在思想领域而且在行为领域占据主导地位，是儒家往儒教发展的关键。

吴震教授的《19 世纪以来“儒学日本化”问题史考察：1868—1945》[②] 一文认为，儒学东传，经过一番“日本化”改造而融入日本文化传统当中，从而形成日本的儒学（儒教）。回溯历史，这项改造工程大致从 17 世纪初江户时代就已全面启动，这是当今学界的一般通识。然而在明治维新（1868）以后的近代日本，儒学遭遇了“日本化”与“近代化”的双重夹击，它被作为“东洋伦理”或“日本道德”的代表，被化作帝国意识形态下的“国民道德论”，被用来提升全民精神文明，实现“臣民一体”“道德齐一”，以为由此便可抵御西方精神污染，进而实现“近代超克”，直至“解放亚洲”，在此令人难忘而又记忆模糊的特殊年代，儒教遭遇了“再日本化”的命运。这段儒学日本化的历史进程，值得今人加以认真的反思和省察。

陈来教授的《宋明儒学的“天地之心”论及其意义》[③] 一文认为，“天地之心”一词最早见于《周易》复卦的彖辞“复其见天地之心乎”，《礼记》礼运篇也有“人者天地之心也”一语。汉代董仲舒说“仁，天心”，这是汉代儒学宇宙论的重大发展。北宋程颐反对“静见天地之心”的说法，主张“动见天地之心”，邵雍之子邵伯温认为天地之心不可以非动非静，动静之几为天地心。南宋朱子把天地之心作为仁说的基础，但这并不是简单回到董仲舒，而是把北宋儒学对《周易》的讨论中天地以生物为心的思想与“仁”联系起来，用“仁”去规定易学讨论中的天地之心，使“仁”获得了本体论的意义。明代王阳明把“人者天地之心”当作万物一体思想的一种说法，由于他过于关注心，相对忽视了仁，所以他对天地之心的阐发，只是着重于心之灵明。罗近溪以生生之机为天心，但是他没有把这看作是仁体的大用。

梁涛教授的《荀子人性论辨正——论荀子的性恶、心善说》[④] 一文认为，《荀子·性恶》的主旨是“人之性恶，其善者伪也”，其中“伪”据郭店竹简应作“㥏”，指心之思虑活动、心之作为。这既点出性恶，又指出善来自心之思虑活动，揭示了人生中以“性”为代表的向下堕失的力量、以“心”为代表的向上提升的力量，并通过善恶的对立对人性做出考察，实际是提出了性恶、心善说。荀子的心乃道德智虑心，心好善、知善、为善，具有明确的价值诉求，故心善是说心趋向于善、可以为善。荀子的人性论在先秦儒家思想中无疑是较为特殊、较为完备的，值得充分重视。

---

① 周叶君：《从儒家到儒教：以朱子礼学重建为中心》，《江淮论坛》2015 年第 3 期。

② 吴震：《19 世纪以来“儒学日本化”问题史考察：1868—1945》，《杭州师范大学学报》2015 年第 5 期。

③ 陈来：《宋明儒学的“天地之心”论及其意义》，《江海学刊》2015 年第 3 期。

④ 梁涛：《荀子人性论辨正——论荀子的性恶、心善说》，《哲学研究》2015 年第 5 期。

方朝晖教授的《中国文化终将回归尊德重礼的大传统——对新文化运动的一个反思》[①]一文认为，过去数千年来，在表面的意识形态、政治制度、经济基础、宗教势力变迁下，中国文化背后有一股巨大的潜流在起作用。这股潜流就是中国人的深层文化心理结构，其实是一股强大的文化无意识机制；不管你承不承认它，它都在决定着中国文化的走向；只要这种文化心理结构未断，中国文化总是会以不同的方式重回自身尊德重礼的大传统。

张志强教授的《一种伦理民族主义是否可能——论章太炎的民族主义》[②]一文尝试对章太炎民族主义主张的复杂性进行解析，试图揭示出章太炎民族主义思想的深层结构和核心旨趣。章太炎的民族主义是在与立宪派的康有为和梁启超、持“金铁主义”说的杨度、无政府主义者以及严复的自由主义的论辩中确立自身内涵的。他用“历史民族”“政治民族”概念取代“天然民族”和“文化民族”，深化了近代思想界关于民族主义的认识；同时他又通过对民族主义与无生主义关系的阐发，确立起一个贯穿民族主义、导引民族主义的“齐物平等”政治理想，从而为民族主义赋予了一种伦理性的内涵，超越了近代民族主义的自我封闭想象，具有重要的理论意义。

李存山教授的《董仲舒对先秦儒学的继承和损益》[③]一文认为，董仲舒在中国文化史上占有重要的地位，他在秦汉间的大变局中与时俱进，继承了先秦儒学的“常道”，如崇尚道德、仁爱精神、以民为本、和谐社会等；同时也有所“损益”，实现了儒家文化与“汉承秦制”的整合。这为我们传承和弘扬儒家文化的优秀传统，并且使之与当代社会相适应，与现代文明相协调，做出创造性的诠释和创新性的发展，提供了丰富的文化资源和历史借鉴。

张学智教授的《贺麟王安石研究中的心学思想》[④]一文从心论和性论两个方面，说明贺麟对王安石心学思想的抉发。心论方面，以黑格尔哲学为出发点，着力阐发王安石“建立自我”的思想。性论方面，认为王安石先主性善恶混，然后过渡到性善论。性善恶混可以强调后天人为努力的重要性。而最后归本性善论，是为了高扬精神的能动力量，心将价值理想和深厚的文化蕴积融摄为一，以价值带动文化蓄蕴这种功能。以上诠释，是他新心学哲学理论的鲜明体现。

杨立华教授的《价值与秩序：从孟子出发的思考》[⑤]一文认为，通过梳理儒家与其他思想的冲突，可以把握儒家对人的本质的理解：人始终是与他者有本质关联的、有牵挂的、有分别的存在者。儒家关于人性的讨论意在探寻符合人的本质的生活道路。儒家提倡的“普世性”在于人要正确地领会和承担自己的责任，即知分、安分。“分”“位”由礼规定。礼的秩序以对物质世界的合理安排为基础，其中最重要的是如何衡量人的劳动价值的问题。孟子认为，精神活动与物质活动有一样的劳动性质，且价值更大，也应参与物质的分配。物的分配秩序是量化的，无法安顿人的文化和精神的存在维度，因此必须在人的

① 方朝晖：《中国文化终将回归尊德重礼的大传统——对新文化运动的一个反思》，《人民论坛》2015 年第 16 期。

② 张志强：《一种伦理民族主义是否可能——论章太炎的民族主义》，《哲学动态》2015 年第 3 期。

③ 李存山：《董仲舒对先秦儒学的继承和损益》，《衡水学院学报》2015 年第 3 期。

④ 张学智：《贺麟王安石研究中的心学思想》，《江南大学学报》2015 年第 3 期。

⑤ 杨立华：《价值与秩序：从孟子出发的思考》，《江苏社会科学》2015 年第 6 期。

生活中寻找不可量化的质。德是不可量化的，是人的高贵所在，儒家精神之关键在于由主体性自觉而生的高贵的节制。然而，恪尽本分不是对一切不公正的默认，当社会的不公正在整体上超过了可容忍的限度，革命就具备了正当性。该文从儒家对人的本质的一般理解出发，对儒家的基本价值及奠基于此的秩序的建立做了深入的思考，在此基础上，探索儒家思想对当代美好生活建构所能提供的可能进路。

黄玉顺教授的《国民政治儒学——儒家政治哲学的现代转型》① 一文认为，国民政治儒学是儒家政治哲学的现代形态，它是中国社会历史发展、现代转型的时代产物。中国社会可以分为三大历史形态，其间有两次社会大转型：王权时代→第一次社会大转型→皇权时代→第二次社会大转型→民权时代。这是由于生活方式的历史转换所致：宗族生活方式→家族生活方式→市民生活方式。与之相应，儒家政治哲学也有三大历史形态：王国政治儒学→帝国政治儒学→国民政治儒学。国民政治儒学的基本内涵是：国民所有，国民所治，国民所享。

任文利教授的《魏源〈书古微〉所论“微言大义”考》② 一文认为，魏源《书古微》是晚清今文经学家治《尚书》学的扛鼎之作，魏源于其中所关注的是孔子于编次《尚书》时所寓“微言大义”。在魏源看来，此“微言大义”是孔子经由七十子后学而传于后世，故治经学，必归重于师法、家法。以《尚书》学史而言，唯西汉得此师法、家法。见于《尚书》的“微言大义”，既有与《春秋》今文学家相通的“三统”说，亦有魏源解读《尚书》时，所特重的以“放勋”“重华”“成王”等为徽号，有天下之号说。以后者而论，魏源于其中所揭示的是政权合法性根源。魏源尝试假徽号之说，将“天命”与“民意”的两重合法性分开表述，以体现后者的相对独立性。而体现天下人亦即民意的合法性基础，则本于制礼作乐，此方为立国之基。

郭齐勇教授的《近年来中国大陆儒学的新进展》③ 一文指出，近年来儒学在中国本土回归、复兴，除了学术研究极为繁荣之外，更在两方面有了长足发展：一为立地的面相，二为顶天的面相。前者为大众或民间儒学在各地的城市社区、企业与乡村落地生根，很有生命力，老百姓受用不尽。儒学重新走进老百姓的日常生活，通过耳濡目染，其精神价值慢慢地内在化，重新化为中国人的内在的心灵。后者为学者们不仅仅局限于研究儒学史，更是用心创建了自己的儒学系统，如李泽厚、汤一介、张立文、蒙培元、牟钟鉴、陈来等学者的新思考与新建构。他们面对时代问题的挑战，融合中西，以儒学为主，构建了新的哲学体系，极有价值与意义。

王博教授的《周式天人合一的崩溃与阴阳、五行的自然性意涵》④ 一文认为，周人创立了绝异于前人的封建政制，并将其政治合法性归结于“以德配天”式的“天人合一”。象征周天子权威失坠的“平王东迁”以后，“天”不再专属于周天子，对于“天”的认识逐渐趋向于客观化，各种对于自然的解说纷纷与原本至高无上的“天”发生了关系，“阴阳”和“五行”便是其中典型的两种。阴阳、五行之所以能在后来成为沟通天人的核心手段，是以它们自身所具备的理论特质为前提的，同时，它们的理论特质得以彰显的前

---

① 黄玉顺：《国民政治儒学——儒家政治哲学的现代转型》，《东岳论丛》2015 年第 11 期。

② 任文利：《魏源〈书古微〉所论“微言大义”考》，《经学研究》2015 年第 2 期。

③ 郭齐勇：《近年来中国大陆儒学的新进展》，《广西大学学报》2015 年第 1 期。

④ 王博：《周式天人合一的崩溃与阴阳、五行的自然性意涵》，《云南大学学报》2015 年第 3 期。

提却是周式封建政制崩溃所导致的天人不再合一。

韩星教授的《上帝回归乎？——儒家上帝观的历史演变及对儒教复兴的启示》[①] 一文认为，中国古代上帝名称有帝、天帝、昊天上帝、皇天、皇天上帝、天皇大帝等，其渊源甚古，殷商已成熟，西周发生了由“帝”而“天”、由神而人的重心转移。六经中随处可见上帝，但从春秋时期开始了文化精神的转变，儒家以人文理性为主导。汉代又有宗教复兴的趋势，但董仲舒仍然保持儒家人文理性的基本精神，以伦理道德为依归。宋儒更多地讨论“天”“道”“理”“性”“命”，即使讨论“上帝”“鬼神”，也多是哲学理性解释，上帝隐遁了。明清之际儒者反思批判宋明理学，面对基督教传入，有重建上帝信仰的意思。明清时期儒学开始了民间化、宗教化的转向。近代以来国人精神出现信仰危机，儒学复魅、上帝回归的思潮，对于我们今天的对儒教复兴有重要意义。

张宏斌的《“建国重道，莫先于学”——安史乱后学校的堕败与地方庙学的兴起》[②] 一文认为，《礼记·学记》云：“古之王者，建国君民，教学为先”，学校的设置是立国为政的必要选项，自东晋孝武帝后，学校开始立孔子之庙，“自唐以来，州县莫不有学，则凡学莫不有先圣之庙矣”，唐太宗年间，将孔子庙的制度普遍推广至郡、县、乡、里。安史乱后，随着政治的堕败、社会的动荡，致使学校倾圮、文庙独存，文庙肩负了教育与教化的责任，尤其是地方文庙撑持了有唐后期的文化版图，这种文化模式一定程度上也推进文化共相的建构，维护了国家的统一。

（二）代表性著作[③]

丁耘著《中道之国：政治·哲学论集》由福建教育出版社 2015 年 1 月出版。该书收录了著名学者、复旦大学哲学学院丁耘教授近年的论文、评论、演讲、访谈、序跋等。全书分为三编——第一编是“中国人问题的现在、过去与未来”，第二编是“政治哲学与中国问题”，第三编是“中国之道初论”——以“政治哲学中的中国人问题”为主旨，以“文明论的政治哲学”为新方法论，在文明论的视域中讨论古今中西的相关问题，内容丰富，思想深邃，主旨鲜明。

向世陵著《宋代经学哲学研究·基本理论卷》由上海科学技术文献出版社出版。此书作为宋代经学哲学研究的理论结晶，突出的是宋代哲学基本理论的建构和发展。它既逻辑地展开为以复性论、本体论、理气论、心性论、性理学等为标志的新哲学体系的创立，又体现出每一理论自身形成和发展的历史蕴涵。宋代理学是宋代哲学的标志性成果，理学家认为他们所创立的以实理、实性、实气、实心等为标识的实学，是克服佛老空虚之学的有力武器。新儒学的哲学理论，不论是理性命的沟通、心性情的关联，还是心迹一致与心即理，都既区别于汉唐“旧”儒学的章句训诂，也与西方哲学向“物理学之后”追寻超越本体的路向不同。哲学不仅是学问，更是修身的基础，它需要满足儒者安身立命和精神寄托的需要。

王心竹著《宋代经学哲学研究·理学体贴卷》由上海科学技术文献出版社出版。该

---

① 韩星：《上帝回归乎？——儒家上帝观的历史演变及对儒教复兴的启示》，《世界宗教文化》2015 年第 2 期。

② 张宏斌：《“建国重道，莫先于学”——安史乱后学校的堕败与地方庙学的兴起》，《世界宗教研究》2015 年第 4 期。

③ 本文著作部分以及会议述评多参考儒家中国网站，在此致谢。

书通过对作为理学开创者的周敦颐、程颢、程颐、张载思想形成过程的分析，指出当时儒者在性命义理的话语框架下，从思想主旨与方法把握上对儒家传统经学资源进行重新定位和选择，并伴随着核心话语转换下经典文本的拣选与扩展，理学正是经由此而得以创生。此书立足经学新诠和哲学思辨去解释与协调各部经典，并最终以四书统领五经的完整而有机的理学经典新格局得以建立。就此而论，理学新话语系统的出现，乃是儒家经学内在孕育和儒家学者自身体贴的结果。

高会霞著《宋代经学哲学研究·儒学复兴卷》由上海科学技术文献出版社出版。此书着重考察了唐代以来推动新儒学产生的多方面因素，以及经学的自我革新与社会政治背景和文化思潮的密切关联。在这些不同因素的合力推动下，力求弄清五经体系的分化和学术转向的内在轨迹，辨明新儒学的历史渊源。此书紧扣经学的历史演进的脉络，从经学与政治、文学、哲学等多方面关系展开论述，是一部综合考察经学与儒学复兴之间内在联系的著作。

李泽厚著《由巫到礼　释礼归仁》由生活·读书·新知三联书店出版发行。该书由正文4篇、附录3篇构成，其中2014年新作3篇。全书从古代中国文化、哲学的源头出发，揭示所谓巫史传统，进而讨论巫对中国“大传统”的影响，形成了礼，礼的发展则生发出仁，巫与“小传统”的结合，则形成时至今日尚存的巫术，对中国哲学思想的内在理路进行了系统化的阐释。作者提出：由巫到礼归仁，为中华文化关键所在。同时，李泽厚教授对“天人之际”“轴心突破”“仁本体”等时新论述提出自己一向坚持的异议。

李季著《礼法重构：荀子行政伦理思想探索》由中国人民大学出版社出版。该书试图在梳理荀子行政伦理思想的基础之上，按照现代行政伦理学学科体系的基本要求进行形式和结构的转换，同时根据时代的要求对之进行一些新的解读。这既有利于对荀子行政伦理思想的解构，以便挖掘传统行政伦理思想资源；也有利于促进现代行政伦理建设，更好地解决当前我国所面临的一系列行政伦理问题，推进行政伦理与政治体制的进一步结合。全书分为：行政伦理述略；荀子行政伦理思想的历史渊源；荀子行政伦理思想的基本观念与原则；荀子行政伦理思想的历史地位。

李清华著《中国传统人文教育思想》由福建教育出版社出版。该书主要以研究中华优秀传统文化中的人文精神和人文教育思想为主，挖掘中华优秀传统文化中的传统美德，以历史为经，构建了一个中国传统人文教育思想的价值体系。以文化人，以文育人，积极引导人们讲道德、尊道德、守道德，追求高尚的道德理想，努力营造良好的社会氛围，启迪智慧，净化心灵，实践社会主义核心价值观。

冈田武彦著《王阳明大传：知行合一的心学智慧》由重庆出版社出版。该书是国际上享有盛誉的阳明学大师冈田武彦写给大众的最全面、最丰富的王阳明通俗传记，是洞察阳明心学核心精髓的首选权威读本。全书皇皇80余万字，气势恢宏。作者史料互证，探讨人生经历和师友交往对王阳明思想形成的重大影响，解开了诸多谜题。

方红姣著《现代新儒学与船山学》由中国社会科学出版社出版。本书通过对现代新儒家第一代、二代、三代主要代表人物的船山学研究进行考察，试图梳理出他们的思想及理论建构与船山学之间的内在关联。现代新儒家群体普遍重视船山思想，但每一位现代新儒家的船山学研究因个人特点、关注的问题、轻重详略各不相同。该书围绕对船山天道论、人性论、人道论以及历史哲学的诠释，以期挖掘出现代新儒家总的思想旨趣的一致性，从而回答为什么会有“回到船山”口号的提出。

周桂钿著《秦汉思想研究》由福建教育出版社出版。该书全七册，以“论道”为主题，集中收录了周先生对以王充和董仲舒为代表的秦汉思想研究所取得的重要学术成果，充分展现了周桂钿先生的思想轨迹与学术贡献，也从侧面折射出秦汉时期思想的发展历程，为弘扬中国优秀文化传统、构建社会主义核心价值观提供了丰富的思想资源。

苏亦工著《天下归仁——儒家文化与法》由人民出版社出版。该书以儒家的核心价值“仁”作为切入点，全面探究儒家的法律观，认为儒家传统中的“仁”，不过以人类自然之情感——“爱”——即同情心为始发而扩张之，由近及远，由小渐大，由私而公，终至于物我同怀，天人合照，万类并育，构成中国文化之主干，哺育华夏文明五六千年相续不绝。以此反观西方法治文化之见近而忘远，得小而遗大。坚信中国文化之高明悠远，其势将发扬光大。

陈来著《中华文明的核心价值——国学流变与传统价值观》由生活·读书·新知三联书店出版。该书围绕中华传统价值观和国学相关问题展开，创造性地指出中国现阶段的核心价值建设，要让中华文明成为其源头活水，需要有一种对全球文明整体把握的认识高度。陈来教授此书的出版提供了这方面的思考，通过对中国人关于宇宙和世界的独特认识，来理解中华文明价值观的哲学基础，中华文明的价值观对建立关联社群、合作政治、和谐世界，仍具有普遍的意义。

《孟子文献集成》由山东人民出版社出版。此书首次将两千多年来有关孟子的历史文献影印汇总成集，为开展孟子与儒学研究提供权威文献资料，是对孟子思想研究成果进行的一次全面、系统、完整、科学的学术整理，对于弘扬优秀传统文化、保护孟子文献、传播孟子思想具有深远意义。

干春松著《保教立国：康有为的现代方略》由生活·读书·新知三联书店出版。此书是作者的论文结集，主要研究康有为中晚期的政治思想，力图从“保教”与“立国”两个维度来分析康有为有关现代民族国家政制建构的核心问题与一系列设想。全书从康有为有关孔教会的设想与实践、戊戌变法前的宪政观念与实践、地方自治与国家一统、虚君共和的政制构想等几个方面进行了平实而又深入的论述。

干春松著《康有为与儒学的“新世”》由华东师范大学出版社出版。面对现代性的挑战，康有为可被视为儒家再一次“返本开新”的标志性人物。该书从儒学分期出发，历述意识形态化历史叙事中的儒家而回到康有为，作为现代儒学的起点，论述了康有为的经典阐释、政教革命和大同理想。

蒋孝军著《“群”与“独”：个体性问题——康有为政治儒学研究》由安徽人民出版社出版。该书用平实的语言解读康有为的政治哲学思想，通过对康有为之“群—独”观念的考察，借以把握康有为对个人、国家乃至天下秩序的深刻思考。康有为以“群—独”观念来理解现代生存状态，在言说方式和具体内涵上都与传统“群己之辩”有着明显的差异，并体现出了鲜明的现代性特征：“群—独”观念是康有为政治儒学的基础。康有为基于“群—独”观念重构了今文经学“三世说”。

张延昭著《元代儒学教化研究》由中国社会科学出版社出版。该书着重考察程朱理学作为后期中国封建社会的官方意识形态，在元朝成为占据教化主导地位的意识形态并逐渐向民间传播，从而对13世纪以后的中国社会产生深远影响的过程。以元代江西行省的金溪县为案例，详细分析了金溪儒学教化的具体情况，以说明元代儒学教化在这个江南县域中所产生的效应。

郑伟著《〈毛诗大序〉接受史研究——儒学文论进程与士大夫心灵变迁》由人民出版社出版。该书在厘清汉代诗经学基本问题与经世致用旨趣的基础上，重点考察了魏晋六朝的文人身份观念与汉代诗教之间的对抗性效应、唐宋文化变革论视野下孔颖达诗经学的范式意义、宋代儒学文论与“诗经宋学”的独特气质、郑樵诗经学与明代七子派诗学的乐教文化底蕴、清初“诗史”论域中的“温柔敦厚”，以及朴学影响下的儒学文论的知识生产方式等问题。

陈少明著《做中国哲学》由生活·读书·新知三联书店出版。此书是一本关于中国哲学的方法论文集，从近代学术文化背景的分析入手，揭示广义的中国哲学学科从比较哲学、中国哲学史到中国哲学创作的演进程序，在中国哲学学科正当性的反思中，作者把焦点从哲学史移向哲学创作，提议把经典哲学素材扩展到经典世界中的人、事、物上，注重经典作品中想象性或情节化论述的思想特征的把握，以及更重要的，努力赋予经典哲学切实的经验性格，以展示其思想的当代效应。

郭齐勇著《儒学与现代化的新探讨》由商务印书馆出版。该书所收论文围绕的中心是“儒学与现代化的关系”的思考，共分为三部分。第一部分是“老干新枝篇”，主要讨论的是传统儒家，特别是先秦儒家的政治哲学、道德哲学、生态环境哲学及其现代转化的问题，包括传统核心价值观的现代意义与价值等。第二部分是“现代学苑篇”，主要讨论的是近现代儒学的发展轨迹，现代新儒学思潮及其代表人物的思想以及现当代若干思想争鸣的问题。第三部分是“薪火相传篇”，主要讨论的是前辈师长们的精神遗产、方法论与教书育人，特别是儒学的传承及其在当代复兴的问题。

朱汉民著《儒学的多维视域》由东方出版社出版。该书以不同学科的多维视域来研究、思考全体大用之儒学。作者分别以经学、哲学、伦理学、政治学、教育学、人格心理学、文化地理学等不同学科视域解读、研究和探讨儒学的思想文化特征，将儒学本身就具有的各种学科知识丰富内涵挖掘出来。作为中华文明价值体系与知识体系意义的儒学，它既是历史的存在，同时也是现实的存在。作为历史存在，儒学是我们思考和研究的对象；作为现实存在，儒学是我们选择、实践的价值与理念。

蒋庆著《政治儒学默想录》由福建教育出版社出版。该书汇集、整理了蒋庆思考、发展政治儒学之20年中的读书与思考的札记，蒋庆的很多思想都在此札记中形成。此书既有可供研究大陆儒学的学者参考的史料价值，又有独立的可进一步拓展的思想价值。

贝淡宁著《中国模式：政治精英体制和民主的局限》由美国普林斯顿大学出版社出版。该书对比了西方民主制度和所谓“一党专政”的优缺点，聚焦于两大体制如何选择自己的领导人，认为中国的精英政治制度原则上是正确的，比西方选举政治更适合中国，也能成为西方可借鉴的替代方案。全书主体分四章。第一章：民主是最不坏的政治体制吗？第二章：在精英政治体制中选出好的领导人；第三章：政治精英治国有什么问题？第四章：民主选举的三种模式。本书主要包括三大核心观点：一是中国的官员选拔由三层不同的“支架”构成；二是中国的选举模式有三个重要特点；三是较之中国式选举制度，西方选举制度存在缺陷。

刘梦溪著《马一浮与国学》由生活·读书·新知三联书店出版。此书为刘梦溪先生研究马一浮先生的专著，20万字，体例非常完整，以年代为序，以马一浮学术思想的问题点为纲，带有思想传论的性质。该书探讨的问题领域主要围绕这位20世纪大儒的思想义理和学术贡献展开，并对马一浮先生将国学重新定义为“六艺之学”的论点予以极高评价，认为这样国学才有可能成为一个单独的学科，与文史哲诸科门不相重叠。

杨世文著《近百年儒学文献研究史》（上下册）由福建人民出版社出版。作者从文献学的角度，总结、评述近百年来学者对儒家经典的作者、著作时代、流传演变、注释整理、出土资料等方面的研究成绩，兼集若干与儒学文献研究密切相关的专题，为儒家文化的传承与发展提供了系统的、综合性的宝贵资料。

陈壁生著《孝经学史》由华东师范大学出版社出版。该书论述先秦至晚清《孝经》学的发展历程，不但展示了《孝经》今古文文本之流变，《孝经》学波澜壮阔的研究史、经世致用史，还就《孝经》学史中的关键和重大问题做出了论断。尤其是对汉、宋学背景下《孝经》学不同前提预设的阐发，具有深度的思想史视界，启人深思。该书的另一特点是，征引大量《孝经》注疏，从注疏文献中辨章各家《孝经》研究之异同，论证稳健可靠。《孝经学史》不同于一般的学术史和文献史，这是一部真正从经学意义上研究《孝经》的经学史著作，充分展现了《孝经》义理在历史上的演进过程。

韩星著《儒教的现代传承与复兴》由福建教育出版社出版。该书梳理了近代以来，中国大陆发生的儒教活动及其思想理论，以及波及海外东南亚一些国家和地区的影响，形成了持续的文化传承和复兴运动。作者认为，历史上儒家的“教”不仅仅是狭义的教育之教，更有教化、宗教的含义。这对于当下中国建设自己的思想和学术体系，构建中华民族共有的精神家园，具有很重要的参考价值。

刘增光著《晚明〈孝经〉学研究》由上海古籍出版社出版，以晚明《孝经》学为主题，从文献学角度对明代的《孝经》学著述进行了细致的梳理，并在此基础上对《孝经》学在晚明的发展与兴盛做了深入的分析，揭示出了晚明《孝经》学与朱子理学、阳明心学、三教合流思潮以及晚明政治礼制之间的内在关联，从而勾勒出了晚明《孝经》学的发展脉络，呈现出了其多重面相。这对于重新认识明代经学，深入研究明代后期哲学思想皆不无裨益。

龚延明等著《宋代登科总录》由广西师范大学出版社出版。宋代作为中国古代科举发展的最为重要的时代，既缺乏便于利用的相对完整的第一手原始文献，也缺乏经过系统整理编纂的汇编文献，这是宋代科举史研究的一个重大缺憾。龚延明等在主持完成《宋登科记考》的基础上，新推出的《宋代登科总录》，弥补了这个重大缺憾，为宋代科举史研究提供了便于利用的、权威的、全面的登科人资料总库。《总录》收小传达 4 万余人，已具备对宋代登科资料进行大规模数据统计、分析的条件，可以从不同角度、不同需求生发出不同课题。

郑杰文主编《中国经学学术编年》由凤凰出版社出版。此书为国家社科基金重点项目“中国儒学学科建设”最终成果，是迄今最为全面的“经学编年体”著作，共计 8 卷 15 册，分别为先秦卷、秦汉卷、魏晋南北朝卷、隋唐五代卷、两宋卷、辽金元卷、明代卷、清代卷，可为经学研究提供富赡的学术资料。

杜维明、姚中秋、任锋等著《儒家与宪政论集》由中央编译出版社出版。该书涉及的主要议题有儒家宪政民生主义，道统、儒家与宪法秩序，儒家宪政的传统与展望，儒家、宪政与国族认同，儒家潜涵的宪法与宪政思想，百年中国的宪政之路，明专制政体下的儒家士大夫的宪政理念与行宪努力，清末民初的经学与建国等，能够以宽阔的历史视野启发读者，增进交流，形成共识。

张祥龙著《〈尚书·尧典〉解说·以时、孝为源的正治》由生活·读书·新知三联书店出版。《尚书·尧典》有“中华文明第一典”之称，其中蕴含着中华文明在很多意义上的源头，既是思想哲理、精神信仰的源头，又是生存结构、政统的源头。在书中，作者在解析《尧典》的叙述结构、基本内容的基础上，重点阐发文本中所蕴含的“时”与“孝”的理念，带领读者深入体会《尧典》所展示的中国古代乃至人类史上最为动人美好的生存境界。

吴仰湘编《皮锡瑞全集》由中华书局出版。皮锡瑞的著述，计有已刊诗文5种16卷、经学论著24种102卷、蒙学教材一种二卷、未刊手稿及后人所辑皮氏遗稿九种，另有若干诗词、书札、讲义、序跋等。《皮锡瑞全集》收入皮锡瑞已刊和未刊的专著，以及散见各处的单篇文字，汇辑、归类后进行校勘、考订，施以新式标点。为深入开展皮锡瑞生平、思想与学术的研究提供最为系统、完备的资料，也可以为全面开展中国经学史尤其清代今文经学的研究提供极其丰富、宝贵的资料，还可以为深化晚清历史特别是湖南维新变法和新政改革的研究提供重要的资料。

张希清、毛佩琦、李世愉主编《中国科举制度通史》由上海人民出版社出版。该书由近十位学者历时6年完成，是由所在领域学有专攻的学者撰写的大型项目，是国内第一部通史性质、专论科举制度的巨著。《中国科举制度通史》包括五卷、452万字，以大量资料和扎实研究全面系统地阐述了中国科举制度产生、发展、演变的历史，深刻剖析了科举制度对每个时代中国社会政治、经济、社会生活、文化风俗等方面的多重影响，并根据每个时代的特点对当时科举制度的实际运作情况、独特性和后果等予以生动细致的叙述与分析。

彭国翔著《近世儒学史的辨正与钩沉》由中华书局出版。该书收入作者近年撰写的13篇研究宋代至清初理学家及有关著述的论文，属于学术思想史和历史文献学的领域。“辨正”主要是对以往学术思想史中的一些问题予以澄清，力求还其本来面目。而“钩沉”主要是对以往佚失或忽略的历史文献予以发掘，揭示其价值和意义。研究对象包括杨时、王阳明及其后学（含王畿、周汝登等）、黄宗羲与姜希辙两种《理学录》，及清初彭定求的《儒门法语》等。

吴震著《当中国儒学遭遇“日本”——19世纪末以来“儒学日本化”的问题史考察》由华东师范大学出版社出版。该书主要涉及两大问题领域：一是19世纪末在加速“近代化”，逐渐走向“帝国化”的近代日本期间，为对抗西潮、同时也为强化思想统治，儒教扮演了怎样的角色？二是及至战后日本在反省帝国意识形态所带来的思想灾难之际，又是如何审视儒教“日本化”何以可能以及日本传统文化的“日本性”问题？在探讨过程中，对有关“儒教日本化”现象背后的一些理论问题进行了必要的审察，对“中国化”问题以及儒家文化问题也有所思考。

杨立华著《宋明理学十五讲》由北京大学出版社出版。宋明理学亦称“道学”，是指宋明时代居主导地位的儒家哲学传统。从中唐开始，面对佛道二教的强势冲击，以韩愈为首的儒者开启了以重树儒家主体地位为目标的儒学复兴运动。至北宋，儒学复兴的思想自觉，落实在为儒家生活方式奠定哲学基础这一根本的时代课题上。基于这一思想自觉，周敦颐、邵雍、程颢、程颐、张载都做出了杰出的哲学贡献，并在南宋被整合进朱子集大成的理学体系当中。该书详细介绍了理学产生的社会文化背景，理学发展中的重要论题、人物及文化事件，展现了这一期儒学思想的蓬勃景象和精神气质。

张克宾著《朱熹易学思想研究》由人民出版社出版。该书立足前人的研究成果，既考察朱熹易学之所然，又探究其所以然，特别是突出其背后的哲学文化意蕴，并在把握朱熹易学各个部分的逻辑关系的基础上，发掘其中的核心问题和基本观念，由此再进入朱熹易学与理学的关系问题中，揭示出朱熹天道性命相贯通下易与理的融释互动，呈现出朱熹易学与理学交相融合的学术面貌。该书对于学界深入认识理学与经学的关系问题具有重要的理论意义。

《关学文库》大型丛书由西北大学出版社出版。这是由陕西省人民政府参事室（陕西省文史研究馆）、西北大学联合推出的“十二五”国家重点图书项目，也是我国第一部对关学史上重要文献进行系统整理与研究的大型丛书。包括文献整理和学术研究两大系列，共40种、47册，2300万字，由西北大学、陕西师范大学、中国人民大学、华东师范大学等十余所高等院校、科研单位的32位专家学者通力完成。文库通过对关学学人著述的抢救、挖掘、整理与研究，展示了关学的历史面貌、发展脉络、鲜明特色、理论贡献及当代价值，在关学发展史上具有里程碑式的意义。

邢丽菊著《韩国儒学思想史》由人民出版社出版。该书以中国学者的视角首次从思想史角度全面系统梳理了韩国儒学思想的发展，重在从学脉和学理上对韩国儒学进行综合考察。从道德与义理的重视、性理学概念的创新、民族主体性的弘扬三个方面总结了韩国儒学对中国儒学的贡献与发展。为了加强中韩儒学比较研究，作者将韩国古典精髓《朱子言论同异考》附录在后，供国内学者参考。

焦循著作集——《雕菰楼易学五种》《雕菰楼史学五种》《雕菰楼经学九种》由凤凰出版社出版，焦循为清代乾嘉之际著名经学家与易学家，扬州学派的代表人物。在中国经学、易学、哲学、史学等诸多领域均有深入研究和重要成果，被尊为“一代通儒”。复旦大学哲学院教授陈居渊先生担任主编，对焦循著作进行了系统深入的整理。《雕菰楼经学九种》收录了焦氏主要经学著作，由《周易补疏》《毛诗补疏》《尚书补疏》（《尚书孔氏传补疏》）《禹贡郑注释》《礼记补疏》（《礼记郑氏注补疏》）《群经宫室图》《春秋左传补疏》（《左氏春秋传杜氏集解补疏》）《论语补疏》（《论语何氏集解补疏》）《孟子正义》九书组成。

盛洪著《儒学的经济学解释》由中国经济出版社出版该书从经济学的角度阐述儒学的精义——正心诚意、格物致知、修身、齐家、治国、天平下。全书分为六讲，即正心诚意和格物致知：认识论和宇宙观；修身：文化精英的意义及形成；齐家：家庭主义；治国（一）：经济制度与政策；治国（二）：宪政与政治结构；平天下：从民族主义到天下主义。著者盛洪先生认为经济学的内核——自然哲学秩序与儒学思想高度贴近，在此对传统儒学思想进行了转化性的阐释，突破了将儒学仅仅作为哲学的一部分来研究的格局，将经济学与儒学贯通，为儒学输入新的生命基因，在儒学研究上独树一帜。

丁为祥著《发生与诠释——儒学形成、发展之主体向度的追寻》由人民出版社出版。该书搜罗史前传说，以生存技能的视角来检索中华文明演进的前史。通过对儒道两家不同的三代史观之重新解读，以确立“六艺”在三代文化中的主轴地位，诠释了儒学在历史上的发生与发展这一重大主题。

（三）2015年度主要会议述评

1月24日，由深圳大学主办，深圳大学国学研究所承办，北京大学儒学研究院、台湾大学人文社会高等研究院协办的“经典、经学与儒家思想的现代诠释”国际学术研讨会在深圳召开。在为期两天的研讨会中，百位知名学者主要围绕儒学与当代文化的关系、儒学的现代诠释、经典教育等问题展开探讨，关注当代儒家思想的现代转型，使此次大会成为一次名副其实的儒学盛宴。

1月25日，“易学经典整理研究”学术研讨会暨中国易学文化研究会年会在北京师范大学举行。中国社会科学院荣誉学部委员余敦康等70余位易学专家出席会议，并围绕《中华易学全书》的编纂出版展开了热烈讨论。

3月14日，中国人民大学举办“孔子研究院礼学中心成立暨‘重建礼乐生活方式’学术研讨会”。来自中国人民大学、北京大学、清华大学、中国社会科学院、中央民族大学、中国政法大学、北京航空航天大学等高校院所的学者，北京四海书院、上海孟母堂、苇航书院等有志于复兴儒学、弘扬礼乐文明的实践家，北京市西城区文物保护所、北京市历代帝王庙等文化单位的工作者，以及新华社、中央电视台、中国新闻网、央视网等媒体的代表共90余人参加，共同探讨如何更好地进行礼学研究及重建礼乐生活方式。

3月28日，由“大陆新儒家”代表人物陈明先生主办的原道书院成立，京城儒家学者及远道而来各方道友，会聚于此以相庆贺，并以释菜礼致祭于大成至圣先师文宣王孔子神位之前。陈明先生说：“讲学论道、祭祀圣贤、教化乡里是传统书院的基本功能，我希望今天的北京也能有一个这样纯正的儒家道场。”

4月10—12日，“中国传统家训文化与优秀家风建设”国际学术研讨会在徐州市举行。此次活动由中国伦理学会、江苏师范大学伦理学与德育研究中心、中国人民大学伦理学与道德建设研究中心共同主办，国家社科基金重大项目“中国传统家训文献资料整理与优秀家风研究”课题组、江苏师范大学法律与公共事务部承办，来自韩国、日本、德国等多个国家与中国香港、台湾地区的近90名专家学者参加会议。此次会议是国内学术界首次“家训文化”国际学术研讨会，与会学者从不同角度诠释了中国传统家训文化及其价值，江苏师范大学伦理学德育研究中心主任陈延斌教授探讨了建立“中国家训学”的初步构想，并梳理了中国传统家训文化国内外研究综述；还有的学者就传统家训中的诚信教育发表了独到见解。

4月26—27日，由中国人民大学、辅仁大学、贵州大学主办的海峡两岸“哲学与中华传统文化的当代价值”学术研讨会在贵州大学、贵阳孔学堂、贵州修文县分三场举行。海峡两岸学者就东西方哲学与中华传统文化的当代价值进行了深入探讨，并就后续如何加强两岸学术合作事宜达成初步意向。

5月4日，由衡水学院等单位联合主办的“董仲舒思想国际高端学术论坛”在董子故里——河北省衡水召开。关于董仲舒的历史定位，与会学者们一致认为，董仲舒是一个伟大的思想家，与孔子、朱子并称儒学三大巨擘。“孔子之文在仲舒”。与会专家学者总结了近百年来董学研究艰难曲折的历史进程，一致表示，乱世百家起，治世儒家兴，在习近平总书记关于传统文化重要论述的精神鼓舞下，全国各地的儒学研究迎来了春天，董学界也将倍加珍惜当下儒学复兴的难得机遇，重建儒家文化与社会主义的价值关联，夯实“中国梦”的民族文化根基。

5月4—8日，由国际易学联合会、中华儒学会、衡水市人民政府、河北省董仲舒研究会、国际易学河北研究院等单位联合举办的“汉学鸿儒董仲舒国际易学研讨会”在河北省石家庄召开。50余名专家、学者及100余名儒学与易学爱好者参加了此次研讨会。

5月9—10日，由中国孔子基金会联合中国法律史学会、山东大学儒家文明协同创新中心、临沂市人民政府共同主办的“荀子思想与依法治国”学术研讨会在山东临沂兰陵县隆重召开。来自全国各地的100多位儒学和法学专家学者齐聚一堂，共同深入研讨，研讨会取得了丰硕的学术成果。研讨会上，还举行了兰陵“东方荀子研究院”揭牌仪式。

5月16日，“心性儒学与政治儒学”青年学者学术研讨会在北京大学召开。会议针对心性儒学与政治儒学的关系与张力，通过返本开新的方式，进行了深入而精彩的讨论。杜维明教授发表致辞，来自北京大学、山东大学、同济大学、复旦大学、中共中央党校、天津师大、深圳大学等高校的青年学者参加了会议。

5月17日，国际儒学联合会联合“中华优秀传统文化教育研究”家庭教育课题组举办的“儒学齐家之道与当代家庭建设国际论坛”在北京举行。来自海内外的60余位专家学者及近百名家庭教育课题实验区、实验学校的代表参加了论坛。

6月19—21日，《探索与争鸣》编辑部、上海交通大学人文艺术研究院、北京大学高等人文研究院、北京大学儒学研究院、上海东方青年学社等单位在上海联合举行“新文化运动百年价值重估”国际学术研讨会，来自美国、澳大利亚、瑞典、中国台湾、中国澳门等国家和地区的180多位知名学者，围绕“新文化运动价值重估”“儒学转型与新文化运动”“‘启蒙’的百年流变”“新文化运动反传统主义与激进主义反思”“学衡派与文化保守主义”“新文化运动中的世界主义、国家主义、民族主义与个人主义”“文学、启蒙与现代性问题反思”“中西文化融合与新文化运动”“新文化运动与公共理性”等主题进行了深入的讨论和研究，会议取得丰硕的成果。

6月21日，上海儒学研究会在无锡东林书院举办了第一次儒学系列会讲，会议以“康有为与大陆新儒学”为题，主要围绕北大哲学系教授干春松出版的两种有关康有为的作品——《保教立国》与《康有为与儒学的“新世”》进行探讨，对康有为的晚期政治思想及其与大陆新儒学的过去、现状与未来等相关问题，进行了广泛而深入的讨论。

7月4—5日，2015尼山新儒学论坛在尼山圣源书院举行，美国夏威夷大学教授安乐哲，纽约大学终身教授熊玠等来自海内外的近30名知名学者齐聚泗水，进行学术交流。此次论坛为期两天，以“儒学与政治”为主题，共进行了21场学术报告。与会学者各抒己见，深入探讨了儒学与政治的关系，展示了儒学的当代创新发展之路。

7月30日，由常州大学国学研究院与弘道书院共同主办，道南书院承办的纪念钱穆先生诞辰120周年学术论坛在江苏常州大学国学研究院举行，会议以钱穆先生学术思想为主题，共收到国内外学者40多篇论文。来自清华大学、北京大学、中国人民大学、复旦大学、同济大学等国内高校30多人参加会议，围绕“钱宾四先生与现代中国的政教之运”这一主题，与会学者自由发挥，纵横议论，以求在电光火石中碰撞激发灵感与睿见。

8月10日，由中国书院学会、中国书院研究中心、岳麓书院、白鹿洞书院和七宝阁书院联合主办的第五届书院传统和未来发展论坛在北京顺义召开，该论坛的主题是“书院在民族复兴中的作用”。来自学术界、传统书院、当代书院、学堂、私塾以及高校传统文化类社团的150多名代表参加了论坛。该论坛从2011年开始每年举行一届，旨在通过观察国家、社会乃至世界格局中存在的问题和机遇，打开视野，探索新的教育模式。

8月17日，第二届中韩儒学交流大会在济南舜耕山庄举行。第二届中韩儒学交流大会是《2015年中韩人文交流共同委员会交流合作项目名录》之一，是继续落实中韩两国元首确立的人文交流重要议题。会议围绕“中韩儒学比较与发展”这一主题进行了研讨。中韩两国学者从中韩两国不同的国情出发，深入研究了儒学的历史意义，认真审视了儒学的当代价值，广泛探讨了儒学的未来发展。中国学者研究的重点有：儒学与全球化、儒学与现代化，尤其是儒学与东亚现代化关系。有中国学者认为，儒学的现代性不仅源于中国社会的现代转型，而且基于儒学自身的基本原理。

8月19日上午，第三届全国儒学社团联席会议暨儒家文化与核心价值观研讨会在贵阳孔学堂开幕。此次大会由全国儒学社团联席会议秘书处、中国孔子基金会和贵阳孔学堂文化传播中心主办。来自全国47个儒学社团的100多位专家代表出席会议，贵阳市各单位代表700余人参加了大会。

8月20日，《船山学刊》创刊百年暨船山思想与中华优秀传统文化学术研讨会在长沙举行，来自海内外的专家学者分别从不同的角度，阐发船山思想的历史贡献和时代价值，表达对先贤“坐集千古之智”的景仰。作为中国历史文化的集大成者，王船山学术思想博大精深，为湖湘学派和湖湘文化浇筑了坚实的基础，在中国近现代史上产生过重大影响。

9月5—6日，由上海国学会（筹）主办，九州书院、上海友朋会、同济大学人文通识教育中心承办的“21世纪中国书院发展模式研讨会暨中国民间书院首届高峰论坛”在上海成功举办，来自全国各地的近70家书院、国学机构共计百余人共襄盛会，共同就传统书院的形成、衰落、兴起，以及现代书院的发展现状、发展模式、书院的传承等多个方面发表了自己的看法。此次论坛还发起了书院联盟，各位专家学者就书院联盟的运作模式，各书院之间合作的内容、方式，以及书院在传承传统文化中应该起到的作用等诸多问题进行了实质性探讨。

9月19日，上海市社会科学界联合会第13届学术年会（2015）主题专场“儒学何以为治：儒学与中国古代国家治理”学术研讨会在上海大学召开。会议聚焦中国历史上的儒学与国家治理实际运作状况，来自复旦大学、北京师范大学、华东师范大学、上海大学、上海社会科学院等高校与研究机构的学者参加会议，分别从国家治理方式的古今贯通，国家治理的儒学根基，制度、政治与思想的互动等角度进行了深入探讨。与会学者讨论热烈，有力地推动了相关领域的研究。

9月27日上午，第七届世界儒学大会暨2015年度“孔子文化奖”颁奖典礼在曲阜孔子研究院举行。会上发布了《世界儒学发展报告（2014—2015）》，来自20多个国家和地区，100多个研究、推广机构（团体）的百余位专家学者参加了会议，清华大学哲学系教授陈来、台湾知名学者董金裕分获本届“孔子文化奖”。

10月17—18日，中国环境哲学与环境伦理学2015年年会暨全国传统思想文化与生态文明建设学术研讨会在山东理工大学举行。来自全国各地的100余位专家学者参加了研讨会，围绕传统生态思想文化、环境哲学理论、生态文明建设及对策三方面主题进行了多方面的研讨。

10月24—25日，“儒家的使命与当代中国”学术研讨会暨中华孔子学会成立30周年纪念大会在上海成功举办。来自全国各地学术机构的专家学者共100多人出席了此次大会。围绕当代中国背景下的儒学使命开展学术研讨，并举行了中华孔子学会换届会议。中华孔子学会此次举行了新一届领导机构换届选举，选举产生了以北京大学王中江教授为会长、北京大学干春松教授为常务副会长的新一届中华孔子学会理事会。新一届理事会副会长共17名（按姓氏拼音为序）：陈卫平、董平、郭齐勇、景海峰、黎红雷、李存山、李景林、刘学智、邵汉明、舒大刚、万俊人、颜炳罡、杨朝明、杨国荣、杨庆中、张学智、朱汉民。

10 月 28 日，“论道与兴邦——2015 海峡两岸儒学高峰论坛”在台湾政治大学文学院隆重举办。两岸知名专家学者等出席论坛开幕式。此次论坛由台湾政治大学中文系、台湾中华孔孟学会共同发起举办，旨在积极推动海峡两岸学术对话，使两岸相关儒学机构及学者能加强互动，促进了解，拓展视野，彼此激荡出更多学术研究的成果，并借这些成果推动儒学迈向世界文明，为人类生活价值与意义的选择带来深邃的思考及建树。

10 月 31 日，由《开放时代》杂志社主办的“儒学与社会主义”学术研讨会在广州增城召开，甘阳、陈少明、吴重庆、姚中秋、唐文明、麻国庆、肖斌、李长春等 20 多位分别来自哲学、社会学、政治学等学科领域学者参加了会议。会议认为社会主义思潮传入中国，是对帝国主义入侵的回应。儒家的大同思想、平等理念等起到了接引社会主义思潮的作用。儒学作为经世济民之学面对全球化的挑战是否可能做出积极的回应从而再度接引社会主义的价值理念？对于以儒家作为基调的中国社会来说社会主义究竟在多大程度上具有内在性？学者们围绕这些议题展开了热烈讨论。

10 月 31 日上午，“中国经学与中华民族精神”国际高层论坛在湖南大学岳麓书院开幕，来自韩国和中国海峡两岸与香港地区的近百位学者，围绕儒家经典的产生、演变与诠释，经学与中华民族精神的建构、继承与发展等主题，分别从经学、四书学以及经典诠释学等方面展开研讨。此次会议由湖南大学岳麓书院、岳麓书院国学研究与传播中心举办，为期两天，60 余位学者分别围绕礼学、诗学、史学、儒家义理心性、中国经学诠释学展开学术讨论。

由华夏国际易道研究院等单位主办的第 6 届中国国际易道论坛于 10 月 31 日至 11 月 1 日在北京召开。论坛以“《易经》符号系统与国学新思考”为宗旨，收到论文 70 多篇。李学勤、成中英、高宣扬、马宝善、廖名春、郑万耕等 100 多位海内外专家学者，围绕《易经》的基本问题、《易经》哲学与国家治理能力提升、《易经》与国学新思考等专题展开了深入的研讨。

11 月 1 日，清华大学国学研究院 90 周年纪念研讨会在京举行，与会学者围绕中国哲学、中国史学、世界汉学等展开研讨，并展望了国学研究未来发展计划与方向。清华大学国学研究院院长陈来表示，今天的清华国学院依然承续老国学研究院对国学概念的理解和使用，也将以“中国主体、世界眼光”为宗旨传承老国学研究院的学术精神。

11 月 13—15 日，由中国社会科学院世界宗教研究所儒教研究中心、国际儒联普及委员会、尼山圣源书院与武汉云深书院、中国宗教学会联合主办的“乡村儒学与乡土文明学术研讨会”在北京召开。来自全国各地的专家学者和乡村儒学一线志愿者讲师共 80 余人参加会议。会议期间各领域专家和一线实践者围绕乡村儒学进行了深入的讨论，并对重建乡土文明、普及乡村儒学提出建设性意见。

11 月 15 日，《关学文库》首发式暨研讨会在北京举行，为了弘扬关学精神，填补传统文化的空白，陕西省文史研究馆、西北大学联合推出了“十二五”国家重点图书项目——《关学文库》。这也是我国第一部对关学史上重要文献进行系统整理与研究的大型丛书。文库包括文献整理和学术研究两大系列，共 40 种、47 册，2300 万字，由西北大学、陕西师范大学、中国人民大学、华东师范大学等 10 余所高等院校、科研单位的 32 位专家学者通力协作完成。文库通过对关学学人著述的抢救、挖掘、整理与研究，展示了关学的历史面貌、发展脉络、鲜明特色、理论贡献及当代价值，在关学发展史上具有里程碑式的意义。

11 月 21—22 日，由弘道书院与常州大学国学研究院联合举办的“首届中国青年儒学论坛”在古城常州召开。论坛旨在促进当代儒学之思想创发，形成思想学术共同体，夯筑中国思想学术发展之基。来自全国的 30 余位青年学者会聚一堂，在儒家人文教化的熏陶习染下共同探寻中国之道。弘道书院院长姚中秋教授认为此次全国青年儒学论坛对当前儒学发展的各方面前沿问题均进行了深入探讨，影响深远，意义不凡。今后弘道书院会继续举办此种形式的论坛，以期能够会聚更多青年儒学俊秀，共同探寻当代儒家和中国治理之道，回应时代问题，引领未来世界秩序重塑。

11 月 21 日，“纪念冯友兰先生诞辰 120 周年暨冯友兰学术思想研讨会”在清华大学举办。百余名专家学者以“冯友兰哲学创新的典范”“民族性与现代性：冯友兰新儒学诠释中的两个维度”等为题，共同研讨冯友兰哲学思想。

11 月 22 日，广东省曾子文化研究会首次在广州举行学术研讨会，来自全国各地的 80 多名曾子文化研究学者、曾氏后人及特邀的全国孔孟后裔代表出席会议。主办方把现代曾氏家风概括为“修身、齐家、忠恕、尽孝、诚信、读书、知礼、勤俭、守节、知睦”20 字，它所集中体现的思想道德理念和人文精神，与社会主义核心价值观异曲同工，是一笔宝贵的精神财富。

11 月 23—25 日，厦门大学教育研究院、中华炎黄文化研究会科举文化专业委员会、厦门大学考试研究中心联合主办的“第十二届科举制与科举学国际学术研讨会”在厦门大学召开。来自美国马萨诸塞大学波士顿分校、纽约市立大学、日本东北大学、日本福冈教育大学、日本中央大学、韩国首尔大学、韩国延世大学、教育部考试中心、中国社会科学院、浙江大学、清华大学、南开大学、南京大学、武汉大学、中国政法大学、湖南大学、陕西师范大学、华中师范大学、南昌大学、河南大学、福建师范大学、厦门大学，以及台湾清华大学、台湾中正大学、台湾朝阳科技大学、台湾东吴大学、台湾铭传大学、台湾明志科技大学、香港科技大学等数十家高校、科研单位、科举博物馆、学术刊物的 120 余名科举研究学者齐聚一堂，就科举研究和科举学、科举制度、科举教育、科举文化等问题进行了深入而广泛的研讨。

11 月 28—29 日，“儒学的历史叙述与当代重构”国际学术研讨会在深圳举行，来自海内外的近百位专家学者交流探讨了儒学在不同历史时期的阐发、儒学对当下的审视和对未来的思考、世界文明视域下的儒学新作为等重要命题。此次会议由深圳大学主办。

11 月 28—29 日，“第二届河北儒学论坛——献王治学精神暨儒家文化的传承与发展学术研讨会”在献王刘德的故乡古城沧州举行，来自国内的 100 多位专家学者齐聚狮城，共同探讨献王治学精神暨儒家文化的传承与发展。论坛以“献王治学精神暨儒家文化的传承与发展”为主题，同时分设“献王治学精神、儒学经典编辑整理及其他”“儒家思想的传承与发展”“儒家文化与当代社会建设”“河北儒家文化传承与发展座谈会”，以及“‘人民有信仰’儒家信仰建设青年论坛”五个研讨组，从多角度、多方面进一步推动献王研究，考察、梳理儒家文化的发展历史、传承脉络和在当代的应用等。

12 月 5 日，《天府新论》编辑部联合弘道书院，在都江堰文庙共同主办了“范式转移与学统重建——现代学科分化背景下的儒家天命”研讨会，这是继去年《天府新论》主办“儒家思想与中国改革”研讨会后的第二届“天府新儒学论坛”。此次会议邀集了法学、政治学、外交学、心理学、历史学、哲学等各学科代表，与会学者围绕学科分化、范式转移、理论创新、经学复兴和学统重建等议题作了比较深入的探讨。

12 月 19—20 日，由中国书院学会、登封市文物管理局、嵩阳书院联合主办的“2015 年中韩书院文化交流国际学术研讨会”在河南登封嵩阳书院举行。来自中国岳麓书院、白鹿洞书院、应天府书院、鹅湖书院、贵州大学中国文化书院、《问道》杂志、纪录片《中华书院》摄制组等 20 余家古今书院、高校及媒体，以及来自韩国韩国学中央研究院、忠南大学、尚志大学、岭南大学、庆尚大学、釜山大学等研究机构及高校的共计 50 名学者及相关人士，围绕书院地位与价值、书院发展经验、书院教育与人才培养、中韩书院文化比较等主题，展开深入的交流与探讨。

宗教艺术研究

2015年度宗教文化与艺术研究综述

陈粟裕

2015年度的学科发展与研究主要体现在佛教艺术、藏传佛教艺术、道教艺术、基督教艺术的研究之中，分述如下。

一　佛教绘画

1. 敦煌壁画研究

敦煌——世界艺术的宝库，古代丝绸之路上的重要之地。从西汉初年佛教由张骞从西域带入中原开始，敦煌就成为了东方艺术的明珠，莫高窟是那里的珍宝，所珍藏的艺术珍品是中外交流的瑰宝，以精美的壁画和塑像闻名于世。这些壁画彩塑技艺精湛无双，有“人类文明的曙光”之称，是世界佛教艺术的宝库。敦煌壁画作为敦煌石窟艺术的重要组成部分，其内容非常丰富，规模巨大，技艺精湛，是一座博大精美的民族壁画艺术宫殿，赵莹的《敦煌艺术美学——敦煌壁画之佛教本生故事画》①，对敦煌壁画中的佛教本生故事画做了有益的探索和描述。敦煌壁画是形象的历史，其作为图像资料，成为我们今天解读中古历史的第一手考古资料。敦煌莫高窟第220窟药师七佛变中的大型乐舞场景，虽然表现的是佛国净土世界情景，但是剔除其中佛教虚幻和艺术化的成分，紧密联系艺术的社会生活源头，可以发现其中三处大型豪华的灯饰，正是有唐一代长安城上元夜燃灯的再现，也可以认为是包括皇帝会群臣的大型晚宴，官僚士大夫家中举办的各式夜宴，唐长安、洛阳两京地区各类大型夜间乐舞场景的描绘，有重要的历史研究价值。沙武田的《一幅珍贵的唐长安夜间乐舞图——以莫高窟第220窟药师经变乐舞图中灯为中心的解读》一文对此进行了详细的解读。② 敦煌石窟壁画是佛教文化的图式表征，对于壁画中出现的许多舞蹈形象，从文化解析层面上来看，一方面舞蹈形象是佛教文化的表达符号；另一方面，舞蹈形象也为世俗构建了广为民众接受并熟知的佛教世界。汤旭梅的《敦煌石窟壁画中舞蹈形象的文化解析》一文从历史的源头入手，重点阐述了敦煌石窟壁画的舞蹈形象与佛教文化所存在的“交互”影响，并从文化的功能视角，进一步解析佛教壁画与舞蹈形态之间内在的文化当代性。③ 北魏汉化改制带给佛教美术的影响，除人物形象

① 赵莹：《敦煌艺术美学——敦煌壁画之佛教本生故事画》，《现代装饰》2014年第10期。

② 沙武田：《一幅珍贵的唐长安夜间乐舞图——以莫高窟第220窟药师经变乐舞图中灯为中心的解读》，《敦煌研究》2015年第5期。

③ 汤旭梅：《敦煌石窟壁画中舞蹈形象的文化解析》，《北京舞蹈学院学报》2015年第5期。

（“秀骨清像”）和衣冠制度（“褒衣博带”）外，还表现为对山水场景的偏好以及空间再现技艺的渐趋成熟，因此是一次内在的“视觉方式”的转变；敦煌西魏壁画呈现出表现空间进深的初步尝试。张建宇的《敦煌西魏画风新诠——以莫高窟第285窟工匠及粉本问题为核心》认为，共有三个工匠集团参与第285窟绘制：西壁由第一工匠集团完成，图像内容和画风具有强烈的西域风；第二工匠集团绘制东壁及北壁，尽管人物造型和服饰都采用汉化样式，但匠师未能理解中原画稿表现空间进深感的意图，绘制南壁的工匠集团真正掌握了再现三维场景的技巧。北周第290、296窟壁画与西魏第285窟南壁运用了相同的粉本，很可能出自同一工匠集团（或有传承关系的工匠集团）之手。① 胡同庆的《试探敦煌壁画中的佛教洗浴文化》一文，根据佛经和敦煌壁画、敦煌文献，对佛教洗浴文化进行了探讨，认为敦煌壁画和文献中的佛教洗浴文化，不仅涉及洗浴的方法和所需物品、设施等条件，同时论及洗浴与健康、人际交往以及与季节、气候、饮食的关系等。佛教有关洗浴的论述不仅全面，而且具有科学道理，可供当代洗浴文化参考借鉴。② 罗世平、罗简的《自然的心象——敦煌壁画〈十六观〉反映的自然观》一文以敦煌石窟保存的《观无量寿佛经》内容壁画为研究对象，对《十六观》等反映的自然观及敦煌画家将自然景物移入佛教绘画的过程进行了探讨，指出自然的心象仍是中国艺术绵延发展的内在动力。③ 莫高窟中所见“葫芦琴”为仅有出现在该窟中的乐器，在全国其他石窟中未见。“葫芦琴”作为壁画中的图像乐器，在壁画的绘制过程中，是否存在艺术想象的成分？刘文荣的《莫高窟隋唐壁画“葫芦琴”乐器的真实性问题探讨》一文，试图从音乐的礼佛供养、乐器的绘制缘由、画工的音乐修养、佛教本土化过程中借用民间乐器等情况，对敦煌壁画“葫芦琴”乐器的真实性问题进行辨考说明。④

2. 龟兹壁画研究

在龟兹佛传壁画中，有丰富的佛陀一生教化事迹（说法图），其中蕴含佛陀神通力的非凡表现，这是龟兹石窟佛传壁画的一个重要特征。苗利辉的《龟兹石窟佛传壁画与佛神通力——兼论龟兹石窟涅槃题材故事画》认为，这种现象与龟兹佛教尊习说一切有关思想，特别是注重涅槃有密切的关系。⑤ 龟兹石窟壁画中的动物画可以说是中国西域本土艺术和东西方艺术的结晶。这些动物绘画不仅满足佛教教义的需要，同时又揭示了动物形象内在的生命力和美感。姚志虎的《龟兹石窟中动物画的分期及其特征分析》一文把龟兹石窟壁画中的动物画划分为四个时期，归纳出了每一类型动物画的艺术风格，并对它们之间的关系进行了初步研究。⑥ 克孜尔114窟是龟兹石窟群早期最具代表性的洞窟之一，满盈盈的《克孜尔114窟与佛图舌弥》认为，该窟所存壁画的戒律本生故事、比丘尼形象、迦叶皈依、降伏六师外道及第一次结集，都能够与龟兹高僧佛图舌弥的佛教思想体系相互印证。再由洞窟规模形制和壁画精美程度可以推知，该窟是由葱岭以东王侯妇女集资、佛图舌弥直接主持，或是以其思想为理论基础兴建的洞窟。⑦ 克孜尔中心柱窟第123

① 张建宇：《敦煌西魏画风新诠——以莫高窟第285窟工匠及粉本问题为核心》，《敦煌研究》2015年第2期。
② 胡同庆：《试探敦煌壁画中的佛教洗浴文化》，《敦煌研究》2015年第3期。
③ 罗世平、罗简：《自然的心象——敦煌壁画〈十六观〉反映的自然观》，《美术研究》2015年第4期。
④ 刘文荣：《莫高窟隋唐壁画“葫芦琴”乐器的真实性问题探讨》，《新疆艺术学院学报》2015年第2期。
⑤ 苗利辉：《龟兹石窟佛传壁画与佛神通力——兼论龟兹石窟涅槃题材故事画》，《敦煌研究》2015年第5期。
⑥ 姚志虎：《龟兹石窟中动物画的分期及其特征分析》，《装饰》2015年第2期。
⑦ 满盈盈：《克孜尔114窟与佛图舌弥》，《新疆大学学报》2015年第1期。

窟，主室侧壁的两幅壁画非常特殊，一反主室侧壁绘以坐佛为中心的说法图的规律，而是绘以立佛为中心的大型叙事画。这两幅壁画非常精美，是佛教艺术史上的精品。不过，这两幅壁画的内容和主题，至今尚未有人进行过专门研究。朱天舒的《克孜尔第123窟主室两侧壁画新探》一文旨在探讨这两幅壁画的主题与意义，从性质及其构图分析它们与誓愿画的联系，指出它们应是誓愿画的先驱。并进一步揭示誓愿画背后所反映的菩萨思想。接受、提倡菩萨思想是7世纪以后中亚小乘部派的一大重要转变。①

3. 寺院壁画与墓室壁画研究

南北朝时期，帝陵壁画墓首次出现，而且南北面貌相异。汪小洋的《南北朝帝陵壁画墓的图像体系讨论》认为，北朝壁画墓图像体系中，强调皇权的图像表现出上移的方向；南朝壁画墓图像体系中，“竹林七贤与荣启期”这样士族化的图像表现出下移的方向。上移和下移两个方向的理论指向是：首先，形成了民族平衡与阶层平衡的两个图像体系；其次，形成了礼仪化与生活化的不同图像特征；再次，提供了图像证史的图像意义。一方面，说明南北朝佛教在本土宗教图像体系中仍处于初入阶段；另一方面，反映了南北朝的一个历史特征，即北朝的汉化主流实际上是一种向中原文化靠拢的民族妥协。通过学习先进文化而平衡尖锐的民族矛盾，在强化皇权的体制下巩固政权，帝陵壁画墓因此而有了上移的方向。南朝的门阀制度主流实际上是一种政治利益集中化的阶层妥协，通过士族化的政治垄断制度来平衡统治阶级内部的各种关系，帝陵壁画墓因此而有了下移的方向。② 郑岩的《唐韩休墓壁画山水图刍议》一文讨论了西安郭新庄唐韩休夫妇墓北壁壁画山水图的图式、笔法和意义，并对“卧游”的问题提出一些新看法。根据与敦煌壁画和日本正仓院绘画等相关材料的比对，可以判定韩休墓山水图采用了盛唐流行的一种山水画图式。在此基础上添加的草亭，表现了当时所流行的、缺乏新意的隐逸主题。画面迅疾的笔法，固然有可能与画师绘制时间不足有关，但更与盛唐长安崇尚自由洒脱、不拘细枝末节的绘画风格的大背景联系密切。由韩休墓山水图与敦煌观无量寿佛经变“日想观”图式的共同性，可知早期山水画与佛教净土信仰有着复杂的互动关系，观想的理念与卧游的理论有着内在关联。③ 水陆画是寺庙中举行水陆法会时在水陆道场中悬挂供奉的宗教人物画，它是随着水陆法会的发展与兴盛而逐渐完备的。水陆画既是宗教艺术，又是民俗艺术，其图像内容传达了民俗信仰观念和宗教审美情感，因此具有较高的学术研究价值，其研究成果对佛教史、道教史、三教合一史、绘画史等研究都有着重要意义。苏金成的《水陆法会与水陆画的发展及图像分析》一文，描述了水陆法会与水陆画的发展状况，并对有关水陆画做了详细分析。④ 中国的茶道文化与佛教文化源远流长，而茶禅文化更是中国的茶道文化和佛教文化相互融合的一种独特文化现象。辽代统治下的河北地区在宋代中原地区传统饮茶方式和佛教文化影响下呈现出特殊葬俗形制，体现出一种独特的地理文化现象。何圳泳的《地理文化视野下宣化辽墓中的茶禅文化》一文针对河北宣化辽墓出土的壁画及墓主人的墓葬形式以及墓主人生前的佛教崇拜等方面，在地理文化背景下诠释宣

① 朱天舒：《克孜尔第123窟主室两侧壁画新探》，《敦煌研究》2015年第3期。

② 汪小洋：《南北朝帝陵壁画墓的图像体系讨论》，《民族艺术》2015年第4期。

③ 郑岩：《唐韩休墓壁画山水图刍议》，《故宫博物院院刊》2015年第5期。

④ 苏金成：《水陆法会与水陆画的发展及图像分析》，《中国国家博物馆馆刊》2015年第10期。

化辽墓中的茶道文化、佛教文化及其茶与禅的融合，并阐述对当前茶禅文化的反思。① 观音像在我国佛教造像中所占的比重极大，而且多为寺院壁画。现存的中国古代观音壁画绝大多数是以勾勒精细、赋彩浓丽的表现形式出现。水墨这一绘画形式，作为唐代以后文人画的惯常绘画手法极少出现在寺观壁画中。丛林寺24幅水墨观音壁画，无论在表现题材、形式和手法还是在画面结构等方面，都大异于传统的寺院壁画。金延林的《文心妙相——歙县丛林寺水墨观音壁画的文人画特点》一文认为，丛林寺壁画的作者突破此类壁画常规的表现手法，使用了纯水墨勾勒、点、染；在题材选择和画面布局上也是匠心独运，从技法到图式无不表现出典型的文人画特点。② 夏鲁寺门廊元代壁画御榻图的细节多可印证史料对元大都宫殿内御榻的记载，尤其是提供了金红屏台与宝帕的视觉形象材料，从而可窥知佛教文化元素对元代礼仪制度的渗透。御榻图上未出现人物形象，作为皇权的象征符号出现在当时夏鲁寺的入口处，昭示宗教权力的来源以及皇权对寺院的保护。廖旸的《夏鲁寺护法殿门廊御榻图补论》对此问题进行了探讨。③ 中国的壁画艺术历史悠久。在佛教传入中国之后，壁画艺术又迅速与宗教相结合，发展出了特色鲜明的宗教壁画艺术。被称为塔尔寺“艺术三绝”之一的壁画，便是宗教艺术、传统艺术与民间艺术相结合的产物。霍福的《青海塔尔寺壁画艺术的民俗文化学考察》一文运用民俗文化学的理论和方法，在实地考察的基础上，对塔尔寺壁画艺术做了初步的研究。④

4. 其他研究

麦积山石窟第127窟出现众多经变壁画，题材内容丰富，篇幅绘画场面宏大，其中《西方净土变》等，是国内石窟寺中同一题材出现最早的经变相之一。它对我们研究中国石窟寺，不论是图像艺术，还是佛教思想弘传，都具有较高的资料价值和学术价值。佛教像教弘传重在思想教化，项一峰的《麦积山石窟第127窟造像壁画思想研究》一文首次就这一方面对此窟造像壁画做了全面系统的综合研究，探析其像教佛教思想的如是教化，具有一些新的见解。⑤ 张天爽、田依的《佛教美术的传入对中国画色彩的影响》一文通过对佛教美术的产生、传入及美术形式的梳理和分析，以及以新疆龟兹石窟和敦煌莫高窟为代表的佛教石窟壁画绘画特点的探讨，论证了佛教美术对于中国画色彩的三方面影响：蓝绿色调的传入丰富了重彩中国画的色彩体系；色彩晕染立体感的画法完善了重彩中国画晕染的绘画技法；空灵淡泊的审美情趣为文人画的产生和发展奠定了美学基础。⑥ 魏晋南北朝时期的石窟壁画艺术是宣扬佛教的重要形式。此时期石窟壁画的色调、凹凸晕染技法和画家群体的扩大等都对中原传统绘画产生了很大影响，也促成了青绿山水画的形成。王莹、秦涞洁的《魏晋南北朝时期的佛教石窟壁画对早期青绿山水画的影响——以克孜尔石窟和敦煌莫高窟为例》一文对此进行了探讨。⑦ 位于新疆和田市策勒县南部的达玛沟水系为古代于阗佛教遗址较为集中之地。2002年清理出的托普鲁克墩1号佛寺，完整地呈

---

① 何圳泳：《地理文化视野下宣化辽墓中的茶禅文化》，《农业考古》2015年第2期。

② 金延林：《文心妙相——歙县丛林寺水墨观音壁画的文人画特点》，《世界宗教文化》2015年第2期。

③ 廖旸：《夏鲁寺护法殿门廊御榻图补论》，《世界宗教文化》2015年第4期。

④ 霍福：《青海塔尔寺壁画艺术的民俗文化学考察》，《青海师范大学学报》2015年第3期。

⑤ 项一峰：《麦积山石窟第127窟造像壁画思想研究》，《敦煌学辑刊》2015年第1期。

⑥ 张天爽、田依：《佛教美术的传入对中国画色彩的影响》，《设计》2015年第5期。

⑦ 王莹、秦涞洁：《魏晋南北朝时期的佛教石窟壁画对早期青绿山水画的影响——以克孜尔石窟和敦煌莫高窟为例》，《艺术探索》2015年第2期。

现了于阗6—7世纪的绘画风格。佛寺中的图像配置为东、南、西三壁用绘、塑结合的方式表现了七尊佛像，北壁寺门两侧绘制了两身守护神。佛像采用丝绸之路南北两道的通行样式，而守护神图像则可能为于阗所特有。陈粟裕的《新疆和田达玛沟托普鲁克墩1号佛寺图像研究》一文主要利用丝绸之路上的同类图像，对托普鲁克墩1号佛寺的图像题材进行判断，认为此寺三壁表现的是过去七佛，寺门西侧的武士形守护神为散脂夜叉。通过对壁画题材的分析进而讨论于阗在丝绸之路图像传播中的作用。[①] 李雯雯的《中国早期佛教造像"说法印"样式的演变》一文通过梳理中国早期佛教造像中"说法印"样式，对具体实例进行分析，指出了目前研究的误区，总结其样式演变的规律。[②] 曾经是西域佛教文化中心的和田地区，在19世纪末20世纪初成为外国"探险""考古"家最为关注的地方，许多佛教寺院被挖掘，大量壁画和雕塑流失海外。20世纪80年代开始，新疆的文物考古工作者在和田地区发掘了一批重要的古代佛教寺院遗址，清理出大量的壁画和泥塑，从而改变了研究古代于阗佛教艺术不得不依赖外国学者的研究报告的被动局面。古丽比亚的《和田地区新出佛寺壁画综论》一文认为，这批新发现的佛教壁画对我们了解古代于阗佛教艺术尤其是于阗画派具有十分重要的意义。[③] 飞天是佛教美术中以绘画、雕塑等形式呈现的装饰性艺术形象。当代中国，飞天已经成功地实现了由宗教艺术向世俗艺术的转化，生成为世俗的新经典。尹泓的《飞天与敦煌艺术的再生》一文，认为飞天再生实质上是以敦煌宗教艺术为基础的世俗经典的生产，在艺术批评、创作与接受层面分别实现了审美意蕴的经典化、宗教空间的世俗化、艺术形式的大众化。飞天是敦煌艺术再生的典范，对于敦煌艺术再生研究具有典型意义。[④] 罗汉图像是中国佛教美术创作的重要题材之一，但遗憾的是现存的罗汉画迹多数保留在日本和美国，国内为数不多。中日的经济文化交流对罗汉画等佛画的传播起了不可磨灭的作用，刘萍的《佛陀拈花罗汉微笑——探析中日交流对罗汉画等佛画流传的影响》对该问题进行了探讨。[⑤]

二 佛教建筑

在2015年度的佛教建筑艺术研究中，上海大学艺术学院的阮荣春教授主编的《佛教艺术经典·第3卷：佛教建筑的演进》[⑥] 是本年度的佛教建筑艺术研究中仅有的一部专著。书中共分六章内容，包括：概论、佛教寺院、石窟寺、佛塔、佛殿、经幢。这是一部放在中华文化大背景之下的著作，不仅描述了佛教建筑艺术的传播、佛教建筑艺术的本土化过程，还具体分析了不同类型的佛教建筑历史因革、结构与布局、类型与功能等审美因素，其中包括与外域寺庙建筑艺术的碰撞与交流。

相关论文较多，涉及佛教建筑的保护性研究、佛教建筑的现代性转化研究、异域佛教塔庙艺术特点研究、寺庙空间与布局研究、寺庙壁画装饰研究、寺庙景观与文化研究、佛

① 陈粟裕：《新疆和田达玛沟托普鲁克墩1号佛寺图像研究》，《世界宗教文化》2015年第4期。

② 李雯雯：《中国早期佛教造像"说法印"样式的演变》，《南京艺术学院学报》2015年第5期。

③ 古丽比亚：《和田地区新出佛寺壁画综论》，《中国美术研究》2014年第4期。

④ 尹泓：《飞天与敦煌艺术的再生》，《郑州大学学报》2015年第2期。

⑤ 刘萍：《佛陀拈花罗汉微笑——探析中日交流对罗汉画等佛画流传的影响》，《南京艺术学院学报》2015年第4期。

⑥ 阮荣春等主编：《佛教艺术经典·第3卷：佛教建筑的演进》，辽宁美术出版社2015年版。

教建筑审美演变研究、某一历史时期的佛教建筑研究、佛教建筑美学对现代创意的启发等研究领域。其中大部分论文关注的是塔庙建筑的审美特征及历史沿革，既有史料的挖掘又有田野考察。

当下对文化遗产的保护是热点，这类的研究人员集中在高校硕士生群体中。刘静静（北京理工大学）撰写的硕士论文《民国时期北京建筑寺庙遗产的保护》① 采用个案分析方法，以北京智化寺为例从历史沿革、艺术价值、保护与利用状况几个方面来阐述分析，文章前半部分对其历史沿革深入分析，后半部分探讨它与政府及宗教团体之间的关系，最后得出对整体遗产进行保护的合理建议和措施。张霁（重庆大学）和胡冰洁（英国伯明翰大学）合作撰写的《泰国佛教建筑遗产保护的民间力量与实践》② 一文，文中通过分析泰国社会文化特点指出民众的参与与政府的重视是互相配合的，公众是遗产保护的主力军，寺庙的保护不仅仅是保留其文化价值，更应注重使其发挥重要的社会价值和影响力。

在经济一体化、注重绿色环保的今天，仿旧佛教建筑也面临生态化建设和设计当代性的问题。刘建华（文化生态社会独立学者）的《当代中国佛教建筑观察笔记》③、刘钰的《佛教建筑的现代化尝试——以水月禅寺为例》④、钟淇宇（广东海外建筑设计院）的《浅谈中国现代佛教建筑设计》⑤ 三篇文章皆探讨此问题，理论关心点是：现代佛教建筑功能的调整、建筑材料环保性和设计的地域性，并以曹溪宗文化中心为实践的探索。

关注异域和本土佛教塔庙艺术特点研究也是当下很重要的学术课题，海外研究主要针对东南亚一带，国内主要有北京、拉萨、福建、山西四地。东南亚是小乘佛教文化，北京、山西和福建是大乘佛教文化，拉萨是藏密宗教体系。不同的文化孕育出不同的佛教建筑特点。中央美术学院李锋撰写的硕士论文《山西洪洞广胜寺飞虹塔艺术研究》⑥ 主要研究佛塔琉璃烧造工艺，他从飞虹塔的历史追踪、宝塔格局、塔身密相、琉璃雕饰几个方面论述飞虹塔的建筑琉璃艺术在佛教制式和民间工艺中的根源，分析出其艺术特点是禅密融汇的佛法主旨深刻影响飞虹塔的创作理念和细节设计。

在佛教建筑空间布局研究方面，有刘思源（内蒙古科技大学）的《宗教建筑外部空间的构成要素》、张勃（北方工业大学）的《汉传佛教建筑礼拜空间源流概述》、薛凇文（南华大学）的《南岳衡山佛教寺庙景观序列组织探微》、李洁星（武汉职业技术学院）的《中国传统佛寺建筑的布局和装饰艺术》⑦、严欢等（四川大学）的《成都佛教建筑平面布局分析》、彭晋媛（华侨大学）和黄源成（厦门理工学院）的《厦门佛教建筑的外部空间特征》⑧ 等论文。其中《南岳衡山佛教寺庙景观序列组织探微》一文中，作者认为造园如作诗文，开篇分为前后两个引导空间，在空间序列组合上重意轻形，与朴素自然的禅宗精神相契合，这样的研究思维具有新意。《中国传统佛寺建筑的布局和装饰艺术》一文从室外和室内两个方面分别阐述了其佛教文化和艺术内涵。《佛教名刹风穴寺建筑布局

① 刘静静：《民国时期北京建筑寺庙遗产的保护》，硕士学位论文，北京理工大学，2015 年。
② 张霁、胡冰洁：《泰国佛教建筑遗产保护的民间力量与实践》，《学术争鸣》2015 年第 5 期。
③ 刘建华：《当代中国佛教建筑观察笔记》，《中国宗教》2015 年第 9 期。
④ 刘钰：《佛教建筑的现代化尝试——以水月禅寺为例》，《中国宗教》2015 年第 9 期。
⑤ 钟淇宇：《浅谈中国现代佛教建筑设计》，《城市地理》2015 年 10 月。
⑥ 李锋：《山西洪洞广胜寺飞虹塔艺术研究》，硕士学位论文，中央美术学院，2015 年。
⑦ 李洁星：《中国传统佛寺建筑的布局和装饰艺术》，《大舞台》2015 年第 4 期。
⑧ 彭晋媛、黄源成：《厦门佛教建筑的外部空间特征》，《华中建筑》2015 年第 1 期。

与人文价值探究》[①] 一文提出曲线美和彩绘众多是风穴寺建筑造型的一大特色，其一千多年的历史传承也使其沉淀有不同时期的审美特点，这就在一定程度上形成了它的人文价值。《厦门佛教建筑的外部空间特征》是福建省自然科学基金资助项目——“福建佛教建筑研究”的成果，此研究思维缜密、考据严谨，运用了大量图片和平面图，以当地独特的地理和人文环境为参考，以佛寺、佛院、佛堂和岩洞为典型展开叙述。

关于佛教建筑壁画的研究有两篇硕士论文，段娜（西藏大学）的《11—17 世纪西藏与西方壁画的形式语言比较研究》[②] 一文采用比较研究的方式，研究选择的时间是壁画成熟的时期，因为教义不同，文化和地理环境也有区别，于是其壁画的审美因素产生了很大差别。作者选择以代表性的画派来分别阐述，最后在视觉元素、形式美的原理、视角与透视的比较三方面来分析两者异同。王璐（云南大学）的《西双版纳曼召村佛寺壁画及其与村民日常生活研究》[③] 以大量的实地采访为穿插，采用田野调查和文献相结合的研究方法，从曼召寺壁画内容、艺术特征、傣族日常生活几方面分析探究，总结出其壁画圣俗交融的艺术特征。侯启月和李沙撰写的《曼荼罗与明代官式宗教建筑彩画——以智化寺为例》[④] 指出，明代汉藏文化交流频繁，汉地的寺院在建筑彩画上也深受其影响。作者以缠枝纹和八吉祥图案为例说明汉藏文化元素相融，这对我们更深入地理解和继承这一艺术形式有着重要的意义。

佛寺园林具有独特的审美特点和功能，童丽娟、王涵和梁毅的三篇硕士论文皆能从具体分析出发并最终提出问题和分析出策略。童丽娟（北京林业大学）撰写的硕士论文《福建佛寺园林艺术初探》[⑤]，在最后一章对福建佛寺园林本体和周边环境两方面进行反思并提出对策，对当下佛寺园林建设有着参考作用。梁毅（太原理工大学）的《山西山地佛寺园林的景观特征及其保护与利用初探》[⑥] 利用横向对比把江浙和川渝同山西并置，使之特点突出，最后也对佛寺园林提出自己看法和保护策略。王涵（西藏民族学院）的《西藏园林的历史演变及其特点》[⑦] 一文从藏族独特审美特点出发具体阐述了其造园历史和特色，他把握住了两点：第一，因地制宜；第二，多种文化相融，重点是藏传佛教的影响。文中提到七世达赖喇嘛修建的其夏宫“罗布林卡”是第一座较为完整的藏地园林，其具有的风格是原始粗犷之美。藏式园林在修建过程中十分注意吉日及风水，并请僧众念经加持。

关于佛教建筑相关审美因素演变的文章较多，如高晏卿（牡丹江师范学院）所写的《中国佛教寺院建筑的历史变革》[⑧] 发表于《中国宗教》杂志，另外还有学者关注藏传佛教建筑藏汉合璧的融合、佛教建筑的世俗化等问题。其中硕士生张洽予（云南大学）《云南南传上座部佛塔地域化演变机制研究》[⑨] 从历史发展角度，结合典型案例分析，对其历

---

① 张珂、张静：《佛教名刹风穴寺建筑布局与人文价值探究》，《兰台世界》2015 年 4 月下旬。

② 段娜：《11—17 世纪西藏与西方壁画的形式语言比较研究》，硕士学位论文，西藏大学，2015 年。

③ 王璐：《西双版纳曼召村佛寺壁画及其与村民日常生活研究》，硕士学位论文，云南大学，2015 年。

④ 侯启月、李沙：《曼荼罗与明代官式宗教建筑彩画——以智化寺为例》，《装饰》2015 年第 3 期。

⑤ 童丽娟：《福建佛寺园林艺术初探》，硕士学位论文，北京林业大学，2015 年。

⑥ 梁毅：《山西山地佛寺园林的景观特征及其保护与利用初探》，硕士学位论文，太原理工大学，2015 年。

⑦ 王涵：《西藏园林的历史演变及其特点》，硕士学位论文，西藏民族学院，2015 年。

⑧ 高晏卿：《中国佛教寺院建筑的历史变革》，《中国宗教》2015 年第 9 期。

⑨ 张洽予：《云南南传上座部佛塔地域化演变机制研究》，硕士学位论文，云南大学，2015 年。

史发源、建址等做了详细的探究，并从宗教教义、风土人情为切入点分析其特点。其创新点是对佛塔空间建址的研究，也补充了相关史料。

2015 年对特定历史时期的佛教建筑艺术研究主要集中在清朝，旁涉宋代和魏晋南北朝时期。清政府皇帝大多笃信喇嘛教，建有大量的藏密风格的寺庙但也融汇了汉族的审美元素，如承德“外八庙”。河北大学博士生董旭所做《承德普陀宗乘之庙历史与建筑研究》[①] 一文，通过对《清宫热河档案》等大量史料进行了整理分析，又到现场勘察并对寺庙建筑进行分类分析，对寺庙风格、文化特色做出了缜密的学术归纳和总结。在此过程中，他又运用比较法，与同时期欧洲建筑进行比较，使所研究对象建筑的艺术特色愈加清晰。最后通过修缮工程个案分析引申出作者的思考，并至此深化了主题。王欣欣（吉林大学）的《辽代寺院研究》[②] 第三章提到辽代寺院的建筑及其修建，具体分析其设施和布局，并在最后阐述其建筑的毁坏有自然和人为两种原因。在叙述其自然原因时，统计出 13 种、133 频次这样详细的数据作为参考，并在后文中分别具体说明。在国家自然科学资金资助项目“西藏地区前弘期佛教建筑研究”中，宗晓萌（南京工业大学）、牛婷婷（安徽建筑大学）共同撰写的《浅析西藏地区前弘期佛教建筑特点》，借用详细的图例和表格从选址布局等方面对其建筑在这一时期的特点进行了具体分析，使之时代特征得以凸显。另外还有钟晓青（中国建筑设计研究院）的《魏晋南北朝时期的都城与建筑》、王晓岩（衡水市文物管理处）的《浅析衡水地区宋代佛教建筑》等，在此不一一列举。

对藏传佛教建筑的研究主要着眼于具体寺庙的研究和寺庙中某一方面的研究。如《藏传佛教圣地扎什伦布寺建筑特点探究》[③]《呼和浩特大召寺的建筑形态营造技术探究》《藏传佛教寺院中僧房建筑研究初探》[④] 等。扎什伦布寺是藏传佛教格鲁派政令中心，有恢宏大气、庄重威严的特点，其特点在《藏传佛教圣地扎什伦布寺建筑特点探究》一文中被详尽地阐述。在对寺庙僧房的研究中，作者选取了四个典型案例，分为大型寺院僧房、山地寺院僧房、小型寺院僧房、城市寺院僧房，对其进行总体布局、建筑形体、功能集约化特征、建筑构造特征等诸方面进行了探究，最后对设计方法进行了展望。

除了上述研究以外，还有如《中国佛教建筑美学对游戏场景概念设计的影响》《三教合一文化对传统宗教建筑的影响》这一类的论文，但数量较少且缺乏较深入的研究。

总之，佛教建筑艺术是中华文明大家庭很重要的一员。我们学界对其研究也体现在方方面面，既深入探究其审美内蕴又对其保护提出具体措施，在国家倡导复兴中华文明的当下境遇，我们应该更加细致地完成此项工作。

三　佛教雕塑

自公元 2—3 世纪佛教传入西域之后，经典的传译以及寺庙的兴建都促进了当地佛教艺术的发展，外来的佛教造像艺术对西域本土的艺术创作造成了很大的影响。华东师范大

---

① 董旭：《承德普陀宗乘之庙历史与建筑研究》，博士学位论文，河北大学，2015 年。

② 王欣欣：《辽代寺院研究》，博士学位论文，吉林大学，2015 年。

③ 赫强：《藏传佛教圣地扎什伦布寺建筑特点探究》，《兰台世界》2015 年 2 月下旬。

④ 吕兆杨：《藏传佛教寺院中僧房建筑研究初探》，硕士学位论文，中央美术学院，2015 年。

学李雯雯的《丝绸之路上的西域佛教雕塑》[①] 一文，较为全面地从圆雕、浮雕、透雕等类型出发，对西域的雕塑的三大分支：木雕、石雕和铜质雕塑进行了研究和分析。

隋代是中国佛教造像在题材、形式等方面较为特殊的时期。首先，在这一时期出现了三世佛、天王、力士等佛教雕塑新题材；其次，彩绘雕塑的数量明显的增多；最后，在造型方面，受当时丰腴为美的审美取向的影响，在雕塑造型方面也出现了同样的风格特点。姜蕾在《基于隋代佛教雕塑造像的鉴赏研究》[②] 一文中，就隋代佛教造像的主要艺术特点分三部分进行了较为全面的论述。

佛教雕塑艺术同时也是中国古代雕塑的重要题材，它在中国古代雕塑中所占的比重较大。而佛教造像艺术的中国化经历了漫长的从初传到民族化的转变。许韶华的《论佛教造像艺术的中国化》[③] 一文就佛教造像艺术的中国化进程进行了阶段性的解析。

四　道教艺术

同往年的情况类似，2015 年的道教艺术研究成果最为丰富的领域是道教音乐，其次是道教绘画领域，以两者为中心的相关研究构成了道教艺术研究成果的主体。

其中道教音乐领域的研究既有传统研究热点，也出现了新的关注点。蒲亨强的《南朝道教仪式音乐初步研究》[④] 是对道教音乐历史发展的具体梳理，他认为南朝是道教仪式音乐史上极重要时期，其仪式音乐略可分南北两支，北方天师道承东汉旧仪并吸收灵宝仪而发展。南方以灵宝派为大宗，承东晋灵宝传统，兼收天师道、方仙道及佛教之仪而发展，到陆修静总其大成后形成规范模式并绵延后世。时见主要仪式有天师道的上章，灵宝派的投简、度亡、传授诸仪，且为后世沿用，尤以授度仪程序最严整、音乐最丰富、结构最规范，成为南朝道教仪式音乐的经典。陶思炎的《苏南傩舞的艺术要素与文化象征》[⑤] 则对民间保留的原初性道教艺术进行了描述，文中论述了苏南傩舞的艺术要素主要包括角色与主题、步法与阵势、乐器与音乐等方面。傩舞因浓缩了傩仪的过程而成为傩祭傩仪的象征，但它在信仰表达之外又增生了满足与审美的文化功能。象征的应用在傩舞祈禳表达的传递中，把动作与行为、语言、事件、信仰、情感等联结在一起，并透过夸张的动作获得信息的传递和释读，并推动巫傩元素的重组与夸张，从而实现了巫术宗教与乡土艺术的互通。赵宇涛的《陕北道情的音乐特色探微》[⑥] 针对汉地传统道教音乐的存留进行研究，提出道情是传承了古代文化的一种艺术形式，由道教文化衍生而来，形成的初志是宣传道教文化，维护道教地位，力求获取更多的道教信徒。直至以后，道情艺术如日之升、如月之恒，受到人们的广泛喜爱，衍生了许多具有地域特色的派别，陕北道情便是当中一个分支，该文重点对陕北道情的音乐特色进行探析。李雪娜的《浅析新疆道教历史沿革与道教音乐现状》[⑦] 讲述了道教及其音乐在新疆有久远的历史，它在新疆的发展是文化流变、

① 李雯雯：《丝绸之路上的西域佛教雕塑》，《丝绸之路》2015 年第 16 期。

② 姜蕾：《基于隋代佛教雕塑造像的鉴赏研究》，《现代装饰》2015 年 10 月。

③ 许韶华：《论佛教造像艺术的中国化》，《中国包装》2015 年第 10 期。

④ 蒲亨强：《南朝道教仪式音乐初步研究》，《音乐艺术：上海音乐学院学报》2015 年第 2 期。

⑤ 陶思炎：《苏南傩舞的艺术要素与文化象征》，《艺术探索》2015 年第 5 期。

⑥ 赵宇涛：《陕北道情的音乐特色探微》，《鸭绿江月刊》2015 年第 8 期。

⑦ 李雪娜：《浅析新疆道教历史沿革与道教音乐现状》，《新疆艺术学院学报》2015 年第 1 期。

文化变迁的一个典型个案。在新疆，当音乐学者的研究视角更多地关注少数民族传统音乐的同时，对新疆的汉族传统音乐文化的研究也不容忽视。这是道教音乐研究较少涉及的地区，从中可以完善学界对于道教音乐分布区域的理解。

与道教音乐相关联的研究为舞蹈和戏曲，其中李艳的《百年道教戏剧研究述评》① 是综述类型的文章，它重点述评百年道教戏剧三个阶段的研究历程，即民国时期的道教戏剧研究，1950—1980 年间的道教戏剧的研究，1981 年至今的元代“神仙道化剧”研究以及道教戏剧其他专题研究。桑宝靖的《从道家曲到仙游词的转变》② 一文认为步虚词是道教斋醮仪式中的赞颂词，一般都采用歌舞乐一体的形式多描写金碧辉煌的仙界、自在飞翔的仙人，表达遨游天界飞升成仙的宗教理想和消灾避祸的愿望，成为道教宗教宣传手段。这类诗歌为文人的诗歌创作开辟了新路，随后出现许多文人的拟作。随着神仙思想的世俗化，这些作品由借步虚表达慕仙、飞升的理想，逐渐把仙人、仙界转化为审美对象。步虚词的仙界遨游和冥想，与传统题材的游仙诗有相通之处，游仙诗不受科仪约束，表达仙界飞游和幻想时可以让艺术想象力自由驰骋，这就为文人的创作提供了更为广阔的想象空间。程群的《道教舞蹈之宗教哲学内涵考察》③ 认为，道教舞蹈被称作“身体化道经”或者是“动态版道经”，属于道教思想理论的形象化、动态化表达形式，其中积淀的宗教哲学意蕴尤为厚重。道教舞蹈是以动态形象对“天堂实存”“神仙实有”“仙可学致”等道教理念进行确认与肯定。道教舞蹈也对道教“善恶有报”“惩恶扬善”等思想观念进行了揭示。此外，部分道教舞蹈成为道门之公平正义理论的形象展演。最后，很多道教舞蹈体现了道门人士对于自由逍遥、无拘无束生命状态的探索精神，成为道门人士追求自由生命状态的象征。程群还有一篇主旨相近的文章为《道教舞蹈的思想内涵与艺术之维》④，文中认为道教的终极理想是“长生久视、羽化成仙”，当中包含对于人生自由状态的探索与追寻。在借鉴祭祀舞蹈、原始巫舞和世俗舞蹈的基础上，融合道教思想理论创制和发展出的道教舞蹈，则是从艺术之维表达了道门高士对于自由仙境的向往与憧憬，如“醉八仙”“酒仙舞”“醉仙玩月舞”“世外酒仙卧山林”等道舞，正体现了修道之人突破世俗的礼制束缚，让生命个体趋于自然本性的强烈愿景。

道教绘画相关研究主要是历史层面的考察，其中肖慧瑜、邹湘平的《道教思想对中原汉画艺术的影响钩沉》⑤ 提出，中原汉画中所反映道教教义的题材和思想等已经成为我国绘画艺术历史长廊中的艺术瑰宝，在我国的宗教学发展历程中具有重要的里程碑意义。文章对中原汉画艺术的形成概况、艺术风格、现实意义等进行探索，并在此基础上分析了道教思想对中原汉画产生的影响，还深入挖掘和阐述了汉画艺术中所蕴含的宗教意义。苏正文、蒋小菊的《浅析明、清道教绘画艺术精神》⑥ 认为，道教不但影响了中国古代文人士大夫的思想，同时也影响了中国古代的绘画艺术。道教绘画始于汉魏两晋时期，兴盛于唐宋，到了明清时期，无论是文人画还是道教壁画，都带有浓厚的道教内容与道家思想。

---

① 李艳:《百年道教戏剧研究述评》,《莆田学院学报》2015 年第 3 期。

② 桑宝靖:《从道家曲到仙游词的转变》,《兰州学刊》2015 年第 7 期。

③ 程群:《道教舞蹈之宗教哲学内涵考察》,《新疆艺术学院学报》2015 年第 1 期。

④ 程群:《道教舞蹈的思想内涵与艺术之维》,《中国宗教》2015 年第 6 期。

⑤ 肖慧瑜、邹湘平:《道教思想对中原汉画艺术的影响钩沉》,《美术教育研究》2015 年第 13 期。

⑥ 苏正文、蒋小菊:《浅析明、清道教绘画艺术精神》,《美与时代旬刊》2015 年第 5 期。

因此，明清时期的道家绘画也是我们不能忽视的部分。

同时对于道教造型艺术的考察也不乏思辨形式的分析，许宜兰的《道经存思图像初探——以〈太上老君大存思图注诀〉为例》① 认为，在道教中，道门中人借助多种修炼方式，以祛除疾病益寿延年，达到长生不死的目的。其修炼大体包括存思、导引、内丹等方法，而其中存思修炼通过神、鬼、法术所组成的意象结构给人们以生的企盼。该文主要从道经中众多的存思修炼图像切入，分析道门中存思图像所反映的想象中的神仙世界，生命存在的奇幻形态，由此可反映出道门中人对于人生观、生死观的独特看法和认识。这些存思的神仙境界令人神往，激发人们对生命的珍惜和对美好生活的向往，同时也给中国传统文学、绘画等艺术提供了神奇绚丽的浪漫意象。李裴在《从文化符号到环境美学》② 一文中提出，在道教传统中，"山"是一个重要的宗教文化符号。从现代环境美学的角度看，"山"不仅是自然景观，更是一种普遍的文化经验。该文以此对道教视域下的"山"意象进行梳理，尝试从"山"的三种环境美学特征——"清静""神秘""神圣"来揭示其宗教意义和审美内涵。易博文的《道家思想与中国园林艺术的相通之处》③ 提出，道教作为中国传统文化的重要组成部分，与中国的很多传统艺术都有着相通之处，园林亦然。道教中的"道法自然""天人合一"以及"无为"等思想都与园林的精华思想有着异曲同工之妙。文章从道教的精华思想出发，着眼于中国园林这个特殊的艺术形式，以文化为基点，试图找出道家思想对园林精神、元素、空间处理上的相通之处，对现代城市园林建设提供参考依据，探究文化与园林间的内在渊源。朱波的《傅山道教书法美学思想研究》④ 认为，傅山是明末清初书法理论从帖学转向碑学的先声，其书法创作与书法理论在书法史上均具有转折意义，而其标志性的书论就是其著名的"四宁四勿"。学术界目前对于"四宁四勿"为中心的书论研究多集中于政治伦理、书学流弊、新学术风气之兴起等角度，而傅山作为一个深具道家、道教情怀的道士书法名家，其"四宁四勿"为核心的书法美学思想之中所蕴含的道家、道教美学思想却未为人所重视，故作者在此意图从新的角度、新的视野审视其书法理论，以揭示其书法美学思想中所融合的道家、道教崇尚朴拙、自然、真淳等美学观念。

道教艺术方面的专著主要有许宜兰在宗教文化出版社出版的《艺术与信仰——道经图像与中国传统绘画关系研究》和李星丽在巴蜀书社出版的儒释道博士论文丛书《四川道教宫观建筑艺术研究》。

《艺术与信仰——道经图像与中国传统绘画关系研究》中的"道经图像"，是指道教经典中所绘制的图像。这些道经图像主要是从《正统道藏》《道藏》《藏外道书》《道藏辑要》《道藏精华录》《中华道藏》、明无名氏《八十一化图》、清徐崇立著《三教源流搜神大全》、散见道书《列仙传》等书中选取的图像。这些道经图像反映了不同时期的道教神仙信仰。道经图像本属于道教范畴，它们虽然只是为了宣传道教教义以及修道的需要而绘制的，创作初衷并不是为了艺术欣赏。但毕竟具有可视的特点，同时具有艺术欣赏价值，因此也可纳入美术的范畴。内容包括神仙谱系图像、修炼图像、洞天福地图像、传统

---

① 许宜兰：《道经存思图像初探——以〈太上老君大存思图注诀〉为例》，《宗教学研究》2015 年第 2 期。

② 李裴：《从文化符号到环境美学》，《宗教学研究》2015 年第 2 期。

③ 易博文：《道家思想与中国园林艺术的相通之处》，《中外建筑》2015 年第 1 期。

④ 朱波：《傅山道教书法美学思想研究》，《宗教学研究》2015 年第 3 期。

人物绘画中具有神仙意蕴的道教母题、传统山水画中所体现的道教洞天福地思想、文人绘画中的道家和道教因素、年画中的道教元素、水陆道场面中的“道教”元素、道人画家、道经图像与传统绘画的交流与互动等内容。

《四川道教宫观建筑艺术研究》内容包括：序；绪论（一研究目的及意义、二研究现状、三研究内容的界定、四研究的方法及创新点）；第一章四川道教及道教宫观的发展过程（第一节汉魏晋南北朝时期、第二节隋唐宋时期、第三节金元明清时期、第四节近现代）；第二章四川道教宫观建筑的地域文化特征［第一节空间分布特征、第二节区域建筑特征（一“精巧清雅”的川西建筑、二“开敞通透”的川南建筑、三“朴实粗犷”的川北建筑、四“轻灵自由”的川东建筑、五“绚丽明快”的高原建筑）、第三节艺术审美特征（一谐和环境、归于自然，二轻盈灵动、浪漫飘逸，三多元融合、绚烂丰富，四素朴淡雅、返璞归真）］；第三章四川道教宫观建筑的自然环境审美（第一节“天府之国，天灵地杰”：生态环境；第二节“蜀水仙山，秀丽雄奇”：地理环境；第三节“道法自然，因地制宜”：风水艺术）等。

五　蒙藏地区的佛教艺术

2015 年度的代表性论著有《丽江木氏土司与藏传佛教噶玛噶举派关系研究综述》[①]少数民族地区相关研究一直是近年来学术界关注的重点，特别是多个民族的聚居区更是备受推崇。该文分析不同历史大背景下丽江木氏土司对不同藏传佛教教派的选择是基于怎样的历史和现实考虑，对不同阶段的特征进行总结并分析选择不同教派的相似性，以期可以更好地对我国民族地区的文化宗教交流了解，推动民族发展和繁荣。解若男的《元代藏传佛教与蒙古研究综述》[②]。自从 13 世纪以来，藏传佛教逐渐取代萨满教，成为蒙古各部的共同信仰。藏传佛教和蒙古的关系问题至今仍是诸多学者探讨的特点问题。该文试对学界对藏传佛教传入蒙古的原因、藏传佛教和蒙古的政教关系以及对蒙古经济、文化的经济文化影响文章和观点做一综述。对于藏地佛教艺术文化的传入与途径的研究，有霍巍撰《吐蕃王朝时期的佛寺遗存与汉地文化影响》[③]，系统地叙述了吐蕃时期西藏地区，汉藏文化相互融合产生的影响，并对其加以梳理。陈庆英、陈立华所著《简论元代藏传佛教萨迦派》[④] 对于元朝萨迦派受皇室扶植时期对西藏地区佛教的教理、文化、建筑、艺术等方面的重要建树均有具体描述。纳日碧力戈的《佛教的人间所指》[⑤] 则从艺术更本质的角度，阐述佛教艺术对于国民素质教育提升所需要的宝贵因素，借助佛教的思想可以帮助民众超越种见，面对民族融合与共生的社会现实。针对蒙古族佛教板画图像研究的薄弱之处，乌日切夫在《世界宗教研究》上发表了《蒙古文〈甘珠尔〉版印插图版本源流考》[⑥]，该文主要介绍了蒙古文《甘珠尔》及其插图概况，对其画像的渊源和艺术风格进

---

① 刘瑜：《丽江木氏土司与藏传佛教噶玛噶举派关系研究综述》，《四川民族学院学报》2015 年第 4 期。

② 解若男：《元代藏传佛教与蒙古研究综述》，《当代青年：下半月》2015 年第 3 期。

③ 霍巍：《吐蕃王朝时期的佛寺遗存与汉地文化影响》，《西藏民族学院学报》（哲学社会科学版）2015 年第 3 期。

④ 陈庆英、陈立华：《简论元代藏传佛教萨迦派》，《青海民族大学学报》（社会科学版）2015 年第 3 期。

⑤ 纳日碧力戈：《佛教的人间所指》，《内蒙古大学艺术学院院报》2015 年第 3 期。

⑥ 乌日切夫：《蒙古文〈甘珠尔〉版印插图版本源流考》，《世界宗教研究》2015 年第 2 期。

行了分析，认为蒙古文《甘珠尔》插图形式和装饰风格也深刻影响了清代蒙古、满、藏文佛经插图和装饰风格，也在一定程度上影响了清代几大佛像集和《造像度量经》。

六 基督教艺术

在2015年度的基督教艺术研究中，仍然没有专著出现，但相关论文比上一年度数量多，而且呈现出不同的特色。总体而言，宗教学出身的学者发言不多，主要的成果由音乐、美术、建筑、工艺等领域的学者做出，比较偏重技术层面的分析，多过对基督教神学内涵的关注；偏重材料梳理与通史写作的倾向已不是主流，比较精细的、专门的研究成果纷纷出现。一个引人注目的现象是，基督教音乐研究占据了今年论文成果的最大宗，而且除了个别例外，大部分都是相当专门而精细的研究。比如：张水娜（江西师范大学音乐学院）的《中世纪宗教音乐中“技艺”因素的隐伏与流变——以经文歌体裁的发展演变为例》[①]，该文认为中世纪基督教仪式性、功用性的音乐观念限制着音乐艺术的发展形式，产生了强烈限制性的宗教特殊音乐形态。然而即使宗教不断遏制音乐中的情感因素与技艺因素，其仍然以隐蔽的形式逐渐渗透宗教音乐的发展，并对西方艺术音乐的产生有着重要作用。林晨（南京艺术学院）的《继续咏〈末日经〉“死亡”主题在其他作品中的运用》[②]，论证以“死亡”为主题的音乐作品源于中世纪基督教圣咏。继续咏《末日经》（Dies irae）中的音调更被看作象征着“死亡”的音乐语言，被各个时期的作曲家谱写成带有死亡情结或是“死亡”主题的音乐作品。这类题材的音乐作品点燃了西方人面对“死亡”以及对生命意义、价值的反思追问。焦援（中央民族大学哲学与宗教学学院）的《〈圣母悼歌〉文本解读》[③] 认为，圣母崇拜是中世纪基督宗教文明中的一个重要现象，可以被看作人性本质在欧洲历史上对这一男性化宗教形态的平衡和补充。该文通过对天主教教会钦定的圣母宗教音乐题材之一《圣母悼歌》（一首来自13世纪的拉丁语诗歌）的歌词文本进行解读，试图指出它与圣经经文以及玛利亚论神学思想史的关系。董历为（四川师范大学音乐学院）的《佐罗塔耶夫手风琴作品〈面对伏拉庞德修道院酒神壁画的沉思〉的宗教背景》[④] 深入分析了俄罗斯著名的音乐家佐罗塔耶夫作品中的宗教背景和内涵。麻华（湖北文理学院音乐学院）的《论欧洲合唱的艺术源流》[⑤] 认为，在早期基督教会音乐的发展中，合唱是最主要的形式。所以欧洲合唱艺术可谓欧洲音乐的重要源头，并通过探究它的艺术源流来描绘欧洲音乐发展史的缩影。曹颖（天津音乐学院）的《浅谈基督教音乐对西方声乐的影响——以清唱剧选曲〈天赐神粮〉和巴赫古诺〈圣母颂〉为例》[⑥] 从与基督教密切相关的清唱剧和艺术歌曲入手，通过题材和演唱形式两方面的分

---

① 张水娜：《中世纪宗教音乐中“技艺”因素的隐伏与流变——以经文歌体裁的发展演变为例》，《音乐时空》2015年第6期。

② 林晨：《继续咏〈末日经〉“死亡”主题在其他作品中的运用》，《音乐时空》2015年第6期。

③ 焦援：《〈圣母悼歌〉文本解读》，《世界宗教文化》2015年第1期。

④ 董历为：《佐罗塔耶夫手风琴作品〈面对伏拉庞德修道院酒神壁画的沉思〉的宗教背景》，《青年文学家》2015年第21期。

⑤ 麻华：《论欧洲合唱的艺术源流》，《音乐时空》2015年第21期。

⑥ 曹颖：《浅谈基督教音乐对西方声乐的影响——以清唱剧选曲〈天赐神粮〉和巴赫古诺〈圣母颂〉为例》，《音乐时空》（理论版）2015年第17期。

析，论证基督教音乐对西方声乐的发展产生了极其重要的影响，不管在声乐作品的风格还是表现形式上都能透露出基督教音乐的特点。田明（西安文理学院艺术学院）的《基督教音乐及对西方音乐的影响》① 则从音乐史的宏观角度梳理了这种影响，论证基督教音乐在中世纪以后仍然是西方音乐的源头。李珂（华东师范大学音乐学系）的《西方中世纪宗教与世俗二元文化影响下的声乐现象解析》② 认为，宗教文化中的声乐现象以服务宗教仪式为宗旨，以格里高利圣咏为中心，围绕对圣咏的修饰和扩展，逐步体现着作品体裁、表演形式以及歌唱技术的全面复杂化趋势。而世俗文化中的声乐现象在充分展示世俗文化特征的同时，又无法避免地接受强大宗教文化的浸染。二者在对立与并存中共同推动着 Bel Canto 声乐艺术的系统化构建，为 Bel Canto 声乐体系的主体形成提供了充分的素材。一个比较特别的研究进路来自隋欣和陶亚兵（哈尔滨师范大学音乐学院）合作的《西方中世纪基督教音乐管理观念探究》③，该文运用管理理论，以全新视角探究在基督教统治影响之下的基督教音乐，尝试呈现中世纪基督教音乐独特的面貌和本质。

基督教视觉艺术领域的专门研究也有数篇。比如：王娟（福州大学厦门工艺美术学院）的《神的居所——教堂之艺术设计》④ 以时代变迁为线索，对教堂艺术进行宏观的归纳和分析，从中提炼出教堂设计共同的设计特征及变化趋势，同时尝试解读隐藏在教堂艺术设计中的宗教思想。高晴（湖南工业大学）的《探析哥特式教堂玻璃花窗的艺术与文化价值》⑤，论证哥特式艺术是基督教文化的延伸，哥特式的玻璃花窗是弘扬教义的工具，为来教堂礼拜的人们提供了感情上的愉悦，是“寄情于物”，深厚的宗教情感寄托于光色之美交融之中，透过物质表现灵性。刘国旭（贵州工程应用技术学院艺术学院）的《基督教美术中“光”的象征意义探究》⑥ 认为，光既是三位一体的象征，也是蜕变、复活、精神开启的象征，要清楚无误地赏析众多的基督教美术作品就必须结合对《圣经》中教义，解读光的含义。高远（中央美术学院人文学院）的《意大利文艺复兴时期画面边框的功能与意义——以安吉利科修士〈天使报喜〉壁画为例》⑦ 结合绘画（尤其是壁画）所处的实际空间，以及文艺复兴早期佛罗伦萨的文化及宗教背景，发现这一类边框指向了三种功能性的载体，它们在当时各种新观念的交汇之中生成，也深刻地影响了后世的绘画。史书（黑龙江大学哲学学院）的《东正教的圣像崇拜与俄罗斯双重信仰》⑧ 深入分析了俄罗斯东正教圣像崇拜中基督教—原始多神教的双重内涵，指出了两者之间的传承和转化关系。

还有数篇研究中国基督教艺术的专文：陈畏（首都师范大学美术学院）的《圣像东来——明末圣像画入华与国人读解》⑨，该文循罗明坚、利玛窦等传教士在华活动的轨迹，

---

① 田明：《基督教音乐及对西方音乐的影响》，《经营管理者》2015 年第 17 期。

② 李珂：《西方中世纪宗教与世俗二元文化影响下的声乐现象解析》，《理论与现代化》2015 年第 1 期。

③ 隋欣、陶亚兵：《西方中世纪基督教音乐管理观念探究》，《艺术教育》2015 年第 3 期。

④ 王娟：《神的居所——教堂之艺术设计》，《雕塑》2015 年第 4 期。

⑤ 高晴：《探析哥特式教堂玻璃花窗的艺术与文化价值》，《现代装饰》（理论版）2015 年第 9 期。

⑥ 刘国旭：《基督教美术中“光”的象征意义探究》，《贵州工程应用技术学院学报》2015 年第 2 期。

⑦ 高远：《意大利文艺复兴时期画面边框的功能与意义——以安吉利科修士〈天使报喜〉壁画为例》，《艺术设计研究》2015 年第 2 期。

⑧ 史书：《东正教的圣像崇拜与俄罗斯双重信仰》，《学术交流》2015 年第 3 期。

⑨ 陈畏：《圣像东来——明末圣像画入华与国人读解》，《文艺研究》2015 年第 9 期。

还原这一时期圣像画在中国的传播历史，分别从技术和学理角度探讨中国人对圣像画的解读，并进一步从心理和文化层面分析其内在原因。李建武（集美大学音乐学院）、蒿志强（福建神学院）和苏人登（厦门市民族与宗教事务局）合作的《厦门早期基督教音乐的源流与特色——以〈养心神诗〉音乐为例》[①] 追溯了《养心神诗》自1854—1933年数种版本的源流，指出《养心神诗》是《闽南圣诗》与台湾《圣诗》的基础，其中的厦腔罗马字与中国化的旋律体现出本色化。李杭与马彧（天津工业大学机械学院）合作的《论宗教艺术对于哈尔滨市教堂设计的影响》[②]，分析了哈尔滨教堂所受到的拜占庭艺术形式和阿拉伯艺术形式的影响，以及如何在这种影响下形成自己独特的建筑风格和表现形式。王玉鹏的《沈绣珍品〈耶稣圣像〉》[③] 指出，沈绣（以沈寿命名的刺绣流派）代表了苏绣在近代发展的最高水平，《耶稣圣像》即是其中稀世珍品之一。但在近代工艺史和基督宗教艺术史研究中，《耶稣圣像》并没有受到应有的重视。该文试图还原沈寿和她的《耶稣圣像》在近代工艺史和基督宗教艺术史中的地位和影响，进而探讨其对当今包括天主教在内的基督宗教艺术本土化的意义。

此外还有几篇相关的硕士学位论文：苏洋（淮北师范大学，美术学专业）的《符号与象征：欧洲中世纪宗教图像研究》从中世纪宗教图像的视角出发，综合运用文献综述法、实证分析和图像学的研究法，探讨了宗教图像符号的社会功能，以及新的审美实践原则如何在欧洲中世纪形成，并传播到大众视域范围内，使教徒们在现实世界中自觉地运用宗教图像来理解教义，由此构建出欧洲中世纪宗教图像系统，为基督教文化价值的传播提供了场域。王琳（北京外国语大学，俄语语言文学专业）的《巴洛克建筑在俄罗斯文化中的发展与影响》把俄罗斯巴洛克建筑的发展分为三个时期：17世纪末到18世纪初萌芽阶段的莫斯科巴洛克；18世纪前25年发展阶段的彼得一世巴洛克；18世纪中后成熟阶段的俄式巴洛克。立足于洛特曼的文化互动与创新理论，考察俄罗斯巴洛克建筑作为“他者”文本被俄罗斯民族文化接受的过程，分析在此期间实现的文本创新及其历史意义。田甜（淮北师范大学，美术学专业）的《广州石室圣心大教堂建筑艺术的本土化研究》以广州石室圣心大教堂为出发点，分析梳理天主教进入中国的本土化传播策略与艺术的联系，在此基础上考述教堂的建造缘起、设计实施、历史浩劫和后期修缮，解析教堂的建筑空间和构建装饰的中西契合，总结教堂建筑艺术呈现出的本土化建筑特色。

---

① 李建武、蒿志强、苏人登：《厦门早期基督教音乐的源流与特色——以〈养心神诗〉音乐为例》，《集美大学学报》（哲学社会科学版）2015年第4期。

② 李杭、马彧：《论宗教艺术对于哈尔滨市教堂设计的影响》，《艺术科技》2015年第6期。

③ 王玉鹏：《沈绣珍品〈耶稣圣像〉》，《中国天主教》2015年第1期。

2015 年度当代宗教学科发展研究综述

陈进国

一　宗教人类学

宗教人类学是由中国社会科学院世界宗教研究所的金泽、陈进国在 2009 年申请的中国社会科学院特殊学科建设项目之一。宗教人类学学科建设的总体目标，是以中国社会科学院世界宗教研究所的整体科研实力为依托，组织一支科研实力强、人员相对稳定的研究队伍，搭建一个良好的学术研究平台，树立良好的学风和文风，以推动中国大陆及其周边的宗教人类学及当代宗教研究的有效进展，从而在国内外宗教人类学研究领域中占有一席之地。为此，大家在学科建设中应重点做好几件事，简单地说是，整合一支科研能力较强的研究队伍，搭建一个运行机制良好的学术平台，加强国内和国际学术交流，引进来，走出去。目前《宗教人类学》已列为中国社科院创新工程核心期刊。2015 年度，除继续出版《宗教人类学》第六辑外，主要主办第四届宗教人类学学术论坛，并推动修行人类学学科的进展。

1. 第四届宗教人类学学术论坛

2015 年 9 月 9—11 日，由中国社会科学院世界宗教研究所、中国宗教学会、吉首大学哲学研究所和吉首大学民族学研究所联合主办，吉首大学民族宗教与文化研究中心、湖南省湘西土家族苗族自治州宗教事务局以及吉首大学学报编辑部协办的“第四届中国宗教人类学学术论坛：茶马古道上的文明与宗教”在湖南吉首举行。

作为中国古丝绸之路主要路线之一，茶马古道涵盖湘、川、滇、藏、陕、新、蒙等多地。它不仅是多元文明交融、多种宗教信仰并存的区域，也是中华民族多元一体文明格局的重要构成部分。

吉首大学校长白晋湘教授在开幕式致辞中表示，选取“茶马古道上的文明与宗教”作为论坛主题，旨在运用“茶马古道”这一概念，从历史地域及社会空间的视野出发，关注以特定交通线路为中心形成的、呈线性或带状相连的地域范围内，国家与民族、族群社会间相互关系，以及各族群、民族宗教文化间的共生及相互影响等。

中国社会科学院世界宗教研究所金泽研究员进一步解释说，茶马古道的形成基于它自身具体和历史的动态发展及功能演变。它代表了人们的迁徙和流动；代表了一定时间内国家和地区内部或国家和地区之间人们的交往；代表了多维度的商品、思想、知识和价值的互惠和持续不断的交流；代表了因此产生的文化在时间和空间上的交流与相互滋养。这些滋养长期以来通过物质和非物质遗产不断地得到体现，宗教文化就是其中一个重要的方面。以文明道路为视角，观照宗教信仰的发展变化状况，是很有意义的。

此次论坛分别设立了“一带一路建设与多元宗教生态”“‘一带一路’的宗教人类学研究”“茶马古道上的多元宗教融合与族群认同”“茶马古道上的多元宗教传播与文化交流”等多个分论坛，学者们围绕“茶马古道”的地理空间概念、宗教与地理及人文环境的关系等，进行了深入研讨。其中，关于“修行人类学”的研究是我国宗教人类学者的最新理论思考，受到与会学者的关注。

2. 修行人类学研究

2013 年 9 月 19—22 日，中国社会科学院世界宗教研究所和兰州大学西北少数民族研究中心、民族学研究院在兰州大学共同主办了“第三届宗教人类学论坛——多元宗教与地方经验”。在此会议上，黄剑波发表了《宗教研究的人类学进路考略》、陈进国发表了《身心灵养生事业的传承与当代济度道教的发展：以香港金兰观为例》、杨德睿发表了《仪式音乐与道教的传习：一种认知人类学的观点》等文章，皆尝试从分析宗教信仰者的修习实践，谈及中国人类学的宗教研究进路或许可以有新的学术取向和话语转向。

三位学者在会议交流中初步有这样的共识：人类学的宗教研究传统，向来比较强调从发生学、结构功能、象征符号等“非信仰传统”（unbelief tradition）去契入思考，基本上属于一种对宗教表象的外部性观察，经常缺失宗教人或信仰者的在场，或者游离于信仰实体的“宗教性”“精神性（灵性）”之外。在“参与观察”“主位眼光”等名词的掩饰下，大家有意无意地忽视了宗教实践者或追求超越者的种种经验和言说，似乎离探讨宗教的本质实相、宗教人或信仰者的超越性诉求越来越远了。因此，研究者其实只有 etic view，没有 emic view。换位思考往往变味为主观臆测，参与观察往往变味为走马观花。

人类学的宗教研究进路，是否有可能走向一种内部性理解的视角，去反思宗教人或信仰者自身的文化习得机制或信仰的内在动力呢？这种宗教人类学的进路，不只是单纯地针对作为文化体系或意识形态的“宗教”的外部理解，而是尝试去接近、走进宗教人或信仰者的身心实践过程、寻求超越之路，来理解人类的宗教行为、宗教体验、宗教动力等等。

不过，兰州会议上强调宗教人类学应该考虑转向宗教的内在理解的新莺初啼，也受到一些较资深的同行的深刻质疑，以为应该继续坚持以“非信仰者”的立场，去深入讨论宗教的社会文化功能、象征意义等，那种关于宗教的内部理解的研究视角，又如何区别研究者与信仰者的理解之边界呢？但大家坚信，“作为方法的中国”或者“中国作为方法”必将成为一种现实的可能，或许可以提供一些宗教人类学进路上的有益启示。

2014 年 4 月 25—26 日，南京大学社会学院人类学研究所与日本东亚人类学研究会在南京大学联合举办了“宗教与文化”国际研讨会。美国波士顿大学人类学系主任魏乐博（Robert Weller）教授做了“全球宗教变迁与中国社会：世俗化、宗教化与躯体化”（Global Religious Change and Chinese Societies：Secularization，Religionization，and Embodiment）的主题演讲。会议期间，魏乐博、陈进国、杨德睿、黄剑波、白莉诸君，顺着魏乐博关于宗教的“躯体化”议题，又把兰州会议未竟的议题拿出来共同讨论。大家的共识是，大家可以从中国社会及思想传统中，挖掘出一些有意义的现象及术语，来探讨其成为普通人类学以及社会科学关键概念的可能性，从而让中国从被观察和解释的对象成为知识生产的主体。而中文语境中的“修”或“修行”，应该可以作为一个关键词来展开讨论。修（行），不仅仅是一个概念，更是人们的实际行动和日常生活。其中，魏乐博、陈进国比较倾向于强调，讨论作为关键词的“修”或“修行”，不一定要纯粹地局限于制度性宗教或弥散性宗教的视野，传统中国文化特别是儒家文化中的“修（行）”，以及日常生活中的“修（行）”也是值得重视的，比如中国人普遍将琴棋书画视作“修道”的阶梯和门径。而杨德睿、黄剑波等倾向于主张，在现有的条件下，大家还是将大家的关注视野，暂时放在宗教的视角去探讨“修（行）”。大家决定在合适的时间和地点，联合对此有兴趣的同人，共同召开一次工作坊，集中以“修（行）”为讨论的主题。

2014 年 11 月 14—15 日，经黄剑波、陈进国、杨德睿等共同倡议，在华东师大人类学研究所举办了“文化习得的机制与逻辑——关于修的人类学探讨”工作坊，大家提出的议题是：一个人如何“成为”一个社会的人或文化的人、一个宗教信徒如何“成为”一个信徒？如果大家从“修”为核心概念出发，是否可以有效地回应和讨论普通人类学以及社会科学所关注的“文”和“化”的问题呢。此次工作坊，召集了王富文（Nicholas Tapp）、王建新、白莉、杨弘任、龚浩群、何蓉、谢燕清、卢成仁等学者。期间，大家提交了一些讨论的初稿。诸如黄剑波的《“修”的中文知识考古》《祈祷与学习成为基督徒》、杨德睿的《“修”的人类学研究》《放生：穿梭在市场和公园间的佛法》、龚浩群的《身心锤炼：泰国城市中产阶级的佛教实践与身体技术研究》、谢燕清的《在于一念：净土宗念佛法门》、卢成仁的《宗教经验再讨论》、何蓉的《宗教信仰者信仰什么？——小议中国的无神论》、白莉的《从“生回”到“心回”：散杂居地区穆斯林信仰功修路径研究》、李正元的《灵验：民众信仰生活的体验与实践》、杨弘任的《修道人：现代性的圣凡兼修》、陈进国的《位育教育：一贯道的学习模式与渐修之道》。大家经过热烈的讨论后，初步对于如何探讨“修（行）”有了较为明确的判断，并达成了如下的研究路径共识：（1）修行与灵性（精神性）教育；（2）修行与身心实践；（3）修行与信仰戒律；（4）个体与集体的修行；（5）修行的语义学分析。杨德睿还细化了修行人类学的研究条目，比如：经典诵读、斋戒苦行、祈祷礼拜、仪式表演、肉体锻炼、行善积德、琴棋书画茶等诸艺。

2015 年 6 月 19—22 日，大家又在海南南宗道教圣地文笔峰举办了“首届宗教人类学工作坊：世俗时代的修行”。这次会聚的学者更多，有魏乐博、金泽、林美容、张珣、陈进国、杨德睿、郑筱筠、李殊睿、龚浩群、何蓉、白莉、彭馨研、陆群、范丽珠、Suvi Rautio 等，与会专家学者广泛涉猎各个宗教的修行实践，涉及中国湘西苗族巴岱、侗族村落、道教学院新式传习法、巴哈伊社团的儒禧研习课程、台湾神佛授法通灵与修行、缅甸帕奥禅修系统在中国的传播、女性基督教徒的信仰与生活、泰国城市中产阶层佛教实践、美国华人教会信徒等议题。其间有相当精彩的个案呈现和思想碰撞，特别是对“何为修行”有较多的争论。这些有关修行人类学的系列论文，集中刊在陈进国主编的《宗教人类学》第七辑（2016），以供后来者去思考、评判。

二 中国宗教报告

1.《中国宗教报告 2015》

《中国宗教报告 2015》由中国社会科学院研究员邱永辉及其约请的该院世界宗教研究所、中国人民大学哲学院、上海社会科学院宗教所共计 15 位专家撰写。

2015 年度“总报告”以中国宗教组织的自治为讨论和分析中心，提出“宗教治理”

的理念和模式。作为“依法治国”“创新社会管理”的重要组成部分，“宗教治理”包括中国宗教社团的自治、政府公权力对于宗教团体和宗教事务的依法管理，以及中国社会的方方面面依法对与宗教团体和宗教事务相关的问题进行的全方位治理。报告提出，“宗教治理”不是传统的从上到下的行政运转和管控，而是一种社会文化建设的模式，是一种国家软实力的建设模式；中国宗教治理的未来，是走向一种民主、协商、多元的社会化治理模式。报告建议，在缺乏“宗教共识”和“立法共识”的现阶段，中国大陆可以借鉴港澳台地区的成功经验，立法给予宗教组织的法人地位，试行“宗教组织的法人制度”。报告呼吁中国宗教学界与宗教界人士和政府管理部门一起努力，建构“宗教治理”话语，为中国社会走向“善治”做出应有的学术贡献。

在“各大宗教报告”的栏目下，7 篇报告均在对相关宗教的总体情况进行总结评述的基础上，重点探讨了 2014 年度最突出的问题。

——“佛教报告”回顾了 2014 年中国佛教的重要事件，指出在佛教的社会声望不断提升的同时，应当在制度上保障佛教的健康发展。探索切实可行的佛教活动场所法律地位，尽快建立健全宗教活动场所法人制度，是解决困局的可行性方案。

——“道教报告”侧重考察了中国道教在 7 个方面的发展状况，重点关注的是如何让道教宫观承载更多的文化功能，发挥更大的社会影响力。报告建议，从体验、免费、参与、便捷等方面入手，将道教转型为真正的现代型宗教。

——“伊斯兰教报告”回顾了 2014 年中国伊斯兰教的学术会议、解经工作、推进朝觐管理和服务等方面的突出表现。报告以宁夏为例的讨论表明，“一带一路”战略促使穆斯林民众对丝路沿线穆斯林历史文化的关注增多，该战略与西部地区的宗教与社会发展密切相关，但也可能面临各种挑战。

——“基督教报告”关注 2014 年中国基督教会发展的四个重点：招远事件、公益慈善事业、三自爱国运动委员会 60 周年庆祝活动期间有关“基督教中国化”研讨，以及建立中韩教会间正常的交往及其对中韩教会健康发展的积极作用。

——“天主教报告”从三个层面对 2014 年度中国天主教的成绩与危机、挑战与举措进行报告，包括 2014 年度中国天主教的发展概况、热点透视等，从“正定惨案”入手，重新审视天主教会在抗日战争期间的人道主义救助工作和在华形象。

——“儒教报告”基于作者近年来对文庙的修复和复兴情况的调研，指出文庙复兴的情况分为四种，孔子文化节活动、孔子祭祀仪式、文庙里的读书班以及文庙举办的传统文化和公共节日对文庙的活化的影响等。报告认为，文庙在当代的活化对于“神圣性”的恢复具有重要意义。

——“民间信仰报告”关注浙江省的民间信仰及其管理问题。报告认为，地方政府在民间信仰事务方面的治理方略，带有强势主导和危机管控的历史惯性。在历次的拆庙整治运动中，民间信仰庙宇皆首当其冲，反复陷入存在的合法性困境，而地方的宗教生态系统也面临着越来越多的挑战。近年来，浙江省逐步从立足于政府本位、自上而下管控的社会管理（Social Administration）朝法治化、自治化的社会治理（Social Governance）方向艰难地转型。报告认为，民间信仰治理走向“善治”的过程是一个“文治构建”的过程，即推动社区文化发展，从而构建社区文化认同和社区生命共同体。

“热点报告”栏目特别关注“基督教中国化”。

——卓新平教授报告了“基督教中国化”这一概念的缘起，提出“基督教中国化”

的“三要素”，即对中国政治的认同、对中国社会的适应以及对中国文化的表达。

——卢云峰博士的报告是基于中国人民大学和北京大学中国社会科学调查中心所做的调查数据。根据数据分析，中国基督教信徒的基本情况如下：其一，中国基督教徒的人数仅次于佛教信徒，基督教在中国已经成为仅次于佛教的第二大宗教。分析显示，2010 年基督教徒占我国成年总人口的比例大致在 1.93% 至 2.18% 之间，相对应推算全国基督徒总规模为 2572.3 万人至 2905.5 万人。其二，比较之下，中国基督教团体的活动最为绵密、组织化程度更高，信众对宗教信仰的重视程度也更高。其三，在中国基督徒中，72.5% 是女性，基督徒的平均年龄为 51 岁，这两项数据位于各宗教之首。其四，中国基督徒在社会分层中处于劣势。基督徒的个人收入在各宗教中排名最低；文盲/半文盲的比例排名最高；10.2% 的基督徒为零收入且无职业数据，这一比例也位于各信仰群体之首。其五，在社会影响方面，尽管基督徒的社会经济地位较低，但是他们的信任度、公平感、幸福感、精神健康程度与无信仰群体却没有显著差异。

——黄海波博士的报告认为，中国基督教“两会”组织，是在中国革命与建设的特定历史条件下形成的制度安排。政府、信徒与一般社会大众，是基督教“两会”面对的三个基本功能对象，它们对基督教“两会”有各自不同的功能需求。基督教“两会”必须承担并切实发挥政治的、宗教的与社会的功能。认知与实践中的“功能错位”，比技术层面的手段、方式滞后，更为严重地制约着基督教“两会”的功能发挥。报告认为，需要调整优化基督教“两会”的功能实现机制，尤其应注重通过促进其有效发挥宗教功能与社会功能而使政治功能的发挥柔性化，从而使其能够在当前形式下最大限度地调动各种积极因素。

——曹南来教授的报告通过“耶商”——商人基督徒群体这一实证个案，考察了基督教中国化这一议题的现实状态和处境。报告认为不应忽视商人基督徒这一改革开放后新兴群体在基督教中国化方面的有益尝试。他们如同近代的“儒商”“回商”一样，也在为国家的自强自立做出贡献，并发挥基督教在促进经济社会积极发展与国际经贸合作中的建设作用。报告强调在社会中践行信仰是基督教中国化的重要实现方式，因此中国化是实现宗教社会融合与创新的一个动态过程。中国化的最终目标是建设一个有中国特色的基督教，使其成功嵌入到公共道德与个人伦理领域，并且能够积极有效地参与搭建中国传统价值与世界商业经济之间的道德桥梁。

——黑颖和杨莉博士有关云南傈僳族基督教报告认为，自 19 世纪末 20 世纪初基督教传入云南怒江地区以来，经过不断调试，与傈僳文化互动融合，表现出了许多傈僳化的特点，同时也使当地的一些传统习惯发生改变，形成了一种新的傈僳族基督教传统。

本年度的“专题报告”是对中国大陆佛教、道教、伊斯兰教、天主教和基督教五大宗教的活动场所发展现状的全景式呈现。由中国人民大学科学研究基金持续支持，中国宗教调查（CRS）项目以合法登记的宗教活动场所作为调查对象，实地调查时间自 2013 年下半年至 2015 年上半年，调查范围为全国 31 个省、市、自治区 243 个县级单位的 4383 家宗教活动场所，调查对象是宗教活动场所的负责人，调查方法为面对面问卷访谈。这是迄今为止对中国宗教场所的历史、形成、组织性、现代性与社会参与等方面的最新、最全面的调查报告。

2. 2015 年《澳门宗教报告》

近年来，世界宗教研究所当代宗教研究室承担了中国社会科学院创新工程项目——

“当代宗教发展态势”，“澳门宗教报告”就是其中的一项子课题。在中国社会科学院国际合作局的大力支持下，2012年10月，世界宗教研究所巴哈伊研究中心暨当代宗教研究室，与巴哈伊教澳门总会成功合办了“宗教团体的治理”学术研讨会。该研究室首席研究员邱永辉和执行研究员叶涛、陈进国会后又集体对澳门的巴哈伊社团、一贯道社团等新宗教及本土的道教、民间信仰等做了较深入的调研。《澳门宗教报告》一书所收录的系列研究论文和田野报告，就是上述研讨会与学术调研的成果汇集。

一是研究澳门的宗教自由政策及其宗教团体治理。

讨论宗教治理问题，首先涉及的就是政教关系，即国家或政府以什么样的原则和方式，对各种宗教实体及其附带的场所、机构、活动等进行外部的治理。而探讨澳门的宗教治理，不免要讨论澳门的相关法律是如何界定“宗教信仰自由”或“宗教自由”。其次，宗教治理牵涉宗教团体自身的治理模式，即宗教团体是如何根据有关的法律法规或者宗教的教典教义体系开展内部的组织管理的。澳门的本土宗教和外来宗教，其内部的治理体系既有差别，也有共通性。该书上篇的7篇文章，大抵有两类内容：政教关系视野中的治理构架（外部的治理）和宗教团体自身的治理体系（内部的治理）。

其中，骆伟建、江华的《澳门基本法与宗教信仰自由》涉及第一类的内容，作者宏观地讨论了澳门特区政府关于宗教团体治理的“顶层设计”和法律框架问题。特区政府主要通过维护法律制度的权威，来依法界定公民的宗教自由权利及其限度。骆伟建、江华的文章，又重点分析了宗教自由的三个层面：一是内心的信念自由；二是行动的自由；三是宗教上的结社自由。而澳门法律有效地保证了公民在这三个层面的宗教自由权利。骆、江还分析了澳门法律关于宗教自由限度的规定，如宗教与国家、政治、法律、教育等的分离原则；国家对任何宗教团体一视同仁，禁止给予特权。此外，各宗教团体与其他社会团体一样，可以行使集会、游行、示威等自由，向政府表达意见和建议、参与社会公开咨询和政治选举等，平等享有对社会公共事务的参与权。

上篇的其他6篇文章，涉及第二类的内容，讨论的是澳门本地宗教团体自身的治理框架和根源于本宗教或信仰之核心价值观的治理体系。不同宗教团体的自治理念和自治体系虽然有所不同，各有特色，亦有共性。宗教团体自身的治理实践充分反映了澳门宗教文化的多元性、包容性。

其中，郑庆云的《澳门宗教团体的管治架构初探》关注的则是澳门宗教团体内在的组织架构及其管治效能。澳门宗教团体自身的内部管理具有典型的东西方混合基因。东西方宗教团体的组织构架具有开放型与保守型的差别。澳门宗教团体特别本土佛道团体的组织运作，虽然借鉴的是西方的三会制（会员大会、理事会和监事会），但往往把责任和工作成效维系于最高负责人身上，而不是团队的专业组成。为此郑氏对澳门宗教团体的内部管治变革方向提出了建议，希望澳门宗教团体在组织运作上有所变革，以有效地应对未来的挑战。

贾晋华和白照杰的《澳门佛教团体的弘法活动和管理模式》、游伟业的《石破花开：澳门基督新教教会的治理与发展》、叶家祺和陈玉叶的《天主教修会的革新：梵蒂冈第二届大公会议对修会的训导及实践》三篇文章，则是从个案考察的角度，具体讨论了佛教、基督新教和天主教的内部组织构架、自我治理实践以及在全球化处境下的适应与变革。

贾晋华、白照杰的文章罗列了澳门佛教总会、菩提禅院、国际佛光会澳门协会和澳门禅净中心、普济禅院（观音堂）、无量寿功德林和澳门佛教中心协会、国际联密佛教慈航会澳门分会（慈航寺）、澳门佛教青年中心、澳门国际创价学会等 11 个佛教团体的内部治理框架。澳门佛教团体的弘法活动和管理样式各有特色，亦有共通之处。比如：推广文化、教育、公益、慈善等社会建设，组织各种学佛、讲经、诵读、法会等普及佛法活动，僧人和居士会众共管佛教组织，坚持寺院建设和僧团的道风建设，制定较为完善的财务管理制度，各佛教团体相互合作成为常态。贾、白的文章也揭示了澳门佛教团体的内部治理构架受到本地区多元宗教生态环境的深刻影响。在吸收西方宗教团体治理构架之际，融入了典型的东方威权治理色彩，因此能灵活地适应澳门多元社会的时代变革。

游伟业的文章从澳门基督教会治理牧养发展角度，探讨了在澳门独特的全球化处境中教会的内部治理构架及其自我调适。澳门堂会的发展与差会或传统体制密切关联，教会并未完全达到自治、自养和自传的成熟阶段，必须努力栽培本地信徒及提供系统性的训练；此外，澳门教会与福音机构需要共享资源，建立社区教会的合作网络和教会事工与机构事工的网络，以推动宣教澳门的本色化教会工作。因此，澳门教会要在神学教育、牧养、城市发展和布道事奉的实战中生根建造，才能产生对教会和文化的见证。

叶家祺、陈玉叶的文章并未具体涉及澳门的实例，主要分析了天主教管理教会的基本原则，修会制度的基本内容及法理依据，梵二对修会的改革信息，以及修会制度如何回应梵二而发生变革。考虑到天主教会的组织原则具有全球性的特色，该文仍然有助于大家理解澳门天主教的内部治理思路及因应之道。比如大公会议上强调重新思考修会生活的方式。多样的社区服务工作体现了修会对社会事务的积极参与态度。而澳门大部分的老人院有不同的女修会来协助服务；澳门有十多所教区经营的社会福利服务机构。澳门耶稣会陆毅神父终生倡导为穷人服务，成立“利玛窦社会服务中心”，对澳门甚至中国地区具有深远的影响。

澳门巴哈伊社团负责人江绍发的《培养宗教团体的治理能力——澳门巴哈伊的若干经验》、陆坚的《探讨澳门巴哈伊团体廉正理念》二文，则提供了一个来自宗教社团内部的鲜明诠释视角。两位作者兼具宗教的实践者与学者的双重角色，有助于大家集中审视新宗教团体——巴哈伊社团的自我治理理念及其社区实践。

江绍发的文章试图从巴哈伊文献以及治理的整体知识的视角来理解信徒的行为。巴哈伊社团的主旨是为了实现良好治理而实行能力建设。在巴哈伊圣作中，“治理”指的是对一种信托的治理，是一种托管的表现。每个人都是作为社会的信托而来到这个世界的。巴哈伊治理体系的目标是帮助社区的全体居民获得社会、知识和灵性上的提升，从而为不断演进的全球文明贡献力量，因此治理也是一个培养能力的过程。个人、机构和团体可以从中获得新的知识、技能和态度。在社团治理体系方面，澳门巴哈伊团体设有一个总灵理会和三个地方灵理会，都是通过选举产生的治理机构。澳门灵理会与巴哈伊全球领导机构世界正义院及任命机构洲级顾问、辅助团成员保持着良好的关系。灵理会的选举被视为是成员的责任与义务，体现了一种神圣的召唤。灵理会集体决策机制的特点是平等的“磋商”，并保证磋商过程的开放度、公共参与度、包容度。澳门巴哈伊社团现阶段的工作重心是社区建设行动，包括被称为“儒禧研习课程”的教育和培训项目。

陆坚则进一步地探讨了巴哈伊社团内在的治理体系的机构、程序、政策和原则，如何将不同处境中的信徒凝聚起来，并保护、弘扬他们的多元性和包容性。而该治理体系又在何种程度上有效地维护廉正价值并对抗团体自身的腐败。澳门巴哈伊团体注重被治理者的特点、领导人的素质、治理架构和程序的性质三大要素，以保证治理体系的成效。澳门的巴哈伊团体也强调权威和权力的分离，权力属于机构。服从是以个体对机构的自愿顺从为基础的。个人在任何时候都要服从于选举机构的权威。对权力的服从可以通过对权威的自愿服从来实现。而指引、教育和实践则是维护廉正的重要基础，因此巴哈伊社团积极倡导“学习的文化”，鼓励所有信徒参与儒禧研习课程并付诸社区的实践。而通过求助于巴哈伊经文的理念权威，以及各级机构不同层次的制衡制度，巴哈伊社团有效地维护了团体的廉正性和纯洁性。

二是探讨澳门的宗教生态及其发展现状。

该书下篇的3篇调查报告，关注的是澳门的新宗教和民间信仰传统。由于大家的调查时间有限，这些调查主要集中于宗教事象的具体描述，在问题意识和理论剖析上还有所欠缺，希望日后有机会得以补充和加强。

其中，邱永辉老师的《巴哈伊教的慈善理念及其在澳门的实践》，是对上篇江绍发和陆坚关于巴哈伊社团宗教治理体系讨论的纵深调查。她关注的问题是巴哈伊社团作为一种外来的、信众较少的新宗教，是否有自己独特的慈善理念，而这种慈善理念又是以何种方式来呈现并实践的。透过系列的访谈和对经典考察，她得出精确的判断，巴哈伊社团的慈善理念来自于该宗教的经典圣文，其信仰基点正是巴哈伊社团崇尚的“人类一体”的基本精神原则，慈善只是从不同层面来贯彻其精神原则罢了。巴哈伊社团并非将慈善作为一项孤立的事业，而是将慈善渗透在日常生活当中，特别是体现在“为全人类服务”的社会行动之中，这使得其慈善理念和实践在深度和广度上超越了传统意义上的“慈善”。其中，巴迪基金会作为巴哈伊社团的一个非营利组织，接受地方灵理会的指导，其精神原则完全是巴哈伊信仰的，也是传播巴哈伊信仰的“拓荒者”。基金会在澳门的项目——“联国学校和青少年赋能”项目取得显著的成功。反思巴哈伊的慈善理念及其实践，其成熟的社会化运作模式，以及重视社区机构的能力建设，都发挥了相当重要的作用。当然，邱的文章，也不局限于澳门的讨论，她有意识地将巴哈伊的澳门项目与大陆项目进行了比较研究，从而深化了大家对巴哈伊“人类一体”精神原则的领悟与理解。

陈进国的《一贯道在澳门的传播与发展》一文，主要考察的对象是澳门一贯道组线发一崇德道务中心各佛堂，他讨论了澳门一贯道如何向中国内地及越南劳工开荒传道的情况，介绍了一贯道在澳门所面临的危机和挑战，并进而反思一贯道在华人社会中得以成功弘道的动力根源。目前，发一崇德澳门道务中心所开展的工作，包括长期开展澳门本地进修班课程的国语或粤语培训、在澳门及内地积极推广中华经典教育、热心参与社会公益慈善事业等项。澳门是台湾一贯道向中国内地开荒宣道的重要基地。早期从福建、广东移居或偷渡到澳门的劳工，一直是一贯道在澳门开荒的主力军。不过，随着内地经济的快速发展，澳门一贯道在内地的开荒布道速度，也开始减慢。随着澳门博彩业的快速膨胀，大量的越南人被吸引前来澳门淘金，从事澳门本地人不愿做的辛苦职业。越南劳工也成为一贯道开荒弘道的重要对象之一，并成为拓展越南宗教市场的一个重要的中介地。当然，澳门一贯道也面临着许多挑战与冲击，对其危机处理机制和舆情应变能力发出了警讯。

叶涛的《澳门地区民间信仰管窥》以一个资深民俗学家的视角，细致地描述了澳门的妈祖信仰、财神信仰、土地神信仰、石敢当信仰等民俗事项，充分展示了澳门的多神信仰和诸教融合的特点。作者并未太多去关注这些民间信仰背后庙宇与道教组织的联结，而是重点关注它们的生存状态及地域特色。作者指出，澳门民间信仰是团结、凝聚华人社区民众力量的重要文化因素，是澳门华人的精神寄托。而澳门居民的信仰习俗更深受居民原乡的重要影响，带有粤闽地域文化的复合特征。像澳门祀奉金花娘娘的庙宇计有莲峰庙、包公庙、医灵庙、吕祖仙院、莲溪庙、观音古庙、雀仔园福德祠、路环金花庙，其信仰就源自岭南地区。澳门民间的海神信仰，如妈祖、朱大仙、三婆神、洪圣爷、水上仙姑、悦城龙母等，则与渔业生产、渔民崇信关系密切。澳门作为商业贸易口岸的区域特点，特别是博彩业的发展，使得民众的财神信仰相当的普遍，成为一道独特的风景线。至于澳门独特的地形地貌，也使得石敢当崇拜相当普遍，以起到驱邪避瘟、镇宅止煞功能。民间信仰的神灵及其庙宇成为澳门社区空间布局中不可缺少的组成部分。

三 民间信仰研究

2014—2015 年度，除继续关于民间信仰属性、民间信仰的管理、民间信仰与制度化宗教之间的关系等传统议题的讨论之外，有两个会议值得特别一提。

第一个需要特别提及的会议，是由中国社会科学院世界宗教研究所、中国宗教学会主办的“首届民间信仰研究高端论坛”，该论坛于 2014 年 11 月 28 日至 12 月 1 日在北京隆重召开。来自中国社会科学院、中国藏学研究中心、北京大学、中国人民大学、中央民族大学、北京师范大学、复旦大学、华东师范大学、上海大学、中山大学、台湾成功大学、台湾慈济大学、华侨大学、青海师范大学、青岛大学、赣南师范学院、温州大学、福建工程学院、青海省社会科学院等高校和科研单位的专家学者，以及国家宗教事务局职能部门的有关领导共 40 余人参加了本次论坛。中国社会科学院荣誉学部委员、国家非物质文化遗产保护工作专家委员会副主任刘魁立研究员，中国社会科学院世界宗教研究所原副所长、中国宗教学会副会长兼秘书长金泽研究员，中央民族大学藏学研究院院长才让太教授，国家宗教事务局宗教研究中心副主任加润国，中国社会科学院世界宗教研究所邱永辉研究员五位学者，分别从民间信仰类非物质文化遗产项目的保护问题、民间信仰研究继续在两个维度上拓展、苯教研究与西藏的历史和现状、民间信仰的认定和治理以及中国民间信仰的国际视角等方面做了主题报告。

此次会议紧紧围绕“中国民间信仰的当代处境与发展前瞻”这个主题，根据与会专家学者提交论文的内容分为“民间信仰的管理”“少数民族地区民间信仰发展状况”“民间信仰与制度化宗教的互动”“民间信仰的反思与调整”“民间信仰的新发展”以及“东南地区和海外民间信仰发展现状”6 个研讨专题。在为期两天的会议中，与会专家学者通过从理论到实践、整体到个案等方面的交流和探讨，对民间信仰在当代中国的发展有了更全面深入的认识，从而为民间信仰的管理和研究提供了新的视角和思路。

此次论坛是由国家级宗教研究机构（中国社会科学院世界宗教研究所）与全国性宗教学术团体（中国宗教学会）首次举办关于民间信仰主题的研讨活动，论坛的成果对于深化中国民间信仰的调查与研究、对于全方位探讨当代中国民间信仰的地位与管理将起到积极的促进作用。

另一个特别需要提及的会议是 2015 年 10 月在辽宁大学召开的“中国民俗学会 2015 年年会”。近 30 年来，民间信仰已经成为民俗学研究的重要内容，每年完成的 100 余篇民俗学硕士、博士学位论文中，以民间信仰为研究内容的论文大约在半数以上。每年一届的“中国民俗学会年会”的参会论文中，民间信仰方面的研究的比例也是逐年增加，自 2012 年以来，每届均设立“民间信仰专场研讨”。2015 年年会共有 250 篇论文参加会议研讨。

根据参会论文的内容，此届年会设立了“区域民间信仰的调查与研究”专场，同时，在“区域与社会组织民俗”“妖怪学研究”“仪式传统”（“礼仪民俗传统与当代社会生活”与“当代社会生活中的民间信仰”两个主题）、“《公约》指导下的非遗保护”等专场中，“民间信仰”也是被讨论的重要内容。

2015 年，陈进国发表在《世界宗教文化》第 5 期的《南海诸岛庙宇史迹及其变迁辨析》，引起较大的学术和社会的反响，新华社特别进行了专门的报道，并获得国内外媒体的大量介绍和转载。该文结合丰富的历史文献、考古挖掘、实地调查，全面、系统介绍了我国东沙群岛、南沙群岛、西沙群岛的庙宇史迹及其分布、基本现状、文化变迁，并进行翔实的考辨，得出了更为准确的结论。文章指出，南海诸岛自古以来是中国神圣的领土，我国拥有无可争辩的完整主权。我国沿海人民在南海诸岛所建的庙宇如天后庙、土地庙、大王庙、兄弟公庙或孤魂庙，不仅是我国人民发现、开发海南诸岛的标志和见证，而且是我国人民在南海诸岛留下的文化遗产资源，更是海上丝绸之路文明交流的重要载体。从 1907 年日本西泽吉次入侵东沙岛事件到 1933 年法国抢占南沙九小岛事件，南海诸岛上的庙宇及其相关的遗迹，都是中国政府进行外交交涉并收复主权的证据链。而日本、越南、法国、菲律宾等在侵夺南沙诸岛的主权时，也积极毁灭庙宇遗迹，以期强调所谓的“历史占有”。改革开放之前，我国受“左”倾错误观念和无神论思想的影响，长期忽视南海诸岛庙宇的历史遗迹价值和文化主权价值，特别是对于西沙群岛的庙宇，或改做他用，或彻底毁弃。特别是永兴岛孤魂庙的管治现状，以及作为主权象征的娘娘庙的“历史失忆”，管窥出海南三沙市在文化建设方面仍然处于相当薄弱的环节，缺乏主权维护意识。中国的南海战略政策，是实现“两个一百年”目标的重要一环。南海安全的长治久安，更离不开文化建设的支撑，唯有如此，基础才能牢靠，布局才能全面。保持南海诸岛文化信仰传统的“原生感”“历史感”和“持续感”，是我国南海诸岛文化生态建设的重要组成部分。站在维护我国文化安全战略的高度，尊重历史，尊重信仰，恢复或重建南海诸岛这些庙宇建筑及其民俗文化活动，有助于大家传承和保护南海诸岛的历史文化遗产，从而捍卫我国的国家主权和文化主权。今后我国更应当动员各种社会、文化资源，在南海诸岛建设包括宗教性建筑在内的各种文教设施、开展相关的文化活动，强化守岛的军、政、民对所在岛屿的文化空间的认同感、归宿感。尤其是应当加强各级人文教育设施和项目，使本土信仰文化和民俗有所依托，也使整个海岛建设更具可持续性，从而实现南海诸岛的“文治复兴”。

四　北京宗教研究

由中国社会科学院世界宗教研究所、中国宗教学会、北京东岳庙、中央民族大学哲学与宗教学学院、中国社会科学院巴哈伊研究中心联合举办的“首届北京宗教研究高端论坛”于 2015 年 7 月 11 日下午圆满闭幕。

此次高端论坛主题为“北京的多元宗教与和谐社会建设”。论坛针对北京宗教的历史与现状、北京宗教文化遗产的传承与保护、北京宗教与国际文化交流、宗教在北京和谐社会建设中的积极作用等议题展开探讨。

出席论坛的中国社会科学院世界宗教研究所主要领导有：全国人大常委会委员、世界宗教研究所所长、中国宗教学会会长、巴哈伊研究中心主任卓新平研究员，世界宗教研究所党委书记、中国宗教学会副会长曹中建先生，世界宗教研究所原副所长、中国宗教学会常务副会长金泽，世界宗教研究所副所长、中国宗教学会副会长郑筱筠研究员。论坛共同举办方中央民族大学哲学与宗教学学院教授宫玉宽先生出席了论坛。

出席论坛的中央和国家机关以及北京市委和市政府主要领导有：国家宗教事务局副局长蒋坚永先生，中央统战部二局处长倪智权先生，国家宗教事务局宗教研究中心科研管理部主任曾强女士，北京市委统战部综合处处长周景晓先生、副处长张猛先生，北京市民委宗教局副局长刘先传先生。

出席论坛的全国及北京市宗教团体主要领导和主要代表有：中国道教协会副会长、北京市道教协会会长黄信阳先生，中国道教协会副会长、北京东岳庙住持袁志鸿先生，北京市道教协会秘书长姜滔先生，北京市道教协会副秘书长田源先生；中国伊斯兰教协会副会长、中国伊斯兰教经学院常务副院长阿地里江·阿吉克力木先生，中国伊斯兰教协会副秘书长张广林先生，中国伊斯兰教经学院副院长高占福先生，北京市伊斯兰教协会副会长王崇恩先生，北京市伊斯兰教协会副秘书长张锋先生，北京市伊斯兰教经学院副院长铁国玺先生；北京市天主教爱国会副主席兼秘书长、《天光》报总编石洪喜先生；北京市基督教三自爱国运动委员会监事长、燕京神学院教务长陈驯先生；中国佛教协会图书文物馆电脑室主任曙祥先生；等等。

参加论坛的学者分别来自：中国社会科学院世界宗教研究所当代宗教研究室、道教研究室、儒教研究室、伊斯兰教研究室、马克思主义宗教观研究室、宗教艺术研究室、宗教学理论研究室，中国社会科学院马克思主义研究院、哲学研究所、近代史研究所，中国社会科学出版社，中央民族大学，北京市社会科学院，北京大学，中国人民大学，北京师范大学，华中师范大学，北京联合大学，中国劳动关系学院，兰州交通大学，西南大学，等等。

论坛开幕式由中国社会科学院世界宗教研究所党委书记曹中建先生主持。他代表主办方中国社会科学院世界宗教研究所，对各位宗教界、学术界、政界的代表莅临此次高端论坛给予热烈的欢迎。曹书记指出，北京是具有深厚历史文脉的首善之区，中国本土宗教、世界各大宗教的文化遗产皆汇聚于此，多元和谐共生；全国性五大宗教协会和宗教高等院校更是齐聚北京，为推动宗教与社会主义社会相适应做出了积极的贡献。此次关于北京首善之区宗教研究的高端论坛，必将对北京的宗教研究和宗教治理带来深远而积极的影响。

世界宗教研究所所长卓新平先生在随后的致辞中指出："这次首届北京宗教研究高端论坛以'北京的多元宗教与和谐社会建设'为主题，非常重要、非常及时。北京是伟大祖国的首都，是中国政治、文化的心脏，是首善之区，是世界了解中国的最重要窗口。因此，在多元中求和谐、在多彩中达共辉、在多重交响音乐中彰显主旋律，是今天正确发展的必由之路"，"在前不久召开的中央统战工作会议上，习主席重申了要全面贯彻党的宗教信仰自由政策，依法管理宗教事务，坚持独立自主自办原则，积极引导宗教与社会主义社会相适应这一党的宗教工作的基本方针；并特别强调要积极引导宗教与社会主义社会相适应，就应该做好四个'必须'，这就是必须坚持中国化方向，必须提高宗教工作法治化水平，必须辩证看待宗教的社会作用，必须重视发挥宗教界人士作用，引导宗教努力为促进经济发展、社会和谐、文化繁荣、民族团结、祖国统一服务；为大家科学研究宗教、推动中国宗教学的正确发展提供了重要指南和理论方向"，"宗教所组织召开首届北京宗教研究高端论坛，也是要充分体现习主席和中央统战工作会议所提出的这一重要精神"，

“‘积极引导宗教与社会主义社会相适应’是大家对宗教的最基本态度，这也是当前中国宗教工作唯一正确的态度。大家学者一定要坚持大家的学术良心和科学研究的精神，冷静、客观地观察社会变化、发展，审时度势地分析、研究宗教在当代中国的现状、性质，严肃、科学地对待大家的相关研究，不能搞因循守旧、不能形而上学、不能故步自封。大家应将做好四个‘必须’作为大家‘多元宗教与和谐社会建设’研讨中的一个重大课题，作为大家当前宗教研究的一项必要任务。而大家‘首届北京宗教研究高端论坛’则要体现这一精神、落实这一任务。为此，让大家团结合作、共同努力。”

倪智权先生、曾强女士、刘先传先生、袁志鸿先生、宫玉宽教授也先后致辞，对这次论坛的召开表示祝贺。

国家宗教事务局副局长蒋坚永先生在郑筱筠副所长主持的“北京的多元宗教生态与宗教治理”圆桌会议上，就全国宗教格局问题、提高基层宗教事务工作者业务水平问题、中国伊斯兰教解经问题、神学思想建设与基督教中国化问题、儒家宗教化问题、中国新兴宗教管理等当代前沿问题，进行了坦诚和深入的对话，引起了与会者的热烈反响。

在以“北京的多元宗教与和谐社会建设”为主题的研讨中，闫燕女士（原北京市民委宗教局处长）、黄信阳先生、袁志鸿先生、张广林先生、石洪喜先生、陈驯先生、梁恒豪先生，分别以“宗教在北京和谐社会建设中的积极作用”“发挥道教自身优势，为构建和谐社会首善之区贡献力量”“思考与实践——北京东岳庙与和谐社会建设”“发扬中国伊斯兰文化传统，保护中国伊斯兰文化遗产”“中国天主教在构建和谐社会中的探索与实践”“对话促进和谐”“超越宗教的‘精神性’与和谐北京建设”为题进行了精彩演讲。

参加论坛的政、教、学界代表还围绕着“北京宗教的多元通和：儒教信仰、巴哈伊信仰、佛教”“北京道教的社会历史变迁”“北京基督教历史与基督教中国化”“北京乡土宗教的历史脉络”“北京伊斯兰教、天主教的社会文化作用”等题目进行了深入的讨论。

最后，世界宗教研究所当代宗教研究室主任陈进国博士对此次高端论坛进行学术总结，他将此次论坛归纳为四大特色。“一是本次论坛是首次由学术界、宗教界、政界三方，共同坐在一起来探讨北京宗教的历史发展与现状、北京宗教文化遗产的传承与保护、宗教在北京和谐社会建设中的积极作用、北京的宗教治理等议题，具有开创性的意义”，“有助于大家用平等的立场，磋商的原则，来换位思考北京的多元宗教问题，特别是有助于宗教事务部门更接地气，深入了解北京的宗教文化历史与当代发展状况，进而做好宗教治理工作”。“二是本次论坛涉及的主题之一是北京多元宗教的历史与现状。参会者既关注北京五大宗教（道教、佛教、伊斯兰教、基督教、天主教）格局的历史与现状，也关注到北京的乡土宗教的历史与现状，包括民间信仰、宗教救度团体道德学社，以及作为中华文化主干的儒教信仰；而作为世界新宗教之一的巴哈伊信仰在北京的状况，也首次进入学者关注的视野；这样多元的议题具有突破性和代表性，既反映了北京宗教的多元生态的现实，也说明本届论坛关注视角的多元性”，“北京作为首善之区，应将宗教治理的眼光关注到五大宗教之外，这样才能促进北京的多元宗教生态构建”。“三是本届论坛关注的核心议题之一是宗教是如何参与和谐社会建设。五大宗教的全国性领袖、北京市的各宗教领袖、各位学者，都共同提到一个话题——宗教对话”，“首届北京宗教高端论坛，就是一场高端的跨宗教间对话，有助于北京各宗教之间相互了解、相互沟通，共同参与和谐社会建设”。“四是本届论坛是多学科围绕一个共同话题的一场高端对话，并取得了可喜的学术成果。参加本次论坛的学者，分别来自历史学、宗教学、人类学、民俗学、哲学、社会学、神学背景，大家从不同的学术视野来讨论北京的多元宗教，有助于大家更多元地理解北京宗教的实况和未来。”

此次论坛的筹办者主要是中国社会科学院世界宗教研究所当代宗教研究室，并得到世界宗教研究所科研处、办公室、财务室、网络处等同人的全力支持。该研究室目前搭建的学术平台主要有：当代中国宗教论坛和《中国宗教报告》，《宗教人类学》辑刊和宗教人类学学术论坛、宗教人类学工作坊、宗教人类学名家讲座，民间信仰研究高端论坛、北京宗教研究高端论坛，等等。另外，中国社会科学院巴哈伊研究中心也在该研究室挂牌，并举办了相关的学术活动。

首届北京宗教研究高端论坛得到了中国社会科学院世界宗教研究所、相关党政部门、宗教界、学术界的鼎力支持和积极参与，中央民族大学哲学与宗教学学院赞助出版此次论坛汇集的高质量论文集。北京市委统战部和北京民委宗教局与中国社会科学院世界宗教研究所已经初步达成意向，即2016年联合举办第二届北京宗教研究高端论坛，充分体现了北京市委市政府对北京宗教文化研究可持续性的高度重视。

此届论坛在各方支持下圆满结束。期待通过该高端论坛，形成一个研究首善之区北京宗教文化的专业学术群体，来探求北京宗教的特征与发展规律，为促进多元宗教的通和、推动宗教与社会相适应、发挥各方积极作用而努力！

五　印度宗教研究

《印度教的宽容及其超越》发表于《南亚研究季刊》2015年第2期。该文探讨印度教的宽容理念、实践困境及其超越问题。作者对印度教的宽容作为一种多元的宽容进行了梳理，对作为一种绝妙的宗教学说的宽容进行了概论。但作者认为，在印度的社会实践中，印度教的宽容理念却面临着诸多问题，它既在与其他宗教的对话中面临困境，也在自身的实践中面临障碍。因此，超越印度教的宽容而致力于多元宗教的平等与和谐，可望成为印度社会的努力方向。邱永辉的《印度瑜伽报告》载于吕昭义主编《印度国情报告2015》（印度蓝皮书），由社会科学文献出版社于2015年12月出版。其研究指出：距今已有5000多年历史的瑜伽，是古印度文化的代表性展示，被誉为“世界瑰宝”。在当下的印度国内，瑜伽、对瑜伽的态度以及对瑜伽的功能的认识，在印度各阶层中呈现出一种复杂的态势，不同的宗教团体基于社会、政治、宗教的视角差异，提出不同的甚至是针锋相对的看法，在短期内很难达成共识。但从全世界范围来看，印度瑜伽则有可能作为“世界瑰宝”而得到发扬光大。2015年6月21日是第一个世界瑜伽日，当天新德里的活动创造了同一地点练习瑜伽人数的世界新纪录，同时世界各地的活动同样盛况空前。在中国首都北京，来访的印度总理莫迪与李克强总理一同观看了在天坛举行的“瑜伽—太极”大型表演。在四川都江堰市，政府官员、瑜伽大师和青年学生一同参与了大规模的“瑜伽节”。瑜伽作为印度的宗教文化品牌，已经成功地输入了中国，并在中国进行着“适应性”改变。瑜伽业在中国的发展，在繁荣经济的同时，为中国民众提供了一种锻炼身体的方式，甚至是一种新的生活方式。在中国政府进行有效监管的前提下，瑜伽作为一个文化体育产业，是可望继续健康成长的。

在如今这个大谈国家软实力的年代，人们寻求扩展自己的文化影响力，与总结和借鉴其他文明的经验，有异曲同工之妙。瑜伽在中国大地的存在状况，与中国的世俗文化相得益彰。中国“以生活为导向”的世俗文化，不仅已经将瑜伽悄然“拿来”，还加上了“中国禅”的底蕴，其以“中国禅”和“中国太极”的新形态而得到发扬光大，亦指日可待。回顾过去，佛教产生于印度却繁荣于中国；展望未来，瑜伽的前途在中国也许更加光辉灿烂。

六　犹太教研究

犹太教研究的著作主要有：王志军、李薇的《20世纪上半期哈尔滨犹太人的宗教生活和政治生活》，该著作全面详尽考察、阐述了在20世纪上半期两次世界大战爆发的历史时期，犹太人在中国东北哈尔滨市的宗教生活状况及其与相关国家复杂的政治交往，并对认识和评价这段历史提出了见解。刘晓航编著的《流散中国的犹太人》概括了犹太人的历史，着重展现在中国居住的犹太人的生存状况，揭示中华民族和犹太民族这两个古老文明的际遇和接触。译著主要有：提摩太·H. 林著，傅有德、唐茂琴译的《死海古卷概况》，该书从考古研究、古文书学、文本考证、文献学、语言学和古代圣经注解等角度考察和回答有关死海古卷的许多谜题，包括它的发现、抄写者及其与犹太教、基督教的关系等，力图从历史原貌中使人们全面了解死海古卷。西蒙·蒙蒂菲奥里著、张倩红和马丹静译的《耶路撒冷三千年》，是依历史年代顺序对作为犹太教、基督教和伊斯兰教三大宗教圣地的耶路撒冷而作的传记，展示出三千年宏观历史中的古城及其圣殿的真实、生动和悲喜。西格蒙德·弗洛伊德著、张敦福译的《摩西与一神教》通过对摩西传说的深入研究，认为摩西本人是一个埃及人，其传给犹太人的宗教是由埃及而出。摩西的宗教教义在以色列人心中最终取得了胜利。作者对犹太教和基督教的发展提出了新的解释。

研究论文主要有：卓新平的《丝绸之路的宗教之魂》① 一文论及丝绸之路上的佛教、琐罗亚斯德教、犹太教、景教、摩尼教、伊斯兰教、天主教等各种宗教及其在中国的传播，并对其历史意义做出分析和评价。刘精忠、黄丁的《论索伦关于布伯的哈西德研究之争》② 论述了20世纪布伯和索伦对哈西德神秘主义的不同研究立场和方法，认为二者的方法之争源于对哈西德运动这一宗教神秘主义形式的认知差异，更在于对“神秘主义”实质的把握上信仰的内在体知与外在观察之间有所不同。雷钰的《以色列宗教政党具有超常影响力的根源》③ 认为宗教政党在以色列政坛上的作用远超自身实力的原因在于：一是以色列的宗教党派有犹太教教义基础；二是以色列议会的选举制度是其制度保障。张淑清的《犹太女性拉比》④ 认为近现代以来犹太教各派对是否授职女性担任拉比的争论，既反映了犹太教不断适应新形势的特点以及女性在犹太社会中的地位及其变迁，又是犹太社会传统与现代价值冲突的写照。王宇的《在义务之外——试析以色列极端正统派犹太教徒的兵役问题》⑤ 论述了极端正统派经学院学生的兵役问题是否免除，是以色列世俗与宗教势力之间矛盾的体现，对以色列的社会稳定及政局的发展有重要影响。胡浩的《论近

---

① 卓新平：《丝绸之路的宗教之魂》，《世界宗教文化》2015年第1期。

② 刘精忠、黄丁：《论索伦关于布伯的哈西德研究之争》，《世界宗教研究》2015年第4期。

③ 雷钰：《以色列宗教政党具有超常影响力的根源》，《世界宗教文化》2015年第2期。

④ 张淑清：《犹太女性拉比》，《世界宗教文化》2015年第2期。

⑤ 王宇：《在义务之外——试析以色列极端正统派犹太教徒的兵役问题》，《世界宗教文化》2015年第2期。

代欧洲犹太人的解放与犹太社会的转型——以法德为中心的考察》① 一文阐释了近代欧洲犹太人解放运动促进了欧洲犹太人从传统社会向现代社会的转型，而一个具有明显世俗特征的、多元化的犹太社会的出现，许多犹太人陷入身份困惑之中。疏会玲的《保护与限制的双重性——查士丁尼犹太政策初探》② 一文论述了查士丁尼时代是拜占庭犹太人从古代晚期到中古时期的重要转折阶段，查士丁尼所推行的宽容与严苛并存的犹太政策具有承前启后的重要意义，为此后犹太人在中古基督教社会中的地位奠定了基础。

① 胡浩：《论近代欧洲犹太人的解放与犹太社会的转型——以法德为中心的考察》，《世界民族》2015 年第 3 期。

② 疏会玲：《保护与限制的双重性——查士丁尼犹太政策初探》，《世界民族》2015 年第 5 期。

第三篇

年度论文

丝绸之路的宗教之魂

卓新平*

公元前138年（西汉建元三年），张骞受命从长安启程出使西域，拉开了闻名中外的丝绸之路历史戏剧的序幕。此后张骞两次西行，开辟了连接欧亚的通路，形成了相关国度"使者相望于道"的频仍来往，推动了欧亚政治、经济和文化的积极交流。

在前后近两千年的古丝绸之路历史中，宗教的传播和交流占有很大比重，起过重要的作用。可以说，外域宗教的入华以及中国儒教等信仰传统的西渐，基本上是通过丝绸之路而得以实现。这样，宗教的流传与交往，促进了中外民众信仰生活的相遇和融通，成为具有动感及活力的丝绸之路经久不衰的精神之魂。为此，有必要对丝绸之路上的宗教及其传入中国加以充分描述和认真分析。

一　丝绸之路上的佛教

张骞西游大月氏时始知印度之名、"始闻浮屠之教"，而随着丝绸之路的开辟，佛教遂从印度传入中国。其最早的记载是西汉哀帝元寿元年（前2）从西域传入佛教。此后在东汉永平七年（64）有蔡愔、秦景等赴天竺求佛法，于东汉永平十年（67）迎来印度人摄摩腾、竺法兰至洛阳之说，并因"时白马负经而来"故建有白马寺。这一时期的西域乃佛教热地，不少佛教高僧经由穿行西域的丝绸之路而到中国内地传教，使佛教得以在中土流行。例如，祖籍印度的鸠摩罗什（344—409）从龟兹（今新疆库车）被迎到长安，尊为国师。印度高僧真谛亦应梁武帝之邀经海上丝绸之路于中大同元年（546）来到南海（广州）弘法。在此前后通过丝绸之路来华的西域僧人还包括安息人安清、安玄，大月氏人支娄迦谶，龟兹人佛图澄，北天竺人觉贤，南天竺人菩提达摩等。其中不少人都成为译经论法的著名翻译家。

丝绸之路也是佛教传入后中国人西行求法之路，从而与西域僧人的东行传法形成呼应和互动。有据可查的第一个到达印度的中国人是汉献帝建安十年（205）从鸟鼠山（甘肃渭源）出发的成光子，而沿丝绸之路西往的中国僧人则以曹魏甘露五年（260）西渡流沙的朱士行为始。此后，以陆行丝绸之路西游、沿海上丝绸之路东归的东晋僧人法显（344—420）则成为中国历史上的第一个"海归"。与此前后时期的西行者还有竺法护、智猛等人，而西行取经的玄奘（602—664）和义净（635—713）也都留下了西行求法、东归译经的感人故事，尤其是玄奘取经乃是脍炙人口的《西游记》之历史本源。

---

* 卓新平，德国慕尼黑大学哲学博士，现任中国社会科学院世界宗教研究所所长，中国宗教学会会长，太湖文化论坛理事会副主席，中国统一战线理论研究会民族宗教理论甘肃研究基地研究员。

可以说，丝绸之路是佛教得以传入中国的“大乘”（大道），而这种佛教传播的来往亦使丝绸之路充满生机、显示灵性。“佛教文化是外部文化大规模输入中国的第一次，它进入中国后，很快便被中国固有文化所改造、吸收，成为中国传统文化的一个重要组成部分。”① 佛教通过丝绸之路在中国生根开花，使中国文化的开放性、包容性得到很大的提升。

二 丝绸之路上的琐罗亚斯德教

琐罗亚斯德教曾是古代波斯萨珊王朝的国教，在中亚地区有着广泛的影响。因该教相信火是光明、善的代表，是最高善神阿胡拉·玛兹达的象征，故在中国历史上也被称为“祆教”“火祆教”“火教”“拜火教”，而其神名在华故“始谓之天神”。丝绸之路的开通，也推动了琐罗亚斯德教的东传，并于6世纪南北朝时期传入中国，一度盛行于西域，如在焉耆、康国、疏勒、于阗等地曾广为传播，甚至也为古代一些王朝的统治者所推崇和推广。陈垣曾指出，“火祆之名闻中国，自北魏南梁始”②。例如，北魏灵太后时（516—527），该教曾获得独尊之位，被其统治者带头奉祀，灵太后曾以“化光造物含气贞”之诗句赞颂该教，而其他祭祀崇拜却被废止。北齐、北周时也流行“事胡天”“拜胡天”，“胡天”成为该教之专指，而“胡天神”则被用来区别“中国恒言之天”。隋唐时期因该教兴盛而广建祆祠，统治者为之设立萨宝府和祀官，如唐朝长安的布政坊、醴泉坊、普宁坊、靖恭坊和崇化坊，洛阳的会节坊、玄德坊、南市西坊，以及凉州的祆神祠等。陈垣认为，“祆字起于隋末唐初”，“祆字之意义，以表其为外国天神，故从示从天。同时周书亦有祆字，并谓之曰火祆神；火祆二字之相连，亦始于此”③。当时初传入中华的基督教聂斯脱利派也曾被误为来自波斯的该教，故有“波斯教”“波斯胡教”或“波斯经教”之称，随之亦以具有“日”“火”蕴含的“景教”来显示其光明之意。

丝绸之路既通西域，域外来华的“胡人”率先将琐罗亚斯德教传入，故管理祆祠的萨宝官职一般也由“胡人”担任。这些祆教徒主要来自粟特、波斯以及今为撒马尔罕地区的安国、曹国、史国、石螺国、米国、康国等，“此六国总事火祆，不识佛法”（慧超：《往五天竺国传》），“王及百姓不信佛法，以事火为道”（《大慈恩寺三藏法师传》）。由于“西域诸胡受其法，以祠祆”（《新唐书·西域传》），其来华经商或定居者将此信仰亦带入中华，并逐渐影响到中土其他民族，使其宗教传至中原、蒙古、西藏、西北等地，并在江南也留下其存在的痕迹。尤其在沿丝绸之路的中国古代少数民族地区，该教影响颇大，信其教者包括鲜卑人、突厥人、蒙古人、吐蕃人等，甚至在西藏原始本教中都可找到这一信仰的蛛丝马迹。④

无论是陆地丝绸之路的沿途，还是海上丝绸之路的重镇，都曾有琐罗亚斯德教的发展，其在华兴盛于隋唐，后因伊斯兰教的强力传入而在北宋末期衰落。但其对丝绸之路的精神文化产生了长久影响，除了其信仰特色仍被人重视之外，由其信仰礼仪习俗等演变发

---

① 沈济时：《丝绸之路》，中华书局、上海古籍出版社2010年版，第107、111页。

② 陈垣：《陈垣学术论文集》第一集，中华书局1980年版，第305页。

③ 同上书，第308页。

④ 参见龚方震、晏可佳《祆教史》，上海社会科学院出版社1998年版，第228—232页。

展的穆护歌、胡腾舞、胡旋舞、泼胡乞寒戏、拓壁舞筵也成为广为流传的文化遗产。

三　丝绸之路上的犹太教

犹太人在唐代甚至更早就已来中国经商，他们多从中亚经丝绸之路来华，亦有从海上丝绸之路经西亚、北非或印度等地转道来华者。因为犹太民族全民信教，所以其踪迹所在亦是其犹太教到达之地。公元 2 世纪的犹太教拉比文献中已经有了关于丝绸的记载，但在丝绸之路所发现的犹太教遗迹遗物则多为 7 世纪至 14 世纪之间的文物，隋朝裴矩的《西域图记》也有当时从中国出发西行的路线记载，称“发自敦煌，至于西海，凡为三道，各有襟带。北道从伊吾，经蒲类海铁勒部，突厥可汗庭，度北流河水，至拂菻国，达于西海”。[①] 而有确切史料证明大批犹太人来华侨寓定居之事实的，主要乃宋代开封等地犹太人的存在及同化。

犹太教在华始称“一赐乐业”教，为今“以色列”的同音异译，亦有人解释为此名乃根据明太祖的旨意，表明其“抚绥天下军民，凡归其化者，皆赐地以安居乐业之乡，诚一视同仁之心”的态度。[②] 而中国古代民间则将之称为“挑筋教”，其寺为“挑筋教礼拜寺”。而关于犹太人在华名称的记载及其演变，陈垣曾指出，“犹太族之见于汉文记载者，莫先于《元史》。《元史・文宗纪》天历二年诏僧、道、也里可温、术忽、答失蛮为商者，仍旧制纳税。术忽即犹太族也。《元史语解》易术忽为珠赫。……术忽或称主吾，又称主鹘。”“至于一赐乐业之名，则起于明中叶。如德亚之名，则见于明末清初。犹太之名，则见于清道光以后。术忽之名见于元。《元史译文证补》又谓元《经世大典》之斡脱，即犹太。”[③]

在华犹太教基本上是顺着陆上丝绸之路及其延伸路线来发展，到达开封的犹太人在宋代乃是从古波斯一带出发东进，沿途经过了西夏及西域其他国家，故有来自“西域”之说。但亦有人对犹太教来华持“天竺”之论，即从海上丝绸之路经印度而来。记载开封犹太教的文献弘治碑刻《重建清真寺记》称其“出自天竺，奉命而来”；而正德碑刻《尊崇道经寺记》则说其“本出天竺西域”。潘光旦为此有如下解释，“西域说就是波斯说，天竺说就是印度说”[④]。这两种说法都证明犹太教不是从其本土直接来华，而是经丝绸之路或海上丝绸之路在其沿线各国如中亚、印度等居住、生存，然后才辗转来到中国。这就使犹太教的来华传播与丝绸之路有着不解之缘。特别值得一提的是，自我民族及宗教意识如此强大的犹太人及其犹太教却通过平缓的融合同化而在中华大地上消失，这已成为在中外文化交流史上值得追溯、思考之谜。

四　丝绸之路上的景教

如前所述，景教之称本身就显出了波斯宗教信仰的色彩，而作为其本原的基督教聂斯

---

① 《隋书》卷六十七《裴矩传》，中华书局 1973 年版，第 1597 页。

② 孔宪易：《开封一赐乐业教钩沉》，《世界宗教资料》1986 年第 2 期。

③ 吴泽主编《陈垣史学论著选》，上海人民出版社 1981 年版，第 84、85 页。

④ 潘光旦：《中国境内犹太人的若干历史问题》，北京大学出版社 1983 年版，第 48 页。

脱利派正是经历了其在波斯的嬗变才传入中华的，故景教在华初被误传为火祆教，“景”字本身亦与“火”字有着某种内在关联，由此其教初名“波斯教”，其寺初称“波斯寺”。景教的传入与当时丝绸之路的开通和各族的往来直接相关。《大秦景教流行中国碑》描述了唐贞观九年（635）波斯主教阿罗本沿丝绸之路来中国传教的经历，陈垣认为其初传乃由海上丝绸之路而来，“彼时中华与波斯大食交通频繁，伊大约由海路来也，景教碑有‘望风律以驰艰险’句”①。不过，也不能排除景教由陆路传入中国的可能。朱谦之指出，“在中国与波斯之间，密布着交通网，以与中国之重要国际贸易都市相连接”，“景教徒自叙利亚、波斯以至中国，一路上凡是景教徒所聚集的地方，大概都是东西往来贸易的通路，例如安都（Antioch）、泰锡封（Seleucia – Ctesiphon）、驴分城（Edessa 伊得萨）、木鹿（Merv）都是。这些地方或驻有景教的大主教或主教（如安都、驴分城），或即为景教之据点（如泰锡封、木鹿）”②。应该说，景教在当时是活跃在丝绸之路、沟通中西的一大宗教。

唐朝景教曾有“法流十道”“寺满百城”的兴盛，唐会昌五年（845）被武宗毁佛灭教打压后，景教没有在中国完全消失，而是沿着丝绸之路的扩展继续在其西北边疆少数民族地区流传，“在蒙古人统一大漠之前，居住在土拉河和鄂尔浑河流域的克烈部落、阿尔泰山附近的乃蛮部落、色楞格河流域的蔑里乞、阴山以北地区的汪古部落以及西部地区的畏兀儿和吉利吉思等民族中都已流行景教信仰”③。

宋元之际景教的发展离不开与丝绸之路的关联，而且其影响的重点地区多在西域，处于中西文化交流的最前沿。景教在这些地区的存在与发展曾给远在欧洲的基督教国家带来种种传闻和希望，如12世纪的欧洲曾流传东方有一位“长老约翰王”（或称“祭司王约翰”）信奉景教，曾率军远征波斯和米底等地与穆斯林交战，并攻克爱克巴塔那，只因底格里斯河涨水才阻止了其收复圣地耶路撒冷的行动。这一传说是欧洲天主教在12—14世纪派传教士东来中国传教的重要动因之一，由此也使中世纪的西欧通过丝绸之路而与中国有了更多的来往及关联。

景教之名在元朝被“也里可温”的表述所取代，尽管人们对“也里可温”的解诂颇多，其共识为基督教之称则无异议。陈垣曾考证说，“观大兴国寺记及元典章，均有也里可温教之词，则也里可温之为教，而非部族，已可断定。复有麻儿也里牙（马利亚）及也里可温十字寺等之名，则也里可温之为基督教，而非他教，更无疑义。元史国语解所释为福分人者，或指其为奉福音教人也”④。自唐以来论及基督教及其信徒有多种表述，如“景教”“迭屑”（Tersa）“达娑”（Tarsa）等。“也里可温”在元朝指景教应无异议，元朝文献在论及也里可温时多提及聂斯脱利之名。不过，“也里可温”是否指元朝基督教的统称，尤其将元时入华的天主教也称为“也里可温”则尚无定论。陈垣在其《元也里可温教考》中大致承认“也里可温”包括天主教之说，他在引证时指出，“刘文淇至顺镇江志校勘记曰：此卷述侨寓之户口。所谓也里可温者，西洋人也。卷九大兴国寺条载梁相记云：薛迷思贤在中原西北十万余里，乃也里可温行教之地。教以礼东方为主。十字者取像

---

① 陈垣：《陈垣学术论文集》第一集，中华书局1980年版，第84页。

② 朱谦之：《中国景教》，人民出版社1993年版，第61—62页。

③ 卓新平：《基督教犹太教志》，上海人民出版社1998年版，第24页。

④ 陈垣：《陈垣学术论文集》第一集，中华书局1980年版，第3页。

人身，四方上下，以是为准。据此则薛迷思贤乃西洋之地，而也里可温即天主教矣”①。“谓也里可温为即天主教者，莫先于此。刘文淇道光间仪征人，阮元门下士。其说并非附会，较元史语解之解释为确切矣。”“洪钧元史译文证补，元世各教名考曰：也里可温之为天主教，有镇江北固山下残碑可证。”“多桑译著旭烈兀传，有蒙古人称天主教为阿勒可温一语，……阿勒可温，即也里可温。”② “巴拉超士既谓也里可温是蒙古语之 Erkeun，是其初专指聂斯托尔派之僧侣，其后为基督教徒之总称也。”③ 在该书第二章关于“也里可温教士之东来”的内容中，陈垣也开章明义，直指西方教士之东来，并说，“元代与欧洲之通使，西籍言之綦详。今巴黎文库中，尚藏有元代宗王致法兰克王蒙文原书”。④ 显然，陈垣等研究者在此对景教与天主教并没有细分，而历史上两派却明显有别，如元朝东来的天主教在华第一位主教孟德高维诺就曾在其信函中宣称，“景教徒名义上信奉基督，而实际远离基督教信仰”。他还进而指责“景教徒自己或者收买他人惨酷迫害我，……他们常常押我于法庭，以死相威胁”⑤。实际上，元时镇江府大兴国寺碑文中论及的薛迷思贤按照穆尔的解释“即撒马尔罕”，⑥ 此为聂斯脱利派活跃的中亚地区，而非以天主教为主的西欧。人们并没有清晰、明确地找到以“也里可温”来直述元代天主教的元朝汉语文献，而西文、蒙文文献只是经过翻译来间接地论及天主教在元朝的存在与发展。况且，汉语“天主教”这一表述本身乃明朝的用语，后人的翻译、转述不足以说明当时的真实处境。因此，深化丝绸之路上景教发展演变的研究，至少可以在景教来华的具体路线以及元朝景教与天主教的异同上进一步发掘。

五　丝绸之路上的摩尼教

摩尼教最迟亦于唐朝沿丝绸之路传入中国，在中国宗教史上给人留下了深刻印象。波斯人摩尼在 3 世纪创教后于 277 年遇害，其门徒东逃，在 3 世纪末已将其教传入中亚。此后，在中亚、北非、印度等地都有了摩尼教的身影。

一般认为摩尼教于 7 世纪下半叶传入中国。“据中亚发现的文书残卷记载，摩尼教于 675 年传入中国。”⑦ 而“传统的看法认为，摩尼教是在唐武则天延载元年（694 年）时才始入中国的。其根据是宋代释志磐所撰《佛祖统纪》卷三九的一段记载：‘延载元年……波斯国人拂多诞（原注：西海大秦国人）持《二宗经》伪教来朝。’这一看法，由于得到法国汉学家、中国摩尼教研究的先驱沙畹、伯希和（Pelliot），还有我国史学大家陈垣先生的肯定，因而广为人们所接受”⑧。但林悟殊指出，“综上所述，我们认为延载元年拂多诞来朝只是标志着摩尼教在中国得到官方承认，开始公开传播而已；在此之前，摩尼教已在民间流传多时了。要给摩尼教入华时间划一个准确的年代是困难的。但我们觉得，中国

---

① 陈垣：《陈垣学术论文集》第一集，中华书局 1980 年版，第 2—3 页。

② 同上书，第 3 页。

③ 同上书，第 4 页。

④ 同上书，第 6 页。

⑤ ［英］阿·克·穆尔：《一五五〇年前的中国基督教史》，郝镇华译，中华书局 1984 年版，第 196 页。

⑥ 同上书，第 168—169 页。

⑦ 沈济时：《丝绸之路》，中华书局、上海古籍出版社 2010 年版，第 107、111 页。

⑧ 林悟殊：《摩尼教及其东渐》，中华书局 1987 年版，第 46 页。

内地可能在4世纪初便已感受到摩尼教的信息”[①]。

虽然丝绸之路因为冲突、战乱等政治原因而不时中断，却因这些经商者、传教者的执着、坚持而不断畅通。摩尼教传入中国后曾被称为明教、明尊教、末尼教、牟尼教，在民间亦有菜教、食菜教之称。其传播扩大到西北、东南沿海、中原等地，尤其在吐鲁番一带颇为兴盛，曾为当时外来宗教中仅次于佛教的第二大宗教。目前在新疆、福建等地仍有许多摩尼教遗址、遗物的发现，见证了古代陆海丝绸之路的四通八达。731年前摩尼教在华可自由传道译经，此后遭唐玄宗禁止。8世纪时，回鹘人在吐鲁番地区建立高昌王国，以摩尼教为国教。由于回鹘人帮助唐朝平定了安史之乱，移居中原的回鹘人自768年被允许建寺传教，故在各地兴起摩尼寺院。840年回鹘亡国后摩尼教再度遭禁，但其流入民间成为中国历史上著名的民间宗教，直至15世纪在明朝的高压下才基本消亡。

六　丝绸之路上的伊斯兰教

伊斯兰教在中国旧称回教、回回教、回回教门、清真教、天方教等，在唐朝最初由海上丝绸之路传入中国。当时的阿拉伯帝国被中国称为大食，“大食与中国正式通使，确自唐永徽二年（651年）始。广州北门外有斡歌思墓，回教人认为始至中国之人，……此墓当亦为永徽三年所建”[②]。当时两国经济繁荣，商业往来频仍，阿拉伯与波斯商人主要以海上丝绸之路前往中国，故大多聚集在东南沿海的广州、泉州、扬州、杭州等，卖出其运来的香料、象牙、药材、珠宝，带回中国的丝绸、瓷器、茶叶等，故海上丝绸之路亦为海上香料之路。这些来华的商人被称为蕃客、商胡、胡贾，大多成为侨寓的“住唐”，并在华婚娶相通、娶妻生子，形成新的混血民族，并使这些民族以伊斯兰教作为其民族信仰。

元朝时蒙古西征，将大批穆斯林带回中国，这些人被元朝官方统称为“回回”，曾形成“元时回回遍天下”的壮观场景。蒙古人的西进以东西相连的陆地丝绸之路为主，他们促成了沿途穆斯林民族的东迁，推动了中国境内民族、宗教的发展。而元朝后期活跃在西域的察合台汗国以武力东扩，强力推动了伊斯兰教在中国西北边陲的发展。至16世纪，新疆全境的居民大多已改宗伊斯兰教。

此外，明朝时信奉伊斯兰教的回族将领郑和（1371—1435）率领船队七下西洋，则开拓了海上丝绸之路的疆域，促进了亚非众多国家和地区的政治、经济和文化交流，亦使这些区域的宗教特别是伊斯兰教的发展有了明显提升。

七　丝绸之路上的天主教

天主教自元朝传入中国，其传教士的足迹覆盖了陆地及海上丝绸之路，并形成中西文化及宗教精神的深度交流。与经波斯来华传教的景教不同，天主教入华始于13世纪的东西文化碰撞与交流，基本上也是围绕着丝绸之路才生动地展开了其波澜壮阔的历史画卷。自1221年以来蒙古人的西征使欧洲人大为震惊，1245年教宗英诺森四世在法国里昂召开

① 林悟殊：《摩尼教及其东渐》，中华书局1987年版，第60页。

② 陈垣：《陈垣学术论文集》第一集，中华书局1980年版，第305、308、84、545页。

欧洲主教会议，决定派传教士作为使者东行，以争取蒙古大汗信教，由此开始蒙古与教廷的通使来往。

1245 年方济各会修士柏朗嘉宾拉（Giovanni de Piano Carpini）开了西方天主教东行的序幕，其在蒙都和林向定宗贵由呈交教宗致蒙古大汗书信，并得贵由复函而返。1247 年，多明我会修士安山伦（Anselme de Lombardie）亦受遣东来。此后，法王路易九世先后于 1249 年派多明我会修士龙如模（Andre de Longjumean）、1253 年派方济各会修士鲁布鲁克（Guillaume de Rubrouck）来华。他们虽然没有达到其沟通和传教的目的，其对丝绸之路风土人情的精彩描述却让西方人看到一个神奇而迷人的东方。1255 年威尼斯商人波罗兄弟东来经商，1266 年在蒙古上都觐见蒙古大汗忽必烈，并受其之托回欧洲请教宗派学者东来，随之于 1271 年带着年轻的马可・波罗来华复命。波罗一家久居中国，直至 1291 年才回返欧洲。马可・波罗后来口述《马可・波罗游记》，传为古代丝绸之路的佳话。

1289 年方济各会修士孟德高维诺取道亚美尼亚、波斯和印度东来，于 1294 年从印度由海上丝绸之路抵达中国，随后于 1299 年在大都建成教堂，遂为天主教来华开教第一人。天主教的东传成功丰富了中国的宗教生活，亦使中国有更多机会了解西方。不过，这段历史后被尘封，人们今天对元朝天主教知之甚微，学术界对也里可温与天主教的关系亦语焉不详，故须深入发掘，寻求突破。

丝绸之路经历的中西文化及宗教精神交流之鼎盛乃明末清初以耶稣会为代表的天主教东传，其成就可圈可点、脍炙人口。意大利耶稣会传教士利玛窦（Matteo Ricci）真正实现了这种文化交流的突破，天主教传教士由此使中西文化相互了解得以深化，中国人亦开始对西方科学、哲学、宗教、语言进行系统研究，而欧洲人也因此获知中华传统的儒教、道教等宗教精神，受到中国哲学、文学、艺术等影响。明清传教士在此过程中还实质性地推动了欧洲汉学的创立，从利玛窦开始，耶稣会基本上引领着 17、18 世纪欧洲的中国学研究，其中尤以法国耶稣会士的贡献为著，他们在东学西传上的努力及成功，曾使西方一度流行法国人创建了欧洲的中国学之说。概括而言，法国耶稣会士当时的贡献也主要在于发现西来宗教在华传播的蛛丝马迹及其信仰精神的弘扬，以及中国的宗教文化传统和对西方的影响，这大致体现在其对大秦景教碑的研究、对开封犹太人的“发现”、对《易经》的分析和索隐派思潮的形成及对中国古代编年史的梳理和与《圣经》编年史的比较等方面。① 这些发掘和研究，使丝绸之路在连接东西方文化上的意义得以具体化、形象化，并有力推动了其精神层面的比较与对话。

结　语

古代丝绸之路的开辟及其保持，是东西文化在政治、经济交流方面的大事，而其中宗教的传播及其精神的沟通亦不可忽视。由于这些宗教传播者的东游与西行，丰富了丝绸之路地域各民族的精神生活，带来了其地区面貌的变化发展，这尤其在佛教、琐罗亚斯德教、犹太教、景教、摩尼教、伊斯兰教、天主教等在中国的传入，以及西域民族宗教信仰的历史嬗变上得到典型体现。这种发展演变作为文化遗产的

---

① 参见张国刚等《明清传教士与欧洲汉学》，中国社会科学出版社 2001 年版，第 171—225 页。

积淀而保留下来，迄今仍可体会到其存在及影响。因此，我们今天在开发丝绸之路经济带及海上丝绸之路的进程中，必须关注其宗教文化的存在与交流，学会科学预见并理性驾驭其社会走向及影响。

（原文发表于《世界宗教文化》2015 年第 1 期）

试析伊斯兰极端主义形成的社会思想根源

吴云贵*

在当今的世界，谴责和反对宗教极端主义，已经成为某种共识，得到社会舆论广泛的支持。但在实际运作中，仍然面临着诸多困难。最突出的问题是缺乏充分的法律依据。宗教极端主义是个宽泛的概念，对其多重含义，人们可以从宗教学、政治学、社会学等领域加以诠释，从而造成某种“不确定性”。多年来，中国政府以及世界许多国家都曾明确表示反对宗教极端主义的原则立场，但许多国家并未通过相关立法就什么是宗教极端主义做出界定。因此，笔者在撰写本文过程中时而会有点“底气不足”之感，主要是因为我国相关立法未就“宗教极端主义”的含义做出解释。所以这里所谈的只是个人从学理层面对论题的理解。不妥之处，在所难免。

就伊斯兰世界特别是某些战乱、国际冲突与外部干预热点地区而论，宗教极端主义与暴力恐怖主义相结合，已成为地区动荡不安的重要因素之一。这种现象提示人们，应当从知与行两方面来观察、识别和认定伊斯兰极端主义的本质特征和消极作用。在认知方面，宗教极端主义并不是一个稳定的解释主体，其对伊斯兰教的解释，以政治功利主义和实用主义为本质特征。不同于历史上的教派、学派和教法学派，伊斯兰极端主义的真正兴趣不在于宗教领域，而仅仅是以宗教的名义来表达政治观念、追求某种政治利益。所以，他们对伊斯兰教乃至伊斯兰文化的解释是随意性的，完全取决于政治需要。在行为方面，伊斯兰极端主义惯用的一种卑劣手段，是策划实施针对无辜平民的暴力恐怖袭击事件，借此来宣泄他们对国家、社会、人民乃至对整个国际社会的仇恨和不满。为了一己私利，他们不惜以血与火来制造所谓“轰动效应”。

“宗教极端主义”作为一个复合词语概念，多少有一点令人费解之处。当今世界各大宗教对教义思想的阐释都强调中庸、中道、中正，而反对偏离“正信”的各种极端、片面、偏执的思想观点和主张。照此而论，宗教不仅与极端主义无涉，而且二者在本质上是互相对立的。就伊斯兰教而论，基本情况也是如此。几年前，美国盖洛普民意调查机构用6年的时间对35个国家的居民所做的一项迄今为止规模最大、最全面的调查研究结果表明，只有7%的受访者认为2001年针对美国本土的“9・11”袭击是“完全正当的”，因为美国是一个“令人不快的国家”。[①] 这项调查还揭示，世界大多数穆斯林坚持认为，宗教与暴力恐怖主义之间没有本质联系。若果真如此，何以解释“宗教极端主义”这一广为流行的概念？上述调研报告的主持者、美国学者约翰・埃斯波西托给出的解释是：在当

* 吴云贵，中国社会科学院荣誉学部委员，中国社科院世界宗教研究所研究员。

① ［美］约翰・L. 埃斯波西托、达丽亚・莫格海德：《谁代表伊斯兰讲话：十几亿穆斯林的真实想法》，晏琼英、王宇洁、李维建译，中国社会科学出版社2010年版，第106页。

今的阿拉伯和伊斯兰世界，宗教是主导性的意识形态，人们企图利用宗教的深广影响为其暴力恐怖行为辩护，寻求法理和道义依据。埃斯波西托教授还提出了一个“劫持”之说，认为伊斯兰教是一个“被极端主义者劫持的和平宗教”。①

“劫持”之说以及与此相类似的种种说法，其出发点无非是为了用“区别对待”的观点来看待宗教与极端主义的关系问题。这无疑是以事实为依据的一种论断。宗教极端主义是对主流的宗教教义所做的一种谬误的解释；这种解释之所以能够得到部分信众的认同和支持，有许多复杂的原因。概言之，有几种不同的情况。其一，极端宗教思想并不是孤立存在的。就伊斯兰世界而论，它在很大程度上是与二战后勃然兴起的政治伊斯兰主义紧密地交织在一起的，普通民众很难分辨。其二，伊斯兰教是一个较为宽容的宗教，它在思想观念上不存在“异端”的说法，历史上不存在像基督教那样的“异端裁判所”，也几乎没有哪个教派仅仅因为对信仰问题理解不同而受到权威宗教机构的谴责和打压（以唯理派著称的穆尔太齐勒学派很可能是唯一的例外）。这种状况客观上有利于宗教极端思想的生存发展。其三，伊斯兰极端主义所关注的主要是社会问题、政治问题和法制问题，有时也涉及地区政治、世界政治以及伊斯兰世界与西方的关系问题。极端主义将这些问题同伊斯兰教信仰联系起来，仅仅是一种“宗教说辞”，并不意味着“自足”的伊斯兰文化资源确实能够为解决这些问题提供现成的预案。但值得注意的是，宗教极端主义在某些国家和地区也有一定的社会基础；作为一种思潮，它在部分民众中也有不容忽视的影响力。

马克思主义唯物史观的一条基本原理是社会存在决定社会意识。宗教极端主义作为当今世界引人注目的社会现象，有其形成和发展的历史过程。伊斯兰极端主义的成因相当复杂，至少应当包括现实的社会与政治根源、国际政治势力与政治环境的影响、现代化进程中宗教思想的转换与变迁、传统宗教思想和历史文化传统对社会发展进程的反作用力等。本文的基本思路是力图通过对社会思想根源的分析对伊斯兰极端主义的成因做出学理解释。

一　伊斯兰复兴运动对宗教极端主义思想的巨大影响

在阿拉伯和伊斯兰世界，“宗教极端主义”一词大体上是在20世纪90年代初开始使用的。尽管首先使用这一词语概念的很可能不是阿拉伯学者或穆斯林学者，而是西方学者，但该词语的使用标志着“伊斯兰极端主义”作为一种社会现象，已然引起社会媒体的关注。当时人们所说的极端主义思想倾向，主要是指中东某些阿拉伯国家的宗教政治反对派势力所表现出来的激进主义的言行，特别是暴力和恐怖主义倾向。到20世纪90年代，始自部分阿拉伯国家的伊斯兰复兴运动，经过近20年风风雨雨的历程，已经发展演变为席卷整个伊斯兰世界的一场社会政治和文化运动，几乎在世界各个角落，人们都能够感受到它的存在和影响。在西方和伊斯兰世界的宗教与学术出版物中，伊斯兰复兴成为人们普遍关注的主题。这种现象提示我们，应当在当代伊斯兰复兴运动这一广阔历史背景下来深入思考困扰世界的宗教极端主义问题。

自20世纪70年代伊斯兰复兴主义思潮在世界各地勃然兴起之后，在伊斯兰复兴运动

① ［美］约翰·L. 埃斯波西托、达丽亚·莫格海德：《谁代表伊斯兰讲话：十几亿穆斯林的真实想法》，晏琼英、王宇洁、李维建译，中国社会科学出版社2010年版，第111页。

的中心地带（中东地区）陆续出现了一系列重大的、具有社会轰动效应的标志性事件。这些事件包括：伊朗的“伊斯兰革命”；伊斯兰极端分子武装占领麦加禁寺；沙特东方省什叶派穆斯林举行反政府武装暴动；阿富汗“伊斯兰圣战者联盟”（又名七党联盟）在外力支持下抗击苏联军队入侵；埃及伊斯兰极端组织刺杀时任总统萨达特；叙利亚和伊拉克的宗教反对派势力发动针对复兴党政权的武装暴动；黎巴嫩的真主党等激进组织以自杀方式袭击以色列人、美国人和法国人；阿尔及利亚、突尼斯和摩洛哥等马格里布国家爆发了大规模的反政府游行示威等。上述重大事件性质不同、形态各异，动机与后果也有明显的差异，但它们都是在伊斯兰复兴大潮涌动下的产物，都在思想上不同程度地受到当代伊斯兰复兴主义思潮的冲击和影响。如果说狂热、暴力和恐怖可以视为宗教极端主义行为的重要表征，那么人们完全有理由相信，这些现象不仅在总体上是伊斯兰复兴运动的一部分，而且从一开始它们就同世界各地的伊斯兰运动“结伴而行”。就伊斯兰教而论，宗教信仰的本质是非理性的，信真主靠的是“内心诚信”“身体力行”，而不是理性的论证、逻辑的推演。但这种非理性的信仰，在一般情况下不会直接导致极端主义，因为伊斯兰教崇尚“中道”思想，反对“不及”和“过度”是伊斯兰教的基本信念。但如果人们出于各种不同的动机，对伊斯兰教教义或思想观念进行极端或片面的解释仍然是可能的。事实上，就思想渊源而论，伊斯兰极端主义正是人们出于政治功利主义动机随意对伊斯兰教进行歪曲解释的一种必然结果。

与罗马天主教不同，伊斯兰教没有教宗，没有教阶制度，也不存在权威的教义信纲信条的发布机构。这种体制上的“缺失”，可能会不利于教义思想的统一。但宗教信仰是个人精神领域的事情，靠外力强制不符合信仰的本性。近代以来，伊斯兰教信仰的权威解释主体宗教学者阶层（Ulema）因为种种原因在信众中的地位和影响急剧下降，与此同时，出现了一些新的解释主体。这些新的解释主体是在社会现代化进程中涌现的，包括现代主义、民族主义、伊斯兰复兴主义、政治伊斯兰主义等解释主体。他们具有较强的现代社会政治意识，思想十分活跃，其影响力已经远远地超出清真寺，而扩及社会各个领域。较之这些新的解释主体，极端主义因其人数较少，其社会组织多半处于非法状态，因此尚未构成一个独立的解释主体。但是我们应当看到，极端宗教思想在许多国家和地区并不是孤立存在的，它们经常是同伊斯兰复兴主义和政治伊斯兰主义“连体生存”，只是在行为方式上有所区别。此外，伊斯兰世界还有一个怪异的现象，就是被外界视为最有资格代表伊斯兰讲话的穆斯林大众一直“金口难开”，而始终是“沉默的大多数”。统计资料显示，他们不赞成极端宗教思想，但他们从来没有机会向外界表达自己的真实思想，在这个传媒事业高度发达的世界上，人们几乎从未听到过他们的声音。相反，不甘寂寞的极端主义势力倒是因为不断制造事端而一再引起传媒的关注。这种强烈反差已然造成一些误解，似乎极端主义颇有市场。

当代伊斯兰复兴对伊斯兰极端主义的思想影响是个大题目，三言两语讲不清楚。自20世纪80年代以来，我国学者就这一问题已做过大量研究，发表过许多有价值的成果。概言之，伊斯兰复兴运动的兴起反映了传统宗教文化对社会现代化进程中出现的各种矛盾、困难、问题和挫折所做的一种回应。在阿拉伯国家和中东地区许多以穆斯林为居民主体的国家，伊斯兰教不只是一种宗教信仰，也是一种居主导地位的意识形态，因此当社会现代化进程遭遇巨大挫折时，伊斯兰教作为一种社会力量就会出现反弹，企图通过政治、思想、伦理道德和社会干预来表明自身的立场和态度。这种带有普遍性的宗教、社会和文化现象也即伊斯兰复兴运动。

当代伊斯兰复兴运动的兴起，促使伊斯兰教的形态、趋势和功能发生了许多明显的变化；这些变化反过来又促使人们重新思考和评价宗教对社会发展进程正负两方面的作用和影响。伊斯兰复兴论者提出的基本理论观点可以概括为以下几个要点。第一，重新确认、全面肯定伊斯兰教在现代国家和社会建构中的指导作用。伊斯兰复兴论者宣称，伊斯兰教不仅是穆斯林个体的宗教信仰，而且是一种理想的社会制度和生活方式。因此，对伊斯兰世界而言，国家的现代化也即社会生活的伊斯兰规范化。第二，宣称伊斯兰国家在现代化建设中应当走独立自主的“伊斯兰发展道路”。伊斯兰复兴论者坚称，伊斯兰教是“自足”的文明方式，作为一种文化资源，它不需要“借用”非伊斯兰文化来发展自己。这种“自足”和“自信”的态度导致对西方的拒绝和否定。伊斯兰复兴论者认为，西方的现代化发展模式完全不适用于伊斯兰世界，伊斯兰国家的现代化要以反对西方化和世俗化为前提。第三，鼓吹宗教思想政治化、宗教组织政党化、国家体制伊斯兰化。伊斯兰复兴论者实质上大多是政治伊斯兰主义者。与世俗民族主义者和伊斯兰现代主义者不同，在对伊斯兰教信仰和教义思想的诠释上，他们力图把传统的内容或精神实质与现代的形式有机地结合在一起。由此人们看到，在当代伊斯兰复兴运动中崭露头角的政治伊斯兰主义，企图使伊斯兰教逐渐发展为一种以宗教传统为依托的政治意识形态，使原来松散的宗教团体成为适应现代政党政治需求的伊斯兰教政党。政治伊斯兰主义除在伊朗得势外，在其他国家和地区均未取得实质性进展。但政治伊斯兰主义的崛起和诉求，在很大程度上改变了伊斯兰世界的政治生态环境。长期以来，政治伊斯兰主义反对西方化、世俗化并大肆鼓吹伊斯兰化的呼声，在伊斯兰世界的部分地区已然造成很大压力，许多以世俗民族主义和封建王权为政治合法性依据的国家，为了改变被动局面，都曾对国家体制和内外政策做了一些相应的调整。

如果我们把政治伊斯兰主义视为复兴运动中的主流思想，那么我们不妨把伊斯兰极端主义视为与主流派同时产生的极端派别或组织的思想观点。实地调查大体上可以证实上述判断的有效性。1985 年，一位美国学者在实地考察的基础上出版了一部著作，就阿拉伯世界的伊斯兰激进主义倾向问题进行了深入系统的研究和评述。这位作者所说的伊斯兰激进主义，也即本文中所讲的“政治伊斯兰主义”。作者在书末的附录中列出了埃及、叙利亚、伊拉克、黎巴嫩、苏丹、沙特阿拉伯、约旦、突尼斯、阿尔及利亚、摩洛哥、科威特、也门、巴林等阿拉伯国家 91 个公开的和秘密的伊斯兰教团体和组织，在正文和附录中还用社会学的统计和分类方法，就这些团体和组织的规模、领导阶层、成立时间、法律地位和是否崇尚暴力等基本信息资料做了说明。① 就本文的目的而言，这位作者在著作中所得出的结论有两点参考价值。其一，大量资料显示，阿拉伯世界的伊斯兰教团体和组织可分为两类，其中老的团体和组织一般都规模较大，较为稳定，思想观点较为平和；而新的团体和组织，通常规模很小，多半崇尚暴力，思想观点好走极端，组织系统不稳定，由于不断受到打压，经常自生自灭。其二，新的具有极端主义倾向的派别组织，除少数外，大多受到伊斯兰复兴主义思潮的影响，而且在组织系统上大多是从主流的埃及和其他阿拉伯国家的穆斯林兄弟会组织中分化而出。因此，笔者认为，没有当代伊斯兰复兴运动，就

---

① 参见 R. Hrair Dekmejian, *Islam in Revolution: Fundamentalism in the Arab World*, Syracuse University Press, 1985, pp. 179 – 207。

没有伊斯兰极端主义。

二　战乱、地缘政治和世界政治对伊斯兰极端主义的刺激作用

二战以后，中东地区因丰富的石油资源和战略地位的重要性而成为战乱、地缘政治和世界政治的热点地区，这种状况甚至在另一个超级大国苏联解体后仍然没有立即发生变化。长期以来，即便在苏联解体之前，以美国为首的西方依然在中东地缘政治和世界政治格局中居主导地位。“9·11”事件爆发后，由于美国和西方大国接连遭到恐怖袭击，西方控制的国际传媒刻意把以美国为首的西方世界描绘为国际恐怖主义的受害者，而对于西方强权政治所引起的包括恐怖袭击在内的恶果却噤若寒蝉、故意回避。实际上有些针对美国和西方的恐怖袭击，正是国际冲突中的弱者为报复强者不得已而诉诸的报复手段。大量不争的事实表明，在当今的世界上，战乱以及地缘政治、世界政治格局的失衡是诱发宗教极端主义和暴力恐怖主义的重要根源。

1979—1989年，因苏联军队入侵而爆发的阿富汗战争，是冷战时期最后一场大规模的战争。阿富汗战争既是阿富汗人民维护国家主权的战争，也是美苏两强为争夺在中亚的战略利益通过代理人进行的一场战争。如今这场战事早已成为过往的历史，但它留给人们的深刻记忆仍具有现实意义。今天我们重提往事，是想借此说明这场东西方冷战对中亚地缘政治和世界政治的影响，包括对宗教极端思想的刺激作用。关于这一主题，笔者数年前参与完成的一项重大课题项目已做过系统的论述，[①] 这里在以往研究的基础上略予展开讨论。

首先，在阿富汗战争中，美国为主导战争进程，与巴基斯坦和沙特阿拉伯两个保守的伊斯兰国家结成了反苏反共“神圣三角同盟”。巴基斯坦与阿富汗是邻国，它与美国结盟是为了实现自己在地缘政治中的战略利益。因此，巴基斯坦军方和内务情报局一直力图在阿富汗抗苏武装力量中寻找自己的代理人，以便在战争结束后形成对自己有利的政治格局。沙特阿拉伯是伊斯兰世界的精神盟主，它与美国结盟的重要目的之一是为了“绿化”中亚（即伊斯兰化中亚），以便在伊朗周围构筑起一道逊尼派伊斯兰教的“防护墙”，以抵制伊斯兰革命后什叶派伊斯兰教的扩张。巴基斯坦和沙特两国政府都不会支持激进类型的伊斯兰极端主义，但与他们合作的两国的宗教保守势力则难以控制。事实证明，沙特瓦哈比派和民间“赛来非”派在中亚地区影响力的增强以及巴基斯坦反什叶派极端组织的兴起和政府对阿富汗塔利班政权的大力支持，都同两国宗教势力借战乱之机进行渗透活动直接相关。

其次，美国在阿富汗战争中的实用主义政策在客观上刺激了宗教极端主义思想的传播和发展。在阿富汗战争中，美国采取了全力援助阿伊斯兰“圣战者”组织的倾斜政策，而对阿抗苏武装力量中态度温和的民族集团则较少提供军事物资援助。倾斜政策削弱了抵抗力量中温和的民族集团，而增强了好战的宗教势力的实力。以希克马蒂亚尔为首的阿富汗伊斯兰党在外力援助下迅速发展为最强大的武装力量，而亲沙特的以沙亚夫为首的伊斯兰联盟（深受瓦哈比派影响的一支武装力量）也在外力的扶持下扩充了实力。在阿富汗战争中扶持宗教极端势力固然是战争的需要，但其留下的后遗症也同样无可否认。阿富汗

---

① 详见金宜久主编、吴云贵副主编《当代宗教与极端主义》，中国社会科学出版社2008年版，第286—295页。

战争结束后，滞留在阿富汗境内的人数不详的外籍“圣战者”成为一个突出的社会问题。这些来自阿拉伯各国的“阿富汗老兵”据说有上千人。他们当中有些因为负罪在逃无法返回原籍，有些除了靠当兵打仗之外无法维持生计。这些人如今由于失去了正面之敌，而宗教极端主义思想又极度膨胀，于是便像一股浊流祸水一样转移到世界各地去充当雇佣军和炮灰。20 世纪 90 年代初，在世界一些动乱地区（如巴尔干、北高加索、原苏联中亚地区、印占克什米尔等地）都经常可以看到这些“阿富汗老兵”的身影。

第三，阿富汗战争中对伊斯兰“圣战者”武装队伍进行培训，强化了伊斯兰极端主义思想。阿抗苏战争中，为了增强抵抗组织人员的战斗力，从 1983 年到 1987 年，曾经按照计划陆续对大约 8 万名“圣战者”进行培训。培训中除学习军事技能外，还由巴基斯坦伊斯兰教促进会等政治伊斯兰组织对学员进行“圣战”思想教育。在你死我活的战争中学习和宣扬对异教徒和无神论者进行“圣战”的思想观念，极大地刺激和诱发了极端主义宗教思想。狂热的“圣战”观念强化了跨国的泛伊斯兰主义，以武力抗击外国入侵者的“圣战”实践，验证和认定了宗教极端主义的可行性，以践行“主命”的名义，到别国去搞所谓“圣战”，似乎成为某种天经地义的事情。宗教思想培训，在战争年代或许是必要的，但它造成了极大的宗教狂热、是非不分和思想混乱，也是无可否认的。

第四，阿富汗战争为伊斯兰极端势力建立国际网络、采取联合行动提供了便利条件。阿富汗战争爆发后，世界各地的伊斯兰极端势力纷纷转移到阿境内活动，企图乘战乱之机扩大自己的实力。也有一些国家为了减缓伊斯兰复兴运动的压力，故意将国内的宗教反对派势力输导至阿富汗，让他们在战火中耗尽能量、自消自灭。据说当年以各种名义来到阿富汗境内的阿拉伯“自愿圣战者”约有 5000 人。[①] 他们来自不同的阿拉伯国家，分属于埃及的穆斯林兄弟会和沙特阿拉伯民间的赛来非教派组织。而与他们保持密切联系的政治伊斯兰组织则主要是巴基斯坦的伊斯兰教促进会、阿富汗的伊斯兰党和沙特的伊斯兰联盟武装力量。阿富汗战争把北非以埃及穆兄会为中心的、激进的政治伊斯兰势力和西亚以沙特瓦哈比派为中心的、保守的政治伊斯兰势力都吸引到阿富汗境内，并与中亚、南亚的政治伊斯兰势力互相配合、密切合作。这种国际联合与合作虽然未能完全弥合彼此间的隔膜和分歧，但依然引起人们的密切关注。它表明伊斯兰极端主义已成为一种国际现象。

1991 年爆发的海湾战争是阿拉伯“兄弟国家”之间因领土和主权纷争所引起。它也是苏联解体后世界唯一的超级大国美国为确立世界霸权首次在中东地区大规模用兵。这次“不对称的战争”以美国的完胜和伊拉克的惨败而载入史册。此后，连许多公正的历史学家也很少质疑美国对伊动武的正义性，人们也很少把宗教极端主义与霸权主义行径联系起来。特别是在“9·11”恐怖袭击事件以后，反对恐怖主义而不问恐怖主义产生的根源一时间成为标准版本的“国际政治话语”。但无数事实表明，中东反美主义思潮的兴起以及针对美国的一系列恐怖袭击的发生都与那场被美国媒体吹得神乎其神的海湾战争有某种因果关系。宗教极端主义思想的深入发展以及“基地”组织的最终形成都是海湾战争后遗症的突出表现。

海湾战争的爆发，不仅引起阿拉伯国家的政治分裂，也导致阿拉伯广大民众与本国政府之间严重的意见分歧和对立。海湾战争不是宗教战争，但伊斯兰教是中东地区主导性的

---

① John L. Esposito edited, *Political Islam: Revolution, Radicalism or Reform*? Lynne Lienner Publishers, Inc., 1997, p. 197.

意识形态，从伊斯兰教的立场和观点如何看待这场涉及穆斯林之间以及穆斯林与非穆斯林之间的战争，是一个极其敏感和事关全局的重要问题。围绕着“战争政治”问题，当时在阿拉伯世界形成两种互相对立的观点。一种观点表达了对作为战争一方的伊拉克复兴党政府的全力支持和声援。1990 年 12 月在海湾战争尚未爆发之前，在伊拉克境内举行了一次“国际伊斯兰学者大会”。来自苏丹、也门、约旦、伊朗（设在伊朗的反对沙特政府的宗教组织）、耶路撒冷和英国的一些宗教学者和知名宗教领袖出席了此次会议。他们在会后发表的联合宣言中表达了对伊拉克政府和人民的强烈支持。他们还谴责那些派兵参加多国部队并与美国合作的阿拉伯国家领导人是伊斯兰教的“叛逆”“十字军国家”的代理人和工具，号召各国人民用伊斯兰“圣战”和革命来反对他们。与此同时，秉持相反立场的一批伊斯兰宗教学者也在沙特境内聚会，对以沙特为首的保守的阿拉伯国家特别是海湾国家支持对伊拉克动武的立场观点表示声援。沙特全国总穆夫提伊本·巴兹长老在会上发布“教令”（fatwa），号召穆斯林对伊拉克举行“最高形式的圣战”。叙利亚全国总穆夫提艾哈迈德·卡夫塔洛在其“教令”中宣称，叙利亚对海湾战争的立场和态度是正确的和符合伊斯兰沙里亚（真主之道）的判决的。爱资哈尔大学穆夫提盖德·哈克和埃及共和国总穆夫提赛义德·坦塔维长老也都分别发布“教令”，对穆巴拉克政府站在以美国为首的多国部队一边对伊拉克动武的政策表示理解、支持和肯定。①

综上可以看到，阿拉伯世界针对海湾战争问题所持两种截然相反的立场观点，都力图从传统伊斯兰思想与文化资源，特别是从教法文献中寻求法理与道义支持。由此可见，伊斯兰极端主义的本质特征，除了假借宗教名义肆无忌惮地进行暴力恐怖活动之外，出于政治功利主义目的而故意曲解伊斯兰教也是其显著特征之一。关于这一点，我们将在下文中进一步展开讨论。

海湾战争后遗症最突出的表现，是以本·拉登为首的国际伊斯兰极端势力重返阿富汗并在当年抗苏战争中兴建的训练营地基础上建立“基地”组织，从而使宗教极端主义思想与国际恐怖主义行动密切结合在一起。关于本·拉登和“基地”组织的活动，多年来国际传媒和学术著作中多有披露，这里可以简约思维，粗线条地勾勒几笔。阿富汗战争结束后，本·拉登于 1990 年返回故乡沙特阿拉伯，一度像载誉归来的英雄一般受到媒体的追捧。1991 年海湾战争爆发后，本·拉登曾向沙特王室面授机宜，建议沙特政府不必追随美国，而完全可以靠追随他的“圣战者”武装来保卫国家免受伊拉克的侵犯。他的建议被婉拒后，本·拉登开始疏远沙特王室，转而支持国内的宗教政治反对派势力。1992 年本·拉登因从事反政府活动被沙特政府驱逐出境，后转移到苏丹避难，受到苏丹穆斯林兄弟会领导人哈桑·图拉比的保护。1994 年，本·拉登因与境外的政治反对派组织结盟被沙特政府剥夺了沙特公民资格。1996 年，苏丹政府迫于美国的压力对本·拉登下达了“逐客令”，本·拉登于走投无路之下，经巴基斯坦的帮助重返阿富汗营地。1998 年，本·拉登与埃及、巴基斯坦、沙特阿拉伯和孟加拉国的一批宗教极端主义分子联手成立了“伊斯兰反犹太人和十字军国际阵线”，这便是臭名昭著的“基地”恐怖组织。该组织后来在对外发表的《圣战檄文》中宣称，其主旨和奋斗目标是“打倒美国和伊斯兰世界的腐败政权”。由此人们再次看到，宗教极端主义思想的形成与地缘政治、世界政治的热点问题密切相关。当然，并非所有的极端主义都是由这样的政治意识所驱使。具体问题应当

---

① 详见吴云贵《当代伊斯兰教法》，中国社会科学出版社 2003 年版，第 319—323 页。

具体分析，不可一概而论。

三 伊斯兰极端主义的主要表现和思想根源

伊斯兰极端主义是暴力恐怖行为最重要的思想基础。因此，诉诸暴力和恐怖主义的派别、团伙和组织，经常被称为极端组织。伊斯兰极端组织的存在已有40余年的历史。除旧有的极端组织外，世界各地还在不断产生新的极端组织。它们所从事的暴力恐怖活动具有极大的破坏力，包括暗杀政要、绑架人质、劫持客机、用爆炸和自杀式爆炸等方式袭击军政部门、公共设施和平民百姓，借以达到破坏社会治安、制造恐怖氛围、扰乱正常的社会生活秩序等罪恶目的。

伊斯兰极端主义的重要表现之一，是用极端片面和武断的思想观点随意解释伊斯兰教义，以三方面最为突出。首先，大肆鼓吹和宣扬“真主主权论”，企图以宗教神权来否定和替代国家主权。“真主主权论”是巴基斯坦著名宗教思想家、大毛拉阿布尔·阿拉·毛杜迪（1903—1979）所提出。毛杜迪根据“认主独一”的伊斯兰教基本信条强调，真主既是宇宙万物的创造者、养育者和主宰者，当然也应当是国家真正的主权者。而根据“真主主权”，国家政府没有本源性权力，而只是代行“真主主权”的工具。这在政治实践上意味着国家没有立法权，而只有司法权和行政权；国家所颁布的任何法律、条规和政策，均不得违背神圣的“真主之大法”（沙里亚，即真主之道），否则无效。毛杜迪及其领导的伊斯兰教促进会，虽然坚持“真主主权论”政治理念，但他们态度较为温和，反对用暴力和强制手段来推行“真主主权论”，而主张在议会民主框架下实现“以教治国”的政治目标。而许多伊斯兰极端组织则不同，他们大多是规模很小的暴力恐怖组织。他们完全无视国家法律，也从不与他人交流思想、讨论问题，而仅仅是以“真主主权”的名义去推销私货、压制别人。

伊斯兰极端主义的另一突出表现是随意解释和颁行伊斯兰教法。恢复伊斯兰教法、实行伊斯兰法治是当代伊斯兰复兴主义思潮的重要组成部分。各种不同的政治力量都经常拿教法教规说事。例如，阿拉伯国家和伊斯兰国家的一些军政强人，如巴基斯坦的齐亚·哈克和苏丹的尼迈里，他们当年都曾在伊斯兰复兴浪潮的压力下，自上而下地推行所谓“国家体制伊斯兰化”。它的一项重要内容，是在反对世俗化名义下适当恢复一度被弃之不用、称之为“胡杜德”（Hudud）的传统伊斯兰教刑法。[①] 他们对恢复传统宗教法制并无诚意，而只是把伊斯兰教法作为巩固世俗权力的工具。世界各地的伊斯兰极端势力，包括一度掌握国家权力的阿富汗的塔利班也是如此。例如，“基地”组织的头面人物本·拉登并非熟读经书的宗教界人士，也从未在经文学校里受过宗教教育，但他深知宗教传统的巨大影响力。因此，本·拉登早在1994年在苏丹避难时，就同逃亡至那里的沙特宗教政治反对派人士联合成立了“保卫沙里亚协商机构”，企图以广义的伊斯兰教法（沙里亚）的名义向沙特政府施压，并借此争取国内外穆斯林民众的同情和支持。此后，从1996年发表反对美国“占领”伊斯兰教两圣地的《战争檄文》起，本·拉登多次以伊斯兰沙里亚的名义发表声明和宣言，用“真主之大法”的权威来谴责霸权至上的美国，批评“腐

① 详见吴云贵、周燮藩《近现代伊斯兰教思潮与运动》，社会科学文献出版社2007年版，第319—423页；第368—373页。

败的伊斯兰政权”沙特阿拉伯政府。又如，本·拉登的盟友、阿富汗的塔利班政权的毛拉们原本对宗教知之不多，更缺乏管理现代国家的经验，所以在匆忙上台后他们只能宣布“以教法治国”。而他们所讲的伊斯兰教法，内容极为简单、偏执、保守，不过是地方毛拉们以宗教名义随意规定的一些条条框框而已。

值得注意的是，伊斯兰教法的泛化、政治工具化以及随意性的解释和颁行，已然在世界一些国家和地区造成许多混乱。中世纪伊斯兰教历史上，伊斯兰教法的基本含义，仅指当时的教法学家和有威望的宗教学者们就穆斯林民众的日常生活（婚姻、家庭、遗产继承等）规定的以伦理道德为基础的行为规范。[①] 而伊斯兰教公法，包括关于国家政治体制的哈里发学说，则不在伊斯兰教法的范围之内。如今政治伊斯兰主义以及伊斯兰极端主义，都企图通过泛化和政治工具化沙里亚（真主之道）来表达自己的政治诉求，但这些政治诉求与传统伊斯兰教法没有必然的联系，完全没有历史依据。伊斯兰极端主义鼓吹建立或重建以沙里亚为基础的、名副其实的“伊斯兰国家”“伊斯兰社会”“伊斯兰秩序”，都只是“宗教说辞”。他们的真正目的，是企图借此来更迭被其指斥为“世俗化”的国家政权。

伊斯兰极端主义还有一个突出表现，就是鼓吹用伊斯兰“圣战”来达到各种政治图谋。例如，早在20世纪80年代初，埃及伊斯兰“圣战”组织在刺杀时任埃及总统萨达特得手之后，曾经用散发传单的形式向埃及民众宣扬对“异教徒”和无神论者（不信道者）举行“圣战”的极端思想。这份传单宣称，“圣战”（杰哈德）本是仅次于伊斯兰教“五功”的第6根“信仰支柱”；为了根治一个腐败的社会，所有真正的穆斯林都必须履行“圣战”的义务，用武装斗争和暴动来改变现实，用完全的“伊斯兰秩序”来代替“非伊斯兰社会制度”。[②] 按照传单作者的随意解释，所谓伊斯兰“圣战”，也即为“主道”而战，包括用武力去杀害背离“主命”的国家领导人。这份传单还武断地认为，“圣战”是一项“被遗忘”的宗教义务，很有必要用“实际行动”加以恢复和弘扬。对“圣战”观念的另一种解释，是以巴勒斯坦被占领土上的伊斯兰“圣战”组织为代表。该组织强调，伊斯兰“圣战”只限于用暴力结束以色列人对巴勒斯坦领土的非法占领。

伊斯兰“圣战”也是本·拉登与“基地”组织诉诸的重要手段，其“圣战”观念带有明确的政治目的性、狂热性和极端倾向。1996年，本·拉登发表了所谓“反对美国占领两圣地土地之圣战宣言”，借此表达他对海湾战争结束后中东时局的看法。这篇宣言把海湾战争中美国空军进驻沙特领土一事看作是“美国十字军”对伊斯兰教两大圣地（指麦加和麦地那）“最严重的侵略和占领事件”。因此，为了捍卫伊斯兰教的尊严，全世界的穆斯林应当团结起来，用“圣战”来打败侵略者。宣言还严词谴责了“背信弃义”“认敌为友”的沙特政府，指责沙特与美国结盟违背了伊斯兰沙里亚的最高原则，损害了世界伊斯兰社团（乌玛 Umma）的尊严，号召人们推翻这一“腐败政权”。宣言在论述世界形势时刻意强调了对异教徒举行“圣战”的传统思想，认为全世界善良无助的穆斯林各族人民，从伊拉克到巴勒斯坦，从车臣到波斯尼亚，正在遭到犹太—十字军的野蛮侵略和粗暴干涉，只有联合起来英勇奋战，才能走出困境并重现昔日伊斯兰的荣耀。1998年，本·拉登再度以“世界伊斯兰阵线”的名义发布所谓“反对犹太人和十字军圣战宣言”。

---

① 参见吴云贵《伊斯兰教法概略》，中国社会科学出版社1993年版，第99—180页。

② ［美］J. L. 埃斯波西托：《伊斯兰威胁：神话还是现实?》，东方晓等译，社会科学文献出版社1999年版，第125页。

这篇宣言集中矛头攻击美国，历数了美国自海湾战争以来的“三大罪状”。一是美国在阿拉伯半岛上“占领”了大片土地（指美军基地），作为进一步侵略伊斯兰世界和人民的前沿阵地。二是美国不顾伊拉克人民的苦难，继续以联合国的名义对伊拉克实行制裁，企图彻底毁灭这个国家和它的人民。三是美国发动海湾战争的重要目的之一，是为了帮助至今仍非法占领和窃取阿拉伯领土的犹太人，分散人们对巴勒斯坦问题的注意力。

本·拉登和“基地”组织以“世界伊斯兰阵线”的名义发布宣言，意在把中东和阿拉伯世界的矛盾冲突和旷日持久的战乱归结为“宗教问题”，即以美国为代表的基督教“异教徒”对伊斯兰世界的侵犯。既然伊斯兰教的敌人已经向真主及其正教宣战，世界穆斯林理所当然地要以伊斯兰“圣战”来教训敌人。“当禁月逝去的时候，你们在哪里发现以物配主者，就在那里杀戮他们，俘虏他们，围攻他们，在各个要隘侦候他们。”（《古兰经》9：5）本·拉登引用此节经文，意在证明对“异教徒”开战的正义性。但经文中所言“以物配主者”不是指犹太教徒和基督徒，在《古兰经》中他们被称为“信奉天经的人”或“有经人”；他们不是“圣战”的对象，甚至可以同他们通婚。尽管如此，本·拉登仍然坚持对“异教徒”举行义无反顾的“圣战”的传统观点，并号召全世界的穆斯林随时随地去“刺杀”可恶的美国人，包括“截取”他们的财物以利于“圣战”事业。本·拉登还强烈主张和坚持“以暴制暴”“以毒攻毒”的所谓“圣战”原则。本·拉登对此所作的解释是：“基地”组织在“圣战”中之所以不区分“穿军装的人”和普通平民，是因为所有的美国纳税人都以自己的行为来支持美国政府对穆斯林的战争政策。[①] 总之，在本·拉登和“基地”组织的宗教观念中，伊斯兰“圣战”是反美的精神武器，“圣战”也是暴力恐怖主义的代称。

行文至此，有必要转换话题，就伊斯兰“圣战”观念发展演变的历史略予评述，以澄清宗教极端主义对所谓“圣战”的曲解。“圣战”一词源自阿拉伯文“杰哈德”（jihad）一词的意译。在《古兰经》中，“杰哈德”的基本含义是“奋斗”，特指为“主道”即神圣的伊斯兰事业而努力奋斗。但经文启示中所讲的“奋斗”，既包括诉诸武力，即用战斗来反对经中所言的“不信道者”和“以物配主者”；也包括“晓之以理”，即用正确的思想认识去说服他人放弃错误的思想观念或具体主张。经文中未使用“圣战”（英文 holy war）一词，但经中“杰哈德”一词确实包括“动武”的含义。经中涉及“圣战”内容的经文主要包括自卫反抗的权利（22：39）、用生命和财产支持对“不信道者”的战斗（3：157、158）、奖赏为主道而战者（3：169—172）、惩罚拒绝主命者（9：81，48：16）。此外，经中其他相关规定还涉及善待战俘、战利品分配、停战协定的签订以及何种情况下可解除“圣战”义务等内容。经文中唯一讲得不够明确之处是举行“圣战”的条件问题，即所谓“圣战”是仅限于自卫性战斗，还是也可以先发制人地用武力去攻击“不信道者”。两种主张都有多节经文作为依据，这就为后人的不同解释留有很大的余地，争论也在所难免。[②] 其后的历史进程中，随着阿拉伯帝国的崛起，伊斯兰“圣战”逐渐从穆斯林个体的宗教义务转变为国家对外扩张的战争行为，“圣训”和教法文献中涉及“圣战”的内容变得异常复杂和丰富，领导对“异教徒”国家进行“圣战”成为国家领导人（称哈里发）的专权和政治合法性的象征。近代以来，伊斯兰圣战观最突出的变化是主流

---

① 转引自1998年美国广播公司（ABC）记者约翰·米勒对奥萨玛·本·拉登的采访。

② 详见吴云贵《追踪与溯源：当今世界伊斯兰教热点问题》，中国社会科学出版社2013年版，第194—204页。

观点只肯定和确认“自卫性战争”。

从以上的论述中不难看到，由于伊斯兰文化传统中对所谓“圣战”有多种不同的解释，极端主义可以不费力气地从宗教传统中为自己的行为找到法理或道义依据。但同时我们也必须指出，伊斯兰教是崇尚和平的宗教，是珍爱生命的价值和意义的宗教，伊斯兰“圣战”观历来反对随意屠杀和残害生命，反对用武力去对付善良无助的普通民众。伊斯兰的战争观与极端主义诉诸的暴力恐怖主义毫无共同之处。

最后，在结束本文时，笔者仅就伊斯兰极端主义的思想根源问题略予概括和评述。这个问题太大，太过于复杂，这里只能做这样的技术处理。所谓“思想根源”，这里是指伊斯兰极端主义解释倾向由以形成和发展演变的认识论根源，特别是激进的或保守的宗教思想流派的社会历史影响。至于各个极端派别组织针对不同国家或地域具体的社会政治问题的意见、观点和主张，则没有置放在“思想根源”的范围内予以讨论。

伊斯兰极端主义最重要的思想根源是来自埃及穆斯林兄弟会的思想影响。埃及穆兄会是20世纪最有影响的伊斯兰复兴主义派别组织，其主流派态度较为温和，不崇尚暴力革命。但以赛义德·库特布（1906—1966）为代表的非主流派，思想激进，成为宗教极端主义的狂热鼓吹者和追随者。赛义德·库特布的《路标》，是他在狱中完成的一部《古兰经》注释的缩编本。这部宣传小册子所宣扬的极端主义思想，对不满现实的阿拉伯穆斯林年轻一代有广泛的影响。其一，《路标》在反对“蒙昧主义”名义下大肆散布怀疑一切、否认一切的虚无主义思想。《古兰经》中所批判的“蒙昧”，是指伊斯兰教兴起前阿拉伯原始部落社会的愚昧落后状态。而《路标》却无视迄今人类文明所取得的巨大发展进步，而把20世纪人类社会等同于一千多年前的“蒙昧时代”。《路标》鼓吹反对“蒙昧主义”，意在为否定一切“非伊斯兰”的政治现实寻求根据，而实际上伊斯兰教从未就政治体制问题作过明确的规定。其二，《路标》以复兴穆斯林社团（乌玛 Umma）为名，鼓吹通过“行动主义”来达到这一目标，为此必须建立“具有坚强信念的先锋队组织”。[①]这类以复兴伊斯兰教为主旨的激进组织，有些后来演变为诉诸暴力的极端组织。其三，《路标》的作者赛义德·库特布把“伊斯兰”与“非伊斯兰”绝对对立起来，鼓吹走“真正”的伊斯兰道路。具体就某一国家或某个民族而论，选择何种发展道路问题，当然是可以充分展开讨论的大是大非问题。但赛义德·库特布所说的“伊斯兰发展道路”，只有空洞的原则而没有具体、可操作的内容。作为一种以“宗教神学”为基础的社会政治制度，这里所谓“伊斯兰制度”是以批判和拒绝一切“人统治人”的非宗教制度为前提，而一旦离开作为实践主体的人的创造活动，任何政治制度和发展道路还能够存在下去吗？其四，《路标》把“真主主权”与国家主权观念对立起来，鼓吹用神圣的“宗教立法”来代替国家法制。赛义德·库特布武断地宣称，根据“一切判决只归真主”的《古兰经》（12：40）启示，一切否认“真主主权”的国家政权皆为“非法政权”，因而一切非伊斯兰政治制度实际上都“粗暴”地侵害了“真主主权”。其五，《路标》用极端主义观点解释传统观念中的所谓伊斯兰“圣战”，实际上是将“圣战”等同于暴力恐怖主义。尽管《路标》的作者把“圣战”解释为“为主道而奋斗”在字面上符合经文原意，但作者又把“主道”等同于旨在推翻一切“非伊斯兰政权”的“伊斯兰运动”，这种“泛化”解释的险恶用心是企图使一切反政府的暴力恐怖行动合法化。似乎践行“主道”的伊斯兰

① ［埃及］赛义德·库特布：《路标》，开罗1993年版，第11页。

“圣战”可以不问对象，不分场所，不择手段，不顾后果。这种随意性的解释完全没有历史依据，甚至中世纪为争夺帝国霸权、扩张领土而以宗教名义对外开战，也并非如此没有一点章法。赛义德·库特布泛化“圣战”的另一目的，是企图把“圣战”美化为反对一切形式的“蒙昧主义”。因此，他声称“圣战”不需要理由，因为“伊斯兰教就其本质而言，本身就具有进行圣战的理由”，并且这个理由“始终是成立的”。①

总之，《路标》一书所宣扬的极端思想可以概括为泛化、极端化和政治工具化三个特征。泛化，即用大而化之的观点重新解释伊斯兰教的适用范围，把伊斯兰世界面对的社会、经济、政治、思想文化、伦理道德等一切问题都归结为“宗教问题”，造成极度的思想混乱，似乎所有这些问题都可以在宗教中找到答案。应当承认，伊斯兰教作为世界性宗教，确实具有丰富的内涵和广泛的影响力，但作为宗教，它不仅具有之所以为宗教的质的规定性，而且也不可避免地具有宗教自身的局限性。评价一件事物，完全不顾及合理的限度，在认识上就可能陷入极端主义。极端化，是泛化的一种表现和必然结果。极端化的显著特点之一，是用简单的、非此即彼的二元对立观点来看待当今愈益复杂多变的人类世界。由此，世界被区分为伊斯兰世界和“蒙昧主义统治的世界”，国家被区分为“真正”的伊斯兰国家和侵害“真主主权”的“非法政权”，而人群则被区分为信仰真主的穆斯林和崇拜异教的非穆斯林。“伊斯兰之外无真理”的宗教偏见，实际上也是与提倡包容的伊斯兰文明的文化精神背道而驰，这在全球经济与文化联系愈益密切的今天，已经为越来越多的世界穆斯林所理解和认同。而政治工具化，旨在使伊斯兰教成为一种排他性的政治意识形态，并企图借此来反对、排拒和取代一切非伊斯兰的意识形态和社会制度。这个问题很复杂，这里需要做一些说明。如今稍有一点宗教常识的人都经常讲伊斯兰教不同于基督教，是“政教合一”的宗教。既然如此，缘何还要促使宗教思想政治工具化？其实，在中世纪伊斯兰教兴起之后，即使是在“全民信教”的阿拉伯国家，宗教与政治、政权与神权还是有区别的。伊斯兰教传入亚、非许多非阿拉伯国家以后，政教关系变得更为复杂多样。而在近代以后，随着现代民族国家的崛起，宗教在世界的大部分地区早已不再是政治合法性的唯一源泉和依据。所以，鼓吹宗教思想政治工具化，实际上是一种历史倒退，尽管这种“倒退”事出有因。

伊斯兰极端主义还有其他一些思想渊源。如：南亚和中亚的一些极端组织受巴基斯坦伊斯兰教促进会等政治伊斯兰组织和阿富汗一度掌握国家政权的塔利班思想影响较大，而中亚五国苏联解体后独立、阿富汗和我国新疆地区一些非法的极端组织受沙特阿拉伯民间的瓦哈比主义（包括与之略有区别的“赛来非”派）的影响较大。由于极端宗教思想的长期渗透，这些国家和地区的穆斯林民众在宗教思想、服饰举止和生活习惯上也受到外来瓦哈比教派的一些影响，据说变得更加保守一些。此外，南亚巴基斯坦以反对和压制什叶派为主旨的一些极端组织，受沙特和海湾国家的瓦哈比派影响较大。上述种种情况和问题，由于篇幅限制，这里不再展开讨论。

（原文发表于《世界宗教文化》2015年第3期）

① ［埃及］赛义德·库特布：《路标》，开罗1993年版，第84页。

马注论“命”

金宜久*

马注（1640—1711）是中国伊斯兰教的著名学者。他在《清真指南》的不同卷次中，分别表述了有关命的思想。探讨他关于命在先天、后天演变的大致脉络，有助于人们全面了解他的思想体系。命乃真光——“止一之余光”照明而显现的精神性实体。它担负着真主造化宇宙万有的关键作用。先天以余光——“至圣之灵光”（衍化而出的“至圣之大命”）为始，后经命的顺序衍化，展现为后天万事万物的原型或摹本。在马注看来，命（指有生命体的性命）或性（指无生命体的物性）均为“本然”。就先天而言，命寄寓于、内在于所依附的人的精神性躯体并决定人在后天的等第及其相应的社会层次。他认为人在后天的一切行为表现，均受各人先天按其等第层次所获之命的掌控；“复命归根”应成为人在后天追求的至高目标。马注关于命的基本主张充斥着信仰主义色彩，探讨其相关思想在学术上仍有其学术价值和现实意义。

一　什么是马注所说的命

根据马注的宇宙论，真主乃宇宙万有的本原。在先天，真主造化宇宙万有，始于止一之余光（真主之光）的照明。①

余光照明最初的产物，则为“至圣之灵光”。此灵光内涵“至圣之无极”（“无极”）、“至圣之大命”（“大命”）和“至圣之仙笔”（“仙笔”），当“灵光”分别衍化为“无极”“大命”“仙笔”时，内在于“灵光”的“无极”“大命”“仙笔”，随即以精神性实体的形式显现。这是说，一化为三，三合为一。其中，“大命”为其后精神性衍化而显现的命的本原。

可以说，在马注那里，命分为两类。一指“大命”，它是至圣之命（“圣命”）；之所以称为“大命”，因为它最近于余光，所受的光照最多、最强，乃宇宙万有之始，也是真主赋予宇宙万有得以精神性存在的基础。一指由“大命”衍化而出的命，即宇宙万有之命；这些命皆根源于“大命”，同样是精神性实体。

具体说来，随着余光照明的延续、“大命”的衍化，随之出现的是不同等第层次的“圣、贤、智、愚”的命。亦即顺序衍化为宇宙万有中的列圣、大贤、谟敏、常人、愚人、迷人、谗人之命。所以说，“至圣之大命”在等第层次上也就高于其他人的命。马注关于命这样说：

---

* 金宜久，中国社会科学院荣誉学部委员，中国社科院世界宗教研究所研究员。

① 在马注那里，造化、照明的表述形式不同，其含义相同。

> 真主自止一之余光，首先造化命，而性生焉。（卷之六“问答”）

根据马注“首先造化命，而性生焉”之说，该“性”指命衍化而出后的万事万物之性。随着“圣、贤、智、愚”之命衍化而出，还显现有“天仙神鬼、水陆飞行、草木金石”。由于它们逐渐远离止一之余光，又间隔众多的、有等第层次的命，在其降示中，要低于“圣、贤、智、愚”之命。这无疑表明由命衍化为性的连续过程，命、性之间并无任何间隔。其中，作为人们臆想的产物，“天仙神鬼”有命无命、有性无性问题，讨论它没有什么实际意义；就“水陆飞行”而言，指的是动物，它们均有其命；就“草木金石”而言，作为植物，草木同样是有生命体，则有命；作为矿物，金石是无生命体，则无命，但有性（即其物性）。不论是命，还是性，根据马注的说法，它们都是余光照明而在先天顺序显现的精神性实体，同于“圣、贤、智、愚”的命，“总谓之本然”[①]。

这是说，“大命”是命、性之始，作为真主最初的造化，从而它内涵真主的一切动静的机微，外括天地有无之总妙。

表面上，命属于人和水陆飞行等有生命体。性属于万事万物。这时的命仍然是精神性的，不同于后天活生生的人的和有生命体的命；这时的性，也是精神性的，不同于后天万事万物的、客观存在的物性。实际上，就命、性而言，马注又根据行文的需要，又称命为灵命、命灵、灵觉。从命的视角来看，后天任何人或物的一形一命、一命一性、一性一理，可以说均由“大命”衍化而出。不管怎么说，这些精神性实体的命、性，都是后天宇宙万有得以存在的精神性因素。

马注关于“一切命灵之阿丹”[②] 的主张，无疑是说“大命”乃人极的命、性之根，在命的衍化中起着关键作用。他说：

> 性命之原根，即无极之本来，至圣穆罕默德之灵光是也。身体之原根，即人极之本来，阿丹人祖是也。阿丹未有形体之前，先有至圣穆罕默德之命，穆罕默德已具天地万有之根。（卷之四“五课”）

这里说的“穆罕默德之命”，即存在于先天的“至圣之大命”，或“圣命”，先于他的肉身和“人祖”阿丹的形体而存在；它乃“天地万物之根”，含后天一切形体（或者说躯体）的“四性”，即宇宙万有的生性、觉性、灵性和理性。

根据马注的思想，上述的“无极”乃后天演变为宇宙万有的物质基础，“无极”只有与“大命”结合才得以为天地万物；此天地万物只有赖于“仙笔”之作为，使宇宙万有在后天按一定原型或摹本得以现实化，显现为现实的、活生生的天地万物。

这是说，从中国哲学史关于体—用关系这一视角，考察马注的“至圣之灵光”，可以认为，“无极”乃其衍化之“体”，“大命”乃其衍化之“用”。“无极”虽以精神性实体的形式存在，但它在后天却以“物质性”外壳的身份和形式，起着演变为天地万物的物质基础的作用。换句话说，在先天，这里说的“物质性”，本质上仍然是精神性实体，而

---

① 马注：《清真指南》卷之六“问答”。

② 马注：《清真指南》卷之二“天命”。

不是真正的物质，只不过在表述上需要它起着物质基础、物质外壳的作用；同样的，作为精神性实体，“大命”则是内在于“物质性”外壳中起着“用”的精神性作用的、不可或缺的、使“体”得以发挥作用的精神性动因。至于“仙笔”，则起着“至圣之灵光”的功能、行为的作用。它使“无极”与“大命”结合（即体用合一）而得以发挥“为”的作用，使之有所作为。

具体说来，有了“体”——“至圣之无极”，有了“用”——“至圣之大命”，很自然地会有所作为，这个“为”——也就是“至圣之仙笔”。

就人而言，一方面，作为精神性实体，命分别与“无极”（由无极而太极，由太极而两仪，由两仪而四象）所衍化的宇宙万有的结合，从而在后天得以成为现实的存在，即人的诞生。否则的话，宇宙万有仍然是精神性实体而无法得以现实化，活生生的人也不可能存在。另一方面，作为精神性实体的宇宙万有，之所以成为后天现实的存在，完全赖于“仙笔”的作为，宇宙万有根据真一已有的原型或模本而得以现实化。这一切都不过是寄寓于、内在于宇宙万有的命所使然的，而命的本原正是“大命”。

总之，是命是性，称谓可以不同，作为精神性实体，“总谓之本然”，则无区别。鉴于本文议题所限，为了讨论的简洁，只探讨与人命有关的问题，而对水陆飞行、草木金石的命、性问题，拟不过多涉及。

二　命的基本特性

马注明确区分先天与后天、精神世界与物质世界，二者领域不同，界限分明。他所说的妙世（妙界）、“玄世”隶属于先天，“形世”、色世（色界）隶属于后天。在马注看来，只有先天、精神世界，没有后天、现实世界，不仅宇宙万有无从形成，人类无法降生，而且他的命也会是不完整的，无以寄寓、“安身立命”。因此，马注安排命存在于“命世”并活跃于“身世”。

所谓“命世”，指的是“妙世”，或“无形之世”，它与灵魂相通，是命活跃的精神世界。就命而言，这时，作为活蹦乱跳的有生命人还不存在，它以精神性实体的形式存在。所谓“身世”，指的是“形世”，或“有形之世”，是命存在、寄寓躯体并活跃于后天的现实世界。任何人都具有与其躯体相应的命。人有其命就能生存，否则的话，就随其命丧失而死亡。所以说，命分别存在于先天和后天、“命世”和“身世”。其不同之处在于，命在后天必须寄寓于躯体，与躯体结合才得以存在；那种离开躯体而谈命的存在，纯粹是无稽之谈。

根据马注的《清真指南》，命具有如下的特性：

其一，命、性紧密相连。

就先天而言，命衍化为性，命先于性而存在。没有命，也就没有性，命、性并非同一层次的精神性实体。正如他所说的：

> 性之于命，性非命也，非命无性。分之则有先后，合之则为一体。（卷之二“天命”）

这是说，性是性，命是命；性不同于命。如果没有命的显现，性也不会产生。命是第一位的，性是第二位的。“性非即命，而不离于命，非命无性。”① 意思是说，没有命，不仅先天的性不得存在，甚至后天也无性存在。从而“分之则有先后，合之则为一体”，这表明性的存在完全隶属于命。

可是，在后天，命必定寄寓于躯体而得以为活生生的命。因而命、性二者应合为一体，不可分割。马注这样认为：

先天为命，后天为性。譬如种之与果，总是一般，人之性亦是。命之果在种时叫做命，在取果时就为性。（卷之二“性命”）

先天有命，后天有性；命乃原种，性乃真果；果不离种，非种无果。（卷之三“四行”）

这里，马注以“种”与“果”分别表述命、性，可以说，它表述了人命与人性不可分割的关系。先天有什么样的命，后天才会有什么样的性。命决定性的存在、形态、性质、变化，为的是以此说明后天的万事万物在先天都有它们的原型或摹本，先天有什么样的命，后天才会有什么样的性。先天之命决定后天之性，后天的人的一切活动都是先天命定的。

在先天，命先于性；在后天，有生命的人仍然根据先天的命而在后天有其相应的品位。在马注看来，即使人在后天生命短暂，他的情景、归宿仍由先天的命所决定。这是说，人有什么样的命，他就有什么样的性。伊斯兰教主张的命定论，在此得到了完满而又鲜明的显现。

在后天，人之所以为人，因为他有“命”，或者说，有“性命”。马注同常人一样，不说人有命性。② 这是他对先天和后天的命、性在说法上的不同。

其二，命阳性阴。

马注将事物置于中国传统文化关于阴阳两仪的框架中，使命、性分阴分阳。他说：

……阴之于阳，阴非阳也，非阳无阴；性之于命，性非命也，非命无性。分之则有先后，合之则为一体。（卷之二“天命”）

根据马注“非阳无阴”“非命无性”“命阳性阴，谓之无极”③ 之说，这里的“无极”，指的是“至圣之无极”，是就余光照明而显现的“至圣之灵光”衍化的“无极”而言的。他借助中国传统文化有关无极的思想，即无极分太极、太极分两仪，在阴阳的相互作用下而分阴分阳。马注赋予命以阳的属性，赋予性以阴的属性，先有属于阳的命，后有属于阴的性。性不同于命，又离不开命。这就是他所说的，“分之则有先后，合之则为一体”的真正含义。

---

① 马注：《清真指南》卷之六“问答”。

② 有人问及为何“不言命性而言性命”时，马注的答复是：“命居先天，乃未有身体万物之前；性居后天，因染于火风水土之后。即若色香蕴于子种，无水土则色香不显，故先天之命，而性次之。人居母腹，其体先成，及其既产，而命入焉。故后天为性，而命次之。”见《清真指南》卷之六“问答”。显然，马注没有从生理发展的视角考虑，未能言及这时的胎儿是否有生命的问题。实际上，人毕竟是在自然界发展到一定阶段后，在有生命体（由单细胞到微生物、到植物和动物的发展）之后，才有人类的出现。人类是这一自然进化的、符合发展规律进程的产物。

③ 马注：《清真指南》卷之六“问答”。

其三，命以心为载体。

在马注的思想中，十分重视心的作用。他所说的心，指人在后天的肉体之心；更为重要的是，他把心视为思想、观念等精神因素的活跃之处。他说：

欲动欲静，欲语欲默，皆性灵之用。（卷之二“客问”）

所谓“性灵”，指的是人心；性灵发挥作用，亦即人心功能在发挥作用。他从人体有“命世”（精神性、思想等）和“身世”（物质性、肉体等）出发，认为人心虽隶属于后天，但它乃“身体之尽限，半向命世，半向身世”①，处于特殊的地位。

应该说，他所说的不可视见的性灵即所谓的人心及其发挥的作用，实际上是赋予心以人脑的功能。即在人脑的主导、支配下所产生的种种行为。这大致雷同于孟子所述“心之官则思，思则得之，不思则不得”② 的思想。

马注揭示了主体（指人心）与客体（事物之理）的关系。表面上说，这一切赖于心通色妙两界的功能，即作为主体的人心或思想，与作为认识对象的理（或它的本质、规律），不能等同。人在生存（活命）期间，命、心、性、体统一而不可分割。心离开了命也就不再是活蹦乱跳的、在现世有其活力的人。这很明确地表明，人能通过感觉、概括、思维、抽象，从而有认识、理解、深究、醒悟的功能，命得以通过心而分辨是非、循善弃恶；具有掌握事物的宇宙万有的文理、道理、原理、法则、规律的能力。或者说，人心可以由感性上升到理性，认识客体的形态、表象，进而认识事物的本质、规律。这是人心、思想的特殊功能。因为“心非即理，理不离心。心者，众理之归……”③ 心的这种作用，正是众理归于人的大脑，人之所以尊贵、高明的原因，也是不同于其他生物之处。

其四，命内涵机微外括总妙。

在马注看来，任何动静、有无，均由真主所主宰。他说：

真主自要为中，先造化至圣无极之大命，内涵真主动静之机微，外括天地有无之总妙。……（卷之六“问答”）

这里，“真主自要为中”的意思是说，真主自我从要有所意愿、作为之中，使所造化的大命，包含一切动静、有无的机微和总妙。

所谓“机微”，“机”指宇宙万有的一切动静的秘密、机密；“微”指宇宙万有的一切动静的隐蔽、细微。所谓“总妙”，“妙者，性命也”④。“总妙”则含天地万物使生使灭、使有使无一切变化的微妙、奥妙。这里说的机密、奥妙，无外乎是指真主赐予的命、性和认识、思维、动静、有无的作为、功能。

既然真主将这一切赐予“大命”，由“大命”衍化的不同等第的人群的命中，尽管其等第层次不同，但他们的命中，也就自然而然、或多或少地具有真主赐予命、性的机密、

① 马注：《清真指南》卷之四“因教”。
② 语见《孟子·告子上》。
③ 马注：《清真指南》卷之二“本用”。
④ 同上。

奥妙。否则的话，人也就与水陆飞行、草木金石没有什么区别了。人之所以为“万物之灵”，原因也正在此。

三 复命乃人的生活之道

《古兰经》经文说：“它们确信自己必定见主，必定归主。”（2：46）经文还说：“在每次礼拜的时候，你们要专心致志地趋向他，要心悦诚服地祈祷他。你们要像他创造你们的时候那样返本还原。”（7：29）

所谓“必定见主，必定归主”“返本还原”，亦即民间广为流传的“归根复命”（“归真复命”）、“复命归真”（“复命归根”）思想的经文根据。在马注的思想中，肯定归根复命对于穆斯林具有重要意义。他说：

> 人生有五时三会，一、原无之时；二、命有之时；三、命连身体之时；四、命离身体之时；五、复活之时。命有之时，会于妙世；命连身体之时，会于色世；复活之时，会于后世。（卷之二“天命”）

人之生也为降，其死也为归。（卷之六“问答”）

按照马注的思想，所谓“降”，有时称为“来”，它指的是人由先天（妙世）来到现世（色世）的过程，谓之降；这是人从精神世界来到物质世界、具有种种物质享受的过程。这个过程也就是他所说的从“原无之时”到“命有之时”；这时，“命连身体”，亦即“会于色世”。

所谓“升”，有时称为“复”，它指的是由后天、现世再返回、复归后世谓之升。这是人从物质世界回归先前的精神世界的过程。这个过程也就是“命离身体之时”到“复活之时”；这时，“命连身体”亦即“会于后世”。

根据苏非主义说法，人的复命不过是个由降而升的过程。人的降、升与人在前世、今世的情景有着密切的关系。

马注关于真主造人的目的在于“认主”，人与万事万物不同之处在于，人不仅来自先天的造化，同时还决定了人在后天返回到他的原初状态。人在现世的作为，是善还是恶，必将接受预定的末日审判而予以确认，其行为是否符合先天之命定。这是说，人奉命而来，复命而归。此乃马注所说的“归主之命”，人“必定见主，必定归主”的另一种说法。

这是说，信仰者的心命中，在先天被赋予含有命定的归主之命。可是，由于各人在先天已被赋予不同等第层次的心命，加之各人在后天“因染于火风水土，在身命相配之后”，各人各有“自性”“个性”，可以按自身的“意志”行事，因此，在后天的行为中，不管他们是否延续先天所获等第层次的心命，并在后天如何显现其品性——是行善还是作恶，这种显现的品性，即其后天的真性所在，这一切均为之本然，或者说，即为其命的显现。说到底，尽管可以说它“所得后天”，但这一切均由先天所命定，人对此无能为力。

马注所说的“五时三会”，也就是人生的整个阶段。其中，只有在“命有”“命连身体”之时，人才有其命；而“命离身体”之后，人也就随之丧命。其实，命离开身体就是人的死亡，已无所谓有其命了。如果说人的命与肉体相连，这时人有其命，也就是人有其性命。问题是人的性命并非永远长存的。人们所说的有生必有死，是个客观规律，谁也逃不过死亡的命运，而不是什么先天命定如此的。所谓长生不老只是人的主观意愿而已。

根据马注的思想，由先天到后天的整个过程也是由精神到物质的衍化过程、下降过程。在他看来，无疑精神为贵，而物质为贱。就人的诞生而言，则是由精神性实体演变为活生生的躯体，其中虽内涵有思想、有精神，但他的思想、精神已被束缚于躯体之中，也就离开先天越来越远。所以说人的出生无疑是降的过程。这就是他所说的：

> 人之形体，论色世，由天仙神鬼、飞潜软动、草木金石、火风水土，看至人品谓之降。因与妙世至远，乃万物中低中之至低。（卷之三“性命”）

人的逝世，既是肉体的死亡，又是人的思想、精神脱离肉体的束缚过程，这时，他则离妙世越来越近，因而谓之升。

> 人之灵觉，论妙世，由土水火风、金石草木、软动飞潜、鬼神天仙，看至人品谓之升。因与命世切近，乃万物中高中之至高。（卷之三“性命”）

这一降一升、一来有复，便是真主造人，人返回真主的过程。可是，

> 真主从属己之光明，以造化奴辈之命，按七天以造化奴辈之心，总色妙以造化奴辈之身。身者，通体之城郭也。又设眼、耳、鼻、舌之四关，以为色、声、香、味之出纳，令视、听、闻、尝以司之……视不审则心为色乱，而眼之关破；听不审则心为声乱，而耳之关破；嗅不审则心为香乱，而鼻之关破；食不审则心为味乱，而口之关破。此四关者，邪魔之借径，鬼祟入罪之门也。（卷之六“问答”）

人在现世的生活之道，只有突破这些关口，才能躲避“邪魔之借径，鬼祟入罪之门”，真正达到复命之境。在苏非主义中，关于人从事功修、回归真主（归真复命）是一个重要的议题。至于各人究竟如何返回、如何复命，则由各人的信仰和践行所决定。为达到升，马注在《清真指南》的不同卷次中，提出须经历种种磨难、不同栈道，最终达到归根复命的目的。尽管说法不一，但它的基本精神则完全相同，那就是精神功修则须遵循规定的宗教功课；对于那些虔诚信仰者来说，更应该从事相当的精神功修。

就那些完全遵循其功课者而言，他们能够达到所追求的天堂。至于那些完全违背其命定而行事的人，则另当别论。

四 探讨有关命的思想的重要意义

马注关于命的基本主张，显然充斥其信仰主义色彩，但探讨该思想的重要意义并不在于仅仅了解他的语词概念、文理含义，而在于透过他的表述，从中看到他在350余年前的学术活动，对现实生活的重要意义。

首先，应该肯定马注的著述在伊斯兰教中国化过程中，起着承上启下的重要作用。作为明末清初的学人，马注自幼接受的是儒学教育，没有经过伊斯兰教经学的系统学习。因

此，他以汉文从事著述的同时，兼及传播伊斯兰信仰。他的著述，不单单在伊斯兰思想与中国传统文化的结合方面，做出了迄今仍值得重视的贡献，而且他在中国伊斯兰学术学理的发展方面，居于不可忽视的重要地位。研究马注著述本身就具有现实意义。

在中国回族穆斯林学者中，王岱舆、马注、刘智、马复初有“四大著作家”之称。其实，在伊斯兰教中国化过程中，还应该提及胡登洲、陈思、张中等著名阿訇或经师，以及涉有政途的詹应鹏、张忻等明末清初的官员，他们都做出了不同程度的重要贡献。马安礼关于马注的评议值得重视。他说：“仲修马氏，著有书籍，发明天方之学，使东土之人闻所未闻，见所未见。”[①] 这是说，马注继张中、王岱舆之后的学术活动，是张、王当年无法涉及的；他比刘智约年长20多岁。在“海内赠言”中的刘三杰[②]即刘智之父；刘智是否与马注有过接触或受其影响，应予专门探讨。大致在马注之后的一个半世纪中，云南又涌现出著名阿訇和学者马复初，继续前人的学术活动。研究这些阿訇、学者的思想，对人们了解中国伊斯兰教学术学理的发展、对伊斯兰教中国化的进程，具有不可忽视的重要意义。

其次，马注没有教条式地对待经文，他从更为宽泛的视角表述其思想主张，从中有所发展或创新。以学术研究的视角来考察这一问题，是有其积极意义的。

例如，《古兰经》经文说：“他用土创造阿丹，然后他对他说：‘有’，他就有了。”（3：59）伊斯兰教据此主张阿丹是“人祖”。《古兰经》没有提及“至圣穆罕默德之灵光”（即“至圣穆罕默德之命”），乃“天地万物之根”，并先于他的躯体和“人祖”阿丹的肉身之前存在。[③] 这表明，马注的表述与《古兰经》有所差异。他在写作中显然借助了苏非主义的精神产品——灵光思想。由于苏非主义本身是伊斯兰教的神秘主义思想，仍然是伊斯兰教在学理领域发展过程中出现的主张。这一学理主张，在很大程度上开阔了人们的视野，同时也丰富了人们的想象。研究这类著述，无疑有助于人们从更深的层次上了解伊斯兰教。那种把伊斯兰教仅仅视为只管礼仪、习俗，而不重视学理思想的看法，显然是一种误解。

再次，马注接受中国传统哲学关于命的思想，其主旨在于使之隶属于伊斯兰信仰，从而人们可以了解马注与中国传统哲学在命的思想主张方面的异同。在中国哲学史中，命原指天命。《诗·周颂》有“昊天有成命”之说。《鹖冠子·环流》认为“命者，自然者也”。孔子主张“知命”，其命有“人力无可奈何”之意。孟子主张“立命”“正命”，意即命非人力所主宰，应顺其自然。墨子主张“非命”，认为人应有所作为而不受命运摆布。庄子主张“安命”。荀子则主张“制天命”。东汉王允认为人的寿夭贫富由气禀命定。南北朝的刘峻则认为命“定于冥兆”。北宋程颢强调儒者只宜讲人事，不得已时才可“归之于命”。明清之际的王夫之则主张人可主宰其命。[④] 如此等等，诸说虽然不一，但它对其后的学者有着不可忽视的影响。

可是，马注关于命的思想，明确主张天命即“主命”“真主所命”，把天命直接与穆

---

① 马安礼：《云南滇南回回总掌教马公墓志》，载余振贵、雷晓静《中国回族金石录》，宁夏人民出版社2001年版，第502页。

② 马注：《清真指南》卷之一“附海内赠言”。

③ 马注：《清真指南》卷之四“五课”。

④ 冯契：《哲学大辞典》，上海辞书出版社1992年版，第1042页。

斯林的五项宗教功课（即念、礼、斋、课、朝）联系起来，视“天命为一切功课之首端”①，甚至提出“男女寻学，是天命中一件极要紧事”②。他把天命化解为人们的日常可行的宗教践行，显然不同于中国传统文化的深奥论述。

最后，可以认识马注以命的根源表明坚持信仰的重要性。关于人在后天的命由何而来的问题，马注认为人的后天之命完全源自先天被赋予的信仰：

> 真主自止一之特恩，独予谟民之信认，而后明德明。从无色相之光明，造化灵觉之本来，而后灵命具。复从火风水土，造化色相之本体，而后形骸全。有体无命，若乾坤无目；有命无明德，若日无光。体从命显，命从明德显，明德从真主显。（卷之三“性命”）

根据马注的说法，这里说的“明德”，亦即信仰（或“以妈纳”）；“无色相之光明”，即余光；“灵觉之本来”，即由“至圣之灵光”而衍化的命；此命即先天的灵命。随后，通过后天的一系列的发展、演变而后出现了人。人体的特点在于有先天赋予的灵命。在马注看来，这个灵命之所以能“认主”，就在于它有信仰。一句话，此灵命由真主造化而出。因此，复归真主，应成为信众坚持信仰、践行功课，为复归真主创造必要的条件。

研究马注著述，仅从马注关于命的思想，就可从一个侧面了解中国伊斯兰教在学理方面的思想主张，大致有其共同的思想渊源。他说：

> 先天之灵明，与后天之觉照，譬若白蔗浆中，滋味各显。③

尽管马注没有说出他关于命的相关思想究竟源自什么著作。从有关糖的等第层次的表述，可以认为，他奉之为经的可能即《米尔撒德》（伍遵契译称为《归真要道》）。如果人们从《归真要道》（见该书卷一，第二门解明万有造化根源，第一篇显化人神等命）、《正教真诠》（见该书“元始”）和《清真指南》关于“糖”的表述中，可以清晰地看出，他们三人在表述上尽管有些微差异，但仍可认为他们对命衍化的主张，有其大致相同的蓝本。这对人们了解中国伊斯兰教著述的延续或沿袭的关系，可以造成一个大致的印象。这是说，在当年尚无“知识产权”观念的情况下，“拿来主义”是从事学术活动的一个方便而又省力的方法。对于今天来说，显然是不应倡导的。

（原文发表于《世界宗教研究》2015 年第 6 期）

---

① 马注：《清真指南》卷之二“天命”。

② 马注：《清真指南》卷之五“宗戒”。

③ 马注：《清真指南》卷之二“元始”。

中国西南少数民族梅山教的神灵系统*

张泽洪**

中国西南少数民族梅山教具有多元信仰的特质，受儒、释、道三教影响的浸润影响，尤其受道教的影响最深。本文对梅山教的三峒梅山、梅山法主、梅山教的民间土俗神、梅山教神坛的道教神祇进行专门的考察，以揭示西南少数民族梅山教多元神灵系统的特点。

一　三峒梅山

三峒梅山，又称三洞梅山、三洞梅山帝主、三洞梅山教主、三洞梅山祖师、三洞梅山九郎天子。三峒梅山为上、中、下三峒梅山，其神格为上洞梅山胡大王、中洞梅山李大王、下洞梅山赵大王，又称之为梅山蛮王、梅王天子。① 三峒梅山名称有不同排列，也有称为上峒梅山赵大王、中峒梅山李大王、下峒梅山胡大王。湖南江华瑶族奉请梅山神即“梅山启都教圣主上洞梅山欧王天子胡大王，中洞梅山柳王天子李大王，下洞梅山洞王天子赵大王”②。贵州省德江县稳坪乡黄土村土家族冲寿傩仪式第十三《祭兵学法》，法师三上香虔诚奉请：“上洞梅山赵大王，中洞梅山李大王，下洞梅山胡大王，三洞梅山九郎天子。”③ 具伸关牒的牒文称：牒请“上洞梅山胡大王，中洞梅山李大王，下洞梅山赵大王。”④

梅山教三峒梅山的神职，由于地域不同而有变化。湘中上梅山地区的《张五郎根因歌》唱三峒梅山：“效法盘瓠把山赶，三峒梅山来武装。上峒梅山胡天庆，青旗青马青刀枪。赐给八只青斑犬，管取山羊度时光。中峒梅山李天荣，白旗白马白刀枪。赐给八只白斑犬，管取山猪置田庄。下峒梅山赵天华，黑旗黑马黑刀枪。赐给八只黑斑犬，管取虎狼进坛场。”⑤ 湖南绥宁苗民猎手的《梅山记》描写三洞梅山兵马说：“上洞梅山胡大王，青旗青马青刀枪。赐你八只青斑犬，管取山羊度时光。中洞梅山李大王，白旗白马白刀枪。赐你八只白斑犬，管取山猪买田庄。下洞梅山赵大王，黑旗黑马黑刀枪。赐你八只黑

---

* 本文为“四川大学中央高校基本科研业务费专项项目（skqy201305）资助”阶段性成果。

** 张泽洪，国家“985 工程”四川大学宗教·哲学与社会研究创新基地学术带头人，四川大学道教与宗教文化研究所教授、博士生导师。

① 胡天成主编，重庆市艺术研究所编：《民间祭礼与仪式戏剧》，贵州民族出版社 1999 年版，第 331 页。

② 李祥红、任涛主编：《江华瑶族》，民族出版社 2005 年版，第 195—196 页。

③ 王秋桂、庹修明：《贵州省德江县稳坪乡黄土村土家族冲寿傩调查报告》，财团法人施合郑民俗文化基金会，1994 年，第 277 页。

④ 李怀荪编著：《湖南省会同县金龙乡岩溪冲梅山虎匠科仪本汇编》，新文丰出版公司 2001 年版，第 235 页。

⑤ 梁金平、周鲜花：《湘中民歌研究》，湖南人民出版社 2006 年版，第 29 页。

斑犬，管取虎豹进坛场。”① 绥宁苗族称黄斑神犬与三公主结合生下三个儿子，分别赐名为上洞梅山胡天保，中洞梅山李天荣，下洞梅山赵天华，则三峒梅山具有祖先神的神格内涵。湖南侗族人信奉的梅山教，分为上洞梅山，以弓弩射猎的方式，射杀虎、豹称为“虎匠”；中洞梅山，以赶山打猎的方式枪杀野猪、野牛等称为“打山佬”；下洞梅山，以装山套猎的方式，套取野猫、狐狸，称为“猫猪匠”。湖南江华瑶族传说宋代开梅山时，梅山三洞三兄弟逃难前曾分竹子作为纪念，上洞分得竹篼，以后是打猎的，中洞分得竹竿，以架船为生，下洞分得竹尖，是养鸭子的。② 据此，则三峒梅山是宋代古梅山族群就已崇拜的神灵。

贵州江口土家族猎手出师后，要在自家屋外设梅山坛供奉三洞梅山王，传说三洞梅山王是飞山王杨再思部下。③ 贵州德江傩坛三洞梅山为三位女神，称梅山启教苏法娘、熊法娘、谭法娘。滇西云龙县白族的三峒梅山也是三位女神，大理白族自治州云龙县长新区箐平坪一带“白族信奉的猎神，传说为三个女性，叫上洞梅神、中洞梅神、下洞梅神，是山神的妻子”。④ 大理白族人的三峒梅山女神信仰，可能与元代征调云南白族“寸白军”戍守湘西有关。湘西土家族传说从前有姊妹二人，自幼父母双亡，一直驻扎在梅山岭上，成为守护梅山的女神。大姐叫梅嫦，二姐叫梅娘，在湘西各县供奉的梅山大神中，有的叫“梅嫦”，有的叫“梅嫦娘娘”。⑤

湖南省黔阳县湾溪乡的观音醮科仪，所请兵马有“三洞梅山、九州岛兵将”。⑥“会起上、中、下洞桃源兵、下坛土地兵、三洞梅山兵。”⑦ 瑶族猎手出猎前祭梅山神立坛请兵，要请“上峒梅山胡大王天神兵，中峒梅山李大王地神兵，下峒梅山赵大王水神兵”。⑧ 西南少数民族傩坛的三洞梅山兵马，是由三元将军调遣的。贵州省晴隆苗族傩坛的《追魂帖式》称：“差三元将军葛文度三洞梅山兵马集此。差三元将军唐文昌三洞梅山兵马集此。差三元将军周文达三洞梅山兵马集此。”⑨ 湘西花垣县董马库傩坛《铺坛》祈请三洞梅山神称：“上洞梅山一百二十文武官员，下洞梅山一百二十文武官员，中洞梅山三百零六位文武官员。”⑩

二 梅山法主

梅山法主，又称太上梅山法主、梅山法主九郎、梅山九郎、梅山大法主、梅山法主大

---

① 吴荣臻、杨章柏、罗晓宁：《古苗疆绥宁》，四川民族出版社 1993 年版，第 254—255 页。

② 李祥红、任涛主编：《江华瑶族》，民族出版社 2005 年版，第 195—196 页。

③ 向零、余宏模、张济民主编：《民族志资料汇编》第九集，贵州省志民族志编委会，1989 年，第 101 页。

④ 杨松泉记录：《狩猎神》，《山茶》1986 年第 2 期。

⑤ 永顺县民族事务局组编：《土家族渔猎》，中央民族大学出版社 2009 年版，第 8 页。

⑥ 李怀荪：《湖南省黔阳县湾溪乡的观音醮和辰河木偶戏香山》，优文印刷股份有限公司 1996 年版，第 76 页。

⑦ 计划主持人王秋桂、庹修明，撰稿杨兰、刘锋：《贵州省晴隆县中营镇新光村硝洞苗族庆坛调查报告》，财团法人施合郑民俗文化基金会，1996 年，第 222 页。

⑧《千家峒瑶族主要源于梅山蛮及其源流故址初探》，载杨仁里《零陵文化研究都庞撷英》，珠海出版社 2003 年版，第 20 页。

⑨ 计划主持人王秋桂、庹修明，撰稿杨兰、刘锋：《贵州省晴隆县中营镇新光村硝洞苗族庆坛调查报告》，财团法人施合郑民俗文化基金会，1996 年，第 275—276 页。

⑩ 周明阜、张应和、谢心宁编撰：《沅湘傩辞汇览》，香港国际展望出版社 1992 年版，第 20 页。

将军。梅山法主被尊为梅山教教主。广西瑶族宗教《良愿酬书》，祈请的神灵有梅山法主九郎。[①]《金平县城关镇路黑浪（老街）瑶族道教调查》之《请神坛歌》，祈请的神灵有梅山法主九郎。泰国瑶人文书《游梅山书》，称其法主是梅山九郎。湖南新宁过山瑶的源水瑶民，家家户户神龛都供奉着木雕的梅山九郎神像。猎人每次上山打猎，都要在梅山九郎神像前跪拜祈请，愿梅山九郎显灵相助。打回猎物，先要敬梅山九郎神像才能剥皮开剖。[②] 清道光《永州府志》卷五载永州民间社祭盛况说："又有四山神，翻天赵五郎，惟猎户祭之。其神首在下，两足倒竖，神出必吹口作声，昼夜出没无常，猎户得兽必祭之而后食，祭必四时不绝。"[③] 民国《蓝山县图志》卷十四《礼俗篇·徭俗》载高山瑶："男子好猎，畜犬为探，猎户皆具小龛，奉坛神。出猎日辰及方向，悉取决于神，甚著灵异。"[④] 湖南蓝山县狩猎人家大门外侧安奉梅山神位，神坛上供奉三尊木雕神像，正面是"梅山法主大王"正襟危坐，旁边两手着地、头朝下、两脚朝天者是"翻坛大将"，牵着猎狗如行走状的是"带狗郎君"。[⑤]

广西十万大山板瑶尊梅山法主九郎为教主。广西瑶族师公《鬼脚科》，尊称为"梅山法主大圣九郎"。[⑥] 瑶经中说："心里思量拜师父，不知师父在何方?"[⑦] "得我南朝黎十六，教我着衫拜九郎。拜得九郎开光殿，九郎殿上放毫光。前放毫光一丈二，后放毫光八尺长。"[⑧] 广西瑶族《还盘王愿》："郎今打落歌堂内，拥声护我上梅山。上拜梅山亲法主，下拜梅山十九郎，满堂众圣歌堂内，深深礼拜护师男。"[⑨] 在湘江上游的江永县，发现一套明代傩巫的水印木刻版画，就有太上梅山法主等傩坛正神。[⑩]

在瑶族经书列举的神灵中，常将梅山法主九郎与杨山法主九郎并列。瑶族《还盘王愿》之《许祖宗愿》祈请的神灵，有"龙凤梅山法主九郎，杨山法主九郎"。[⑪] 瑶族《还盘王愿》之《上光序》列举的神灵，有"杨山法主九郎，梅山法主九郎"。[⑫]《金平县城关镇路黑浪（老街）瑶族道教调查》的请神坛歌，列举所祈请归坛、开坛的神灵，有"梅山法主九郎、杨山法主九郎"等土俗神。[⑬]

---

① 国家民委《民族问题五种丛书》编辑委员会、《中国民族问题资料·档案集成》编辑委员会编：《〈中国民族问题资料·档案集成 第5辑 中国少数民族社会历史调查资料丛刊〉第116卷〈民族问题五种丛书〉及其档案汇编》，中央民族大学出版社2005年版，第639页。

② 李永鳌：《源水瑶族源流记》，载中国人民政治协商会议湖南省新宁县委员会文史资料研究委员会编《新宁县文史资料》第5辑，1991年，第137页。

③ （清）吕恩湛修，宗绩辰纂：《永州府志》，清道光八年（1828）刻本。

④ 邓以权、黎泽泰修，雷飞鹏纂：《蓝山县图志》，民国二十一年（1932）刻本。

⑤ 孙文辉：《草根湖南：湖南民族民间文化解读》，岳麓书社2009年版，第116页。

⑥ 广西壮族自治区编辑组：《广西瑶族社会历史调查》第六册，广西民族出版社1987年版，第279页。

⑦ 胡起望：《论瑶传道教》，《云南社会科学》1994年第1期。

⑧ 盘才万、房先清收集：《拜王歌堂》，广东人民出版社1994年版，第129页。

⑨ 张声震主编：《还盘王愿》，广西民族古籍整理出版规划办公室，2002年，第271页。

⑩ 林河著：《傩史——中国傩文化概论》，东大图书股份有限公司1994年版，第249页。

⑪ 张声震主编：《还盘王愿》，广西民族古籍整理出版规划办公室，2002年，第2—3页。

⑫ 同上书，第271页。

⑬ 国家民委《民族问题五种丛书》编辑委员会、《中国民族问题资料·档案集成》编辑委员会编：《〈中国民族问题资料·档案集成 第5辑 中国少数民族社会历史调查资料丛刊〉第106卷〈民族问题五种丛书〉及其档案汇编》，中央民族大学出版社2005年版，第378页。

瑶族用于挂灯、度师和加职仪式的经书，常提及梅山和闾山，有的甚至直接称所授法教为“闾梅二教”，宣称其道法由“梅山案主”和“闾山九郎”传授。云南瑶族《三戒水盆雪山刀梯书》中的“请师父用”部分所请的师父中首先要请“梅山案主”和“闾山九郎”。[①] 闾山九郎有时也称“闾山案主”，与“梅山案主”并称“闾梅案主”。如《三戒书》就将两位合称“闾梅案主”。此两位九郎或“案主”，都被过山瑶奉为其教主。[②] 此梅山案主，也就是梅山法主。

在西南少数民族梅山教中，梅山法主九郎又有九人之说。法国学者雅克·勒穆瓦纳（Jacques Lemoine）在湖南新化田野调查之后，认为梅山法主九郎分别是卜君大郎、杨君二郎、苏君三郎、郭君四郎、张君五郎、廖君六郎、柳君七郎、宋君八郎、康君九郎。[③] 瑶族猎手出猎前祭梅山神，立坛迎请“上中峒梅山一郎二郎三郎四郎五郎六郎七郎”，[④] 这大概是三峒梅山虚拟化的衍生所致。湖南蓝山民间的梅山神，有梅山祖师、上洞梅山五郎、中洞梅山五郎、下洞梅山五郎、梅山一郎、梅山二郎、梅山三郎、梅山四郎、梅山五郎、梅山六郎、梅山七郎、梅山八郎、梅山九郎、梅山十郎、收邪梅山、灭邪梅山、斩邪梅山、梅山兵马、梅山兵将、梅山大法师、梅山法武大将军等。

三　梅山教的民间土俗神

梅山教除梅山本土神祇张五郎、张赵二郎、三峒梅山、梅山法主之外，还供奉许多民间土俗神。[⑤] 这些土俗神有的是西南各族群坛派的宗师，因有传宗开派的功绩，死后被尊为启教祖师、押牒祖师、开山祖师等，在梅山教神坛享受供祀。湖南城步梅山教的土俗神，有押牒祖师杨顺万，启教祖师龙公正、龙公士、龙扬民、龙扬聪、张裕彬、张裕周、杨再贵、杨再寿、杨秀令、杨正路、杨云凤、易廷绣、杨法引、梁海生、李法兴、林法通、石法灵、张法隆、黄法开、杨法福、杨法弟、于法明、于法灵等；开山祖师雷文享、雷氏秀、钟永晋、魏承达、卢文贵、贺昌朝、祝氏良、吴新棋、吴新玉、吴贤玉、陈十五郎等。[⑥]

湖南会同县梅山虎匠祈请的神灵有：“押牒祖师杨顺万，起教祖师龙公正，龙公四，龙扬明，龙扬聪，张玉秉，张玉周，杨再贵，杨再受，杨秀吟，杨正黯，杨运洪，易廷秀，杨法引，梁海生，李法兴，林法通，石法林，张法隆，黄法开，于法高，于法得，李法昌，梁法贵，粟法有，粟法成，龙法高，于法强，粟法顺，林法洪，梁法成，梁法雷，早早降临。”[⑦] 贵州侗族打猎撵山祈请的神灵，有“押牒祖师杨顺万，启教祖师龙公

① 徐祖祥：《瑶族的宗教与社会——瑶族道教及其与云南瑶族关系研究》，云南人民出版社2006年版，第31页。

② 同上书，第32页。

③ ［法］雅克·勒穆瓦纳：《勉瑶的宗教与历史特点初探》，《广西民族学院学报》1994年第4期。

④ 《千家峒瑶族主要源于梅山蛮及其源流故址初探》，载杨仁里《零陵文化研究都庞撷英》，珠海出版社2003年版，第20页。

⑤ 关于张五郎、张赵二郎，参见张泽洪《梅山神张五郎与张赵二郎研究》，《宗教学研究》2014年第4期。

⑥ 尹建德：《湖南城步的梅山教》，《民间文学论坛》1996年第4期。

⑦ 李怀荪编著：《湖南省会同县金龙乡岩溪冲梅山虎匠科仪本汇编》，新文丰出版公司2001年版，第236页。

正”。[①] 可知这样一份梅山教土俗神的神谱，在湘黔梅山教流播地区大致相同。而湖南邵阳傩坛的蒲法用、夏法传、张法勇、姚法高等，[②] 则显示是另一坛派的祖师神。

湘西花垣县董马库苗族傩坛《铺坛》祈请众多神灵，其中本坛祖师神有：

高祖吴法珍，曾祖吴法琳、吴法通，师祖公吴法高，师伯师叔师公吴法雷，前班传教祖师吴法贤、吴法高、吴法朝，师友石法雷、石法琳、石法通，师弟石法曾，石法全、石法旺，石法官、石法全，师友龙法哥、龙法通，师友梁法高、梁法平、张法林，师弟吴法用、吴法琳，七千七万祖师，八千八万祖师。阴传阴教师傅，阳传阳教师傅，梦传梦教师傅，三十六教师傅，七十二教师傅，九流三教师傅，同坛共教师傅，风吹雨打师傅。[③]

贵州仡佬族《请神科》祈请众神降坛，所请神灵包括本坛历代宗师：

老坛杨公法显，张公法乾，谢公法用，姚公法胜，许公法通，周公法旺，周公法胜，刘公法通，陈公法德，陈公法兴，陈公法先，宋君大郎，宋君满郎，宋公法明，魏公法乾，李公法兴，周公法灵，周公法行，吴公法高，郑公法旺，李公法齐，吴公法祖，陆公法洪，李公法深，刘公法明，李公法洪，李公法开，唐公法万，吴公法兴，吴公法经，杨公法景，杨公法灵，曹公法行，吴公法祥，吴公法宣，李公法淳，刘公法杨，李公法勇，宋公法灵，宋公法显，朱公法宽，朱公法兴，朱公普进，姚公法全，姚公法富，潘公法胜，宋君六郎，宋公法荣，魏公法与，杨公法兴，杨公秀连，陈公法开，杨公法享，徐公法灵，李公法万，彭公法伦，周公法高，周公法清，彭公法全，吴公法全，李公法海，李公法林，李公法荣，李公法兵，吴公法荣，李公法源，李公法全，吴公宗伦，吴公法泽，陈公法灵，陈公法远，周公法海，吴公法洪，萧公法旺，萧公法灵，王公法灵。[④]

西南少数民族地区宗教坛门，大致在请神时都要祈请本坛历代宗师。广东八排瑶文书《何番冤家书》之请神：

前传后传祖师，邓君法明公二十五，邓君法大十八郎、唐君法龙九郎，唐君法意十六郎，唐君法官十二郎，唐君法林二十四郎，邓君法中，邓君法高法保五十六郎，邓君法行十六郎，邓君法安六十五郎，邓君法旺十一郎，唐君法护灵公二十四郎，唐君法用十六郎，唐君法仙朝十七郎，黄君法传三十三郎，黄君法保三十七郎，沈君法能二十八郎，沈君法夫三十二郎，房君法行六十八郎，房君法正二十五郎。生魂祖房

---

① 郑世才、秦秀强：《侗族打猎巫术》，载天柱县政协非物质文化遗产宝库编纂委员会编《天柱县非物质文化遗产宝库》，贵州大学出版社2009年版，第247页。

② 杨其峙、龙海清主编：《曲艺与民间文学方阵·巫瑞书卷》，湖南文艺出版社2000年版，第115页。

③ 周明阜、张应和、谢心宁编撰：《沅湘傩辞汇览》，香港国际展望出版社1992年版，第18—19页。

④ 庹修明、杨启孝、王秋桂计划主持：《贵州省岑巩县平庄乡仡佬族傩坛过职仪式调查报告》，财团法人施合郑民俗文化基金会，1994年，第169—170页。

法进。①

广东八排瑶文书《报冤引》包括祈请本族群土俗神，称：

纠集报冤师主唐君六郎，永君五郎，盘君五郎，唐君法乡真公二郎，唐君法金三十七郎，唐君法林四郎，唐君法春十九郎，唐君法清二十五郎，唐君法乡三十二郎，唐君法大四郎，沈君法行六郎，沈君法金十郎，沈君法传五郎，沈君法授仙公三郎。②

广东八排瑶文书《房十海公祐公满公歌堂书》之《请圣本》称：

明香明灯关请，前代香老，后代香老，前代庙祝，后代庙祝臣师，唐君法善五郎，沈君法春二郎，唐君法真二郎，唐君法兵十郎，唐君法贵十六郎，唐君法荣二十二郎，沈君法愿二十四郎，唐君法印二十五郎，房君法愿十七郎，沈君法富念公七郎，房君法灵九郎，房君法广六郎，法向、法周、法旺、法护、法佑一郎，邓君法周十六郎，房君法嫩八十六郎，房君法宝万公三十二郎，庙祝臣师，一皮兵马。有圣请圣，有马请马，无马请车，乘云驾鹤，含龙下降，回到子孙祠堂，齐临坐正，受鉴明香。③

这些称为师主的唐君、盘君、沈君，是瑶族传统的姓氏，而从其法名带“法”、“郎”的特点，可知是接受度戒的坛派传人。

广东八排瑶《夜头使用道书》请神所请神灵有：

军寮祖先房君法灵九郎、法广六郎、法周四郎、法兴八郎、法向一郎、法旺六郎、法罗弟一郎、法护三郎、法佐四郎。大掌祖先房君法宝四郎、法空九郎、法请二郎、法深八郎、法荣四十六郎、法良二郎、法真三郎、法记四郎、法兴八郎、房第二郎。④

这里军寮祖先、大掌祖先，是八排瑶中军寮排、大掌排的祖先。八排瑶分布在广东连南瑶族自治县境内，八排分别指油岭排、南岗排、横坑排、军寮排、火烧排、大掌排、里八峒排、马箭排。从供祀的军寮祖先、大掌祖先的名称，可知是房姓度戒坛派传人，被当地八排瑶加入神谱供祀。总之，历史上梅山教各坛派的祖师，死后被尊为神灵是普遍现象。

广西桂中、桂东南壮族师公教有“三十六神、七十二相”之说，三十六神分为三元、九官、二十四相。“三元”指唐葛周三将军，“九官”指土地、灶王、社王、雷王及赵、马、邓、辛、关元帅。“三十六神、七十二相”的神系，有借鉴三十六天罡、七十二地煞

① 李默、房先清编：《八排瑶古籍汇编》，广东人民出版社 1995 年版，第 579 页。
② 同上书，第 617 页。
③ 同上书，第 261 页。
④ 同上书，第 539 页。

的意涵。广西壮族师公的神灵如特康、布伯、莫一、莫二、三界、社王、灶王、东令、蒙伦、冯四、冯远、冯九五、特辽、独齿王、甘王、甘头、甘五娘、黎二姑、布桌、张达环、白马姑娘、何云等，都是壮族历史上的英雄，[①] 而被供祀为祖先神。广西桂林的令公、武婆、广福王，柳州的柳文惠侯（柳宗元），融安和融水的梁吴，河池的莫一大王，象州的甘王，贵港的冯三界，马山的蓝桂风和李茂荣，钦州的朱千岁（朱统鉴），[②] 也是壮族梅山教的土俗神。这些土俗神的历史，很难一一追寻清楚，但他们确乎是本族群历史上的英雄祖先。

广西仫佬族“做依饭”仪式中，“还祖选愿”要请三十六神赴坛。享受供祀的有：梁王、吴王、梁九、三光童子、梅山法主、三元教主、家先、土地、门官、功曹、贵勘、复勘、开山使者、填叠使者、扫坛、敷图帐幙、排台列椅、五岳司徒、传书请客、圣母、南曹、花林太子、太保、点楼使者、盘古大王、李社大王、社王、土主、白马姑娘、四山四相、三界、七圣牛哥、雷王、回马师公等三十六神。[③] 仫佬族仪式中的神灵多为民间土俗神，其三十六神是圣数“九”的倍数，有象征神灵之多的文化意涵。

湖南新宁八峒瑶族的 32 副竹篼神灵面具，其中有开峒大郎、领兵七郎、监牲八郎、管人丁的左脚梅山董大王、管牲口的右脚梅山宪大王、无名秀才、浪荡和尚等土俗神。[④] 而广东韶州瑶人拜请的土俗神，有永安县二十六都洪蒙山，熊荆山福典桥中王炉圣火、张赵三郎、三界游猎将军、牵墩石挂弩神将军、铜马三郎、铁马五郎、麻一将军、麻二舍人、麻三大保、麻四夫人、麻熊九姑、开山地主、上山游猎大神、玄天上帝、金阙赵二元帅、唐葛周三位夫人、三位将军、小康元帅、赵火童子、押火童子、箭弓后代师傅。[⑤]

瑶族“跳鼓堂”法事程序，第二天的“启圣、飞报”法事，请仙界诸圣降临，其中有九溪十八峒蛮王。[⑥] 贵州省岑巩县平庄乡仡佬族傩坛奉请的神灵包括“三洞梅山教主，九溪一十八洞蛮王”。[⑦] 瑶族祭梅山神立坛迎请“上峒蛮王、中峒蛮王、下峒蛮王、九溪一十八峒蛮王大将”。[⑧] 新化县白溪镇洪竹村陈益松收藏《和梅山请神一宗》抄本，第三轮启请神名有“起死还生九溪十八峒蛮王，前传后度今古宗师”。[⑨] 古梅山地区冷水江、新化民间师公的《灵宝天心金鳞髓全卷》，记载有“九溪十八峒”名称和首领名号，古梅山九溪为云阳溪、乌云溪、虎马溪、破山溪、红岩溪、狮子溪、黄龙溪、乌窠溪、白虎

① 蒙光朝：《论广西壮族傩戏》，《民族艺术》1992 年第 1 期。

② 广西壮族自治区地方志编纂委员会编：《广西通志·宗教志》，广西人民出版社 1995 年版，第 324 页。

③ 国家民委《民族问题五种丛书》编辑委员会、《中国民族问题资料·档案集成》编辑委员会编：《〈中国民族问题资料·档案集成 第 5 辑 中国少数民族社会历史调查资料丛刊〉第 117 卷〈民族问题五种丛书〉及其档案汇编》，中央民族大学出版社 2005 年版，第 184 页。

④ 林河：《中国巫傩史》，花城出版社 2001 年版，第 418 页。

⑤ 李默：《韶州瑶人——粤北瑶族社会发展跟踪调查》，中山大学出版社 2004 年版，第 223 页。

⑥ 张有隽主编：《中国各民族原始宗教资料集成·瑶族卷》，中国社会科学出版社 1998 年版，第 263 页。

⑦ 庹修明、杨启孝、王秋桂计划主持：《贵州省岑巩县平庄乡仡佬族傩坛过职仪式调查报告》，财团法人施合郑民俗文化基金会，1994 年，第 170 页。

⑧ 《千家峒瑶族主要源于梅山蛮及其源流故址初探》，载杨仁里《零陵文化研究都庞撷英》，珠海出版社 2003 年版，第 20 页。

⑨ 李新吾、李新民、李志勇：《史前“兵主蚩尤”与“火正祝融”的复合之神——梅山烧炭神孟公神格调查》，载中国民俗学会、花垣县人民政府编《魂牵蚩尤：全国蚩尤文化研讨会（湖南·花垣）论文资料汇编》，民族出版社 2010 年版，第 196 页。

溪。古梅山十八峒为仙人峒、铜槽铁枧峒、石马峒、河沙峒、青鱼峒、桃花峒、观音峒、白鹤峒、白蛇峒、白马峒、赤岩峒、迷魂峒、仙姑峒、金鸡峒、野猪峒、黄连峒、龟蛇峒、赤脚峒。九溪十八峒蛮王，泛指梅山教地区的蛮族首领，但与历史上“九溪十八洞起义”有关。

在湘西南梅山教傩坛文书中，有一份清光绪七年会同县摆滩村巫师刘法泰的《管兵大牒》，其中开列了傩坛“梅山兵马”的名目，似反映出对宋代梅山蛮首领的尊崇。湘西南会同县《管兵大牒》称：“谨请梅山扶胡大王分推军，三十三万兵马，正法一阶，度弟子臣刘法泰十方行用火急！谨请梅山扶胡分汉军，三十三万兵马，正法一阶，度弟子臣刘法泰十方行用火急！”① 北宋梅山十峒蛮多次反乱，以致北宋太平兴国至熙宁年间开梅山，前后经历上百年才终于招抚梅山蛮。牒文中的梅山三百六十州扶大王，其扶姓与北宋梅山左甲首领扶汉阳相合，这份《管兵大牒》沿袭道教科仪请兵的格式，但却融入了梅山蛮的文化元素。西南少数民族科仪文书，大致具有道教科仪的结构格式，但神灵及叙事总会融入族群的元素，以适应地方族群的思维习惯。

梅山教神灵系统中的九溪十八峒蛮王、上峒蛮王、中峒蛮王、下峒蛮王、梅山三百六十州扶大王，确乎有梅山十峒蛮首领的影子，他们能够进入梅山教神坛享受供祀，反映出梅山教地区族群对其英雄祖先的崇拜。

四　梅山教神坛的道教神祇

梅山教在长期传播的历史过程中，受中原儒、释、道三教影响至为明显，梅山教的神灵谱系庞杂，将来自中原大传统的神灵与本族群小传统的土俗神融汇一坛，是西南少数民族宗教大传统与小传统结合的典型例证。梅山教尊奉的儒教神祇有开天辟地盘古尊王、上元盘古仙人、中元盘古仙人、下元盘古仙人、左元盘古仙人、右元盘古仙人、神农、黄帝、五谷尊神、尧王天子等。梅山教尊奉佛教神祇有寿福老佛、伽蓝菩萨、观音菩萨、包头斋公、剃头和尚、十八罗汉、威永侯王一十八位伽蓝、二十四位诸天菩萨等。道教的太上老君、玉皇、三清灵王、三元宗师唐、葛、周三将军、三元三官、真武祖师大将、黄衣道人、黑衣道士、太白金星、灵丹妙药仙人、将药仙人、炼药仙人、东岳仙人、南岳仙人、西岳仙人、北岳仙人、中岳仙人、五岳五天圣帝等。② 梅山坛上太上老君法力最大，民间所谓“玉皇有权，老君有法”。③

广西山子瑶师公的《鬼脚科》，全称《贡筵大会鬼脚科》。《鬼脚科》记录山子瑶师公崇奉十部神灵，即三皇五帝部、三元教主部、盘王部、三界祖爷部、乐州东境部、瘟王部、雷部、婆王部、祖宗兵马部、伍供仙童部。《鬼脚科》十部180余位神灵按“旗头”排列，每一旗头有一位主神。如三皇五帝部旗头所属神灵有社王、灶王、城隍、盘王、神农、伏羲等。每个旗头的神灵都有庙宇，例如三皇五帝旗头有太康庙、青草庙、昆仑庙、吉州庙、扶桑庙、蓬莱庙，三元教主旗头有雪山（即梅山）法坦庙、信州庙、黑风庙、

---

① 李怀荪编著：《湖南省会同县金龙乡岩溪冲梅山虎匠科仪本汇编》，新文丰出版公司2001年版，第279页。

② 尹建德：《湖南城步的梅山教》，《民间文学论坛》1996年第4期，第78—80页。

③ 李怀荪：《湖南省黔阳县湾溪乡的观音醮和辰河木偶戏香山》，优文印刷股份有限公司1996年版，第36页。

武当庙、香山庙、邪庙。[①] 据平地瑶《请圣科本》所载，请神多达1200多个。[②]

云南金平县城关镇路黑浪瑶族请神坛歌祈请的神灵有：玉清圣境元始天尊、上清仙境灵宝天尊、太清真境道德天尊、昊天金阙玉皇大帝、中天圣主北极紫微大帝、南北二斗星军师圣真人、左右香花玉女，龙虎二圣真君、黄赵二圣真人、财禄二库判官、天峰都元帅、天佑副将军、翻海张赵二郎圣主、打瘟收耗三郎、上元五郎、押兵刀头、七官中坛、秽戳金刚太岁、南天龙树、北方真武、玄天上帝、观音菩萨、长旗封印、金童玉女、四员猛将、下赴香坛，都来承执下坛。白虎天门李十五官、梅山法主九郎、杨山法主九郎、上元唐将军、中元葛将军、下元周将军、云头仙女、明月龙凤三娘、变现五通，两边排马郎官、金牙三尺太尉、六巡黄衣使者、白衣判官、敕封太尉南朝李十六官、部兵李十一官、感应修斋李十二官、三位旗头官、左殿仙峰同明八官、右殿沙刀明月四官。[③]

在云南瑶族仪式的这份神谱中，梅山法主九郎、杨山法主九郎、上元唐将军、中元葛将军、下元周将军、太尉南朝李十六官等，都是梅山教色彩颇浓的神灵。广西荔浦瑶族《度三戒表疏法书》之《传度罡步歌》就说："又叫南朝李十六，开坛法院在梅山。""请我南朝李十六，住在本州平乐乡，少年胆大力无量，老来修道爱烧香。一世专斋不吃肉，两边把手去遥遥，承受三清真教典，除邪布政我为强。"[④]

而南天龙树、观音菩萨、秽戳金刚太岁、财禄二库判官、犀牛、白象等是佛教的神灵。而属于道教及民间土俗神的更多。神谱中的金童玉女、黄衣使者、麒麟、狮子、雷兵、五伤，都是道教的神祇，在道教经书中多有记载。宋代道经《太上洞玄灵宝五显观华光本行妙经》说："天尊于是以金简玉符、遣金童玉女、敕召灵观五大天帅。"[⑤] 在道教神仙的叙事中，金童玉女，宝盖幡幢，是典型的神仙仪仗队伍，太清左右就有侍香金童玉女、玉虚金童玉女、飞行金童玉女。

黄衣使者是道教天界玄都的神灵，黄衣使者被视为太上老君的使者。宋谢守灏《混元圣纪》卷八载："六月丙午，帝将视朝，忽见黄衣使者自空中持玉版丹书，告曰：'太上有敕。'"[⑥] 麒麟、狮子，是道教象征祥瑞、辟邪之神兽，与龙、凤并列为道教四大灵兽。宋金允中《上清灵宝大法》卷二十一《临坛符法品》午朝存想："思黄云之炁，匝满斋堂，麒麟狮子，如前备守。"[⑦] 宋贾善翔《犹龙传》卷一载真身老君："身如金色，面放五光，自然化出神王力士，青龙白兽，麒麟狮子，列于前后。"[⑧]

广西瑶族神唱《良愿酬书》，要请"春季春雷兵，夏季夏雷兵，秋季秋雷兵，冬季冬

---

① 参见国家民委《民族问题五种丛书》编辑委员会《中国民族问题资料·档案集成》编辑委员会编《〈中国民族问题资料·档案集成 第5辑 中国少数民族社会历史调查资料丛刊〉第114卷〈民族问题五种丛书〉及其档案汇编》，中央民族大学出版社2005年版，第287—288页。张有隽主编：《中国原始宗教资料集成·瑶族卷》，中国社会科学出版社1998年版，第398页。

② 张有隽、玉时阶：《瑶学研究》第6辑，香港展望出版社2008年版，第200页。

③ 《金平县城关镇路黑浪（老街）瑶族道教调查》，载国家民委《民族问题五种丛书》编辑委员会、《〈中国民族问题资料·档案集成》编辑委员会编：《中国民族问题资料·档案集成 第5辑 中国少数民族社会历史调查资料丛刊〉第106卷〈民族问题五种丛书〉及其档案汇编》，中央民族大学出版社2005年版，第378页。

④ 广西荔浦瑶族经书手抄本。

⑤ 《道藏》第34册，文物出版社、上海书店出版社、天津古籍出版社1988年版，第750页。

⑥ 《道藏》第17册，文物出版社、上海书店出版社、天津古籍出版社1988年版，第853页。

⑦ 《道藏》第31册，文物出版社、上海书店出版社、天津古籍出版社1988年版，第471页。

⑧ 《道藏》第18册，文物出版社、上海书店出版社、天津古籍出版社1988年版，第9页。

雷兵，一年四季蛮雷兵将，麒麟狮子，猛虎毒蛇猖兵，公父爷父，开教引教，度法书表证盟。”① 瑶族仪式坛场祈使的雷兵来自道教，道教有“北极驱邪院神将神兵，玉枢五雷院雷将雷兵”之说。道教《太上说青玄雷令法行因地妙经》说：“主令温元帅，代天行化，助法救民，统御雷兵，可弭彼难。”② 明代道经《道法会元》卷四十八申东岳府文书说：“旨差地祇阴雷主者温琼等，部领岳府雷兵，辖起所属城隍社令，祀典英烈神祇，近境山川溪源潭洞行雨龙神，一合分真下降。”③《道法会元》卷七十一《虚靖天师破妄章》之《金光召雷》称：“金光烁烁照雷城，百万雷兵禀令行。”④《道法会元》卷七十三《天书雷篆上》称：“雷部有百万雷众，统于雷公将军、雷部总兵使者。”⑤ 道教雷法驱使的雷兵，动辄几十万、几百万，甚至有万万雷神、亿万雷神之说。北宋是道教雷法盛行的时代，梅山教神灵系统中的雷兵，或许透露出北宋道教影响梅山教的时代信息。

梅山教的坛上五伤、坛下五伤，属于下坛兵将。早期道教有五伤之鬼，⑥ 则五伤为鬼精之一。两晋南北朝道经《太上洞渊神咒经》卷十《杀鬼品》说：“又有刘元达、张元伯、赵公明、李公仲、史文业、钟仕季、少都符，各将五伤鬼精二十五万人，行瘟疫病。”⑦《太上洞渊神咒经》卷十一《三昧王召鬼神咒品》说：“五方老精，五伤鬼贼，……自相劝诱，舍俗归道，伏从教敕，更不得为害。”⑧ 宋王契真《上清灵宝大法》卷六十四《斋法章奏门》载“五道五伤”牒文，称“灵宝大法司牒：五道五伤、三十六伤神司”。⑨ 广西瑶族请山神，要将当地因刀伤、枪伤、跌伤、杀伤、兽伤而死的“五伤鬼”，全部赶入十八层地狱。

广西盘瑶《师歌书》之《入行思歌用》神唱，述说道教的三清、玉皇、太上老君：

> 三清原在青云出，原在青云化出身。紫云化身身白石，我今坛内得安身。闻说今朝有状请，元始天尊齐下坛。元始天尊为第一，灵宝天尊第二名。日里又发千兵去，夜里又发万兵行。抽（抬）头望见高宫殿，杀鬼已多解玉皇。闻说今朝有状请，灵宝天尊齐下坛。太上老君李老君，身骑白马入青云。⑩

西南少数民族在既有原始宗教的基础之上，汲取了道教的神仙信仰和仪式结构，将本族群英雄祖先、本坛派的历代祖师都纳入神灵系统进行供祀。西南少数民族梅山教的神

---

① 国家民委《民族问题五种丛书》编辑委员会、《中国民族问题资料·档案集成》编辑委员会编：《〈中国民族问题资料·档案集成 第5辑 中国少数民族社会历史调查资料丛刊〉第116卷〈民族问题五种丛书〉及其档案汇编》，中央民族大学出版社2005年版，第639页。

② 《道藏》第28册，文物出版社、上海书店出版社、天津古籍出版社1988年版，第377页。

③ 《道藏》第29册，文物出版社、上海书店出版社、天津古籍出版社1988年版，第80页。

④ 同上书，第240页。

⑤ 同上书，第245页。

⑥ 刘宋陆修静《陆先生道门科略》说下古之时，“三五失统，人鬼错乱，六天故气称官上号，构合百精及五伤之鬼、败军死将、乱军死兵”。《道藏》第24册，文物出版社、上海书店出版社、天津古籍出版社1988年版，第779页。

⑦ 《道藏》第6册，文物出版社、上海书店出版社、天津古籍出版社1988年版，第41页。

⑧ 同上书，第40页。

⑨ 《道藏》第31册，文物出版社、上海书店出版社、天津古籍出版社1988年版，第307页。

⑩ 胡起望、范宏贵：《盘村瑶族》，民族出版社1983年版，第251页。

灵，确实构成了多元的信仰体系。西南少数民族梅山教多元神灵系统的形成，是南岭走廊道教文化传播的结果。

结语

在西南少数民族梅山教多元神灵系统中，梅山法主、三峒梅山、梅山教的民间土俗神等与道教的太上老君、三清、三元等神仙同坛享受供祀。西南少数民族梅山教众多的民间土俗神、祖师神与道教神灵的混融，是道教在西南少数民族地区传播经历文化涵化的结果。我们认为西南少数民族梅山教的多元神灵系统，只有从南岭走廊道教文化传播的视野才能获得合理解释。

（原文发表于《宗教学研究》2015 年第 3 期）

第三种辽藏探幽

方广锠[*]

2012 年 12 月应邀参加由韩国中央研究院召开的“高丽初雕大藏经与东亚大藏经”国际研讨会。会后参观了韩国中央研究院藏书阁所藏古籍善本，并应邀鉴定藏书阁所藏高丽刻本《药师瑠璃光如来本愿功德经》。该《药师瑠璃光如来本愿功德经》虽为高丽刻本，却为研究辽代大藏经提供了新资料。今将有关思考梳理如下，以求教于高明。

一　问题的背景

或因辽代禁止图书出境政策的缘故[①]，传世的辽代典籍数量有限。长期以来，人们从山西大同华严寺薄伽教藏碑铭、北京旸台山清水寺碑铭、守其的《别录》、宓庵的《〈丹本大藏〉庆赞疏》等资料，知道辽代曾经刊刻汉文大藏经。但对辽藏的具体情况，难知其详，诸家论述，亦各执一隅。[②] 笔者在《〈辽大字藏〉的定名与存本》[③]《辽藏版本及〈辽小字藏〉存本》[④] 两文中曾对辽藏研究史中的若干问题有所涉猎，此不赘述。

1974 年，山西应县佛宫寺释迦塔佛像中发现《辽大字藏》。1982 年，有关资料正式公布。从此，辽藏开始撩起神秘的面纱。1991 年，出版图录《应县木塔辽代秘藏》[⑤]，辽藏研究也进入新的阶段。随着研究的深入，新的疑问开始产生，主要有两个：

第一，《辽小字藏》是否真实存在？

根据宓庵《〈丹本大藏〉庆赞疏》的记载，辽藏“帙简部轻，函未盈于二百；纸薄字密，册不满于一千”[⑥]，前此中日不少学者往往据此叙述辽藏的概况。而应县所出辽藏乃卷轴装，每纸 27 行 17 字，框高字大，行格疏朗，与《〈丹本大藏〉庆赞疏》所述完全不同。故郑恩淮先生曾对宓庵的记载断言如下：“显然这些臆测之言是完全错误的。皆因未

---

* 方广锠，上海师范大学哲学学院教授、博士生导师。

① 据史料记载，辽代执行禁止图书出境的政策，但北宋朝对图书出境亦有限制。从现有资料看，颇有典籍从辽朝输出到高丽。因此，对所谓“辽代执行禁止图书出境的政策”的成因、执行情况、结果，还需做进一步研究。

② 山西应县佛宫寺释迦塔发现辽藏的信息于 1982 年正式公开。据笔者不完全调查，1982 年以前发表过关于辽藏研究论著的研究者有：妻木直良、塚本善隆、小野玄妙、叶恭绰、陈垣、吕澂、野上俊静、林元白、周叔迦、小川贯弌、李圆净、道安、陈述、竺沙雅章等。

③ 方广锠：《〈辽大字藏〉的定名与存本》，载《中国学术》总第 18 辑，商务印书馆 2005 年版。

④ 方广锠：《辽藏版本及〈辽小字藏〉存本》，《文献》2015 年第 1 期。

⑤ 山西省文物局、中国历史博物馆：《应县木塔辽代秘藏》，文物出版社 1991 年版。

⑥ 释宓庵：《〈丹本大藏〉庆赞疏》，《东文选》卷一一二，民族文化推进会影印本（韩国）1981 年版。

见实物之缘故。"①

然而，1987 年在河北丰润天宫寺塔发现了小字本辽代刻经，其特点完全符合《〈丹本大藏〉庆赞疏》所述的"纸薄字密"云云，其中好几部小字本辽代刻经附有千字文帙号，且在《大方广佛华严经》、《金光明最胜王经》等经的题记中明确出现"小字"云云。

因此，随着丰润天宫寺塔小字本的发现，辽代存在"纸薄字密"的《辽小字藏》这一事实，应该予以确认。根据笔者的研究，丰润天宫寺塔中的《大乘本生心地观经》可视为标准的《辽小字藏》，参见上述拙作《辽藏版本及〈辽小字藏〉存本》。

第二，应县出土几种辽藏经本？

山西应县佛宫寺共发现附有千字文帙号的佛经 12 号，发现者认为这 12 号均为辽藏。其后，罗炤、竺沙雅章先后撰文对上述观点提出质疑。

1983 年，罗炤首先发表《〈契丹藏〉的雕印年代》（以下简称《雕印》）。该文指出，12 号辽代刻经中，第 6 号"女字号"《称赞大乘功德经》乃比丘道譔的私刻单本，并非大藏经本。文章还指出，第 5 号《妙法莲华经》卷二的版片号的形态也与其余 10 号不同。文章虽然没有对该卷是否大藏经本表示明确的意见，但已表现出怀疑的倾向。②

1992 年，罗炤又发表《有关〈契丹藏〉的几个问题》（以下简称《问题》），发展了自己在《雕印》中的观点，进一步提出"应县木塔《契丹藏》仅有 10 卷"。第 6 号《称赞大乘功德经》是私刻单本，固非大藏经本。第 5 号《妙法莲华经》卷二的版式与其余 10 卷《契丹藏》经本不同，而与第 26 号单刻本《妙法莲华经》卷八相同。因此，它与第 26 号单刻《妙法莲华经》卷八"应是同经同版的异卷印本"，也非大藏经本。

在《问题》中，罗炤还提出："对应县木塔 10 卷《契丹藏》细加观察，可以发现：这 10 卷中存在两种版式。"第一种是第 1、7、8、9、10、11、12 号等 7 卷，第二种是 2、3、4 号等 3 卷。在叙述了两种刻经版式的特点以后，他提出如下推测："在同一部官版大藏经中，不可能出现差异如此之大的两种版式。笔者认为，第二种似晚于第一种，它们或者分属于两种版本的《契丹藏》，或者第二种 3 卷《华严经》是复刻《契丹藏》的单刻经，但改变了方式（方按：'方式'似应为'版式'）。"③

罗炤在此实际提出这样一个问题：应县木塔的 10 号辽藏中，只有 7 号属于《辽大字藏》，还有 3 号可能是另一种辽藏。也就是说，除了《辽大字藏》《辽小字藏》外，辽代有可能存在第三种藏经。

竺沙雅章于 1994 年发表《从新发现资料所见之辽代佛教》④ （以下简称《新出资料》），他在仔细考察《应县木塔辽代秘藏》所载图版后，将 12 卷带有千字文帙号的刻经分为四类：第一类，第 1 号、第 7 号、第 9 号；第二类，第 8 号、第 10 号；第三类，第 11 号、第 12 号；第四类，第 2 号、第 3 号、第 4 号、第 5 号、第 6 号（方按：原文误作第 7 号）。竺沙雅章认为，前三类都是《契丹藏》，第四类不是《契丹藏》。也就是说，应县木塔所存的《契丹藏》经本，实际只有 7 卷。

---

① 郑恩淮：《应县木塔发现〈契丹藏〉》，载《辽金史论集》第二集，书目文献出版社 1987 年版，第 171 页。

② 罗炤：《〈契丹藏〉的雕印年代》，《中国历史博物馆馆刊》1983 年第 5 期。

③ 参见罗炤《有关〈契丹藏〉的几个问题》，《文物》1992 年第 11 期。

④ 竺沙雅章：《新出資料よりみた遼代の佛教》（从新发现资料所见之辽代佛教），《禅学研究》第 72 号，花园大学禅学研究会（京都），1994 年 1 月。

比照罗炤与竺沙雅章的观点，他们都同意12号刻经中，只有7号才是真正的辽藏。对第5、第6两号，两人观点也一致，都认为并非大藏经本。至于第2、第3、第4等3号，罗炤认为可能是另一种辽藏，也可能是依据《契丹藏》为底本另刻单经。竺沙雅章则认为不能肯定它们是否大藏经本，主张它们可能是僧侣私人用品。在这一点上，两人意见互有不同。

2005年，笔者在《〈辽大字藏〉的定名与存本》一文中对应县木塔第2、第3、第4等3号佛典的归属有所考察，现概述如下，文字与2005年发表时略有修订。

第2号、第3号、第4号，总计3号。

这一部分的特征是：版片号的写法也都是经名卷次、版片序号、帙号，但都标注在右起第一行、第二行之间。上下双框。第2号、第3号每版28行，每行15字。第4号无完整版，无法统计每版行数，仅可知每行15字。通观这3卷，字体圆润，风格协调。显然是同一批刻经。与第一部分相比，版片号位置不同，边框形态不同，字体不同，每版行数、每行字数都不同。总体风格也有较大差异。显然不是同一批刻经。罗炤、竺沙雅章将它们与第一部分区别开来，无疑是正确的。

那么如何看待这3号刻经呢？

罗炤认为："第二种似晚于第一种，它们或者分属于两种版本的《契丹藏》，或者第二种3卷《华严经》是复刻《契丹藏》的单刻经，但改变了方式（版式）。"①

在上述论述中，罗炤仅提出推测，没有列举具体的理由。我认为，两种印本、版式的区别既然如此之大，肯定并非同一种藏经。因此，即使这3号刻经是大藏经本，也应该把它们与《辽大字藏》区分开来，作为一种新的藏经看待。罗炤的推测，可以转化为如下两种可能：（1）它们是一种与《辽大字藏》不同的新的藏经。（2）它们是以某种藏经为底本刊刻的另刻单经。

竺沙雅章则这样说："至今没有发现宋代（方按：从行文看，实际泛指宋辽）有每行15字的藏经，因此无法确定它是哪种藏经的零本。这3卷均标有朱点，因此，它们并非收藏在某寺的经藏中，而是供个人读诵或学习用的经卷。由此，这3卷很难被视为《契丹藏》。"② 也就是说，竺沙雅章否定这3卷属于辽藏。对于它们是否一种新的藏经，谨慎地予以否定。但提示了另一个方向：它们是僧人个人用品。虽说某些零本也有可能从大藏经中逸出，成为僧人的私人读诵本；但在刻本藏经刚刚出现的宋辽时代，这种可能性不大。因此，竺沙雅章实际主张这3卷《华严经》是另刻单经。

我比较赞同竺沙雅章的观点。

首先，这3卷《华严经》并非《辽大字藏》。

虽然说这3号《华严经》的形态符合大藏经本的基本特征，有可能是大藏经本。但它们与《辽大字藏》完全不类，绝不可能属于《辽大字藏》。

其次，它们虽有可能属于新藏经，但可能性非常小。

这3号《华严经》的版式为28行15字，这种版式比较特殊，历代写经大藏、刻经大藏，从未见过。"说有容易说无难"，我们不敢说宋辽时期绝对没有刊刻过这样一部大藏；

---

① 竺沙雅章：《新出資料よりみた遼代の佛教》（从新发现资料所见之辽代佛教），《禅学研究》第72号，花园大学禅学研究会（京都），1994年1月，第55、11页。

② 同上。

但我们确实没有任何一点线索，哪怕任何一点蛛丝马迹来证实这一点。一部大藏，篇幅浩繁，刊刻不易。北宋在四川刻成《开宝藏》后，宁可将13万块版片千里迢迢运到开封，也不在开封新刻一部。想必运费工本要比新刻一部还要便宜。整个北宋，没有刊刻过第二部官藏。即使南宋，也只是把私刻的《崇宁藏》当作准官藏对待，并未刊刻本朝新的官藏。辽代已经刊刻了《辽大字藏》，还有一部《辽小字藏》在流通，则是否还会再刊刻一部新的大藏经，实在令人怀疑。总之，除非将来真的发现辽宋所刻28行15字的大藏经，否则我们不能认为这3号《华严经》是大藏经本。

另一方面，这3号是另刻单经的可能性很大，理由如下：

第一，从逻辑上讲，既然我们不能肯定它们是大藏经本，则必须考虑它们是另刻单经。

第二，正如竺沙雅章指出的，这3卷本身的形态表明，它们是僧人日常实际使用的经本，而非藏经楼中供养的经本。

第三，我们知道，辽代佛教重华严，华严的研究、教学都很兴盛。与此相应，对《华严经》经本的需求必然旺盛。由此出现依某种大藏经为底本刊刻的另刻单经以供僧人讲习需要，这是很自然的。

第四，如前所述，28行15字这种版式，作为大藏经本，非常特殊，以往没有见过。而作为另刻单经，这种形态则比较普通。另刻单经属于民间率意之作，往往受当时当地条件的限制，所刻经版，并无一定规范。

最后的结论是："总之，就这3号《华严》而言，除非将来出现新资料，证明它们属于大藏经本。否则，将它们视为另刻单经较为妥当。"也就是说，笔者在赞同竺沙雅章观点的同时，谨慎地保留了这3号刻本佛经是第三种辽藏的可能。

高兴的是，收藏在韩国中央研究院藏书阁的高丽刻本《药师瑠璃光如来本愿功德经》为研究这一问题提供了新的线索。

二　藏书阁本《药师瑠璃光如来本愿功德经》概况

该《药师瑠璃光如来本愿功德经》线装一册。卷首有首题、千字文帙号及译者名，共两行，作："药师瑠璃光如来本愿功德经一卷。鞠。/三藏法师玄奘奉诏译。/"尾题作："药师如来本愿功德经一卷。"下有阴文朱印"尹印锡昌"，为收藏印。尾题后有题记两行："乾统二年壬午岁高丽国大兴王寺奉/宣雕造。/""乾统"为辽天祚帝年号，"乾统二年壬午岁"为公元1102年，时当高丽肃宗七年。"大兴王寺"是高丽朝收藏与刊刻佛教典籍的重要寺院，在今开城。"奉宣雕造"一语，说明该《药师瑠璃光如来本愿功德经》乃奉高丽肃宗之命而刊刻，属于国家行为，并非大兴王寺或某僧人的私家行为。所用纸张为高丽皮纸。因此，本经为由高丽刻板、在高丽印刷的高丽刻本。全经通卷有断句，证明这是当时僧人的念诵本，而非供养本。

考察刻本佛经，应从装帧形式等如下七个方面进行。下面是笔者考察该经的大体结果。

（一）装帧形式

汉文刻本藏经有卷轴装、经折装、线装三种形式。实践中亦见原版为卷轴装而改装为经折装，如日本南禅寺所藏《初刻高丽藏》。原版为经折装而改装为卷轴装，如前些年中国拍卖市场出现的《元官藏》。原版为经折装而刷印、装订为线装，如中国上海龙华寺所藏《永乐南藏》。原版为卷轴装而刷印、装订为线装，如日据时期刊印的《再刻高丽藏》。本《药师瑠璃光如来本愿功德经》亦为原版为卷轴装而刷印、装订为线装。

查该《药师瑠璃光如来本愿功德经》原版应为卷轴装，共15版。但刷印时每版用两纸刷印，其中第15版因属卷尾，文字较少，仅用一纸刷印。故现存该经不计封面、扉叶，共29纸。每纸折为两个半叶，共计58个半叶。

称该经原版为卷轴装而刷印、装订为线装，理由如下：

按照线装的惯例，一纸折为两个半叶，前后两纸文字的内容相连，但两纸所刷印的文字互不相涉。然而该《药师瑠璃光如来本愿功德经》第1纸末行第一、第二字“者业”的左边留有残字痕3处。经考察，这三个残字痕与第2纸首行“情故”两字右边的笔痕相符。同理，在第3纸与第4纸之间、第5纸与第6纸之间、第7纸与第8纸之间、第11纸与第12纸之间，均可看到这种现象：或是前一纸的末行的字痕残留在后一纸首部，或是后一纸首行的字痕残留在前一纸尾部，或既有前1纸的末行的字痕残留在后1纸首部，又有后1纸首行的字痕残留在前1纸尾部。统观全书15版，29纸，大多数同版两纸均有这种现象。所以出现这种情况，乃因该经版片虽为卷轴装，但印刷者在开始刷印时便计划采用更加简便的线装。为此，刷印时不采用一版一纸刷印，而是采用一版两纸刷印，每纸仅刷印半版。这样，刷印时需要将另外半版用物体遮盖。但如遮盖不严，就出现上述同一版刷印的前后两纸留下另一纸首行或末行残字痕的情况。

因为该经原版实际是卷轴装，故以下对该经本特征的叙述，均以对卷轴装的表述方式进行。

（二）千字文帙号

该经有千字文帙号“鞠”，仅一处，刻在首题下。

（三）行数

如笔者在《〈辽大字藏〉的定名与存本》中指出：“行数指写经每纸、刻经每版所容纳的经文行数。无论写经还是刻经，由于首版受标题、译著者行的影响，行款往往与其余诸版不同。……而尾版受经文本身长短的影响，行款更不可能固定。所以按照惯例，在考察经典行款规范时，将首版与尾版排除在外，衹计其他诸版。”

该《药师瑠璃光如来本愿功德经》除第1版受标题影响为23行，第15版为卷尾仅8行（其中正文5行、尾题1行，题记2行）外，其余13版均为每版24行，比较规范。

（四）字数

字数指每标准行所抄写或刊刻的经文字数。所谓标准行指完整的行，排除不完整行、偈颂、陀罗尼、礼佛名、双行小字之类特殊的情况。亦不考虑上版写经时因每行字数控制不严而出现的参差。

该《药师瑠璃光如来本愿功德经》每行15字。个别行因上版写经时字数控制不严而有参差，如第15版第5行即为16字。

（五）版片号

版片号指刊刻在版片上的标明该版所刻经典、版片次序的文字，用来对版片进行管理。往往包括经名卷次、版片序号、千字文帙号等内容。不同藏经、刻经的版片号包括内容不同，标注的位置也不同。

该《药师瑠璃光如来本愿功德经》版片号的情况如下：

第 1 版，无版片号。

第 2 版，版片号作“二”，标注在第四纸尾端，亦即整个第 2 版的末尾。

第 3 版到第 14 版，版片号分别做“三”—“十五”，标注在每版第 1 行与第 2 行行间，相当于每行第 3 个字到第 4 个字中间的位置。

由于第 1 版已经有经名卷次，且在形态上清楚表明这就是第 1 版，所以刻经时第 1 版一般无版片号。一般来说，一部经典，版片号的标注方式应该统一。但本经第 2 版的标注方式与其余诸版不同，值得注意。

藏经版片，由于数量巨大，为了便于管理，不致混淆，版片上一定会标注经名卷次、帙号、版片序号等内容。另刻单经，则根据情况不同而有区别。如果该经篇幅不大，版片不多，则往往仅标注序号。如果仅有几片，容易区别，也有不标注版片序号者。但如果该经篇幅较大，版片较多，则也有进一步标注经名卷次者。如果该另刻单经的底本来自大藏，则往往有照刻千字文帙号的。

本经版片号仅有序号，由此可以肯定，该《药师瑠璃光如来本愿功德经》应属另刻单经。但它又有千字文帙号，故知它的底本应源自某一藏经。

（六）界栏形态

界栏包括上下水平边栏及垂直竖栏。同一部藏经，特别是同一部藏经的同一个时期刻本，它的界栏形态基本统一。这也是判别不同藏经、同一藏经的不同时期刻本的参考因素之一。

卷轴装刻经界栏比较简单，有的无栏，如《开宝藏》；一般上下有水平边栏，如《赵城藏》《辽大字藏》《初刻高丽藏》。上下有水平边栏者，其边栏有单框、双框、子母框之别。

该《药师瑠璃光如来本愿功德经》上下有水平边栏，为单框。此外，该经首尾还有竖栏。关于水平边栏，拟在下文讨论。此处考察首尾竖栏。

上述 7 号《辽大字藏》中，首尾残缺无从考察的不予统计。首部完整的《辽大字藏》共 4 号，其中 2 号有垂直竖栏。尾部完整的《辽大字藏》共 6 号，其中 3 号有垂直竖栏。首尾均全的《辽大字藏》有 4 号，其中首尾均无竖栏者 1 号（第 1 号）、仅尾部有竖栏者 1 号（第 7 号）、仅首部有竖栏者 1 号（第 9 号）、首尾均有竖栏者 1 号（第 10 号）。第 10 号虽然首尾均有竖栏，但首部竖栏仅一道，不像其他经卷，至少有两道竖栏。由此可知，在《辽大字藏》中，是否刊刻竖栏有一定的随意性，并非鉴别辽藏的必备依据。

考察应县出土的其他辽代单刻经，不少经典首尾也有竖栏。如《应县木塔辽代秘藏》中第 20 号《妙法莲华经》卷四、第 21 号《妙法莲华经》卷四、第 30 号《佛说八师经》、第 32 号《高王观世音经》等经，或首或尾或首尾均有竖栏。由此可知，我们或者可以把首尾有无竖栏视为鉴别辽代刻经标准之一，但不能用它来鉴定辽藏。

（七）版框数据、纸张数据

根据该经的书志学数据，该《药师瑠璃光如来本愿功德经》原版的数据为高 22 厘米，长 55 厘米。由于该经一版印为两纸，由卷轴装改为线装，故上述板框高度可以信从。板框长度因依据两纸印痕相加统计，仅可参考。

同样，据统计，该《药师瑠璃光如来本愿功德经》经本高 30 厘米，宽 16. 2 厘米。该经本高度即用以刷印的纸张高度（假设装订以后未作切边），可以信从。至于经本宽度，对本文的考察而言，亦仅供参考。

三　《药师瑠璃光如来本愿功德经》的性质

如前所述，该《药师瑠璃光如来本愿功德经》有千字文帙号“鞠”。千字文帙号为藏经编号所用，在佛典鉴定实践中，凡某佛教经本如有千字文帙号，则必然与某藏经有关。或为某藏经的零本，或为依据某藏经为底本刊刻的另刻单经。现该《药师瑠璃光如来本愿功德经》有千字文帙号，故它肯定与某藏经有关。那么，它与哪种藏经有关呢？

（一）《药师瑠璃光如来本愿功德经》底本源自辽藏

根据现有资料，《房山石经》中虽有《药师瑠璃光如来本愿功德经》刻石两种，但均为唐代所刻，无千字文编号。《药师瑠璃光如来本愿功德经》在中原系刻本藏经《开宝藏》中的千字文帙号为“恭”；在同属中原系的《赵城金藏》《初刻高丽藏》中，该经的帙号亦为“恭”。而在当时已经开始刊刻的南方系《崇宁藏》中，该经的帙号为“惟”。现高丽刻本《药师瑠璃光如来本愿功德经》的千字文帙号为“鞠”，与中原系、北方系藏经均不符合。

根据笔者研究，《开元释教录・入藏录》初出时无千字文帙号。会昌废佛以后，全国大藏经按照《开元释教录・入藏录》统一，并逐渐附加千字文帙号。《药师瑠璃光如来本愿功德经》在附加千字文帙号的《开元释教录・入藏录》中，字号正为“鞠”。[①]

前贤已经发现，辽藏的千字文帙号与《可洪音义》一一相应。有人以为这是因为辽藏依据《可洪音义》本藏经刊刻。但事实并非如此。会昌废佛以后，我国的汉文大藏经逐渐以《开元释教录・入藏录》为基础统一。但因是写本，难免有传抄之讹。故各地的写本藏经有的与附注千字文帙号以后的《开元释教录・入藏录》完全一致，属于标准大藏，有的千字文帙号则有参差。在敦煌遗书中，我们可以看到虽然同是敦煌地区的寺院，有的寺院收藏的大藏经是标准大藏，有的寺院收藏的藏经千字文帙号却有参差。所以，《可洪音义》与附加千字文帙号的《开元释教录・入藏录》完全一致，并不说明可洪依据的该五代的藏经是辽藏的底本，只是说明该藏经属于标准大藏系统。我们知道，辽藏刊刻之前，悯忠寺诠晓法师曾经整理藏经。笔者以为，当年诠晓整理藏经的目录依据就是附加千字文帙号的《开元释教录・入藏录》，整理完成的藏经也属于标准大藏系统。所以辽藏的《开元释教录・入藏录》部分的千字文帙号与《可洪音义》完全相符。这个问题比较大，还涉及所谓辽藏“统和本”问题，容后专文论述。

---

① 参见方广锠《中国写本大藏经研究》，上海古籍出版社 2006 年版，第 566 页。

综上所述，该《药师瑠璃光如来本愿功德经》的千字文帙号“鞠”应源自辽藏。但是，从该经版片号的形态判断，它又属于一部另刻单经。因此，笔者的结论是该《药师瑠璃光如来本愿功德经》是一部底本源自辽藏的另刻单经。

（二）《药师瑠璃光如来本愿功德经》的刊刻方式

如前所述，目前我们可以肯定辽代刊刻了两种藏经：

一种为《辽大字藏》，卷轴装，每版27行，每行17字。

一种为《辽小字藏》，蝴蝶装，半叶10行，每行20字。

此外，对应县发现的3号每行15字的辽刻《华严经》是藏经零本，还是辽藏的另刻单经，学术界未有明确结论。现韩国中央研究院所藏《药师瑠璃光如来本愿功德经》的底本源自辽藏，每行也是15字，如果该底本与应县的3号《华严经》属于同一部藏经，则辽代曾经刊刻过第三种辽藏观点就大大补强。

下面考察《药师瑠璃光如来本愿功德经》与应县3号《华严经》的关系。

如前所述，虽然并无明确的结论，但从其版式分析，我们不能排除应县的3号《华严经》有可能是藏经零本。但对该《药师瑠璃光如来本愿功德经》，则可以明确判定为以藏经本为底本刊刻的另刻单经。

以藏经本为底本的另刻单经有两种情况：

一种是覆刻，即将某种藏经的印本纸张反贴在版片上，磨去纸张，留下字痕，然后按照字痕雕版。南京金陵刻经处至今保留这一工艺。按照这种方式刻成的典籍，版式、风格与底本基本一致，甚至可以乱真。《初刻高丽藏》《赵城藏》的大部分经本都是《开宝藏》的覆刻本，因此，它们的文字风格乃至字间距都保持一致。

一种是以某种藏经的经本为底本，重新书写上版，再予雕版。按照这种方式，新刻的典籍与原底本的版式或许一致，或许不一致；风格则肯定难以保持一致。

1. 先考察第一种另刻方法——覆刻

假设真的存在第三种辽藏，且应县的3号《华严经》就是这第三种辽藏的零本，《药师瑠璃光如来本愿功德经》的底本也属于第三种辽藏系统，且采用覆刻雕版，则所刻的《药师瑠璃光如来本愿功德经》在版片特征上应与3号《华严经》基本一致。

在此，我们将《药师瑠璃光如来本愿功德经》与应县的3号《华严经》的版片特征做一比较：

如前所述，《药师瑠璃光如来本愿功德经》的框长为55厘米仅为参考数字。如果这个数字可靠，则3号《华严经》每版28行，框长最长者只有55厘米；《药师瑠璃光如来本愿功德经》每版仅24行，框长也为55厘米。说明《药师瑠璃光如来本愿功德经》每行文字更加疏朗，版刻规格、风格完全不同。

由此，从“覆刻”的角度考察，说《药师瑠璃光如来本愿功德经》的底本与应县的3号《华严经》原属同一部藏经，证据并不充分。

2. 再考察第二种另刻方法——重新书写上版

仔细考察《药师瑠璃光如来本愿功德经》原书，可以发现该经的行间距控制得比较好，但字间距则控制得比较差。这与应县木塔出土的3号《华严经》形成鲜明对照。应县木塔出土的3号《华严经》不仅行间距，连同字间距都控制得比较好。由于字与字的距离中规中矩，横向观察时，可以看到字缝间有一道道横向空白。而《药师瑠璃光如来本愿功德经》字间距控制较差，横向观察难以看到规范的横向空白。相反，个别行出现刊刻 16 字的现象。上述特点大大增强该经乃重新书写上版的可能。

如果采用重新书写上版的方式另刻，其刻本除了可以依据千字文帙号确定该刻本的底本属于某种辽藏外，很难确定其底本到底是哪一种辽藏，也就对研究所谓“第三种辽藏”没有实际意义。

仔细考察该《药师瑠璃光如来本愿功德经》的图版，该经第 3 版到第 15 版的版片号虽然均在每版的第 1 行、第 2 行之间，第 2 版的版片号却在版尾。此外，第 3 版的版尾有两条墨丁，一条在末行第 5、第 6 字左边，一条在末行第 10、第 11 字左边。第 4 版的版尾有一条细墨丁，也在末行第 5、第 6 字左边。版片号位置不统一，为另刻单经所常见。版尾的墨丁是否有什么特殊的含义，是否为该《药师瑠璃光如来本愿功德经》所据底本所留？现在难以解释。如果这些墨丁的确与该《药师瑠璃光如来本愿功德经》所据底本有关，则可能该底本本身是依据某一辽藏重新书写上版，然后刊刻的另刻单经。

四 小结

现在可以确认韩国中央研究院藏书阁所藏高丽刻本《药师瑠璃光如来本愿功德经》的底本属于辽藏系统。如该经所依据的底本是辽藏原本，则该经乃依据底本重新书写刊刻的另刻单经。如该经底本本身就是依据辽藏重新书写刊刻的另刻单经，则该经为底本的覆刻本。笔者比较倾向后一种可能，亦即底本原为辽刻单经，高丽本为覆刻本。

该经所依据底本属于哪一种辽藏，有如下三种可能：

第一，所依据为《辽大字藏》或《辽小字藏》，但因采用重新书写上版的方式，所以版式完全改变。

第二，所依据即为应县的 3 号《华严经》所属藏经，亦即所谓“第三种辽藏”。

第三，所依据的是我们现在所不知道的另一种辽藏，该藏也是每行 15 字，但版片长度约为 55 厘米，每版刊刻 24 行。

我们希望将来出现的新资料，能够对上述可能做出抉择。

韩国中央研究院藏书阁所藏高丽刻本《药师瑠璃光如来本愿功德经》丰富了我们对辽代刻经的知识，为我们研究辽藏提供了新的资料，具有很大的文物价值与学术价值，值得珍视。

（本文承韩国中央研究院提供研究照片，韩国大真大学柳富铉先生提供书志学资料，特表示感谢。）

（原文发表于《世界宗教研究》2015 年第 3 期）

“成长的烦恼”

——转型时期中国南传佛教管理之困境*

郑筱筠**

在当代中国社会转型时期，佛教得到了很好的发展。近年来信仰南传佛教地区的一系列重大活动，例如西双版纳总佛寺的重建开光、橄榄坝曼听佛塔寺举办的禅修活动、德宏州勐焕大金塔的建成等无不在向人们展示着当代中国南传佛教迅猛的发展态势。但是发展中的南传佛教也有“成长的烦恼”，目前它面临的不是简单的生存问题，而是以何种形式更好地存在以及发展的问题。具体反映在管理模式方面，就表现为在管理层面出现了一些问题。如果不能妥善解决这一问题的话，将会引起整个中国南传佛教内部的混乱，其“蝴蝶效应”将会波及东南亚南传佛教文化圈和我国佛教分布格局的稳定以及中国南传佛教信仰区域社会的稳定。笔者拟从中国南传佛教管理现状、困境及其对策建议三个层面进行详细论证。

一　当代中国南传佛教管理现状

在历史发展进程中，中国南传佛教管理体系与汉传佛教、藏传佛教管理体系的最大不同之处在于其实行双线管理模式，即佛教界内部自身的管理模式和佛教界外部的波章管理模式同时存在、共同管理的模式。① 正是由于这一模式运行有效，使得它对于世俗社会的影响不是去通过控制性地介入和管理，而是以富有地方特征的建设性介入方式去影响世俗社会。这是中国南传佛教管理体系的一大特色，也是其至今仍然在宗教生活与社会生活产生很大影响的原因。但是如果仔细考察，我们就会发现佛教团体、尤其是佛教协会的建设和发展对中国南传佛教管理格局的影响较大，以至于形成了目前中国南传佛教多线管理的现状。

（一）中国南传佛教固有的传统管理模式

1. 以世俗社会组织制度为范本形成的金字塔型佛教管理系统

就佛教界内部自身的管理而言，与世俗社会组织管理体系相对应，它形成了金字塔型

* 本文为中国社会科学院国情调研基地项目“孟中印缅经济走廊下云南跨境民族宗教研究”项目、国家社科基金“周边国家宗教发展趋势及其对我国社会稳定和文化安全的影响”项目子课题、中国社会科学院2015年度创新工程“东南亚宗教研究”项目阶段性成果。

** 郑筱筠，中国社会科学院世界宗教研究所副所长，研究员。

① 关于中国南传佛教管理模式，参见郑筱筠《中国南传佛教研究》第三章，中国社会科学出版社2012年版。

的佛寺、佛塔管理模式，但它不是一个简单的金字塔型的管理模式，而是由很多小金字塔型管理模式层层累加，最终组合成一个稳固的大金字塔型模式。

所谓金字塔型模式是这样分布的：在金字塔尖是总佛寺，总佛寺下面是勐级佛寺，勐级佛寺下面是中心佛寺，中心佛寺下面是各个村寨佛寺。体现在管理方面就是：总佛寺负责管理勐级佛寺，勐级佛寺负责管理中心佛寺，中心佛寺又负责管理其下面的各个村寨佛寺，层层管理，分工明确，逐步形成一个稳定而封闭的管理模式。塔尖是整个西双版纳地区最大的总佛寺——“洼龙”，位于原景洪宣慰街，统辖着整个西双版纳的佛寺。各个勐级佛寺设在各个勐的土司所在地，相互之间没有管辖权，它们之间是平等的，相互不能参与、干预对方的佛教事务。

值得注意的是，各个勐级佛寺又在其辖区内形成了以此为金字塔尖的小金字塔型管理模式：每个勐的“洼龙”佛寺处于金字塔型管理模式的塔尖，相当于每一个勐的总佛寺，其下又设中心佛寺，中心佛寺下面就是各个村寨的佛寺，又逐步形成了一个总佛寺负责管理中心佛寺，中心佛寺负责管辖各个村寨的佛寺的小金字塔型管理模式。这些小金字塔型管理模式形成后就属于整个西双版纳地区最大的总佛寺金字塔型管理模式中的一员，共同构成其基础，相互之间地位平等，互不干涉。

在佛塔管理体系方面，与此寺院金字塔型的管理模式相对应，西双版纳地区的南传上座部佛教在塔的组织管理系统方面也是具有严格的金字塔型的管理特征。但是只有中心佛寺才能建有佛塔。

2. 中国南传佛教的波章管理体系

除了佛教界内部的管理模式外，中国南传佛教还形成了一个波章管理体系。其中波章角色的设立对于中国南传上座部佛教来说是非常重要的一个发展标志①。

波章是曾经在佛教寺院内修行并达到“佛爷”这一级别后来又还俗的世俗之人，在民间，他被称为“康朗”（傣语为“知识分子”），只有具备“康朗”身份后，他才有可能被选为“波章”，但并不是所有的“康朗”都可以成为波章的，他要修行达到一定僧阶②后才可能成为波章。

波章在管理层面上可以同时与佛教界和世俗社会进行沟通和融合，这是南传佛教管理体系不同于汉传佛教和藏传佛教管理体系之处。就佛教事务管理的角度来看，波章是佛教仪式的主持者，是神圣世界和世俗世界的沟通者。在举行佛事活动仪式时，他是举足轻重的人物，在一些少数民族地区，如德宏的阿昌族和德昂族地区，在某种程度上他甚至具有神圣的权威性。他负责组织信众进行佛事活动，在寺院经济的管理方面，他要参与佛教寺院、佛塔的管理工作，对佛寺、佛塔的建立、维修以及相关事项负责，对寺院的经济负责或参与管理，在中国南传上座部佛教寺院经济管理体系中发挥着特殊作用，可以代表寺院与世俗世界进行经济事务活动。但是，他却属于世俗之人，在平时他们不脱离生产，不享有任何宗教特权，参加宗教活动时也无报酬。他可以管理信众，却不得管理佛教内部事务，不得干涉管理僧团。出于对佛教的执着，他无私地参与佛教事务的管理。

---

① 波章是南传佛教管理日常社会事务及组织宗教活动的在家众，在云南西双版纳地区被称为“波章”、在临沧地区被称为“安章”、在德宏地区被称为“贺路”。关于安章的角色问题，参见郑筱筠《中国南传上座部佛教与少数民族文化的互动——以安章的双重身份为例》，2008 年 10 月“当代社会中的宗教”会议论文（北京）。

② 关于中国南传佛教僧阶，参见郑筱筠《中国南传佛教研究》第三章，中国社会科学出版社 2012 年版。

与中国南传佛教金字塔型管理模式相对应，在民间的波章们也存在一个金字塔型管理模式，即以总佛寺波章为顶层，逐渐向下分布，形成总佛寺—中心佛教—村寨佛寺的管理结构，其中由于村寨佛寺波章由中心佛寺波章负责管理，而中心佛寺的波章就由总佛寺的波章管理。另外，在数量方面，由于基层的村寨佛寺数量较多，故各个村寨佛寺的波章数量总和较多，逐级向上递减，到总佛寺时为最少。应该说，正是这样的世俗性的波章管理制度的存在才使得南传佛教管理触角深入到基层，使佛事活动有序地开展。

（二）佛教协会的组织管理

中华人民共和国建立之初，党和政府就把宗教工作放在了重要的地位，贯彻落实宗教信仰自由政策，为中国佛教事业的建设带来了新的历史机遇。20 世纪 50 年代初期，云南傣族地区的“和平协商土地改革”解除了南传佛教与封建土司制度的依附关系，中国南传佛教的发展步入了一个新时代。

中国佛教协会的成立，实现了中国佛教三大语系的空前团结，中国南传佛教的发展也呈现出新变化。1953 年 6 月 3 日，一个代表全国各地区、各民族、各宗派佛教徒的联合组织——中国佛教协会正式成立，确定其宗旨为：“团结全国佛教徒，在人民政府的领导下，参加爱护祖国及保卫世界和平运动，协助人民政府贯彻宗教信仰自由政策，并联系各地佛教徒，发扬佛教优良传统。”中国南传佛教长老祜巴勐当选为中国佛教协会副会长，这是南传佛教和汉传佛教、藏传佛教的第一次携手，是中国佛教史上空前的大事。从此，南传佛教与汉传佛教、藏传佛教开始交往，中国三大语系佛教的关系出现了历史性的转折。1957 年 2 月 25 日，德宏地区汉传、南传佛教界各派 160 名代表共同在芒市菩提寺召开会议，成立中国佛教协会云南省德宏州分会，会长为伍古腊，副会长为伍末利亚（傣）、召过铁（傣）、佛耀（汉）、幻光（汉）、龚缦（傣）、思鸿升（傣）等，中国佛教协会特致电祝贺。1957 年 6 月 21 日至 24 日，临沧地区耿马傣族佤族自治县佛教界朗德哥、英刀片、英德戛等大长老召集临沧地区佛教代表成立了中国佛教协会临沧专区分会筹备委员会。同年 12 月，正式成立中国佛教协会临沧专区分会。① 1963 年 3 月 21 日至 31 日，在景洪召开由 93 名傣族、布朗族代表参加的中国佛教协会西双版纳分会成立大会，选举松列 · 阿戛牟尼为会长，通过了有建设性的《关于西双版纳佛教内部若干问题的协议》和《中国佛教协会西双版纳分会章程》，并报送中国佛教协会。

1963 年 6 月，来自云南各地的傣、汉、藏、布朗、德昂、纳西、佤等民族佛教代表参加了在昆明举行的云南省佛教第一次代表大会，正式成立了云南省佛教徒的联合组织——中国佛教协会云南省分会。会议选举南传佛教长老松列 · 阿戛牟尼为会长，藏传佛教松谋 · 昂旺洛桑丹增嘉措、汉传佛教长老自性等八人为副会长，这是云南佛教汉传、南传、藏传三大部派共同管理佛教事务，也是现代云南佛教教派和睦、民族团结的真实体现。

云南省佛教协会自 1981 年恢复以来，如期换届，正常运转，全面指导云南佛教工作。规章制度健全，主要负责管理宗教活动，培养僧侣，管理信众，开展对外宗教文化交流，指导县佛协工作等。西双版纳州现有州佛教协会 1 个，县佛教协会 2 个。德宏州现有 1 个

① 1963 年 6 月，中国佛教协会云南省分会成立之后，中国佛教协会西双版纳、德宏、临沧分会改为地区性佛教组织，在中国佛教协会云南省分会的统一领导下开展工作。

州佛教协会，5 个县佛教协会。2005 年 12 月 28 日，临沧市佛教协会成立。

目前，除了云南省佛教协会之外，在南传佛教流传的地州（市）中，西双版纳傣族自治州和德宏傣族景颇族自治州设立了州佛教协会，有 22 个市（县）成立了市（县）佛教协会。现在南传佛教的管理工作常常是以云南省佛教协会为龙头，以地县（市）级佛教协会为辅翼开展工作。①

二　当代中国南传佛教管理的困境

就南传佛教的管理层面而言，存在一些困境，主要表现如下：

（一）20 世纪 50 年代以后的世俗政治组织制度的变化使得中国南传佛教管理磁场力量有所改变，但仍继续运行

在 20 世纪 50 年代以前，中国南传佛教一直实行佛教界内部的佛寺佛塔管理模式和佛教界外部的波章管理制度，这两条管理主线是并行的，但也是交叉的，某种程度上已经形成了良性互动型的管理磁场。

首先，金字塔型的佛寺佛塔管理制度有效地嵌入社会结构和政治结构中，形成了整个社会、政治运转的“阶序”② 逻辑。而波章管理系统可以说是南传佛教管理有序运转的生命线，除了要完成波章角色的职责外，还要对整个区域内的佛教事务进行总的协调和分配，尤其是对辖区内佛事活动（尤其是一年中重要的几个大节庆活动）按照金字塔型的模型进行时间上的分配和协调等，其金字塔型管理模式与佛寺佛塔的管理模式已经形成了良性的管理磁场。但是，20 世纪 50 年代以后，信仰南传佛教的少数民族地区原先的世俗政治组织制度不复存在，这样就导致以世俗组织制度为范本而形成的佛寺佛塔管理模式失去了依托，没有了范本。尤其是随着西双版纳地区不再举行祭“勐”活动，勐级管理体系逐渐退出政治组织制度，对于佛教有一定程度的影响。但是在具体的佛事活动中，由于有波章系统的存在，其在民间仍然按照传统的旧制组织活动。虽然世俗组织制度的勐级级别消失，使得南传佛教原有的管理磁场出现一些混乱，但是由于其磁场早已循环，故仍然继续运行。

（二）三条管理主线同时运作，民间自组织管理磁场力量发生变化

目前在云南南传佛教信仰区域内，存在云南各级佛教协会组织、传统的僧团、佛寺管理制度以及波章管理制度三条管理主线同时运行，已经出现了民间自组织的管理磁场发生变化局面。

中国佛教协会成立于 1953 年，其宗旨是“团结全国佛教徒，在人民政府的领导下，参加爱护祖国及保卫世界和平运动，协助人民政府贯彻宗教信仰自由政策，并联系各地佛教徒，发扬佛教优良传统”。围绕这一宗旨，云南省佛教协会在中国佛教协会的指导下，

① 参见郑筱筠、梁晓芬《中国南传佛教团体发展五十年》，载《中国佛学》2014 年总第 36 期，社会科学文献出版社 2015 年版。

② 有关南传佛教社会的“阶序”逻辑，参见郑筱筠《南传佛教与佤族社会生活的“阶序”逻辑——以云南临沧佤族为例》，《世界宗教文化》2013 年第 1 期。

积极带领地州（市）—县各级佛教协会组织开展活动，随着与内地的交往增多，僧人们的交往也相对较多，南传佛教僧人开始向汉传佛教、藏传佛教学习，不断地提高自己，在活动中进一步提高了自己的威望。

从管理模式而言，云南省佛教协会—各个地州成立州（市）—县这样三级佛教协会组织是一种新型的管理模式，其优势在于可以协助政府贯彻宗教信仰自由政策，同时是在全国佛教界的大格局中进行活动，有助于积极开展各种活动。但由于各级佛教协会之间原先是没有上下级的隶属关系，彼此之间关系较为松散。另外，中国南传佛教区域内的佛教协会管理模式是一种新型的管理系统，是直接在各个南传佛教信仰本区域内的管理模型上再叠加。这样叠加的管理系统到目前为止，仅仅建立到县一级组织，还未深入到基层农村，故而在开展活动时，反过来又需要依托原先的管理系统安排活动，形成交叉管理的磁场。

在中国南传佛教区域，波章管理系统可以说是民间自组织的管理体系，是整个社会与佛教界进行内在协调的重要系统，但由于目前各级政府对此重视不足，这一管理力量呈现“衰弱”态势，在一些地区甚至出现没有人当波章，乃至于聘请境外村寨的人当波章的现象。这无疑会使中国南传佛教管理磁场发生变化。

此外，20 世纪 80 年代以后，南传佛教寺院开始成立寺院管理小组或寺院管理委员会，其成员不是单纯由波章构成。虽然也有波章参加，但在有的地方，波章在寺院管理委员会的影响力减弱。这在很大程度上影响了民间社会早已形成的波章管理系统的运作。另外，寺院管理委员会仅负责本寺的工作，缺乏与其他区域的联系，逐渐形成与其他佛教管理系统衔接不当的断层现象，这也造成了南传佛教管理磁场的变化。

三　对策建议

中国南传佛教信仰区域几乎全部与东南亚国家接壤，是我国重要的“边境守护卫士”，国外很多国家已经在我国边境沿线设立了一些重点发展地带，而中国南传佛教分布区域带由于其经济发展能力较弱，尚未形成强大的文化防护网，抵御宗教渗透的能力较弱，因此必须要抓好中国南传佛教管理工作，使之有良好的自我循环机制，这是中国南传佛教良性发展的基石，也是我国边疆稳定、社会和谐的重要保障。

针对以上问题，笔者认为可以从以下几方面进行思考：

（一）首先要保证各级佛教协会的有效运转，有序发挥作用

就中国南传佛教管理层面出现的问题而言，这属于“成长的烦恼”，是中国的制度性宗教在现代转型过程中遇到的问题。因此，对之进行妥善的疏导和解决是必要的。

中国南传佛教协会是 20 世纪 50 年代以来建立的，超越了原有管理模式的民间团体管理的模式。在现有的体制下，应该积极发挥佛教协会的作用。目前各级佛教协会的管理脉络凸显了管理线上的权威控制能力，它在 20 世纪 50 年代以后打破固有的管理传统，得到了放大。现在各级佛教协会基本能够处理好与政府、与当地佛教界、僧团和信徒的关系，在以佛教协会为单位组织的一系列活动中都发挥了重要作用，得到了当地群众的认可。此外，从各级佛教协会的组织机构成员来看，大部分都是当地较有影响力的僧人，可以继续发挥宗教权威的影响力。很多佛教协会的领导大部分都成为当地政协委员，参与政治和社

会治理事务的讨论。在平时当地一些佛事活动中，能贯彻执行党和政府的各项方针政策。因此，为了保持南传佛教地区发展的稳定，还应该继续发挥佛教协会的管理作用。

（二）继续发挥波章管理系统的作用

波章系统是南传佛教信仰地区的民间组织对南传佛教界的制约机制，是管理基层佛教的世俗层面触角，是维系中国南传佛教稳定的基石。目前，政府有关部门对中国南传佛教的工作重点只放在佛教界，却忽略了中国南传佛教管理体系中的波章管理系统。

笔者认为云南南传佛教的波章管理体系不容忽视，认真研究南传佛教管理体系的特殊性是做好宗教工作的前提和基本保证。但目前我们对波章在社会管理体系中的作用重视不足，波章在各级佛教协会担任要职的并不多，同时由于波章的社会地位未得到充分重视，甚至有的村寨出现没有人当波章的现象。

因此，在目前南传佛教僧才明显不足的情况下，要多发挥基层村寨佛寺波章的作用。因为调研数据显示，在数量巨大的基层村寨中，波章作用尤其凸显。波章在很多“有寺无僧”的村寨里发挥着重要作用。在基层村寨佛寺中，由于僧才匮乏，平时很多佛事活动直接由波章来主持，如果该村寨没有佛爷主持活动，也是由波章们商量决定，是否到外村去请。甚至一些境外僧人来我国境内佛寺主持活动也是由波章去请的，但如果该外籍僧人的行为或言谈出现问题时，也是波章将之遣送出境。在此层面上可以说，波章是边境沿线村寨佛寺的核心人物，其政治导向和言论以及对宗教活动的控制能力影响着信众，是影响边境稳定的一个重要人物。因此，要逐渐建立波章档案制度的登记和管理，适当予以补助和待遇，同时也积极对之进行培训，提高波章的素质，以期进一步发挥其作用。

目前，中央统战部在组织佛教界人士到全国各地参观学习交流活动时，已经适当照顾和考虑南传佛教的波章人数比例。这一经验值得推广，不但使波章增长了见识，也是使波章走入其他文化视野的好机会，同时也凸显了政府各级部门对波章系统的重视。应使波章培训、学习体制化，这是推动波章系统有序转型、与现代管理制度对接的动力。

此外，积极推动寺院管理小组（或寺院管理委员会）与波章系统的对接。由于波章管理系统是历史发展过程中，民间社会形成的自组织管理机制，故应依托现有的寺院管理小组内的波章或村寨权威去努力与传统的波章管理系统对接，共同推动村寨佛教的有序管理，巩固基石，从而全面推动波章金字塔型的管理系统与现代社会机制的对接。

（三）积极促使中国南传佛教固有的佛寺佛塔管理模式转型，与现代社会组织制度接轨

就中国南传佛教的佛寺佛塔组织管理体系而言，其主要是以20世纪50年代以前的世俗社会组织制度为范本来建立的，但其中“勐”作为一级世俗社会组织在20世纪50年代以后就不存在了。那么中国南传佛教寺院管理体系是否也会有相应的调整？在调研过程中我们发现，不同区域的情况不同。在社会经济相对发达、交通便捷的区域内，其管理体系已经开始转型，即开始形成总佛寺—各中心佛寺—村寨佛寺这一管理模型。但有的相对落后的区域，还沿袭旧制，在活动过程中，尤其是在泼水节、开门节和关门节这三大节庆活动时，还以原有的管理方式安排活动。因此，目前各地都在积极申请重新恢复建立中心佛寺，甚至建立“人造景观式”的大佛寺或大佛塔。对此，一定要慎重，既要考虑其传统管理建制，又要考虑现代社会发展的信仰需求。

总之，处理好南传佛教管理模式、佛教协会管理系统、波章管理系统三者之间的关系

是解决问题的关键。这三种管理脉络形成了中国南传佛教管理磁场内部力量的张力，要进行正确疏导，使磁场力量平衡，从而保障中国南传佛教信仰区域社会的稳定，积极促进我国佛教分布格局的稳定，也是中国南传佛教的民族文化体系稳定的重要保障。

（原文发表于《世界宗教研究》2015 年第 4 期）

浙江义乌双林文化的结构、内涵与价值*

魏道儒**

浙江义乌双林文化是中国佛教文化中特点鲜明的重要一脉，是中华传统文化的重要有机组成部分。直到今天，源远流长、内涵丰富的双林文化依然具有旺盛的生命力、持久的影响力和广泛的适应力。我们本着服务现实、面向未来、古为今用的原则，在全面认识、深刻理解双林文化的基础上，开发双林文化的丰富内涵，弘扬双林文化的精华，促使双林文化成为密切人际关系，提高道德修养，推动社会、政治、经济和文化全面发展的精神动力，具有重要现实意义和重大社会价值。

研究、开发和弘扬双林文化，历来受到义乌市的重视和支持，并且已经做出了许多卓有成效的工作，取得了令人瞩目的成就。在认识和理解双林文化历史内涵和现实价值方面，许多学者，尤其是义乌当地的多位专家发表了很多真知灼见，笔者在吸收和借鉴已有重要成果的基础上，拟对双林文化的基本结构、丰富内涵和当代价值发表粗浅认识。

一　双林文化的基本结构

双林文化本质上是宗教文化，是依托双林寺形成的一种综合性佛教文化形态。就其基本结构而言，双林文化由寺院文化、僧团文化和居士文化三部分组成。

第一，双林寺院文化。

双林寺是双林文化存在的物质基础，是双林文化产生和发展的依托，没有双林寺，也就没有双林文化。因此，寺院文化是双林文化的第一个重要内容，认识、理解双林寺就是认识、理解双林文化的第一步。

双林寺的建立、兴盛和初期发展，始终与傅大士的修行实践、社会活动和弘法历程密切联系。普通元年（520），傅大士在双梼树下结庵修行，成为创建双林寺最初因缘；梁中大通六年（534），当地施主贾昙颖（470—565）为傅大士捐献土地建造双林佛殿，成为建造双林寺的先导；大同六年（540）已经有相当社会影响力的傅大士获得梁武帝诏许，在当地民众的广泛参与和大力支持下，正式在云黄山建立起双林寺。得益于这种殊胜因缘，双林寺一开始就与居士群体建立了密切关系，一开始就得到梁朝最高统治者的大力支持。从梁到隋的 100 多年里，双林寺先后得到历代最高统治者的关注、呵护和照应，先后拥有历朝数以百计的王公大臣充任虔诚檀越和得力护法。

---

* 本文是在 2015 年 6 月 20 日至 6 月 22 日中国社会科学院成果开发中心、浙江省义乌市政协主办的“2015 义乌双林佛教文化历史与当代价值研讨会”上的演讲稿，在本刊发表时做了个别字词修改。

** 魏道儒，中国社会科学院世界宗教研究所研究员。

直到宋代，双林寺依然保持着相当大的规模。英宗治平三年（1066），御赐“宝林禅寺”匾额，徽宗大观二年（1108），赐田十顷。南宋宁宗时期，成为禅宗五山十刹之一。南宋鼎盛时期，寺院僧人达到数千人。历元明清三朝，双林寺几经兴废，依然知名于国内外。在将近1500年的历史上，双林寺有过“天下第三，江浙第一”“浙东大刹”“震旦国中庄严第一”等美誉。双林寺之所以能够持久兴盛，之所以能够在许多历史阶段保持较大规模，是因为双林寺具有了持续发展的社会信众基础、经济来源和政治保障。

寺院是信徒们的生活场所、联谊场所、修行场所和弘法场所，是信徒们心目中的神圣领域，是佛教艺术品的珍藏地。寺院中的香火是否旺盛，直接反映佛教的兴衰消长。研究任何时期的佛教，都不能不关注寺院和寺院文化。由于傅大士与双林寺有着特殊关系，双林寺院文化具有了以居士为寺院、僧团创建者和精神领袖的特点，这也就决定了双林寺院文化是一种能够超越佛教宗派界限，能够全面继承佛教文化遗产，能够包容各种思想潮流，能够最大限度为在家和出家信徒共同接受的与时俱进的文化形态。研究双林独特寺院文化的各个方面，不仅具有重要的学术价值，也有重要的现实意义。

第二，双林僧团文化。

双林寺历代不乏高僧大德，有些历史阶段还拥有规模庞大的僧团。关于双林寺组织、制度、人物、事件等方面的内容，属于双林寺僧团文化的内容。这是双林文化第二个方面的重要内容。

双林寺僧团文化的特点很多，可以从不同方面予以归纳和总结。本文认为双林寺僧团文化最显著的特点就是奉傅大士为僧团的实际创建者和精神领袖。

佛教寺院无论大小，都会拥有数量不等的在家信徒，也就是居士群体。居士为寺院僧众提供生活资料，提供政治庇护，同时也是寺院领袖或高僧大德的信仰者、追随者。这是佛教寺院僧众与在家信众的一般关系，双林寺也不例外。在不同历史时期，双林寺僧团拥有来自社会各阶层的数量不等的居士群体。但是，双林僧团从创建之初，又有着其他寺院僧团不具备的与居士的独特关系。傅大士作为居士群体代表者，不仅是双林寺的实际创建者和领导者，也是这个寺院僧团的实际创建者和领导者。傅大士修行10年，跟随他修行的出家在家弟子很多，所谓“门徒肃肃，学侣诜诜”，最初的双林僧团主要由他的出家弟子组成。另外，在以后漫长的历史过程中，傅大士始终是双林僧团的精神领袖。尽管双林寺历史上出现过许多高僧大德，还没有哪位出家僧人在社会影响力方面、在受崇拜程度方面、在佛学理论创造方面超过傅大士。

由于把居士作为精神领袖，信奉傅大士弘扬的佛法，自然就最大限度地杜绝了门户之见，消除了宗派壁垒。从本质上说，双林僧团文化是一种把在家人和出家人的信仰、需求完美结合起来的佛教文化，是以居士佛教思想为主导而发扬光大的佛教文化。

双林僧团具有积极开拓的精神，具有对外开放的气魄。隋唐时期，中国从最大的佛教文化输入国向最大的佛教文化输出国转变。与这种全国性的佛教发展大势相协调，双林僧团也在把中国佛教传到周边国家方面做出了贡献。从唐代开始，就有日本僧人慕名朝拜双林寺，宋元以后，来到双林寺的日僧依然很多。双林寺的明极楚俊禅师、无言通禅师，分别到日本、越南弘法，创宗建派，其影响至今还存在。他们以佛教为载体，传播了中国文化，为人类文明的交流互鉴做出了贡献。

第三，双林居士文化。

在佛教信仰文化中，受到信众顶礼膜拜的信仰对象很多。就浙江省的范围而言，存在着最为著名的三位佛教信仰对象：其一是舟山市普陀山的观音菩萨，这是流行于中国社会的最著名菩萨；其二是奉化市雪窦山的弥勒佛，这是流行于中国社会的最著名佛；其三是义乌市云黄山的傅大士，这是流行于中国社会的最著名居士。应该说，每一种寺院文化的产生和发展都会有居士的贡献，双林文化也不例外。但是，双林文化的独特之处，是居士代表成为这种佛教文化的开创者、标志和灵魂。这是双林居士文化的特点，也是整个双林文化的特点。

傅大士（497—569）是真实的历史人物，姓傅名翕，字玄风，号善慧，出生于今天的义乌。南北朝时期，佛教在中国已经发展了数百年，佛教基本理论和实践在中国社会各阶层产生了广泛影响，傅大士形象的产生，是在家居士成为中国佛教发展重要社会力量的表现，是在家信徒参与创造佛教新实践和新理论的表现。从梁武帝时期一直到明代，几百年的时间里，有关傅大士的传奇故事越来越多，他的思想内容越来越丰富，他的形象越来越丰满，他在中国佛教史上的影响也越来越大。经过长期的历史文化积淀，傅大士在佛教界的地位越来越高，其影响逐渐超出了义乌，超出了浙江，甚至超出了中国，影响遍及日本、韩国、越南等周边汉文化圈国家。

总之，双林文化由寺院文化、僧团文化和居士文化构成，这三部分内容都与傅大士密切联系。没有傅大士就没有双林寺的建立，就没有僧团的创建，就没有居士的参与，就没有双林文化的兴盛、繁荣和灿烂。因此，我们所说的义乌双林文化，就是以傅大士崇拜为核心的，由寺院文化、僧团文化和居士文化三者有机统一的综合性佛教文化形态。

二　双林文化的丰富内涵

双林文化已经有将近1500年的历史，是长期历史积淀形成的文化结晶。正是经过这种历史的层层积淀，形成了双林文化厚重、丰富、多彩的内涵。我们可以从三个方面概括双林文化重要内容的本质属性。

第一，双林文化是人类文明交流互鉴的结晶，是外来佛教文化与中国本土文化长期融合的产物。

习近平主席在联合国教科文组织总部的演讲中指出：“佛教产生于古代印度，但传入中国后，经过长期演化，佛教同中国儒家文化和道家文化融合发展，最终形成了具有中国特色的佛教文化，给中国人的宗教信仰、哲学观念、文学艺术、礼仪习俗等留下了深刻影响。”双林文化的形成，也是走过了儒、释、道三教文化融合发展的道路，这从傅大士的思想和行动中表现出来。

傅大士通过阅读佛教经书，通过接受印度来华传教僧人达摩的直接指导，信仰了佛教，并且按照佛教的规定进行修行实践。当他接受了佛教之后，并没有因此鄙视、抛弃中国固有思想文化，而是积极把两者结合起来。他顺应儒、释、道相互融合、相互吸收、相互借鉴的社会思想潮流，积极倡导三教融合，并且身体力行实践。他见梁武帝时顶冠、披衲、趿履的传奇故事，就是倡导三教思想融合的形象表述。当然，傅大士并不是三教融合思想和实践的开拓者，在南北朝的梁代，三教融合已经成为思想界的潮流，许多人在这方面进行了多途径探索。傅大士的贡献在于他以在家居士的身份，从多方面创造性地践行三教合一实践，创造性地引导佛教理论和实践的发展，赢得了社会各界的承认、响应和支持，产生了深远的社会影响。在佛教历史上，居士成为佛教发展的引领者，往往发生在佛教理论和实践出现重大变革的时候。傅大士的出现与南北朝时期佛教思想出现多途径开拓密切相关，与佛教社会影响急剧扩大密切相关，与居士群体社会地位快速提升密切相关。傅大士倡导三教合一的个性突出的言行，符合佛教中国化发展的潮流，在南北朝之后的著名士大夫和僧人中引起信仰上的尊重、思想上的认同、感情上的共鸣。

第二，傅大士进入佛教四大崇拜体系，是出家在家信众的共同理想追求，是居士阶层在中国佛教发展中影响、作用和价值至关重要的体现。

傅大士作为双林文化的核心内容，他的理论和实践被重视、被认可、被效法的程度，可以从他受尊崇、受崇拜的程度上反映出来。傅大士逐渐被纳入中国佛教四大崇拜体系之中，在信众的心目中彻底实现从凡入圣的转变，就最能说明傅大士思想的重要性，也最能说明双林文化的价值。

在印度佛教的信仰体系中，佛信仰、罗汉信仰和菩萨信仰是最为重要的三大崇拜对象体系。佛教在中国宗法制社会制约下，于隋唐时期形成了中国特色的宗派，祖师崇拜体系逐渐发达起来，成为第四大崇拜体系。傅大士作为一位出家居士，他在佛教界地位的跃升，在社会上影响力的扩大，在信众心目中威望的提高，集中体现在他逐渐被纳入这四大崇拜体系中，使他成为从任何角度衡量都是人们顶礼膜拜的对象。在崇拜佛的领域中，傅大士被认为是弥勒佛的化身；在崇拜菩萨的领域中，他被认为是十地菩萨，即达到佛境界的菩萨；在崇拜罗汉的领域中，他是五百罗汉中的善慧尊者；在祖师崇拜领域中，他被认为是中国维摩禅的祖师，是西天东土应化圣贤之一，排序在天台慧思和天台智者之前。傅大士作为“中国第一居士”享有的这些盛誉，在古往今来的佛教史上是独一无二的。傅大士头顶上这些耀眼光环，反映了居士阶层在整个佛教信众心目中的地位，反映了傅大士理论和实践的广泛适应性，反映了双林文化超越时代的价值。

第三，双林文化中蕴含着超越历史、超越信仰、具有永恒价值的生活智慧和美德，是义乌文化精神在佛教界的体现。

傅大士的实践和理论是双林文化的核心内容。傅大士弘扬佛教受到响应、追随的成功之处，是他身体力行把佛教教义与现实生活紧密结合起来，真正让佛教教义起到庄严国土、利乐有情的作用，真正让佛教能够解决人们的生活需要、精神需要。

傅大士几十年如一日，勤劳节俭，好学不辍，从不追求享乐，追求奢华，始终以传统道德标准严格、自觉要求自己。他一生广植善根，广结善缘，乐善好施，有求必应，救灾济贫，扶危济困，扬善抑恶，把救度众生作为自己的理想。他身体力行清净三业（身、口、意三个方面），致力于消除行为、语言和思想三个方面的一切错误，使自己的身心始终不受坏习气的污染。他弘扬佛教心学，主张有针对性地纠正一切错误的世界观、人生观和价值观，有针对性消除一切不良的思想、言论、行为、观念、情绪，把净化心灵、开发自我、完善自我、提高精神生活质量作为终生追求。傅大士的这些实践、主张和思想，凝结成为双林文化精华，为历代出家和在家的信众所共同遵守奉行。在历代那些崇拜傅大士，阅读其著作，信奉其思想的信众中，不知道有多少人从中找到了解决自己人生问题的答案，从中汲取了精神营养，提升了道德情操，感受了心灵慰藉。

很明显，傅大士作为在家居士，所倡导和践行的上述思想、教义和理论，有些是佛教独有内容，有些属于中国本土思想文化内容，有些则是两者结合后的创新内容。其中关于如何为人处世、如何提高精神生活质量的内容，也超出了宗教信仰的范围。可以说，在以傅大士思想为核心的双林文化中，蕴含着超越宗教、超越历史、具有永恒社会价值的高尚情操、崇高精神和优良品质，值得我们开发和弘扬。

三　双林文化的当代价值

双林文化是在农耕社会产生和发展起来的一种佛教文化，曾经长期发挥着积极的社会作用，为社会各阶层的民众所信奉、所崇拜、所颂扬。所有的这一切已经是历史，已经是不可复制的过去。任何古老的传统思想文化，只有在现实运用中造福于社会、造福于人民，才能显示出生命力，体现出价值，焕发出青春。开发双林文化，弘扬双林文化，让这种古老的宗教文化在解决现代面临的人与自我、人与社会、人与自然的问题和矛盾中发挥作用，已经是时代的呼唤、社会的需要、人民的期盼。

双林文化中蕴含着超越历史、超越信仰、具有永恒价值的生活智慧和美德，比如勤劳节俭、好学不辍的生活态度；广植善根、广结善缘的处世准则；慈悲为怀、扬善抑恶、扶危济困的忘我精神，抵制、纠正一切错误的世界观、人生观和价值观，有针对性地消除一切不良的思想、言论、行为、观念、情绪的高度自觉性；把净化心灵、开发自我、完善自我、提高精神生活质量作为终生理想等，在今天都是具有重要价值的。这些是双林文化精神精华，值得我们联系现实开发、继承和发扬光大。

经过改革开放以来几十年的发展，我们国家实现了在物质层面的脱贫和致富，而实现在精神层面的脱贫和致富，仍然是长期的、艰巨的任务。解决人们精神上的各种问题，需要创造各种条件，需要采取各种方法和措施，需要从多方面努力。积极开发和弘扬双林文化中蕴含的思想精华，对构建和谐人生、和谐家庭、和谐社会，丰富社会主义的新文化，都具有多方面的积极作用和重要价值。

义乌市曾经把义乌文化精神概括为“勤耕好学，刚正勇为，诚信包容”。对照我们分析和总结的双林文化内涵，可以发现，双林文化始终没有与义乌精神产生背离、抵牾。可以说，双林文化就是义乌文化精神在佛教界的体现，是义乌文化精神的重要组成部分。同时，联系现实进一步开发双林文化，也可以为义乌精神增添新的内容。联系社会现实开发、继承、弘扬双林文化中蕴含的生活智慧、高尚情操、纯洁精神，人生美德，必将为社会、政治、经济、文化的全面发展提供良好的文化环境，提供积极的精神动力。

（原文发表于《世界宗教文化》2015年第4期）

赵朴初的人间佛教思想及其现实意义*

洪修平**

一

在中国佛教文化繁荣发展、人间佛教在两岸四地成为主流的今天，重温赵朴初的人间佛教思想，有着重要的理论和现实意义。

2014 年 3 月 27 日，习近平主席在巴黎联合国教科文组织总部发表演讲时曾指出："中华文明经历了5000 多年的历史变迁，但始终一脉相承，积淀着中华民族最深层的精神追求，代表着中华民族独特的精神标识，为中华民族生生不息、发展壮大提供了丰厚滋养。中华文明是在中国大地上产生的文明，也是同其他文明不断交流互鉴而形成的文明。"他特别提到了佛教，提到了"具有中国特色的佛教文化"，并认为"中国人根据中华文化发展了佛教思想，形成了独特的佛教理论"。那么，中国佛教文化的特色是什么？形成的"独特的佛教理论"又有哪些？笔者认为"人间佛教"的思想就是中国人根据中华文化对佛教思想的发展，这一"独特的佛教理论"是对佛教文化的重要贡献，而在这其中，赵朴初也有他独特的一份贡献。

1983 年 12 月 5 日，赵朴初在中国佛协第四届理事会第二次会议上所做的题为《中国佛教协会三十年》的报告中，对中国佛教的优良传统和人间佛教做了特别的说明，他说："中国佛教已有近2000 年的悠久历史。在当今的时代，中国佛教向何处去？什么是需要我们发扬的中国佛教的优良传统？这是我们要认真思考和正确解决的两个重大问题。对于第一个问题，我以为在我们信奉的教义中应提倡人间佛教思想。它的基本内容包括五戒、十善、四摄、六度等自利利他的广大行愿。《增一阿含经》说：'诸佛世尊，皆出人间'，揭示了佛陀重视人间的精神。《六祖坛经》说：'佛法在世间，不离世间觉，离世觅菩提，恰如求兔角'，阐明了佛法与世间的关系。佛陀出生在人间，说法度生在人间，佛法是源出人间并要利益人间的。我们提倡人间佛教的思想，就要奉行五戒、十善以净化自己，广修四摄、六度以利益人群，就要自觉地以实现人间净土为己任，为社会主义现代化建设这一庄严国土、利乐有情的崇高事业贡献自己的光和热。对于第二个问题，我以为应当发扬

---

* 本文系国家社会科学基金项目"儒佛道三教关系与中国宗教的发展及精神"（编号：07BZJ005）和教育部哲学社会科学研究重大课题攻关项目"百年佛学研究精华集成"（批准号：10JZD0004）的阶段性成果，曾在 2014 年 10 月 31 日至 11 月 2 日香港召开的"赵朴初思想研讨会"上报告，在此发表时做了较大的修改和补充。

** 洪修平，教育部"长江学者"特聘教授，南京大学东方哲学与宗教文化研究中心主任，哲学系宗教学系教授、博士生导师。

中国佛教的三个优良传统。第一是农禅并重的传统。……第二是注重学术研究的传统。……第三是国际友好交流的传统。”① 这里，他提到的三个优良传统，可以说是从一个侧面揭示了中国佛教的“中国特色”。而他提到的“人间佛教”，则从“中国佛教向何处去”的高度做了强调。他特别号召全国佛教徒：“我们社会主义中国的佛教徒，对于自己信奉的佛教，应当提倡人间佛教思想，以利于我们担当新的历史时期的人间使命。”② 正是在他的大力提倡和推动下，中国佛教日益走上了人间佛教的道路，致力于自利利他，实现人间净土。赵朴初在这里提到的人间佛教有两点特别值得注意，一是他引证中印佛教的经典，为人间佛教的合理性提供了重要的理论依据；二是他提倡人间佛教思想，是为了更好地担当新的历史时期的“人间使命”。这两点也是今天在推展人间佛教时需要重点思考和解决的问题。

二

赵朴初引证的《增一阿含经》和《六祖坛经》分别是中印佛教中的重要经典。《阿含经》作为早期佛教的基本经典，集中体现了佛陀创教的根本精神，特别是对佛陀重视人间的精神有充分的揭示，而《六祖坛经》作为唯一的一部以“经”命名的中国僧人的著作，其人间佛教思想既“奠基了中国禅宗人间佛教的基本特色，也为近现代以来的人间佛教运动提供了重要的理论资源和思想基础”③。透过这两部佛教经典我们可以清楚地看到，人间佛教并不脱离传统的佛教而发展，其思想渊源可以追溯到佛陀创教的根本情怀，而中国佛教又在中华文化的滋养下继承发展了佛教的根本精神。

虽然从本质上说佛教是追求出世的宗教，其根本宗旨是把人从现实的“人生苦海”中解脱出来，但佛教提出的超脱生死轮回的解脱理想，本身就表达了佛教对人间苦难人生的悲悯和对永超苦海之极乐世界的向往，表达了对人生永恒幸福的一种追求。同时，佛教又通过强调“众生平等”特别是追求宗教解脱中的平等④和“自作自受”的“业报轮回”而将人们引向了“诸恶莫作，众善奉行”的人生道德实践，鼓励人们通过自身的努力来实现美好的人生。这种理论不仅蕴含着劝人向善、积极进取的精神，而且表达了佛教的人间性和佛陀对社会人生的关怀，表现出佛陀创教的根本精神就是帮助众生实现“慧解脱”。如《法华经·方便品》中所说：“诸佛世尊唯以一大事因缘故出现于世。诸佛世尊欲令众生开佛知见……欲示众生佛之知见……欲令众生悟佛知见……欲令众生入佛之知见。”⑤ 为了实现出世解脱，就必须在人间修行。佛陀说：“比丘当知，三十三天著于五欲，彼以人间为善趣，……所以然者，诸佛世尊，皆出人间，非由天而得也。”⑥ 他还举自己为例：“我身生于人间，长于人间，于人间得佛。”⑦ 大乘佛教发展起来的“生死涅槃

---

① 《赵朴初文集》，华文出版社2007年版，第562、563页。

② 同上。

③ 洪修平：《〈坛经〉的人间佛教思想及其理论特色》，《河北学刊》2011年第6期。

④ 《别译杂阿含经》卷五中说：“不应问生处，宜问其所行；微木能生火，卑贱生贤达。”（《大正藏》第2册，第409页上）

⑤ 《大正藏》第9册，第7页上。

⑥ 《增一阿含经》卷二十六，《大正藏》第2册，第694页上。

⑦ 《增一阿含经》卷二十八，《大正藏》第2册，第705页下。

不二”“世间出世间不二”等基本精神，更好地沟通了佛教的出世理想与人间现实生活的联系，并为建立人间佛教、人间佛国净土提供了依据。中国佛教正是继承了佛陀创教的根本精神，同时又在中国固有的传统思想文化氛围中，为适应中国社会的需要而有所发展和创新，形成了自身的一些特点。特别是在同中国儒、道等的冲突与互融中，佛教日益走向了现实的社会人生。立足于“众生”的解脱而强调永超人生苦海的佛教在中国则更突出了“人”和人生问题。宋明以后，“世间法则佛法，佛法则世间法”① 成为佛教界的普遍共识，近现代复兴的中国佛教则一步步走上了人间佛教的道路。

但是，中国佛教的入世化倾向并不改变它本质上仍然是讲求“出世”的宗教，因为它毕竟不是以入世为最终目的，而是视入世为方便法门，以出世解脱为旨归的。中国大乘佛教的入世化、人生化倾向，从佛教自身的发展来说，是大乘佛教的入世精神在中国社会文化历史条件下的新发展，中国佛教所倡导的“出世不离入世”实际上是印度佛教的“出世精神”在中国文化中的一种特殊表现。因此，在提倡人间佛教、强调中国佛教“出世不离入世”特色的同时，还应该不忘加上“入世以求出世”。这既体现了佛陀创教的本怀，也更全面地揭示了中国佛教的重要特点。② 这也正是笔者最近专门撰文强调的：“中国佛教宗派的理论具有儒学化、道学化的特色，但并不能由此而否定或不承认其对印度佛教的继承及与之根本上的一致。中国佛教的儒道化色彩，并不影响中国佛教仍然是‘佛教’。”③ 对“人间佛教”亦应作如是观。

三

赵朴初提出的在社会主义社会中佛教应该更好地担当“人间使命”的思想也值得认真温习。佛教如何与社会主义社会相适应，并发挥更大的积极作用？笔者认为，佛教作为宗教，它是一种精神文化资源，能为人的精神世界提供资粮。佛教作为本质上追求出世的宗教，它的解脱有与众不同的特色，它是以“开示悟入”佛之知见为一大事因缘而出现于世的，觉悟人生、智慧解脱是佛教不变的根本宗旨。因此，“人间佛教”不能只有“人间”而没有“佛教”，它只是强调佛法在世间，不离世间觉。它一方面必须担当“人间”使命，另一方面也必须有“出世间”的宗教性和神圣性，才能更好地实现“自觉觉他”“自度度人”的人间“使命”。佛教入世担当“人间使命”，人间性不应遮蔽其“出世间”的宗教性和神圣性。

在谈到人间佛教时，人们常引用六祖惠能的名言：“佛法在世间，不离世间觉。”④ 其实，如果把这个句子反过来读，我们就会看到，这里既强调了佛法“在世间”“不离世间觉”，同时也强调了“在世间”的“佛法”和“觉世间”。也就是说，在强调佛教的“人间”性时，并不能忽视“在世间”的“佛法”，“不离世间”是要“觉世间”，亦即“觉悟”人生、实现解脱。这两者应该是人间佛教必须重视的两个侧面，如鸟之双翼、车之双轮，不可偏废。这也正是笔者认为赵朴初提倡人间佛教时认为它有利于担当新的历史时

---

① 《大慧普觉禅师语录》卷二十七，《大正藏》第 47 册，第 929 页下。

② 参见洪修平《对当前人间佛教发展的若干问题之反思》，《宗教学研究》2011 年第 1 期。

③ 洪修平：《从三教关系与契理契机谈隋唐佛教宗派》，《世界宗教研究》2014 年第 5 期。

④ 《六祖坛经·般若品》，洪修平、白光注评：《坛经》，凤凰出版社 2010 年版，第 36 页。

期“人间使命”的重要意义之所在。

赵朴初的人间佛教思想是对太虚法师人间佛教思想的继承和发展。早年太虚法师在首倡“人生佛教”时，曾提出了“契理”“契机”的两大原则，这对我们今天讨论人间佛教的理论和实践，依然具有极为重要的意义。笔者曾提出，我们不能在强调佛教的中国化或人间佛教的入世性时，忽视了佛教出世解脱的根本宗旨以及中国佛教契合佛陀本怀的普世性意义和价值。人间佛教依然是佛法而不是世间学，因为它契证的是佛陀之本怀，如果遮蔽了其向上的维度，则将与一般的世间学如儒学等无异，那么佛教的独特价值也就难以得到彰显和发挥。

在这方面，太虚法师当年的说法和赵朴初的人间佛教思想都对我们深有启发。从契理契机的原则出发，太虚法师在提倡人间佛教的同时，又强调了要在人生的道路上更进一步依佛陀的教法去信、解、行、证，以超越生死苦海的厄难。他曾基于“我们毕竟是人世间的人”而提出了“培本报恩”“服务社会”和“建设国家”三项要求，接着又特别强调：“如果前三种能够‘实践躬行’的做得到，也只是一个平庸的人，……这里要说明进德修道的第四点。”这就是“要依佛的教法去信、解、行、证。不然，难于超越生死苦海的厄难”。作为佛教徒“要依佛的教法请明师指教去修行——皈依三宝。依佛的法而行住坐卧不离，才有出离生死苦海之一日”。[①] 这就是说，既要能面向人生，服务社会，更要能“进德修道”，依佛法修习，这样才能达到“自他两利”、既做人又成佛。赵朴初也指出：“‘庄严国土，利乐有情’，这口号把世法、出世法都包括了……我们就是要有成佛作祖的志愿。……我们在这个地方就是要学、要修，学和修都是非常重要的。”[②] “菩萨行总的来说是上求佛道，下化众生。……菩萨以此六波罗蜜作为舟航，在无常变化的生死苦海中自度度人，功行圆满，直达涅槃彼岸，名为成佛。菩萨成佛即是得大解脱，得大自在，永远常乐我净。这就是大乘佛教菩萨行的最后结果。”[③] 他特别强调要“加强信仰建设”，认为“信仰建设是核心”，“首先是要求寺院僧尼具足正信，勤修三学”，必须坚持“修禅念佛，讲经说法”。[④]

从太虚法师和赵朴初关于人间佛教的论述，我们可以清楚地看到，“人间佛教”既关注“人间”，更强调“佛教”，如果说“人间”表达的是契机，那么“佛教”更多地就是要契理，若离开了“出离生死苦海”“成佛作祖”的解脱目标，那么佛教的人间事业就与一般的公益事业无异，佛教与其他宗教或理论学说的殊胜之处也就无从显现。正是在这个意义上，笔者认为赵朴初的人间佛教思想，既继承了大乘佛教的精神，发扬了中国佛教的优良传统，又对中国佛教的发展和人间佛教的进一步推展，具有积极的引导作用。

习近平主席在巴黎联合国教科文组织总部发表演讲中特别提到，中华文化积淀着中华民族最深层的“精神追求”，代表着中华民族独特的“精神标识”。这里都突出了中华文化的精神性作用。这就提示我们：弘扬中国佛教文化，不能仅满足于建寺盖庙；与社会主义社会相适应，不仅仅是引导信徒参与到经济建设中来，更不是简单的佛教搭台经济唱戏，而是在与社会主义国家的政治、法律和国家利益相一致的同时，还要为精神文明建设

---

① 《学佛先从做人起》，载黄夏年主编《太虚集》，中国社会科学出版社 1995 年版，第 234—237 页。

② 《赵朴初文集》，华文出版社 2007 年版，第 1213—1214、674—675、1237 页。

③ 同上。

④ 同上。

做贡献。同时也促使我们思考："具有中国特色的中国佛教文化"，它的独特精神体现在哪里？如何才能使中国佛教在今天人们建设精神家园中发挥更好的积极作用？

笔者曾撰文探讨过中国佛教的主要特点①，并认为，有"哲学的宗教"之称的佛教，其博大精深的佛学传至中土后，经与儒、道为主要代表的中国文化融合发展，形成了圆融精神、伦理精神、人文精神、自然精神、实践精神等独特精神。② 同时也强调，佛教毕竟是宗教，信仰无疑是其最核心的内容，"佛教作为一种宗教，其信仰层面有对佛菩萨的崇拜，而其崇拜的落脚点则是期待众生从人生苦海中得到解脱，这与儒家敬畏天命鬼神的以人为本的宗教精神正相契合。从佛教在中土传播的历史及其与儒家的关系来看，可以说，儒学的人文精神，引发了中国佛教的人本化、心性化，而儒学的宗教精神则接引了作为宗教的佛教的信仰教义。中国佛教在儒学关注现世现生的人文精神和天道人性贯通的宗教精神的影响下，最终将神圣的佛性与现实的人心结合在一起，通过对主体自我的肯定而日益走向了现实的社会人生，从而完成了外来宗教的本土化，成为中国传统文化的重要组成部分，并至今仍在现实中发挥着深刻影响"③。如何深入研究和挖掘中华传统文化重要组成部分的中国佛教的优秀精神文化资源，仍然是我们当前的重要任务。

在中国佛教文化繁荣发展的今天，重温赵朴初的人间佛教思想，对于引导佛教与社会主义社会相适应、更好地发挥佛教精神性资源的积极作用，具有重要的理论和现实意义。

（原文发表于《世界宗教文化》2005 年第 2 期）

① 参见洪修平《试论中国佛教思想的主要特点及其人文精神》，《南京大学学报》2001 年第 3 期。

② 洪修平、陈红兵：《论中国佛学的精神及其现实意义》，《世界宗教研究》2011 年第 1 期。

③ 洪修平：《殷周人文转向与儒学的宗教性》，《中国社会科学》2014 年第 9 期。

西夏文《大白伞盖陀罗尼经》及发愿文考释*

史金波**

近来笔者得见一件西夏文佛经残卷，为国内外仅见的孤本。此经卷前残，经末有发愿文，内容有关蒙古时期西夏文佛经的刻印、流传，以及西夏藏传佛教的信仰，十分重要。现刊布此经卷图版①，并对此经及后附发愿文做初步考释，以飨读者。

一　文献原文和译文

此西夏文残卷，纸墨古旧，字体端庄、规范，刻印精良，系真品无疑。卷残长 64.5 厘米，高 15 厘米，刻本，上下单栏，栏高 9.7 厘米，存西夏文字 44 行，残经 20 行，经末发愿文 24 行。

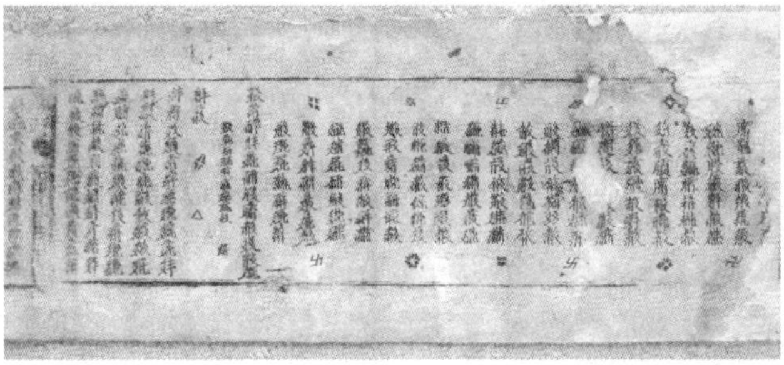

图版一

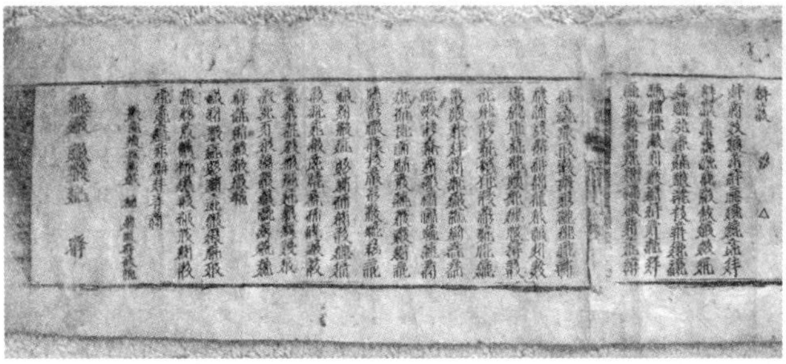

图版二

---

* 本文为国家社科基金特别委托项目《西夏文献文物研究》(批准文号 11@ZH001)中期研究成果之一。

** 史金波，中国社会科学院学部委员，中国社会科学院民族研究所研究员。

① 此件为郑顺通先生藏品，他委托笔者使用藏品图版，并进行研究发表，特此致谢。

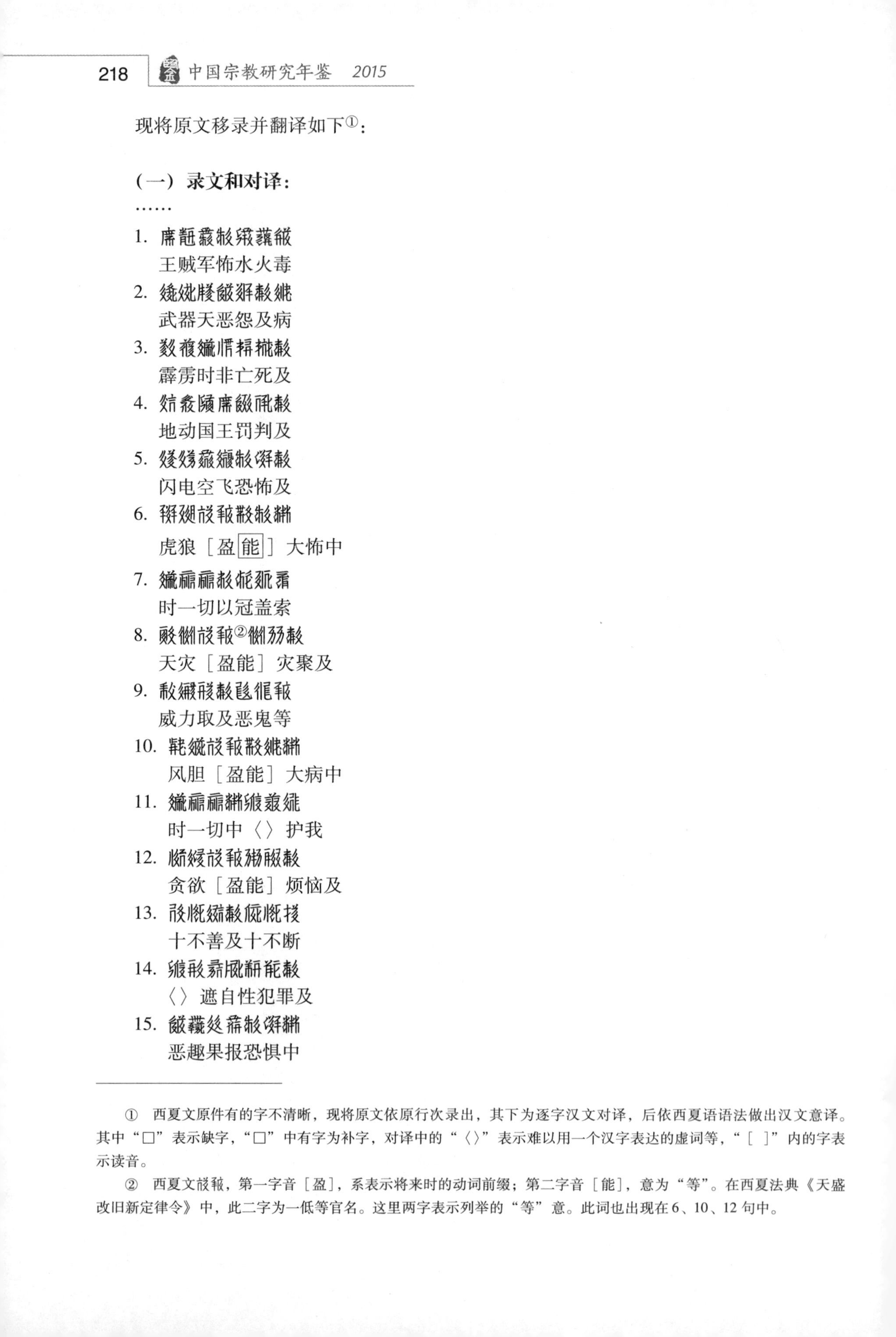

现将原文移录并翻译如下①：

（一）录文和对译：

……

1. [illegible]
   王贼军怖水火毒
2. [illegible]
   武器天恶怨及病
3. [illegible]
   霹雳时非亡死及
4. [illegible]
   地动国王罚判及
5. [illegible]
   闪电空飞恐怖及
6. [illegible]
   虎狼［盈能］大怖中
7. [illegible]
   时一切以冠盖索
8. [illegible]②[illegible]
   天灾［盈能］灾聚及
9. [illegible]
   威力取及恶鬼等
10. [illegible]
    风胆［盈能］大病中
11. [illegible]
    时一切中〈〉护我
12. [illegible]
    贪欲［盈能］烦恼及
13. [illegible]
    十不善及十不断
14. [illegible]
    〈〉遮自性犯罪及
15. [illegible]
    恶趣果报恐惧中

---

① 西夏文原件有的字不清晰，现将原文依原行次录出，其下为逐字汉文对译，后依西夏语语法做出汉文意译。其中“□”表示缺字，“□”中有字为补字，对译中的“〈〉”表示难以用一个汉字表达的虚词等，“［ ］”内的字表示读音。

② 西夏文[illegible]，第一字音［盈］，系表示将来时的动词前缀；第二字音［能］，意为“等”。在西夏法典《天盛改旧新定律令》中，此二字为一低等官名。这里两字表示列举的“等”意。此词也出现在6、10、12句中。

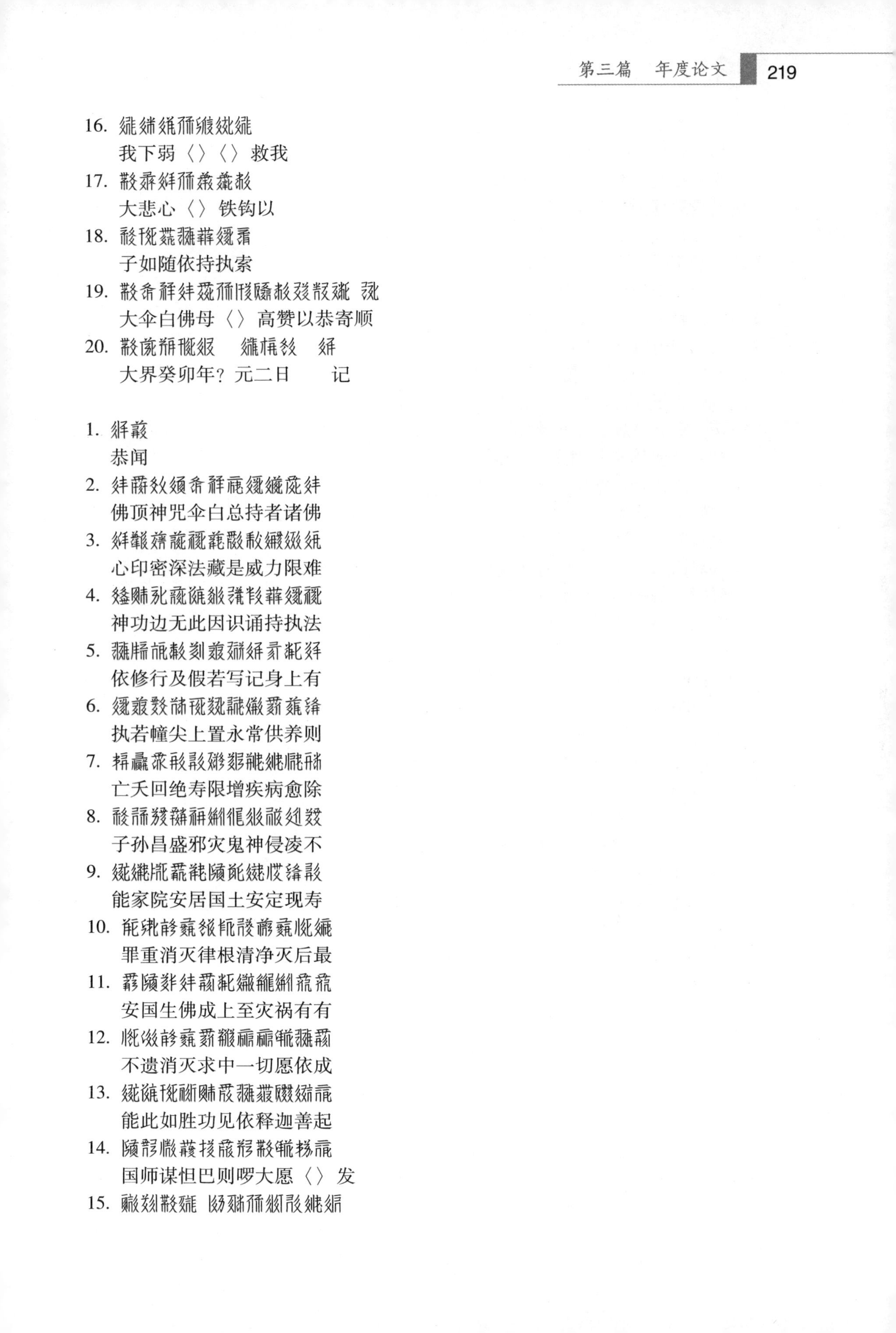

16. [illegible]
我下弱〈〉〈〉救我
17. [illegible]
大悲心〈〉铁钩以
18. [illegible]
子如随依持执索
19. [illegible]
大伞白佛母〈〉高赞以恭寄顺
20. [illegible]
大界癸卯年？元二日　　记

1. [illegible]
恭闻
2. [illegible]
佛顶神咒伞白总持者诸佛
3. [illegible]
心印密深法藏是威力限难
4. [illegible]
神功边无此因识诵持执法
5. [illegible]
依修行及假若写记身上有
6. [illegible]
执若幢尖上置永常供养则
7. [illegible]
亡夭回绝寿限增疾病愈除
8. [illegible]
子孙昌盛邪灾鬼神侵凌不
9. [illegible]
能家院安居国土安定现寿
10. [illegible]
罪重消灭律根清净灭后最
11. [illegible]
安国生佛成上至灾祸有有
12. [illegible]
不遗消灭求中一切愿依成
13. [illegible]
能此如胜功见依释迦善起
14. [illegible]
国师谋怛巴则啰大愿〈〉发
15. [illegible]

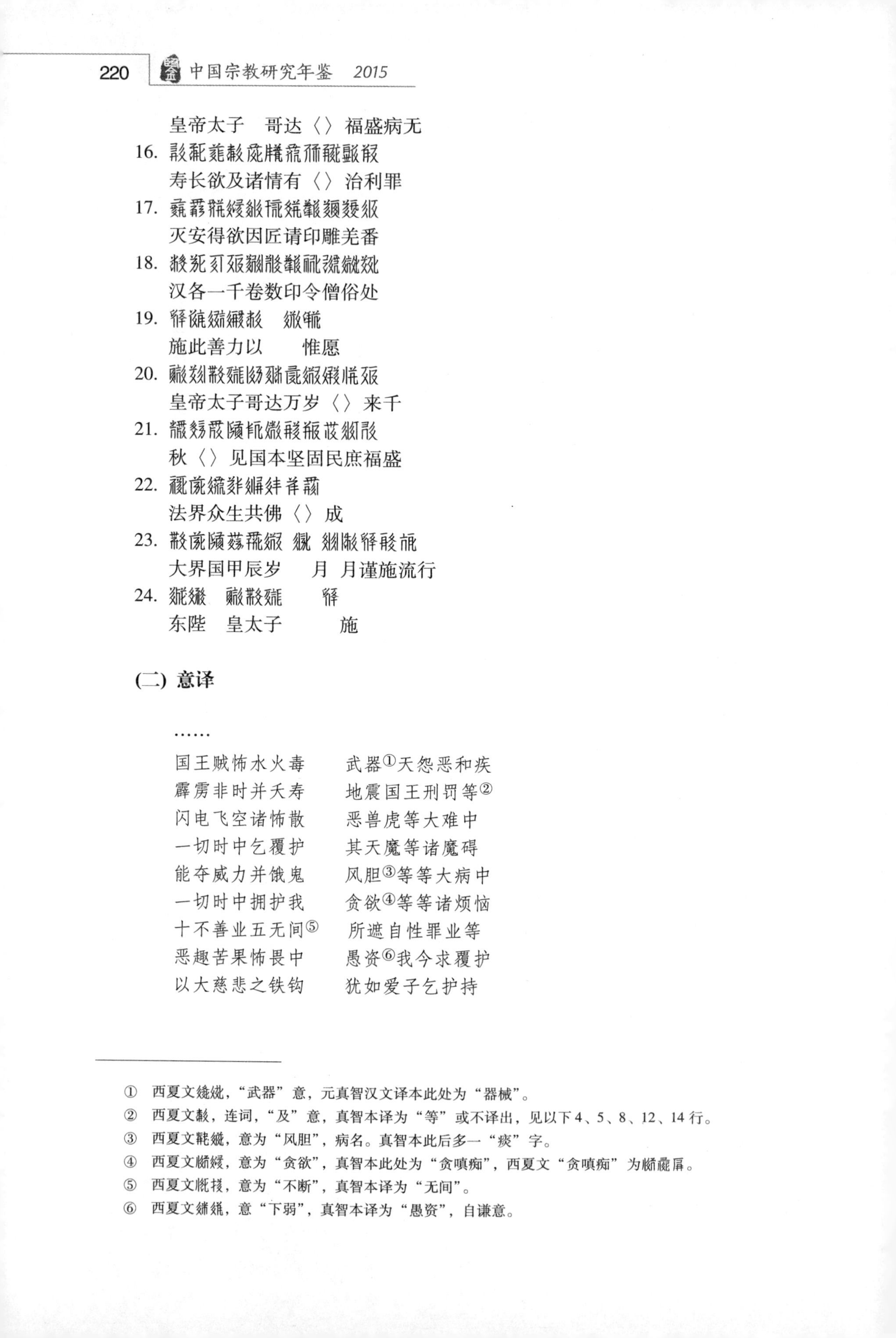

皇帝太子　哥达〈〉福盛病无

16. [illegible]

寿长欲及诸情有〈〉治利罪

17. [illegible]

灭安得欲因匠请印雕羌番

18. [illegible]

汉各一千卷数印令僧俗处

19. [illegible]

施此善力以　　惟愿

20. [illegible]

皇帝太子哥达万岁〈〉来千

21. [illegible]

秋〈〉见国本坚固民庶福盛

22. [illegible]

法界众生共佛〈〉成

23. [illegible]

大界国甲辰岁　　月　月谨施流行

24. [illegible]

东陛　皇太子　　　施

(二) 意译

……

国王贼怖水火毒　　武器[1]天怨恶和疾
霹雳非时并夭寿　　地震国王刑罚等[2]
闪电飞空诸怖散　　恶兽虎等大难中
一切时中乞覆护　　其天魔等诸魔碍
能夺威力并饿鬼　　风胆[3]等等大病中
一切时中拥护我　　贪欲[4]等等诸烦恼
十不善业五无间[5]　　所遮自性罪业等
恶趣苦果怖畏中　　愚资[6]我今求覆护
以大慈悲之铁钩　　犹如爱子乞护持

① 西夏文[illegible]，“武器”意，元真智汉文译本此处为“器械”。
② 西夏文[illegible]，连词，“及”意，真智本译为“等”或不译出，见以下4、5、8、12、14行。
③ 西夏文[illegible]，意为“风胆”，病名。真智本此后多一“痰”字。
④ 西夏文[illegible]，意为“贪欲”，真智本此处为“贪嗔痴”，西夏文“贪嗔痴”为[illegible]。
⑤ 西夏文[illegible]，意为“不断”，真智本译为“无间”。
⑥ 西夏文[illegible]，意“下弱”，真智本译为“愚资”，自谦意。

大白伞盖佛母赞叹祷祝偈[1]

大朝癸卯年？元二日[2]　记

恭闻佛顶神咒白伞盖总持者，是诸佛心印密深法藏，威力无限，神功无边。因此依识诵受持法修行，或若写记身上有持，或置幢顶上，永常供养，则回绝亡夭，增寿限，愈除疾病，子孙昌盛，灾祸、鬼神不能侵凌，家庭安居，国土安定，在世[3]消灭重罪，律典清净，亡后生最安国[4]，至于成佛，所有灾祸殄灭无遗，一切要求依愿能成。因见如此胜功，释迦善起[5]国师谋怛巴则啰[6]已发大愿，因望皇帝太子　阔端福盛无病长寿，并欲利治诸有情，灭罪得安，请匠令雕印羌、番、汉各一千卷施僧俗处，以此善力，惟愿皇帝太子阔端寿长[7]万岁，经历[8]千秋，国本坚固，民庶福盛，法界众生当共成佛。

大朝国甲辰岁　　月　　日谨施流行

东陛[9]　皇太子　　　施

二　佛经考释

此西夏文经卷缺卷首经名，于经末可见“大白伞盖佛母赞叹祷祝偈”，从其后发愿文中还可见“佛顶神咒白伞盖总持”之名，“总持”即陀罗尼，可见此经应是《大白伞盖陀罗尼经》，后并有“大白伞盖佛母赞叹祷祝偈”，保留了赞叹祷祝偈中的最后 18 句，其前的经文和偈语皆佚。

此经卷末有一行题款“大朝癸卯年？元二日　记”。“大朝”西夏文原文为[西夏文][西夏文]，直译为“大界”。西夏文文献中[西夏文][西夏文]“世界”一词另又引申为“京师”“朝廷”之意。如西夏人翻译汉文类书《类林》时，以此二字译为“京师”。[10] 又如西夏文《天盛改旧新定律令》卷一“谋逆门”中有：“[西夏文]”，译文为：“在京师者，在何职管属司，及在边中者，其所属经略使、监军司等，

① 西夏文[西夏文]，意为“盖”，可译为“伞盖”。西夏文[西夏文]，意为“母”，此处可译为“佛母”。西夏文[西夏文][西夏文]，意为“高赞”，可译为“赞叹”。西夏文[西夏文][西夏文]，意为“恭寄”，可译为“祷祝”。最后一字不清，形近字有[西夏文]，“顺”意，此处应为“偈”，西夏文“偈”为[西夏文]。

② “年”字后一字原文不清，形近字有[西夏文]，音为［波］；[西夏文]，意为冬。此年款有干支，无月份，“二日”前一字为“元、始”意，或为正月。

③ 西夏文[西夏文][西夏文]，汉意为“现寿”，据其意并对照后文“亡后”，此处译为“在世”。

④ 西夏文[西夏文][西夏文][西夏文]，汉意为“最安国”，可译为“极乐世界”。

⑤ 西夏文[西夏文][西夏文]，汉意为“善起”，对应藏文 dge slong，比丘意。

⑥ “谋怛巴则啰”应是该国师名字，似可以还原为 Buddhavajra，佛金刚意。

⑦ “万岁”后西夏文二字为[西夏文][西夏文]，第一字为表示将来意义的虚词，第二字有“来”“降”意，此处应理解为“达到”意，故连前面“万岁”二字译为“寿长万岁”。

⑧ “千秋”后西夏文二字为[西夏文][西夏文]，第一字也为表示将来意义的虚词，第二字“见”意，此处应理解为“见到”意，故连前面“千秋”二字译为“经历千秋”。

⑨ 西夏文[西夏文]，“阶”意，引申为“陛下”的“陛”。“东陛”指太子位。

⑩ 史金波、黄振华、聂鸿音：《类林研究》，宁夏人民出版社 1993 年版，第 201—201 页。

何就近处当速告知”。[①] 其中“京师”一词西夏文为[illegible]。再如“[illegible]”，译文为：“其中文武忠显，知晓内外秘事，是关系朝廷之利益者，应管摄及依顺投归来等，应不应释罪，视人状时节、事由等奏议实行”。[②] 其中“朝廷”一词西夏文也为[illegible]。

此外，国家图书馆藏西夏文《金光明最胜王经》卷第十末附有一篇跋文，实际上是一篇简短的刻经发愿文，文中有：“[illegible]”，译文为“大朝国朝廷信众施主陈慧高”，其中“大朝”二字即与此残卷中的[illegible]二字相同。上述《金光明经》跋文中还有一段关于该经刻印时间的内容：“[illegible]”，译文为：“番国旧印板国毁中失，因此施舍净物，令雕新字，乙巳年八月十五日始起，丁未年中刻毕”。[③] “番国”即指西夏。“国毁”即是西夏已灭亡。当时是蒙古军队已经统治西夏故地，但尚未有年号的时代。因此雕刻《金光明经》的年款只有干支，而无年号。乙巳年是太宗窝阔台死后皇后乃马真称制之时，即公元 1245 年，刊毕时间丁未年则为定宗贵由二年，即公元 1247 年。

“大朝”或“大朝国”为元代建元之前的国号，在汉文史料与蒙元时期的碑刻中多次出现。此词可能与当时的蒙古语“也可兀鲁思”称呼有关。“也可”在蒙古语中为“大”意；“兀鲁思”（ulus）为蒙古时期对诸王分地的称呼，意为“人众”，也可译作“人民—分地”，后来又有“人民—国家”的意义。“也可兀鲁思”具有“大国”或“大朝”的意义。此残卷中的“大朝癸卯年”，应是西夏灭亡后蒙古皇后乃马真时期的癸卯年，即公元 1243 年。在西夏文文献中用[illegible]（大朝国）称呼这一时代，连此次已经出现两次。

西夏时期翻译了大量佛经，其中包括很多藏传佛教经典。黑水城出土的西夏文佛经中有关大白伞盖的佛经有数种：

1. [illegible]
   圣一切如来之顶髻中生白伞盖佛母无他能者回遮明咒大母王总持
2. [illegible]
   大白伞盖佛母之烧施法事
3. [illegible]
   白伞盖佛母施食法事要门
4. [illegible]
   依大白伞盖佛母护国要门
5. [illegible]
   诵大白伞盖佛母之总持要门
6. [illegible]　[illegible]

---

① 史金波、聂鸿音、白滨译注：《天盛改旧新定律令》第一“谋逆门”，法律出版社 1999 年版，第 113—114 页。

② 史金波、聂鸿音、白滨译注：《天盛改旧新定律令》第九“诸司判罪门”，法律出版社 1999 年版，第 281 页。

③ 史金波：《西夏文〈金光明最胜王经〉序跋考》，《世界宗教研究》1983 年第 3 期。原文见史金波、陈育宁主编《中国藏西夏文献》第 4 册，甘肃人民出版社、敦煌文艺出版社 2005 年版，第 85 页。

大白伞盖佛母之现前明定次第、大白伞盖母供养记①

以上 6 种第 2、3、4、6 种为写本，第 1、5 两种为刻本，第 5 种经末有题款三行：

[illegible]

[illegible]

[illegible]……

译文为：乾祐乙巳十六年九月　日

雕印发愿者出家僧人酩布　慧明

印面写者执笔……

以上出土的西夏文佛经证明西夏时期已翻译出多种白伞盖类佛经，其中还有西夏乾祐十六年（1185）的刻本。作为这类经典的主要一种《大白伞盖总持陀罗尼经》虽未见于俄藏出土文献中，但大白伞盖佛母烧施法事、施食法事、护国要门、供法记都已译出，特别是《诵大白伞盖佛母之总持要门》都已译成西夏文，其本经《大白伞盖佛母总持（陀罗尼)》在西夏时期也应译成了西夏文。此经记于蒙古时期 1243 年，上距西夏灭亡的 1227 年仅 18 年。从经末发愿文可知，此经只是刻印，而不涉及翻译，应是利用西夏时期的译本刻印。

《大白伞盖陀罗尼经》系密教白伞盖佛顶法之经典，又称《白伞盖陀罗尼经》《白伞盖经》，本经叙说白伞盖佛顶之陀罗尼及其功德。此经有两种流行汉译本，一为元代沙啰巴译本，收入元朝雕印的《普宁藏》。又有真智译本，后补收入《碛砂藏》，过去也认为是元代译本。已有专家根据西夏时期所译佛经的梵汉对音规律，通过与元代沙啰巴所译《佛顶大白伞盖陀罗尼经》对音用字的比较，正确地考证了真智译本为西夏译本。②

此西夏文《大白伞盖陀罗尼经》残卷因缺失本经，难以与两种汉译本比较异同。但西夏文残经卷存留部分祷祝偈，现所见沙啰巴本无此偈，而真智本有此偈。以存留的西夏文部分偈语与智真汉文本比较，两者句数、各句内容基本相同，每句字数皆相同。可以推论此西夏文本与真智汉文本来自同一底本。在发愿文中记载当时“雕印羌、番、汉各一千卷”。其中“羌”指吐蕃，即藏族；“番”指党项，即原西夏主体民族。可知当时已有此经藏文、西夏文、汉文三种版本。真智为汉译本的译者，他应是西夏时期人，而不是元朝人。过去将西夏僧人的译著混为元代著述已屡见不鲜，已有专家论及③，此经又是一例。此经卷不仅为《大白伞盖陀罗尼经》汉译本始译自西夏找到新的证据，也首次提供了此经偈的西夏文本。

应该指出的是，汉文智真本的偈中第 53 句“一切时中乞覆护”与第 57 句完全重复，

---

① 见俄罗斯圣彼得堡东方学研究所手稿部藏黑水城文献 Инв. No. 2899、7605，5060，5924，4699，7589、7434、8094，4988。参见 Кычанов. Е. И. Каталог тангутских буддийских памятников института востоковедения российокой академии наук Университет Киото 1999г. 414、532、546、559，559－560、572－573。笔者对克恰诺夫教授的经名译文有所改译。

② 孙伯君：《真智译〈佛说大白伞盖总持陀罗尼经〉为西夏译本考》，《宁夏社会科学》2008 年第 4 期。

③ 陈庆英：《西夏及元代藏传佛教经典的汉译本》，《西藏大学学报》2000 年第 2 期；史金波：《西夏的藏传佛教》，《中国藏学》2002 年第 1 期。

似无必要，而最后又出现单独一句“一切时中拥护我”，也显生硬。而西夏文本中相应的两句并不重复，在汉文本重复之处为“一切时中拥护我”。这样显得语句不重复，内容协调，结构也不显突兀，也许可证西夏文本反映出智真原本的面貌。而流传至今的汉文智真本在传抄、刻印过程中出现了某些混乱。

三 发愿文考释

此残经卷发愿文前半部分主要阐述《白伞盖总持》的威力和神功，若受持修行、供养，可增寿除病，子孙昌盛，防止灾祸，家庭安居，国家安定，死后可生最安国中，并可成佛。后面的内容涉及当时刻印此经的具体史实，内容十分重要。

发愿文后有年款，记“大朝国甲辰岁月日谨施流行”，据上述知“大朝国”乃为未建立元朝时期的蒙古国的称谓，“甲辰岁”是前述偈语后年款“癸巳年”的后一年，即乃马真称制时期的1244年。

更为重要的是发愿文中三次提到“太子”。第一次记“释迦善行国师谋怛巴则啰已发大愿，因望皇帝太子　阔端福盛无病长寿”，第二次记“惟愿皇帝太子阔端寿长万岁”，第三次是在最末年款后以大字记载“东陛　皇太子　施”。发愿文中记皇太子的名字为[illegible]，汉字译音“哥达”。笔者译为“阔端”，理由如下：首先，“哥达”与“阔端”语音相近，而与当时其他蒙古诸王子的名字相去甚远。窝阔台汗有三子，长子贵由，次子阔端，三子阔出，此时阔出已死。第二，阔端确实有“太子”之称谓。《元史》在记载“岁赐”时明确提到，“太宗子阔端太子位：岁赐，银六十六锭三十三两，段一百五十匹。……”[①] 第三，这一时期正是阔端坐镇西凉府（凉州，今甘肃省武威）统御西夏故地之时。原来窝阔台汗时，阔端即得原西夏的部分地区为封地，驻河西，后又率军征南宋，从甘肃等地攻入四川，入成都，又曾派兵侵入吐蕃地区。乃马真氏称制时，阔端正式设府于西凉府镇守。[②] 西夏中后期大力发展藏传佛教，凉州是藏传佛教流传的重要地区，现存有西夏时期藏传佛教寺庙遗址，并出土多种藏传佛教经典。阔端镇守西凉府的时间上距西夏灭亡仅十几年时间，佛教依然盛行，由国师发愿雕印此经，为统御当地的太子祈福是不难理解的。

发愿文又记载当时此经不仅有西夏文本，还有藏文本和汉文本，并将藏文本置于第一位。而在西夏时期印施三个文种的佛经时，则往往把“番”本，即西夏文本放在第一位。这一方面是党项族失去了统治地位，另一方面可能体现出此经原为藏传佛教经典，西夏文本和汉文本皆译自藏文本。

此发愿文只提到“施僧俗处”，而未写明具体地点。这表明印刷的这些佛经散施于本地，即阔端管辖的河西一带的藏族、党项族和汉族佛教信众。后来从元世祖开始至成宗时完成的西夏文大藏经，是在杭州刻印的。这些西夏文佛经明确记载要“施于宁夏、永昌

① 《元史》卷九十五《食货三》，中华书局1976年版，第2416页。

② 《元史》卷二《太宗本纪》，中华书局1976年版，第34页。《元史》卷一百二十五《高智耀传》，第3072页。

等寺院，永远流通”。[①]因为元代西夏后裔大多还居住在西夏故地河西一带，这些西夏文佛经就是为西夏故地党项族信奉佛教才刻印的。这些佛经刻印于距西夏故地数千里之外，要转运到河西散发，才有必要写出散施地点。而此经是因为在当地雕印，在当地散发，自然没有必要写出散发地点。甚至可以推论此经大约在阔端驻地凉州雕印。

阔端率兵驻于河西时，就以凉州为基地经营河西。此时这一带有不少西夏后人，阔端与西夏后裔有来往。比较典型的是他与西夏后人高智耀的交往。高智耀祖高良惠，西夏晚期任右丞相。其本人是西夏进士，夏亡后，隐居贺兰山，深得太宗重视。阔端镇西凉时，“儒者皆隶役，智耀谒藩邸，言儒者给复已久，一旦与厮养同役，非便，请除之。皇子从其言”[②]。阔端不仅重视宗教，也能接受建议，善待儒者。

阔端在乃马真称制三年（1244）时遣使至吐蕃，召请萨迦派首领萨迦班智达到凉州会谈。三年后（1247）阔端于凉州会见萨迦班智达，议定吐蕃归附条件，由萨迦班智达致书吐蕃僧俗首领，劝说归附，确立了蒙古对吐蕃的统治，蒙古通过萨迦派管理吐蕃的协议，吐蕃正式归入大朝版图，这就是著名的凉州会谈。笔者在1988年出版的《西夏佛教史略》中曾提到阔端招请在吐蕃最有影响的萨迦派佛教领袖萨迦班智达来凉州会谈之事[③]，后又在《西夏的藏传佛教》一文中明确提出：

> 蒙古时期蒙古汗窝阔台之子宗王阔端，受封于西夏故地，坐镇凉州，经营吐蕃。他一方面派兵攻入吐蕃地区，后来又遣使至吐蕃，召请吐蕃最有影响的萨迦寺主萨迦班智达及其两个侄子八思巴、恰那多吉来凉州，议定吐蕃归附蒙古大事。不难想象，阔端在原西夏地区会了解到藏传佛教的影响，以及西夏统治者利用藏传佛教的情况。蒙古统治者将会谈地点选在藏族影响较大、藏传佛教信仰浓烈的西夏故地凉州，对这一重要会谈增添了浓重的文化、宗教色彩。萨班一行来到凉州后，阔端对他们给予热情接待，对藏传佛教表现十分尊重。会谈结束后，萨班写给卫藏各教派的信中说：“此菩萨汗王敬奉佛教，尤崇三宝。”会谈的成功确立了蒙古对吐蕃的统治，也确认了藏传佛教的地位。凉州会谈对藏传佛教在蒙古族地区的传播和在以后全国的流行都有重要影响。[④]

现在新发现的这一西夏文残经卷给这一立论提供了新的依据。此经发愿文证明阔端治理河西一带时，大量散施藏、夏、汉三种文字藏传佛教经典，弘扬藏传佛教。发愿文最后以显著大字记载“东陛　皇太子　施”，证明此举为阔端亲为。正是在这一年，阔端向萨迦班智达发出来凉州会谈的邀请，三年后萨迦班智达来到凉州，双方达成了历史性的协议。萨迦班智达信中的“此菩萨汗王”即指阔端太子。新发现此经和发愿文，为萨迦班智达的

---

① 中国国家图书馆、山西崇善寺和日本善福寺皆藏有元代平江路碛砂延圣寺刊印的《大宗地玄文本论》卷三记载：“于江南浙西道杭州路大万寿寺雕刊河西大藏经板三千六百二十余卷、华严诸经忏板，至大德六年完备。管主八钦此胜缘，印造三十余藏，及《华严大经》、《梁皇宝忏》、《华严道场忏仪》各百余部，《焰口施食仪轨》千有余部。施于宁夏、永昌等寺院，永远流通。”参见西田龙雄《西夏语的研究》二，座右宝刊行会，1966年，第295—301页。史金波：《西夏佛教史略》，宁夏人民出版社1988年版，第205—211页。李际宁：《关于“西夏刊汉文版大藏经”》，《文献》2000年第1期。

② 《元史》卷一百二十五《高智耀传》，中华书局1976年版，第3072页。

③ 史金波：《西夏佛教史略》，宁夏人民出版社1998年版，第205页。

④ 史金波：《西夏的藏传佛教》，《中国藏学》2002年第1期。

信中所说阔端“敬奉佛教，尤崇三宝”提供了直接证据。不难看出，西夏时期河西地区的藏传佛教的广泛流传为后来的凉州会谈做了宗教信仰方面的铺垫，使阔端这样的关键人物能先期、全面地了解藏传佛教情况，对凉州会谈产生了积极、正面的影响。

（原文发表于《世界宗教研究》2015 年第 5 期）

宗教概念之迻译与格义

曾传辉*

中国3500多年前的殷墟甲骨文中就有“教”字，教的概念在中国文化中一直占据关键位置。朱熹谓：“教便是说理。”① 说理只是“言教”，中国古代有各家各派之“教”，常有“言教”和“身教”之分，而鲜存“有神”与“无神”之分。将 religion 同其他文化类型中区分出来，本质上是欧洲历史发展的结果。14 世纪以来随着人本主义的兴起，religion 成为一个在欧洲文化中占据突出地位的概念。19 世纪中叶在清朝生活达 43 年的传教士卫三畏（Samuel Wells Williams），号称美国第一位汉学家，他在 1848 年首次出版的《中国总论》中写道：

> 中国没有通常意义上的“宗教”一词。“教”字的意义是“教导”或“教义”，适用于所有具备信条、信念或仪式的派别和会社；祖先崇拜从来不称为“教”，因为每个人的家里都要遵行，就像服从双亲一样；这是义务，不是教。②

诚然，今天人们理解的“宗教”这个汉语词项的意义在本质上是外来语。古代汉语中虽然有“宗教”这个双字词，但意义不同。它以全新的意涵出现在汉语词汇中是 19 世纪末从日本“转借”西学的结果，迻译过程相当复杂。其用法不仅在迻译初期产生过望文生义的臆想，在以后迄今的岁月中更有喧宾夺主、削足适履的尴尬。日本人用他们的理解训译 religion 是第一次误读；中国人脱离日本语境不假思索地接纳此词汇却未必理会其新意，形成第二次误读；随着国人西学水平提高，自己找到了“宗教”与 religion 的对训，却不再用汉语本有的意义理解“宗教”，而用 religion 的意义替换“宗教”一词的本义，后者固有意义反而被遮蔽。西化的宗教概念反过来“遮蔽”的不仅仅是中国传统语言的意义，与现实世界也发生着扞格。因此，对 religion 和“宗教”词项作探赜索隐的语源学考察也是一次文化人类学的巡礼。

一　宗教概念的转借迻译

现代汉语中“宗教”这个词项是舶来品，它源于对欧洲语言中 religion 这个单词的翻译。从 11 世纪以来，英法语言中就有 religiun 这个单词了，到 13 世纪以后变成 religion 这

---

* 曾传辉，中国社会科学院世界宗教研究所研究员。

① 《朱子语类》卷 98《张子之书一》。

② 卫三畏：《中国总论》，陈俱译，陈绛校，上海古籍出版社 2005 年版，第 717 页。

种如今常见的拼法，一直没变。该单词的拉丁语词根是 religio，意为："对一神或多神的崇敬；对神圣事物的深思熟虑；虔诚；神圣事物。"在古罗马，religio 使用得非常宽泛，指一切超出日常生活的事物，如人们相信鼹鼠（mole）的血具有治疗作用，就说它充满 religio。至于 religio 的词根 2000 多年来却一直众说纷纭。古罗马思想家西塞罗（Cicero）认为它的词根是 re（again）+legere（read），意为"选择"（choose），"反复阅读"（gooveragain；scrutiny）或"仔细考虑"（considercarefully）。另外一种有代表性的观点认为该词词根是 re（again）+ligare（bind，connect，tie）。此观点因为更加符合西方宗教观的传统，并受古罗马思想家拉克坦提乌斯（Lactantius）和圣奥古斯丁（St. Augustine）的宣扬而影响甚大，现代西方语言学家大多采用这种解释。恩格斯曾这样批评费尔巴哈抽象人本主义宗教的主张："宗教一词是从 religare 一词来的，本来是联系的意思。因此，两个人之间的任何联系都是宗教。这种语源学上的把戏是唯心主义哲学的最后一着。加在这个词上的意义，并不是通过它的实际使用的历史发展得到的，而是按照语源所应该具有的。"① 这样在拉丁语中，该词成了 obligatio（义务、责任）的同义词，它是指人对神灵的盟约和义务。

现代汉语采用了"宗教"这个双字词来对译 religion，这种用法直接沿袭日本，是文化转口贸易的结果。据矶前顺一②的考证，最初翻译 religion 是从《日米（美）修好通商条约》（1858）开始的，当时采用的译法有"宗旨"和"宗法"，此后直到从幕府末期到明治初期之间，所用的译语有："宗教""宗门""宗旨法教""法教""教门""神道""圣道"等。其中，"宗旨""宗门"等包含有宗教性实践内涵；"教法""圣道"等用于较强的思想和教义的意义方面。这些措词都是根据当时日本社会的用语习惯和学者们对相关概念的理解来选择的。矶前认为，"宗教"一词的内涵侧重于比实践更有深刻意义的教义方面，最终定下这一译法的背景是在日本西洋化的过程中，精英阶层和知识分子阶层的价值观被西欧化的结果。religion 译名定谳为"宗教"，始于 1869 年日本与德国北部巴伐利亚联邦之间签订的《修好通商条约》，该条约第四条中德文本 Religionsubung 和英文本 exerciseofreligion，在日文本中对应为"宗教"。1884 年（明治十七年）出版的辞书《改定增补哲学字汇》（井上哲次郎、有贺长雄合著）收录了这个译名，说明它已被学术界广泛采用。

几乎与此同时，中国留日学者和改良派思想家们就纷纷沿用日文汉字成说，广泛使用"宗教"这一术语。1877 年黄遵宪受命出任第一任驻日参赞，期间并开始着手撰写《日本国志》，到 1882 年任满时已成草稿。随即出任旧金山总领事，因公务繁忙，无暇整理书稿。1885 年回国休假，谢客杜交，"闭门发箧，重事编纂"，费心力近二年，于 1887 年夏修订完成。黄遵宪此书在全新的意义上使用"宗教"这个汉字词项，统共 10 余处，用来概括佛教会、神道会、希腊教会、耶稣会以及天主会等。③ 他指明此概念源自西方，同时宗教跟儒教不同，在于"兼明天道"；"兼明天道"当指其神学的超自然话语，触及宗教概念本质属性的理解：

① 《马克思恩格斯全集》第 21 卷，人民出版社 2003 年版，第 327 页。

② ［日］矶前顺一：《近代日本の宗教言説とその系譜：宗教・国家・神道》，岩波书店 2004 年版。

③ 黄遵宪：《日本国志》，天津人民出版社 2005 年版，第 914、800 页。

由是西学有蒸蒸日上之势。西学既盛，服习其教者渐多，渐染其说者益众。论宗教则谓敬事天主，即儒教所谓敬天；爱人如己，即儒教所谓仁民；保汝灵魂，即儒教所谓明德。士夫缘饰其说，甚有谓孔子明人伦，而耶稣兼明天道者。[①]

台湾学者陈熙远指出："追溯日文译语'宗教'初次挪用于中文论述的线索，论者向以黄遵宪完稿于1887年但迟至1895年方出版问世的《日本国志》为定论。"[②] 黄氏虽然可能是在著述中直接使用"宗教"这个日文汉字词项的第一人，但不是向中国知识界"引进"此概念的第一人。原因在于黄氏《日本国志》书稿杀青后并未立即刊行，而只是抄成几部，分别向李鸿章、张之洞等人各送一部，并呈送一部于总理各国事务衙门。虽然李、张和为书作序的驻英公使薛福成均予以很高的评价，但书稿既未付梓，则对社会大众之影响甚微。呈交总理衙门之书并没有引起重视，总理各国事务衙门章京袁昶曾喟叹曰："此书稿本送在总署，久束高阁，除余外无人翻阅。"[③] 直到甲午中日战争战败后，是书刊行问世，才在士绅阶层引起重视。

事实上，在黄遵宪之前，"宗教"一字的新用法已随日本著作在中国传播。1895年2月，清末维新派思想家宋恕客居上海时，在旅馆中整理他在天津任水师学堂汉文教习3年间的日记而成《六字课斋津谈》，[④] 按内容分16大类，其中的第10类名之曰"宗教"，将该词项作为一个知识门类来使用，开了"宗教"作为范畴概念的先河。而此时《日本国志》还在出版过程之中。

促成"宗教""科学"和"哲学"等日式西学译名在中国普及的功劳，要归于清末洋务派和维新派的政治主张与实践。他们看到日本实行新政仅30余年，便一跃而成为东亚强国，"百废具举，南灭琉球，北辟虾夷[⑤]，欧洲大国，睨而不敢伺"，更在甲午之战中力克大清帝国，令海内震动。国内维新派知识分子力主学习日本变法图强，而国内西学人才奇缺，数十年来翻译书籍，事费而功少；反之，日本与我文字相近，西学已甚为先进，因此从日本引进西学，"尤为捷疾"。康有为在《日本书目志自序》中阐述了这种主张：

大地之中，变法而聚强者，惟俄与日也。俄远而治效不著，文字不同也。吾今取之至近之日本，察其变法之条理先后，则吾之治效可三年成，尤为捷疾也。且日本文字尤吾文字也，但稍杂空海之伊吕波文[⑥]十之三耳。泰西诸学之书其精者，日人已略译之矣，吾因其成功而用之，是吾以泰西为牛，日本为农夫，而吾坐而食之。费不千万金，而要书毕集矣。[⑦]

---

① 黄遵宪：《日本国志》，天津人民出版社2005年版，第914、800页。

② 陈熙远：《"宗教"——一个中国近代文化史上的关键词》，台湾《新史学》2002年第13卷第4期，第51页。

③ 吴振清：《日本国志·前言》，天津人民出版社2005年版，第8页。

④ 胡珠生编：《宋恕集》（上），中华书局1993年版，"宗教类第十"自第75页起。

⑤ 虾夷：亦作"虾蛦"。古时指今天日本北方一带未开化的民族，一般认为是北海道阿伊努人即其后裔。

⑥ 伊吕波文：いろは，或作色叶，是一种将日语假名排列次序的方法。由于内容有实质意义，可视为全字母文的一种。它来自日本平安时代（794—1179）的《伊吕波歌》。这首诗歌最早见于1079年。"いろは"是该诗歌的首三个音。"いろは"大致相当于英语的"ABC"一样，指最基本的意思。

⑦ 《康有为全集》第三集，姜义华、张荣华编校，中国人民大学出版社2007年版，第264、298页。

1898年康有为向清帝上《广译日本书设立京师译书局摺》，引起朝廷重视，同年总理衙门同意每年给他在上海创办的大同译书局拨银2000两，将该局改为官办书局。[①] 同年7月洋务运动领袖盛宣怀亦上书皇帝，提出转译日文西学书籍的建议，并获准在南洋公学中设立译书院一所。[②] 康、盛等维新派和洋务派从日本转译西学的主张，经过国家行为的推动，对统一各界认识起到了关键的作用。这是清末“宗教”概念随着大量日式西学名词直接进入中国的主要原因。

据《康南海自编年谱》，康有为未及第之时就开始注重阅读外国书籍，1888年前后撰写了一批读书笔记，在甲午之后，“大搜日本群书”，并借助懂日语的女儿康同薇的帮助阅读这些书籍，光绪二十二年丙申（1896）开始撰《日本书目志》，将已过目及需要求购的书目，“撮其精要，剪其无用，先著简明之目”；光绪二十三年丁酉（1897）六月之前“撰《日本书目志》成”。是书于1898年春付梓发行，收罗19世纪下半叶日本新书目，共分15类。其中第3类为“宗教门”，收录宗教总记、佛教历史、佛书、神道书、杂教5类180种；在第2类“理学门”下，收录的宗教哲学书籍中包括《宗教哲学》《有神哲学》《基督教及哲学》和上述《改订增补哲学字汇》等。[③]

继宋恕以“宗教”为知识范畴之后，康有为将“宗教”作为图书分类的名目，这相当符合现代目录学的专业标准，可能直接来源于日本书店和出版社的图书目录，而不是散见于黄氏《日本国志》的“宗教”概念。从康氏在“宗教门”书目后所作的按语来看，他可能读过其中的一些著作，因此他说：

> 日人所译佛、婆罗门、耶、回之书，及《宗教进化论》《宗教新论》《未来世界论》《天地熔造化育论》，瑰玮连犿而俶诡可观也[④]。日本神学乃儒、佛未东渡之前为东夷旧俗，无足观焉。[⑤]

在这个简短的按语中，他持一种进化论式的宗教观，认为宗教起源于领袖人物教化民众的需要；各个时代的宗教有自己不同的特征；宗教之所以要用鬼神来进行教化，就是为了让百姓产生敬畏而遵从之；宗教崇拜的对象有神有鬼，数量有多有寡，形质有实有虚；孔教也重灵魂，因此也应当视为宗教。他写道：

> 合无量数圆首方趾之民，必有聪明首出者作师以教之。崇山洪波，梯航未通，则九大洲各有开天之圣以为教主。太古之圣，则以勇为教主；中古之圣，则以仁为教主；后古之圣，则以知为教主。同是圆颅方趾则不畏敬，不畏敬而无以耸（悚）其身，则不尊信，故教必明之鬼神。故有群鬼之教，有多神之教，有合鬼神之教，有一

---

① 清总理衙门：《改译书局为译书官局摺》，载朱寿朋编《光绪朝东华录》第四册，中华书局1958年版，第4104—4106页。

② 朱寿朋编：《光绪朝东华录》第四册，中华书局1958年版，第4130—4131页。

③ 康有为：《康有为全集》第三集，姜义华、张荣华编校，中国人民大学出版社2007年版，自第261页起。

④ 语出《庄子·天下》：“其书虽瑰玮，而连犿无伤也。”“瑰玮”，瑰丽奇异的样子；“连犿”，婉转随和的样子。

⑤ 《康有为全集》第三集，姜义华、张荣华编校，中国人民大学出版社2007年版，第264、298页。

神之教，有托之木石禽畜以为鬼神，有托之尸像以为鬼神，有托之空虚以为鬼神，此亦鬼神之三统、三世也。有专讲体魄之教，有专讲魂之教，有兼言形魂之教，此又教旨之三统也。……岂知精气为物，游魂为变，《诗纬》以魂为物本，魂灵固孔子之道。而大地诸教乃独专之，此亦宋贤不穷理而误割地哉！①

康氏上述按语中直接引用的日文词项“宗教”“神学”“一神教”“多神教”等，均为现代汉语宗教学所沿袭。

二 “宗教”对 religion 理解的干扰

清末维新派和洋务派运动随着大量日译西学术语涌入，晚清知识界一时间难以消化这些新名词，理解其真正内涵，在最初的几年中出现过用词紊乱、望文生义的局面。

1893 年时任清廷驻美参赞的彭光誉出席在芝加哥举行的首届世界宗教议会，并在会上代表儒教发布宣言。此宣言中文题为《说教》，英文题为 Confucianism。② 文中没有采用“宗教”的日式译名，而是采用了外交官曾纪泽所倡用的音译法，称为“尔釐利景”，并对勘汉语字义，认为该词在中国当称作“巫”，其神职当称作“祝”。此宣言同年即由同文馆刊刻，呈皇帝御览后，并于 1896 年再由琉璃厂文光斋刊行，成为清廷认可的官文。在清末官方意见中，religion 不是“宗教”而是“巫教”。

1895 年 5 月 1—8 日严复在天津《直报》上连载《救亡决论》一文，仍旧用“教”称 religion，认为“西教”与“西学”不同，前者是服事天神的，不需要人民理解，只需要服从，因此没有是非之争：

是故西学之与西教，二者判然绝不相合。“教”者所以事天神，致民以不可知者也。致民以不可知，故无是非之可争，亦无异同之足验，信斯奉之而已矣。③

上面提到，1895 年宋恕著《津谈》共收录“宗教类”日志 21 条，所论甚驳杂，从波斯圣人苏罗斯（琐罗亚斯德），到摩哈麦（穆罕默德）的“可兰教”，到儒释道“三教”，再到“商鞅教”，甚至包括在理教、先天教和白莲教等“邪教”，并云：“凡欲别创一教者，无论其心公私，其才必大过人”；“智者立教，愚者从焉”。“无教者，禽兽之世界也；坚守旧教者，初开之世界也；好从新教者，文明之世界也。”④ 显然未作有神无神之分，不及严复深切 religion 之意义。

1898 年 5 月，张之洞发表《劝学篇》提出“旧学为体，新学为用”的著名论点，其中讲到欧洲学校的宗教教育：

---

① 《康有为全集》第三集，姜义华、张荣华编校，中国人民大学出版社 2007 年版，第 297—298 页。

② 彭光誉：《说教》，文光斋，光绪二十二年（1896）。该文由美国公署翻译官容揆译为英文，载 John Henry Barrows, ed., *The World's Parliament Religions*, pp. 374 - 439。

③ 《严复文选》，卢云昆编选，上海远东出版社 1996 年版，第 56 页。

④ 胡珠生编：《宋恕集》（上），中华书局 1993 年版，第 76、79 页。

> 外国各学堂，每日必诵耶苏经，示宗教也；小学堂先习蜡丁文，示存古也；先熟本国地图，再览全球图，示有序也；学堂之书，多陈述本国先君之德政，其公私乐章，多赞扬本国之强盛，示爱国也。①

初看起来，这里的“宗教”是指基督教教义，甚至如李申所言是一个“具有普遍意义的概念”②，但是联系下文的排比语词“存古”“有序”“爱国”等均为动宾结构的双字词，我们可以断定此“宗教”仍为“尊从教义”，却不能肯定它是“神灵之训”，意义还是相当模糊。

1899年，变法失败避难到日本的梁启超受东京帝国大学首任宗教学教授姊崎正治的推荐，到日本哲学会发表《论支那宗教改革》③的演讲，宣扬康有为“孔子改制”的维新思想，但其内容均是政治主张，看不出有什么 religion 的意味。可见日式概念“宗教”一词虽然已经在维新派的中国知识分子中流行，但对其内涵并不真正了解。

1898年6月7、8日，《国闻报》分两期刊登了严复《保教余义》一文（晚于康氏《日本书目志》4个月），该文发明了“教宗”一词，并称：

> 合一群之人，建国于地球之面。……莫不共奉一空理，以为之宗主。此空理者，视之而不见，听之而不闻，思之而不测。而一群之人，政刑之大，起居之细，乃无一事不依此空理而行。其渐且至举念之间，梦寐之际，亦无心不据此空理而起也。此空理则教宗是矣。④

严氏为什么没有采用“宗教”一词，尚不得确知。也许这位西学大师没有细读康有为的《日本书目志》，也可能他对转借日文书籍引进西学的主张不太理会，但汉语词项“宗教”的字面训读确实可以导致严复对“教宗”的定义——空理。

无论是“宗教”或是“教宗”，二词内涵的理解取决于“宗”字：如果“宗”字做名词，可训为“祖”，“宗教”合义就是“缔造者的教义”或“原初的教义”；如果“宗”为动词，则可训为“尊”，“宗教”合义就是“敬仰或遵循的教义”。两种训读，意义均是“有传承、有追随者的学说或教义”，但其中并不必然包含 religion 的核心意义——神人之间的联系。因此张之洞、严复、宋恕等人所谓的“宗教”或“教宗”包括孔教，而“孔教之高处，在于不设鬼神，不谈格致，专明人事，平实易行”⑤。

三　宗教概念的把握和广泛采用

未过几年，到20世纪转折之初，中国知识界已经正确领会并广泛地使用“宗教”这

---

① 张之洞：《劝学篇·循序第七》，两湖书院1898年刊印本。

② 李申：《宗教论》，中国社会科学出版社2006年版，第6页。

③ 《梁启超全集》，北京出版社1999年版，第263页。该文曾连载于《清议报》1899年6月28日、7月8日。

④ 《严复文选》，卢云昆编选，上海远东出版社1996年版，第98页。

⑤ 同上。

一日式译名。严复1901年首版的《原富》卷首著《斯密亚丹传》，在介绍是书的创作背景时写道：

有识之徒，于政治宗教咸有论著。斯密生于此时，具深湛之思，值变化之会，故《原富》有作。①

这里所言之宗教当指欧洲盛行的基督教各派。1903年严氏《译群学肄言自序》讲到翻译《教辟》一章的目的是因为必须利用宗教来阐明天人关系：完全听从神意而蔑视民意，社会治理就会衰败；如果完全用人的意志代替天意，道德教化又无法实行。佛教、基督教、犹太教和伊斯兰教等东西方几大有神论传统，都承担了道德教化的责任：

天人之际，宗教攸资。听神蔑民，群治以衰。举人代天，教又不可。释景犹回，皆有负荷。译《教辟》第十二。②

1906年3月南昌教案发生以后，严复在《外交》报上发表连载文章，分析教案频发的原因及危害，介绍天主教的历史背景，并呼吁大力研究种种宗教和教派，弄清它们的历史、教义、特征和利弊，从而制定出应对宗教事务的对策。这是中国近代知识分子最早发出为了国家和民族的利益而研究宗教的倡议：

今夫物，不必宗教之大也，就使其物为日用之常，耳目之近，苟求处置而得其方，不可不先为其知物明矣。向者以吾国之无人，入门洞开，世有宗教，无论何宗，皆可传流于中国。为罗马公教，为耶稣军，为惠斯礼，为长老会，为狄生德，为安格立，试问吾国有人焉区以别之，知其宗派之后先，主义之何若，而察其施行之效为何如，于吾国吾民利不利欤？呜呼！盖无有也。③

梁启超到日本两年后，饱受日本西学浸润，幡然领悟“宗教”的实旨，于1902年2月在《新民丛报》第二期上发表《保教非所以尊孔论》这篇著名文章。其第二点，“论孔教之性质与群教不同”，涉及对宗教特征的认识：

今之持保教论者，闻西人之言曰，支那无宗教，辄怫然怒形于色，以为是诬我也，是侮我也。此由不知宗教之为何物也。西人所谓宗教者，专指迷信宗仰而言，其权力范围乃在躯壳界之外，以灵魂为根据，以礼拜为仪式，以脱离尘世为目的，以涅槃天国为究竟，以来世祸福为法门。诸教虽有精粗大小之不同，而其概则一也。故奉其教者，莫要于起信，（耶教受洗时，必通所谓十信经者，即信耶稣种种奇迹是也。佛教有起信论。）莫急于伏魔。起信者，禁人之怀疑，窒人思想自由也；伏魔者，持

---

① 严复：《斯密亚丹传》，载《原富》卷首，商务印书馆1930年版。

② 《严复文选》，卢云昆编选，上海远东出版社1996年版，第124页。

③ 严复：《续论教案及耶酥军天主教之历史》，载《严复文选》，卢云昆编选，上海远东出版社1996年版，第154页。

门户以排外也。①

这段话可以看成中国知识界用汉语对“宗教”概念所作的第一个界定，涵盖了今天宗教学这个概念理解之精髓：灵魂不灭和以出世超越为旨归的意识形态内核、虔诚排他的宗教情感及礼拜仪式的宗教实践，等等。

宗教概念已不仅成为文人笔下的时髦术语，而且逐步浸透到学术、教育、法律等体制内核中。1901 年蔡元培撰《学堂教科论》，参照日人井上甫水的方式安排中国学校的教学体系，“宗教学”首次被列为学科门类，但他为了将中国传统学术纳入近代西方学科体系之中，勉强将墨家学说塞进“宗教学”的范畴之中，似乎并未对“宗教”和“宗教学”加以区分：

> 墨家者流，于今为宗教学。墨氏出于清庙之守，而欧非旧教，皆出祭司可证也。宗教家无不包伦理，故墨氏有尚同、兼爱、非攻之说。阴阳家者流，出于灵台之官，于今为星学，其旁涉宗教为术数。②

1902 年，陈黻宸创办《新世界学报》，根据从日本介绍的近代西方学科门类，将杂志栏目分为 18 门，“宗教学”列在最后一门。

1904 年清朝政府颁布由张百熙、张之洞、荣庆等主持制定的《学务纲要》规定，中、小学宜注重读经，以存圣教，其言曰：

> 外国学堂有宗教一门，中国之经书即是中国之宗教。学堂不读经，则是尧、舜、禹、汤、文、武、周公、孔子之道，所谓三纲五常，尽行废绝，中国必不能立国。无论学生将来所执何业，即由小学改业者，必须曾诵经书之要言，略闻圣教之要义，以定其心性，正其本源。③

宣统元年（1909），四品京堂候补（二年后任京师大学堂总督办）劳乃宣上书宪政编查馆论刑律修订之事曰：

> 法律大臣会同法部奏进修改刑律，义关伦常诸条，未依旧律修入。但于附则称中国宗教遵孔，以纲常礼教为重。④

光绪三十四年（1908），清朝宪政编查馆《奏定各省谘议局并议员选举章程》规定：其有所处地位不适于选举议员及被选举为议员者包括“僧、道及宗教师”。

经历庚子事变以后，宗教问题不仅为社会各界所普遍关注，而且引起帝国最高统治者的极大兴趣，“宗教”似乎成为慈禧的常用术语。清末名媛裕德菱（龄），1895 年起，先

① 梁启超：《保教非所以尊孔论》，载《饮冰室文集》（点校本）第三册，云南教育出版社 2002 年版，第 1344 页。
② 蔡元培：《学堂教科论》，载高平叔编：《蔡元培全集》第一卷，中华书局 1984 年版，第 146 页。
③ 《清史稿》卷 107《选举二》。
④ 《清史稿》卷 142《刑法一》。

后随父亲裕庚出使日本和法国。1903 年春，17 岁的德菱随父回到北京，不久和妹妹容菱一起被慈禧召进宫中充作“御前女官”两年。慈禧驾崩以后，她用英文写成回忆录《清宫禁二年记》，谓：“太后爱读宗教书及小说，时编辑成戏而自演之，且颇自负其能。”有一回，太后听说她不是基督教徒，笑曰：“余甚欣羡，尔虽久与外人居，竟未尝信其宗教。”此书中慈禧屡屡谈及“宗教”，似乎已成习惯用语。然而，此书为回忆录，不是慈禧手笔，又经他人转译回中文，故不能确知真实用语情形。

四　“宗教”本义的遮蔽

自从“宗教”成为众所周知的范畴名词以来，中国学术界对其语源和意义的认识一直存在着两种倾向：一是将此词项视为纯粹的外来语，中国古代根本没有存在过。1958 年语言学家高明凯、刘正埮合著《现代汉语外来词的研究》一书指出，“宗教”为“纯粹日语来源的现代汉语外来词”。[①] 周振鹤、游汝杰合著《方言与中国文化》不仅认为，“宗教”属于“表示日本固有事物和概念的纯日本词汇”，而且还说其“与西洋文化无关”。[②] 吕大吉认为：“我国古代典籍无‘宗教’一词，这个外来词有两个来源，一是来源于印度佛教。……我们现在所说的‘宗教’一词，来源于西文 religion，意义远比佛教所谓的宗教意义更广泛，(而是)[③] 泛指对神道的信仰。”[④]

另一种倾向虽然承认中国古代存在“宗教”这个词项，但其本义却众说纷纭，主要有三种解释：

第一，最具代表性的是《辞源》和《宗教学通论》的解释。《辞源》1984 年修订本“宗教”条目释文为：“佛教以佛所说为教，佛弟子所说为宗，宗为教的分派，合称宗教，指佛教的教理。”此说可追溯到清代史家刘锦藻《皇朝续文献通考》(1905 年初次刻版)，他认为：“古无所谓‘宗教’也，自释氏入中国，其道自别为宗，于是六朝后有此说。”[⑤] 这种观点又被当代宗教学界前贤吕大吉先生《宗教学通论》采用：“佛教以佛陀所说为教，以佛弟子所说为宗，宗为教的分派，合称宗教，指佛教的教理。”[⑥] 字句与《辞源》基本一样。此说因该书的广泛影响而成为目前主流的知见。

第二，以台湾学者陈熙远为代表，他在《“宗教”——一个中国近代文化史上的关键词》一文中列举了古代汉语中“宗教”一词的使用情况，并总结道：

> 上述文献中所使用的“宗教”，其内涵显然与现代习用的语义有相当出入。在原来的文本脉络中，“宗教”或泛称某宗奉行之教，或特指某学门教派的宗旨或教义，多不免局囿在该教门或学派内部本身而论，而不是像现代对应于 religion 的“宗教”用法。姑不论现代“宗教”的定义为何，仅就其所指涉对象而言，它实具有范畴

---

① 高明凯、刘正埮：《现代汉语外来词的研究》，文字改革出版社 1958 年版，第 82—83 页。

② 周振鹤、游汝杰：《方言与中国文化》，上海人民出版社 2006 年版，第 207、206 页。

③ 引者认为应删去括号中“而是”二字，因无转折义。

④ 吕大吉：《宗教学通论新编》，中国社会科学出版社 2002 年版，第 53 页。

⑤ 刘锦藻：《皇朝续文献通考》，商务印书馆 1936 年版，第 8489 页。

⑥ 吕大吉：《宗教学通论新编》，中国社会科学出版社 2002 年版，第 53 页。

（category）的性质，得以涵括并共名诸教各派。[①]

这种解释的前一个选言支，即以“宗教”为“某宗奉行之教”，被美国芝加哥大学汉学教授余国藩所采用，他在《中国典籍与历史上的政教问题》[②] 一书中引用陈氏著文，并一概以 reveredteaching/religion 翻译所引中国古代文献中的“宗教”，回译过来则为“尊崇之教义”。

第三，干脆将古代的“宗教”等同于 religion，并否认“宗教”属于外来语，以李申教授为代表。他认为，“宗教”不是外来语，而是中国古已有之：

> “宗教”在汉语中的本义，和 religion 在英文中的意义类似，也是指人与神的关系。宗，依《说文》：“尊祖庙也。从宀从示。”而示，乃是“天垂象见吉凶所以示人也”。因此，宗教，是与神有关的教，而不仅仅是现代意义上的教育。中国人用这样一个词和 religion 对应，把 religion 译为“宗教”，是用中国固有的词汇去表达外国词汇的意义。[③]

并说，宗教就是 religion 就像狗就是 dog 一样，没有第二种译法。

以上诸种论断均系失解或误解，或者是出于对中国古代文献尤其是佛教经籍的失察，造成以今解古，以外遮中；或是以字断词，望文生义，没有从古汉语境中去理解该固有词项的本意。前者的疏漏近年已经随着《四库全书》和《大藏经》等古代大型类书电子化工程的问世，被强大的全文检索引擎轻而易举地弥补，而作为汉语固有词项“宗教”的本义却仍然处于蒙蔽不彰的状态。这既有受汉字歧义干扰的因素，也有受日式西学“遮蔽”的因素。

上引刘锦藻关于“宗教”词项最初于六朝时期为佛教所用的论断甚确，最早也是最频繁地将“宗教”作为双字词使用的情况见于佛教典籍。一般认为，后梁右仆射袁昂（461—540）《答释法云难范缜神灭论》[④] 的书信中最早将“宗”“教”二字连用：

> 夫识神冥寞其理难穷，粤在庸愚，岂能探索。近取诸骸内，尚日用不知，况乎幽昧，理归惑解！仰寻圣典既显言不无，但应宗教归依其有。就有谈有，犹未能尽性；遂于不无论无，斯可远矣。

现通过《大正新修大藏经》数据库进行全文检索，可以得到至少含有一个“宗教”词项的文献约 350 条，除了少数未经句读的文本将不是一个构词单位的“宗”“教”二字当成一个词项罗列在搜索结果中以外，绝大多数搜索结果都符合我们的需要。要探讨古代

① 陈熙远：《“宗教”——一个中国近代文化史上的关键词》，台湾《新史学》2002 年第 13 卷第 4 期，第 51 页。

② Anthony C. Yu, *State and Religion in China: Historical and Textual Perspective*, Chicago and La Salle: Open Court, 2005.

③ 李申：《宗教论》第 1 卷，中国社会科学出版社 2006 年版，第 7 页。

④ 《弘明集》卷 10。

汉语中固有的“宗教”与 religion 意义的异同，首先就要弄清楚佛教如何在这些文献中使用“宗教”一词。袁昂的“宗”“教”连用是对之前汉传佛教义理之学的精要概括。僧肇（384—414）作为华夏始懂佛经的第一人，《肇论》既已阐明“性空”理论是佛教一切理论的基石，为“宗”或称“宗本义”；其他理论均是建立在此基础之上，是对境应俗的发挥和应用，称“教”。佛教文献中，凡“宗”“教”对待而言，均是这种意义。释元康撰《肇论疏·序》云：

> 宗者宗祖，本名根本。肇法师以本无实相等，是诸经论之宗本，今明此义，故云《宗本义》也；亦可以此少文，为下四论之宗本，故云《宗本义》也。今依后释，此文为二别：宗本一义，是谓标宗；《不迁》已下四论，是谓明教也。

《法华玄义释签》卷第十九简要地概括为：“宗为所诠，教为能诠。”《金光明经科注叙》：“宗即要义，法性常体”；“教者，圣人被下之言”。所诠是空性，能诠是言文。佛氏所谓“宗教”，用现代语言来表述，就是“阐释性空要义的话语体系”。明万历年间焦竑《六家诗名物疏原序》谓：“近世竺乾之学，其徒有教有宗。教可以义诠，而宗不可语解。”因此，宗与教的地位与作用也不相同：宗是目的，为主旨，不可言传；教是手段，为辅助，可以意表。一部佛教思想史，就是一部以教阐宗的历史。明末董其昌撰《佛祖纲目序》总结为：

> 宗教有源流，废兴有考核，而合之则曰：此七佛以来一部大史也。……始用史家编年之法，其意以宗为主，以教为辅。凡净行神足，性相义观，无所不备。

追溯文本源流可知，“宗教”一项乃中国古人为概括佛教义理所创制，并非直接源于印度佛教的外来语。

宋元以后，道教徒、儒生，甚至一些民间教派也借用这个概念来指称自家的教义。如王恽（1227—1304）《秋涧集·尹公道行碑铭并序》记载邱长春评论其法嗣尹志平：“吾宗教托付，今见人矣。”又如明洪武十年（1377）嗣教的第43代天师张宇初撰《岘泉集·丹纂要序》谦称：“第以质下闻寡，无以上副国恩，以光宗教。”据宋元之际何梦桂的《潜斋集·璇玑观记》，元世祖至元戊寅年（1278）杭州道士董德时承旨祷雨祝雪有验，敕封“修净通妙太极五雷宗教法师”，可知当时朝廷将道教与佛教一同视为弘扬“宗教”之组织。不过，道教所谓的“宗教”与佛教似有不同，当为“祖师之教”。

在南宋时期，有民间教派以“宗教”自名者。据元张铉撰《至大金陵新志》[①] 卷十三上之下载，陆游之子子遹任溧阳县令之初，曾整饬当地盛行的民间教门组织“白云宗教”或称“白云宗”：

> 溧阳民多奉白云宗教，雄据阡陌，豪夺民业，不与差徭。贫下之民，有赴诉者，

---

① 据白寿彝总主编的《中国通史》第十三册第一章第六节《地方志》认为，此书编于元至正年间，书名当为《至正金陵新志》。

辄连结贿吏，不行或反为所诬。俗又好祷祠，大兴淫祀，病者不事医药，惟日延巫觋于家，手刃鸡雁之属，加盘水以降鬼神，雉经距踊，取饮食啖之，有顷，妄曰：“吾得请于神矣。”以是诳民，牢不可解，子遹召其徒，谕之曰：“有我则无汝，今奉天子命，司人民社稷，山鬼何为者？乱吾政，贼吾赤子。”则下令悉毁庙之自圣僭王者，夺白云宗所据民业，悉归其主。有田者当役，与齐民均，正妖巫扇惑之罪，县境肃然，旧习为之丕变。

到明代，甚至有用“宗教”来自称儒学的，如王阳明高弟钱德洪（1497—1574）曾在其《二贤书院记》中，称赞鄱阳程氏后人前来问学为：“因闻师门宗教，以悟晦菴之学，归而寻绎其祖训。”① 此“宗教”当指心学的意与言。

此外，古代还有“宗教”或“宗教郎”这种官称，乃“宗学教授”或“敦宗院教授”的简称，是古代皇族子弟学校的教师，还有以“宗教”为人名地名者，与 religion 的关系就微乎其微了。

今人对汉语词项“宗教”本义的曲解，关键出在“宗”字的理解上。佛教自称教义为“宗教”，其教派又以“宗”为名，所谓禅宗、律宗等。按《起信论疏笔削记》卷第三：

然宗有多种：若约立敌相对，以明宗者，即语之所表曰宗，此则但取一期所论之义，如言声是有法，定无常为宗等；若约修习行人以明宗者，即心之所尚曰宗，如各随所习经律论等。今明一部所崇尚者，为尊为主，目之为宗，宗于此者终归何义？谓令信解行此法故，必至证入也，故曰宗之所归。

可见，佛教用语之“宗”字大致有二解：一是“语之所表曰宗”，“宗”作为佛教义理之学的范畴，须与其他概念对待才能成立，如宗与教、言声与无常等；二是“心之所尚曰宗”，就是推崇的意思，各大宗派就是因特别强调某一部经典而形成。刘锦藻以“道自别为宗”相训，语出《礼记》：“别子为祖，继别为宗，继祢者为小宗。”按照宗法制原则，周王嫡长子有继承权，其他诸子有的受封为诸侯，有的在畿内分得采邑，称为“别子”。以“别”训“宗”，乃“支系”之意，乃佛教所用“宗”字第二义，非“宗教”之宗，乃是“宗趣”之宗。趣者，归也。“宗派”之所归，仍然是要证入“宗教”之“宗”。《宝镜三昧》云：“今有顿渐，缘立宗趣。宗趣分矣，即是规矩。”所谓的规矩，就是家法、仪轨，因此宗派之“宗”，说到底还是属于“教”的范畴，与宗教之“宗”属于不同的歧义。与声言之“教”对待并称之“宗”，只能是无常、性空之“宗”，而不能是归趣之“宗”。刘锦藻、《辞源》、吕大吉以“派别”训宗教之宗，陈熙远、余国藩以“推崇”训宗教之宗，均属脱离佛教文本语境，以汉字表义孤立论说，未得正解。

至于看到古代汉语中有“宗教”这个词项，不加分析，就说它相当于 religion，则是以西解中，以今代古，喧宾夺主，是意义的“他者遮蔽”。原始佛教的“宗”是佛陀对存在的觉悟，并不是神灵的启示，本质上并非处理神人关系。佛陀被后世神化，佛弟子处理

① 《江西通志》卷一百三十二。

与佛菩萨们的关系，具有神人关系的性质，但“宗教”始终是他们的自称，并不像religion那样，是一个类概念。佛弟子们“举扬宗教”“敷扬宗教”的对象不可能是别的宗教或所有的宗教，而只能是佛陀的觉悟。亦偶有儒者称佛教教理为“宗教”者，其具体所指跟佛教徒自称没有两样。如《正修录·齐治录》所载，清康熙年间任江南总督的于成龙“谓身为儒者，方忧圣贤道理挹取不尽，何暇探讨宗教律观诸书，以资辨驳?”此处“宗教”与“律观”并举，仍为佛教之教义。清初卞永誉纂《式古堂书画汇考》记载：“荆公（王安石）手书《楞严经旨要》，视其所摘，乃深于宗教，由其积学累功所至，非寻常漫自抄写可拟。”亦是清朝在家人称佛教教义为宗教之例。

五　结语

古代汉语词项“宗教”并非源于印度佛教的外来语，而是中国古代在消化理解佛教义理过程中形成的本土概念。近代宗教概念既不是纯粹的日语词汇，也不是中国古已有之的专门术语，更不能与西洋文化无关，而是“日本人借用古汉语词汇去‘意译’欧美语言的词，改变了原来的古汉语的词义，然后再回到汉语词汇库中”[①]。将religion赋值给“宗教”，使后者产生了本来不具备的内涵，今人熟知的宗教概念对汉字文化圈而言是一个外来词。那么在汉语固有词汇中，是否存在与religion意义接近的概念呢？饶宗颐认为西文religion一词可用商周古语中“敬德”或“贞”来表达：

> “宗教”一词意义出于对神虔敬的表示，西周彝铭中有“敬德”一词可以比方。人的宗教理想（idealreligceux）是“法”Loi（希伯来称forah）——神的秩序（ordre-divin）的认识与奉行，神的意旨（volontedivine），其本质就是正直、公道（justice，希伯来称sedhek）。殷代龟和骨的占卜刻辞，最新统计近六万片，几乎每片都出现“贞”字，亦写作鼎，贞是“问事之正”，指通过占卜手续，由神的指示取得“正”的答案。一般把它只说作“问”，而忽略了“正”之终极一义，只是片面的理解。[②]

这是从中国文字源头进行的中西文化对话。从现代汉语字面意思来看，“敬德”乃“敬重美德”之意，怎么会与religion有对应关系？“德”字的本义并不是“德性”，徐仲舒认为在甲骨文中“德”本字作“值”[③]，是指祭祀祖先或天神的行为，通“循”。是以《庄子·大宗师》谓：古之真人“以德为循”，也即顺从祭祀中所得的祖先神和上帝神的旨意办事。周革殷命以后，“天命靡常”使周人深具忧患意识，并产生了对天命的敬畏之心，殷鉴的基本结论之一就是要“敬德”（用心祭祀祖先，按照祖制行事），金文中“德”字多了一个心旁，但“敬德”的本义仍然不是“警惕行为”，而是“以敬畏之心来祭祀”。儒家继承了这种核心思想，孔子说：“中庸之为德也，其至也!”[④]庸即用，中即

---

① 周振鹤、游汝杰：《方言与中国文化》，上海人民出版社2006年版，第207、206页。

② 饶宗颐：《中国文学史上宗教与文学的特殊关系》，《饶宗颐二十世纪学术文集》卷五，台北新文丰出版公司2003年版。

③ 徐仲舒：《甲骨文字典》，四川辞书出版社2003年版，第168页。

④ 《论语·雍也》。

心；儒家中庸之道主张的宗教根源就是要“用心来祭祀”。

“敬德”为什么会在后世的心目中失去“谨慎地祭祀并遵行神意行事”的本义呢？这可能与历史上那场著名的“绝地天通”古代世俗化运动有关。大约在氏族部落社会末期，面对人神混杂，“家为巫史，无有要质（盟誓的诚信）”，“神狎民则，不蠲其为”，不断有部落头领以天命下降相号召，进行叛乱，社会秩序处于长期动荡之中（九黎乱德）。部落联盟首领颛顼，下令阻断老百姓沟通天神的渠道，通过垄断对天地的祭祀，独占了“天命”的解释权，“使人神不扰，各得其序”。古代宗教逐步分化，巫术中的祝和诅演变为礼仪，占卜演化为方术；国家设立的祝宗卜史等职官逐步取代觋巫，成为与天地神灵沟通的主角，而后者反而成为附庸。[①] 经过约二千年的演变，华夏的祭祀传统发生了根本的变化。《通典》卷四十八曰：“自周之前，天地宗庙社稷一切享祭，凡皆立尸（祭祀中以人为神灵下降的凭依）。秦汉以降，中华皆无矣。”战国之时，“尸礼废而像事兴”[②]，逐渐用画像或偶像代替灵媒，老百姓通过他们“世叙天地，而别其分主”，安分守己，世世代代遵照祖宗陈法，过平稳的日子。非常的情况是出现了改朝换代的豪杰人物，以天命相号召，一旦推翻了旧权威，建立了自己的新权威，他的继承者和臣民就不能再有以天命相号召的“通天”资格，不需要再做沟通天地的“敬德”之事；而因循祖宗的法度，小心守成，就成了“敬德”的主要内容。这就是近代中国知识人很难想到用“敬德”去对应 religion 的原因。

“宗教”既是旧有之词，且本义与 religion 不同，以之相训造成的学术思想迷雾，一百多年都未曾吹散净尽，完全可以另造新词来译解。早在《日本书目志》公开发行之前，梁启超就在《时务报》第 45 期（1897 年 11 月 15 日）上发表《读日本书目志后》，作为弟子的梁启超那时就根据书目内容，刻意将“宗教”转换为“神教”，他写道：

> 愿我人士，读生理、心理、伦理、物理、哲学、社会、神教诸书，博观而约取，深思而研精，以保我孔子之教。

显然，用“神教”对应 religion 比“宗教”更为准确，也更加符合汉语的习惯表达法。这正好吻合中国儒家流行的宗教观：“圣人以神道设教而天下服焉”（《易・观》）；“合鬼与神，教之至也”（《礼记・祭义》）等。[③] 该创意后来为北京大学史学兼文学系主任朱希祖（1879—1944）所附议：

> 鄙意以为 Religion 之译为宗教，不如译为“神教”。征之于古义，则《易》有“圣人以神道设教”之语；征之于事实，则有“一神教”“多神教”之言；合之于 Religion 之字源，则教字已涵有信仰之意义；稽之于 Religion 之界说，则神字已具有

① 李零：《绝地天通——研究中国早期宗教的三个视角》，氏著《中国方术续考》附录五，中华书局 2006 年版，第 363 页。

② 顾炎武：《日知录》卷十四《像设》条。

③ 前引句见《易・观》，后者见《礼记・祭义》。

超然之权力。如此，则译义既较密合，亦且明了，而吾国人误解宗教之弊，亦可除矣。[①]

可惜，虽然存在 religion “译为宗教二字之不谛”，但已经约定俗成，要今人接受“神教”的译法何其难也！

（原文发表于《世界宗教研究》2015 年第 5 期）

① 朱希祖：《论 Religion 之译名》，《北京大学月刊》第 1 卷第 2 号，1919 年 2 月。

第四篇

年度推荐论文

太清宫道士吴善经与中唐长安道教

雷　闻*

在唐代道教史上，吴善经可能并不是一位非常出名的人物，但在中唐时期的长安道教界，他却有着举足轻重的地位。他身处长安宫观网络的中心太清宫，师承中唐道门领袖——在《道藏》编纂史上赫赫有名的冲虚先生申甫，并与权德舆、归登等第一流的文人官僚过从甚密，而其弟子又相继执掌太清宫。不过，吴善经至今未得到道教史学界的重视，2004 年，池田温先生在对新发现的《毕原露仙馆虚室记》《吴尊师毕原露仙馆诗序》进行考证时曾涉及吴善经[①]，可惜他将石刻中的“吴尊师”错误比定为吴筠，又将“太清宫”与“太清观”混为一谈。事实上，权德舆还撰有吴善经的神道碑，可与这两件石刻相互印证，而在晚唐杜光庭《神仙感遇传》中亦收录有其传记，这些都是了解其生平与传说的重要资料。对于吴善经的深入考察，无疑可使我们对中唐长安道教的生态乃至江南道教在长安的传布与发展有更为直观的认识。

一　相关碑传材料

晚唐五代道教学者杜光庭在《神仙感遇传》中，记录了一则《吴善经》的故事：

> 吴善经嵩山学道十余年，博寻洞府，周历幽胜，忽值一洞，门广丈余，高五六尺，徐行而入，渐觉博宽。烛灭路远，无复计。扪揣稍进，又二三里，即觉似浓烟雾中。如此数里，豁然明朗，山川洞开，四顾极远，视一岩窟之下，有道士五六人，奔往礼谒。比至，唯一人在焉。善经拜礼修谒，自陈遭遇之幸，乞以延生度世之要。仙者欣然授之，曰：“子之勤志，颇为难偕，今得值我，已是积善所锺矣。度世之道，须青箓著名，天挺仙骨，未易言也。然子慕道之志，亦可悯焉。第还人间，后当重会耳。”因指石床上，有书数轴，令取一轴来。依教取之，仙者笑曰：“未可教以出世之道，且读此，可以于人间整叙经文，辩识天文玉字，以佐王者，增尔善功耳。”因使读之，善经一无识者，即授以指诀，丁宁再三，善经了然顿悟，一一详识。即令出山，指以他径，顷之已在洛下矣。自此经中玉篆赤书、宝章真诀，展读详熟，与隶书无异。宪宗皇帝修内殿，于斗拱内得符一函，中外无有识者，或言善经有天篆之鉴，召入殿内示之，披读周悉，辄

---

* 雷闻，1972 年生，中国社会科学院历史研究所研究员。

① 池田温：《唐长安毕原露仙馆略考》，载《敦煌学》第 25 辑，乐学书局有限公司 2004 年版，第 135—158 页。由于编辑误将池田先生的二校样刊发，故《敦煌学》第 26 辑（2005 年，第 1—28 页）重刊了这篇论文的定本。本文所据为后者。

无凝滞，赐以金帛，即令注解以进，命太清宫别敕供给。兴唐观道士琼执执弟子之礼，备得其诀。琼以天书玉字写《道德》二经、《黄庭》内外篇、《生神》、《度人》、《消灾》诸经几十卷，又注解三洞箓符篆以为正音。咸通中，召于大内三宫，授夷希先生万羽客等七百人法箓，所写《玉篆经》未果上进，琼以没，故诏谥为昭玄先生。善经在洛下九十余，貌若婴孩，齿发不衰，言游五岭，不知所在。昭玄去世已九十余矣。昭玄所书《玉篆经》，上饶道士吴方夷得之，将往华山中，方避黄巢之乱，因散失焉。[1]

学界通常把《神仙感遇传》中的故事当作道教小说来看待[2]，不过其中仍包含着一些历史的真实。这则故事虽以吴善经遇仙的经历为叙述主题，与现实中吴善经的生平出入很大，但却提供了他的道门特长、传法弟子等信息，可供批判性利用。另一方面，这类道教传奇小说，也反映了晚唐社会对之前一些道门大德的宗教想象，弥足珍贵[3]。

当然，关于吴善经更确切的第一手资料，是唐代的三件重要石刻：两件近年出土的原石，以及保留在权德舆文集中的神道碑。在这里，我们先简单介绍并录文，以便下文讨论。

1.《毕原露仙馆虚室记》（以下简称《虚室记》）。此石立于贞元二十年（804）二月七日，系吴善经自撰，太清宫道士卢元卿书。此石今存，出土于长安县毕原，现存西安市长安区文物管理处。早在1993年，樊光春先生就介绍过这通石刻，并进行了录文，可惜未附图版[4]。之后，《全唐文补遗》收录了录文[5]，池田温先生对此石进行了研究，并首次公布了拓片的照片。陈尚君先生《全唐文补编》又据《全唐文补遗》及池田先生论文加以收录[6]。近年出版的《陕西碑石精华》收录了极为清楚的拓本[7]。录文如下：

毕原露仙馆虚室记

吾素与太虚同体，俄而__道生一，欻尔而有形，禀之于__父母，其乃自然而然也。既而有形，形体抱神，各正性命，其间贤愚、寿夭、富贵、贫贱、妍丑、工拙，性情智能，无不悉备矣，不可以加也。是谓一受其成形，不忘以待尽者也。有生以来，七十余载，生崖之分，其可久耶？乃于此原先修露仙之馆，虚室以待终，纵当年之乐，任其去留，所遇皆安，不忮不求。仙馆已成，松柏已青。时游其庭，回望郊坰，云山峨峨，畅我之情，泛然自得，心与物冥。生便忘生，达乎__至精，言乎尔

① 杜光庭：《神仙感遇传》卷五《吴善经》，收入《道藏》第10册，文物出版社、上海书店出版社、天津古籍出版社1988年版，第905—906页。罗争鸣对《神仙感遇传》有辑校本（收入《杜光庭记传十种辑校》，中华书局2013年版，第419—555页），不过对本条并未提示任何其他线索，故本文仍据《道藏》本。

② 参见李建国《唐五代志怪传奇叙录》，南开大学出版社1993年版，第1013—1024页；罗争鸣《杜光庭道教小说研究》，巴蜀书社2005年版，第166—213页。

③ 吴真曾分析了唐代传奇文学对叶法善的宗教想象，涉及杜光庭对其进行的道教神化，颇有启发性。见氏著《为神性加注：唐宋叶法善崇拜的造成史》，中国社会科学出版社2012年版，第53—81页。

④ 樊光春：《陕西新发现的道教金石》，《世界宗教研究》1993年第2期。

⑤ 《全唐文补遗》第3辑，三秦出版社1996年版，第3页。

⑥ 《全唐文又再补》卷四，陈尚君辑校：《全唐文补编》，中华书局2005年版，第2292页。

⑦ 陕西省社会科学院、陕西省文物局编：《陕西碑石精华》第142号，三秦出版社2006年版，第160页。

志，盖亦强名。时贞元廿年甲申岁仲春月七日。
太清宫道士缙云吴善经记。
道士卢元卿书。

2.《吴尊师毕原露仙馆诗序》（以下简称《诗序》）。贞元二十年（804）十月立石，撰人为当时的文坛领袖权德舆，书人则是归登。原石今藏于西安市长安区文物管理处。在《文苑英华》和《全唐文》中都收录有此文①，权德舆的文集中亦有收录②，但都删去了文前撰、书人姓名与文后的刻工姓名及上石年月。正因如此，郭广伟先生的《权德舆年谱简编》就将《诗序》的时间系于代宗大历十三年（778）③，这显然是错误的。池田先生在前引文中对校了石本与《文苑英华》《全唐文》的文字异同，从其所附图版来看，原石似已有两道裂痕。目前最清晰的图版亦在《陕西碑石精华》中④，拓本完整，当为初拓本。现录文如下：

吴尊师毕原露仙馆诗序
礼部侍郎权德舆文
兵部员外郎归登书

世人于逆旅弱丧之中，而封执胶固，唯仙师吴君，超然悬解，于是有毕原露仙之作。本于道生一，终于与物冥。盖顺一气之聚散，随百昌以生化，为疣为赘，为决为溃，委和归根，泊然大观。至于谷神隐景之道，又何可究耶？众君子用征声诗，师亦继和，是皆遗形达生之言也。或曰：“若师之道，可以坐忘矣。恶用言说，涉于名迹耶？”余曰：“《道德》上下经与内外杂篇，岂非老严之言耶？终日言而尽道者，师之心也。彼方以死生为一贯，又何有于名迹哉！”又曰：“既言之可矣，恶用诗耶？”余曰：“悦其风者，从而诗之矣，师又泛然而和之，斯皆玄同而不囿于物者也。”于是或者退，而鄙夫书之，以冠于群篇云。

广平宋液刻字
贞元甲申十月建

3.《唐故太清宫三洞法师吴善经碑铭》（下文简称《吴善经碑》）。本碑由权德舆撰于元和十年（815）正月，原碑已佚。管见所及，似乎此碑在历代金石学著作中完全没有著录，亦无拓本传世，这是颇为奇怪的。碑文本身保存在权德舆的文集中，《全唐文》当据此收入⑤。至于原碑的书人，如今已无从查考了。碑文如下：

---

①《文苑英华》卷七一六，中华书局1982年版，第3704页；《全唐文》卷四九〇，中华书局1983年版，第5005页。值得指出的是，无论是《文苑英华》还是《全唐文》都将“毕原”误作“华原”，必须据《诗序》及《虚室记》原石勘正。

②《权德舆诗文集·补遗》，郭广伟校点，上海古籍出版社2008年版，第812—813页。按，本书未能据石本校录文字错漏，殊为可惜。

③《权德舆诗文集》附录四《权德舆年谱简编》，第896页。

④ 陕西省社会科学院、陕西省文物局编：《陕西碑石精华》第144号，三秦出版社2006年版，第162页。

⑤《全唐文》卷五〇一，第5107页。

云出于山，游于天，复归于自然，先生之道似焉。涵泳乎道之枢，徜徉乎物之初，以生为蘧庐，复返有而入无。先生讳善经，缙云仙都山人也。自曾王父而下，皆质诚孝敬，登闻于乡党。先生未成童，博贯儒书，读《道德经》，至“为学日益，为道日损”，三复恍然曰：“吾知之矣。”改习《四真》、《灵宝》等经。年十七，本郡以制度，居缙云山。其后遍登匡庐、天台、三茅、句曲，泛然不囿于物，虚己以游代。乘彼白云，至于帝乡。时宰王黄门将为太清宫使，奏隶宫籍，乃从冲虚申先生受三洞经法。贞元中，于宫院立仙坛，躬上士勤道之诚，弘大君受厘之重，阴功幽赞，何可胜言。德宗锡以纂节幡珮，靡有不备。

初，冲虚之师曰清简泉君，泉君之师曰来君，来君之师曰万君，皆有遗像在开元观。先生乃兹焉宴息，立申、泉二碑，以发天光，以极师道。凡儒玄宿学，有道仁人，贵游象服，男夫女士，传三景真箓者，五百余人。一旦谓入室弟子曰：“天行物化，吾之晦明。其动也与物皆春，其静也与化为一，成形待尽，吾何为哉?”乃于毕原近郊，修露仙隐景之地。元和甲午冬季朔旦，斋沐洁清，与其徒玄言终日。越三日，焚香朝拜，泊然返真。明年正月，宁极于露仙馆，其年八十三矣。其受道也，有反风晏温之景；其委化也，有清香灵鹤之祥。斯又不可涯已，尝以为无心者与物冥，则未尝有对于天下，顺性命而遗耳目，其在是乎？其余奔走于蹇浅倒置之中，吾不为也。所注《道德经》并著文二十编，玄览至赜，通乎微妙。嗟乎！先生之容，不可得而见矣；先生之言，不可得而闻矣。但糟粕具在，神明不灭，采真者得以虚心。道门威仪赵常盈，偏得先生之学，与符洞幽、周元德、晏元寿、董太珣等，或关尹受教，或庚桑为役，有年数矣。吴郡归冲之、广平刘素芝、天水权载之，皆从先生游者也。元德状其崖略，授载之以金石刻。噫嘻！老龙吉死矣，安所发予之狂言哉！乃铭曰：

万情弊弊，缠缴之内。先生悬解，遐视区外。族系于东吴，禀灵于仙都。演道于明廷，栖神于太清，隐机于开元，归根于露仙。其来适然，其去寥然。大圆清兮大方厚，玄乡返驾兮无何有，刻介石兮兹不朽。①

显然，这通碑文对于我们了解吴善经的生平具有基础性意义，从文中“元德状其崖略，授载之以金石刻”的记载来看，先由其弟子周元德写了一篇类似于官员“行状”的文字，作为权德舆撰写碑文的素材。而作为“从先生游者”，权德舆与吴善经保持密切关系达数十年之久，因此，碑文所述之内容应该是可信的。

二 从缙云到长安

权德舆《吴善经碑》勾勒了碑主的生平，提供了他的籍贯、师承、交游、论著、弟子等重要信息，而新出土的《虚室记》及《诗序》则对其晚年生涯进行了生动补充。以这三件石刻资料为线索，结合杜光庭的记载，我们可大致还原吴善经的生平。

据《吴善经碑》记载，吴氏卒于“元和甲午冬季朔旦”之后三日，即元和九年（814）十二月，次年（815）正月葬，时年83岁。可见，他生于开元二十年（732）。至

① 《权德舆诗文集》卷一八，第291—293页。

于《神仙感遇传》所言“善经在洛下九十余”，显然不确，杜光庭很可能没有看到权德舆所撰的碑文，当然也不排除他是故意夸饰，因为该书的创作目的本来就是宣扬人神感遇的神奇，未可尽以实录目之。

吴善经是“缙云仙都山人也”，此山位于处州缙云县，是《唐六典》卷三《户部》所列江南道 13 座名山之一①，李吉甫《元和郡县图志》卷二六则曰：“缙云山，一名仙都，一曰缙云，黄帝炼丹于此。”② 在道教的洞天福地理论中，仙都山名列第二十九小洞天：“第二十九仙都山洞，周回三百里，名曰仙都祈仙天。在处州缙云县，属赵真人治之。”③ 显然，此山具有浓厚的道教氛围④。天宝七载（748），仙都山有彩云仙乐之祥瑞，玄宗下诏度人入道⑤，吴善经入道即由此因缘，当时他 17 岁。

如同大多数唐代高道一样，吴善经也开始了游学求仙之旅，先后去“匡庐、天台、三茅、句曲”漫游，但《吴善经碑》没有提到嵩山，而杜光庭则把吴氏道门知识取得突破进展归功于在嵩山遇仙。按《神仙感遇传》的说法，吴善经在嵩山学道十余年，“博寻洞府，周历幽胜”，最终在某个洞府中遇到一位仙人，虽然他“乞以延生度世之要”，但其宿缘未得，只能先学习“辨识天文玉字”的能力，以便“于人间整叙经文，……以佐王者”。从此吴善经对于道经中的“玉篆赤书、宝章真诀”熟悉之极，读来“与隶书无异”，这成为吴善经的看家本领。当我们将《神仙感遇传》的记载与《吴善经碑》对读，则似乎可揭开前者渲染的神秘面纱，真实情况可能是，吴氏所遇到的不是仙人，而是一位博学高才的大德，来为其传授道门经法。这位大德，正是中唐时全国的道门领袖——冲虚先生申甫，而二人感遇的地点，也不是嵩山的洞府，而在长安的开元观。

可惜的是，《吴善经碑》并未记载他到长安的具体时间，只是说：“时宰王黄门将为太清宫使，奏隶宫籍，乃从冲虚申先生受三洞经法。”按碑文中的“王黄门”当指宰相王缙⑥，然则吴善经来到长安当在大历七年（772）之前，此时他大约 40 岁上下。毫无疑问，王缙为吴善经这样一位籍籍无名的山林道士打开了一扇通往事业巅峰的大门。考虑到太清宫在中晚唐国家祭祀及长安宫观体系中的显赫地位，可知吴善经已获得了一个很高的起点。太清宫始建于天宝元年（742），地处长安街东的大宁坊，初名“玄元皇帝庙”，次

---

① 《唐六典》卷三“户部郎中员外郎”条，中华书局 1992 年版，第 64—72 页。

② 《元和郡县图志》卷二六，中华书局 1983 年版，第 625 页。

③ 司马承祯：《天地宫府图》，见《云笈七籤》卷二七，中华书局 2003 年版，第 617 页。杜光庭《洞天福地岳渎名山记》所载略同，见《道藏》第 11 册，第 58 页。

④ 参见王达钦《缙云仙都道教概述》，载连晓鸣主编《天台山暨浙江区域道教国际学术研讨会论文集》，浙江古籍出版社 2008 年版，第 156—169 页。

⑤ 见元代陈性定《仙都志》卷上“玉虚宫”条：“自唐天宝戊子，以独峰彩云仙乐之瑞，刺史苗奉倩奏闻，敕封仙都山，周回三百里禁樵采捕猎，建黄帝祠宇，岁度道士七人以奉香火。”吴善经显然就是最初所度七人之一。见《道藏》第 11 册，第 79 页。此事又见同卷“仙都山”条，第 77 页。

⑥ 代宗《册普宁公主文》曰：“维大历七年岁次壬子七月庚辰朔十六日乙未，皇帝若曰：……今遣使金紫光禄大夫门下侍郎同中书门下平章［事］兼宏文馆大学士知馆事充太清宫使上柱国齐国公王缙持节礼册。”《全唐文》卷四九，第 537 页。

年正式更名[①]。中唐以后，那些从全国各地应召入京的道门大德往往都被安置于此，如文宗太和八年（834），麻姑仙师邓延康在奉诏入长安之初，就“籍隶太清宫”[②]，而会昌三年（843）衡山高道刘玄靖应召赴京时，亦在太清宫居止[③]。更重要的是，吴善经得以拜中唐最重要的道门大德申甫为师[④]，“受三洞经法”，其所学的重点或许就是《神仙感遇传》所谓的“天文玉字”，即道经中常见的“玉篆赤书、宝章真诀”。

如果说申甫主要活跃于代宗一朝，则吴善经的影响就主要是在德宗到宪宗时期。《吴善经碑》称：“贞元中，于宫院立仙坛，躬上士勤道之诚，弘大君受厘之重，阴功幽赞，何可胜言。德宗锡以纂节幡珮，靡有不备。”又称“凡儒玄宿学，有道仁人，贵游象服，男夫女士，传三景真箓者，五百余人”。可见，吴善经不仅受到德宗皇帝的崇重，更在太清宫中建立道坛，广授法箓。从他与权德舆、归登等人的交游来看，他的确受到众多文人士大夫的礼遇。显然，《神仙感遇传》将吴善经开始受到朝廷崇重的时间放在了宪宗朝是不完全准确的，但其所谓宪宗“命太清宫别敕供给”，则仍显示了吴善经与太清宫的关系。

三 从万振到申甫：吴善经的师承谱系

如前所述，吴善经之师为道门威仪冲虚先生申甫，此人在中唐道教史上具有特殊的地位。据杜光庭说：“寻值二胡猾夏，正教凌迟，两京秘藏，多遇焚烧。上元年中，所收经箓六千余卷。至大曆年，申甫先生海内搜扬，京师缮写，又及七千卷。长庆之后，咸通之间，两街所写才五千三百卷。”[⑤] 可见，在安史之乱造成两京宫观严重毁坏、经箓不全的背景下，正是由于申甫的巨大努力，唐代道藏才得略复旧观[⑥]。可惜唐代文献对其记载非常零散，在元代赵道一所编《历世真仙体道通鉴》中，亦无其传记资料，使我们对于这位作出杰出贡献的道门大德所知不多。

从现有资料来看，申甫主要活跃于代宗大历年间，除了尽力搜访道经，他还主持、参与了当时道教界的各种活动。据大历六年（771）十月的《大唐检校两县威仪使兼永仙观

---

① 关于太清宫，参见丁煌《唐代道教太清宫制度考》，收入氏著《汉唐道教论集》，中华书局 2009 年版，第 73—156 页。Victor Xiong，“Ritual Innovations and Taoism under Tang Xuanzong.” *T'oung Pao* 82（1996）：258－316。按，池田温前引文先将太清宫误作玄宗先天二年之后废弃的太清观，进而推测吴善经所在的太清宫“可能在江南，但未得确认”（第 7 页）。事实上，这两所道观虽均在长安，却毫无关系：太清宫在街东的大宁坊，而太清观位于街西的金城坊，原为安乐公主宅，后被赐予太平公主党羽史崇玄建为道观，在唐玄宗镇压太平公主之后，此观被废。参见雷闻《唐长安太清观与〈一切道经音义〉的编纂》，载《唐研究》第 15 卷，北京大学出版社 2009 年版，第 199—226 页。

② 参见雷闻《碑志所见的麻姑山邓氏——一个唐代道教世家的初步考察》，载《唐研究》第 17 卷，北京大学出版社 2011 年版，第 56 页。

③ 参见雷闻《山林与宫廷之间——中晚唐道教史上的刘玄靖》，《历史研究》2013 年第 6 期。

④ 葛兆光先生曾将《吴善经碑》的“冲虚申先生”误读为盛唐著名道士申泰芝，这显然是张冠李戴了。见氏著《最终的屈服——关于开元天宝时期的道教》，载荣新江主编《唐代宗教信仰与社会》，上海辞书出版社 2003 年版，第 20 页。此据氏著《屈服史及其他——六朝隋唐道教的思想史研究》，生活·读书·新知三联书店 2003 年版，第 106 页。

⑤ 杜光庭：《太上黄箓斋仪》卷五二，《道藏》第 9 册，第 346 页。

⑥ 参见陈国符《道藏源流考》，中华书局 1992 年版，第 125—126 页。

主田尊师德行之颂》记载："粤有道门使检校殿中监冲虚申先生，德高讵仰，道邃难名，偏承雨□，□□□□中统之教，奏尊师为四方妙选，领两县□□，□□□声自宫闻，扃镭而诏从天落，因于□□□以光荣，乃抑□之欤，岂求之也。"① 然则至迟在这一年，作为"道门使"的申甫已是从三品的检校殿中监了，且有"冲虚先生"之号，而永仙观主田名德被皇帝任命为美原、奉先两县的道门威仪使，正是出自申甫的举荐。此外，据大唐西市博物馆所藏《大唐故道门大德玄真观主皇甫尊师墓志铭并序》记载，志主皇甫奉謜在大历十一年（776）被"道门使奏充本观主，举有德也"②，其中的"道门使"应该也是申甫。

除了负责推荐选拔道观观主或各地威仪使之外，还有一些例子也体现了申甫道门领袖的地位，如大历七年（772）二月，"光天观道士简较（检校）殿中监冲虚先生申甫上言，请下制诫天下道士增修道法。许之。四月，申甫又上言：'玄真观、开元观、望（光）天观并载先帝圣谥，请至讳日各于其观行香。'从之。"③ 大历十三年（778），代宗为替肃宗祈福，新作乾元观，"置道士四十九人，以追远祈福，上资肃宗也。其地在皇城南长兴里，本泾原节度使马璘之宅。璘初创建是宅，重价募天下巧工营缮，屋宇宏丽，冠绝当时。璘将卒，抗表献之。帝方轸怀罔极，钦崇道福，以其当皇城形胜之地，墙宇新洁，遂命为观，加'乾元'名焉，先皇尊号也。仍遣道门威仪申甫司其事"④。显然，无论是长安新置道观、诫天下道士增修道法，还是建议扩大举行国忌行香的道观范围，都是由申甫出面负责，其天下道门领袖的身份已呼之欲出。当然，申甫本人的道教修养自不容忽视，他曾著有《道德经疏》五卷⑤。而据《吴善经碑》称，吴氏"所注《道德经》并著文二十篇，玄览至赜，通乎微妙"。《新唐书·艺文志》亦著录了他的《道德经注》二卷⑥，可见吴氏对《道德经》亦有着深入的钻研，这一点与其本师可谓一脉相承。

那么，申甫的道门师承如何呢？《吴善经碑》称："初，冲虚之师曰清简泉君，泉君之师曰来君，来君之师曰万君，皆有遗像在开元观。先生乃兹焉宴息，立申、泉二碑，以发天光，以极师道。"碑文没有提及申甫三代祖师的名讳，但令人振奋的是，我们在西安市文物考古研究院近年新藏的石刻材料中，幸运地发现了"清简泉君"的一些踪迹。承蒙张全民先生厚意，特发表于此。

据张先生2013年9月2日电子邮件介绍，2009年3月11日，他接到灞桥区席王街道唐家寨唐舍娃的电话，前往席王萧家寨征集了这一方青石石刻，这是萧家寨一位村民在村旁取土时发现的，根据村民讲述以及他赴出土现场考察，并未发现其他遗物。这件石刻为

---

① 录文见《道家金石略》，第151—153页。按《全唐文》卷九九〇亦收录此碑（第10252页），但缺字极多，不及《道家金石略》所录完整。同时还立有《京兆府美原县永仙观碑文》，可以参见，录文见《道家金石略》，第153—154页。

② 胡戟、荣新江主编：《大唐西市博物馆藏墓志》第293号，北京大学出版社2012年版，第636—637页。关于此墓志，可参见土屋昌明《道教の新羅東傳と長安の道觀——〈皇甫奉謜墓誌〉を中心に》，《东方宗教》2013年第122号，第1—23页。

③ 《册府元龟》卷五四《帝王部·尚黄老》二，中华书局1982年版，第606页。按，唐代长安并无"望天观"，当为"光天观"之误。

④ 《册府元龟》卷五四《帝王部·尚黄老》二，中华书局1982年版，第606页。

⑤ 杜光庭：《道德真经广圣义序》，《道藏》第14册，第310页。

⑥ 《新唐书》卷五九《艺文志》三，中华书局1975年版，第1517页。

正方形，边长36厘米，厚7厘米，虽然形制较小，文字不多，但包含的信息却十分重要，录文标点如下：

> 唐清简先生尊师泉君讳景仙藏剑之所。中元。天宝甲午岁，建寅月，卜日辛酉。

所谓“藏剑”，意即“埋骨”，系道教对埋葬的一种特殊说法，如萧纶《隐居贞白先生陶君碑》就说陶弘景：“以大同三年景（丙）辰三月壬寅朔日癸丑告别年化，春秋八十有一。……以其月十四日窆于丹阳郡句容县雷平山。若轩辕之葬衣冠，如王乔之藏剑舄。”①《历世真仙体道通鉴》卷三八记载：高道刘玄和卒于贞元十年十月十八日，临终前对弟子殷切教诲，“言讫而化，治命藏剑于柏坛”②。元代《武当福地总真集》卷上曰：“桃源峰，在紫盖峰之北，地势阔远。其西曰桃源洞，即道人蜕形藏剑之总茔。”③ 据此，这件石刻可拟名为《泉景仙墓志》，志主正是申甫之师“清简泉君”，虽然志文过于简略，且其中的“中元”含义颇难索解，但至少我们知道了他的名字和其去世时间。泉景仙卒于天宝甲午岁即天宝十三载（754），“建寅月”即正月，而“辛酉日”当为二十五日。

值得特别注意的是，泉氏本非汉姓，而是高句丽权臣泉盖苏文的族裔，在唐王朝平定高句丽之后，一些泉氏家族成员如泉男生、泉男产、泉献诚等入仕于唐，泉景仙或即出自这个家庭④。盖苏文本身就对道教很感兴趣，据《三国史记》卷二一《高句丽本纪·宝藏王二年（643）》记载：“三月，苏文告王曰：‘三教譬如鼎足，阙一不可。今儒释并兴，而道教未盛，非所谓备天下之道术者也。伏请遣使于唐，求道教，以训国人。’大王深然之，奉表陈请。太宗遣道士叔达等八人，兼赐老子《道德经》。王喜，取僧寺馆之。”⑤ 稍后，高丽僧一然《三国遗事》卷三亦记载：

> 《高丽本纪》云：“丽季武德、贞观间，国人争奉五斗米教。唐高祖闻之，遣道士送天尊像，来讲《道德经》，王与国人听之。即第二十七代荣留王即位七年，武德七年（624）甲申也。明年遣使往唐，求学佛老，唐帝许之。及宝藏王即位，亦欲并兴三教。时宠相盖苏文说王以儒释并炽，而黄冠未盛，特使于唐求道教。”……又按《高丽古记》云：“……金（盖苏文）奏曰：‘鼎有三足，国有三教。臣见国中唯有儒、释，无道教，故国危矣。’王然之，奏唐请之。太宗遣叔达等道士八人。王喜，

---

① 《文苑英华》卷八七三，第4605页。

② 赵道一：《历世真仙体道通鉴》卷三八《刘玄和》，《道藏》第5册，第316页。

③ 《道藏》第19册，第649页。

④ 据《泉献诚墓志》记载，他“有子玄隐、玄逸、玄静”，参见周绍良主编《唐代墓志汇编》大足001号，上海古籍出版社1992年版，第984—985页。从泉献诚三子的名字来看，似乎略有一丝道教的意味，或许泉景仙正是出自泉献诚这一系。关于入唐的泉氏家族，参见赵振华《洛阳、西安出土北魏与唐高句丽人墓志及泉氏墓地》，收入氏著《洛阳古代铭刻文献研究》，三秦出版社2009年版，第535—562页；拜根兴《唐代高丽百济移民研究》上篇第四章《踏访高丽移民遗迹的实践与探索》、下篇第三章《高丽末代王高藏在唐生活及其冢墓探讨》，中国社会科学出版社2012年版，第73—76、189—194页。

⑤ 《译注 三国史记》卷二一，郑求福、卢重国等译注本，首尔：韩国学中央研究院出版部，2011年，第316页。这个最新的版本系由拜根兴先生提示，并帮忙复核文字，特此申谢。

以佛寺为道馆，尊道士坐儒士之上。道士等行镇国内有名山川。”①

不难看出，盖苏文正是唐初高句丽道教发展的重要推手②，这一点应会对其家族——泉氏的宗教信仰产生深刻影响，作为入唐泉氏的后代，泉景仙可能就是在这样的家族氛围中成长起来的。

虽然《泉景仙墓志》没有交代其去世时的年岁，不过从他卒于天宝十三载来看，应该大致生活在高宗到玄宗期之间，西安近年新发现的《唐至德观上座杨仙师志文》对此提供了新的佐证。这方墓志尚未公布，承西安碑林博物馆赵力光馆长厚意，笔者有缘得见墓志照片。此志形制亦不大，长 38 厘米，宽 37 厘米。据载，志主杨法行于“景云二年，制度为女道士，从夙好也。开元中，诣清简先生受三洞秘法。……上元元年（760）秋八月十八日，谓门弟子曰：‘尔以五铢藏吾形。’是日，不疾而静，享龄凡七十有五。”可见，杨法行是在开元年间成为泉景仙的女弟子，并于其师仙逝的六年之后卒于长安。从年龄上来看，她应该年长于申甫。有趣的是，其墓志的铭文有“剑藏于是兮，无为伤心”之语，适与《泉景仙墓志》中的“藏剑之所”相呼应。

由于《泉景仙墓志》文字过于简略，我们无法借此了解其师来君、祖师万君的名字与事迹，但可以结合史籍略作推测。杜光庭《仙传拾遗》记载：“翟乾祐，云安人也。庞眉广颡，巨目方颐，身长六尺，手大尺余，每揖人，手过胸前。常于黄鹤山师事来天师，尽得其道。能行气丹篆，陆制虎豹，水伏蛟龙。卧常虚枕，往往言将来之事，言无不验。”③ 据王卡先生推测，黄鹤山可能是指今天湖北武昌之蛇山。从时间上来看，翟乾祐活跃在玄宗、肃宗时期④，然则“来天师”的时代应该略早于此，他与泉景仙之师“来君”或许正是同一人。

对于“万君”，我们也有一个大胆的推测，即他很可能就是来自洪州的万振，《历世真仙体道通鉴》有其传记：

万天师名振，字长生，洪郡之南昌人。得长生久视之道，显晦齐梁问，人莫知其年。有符呪济物，治人疾苦立效，当时以为旌阳、栾巴之徒。隋文帝闻其名声，重之，诏于洪崖山为精舍，即今栖真观是也。唐太宗贞观十五年，太守周逊请于梅福宅建太乙观，礼迎天师居之，即今天宁万寿观是也。先是，渔者得青石，长七尺，扣之有音乐声。郡以献于朝，高宗命碎之，得二剑，镡上刻天师姓名。帝异之。显庆二年，高宗召见光曜日殿，帝问治国养生之道，振答曰：“无思无为，清静以为天下正。治国犹治身也。”帝尊待之如师友，赐予无所受。龙朔元年，尸解于京师。数日启棺，惟有一剑一杖而已。诏以铜函盛剑杖，葬于西山天宝洞之侧，今洞阳观是也。天师有《德业碑》，乃唐滕王元婴文，在开元观中云。⑤

---

① 朝鲜史学会编：《三国遗事》卷三“宝藏奉老”条，东京：国书刊行会 1974 年第三版，第 12—13 页。

② 关于唐初高句丽道教的兴起与唐王朝的关系，可参见刘屹《唐前期道教与周边国家、地区的关系》，载韩金科主编《1998 法门寺唐文化国际学术讨论会论文集》，陕西人民出版社 2000 年版，第 780—789 页。

③ 杜光庭：《仙传拾遗》卷二《翟乾祐》，载《杜光庭记传十种辑校》，第 801 页。

④ 参见王卡《翟乾佑与镇元策灵书》，载氏著《道教经史论丛》，巴蜀书社 2007 年版，第 145—157 页。

⑤ 《历世真仙体道通鉴》卷三一《万振》，《道藏》第 5 册，第 279 页。

作为一位来自江西的山林道士，万振能够引起高宗的关注，起因于一个传说，即渔人从江潭所得之青石中藏着两柄剑，其一有他的名字。此事在盛唐张鷟的《朝野佥载》中就有记载：

西晋末有旌阳县令许逊者，得道于豫章西山。江中有蛟为患，旌阳没水，剑斩之。后不知所在。顷渔人网得一石甚鸣，击之声闻数十里。唐朝赵王为洪州刺史，破之得剑一双，视其铭一有“许旌阳”字，一有“万仞”字。遂有万仞师出焉。[①]

许逊后来被尊为净明道的祖师，唐初许真君崇拜在洪州地区复兴，而神剑作为教权的象征重现于世，暗示着万仞继承了许逊的神力与权威[②]。郭武先生认为“万仞”与“万振”为同一人[③]，这是较为合理的推测。另据中唐的《孝道吴许二真君传》记载：许逊升仙之后，“留诗教两卷、犊车一乘、石臼一面、铜剑二口、扇函一具。……至今年代虽遥，其物并在，惟二剑，万天师入内，云进上，内中供食（养），其车及诸物并在”[④]。可见万振被高宗召入京城时，将这两柄象征教权的铜剑献给朝廷了。若前引《体道通鉴》的记载无误，则他自高宗显庆二年（657）到龙朔元年（661），即他生命中的最后五年是在长安度过的。

在唐初的洪州，万振/仞具有很大的影响力，是许真君崇拜的主要推动者之一[⑤]，甚至连叶法善也曾向其问道。据南宋《唐叶真人传》记载：盛唐传奇道士叶法善在13—15岁之间，即贞观二年至四年（628—630）之间，曾“诣豫章万法师，求炼丹、辟谷、导引、胎息之法，但熊经鸟申，吐故纳新，食松茹术，无荣于世”[⑥]。事实上，叶法善与万氏的师徒关系并非空穴来风，早在唐玄宗开元二十七年（739）御撰的“叶尊师碑”就特别提道：“先生幼有奇质，长标特操，神照体外，骨秀形表，故万先生目之曰：‘子书成仙格，方自仙宫，吾将及尔为同僚也。’信哉！”[⑦] 玄宗要借“万先生”之口来夸赞叶法善，可见万振在初盛唐道门的确享有盛誉，这或许也奠定了后来其法裔在中晚唐繁荣昌盛

---

① 《朝野佥载》卷三，收入《隋唐嘉话 朝野佥载》，中华书局1979年版，第68页。

② 参见吴真《正一教权象征“天师剑”的兴起与传说》，《华南师范大学学报》2014年第3期，第28—36页。

③ 郭武：《〈净明忠孝全书〉研究：以宋、元社会为背景的考察》，中国社会科学出版社2005年版，第177—178页。

④ 《孝道吴许二真君传》，《道藏》第6册，第844页。

⑤ 据南宋王象之《舆地纪胜》卷二六《江南西路·隆兴府·景物》下载：“栖真观，在西山天宝洞下，观有唐天后时万天师铜像，犹存。”（中华书局1992年版，第1164页）万振在唐初西山地区的影响可见一斑。按，万氏在许真君崇拜的发展过程中发挥了重要作用，据称许逊祖母即为万氏，明代庠生万福同就撰有《旌阳祖母万太君墓记》，载清代金桂馨、漆逢源纂辑《逍遥山万寿宫通志》卷一，《中国道观志丛刊》第30册，江苏古籍出版社2000年版，第93—95页。许逊弟子万太元（号石泉）在许逊信仰的传承中也举足轻重，详见贞观六年（632）的《敕建乌石观碑记》，《全唐文》卷一六二，第1660页。万振应该也出自这一家族，他虽然积极推动了许真君崇拜在洪州的复兴，但后来在重振游帷观的胡惠超一系迅猛发展之下，他也被纳入了胡氏的叙事脉络中，在《历世真仙体道通鉴》卷二七《胡惠超传》中，他甚至成了胡氏弟子：“其门人高弟甚多，最显者曰万天师、兰天师。”（第259页）事实上，胡氏主要活跃于武周时期，卒于长安三年（703），而万振则活跃于太宗、高宗时期，卒于龙朔元年（661），他不太可能是胡氏弟子。二者的师承关系，当为胡氏徒众建构的结果。

⑥ 《唐鸿胪卿越国公灵虚见素真人传》，《道藏》第18册，第80页。

⑦ 唐玄宗：《故金紫光禄大夫鸿胪卿越国公景龙观主赠越州都督叶尊师碑铭》，《全唐文》卷四一，第456页。

的基础。

《历世真仙体道通鉴·万振传》称："天师有《德业碑》，乃唐滕王元婴文，在开元观中云。"按滕王元婴在高宗永徽三年至六年之间（652—655）曾出任洪州都督[①]，就在他卸任的两年之后，万振就奉诏入京了，颇疑这次入京正是元婴举荐的，他在洪州一定与万振相熟，了解不少关于他的神奇传说。当万振去世后，也由他来撰写《德业碑》，并安置在他长安所居的道观中，只是这座开元观当时还叫作"清都观"[②]。

从《吴善经碑》"泉君之师曰来君，来君之师曰万君，皆有遗像在开元观"的记载来看，虽然万振在长安不过五年，但却影响巨大，在此留下了重要法脉，而这个道团似乎也主要是在长安开元观传承。据《长安志》记载，开元观系由清都观改名。隋开皇七年（587），道士孙昂为文帝所重，特为立清都观，本在永兴坊，武德初徙于永乐坊。敦煌道书的题记中也有清都观的记载，如 S. 238《金真玉光八景飞经》卷末题记："如意元年（692）闰五月十三日经生郘忠写。清都观直岁辅思节诸用忌钱造。用纸一十八张。"[③] P. 2606《太上洞玄灵宝无量度人上品妙经》卷末亦有题记："清都观道士刘□校。"[④] 盛唐科仪大师张万福亦曾籍隶清都观，在此著书立说，世称"张清都"。开元二十六年（738）六月，清都观改名为开元观[⑤]，以法术见长的道士申元之被唐玄宗召入京师时，就居止于此[⑥]。据孙逖《为宰相贺开元观铸圣容庆云见表》记载，开元观中也曾铸造玄宗御容[⑦]。开元二十九年，玄宗梦老君真容现，遂下诏在诸州立《梦真容敕》，此事亦始自长安的开元观[⑧]。

如前所述，自万振以降，申甫的三代祖师都在开元观有"遗像在焉"，虽然我们无法知道是画像还是塑像，但这个现象本身就表明他们在此观的显赫地位，颇类似于后世道教宗派中的祖师。由于在代宗时申甫已担任了"道门使"，在全国道教界具有举足轻重的地位，其影响早已不限于开元观，他曾一度移住光天观，大历十三年又主持新置的乾元观。至于吴善经本人，亦与开元观有着千丝万缕的联系，《吴善经碑》曰："先生乃兹焉宴息，立申、泉二碑，以发天光，以极师道。"则他曾在开元

① 参见《旧唐书》卷六四《高祖二十二子·滕王元婴传》，第 2436—2437 页。具体系年，见郁贤皓《唐刺史考全编》卷一五七，安徽大学出版社 2000 年版，第 2246 页。

② 关于这座"开元观"的地点，史籍中有不同记载，《历世真仙体道通鉴》卷一四《梅福》条记载：汉代仙人梅福的旧宅在南昌县，"唐太宗贞观中，号太一观，礼迎万天师居之。高宗龙朔二年来致醮祭，夜有云降殿上，至晓而散，坛上有仙灯之祥。玄宗开元间，即为开元观，玄宗自书额。"《道藏》第 5 册，第 184 页。可见万振的确曾入居梅福旧宅，不过，即便玄宗时梅福旧宅被改名为开元观，滕王元婴所立万振《德业碑》之处应该在京师，《历世真仙体道通鉴》卷三一《万振》条就明确区分了二者，称梅福旧宅"即今天宁万寿观是也"，文末则称《德业碑》"在开元观中"。

③ 录文见郝春文编著《英藏敦煌社会历史文献释录》第 1 卷，科学出版社 2001 年版，第 365—366 页。

④ 池田温：《中国古代写本识语集录》731 号，东京大学东洋文化研究所 1990 年版，第 257 页。池田先生推测为 7 世纪写本。

⑤ 徐松：《唐两京城坊考》误将洛阳道德坊开元观的内容阑入长安开元观，李健超先生对此有所辨正，见氏著《增补唐两京城坊考》（修订版），三秦出版社 2006 年版，第 172—173 页。

⑥ 《太平广记》卷三三《申元之》，中华书局 1961 年版，第 210 页。

⑦ 《全唐文》卷三一一，第 3156 页。关于唐玄宗的御容，参见雷闻《郊庙之外——隋唐国家祭祀与宗教》，生活·读书·新知三联书店 2009 年版，第 121—127 页。

⑧ 参见李成裕《请刻梦真容敕旨奏》，《全唐文》卷四〇二，第 4110 页。

观为其师申甫、祖师泉景仙树立两通石碑，以资纪念。可以想见，如果这两通碑文存世，肯定会为这一支道派提供丰富的资料。《吴善经碑》的铭文对其一生行迹进行了总结："族系于东吴，禀灵于仙都。演道于明廷，栖神于太清，隐机于开元，归根于露仙。"显然，吴善经虽籍隶太清宫，但他随申甫学习则应该是在开元观，故得以于此立碑，而他本人也是在开元观去世的。

四 吴善经的传法弟子

据前引《神仙感遇传》记载，吴善经有位得意门生名曰"琼执"，为长安兴唐观道士，"备得其诀"，去世后还被赐谥"昭玄先生"，不过，其真实性却无法证实，毕竟小说家之言，未可尽信。从现存文献中我们可以知道，吴善经最得意的弟子应该是赵常盈。据《吴善经碑》云："道门威仪赵常盈，偏得先生之学，与符洞幽、周元德、晏元寿、董太珣等，或关尹受教，或庚桑为役，有年数矣。"可见，吴氏众弟子当以赵常盈为首，此人活跃于宪宗至文宗朝，一度成为长安道门的代表人物。据晚唐道士徐灵府所撰的《天台山记》记载："宝历元年（825），主上遣中使王士岌、道门威仪赵常盈、太清宫大德阮幽闲、翰林待诏禄通玄五月十三日到山，于天台观设醮，许往三井投龙璧也。"[①] 可见，赵常盈作为道门威仪在敬宗初曾率领中使和太清宫道士等，前往天台山投龙设醮，刘禹锡曾有诗赠之：

> 银珰谒者引蜺旌，霞帔仙官到赤城。白鹤迎来天乐动，金龙掷下海神惊。
> 元君伏奏归中禁，武帝亲斋礼上清。何事夷门请诗送，梁王文字上声名。[②]

诗题中的"令狐相公"系指令狐楚，显然他亦有诗赠赵常盈，刘禹锡只是与之相唱和。从诗题还可知道，这次投龙设醮的地点不仅仅是在天台山，还有五岳。另据《旧唐书·白居易传》记载："文宗即位，征拜秘书监，赐金紫。九月上诞节，召居易与僧惟澄、道士赵常盈对御讲论于麟德殿。"[③] 能代表道教界参加御前举行的三教论衡，足见赵常盈在当时长安道门的地位之显赫，他或许正是《神仙感遇传》中吴善经弟子"琼执"的原型。此外，在陈思《宝刻丛编》中著录了一通大和二年（828）的《太清宫道德经目录碑》，"秦守正书，赵盈篆额"[④]，这里的"赵盈"应即当时的道门威仪赵常盈。从目前所见的

---

① 徐灵府：《天台山记》，载《天台山记·天台胜迹录》，胡正武校点，浙江大学出版社 2010 年版，第 5 页。

② 刘禹锡：《和令狐相公送赵常盈炼师与中贵人同拜岳及天台投龙毕却赴京》，《全唐诗》卷三六〇，中华书局 1960 年版，第 4068 页。

③ 《旧唐书》卷一六六《白居易传》，第 4353 页。不过，据白居易《三教论衡》记载，此事发生在大和元年十月，与他一起进行三教讲论的道士是另一位太清宫道士杨弘元，僧人则是安国寺沙门义林。见《白居易集》卷六八，顾学颉点校，中华书局 1979 年版，第 1434—1440 页。我们怀疑这很可能是两次不同场合的三教论衡，否则不可能僧、道的代表均有出入。

④ 《宝刻丛编》卷八引《京兆金石录》，《石刻史料新编》第 1 辑第 24 册，新文丰出版公司 1977 年版，第 18231 页。北宋宰相晏殊所编《类要》曾征引了六条《太清宫道藏目》，文字颇多，如唐雯所云，这很可能正是这通由赵常盈篆额之《太清宫道德经目录碑》的逸文。参见唐雯《晏殊〈类要〉研究》，上海古籍出版社 2012 年版，第 293—294 页。

资料来看，吴善经并未担任过道门威仪一职，但其师申甫、其弟子赵常盈均出任此职，足见这一支法脉与朝廷的紧密关系。

除了赵常盈之外，吴善经的其他弟子如符洞幽、周元德、晏元寿、董太珦并不那么有名，但他们随侍身边，多历年所，权德舆撰《吴善经碑》亦由周元德先“状其崖略”，可见对其师生平的熟悉。在近年新出墓志中，有两位女道士也应该是吴善经的弟子。据同样出土于长安城南毕原的《唐大明宫玉晨观故上清太洞三景弟子东岳青帝真人田法师玄室铭并叙》记载，志主女道士田元素“元和九年（814）夏五月，诣开元观，依三洞法主吴君，授上清真诀，遂研精秘奥，无不□通。内事典坟，遍皆披览。演五千之玄妙，听者盈堂；登法座而敷扬，观者如堵”①。田元素在后来长期居住在大明宫内的玉晨观②，深得太后与内宫妃嫔的敬爱，听其说法者号称有数千人之多。志文中的“三洞法主吴君”当指吴善经，因为在贞元、元和年间长安道教界能有“法主”之称的吴姓大德，非善经莫属。从《吴善经碑》“凡儒玄宿学，有道仁人，贵游象服，男夫女士，传三景真箓者，五百余人”的记载来看，他广开门墙，“法主”之称亦为允当③。只是，《田元素墓志》中的“三洞法主吴君”属于开元观，而吴善经则自称“太清宫道士”，这如何解释？如前所述，吴善经与开元观关系极为密切，《吴善经碑》的铭文说得很清楚，他是“栖神于太清，隐机于开元”，只是籍隶太清宫，其最后时光正是在开元观度过的。就在田元素拜师的半年之后，吴善经就去世了，二者相处的时间很短。

类似情形，还可在1998年洛阳孟津县出土的《大唐故道冲观主三洞女真吕仙师志铭》中见到，此志由敬宗之师刘从政撰于大和四年（830）二月，志主吕玄和“性禀自然，天资慧识。幼冲之岁，恳愿出俗归真。府君与太夫人不违其志也。遂巾褐黄裳，敕度道冲紫府，佥举观主，纲纪法流，径诣京开元观法主吴尊师，佩受三洞宝箓。法高上清，道契无为。玄解科教，任德积行”④。志中的“开元观法主吴尊师”同样即指吴善经。《吕玄和墓志》并未明确记载她入道的具体时间，以其去世时38岁推算，则她当生于793年，在吴善经于814年仙逝时，她21岁，而唐人大多在13岁左右入道，然则二人的师承关系是完全可能的。从《田元素墓志》与《吕玄和墓志》来看，吴善经在两京道教界享有“法主”之尊，而且，虽然他籍隶太清宫，但长期于开元观居止，故被时人称为“开元观法主”。至此，我们可将吴善经的道门谱系列表如下：

---

① 此志录文见吴钢主编《全唐文补遗》第2辑，三秦出版社1995年版，第48页；图版见《隋唐五代墓志汇编》陕西卷第4辑，天津古籍出版社1991年版，第103页。

② 关于玉晨观，参见樊波《唐大明宫玉晨观考》，载严耀中主编《唐代国家与地域社会研究——中国唐史学会第十届年会论文集》，上海古籍出版社2008年版，第417—424页。

③ 我们目前只见过两位高道有“法主”之称，一是隋末唐初的茅山宗师王远知，见《唐故国师太平观王法主师之神道碑》，图版见北京图书馆金石组编《北京图书馆藏中国历代石刻拓本汇编》第34册，中州古籍出版社1989年版，第72页。另一位则是天宝初的“三洞法主秘希一”，见前引《大唐故道门大德玄真观主皇甫尊师（奉谌）墓志铭并序》，《大唐西市博物馆藏墓志》第293号，第637页。

④ 此志录文见吴钢主编《全唐文补遗》第8辑，三秦出版社2005年版，第180页。可惜此书将“大和”误作“大中”。图版见赵君平、赵文成编《河洛墓刻拾零》第398号，北京图书馆出版社2007年版，第533页。关于此志的作者刘从政，可参见雷闻《传法紫宸——敬宗之师升玄先生刘从政考》，待刊。

万君（万振？）

│

来君（来天师？）

│

泉景仙（清简先生）

├─────────┐

申甫（冲虚先生）　杨法行（至德观上座）

│

吴善经

┌──┬──┬──┼──┬──┬──┐

赵常盈　符洞幽　周元德　晏元寿　董太珣　田元素　吕玄和

五　毕原露仙馆与吴善经的交游圈

贞元二十年（804）二月，吴善经在长安城南的毕原为自己营造墓葬[①]，名之曰“毕原露仙馆”，并自撰《虚室记》以记其事，时年72岁，正与文中“有生以来七十余载”相合。这一年，距离他去世尚有十年之久。究其缘起，用他自己的话来说，“是谓一受其成形，不忘以待尽者也。有生以来，七十余载，生崖之分，其可久耶?”于是“先修露仙之馆，虚室以待终”。相比于许多道士漫夸长生、企盼白日飞升的迷思，年逾古稀的吴善经显得无比通达，他似已参透生死，物我两忘。当时与他关系密切的一些士大夫特意写诗纪念，可惜这些诗篇今已不存，我们无从了解究竟有哪些人参与其中，但至少包括了权德舆和归登。权德舆《诗序》特别指出：“世人于逆旅弱丧之中，而封执胶固，唯仙师吴君，超然悬解，于是有毕原露仙之作。”则此事在当时似亦有质疑之声，《诗序》就设问曰：“若师之道，可以坐忘矣。恶用言说，涉于名迹耶?”进而曰：“既言之可矣，恶用诗耶?”可见吴善经毕原露仙馆之作及相关的诗歌唱和，当时颇为引人注目。

在露仙馆建成十年之后的元和九年（814）十二月，吴善经卒于长安，次年正月被正式安葬于露仙馆中。考虑到他与旧相权德舆的交谊，其弟子遂请权氏为其师撰写神道碑，当时权德舆正在刑部尚书任上。由于神道碑立于墓室之外，容易遭到破坏，所以今天只有《虚室记》与《诗序》留存至今，这是颇为遗憾的。无论如何，《神仙感遇传》所谓“善经在洛下九十余，貌若婴孩，齿发不衰，言游五岭，不知所在”的描述，与吴善经的真实结局截然不同，只能视作小说家言。

① 毕原，在今西安城南约7.5—10公里处，是唐代长安居民重要的埋葬区之一。参见李健超《毕原考》，原刊《西北历史研究》1989年号，载氏著《汉唐两京及丝绸之路历史地理论集》，三秦出版社2007年版，第154—160页。

在唐代，生前自撰墓志之风颇为流行①，但自造生墓的例子却很罕见，俗人自造生墓者目前仅见一例，即晚唐时姚崇曾孙姚勖“自作寿藏于万安山南原崇茔之旁，署兆曰‘寂居穴’，坟曰‘复真堂’，中斲土为床曰‘化台’，而刻石告后世”②。另外几例均出自道门：在吴善经之前，有咸亨三年（672）二月故去的长安玄都观观主牛弘满③，以及开元十年（722）五月仙逝的东都大圣真观法师杨曜④。在吴善经之后，则有晚唐南岳天台派的高道刘处静。他是吴善经的缙云同乡，“因还故里，息尔仙都。……升腾何期，归土有日。预筑元墟，将为永室。时唐咸通十四年岁在癸巳六月甲午二十八日辛酉寅时，遭疾卒于前斋，当日归封元墟，春秋七十有三”⑤。显然，预修墓室在唐代道门之中并非绝无仅有，而毕原露仙馆之所以更显突出，是因为在吴善经的周边，围绕的是当时长安第一流的官僚士大夫，并为露仙馆之作进行唱和。

作为一位从江南来到长安修道弘法数十年的高道，吴善经交游颇广。虽然权德舆《诗序》并未记载参与吴善经毕原露仙馆唱和之人名，但其中肯定有权德舆及《诗序》的书人归登。在十年后他所撰的《吴善经碑》中则曰：“吴郡归冲之、广平刘素芝、天水权载之，皆从先生游者也。”为其交游圈增加了一位刘素芝。当然，《虚室记》的书人——太清宫道士卢元卿亦当在其中。

池田温先生已据张彦远《法书要录》提示了元和三年卢元卿所撰之《法书录》，知他曾入宫鉴藏法书，他并揭出权德舆《太宗飞白书答诏记》的记载：“太宗文皇帝飞白书十二句五十五字者，贞观十六年答右散骑常侍刘洎之诏也。……有都官郎中窦臮者，博古尚艺，贞元初，得其书于人间。太清宫道士卢元卿又得之于窦氏。元卿工为篆、隶、八分诸书，具其家法，保而藏之久矣。元和五年夏四月，予以太常斋荐于宫，师因出而示予。”⑥其实，张彦远在《历代名画记》中亦提到卢元卿：“又有从来蓄聚之家，自号图书之府。（开元中，邠王府司马窦瓒，颍川人也。……近则张郎中从申、侍郎惟素，从申子也。萧桂州祐、李方古、归侍郎登、道士卢元卿、韩侍郎愈、裴侍郎璘、段相邹平公、中书令晋

---

① 牛来颖曾据大中十三年（859）的《裴珙墓志》考察了唐人自撰墓志的风尚，见氏著《虚实之间——墓志与传奇中的裴珙》，《唐研究》第17卷，北京大学出版社2011年版，第127—144页。此类例子还有不少，如永贞元年（805），长安东明观道士张因就“自为志而卒”，见柳宗元《东明张先生墓志》，《全唐文》卷五九〇，第5967页。也有生前请别人为自己撰写墓志的例子，如开成元年的《唐故授定蓬两州长史丁府君（广训）墓志铭并序》就称志主“虑丘井所逼，亲命预为生铭”，见章国庆编著《宁波历代碑碣墓志汇编·唐五代宋元卷》，上海古籍出版社2012年版，第20—21页。

② 《新唐书》卷一二四《姚崇传》，第4389页。姚勖墓志2008年出土于洛阳，参见张应桥《唐名相姚崇五世孙姚勖自撰墓志简释》，《河南科技大学学报》2010年第5期。

③ 《大唐故朝散大夫开府仪同三司玄都观观主牛法师（弘满）墓志铭》曰：“以咸亨三年二月一日化于观，春秋七十有一。……以其月十日壬申窆于长安杜城之原，其茔即法师生平之所预修也。”录文见《全唐文补遗》第2辑，第3页。图版见《隋唐五代墓志汇编》陕西卷第3集，天津古籍出版社1991年版，第81页。

④ 《大圣真观杨法师（曜）生墓铭》曰：“有唐杨先生生墓者，信矫世达理之作也。……尝以为命则可复，生必沿化，苟冥于达观之方，奚执于预凶之礼。旧闻佛图澄于邺西陌营生冢，每叹而嘉之。爰以开元十年龙集壬戌粤五月既望，卜兆于河南县平乐乡之山原。”录文见《全唐文补遗》第1辑，三秦出版社1994年版，第105页；图版见《隋唐五代墓志汇编》洛阳卷第9辑，天津古籍出版社1991年版，第82页。

⑤ 刘处静：《元墟墓志铭》，《全唐文》卷八一二，第8543页。

⑥ 《全唐文》卷四九四，第5042—5043页。

公裴度、李太尉德裕。）蓄聚既多，必有佳者。”[①] 可见卢元卿不仅工于书画，且精于赏鉴，富于收藏，其中就包括了太宗赐刘洎之手诏，权德舆还特别为此题跋。

目前所知卢元卿所书之碑志，除了《虚室记》外还有三件，其一是元和二年（807）十月廿五日郑云逵所撰《唐故虢州刺史王（颜）府君神道碑并序》，碑主王颜是一位与中唐道教关系密切的文人官僚[②]。其二是元和十四年（819）裴度所撰之《复南馆记》，立于洛阳[③]。其三则是近年出土的元和十二年的《独孤士衡墓志》[④]，其书体与《虚室记》完全一致。至于卢元卿与吴善经的关系，应该只是同为太清宫道士，虽有少长之差，却无师弟之宜。由于卢元卿在书画鉴藏方面的名声，他得以与权德舆、归登、裴度等同好此道的文人大僚相往还，而这些人也同时是吴善经的朋友。

权德舆（759—818），字载之，是中唐时期的文坛领袖，又曾官居宰相，因此在当时影响极大。他具有三教合一的思想[⑤]，故与一些佛、道教人士过从甚密。在道教方面，除了与吴善经交游数十载之外，他也曾为上清派高道吴筠的文集作序[⑥]，在《全唐文》中还收有一篇署名为权德舆的《吴尊师传》[⑦]，但已被证明系伪托之作[⑧]。可能是因为权氏文集中出现了吴筠、吴善经两位“吴尊师”，使得池田温先生误将二者混为一谈[⑨]，其实，毕原露仙馆与吴筠没有丝毫关系。

“吴郡归冲之”，即《诗序》的书人归登（754—820），系中唐大儒归崇敬之子，也是一位著名文士，据其本传记载：“登有文学，工草隶。宽博容物。尝使僮饲马，马蹄踶，童怒击折马足，登知而不责。晚年颇好服食，有馈金石之药者，且云先尝之矣，登服之不疑。药发毒几死，方讯云未之尝，他人为之怒，登视之无愠色。常慕陆象先之为人，议者亦以为近之。”[⑩] 从《诗序》的书法来看，隶书极佳，本传所云“工草隶”洵非虚语[⑪]。其晚年好服金丹，似乎也受到道教的影响，但应与吴善经没有关系，因为吴氏并不以炼丹见称。

---

① 《历代名画记》卷二《论鉴识收藏购求阅玩》，俞剑华注释，上海人民美术出版社 1964 年版，第 45—46 页。关于唐代的法书收藏与鉴赏，参见史睿《唐代法书鉴藏家的谱系——从武平一到司空图》，载《高田时雄教授退职记念——东方学研究论集》（中文分册），临川书店 2014 年版，第 220—236 页。

② 录文见《道家金石略》，第 171—172 页。陈尚君：《全唐文补编》卷六一又据《道家金石略》录文，第 738 页。关于王颜其人，笔者将有另文详考。

③ 《宝刻类编》卷八，《石刻史料新编》第 1 辑第 24 册，第 18513 页。

④ 王连龙：《新见唐〈独孤士衡墓志〉考略》，《书法丛刊》2011 年第 5 辑。

⑤ 见看王紅霞《论权德舆的儒、释、道观》，收入房锐主编《唐五代文化论稿》，巴蜀书社 2006 年版，第 101—117 页；关于权德舆的交友圈，参见西日办常记《權德輿とその周边》，氏著《唐代の思想と文化》第二部第一章，创文社，2000 年，第 87—112 页。关于权德舆在中唐思想史的地位，还可参见 Anthony DeBlasi，“Striving for Completeness：Quan Deyu and the Evolution of the Tang Intellectual Mainstream”，*Harvard Journal of Asiatic Studies*，Vol. 61，No. 1，2001，pp. 5 - 36。

⑥ 权德舆：《中岳宗元先生吴尊师集序》，《全唐文》卷四八九，第 4999 页。

⑦ 权德舆：《吴尊师传》，《全唐文》卷五〇八，第 5164 页。

⑧ Jan De Meyer，*Wu Yun's Way：Life and Works of an Eighth - Century Daoist Master*，Leiden and Boston：Brill，2006，pp. 5 - 8.

⑨ 池田温前引文，第 13—17 页。

⑩ 《旧唐书》卷一四九《归崇敬传附归登传》，第 4020 页。

⑪ 池田温前引文列出了归登所撰的其他碑志（第 13 页），其中有一件《唐百岩大师怀晖碑》，是由权德舆撰、郑余庆书、归登篆额，可见权德舆与归登时常合作。

至于“广平刘素芝”，即刘伯刍（757—817），同样是中唐有名的士大夫，虽然在两《唐书》无传，但西安大唐西市博物馆近年新收藏了他的墓志，据载他“元和十二年(817)青龙丁酉四月十七日，薨于靖安里之私第，春秋六十一”，则当生于肃宗至德二年(757)，少吴善经25岁。在参与毕原露仙馆唱和之际，他48岁，时任兵部员外郎。有趣的是，刘伯刍的墓志亦系自撰，或许是受到吴善经的某种影响。在其自撰《墓志》的后面，其子将其生平仕宦之履历列出，并曰：“公德宇□沉，垣墙峻嶷，蕴希圣体贰之道，焕日月星象之文。大圭不雕，澄陂无岸。每以为时有通塞，道无亏盈，不以商纣黄屋为尊，不以颜生陋巷为隘。著文见志，知微者佩为至言。加以乐善无厌，行己不倦，处朝廷无曲从之议，交朋友无势利之合，中立不倚，造次于是。玄谈清论，推高当时。”① 可见刘氏性格亦属恬淡旷达类型者，宜其与吴善经相友善。要言之，权德舆、归登、刘伯刍三人年龄相仿，志趣相近，关系非常密切，权德舆曾与刘伯刍一起编纂《元和格敕》②，后者又曾与归登一起受诏翻译《大乘本生心地观经》③。他们与吴善经的年纪相差均在20岁以上，可谓忘年之交。

六　结语

吴善经的生平与际遇，为我们提供了一个中唐道士颇具代表性的个案。他出生于具有深厚道教传统的缙云仙都山，入道于唐玄宗崇道运动高峰期的天宝七载，隶籍于长安道教与国家礼制的中心太清宫，拜师于天下道门威仪使冲虚先生申甫座前，游处于权德舆、归登、刘伯刍等第一流官僚士大夫之间，可谓生逢其时，诸事顺遂。他又能预修露仙馆以待其终，显示了超脱生死的达观。在晚唐五代时，吴善经的事迹开始被神化，杜光庭《神仙感遇传》就对他的一生际遇做了另一种书写，使我们得以审视真实与传说之间的界限与互文。

通过我们对吴善经师承谱系与开元观的讨论，也促使我们重新思考江南道教对长安的影响。初唐活跃的道门领袖如尹文操、潘师正、尹敬崇、史崇玄、司马承祯等多为北方人，不过从高宗朝开始，江南道教就对长安道教产生了持续影响。叶法善、叶静能、邓紫阳、彭太和等来自江南的高道相继被召入京城供奉，玄宗时，清都观道士张万福就曾对此有所抱怨，称：“昔尝游江淮吴蜀，而师资付度甚自轻率，至于斋静，殊不尽心，唯专醮祭，夜中施设。近来此风少行京洛，良由供奉道士多此中人，持兹鄙俗，施于帝里。”④可见长安道门领袖在出身地域上正在发生重大转变，张万福的抱怨显得有些无奈。到了晚唐，这种趋势更为明显，敬宗更是直接派中使前往江南、湖南、岭南等地访求异人术士入京，刘玄靖、周息元等正是在此背景下被地方官贡入京城的。江南道法流入长安，具有深刻意义，一方面极大丰富了长安道教的内涵，不同地域、不同道派的道士们在京城交流，促进了道教的整合，使长安真正成为大唐帝国道教的中心；另一方面，只有当江南的高道

---

① 《刘伯刍墓志》，参见胡戟、荣新江主编《大唐西市博物馆藏墓志》第368号，北京大学出版社2012年版，第794页。

② 《旧唐书》卷一四八《权德舆传》，第4005页。

③ 《旧唐书》卷一四九《归崇敬传附归登传》，第4020页。

④ 张万福：《洞玄灵宝道士受三洞经戒法箓择日历》，《道藏》第32册，第182—184页。

来到长安这个通天的舞台，他们自己及所在的道派才能取得全国性影响，这无疑也促进了这些道派的发展。

显然，无论是来自洪州的万振还是其法裔——来自处州缙云县的吴善经，都应该被放在这一个潮流中来考察。虽然万振在长安不过五年，但他却在此留下一个法脉，始终在清都观/开元观中传承，特别是从申甫在代宗时担任天下道门威仪使之后，吴善经、赵常盈又踵其风，这一法脉在中晚唐长安道教舞台扮演着重要角色。虽然随着太清宫制度的建立，他们因其道门地位而被敕住太清宫供奉，但开元观始终是他们的立身之本，申甫之前的三代祖师都有遗像在开元观，而吴善经又为申甫和师祖泉景仙于此立碑，这显示了一个道派在长安道观中的传承形态。我们相信，对于吴善经的一生际遇及其传法谱系的深描，有助于我们对于中唐长安道教的理解。

附记：本文初稿曾提交第一届“中国中古史前沿论坛”（2013 年 8 月 22—25 日，陕西师范大学），修订稿曾在北京“道教学术研究沙龙”上讨论（2014 年 11 月 30 日，东岳庙），先后有幸得到与会学者特别是王卡、王宗昱、吴羽等先生的指教。西安市文物考古研究院张全民先生、西安碑林博物馆赵力光先生不仅提供了未刊的珍贵石刻资料，且惠允发表，在此一并致谢！

（原文发表于《世界宗教研究》2015 年第 1 期）

“郑和符号”对丝路伊斯兰信仰板块现实影响评估

马丽蓉*

“从张骞两次出使西域寻求军事伙伴的‘结伴’外交到开辟了中外经济、人文交流的大通道、从郑和七下西洋‘宣德化、柔远人’的‘交友’外交直至‘朝贡之使相望于道’的成效，以及形成于汉、发展于唐、鼎盛于明的谋求结伴的朝贡制度等，标志着由‘结伴的机制（朝贡制度）+交友的政策（和平友好）+丝路意识（命运共同体）’所组成的”① 中国丝路外交的诞生与发展。其中，郑和在28年间出访30多个亚非国家的出色外交实践影响深远，且集中体现为由“郑和崇拜”“郑和文化”及“郑和精神”构成的“郑和符号”的出现，使得“历史郑和”成为“携带着意义而接收的感知”② 的“符号郑和”。“符号是被认为携带意义的感知：意义必须用符号才能表达，符号的用途是表达意义。反过来说，没有意义可以不用符号表达，也没有不表达意义的符号。”③ 郑和被符号化后所能感知的基本“携带意义”又产生了“文化信码”的功效。亦即“同一文化中的成员必须共享各种系列的概念、形象和观念，后者使他们能以大致相似的方法去思考、感受世界，从而解释世界”④。借助“郑和符号”，往来于丝路上的人们“共享”了和合、仁爱、协和万邦的儒家文化观，劝善、戒恶、普慈的多元宗教“文化信息”以及互惠、包容、合作的丝路意识等，进而能以“大致相似的方法”去思考、感受、解释世界，逐渐形成了郑和“符号现实”，不同程度地影响了丝路沿线国家与地区，也包括宗教信仰板块。“一种宗教或文化的传入，应表现为一种宗教或文化传入的局面的最终形成，并且在形成‘全局’的传播过程中，在不同时代，经过不同时期，不断宣传，才能达到最终的结果。”⑤ 在伊斯兰教走向世界的进程中，已形成中东、东南亚、非洲、美欧等伊斯兰信仰板块，前三大板块均在丝绸之路上，“郑和符号”对丝路伊斯兰信仰板块产生了深远影响。评估其现实影响，旨在对深化丝路伙伴关系、构建丝路“命运共同体”意识、优化“一带一路”战略软环境等重大现实问题做深入探究，因而更具战略意义。

一 “郑和符号”对东南亚伊斯兰信仰板块的影响

“郑和符号”对东南亚伊斯兰信仰板块的影响集中体现在“郑和崇拜”（即以伊、佛、

---

* 马丽蓉，博士，上海外国语大学丝路战略研究所教授。

① 马丽蓉：《中国“丝路外交”：形成、特征及其影响》，《公共外交季刊》2014年冬季号第7期。

② 赵毅衡：《符号学》，南京大学出版社2012年版，第27页。

③ 同上书，第1页。

④ ［英］斯图尔特·霍尔编：《表征：文化表象与意指实践》，徐亮等译，商务印书馆2003年版，第4页。

⑤ 转引自陈达生《郑和与东南亚伊斯兰》，海洋出版社2008年版，第3页。

道为主的混合型信仰崇拜）上，且包括以下几方面：

1. 有关郑和的寺庙。印尼三宝垄三保庙、印尼雅加达的三保水厨庙、印尼井里汶的威勒斯·阿茜庙、印尼泗水的三保庙、印尼巴厘岛的郑和厨师庙、印尼泗水的郑和清真寺、印尼邦加岛的三保庙等，马来西亚马六甲的宝山亭、马来西亚登嘉楼的三保公庙、马来西亚槟城的三保庙、马来西亚砂捞越的三保庙、马来西亚吉隆坡的三保庙等，泰国大城府的三宝公庙、泰国吞府的三宝公寺（弥陀寺）、泰国北柳的三宝公佛寺等，以及菲律宾苏禄的白本头（郑和随从）庙及其茔墓、柬埔寨的三保公庙等。

2. 有关郑和的遗迹与传说。在印尼有三保太监与爪哇公主的爱情故事，郑和向苏门答腊北部须文达那·巴赛王国赠青铜钟，郑和在邦加岛的"足印"、郑和把斋故事，郑和与榴梿，三保公鱼、爪哇三保井及三宝墩的传送，郑和的石碇、手杖和大炮的故事，郑和斩妖蛇、取地名等；在马来西亚有马六甲的三宝山、三宝井、"官厂"，护送汉丽宝公主远嫁马六甲，郑和与猴枣，郑和打老虎，郑和请教建房、求医、登嘉楼三保江，马六甲郑和鱼等以及在文莱、泰国、新加坡、占城、菲律宾、柬埔寨、印度、斯里兰卡等的遗迹与传说。

3. 郑和布施的寺碑。现存于斯里兰卡国立博物馆的《布施锡兰山佛寺碑》，用中文、泰米尔语、波斯语三种文字记载了1409年2月郑和再访锡兰时的宗教外交：中文记载郑和船队出使这个尚佛之国时巡礼圣迹、布施香礼以颂佛世尊功德的祭拜之事；泰米尔语碑文表达郑和一行对南印度泰米尔人信奉的婆罗门教保护神毗瑟奴的恭敬之意；波斯语碑文流露郑和等穆斯林成员对"至高无上的胡大"的虔诚信仰之情。同一块石碑上以三种宗教为对象的碑文，"一方面反映了郑和对各主权国人民的尊重和他本人的宗教宽容性；另一方则反映出，郑和一行希望他们所从事的经济、文化交流活动不至于受到宗教对立的影响"，故此碑是"郑和和平宽容精神的体现和象征"，"表明中国当时已经有世界性的眼光"，彰显出"一代航海家郑和博大的胸怀、宽容的精神和非凡的世界性目光"①。

4. 郑和传教的事实。因海外传教不属明廷赋予郑和下西洋的使命，故造成正统史家的"不屑记载"与郑和团队的"不便记载"，再加上荷兰等西方殖民者借阻挠东南亚华裔皈依伊斯兰教之机否认郑和传播伊斯兰教的事实、在东南亚反华意识的误导下所出现的"去中国化"的社会倾向更将"去郑和化"推向极致等，使得郑和传教遭多重屏蔽。但历史事实不容否认，就连印尼著名伊斯兰组织领袖哈姆加都认为："印尼和马来亚伊斯兰教的发展，是与中国的一名穆斯林有着密切的关系。这位穆斯林就是郑和将军"，故"可以得出这样的结论，促进我国（印尼）伊斯兰教发展的，不仅仅是阿拉伯人、波斯人、印度人、马拉巴人、古吉拉特人和高罗曼特人，还有来自中国的穆斯林。"② 而且，郑和下西洋，正值东南亚从佛教占统治地位渐向伊斯兰教占统治地位过渡的社会转型期，郑和将华化的伊斯兰教从东向传入东南亚，在一定程度上柔化了从西亚、南亚等西向传入的伊斯兰教，为温和的东南亚伊斯兰信仰板块注入了中国的和合价值观、贡献了"中国智慧"，故"研究郑和在东南亚传播伊斯兰教的课题，有助于全面了解郑和下西洋的情况，尤其是他在15世纪东南亚伊斯兰教发展过程中的作用，这也是中国与东南亚文化交流的组成

① 陈占杰：《斯里兰卡：郑和遗迹今尚在石碑犹自颂海魂》，2005年5月31日，新华网。

② Hamka, Buya, "Cheng-Ho Laksamana Muslim Yang Pernah Mengunjungi", Indonesia, Jakarta: *Majalah Star Weekly*, 18 Maret 1961.

部分。”①

总之，郑和团队在东南亚伊斯兰国家开展的宗教交流，一是“催生了一个有利于东南亚伊斯兰化的大环境，加速了阿拉伯、印度、中国与马来穆斯林商人及阿拉伯传教士在马来群岛传播伊斯兰教的活动”；二是“伊斯兰因素的影响”成为“郑和所执行的华侨政策的明显特征”②，使得华人穆斯林成为联系中国与印、马关系的纽带，消解印、马社会反华情绪的润滑剂，尤其在东南亚穆斯林看来，中国经济的腾飞印证了“学问虽远在中国，亦当求之”的圣训名言，不仅开始肯定郑和等对东南亚伊斯兰教形成与发展的特殊贡献，还认为应多向中国学习，这对拥有世界穆斯林人数最多的印尼和以伊斯兰教为国教的马来西亚、文莱等国意义深远。

二　“郑和符号”对中东伊斯兰信仰板块的影响

“郑和符号”对中东伊斯兰信仰板块的影响集中体现在“郑和文化”（即由互惠型经济观、包容型人文观、合作型安全观构成）上，且包括以下几方面：

1. 以经促文的丝路相处模式

中国与中东伊斯兰国家，不仅建立了“丝路天然伙伴”关系，还形成了以经促文的相处模式，“频繁的商务往来和贸易活动”促进了双方“各方面文化的交往”、推动了“友好关系向前发展”③，中阿关系自古即如此，中阿间以互惠型经贸合作带动包容型人文交流的独特相处模式，赢得了丝路中东国家民众的普遍欢迎——据马欢等回忆，郑和曾三次到访的佐法尔，当地居民欣闻郑和船队的到来便齐聚码头，敲着传统阿拉伯大鼓欢迎。又据阿拉伯学者披露，“这一年 10 月 22 日，从光荣的麦加传来消息说：有几艘从中国前往印度海岸的祖努克，其中两艘在亚丁靠岸，由于也门社会状况混乱，未来得及将船上瓷器、丝绸和麝香等货物全部售出。统管这两艘赞基耶尼船的总船长遂分别致函麦加埃米尔、谢利夫—拜莱卡特·本·哈桑·本·阿吉兰和吉达市长萨拉丁·易卜拉欣·本·麦莱，请求允许他们前往吉达。于是两人写信向苏丹禀报，并指示要好好款待他们”④，披露了郑和船队在阿拉伯国家深受欢迎的历史真相，使得至今“也门流传着中国的古老而神奇的‘拔火罐’医术，就是在那时由郑和船队的医官教会了阿丹国民”，“也门当地的医务人员也对此深信不疑”⑤。在阿联酋“六国城”购物中心的中国城内，摆放于主厅内的郑和塑像的标题为“西方海洋之霸主”，表达了中阿共同持守至今的“郑和情结”与千载累积的丝路情谊……郑和下西洋采取的是经贸互惠与人文包容的和平交往方式，故“受到国内外人民的欢迎。所以，郑和宝船到处，立即欢声雷动，额手称快”⑥，达到了“既满足民生需求又赢得民心”的双重效应，尤其是郑和采取的包容性宗教外交举措，又加深了“民心相通”的互信基础。因此，此种丝路相处模式，在一定程度上成为中国中

---

① 孔远志：《论郑和与东南亚的伊斯兰教》，《东南亚研究》2006 年第 1 期。

② 陈达生：《郑和与东南亚伊斯兰》，海洋出版社 2008 年版，第 99 页。

③ 沙特驻华参赞：《中沙友谊从丝绸之路时代开始》，2013 年 5 月 23 日，环球网。

④ 伊本·泰格齐·拜尔迪：《埃及和开罗国王中的耀眼星辰》，黎巴嫩学术书籍出版社 1992 年版。

⑤ 孔远志等：《东南亚考察论郑和》，北京大学出版社 2008 年版，第 239 页。

⑥ 许在全：《郑和外交的伟大成就》（http：//bbs. tiexue. net/post2_ 5658805_ 1. htm）。

东外交的传统与特色。

2. 以朝觐为主的宗教外交

“宗教外交系指一个国家的中央政府以特定宗教价值观念为指导，通过职业外交官直接实施、授权或者委托各种宗教组织实施的外交行为以及默许宗教组织开展的针对另一个国家政府的游说行为。宗教外交包括两个相辅相成的方面：一方面，宗教外交是利用宗教手段服务于外交使命的行为，比如借助宗教组织对其他国家民众进行传教，并动员教众对其他国家政府施加压力的行为；另一方面，宗教外交是利用外交手段为宗教扩展服务的行为。两种行为都属于宗教外交行为。”① 郑和受命遣使出访天方国即为一次典型而成功的宗教外交：在“宣德五年，蒙圣廷命差内官太监郑和等往各番国开读赏赐，分到古里国时，内官太监洪等见本国差人往天方国，就选差通事人等七人，赍带麝香、瓷器等物，附本国船只到彼。往回一年，买到各色奇货异宝、麒麟、狮子、驼鸡等物，并画天堂图真本回京。其天方国王亦差使人将方物跟同原去通事七人，贡献于朝廷。”② 郑和指派年富力强、懂阿语、信仰虔诚、颇具才干的副使洪保与马欢、费信等 7 人率队携带丝绸、瓷器等物乘船赴麦加，不仅开展经贸交流，还完成了朝觐功课，带回“中国人最早绘出的一幅克尔白圣寺写真图《天房图》”，“首开了有史以来，中国以国家名义向天方国派遣外交使团的新纪元”，并促成对方也派遣使者随其船队来中国访问③，此次由郑和受命于明政府而派遣“职业外交官直接实施”的外交活动，实属“利用宗教手段服务于外交使命”的一次宗教外交，在经贸合作之际开展宗教交流，有助于践行明朝“协和万邦”的对外政策，且使朝觐成为中国对阿拉伯—伊斯兰国家人文外交的重要组成部分。

3. 双向宗教交流所催发的非传统安全观

郑和肩负“宣德化、柔远人”的出使使命，不仅为丝路传统安全贡献了“强而不霸”的和平外交理念，还为丝路非传统安全做出了积极贡献，且主要体现为尊重伊斯兰教、营造内外良好社会环境进而传达宗教包容性的非传统安全理念，郑和在泉州灵山圣墓行香之举即为明证：永乐十五年五月，郑和第五次下西洋途经泉州到灵山圣墓上香祈佑后，属下为之立碑纪念，此举具有“一种政治象征，传播朝廷对国内宗教的宽松政策，对伊斯兰世界的宣德柔远”。亦即对内，“灵山圣墓长期是泉州穆斯林心目中的圣地，作为钦命高官，在伊斯兰教遭受欺凌的境遇中，亲临这一圣地行香，蕴涵着朝廷对伊斯兰教的尊重”。而“郑和亲临灵山圣墓行香，传达着朝廷对伊斯兰教的尊重。这种尊重给予曾受欺凌的泉州穆斯林以极大的鼓舞和慰藉，营造了尊重伊斯兰教的社会氛围”；对外，“为了与西亚国家将要开展的交往相配合，明王朝必然要调整相应的文化政策，至少要考虑到朝贡使团在华的文化环境。朝贡贸易是有来有往的，朝贡使团成员在华一般要逗留半年，宜有供其过宗教生活的环境”。“在永乐朝重新调整宗教政策的情况下，郑和到泉州灵山圣墓行香正是这种政策调整的权威示范”，表明“永乐初年以后开始重兴中国与南洋、西洋诸国开展朝贡贸易所须要‘宣德柔远’的宗教政策。作为钦命高官的郑和亲临圣墓行香，

---

① 涂怡超等：《宗教外交及其运行机制》，《世界经济与政治》2009 年第 2 期。

② 《瀛涯胜览 · 天方国》，转引自万明校注《明抄本〈瀛涯胜览〉校注》，海洋出版社 2005 年版，第 103—104 页。

③ 盖双：《关于郑和船队的一段重要史料——披览阿拉伯古籍札记之二》，《回族研究》2007 年第 2 期。

具有社会的公共性和权威性，从而在当地发挥了尊重伊斯兰教的示范效应和推动作用”[①]。换言之，郑和亲拜先知穆罕默德弟子的泉州圣墓，彰显了明政府尊重伊斯兰教的基本政策立场，反映了穆斯林民众宽松的生存环境以及释放出明政府对阿拉伯—伊斯兰国家宣德柔远之善意。此外，马欢的《瀛涯胜览》、费信的《星槎胜览》及巩珍的《西洋番国志》等为国人正确认识阿拉伯—伊斯兰社会提供了珍贵的第一手材料，从不同视角描述了信奉伊斯兰教的阿拉伯国家的世风民俗，如认为阿丹国因“国势强盛，邻邦畏之”[②]、祖法儿国在礼拜日“上半日市绝交易。男女长幼皆沐浴”[③]、天方国“妇人俱戴盖头”“国法禁酒，民风和美”“无贫难之家，悉遵教规。犯法者少，诚为极乐之界”[④] 等，成为中国与中东伊斯兰国家形成双向宗教交流模式的重要动因：四大圣门弟子等本着“学问虽远在中国，亦当求之”的宗教使命“走进来”、马欢等穆斯林外交使节肩负“宣德柔远”的外交使命“走出去”，借助双向宗教交流来消除疑虑、增进理解、释放善意，并催发了以互信、互利、平等、协作为核心的非传统安全理念，郑和更被中东穆斯林视为“和平使者”，这对中国与中东伊斯兰国家开展传统与非传统安全合作产生了深远影响。

总之，中东穆斯林“来华之目的在通使、经商，并非传教。但他们是伊斯兰文化的载体。他们不但带来了中亚、西亚的香料、珠宝、犀象、药材，也带来了伊斯兰精神文化的信息”[⑤]，使得以经济外交与宗教外交为抓手的郑和团队与沿线伊斯兰国家间形成了“以经促文”的丝路相处模式，有助于建构“丝路天然伙伴关系”，还有助于培养丝路“命运共同体”意识，更有助于借夯实丝路交汇区良好的社会民意基础来优化丝路安全环境，使得“郑和7次远航，加深了中国人民和阿拉伯等亚非国家人民的相互了解，促进了双方的经济文化交流。为发展彼此之间的友好关系，做出了重大的贡献，产生了深远的影响”[⑥]。

三　“郑和符号”对非洲伊斯兰信仰板块的影响

“郑和符号”对非洲伊斯兰信仰板块的影响集中体现在“郑和精神”（即和平与发展精神）上，宗教层面的“直接影响”主要包括以下几方面：

1. 文献记载。据《明实录》载，位于非洲东海岸的木骨都束（摩加迪沙）、卜剌哇（布腊瓦）、麻林（马林迪）诸国“各遣使贡马及犀、象、方物”。据南山寺碑记载：在郑和第五次远航时，“木骨都束进花福鹿（即斑马）并狮子，卜剌哇国进千里骆驼并驼鸡（即鸵鸟）”。据费信《星槎胜览》记载，郑和船队用中国特产在当地交换物品，如在竹步国，“货用土殊、段绢、金银、磁器、胡椒、米谷之属”。在木骨都束，“货用金银、色段、檀香、米谷、磁器、色绢之属”。在卜剌哇，“货用金银、段绢、米豆、磁器之属”。

---

① 郭志超：《郑和圣墓行香与泉州伊斯兰教的重兴》，《南方文物》2005年第3期。

② 马欢：《瀛涯胜览·阿丹国》，转引自万明校注《明抄本〈瀛涯胜览〉校注》，海洋出版社2005年版，第80页。

③ 马欢：《瀛涯胜览·祖法儿国》，转引自万明校注《明抄本〈瀛涯胜览〉校注》，海洋出版社2005年版，第77页。

④ 马欢：《瀛涯胜览·天方国》，转引自万明校注《明抄本〈瀛涯胜览〉校注》，海洋出版社2005年版，第99—100页。

⑤ 杨怀中等：《伊斯兰与中国文化》，宁夏人民出版社1995年版，第56页。

⑥ 江淳等：《中阿关系史》，经济日报出版社2001年版，第110—111页。

中国从非洲也进口当地特产，如象牙、犀牛角、乳香、红檀、紫蔗、龙诞、生金、鸭嘴胆黔、没药等……随郑和出使非洲的马欢、费信和巩珍等所撰写的《瀛涯胜览》《星槎胜览》和《西洋番国志》等著作，既“提供了关于非洲地理、社会、文化、政治等方面较为准确的资料”，又因非洲的落后而大大刺激了中国人的“自我中心观”①。在相关文献中，《郑和航海图》的重要性在于，其所反映的航海知识和地理知识，促进了中国人对丝路沿线地区地理与人文的了解，为深化中外友好关系提供了便捷、安全与良好的社会基础。

2. 传说与遗迹。据肯尼亚帕泰岛上的桑加人的口头传说，他们的祖先来自上海，这也是桑加人（shna ag）名称的来历。② 同样，在非洲东部肯尼亚的拉穆群岛（Lamu）的帕泰岛（Pate）上存在着“郑和村”。有人认为，这是郑和第七次下西洋时抵达非洲后，其中的一艘因迷失方向驶近帕泰岛后不幸触礁下沉。由于后来朝廷实施海禁，船上的数百名船员只好在当地定居下来。至今该地的几个村仍有人称自己是中国人的后代。③ 在李露晔的《明成祖实录》（卷一三四）和《国榷》（卷十五）记载的李露晔的《当中国称霸海上》一书出版后，由于书中提到拉穆群岛的帕泰岛上有郑和后代，新华社曾派记者去岛上考察后发现，打鱼人曾在驻桑加海岸70公里处发现过一艘中国沉船，并打捞了一个刻有双龙戏珠的中国陶瓮；不仅帕泰当地的妇人不像非洲人，在岛上还曾发现过刻有中国字的墓碑：岛上至今还有制丝业，并曾养过蚕。④ “东非沿岸的帕泰岛至今仍保留着一些具有中国传统色彩的物质文化因素，这很可能与郑和非洲之行有直接的关系”⑤，如在东非各地发现的一些瓷器碎片和在距帕泰岛70公里处发现的中国陶瓮以及清真寺等。

3. 后裔归祖。据肯尼亚《民族报》2007年7月21日报道，六百多年前，郑和船队的一艘船在桑加附近的外海倾覆，有几名水手逃生后与当地妇女通婚，且渐被斯瓦希里人同化，如今拉穆群岛附近几个村庄的村民不仅持守着祖先为中国人的家族血亲认同，还将中国瓷杯、中国建屋风格、中国渔船等融入日常生活，更有拉穆姑娘来中国认祖归宗。⑥ 又据索马里驻华大使默哈迈德·阿威尔于2010年1月在接受《广州日报》专访时披露，索马里有一个名叫“郑和村”的地方，“当地人自称是郑和下西洋时中国船员的后裔。以前索马里还有郑和纪念馆，郑和做礼拜的清真寺还在摩加迪沙。索马里语里也受到汉语的影响……很多中国人都对非洲非常关注，知道非洲的很多事情，谈起非洲来就好像谈论自己的亲人一样”⑦。

相比较而言，“郑和符号”在非洲以“文献记载”“传说与遗迹”及“后裔归祖”等方式“残存”至今，多属宗教社会层面的“直接影响”。但“间接影响”更揭示出“郑和符号”之于中非关系的外交意义。“就对中国与非洲关系的影响而言，郑和之行则有新

---

① 李安山：《论郑和远航在中非关系史上的意义》，《东南亚研究》2005年第6期。

② “Report on Shanga excavation, 1980”, by Mark Horton of Cambridge University, Philip Snow, *The Star Raft: China's Encounter with Africa*, London, 1988, p. 33.

③ 叶北洋：《非洲“郑和村”》，《郑和下西洋与华侨华人论坛论文汇编之一》，福建省福州市，2005年，第380—381页。

④ 《郑和下西洋的历史封尘：非洲肯尼亚疑有船队后裔》2005年1月16日，(http: //jczs. sina. com. cn)。

⑤ 李安山：《论郑和远航在中非关系史上的意义》，《东南亚研究》2005年第6期。

⑥ 孔远志等：《东南亚考察论郑和》，北京大学出版社2008年版，第237页。

⑦ 彭玉磊等：《索马里驻华大使：索马里有个“郑和村”，中国海军表现杰出》，《广州日报》2010年1月7日。

的含义。这种影响可分为直接影响与间接影响。就直接影响而言，中国遣使对非洲各国的访问使非洲人对远在亚洲的中国有了感性的了解。有感于中国的慷慨大方，这些国家或派遣使节随船回访以表感谢，或送上特产贡物以表尊敬。非洲的物产使中国人大开眼界，也使双方的交流更进一步。对中国人而言，间接影响是多重的。这种交往打开了中国人的眼界，使他们对世界之大的了解有进一步提高。虽然他们仍认为自己位于世界的中心，但非洲大陆带给他们的新奇和震撼是不言而喻的。"① 换言之，"郑和符号"对非洲伊斯兰信仰板块更多投射的是一种间接影响，亦即主张和平与发展的"郑和精神"的潜在影响：一是郑和非洲行使带偶然性的中非民间交往上升为定期的官方关系；在交往中，中国的强势和主导地位是显而易见的；二是使中国与北非和东非的一些国家的关系发展到相对亲密的地步，双方互派使节，互赠礼物。这为双方关系的发展奠定了基础；三是使中国对非洲的认识有了一个质的飞跃。在各种论及郑和船队航线的文献中，提及的非洲国家和地名有61个之多。费信等人的游记中不仅提到各地的地理、物产、人文，还论及当地的风俗、制度和文化。由于这些记录都是作者的亲身经历所了解的，所以对当时中国人了解非洲具有重要的参考价值；四是进一步推动了中国与非洲的商贸关系，这从各种游记中列出的货物单、非洲各地的考古发掘物和中国的进口货物中即可看出。这种商贸活动促进了整个印度洋地区的海洋贸易；对这一地区的商业网络和地区经济的形成起到了重要的推动作用。也正是由于"郑和精神"的影响，使得中非在古丝路贸易合作与人文交流中结成了丝路合作伙伴、凝成了丝路情谊，且因"坦赞铁路精神"与"中国非洲医疗队精神"等提升了中国的软实力。

总之，以和平与发展为内核的"郑和精神"，对非洲伊斯兰信仰板块的"间接影响"已超越了宗教社会层面的"直接影响"，且对国家内外政策、国际关系乃至丝路"命运共同体"建构等更具指导意义。尽管"非洲伊斯兰教系伊斯兰教传入非洲后同当地传统文化长期碰撞与融合的产物，带有鲜明的非洲特色"，但"大多数非洲穆斯林信奉传统、温和且具有宽容精神的伊斯兰教"，且"随着非洲社会经济的发展变迁和经济全球化趋势的不断增强，非洲伊斯兰教和穆斯林正在发生深刻变化"②，但"郑和精神"对非洲伊斯兰信仰板块的潜在影响犹存，并在深化中非友好关系的实践中发挥着重要作用。

四　"郑和符号"影响丝路伊斯兰信仰板块的主要原因

第一，在郑和多轨丝路外交中，其宗教外交成功实现了"软着陆"。

在下西洋过程中，郑和忠实地贯彻了明朝睦邻友好政策，"每到一国，往往先宣谕明成祖的诏书，宣传对外友好政策，表达同各国通好往来的愿望。然后为诸国国王和王公大臣册封，并给赐冠服、印诰、金银、锦罗等物，再与其进行各种官方或民间的贸易，让海外番国得到种种实惠，深切感受到与明朝修好的好处。不仅如此，郑和使团还'宣敷文教'，以中国先进的制度直接或间接地帮助各国建立健全国家制度、礼仪制度、法律制度等。考虑到西洋许多国家都信奉宗教，郑和所到之处，便布施传教，联络当地人民的感

① 李安山：《论郑和远航在中非关系史上的意义》，《东南亚研究》2005年第6期。

② 李文刚：《非洲伊斯兰教的现状与发展趋势》，《西亚非洲》2010年第5期。

情"[①]。此外，郑和的"清倭除寇"，既是其船队遭沿线国武力威胁后的自卫之举，也是受托出面解决当事国热点问题的调停之举，对清除东南沿海的倭寇、营造良好周边安全环境及维护世界和平均产生了深远影响，折射其军事外交的积极意义。可见，郑和的丝路外交实为包括政治、经济、安全及人文等在内的多轨外交，且郑和借助宗教外交在丝路沿线国成功实现了"软着陆"且达到"柔远人"之目的。

郑和是在伊斯兰教成功华化的现实背景下远播中国伊斯兰文化的。尽管传播伊斯兰文化不是郑和下西洋的外交目的，但"伊斯兰因素"却成为郑和船队成功"软着陆"的重要动因，且主要体现为：（1）作为赛典赤·赡思丁的后裔，郑和家世代信奉伊斯兰教，其祖父和父亲曾赴麦加朝觐而获得"哈吉"（麦加朝觐者）殊荣。郑和自幼受伊斯兰文化熏陶，尤其是先辈远涉重洋完成朝觐功修之举对其产生了深远影响，甚至成其探访伊斯兰国家的重要内驱力之一；（2）因朱元璋起义军中有忠心耿耿的穆斯林将领如常遇春、沐英等，朱棣身边更有郑和等值得信赖的穆斯林太监，故使朱元璋和朱棣均持亲伊斯兰教的态度，"其中的穆斯林太监不但有权有势，而且在海洋探索、外交与外贸方面扮演着极重要的角色"[②]，这也是朱棣任命郑和、王景弘两名穆斯林宦官为正副统帅下西洋的原因之一；（3）马欢等一批穆斯林随员，在郑和下西洋中发挥着核心领导层的作用，成为出访沿途伊斯兰国家的特殊外交人才[③]，穆斯林身份为其出访沿线伊斯兰国家提供了得天独厚的外交优势。

总之，"郑和在海外的伊斯兰教活动并不是一种单纯的传教活动，而更多的是一种政治和外交活动，是为他七下西洋的主要目的服务的"。"但其实际的效果是推动了伊斯兰教在东南亚地区的发展与传播。"[④] 在郑和的多轨丝路外交中，其宗教外交成功实现了"软着陆"于丝路伊斯兰国家之目的，"伊斯兰因素"成为密切中国与丝路伊斯兰国家关系的助力，尤其是郑和组织开展的官民双轨宗教交流，扩大了中国在对象国的人文影响，加强了包括宗教认同在内的社会互信，并对中国与丝路伊斯兰国家友好关系产生了深远影响。

第二，在郑和宗教外交中，其包容性外交举措取得了显著成效。

郑和宗教信仰的复杂性历来成为学界的争议话题：一是认为"郑和主要的或根本的宗教信仰是伊斯兰教"[⑤]；二是认为"郑和是修持'菩萨戒'的佛门弟子"[⑥]；三是认为郑和信奉道教；四是认为郑和对佛教、道教、伊斯兰教"都有很深的信仰"[⑦] 等。事实上，郑和的"奉佛"之举并非"自己的主观行为"，多为完成"皇帝的意志"，且在郑和随行人员中信佛者亦不少，作为首领与外交使节的郑和，参加信佛部众和所访国家的佛事活动这也是很自然的事。至于邻国出现的郑和寺庙等更不能作为郑和奉佛的证据。作为船队首领，郑和"决不可能忽视滨海渔民、舟师的宗教信仰，也不可忽视成千上万舰队成员长

---

① 刘占峰：《郑和"以海屏陆"的国防思想》，《郑和研究》1993 年第 3 期。

② 陈达生：《郑和与东南亚伊斯兰》，海洋出版社 2008 年版，第 90 页。

③ 马丽蓉：《中国"丝路战略"与伊斯兰教丝路人文交流的比较优势》，《世界宗教文化》2015 年第 1 期。

④ 肖宪：《郑和下西洋与伊斯兰教在东南亚的传播》，《回族研究》2003 年第 1 期。

⑤ 林松：《论郑和的伊斯兰教信仰》，载《郑和下西洋论文集》（第二集），南京大学出版社 1985 年版，第 127 页。

⑥ 朱育友：《郑和是修持"菩萨戒"的佛门弟子》，《东南亚研究》1990 年第 4 期。

⑦ 郑一钧：《郑和下西洋》，海洋出版社 1985 年版，第 44 页。

期在海上跟惊涛骇浪搏斗时祷告神灵化险为夷的呼救方式和习惯"[①]，故郑和"崇道"实为团结随行的信仰道教的船员能与其他不同信仰的船员共同完成远航任务，妈祖文化成为凝聚民心、战胜风浪的精神动力，这也不能将此作为郑和崇道的证据。"郑和作为中国穆斯林，在他的思想意识中肯定会在保持自己内心信仰的同时，也要适应中国文化的实际，与中国当时的包括佛教与道教在内的宗教及现实融洽相处。""伊斯兰教对于一个穆斯林内心信仰的问题的界定，具有绝对严格的排他性，决不容许多元信仰意识的存在"，"谁也否定不了郑和信仰的是伊斯兰教这个事实"，故其"从事和参加佛教和道教的活动，只是他为了完成航海事业而进行的行为"。[②]

郑和宗教信仰的复杂表象又与其所采取的包容性宗教外交举措有直接关联。郑和在持守伊斯兰信仰的前提下，参与佛事、拥有法名、兴建天妃庙宇、参加道教活动等，旨在顺利完成下西洋使命：对内，郑和船队在远航期间常遇风险与不测，故在每次远航前举行佛教、道教甚至伊斯兰教名下的祈福祷告仪式，均发挥着稳军心、壮国威、造声势等重要作用；对外，在出访各国时，据对象国信仰不同而采取"因俗治之"的包容性的外交举措（或捐款建寺修庙或立碑建亭），强化了与丝路沿线国的价值沟通与民间联系，如"郑和崇拜"在东南亚不仅影响了伊斯兰国家，还对"以佛教为国教的泰国"等产生了深远影响，"从侧面说明了当时的泰国人民从宗教文化上来讲，在郑和那里找到了认同感，说明郑和对当时当地的佛教信仰与活动的尊重"[③]。又如，现存于斯里兰卡的《布施锡兰山佛寺碑》的"引人瞩目之处，在于碑文分别用中文、泰米尔文、波斯文三种文字写成。""身为穆斯林的郑和，却能在一块碑上以三种宗教为对象，表示同样的礼敬与尊重，是绝无仅有的一件事"[④] ……郑和包容性的外交举措，使其宗教外交能在某些情况下发挥"提供广泛的非官方的解决冲突和促进和解的服务"[⑤]"在冲突地区拥有最广泛的基础，而且保持着幕后调停成功的最好纪录""拥有真知灼见和组织群众的高超技巧，以及对政策问题中的人性因素的深邃认识"[⑥] 等作用，达到"以不治治之"的外交境界。

总之，郑和宗教外交取得了显著成效，根源在于其多元宗教的包容性理念与实践，在某种意义上发掘了宗教外交的积极性、规避了宗教外交的消极性，使其在"避短扬长"中产生了"宣德柔远"的外交成效。

第三，在郑和丝路外交中，其经济外交和宗教外交的互促产生了联动效应。

郑和的丝路外交，主要以经济外交与宗教外交为双翼。前者"尽管其交往的媒介表面上是商品和服务"，但却"创造了诸多途径，使善意、信息、友谊和互相尊重得以自由流动"[⑦]。后者通过坚信"团结或同一性""爱与同情心"和平使命等笃信行动来"觅得解决冲突的工具"[⑧] 以缔造和平。郑和团队通过贡赐贸易、互市贸易开展经济外交，又通

---

① 林松：《从回回民族特殊心理意识综观郑和宗教信仰的复杂性》，载《郑和研究论文集》，大连海运学院出版社 1993 年版，第 225 页。

② 赵国军等：《从穆斯林的角度看郑和及其航海事业》，《回族研究》2005 年第 2 期。

③ 向广宇：《郑和崇拜与南海区域文化认同》，《沧桑》2014 年第 1 期。

④ 刘咏秋等：《解开郑和在斯里兰卡的历史谜团》，《参考消息特刊》2005 年 7 月 7 日。

⑤ ［美］路易丝·戴蒙德等：《多轨外交》，李永辉等译，北京大学出版社 2006 年版，第 105 页。

⑥ 同上书，第 150 页。

⑦ 同上书，第 54、58 页。

⑧ 同上书，第 102 页。

过进香祈福、教界交流、建寺立碑、公派朝觐等展开宗教外交，体现出互利共赢的丝路经济观与平等包容的丝路宗教观。因为，“在15世纪初期，亚非国家的民情风俗，是比较淳朴的，其宗教信仰，也是很诚笃的。因此，明朝政府对他们古朴淳厚的民情风俗，加以表扬；对他们的宗教信仰，也给予应有的尊敬，以示珍视他们固有的礼俗。这也是中国历史上对外的传统政策之一。……实行这种政策，不仅是为了增进中国与亚非各国的交流，也表现出中国在国际交往中‘求同存异’的大国风度”①。这既为郑和开展宗教外交提供了政策保障，还促成由“信教、经商”的阿拉伯、波斯商人入华落脚所形成的聚居区——蕃坊的出现，且具有传播伊斯兰教与开展对华贸易的双重功能。这种“寺市并存”的穆斯林聚居区，折射出伊斯兰教“两世吉庆”观，也从某种程度上印证了宗教外交“既与政治问题密切相关，也与经济和社会发展问题密切相关”② 的特性，使得郑和丝路外交触角由民生直抵民心，海外贸易与宗教慈善成为郑和外交的重要选项。

郑和团队除因满足了丝路穆斯林的“两世诉求”而获“民心相通”之成效外，还因其“远航是为了通过和平方式扩大明帝国的影响”，故使丝路伊斯兰国家、佛教国家在“看到了与中国建立关系带来巨大的商业利益”③ 的同时，也使丝路贸易在客观上带动了多元宗教的进一步交流，贸易与宗教的互动关系由此建立：一方面“郑和所到之处，便布施传教，联络当地人民的感情”④；另一方面，基于宗教认同基础上所形成的个体与群体的密切联系又深化了郑和团队与对象国间贸易互信的社会基础，进而带动了贸易往来。而且，郑和团队核心层的穆斯林成员既奉伊斯兰信仰又懂阿拉伯语，到访丝路伊斯兰国家时，便能借共同信仰联络感情、操共同语言减少隔阂，伊斯兰认同在建立并发展明朝与丝路伊斯兰国家关系中发挥了重要作用，尤其在丝路贸易合作中，双方易产生好感、消除误解、建立互信等，故能达成互利共识、实现互惠目标，经济外交与宗教外交的互促便产生了联动效应，出现了“郑和所到国家和地区几乎都遣使随郑和船队来华朝贡”的盛况，“郑和下西洋打破了朝贡贸易只来不往的消极局面”，尤其使“中阿经济关系有了较好的发展”⑤。

总之，由于郑和航海资料在宣德年间被毁，加之西洋所购物品的缺失乃至空白，对于下西洋进行贸易交流的认知产生了负面影响，郑和研究中对贸易交流的态度不甚明朗，常把“踪迹建文”视为主要目的，影响了对郑和下西洋进行文化与经贸交流的研究。⑥ 事实上，郑和下西洋开展经贸活动形式多样、广受丝路沿线国家欢迎，甚至出现如马欢在《瀛涯胜览》所描述的“天书到处多欢声，蛮魁酋长争相迎”的热烈场面，表明“民心相通”才是“郑和符号”依然影响丝路伊斯兰信仰板块的根源所在。

---

① 郑鹤声等编：《郑和下西洋资料汇编（中）》，海洋出版社2005年版，第1015页。

② ［美］戴蒙德、麦克唐纳：《多轨外交：通向和平的多体系途径》，李永辉等译，北京大学出版社2006年版，第105页。

③ ［美］牟复礼等编：《剑桥明代中国史》，张书生等译，中国社会科学出版社1992年版，第299页。

④ 刘占峰：《郑和“以海屏陆”的国防思想》，《郑和研究》1993年第3期。

⑤ 江淳等：《中阿关系史》，经济日报出版社2001年版，第110、114页。

⑥ 王更红：《从郑和下西洋话海上丝绸之路的崛起》，2014年8月22日，人民网。

五　“郑和符号”在深化我国与丝路伊斯兰国家战略合作中的现实意义

（一）华人华侨与穆斯林已成为郑和“符号现实”的主要建构主体

美国传播学家欧内斯特·鲍曼的符号聚合理论认为，“将抽象的人类意识、交流与传播都客观化为‘符号现实’，由语言、文字、图像、取向、视野、世界观、意识形态等符号组成。符号现实在人类意识中聚合成分层式符号化的‘意识图景’，最浅层的是无数文字、词汇、图像等基本元素，然后由这些元素聚合成观点、意识、世界观、价值取向等，再深一层又聚合成某种意识形态、话语体系；最后聚合成最核心的文明价值”[①]。郑和“符号现实”由三层式“意识图景”构成：（1）外层的“郑和崇拜”。在丝路沿线国家与地区出现了“华人华侨与穆斯林越多、郑和崇拜则愈甚”的一种信仰现象，实为将历史英雄人物神化的“一种个人崇拜的极端形式”。“它一般由某个社会群体（或者全社会）共同参与，崇拜者通过利用一些手段，如修建庙宇、举行仪式活动、尊奉遗迹遗址、编撰神话传说等来巩固和强化自己对崇拜对象的虔诚与信仰，并逐渐演变成为一种宗教力量来维护崇拜对象的权威。”[②]“郑和崇拜”已从“个人崇拜”演化为伊、佛、道等多元宗教甚至准宗教成分渗入的“混合型信仰崇拜”，“这在人类历史上都极为罕见，这是郑和宗教文化包容性的收获”[③]，使得华人华侨与穆斯林成为“郑和崇拜”的建构主体。（2）中层的“郑和文化”。“郑和作为一种信仰符号”，“具有整合移民族群、团体与社区以及延续与巩固华人文化认同的功能”[④]，也具有传播友好邦交、商贸互惠、清剿倭寇及包容多元宗教等和平文化的功能，且已形成“宣德化、柔远人”“颁中华正朔，宣扬文教”“耀兵异域，示中国富强”等凸显国家意义的郑和话语，并演化为由互惠型的经济观、包容型的人文观、合作型的安全观组成的“郑和文化”，彰显出中华民族的和合文化基因、中国的和平外交传统，以及中国丝路外交的持久影响力。（3）内层的“郑和精神”。郑和下西洋壮举，反映出中华民族走出国门、融入全球的“世界意识”，和合共生、谋求合作的“战略文化”，播撒和平、缔结友好的“外交传统”，以及开放进取、经略海洋的“民族精神”，彰显了中国人勇于进取的开拓冒险精神、不侵略与不称霸的和平精神、尊重与理解不同信仰群体的包容精神以及“贡而不朝”与“厚往薄来”的合作精神等。郑和下西洋便成为肩负国家与民族发展使命的成功之举，其所表现出的和平与发展精神即为“郑和精神”，使得明与丝路国家在友好合作中缔结了丝路情谊，出现“万国朝贡，盛世追迹汉唐”的外交成效。据统计，永乐帝在位22年，与郑和下西洋有关的亚非国家使节来华共318次，平均每年15次，盛况空前。[⑤]

总之，华人华侨与穆斯林成为郑和“符号现实”的建构主体，也是儒伊文明上千年和平交往于丝路这一历史事实的真实写照，使得丝路沿线国的华人社区、穆斯林社区成为

---

① 吴玫等：《美国衰落符号的背后》，《公共外交季刊》2014年秋季号第6期。

② 施雪琴：《郑和形象建构与中国—东南亚国家关系发展》，《海南师范大学学报》（社会科学版）2011年第5期。

③ 向广宇：《郑和崇拜与南海区域文化认同》，《沧桑》2014年第1期。

④ 施雪琴：《郑和形象建构与中国—东南亚国家关系发展》，《海南师范大学学报》（社会科学版）2011年第5期。

⑤ 肖宪：《郑和——中国和平外交的先行者》，《思想战线》2005年第4期。

“郑和符号”产生、发展与传播的核心场域，华人华侨与穆斯林也因此成为丝路沿线国亲华、友华的核心力量，并在深化我国与丝路伊斯兰国家战略合作互信中扮演着不可或缺的重要角色。

（二）“郑和符号”在中国合作型战略文化的形成中发挥了构建与维持的作用

如果说，战略文化是对一个国家的战略思维、战略取向、战略意图等产生影响的“深层次文化因素”的话，那么，“郑和符号”所包含的郑和崇拜、郑和文化与郑和精神实为中国文化传统、哲学思维和社会观念等深层次文化因素在国家与民间层面的不同表达，尤其是“郑和精神”已成为最具中国特色的合作型战略文化的内核，“郑和符号”已在中国战略文化形成中发挥了构建与维持的作用：郑和下西洋壮举成功地证明了中国即使具有称霸世界的实力，也无动武称霸的“霸道”，而是谋求通过和平与合作来树立“王道”，进而彰显出中国“强而不霸”的合作型战略文化。亦即郑和团队用中国的丝绸、瓷器等美化了中华文明形象、用“厚往薄来”的贡赐贸易强化了明朝“大一统”的国家魅力、用包容性的宗教外交举措柔化了中国国家形象、用“宣德柔远”的和平外交践行了中国合作型战略文化。因此，是“郑和将‘丝绸之路’最终成就为中国贡献给世界的一个公共产品，郑和用7下西洋壮举、28年和平外交实践、亚非30多个国家和地区的到访足迹向世界表明，中国不仅能向世界提供丝绸等商品，还能向世界提供‘协和万邦’的和平外交理念、‘强而不霸’的国际关系行为准则、和平与发展并重的‘郑和文化’，以及互惠与包容的‘丝路精神’等，由此形成丝绸之路这一公共产品的内涵主要包括：经济互惠、人文包容、安全合作”①。丝绸之路这一公共产品的诞生，又折射出中国战略文化的国际影响力。

2013年中国提出“一带一路”战略构想，在边倡导边实践中已赢得丝路沿线60多国的积极响应，中国合作型战略文化魅力再度显现，尤其是海合会成员国积极推出战略对接项目：科威特计划投资1300亿美元在其北部沿海地区建造一个“丝绸城”，2035年建成后将成为连接中国与欧洲新丝路的重要战略枢纽；除筹建“杜库姆经济区”外，阿曼还规划在萨拉拉港打造“郑和纪念园区”，主要包括郑和纪念碑、文化休闲区及中餐馆等，纪念郑和船队三访阿曼的友好之举并吸引中国及世界各地游客；卡塔尔计划建设一个大型园区项目“多哈新港区”……“从科威特的‘丝绸城’到阿曼的‘杜库姆经济区’，再到卡塔尔的‘多哈新港区’都显示了中东一些国家想借助‘一带一路’战略规划发展经济的雄心。一带一路确实不是中方的独奏曲，而是中国与阿拉伯国家乃至世界的合奏曲”②。因为，“丝绸之路的基本价值在于各国、各民族间的平等交往，互通有无，增进相互理解，因而是文明文化和平互动之路，各族人民平等交往的友谊之路。对国际社会而言，丝绸之路的概念具有共享性，没有排他性。它由各个国家携手共建，要以点带面，从线到片，逐步形成区域大合作，逐步实现‘政策沟通，道路联通，贸易畅通，货币流通，民心相通’。这是一种顺应时代潮流、深富创新涵义的国际合作模式”③“一个最具中国特

---

① 马丽蓉：《丝路学研究：基于中国人文外交的阐释框架》，时事出版社2014年版，第23页。

② 薛小乐：《中东为一带一路做规划：科威特1300亿建“丝绸城”，阿曼建郑和纪念园区》，2015年4月1日，环球网。

③ 杨公振：《中东前特使吴思科：中海共建“一带一路”“升级版”》，2014年12月4日，中国网。

色的治理模式，且因其共建、共享、共赢的治理观已成为全球治理中的‘中医学’”①。

总之，随着“一带一路”的不断推进，丝绸之路、郑和崇拜、郑和文化、郑和精神等一系列丝路公共产品的现实影响力将得以凸显，“郑和符号”对我国与丝路伊斯兰国家战略合作的现实影响尤甚。因为，“在当代中国迅速变迁的政治经济环境下，郑和话语被国家所强化与升华，成为中华民族精神与中国外交理论的价值观念与认同的重要构成”②。

（三）“郑和符号”成为深化中国与丝路伊斯兰国家伙伴关系的互信酵母

习近平主席强调，中国应“丰富和发展对外工作理念，使我国对外工作有鲜明的中国特色、中国风格、中国气派”。“要在坚持不结盟原则的前提下广交朋友，形成遍布全球的伙伴关系网络”，以“推动建立以合作共赢为核心的新型国际关系”。③ 其中，丝路外交是构建中国特色大国外交的重要基石、“郑和符号”成为深化我国与伊斯兰国家伙伴关系的互信酵母，尤其是三个伊斯兰国家已成为“一带一路”重要支点国，“郑和符号”的现实影响不容否认。

一是巴基斯坦成为战略支点国的原因，除其“安全与稳定对中国西北边境省份有直接影响”外，还因“巴基斯坦拥有1.7亿人口，是世界排名前三的伊斯兰大国，也是伊斯兰世界唯一拥有核武器的国家，拥有巨大影响力，因此成为中国与中东伊斯兰国家交往的重要桥梁与渠道。通过中巴友好，中国近年来与伊斯兰世界在政治、经贸等领域的关系都取得长足进展”④，为构建我国与伊斯兰国家伙伴关系网提供示范效应。2015年，中巴发表“关于建立全天候战略合作伙伴关系的联合声明”，强调“以中巴经济走廊为引领”“将中巴关系塑造成为不同文明国家之间交流互鉴、友好合作的典范”，并从经济、安全与人文三个领域明确了中巴战略合作的方向，使得中巴伙伴关系建设更具战略意义。二是习主席在2013年9月访问哈萨克斯坦时首倡共建“丝绸之路经济带”、2015年5月再访时又具体落实“丝绸之路经济带”与哈国“光明之路”经济发展战略的“对接”，表明“哈萨克斯坦是中国的友好邻邦和全面战略伙伴，是中方建设丝绸之路经济带的重要合作对象”⑤ 的战略意涵：大国在中亚的战略博弈、伊斯兰极端势力集结中亚等，使得哈国在丝路核心区的地缘政治地位得以提升，中哈战略合作不仅有助于中国“丝绸之路经济带”与俄罗斯“欧亚经济联盟建设”的“战略对接”，也将带动中国与中亚伊斯兰国家乃至西亚北非伊斯兰国家的战略合作。三是因“郑和符号”对东南亚的现实影响最深刻，使得印尼具有“天时地利人和”的先在优势与中国共同续写丝路合作的新历史，中国在印尼首倡构建“21世纪海上丝绸之路”并致力于与印尼“全球海洋支点”发展规划的“对接”即为明证。2015年中印尼“关于加强两国全面战略伙伴关系的联合声明”中强调，双方同意推进文化遗产旅游合作，邀请中国游客赴印尼体验“重走郑和路”旅游新项目。作为东盟第一大国和世界上穆斯林人口最多的国家，除用宗教认同来增强中印尼“全面

---

① 马丽蓉：《丝路学研究：基于中国人文外交的阐释框架》，时事出版社2014年版，第49页。

② 施雪琴：《郑和形象建构与中国—东南亚国家关系发展》，《海南师范大学学报》（社会科学版）2011年第5期。

③ 《习近平出席中央外事工作会议并发表重要讲话》（http://www.fmprc.gov.cn/mfa_chn/zyxw_602251/t1215440.shtml）。

④ 许利平：《当代周边国家的中国观》，社会科学文献出版社2013年版，第223—224页。

⑤ 《背景资料：中国与哈萨克斯坦关系大事记》，2015年5月7日，新华网。

战略伙伴关系”的互信基础外，激活“郑和符号”已成为深化彼此伙伴关系的重要抓手，这将对东盟地区、东南亚伊斯兰国家乃至丝路三大伊斯兰信仰板块产生重要引领作用，“郑和符号”对“一带一路”战略软环境的“建构与优化”的双重功效借此显现。

比较而言，“郑和符号”对这三个战略支点型伊斯兰国家的现实影响程度不同、表现各异：对巴基斯坦的影响主要体现在“郑和文化”上，包括中巴一贯秉持“包容型的人文观”而夯实了社会民意基础且产生了“巴铁”成效、以“合作型的安全观”做指导联手反恐且形成“三管齐下”的安全合作模式、在“互惠型的经济观”引领下深化了两国经贸合作且以“中巴经济走廊”为抓手打造“一带一路”战略合作的示范项目等；对哈萨克斯坦的影响主要体现在“郑和精神”上，包括“和平与发展”是古丝路上中哈两国成长的共同诉求，也是新丝路上中哈两国壮大的共同愿景，还是中哈两国实现战略对接的共同目标，以及“郑和精神”已成中哈两国打造丝路“命运共同体”“利益共同体”与“责任共同体”的重要影响因子等；对印尼的影响主要体现在“郑和崇拜”上，包括华人华侨与穆斯林有关郑和的祭拜活动及其集体认同潜念、郑和传播的中国伊斯兰文化对东南亚伊斯兰的柔化作用、郑和团队开展的贡赐贸易与互市贸易对中国睦邻友好关系的影响等。

质言之，“郑和符号”的影响，不仅关乎丝路伙伴关系之深化，还关乎丝路“命运共同体”意识之构建，更关乎“一带一路”战略软环境之优化。因此，激活“郑和符号”，迫在眉睫。但善用“郑和符号”，更具战略意义。

（原文发表于《世界宗教研究》2015 年第 5 期）

真谛三藏梁安郡的翻译活动考述

杨维中*

从中国佛教史整体上讲，真谛三藏是足以与鸠摩罗什并肩而立的来自于异域的佛教大师。在佛典翻译史上，他也被列入四大翻译家之一。本文不拟全面论述真谛三藏在佛教史上的贡献，而将焦点放在真谛三藏在梁安郡的活动上。

关于真谛三藏到达梁安郡之事，《续高僧传·拘那罗陀传》叙述简略，原文如下：

> 而飘寓投委，无心宁寄。又泛小舶，至梁安郡。更装大舶，欲返西国。学徒追逐，相续留连。太守王方奢，述众元情，重申邀请。谛又且修人事，权止海隅。①

上文需要澄清的要点有三：一是梁安郡的地望，二是梁安太守王方奢的情况，三是真谛离开晋安以及到达梁安的时间。

先考察真谛到达的"梁安郡"之所指。

根据一般历史地理文献记载，南朝有两个梁安郡：一为南朝梁置，隋废，故治在今河南省固始县东北35公里，今为梁安里；另一为南朝梁置，北齐废，故郡治在今湖北黄安县南。此两处梁安郡都在内地，显然并非真谛发舶之港。真谛到达的梁安郡应是南朝的重要港口。从《续高僧传·拘那罗陀传》的叙述来看，其位置应该在福州至广州之间。如此一来，产生了两种解读思路：一是承认有关真谛文献中所记载的是不见于历史地理文献中的第三个梁安郡，一是从文献的传抄失误来解读。

持误写说的早期代表是著名的中西交通史专家冯承钧先生。他在《中国南洋交通史》中加注说："梁梁安郡治在今湖北省黄安县南，此处梁安应是传写之误。"② 冯先生没有考证是由何郡传写致误。也有主张"梁安郡"为梁化郡的误写，如游侠在其为斯里兰卡佛教百科全书撰写的词条上直接将梁安郡注为"今广东省惠阳一带"③。这一批注影响很大，近20年来，几乎所有佛教界、佛学界撰写的著作中，都沿袭了这一说法。然而，认为梁安应该在广东梁化郡，准确的批注应该是今惠州惠东县西北梁化镇。据《惠州府志》记载：秦始皇三十三年（前214）在南海郡博罗县城设梁化屯，历时691年；南朝梁武帝天监二年（503）梁化屯设郡，称梁化郡，历时88年；隋开皇十一年（591）废梁化郡置入

---

* 杨维中，南京大学哲学系教授、博士生导师。

① （唐）道宣：《续高僧传》卷1，《大正藏》第50卷，第430页上。

② 冯承钧：《中国南洋交通史》，上海古籍出版社2005年版，第27页。冯先生将真谛三藏到达梁安的时间标示为天嘉六年（565），不确，似乎应为误写。此书撰写于1936年。

③ 游侠：《真谛》，载中国佛教协会编《中国佛教》第2辑，知识出版社1982年版，第86页。最近几年依然有文章、专著乃至学术论文沿袭这一错误。

循州，即现在的惠州。将梁安郡解释为惠州或惠阳，显得过于曲折，现存经录、僧传中没有一处说真谛到达的是梁化郡。

汤用彤先生对于梁安郡的考释，从文稿看，似乎是变化的。民国版以及中华书局版的《汉魏两晋南北朝史》第12章提及梁安郡，加注说："今地不可考。"① 同书第20章加注说"可见梁安在海边"②，但具体地点没有注出来。然而，《汤用彤全集》版的《汉魏两晋南北朝佛教史》却多了一条页下注："梁安，疑即广东钦州，梁时为安州也。"③ 看来，汤先生一直在考虑这一问题。将梁安郡解释成安州，思路仍在于衍文（多"梁"字）。然而，这一推测的缺点是，安州在广州之西，在北部湾北岸，与真谛由梁安出发，漂泊广州的记载相去甚远。这一批注，显然属于汤先生一时所思，非深思熟虑所得。

其实，福建地方志中记载有真谛三藏到泉州翻译佛典的事情，当地也留有遗迹。不过，这些材料一直没有进入佛教史研究者的视野。在20世纪80年代，陆续有历史学者注意到这些材料，逐渐推动了梁安郡真相的揭示。

福建师范大学历史系童家洲先生于1983年刊发《印僧拘那罗陀来泉及唐武德间来泉"三、四贤"问题》一文已经以"印度僧人拘那罗陀的寄迹九日山延福寺翻译佛经，以及他从泉州乘船赴棱伽修国"④ 来论述泉州佛教。然而，童先生所说"福建的晋安郡泉州西郊外的延福寺"，立论是《续高僧传》"误写"晋安郡为梁安郡，忽视了《续高僧传》的叙述明显是将梁安、晋安当作两个地方的。这也许是此文所论未能引起治佛教史者注意的原因。

方拥在《拘那罗陀与泉州》一文中对于误写说提出了新的解释，试图从北南方言的读音差异中寻求解释途径。他认为，"根源则是道宣和尚将'南'错听后讹写为'梁'"。我国方言学者一般认为，今泉州话中保留了相当多的晋唐古音。在今北方方言中，二者容易区别。在今闽南方言中，"南""梁"均为舌辅音开头，区别就难了。"道宣和尚是今江苏丹徒人，十五岁往长安出家，一生在北方度过，他将'南''梁'两字讹读附会是完全可以理解的。"⑤ ——此说乍听似乎挺有道理，但作者不知道道宣写真谛三藏传文并非必然依据口传资料，而真谛三藏翻译的《金刚般若波罗蜜经》所附《后记》并不是从道宣所写真谛三藏传文中转抄，而是一篇独立的文章，此文并且提供了道宣以及其他文献未曾有的新材料。总之，以读音误听误记来解释纯属牵强附会，不能成立。

张俊彦先生于1985年发表《真谛所到梁安郡考》一文，反对传写之误的说法，主张此地名很特殊而被史著（特别是正史）所遗漏。张俊彦指出："晋安郡是晋武帝太康二年

① 汤用彤：《汉魏两晋南北朝佛教史》，中华书局1983年版（此为中华书局1962年版的简体重排），第267页。

② 参见汤用彤《汉魏两晋南北朝佛教史》，中华书局1983年版，第620页；上海书局"民国丛书"影印1938年商务印书馆版，第861页。

③ 《汤用彤全集》第1卷《汉魏两晋南北朝佛教史》，河北人民出版社2000年版，第640页页下注。此《汤用彤全集》本有汤一介撰写的"编者后记"，文中说："在1963年本中，有用彤先生的若干眉批，这次作为脚注加在同页上。"（第656页）按，钦州，在民国以及1949年至1965年7月隶属广东，1965年7月起隶属广西。可见，此眉批是汤先生于1963年出版后至1965年7月间加注的。此外，初版于2011年的北京大学出版社《汉魏两晋南北朝佛教史》（修订版）无此注。此修订本后记说，这是依据河北人民出版社《汤用彤全集》第1卷改正了若干错字新印的。但不知为何删去《汤用彤全集》版的页下注。

④ 童家洲：《印僧拘那罗陀来泉及唐武德间来泉"三、四贤"问题》，《福建师范大学学报》1983年第1期。

⑤ 方拥：《拘那罗陀与泉州》，《东南文化》1990年第5期。

（281 年）所置，共管辖原丰、新罗、宛平、同安、侯官、罗江、晋安、温麻等八县。到了梁代，将晋安郡所辖晋安县另置南安郡，其郡治在今福建南安县东晋江北岸的丰州乡附近。此地就是真谛所到的梁安郡。”① 值得注意的是，张先生并不认为有关真谛文献中的梁安郡为南安郡的误写，而是认为南安郡又名梁安郡，其原因“恐怕就是出于图个吉利以保本朝平安之意”②。此文肯定了真谛翻译《金刚经》的地方是泉州，这是其可取的地方；而以南安郡对应梁安郡且又认为此郡有两个名称，如此解释又显牵强。

章巽先生认为历史上确实存在一个梁安郡，故址在今福建省南安县的丰州，梁安郡存在的时间从梁天监年间到陈天嘉五年（502—564）。③ 廖大珂先生在章巽先生研究的基础上，进一步考定梁安郡设置的时间是南齐中兴二年（502），梁安郡在隋朝改为南安郡。他认为唐初杨炯撰《唐恒州刺史建昌公王公神道碑》中的梁安郡守王方赊与真谛译《金刚般若波罗蜜经·后记》中的梁安郡太守王方赊、《续高僧传·拘那罗陀传》中的梁安郡太守王方奢，实为一人，应以碑文和真谛《金刚般若波罗蜜经·后记》的王方赊为是。④ 经过核对上述原始资料，笔者认定章巽、廖大珂先生的考证是正确的，是合乎事实的。

值得注意的是，在廖大珂先生提出唐初杨炯所撰《唐恒州刺史建昌公王公神道碑》中所用梁安郡的证据后，仍然有学者赞成“梁安郡”应该是南安郡的误写，而且在专治佛教学者所写的论文著述中仍有沿用游侠之说的。因此，有必要再行论证以推广之。直言之，本文欲终结此论题中的歧异，免除有关真谛三藏的历史叙述中的讹误所造成的尴尬。

唐初杨炯撰《唐恒州刺史建昌公王公神道碑》有这样一段话：

> 公讳义童，字符稚，其先琅玡临沂人也。永嘉之末，徙于江外。皇运之始，迁于五陵，今为雍州万年人也。祖僧兴，齐会稽令，梁安郡守南安县开国侯，禄位千石，符五等。营室回于羽仪，山河入于盟誓。父方赊⑤，梁正卜主簿伏波将军梁安郡守，隋上仪同三司。以惠和之性，有文武之才。伏波将军，从征等于马援；仪同三司，开府均于邓骘。⑥

这一文献与本文最相关的，一是梁安郡，二是梁安郡守王方赊。

关于前者，此文中的梁安郡与道宣《续高僧传·拘那罗陀传》的写法完全一致。如此一来，从逻辑上说，在“误写”理由不充分的情况下，首先应该承认古代僧传、经录的记载在可靠性方面所具有的优先性。现有学者拿出了证据证实，在沿海有一个地方曾经被称为梁安郡，而且有其他证据与之配合，都能够指向《续高僧传·拘那罗陀传》之记载，因此，“误写”之说不攻自破。这是最为关键的结论。

此外，《唐恒州刺史建昌公王公神道碑》所说的王方赊是否正是有关真谛三藏文献中的“太守王方奢”。上引中华书局点校的《杨炯集》（作“方赊”）依据的是明代童佩所

---

① 张俊彦：《真谛所到梁安郡考》，《北京大学学报》1985 年第 3 期。

② 同上。

③ 章巽：《真谛传中之梁安郡——今泉州港作为一个国际海港的最早记载》，载《章巽文集》，海洋出版社 1986 年版。原文载《福建论坛》1983 年第 4 期。

④ 廖大珂：《梁安郡历史与王氏家族》，《海交史研究》1997 年第 2 期。

⑤ 此本依据的是童佩本《盈川集》，四部丛刊本所影印的此本作“赊”。二字属于异体字，读音同。

⑥ 徐明霞点校：《杨炯集》卷 7，“中国古典文学基本丛书”本，中华书局 1980 年版，第 97 页。

辑《盈川集》本，而明代张燮所辑《初唐四子集》、清代项家达《初唐四杰集》本中的《杨盈川集》作“王方骖”。

佛教史籍的记载，有下列四种文献：一是《续高僧传·拘那罗陀传》写作“王方奢”①。二是《开元释教录》卷7的现存刊刻本《中华藏》依据《赵城金藏》作“王万奢”②，而《大正藏》依据《高丽藏》本写作“王萬奢”③，《碛砂藏经》本也作“王萬奢”④，《永乐北藏》本作“王萬奢”⑤。三是《贞元新定释教目录》卷10中，《大正藏》本正文作“王万奢”⑥，其依据为高丽藏本，而在“万”字处加注说，乙本作“方”。《大正藏》注明，《贞元新定释教目录》乙本为日本享保十六年（1731）刊大谷大学藏本。四是《金刚般若经·后记》中说“太守王方赊”等。

经过查考、梳理这四种文献可知，《续高僧传·拘那罗陀传》《开元释教录》《贞元新定释教目录》三种文献的文字大同小异，后两种来源于《续高僧传·拘那罗陀传》，而《金刚般若经·后记》的文字表述和部分内容与《续高僧传·拘那罗陀传》不同，显然有另外的资料依据。经过核对文献的版本，可以说，前三种其实只有《续高僧传·真谛传》的“王方奢”一种写法，这是因为《开元释教录》卷7、《贞元新定释教目录》卷10有关真谛的文字既然是摘抄于道宣，而且《赵城金藏》中写为“万”，后来的藏经刊刻者以音讹误而转写为“萬”，字形因此而发生变化。如果追根溯源则可推知，因“方”与“万”字形相似而致误写成“王万奢”。如此一来可知，佛教史籍中记载的真谛至梁安郡时，其太守是王方奢或王方赊。

现在的结论很清楚了，唐初《唐恒州刺史建昌公王公神道碑》所说的王方赊，与《金刚般若经·后记》中所载的“太守王方赊”完全一致。由此，可以推出两条结论：在梁代，今泉州名为梁安郡，而协助真谛在此地翻译佛典的太守是王方赊。有关真谛活动的佛教文献所记不虚，值得信赖。

正是依据这些材料，廖大珂在章巽推论的基础上，基本上将梁安郡的设置坐实了。在《梁安郡历史与王氏家族》一文中，廖大珂认为：“碑文中王义童之父王方赊无疑即《续高僧传·拘那罗陀传》中的梁安郡太守王方奢，真谛译《金刚般若波罗蜜经》后记亦作王方赊，应以碑文为正。”关于梁安郡的设置，廖大珂的结论是：“从上碑文可证，1. 梁安郡治所确在今南安县；2. 梁安郡在齐代已存在，并非始置于梁代，换言之，在梁朝代齐之前已有梁安郡之设；3. 南安县齐时已有其名，梁时废焉，非隋代才改称。”因为碑文中说：“祖僧兴，齐会稽令，梁安郡守南安县开国侯，禄位千石。”⑦萧衍控制南齐政权之后，于中兴二年（502）二月进位相国，总百揆，进封梁公（后又加封为梁王），此被视为梁的“开国”。大概是在此时，萧衍以齐朝的名义，析晋安郡晋安县置梁安郡，并改县名为南安县，王僧兴被任为齐朝的梁安郡太守，封“开国侯”。所以梁安郡的始置年代当

① （唐）道宣撰：《续高僧传》卷1，《大正藏》第50卷，第430页上。

② （唐）智升撰：《开元释教录》卷7，《中华藏》第55卷，第144页中。《中华藏》所出校注未提及此“万”字在诸藏中的差异。

③ 同上书，第546页中下。

④ （唐）智升撰：《开元释教录》卷7，《影印宋碛砂藏经》第456册，第105页，上海，1934年。

⑤ 《永乐北臧》第143册，第796页上栏。

⑥ （唐）圆照撰：《贞元新定释教录》卷10，《大正藏》第55卷，第844页下。

⑦ 徐明霞点校：《杨炯集》卷7，“中国古典文学基本丛书”本，中华书局1980年版，第97页。

在齐中兴二年二月，而不是梁天监中（502—509），否则的话，在《唐恒州刺史建昌公王公神道碑》中，王僧兴就不能被称作“齐梁安郡守”，而应该是“梁梁安郡守”了。总之，梁安郡的设置是在南齐末年，而不在梁朝。天嘉五年（564）年底，“陈朝平定今福建地方，以后不久当即改称梁安郡为南安郡了”①。

关于真谛在梁安郡设立译场的地点——建造寺，也有证据表明在现今的泉州。有证据证实真谛在梁安的“建造寺”翻译出《解节经》和《金刚经》两部经以及述出相应的经疏。

唐圆测《解深密经疏》卷1记载：“若依《真谛翻译目录》云：陈时天嘉二年，于建造寺译《解节经》一卷、《义疏》四卷。”②《金刚般若经·后记》中说：

> 西天竺优禅尼国三藏法师，号拘罗那他，此云真谛。梁武皇帝远遣迎接，经游闽、越，暂憩梁安。太守王方赊乃勤心正法，性爱大乘，仍于建造伽蓝，请弘兹典。法师不乖本愿，受三请而默然。寻此旧经甚有脱误，即于壬午年五月一日重翻，天竺定文依婆薮论释。法师善解方言，无劳度语。瞩彼玄文，宣此奥说。对偕宗法师、法虔等并共笔受。至九月二十五日，文义都竟。经本一卷，文义十卷。法虔尔（?）目，仍愿造一百部，流通供养，并讲之十遍。普愿众生因此正说，速至涅槃，常流应化。③

壬午年即陈天嘉三年（562）。此中的“建造伽蓝”也应可以称为“建造寺”。可见，佛教史籍记载，真谛在梁安从事翻译的地点就是建造寺。值得注意的是，泉州地方志的资料也与此高度一致。④

根据当地资料记载，现今丰州附近的九日山仍然存留真谛“翻经石”遗迹，当地人从古相传天竺高僧拘那罗陀泛海来中国，从泉州上岸，挂锡九日山延福寺时，在此石将梵文佛经进行翻译，予以传播。如万历《八闽通志》卷7“九日山翻经石”条说：“翻经石，梁普通中（此年代错误）僧拘那罗陀尝翻《金刚经》于此。”⑤最重要的是，北宋晋江人曾会（952—1033）于北宋端拱年间（988—989）撰《重修延福寺碑铭》记载：

> 九日山之胜为山川之秀色，闽中之胜绝，闽中为胜者，清源为灵异。东去郡城十五里，南至大海三十里。左则南安属邑，市人之所游集；前则晋江通津，海潮之所吐纳。独其西北，岗阜连络，若虎而踞，若龙而奔，黛滴蓝喷，藏烟泄云，自远而来，豁然屏开，双峰对峙，中垣数里，造寺也。始于晋太康九年，在县西南。至唐大历三

---

① 章巽：《真谛传中之梁安郡——今泉州港作为一个国际海港的最早记载》，载《章巽文集》，海洋出版社1986年版。原文载《福建论坛》1983年第4期。

② ［新罗］圆测撰：《解深密经疏》卷1，《新纂卍续藏》第21册，第179页中。

③ 《大正藏》第9卷，第766页中—下。

④ 参见王荣国先生《两晋闽中寺院与汉族移民》（《中国社会经济史研究》1995年第3期）一文中有关建造寺沿革的考述。

⑤ （明）黄仲昭纂修：《八闽通志》卷7，福建人民出版社点校本（修订本）2006年版，第180页。

年，移建于斯。会昌废之，大中复之，五年赐其额。①

依照此文所记载，建造寺建于西晋太康九年（288），是闽南最早的寺院。本来在县西南，后来于唐大历三年（768）移建至九日山南麓，唐武宗会昌灭法期间（841—846），寺院一度被废，至大中五年（851）恢复旧观，由朝廷重新核准赐予寺额。应该注意，并非至大中五年才改名建造寺，有些文献中所说“赐名”应该如此理解才对。② 隋唐时期，建造寺在闽南非常著名，唐五代经常可见题建造寺的诗，如唐张为的《题建造寺》、周朴的《建造寺》以及五代刘乙的《题建造寺》等就很有名。唐末周朴《题九日山建造寺》一诗写道：“建造上方藤影里，高僧往往似天台。不知名树檐前长，曾问道人岩下来。”③ 五代刘乙《题建造寺》写道：“曾看书图劳健羡，如今亲见树犹粗。减除天半石初泐，欠却几株松未枯。题像阁人渔浦叟，集生台鸟谢城乌。我来一听支公论，自是吾身幻得吾。”④

至于建造寺改名的时间，万历《泉州府志》卷24记载：“延福寺在九日山下。晋太康时建，去山二里许。唐大历三年移建今所。宋乾德年中，陈洪进增建，乃改名曰延福。”⑤ 清陈仕国辑《丰州集稿》卷之九收入宋泉州人陈知柔的《墨妙堂记》一文，文章说欧阳詹所书“建造寺”额刻石宋代尚存。可佐证改名延福寺发生于宋代。⑥ 综合上述材料可知，延福寺之名为宋乾德中（963—968）陈洪进增建后改名的，此前名为建造寺。也许由于建造寺的名声甚大，北宋时期的诗文也有沿袭旧名的。如吕夏卿（1015—1068）《题九日山建造寺精舍》写道：“日暖江空水涨沙，白云平处见人家。独怜此地重阳近，柿叶傲霜菊有花。”⑦ 建造寺在宋代多次扩大寺域，其影响甚至远远超过唐代时期。

关于真谛三藏在泉州的活动，当地从古以来都有记载。如前引北宋曾会撰《重修延福寺碑铭》记载：“古《金刚经》者，昔天竺三藏拘那罗陀，梁普通中泛海来中国，翻经兹寺。因取梵文，译正了义，传授至今，后学赖也。”⑧ 应该指出，宋代时期当地所传说的真谛来华时间是错误的，应该是梁中大同元年（546）来华，于陈天嘉三年（562）在建造寺翻译出《金刚经》。

综合考量现存记载可以推知，真谛三藏于陈永定二年（558）七月到达豫章郡，而后先至临川郡（郡治今江西南城县）。后于永定三年真谛到达晋安（郡治今福建福州市），时间不会早于永定三年（559）正月。真谛三藏在晋安只停留数月，于陈天嘉二年（561）从晋安郡的“南越”乘小舟达到梁安郡（今泉州）。

《续高僧传·真谛传》记载，真谛在梁安停留了近两年的时间，但是始终“伺旅束

① （宋）曾会撰：《重修延福寺碑铭》，《乾隆泉州府志》卷16，《中国地方志集成·福建府县志辑》第22册，上海书店出版社2000年版，第398页上—中、399页上。

② 参见王荣国《两晋闽中寺院与汉族移民》，《中国社会经济史研究》1995年第3期。

③ 《乾隆泉州府志》卷16，《中国地方志集成·福建府县志辑》第22册，第398页上、399页上。

④ 同上书，第398页上。

⑤ 《万历重修泉州府志》卷24，学生书局1987年版，第1803—1804页。

⑥ 参见王荣国《两晋闽中寺院与汉族移民》，《中国社会经济史研究》1995年第3期。

⑦ 《乾隆泉州府志》卷16，《中国地方志集成·福建府县志辑》第22册，第398页上、399页上。《泉州府志》卷16，第398页。

⑧ （宋）曾会撰：《重修延福寺碑铭》，《乾隆泉州府志》卷16，《中国地方志集成·福建府县志辑》第22册，上海书店出版社2000年版，第398页上—中、399页上。

装，未思安堵。至三年九月，发自梁安，泛舶西引，业风赋命，飘还广州”①。天嘉三年九月，真谛又从梁安郡换乘大船，“欲返西国”，其实是准备归国，然后由于洋流作用等原因，却在此年的十二月到达广州。

至此，本文的结论如下：有关真谛三藏文献中的“梁安郡”就是现在的泉州，其成立的时间在南齐末，而不在梁朝。天嘉五年（564）年底，陈朝改称梁安郡为南安郡了。真谛三藏陈天嘉二年（561）从晋安郡的“南越”乘小舟到达梁安郡。陈天嘉二年，在梁安郡建造寺，译《解节经》1 卷，出《解节经疏》4 卷。陈天嘉三年（562），在梁安郡建造寺，译《金刚经》1 卷，出《金刚经疏》10 卷。天嘉三年九月，真谛离开梁安郡。

（原文发表于《宗教学研究》2015 年第 3 期）

① （唐）道宣撰：《续高僧传》卷 1，《大正藏》第 50 卷，第 430 页上。

上帝与道：基督教与道教的一种比较

杨玉辉*

上帝与道分别是基督教和道教的最重要、最基本的范畴，认识和理解这两种宗教最根本的就是要认识和理解这两个范畴；同样要真正认识和理解这两种宗教之间的关系，也必须对这两个范畴之间的关系有所把握。本文尝试对这两个范畴的同异进行初步的比较，并通过这种比较来阐释基督教和道教之间的关系，以及基督教文化与中国文化之间的关系。

一　上帝与道的相同点

根据笔者的考察，基督教的上帝和道教的道具有以下几个方面的相同点：

（一）存在普遍性

不管是基督教的上帝还是道教的道，都是具有绝对普遍性的存在，是无始无终、无边无际的存在，是无时不在、无处不在的存在。对基督教来说，上帝是绝对普遍的存在，他在天地万物产生之前就存在，在天地万物之后也还会继续存在，他存在于宇宙的每个角落以及每个事物的产生发展过程之中，一句话，每个事物及其存在变化的过程都无不体现上帝的存在和意志。正如《圣经》称："我是阿拉法，我是俄梅戛；我是首先的，我是末后的；我是初，我是终。"（《圣经·启示录》22：13）上帝的存在超越了所有的时间和空间，他无时不在、无处不在，一切事物都因他而产生、存在、变化，没有事物能脱离他而产生存在。而对道教来说，"道无所不在"①，其存在也是绝对的，它无始无终，无边无际；同时又存在于宇宙的所有地方，至大无外，至小无内。天地万物都由道化生，天地万物的运动变化也都由道决定，没有任何事物能离道而生，背道而成，宇宙万物都受道的制约。《太平经》便强调："六极之中，无道不能变化。元气行道，以生万物，天地大小，无不由道生也。"②

（二）能力无限性

在能力特性上，基督教的上帝和道教的道也是相同的，都强调具有作用能力上的无限性。基督教认为上帝是天地万物的创造者和主宰者，是全知、全能、全善的存在，他

---

* 杨玉辉，哲学博士，西南大学宗教研究所教授、所长。

① （唐）王玄览：《玄珠录》，《道藏》第23册，文物出版社、上海书店出版社、天津古籍出版社1998年版，第620页。

② 王明编：《太平经合校》，中华书局1960年版，第16页。

“独一全智”（《圣经·罗马书》16：27），“凡事都知道”（《圣经·约翰福音》16：30），“在人这是不能的，在上帝凡事都能”（《圣经·马太福音》19：26）。天地万物、人间万事都由他创造，也都在他的意志之中，受他的控制，没有一件能超越他的意志，摆脱他的掌控。道教则认为道能化生万物，长养万物，运行万物，控制万物，是一切事物产生、存在和变化的根本力量。正如《清静经》所云：“大道无形，生育天地；大道无情，运行日月；大道无名，长养万物。”① 自然界山川大地、河流海洋、花草树木、虫兽鱼鸟等的千变万化，人的生老病死的规律，家庭事业的兴衰，社会政治经济发展，文化教育的进步，无不是道的产物，无不受道的制约和影响。

（三）决定万物性

基督教将上帝、道教将道看成了万事万物产生存在的决定者，是万物运动变化的根本力量。基督教认为，上帝是造物主，“无论是天上的、地上的、能看见的、不能看见的，或是有位的、主治的、执政的、掌权的，一概都是藉着他造的，又是为他造的”（《圣经·歌罗西书》1：16）。包括人在内的一切事物都是上帝的作品，一切事物的运动变化也都由上帝决定，都可以归结为上帝的意志，“靠他而立”（《圣经·歌罗西书》1：17）。上帝是事物产生存在的最根本的原因和动力，是“第一因”“第一推动力”。同样，道教也认为“道生一，一生二，二生三，三生万物”②，道为“天下万事之本”③，天地万物都是由道化生的，天地万物的运动变化也是由道决定的，由道推动的，道是一切事物产生和存在的根本原因、根本动力。金长筌子《洞渊集》有云：“道者，天地之父母，万物之灵枢，阴阳之纲纪，五行八卦之璇玑。”④

（四）事物本然性

因为天地万物都是上帝和道创造和决定的，所以基督教和道教都认为天地万物的本然状态就是上帝和道的本性在事物上的表现，即上帝之性和道性的表现。基督教认为，世间万物各有其性，它们是上帝在不同的时期，根据不同的目的创造出来的，“万物是藉着他造的；凡被造的，没有一样不是藉着他造的”（《圣经·约翰福音》1：3）。万物千差万别的特性都是上帝的特意安排。其不同的运动变化和功能特性也都是上帝意志的体现，所以对每个事物来说，其天然的状态所反映的就是上帝的本意和本性。道教也将自然性看成是道的根本性质。《道德经》说：“人法地，地法天，天法道，道法自然。”⑤《西升经》更称：“自然者，道之根本也。”⑥ 可见，道的根本特性就是自然性，所以对天地万物来说，其自然的、天然的存在状态就是真正反映其事物道性的状态，而人为改变的状态则不是事物道性的自然状态，因而也是违背道性的状态，所以道教要求人们自然无为。

根据以上基督教上帝与道教道的同一性比较，我们可以在基督教和道教之间得到以下

---

① 《太上老君说清静妙经》，《道藏》第 11 册，第 344 页。

② 朱谦之：《老子校释》，中华书局 1984 年版，第 174 页。

③ 饶宗颐：《老子想尔注校证》，上海古籍出版社 1991 年版，第 17 页。

④ （金）长筌子：《洞渊集》，《道藏》第 23 册，第 855 页。

⑤ 朱谦之：《老子校释》，中华书局 1984 年版，第 103 页。

⑥ 《西升经》，《道藏》第 11 册，第 508 页。

三个重要的结论：

第一，基督教与道教比之中国的佛教和儒教具有更多的一致性。

根据上帝与道这两个基督教与道教的最重要的范畴所表现出的同一性，我们无疑可以看到基督教与道教在许多方面的内在相同点。比如它们都是将一个绝对无形的对象作为最高的信仰和崇拜对象，把它看作是天地万物的创造者和决定者，只不过基督教的这个对象是上帝，道教的这个对象是道而已。而佛教主张缘起性空、崇拜智慧，反对物质、灵魂实有的观念，更否定作为万物创造者、决定者的神存在。儒教信仰的对象则或是载于祀典的自然神、祖先神，或是神格化的圣人，其功能更旨在神道设教与伦理教化，而并非肯定宗教自身的神圣性维度，与基督教的观念迥异。

第二，基督教与道教都更强调事物的自然性，反对人为造作。

因为基督教和道教都将天地万物看成是上帝和道的产物，而它们又都把上帝和道看作是最高的价值，所以它们必然要求维护上帝和道所创造的作品的本来面目，反对任何对上帝和道的作品的改变，因为这不仅是对自然物的破坏，更是对上帝和道的不敬，是不应该的。事实上，在基督教中，人类信仰、崇拜上帝，也就意味着人类负有管理好上帝创造之物的义务，不能任意改变自然的状态。人与其他受造物之间存在着一定的契约关系，如《圣经》称："因为你必与田间的石头立约，田里的野兽也必与你和好。"（《圣经·约伯记》5：23）对道教来说，道法自然，天地万物的自然状态就是道的状态，所以尊道、行道就是要遵照事物的自然本性和规律来行事，不能人为主观地妄做、妄为。正如《庄子》（《南华真经》）所言，"道者万物之所由也，庶物失之者死，得之者生，为事逆之则败，顺之则成"①。

总之，基督教和道教都强调按事物本身的规律即上帝的安排和道的本性做事，反对人为主观的妄做、妄为。西方绿色和平组织环保活动的深层思想基础恐怕正是基督教的这种观念，而中国环境保护的思想资源恐怕也需要在道家、道教中寻找。

第三，基督教和道教都蕴含着普遍爱的精神。

由于基督教和道教都将天地万物看成是上帝和道的创造物，自然也都会把世界上的各种自然事物尤其是像人这种上帝和道特别创造或化生的事物，看成是上帝意志的体现和道性的体现；既然是上帝意志和道性的体现，当然就必须无条件地予以尊重。同时，在基督教和道教中，爱上帝自然也必须爱上帝的创造物，爱道也必须体现在爱道的化生物，由此，对整个人类的爱乃至对生物和自然万物的爱也就是题中之义了。这自然也就有了普遍爱的精神。故而基督教不仅将"爱人如己"视为最基本的伦理准则，亦强调上帝其他受造物的内在价值，正如《启示录》称"地与海并树木，你们不可伤害"（《圣经·启示录》7：3），上帝对于人民、牲畜也"都救护"（《圣经·诗篇》36：6）。对道教而言，《道藏》首经《度人经》所谓"齐同慈爱"② 的道德观不仅指涉人类，也包括动物乃至自然界其他事物，《太上感应篇》便称"昆虫草木尤不可伤"③，《老君说一百八十戒》亦以宗教戒律的形式确立了人类对于自然界动植物的道德义务。

① （清）郭庆藩撰，王孝鱼点校：《庄子集释》，中华书局1961年版，第1035页。

② 《灵宝无量度人上品妙经》，《道藏》第1册，第2页。

③ 《太上感应篇》，《道藏》第27册，第19页。

二 上帝与道的不同点

基督教的上帝和道教的道虽然在一些基本的性质上具有同一性，但它们毕竟是两种不同文化、不同宗教的范畴，所以它们之间也存在许多不同的性质，其不同的表现主要有以下一些：

第一，在存在特性上，上帝与道是有所不同的，基督教的上帝是一种明显的人格化存在，而道教的道则更倾向于一种非人格化的存在。在基督教中，人们往往把上帝理解为主、父等人格化的存在者，虽然基督教明确指出上帝超越形象，但至少在人们的理解中事实上是按有意志的人格化对象来理解的，尽管上帝具有三种位格。而在道教中，人们几乎看不到将道理解为一种人格化对象的情况，正如成玄英疏《道德经》云："道不离物，物不离道。道外无物，物外无道。"① 道教一般是把道理解为一种无时不在、无处不在、无形无象、巨大无比的力量和作用，或者通过作为道的体悟者、实践者的神仙来理解道的存在和作用。《庄子》便认为道"无为无形"② 而"神鬼神帝，生天生地"③，吴筠《玄纲论》亦强调："天地、人物、灵、鬼道，非道无以生，非德无以成。"④ 道教中的人格神虽然是体道得道、与道合一之人，却并不直接等同于道。

第二，在表现特性上，基督教的上帝与道教的道也是不同的，基督教的上帝具有直接的无象性，而道教的道则具有间接的有象性。在基督教中，没有任何地方描述到完整的上帝形象，"从来没有人看见上帝"（《圣经·约翰福音》1：18），十诫中明确宣称不可雕刻偶像，所以教堂中也都没有上帝的画像和塑像。在基督教中，能直接表现上帝形象性的只有基督一个，但他却是从反面的受难形象，而不是从正面的无限特性来表现的，即主要是从道德精神而不是从上帝能力来表现的形象。事实上，上帝作为无限绝对的存在是超越任何有限的形象的，如果上帝以某种有形的形式出现，就必然损害其无限绝对的性质，所以他也是不能用形象来表现的。但在道教中，虽然道是无形无象的，但作为道的化身或实践者的神仙则是具有形象的，实际上，道教也正是通过形象化的神仙及其存在特性和生活实践来展现道的性质和作用的。这种道与神仙的同一性在三清尊神（元始天尊、灵宝天尊、道德天尊）的描述中体现得最为明显，而至迟北魏太武帝时，道教已开始雕刻天尊神像并加供养。由此，也就使道具有了间接的形象。在这里我们看到了基督教上帝和道教的道的奇妙矛盾之处。在基督教中人们心中理解的上帝是形象化的，但在现实表现上则是超越形象的；而道教的道在人们心中的理解是超越形象的，但在现实的表现中则又是形象化的。

第三，在本原特性上，基督教的上帝与道教的道也有明显的不同，基督教的上帝反映的是人格力量的创生性和决定性，而道教的道所表现出来的则是事物的自然发生性和规律性。基督教强调上帝"掌管世界"，是"最高的君王"（《圣经·诗篇》97、98），一切事物都是由上帝创造和控制，这就像统治者之于臣民一样；而道教则认为天地万物顺道而生，因道而成，受道制约，悖道、离道则不生、不成。由此我们可以看到在谈到它们的作

① 蒙文通辑校：《道书辑校十种》，巴蜀书社 2001 年版，第 417 页。

② （清）郭庆藩撰，王孝鱼点校：《庄子集释》，中华书局 1961 年版，第 243 页。

③ 同上书，第 247 页。

④ （唐）吴筠：《宗玄先生玄纲论》，《道藏》第 23 册，第 674 页。

用时，基督教主张的是上帝对事物创生、发展的力量推动；而道教则继承老子“无为而治”的学说，强调道对事物生成的自然引导。由此我们也就看到了基督教文化为什么具有更明显的积极主动精神，而道教文化则更倾向于自然顺应内涵的原因了。因为上帝是人格化的，给人一种力量感，它似乎能催人奋进；而道则是非人格化的，人们无法获得力量感，所以只能根据对道的体悟来顺道而为。

第四，在与人性的联系上，基督教的上帝与道教的道也有很大的不同，基督教只强调灵魂与上帝的相通性，而道教则主张形气神皆合道。在对人的认识中，基督教认为人是灵魂与肉体的统一，但只有灵魂是内在的，与上帝具有同一性，而肉体则是外在的，软弱的，甚至是邪恶的，与上帝的意志是背离的。“叫人活着的乃是灵，肉体是无益的”（《圣经·约翰福音》6：63），人的原罪的产生就是因为肉体欲望存在的原因。道教则不一样，它认为人在本质上是形气神的统一，一个人要生活，不仅需要神，而且也需要气和形，吴筠《神仙可学论》强调：“夫形气者为性之府，形气败则性无所存。”① 所以人之道不离形气神，只有形气神具备，并按形气神的特性和规律生活，才是真正的符合人道的存在状态。所以对人来说，形气神都是合道的，不存在高低贵贱的问题，其区别仅仅是作用功能不同而已。

第五，在价值特性上，基督教的上帝与道教的道也不相同，基督教的上帝具有价值的绝对性，而道教的道所具有的价值更倾向于一种相对性。在基督教中，上帝的价值是绝对的，“至善、至能、无所不能、至仁、至义、至隐、无往而不在，至美、至坚、至定、但又无从执持，不变而变化一切，无新无故而更新一切”②，上帝的意志就是最高的价值，而且上帝创造的一切都具有正面积极的意义。这一点在道德价值上尤为明显，上帝是至善无恶的代表。至于因恶的存在所导致的上帝全能与上帝全善二命题间的悖论，基督教神学家则通过自由意志或神义论等路径加以辩护，试图阐明恶的存在与上帝的至善并不矛盾。但在道教中，道的价值却具有相对性，道所化生的万事万物其价值也因物而不同，而且往往体现为一物对他物的价值，而不是绝对的价值。正如《抱朴子内篇》称：“天道无为，任物自然，无亲无疏，无彼无此也。”③ 在道德价值上，道所产生的事物无所谓善恶。如果要强行界定善恶，进行价值判断，那也只能说合道的是善的，不合道的是恶的，但是否合道又是根据每一事物自身来决定的。所以总的说来，道具有价值的相对性或中立性，而不似基督教中的上帝那样具有绝对性。

（原文发表于《宗教学研究》2015年第4期）

① （唐）吴筠：《宗玄先生玄纲论》，《道藏》第23册，第660页。
② ［古罗马］奥古斯丁：《忏悔录》，周士良译，商务印书馆1963年版，第5页。
③ 王明：《抱朴子内篇校释》，中华书局1986年版，第136页。

论藏彝走廊多元宗教的内涵与意义*

王建新　王含章**

一　藏彝走廊中的民族文化与宗教信仰

中国作为一个历史悠久、民族众多的国家，各民族生活在一定的“区系”① 地理当中，具有相对独立的文化特性。另一方面，民族与民族之间、文化与文化之间还存在着跨越边界的迁移、互动、交流和融合，从而沿着特定自然地理的通道流动，形成费孝通所提出“藏彝走廊”“西北走廊”和“南岭走廊”三大民族走廊②。这三条民族走廊对于历史上中国境内各民族之间乃至中国与国外民族之间的交往曾经发挥过重要的作用。“民族走廊”是一个动态的历史—民族区域概念③，也是一个整体格局理论，表示各民族间多元文化的交融，也为我们认识中国各民族宗教文化的基本格局提供了客观的学理基础。

根据民族走廊理论所提供的分析框架，我们可以认为，民族走廊积累了中国各民族宗教信仰的产生、发展以及互动融合的深厚沉淀，各少数民族宗教信仰及其相互关系研究，也应该从民族互动现象最为突出的民族走廊着手。这三条民族走廊中各有一个跨民族、跨文化传播的主体性宗教，形成与地方性宗教信仰乃至社会文化体系互动融合的基本格局。西北走廊是伊斯兰教，形成与高原干燥地区的农民及游牧民社会文化的互动融合；藏彝走廊有藏传佛教，构成与藏东、川西及横断山脉等山地、峡谷地区各民族社会文化的互动融合；南岭走廊为道教，表现为与南方山地、沿海地区各民族社会文化的互动融合④。

本文聚焦的藏彝走廊，地理空间上包括青藏高原东部南北纵贯的横断山脉沿线及其周边地区。由于地质时期印度板块向北推移、亚欧板块向南运移对抗，两个板块碰撞挤压的巨大水平运动，造成了区域内一系列南北纵列的褶皱山系。其地理特点是高山峡谷相间，

---

* 基金项目：兰州大学中央高校基本科研业务费专项资金“西北地区民族宗教与社会和谐稳定发展研究”（13LZUJBWZB001）。

** 王建新，兰州大学西北少数民族研究中心副主任，文化历史学院教授、博士生导师；王含章，兰州大学西北少数民族研究中心、民族学研究院2013级博士研究生。

① 参见苏秉琦、殷玮璋《关于考古学文化的区系类型问题》，《文物》1981年第5期。

② 参见费孝通《中华民族多元一体格局》，中央民族学院出版社1989年版。

③ 石硕：《藏彝走廊：文明起源与民族源流》，四川人民出版社2009年版，第1—6页。

④ 当然，与三个走廊中的主体性宗教相并列，还有其他一些跨民族、跨文化的外来宗教存在以及主体性宗教在不同地区的穿插性存在现象。比如，藏传佛教地区和岭南地区的基督教、天主教，东南沿海地区的佛教，以及各种民间宗教的传播，等等。但从对各走廊民族宗教文化的整体影响的角度来看，将伊斯兰教、藏传佛教和道教视为主体性宗教无疑是合理的。

岭谷高差悬殊，地形崎岖。这种山谷地带作为相对独立的人文地理单元，有其独特的自然生态特点，也促成了居住其中的藏、羌、彝、土等数十个民族自成体系的民风民俗①。历史上藏彝走廊中民族群体的互动交流又使各民族文化传承互动、交融、叠加和互相借用，从而形成复合性很强的多元文化传承及宗教信仰形态。

为整体把握藏彝走廊的民族文化格局，石硕教授按照自称、语言、历史记忆及宗教信仰四个因素，将其划分为七大文化区②：（1）康巴文化区；（2）嘉绒文化区；（3）雅砻江流域及以东保留地脚话的藏族支系文化区；（4）羌（尔玛）文化区；（5）纳系文化区；（6）滇西怒江—高黎贡山怒、傈僳、独龙文化区；（7）彝文化区。这七大文化分区中，从民族人口及文化传承上看，以藏语系民族人口占多数，藏文化的影响辐射较为广泛；而从宗教信仰看，形成于印度的佛教翻山越岭传播至整个藏彝走廊，对该区域内各文化支系产生了较为普遍的影响。

我们认为，根据佛教文化传入后与藏彝走廊各区域文化的互动交融历史过程以及当前各民族宗教文化的实践状况，还可以考虑增加藏彝走廊北段安多文化区，即藏彝走廊的第八大文化区。再根据藏传佛教在八大文化区内对各民族宗教影响的强弱及各民族宗教文化的多元特点，将八大区归类划分为三个宗教文化区：（1）藏传佛教主导地区；（2）多元宗教共生交融地区；（3）本土宗教主导地区。

这种宗教信仰分区的重要性在于，充分理解藏彝走廊地区各民族宗教文化的整体格局、其具体内涵及区域特殊性，为不同民族宗教文化之间、同一民族内部宗教文化各系统之间动态联系研究奠定理论及方法论的基础。在中国各民族文化互动交融发展的今天，宗教文化间的互动交流也变得非常迅速和普遍③。在藏彝走廊各民族宗教文化互动交融过程中，一方面，宗教文化动态呈现多元交融、混成发展的倾向；另一方面，也伴随着各民族地方社会“自觉认真地展示各自文化特征”④ 的本土宗教复振现象。正如费孝通先生所言，当前的世界是“经济全球化之下多元性的文化世界”⑤，这同时也是藏彝走廊各民族可持续发展的文化基础。可以说，藏彝走廊多元宗教及其交融共存现象研究是深入理解该地区各民族社会文化发展动态的绝佳范例。

二 藏传佛教主导的宗教文化区

这主要对应于藏彝走廊中康巴文化的中心地区。康（khams）本来是藏族传统的地理

① 参见李锦《藏彝走廊的民族文化生态单元》，《西南民族大学学报》2007 年第 1 期。

② 参见石硕《关于藏彝走廊的民族与文化格局——试论藏彝走廊的文化分区》，《西南民族大学学报》2010 年第 12 期；石硕、李锦等《交融与互动——藏彝走廊的民族、历史与文化》，四川人民出版社 2014 年版，第 255—291 页。

③ 吉登斯将全球化定义为“世界范围内的社会关系的强化，这种关系以这样一种方式将彼此相距遥远的地域连接起来，即此地所发生的事件可能是有许多英里以外的异地事件而引起，反之亦然”（安东尼·吉登斯：《现代性与自我认同》，赵旭东、方文译，生活·读书·新知三联书店 1998 年版，第 154 页），来强调全球化时代没有文化可以独善其身的这种状态。

④ Marshall Sahlins, “Goodbye to Tristes Tropes: Ethnography in the Context of Modern World History”, *The Journal of Modern History*, Vol. 65, No. 1, Mar., 1993, pp. 1 – 25.

⑤ 参见 1999 年 8 月费孝通在中华炎黄文化研究会大连学术座谈会上的讲话，见费孝通《端正对异文化的态度》，《炎黄春秋》2000 年第 2 期。

概念，意指相对于拉萨所在卫藏地区的“边地”[①]。历史上，康区并无明确固定的区域界限，但其中心区域基本固定在讲康方言的甘孜州、玉树州、迪庆州、昌都地区一带。康区是藏彝走廊中北藏的主体，也是藏传佛教色彩异常浓厚的地区。相对于卫藏和安多地区，康区最大的文化特点是其多元性[②]。这个特点，一方面表现在康方言内部差异巨大，因语言和自称不同分为不同的族群体系；另一方面，在宗教上以藏传佛教为主，藏传佛教各派在康区长期共存发展，苯教和民间信仰在地方社会亦有深厚的土壤，兼容性特点突出。这与佛教在康区传播发展的历史过程密切相关。

藏传佛教本身是外来宗教本土化的结果。公元7世纪中期，佛教由汉地和印度两方相继进入藏区。在此以前，古代吐蕃王朝以仲（sGrung，叙述故事）、德乌（lDevu，象征性语言）和苯（Bon，早期苯教）治理王政[③]。佛教的传入，使得广布藏区民间且具有巫术和弥散性质的早期苯教开始制度化，又因牵扯到吐蕃上层的政权争夺之战，佛苯双方在卫藏地区发生了几次残酷激烈的冲突。史学研究将公元841年朗达玛灭佛之前时期称为“前弘期”。但是，前弘期的佛教尚且不能称之为“藏传佛教”，它主要盛行于卫藏地区的王室贵族等上层统治者之中，在民间信徒很少，缺乏社会基础。因此，朗达玛废佛，“仅仅对寺院僧徒停止了供养，僧徒就四散逃亡……使得佛教在卫藏绝灭达百余年[④]。

佛苯在卫藏地区相互博弈过程中，一方得势愈大，另一方就向卫藏的边地多康（mdo-khams）地区大规模转移。9世纪末期，它们在多康地区重新相遇。朗达玛灭佛以后不久，他本人被一位佛教居士暗杀，藏区陷入了漫长的分裂混乱时期。由于完全没有国家统制，又处于多康的多元地方文化之下，佛教、苯教、密教、禅宗以及诸多民间信仰开始互相影响混合。佛教在此过程中吸收了苯教的仪轨[⑤]、接纳了地方神灵作为护法，大小不同的部落豪酋成为其新的供养人[⑥]，最终因传承、修持的密法彼此不同而形成了不同的教派。“佛教本身在这一混杂的状态之下，逐渐且深厚地浸透到民间，在一个世纪以后真正巩固了佛教的社会文化基础。可以说，这时的佛教真正扎下了根”[⑦]，成为本土化了的“藏传佛教”了。在卫藏以外取得了深厚民间基础的佛教，又通过上路弘传和下路弘传重返卫藏，并最终成为整个藏区文化的主导性宗教。

在佛教藏化的过程中，语言和文字的作用尤为突出，藏地佛教的传入与新藏文的创制基本上是一致的。松赞干布时期，为治理朝政的需要派遣大臣吞弥桑布扎去周边国家学习，创制了新文字。吞弥到印度以后，师从婆罗门李瑾及班智达日巴僧格学习文字、声明

---

① 根登群培：《白史》，法尊法师译，西北民族学院研究所，1981年，第6页。不过，《白史》中所谓康，意指卫藏以东的边地，包括了后来的安多和康巴两个区域，合为多康（mdo－khams）。其中康巴在广义上泛指西藏丹达山以东、四川大渡河以西、青海巴颜喀拉山脉以南、云南高黎贡山以北的广大地区，与横断山脉的地理范围大体一致，涵括了藏彝走廊的大部分地区。

② 参见格勒《略论康巴人和康巴文化的特点》，《中国藏学》2004年第8期；石硕、李锦、邹立波等《交融与互动——藏彝走廊的民族、历史与文化》，四川人民出版社2014年版，第271页。

③ 参见曲杰·南喀诺布《苯教与西藏神话的起源——“仲”、“德乌”和“苯”》，向红茄、才让太译，中国藏学出版社2014年版，第5—6页。

④ 王森：《西藏佛教发展史略》，中国藏学出版社2010年版，第20页。

⑤ 《贤者喜宴》中记载，当时，“大多数诵持密咒者中断了修炼法，因为没有了修炼，于是就按照苯教仪轨从事佛事，诵读所修行的佛典，然后就到乡村挨门串户诵念佛经”。

⑥ 王森：《西藏佛教发展史略》，中国藏学出版社2010年版，第173页。

⑦ 许明银：《西藏佛教史》，台北：佛哲书舍2006年版，第71页。

等学问，返回吐蕃后参照梵文50个字母创制了新藏文，并且翻译了大量的佛经。[①] 此后，藏文除了用以处理官方政务之外，最大的用途就是记录和翻译佛经。早期派去学法的高僧和后期各教派的创始人基本都是著名的译师。后弘期的藏传佛教主要依靠藏文、藏语作为传播媒介[②]。

就康区的情况而言，最初的记录是赤松德赞时期从印度学习金刚乘密法的毗卢遮那，由于受到支持苯教的贵族以及当时发展正盛、以寂护为首的佛教显宗的强烈反对，被赞普不得已流放到康区的察瓦龙。他到西康以后继续从事密教典籍的翻译工作，在察瓦龙形成了一个密教传播的中心区域[③]，这大概是重视密乘修行的宁玛派和噶举派能够在康区盛行的重要基础。10世纪后半期，一位名为念智称的印度班智达受一位兼通梵藏文的译师之邀入藏。

后来，译师突然病故，念智称和另一位班智达便因语言不通而流落藏地牧羊为生，很久之后被阶译师认出，从他学法。念智称后来学会藏语，在西康一带弘传显密教法并翻译了许多佛经。因为他的传教活动，“西康似乎也形成了一个讲授佛学的小小中心”[④]。在翻译史上，念智称的翻译有时被认为是新译之始[⑤]，依新译为其圣典的宗派为新派，以区别于依据旧译的宁玛派（旧派古派）。有此基础，藏传佛教各派别得以在康区共存和发展，其中尤以德格为其隆盛的中心。

德格并存着藏传佛教宁玛派、噶举派、萨迦派、格鲁派以及制度化了的雍仲苯教五大教派。这五派在康区的祖寺均在德格县境内。五派各设有佛学院，除格鲁派之外，其余四派在康区的最高学府亦聚集于德格。德格能够成为这样的文化中心，与其印经事业发达密不可分。始建于1729年的德格印经院位于萨迦派的更庆寺中，其创建者本是信奉宁玛巴的德格土司。但他并不排斥其他教派，印经院得以刻印各教派的经典，并兼有藏族文学、哲学、语言文法、天文历算、医药、工艺等各方面内容，储存着藏文化70%的古籍[⑥]。18—19世纪，这一地区的几位高僧大德掀起了一场利美运动（即不分宗派运动）。他们主张在遵循本教派的传承努力修行的同时，也要承认其他宗派的传承具有同等价值而予以尊重，“不贬人褒己，也不贱他尊我”。这场整合藏传佛教内部各派的运动声势浩大，甚至苯教也被卷入其中，以至于在德格地区，苯教几乎可以被看作是藏传佛教中的一个特殊派别[⑦]。在以德格为中心的康巴文化核心区域，我们几乎都可以看到这种藏传佛教居于主导

---

① 参见王尧《藏学概论》，山西教育出版社2014年版，第167页。关于藏文是否为吞弥所创目前存在一定争议，参见才让太《藏文起源新探》，《中国藏学》1988年第4期。但认为藏文与梵文之间存在密切的关联，以及新藏文的主要用途是记录佛经这一点，学界的看法则基本上统一。

② 石硕：《藏传佛教与藏民族的形成》，《四川大学学报》1997年第9期。

③ 这里的察瓦龙有两种说法，或认为在川西大小金川，或认为在原西康宁静、盐井以西怒江河谷一带。参见王森《西藏佛教发展史略》，中国藏学出版社2010年版，第13、28页。

④ 王森：《西藏佛教发展史略》，中国藏学出版社2010年版，第173页。

⑤ 另一种说法以出生于阿里的大译师宝贤的翻译为新译之始。参见许明银《西藏佛教史》，佛哲书舍2006年版，第99页。

⑥ 参见根旺《德格佛教文化中心的形成原因及其特征》，《西南民族学院学报》1992年第3期；胡昌升《藏传佛教在甘孜州的各地区的历史、现状及对策——德格地区藏传佛教的调查和分析》，《宗教学研究》2002年第2期。

⑦ 参见班旦次仁《藏传佛教部分宗派运动的特点及影响研究》，硕士学位论文，西南民族大学，2007年。

地位，各教派并存，同时成功整合苯教和民间信仰的情况[①]。

三　多元宗教均等共生区

藏彝走廊以其文化和族群的多元性、流动性为最突出的特点。历史上的多民族互动，形成了许多“融而未合”“和而不同”的文化现象。这种情况在康巴文化中心区域以东、彝文化区以西的广大地带表现得最为明显，行政区划上大致包括今四川甘孜州雅砻江及以西地区、阿坝州、绵阳市西北、雅安市西南、凉山州西北以及云南省丽江市、迪庆州和怒江州。

东汉至魏晋时期，在青藏高原东部边缘的广大地区形成一个狭长的“古羌人地带”[②]，汉文史籍中称之为“诸羌”。7 世纪，诸羌以西的吐蕃王朝建立以后开始向东急速扩张。吐蕃军队是军事、行政、生产三位一体的组织，军中实行“苯教师”制度。每千户有一个苯教大巫师“拉本波”负责主持各种敬神仪式，每一个战斗小组有一个小巫师“拉巴”负责随时请神帮助战胜敌人[③]。因此，吐蕃军队每到一处，藏区宗教文化就侵入“诸羌”一分。当时，派驻多康地区的藏兵（bod - dmag，音译为“白马”）被命令“弗接藏王圣旨不准返回（ka - ma - log，音意为‘噶玛洛’）”[④]。他们的后代与诸羌通婚融合，成为今天这一地区内广泛分布的藏系羌语支族群[⑤]。宋以后，特别是明清时期的汉文史籍中，“诸羌”基本上被“诸番”及“西番”替代，唯余岷江上游与北川地区成为现在的“羌族”。

吐蕃进兵青藏高原东部的过程与卫藏地区佛苯之间的互动博弈几乎是同时进行的。早期的司巴苯教与藏彝走廊各地区的本土性民间信仰在某种程度上有着天然的契合，以至于今天民族学、人类学的田野调查中几乎难以对之进行区分。藏彝走廊中的“诸羌”起初接受了随吐蕃统治而来的苯教文化及佛苯剧烈冲突中逃往边地的苯教徒们，其文化亦开始“藏化”。佛教在藏区形成一定影响之后，苯教自身开始逐渐转变为受佛教影响很深的制度化雍仲苯教[⑥]。这种变化自北向南在藏彝走廊蔓延，越往南，佛教带来的制度化影响越淡薄，司巴苯教之弥散性影响越鲜明。“诸羌”通过苯教影响开始“番化”，使它较为容易接受亦被藏文化浸染了的“藏传佛教”。佛教在整个藏区占据统治地位之后，许多苯教寺院改宗为藏传佛教寺院，藏彝走廊各部落的统治阶层也开始推行藏传佛教，而地方民间却往往盛行苯教与本土信仰相融杂的宗教文化。我们在田野调查中观察到，该区内各民族中均呈现出这种藏传佛教、苯教及本土信仰互动、共生乃至融合现象。

在藏彝走廊各民族宗教社会实践中，宗教职业者是本土宗教文化承载及能动变化的驱

---

① 尽管康区范围很大，雅砻江以东、巴、理塘以南各民族宗教文化的整体面貌有很大不同，但就康区整体的历史发展和现状而言，我们仍然可以大致推论如此。

② 参见王明珂《羌在汉藏之间》，中华书局 2008 年版，第 149 页。王明珂同时指出，当时史籍中的“羌”是中原王朝对西部民族泛称，其中实际上还包括氐、胡、蛮、夷等不同族群。

③ 格勒：《藏族苯教的巫师及其巫术活动》，《中山大学学报》1984 年第 2 期。

④ 参见智贡巴·贡却丹巴饶杰《安多政教史》，吴均等译，甘肃民族出版社 1989 年版，第 22 页。

⑤ 羌语支的判定依据孙宏开《六江流域民族语言及其系属分类》，《民族学报》1983 年第 3 期。后来的民族语言学研究有时候也将之划入藏语支。

⑥ 关于苯教分期，参见阿旺嘉措《苯教史历史分期问题刍议》，《北方民族大学学报》2014 年第 9 期。

动群体。除藏传佛教各教派之外，地方性宗教信仰往往以宗教职业者的称呼为该地本土宗教的代名词。苯教中的“苯（bon）”字，原指该宗教的巫师，从字面看有“瓶”“容器”的意思①。民间苯教的巫师有不同的称谓，大体来说，上敬神灵的称为“莱坞”（levu）、中调家事的称为“司巴”（srid－pa）、下伏鬼怪的称为“阿巴”（sngags－pa）②。藏彝走廊各地区宗教职业者的称谓与这三者以及“苯”之间往往存在语音上的关联，但目前的研究尚不能断言这些称谓是地方语言还是受到苯教传入后的影响。以下自北向南简要列出此区域内不同民族中宗教职业者的称谓及其现实状况（见表1）。

表1　　多元宗教的均等共生区诸民族及其宗教职业人员系属和称谓

族 / 系	族群	宗教职业者
藏系民族·羌语支	1	
	羌族③	喇嘛（靠近藏区的北部、西部有藏传佛教寺院） 释比（有图经）
	2	
	白马④	喇嘛（有藏传佛教和苯教的寺院） 白布、本布、白该、白莫、沙巴（有藏文经书、图画算日子书）
	嘉绒⑤	喇嘛（有藏传佛教和苯教寺院） 公巴
	贵琼⑥	喇嘛（藏传佛教格鲁派、宁玛派） 公巴（有藏文经书）
	3	
	霍尔⑦	喇嘛（藏传佛教与苯教寺院兼有）
	扎巴	喇嘛（藏传佛教与苯教寺院兼有）

① 格勒、祝启源：《藏族苯教的起源与发展问题探讨》，《世界宗教研究》1986年第2期。

② 对于这三者的区分参见阿旺嘉措学者的相关研究。据他报道，这种说法广泛流传于藏区民间，文献中尚未找到相关根据。迭部卡坝地区有“莱坞敬神，阿巴伏鬼”之说，将莱坞和阿巴明显地区分开来，一江之隔的达拉地区则对二者的区分不甚明显。司巴则被认为专门讲述人类来历等创世说，九寨沟地区的“沙巴”、羌族的“释比”，实际指的就是“司巴”，只是因方言音变造成了称谓上的区别。

③ 参见同美《早期苯教斯巴本与释比文化》，《民族学刊》2010年第9期；邓宏烈《羌族宗教信仰与藏文化的关系考察研究》，《青海民族研究》2012年第1期。

④ 据笔者2010年在四川省平武县白马藏族乡的田野调查。另参见王家祐《白马藏人的宗教信仰》，《西藏研究》1982年第7期。

⑤ 参见马长寿、李绍明二位先生对嘉绒藏族的相关调查研究。

⑥ 参见金绥之先生在四川省康定县和泸定县所做的田野调查。

⑦ 雅砻江上游的三个人群支系互相交错杂居但彼此区分明确，参见格勒《论藏族文化的起源形成与周围民族的关系》，中山大学出版社1988年版，第409页；李绍明、童恩正主编《雅砻江流域民族考察报告》，民族出版社2008年版。

续表

<table>
<tr><th>族
系</th><th>族群</th><th>宗教职业者</th></tr>
<tr><td rowspan="9">藏系
民族
·
羌语
支</td><td>木雅</td><td>本波喇嘛
安雀、索炯吾</td></tr>
<tr><td colspan="2">4</td></tr>
<tr><td>尔苏①</td><td>大鼓和尚：喇莫、崩布、阿莫、苏吾尔、公巴（有藏文经书）
萨巴、什巴、沙白、舍巴（有象形文的占卜书，“沙白文”）</td></tr>
<tr><td>多须</td><td>大鼓和尚、帕比卡、档巴（有藏文经书）
小鼓和尚：姆尼帕比、沙白</td></tr>
<tr><td>里如</td><td>阿轨、黑叭（苯教），自称“苯波哇”</td></tr>
<tr><td>史兴/虚米</td><td></td></tr>
<tr><td>拍木依②
（普米）</td><td>阿什（有藏传佛教寺院，建立过政教合一制度）
案几、韩规、丁巴（有藏文经书）</td></tr>
<tr><td rowspan="7">纳系
民族③
·
彝语支</td><td colspan="2">5</td></tr>
<tr><td>纳木依④</td><td>阿什（受苯教影响，有藏文经书，去藏族寺院学经）
扒子、帕比（主持大型祭祀和祈求仪式）
拍米、普米（癫狂的女巫，附体）</td></tr>
<tr><td>纳</td><td rowspan="2">喇嘛（藏传佛教格鲁派、宁玛派寺院）
达巴</td></tr>
<tr><td>纳日（摩梭）</td></tr>
<tr><td>纳喜</td><td rowspan="3">喇嘛（噶玛噶举、格鲁派）人数很少
东巴、本波、比补（有藏文经书，有东巴文、格巴文）
吕波、桑尼、桑尼帕（多为女性，附体）</td></tr>
<tr><td>纳罕</td></tr>
<tr><td>纳恒</td></tr>
</table>

① 讲尔苏语的人按照东部尔苏方言、中部多须方言、西部里如土语的不同分为三支彼此相近却互相区别的人群。宗教信仰方面的情况参见金绥之《川西南藏族尔苏人宗教习俗一瞥》，《宗教学研究》1998 年第 1 期；李星星《藏彝走廊的尔苏文化圈》，《西南民族大学学报》2008 年第 4 期。

② 参见何耀华《川西南藏族史初探》，《思想战线》1985 年第 8 期。

③ 据笔者 2011 年在云南省丽江玉龙纳西族自治县的田野调查。另参见方国瑜、和志武、和力民、杨福泉、拉木·嘎吐萨、格阿干等纳西学研究者的论著。

④ 参见杨福泉《“纳木依”与“纳”之族群关系考略》，《民族研究》2006 年第 5 期。

续表

族系	族群	宗教职业者
滇西北民族	6	
	怒族①	德西、尼玛、尼噶（能看见超自然存在，驱鬼、祭鬼） 达施、务谷苏（不能看到，卜卦判断）
	傈僳族②	尼扒（能看见超自然存在，驱鬼、祭鬼） 必扒（不能看到，卜卦判断）
	独龙族③	南木萨、雄麻 乌（家族内部传承，妇女居多）

注：表内阿拉伯数字只表示临近族群的大致分群，以便讨论分析，并无特殊含义。

以上各民族往往因自称和语言的差异相互区分，每个族群中宗教文化都有其独特的表现方式，但同时也表现出一些结构上的共性。以下以康定、泸定地区的贵琼藏族为例加以具体呈现。因贵琼藏族处于此区域的中间位置，历史上归属于嘉绒十八土司下辖，所操贵琼语使其与周边族群相区别。在它以北的地区是嘉绒和羌族杂居共处的地方，历史上曾是苯教的大本营；以西跨过雅砻江即是德格为中心的藏传佛教主导区域；以南是木雅、尔苏与彝语支民族相互杂居的地方。

"贵琼"意为"本地人"，贵琼藏族又自称为"瓦部"，意为苯教瓦色大神所庇佑的部落。清乾隆时期，清政府平定了北部大小金川，勒令苯教徒改宗格鲁派。同时期还有宁玛派、萨迦派传入。当地建有藏传佛教寺院，不过后来因本土宗教盛行及"文革"等缘故，有一部分寺院被废弃了。贵琼藏族中的宗教职业者称为"公巴"或"公嘛"（汉语译为"道士"）。他们不属于任何宗教组织，不脱离生产，有妻儿家室，仅在地方或家庭需要时出面禳解，其传承方式既可传子也可招徒。大部分公巴对本村寨的山神、水神所知甚详，部分公巴拥有藏文写成的经书，但许多人只会念诵而不知含义。这些经文从内容上看用于卜算的经文占据大半，康定鱼通区的公嘛家里存有称为"案子"的彩图，内容涵盖了六十甲子、十二生肖、九宫八卦和五行等，并加有藏文注解。民众做法事会同时请寺院的喇嘛和在家的公巴，二者之间并不存在排斥或敌视，"各念各的经，各做各的事"。贵琼藏语与藏语康方言不相通，有语言无文字，日常与周边交往时多用汉语。老年人对藏传佛教比较虔信，年轻人则较为淡漠。此外，贵琼人在房顶设置经堂，家中堂屋供奉天地君亲师，崇敬三脚火塘，有白石崇拜，重视十二年一次的羊年节。其最盛大的节日是农历九月十一日的转山会，呈现出汉藏文化之间多元融合面貌，导致贵琼人民族认同上也表现出

① 据笔者2011年在怒江州贡山县的田野调查。另参见张文照《怒族宗教情况》，载《民族问题五种丛书》，云南人民出版社1981年版；何叔涛《碧江怒族的原始宗教》，《世界宗教研究》1985年第3期。

② 参见张桥贵、杨毓骧《中国原始宗教资料丛编·傈僳族》，上海人民出版社1993年版。

③ 参见蔡家麒对独龙族宗教信仰的相关研究。蔡家麒：《独龙族原始宗教考察》，《社会科学战线》1984年第6期。

多元复合情况①。

四 本土宗教主导区

藏彝走廊东南部大小凉山地区的彝族，不同于以上所述各族群，其宗教文化受藏传佛教的影响较少。按照语言系属划分，纳系民族均属彝语支。为维持汉藏政治权力格局，唐代以后中央王朝先后扶植南诏及木氏土司势力用以牵制西藏。结果纳系上层势力与藏传佛教噶玛噶举派相互联手，客观上使纳系民族成为藏族与滇西各民族，尤其是彝语支民族间的重要联结桥梁。滇西北民族长期受到纳系势力统治和影响，其宗教文化亦表现出高度复合的倾向②。但是，藏彝走廊各地均流传有本土巫师与佛教喇嘛斗法的故事，而故事结局在北藏和南彝中却大相径庭。北藏故事中，喇嘛战胜了本土巫师，并将地方神祇纳入佛教护法的行列；而南部包括纳西和彝族在内诸民族中，则往往以喇嘛的惨败收场，抵制外来宗教的态度较为突出。从当前凉山地区宗教文化实践看，彝族对佛教的抵制实际上相当成功，可以说是选择了一条本土宗教为主体的宗教文化发展路径。

彝族的宗教文化主要表现为以祖先崇拜为核心，融自然崇拜、灵魂崇拜和多神信仰为一体，其宗教职业者是毕摩和苏尼。“毕”意为念诵，“尼”意为抖动，毕摩是以念诵经文的形式与神鬼交通的神职人员，苏尼则是通过击鼓舞蹈、神灵附体的癫狂形式完成各种仪式。彝族民众认为“毕摩是文的，苏尼是武的”，极个别情况下，一个人可以同时是苏尼和毕摩。在仪式过程中，这二者的职能和身份却是分别被使用的③。彝族社会最大的特点就是非常重视以父系血缘为纽带维系的家支认同。“每个家支依据同一彝姓分为若干家族，每一家族又分为若干支族，家支有自己固定的地域范围，可能包括几个、十几个甚至几十个村寨，这些村寨有时并不连成一片，而是分散在不同的区域。”④ 其中又分为若干等级，黑彝等级最高，若干白彝依附黑彝，其下又有依附于白彝的娃子。毕摩的神职地位和身份多在本家支内传递和继承，传男不传女。毕摩家支一般依附着某一黑彝家支或土司家支，亦强调对与自己有血缘关系的毕摩祖先的虔信。苏尼有男有女，类似于萨满，要经过神选方可获得其身份。不过，苏尼虽不像毕摩，是家支中代代相传，却也是在当事者家族、亲友范围内非线性地以“哈萨”（前辈苏尼的灵魂）附体的方式承袭⑤。彝族的仪式纷繁多样，按其传统可分为“路上方”和“路下方”。“路下方”仪式主要包含防病治病、祈求平安、禳灾祛祸等内容，规模限于一家一户，毕摩、苏尼均可施行。“路上方”则主要是祭祖送灵，仪式程序复杂，包含近百种程序，最隆重时可长达九天九夜。所部插的神座可达十余亩，这种仪式只可由毕摩世家出身的毕摩完成，苏尼和非毕摩世家出身的毕摩无权主持⑥。可见，无论毕摩还是苏尼，都与彝族血缘家支组织密切关联。

---

① 参见金绥之1986年调查整理的《康定县鱼通区贵琼人的宗教习俗》，《宗教学研究》1998年第7期；《泸定县岚安乡贵琼人宗教习俗》，《宗教学研究》1999年第6期。石硕2000年调查整理的《川西藏区的民间宗教形式》，《宗教学研究》2002年第12期。

② 参见赵心愚《纳西族与藏族历史关系研究》，博士学位论文，四川大学，2003年。

③ 巴莫阿依：《中国凉山彝族社会中的毕摩》，《西昌师范高等专科学校学报》2000年第5期。

④ 林耀华主编：《民族学通论》，中央民族大学出版社2003年版，第281页。

⑤ 罗庆春、李春霞：《苏尼/嫫尼与彝族历史及其研究》，《北方民族大学学报》2011年第3期。

⑥ 据笔者于2011年在四川省凉山彝族自治州美姑县巴普镇三河村的田野调查资料。

其次，毕摩要通过正式拜师学习，经过七八年甚至十多年学习和实践才可出师，有统一化、规范化、秩序化的传承谱系。从毕摩教育的内容看，主要是掌握以彝文经书为主要内容的神鬼知识、家谱、历史地理知识、历法占星知识、医药知识、草扎泥塑等造型艺术以及仪式程序相关知识，诵经是所有仪式的中心内容。与藏彝走廊其他民族宗教职业者一样，彝族的毕摩亦是掌握本民族文字的群体。但不同的是，毕摩并不从事生产劳动，而是脱离了社会生产、以仪式收入为全部或大部分生活来源的宗教职业群体。苏尼的遴选有很大不同，当其被神选中后，必须经过毕摩举行仪式，身份才能得到认可。毕摩举行的仪式过程中，苏尼等待“哈萨”附体即可。附体仪式后，苏尼的仪式祭祀学习要持续两三个月。

家支和彝文字是彝族得以保持其自身文化体系的重要资本。彝族先民唐代前后进入凉山地区，元以后成为该区域主体民族。直到1956年民族改革之前，境内家支林立，互不统属，黑彝之间不分大小，没有形成统一政权。彝谚说“鸡蛋鸡蛋一般大，黑彝黑彝一般大”。以血缘及群体依附关系为基础的等级制度延续时间之长，在世界民族史上均属罕见。强大的父系血缘关系阻碍着地缘社会组织的产生和发展①，加上封闭的自然经济，使得凉山彝族成为自成系统的区域文化集团。中国历代统治者从巩固政权角度考虑，往往对彝族地区实行较残酷的族群隔离政策；而以黑彝为主的贵族需要保证地域内有一定数量的奴隶，以维持其文化中等级制度的平衡，这就导致其不断对周边汉族和其他民族进行攻击和掳掠。此外，家支之间因“打冤家”而发生的械斗也常有发生。因此，凉山彝区文化往往表现出极强的对抗性，对其血统之外的文化采取排斥的态度。彝族宗教文化中最为重要的内容是祭祖，送祖归灵时毕摩一定要对该家支祖先的迁徙路线及其中的山川鬼灵详知尽解，否则会严重影响到仪式的效果。因此，外来宗教专业人士几乎无法参与当地仪式祭祀活动。

彝族文字属表意的音节文字，基本上是一个字一个音节的独体字。异文别体很多，习得较为困难，是古老且独具一格的“自源文字”。大概在两汉时期，彝文已经成为一种比较完备的文字体系了②。藏彝走廊诸民族大多有语言而无文字，在记录本族群最重要的宗教文化内容时虽然存留了一些图画文书，但涉及念诵部分则往往采用藏文记音。而彝族文字在毕摩中开始被广泛使用至迟也在唐代③，彼时新藏文正在初创阶段，佛教经文的藏译亦未形成统一化的规定。文字是语言的固化形态，由它而形成不同文化的边界。以藏文字为依托的藏传佛教自北向南影响到藏彝走廊各个地区，却在凉山周边停顿下来。北藏南彝之间，除了凉山北缘的尔苏藏人精通藏、彝、汉三种语言而被称为“三条舌头的人”④ 之外，藏文字并没有找到进入彝区的有效路径。因此，在地方故事的表述中，喇嘛的处境终究不够理想，这也是彝族宗教文化自古至今由本土体系主导所造成的必然结果。

① 林耀华主编：《民族学通论》，中央民族大学出版社2003年版，第281页。

② 参见凉山州档案馆、美姑县档案馆内部资料《档案：见证凉山历史》，第22、23页。

③ 彝族毕摩文献《毕补额依玛（毕摩献祖经）》中提到早期毕摩念诵经文靠口头传送，邛布时代以后开始使用笔墨纸张书写经文，念诵书面文字记录的经文。

④ 参见袁晓文《藏彝走廊尔苏藏族研究综述》，《广西民族大学学报》2008年第11期。

五　交融共生的基本结构：本土宗教与外来宗教的互补叠加

毋庸置疑，佛教在藏彝走廊地区是影响深远而广泛的外来宗教。另外，藏彝走廊各民族本土文化有诸多相似因素，特别是在各地多元本土宗教信仰中存在某种趋同特质（本土宗教的这种特质出现于被佛教化之前的苯教文化中，在佛教文化影响很小的彝族宗教中也容易观察到）。因而，藏彝走廊多元宗教的交融共生就具有了一个佛教与本土宗教互动交融的基本结构，对这一结构的认识和把握也是宗教交融共生研究的基础。

社会学家杨庆堃为全面分析中国汉人的宗教信仰，将之分类为制度化宗教和弥散性宗教两种类型[①]。着眼前文所述藏彝走廊各地区的宗教文化现象，我们会发现，这种结构性的理论分析亦符合藏彝走廊多元宗教交融共生的社会实践。可以说，各民族多元宗教信仰的互动交融大都表现为两种性质互不相同的宗教体系之间的接触、借用、互动和融入的动态过程。

1. 关心“能量”的本土宗教文化体系。苯教在佛教文化传入前后发生了很大变化。佛教传入以前为完全弥散、无宗教组织、以鬼神崇拜为基础、具有巫术性质的司巴苯教。而佛教传入后，苯教转型为内容和形式上均吸收了佛教元素的雍仲苯教。苯（bon）一词本来是指施行苯这种宗教的祭司，从字面看有“瓶子”“容器”之意。动词“苯波”（bon－pa）意为诵念神奇咒语，“因为修持者靠诵念密咒、字符或对能量可以产生影响的声音获得力量”，并借此接触到无形能量，成功掌控各界的神秘力量[②]。

藏彝走廊各地本土宗教职业者，通常分为因神选而获得特殊能力且常常伴随灵魂附体现象一类（容器），以及通过持诵咒语而主持宗教仪式的一类（咒语），有时二者也合而为一。其共同特点是关心和了解个人的能量与存在于宇宙的能量。对苯教大圆满教法有极高造诣的南喀诺布仁波切提到，古代苯教最为独特的一个特征便是“对能量方面的一种实用的、具体的辨识，这种能力与人生存之界有关。这种辨识与更侧重意念本质和各种心理方面的佛教哲学迥然不同”[③]。另外，这种对能量的实用且具体的辨识依赖于对自然物的感知。因此，这方面宗教知识实际上集中关注人们所处的自然空间，而本土宗教职业者所须掌握的宗教知识和技能中最重要部分也是关于各类山、水、土地及附着其上的神灵鬼怪的。这种细致入微的地方性知识伴随某种哲学概念无法体现的基本教义，深深嵌入地方文化和宗教体系，有时仅仅表现为一种风俗或是规矩，常常难以纳入宗教研究的讨论。但是，它对地方社会却有着重要的意义，这也是为什么在经历了藏区政权强力崇佛和“文革”无神论的巨大冲击之后，我们依然能在藏彝走廊各地看到各类规模不同的地方宗教文化复振现象。

不过，藏彝走廊各地区这种关心“能量”和“空间”的原生性宗教文化体系是否出自“苯教文化”，就目前研究状况而言，尚无足够证据。考虑到苯教的缘起，黄明信认为，它应该是“许多地方自发的、各不相属的一些巫觋术士逐渐凝聚而成的一种宗教”[④]；

---

① 参见杨庆堃《中国社会中的宗教》，范丽珠等译，上海人民出版社 2007 年版。

② 南喀诺布：《苯教与西藏神话的起源》，向红茄、才让太译，中国藏学出版社 2014 年版，第 1 页。

③ 同上。

④ 黄明信：《吐蕃佛教》，中国藏学出版社 2009 年版，第 10 页。

南喀诺布仁波切也主张，"苯一词最初是指各种现存的、有神秘祭祀仪轨的宗教派别……在某个历史时期，一个教派比其他仪轨教派更为强势，它征服其他教派并将之纳入自己的教派，该派后来成为正统苯"①。又因为藏彝走廊中大部分无文字民族受到藏文化和藏文字的深刻影响，这些分散各地、注重仪轨和咒语的宗教形态后来也往往被纳入"司巴苯教"这一称谓当中。因此，藏彝走廊各地区的地方宗教体系，或许因理解为与苯教同类型的宗教文化，而不宜被看作是某种具有一定教义的原始宗教在此区域内的扩张和统一。

2. 注重终极关怀的制度化宗教体系。具体空间中存在的具体事物往往随着时间流动而发生变化。因此，关心空间的宗教文化虽然在"能量如何被用于恢复宇宙与人之间的和谐"② 方面体现出人类智慧十分重要的部分，但它往往难以有固定的形态，也极容易受其他形态影响而发生形变。侧重终极关怀的世界性宗教在这方面有很多相对固定、可以区别于他者的教义及仪轨。佛教的核心教义由其创始者归纳为一套互相关联的基本原理，称为"四圣谛"或"四法印"，即诸行无常、一切皆苦、诸法无我、涅槃寂静，并以此作为区别于其他宗教的根本见地。这些学说进而发展出分析、阐释相关经律论等佛教典籍且践行、遵循其见地的僧尼教阶制度（僧伽）③。佛教注重心的修炼，并由于了悟一切和合事物无法恒常存在的空性，因此，佛的涅槃境界被认为完全超越了一切时间和空间概念，佛教精义因而也超越文化。事实上，"佛教绝不拒绝接受、再造和改变其他民族的思想"。因此，几乎所有文化中的佛教传统都可被看作是"佛教的一派"，而且具有"与土著的宗教相融合"的一面④。不过，佛教徒们认为"人心喜爱象征和仪式，因此外在的改变几乎是不可避免也是不可或缺的，如果有任何东西需要概念，应该是仪式和象征而非真谛本身"⑤，这些改变丝毫不影响我们将影响其他文化和受到其他文化影响以后的佛教视为佛教以外的其他什么东西。世界性的宗教同样具有这样相对固定的一面，并因此区别于弥散性的原生性宗教文化体系，具有在保持自身根本教义不变的前提下适应于不同民族文化的可能，最终能够被新的信仰者接受和认同。

六　交融共生的历史路径：文化翻译与宗教融入

藏彝走廊各民族宗教文化受佛教影响、或说佛教本土化的过程中，佛经翻译曾起到了重大的媒介作用，是宗教交融共生研究需要重点关注的领域。"翻译本身既有着纯粹语言文字上的转换功能，同时也有着跨文化意义上的阐释功能，不同文化之间的翻译或曰跨文化翻译。"⑥

在文字翻译方面，我们看到，"佛教于公元 7 世纪开始在吐蕃传播，藏语书面文字也在这时确立。故藏文从一开始就与佛经翻译直接相关，它的语法和构词法也多与梵文类

---

① 南喀诺布：《苯教与西藏神话的起源》，向红笳、才让太译，中国藏学出版社 2014 年版，第 1 页。

② 阿德里亚诺·克莱门特为《苯教与西藏生化的起源》一书所作序言，载南喀诺布《苯教与西藏神话的起源》，向红笳、才让太译，中国藏学出版社 2014 年版，序言第 11 页。

③ 参见宗萨蒋扬钦哲仁波切《正见：佛陀的证悟》，姚仁喜译，中国友谊出版社 2006 年版；［英］ Damien Keown（关大眠）《佛学概论》，郑柏铭译，译林出版社 2013 年版。

④ 许明银：《西藏佛教史》，佛哲书舍 2006 年版，第 1 页。

⑤ 宗萨蒋扬钦哲仁波切：《正见：佛陀的证悟》，姚仁喜译，中国友谊出版社 2006 年版，第 152—153 页。

⑥ 王宁：《翻译与跨文化阐释》，《中国翻译》2014 年第 3 期。

近，用藏文翻译梵文佛经从用词到语法构成均较容易相互对应”①。藏语本身与藏彝走廊各族群语言同属藏缅语族，相互之间存在一定的历史渊源关系。9 世纪时，吐蕃赞普赤祖德赞在卫藏地区规范了佛经翻译体例、统一佛典翻译用词，保证了藏译佛经书面语言的统一和规范化；另外也持续进行对青藏高原东部边缘的武力控制和藏文化输入。藏语文在佛教进入藏彝走廊的过程中充当了重要的桥梁角色。而藏彝走廊中因语言和文字形成的边界基本上与前述宗教文化交融格局相吻合。目前，在康巴藏区的核心地域，基本上使用藏语康方言；雅砻江以东以南分布广泛、讲地脚话的各族群当中，则存在语言层叠现象：在家庭和同一语言区内使用地脚话，与不同语言区居民交往时使用藏语康方言和汉语，又因大部分民族并无统一成熟的文字，包括北至羌族，南至部分纳系群体中均存在使用藏文记音的经书；彝族文化区则不同，通用彝语彝文。在人类文化发展的早期阶段，文字本身往往被认为具有带来福祸的神圣功能，具有特殊的象征意义，且往往借由特定的文化中介扩展到文化的其他符号系统当中。

通常，一种外来宗教或相关意识形态在一定的社会文化中成功实现文化翻译需要有特殊的中介系统，以构成融合的途径②。在佛教融入藏彝走廊各民族宗教文化的过程中，充当这一文化中介角色的便是深受苯教影响的藏传佛教和逐渐佛教化的早期苯教。如前所述，早期司巴苯教与散见在藏彝走廊各地区的弥散性本土信仰具有某种天然的契合，藏文化便利用这种契合性实现了东向扩展。吐蕃形成帝国时期，苯教一方面在东部影响着整个藏彝走廊的地方性宗教信仰，另一方面又在西部的卫藏与佛教碰撞而发生变化。由于受到佛教和新藏文的影响，苯教自身开始发生组织制度化和咒语经文化等改变。苯教佛教化的这种改变进而自西向东逐渐扩展开来，并于此过程中反向完成了佛教的藏化和藏传佛教的东向传播。古羌人习俗中的白石崇拜在嘉绒地区被加以改造和利用的例子突出地反映了这一文化符号转译的过程。青藏高原自马尔康起，诸如嘉绒藏族供奉白石的小塔上插了很多嘛呢旗或树枝干以及各种颜色的鸡毛，并于每月十五煨桑表示供祭。这是白石崇拜中渗入苯教文化和藏传佛教因素的明显例证③。

藏彝走廊各民族居地海拔高差大、山谷纵横、河流众多，因气温骤降、山洪暴发、坠崖坠江、野兽袭击而发生的意外事件至今依然十分普遍。生死与其所处的自然生态空间密切相关。因此，神话传说、空间想象以至于宗教信仰都表现出一种鲜明的生命自然一体化的观念体系，自然崇拜在其中占据十分重要的位置。各地原生信仰中存在众多的山神、水神和其他地方神灵。其中，山神往往承担地方守护者的角色，且分为大小不等的层级，分别对应家庭、家族、部落或是村庄。佛教传入西藏后发展出愈加复杂的象征主义，在印度已近失落的密教传统，特别是无上瑜伽部的传统，后来成为藏传佛教的主流和标志④。密教传统进入西藏，伴随着印度大成就者莲花生大师一路降服各地山神、水灵和其他地方神祇，并将之纳入佛教护法神行列的过程。正是他精通咒术降服地方神祇，佛教才有可能说服在当时吐蕃政权上层占据统治地位的苯教徒而最终在藏区立足。地方神祇被纳入佛教护法神的行列，意味着对应具体生存空间的特定符号和象征意义被整合进一个新系统。上述

① 沈卫荣：《汉藏佛学比较研究刍议》，《历史研究》2009 年第 2 期。

② 王建新：《宗教文化融合研究三题：以人类学的视角》，《中国宗教》2010 年第 3 期。

③ 参见格勒《论藏族文化的起源形成与周围民族的关系》，中山大学出版社 1988 年版，第 472 页。

④ 沈卫荣：《汉藏佛学比较研究刍议》，《历史研究》2009 年第 2 期。

藏彝走廊各地流传的喇嘛与本土宗教职业者斗法的故事也具有大致相似的意涵，也是佛教与地方宗教文化体系间借用文字和宗教符号进行的文化翻译。这在藏彝走廊表现为佛苯之间相互作用，最终形成藏传佛教的过程。文化翻译在外来宗教融入过程中，既是一个切实有效的路径，同时亦承担着中介和解读的重大文化功能。

七　交融共生的现实情状：藏传佛教影响下的多元宗教及宗教自觉

宗教文化的多元特点在藏彝走廊地区表现得十分鲜明，而这种特点是在佛教与本土宗教的互动交融中凸显出来的。在怒江流域的田野中我们曾遇到过这样的现象：怒族村寨举行的藏族式婚礼中，门上贴着汉族的“囍”字，参加婚礼的人传统上崇奉受藏传佛教影响很深的本土信仰，而现在全部信仰天主教，口中所念的则是用汉字写成的藏语发音的《圣经》[①]。可见，藏彝走廊宗教文化实践所面对的是日渐复杂的多元体系，这也是全球化的今天，各民族宗教文化所面对的共同情况。在藏彝走廊，这种多元的宗教文化动态或多或少与佛教的传入和发展有关系，从而形成佛教在藏彝走廊不同区域被吸纳、融合及抵制三种不同境遇。这也就决定了该地区各民族宗教文化互动交融研究的基本关注点，即交融共生模式及不同宗教社会话语博弈中所体现的基本问题取向。

第一，佛教是吐蕃王朝上层自发引进的宗教文化体系，佛教传入藏区，对于吐蕃帝国的形成以及藏民族的凝聚起到了至关重要的作用。而吐蕃之所以选择佛教，则是其文化脉络所赋予的既定结构所决定的。当时，吐蕃周边的印度、中亚和汉地均盛行佛教，佛教循着几条路径传入西藏。“藏人本身则主体性地舍弃先行扎下根的汉地佛教，转而采行了印度佛教”[②]，并终于以藏式逻辑和实践方式发展出佛教传统中较完整保存印度佛教特点的藏传佛教。吐蕃时期对佛教文化的主动吸收，是主动吸收外来文化中与己文化相融的部分，从而促进己文化发展的自主行为，显示出文化采借过程中主体民族的能动作用。

第二，多元宗教均等共生区的宗教文化的复合特点最突出。民族走廊的空间特点决定了它在某一方向上的封闭性和在另一方向上的开放性。在漫长的历史过程中，众多民族迁徙流动、多种文化交汇融合于这一巨大的褶皱带中，形成了层层叠压的古老而丰富的文化堆积，亦保留了大量古老而独特的宗教文化形态。藏传佛教的诸多教派，诸如西藏地区业已消失的觉囊派和在其他藏区已大为衰落的苯教，在此区域均得到完好保存。原生宗教与外来宗教经过相当时段互动的融合后共生一处，代表不同宗教文化传统的宗教职业者可以同场举行仪式。宗教文化在此区域中具有巨大活力，生存其中的人们亦具有多种选择性。作为目前我国民族文化的原生形态保留完好、历史沉淀丰富地区，[③] 其意义不言自明。

第三，在藏彝走廊南端的凉山彝族文化区中，藏传佛教融入情况截然不同，遭到本土宗教的抵制，似乎形成一种非正面且具有排他性的文化封闭现象。但是，从文化自觉角度去理解，这是一种选择适合自身社会发展所需宗教形态、能动行为的社会文化结果。正如藏学家克莱门特在讨论苯教研究的价值时所说的那样，“在我们所处的年代，理解这些

---

① 据笔者 2011 年在怒江州贡山县丙中洛乡的田野调查所见。

② 许明银：《西藏佛教史》，台北：佛哲书舍 2006 年版，第 18 页。

③ 石硕、李锦、邹立波等：《交融与互动——藏彝走廊的民族、历史与文化》，四川人民出版社 2014 年版，第 24 页。

（具有原生意义的）仪轨的价值和意义意味着开启了了解和认识各种人类原始体验和知识的宽广大门。当代，我们曾目睹建立在几千年文明基础之上的价值观和文化的消失。当今人类似乎已经忘却，正是人类的那一部分构成了古代人的神话和仪轨的核心。有鉴于此，与古代文化休戚相关的某种文化灭绝的威胁就意味着属于全人类的一种知识的丧失，因为，它是我们在全球宗教文化中能看到的初始智慧或全球视角的一部分"①。在变动且多元世界中，彝族民众坚守本土宗教体系现象凸显了宗教自觉的文化气质。

藏彝走廊各民族宗教交融共生现象，一方面会造成如藏彝走廊诸多族群中都可以观察到的宗教观念及行为等多方面的博弈；另一方面，也给我们提供了一种深入观察当地各族民众积极选择更为适合自身发展需要宗教形态的能动历史及现实过程，"宗教自觉"现象随处可见。如费孝通先生所阐述"生活在一定文化中的人对其文化有'自知之明'，明白它的来历、形成过程，所具有的特色和它发展的趋向"②。藏彝走廊各民族宗教文化在其发展历程中，秉持着其母体文化的遗传特质的同时，也以各种不同形式能动地吸收外来宗教，形成各自的宗教文化复合体。可以说，文化感知是文化创造的先决条件，宗教自觉是多元宗教世界中宗教交融共生的文化前提，是对外来宗教选择定位③的关键因素，需要学界深切关注。

（原文发表于《宗教学研究》2015 年第 4 期）

---

① 阿德里亚诺·克莱门特为《苯教与西藏生化的起源》一书所作序言，载南喀诺布《苯教与西藏神话的起源》，向红茄、才让太译，中国藏学出版社 2014 年版，序言第 11 页。

② 费孝通：《文化·反思·自觉》，载《费孝通论文化与文化自觉》，群言出版社 2005 年版。

③ 关于文化翻译与文化定位的相关问题参见霍米巴巴《文化的定位》一书（Homi K. Bhabha, *The Location of Culture*, Routledge, 1994）。

黄天道寺庙壁画图像阐微

梁景之[*]

黄天道是明代中后期兴起于华北地区的民间教派，虽然历史时期寺庙众多，但迄今存世者并不多见，特别是带有壁画图像的寺庙更是少之又少。

为了全面、深入考察黄天道的遗存以及相关史迹，经过多次实地调查与走访，2004年2月份终于在万全县赵家梁村普明庙重新发现黄天道“传画”性质的壁画数十幅，虽然残缺，但基本完整。此外，笔者于同年5月份在怀安县狮子口村普明庙发现性质类似但内容有所不同的壁画图像近10幅，其中可辨认者若干幅。根据年款，可知赵家梁村普明庙重建于1924年，狮子口村普明庙因无年款等标识，具体年代不详，但据了解，应为20世纪30年代的建筑。应该说，这些壁画的发现，虽然保存情况不尽一致，但却为黄天道的深入研究提供了一份不可多得的图像资料。下面即以上述两处普明庙壁画中的施善图像和布教图像为核心，结合方志、宝卷文献以及田野调查资料，通过对图像的解读，就早期黄天道历史中存在的相关问题进行探讨。

一　施善图像与教祖的民间形象

狮子口村普明庙壁画图像中的“舍布济贫”“挂灯照路”“施舍饮食”“财滋利人”“为民代牧”“佛前恭敬”“辞世去乱”七幅，以及赵家梁村普明庙壁画中的“锄禾显圣无数化身”“酬恩谢圣岁大有年”“修盖三天长生宝殿”“李庄偕亮建铁佛寺”四幅壁画，集中表现了普明成家后好施乐善、扶危济困、恤孤念寡的故事，虽然同类题材的壁画有部分缺失，但结合民间传说，从中仍可窥其大概。

“舍布济贫”。画面中的普明为一和蔼的老者形象，多髯须，头戴标志性的羊绒帽，与一孩童做且行且语状，身后一男子则趋步而随。这是在当地最具代表性，且至今广为流传的故事之一，虽然具体情节因人而异，略有出入，但内容大致相同，如：

其一，“传说普明乐善好施。一天去赶集，买了卷白布准备回家，这时无意中听到后面有人羡慕地说，‘看人家多好，有钱买布做衣服’。普明回头一看，说话的原来是一个衣衫褴褛的穷人。普明爷爷看在眼里，疼在心上，便想把这卷布送给他，但转念一想，非亲非故的，人家不一定要。于是想了个法子：胳膊一松，白布顺势落在了地上，然后佯装不知，继续前行。那人走着走着，猛然间发现地上有卷白布，高兴地立马捡起来，抱着就走了。回家后，普明的妻子问：你今天买的布呢？普明如实将事情的原委告诉了妻子，没想到妻子竟然责怪他：只丢给他卷布，没有针和线怎么能缝衣服呢？于是叮嘱普明赶紧把

---

* 梁景之，中国社会科学院民族学与人类学研究所研究员。

针和线去给那个人送去。”——讲述人：万全镇西北街村村民田先生，2009 年 5 月 28 日。

其二，“听老人讲，普明进城去买布，后面跟着一个讨吃的穷人，看到普明买了布，羡慕不已：要是自己也能有钱买布做新衣就好了。普明听到后就将布丢在了地上。回家后，普明奶奶就问买的布在哪？普明就把事情的经过说了一遍，没想到普明奶奶责备：有布没针线怎么缝衣服呢？快把针线给他们送去吧。”——讲述人：万全县张贵屯郝先生，2009 年 5 月 28 日。

“挂灯照路”。画面中灯笼高悬，宅邸前，普明与一孩童做交谈状，孩童扎双髻，绿衣，其身后为一背负家什、似外出而归的男子，作趋前答话状。从画面情景推测，表现的当为普明主动挂灯照明，为街坊夜行提供便利的故事。

“施舍饮食”。画面中四人，地下为一包袱状物，一男子俯身做捡拾状，身后一红衣小儿，双臂张开，做欢欣趋前状，普明则与一丫髻垂丝的女童，立于近旁，虽在咫尺，却故作视而不见状。其表现方式与舍布济贫如出一辙，且更加形象生动。

“财滋利人”。画面漫漶，局部甚至不清，但大致可辨。画面中普明端坐蒲团，背靠岩壁，近处矮树两株，花满枝头，远处则遍地烟霞，山色朦胧，一派早春景致。一男子大步流星，似得普明相助而满意离去状。

“为民代牧”。画面模糊，依稀可辨。青砖绿瓦、深宅大院之中，普明夫妇危坐高堂，阶下五位男子，一字排开，似作拱手答谢状。虽然单从画面而言，很难判断所表达的主题内容，不过据了解，代牧是当地由来已久且普遍存在的一种雇佣方式，甚至直到 20 世纪 80 年代，在河北农村仍有这种雇佣方式。代牧者多是村里无依无靠、经济状况较差的青壮年，一般在本村或者邻村农户给人放牧羊群，由东家管吃管住，并给予一定报酬，以维持生计。现在则是将几家的羊群合在一起，联户放牧，每户定期出一人，在各户间轮流放牧，以节约劳力。以此推测，“为民代牧”这幅壁画的题材，可能来源于普明当年因生活所迫，受人雇佣，放牧羊群的这一经历，只不过为了突出普明利济众生这一高尚品德，而对这段历史做了加工美化而已。这样，出于生计目的的雇佣代牧也就变成了慈善行为的为民代牧，普明在人们心目中的形象自然也为之一变。

“辞世去乱”。看起来其标题提示与画面内容的关联性似乎不大，但与赵家梁普明庙壁画中“锄禾显圣无数化身”一幅，从形式到内容反倒完全一致。可惜，赵家梁普明庙中的这幅壁画除榜题外，大部残缺。这样，“辞世去乱”这幅壁画的内容正好补其不足。画面中，一派农忙景象，山坡上，普明真身怡然而坐，手做牵引或遥控状，撒下两道白光，坡下庄稼地里，四位农夫敛衣赤足，或埋头锄禾，除草松土，或伸腰小憩，其中两人，显然为普明化身，头戴羊绒帽，多髯须，似格外卖力。这一故事在民间的流传也极为广泛，且版本较多，如：

其一，普明早年行神迹轰动乡里，当时正逢 6 月农忙季节，村民都忙于锄禾，人手不足，普明于是主动受雇于农户帮忙。后来人们无意中谈起此事，都说自己雇的是普明，于是大家才知道普明不是凡人，而是个神仙。——讲述人：万全镇西北街村村民田先生，2009 年 5 月 28 日。

其二，有一年，雨水特别多，庄稼地里杂草丛生，家家都来雇普明，请他帮忙锄锄地、薅薅草，结果他都答应了人家。另外，普明爷爷平素爱吃糕，只要谁家碾米他都会去帮忙推磨。一次，大家无意中提起这些事，才恍然大悟，原来那一天家家都有普明在帮忙，他的身影同时出现在不同的地方。于是人们议论纷纷，互相转告，终于明白普明爷爷原来并不是个凡人。——讲述人：万全县新开口村张德年，2009 年 6 月 2 日。

其三，普明爷爷给人干活，锄地、推碾子，都说雇的是普明爷爷。原来是普明化身在同时帮人干活。——讲述人：万全县张贵屯郝先生，2009 年 5 月 28 日。

对此，县志则这样记载：“昔有村人名普明者，王其姓，亦云姓郭，为人正直、和气、慈祥，又见义勇为，轻财好义。某年禾将熟，天骤寒，苗为霜杀，谷粒脱落，人皆争相收割，村民尽出，人少者大感困难。普明化身数百人，服装面貌不稍差异，分往各家助人收割。事毕相谈，家家皆云有普明，于是人皆异之，远近流传。后坐化膳房堡，塑像祀之于普佛寺，至今香火不绝。其在膳房一带之事迹，亦多有类此者，以故人皆谓之罗汉降世云。”

可以想见，普明“乃北鄙农人”出身，且家境贫寒，因此受雇于人，四处帮佣打工，属再自然不过的事。所不同的是在民间传说中，人们将普明早年受雇打工的经历，转化为助人为乐、遍行神迹的义举。

“佛前恭敬”。画中背景为一深宅大院，佛堂像设中，释迦结跏趺坐，阿难、迦叶两位尊者侍立两侧，佛前摆有香、烛、花、果、炉等供物，普明夫妇则跪拜于前，顶礼膜拜，一副虔诚模样。至今民间仍然相信，普明爷爷是修成的，是天上下来的神仙，只要人们做好事，都能修成。这幅礼佛图盖在教化众生，勤修戒定慧，一心向佛，修善因，得善果，普明夫妇就是大众的榜样。而且在当地，传统上民间也的确有信佛奉佛的氛围，尤其在妇女中更是虔诚，如县志云：“本县妇女，表面上多不奉教：然无形中受佛教及儒家之学说，影响实深矣。极信因果轮回及听天由命之说，无论境遇若何痛苦，悉委之于命，卒能安然忍受，而无丝毫反抗精神，……至有患难疾病，每多焚香忏祷，或求神问卜，而对巫婆尤为信仰。”当然，作为佛弟子或在家居士，奉佛供佛则完全是一种自觉的行为。据载，直到近世，当地仍多有虔心修行，一辈子坚持跪香、敬佛、诵经的信士。而所谓跪香，则是佛弟子或在家居士的必修课之一，即一日四跪香，一次一炷香的时间。普明夫妇佛前恭敬的画面，无疑是在家居士乃至普通百姓日常信仰生活的生动写照。

“酬恩谢圣岁大有年”。画面清新自然，祥和宁静。田野里、古树下，普明头戴羊绒帽，颔下银须飘拂，偕众二人，跪拜顶礼，拱手谢恩，其中一女，衣着光鲜，红衣黄裙，盖为普光王氏。前方不远处，一簇簇红艳艳的高粱，颗粒饱满，随风摇曳，身后则拴着一匹马和一头上了鼻圈的家猪，从而营造出一种丰收在望、六畜兴旺的美好光景。据载，由于当地多属于旱作农耕区，作物以高粱、玉米和谷子为主，因此自然灾害的形式主要表现为旱灾、蝗灾、水灾和雹灾。特别是在历史上，由于生产力低下，农业活动往往因自然灾害的影响而蒙受巨大损失，因此靠天吃饭、乞求神灵的护佑也就成了一种基本的生存法则，如当地由来已久的谢土仪式即其事例之一。谢土仪式每年须举行若干次，意图是通过祭祀天地、土地等神明，以求五谷丰登、六畜兴旺，并借此酬谢其护佑万民、利济众生的大恩大德，表达民众的感恩之心和崇敬之情，即所谓“春祈秋报”。可以想见，对于深信果报的普明夫妇等众而言，每遇丰年，这种感恩之心自然会更加强烈，于是乎才有了酬恩谢圣这一感人画面。

“偕众贤良申文谢圣”。表现的是普明率众贤良善友，焚香摆供，申文上表，酬谢圣恩的仪式活动。画面中，但见普明等五位善男，双膝跪于佛堂香案前，拱手礼拜，虔诚之至。香案上陈设香炉一座，供果三盘，香烟袅袅，烘托出一种神圣肃穆的氛围。此情此景，当为普明日常信仰活动的生动写照。

“修盖三天长生宝殿”。下半部缺损，残余部分虽漫漶，但大致可辨。画面中，只见一叉木架起巨大的梁柱，其旁，普明夫妇似做交谈商量状。修桥、铺路、盖庙，这在民间社会被视为莫大的善行和功德，修盖长生宝殿，无疑是普明夫妇众多善行中很重要的一项内容。

“李庄偕亮建铁佛寺”。画面气氛忙碌却轻松，即将完工的寺庙顶部，两位泥瓦匠正在进行最后的工序——铺瓦盖顶，下面，普明坐于庙前土坎小憩，做口讲指划状，身旁一人，应为名亮的男子，似趋前献茶。经查，李庄即今万全县宣平堡乡李家庄，又称南李庄，铁佛寺即坐落于该村，可惜今已无存。不过，根据当地文史资料可知，铁佛寺因三座铁佛而得名，有大殿 5 间，其中正殿三间为大佛殿，左为真武殿，右为观音殿。大殿砖木结构，雕梁画柱，供有 1 大 2 小 3 尊铁佛，均为坐像。大佛为如来佛的高大铁铸像，座下铸有小佛像，人称“老仙爷”。大殿前，左为钟鼓楼，右立有大石碑，记有建庙时间、铁佛来历及庙事活动等内容，后因庙宇殿堂佛像被毁，石碑遗失，无从考究。

据传，铁佛寺由周边 12 个村庄共同筹资所建。因此，逢年农历四月初八的打醮日，周边 12 个村的善男信女，即在乡绅、社首带领下，前来铁佛寺进香朝佛，以求保佑四季平安，五谷丰登。该寺的庙事活动一直持续到 1958 年，直到铁佛被拉走炼钢为止。随之和尚远走，庙堂废弃。

铁佛寺从建庙立碑，究竟历经几代和尚已难考证。人们能记住的只有四代，即建明和尚、通化和尚、维妙和尚及来自蔚县的屈师傅。东红庙的二和尚、孔家庄的杜和尚，也曾来此主持过。该寺平素只有 1 位和尚主持，每代和尚很少收徒，至多只收一位。此外，还有一些不出家的信徒即居士，与和尚一起修行。铁佛寺的和尚一天四跪香，敬佛、诵经，分早、中、晚及深夜 12 点四次课，一次一炷香时间，每顿饭则均为先供佛，后自己食用，可谓守戒极严，事佛甚恭。由于庙碑遗失，虽然现已无从考究铁佛寺的建造年代、建庙者等早期的历史情况，不过以民间传闻、壁画故事的可信程度而言，我们毫不怀疑“李庄偕亮建铁佛寺”这幅壁画的来历具有一定的事实依据。若此，铁佛寺当为普明创教前筹资建造或参与建造事宜的若干村庙之一，只是经过历代的修缮扩建，才有了后来的规模。

“通传皈戒不染瘟”。画面中，普明颌下银须飘拂，头戴羊绒帽，肩挑长杆，杆头挂一包袱，与三男子驻足而立，神情怡然。空中，一男子御龙俯视，祥云缭绕，龙口大张，喷云吐雾，雾气中似杂有颗粒状物，飘忽而下，笼罩四人。近处花木扶疏，生机盎然。这幅图像表现的是以“通传皈戒”，即传授三皈五戒的方式使人免受瘟疫之害的故事，因此这既是一种袪除瘟疫的手段，更像是一种宗教的仪式。民间宗教的立教之本在于救世避劫，这幅壁画虽然没有直接点名通传皈戒者为普明，但画面中的乘龙者应该就是普明的“身外之身”，但这里之所以没有点破，原因在于此时的普明仍然是以寻常的善人形象示人，而非教主的身份。信受皈戒，一心向佛，善有善报，普明等众善信之所以能不染瘟疫，即在于此。这也是这幅壁画传达给民众的主要信息。

另外，虽然壁画无存，但从李世瑜当年抄录的“创设雨坛广救世人”“广昌救旱祈雨救民”等榜题来看，设坛祈雨也是普明善行乃至道行的具体体现。由此可以推测，后世关于普明坟墓祈雨辄有验乃至建庙的故事，很可能与这一历史有关，如方志载：“膳房堡西有大寺，在先为碧天寺建置，年月不可考。……后寺宇为官家所毁，仅存佛像，该堡许姓迁佛像于其家。迨后旱魃为灾，乡民祷于普明坟墓，油然作云，沛然下雨，则苗勃然兴之。甘霖既降，信佛弥坚，于是鸠工庀材，建庙祀之，名曰普佛寺，时在光绪元年。”既然普明生前即发心祈雨救民，其身后成佛自然会一如既往，护佑百姓，这就是信仰的逻辑，民众的思维方式。

综上所述，一幅幅的壁画图像为我们大致还原出普明夫妇创教前的诸多善行，从而勾勒出一幅乐施好善的民间形象。具体而言，首先普明夫妇首先表现为虔诚的善男信女形象，以茹素吃斋、诵经念佛、跪香修行、祭祀天地等为信仰生活的主要内容，且展现出一种三教并重的信仰特点，如既关心道教流派的长生宝殿的修盖，又热衷于佛教寺庙——铁佛寺的建造，等等。其次，处处以大善人的形象示人，且兼具民间法师的性格特点，如扶困济贫、建寺修庙、祈雨救旱、祛病消灾等等，可谓众善奉行，道行高深。这一形象影响深远，乃至外推，成为黄天道信徒留给民间社会最为深刻的一种整体印象，故迄今当地仍习惯称黄天道信徒为善人，认为黄天道是个好教门。可见黄天道教祖形象的塑造，对教门本身以及民间社会的影响、意义是何等的重要和深远。

二 布教图像与黄天道的创立

严格意义上而言，所谓布教，本质上是由传教者与受教者双方共同构成的一种行为活动，是传与被传、人传与传人、教与学、师度与自度的有机统一。因此，黄天道壁画中的有关图像实际上不仅包括了教祖布道行教的内容，也涉及教祖拜师、求道、学法的情节，从而大致勾勒出黄天道形成、布教方式、入教特点等方面的一些基本情况。

“佛祖在天”。画面背景为一深宅大院，厅堂香案前，普明与一红衣僧对面而坐，旁一侍女，眉清目秀，手捧托盘，轻移莲步，作进茶状。丹墀下两男子，则似做张罗状。主题表现的应是普明当年延僧问道，学佛修法的故事。民间传闻，普明移居膳房堡后，即经常出入寺庙，求师学佛，后被大庙（即碧天寺）的住持“常阳”和尚收为弟子，从此普明就在大庙修行，不再给人打长工。当时普明是和普明奶奶一起去的，夫妇双修，悟道成真后，又去山西修行，最终了道。

“□巨□害”。榜题缺两字，画面中，普明提一笼状物，夫妇二人，踏着云光，腾空飘然而去。大门紧闭的住宅前，一队官兵杀到，幢幡宝盖下，一将骑白马，戴盔披甲，手执马鞭，做指挥状，前有二卒，奋力打门，一副杀气腾腾的架势，意在捉拿普明夫妇，所幸吉人天相，普明夫妇已远走他乡。宝卷中记有普明访道过程中曾在今山西广灵县遇难的经历，后被迫躲离了广灵往东而行，最终化险为夷。这幅壁画表现的内容，大概就是这一故事。

“洋遇周祖亲传大道”。下部残缺，所余画面及榜题依稀可辨。庭院树荫下，一红衣僧人，面相方圆，合掌施礼，背后是一册展开的大部经卷。因下部画面缺失，不见普明形容，依情景判断，普明当为跪拜于僧前状。关于周祖，有学者认为，这位周祖即万全县地藏寺的周玄云。对此，《普明古佛遗留灵符真宝经》云，普明的传法人是周祖玄云，具体所传为“卯酉香功”。《朝阳遗留三佛脚册唱经偈卷上》也载：“有周祖，来传法，宣阳宝地”，“周祖度群迷，少康祖又整齐。有李祖行伏治命，少康祖破了消息，霍想天降世临凡，末后一着普明出世”云云。种种迹象表明，周祖应该是普明早年寻师学道过程中所遇到的一位关键人物，普明的教法大抵也为周祖衣钵相传，尤其是内丹功法。不过这位周祖也不一定常住某一寺院，很可能游方各地，说法布道。

据《虎眼禅师传留唱经》云，普明在参师访友过程中，“狮子村，遇明人，说与我修行，对天发愿舍凡身。虽然指与我无为相，闷闷昏昏。癸丑年，遇真传，说破玄关”。又云“访明师，数十年，却来到，顺圣川，蔚罗辛庄儿重相见。上告师傅慈悲我，指与先天并后天。采药苗，难分辨，自今日，说破了玄机妙理。问师傅，讨个地头得根源”。说明普明寻师访友历经了一个漫长而曲折的过程，数十年的不懈追求，有困惑，更有收获，先是在狮子村遇“明人”，得真传，“说破玄关”，后又在顺圣川、蔚罗辛庄与“明师”重逢，得以说破“玄机妙理”，彻底开悟。至于这位明师姓甚名谁，虽然没有明示，但就所传功法修行而言，与周祖所传一脉相承，由此推测，这位明师很可能就是周祖。普明拜师虽多，但明师可能仅此周祖一人。正如《普明遗留周天火候金丹蜜指心印妙诀》所云，普明九岁发愿出家，曾经投师三次，受伤退伍后，又在其岳父王达的劝说下投拜达达营的赵宗为师，因持斋三次不得明心，于是亲自拜见化顶的周祖，半载即悟道明心。可见，周祖就是普明参师访道过程中所遇到的明人。

“回心向道化顶求师”。榜题缺失，依内容判断，表现的应为普明访师问道的情景。山原旷野中，四下寂寥，唯一僧一俗，僧人着红衣，戴毗卢帽，盘腿席地而坐，面庞方圆，表情怡然。俗衣者即普明，相貌年轻，眉目清秀，左手握一手卷，右腋下挟一函经书，与僧相对而立，微微躬身俯首，低眉顺眼，极谦恭状。红衣僧头顶则发出一道白色光芒，呈弧形，自上而下，笼罩普明，盖以此表示加持灌顶，口传心授，以心印心的传承授受关系。依榜题判断，化顶应为当地某一座山寺的指称。华北民间习惯上以某某顶指称某一方位或某一山头的寺庙，如北京高碑店的东顶、西顶，即为以寺庙的所在方位而形成的一种习惯上的称呼，自然，所谓化顶也不例外。至于化顶的具体位置，根据方志资料以及地望判断，今怀安县左卫镇的化皮岭村及其周边的化皮岭山脉则有很大的可能性。若此，所谓化顶，既有可能为化皮岭村某一村庙的习惯称呼，更可能是指化皮岭山脉中的某一座山寺。根据《普明遗留周天火候金丹蜜指心印妙诀》相关内容判断，化顶又名化顶山，而普明前往化顶所求见的师傅正是周祖、周尊。总之，普明早年求师问道的足迹遍及当地各处寺庙，其中一个最大的特点就是所拜访的人物基本为佛门中僧人，这对于了解其创教活动中继承与开新、外佛与内道的关系问题无疑有所帮助。

“玉敕封镇北天教主”。画面中玉帝衮服冕冠，一轮头光，伏案而坐，威仪庄严。御前，普明双膝跪于尘埃，朝上礼拜谢恩，虔诚之至。案侧侍立一吏，展卷宣旨，盖为敕封普明为“镇北天教主”。场面虽不壮观，却也不失庄严。有学者认为，普明回到膳房堡后，28 岁时与妻王氏开始吃素念佛，期间曾在万全县地藏寺拜周祖为师，一年后师傅去世，又到观音寺，一年半后师傅又去世，夫妇二人便来到北天寺（即碧天寺），创立了黄天教，并且编造了“玉敕封镇北天教主”的传说。且不说普明持斋把素其实早在 28 岁之前就已开始，至于榜题中的“北天”是否为“北天寺”？北天寺是否就是碧天寺？敕封北天教主到底意味着什么？凡此等等，都是需要认真探讨的问题。

众所周知，玉皇大帝是民间社会所崇信的道教至上神，统领天、地、人三界神灵，是天界的最高权威。道教认为，天有三十二层天，天外称为无极界，天内称为太极天，太极天又划分为东、南、西、北、中五天。中天为玉皇大帝所居，北天为紫微大帝所居，那么对于普明所封“镇北天教主”，理解为紫微大帝所居北天之教主当是合理的，即便从构词上而言，“镇北天教主”即镇守北天的教主，不仅享有崇高的地位，而且辖有一定的区域即北天。当然，教主毕竟不同于大帝，就像诸镇天元帅有别于天王一样，虽然同处一天，但因位格不同，职责也就有相当的差异。由此而言，北天既然为一区域范围概念，并不是指所谓北天寺这一特定的寺庙，当然与碧天寺也就没有任何关联，更遑论与黄天道创立之间的前后因果关系了。实际上，碧天寺成为黄天道的祖庙，是在黄天道创立、发展过程中最后才得以奠定的，并不是在普明夫妇来到碧天寺之后才创立的黄天教。换言之，黄天教创立在先，碧天寺成为祖庙在后，而不是相反。不过，“镇北天教主”，作为玉皇大帝敕封李宾的尊号，虽然后世教内鲜有以此称呼普明者，但受此封赐，毕竟意味着普明身份、地位上的巨大变化，即从一名普通的学道者，变身为万众敬仰的教主，同时暗示，普明访师问道阶段的结束，创教布道时期的开始。当然，“镇北天教主”并不完全等同于黄天道教主，因为从打出教派的名号，称佛做祖，到正式开立宗派，以及相对稳定的信众群体的最终形成，期间是一个极其曲折复杂的过程。据康熙年间普明第五代后裔李蔚云：“普祖乃北鄙农人，参师访友，明修暗炼，悟道成真，性入紫府，蒙玉清敕赐，号曰普明虎眼禅师，设立黄天圣道。”这可能是关于黄天道创立的最为可信的描述。尽管“普明虎眼禅师”这一法号同样由来于敕封，但也唯有这一法号与黄天道的创立直接关联，并与黄天道相始终。而民间则习惯上称之为普明佛、普明爷爷、普明祖等。当然从另一个角度而言，无论是“玉敕封镇北天教主”，抑或玉清敕赐“普明虎眼禅师”，均反映出普明李宾创教过程中与道教的某种渊源关系。

关于李宾创立黄天道的具体时间问题，学界尚有不同看法，其原因在于对有关经卷内容的不同解读。概而言之，主要有以下三说：一是明嘉靖三十二年创教，即 1553 年，岁次癸丑。持此说者以马西沙先生为代表，主要依据为《虎眼禅师传留唱经》所载：“狮子村，遇明人，说与我修行，对天发愿舍凡身。虽然指与我无为相，闷闷昏昏。癸丑年，遇真传，说破玄关。”认为黄天道的创立，应从普明癸丑年遇到明师，得真传之日算起。第二种看法认为是在明嘉靖三十三年，即 1554 年，岁次甲寅。持此说者以喻松青为代表，台湾学者王见川也支持此说。主要根据为《佛说利生了义宝卷》所载：“青虎年，古镜明”，“木虎年，古镜明”，“当阳佛，埋名千年无消耗，青虎年中古镜当空照”，又“普明如来东华主，青莲菩萨相伴你，道从此年出，黄天圣道有谁知，拜名师指与你先天理”云云，认为在遇到真传的次年，即甲寅年创立黄天道。第三种观点认为黄天道创立于明嘉靖三十七年，即 1558 年，岁次戊午。秦宝琦持此说，认为《佛说利生了义宝卷》所载“戊午年，开道场，普明佛，归本乡，身体舍弃在龙天上”，“戊午年，受尽苦，丹书来召。大门开，传妙法，说破玄空”云云，以及《普静如来钥匙通天宝卷》中“普明佛，戊午年，通传大道”，“普明佛，戊午年，开荒下种”的有关记载，均“说明黄天道确实创立在戊午年即嘉靖三十七年”。

那么，该如何理解三种不同的见解呢？一般而言，教派人物的创教过程，大都经历寻师访道、开悟了道、开宗立派、布道行教四个基本阶段。不过，在具体的创教实践活动中，因社会环境、条件的不同，一个教派的创立实际上并不一定是按照逻辑上的四段论完成的，即或先立名号而后参师访道，或问道过程中立其名号，或证道后而立其名号，当然也不乏在创教过程或创教后，根据需要不时改换名号的现象，凡此等等，不一而足。可以说，访道、得道、立教、布道，是一个密切相关，不可分割的有机统一过程。当然，黄天道的创立也不例外。因此，考虑到李宾创教过程中“访明师，数十年”，前后拜访过若干师傅的曲折性和艰辛性，以及普明在黄天道谱系中位列七祖的地位，可以推断，黄天道或黄天圣道这一名号的正式确立或公开打出，是在嘉靖三十三年，岁次甲寅，当属无疑，故宝卷中称此年为“初开法”，或曰“甲寅岁，大法显，古佛传道”。而黄天道的发端，则可以追溯到普明“遇真传，说破玄关”的嘉靖三十二年，岁次癸丑。因为既然是所谓的真传，即“甲寅岁，大法显，古佛传道”之真传道法，自然也就意味着黄天道教法或黄天圣道与“真传”一脉相承，且渊源于此。所以从这种意义上而言，认为黄天道事实上发轫于嘉靖三十二年也是很有道理的。至于说黄天道创立于明嘉靖三十七年，则实属勉强。因为宝卷中诸如“普明佛，戊午年，传通大道”，“普明佛，戊午年，开荒下种”，以及其他宝卷中所云“戊午年，才显出，大法流通”“戊午年，传大法，天下扬名”“普明无为理，戊己大开法”等种种类似的表达方式，其实是指普明佛创教后的说法布道活动。试想，若非黄天道创立在先，何来“开荒下种”的传教布道？又何来大范围的“传通大道”？实际上，戊午年以降，是黄天道创立后快速发展、渐次扩张、一统各派的时期，其流布、传播的范围不断扩大，影响力也达于鼎盛，一支独大的格局基本奠定，碧天寺始成为黄天教的祖庭和祇园宝地的核心。正因如此，才会有所谓的“通传大道”“大法流通”“天下扬名”之说。毕竟，从“初开法”“大法显”，再到“大开发”“大法流通”“天下扬名”，从“古佛传道”到“通传大道”，是需要一个时间过程的。对此，《普明遗留周天火候金丹蜜指心印妙诀》中的表述已经足够明白：“癸丑夏至，亲见周尊，化顶山前，传得分明，师传指我，卯酉之功，南岸来访，半载明心。甲寅正月，通天合同，三家相见，四至为真，祇园七百，枳儿龙门，野狐宁岭，四至分明，三家脚册，九死十生，悟道六载，大法开通，九年功满，壬戌回宫。黄天圣道，天下流通，久等黑虎，大道开通，九十二亿，尽赴银城。”其中“九年功满，壬戌回宫”，意指普明在创教满九个年头后去世。壬戌年即 1562 年，这样算来，创教年正好是癸丑 1553 年，而非甲寅 1554 年，否则就是八年功满了。再者，“悟道六载，大法开通”，也与上述所谓“戊午年，才显出，大法流通”等的记载相吻合。在这里需要留意的只是表述上的一些细微差异，如“九年功满”中的九年，显然是指从创教之初到功满回宫，整整用了九年的时间最终达成，而“悟道六载”中的六载，则语意较为暧昧，既可以理解为六年的时间，也可表示悟道后的第六个年头，其间相差一年，这样结合其他经卷的相关记载判断，所谓六载，当为悟道创教后的第六个年头，即戊午 1558 年而非满六年的 1559 年。由此也可佐证普明创教于 1553 年癸丑而非 1554 年甲寅，否则与经卷中的记载“戊午年，才显出，大法流通”不符。种种迹象表明，这一时期黄天道的真正影响恐怕仅限于所谓“祇园七百，枳儿龙门，野狐宁岭，四至分明”这样一个不大的范围，枳儿即枳儿岭，今怀安县枳儿岭村；龙门即龙门所，今赤城县龙门所镇；野狐即万全县的野狐岭；宁岭即怀安县的兴宁岭，大致相当于明宣府西路的范围，即今万全、怀安、赤城一带。下面几幅，即是有代表性的、可以反映黄天道创立后讲经布道场景的壁画图像。

“头百户屯法船大开”。描绘的是普明在怀安县头百户屯讲经说法的一个场景。画面中，普明上首端然而坐，头戴黄色羊绒帽，颔下无须，一轮头光，宛如满月，背后则为一幅水墨竹篁画屏。座前 8 位弟子，男左女右，分班而坐，衣着光鲜整洁，表情自然轻松。近处但见寒树低矮，平添些许野趣。应该说，男女信众，同处一堂，听经学法，是这幅壁画所反映出的黄天道布教活动的一个最大特点。

“怀安化度善男信女”。画面中，普明伏案端坐上首，头戴黄色羊绒帽，颔下胡须飘拂，案上摆放手卷、经书，普明双手展卷，作宣讲状。背后为一水墨画屏，案侧，两株古树，枝遒叶茂，疏影横斜。案前众弟子，均袖手分班而坐，左侧五人，右侧四人，衣着光鲜，个别似做交谈状，气氛肃静而不失活泼。

“枳儿岭上说法利生”。描绘的是普明在怀安县枳儿岭村说法的一个场景。古树下，普明伏案而坐，背后为一水墨画屏，案上摆放一部经书，其中一册呈打开状。案前左右两侧，各立有两位弟子，均手捧经书，做翻阅及交流状。场面气氛随意、轻松、自然，彼此互动的意味显然。

“马房说法喧演大乘”。描绘的是普明在马房村讲经说法的故事。山坡上，古松下，四下空旷，远山隐现，普明席地而坐，双手展卷作开示状，旁有四人围坐，包括两位少年，均神态专注，听讲认真，身后则摆放几部打开的经卷，从而勾画出一种以天地为讲坛，随缘而化的意象图。

“再诣化顶传渡赵先”。表现的是普明再次来到自己早年求师问道之地化顶，传度赵先为徒入教的故事，从情景上看也是一幅生动的拜师图像。画面中，一少年僧人，红色袈裟，眉清目秀，双膝跪倒，俯身下拜，是为赵先，普明则趋前做欲搀起状，其平易近人、和蔼可亲之态顿显。环顾四野，则山峦点翠，远山近树，遥相呼应，一派初夏美景。

“蔚州开道救度皇胎”。山野背景中，普明坐一板凳，双手抚膝，面容慈祥，面前为一对夫妇，带一小儿，均双膝跪地，做拱手揖拜状，其中小儿之态，显然是见样学样，懵懂可爱。此场景当为民间所谓“黄天道没老少”，即一人入道，全家信教的生动再现。

“宣阳宝地说法谈玄”。描绘的是普明在宣府一带讲经说法的场景。画面中，普明伏案端坐，案上摆有几部经卷，其中一部呈打开状，身后则是一幅寒梅初放题材的画屏，案前左右两侧，为三女二男五位信徒，均袖手而立，或聚精会神，或顾盼而谈，气氛轻松而愉快。

“侯真赵越发誓领经”。表现的是侯真、赵越两位弟子对师发誓，领经学法的场景。画面中，普明头戴羊绒帽，胡须飘拂，背依山坡，席地而坐，怀中揽一龙头拐杖，身边摆放一部厚厚的经书，不远处为两棵枝疏叶茂的大树，面前为一男一女，跪地揖拜。男女二人，至于谁是侯真？哪位是赵越？两者又是什么关系？虽无交代，但从传世经书的有关记载判断，侯真无疑是普明得力且信赖的亲传弟子之一，如在辗转传抄的《普明遗留考甲文簿》与《普明遗留聚宝护命灵符真经》等经书中，即分别题有“嘉靖四十一年正月二十五日抄写，侯真、张天禄将我一十三件真宝，此事不可泄露，男女包含以后，同赴龙华三会，成证佛果”，以及“普明遗留聚宝真经于嘉靖四十一年正月初十日在于善（膳）房子村写手候（侯）真张天禄白成恩三人恳沐”等语句。说明侯真不仅热衷于经书的传抄，而且深得普明真传法脉，自然也是教中的骨干人物。而赵越，后来则成为普明祖亲传的“二十四会”会主之一——窑子头会主，为早期黄天道的发展做出了突出贡献。

由上可以看出，早期黄天道在行教布道方面具有以下几个非常突出的特点：首先是俗衣人说法，外相为俗里为僧。画面中，普明长衫、粗衣、布鞋，始终戴着那顶标志性的羊绒帽，衣着装束完全无异于常人，正如宝卷中所云：“僧不僧来道不道，头戴四两羊绒帽，修行不在寺院内，我掌弥勒圆顿教。”黄天道早期又称之为全真大道、混元教、圆顿教等名号，倡导三教合一，上至教祖，下至普通信众，大多以家居火宅、在家修行为主要形式，即讲经说法，不拘场所，或家堂或山野，救度众生，随缘而化，日常生理，则不离俗务，故宝卷中有“俗衣说正法，染衣个个听”之论，标榜“僧不剃头俗衣相，相中包裹古佛心，心明悟解成佛祖”。俗衣，意为在家之人，原本为世俗大众的称谓，但在这里，俗衣当专指黄天道信徒，染衣相对俗衣而言，则是指那些“赖教穿染衣”的出家之人。当然，黄天道强调俗衣人说法，并不是要将自己置于出家人的对立面，而是强调黄天道修行的大众性和普适性，尤其是不拘泥于外相，专注于内修的性格，认为黄天道是唯一的真法门，只有在这一教门中，才出得真正的佛子。

其次是有教无类，广度人缘。普明祖身体力行，俗衣人说法，不拘在家出家、农商医工、老少妇孺，随缘而化，将各色人等统统纳入黄天道的门下。从画面中的人物不难看出，既有出家的僧人赵先，又有在家的侯真、赵越等众，可谓僧俗无别，体现出黄天道不拘一格的大众化传教风格。

最后是一人入道，全家信教。黄天道强调“生仙生佛不离人伦”，故家族整体入教可以说是黄天道信教行为的鲜明特点，例如在题为“蔚州开道救度皇胎”一幅中，所表现的即是一对夫妇携一孩童，一家三口同时皈依黄天道的情景。也正因如此，拖家带口、老幼无别、男女混杂，就成为当时黄天道法会的一道奇特风景。甚至迄今为止，在黄天道的发祥地张家口一带，尚流传有“黄天道没老少”的说法。当然，这也可以说是黄天道留给民间社会最突出、最为深刻的一种印象特点。

结语

施善和布教是黄天道吸引信众、张大教势的重要方式，也是黄天道寺庙壁画中反复强调的主题。施善图像还原出普明夫妇创教前的诸多善行，从而勾勒出一副兼具法师性格的大善人的民间形象。这一形象影响深远，乃至外推，成为黄天道信徒留给民间社会最为深刻的一种整体印象。布教图像堪称普明祖李宾早年布道生涯的生动写照，也是该教派所标榜的“俗衣人说法”“外相为俗里为僧”之行教特点的象征表达。当然更是黄天道不拘一格、僧俗无别、大众化传教风格的集中体现。

（原文发表于《宗教学研究》2015 年第 2 期）

伊斯兰教、民族国家及世俗主义

——土耳其的意识形态与政治文化

刘 义*

卡特·芬迪利认为，现代土耳其主要在两股思潮的互动下前进：一是相对激进的世俗主义力量，一是相对保守的伊斯兰力量。激进派兴起于坦齐马特改革时期，确立于青年土耳其革命（1908）和独立战争（1919—1922），继而统治共和国，并至今仍是一种类似信仰的重要力量。伊斯兰教的力量则可以通过一些著名宗教领袖的生涯来体现：梅维拉纳·哈利德活跃于1811—1827年间；萨义德·努西在1925—1944年间写了其最重要的著作；法图拉·居伦则在1983年开始扩张其运动。①

在承认这一分析框架的有效性的同时，我们必须强调民族——国家的核心角色。实际上，当代土耳其所面临的大部分问题都可以通过从帝国到共和国的历史转变来解释。传统的奥斯曼帝国是以伊斯兰教为统属的多民族社会，现代土耳其共和国则是一个基于单一民族的世俗社会。激进革命是完成这一转变的主要机制。这既包括对帝国主义侵略的抵抗，又包括对传统社会的改造。② 民族主义和世俗主义是阿塔图克遗产的两大主要原则。因此，分析当代的土耳其社会，可以发现伊斯兰主义、民族主义及世俗主义构成了三种主要力量，其中还存在自由派、改革派和保守派的区别。

以当今的几大政党为例，共和人民党（CHP）是凯末尔民族主义的代表。在20世纪60、70年代它等同于反帝国主义和民族独立。从20世纪90年代以来，其主要特征是世俗主义。共和人民党的意识形态主要包括：对公民身份的理解、世俗主义以及“国内和平、国外和平”的外交政策。民族行动党（MHP）是保守民族主义的代表；在20世纪70、80年代，它反对共产主义，并将土耳其—伊斯兰的综合主义内在化。民族行动党认同的是土耳其文化，而非种族。它将全球化进程、库尔德工人党和欧盟视为对土耳其的三大威胁。正义与发展党（AKP）则坚持全球化的重要性，提倡国际主义。另外，加入欧

---

* 刘义，博士，上海大学历史系副教授，土耳其海峡大学孔子学院中方院长。

① Carter Vaugh Findley, *Turkey, Islam, Nationalism, and Modernity: A History*, New Havenand London: Yale University Press, 2010, pp. 18 – 22.

② Justin McCarthy, *The Ottoman Turks: An Introductory History to 1923*, Londonand New York: Longman, 1997; Sina Akşin, trans, by Dexter H. Mursaloglu, *Turkey: From Empireto Revolutionary Republic, the Emergence of the Turkish Nation from 1789 to Present*, London: Hurst & Company, 2007; Erik J. Zurcher, *Turkey: A Modern History*, London and New York: I. B. Tauris, 2012 [2005; 2007; 2009; 2010].

盟和世界市场是其一个重要策略。正义与发展党也支持传统的伊斯兰价值。①

全球化以各种形式展示并强化了土耳其的混杂性。它是欧洲的，也是亚洲的；是世俗的，也是虔诚的；是一个西化的穆斯林社会，也是一个民主化的专制政府；是一个发展中社会，却同世界最发达的国家紧密相连，并希望加入后者的联盟；是一个前帝国，同其之前统属的国家和地区日益靠近；是一个美国领导的军事和政治联盟的成员，却逐渐与其利益相悖。② 土耳其最好被看作是一个跨越分歧的桥梁，但却不是包容或反映这些分歧的容器。③ 土耳其的地理、历史和文化起源及其野心，都使其对边界外的世界充满怀疑；其内部叙述提供了反对压力的基础。土耳其就像一个回音厅，但它从来没有很强的欲望调配设施，从而使声音刺入内里。④

一 民族主义与世俗主义

在独立革命之前，土耳其的思想家齐亚·格卡尔普概括流行于土耳其的三种主要意识形态："土耳其化、伊斯兰化和现代化"。现代化是一个主要潮流，很大程度上又等同于西方化。实际上，这三者之间又有一定程度的重合，出现了如土耳其—伊斯兰主义、土耳其—西方主义、伊斯兰—西方主义和土耳其—伊斯兰—西方主义。⑤ 简单地说来，土耳其主义者认为，生活在中亚、高加索及安纳托利亚的土耳其人享有共同的语言、种族、生活习惯和宗教；奥斯曼帝国是所有文明中最强大的，并在其中扮演了至关重要的角色。⑥ 伊斯兰主义者则强调宗教是社会的核心。然而，除却一些极端的原教旨主义者外，现代派穆斯林则认为，伊斯兰教需要在新的环境下重新检释。在他们看来，阻碍社会进步的不是伊斯兰教本身，而是诠释之门的关闭。西方的民主、自由、平等原则都可以在伊斯兰教中找到。⑦ 土耳其主义者和西方主义者在民族经济方面有共同的认识；土耳其主义者和伊斯兰主义者则都赞同伊斯兰教的国际主义；伊斯兰主义者和西方主义者认同奥斯曼语言。尽管各有差异，三者都反对完全模仿西方的现代化，并反对社会主义。⑧

根据思想史的考察，凯末尔的思想深受在皇家军事学院时的德国教师科马尔·戈尔茨的影响；后者的《武装国家》一书强调军人在建立国家中的重要作用。在接受这一观点的同时，凯末尔还以德国为模板，希望建立一个独立的民族国家。这影响了其后来关于民

---

① Çağla Gul Yesevi, "Turkish Political Parties and Turkish Nationalism", *International Journal of Social Sciences and Humanity Studies*, Vol. 4, No. 1, 2012, pp. 95 – 106. 关于土耳其政党的综合研究，参 Barry Rubin and Metin Heper (eds.), *Political Partiesin Turkey*, *London and Portland*, OR: Frank Class, 2002。

② Bill Park, *Modern Turkey*: *People*, *State and Foreign Policy in a Globalized World*, London and NewYork: Routledge, 2012, p. 208.

③ Ibid., p. 209.

④ Ibid., p. 210.

⑤ Peyami Safa; trans, by Yuluğ Tekin Kurat, *Reflections on the Turkish Revolution*, Ankara: Ataturk Reseacrh Center, 1999, pp. 9 – 10.

⑥ Ibid., p. 27.

⑦ Ibid., p. 35.

⑧ Ibid., pp. 39 – 40.

族主义的思想。[①] 凯末尔也受当时的科学主义思潮的影响，这派一个重要的代表是德国生理学家路德维格·布彻纳，其《力量与物质》一书是当时青年土耳其党的流行读物。在这种思潮的影响下，凯末尔得出："宗教是大众的科学，而科学是精英的宗教。"后来他更是提出："没有宗教，只有民族性；土耳其民族就是其宗教。"[②] 在社会达尔文主义的促使下，凯末尔思想的这两个方面：民族主义和科学主义，实际上联系了起来，这构成后来凯末尔主义的两大原则。

历史考察的重要性在于，将阿塔图克置于具体的社会文化处境中。这不是要否认其伟大的成就，而是要坚持伟大人物的历史性；而且这与世界史上的类似转变有着一定的可比性。其中青年土耳其党对凯末尔的思想有着极其重要的影响。后来作为凯末尔主义的六大原则：民族主义、平民主义、共和主义、革命主义、世俗主义和国家主义都被认为同奥斯曼帝国晚期的思潮有着千丝万缕的联系。[③] 这也在一定程度上说明了，阿塔图克主义的兴起反映了一种历史的潮流，而非个人的创造。另外，凯末尔的统治也影响了整个近代土耳其的政治文化，从而有了一种更持久的生命力。[④]

在土耳其近代化的过程中，曾出现过奥斯曼主义、泛伊斯兰主义、泛突厥主义的思潮。土耳其主义的兴起是土耳其民族主义的反映。在坦齐马特改革中，"祖国"的概念在精英阶层开始流行，表明了一种新的国家观念的出现。同时，奥斯曼帝国还对传统的米勒特进行改革，这成为后来"民族"概念的基础。[⑤] "土耳其主义是一种文化—族裔民族主义，极端表现是泛突厥主义和图兰主义。"[⑥] 在独立革命的初期，民族主义者的目标并不是那么明确；很多人觉得是为苏丹和哈里发而战。凯末尔也因时制宜，没有特别强调。在革命大局渐定的情况下，又特别考虑到对苏联的影响，凯末尔最终放弃了泛突厥主义。革命成功后，凯末尔的民族主义则日益明确，并通过具体的政治方案来推进。[⑦] 凯末尔界定土耳其民族的特征，包括：共同语言、共同起源、共同地域、共同历史和文化。[⑧] 他曾经与其养女伊楠合写过一本民族教育读本，其中关于民族的一节即是由他完成。后来，他又授权伊楠在突厥之家第六次代表大会上做关于土耳其历史的重要发言。1930 年，土耳其历史委员会成立，即今日土耳其历史协会的前身。这是凯末尔政府从政治层面推动民族主义史观的一个重要表现。其第一个成果即作为教科书的《土耳其史纲要》出版；后来又

---

① M. Şükrü Hanioğlu, *Atatürk: An Intellectual History*, Princeton and Oxford: Princeton University Press, 2011, pp. 33 - 37.

② Ibid., pp. 49, 56, 63.

③ Paul Dumont, "The Origins of Kemalist Ideology", Jacob M. Landau (ed.), *Ataturk and the Modernization of Turkey*, Boulder Westview Press & Leiden: Brill, 1984, pp. 25 - 44; Erik J. Ztircher, *The Young Turk Legacy and Nation Building: From the Ottoman Empire to Atatur's Turkey*, London and NewYork: I. B. Tauris, 2010.

④ Frank Tachau, "The Political Culture of Kemalist Turkey", Jacob M. Landau (ed.), *Ataturk and the Modernization of Turkey*, Boulder Westview Press & Leiden: Brill, 1984, pp. 57 - 76.

⑤ 昝涛：《现代国家与民族建构：20 世纪前期土耳其民族主义研究》，生活·读书·新知三联书店 2011 年版，第 119—124 页。

⑥ 同上书，第 165 页。

⑦ Reza Azarian, "Nationalism in Turkey: Responsetoa Historical Necessity", *International Journal of Humanities and Social Science*, Vol. 1, No. 12, 2011, pp. 72 - 82.

⑧ 昝涛：《现代国家与民族建构：20 世纪前期土耳其民族主义研究》，生活·读书·新知三联书店 2011 年版，第 253—254 页。

出版了给高中学生的四卷本《历史》。土耳其人皈依伊斯兰教之前的历史被强调。土耳其语成为了联系中亚、高加索等地居民的一条纽带；后来成立的土耳其语言学会是实现这一目的的主要推手。[①] 凯末尔民族主义的目标是实现土耳其的现代化，建立一个同欧洲国家一样的现代文明。[②]

尼亚孜·伯克斯指出，世俗主义的基本冲突并不必然在宗教与世界之间，而是在强调宗教主导地位的传统和改革力量之间。[③] 在1928年的宪法中，伊斯兰教作为土耳其国教的条款被删除；然而直到9年后的1937年宪法，世俗主义的条款才被写入。土耳其的世俗主义包括了两个方面：一是所谓宗教的启蒙；二是道德的重新整合。[④] 伊斯兰教的理性化是凯末尔的一个重要目标。在废除哈里发后，凯末尔并不是取消伊斯兰教。相反，政府在1924年成立了一个宗教事务委员会负责宗教的行政管理，并成立宗教基金管理委员会负责财务的问题；伊斯坦布尔大学建立了一个神学院，负责伊斯兰教的教育和研究。其最大胆的尝试则是将《古兰经》翻译成土耳其语，并用土耳其语做礼拜。凯末尔希望推动伊斯兰教的土耳其化。后来，通过宪法和法律，凯末尔给伊斯兰教诸多限制，包括不准在特殊教派的基础上建立协会；政党不可以寻求某一特殊宗教群体的支持；不得违背世俗主义的基本原则。简言之，凯末尔的世俗主义只是"反对伊斯兰政体的意识形态"。[⑤] 在民族主义的目标下，共和国试图淡化伊斯兰教的影响，认为在土耳其的历史上还有萨满教、佛教、犹太教、基督教、摩尼教等宗教的影响；而且，土耳其民族精神是基于一种非正统的，而不是纯正传统的伊斯兰教。凯末尔的世俗主义被认为只有消极的反对，而没有积极的定义。这导致共产主义者批评其容忍宗教，伊斯兰主义者批评其迫害宗教，西方自由主义者批评其将宗教置于政府框架内。[⑥]

不可否认的是，世俗主义已经成为了土耳其政治的一个关键词，也是土耳其区别于其他伊斯兰世界的一个重要特征。[⑦] 在阿塔图克去世后，共和人民党和军队成为了世俗主义的守护者；20世纪后半期的3次军事政变都是以保护世俗主义为名。而且世俗主义又同民族主义的目标密切联系在一起。[⑧] 更重要的是世俗主义也影响到了一般的民众，成为了土耳其公共社会和日常生活中的重要特征。[⑨] 从这个意义上讲，世俗主义和民族主义体现了现代土耳其的意识形态和社会文化。

---

① 昝涛：《现代国家与民族建构：20世纪前期土耳其民族主义研究》，生活·读书·新知三联书店2011年版，第260—333页。

② Peyami Safa, *Reflections on the Turkish Revolution*, pp. 55－59.

③ Niyazi Berkes, *The Development of Secularismin Turkey*, New York: Routledge, 1998, p. 6.

④ Ibid., pp. 482－483.

⑤ Ibid., p. mA499.

⑥ Ibid., p. 502.

⑦ Zeyno Baran, *Torn Country: Turkey between Secularism and Islamism*, Stanford: Hoover Institution Press, 2010; Ahmet T. Kuril and Alfred Stepan (eds.), *Democracy, lslam, and Secularism in Turkey*, New York: Columbia University Press, 2012.

⑧ Sinan Ciddi, *Kemalismin Turkish Politics: The Republican People, Party, Secularismand Nationalism*, London and NewYork: Routledge, 2010.

⑨ Yael Navaro－Yashin, *Faces of the State: Secularism and Public Life in Turkey*, Princeton and Oxford: Princeton University Press, 2002; Esra Özyürek, *Nostalgia for the Modem: State Secularism and Everyday Politics in Turkey*, Durham and London: Duke University Press, 2006.

二 政治伊斯兰的兴起

伊斯兰主义在土耳其的兴起首先得益于20世纪50年代多党制的确立。20世纪80年代为了对抗共产主义的影响，军方倡导“土耳其—伊斯兰教综合体”。厄扎尔的自由主义经济政策则促使了“安纳托利亚之虎”的兴起，成为了伊斯兰主义的重要社会经济基础。民族秩序党（MNP）是第一个伊斯兰政党，埃尔巴坎为领袖。他们兴起于旨在回归传统价值和制度的“民族观念”运动，认为凯末尔用西方模式取代伊斯兰—奥斯曼传统是一个历史错误，也是所有社会问题的根源。为此，他们希望建立一个“民族秩序”来终结西方化的进程。在他们看来，土耳其的身份和未来跟伊斯兰世界，而不是与西方相连。在该党被取缔之后，民族拯救党（MSP）成立，其目标是“伟大土耳其的复兴”。他们希望恢复穆斯林的生活方式，建立一个共同的穆斯林市场。1983年，福利党（RP）继承了前两个被取缔的政党；经济政策上的“正义秩序”和外交上的亲伊斯兰世界是其特点。90年代政治伊斯兰取得了巨大发展。在1994年的地方选举中，福利党赢得了19%的选票，包括安卡拉和伊斯坦布尔；在1995年的大选中，福利党赢得了21.6%的选票，埃尔巴坎在联合政府中任总理。这在共和国的历史上还是第一次。1997年的“2·28”事件后，福利党被取缔，埃尔巴坎下台。这引起了伊斯兰主义者的内部分裂，并反映在新成立的美德党（FP）的纲领中。再次被取缔后，传统主义者建立了新的幸福党（SP）；改革主义者则在埃尔多安和居尔的领导下成立了正义与发展党（AKP）。[①]

在2002年的大选中，正义与发展党赢得议会34%的席位。2007年和2011年它又先后赢得47%和49.8%的选票，由此成为土耳其的第一大党。在埃尔多安和居尔的联合执政下，正义与发展党政府也取得了卓越的成就。在经济方面，土耳其的GDP保持着近7%的增长率，国民收入翻了三倍，已经成为世界第17大经济体。[②] 同时，正义与发展党积极进行政治方面的改革。2007年，通过厄尔根尼康案，军队的势力削弱。同时，通过一系列的宪法修正案，正义与发展党希望尽力消除1980年军事政变的影响，并致力于制定一部新的宪法。[③] 2005年，土耳其正式开启加入欧盟的谈判，这是其亲西方和国际主义政策的一个重要表现。正义与发展党被看作是土耳其伊斯兰政治发展的一个转折点，从而在国际社会赢得积极的赞赏。它的统治被描述为一种“保守民主制”，也即赞同民主，同时坚持伊斯兰传统的文化和价值。其政策是以“服务”而不是意识形态为特点的；正义与发展党是一个以实用主义为特征的政党。另外，正义与发展党并不反对世俗主义，只是有着不同的理解——避免政府干涉宗教事务，并保护宗教的权利。[④] 然而，正义与发展党也有诸多的内部矛盾。其出现是以

---

① Angel Rabasa and F. Stephen Larrabee, *The Rise of PoliticalIslam in Turkey*, Santa Monica: RAND, 2008, pp. 35 - 47.

② Erdal Tanas Karagöl "The Turkish Economyduring the Justice and Development Party Decade", *Insight Turkey*, Vol. 15, No. 4, 2013, pp. 115 - 129.

③ Vahap Coşkun, "Constitutional Amendments under the Justice and Development Party Rule", *Insight Turkey*, Vol. 15, No. 4, 2013, pp. 95 - 113.

④ M. Hakan Yavuz, *Secularism and Muslim Democracy in Turkey*, Cambridge: Cambridge University Press, 2009, pp. 79 - 117.

“清洁”为名的；然而，到2013年，腐败问题也成为了其脱之不去的罪名，并直接与总理埃尔多安相关。埃尔多安日益威权主义的倾向，也引起了土耳其社会的广泛不满。其曾经的盟友居伦运动，则成为了主要的控告者。

法图拉·居伦1941年出生于安纳托利亚的东部省份埃尔祖鲁姆的一个乡村。他从小受家庭文化和苏非主义的影响，并广泛阅读了赛义德·努西的著作。他曾作为伊玛目在清真寺服务，也曾在学校教授《古兰经》。20世纪60—70年代，他先是在中学和大学组织夏令营，后又发起阳光之家运动。到80—90年代，他的学生宿舍、预科学校培训等项目，成为了介入社会的一个重要手段；后来则延伸为国际性的建立学校项目。1975—1976年，居伦访问安纳托利亚的诸城市，宣讲《古兰经》与科学、达尔文主义、黄金一代、社会公义等主题，深受听众的欢迎。特别是由于厄扎尔的自由主义经济政策，培养了他所谓的“黄金一代”。80年代土耳其主义—伊斯兰教综合体的思潮也为其发展提供了支持。居伦采取支持现任政府的立场，认为它是组织社会秩序的核心力量。然而，在70年代和80年代的军事政变中，他都因为宗教观点而入狱。1992年和1997年，他先后两次访问美国；1999年后则选择在美国费城附近的一个村庄定居。到现在为止，居伦运动已经成为一个包括教育、银行、医院、媒体等领域的广泛网络。居伦被称为这一运动的领袖，但并没有一个严密的组织体系。居伦也被称作一个现实主义者。他并不一定积极支持现代性，却认可其必要性；他支持民主，认为是实现合理秩序的重要机制。他也支持科学，赞同不同信仰间的对话。移居美国后，他特别赞成公民社会的发展对土耳其社会的影响。居伦发起的运动被称作类似基督新教改革的“宗教启蒙”；这一启蒙区别于阿塔图克的革命，却跟国际社会的潮流更吻合。在正义与发展党的统治下，二者曾经在削除军人势力方面有过密切的合作。①

居伦运动曾经跟正义与发展党是很好的合作伙伴，这特别体现于对抗军人势力的过程中。他们一个是执政党，一个拥有广泛的社会网络；一个以政府为主，一个则有着国际性的影响；一个集中在政策，一个则注重社会文化。这似乎是很好的搭档，共同构成了土耳其社会的穆斯林精英势力。然而，在削弱军人势力后，这对盟友内部的矛盾也逐步呈现。当埃尔多安政府准备关掉以居伦运动为主要势力的考试培训学校时，后者采取了强烈的反攻态势。从盖齐公园的游行到年底的腐败案，居伦运动都被认为是一个主要的鼓动者。这反映了伊斯兰势力的内部矛盾。②

伊斯兰主义的力量也体现于知识和思想界。穆斯林知识分子兴起于20世纪70年代，从80年代开始有着深远的影响。他们大多在现代学校中接受教育，并利用现代技术的便利，同时又批评这些西方因素的影响。他们大部分是报纸专栏作家、政府官员或大学教授，有着固定的薪水。知识分子只是他们部分的身份。他们是以穆斯林的身份，从伊斯兰教的视角思考和分析问题的人。他们讨论道德和社会问题，以伊斯兰教的传统为依归。从

---

① 关于这一运动，参M. Hakan Yavuz, *Towardan Islamic Enlightenment: The Gülen Movement*, New York: Oxford University Press, 2013。居伦的论述，参Nevval Sevindi; edited and with an in troduction by Ibrahim M. Abu-Rabi; trans. by Abdullah T. Antepli, Contemporary Islamic Conversations: M. Fethullah Giilenon Turkey, Islam, and the West, Albany, NY: State University of New York Press, 2008。

② Kadir Ustun and Erol Cebeci, “AK Party - Gulen Split: Political Fallout from Corruption Probe”, Washington, DC: SETA, 2014.

20 世纪 80 年代至 90 年代，他们的思想基本上是一贯的，可以说是在重复某些特定的观点。他们的语气大多是批评和讽刺性的。他们反对现状，认为必须改革，但却提不出任何具体的方案。他们认为，只有个体通过遵循伊斯兰教的律法来实现自我发展，改变才能最终实现。苏非主义在他们的思想和作品中占有重要的地位。一般说来，他们将西方等同于现代性，认为其是所有罪恶的根源；批判西方，恢复最初的伊斯兰教，是他们的一个主导声音。对他们来说，伊斯兰教不只是一种宗教信仰，而且是一种生活方式，一种解决所有问题的方法。他们既不接受伊斯兰教的现代化，也不接受现代性的伊斯兰教化。他们并不是原创性的思想家或哲学家，而是能够影响大众的公共知识分子。一些突出的代表如：阿里·布拉奇、伊斯迈特·厄兹尔、拉希姆·厄兹德诺仁、伊尔汗·库吐鲁尔、艾尔辛·古尔多安、阿卜杜拉赫曼·迪利帕克等。①

妇女也是一股重要的伊斯兰力量。特别是在埃尔巴坎的福利党兴起过程中，妇女是一支非常重要的支持力量。这也引起了关于穆斯林女性主义的讨论。她们既区别于传统的穆斯林女性，又不满于世俗女性主义。同时，她们与这两个群体在思想上又都有着部分的重叠。在“阿拉伯之春”的浪潮中，穆斯林女性积极努力，希望分取革命的成果，改善女性的地位。然而，她们很快失望了。在当代土耳其，穆斯林妇女的一个重要改变体现于在公共场合戴头巾的行为。这先在大学里成为一种默认的事实，接着又在诸多公务部门得以认可。2013 年 10 月，四位戴着头巾的女议员公开进入议会，是一个突出的象征行为。②

三　民族主义与内部分裂

土耳其现代民族主义的一个后果是内部分裂。在第一次世界大战期间，奥斯曼帝国强行让亚美尼亚人迁移，且导致了严重的死伤。这至今都是土耳其在国际社会的一个尴尬问题。土耳其和希腊则因为塞浦路斯的问题争论不休，并成为了影响其加入欧盟的一个重要因素。最严重的莫过于库尔德人的问题。特别是由于库尔德工人党（PKK）的恐怖行为，成为了困扰土耳其内政外交的一个重要难题。因此，这也变成了考察土耳其民族主义问题的一个典型案例。③

库尔德民族主义的兴起归因于土耳其从多文化、多民族的帝国向单一的民族—国家的转变。传统的库尔德社会以部落来组织，并因为地理原因分散而居；库尔德人

① Sena Karasipahi, *Muslimsin Modern Turkey: Kemalism, Modernism and the Revolt of the Islamic Intellectuals*, London and New York: I. B. Tauris, 2014, pp. 52 –67.

② 关于穆斯林妇女在土耳其的政治参与，一项经典的研究，参 YeşimmA Arat, *Rethinking Islamand Liberal Democracy: Islamist Womenin Turkish Politics*, Albany, NY: Stale University of New York Press, 2005。关于当代土耳其妇女的问题，参 Sedef Küçük, “Beinga Woman in Turkey and in the Middle East”, *Turkish Policy 1uarterly*, Vo. 11, No, 4, 2012, pp. 23—30; Selma Acuner, “Gender and Developmentin Turkey”, *Turkish Policy 1uarterly*, Vo. 11, No. 4, 2012, pp. 71 –78; Umut Azak, “Beyondthe Headscarf: Secularism and Freedom of Religion in Turkey”, *Turkish Policy 1uarterly*, Vo. 11, No. 4, 2012, pp. 91 –99。关于这一事件的报道，参 Sebnem Asru and Dan Bilefsky, “Turkey Lifts Longtime Banon Head Scarves in State Offices”, *New York Times*, October 8, 2013; “Turkey's Female MPs Wear Headscarves in Parliaments for the First Time”, *The Guardian*, October 31, 2013。

③ 参 Taner Alcfam, *From Empire to Republic: Turkish Nationalism and the Armenian Genocide*, London and New York: Zed Books, 2004; James Ker –Lindsay, *The Cyprus Problem: What Everyone Needs to Know*, Oxford and New York: Oxford University Press, 2011; Christopher Houston, *Kurdistan: Cratfing of National Selves*, Oxford and New York: Berg, 2008。

内部伊斯兰教派的争斗加剧了其内部分裂。然而，奥斯曼帝国晚期中央集权化的努力，在打破部落组织的同时，强化了伊斯兰教的共同身份。共和国废除苏丹和哈里发的做法，是对这种基于伊斯兰教的统一身份的巨大冲击；20 世纪 20、30 年代的三次库尔德人起义，是对这一政策的回应。然而，共和国由此确定了对库尔德人的话语。1920 年《色佛尔条约》关于地区自治的承诺给库尔德民族主义以希望，但成为了共和国的心病。而且由于库尔德地区的经济落后，共和国在追逐现代文明社会的同时，也将库尔德视为落后的象征。在20 世纪60 年代，社会主义成为了库尔德人争取利益的一个重要意识形态；这特别体现在阿列维派身上。20 世纪 80 年代的军事政变则促使了库尔德身份的进一步强化和政治化。①

从 20 世纪 80 年代后期起，厄贾兰领导的库尔德工人党（PKK）成为了在土耳其实行恐怖主义的主要代表。厄贾兰出生于安纳托利亚东南部的乌尔法（Urfa）省，家境贫寒。在伊斯坦布尔，他曾参加东部革命文化之家，一个倡导库尔德民族主义的激进组织。在安卡拉大学上学期间，他又因为散布非法材料而被逮捕。后来，他又接触库尔德民主党，是伊拉克的巴扎尼运动在土耳其的一个分支。厄贾兰逐步团结一些追随者；到 1978 年，库尔德工人党正式成立。从一开始，暴力就是它的一个重要特征。1979 年，厄贾兰进入叙利亚。后来，他自己定居在大马士革；其战斗部队在驻扎黎巴嫩的贝卡谷地。由于遭到库尔德平民的反对，厄贾兰开始强行征兵，并对当地的村民进行武装袭击。在国际上，厄贾兰则控诉土耳其政府，借助苏联的武器支持，并在欧洲的库尔德移民中获取财力支持。两伊战争后，随着伊拉克北部成为库尔德人的自治区，厄贾兰也在那里获得了地盘。自 1998 年始，土耳其政府逼迫叙利亚驱逐厄贾兰；1999 年，厄贾兰在内罗毕的机场被捕。他被判处死刑，后改为终身监禁。从 1978 年到 2002 年，库尔德工人党的恐怖行为导致 35000 多人死亡。2002 年，欧盟最终将库尔德工人党列入恐怖组织名单。②

1991 年，厄扎尔总统首次提出要解决库尔德问题。在 1993 年访问迪亚巴克尔时，总理德米雷尔和副总理伊诺努宣布认可库尔德的现实。作为回应，厄贾兰宣布了第一次停火。1996—1997 年，总理埃尔巴坎也表达了解决这一问题的愿望。2005 年，总理埃尔多安在安卡拉同一些知识分子会面以及随后访问迪亚巴克尔时，公开提出库尔德问题，并希望通过民主、公民权和福利的方式来解决。2009 年，正义与发展党领导的政府开启了关于“库尔德开放”的讨论，后改为民主开放；之后，又变为国家统一和友爱工程。真正推动这一问题的是所谓奥斯陆进程，也即国家情报局和厄贾兰之间的直接对话。2013 年，两位议员阿赫麦特·图尔克和艾拉·阿卡特会见了厄贾兰；这一被称为伊姆拉勒的会议开启了当前的和平进程。之后，厄贾兰发表了历史性的声明，希望结束战斗。厄贾兰强调伊斯兰和共同的历史经验作为团结的基础，但这引起了左派知识分子的怀疑。③

---

① Hakan Yavuz, “Five Stages of the Construction of Kurdish Nationalism in Turkey”, *Nationalism and Ethnic Politics*, Vol. 7, No. 3, 2001, pp. 1 – 24.

② Andrew Mango, *Turkey and the War on Terror: For Forty Years We Fought Alone*, London and New York: Routledge, 2005, pp. 31 – 57.

③ Yilmaz Ensaroğlu, “Turkey's Kurdish 1uestion and the Peace Process”, *Insight Turkey*, Vol. 15, No. 2, 2013, pp. 7 – 17.

习惯的分析总是强调公民民族主义和种族民族主义的矛盾，以及国家和社会之间的对抗关系。然而，从理论的角度讲，库尔德民族主义的兴起体现了一种有意的边界制造和强化过程。特别是从20世纪50年代的多党体制确立以来，主要政党跟库尔德精英的联盟促使了后者力量的兴起和民族意识的觉醒。同时，在以多元主义和流动性为特征的民主体制下，不同的势力也跃跃欲试，从而形成不同的力量。当我们为库尔德工人党的恐怖行为所吸引时，同样不可忽视的是库尔德人内部的分裂；这既体现在世俗派和穆斯林之间，也体现在不同的伊斯兰教派之间。最后还需关注库尔德民族主义的国际因素和影响。①

四 新奥斯曼主义与外交政策

土耳其外交部部长达武托奥卢指出，土耳其的外交立场反映了“其在国际事务中的历史深度、地理位置和丰富遗产”。如果土耳其不能很好地理解历史的潮流，将自身置于世界的恰当位置，就会为迅即变化的事件所淹没，并付出沉重的代价。因此，土耳其外交政策的制定，基于“对长时段的历史趋势的可靠而理性的判断，以及在世界历史的大框架中自身定位的理解”。②

在苏东剧变后，为了弥补苏联在中亚国家的权力真空，西方国家提出了所谓的“土耳其模式”。这一方面是基于土耳其是一个世俗、民主的国家，拥有自由主义的市场经济，且与西方保持着密切的关系；另一方面则是因为土耳其同中亚国家共同的种族（中亚大部分国家都被认为是突厥族）、语言（突厥语是中亚大部分国家的民族语言）和宗教（中亚国家大多信仰伊斯兰教，特别是逊尼派的传统）联系。这在很大程度上是针对伊朗的可能企图而言的。然而，事实证明，伊朗没有足够的精力在这一地区扩张势力，俄罗斯也没有放弃这一地区的打算。再加上土耳其面临的一些问题，西方国家逐渐放弃了对土耳其模式的倡导和支持。③

“重新发现中东”被称为是土耳其外交的一个重要转向。一方面，在1990—1991年的海湾战争后，土耳其开始警惕美国对其境内军事基地的使用，日益兴起的库尔德人问题也成为土耳其和美国发生分歧的原因所在；这在2003年的伊拉克战争中表现得非常明显。另一方面，土耳其则积极发展同伊朗和叙利亚的关系，库尔德是联系三方的一个共同安全问题。2004年埃尔多安在访问德黑兰期间同伊朗签署了一个安全协定，将土耳其工人党列为恐怖组织。2007年双方又签署了能源协议，允许土耳其石油公司（TPAO）开采伊朗的原油和天然气，以及通过伊朗的管道将天然气从土库曼斯坦输送到土耳其。1998年在土耳其的威胁下，叙利亚最终将厄贾兰驱逐出大马士革。2005年叙利亚总统访问土耳其，

---

① Güneş Murat Tezcür, “Kurdish Nationalism and Identity in Turkey: A Conceptual Reinterpretation”, *European Journal of Turkish Studies*, No. 10, 2009; Johanna Nykänen, “Identity, Narrative and Frames: Assessing Turkey's Kurdish Initiatives”, *Insight Turkey*, Vol. 15, No. 2, 2013, pp. 85 - 101.

② Ahmet Davutoğlu, “Principles of Turkish Foreign Policy and Regional Political Structuring”, *Vision Papers*, No. 3, Ankara: SAM/Centerf or Strategic Research, April 2012. 关于其外交思想更详细的论述，参 Ahmet Davutoğlu, *Stratejik Derinlik: Türkiye'nin Uluslararasi Konumu*, Istanbul: Küre Yayinlaori, 2001。

③ Idris Bal, “The Turkish Model and the Turkic Republics”, *Perceptions: Journal of International Affairs*, Vol. 3, No. 3, 1998, pp. 105 - 129.

自其1946年独立以来这是第一次。土耳其总统赛泽尔也在当年春天访问了叙利亚。另外，土耳其公开指责以色列在约旦河西岸和加沙的政策为“国家恐怖”；同时，则在2006年接待哈马斯高级官员的访问。2006年沙特国王也访问土耳其，被称为是过去40年来的第一次。①

在2011年的“阿拉伯之春”后，土耳其模式再次成为中东地区的一个热门话题。尽管土耳其更愿意接受“土耳其灵感”这一较温和的词语。然而，土耳其在这一事件中的积极表现引起了全世界的关注。在其北非之行中，埃尔多安宣布：“突尼斯将证明给全世界，伊斯兰和民主可以共存。穆斯林占绝大多数人口的土耳其已经实现了这一目标。”在埃及，埃尔多安受到了英雄式的欢迎。他将土耳其描绘为民主、世俗和法治的社会，认为一个世俗政权应同所有宗教群体保持距离，无论是伊斯兰教、基督教、犹太教或其他。土耳其也被认为将在埃及动荡之后扮演中东国家的领袖角色。然而，当土耳其对穆尔西政权下台公开表示不满时，其在埃及的受欢迎程度也在急剧下降。土耳其参与北约对利比亚的行动，以及同叙利亚阿萨德政权的敌对被认为是其“邻国零问题”外交失败的典型表现。②

巴尔干和高加索地区则被称作是这一外交政策成功的范例。自正义与发展党执政以来，特别是在达武托奥卢的外交政策下，土耳其在这一地区有着积极的参与和介入。对此，土耳其既有地缘政治的考虑，也有经济、社会、文化的因素。一个重要原则是地区自主性，另一个则是包容性。其目标则是确立土耳其在该地区的领导性作用。黑海经济合作组织、东南欧合作进程、地区合作委员会、东南欧合作倡议、和平执行委员会、东南欧联盟等是重要的媒介。土耳其合作与协调机构（TiKA）等也主动出击，发挥其在地区政治中的影响。在担任东南欧合作进程主席期间，土耳其积极推动了塞尔维亚和波斯尼亚的和解进程，并在波斯尼亚—黑山—克罗地亚以及科索沃的冲突解决中扮演了重要的作用。土耳其的纳布楚项目（Nabucco Project）、跨安纳托利亚管道等，也推动了地区的能源合作与发展。③

埃尔多安和达武托奥卢倡导的新外交政策被称为是“新奥斯曼主义”（neo－Ottomanism）。对外界来说，第一反应是将其解读为一种扩张主义，也即试图恢复奥斯曼帝国曾经的势力范围；从内部来说，则更多地被解读为对历史和世界局势的综合考虑。客观地讲，这可被看作冷战后土耳其外交整体调整的结果；对奥斯曼历史文化传统的强调，则体现了

---

① F. Stephen Larrabee，“Turkey Rediscovers the Middle East”，*Foreign Affairs*，Vol. 86，No. 4，2007，pp. 103－114.

② Kieran Uchehara，“Erdoğan's Mideast and Arfican Tour：Putting Turkey on the Map”，*Turkish Review*，Vol. 1，No. 6，2011，pp. 68－71；Ziya Oniş，“Turkey and the Arab Spring：Between Ethics and Self－interest”，*Insight Turkey*，Vol. 14，No. 3，2012，pp. 45－63；Nathalie Toccietal，*Turkey and the Arab Spring*：*Implications for Turkish Foreign Policyfroma Transatlantic Perspective*，Washington，DC：The German Marshall Fund of the United States，2011；Graham E. Fuller，*Turkey and the Arab Spring*：*Leadership in the Middle East*，Bozorg Press，2014.

③ Mehmet Uğur Ekinci，*Turkey's “Zero Problems” Erain the Balkans*，Ankara：SETA/Foundationfor Political，Economic and Social Research，2013.

对形成于战争背景下的共和国外交的超越。①

结语

西方学术界喜欢讨论伊斯兰教与民主制的关系问题；土耳其模式的成功很大程度上被归因于此。有学者认为，伊斯兰复兴和第三波民主浪潮是当代两股重要的力量，它们的同步发展将促进一个光明的未来。还有学者认为，伊斯兰世界的民主化需要一种本土化的世俗主义。② 然而，当西方国家越来越强调民主和人权等理念时，我们不能不忽视的是新兴起的国家经济发展和社会改革的严酷事实。民族—国家作为现代性的一个重要产物，是调节这两方面的一个核心机制。然而，全球化的趋势和后现代的思潮正在冲击着民族—国家的力量。这包括国内的抗议和国际的干预、真实和虚拟空间的跨国流动、消费主义对客观性的消除等。在这些力量的作用下，民族—国家甚至会迷失自己的方向，这成为了对新兴发展力量的一个重要挑战。

就土耳其来讲，伊斯兰教和世俗主义被当作两股主要的对抗力量。然而如有学者所指出的，土耳其的紧张对立可能不只是一般意义上的世俗主义与宗教的对抗，而是就亵渎神圣的争斗。世俗主义者和虔敬派在诸多问题上产生分歧，包括：什么是神圣的，什么是内在于传统的、不可侵犯的，以及什么是外在于传统圣化的身份界限的。“宗教在土耳其已经世俗化，世俗领域则被神圣化，从而导致关于何为神圣以及相应的亵渎指控的争论。”③ 值得注意的是它们同民族—国家的共同联系。同世俗的民族主义对称，也出现了所谓的穆斯林民族主义——这指一位虔诚的土耳其穆斯林，其主体和未来为奥斯曼帝国的传统所塑造，并同共和国的政治框架相重叠，但却与凯末尔主义的国家计划相分离。④ 穆斯林民族主义基于文化土耳其主义，而不是以血缘为基础的民族性；从而想象国家拥有奥斯曼帝国比较弹性的国界，而不是历史的共和国边界。⑤

更有趣的是，尽管宗教在当前的土耳其社会中日益重要，但对土耳其西方倾向的威胁不是伊斯兰教化，而是日益增长的民族主义以及对美国和欧洲的沮丧。对土耳其西方倾向的主要威胁不是来自伊斯兰主义的政治家，而是同西方有着长期密切关系的世俗主义机构。曾经倾向于东方的伊斯兰主义者现在对保持同美国和欧洲的亲密关系更感兴趣，曾经

---

① Ehud R. Toledano, “Some Thoughts on the Ottomans and neo-Ottomanism”, *Turkish Review*, Vol. 3, No. 1, 2013, pp. 8 – 13; Ali Erken, “Re – imaging the Ottoman Pastin Turkish Politics: Past and Present”, *Insight Turkey*, Vol. 15, No. 3, 2013, pp. 171 – 188. 关于土耳其外交的历史考察，参 William Hale, *Turkish Foreign Policy since 1774*, London and New York: Routledge, 2013 [2000; 2003]。

② John L. Esposito and John O. Voll, *Islam and Democracy*, NewYork: Oxford University Press, 1996; Nader Hashemi, Island Secularism, and Liberal Democracy, *Toward a Democratic Theory of Muslim Societies*, Oxford and New York: Oxford University Press, 2009.

③ Jenny White, *Muslim Nationalism and the New Turks*, Princeton and Oxford: Princeton University Press, 2013, p. 5.

④ Ibid., p. 19.

⑤ Ibid..

是西方倾向的凯末尔主义精英则在质疑土耳其同西方保持密切关系的价值。[①] 因此，我们发现，一方面伊斯兰教成为了土耳其加入欧盟的主要障碍；另一方面入盟的进程也在改变着土耳其的政治文化。比较吊诡的是，支持这个过程的恰恰是脱胎换骨的政治伊斯兰。[②]

（原文发表于《世界宗教文化》2015 年第 1 期）

---

① Philip H. Gordon and Omer Taspinar, *Winning Turkey: How America, Europe, and Turkey can Revivea Fading Partnership*, Washington, DC: Brookings Institution Press, 2008, pp. 3 – 4. 进一步的讨论，参 Madeleine K. Albright, Stephen J. Hardley, and Steven A. Cook, *V. S. – Turkey Relations: A New Partnership*, New Yoric: Councilon Foreign Relations, 2012。

② Mirela Bogdani, *Turkey and the Dilemma of EU Accession: When Religion Meets Politics*, London and New York: I. B. Tauris, 2011; Ioannis N. Grigoriadis, *Trials of Europeanization: Turkish Political Culture and the European Union*, New York: Palgrave Macmillan, 2009.

“伊斯兰威胁欧洲”？

——政治的想象与宗教的建构

李维建*

中世纪欧洲的穆斯林

事实上，穆斯林移民欧洲的历史由来已久。历史上大规模的移民至少发生过两次，但都是以军事征服为先导。第一次是穆斯林移民西南欧的伊比利亚半岛。公元8世纪初，阿拉伯帝国扩张到北非后，穆斯林大军以摩洛哥为基地，跨过狭窄的直布罗陀海峡，向西班牙进军。很快占领整个半岛，并挺进到法国边境。后由于遭遇到查理曼帝国军队的顽强抵抗，穆斯林军队才止步。除西班牙，穆斯林还占领了地中海的许多欧洲岛屿，如现属法国的撒丁岛、科西嘉岛，现属意大利的西西里岛等。第二次是在奥斯曼帝国时期。14世纪中期，奥斯曼帝国开始对东南欧的征服，经过近30年的征战，除君士坦丁堡外，最终将多瑙河以南的东南欧全部占领。1453年，奥斯曼军队又攻下君士坦丁堡。

军事之征服之后，就是占领区的伊斯兰化过程。移民是推动伊斯兰化的重要因素。不论是在西南欧还是东南欧，占领期间的穆斯林人口都急剧增长，这既有穆斯林移民的原因，也有当地人改宗伊斯兰教的原因。在西班牙和巴尔干，穆斯林都建立了强大的政权，发展出繁荣的伊斯兰文化。但随着欧洲的崛起，阿拉伯帝国和奥斯曼帝国的衰落，欧洲人发起了收复失地运动。在西班牙，1492年以格拉纳达的陷落为标志，穆斯林被暂时赶出伊比利亚；在东南欧，19世纪至20世纪初，东南欧各民族国家相继独立，奥斯曼的统治也随之终结。不过与西班牙不同的是，穆斯林却在东南欧留了下来，现在的阿尔巴尼亚、科索沃、波黑、马其顿等国家仍有数量较多的穆斯林人口，多是那段历史的遗存。

历史上穆斯林两次向欧洲的移民，都是以军事征服为手段，伊斯兰帝国政治上扩张的野心，与伊斯兰宗教阶层的信仰普世主义的合谋二者齐心协力，造就了西南欧和东南欧这两段“令欧洲人伤痛”“令穆斯林自豪”的伊斯兰历史。也许正是这两段以征服甚至血腥为先导的穆斯林移民史，在当前穆斯林人口在欧洲急剧增长的态势下，让欧洲人不由自主地产生某种联想、警醒，甚至排斥情绪。

---

* 李维建，中国社会科学院世界宗教研究所副研究员、伊斯兰教研究室副主任。

欧洲穆斯林和伊斯兰教

穆斯林第二次大规模地进入欧洲，始于殖民时期。不过这次不是以征服者，而是以被征服者的身份出现的。欧洲殖民者希望增进与被殖民者的文化亲近感、政治认同感，邀请和资助被殖民国家社会上层的年轻人，到宗主国来留学、交流甚至工作。有人学成回国，也有许多人留了下来，成为移民。由于殖民地国家多为伊斯兰世界，留下的移民也多为穆斯林。不过，这一时期，穆斯林移民毕竟人极少。穆斯林真正大规模地涌入欧洲，发生在“二战”之后。欧洲战后的经济复苏，急需大量劳动力，穆斯林作为人力资源大量来到欧洲，尤其是20世纪70年代以后，更多的穆斯林来到欧洲找工作。同时，中东和非洲的伊斯兰国家社会频繁动荡，大批难民也想方设法逃亡欧洲。除此之外，还有穆斯林因政治避难等原因来到欧洲，但并不占主流。当前，穆斯林移民欧洲的大潮仍在继续，加上早期穆斯林移民的二代和三代，使欧洲穆斯林人口急剧增长。

目前穆斯林人口约占欧盟4.25亿总人口的5%，即2125万人。这还不包括欧洲非欧盟国家的穆斯林人口。其中，法国有穆斯林人口450万，德国300万，英国160万，荷兰85万，意大利和比利时穆斯林人口都超过50万。尽管其他欧盟国家的人口都低于50万，但由于这些国家总人口本来就少，如奥地利、瑞典和比利时，穆斯林所占该国总人口的比例却很大。[①] 现在欧洲各个国家都有可观的穆斯林人口。历史上穆斯林曾经被彻底赶出西班牙，而现在，这个国家的穆斯林人口已近50万。即使在北欧洲的瑞典、芬兰和挪威，穆斯林的社区也在迅速膨胀中。在同一国家，穆斯林人口也多聚集在城市，而非农村。在荷兰的85万穆斯林人口中，几乎全部分布在该国最大的四个城市中。其中阿姆斯特丹穆斯林人口超过50%，鹿特丹、乌特勒支和海牙都超过30%。

从移民背景讲，阿拉伯人占45%，位居第二、第三位的是土耳其和南亚国家。由于移民历史不同，分布不均，欧洲各国穆斯林人口的构成差别很大。法国和英国，其穆斯林人口源于20世纪中期的移民潮，法国的移民多来自北非的殖民地，英国的来自南亚。而德国穆斯林移民，则源于“二战”后因经济发展而引入的土耳其劳工。而且，因“沾亲带故”的便利，新移民仍源源不断地涌入各个欧盟国家。

随着穆斯林一起来到欧洲的，还有伊斯兰教。有多种方式，让欧洲人感觉到伊斯兰教在欧洲的存在。首先是伊斯兰教的外在标识物、清真寺和宗教服饰。随着穆斯林人口的增加，欧洲清真寺的数量也急剧增长。“有研究报告指出，如果单纯计算穆斯林人口与清真寺数量之比，欧洲国家大约每1660个穆斯林就拥有1座清真寺，这个数字与许多伊斯兰世界不相上下，也与欧洲各国基督徒所拥有的教堂相当。”[②] 重要的是，基督教堂在迅速减少，而清真寺还在增加。在欧洲各地，宗教服饰出现的概率也越来越大。对于穆斯林妇女的头巾、面纱和罩袍，欧洲人不仅视之为普通的服饰，还将其解读为一种宗教上的宣示，向外界表明伊斯兰教的存在。

其次，伊斯兰学校和穆斯林社团在欧洲大量出现。欧洲的宗教教育大致分为两类，第

---

① Jocelyne Cesari, *Why the West Fears Islam: An Exploration of Muslims in Liberal Democracies*, Palgrave Macmillan, 2013, pp. 2.

② 王联：《试析欧洲穆斯林移民问题》，《国际资料信息》2011年第10期。

一类是公立学校中的宗教教育。在欧盟，除法国外，事实上并非严格意义上的政教分离，政府公立学校也在一定程度上允许宗教教育。近年来，穆斯林学生的增长，公立学校对伊斯兰课程的需求也在增加。第二类是私立的伊斯兰宗教学校。得益于欧洲内外的宗教捐赠，伊斯兰学校如雨后春笋般设立。

再次，穆斯林宗教实践中的礼拜、清真饮食和朝觐，越来越引起欧洲人的关注。穆斯林去清真寺的频率，远超过欧洲基督徒去教堂的频率。尤其是在周五的聚礼和穆斯林的传统节日，清真寺几无立锥之地，穆斯林占用公共空间——如街道——礼拜的现象也经常发生。

最后，以伊斯兰教为旗号的宗教极端主义，给欧洲人带来的不仅是震撼和恐惧，更是伊斯兰教已经“来到我家，兴风作浪”的强烈刺激。因此，从“二战”以来的短短70年间，穆斯林人口在欧洲的急剧增长，使伊斯兰教成为许多欧盟国家的第二大宗教，已是不争的事实。

多样性的矛盾和冲突

穆斯林和伊斯兰教在欧洲的存在和增长，日益引起欧洲基督徒的警觉乃至担忧。双方之间各种摩擦和冲突，也时而发生。而且冲突具有多重性，在各个层面展开。欧洲的移民问题，基本上等同于穆斯林问题，因为欧洲与美国不同，美国的穆斯林移民并不占移民的主流，而欧洲的外来移民，却以穆斯林占绝对数量。这种特殊的移民结构，更凸显出穆斯林移民与欧洲本土居民的鲜明对比，双方一旦有冲突，也容易上升为两个群体之间的对立。

最直观的矛盾表现在穆斯林人口的急剧增长与欧洲基督徒人口下降的强烈对比上，并且穆斯林群体平均年龄普遍偏低，而基督徒群体则呈现明显的老龄化。穆斯林人口的不断增长，不只体现在外来移民的进入方面，更体现在穆斯林家庭的高出生率上。随着社会竞争的加剧、福利水平的提高和生育观念的改变，自20世纪70年代以来，欧洲人的生育率不断降低，大多数欧盟国家生育率远低于2.1%的自然更替水平，多数家庭生育不足两个孩子。而在穆斯林群体中，生育率则要高得多，平均一个家庭六七个孩子比较常见。欧洲人发现，照这样下去，几十年内，欧洲的穆斯林人口就将超过半数，传说中的“穆斯林占领欧洲”就将成为现实。

在经济领域，对工作机会的竞争，也愈演愈烈。起初，欧洲因缺乏劳动力而引入穆斯林移民，客观地说，当时穆斯林移民很受欢迎。但是，随着欧洲经济的萧条，工作机会减少，失业率高居不下。蜂拥而来的穆斯林移民及其后裔与欧洲人争抢“饭碗”。由于穆斯林移民多来自发展中国家，教育水平低，缺乏劳动技术，他们就业的场所多是劳动密集型企业。这也使欧洲底层社会首先感受到竞争的压力，他们也成为欧洲反穆斯林的政治右翼的肥沃土壤。

日常生活中，生活方式的冲突也较明显。伊斯兰教自称为全面的生活方式，也可以说宗教寓于生活之中。伊斯兰教对世俗生活的方方面面的影响都有所体现。伊斯兰教有特色鲜明的服饰，男性服饰通常只限定在清真寺内，而女性的服饰，主要是头巾、面纱、罩袍，经常出现在公共场所。欧洲主流观念认为，宗教服饰不应出现在公共场所，而穆斯林则认为这不仅仅是宗教服饰，也是文化传统和民族习惯。争论不休的还有清真寺建筑、割礼等诸多话题。但是，欧盟有些国家还是相继逐渐做出了对穆斯林不利的限制。2010 年法国议会通过了禁止在公共场所戴面纱的法律。2011 年 4 月，法国政府开始实施这一法律。2011 和 2012 年，比利时也步法国的后尘。2012 年，德国政府甚至试图禁止割礼，后因穆斯林和犹太人的联合反对，才做了妥协，允许有条件的“非治疗性割礼”。[①]

欧洲穆斯林社会经济地位普遍较低。第一代移民多来自发展中国家，教育水平低，缺乏劳动技术，工作机会少。在欧洲乡村地区，穆斯林人口很少，他们多居住在城市郊区，形成贫民窟，成为犯罪高发区、毒品集散地，成为欧洲人眼中的“城市伤疤”，对其颇有微词。遇到经济困难，贫民区也成为欧洲城市的动乱之源。2005 年的巴黎骚乱，就是以穆斯林人口聚居的贫民区为中心，向其他地区扩散。

在文化与价值理念的冲突方面，欧洲人认为，在与穆斯林的各种冲突背后，是深深的文化与价值理念的裂痕。欧洲的文化与理念核心是文明、理性、民主、平等、自由；伊斯兰的文化与理念则以野蛮、激进、暴力、恐怖、不宽容为底色。双方在许多方面难以调和。在欧洲人看来，穆斯林的头巾和清真饮食，规模宏大的清真寺和高耸的宣礼塔，这些伊斯兰教的标识物，是拒绝西方民主价值的表现，甚至被视为对西方的直接威胁。尤其是在“9·11”事件后，伊斯兰威胁论再起，欧洲人对伊斯兰教的犹豫、疑虑、担忧，甚至恐惧，时而溢于言表。在欧洲，反对伊斯兰教和穆斯林的声音，已经从极右翼转变到主流的政治精英，伊斯兰教与西方的政治与文化价值无法共存，难以调和。乃至西方文明比伊斯兰文明更高级的观点，也能轻易地找到大批听众。在当前欧洲穆斯林人口迅速增长的情况下，欧洲人担心，穆斯林将最终改变欧洲的“游戏规则”，将伊斯兰的价值强加到欧洲的非穆斯林头上。

正是基于上述矛盾与冲突，欧洲人对他们周围的穆斯林群体评价不佳。近 10 年来的各种社会调查也发现，欧洲公众对伊斯兰教和穆斯林的总体评价是负面的。而且这种负面评价还在逐渐增加。[②] 欧洲公众对伊斯兰教和穆斯林的普遍印象是：1. 穆斯林从未打算，也不愿意融合；2. 现在和未来，穆斯林都是欧洲各民族国家身份的威胁；3. 应尽量将穆斯林的公共实践，如清真寺建筑、礼拜和服装等限制在最小的范围内；4. 伊斯兰教和穆斯林不可能与民主观念和西方价值相融合。[③]

最后是宗教性的冲突。将穆斯林移民从政治上、社会经济上融入欧洲社会，这种努力已有数十年，但这种政治与社会的融入，与宗教话题发生关系，也只是过去的 10 多年的事情。欧洲各国也通过多种手段，包括法律的和行政的手段，对伊斯兰的标志物进行多种限制，以期使其更适合于西方的政治文化。但是，极端保守的赛莱菲派，在欧洲高调反对西方价值与文化，如主张男女隔离，反对融入西方社会的做法，引发巨大的反响。更重要的是，许多不明真相的欧洲穆斯林和非穆斯林，都认为赛莱菲派才是真正的伊斯兰教。这让欧洲社会倍感压力。知识阶层和公众人物对文明冲突论的认可度不断上升，认为现在欧洲是西方文明与原教旨主义的战场，极端的伊斯兰主义者，正利用欧洲民主制度的漏洞，

---

① Jocelyne Cesari, “Introduction”, *Why the West Fears Islam: An Exploration of Muslims in Liberal Democracies*, Palgrave Macmillan, 2013, p. 2.

② Jocelyne Cesari, *Why the West Fears Islam: An Exploration of Muslims in Liberal Democracies*, Palgrave Macmillan, 2013, pp. 13.

③ Ibid., 2013, p. 1.

扩大力量，从而严重危及“欧洲身份”。许多欧洲精英认为，欧洲奉行已久的文化多元主义，已经削弱了欧洲各国的“集体身份”，现在是改变的时候了。同时，对伊斯兰教和穆斯林或明或暗的批评与排斥，也成为政治精英竞选的招牌。长久对伊斯兰教保持沉默的欧洲基督教人士，也逐渐发出声音，提醒公众关心自己的宗教，警惕伊斯兰教的扩张。在基督徒的一方，他们与伊斯兰教的矛盾与冲突，正在默默地酝酿，许多前兆已在政治领域有所表现，大有“山雨欲来风满楼”之势。

正是在这种多重矛盾与冲突的大背景下，“罩袍与比基尼”成为伊斯兰价值与西方价值对抗的象征。“我们”与“他们”，成为欧洲与伊斯兰对抗的话语。以至于欧洲的穆斯林和非穆斯林都在考虑将来如何相处的问题。

冲突的本质

对于欧洲人来说，穆斯林与伊斯兰教向来也是一个敏感的话题，在欧洲主流的公共话语中，人们故意避免涉及这个话题，尤其是欧洲的宗教人士。但是，近年来，欧洲政治力量，不只是右翼人士，主流政治精英也积极地参与这种讨论。政治的讨论，充分唤起欧洲人的警觉与排外意识，更重要的是，政治的讨论，或者说政治的建构，通过欧洲各国的议会，上升为国家意志和国家政策。政治的讨论和相关政策的实施，反过来又激起穆斯林和伊斯兰教人士的强烈反应。

对穆斯林和伊斯兰教，欧洲政治力量首先将其建构为一个“问题”，即“穆斯林问题”或“伊斯兰教问题”。通过这种建构给公众传递一种意识，即穆斯林和伊斯兰教是欧洲的一个麻烦，一种棘手的事。具体而言，这种政治建构主要有以下几方面。

第一，欧洲人在构建一个“国家象征性的边界”（National Symbolic Boundaries）。他们将欧洲的传统、礼仪、文本、话语系统、集体记忆等列为这个象征性边界的构成元素。以此判断对方是敌人还是国民。敌人具有内敌和外敌两方面。[①] 据此判断，欧洲的穆斯林属于内部的敌人，比欧洲之外的穆斯林敌人，更值得警惕和防御。此外，移民背景、社会经济地位、族群来源也是重要的影响因子。“国家象征性的边界”的概念，实际上是故意将欧洲内部的穆斯林和伊斯兰教，外化为“他者”，是欧洲的对立面。而对立面在适当的情况下，可以轻而易举地转化为敌人。

穆斯林被故意建构成西方民主价值的对立面。伊斯兰教代表疯狂的、复古的、压迫妇女的、渴望征服的、前现代的意识形态，拒绝现代性的麻烦制造者，等等。欧洲政治家将穆斯林现实的政治参与和宗教行为，与被他们主观上视为铁板一块的伊斯兰教联系在一起，认为伊斯兰的政治价值观阻碍穆斯林移民参与西式的民主政治。但是，最近的研究不但不能得出伊斯兰教阻碍政治参与的结论，穆斯林还将伊斯兰教视为政治参与的一种资源；同时，研究也发现伊斯兰教本身并不是穆斯林社会身份建构和政治参与的主要推动因素。族群、阶级、人口分布、经济背景等因素才是更重要的思考对象。[②] 也就是说，欧洲人所谓的“伊斯兰敌人”的观念，穆斯林对欧洲政治的疏离，并非穆斯林实际行为的结

---

① Jocelyne Cesari, *Why the West Fears Islam: An Exploration of Muslims in Liberal Democracies*, Palgrave Macmillan, 2013, p. 1.

② Ibid., p. 139.

果，很大程度上是一种“政治想象”。

第二，政治想象将欧洲移民问题“伊斯兰化”。欧洲的移民话题基本上等于穆斯林话题。穆斯林人口是欧洲移民的主体，社会经济地位也低；而美国的穆斯林移民，并不占移民的主流，其经济地位也较高。所以，即使在“9·11”事件之后，美国的移民问题并未“伊斯兰化”，恐怖主义和宗教极端主义也仅是美国移民问题的边缘话题。因此，与美国相比，欧洲的移民问题为它的“伊斯兰化”准备了条件。欧洲政治家担心伊斯兰教正在威胁欧洲世俗主义的价值观。欧洲世俗主义有三个核心内容，一是政教分离，二是公私分离，三是宗教实践的弱化。公私分离即在公共场所不允许出现宗教标识和宗教行为。欧洲政治家认为目前这三项内容都遭遇伊斯兰教的挑战。欧盟各国广泛成立的穆斯林代表机构，初衷是促进伊斯兰教与政府的对话，却意外地导致了伊斯兰教的政治化。穆斯林政治参与的意识正在被唤醒，伊斯兰教的政治观，特别是伊斯兰教法，正在侵蚀欧洲的政治体系；而公共场所出现的宗教服饰与高耸的宣礼塔，则是对公私原则的挑战；清真寺熙熙攘攘的穆斯林身影，表明伊斯兰教的走向与现代社会中宗教实践的弱化，是背道而驰的。

第三，将伊斯兰教和穆斯林建构为“安全问题”。至少在表面上，这有充足的理由。自“9·11”事件以来，欧洲也发生多次恐怖袭击事件和穆斯林骚乱，2004 年的马德里爆炸案，2005 年的伦敦爆炸案、法国巴黎骚乱，2006 年的丹麦卡通事件，还有 2015 年刚刚发生的巴黎《查理周刊》袭击案都在证明，欧洲的政治精英将伊斯兰教和穆斯林视为安全问题是正确的。并且，由于单一国家的穆斯林移民多来自同一民族、地区或国家，也容易在移入国发展成分离主义倾向，也给“安全问题”的建构增加了新的佐证。在保证欧洲“安全”的前提下，欧洲各国的移民政策、文化多元、文化融合相关的政策都在缓慢改变，有收紧的趋势。对伊斯兰宗教实践的容纳程度，比如在公共场所的礼拜，也逐渐降低。许多欧洲政治人物，不断发出排外的声音，如德国总统阿希姆·高克说：“穆斯林可以生活在德国，但却不可能成为德国的一部分。”① 当前流行的欧洲观念是，对穆斯林的文化同化是第一位的，少数族群的权利是第二位的，这符合欧洲的价值观。因此欧洲人对文化多元主义越来越持怀疑态度。

欧洲的政治家对穆斯林和伊斯兰教的“热心”，远远超过欧洲基督教人士，至少目前是这样；而在穆斯林的一方，政治人士的参与却相对薄弱，尽管欧洲穆斯林的政治意识有所唤醒，反而是伊斯兰宗教人士，非常积极地表现自己，义无反顾地冲在与欧洲主流社会冲突的前沿。

欧洲穆斯林人口的增长需要更多的宗教专业人士。欧洲本土薄弱的伊斯兰教育体系却难以满足这一需要。于是，境外的穆斯林宗教人士乘机而入，填补空白。欧洲短时间内形成一支颇有规模的穆斯林宗教人士队伍，而他们对欧洲的伊斯兰教现状深为不满。与他们祖国相比，欧洲穆斯林对伊斯兰的疏离，让他们忧心忡忡。这个群体首先将“穆斯林堕落”的责任推到欧洲的文化与制度身上，与欧洲政治家构建“穆斯林问题”一样，他们也在构建伊斯兰教所面临的“世俗主义的威胁”。对于这些外来的宗教人士，欧盟各国政府已有警觉，也曾分批多次遣返，但仍无法阻止他们以各种方式流入。

就伊斯兰教方面而言，当前在欧洲呼声最高，最引人注目的是赛莱菲派。赛莱菲派秉

---

① Jocelyne Cesari, “Introduction”, *Why the West Fears Islam: An Exploration of Muslims in Liberal Democracies*, Palgrave Macmillan, 2013, p. 2.

承伊斯兰激进主义的理念，实为新时期的泛伊斯兰主义，它主张超越国界的穆斯林团结，以建设哈里发国家，实施伊斯兰教法为政治目标，反对宗教经典的现代性阐释，反对文化的多样性。当前在欧洲，世界主义赛莱菲派，与沙特国家主义的瓦哈比派，一唱一和，使欧洲主流社会倍感紧张。爱德华·萨义德将东方主义定义为一种西方人藐视东方文化，并任意虚构“东方文化”的一种偏见性思维方式或认识体系。而赛莱菲派的宗教理论家，正在建构一种欧洲本土的“西方主义”，认为西方文化本质上是贪婪、自私、纵欲的代名词，[①] 与伊斯兰文化格格不入。赛莱菲派理解的世俗主义，背后其实是基督教的理念，是基督教历史发展的结果，不能将基督教的结果强加给穆斯林。基督教的贪婪是“西方主义”的重要构成。殖民时代，欧洲人正是在“西方主义”的怂恿下，侵略并占领伊斯兰世界。殖民时代虽然结束了，“西方主义”并没有消失，而是化身为新殖民主义，继续奴役伊斯兰世界，包括奴役欧洲的穆斯林。因此欧洲试图“文明化”和启蒙穆斯林，在赛莱菲派看来，此举纯属多余，穆斯林已是文明群体，且是高于欧洲人的文明群体。穆斯林所要做的就是推动欧洲的伊斯兰教化，使其成为未来哈里发国家的一部分。

以赛莱菲派为代表的欧洲伊斯兰思想的激进化，恰恰印证了欧洲政治家的主张，“伊斯兰敌人”似乎不完全是一种“政治想象”，它是反西方文化的、激进的伊斯兰宣传，必然带来的一种后果。正是在欧洲政客的“政治想象”与伊斯兰极端势力的“宗教建构”下，二者“恶性”互动才导致目前的矛盾与冲突愈演愈烈。

简短的结论

族群间、文化间的误解与碰撞，总是难以避免。关键是当事人如何理解、阐释、引导、弥合误解与碰撞，而不是仅以自己的文化标准去放大、激化它。欧洲基督徒与穆斯林移民之间尽管有经济利益等方面的冲突，但不应该归结为双方的宗教与文化的冲突。冲突不在文明之间，而在于欧洲人对伊斯兰教片面性的偏见化理解与伊斯兰激进主义对世俗文化的片面解读之间。事实上，当前多元文化的政策，是有利于穆斯林的政治与文化融合的。但是，“政治的想象”与“宗教的建构”，使欧洲的文化多元主义面临着被消解的危险。在这场冲突中，欧洲穆斯林的主体是缺位的，他们是“沉默的大多数”和“隐形人”，他们“被代表”，也同时“被指责”，也被身不由己地拖入冲突的旋涡。面临穆斯林人口的增长，“伊斯兰威胁欧洲”“穆斯林占领欧洲”之类的声音时而响起，并无不妥，欧洲人有这种忧虑，也是可以理解的。这种担忧本来可以通过心平气和的对话来沟通，毕竟不同文化下的人们，对美好生活的向往是相同的。人类是息息相通的，但是“政治的臆想”与“宗教的建构”有阻断沟通的可能。如果照此发展下去，起初的担忧，可能会变为未来的现实。只是在通向未来的路上，不知又会有多少悲剧上演。

（原文发表于《世界宗教文化》2015 年第 1 期）

① Jocelyne Cesari, *Why the West Fears Islam: An Exploration of Muslims in Liberal Democracies*, Palgrave Macmillan, 2013, pp. 132.

南海诸岛庙宇史迹及其变迁辨析*

陈进国**

一　前言

南海是世界第三大陆缘海，南海诸岛包括西沙群岛、南沙群岛、中沙群岛、东沙群岛等岛礁，自古以来就是我国神圣的领土，我国拥有无可争辩的完整主权。早在新石器时代晚期的史前时期，我国东南沿海居民就率先登上南海诸岛，进行渔猎生产，是最早来到南海诸岛的先住民，最早对南海诸岛进行开发经营和命名，是历史拥有南海诸岛的主人。我国政府对南海诸岛最早实行军政管辖和最早行使主权。我国人民筚路蓝缕，持续开发、经营和管辖南海诸岛，并兴建了各种中国文化设施，包括大量的庙宇。这些庙宇设施是岛礁最重要的文化标志，也是我国渔民岛上活动的中心。近现代以来，日本、法国、越南、菲律宾等国在侵占南海诸岛时，相继破坏庙宇设施，以期伪造所谓的历史证据。近现代的中西文献、海峡两岸的陆上、水下考古调查，以及各类的实地调查和口述资料，都如实地记录了南海诸岛的庙宇遗迹及其变迁情况。① 笔者多次在海南省进行庙宇的田野调查，走访了海南岛各县市的近200座庙宇，获得了第一手的资料。② 本文拟在前辈研究的基础上，对南海诸岛庙宇史迹与现况进行考现学分析。

---

* 本文系国家社会科学基金重大委托项目“周边国家宗教发展趋势及其对我国社会稳定和文化安全的影响”子课题成果之一。

** 陈进国，中国社会科学院世界宗教研究所当代宗教研究室主任，副研究员。

① 例如：《民政厅调查西沙群岛情形》（《广东省政府十七年年刊》，1928年）、《西沙岛东沙岛成案汇编》（陈天锡，1928年）、《南海诸岛地理志略》（郑资约编著，商务印书馆，1947年）、《西沙文物：中国南海诸岛之一西沙群岛文物调查》（广东省博物馆编，文物出版社1974年版）、《广东省西沙群岛文物调查简报》（《文物》1974年第10期）、《中国南海诸群岛文献汇编》（台湾学生书局1974年版）、《我国南海诸岛史料汇编》（东方出版社1988年版）、何纪生的《谈西沙群岛古庙遗址》（《文物》1975年第9期）、《南海诸岛地名资料汇编》（广东省地图出版社1987年版）、韩振华和李金明的《西、南沙群岛的娘娘庙和珊瑚石小庙》（《南洋问题研究》1990年第4期）、林金枝的《东沙群岛历史考略》（《厦门大学学报》1981年第2期）、王恒杰的《西沙群岛的考古调查》（《考古》1992年第9期）、《中国民间故事集成·海南卷》（中国ISBN中心，2002年）、陈仲玉主持的《东沙岛南沙太平岛考古学初步调查》（地政丛书第29辑，“中研院”历史语言研究所，1995年11月）等文献，都有明确的叙述。

② 2015年4月23—25日，在海南省民宗厅、三沙市、海南省道教协会等部门邀请下，笔者与赵曙青教授、徐以骅教授等，有缘乘坐“三沙一号”公务补给船前往永兴岛，考察岛上的人文设施及仅存的兄弟公庙。海南省道教协会陆文荣会长委托省政府有关部门，协助拍摄了西沙群岛部分庙宇的最新照片。郑惠榕副秘书长补充提供了海南岛的土地庙、伏波庙、龙王庙、孤魂庙的部分资料。

二 东沙群岛的庙宇史迹及其文化变迁

东沙群岛由东沙岛、东沙礁、北卫滩和南卫滩组成，分布于北纬 20°33′—21°58′，东经 115°54′—116°57′之间，自古是我国神圣的领土，史书上的“长沙”“南澳气”“月牙岛”都是指东沙群岛。[①] 东沙岛面积约 1.8 平方公里，曾是南海诸岛中面积最大的岛屿之一。围绕东沙岛的领土主权归属问题，晚清至民国期间先后发生多次外交争议，岛上庙宇史迹一直是解决主权归我的重要证据。

据外国考察者的记录，至迟在清嘉庆十八年（1813），中国渔民就在岛上建有天后庙或大王庙：“1813 年 8 月 28 日，罗斯船长及其同伴调查者，在访问这个浅滩时发现了它们。登陆后，在岛西部发现了一个可供船只停泊的深海湾，那里是每个春季中国渔民到此捕鱼的庇护所，岛上建有一个中国庙，已破烂不堪。”[②] 这是我们所见关于东沙群岛庙宇的最早记录。清宣统二年（1910）《东目庙笔记》也记载：“是岛为闽粤渔户营业之所，由来已久。岛上有大王庙，为各渔户所公立。沿海渔船，不下数百艘。”[③]

清光绪二十三年（1907），日本人西泽次吉带人有计划地侵占东沙群岛并强毁岛上的庙所，是周边国家有计划地侵略南海诸岛之始作俑者。清政府为此与日本进行领土主权交涉，不仅派兵进行了实地巡察，而且具体问询了东沙岛上渔民的经历，从而为我们留下了宝贵的庙宇史料。

清宣统元年（1909），清政府以东沙岛有庙宇的证据，向日本驻粤领事提出严正交涉，东沙岛是中国有主之岛，要求日本人退出东沙岛：

一是“据提督镇冰所派飞鹰猎船管带黄钟瑛报告所称，岛上旧有中国渔民所建天后庙，日人西泽来时将之毁去，以图灭迹”。[④] 是年闰二月初一日两广总督张人骏报清廷外务部与日本交涉：“东沙系粤辖境，闽粤渔船前往捕鱼停泊，历有年所。岛内建有海神庙一座，为渔户屯粮聚集之所。西泽到后，将庙拆毁，基石虽被挪移而去。石块及庙宇，原地尚可指出。该岛应属粤辖，此为最确证据，岂能为无主荒境。……西泽毁我庙宇，逐我渔民，在岛年余，获利甚厚。揣彼用心，以为神庙已毁，无可作证。”[⑤] 闰二月初四日又电：“西泽擅自经营，毁庙驱船，种种不合，实系日本侵夺，并非华人放弃，似未便予以保护。粤无出海大船，稽查亦恐难周，拟乃饬商令撤退之说，并要以毁庙损失，渔业及私运磷质各项之赔偿。……”闰二月六日又电：“建庙屯粮，渔业尤公法所特认。庙本完善，且有存粮，为西泽所毁拆，并有旧址。”三月二十六日又电：“岛上庙宇被毁及沿海渔户被驱逐，历年损失利益，交由两国详细公平估值，由西泽赔偿。”[⑥]

---

① 林金枝：《东沙群岛主权属中国的历史根据》，《南洋问题》1979 年第 6 期。

② J. 霍尔斯贝格：《印度指南》卷二，1855 年第 7 版，第 367—368 页，载韩振华编《我国南海诸岛史料汇编》，东方出版社 1988 年版，第 591—592 页。

③ 天目：《天目斋笔记》，载韩振华编《我国南海诸岛史料汇编》，东方出版社 1988 年版，第 165 页。李长傅的《东沙岛和西沙群岛》（《地学杂志》第 13 卷第 89 期，1922 年 8 月）亦有论述。

④ 郑资约编著：《南海诸岛地理志略》，商务印书馆 1947 年版，第 72—73 页。

⑤ 《清季外交史料》第 2 册，另载韩振华编《我国南海诸岛史料汇编》，东方出版社 1988 年版，第 148 页。

⑥ 《清季外交史料》第 2 册，清宣统一年闰二月四日，第 4 页；另载韩振华编《我国南海诸岛史料汇编》，东方出版社 1988 年版，第 149 页。

二是“又当时新泗和渔船般主梁带往来东沙近四十年，和在该处捕鱼，于宣统元年正月复往东沙，为日本人所逐”。①

三是清末广东香山县渔商梁应元禀称：“缘同等向香港机利文街开张兴利煤厂并悦隆鱼栏，历年均有渔船往来广东惠州属岛之东沙地方，捕鱼为业。于光绪三十二年，忽有日人多数到岛，将大王庙一间毁拆。查该庙系该处渔户公立之所，坐西北向东南，庙后有椰树三株。现下日公然在此开控一池，专养玳瑁。前时该庙之旁，屯有粮草伙食等物，以备船只到此之所需，今已荡然无存。……并斥逐我船离岛。商等因念此岛向隶我版图，渔民等均历代在此捕鱼为业，安常习故，数百余年。今日人反客为主，商等骤失常业，血本无归，固难隐忍；而海权失落，国体攸关，以故未肯轻意离去。本月二十日，适遇我国飞鹰兵轮并海关开办巡轮两双前来查勘该岛，商等即将一切情形缮禀，恳请代为转详各大宪，力求保护。”②

根据1928年陈天锡编著《东沙岛成案汇编》所附“梁胜等供词”，描述了东沙岛庙宇的源起及日人大肆破坏庙宇的情形：

一是“船主梁胜供，现年六十八岁，系香山县人，住南门街，父母俱故，妻子无存。小的自同治八年，在同安祥大渔船雇工，前往东沙岛捕鱼为活。……每年往东沙岛三次。并于光绪廿五年，在东沙岛边搭盖大木厂一座，长二十八丈，阔四丈八尺，共用去银四千余元。……小的初到岛上，见树木林深，并由小的经手，种有椰树三株。又见有大王庙一间，系旧的，小的于二十二年，签银二千元左右修好。又倡建兄弟所一间，即祠堂，用银五百元。至二十九年，新东及各伴，又再签银七百余两重修。洋面有兴利船一只，同往捕鱼。又小的船上各伴，自同治十二年起，至光绪三十三年七月止，共死去各伴一百三十二人，均在岛上安葬，其死之姓名年月，用簿注明。如一半不论病死或不测，均由东家每名补回他亲属或父母妻子安家银三百元，历安抚异。不料，光绪三十二年八月初二日，有小输轮一只，见有日本人九名到东沙岛，输泊岛边上岸，带有干粮等物，居住十余天。每日四围盼望，又入深林树木之中，迨后有输船来接九人而去。又至三十三年八月二十日，有大兵轮一艘，载有日本人约二百余，俱西装服色，有无土人，难以分辨，车至小的大渔船，走过船来，有携剑者，有携刀枪者，要赶小的等不准在此岛左右捕鱼，即刻要小的开行，小的等不允，遂将舢板四只打烂，木料浮于海面。此三四日间，又见兵输日人整岛，将大王庙、兄弟所，尽行毁拆，用火焚化。又见岛上有坟塚百余座，用铁器掘开，取出各骸骨，将胶菜木栏尽拆，又砍伐岛上树木堆起，将百多具尸骨，架着火棚尽行烧化，推入水中。小的在渔船上亲见，于是三四日内，一并将小的船驱逐，即驶回澳门。自被逐后，并未到过东沙岛一次，所供是实”。③

二是“代表人周华社供，现年四十八岁，香山县人，……小的初到东山岛时，见有旧大王庙一间，至光绪二十二年由梁胜修过，间说用过银二千元左右，至二十九年，各新东签题得银七百余两，又梁胜倡建兄弟所一间。……小的亲见伊等将大王庙、兄弟所毁拆，用火烧了，翌日又将木棚拆落，又见有坟墓一百余所，用手指着叫伊同来多人，将铁器挖掘，尽将尸骸挖出，共一百三十二具，将拆落木棚之木料，又叫人在山林处砍些树

① 郑资约编著：《南海诸岛地理志略》，商务印书馆1947年版，第72页。

② 同上。

③ 陈天锡：《西沙岛东沙岛成案汇编》之《东沙岛成案汇编》，1928年版，第65—66页。

木，搭为棚样，堆上骸骨，用火烧着，化为灰烬，推落海中”。①

三是“广安祥船户东主李广呈供。……又见其将大王庙、兄弟所拆毁焚烧。翌日又将木厂拆下，将各伴之坟墓，掘出骸骨，架棚烧尽，推入海中。胜等三四日间，驶回澳等语。商等十载经营，一旦尽失。闻此情形，异当愤恨。当因东沙岛不知归何处管辖，无从应诉，是以暂时隐忍。现闻大宪与日人交涉，定将该岛收回。所有毁烂舢板四只，值银二百元。被烧大王庙、兄弟所，值银三千元”。②

根据陈天锡汇编的《测量海道人员在岛举动之报告》，宣统三年（1911）香港九龙夏税司赴东沙岛的测量人员，“建造大王庙一所，岛神庙一所”。当时的李道回复夏税司时，批评“犹复造神庙二所，尤属该测量人员职务所不应为之事，深堪骇诧。自应照请贵税务司查照，迅将顾德志等建造神庙二所，擅取擅毁物件理由，切实查明办理”云云，而夏税司复文则答复称“至于建造神庙之事，事则有之，然非新建。该岛原有古庙两所，一为该岛中人已略为粗修，一为本巡工司所带去之工役华人等见其颓败不堪，略予修葺，俾得有所崇拜，以冀神灵默为保佑。葺修庙宇，虽无实益，然亦无损。彼等系一片虔诚，实不便阻拦，故听修之”云云。③

19世纪20年代，隶属南方国民政府的广东地方政府与隶属北洋政府海军部的全国海岸巡防处（驻上海）之间，还发生了相互争夺东沙群岛管辖权的争议。与此同时，日本、英国、美国也再次窥伺该岛的资源开发。根据田心的记述，他先后四次进驻东沙岛，前后九年从事无线电观象台服务。当时日本殖民统治下的琉球、台湾一带的渔民长期在东沙岛一带进行渔业活动。1925年7月，上海全国海岸边防处在岛上设立一个无线电观象台和灯塔，以利南海上的航行。设台前居然又引发了东沙岛究竟隶属于日据时期的台湾地区还是中国的争议，终无效果。“最后还是在无意中在岛的海滩上拾到了三身木人，据说这三身木人是中国仅有的神像。这东西大概是那批麻风病者所遗留的神像，因此就证明了我们中国人是在他们之前先发现这岛的。我们这时终于得到了最后的胜利。这真是意想不到的。以这样三身木制的神像，竟会解决了一块土地的主权。现在为纪念这三身神像，还建筑了一座小庙，在离台不远的西北方，到了年节也照例烧香上供。”④ 至于三尊木制神像究竟膜拜何方神圣，已不得而知了。

综上，我们可了解如下事实：

其一，东沙岛上有大王庙或天后庙、海神庙，其至少在清嘉庆十八年（1813）就存在，并于清光绪二十二年（1896）由梁胜等人筹资修复，是东沙岛渔户的公立之所。清代渔民举证的大王庙或海神庙，与兵船管带黄钟英所报告的天后庙应该指同一座庙，兼祀妈祖与大王。⑤

其二，自同治十二年（1862）至光绪三十三年（1907），东沙岛从事渔业生产而去世的船民达132人，均在岛上安葬。清光绪二十二年（1896）、二十九年（1903）梁胜等人

---

① 陈天锡：《西沙岛东沙岛成案汇编》之《东沙岛成案汇编》，第67—68页。

② 同上书，第69—70页。

③ 同上书，第193—194页。

④ 田心：《东沙岛》，《沙漠画报》1943年第6卷第15期。

⑤ 韩振华、李金明认为岛上分别有天后宫与大王庙，“这两种庙日人都毁灭之，以消灭该岛早已归属中国的证据之一”。参见韩振华、李金明《西、南沙群岛的娘娘庙和珊瑚石小庙》，《南洋问题研究》1990年第4期。

筹资倡建、重修兄弟所即祠堂，以供奉那些去世渔民的神主牌位。兄弟所是我国渔民有计划开发东沙岛的历史见证。

其三，日本人在清光绪三十二年（1906）至三十三年（1907）先后两次登陆东沙岛，并摧毁岛上的大王庙、兄弟所及去世疍民132人的坟墓，以期达到长期侵占的目的。在证据面前，日本只能承认东沙最早开发者为中国。

其四，清宣统三年（1911），九龙上岛测量人员复造了二座庙宇，应是日本所毁之大王庙与兄弟所（祠堂或岛神庙）。至于原大王庙之地置，清末渔商梁应元称庙“坐西北朝东南”。陈仲玉主持《东沙岛南沙太平岛考古学初步调查》称，位于岛内海北岸的“东沙遗址”应是原大王庙旧址（图1）。[①] 至于1925年上海全国海岸巡防处修建的供奉三尊神像的庙宇，应不在原大王庙旧址。

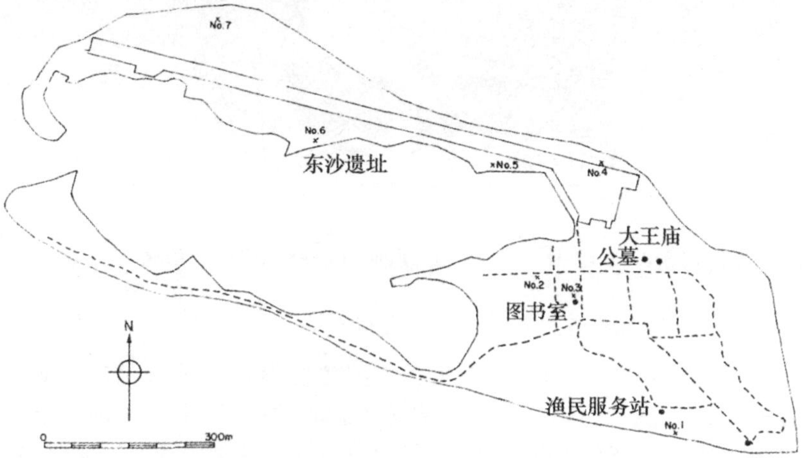

图1　现东沙岛东沙遗址、新大王庙的位置图[②]

据1935年《奉派调查东沙岛报告书》载：“岛东尚有渔人酬资建筑之洪圣庙一座。在捕鱼时期，以便储粮之用。”[③] 1936年黄坚志寄刊在《东方杂志》第33卷第6期的东沙岛图片，给我们留下了珍贵的“岛上的最早建筑物——天后庙”的图像资料（图2）。依图片分析，该座天后庙应是新修的水泥砖墙，是报告书所说的渔民新修的洪圣庙还是海岸巡防处所修的庙宇就不得而知了。我们唯一能确定的是当时东沙岛上我国渔民或疍家依旧在膜拜妈祖、大王。现东沙岛新修的大王庙（详见后文）位于岛东，与民国报告书所说的洪圣庙的位置应该距离不远。

① 陈仲玉主持：《东沙岛南沙太平岛考古学初步调查》，台湾地政丛书第29辑，“中研院”历史语言研究所1995年版，第36页。

② 图1摘自陈仲玉主持：《东沙岛南沙太平岛考古学初步调查》，台湾地政丛书第29辑，“中研院”历史语言研究所1995年版，第26页。

③ 胡应球：《奉派调查东沙岛报告书》，《桅灯》1935年5月15日，第34期；另见韩振华编《我国南海诸岛史料汇编》，东方出版社1988年版，第286页。

图2　东沙岛上的最早建筑物天后庙（黄坚志摄影，1936年）①

韩振华、李金明判断原东沙庙宇大王神为金龙大王之类，“凡商船出入必备牲礼，投海中，遥祀之”，值得商榷。② 近世的金龙大王信仰，主要与江南地区的漕运有关，最初是民间护佑漕运的水神，后来演变为国家祭祀的黄河和运河之神。③ 其实，海南岛及南海诸岛并无此类信仰传统。南海渔民兴建的洪圣庙，所祭拜的是南海神祝融，又称洪圣大王。因此，东沙岛原日人所毁坏的大王庙所祭当是南海神洪圣大王或者龙王（五龙大工）。

按：隋唐以来，南海祭祀被纳入国家祀典，列为礼制中的中祀（岳镇海渎）。隋开皇十四年（594），始设南海祠于广东南海县南海镇，历朝先后加封南海神为“广利昭明帝”“南海洪圣广利王”“南海昭顺洪圣广利王”“南海广利洪圣昭顺威显王”“南海昭明龙王之神”等封号。④ 因南海神和妈祖有功于郑和的西洋航行，明永乐七年（1409）又敕封南海神为“宁海伯”，敕封妈祖为“护国庇民妙灵昭应弘仁普济天妃”。明代伐安南叛乱时也派人祭告南海神。今海南定安县黄竹镇第头村广利明皇大帝庙就祭拜南海神，圣诞也是农历二月十三日。

海南岛上的大王庙俗称龙王庙，主要崇拜的是五龙大王。作为国家祭祀的龙王祭祀时间为二月上辰日，与南海神的圣诞时间相近。海南的龙王崇拜与南海神“昭明龙王”崇拜理应有相叠之处。如清康熙《文昌县志》卷2《建置志》、清咸丰《文昌县志》卷5《经政志》、光绪《昌化县志》卷6《政经志》、清宣统《乐会县志》卷3《建置略》（下

① 图2摘自黄坚志摄影：《东沙岛》照片，载《东方杂志》1936年第33卷第6期。

② 韩振华、李金明：《西、南沙群岛的娘娘庙和珊瑚石小庙》，《南洋问题研究》1990年第4期。

③ 申浩：《近世金龙四大王考——官民互动中的民间信仰现象》，《社会科学》2008年第4期；王元林、褚福楼：《国家祭祀视野下的金龙四大王信仰》，《暨南学报》（哲学社会科学版）2009年第2期。

④ 黄淼章：《古代帝王对南海神的封号》，《岭南文史》2001年第2期。

文引)，皆将南海龙王庙祭祀列入国家祀典，并由地方官捐廉致祭：

> 龙王庙，每岁春秋仲月上辰日致祭。祝文：维神德洋寰海，泽润苍生。允襄水土之平，经流顺轨，广济泉源之用。膏雨及时，绩奏安澜。占大川之利，涉功资育物欣，庶类之蕃昌。仰借神庥，宜隆报享。谨尊祀典，式协良辰。敬布几筵，肃陈牲币。尚飨。……以上各庙每岁遇神诞期由地方官捐廉致祭。

笔者曾实地调查海南岛多座龙王庙或大王庙的情况，都与南海诸岛的渔业生产和海神祭祀密切相关，进一步证实东沙岛的大王庙非祀“金龙大王”。海南岛大王庙的龙王公（亦称龙王神灵）和龙王太子（龙太子元帅），有人身造型、龙身造型两种。渔民或疍家出海前，都必须先到大王庙里拜龙王公、龙王太子、兄弟阴神，祈愿保佑出海平安，捕捞丰收，回来后再到庙里还愿。而出海后，在南海上的祭拜有两种方式：一种是在渔船上进行，在船头摆供品，然后祭拜，拜的神有慈航真人（观音）、玉皇大帝、妈祖、土地公、兄弟阴神；一种是在停泊的南海诸岛上就地取材（如珊瑚石），设立小神龛或去岛上小庙（旧庙）祭拜，里面一般是放土地公或者是兄弟阴神的木主神位。①

一是海口美兰区灵山镇东和村龙王庙（图3），主祀“通洲大王”，人身造型，兴建甚早，清嘉庆、道光、同治、光绪等朝，以及1999年皆有重修，庙内有藏头“大王”楹联：“大海深恩万里溯平舟万载，王天浩福一骤风顺业长兴”“大宇巍峨神灵显赫千秋仰，王威浩荡恩光普照万古钦”“大业繁荣村富裕，王恩浩荡海平安”。匾额有“义气正大”“安海定民”等。龙王庙并列兄弟庙。

二是海口美兰区新埠镇新埠村大王庙（图4），系清光绪十五年（1889）创建，亦祀五龙大王，人身造型，其匾额题为“大王庙”，门联题“大恩敷四海，王泽被渔人”，匾额有“威震海岛”“恩敷四海”等。

图3　海口美兰区灵山镇东和村龙王庙（右为兄弟庙，郑惠蓉摄影）

---

① 访问对象：郭世荣，现年70岁，陵水新村渔民，曾到西沙、南沙捕鱼多年，2015年4月14日。

图4　海口美兰区新埠镇新埠村大王庙（陈进国摄影）

三是陵水县城龙王庙（图5），创建于清康熙三十六年（1677），乾隆五十五年（1792）重修，1995年新建。清乾隆《陵水县志》卷4《祠祀志》有记载，内有“丹荔黄蕉隆海外，珠宫贝阙焕陵阳”“龙恩普天下，王受万民拜”等对联。五龙大王神像系人身造型，后列设多个神主牌位，靠右侧写着“敕赐龙门七洲巡海镇国苏相公神位”，旧时七洲洋包括“千里石塘（南沙群岛）”“万里长沙”（西沙、东沙群岛）①。早在南宋吴自牧《梦粱录》卷12就提及航海者“去怕七洲”，多祈求海神保佑。这类神主文字是我国对南海行使主权管辖的历史记忆符号，说明国家祭祀南海龙王的巡海范围一直包括南海诸岛。

图5　陵水县城五龙大王庙“七洲巡海”牌位（陈进国摄影）

四是三亚崖城港门五龙大王庙，建庙甚早，尚保存一口清康熙辛丑年（1721）仲冬铸造的铜钟，为“广东琼州府保平港人民发心敬奉洪钟，五龙大王案前永远祀奉”。龙王

① 韩振华：《七洲洋考》，《南洋问题》1981年第3期。

公为一个仰起的龙首造型，后附龙王神主牌位（图 6），庙联有“八卦震为龙龙见在田施德泽，五行金生水水宗于海布恩波”“始平沐浴龙王，后裔诚宣信民”等语。

图 6　三亚市港门五龙大王庙龙首造型（陈进国摄影）

五是琼海潭门镇草塘村龙王庙（图 7），建筑形制简陋，主要供奉龙王太子，为一个完整的龙身造型，前设香炉、香烛等，龙身后书“英灵显赫”“崇升大吉”字样。庙宇建在现草塘村文化室旁边，文化室外墙刻有标语“大海航行一帆风顺”。草塘村是著名的渔村，渔民多往西沙、南沙群岛捕鱼作业，出海前都要祭祀龙王庙龙太子和兄弟庙阴神牌，一是祈请海上神灵保佑，二是安抚海上阴神以防其作乱。

值得一提的是，海南岛及南海诸岛疍家的大王或龙王崇拜习俗，不仅仅是受汉人龙王文化或南海神洪圣文化的影响，也有疍家“龙户”自身信仰的底色。宋代范成大《桂海虞衡志》载：“蜑，海上水居蛮也。以舟楫为家，采海物为生，且生食之。入水能视，合浦珠池蚌蛤，惟蜑能没水探取。”[①] 周去非《岭外代答》称：“以舟为室，视水如陆，浮生江海者，蜑也。”[②] 疍家先民为多闽越人，在海南后衍生为黎、苗等少数族群，多延续闽越古俗，断发文身，崇拜蛇种，故又称“龙户”。《淮南子·原道训》云：“九疑之南，陆事寡而水事众，于是人民披发文身，以像鳞虫。”汉代刘向《说苑·奉使》载：“（越人）处海垂之际，屏外蕃以为居，而蛟龙又与我争焉，是以剪发文身，灿烂成章，以像龙子者，将避水神也。”明代邝露《赤雅》记载：“蜑人神宫，画蛇以祭，自云龙种。”[③] 清初岭南人屈大均《广东新语》卷 18《舟语》说：“昔时称为龙户者，以其入水辄绣面文身，以象蛟龙之子。”[④] 所谓“龙子”“蛟龙”“鳞虫”之类，统称“水神”。疍家剪发

① （宋）范成大撰，孔凡礼点校：《范成大笔记六种》，中华书局 2002 年版，第 160 页。
② （宋）周去非著，杨武泉校注：《岭外代答校注》，中华书局 1999 年版，第 115 页。
③ （明）邝露：《赤雅》，中华书局 1985 年版，第 14 页。
④ （清）屈大均：《广东新语》卷 18，中华书局 1985 年版，第 487 页。

图7 琼海潭门镇草塘村龙王庙龙身造型（郑惠蓉摄影）

文身以像蛟龙之形，以期避免海上或水中“鳞虫”的伤害。

东沙岛现隶属于台湾高雄市旗津区中兴里管理，历经日本人毁坏和几次修复的大王庙，早丧失真正的遗迹，然而历史记忆依然在场。1948 年以后，东沙岛大王庙另起炉灶，改祀关圣帝君，兼祀南海女神妈祖、观音菩萨、土地公等各式神像（图 8—9），成为多数驻岛人员不可动摇的精神支柱，以及东沙的台湾官兵一处抚慰心灵的避风港。① 台湾“中研院”史语所陈仲玉记录了“海军陆战队 414 营支持连”于 1999 年 12 月 3 日所立的《东沙大王庙志碑》（图 10）：

> 民国三十七年夏天，关圣帝君之圣驾乘独木舟漂流至防区第三据点，全岛官兵欣喜之余，乃于现地建庙奉祀，承天意之庇佑，信众所求均能应验，迄今香火绵延，防区官兵乃尊称为“东沙大王”，期间于民国五十五年完成整建，其后陆续翻修始有今日规模，不仅成为防区官兵精神寄托，亦为南海作业渔民之心灵支柱。②

1948 年漂流来的独木舟仍保存于庙右侧，也被认为具有神力，尊为“龙船”。庙额刻“东沙大王庙”，庙前柱刻有两副对联：“一片忠心贯日月，满腔义气薄云天”“赤面秉赤心骑赤兔追风驰驱时无忘赤帝，青灯关青史仗青龙偃月隐微处不愧青天”。后方柱联嵌镶

---

① 台湾“行政院海岸巡防署全球资讯网”之“四：心灵信仰”，http：//www. cga. gov. tw/GipOpen/wSite/ct?xItem = 83582&ctNode = 8730&mp = 999。

② 陈仲玉：《南中国海诸岛上的碑碣》，载《庆祝何炳棣先生九十华诞论文集》，三秦出版社 2008 年版，第 670、673 页。

图8　东沙岛大王庙外观①

图9　东沙岛大王庙匾额及对联②

---

① 图8摘自台湾“行政院海岸巡防属全球资讯网”之“四：心灵信仰”，http：//www. cga. gov. tw/GipOpen/wSite/ct？xItem = 83582&ctNode = 8730&mp = 999。

② 图9摘自网络照片，http：//militaryethics. 666forum. tw/t398 – topic。

“赤兔追风马”“青龙偃月刀”及忠义情操，都有深意。[①] 台湾驻岛官兵平时除奉献香烛外，退伍之后也有人会打造金牌送给关圣帝君，多年下来累积了数百面。海巡官兵专门成立“大王庙务管理委员会”，成员包括“海巡署”东沙副指挥官、2 名中队长、心理辅导官、上士等人，平时都由负责总务工作的上士将每面金牌造册编号，存入公务行政办公室的保险柜。[②] 这或许是当今最独特的军人庙管会组织。据《联合报》报道，2012 年 4 月 22 日，东沙群岛居然发生首宗盗窃案，大王庙共 269 面退伍兵酬神金牌被盗。

图 10　东沙岛上的《东沙大王庙志》[③]

毋庸置疑，清末东沙岛船主梁沙岛上的兄弟所，形同渔民的祠堂。这些不幸去世的渔民不少属于疍民阶层，又称“疍家”“龙户”，南海诸岛上一直活跃着他们从事生产生活的身影。兄弟所充分反映了南海疍户和汉家渔民的信仰。[④] 南海诸岛的发现、命名、开发以及用以宣示中国主权的历史证据，都离不开南海疍民和汉家渔民的历史性贡献。至今，我们在琼海潭门镇、陵水新村港等地的海上疍家，仍然可以看到移动的“渔船祠堂”或

① 台湾“行政院海岸巡防署全球资讯网”之“四：心灵信仰”，http：//www. cga. gov. tw/GipOpen/wSite/ct?xItem = 83582&ctNode = 8730&mp = 999。

② 《东沙岛东沙大王庙金牌遭窃，台海巡部门抓内贼》，http：//www. chinanews. com/tw/2012/04 – 23/3838606. shtml。

③ 图 10 摘自网络照片，http：//militaryethics. 666forum. tw/t398 – topic。

④ 李宁利：《明清时期的疍民社会与中国对南海诸岛的管辖》，《西南民族大学学报》（人文社会科学版）2014 年第 10 期。

“渔船庙宇”，即疍家在渔船上供奉神灵和祖先的神主牌位，并每日烧香敬奉（图 11—12）。笔者在陵水新村港的一户樊氏疍家渔船上看到主厅堂其实是一座移动的祠堂或庙宇，横批“金玉满堂”，对联“神恩庇佑如山高，祖德扶持似海深”，神主牌位分别写着神明和祖先的牌位“敕赐显灵南朝护国侯王神主位、敕赐显灵护界什大王神主位、敕赐显灵一关老爷神主位，樊家堂上香火列位有感高真神主位”以及“显化考妣讳樊太公（婆）、二公（婆）、三公、四公××之神主位”，等等，左右供奉二位神像及香炉，堂前三盘水果等。渔民或疍家在船上吃饭前，也必先供奉一碗熟食给堂上的神明和祖先。

图 11　陵水县新村港疍家的渔船祠堂、渔船庙宇（陈进国摄）

图 12　陵水县新村港疍家的渔船神主牌（陈进国摄）

同时，海南陵水的渔民和疍家也在渔船上张贴“恩光普照、财丁兴旺、水陆均安、三江娘娘、龙门大爷除瘟疫、灾难、灭煞”或“恩光普照、人丁清吉、六畜均安，五龙大王斩除瘟疫灭煞”等字样（图 13—14）的平安符。渔民和疍家所奉祀的龙门大爷（龙王）、五龙大王、三江娘娘（妈祖天妃）等海神，与南海诸岛的庙宇神明是一脉相承，我们借此可以还原或想像出早期东沙岛上渔民和疍家兴建大王庙（天后庙）及兄弟所并加以膜拜的历史场景。

三　南沙群岛的庙宇史迹及其最新发展

南沙群岛是中国南海诸岛最南和最大的群岛。其位于北纬 3°40′—11°55′，东经 109°33′—117°50′。北起雄南滩，南至曾母暗沙，东至海里马滩，西到万安滩，南北长 500 多海里，东西宽 400 多海里，水域面积约 82 万平方公里，约占中国南海传统海域面积的 2/

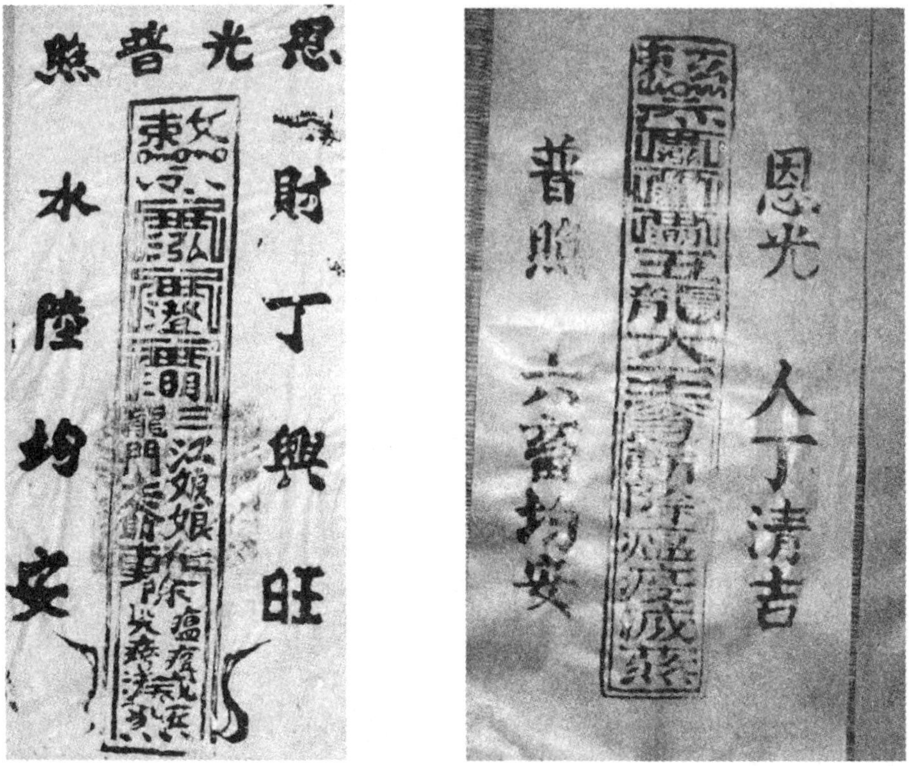

图 13—14 陵水县新村港疍家渔船上的平安符（陈进国 摄）

5。南沙群岛由550多个岛、洲、礁、沙、滩组成。早在三国时期康泰《扶南传》就用“涨海”指称包括南沙群岛在内的南海诸岛。明代以来我国渔民使用的各种《更路簿》所记载的南沙群岛地名（琼人俗名）最多、最具体。“二战”期间，法国、日本都试图侵占南沙群岛。1970年以后，越南、菲律宾、马来西亚、印尼等国共侵占了我国南沙数十个岛礁。目前，南沙群岛有据可查的庙宇史迹，共有太平岛（台湾管辖）、中业岛（菲律宾侵占）、南子岛（菲律宾侵占）、北子岛（菲律宾侵占）、西月岛（菲律宾侵占）、马欢岛（菲律宾侵占）、南威岛（越南侵占）、南钥岛（越南侵占）、奈罗礁（越南侵占）、鸿庥岛（越南侵占）等岛屿。特别是越南、菲律宾等国侵占南沙岛礁后蓄意毁灭我国人民开发、经营、命名南沙群岛的历史证据。

1956年3月，菲律宾海事学校校长克洛马组织所谓“探险家”40余人，进窥我南疆，定名为所谓的“自由邦”，是为“克洛马事件”。1956年，台湾当局随即先后派出海军立威部队巡弋（6月2—14日）、威远部队巡弋并屯驻太平岛（6月29日编组、7月11日登陆太平岛）、宁远部队（10月2日分巡南钥、中业岛、双子礁等，并再截获克洛马的训练船），巡弋并进驻南沙群岛。《海军巡弋南沙海疆经过》《南沙行》（1956年国民党海军巡航南沙纪行，张振国著）等文献，真实地记录了南沙群岛的庙宇遗迹，以及当时中国大陆军民登上太平岛上宣示主权所留下的“中国共产党万岁、毛泽东万岁、中国人民解放军万岁”等标语①。有鉴于南海诸岛庙宇史迹是涉及我国领土主权的关键证据，笔者拟完整地摘录各种历史文献、考察报告、考古调查、口述资料等相关内容，并附出处于后（引文所附年份为作者考察或记录时间），略尽疏辨。

1. 太平岛

（1）（伊都阿巴岛—太平岛）发现一间用树叶盖成的小屋，一块整齐的蕃薯地，一座小庙，里面有一只拜佛用的茶壶、装竹筷子的瓶子，还有中国渔民的家属神主。草屋里挂着一块木板，写着中国字，大意如下：“余乃船主黄德茂（TiMung），于三月中旬带粮食来此，但不见一人，余现将米留下放在石下藏着，余今去矣。”荒无人烟的神秘的一幕！（1933）②

（2）岛上有大陆常见的土地庙，用青砖砌盖，神主牌位上写着“福德土地龙神之位”。（1947）③

（3）（太平岛）在丛林中有一座土地庙，门上悬有“有求必应”四个鲜明大字，这是我们祖先留下来的遗迹。（1956）④

（4）太平岛：渔民俗称“黄山马”，80 多年前，渔民在该岛西北部建庙一座，并以当时某人名命名“伏波庙”。渔民还在岛西北部挖水井一眼，种植椰子树 200 棵左右。（1974）⑤

（5）在黄山马（今太平岛），还看到我们渔民先辈所建的天妃（天后婆）庙，用珊瑚垒砌低矮的小庙，我们到岛后都要去祈求保佑平安，这天妃庙建成至此时，至少也有百年以上的历史。日本人也在岛上建庙，比较大，用石和砖垒砌，不知奉什么神，庙内安放有木盒，内盛死人骨灰。日本人建的庙是新的，我们渔民先辈所建的庙是旧的。听说日本庙后来被飞机炸毁了。（1977）⑥

2. 中业岛

（1）现在虽无人居住于此，然而昔时有中华民国渔民居住于此岛，由椰子林中之祠堂及掘井之遗迹观之，则可推想当时或者在此举行发祀，也未可知。（1918）⑦

（2）在太平岛与中业岛上，都有一座土地庙。这是我国数千年里风俗习惯的传统，那是几块宽大的石板所架成，三尺来高，二尺多宽，中间供养着石质的土地神像，虽经多年风雨的侵蚀，而且已经驳杂模糊，而其雕塑的衣冠形式乃隐约可辨，其南威、南钥、西

---

① 《海军巡弋南沙海疆经过》第五编之《立威部队侦巡经过》，载《中国南海诸群岛文献汇编》九，台湾学生书局 1974 年版，第 112 页。

② 《关于黄德茂的情况调查》《1933 年法刊说海南渔民往南沙群岛从事渔业活动》，载韩振华编《我国南海诸岛史料汇编》，第 434、564—565 页；此系 1933 年 8 月 28 日香港《南华早报》以《法国新岛屿》为题刊转载的法国殖民者在《图解》（法文）杂志上的一篇文章。

③ 李景深：《南沙，我曾为你巡航》，载林道远编《南沙告诉我们》，海军出版社 1988 年版，第 244 页。李景深系于 1947 年 5 月 21 日随国民党海军登上太平岛见证收复南沙主权。此文系其回忆录。

④ 张振国：《南沙行》，载《中国南海诸群岛文献汇编》八，台湾学生书局 1974 年版，第 16 页。张振国系随台湾海军威远部队于 1956 年 7 月 11 日登陆太平岛。

⑤ 《琼海县潭门等地区渔民在西南沙群岛进行生产和居住情况的调查》（1974 年 1 月 26 日整理），载韩振华编《我国南海诸岛史料汇编》，第 411 页。

⑥ 《渔民梁安龙的口述材料》，1977 年 6 月 30 日，载韩振华编《我国南海诸岛史料汇编》，第 425 页。

⑦ 小仓卯之助：《暴风之岛》，昭和十五年（1940）12 月版，载韩振华编《我国南海诸岛史料汇编》，第 575、577 页。小仓卯系于 1918 年到南沙群岛探险后回来写的书。

月等岛均有类式小庙。(1956)①

（3）当我们行至岛西端时，竟发现有竹制旗杆与绳子，并有几椽茅屋。这种茅屋的建造，颇有我国建筑之风味：竹竿为缘，阔叶为盖，中间铺以柔草。观其形像，似有人起居其间，但搜遍全岛每一角落，已空无一人，或许是我国渔民在此小憩后遗留的痕迹。茅屋东约十二公尺处，有水井一口，其形式与深处，与太平岛者相仿佛，而且亦极清澈可口，可供三五十人饮用。(1956)②

3. 西月岛

（1）南海渔民亦常来此，建有神庙一，坟三，其为我国领土，亦无疑义。(1934)③

（2）该岛亦无人居留，岛之南端丛林间我立威部队于四十五年六月十一日所竖立之国旗，仍飘扬于岛上，旗杆以南靠海边有石板架成之小庙一座，无神位，旗杆下有石碑上题“西月岛”，旁刻“中华民国卅五年十二月立”，仍完整无损。(1956)④

（3）西月岛在太平岛的东北。……南端有椰树数株，……树旁有一石碑，刻“西月岛”三字，字甚大，笔力有劲，右旁刻“民国三十五年十二月立”十个小字。另外，在海边有石板架成之小庙一座，但已破坏不堪，上刻文字亦模糊不辨，也许是早期我国渔民所建。庙北百码左右，有水井一口，直径达五十公分，亦因长久无人使用，水已污浊不能饮用。紧靠井栏不远处，亦有石碑一块，但甚小，亦无字迹可寻。(1956)⑤

4. 南威岛

（1）岛上西南部原有椰子树六株，其旁有一人工所凿水井，石砌土地庙一座，现椰树已全为风暴所摧毁，水井可食用，味极咸。(1956)⑥

（2）岛的中央有石碑一具，刻“南威岛”三字，旁注“民国三十五年十二月立”一行小字。顺石碑走十数步，有百年古井一口，边缘满生绿苔，考为我国清代渔民所凿。岛西另有高丈许土地庙一座，内有香炉一只，但无神像，想因年久湮化了。(1956)⑦

（3）地面设施，仅有淡水井一口，系土法筑成，其中淡水较太平岛略带咸味，唯尚能使用。另有木板搭成之小土地庙一座，中无神位，但有香炉一具，此外别无其他建筑物。(1956)⑧

---

① 张振国：《南沙行》，载《中国南海诸群岛文献汇编》八，台湾学生书局1974年版，第39—40页。张振国系随台湾海军威远部队于1956年7月11日登陆太平岛。

② 张振国：《南沙行》，载《中国南海诸群岛文献汇编》八，台湾学生书局1974年版，第276—277页。张振国系随台湾海军威远部队于1956年7月14日登陆中业岛。

③ 胡焕庸：《法日觊觎之南海诸岛》，《外交评论》1934年第3卷第5期。

④ 《海军巡弋南沙海疆经过》之第五编《本军奉命侦巡南沙海域之经过》，载《中国南海诸群岛文献汇编》九，台湾学生书局1974年版，第143页。台湾海军威远支队太昭舰系于1956年7月17日登陆西月岛。

⑤ 张振国：《南沙行》，载《中国南海诸群岛文献汇编》八，台湾学生书局1974年版，第66页。张振国系随台湾海军威远支队太昭舰于1956年7月17日登陆西月岛。

⑥ 《海军巡弋南沙海疆经过》，载《中国南海诸群岛文献汇编》九，台湾学生书局1974年版，第50—52、49—50页。

⑦ 张振国：《南沙行》，载《中国南海诸群岛文献汇编》八，台湾学生书局1974年版，第72页。张振国系随台湾海军威远支队太昭舰于1956年7月19日登陆南威岛。

⑧ 《海军巡弋南沙海疆经过》之第五编《本军奉命侦巡南沙海域之经过》，载《中国南海诸群岛文献汇编》九，台湾学生书局1975年版，第118页。台湾海军立威部队系于1956年6月9—10日登陆南威岛。

5. 南钥岛

（1）劳达岛（南钥岛）……岛上植物有新生之檬树，六棵椰子树及其他什树。现虽无人居住，然居住之遗迹犹新，在神龛所插棒香之香棒尚存。在一大树之下，有茅屋一间，旁有一茶壶，一炉灶。（1934）①

（2）该岛无人居留，亦无非人所留字迹，仅有水泥块筑成之小庙一所，高约一公尺，内置壶一柄及饭碗数个。（1956）②

（3）（南钥岛）发现一座石块架设的土地庙，其中供养有石质土地神像，内有酒杯两个，饭碗四只，酒壶一把，均系瓷质，虽说质素粗劣，但使我们感动，我们仿佛看到了大陆上的民间风味。岛上无其他建筑物，更无其他水井。而尤为可贵者，岛上唯有一根椰子树，特别高，特别直。（1956）③

6. 鸿庥岛

岛之中央丛林中有我国土地庙一座，内供有神像、香炉，庙旁对联，虽经多年风雨侵蚀，隐约犹可辨认，编者于民国卅八年四月巡视该岛，亦曾供奉香火，盖此岛常为我南海渔民前往渔捞处所之一也。（1956）④

7. 北子岛

（1）昔时闻有中华民国渔民居住于此。现在虽无人居住，但其房屋用地及墓地遗迹观之，也可推想。（1918）⑤

（2）在北子岛 North langa（Northcastcay，Southwestcay）有两座坟，碑一，载“同治十一年翁文芹、同治十三年吴〇〇”。（约在 1939—1945 年）⑥

（3）孤魂庙：相传清代同治年间，老渔民吴口天在石塘，也就是今天的南沙北子岛附近打鱼。……从清澜港来南沙群岛捕鱼的渔民发现了吴口天老汉的遗体，都痛哭流涕。大家用木板钉了一副棺材，把他安葬在北子岛上，为他修建了一座孤魂庙，还用这段木头雕了吴老汉的塑像，放在庙中。每月初一、十五，渔民都到这庙里拜祭，永远纪念这位勇斗妖婆娘的老汉。（1983）⑦

8—9. 奈罗礁、马欢岛

在南沙各岛，凡有人住的地方都有庙，铁峙（中业岛——引者注）、红草（西月岛）、黄山马（太平岛）、奈罗（信双子群岛）、罗孔（马欢岛）、第三（南钥岛）、鸟子峙（南

---

① 凌纯声：《法占南海诸岛之地理》，《方志月刊》1934 年第 7 卷第 5 期；韩振华编：《我国南海诸岛史料汇编》，第 255 页。

② 《海军巡弋南沙海疆经过》之第五编《本军奉命侦巡南沙海域之经过》，载《中国南海诸群岛文献汇编》九，台湾学生书局 1974 年版，第 148 页。台湾海军威远支队太康舰系于 1956 年 7 月 20 日登陆南钥岛宣示主权。

③ 张振国：《南沙行》，载《中国南海诸群岛文献汇编》八，台湾学生书局 1974 年版，第 78 页。张振国系随台湾海军威远支队太昭舰于 1956 年 7 月 20 日登陆南钥岛。

④ 《海军巡弋南沙海疆经过》，载《中国南海诸群岛文献汇编》九，台湾学生书局 1974 年版，第 50—52、49—50 页。

⑤ 小仓卯之助：《暴风之岛》，昭和十五年（1940）12 月版，载韩振华编《我国南海诸岛史料汇编》，第 575、577 页。小仓卯系于 1918 年到南沙群岛探险后回来写的书。

⑥ 《新南群岛沿革略记》，台湾总督府档案抄本，载韩振华编《我国南海诸岛史料汇编》，第 570 页。1939 年版，日本入侵中国南沙群岛，划归台湾总督管辖，并妄改称“新南群岛”。

⑦ 讲述者：佚名；1983 年许和达采录于南沙群岛，载陈志勤、符军超编《中国民间故事集成·海南卷》，2002 年 9 月。

威岛）等岛，都有我们渔民祖先建造的珊瑚庙。渔民到南沙后都要到庙里去祈求保佑平安和生产丰收。渔民死在南沙的也不少，我亲自见到渔民林猷钊（文教人）死在黄山马，还有一个保陵港的渔民死在第三。传说的就更多，“一百零八个兄弟公”就是一例，108个兄弟中有72个孤魂和36个兄弟。72孤魂是我们渔民先辈在西、南沙下海作业过程中先后死去的，36个兄弟则是同在船上因遭风暴遇难的。……在南海航行曾流传一个传说，说天气恶劣时，桅顶有一颗星，这时就要用饭团投入海祭之，以保平安。传说这颗星是女神的化身。相传古代有个女人要去南洋，但船上规定不能带女的，若运载了女人就会运气不好，就会有全船覆没的危险。后来那个女人苦苦哀求，船上总簿心慈，把她关在箱里藏起来，送饭给她吃。一次送饭时被船主发现，就把那位女人推下海去，女人死后化为神，专门给人指点凶兆。于是，每当天气不好时，桅顶就有一颗星。(1977)①

从上述资料可知，我国渔民最早发现和开发了南沙群岛，从事渔业生产和定居的生活，留下了大量的中国文明印迹。渔民不仅在南沙群岛上修建各类庙宇，而且经常举行祭拜活动。而南沙群岛庙宇主要分为三种类型，即妈祖庙（天后婆庙）、土地庙、孤魂庙（兄弟公庙）。庙宇供奉有石质或木雕的神像、香炉、陶瓷酒杯、酒壶，庙宇由珊瑚石板或木板、水泥等垒砌，并有抽签的签筒（太平岛所谓的装竹筷子的瓶子应该是签筒）、庙宇对联等，都是我国南海渔民和疍家发现和经营南沙群岛的最重要的历史依据和文化遗产。本部分笔者将重点讨论太平岛庙宇史迹与我国拥有南沙群岛主权之文化证据的问题。

1930年4月12日，驻安南法军派“玛丽修斯”号舰运法军及部分安南兵强占南威岛。4月7—12日，法军派法舰“亚斯特洛赛”和“亚拉亚特”号舰陆续侵占太平岛、安波沙洲、北子岛、南子岛、南钥岛、中业岛、鸿庥岛、杨信沙洲等其余八岛。7月25日，法国在其公报中宣布占领我国南海九岛，是为“法国占领九小岛事件”。

当时法国报纸记载，“四月十日占领地萨尔（即郑和岛礁，西图作Tizard）与依秋伯（即今太平岛，西图作Ltu aba Island），其地有树叶搭盖之屋，复有奉祀神人之像……”民国政府特向法国政府提出严重抗议。②

1930年8月4日外交部照会法国驻华使馆：“中国政府在未经确定查明以前，对于法国政府占领之宣言，保留其权利。”其后又向法国抗议称：“因所上法报所称，有琼崖中国人住于该群岛，以从事渔业，又谓当时岛中住有华人三名，又谓其他有树叶搭盖之屋，有奉祀神人之像，又谓有由琼崖渡来的华人居住，每年有帆船载食品来岛供华人食用，是九岛者早有华人居住，并非无人之岛，法人固已代我证明矣。依照国际公法与惯例，凡新发现之岛屿，其住民系何国民，即证明其主权属于何国。今该群岛中全为华人，其主权应属于我，自属毫无疑义！”③

韩振华、李金明研判，太平岛土地庙（伏波庙）与妈祖庙同属于一个庙宇。但据1977年韩振华访问的文昌县老渔民梁安龙称，巴峙岛（太平岛）至少百年之前便有天后婆庙。④ 1974年潭门渔民口述称伏波庙（土地庙）约建于清末，大概80年前。诚如《海

① 《渔民王安庆的口述资料》，1977年6月28日，载韩振华编《我国南海诸岛史料汇编》，第415—416页。

② 《海军巡弋南沙海疆经过》之“绪论”，载《中国南海诸群岛文献汇编》九，台湾学生书局1974年版，第13页。

③ 同上。

④ 韩振华、李金明：《西、南沙群岛的娘娘庙和珊瑚石小庙》，《南洋问题研究》1990年第4期。

军巡弋南沙海疆经过》所说："该岛（太平岛）为南沙群岛中之最大岛礁，数千年来，即为我国琼崖渔民在南海诸岛中主要渔场之一，且每年系随季候风之变换而往返，亦有居留于该岛若干时日者，故岛上有我国古庙、古井，及各种遗迹甚伙。"① 日本人于1917—1928年间一度入侵太平岛，盗采磷矿，又于1939年再次入侵该岛。而法国曾经侵占该岛达数年之久，菲律宾人也偷偷上岛安图留下所谓的证据。各侵占方皆大肆毁灭我国渔民在岛上之文化遗迹，日本人甚至另建神社祭祀。

根据文昌县龙楼金星小学校长林英的口述，1945—1949年去南沙群岛捕鱼时，"有一年巧逢不顺风，从西沙至南沙行了一个月，艄公拿自己的头发和迷信纸焚烧，请求天后娘娘保佑。当时船上的水用完了，粮也断了，很危险。……有一年（指1934—1935年前后——引者注）正月十五，我们渔民在南沙杀猪拜神，准备过节……"② 这个资料证实，民国时期南海的渔民多把妈祖婆作为海上保护神，并经常举行祭拜仪式。因此，渔民记忆所见的天后庙应该修建更早。笔者判断天后庙与土地庙分属两个庙，或被历次的入侵者毁迹。太平岛所见的神像或者是观音菩萨、妈祖婆，或者是土地神、五龙大王。

韩振华、李金明认为，太平岛土地庙称伏波庙，供奉海神伏波将军，祀奉两汉时期的路德博、马援。这个说法是海南渔民晚近的口述材料，并称清光绪二十年（1894）由琼海渔民重修。③ 而参加收复南沙群岛主权的国民政府海军李景深回忆说，太平岛土地庙有"福德土地龙神之位"，这充分说明南沙群岛的土地庙首先安设的是闽台琼熟悉的"福德正神"的牌位，其所立神像可能是普通的土地神——福德正神，当然也不排除同时供奉伏波将军的牌位或香炉。

今天，太平岛的台湾守军还重建了一个土地庙（图15—16），位置在岛之西北角，与民国史料相允合。现土地庙额书"福德庙"，另有藏头"福德"的七字对联一对，祭拜土地神。但陈仲玉提供的照片较为模糊，隐约有"福自四海信××""德厚五州观安平"等字样，具体内容是何，不得而知，期待有心者提供新资料。南沙群岛渔民或疍民来自闽粤琼等地，土地庙供奉福德正神属于普遍的现象。而今天海南岛土地庙同样供奉土地神牌位和土地神像（图17）。

当然，作为海神的伏波将军在海南和南海诸岛的深远影响还是值得大书特书。路德博在汉武帝时代曾荡平南越叛乱，开置南越（包括海南）九郡；马援在光武帝时平定南越交趾（今越南北部）之反叛。二人在拓殖我国南方疆土方面贡献卓越，史称两汉伏波将军。伏波的字意为"降伏波涛"，为众多将军封号之一种。伏波崇拜不仅在广东、广西、湖南、海南，甚至远在越南河内都有祭祀的庙宇。④ 早在魏晋南北朝时期，南海人民就视伏波将军为海神，"以遏海波"。"二伏波将军者，专主琼海。其祠在徐闻，为渡海之指南。"⑤ 宋代以来，在海南岛多地皆设庙祭祀。明清《琼州府志》《昌化县志》《澄迈县志》《崖州志》等记载，琼山（宋）、儋州（宋）、澄迈县（元明清）、崖州（三亚，明）、

---

① 《海军巡弋南沙海疆经过》，载《中国南海诸群岛文献汇编》九，台湾学生书局1974年版，第44页。

② 《林英的口述材料》，1977年6月29日，载韩振华编《我国南海诸岛史料汇编》，第429页。

③ 琼海县革委会联合调查组编：《关于我县潭门等地区渔民历史以来在西沙、南沙一带进行生产和往来居住情况的报告》，1974年版。

④ 参见王元林《明清伏波神信仰地理新探》，《广西民族研究》2010年第2期。

⑤ （清）屈大均：《广东新语》卷六《神语·海神》，中华书局1985年版，第205页。

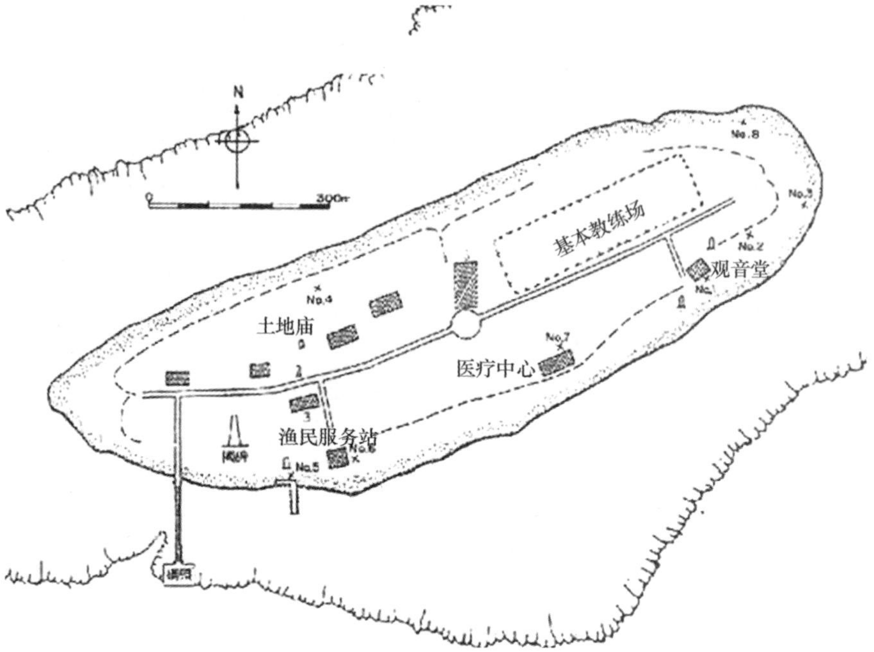

图 15　太平岛土地庙、观音堂的位置①

图 16　南沙群岛太平岛土地庙②（陈仲玉摄影）

① 图 15 录自陈仲玉主持：《东沙岛南沙太平岛考古学初步调查》，台湾地政丛书第 29 辑，“中研院”历史语言研究所 1995 年版，第 41 页。

② 图 16 录自陈仲玉主持：《东沙岛南沙太平岛考古学初步调查》“图版 7”，台湾地政丛书第 29 辑，“中研院”历史语言研究所 1995 年版。据陈仲玉称，太平岛原土地庙在岛中部，后因修扩机场迁移。

图17　海南琼海加积镇东关庙的土地神像（陈进国摄）

昌化（明）都设有伏波祠或伏波庙。正德《琼台志》卷26《坛庙》称“宋来渡海者专乞佑”。宋苏轼贬至海南时所书《伏波庙记》称：

> 汉有两伏波，皆有功德于岭南之民。前伏波邳离路侯也，后伏波新息马侯也。……自徐闻渡海适朱崖，南望连山，若有若无，杳杳一发耳。舣舟将济，眩栗丧魄。海上有伏波祠，元丰中诏封忠显王。凡济海者必卜焉。曰：“某日可济乎?”必吉而后敢济。使人信之如度量衡石，必不吾欺者。[①]

根据笔者的实地调查，海口龙华区龙桥镇儒鸿村的路马伏波纪念馆，设有二伏波神主牌位；海口市长流镇荣山村马伏波庙，拜马伏波、马伏波夫人，并设“境主汉伏波忠显王文渊马公讳口神位”；临高县社昆港忠显王庙兼设马伏波神主牌位和“大成至圣先师孔夫子神位”，《忠显王庙给修集资公布》就提到“众多的船主、渔家主妇”的集资，说明伏波神仍然是当今海口、临高渔民出海前膜拜祈福的对象。西沙群岛晋卿岛又为李准定名伏波岛，显见南海设庙祭祀伏波将军亦属正常。按现海南岛伏波庙神主牌上共书二伏波名号（图18—19）——“敕封伏波将军邳离（新息）侯爵封忠显（佑顺）王路（马）公讳博德（讳援）神位（左官将右使兵）”云云。由于受地理条件所限，太平岛土地庙若兼有奉祀二伏波将军，多用神主牌位，不太可能设神像（伏波将军需设两尊神像）。我们从永兴岛渔民的请神文也可以印证（详后）。[②] 至于琼海、三亚、陵水一带的疍家，根据笔者访问，疍家在南海作业时并未有祭拜伏波将军——马援公的传统。

---

① （宋）苏轼著，李之亮笺注：《苏轼文集编年笺注》，巴蜀书社2011年版，第628—629页。

② 《渔民彭正楷的口述材料》，1977年6月21日，载韩振华编《我国南海诸岛史料汇编》，第415页。

图 18　海口龙华区龙桥镇儒鸿村“路马伏波纪念馆”神像（陈进国摄）

图 19　海口龙华区龙桥镇儒鸿村“路马伏波纪念馆”神主牌（陈进国摄）

值得一提的是，日本人所提及的太平岛祠堂，接近于孤魂庙，应与东沙岛的兄弟所相似，供奉过世的渔民或孤魂的神主牌位。而“二战”时日人占领太平岛所修的庙就是神社。麦蕴瑜言及，收接太平岛时发现，日人“尚有无线电台、电力厂、仓库、神社、水井、蓄电、各种石碑、宿舍、墙基、道路、防空洞、晒渔场、坟墓等”云云，显见日人在谋求文化占据方面的用心。①

至于南沙群岛的孤魂庙，又称昭应庙、兄弟庙。所祭祀对象主要有两种类型：一种是崇祀海难的渔翁兄弟公，如北子岛的孤魂庙所祀为渔民吴口天，文献及口传皆可证实；一种是 108 位兄弟公。108 兄弟公崇拜是海南岛及南海诸岛独有的信仰，东南亚各地的海南会馆普遍祭祀妈祖、水尾娘娘、兄弟公，其中兄弟公只设神主牌位。海南海口、陵水、澄迈、琼海、文昌、三亚等地近海处多兄弟公庙或昭应庙，祭拜对象也是海难渔民及兄弟公，庙内通常设有两种神主牌位，不设神像（图 20—21）。海南的渔民或疍家出海或遇到危险时必祭兄弟公，俗称“做福”。渔民或疍家还有给兄弟庙赠送银牌的传统。比如，海口海甸原灵佑庙（已被政府开发强制拆除）设有“敕封本境渔夫众兄弟公统归神位”；海口长流镇新海村昭应公祠设有“昭应英烈一百零八公神位”；澄迈县马村镇东水港下港的两

① 麦蕴瑜：《南沙群岛是中国最南领土》，香港《大公报》，1957 年 5 月 25 日；载韩振华编《我国南海诸岛史料汇编》，第 267 页。

图 20　海口美兰区灵山镇东和村兄弟庙（郑惠榕摄）

图 21　陵水县新村港兄弟公庙“清琼崖诸渔翁兄弟公之神位”（陈进国摄）

图 22　陵水县新村港兄弟公庙“昭应英烈一百有八公神位”“兄弟爸”银牌（郑惠榕摄）

神庙设有“昭应英烈一百有八公神位”“民国初元雷琼各属阵亡盗杀溺海凶荒被难各位男女冤魂之神位”；海口市灵山镇东和村兄弟庙和陵水县新村港兄弟公庙，都设有“清琼崖诸渔翁兄弟公之神位”“昭应英烈一百有八公神位”两种牌位，后者的牌位还挂“兄弟爸”字样的银牌（图22）。到南海诸岛捕鱼的渔民尤以琼海、三亚、陵水一带的渔民或疍家最多。其中陵水县新村的兄弟公庙系琼山来此地定居的渔民修建，以纪念光绪二十三年（1897）农历十月二十二日台风中在新村港大批遇难的渔民，后来凡在新村港停留的渔民和疍家都来这个庙祭拜祈福求平安；琼海潭门镇草塘行政村的四个自然村——草塘村、文教村、上教村、孟菜园村，属于汉家渔民，村村有兄弟庙。草塘村的兄弟庙设有“山川二类男女伍姓孤魂神位”“显应一百零八兄弟之神位”。每年农历七月十五日，文教村“兄弟庙”热闹非常，渔民都要回家祭祀。

历史文献只是粗略记录南沙群岛有庙，但并未写得很明确。从我们针对南海渔民的访谈可知，土地庙和孤魂庙往往是重叠的称呼，内兼祀渔翁孤魂、兄弟公、土地神、二伏波将军或妈祖等神主牌位。北子岛的孤魂庙是特例，其专门雕塑了海难孤魂吴口天的木刻神像。渔民的海上祭祀又以阴神兄弟公、妈祖最重要。

我们从蒙全洲（1884—?）的口述材料也获得证实：“我十几岁（约1898—1901年——引者注）就跟爸爸到西、南沙群岛去，看见爸爸到南沙的奈罗岛后，就杀猪拜佛，使大家都高高兴兴。当时迷信，若不拜佛，就不平安，下海会被鲨鱼咬。……在南沙，有人住的地方就有庙，住岛的人，随手盖起，并写上神名。祖辈相传遇难的‘一百零八个兄弟公’，我初去南沙时就有了，这些庙内往往有一只木牌作神位，没有写上具体名字。传说，敬奉祭祀它们，你要那里捕渔作业，神就会保佑你平安。”① 渔民符用杏（1886—?）的口述资料也证明：“出海经常会遭遇风险，有一次，从清澜开船往南沙，途中遇大风，船上的东西都翻了，我们央求‘一百零八兄弟公’保佑，在海上漂流了七天七夜，最后飘到越南的白马，幸好，人都活着。”②

按兄弟公庙或孤魂庙的木主（木牌）祭祀，是南海诸岛渔民或疍家最独特的海洋信仰之一。综观海南的地方神明信仰有一个很突出的特点，就是庙宇虽然简陋，神位上却普遍兼祀塑像与木主，而内地的华南等地的地方崇拜，更多使用高大上的塑像。中国古代针对神明、祖先、鬼魂的祭祀，在造型上一直兼有木主（神主）与塑像两种形态。特别明代祭礼改制，在使用木主还是塑像的问题上一直争议很大。③ 其实，木主或神主祭祀，更贴近于中国古礼的原初意义，体现了“崇有功、报有德”的祭祀传统；而塑像显然更接近佛教、道教及地方偶像崇拜的意象。④ 后汉班固记录的《白虎通》卷12《阙文》记载：“祭所以有主者何，言神无所依据，孝子以主像心焉。”许慎《五经异义》记载：“主者神象也。孝子既葬，心无所依。所以虞而立主以事之。”（《通典》卷四八《天子皇后及诸侯

---

① 《渔民蒙全洲的口述材料》，1977年7月3—5日，载韩振华编《我国南海诸岛史料汇编》，第403、406页。

② 《渔民符用杏的口述材料》，1977年6月30日，载韩振华编《我国南海诸岛史料汇编》，第412页。

③ 明代宋濂《文宪集》卷二八《孔子庙堂议》称：“世之言礼者咸取法于孔子，然则为庙以祀之，其可不稽于古之礼乎？不以古之礼祀孔子，是亵祀也。亵祀不敬，不敬则无福。奈何今之人与古异也。……古者造木主以栖神，天子诸侯之庙皆有主，卿大夫、士虽无之，大夫束帛以依，神士结茅为菆，无有像设之事。《开元礼》亦谓设先圣神座于堂上西楹间，设先师神座于先圣神座东北，席皆以莞，则尚扫地而祭也。今因开元八年之制，抟土而肖像焉，则失神而明之之义矣。”（文渊阁四库全书本，第434—435页。）

④ 参见李媛《塑像与木主：明朝祭孔形象的变迁及其原因》，《史学月刊》2011年第8期。

神主》引）木主象征着祖先之魂所凭依的所在。古礼讲“事死如事生”，祭祀木主就如同服侍生者一样的礼数。海南岛及南海诸岛的神位普遍使用木主，虽然涉及塑像费用较高及追求祭祀简便的问题，亦有“失礼求诸野”的意味，更本真地传承了中原的古礼传统。由于海上捕鱼作业充满着危险性和不确定感，南海的渔民或疍家形塑“兄弟公”木主或奉献“兄弟爸”银牌，更有将失祭孤魂视作“模拟血亲”的因素在内，透过模拟血亲祭拜的联结，以获得阴神的灵应和护佑。

南沙太平岛现隶属台湾高雄旗津区管辖。根据陈仲玉考古调查，岛上新设有观音堂一座，为驻岛军人所崇祀（图23）。观音堂兴建于1960年，1972年重修，内供千手观音像，位于岛之东南隅森林。“自观音堂往东约一百多公尺，有一口旧井遗迹。井口和井边的阶梯高台的规模仍在，但此井已废弃不用”，往南不远就是海滩，其堂旁有《南沙群岛太平岛兴建观音堂志》（图24）：

图23 南沙群岛太平岛观音堂①

南海观音菩萨，道法无法，灵异夙著，向为中国正神，大慈大悲，极具救人救世之精神。故民咸奉为苦海之慈航，地狱之佛光。太平岛海角天涯之乡也，设治以来，凡百粗具，独缺神道以镇抚人心。谨由在岛人士集议奉迎大士庇护本岛，群策群力，匝月神庙竣工。成其事者，无不欣然相慰。夫圣人以神道设教，故奉聪明正直者为神，今兹功德，实师圣人之意，冀求广沐神恩者也。谨志。指挥官陆战队江虎臣敬撰，南沙群岛守备队第十四届兴建观音堂官兵名录（以下略），中华民国四十九年十

① http://www.dindon.com.tw/meworks/pagel.aspx? no=229014&albumno=O&step=l&pno=350906.

月十日立。[1]

图 24 《南沙群岛太平岛兴建观音堂志》[2]

值得注意的是，根据 2012 年 3 月中外媒体的报道，越南 2007 年在侵占的我国南沙群岛成立伪“长沙县”，隶属庆和省管辖，并同意 6 名僧人上岛“进行佛事工作、重建废弃寺庙”的申请，据说有 3 座规模较大的寺庙和数座小庙，寺庙翻修费用由庆和省编列预算支付。从网络上的报道来看，其在我国南威岛上应非法建有越南寺庙。[3] 而北部湾白龙尾岛曾经由中国实际管辖，清代中法战争后被法国殖民者占领。1955 年 7 月，中国人民解放军解放该岛，岛上亦有我国岛民膜拜的妈祖和伏波将军的庙宇。越南在侵占的岛上违建庙宇以求冒认作为开发、经营南沙岛屿的历史根据，值得我们保持高度警惕。

四 西沙群岛的庙宇史迹及其水下关联文物

西沙群岛位处于我国海南岛东南方，南海的西北部，即北纬 15°40′—17°10′，东经 111°—113°之间，是中国南海诸岛四大群岛之一，主要由永乐群岛和宣德群岛组成，共有 22 个岛屿、7 个沙洲、10 多个暗礁暗滩。历史上也称“千里长沙”“万里石塘”，国际上称为帕拉塞尔群岛（Paracell slands）。西沙群岛北起北礁，南到中建岛，东到东岛（辽岛），海域总面积为 31700 平方公里。考古文物及历史文献都充分证明，中国至迟于三国两晋时期就开始开发经营西沙群岛，而庙宇更是我国沿海渔民和疍家最先上岛的标志和纪念。近代以来，日本、法国、越南等国都侵占过西沙群岛部分岛礁，并大

---

① 陈仲玉：《南中国海诸岛上的碑碣》，载《庆祝何炳棣先生九十华诞论文集》，三秦出版社 2008 年版，第 670、673 页。

② 图 24 录自陈仲玉：《南中国海诸岛上的碑碣》，载《庆祝何炳棣先生九十华诞论文集》，三秦出版社 2008 年版，第 673 页。

③ 《越南竟欲派僧人进驻南沙寺庙》，《环球时报》，2012 年 3 月 14 日（http：//news. xinhuanet. com/world/2012 –03/14/c_ 122834348. htm？ prolongation =1）。

肆毁坏我国发现、开发西沙群岛的历史证据，并试图伪造遗迹以期强化所谓的“历史占有”。

清宣统元年（1909）5月，两广总督张人骏派广东水师提督李准（1871—1936）率领水师官兵170多人，分乘伏波、琛航、广金三艘军舰到东沙群岛、西沙群岛巡察，测绘地图，查勘岛屿，逐一命名，勒石竖旗，以宣示领土主权。当时李准所命名的16个西沙岛屿有伏波岛、甘泉岛、珊瑚岛、琛航岛、广金岛、丰润岛、邻水岛、霍邱岛、归安岛、乌程岛、宁波岛、新会岛、华阳岛、阳湖岛、休宁岛、番禺岛等。李准不仅发现西沙群岛上有黎族人定居，“敲锣吹笛及击瓦器”“跳舞”，而且发现晋卿岛上有南海疍民或渔家所建的珊瑚石孤魂庙。① 这是关于西沙群岛有庙宇遗迹的较早历史记录。民国时期，国民政府开展了西沙群岛的系列考察和开发计划，在二战结束后派海军收复被法国、日本侵占的西沙群岛主权，相关的报告粗略地记述了西沙群岛上特别是永兴岛的庙宇遗迹。

真正对西沙群岛进行深入的考古发掘则是在1974年3—5月。广东省博物馆《广东省西沙群岛文物调查简报》《西沙文物：中国南海诸岛之一西沙群岛文物调查》都附有“西沙群岛珊瑚石小庙登记表”，发现珊瑚岛、甘泉岛、琛航岛、广金岛、永兴岛、赵述岛、北岛、和五岛（东岛）等岛屿有13座小庙。王恒杰在1991年5—6月对西沙群岛的考古调查中，误称金银岛（应是珊瑚岛）有金沙庵1座。1976—1977年韩振华整理的南海渔民口述资料，也提供了丰富的佐证。相关的新闻报道刊载了西沙群岛庙宇的一些情况。受到现有条件限制，笔者只实地考察过永兴岛庙宇，其他岛礁的庙宇资料及图版系查阅资料或由海南地方政府有关部门提供协助。

当然，近30年来西沙群岛的水下考古工作一直在有效地进行之中，并获得了很多的文物发现。鉴于西沙群岛庙宇史迹的文献和考古发现在展示我国文化主权方面的价值，为了不断章取义，我们仍然按岛礁分布，完整罗列如下，再行学术分析。其中，1974年关于西沙群岛庙宇文物登记资料，笔者取消了原资料中的统计表格，而客观还原为文字的描述。西沙群岛至少有20座以上的庙宇古迹。

1. 永兴岛（2座，图25—26）

（1）唯岛中往往有神庙一间，称为孤魂庙。大小不一，最大者也不过六七尺，小者或三四尺，仍用砖瓦造成。事属迷信，虽无可记，然可见各岛属我国固有领土，为沿海疍民所践食者。(1928)②

---

① 《李准巡海记》：“上岸后，沿平原而入山凹，一路遍地椰子树，结实累累，大可逾抱，高约百数十尺，其直如棕，叶长大似蕉，但分裂而不连属。……步行约六七里，有居人焉，披发赤足，无衣，以布围盖下身，其黑如漆，前后心及两肘两腿，毛茸茸然，两耳贯以铁环，大如饭碗之口。老少可辨，男女殊难认也。其所住室，以椰子树为之，高不及丈，宽约一二丈，横梁门柱，皆椰树也。上盖及壁，都以椰叶编作人字形之厚箔为之。有门无窗，屋内之地，亦铺以椰席，厚可数寸。无桌几床帐，饭食起居，咸于此焉。余以手镜为之照像，各嘻嘻笑不已。又与同人行至一处，有男女多人，于野外草地上跳舞。有老者壮者于旁，敲锣吹笛及击瓦器，跳舞者女子居多，间亦有男子与偕，皆青年也。其齿白，而口吐红色之沫。询之，乃含槟榔使之然也。此男女跳舞者，如两情相合，即携手相归而为夫妇矣。其语不可辨，国祥能懂一二，盖黎山之生黎也。”载李准《李准巡海记》，《国闻周报》1933年第10卷第33期。

② 沈鹏飞编：《调查西沙群岛报告书》，台湾学生书局1928年版，第30、37页；另见韩振华编《我国南海诸岛史料汇编》，第261页。

图 25—26　三沙市永兴岛码头附近的兄弟公庙（陈进国摄）

（2）林岛中有“孤魂庙”及“黄沙寺”各一座，按“孤魂庙”为我国渔民所建，面积很少，高仅五六尺，傍有对联“兄弟已灵应，孤魂感恩深”。由此联可知“孤魂庙”即渔民所谓一百零八兄弟的公庙是也。相传渔民至时，必备猪酒香纸冥钱祭之。这种建筑形态，与吾粤乡间“土地伯公祠”无异，足证国人经营西沙群岛，由来已多时也。“黑（原文如此，应是‘黄’——引者注）沙寺传为安南人所建，建于民国廿七年，高约十丈，阔约七尺，傍亦有对联：‘春亦有情海深喜逢鱼弄月，人得其意春风和气鸟逢林’，联语欠解，姑且录之。”（1947）①

（3）据民国十七年广东省西沙群岛调查团的记载：“林岛（即多数岛）中原有海南人所建的孤魂庙一所，高阔约六尺，其年代不可考。”可见海南岛的渔夫，在西沙群岛捕

① 李次民：《西沙群岛的现状》，《政衡》1947 年第 1 卷第 4 期。

鱼，已有很长远的历史，并且曾牺牲不少生命，可惜这历史建筑物被日人摧毁了（东沙岛渔民建筑的天后宫也是被日人摧毁的）。(1947)①

（4）各岛上往往有孤魂庙之建设，大小不一，概为砖造。虽无年代可记，然可确证为我国固有领土，日人后来全部毁之，修码头、栈桥、铁路、仓库、工厂、大肆开采。……永兴岛外其他各岛，似无日人建筑，故孤魂庙尚有峙然留者。(1947)②

（5）在林岛发现有孤魂庙，悬有民国十五年及二十六年等年份我国符姓渔民所立之中文匾额。查海南文昌、琼东、乐会等县渔民，每年必前往该岛作业，而符姓者即为文昌县人，足证我国渔民与西沙群岛关系之密切。(1947)③

（6）离岸不一里许，得一小庙，已是断垣颓壁，探身入内，见有矮桌一方，生锈的罐头盒子零乱在在，当系日军所遗留者。(1947)④

（7）渔民习惯，一到林岛，必先往祭一百零八兄弟孤魂庙（该庙犹存），门侧有对联上书“兄弟感灵应，孤魂得恩深”，此俗由来已久，亦无史可稽。(1947)⑤

（8）此辈渔民习惯，一到林岛之初，必先往祭一百零八兄弟孤魂庙。该庙至今犹存，建筑样式，略如我国乡间普通所见的土地庙无异，庙门上有横额匾书“海不扬波”四字。门侧有对联上书“兄弟感灵应，孤魂得恩深”字样。……该庙的建筑形式及题额、门联等，已证明林岛远年之前，向为我国渔民捕鱼定居之所。(1947)⑥

（9）永兴岛上现在还有渔民自己修建的两座庙，南面的叫作孤魂庙。北面的叫作黄沙市（寺）。那时航海不发达，有的渔民在路上丧失生命。庙的名字是“孤魂渺渺”“碧血黄沙”的意思，这也可以看出旧社会渔民生活是多么凄凉和痛苦。(1957)⑦

（10）永兴岛西部气象站前，用珊瑚石垒砌，俗称“孤魂庙”，最近拆除。(1974)⑧

（11）第三块是1921年当时中国政府所立的石碑，上有“视察纪念”四个大字。1937年4月间由永兴岛的民兵在该岛西部气象站前一座渔民盖的珊瑚石小庙（渔民称为“孤魂庙”）旁挖出。碑用灰色麻石刻成，刻工较好。碑长92厘米、宽19厘米、厚8厘米。第四块在永兴岛气象站的后面，是抗日战争胜利后1946年11月24日，当时中国政府收复西沙群岛时竖立的水泥碑。碑高1.49米、宽0.92米。一面文字是“南海屏藩”，一面是“海军收复西沙群岛纪念碑”。(1974)⑨

（12）永兴岛又名猫岛、猫注，为什么叫猫岛、猫注？来源已久，渔民间传颂一首诗中就有“猫注娘娘”一句，其诗文云：“策赐山峰布斗，明芝兴德显神，顺赞天后圣母元

---

① 东之：《痛话西沙：（五）海上渔夫的〈孤魂庙〉》，《台湾月刊》1947年第7期。

② 郑资约编著：《南海诸岛地理志略》，商务印书馆1947年版，第76页。

③ 台湾《中央日报》1974年3月25日；另见韩振华编《我国南海诸岛史料汇编》，第262页。

④ 吴倪：《西沙群岛登陆记》，《北极阁》1947年第4期。

⑤ 《西沙群岛》，《越华报》1947年6月14日；韩振华编《我国南海诸岛史料汇编》，第252页。

⑥ 吴福自：《西沙群岛的真面目》，香港《星岛日报》1947年1月27日；韩振华编：《我国南海诸岛史料汇编》，第253页。

⑦ 贾化民：《西沙群岛归来》，香港《大公报》1957年3月31日；韩振华编：《我国南海诸岛史料汇编》，第115页。

⑧ 《西沙文物：中国南海诸岛之一西沙群岛文物调查》之表三“西沙群岛珊瑚石小庙登记表”，广东省博物馆编，文物出版社1974年版，第25页。

⑨ 广东省博物馆：《广东省西沙群岛文物调查简报》，《文物》1974年第10期。

君，左千里眼神将，右顺风耳守海将军，掌仓掌库天仙大王，猫注娘娘，伏波爷爷，一百零八兄弟公，男女五姓孤魂。”（1977）①

（13）蒙全洲是海南岛文昌县现存渔民前往西南沙群岛从事渔业生产的老前辈，他一家从曾祖父起都以渔业为生，至今已近两百年，其曾祖父年轻时是由同村渔民带往西南沙群岛的。蒙本人 15 岁（1895）随同祖父去西沙群岛捕鱼时，曾在北岛、永兴岛等地，看见其祖父在岛上的珊瑚庙进行祭祀，并听他的祖父说，这些庙都是古代留下的。我们再联系海南渔民中流行着有关一百零八兄弟公的传说（传说说：远在明朝时，海南岛有 108 个渔民兄弟，到西沙、南沙群岛进行捕鱼生产，在海上先后死去。后来又有渔民去西沙、南沙群岛，途中忽遇狂风巨浪，生命危急，渔民们祈求那被害的一百零八个渔民兄弟显灵保佑，后果平安。遇救后，渔民们就在一些岛屿上立庙祭祀），时间也在明代。（1977）②

2. 珊瑚岛（1 座，图 27—28）

图 27　西沙群岛珊瑚岛金沙庵外观③

（1）1934 年，潭门地区渔民曾用珊瑚石在岛的南端筑起一个庙，在庙里安放了一尊

① 《渔民彭正楷的口述材料》，1977 年 6 月 21 日，载韩振华编《我国南海诸岛史料汇编》，第 415 页。

② 韩振华：《海南岛渔民在西南沙群岛等地生产航行的〈更路簿〉和〈地理位置略图〉》，载韩振华编《我国南海诸岛史料汇编》，第 368 页。

③ 图 27 录自 http：//roll. sohu. com/20120516/n343340475. shtml。新华社记者王玉山摄。

石塑女像。(1974)①

（2）珊瑚岛西南角，距海边约30米，面向西南。1938年前，原有我渔民用珊瑚石垒砌的小庙一座，里面供石雕女像一件。庙在1938年前后被拆毁。庙内原石雕女像，灰色麻石雕成，通高1.57米，六角柱座高19厘米。女像长衣宽袖，双手拱置胸前，托三脚炉一件。石像脚步粘有珊瑚和蚝壳。(1974)②

（3）有金沙庵一座，山门面对西部航道，庵内联帐为“金波碧浪朝圣庙，沙聚银滩立古庵”，为赵不波赠送，时间当为1899年。庵为近代补修，有水泥筑墙，所供雕像为一头戴帕巾、双手持炉的神主，像系花岗岩雕造，粘有珊瑚灰礁，当为渔民从海礁中捞得供入。类似的雕像在金银岛的岛周礁盘下有沉埋，过去琼海潭门镇亦从北礁打捞到多件，而金沙庵的雕像取自何处，实难确定。(1992)③

图28　西沙群岛珊瑚岛金沙庵石人像④

① 韩振华：《海南岛渔民在西南沙群岛等地生产航行的〈更路簿〉和〈地理位置略图〉》，载韩振华编《我国南海诸岛史料汇编》，第440页。

② 《西沙文物：中国南海诸岛之一西沙群岛文物调查》之表三“西沙群岛珊瑚石小庙登记表”，广东省博物馆编，文物出版社1974年版，第25页。

③ 王恒杰：《西沙群岛的考古调查》，《考古》1992年第9期。王恒杰系于1991年5月下旬至6月中旬在西沙群岛进行考古调查。王先生记载金沙庵在金银岛。根据新华社记者的照片，应是珊瑚岛之误。笔者又专门委托海南友人寻问珊瑚岛上的驻军，亦获得肯定的回复。

④ 图28来源同上。

3. 甘泉岛（3座，图29—32）

（1）甘泉岛北面，岛边沙丘向外的斜坡上，面向东北，两庙南北并列，右侧一座已塌毁，左侧一间用四块大珊瑚石板搭成，高0.5米、深0.8米、宽0.8米。(1974)①

（2）甘泉岛东南角，距海水约20米，面向南，红砖灰沙砖墙，顶已毁。1928年琼海县渔民苏德柳、黄家秀、邓开志、邓学相、庄论仁等五人建筑。(1974)②

（3）全岛共有三座小庙，即渔民通常所说的孤魂庙。岛南有两座，一座为砖泥墙，高4米余，宽、长各1米余，庙顶及后墙皆已毁掉，庙内土台上已长满剑麻。这是一座较古老的庙，但亦属明以后所筑。另一座位于前者西侧5米余，高不及1米，用珊瑚礁堆筑，庙前尚有供物及残香，应系渔民近几十年所筑。第三座庙立于岛西侧，用珊瑚礁及水泥筑成，高2米、宽2.8米，中开小门，门向东，内有龛桌，上有一供碗。岛的四周海滩上，时有涨落潮而冲刷的汉唐以来的残碎陶瓷片。(1992)③

图29—30 西沙群岛甘泉岛土地庙外观、内景（珊瑚石及水泥砌）④

---

① 《西沙文物：中国南海诸岛之一西沙群岛文物调查》之表三“西沙群岛珊瑚石小庙登记表”，广东省博物馆编，文物出版社1974年版，第25—26页。

② 同上。

③ 王恒杰：《西沙群岛的考古调查》，《考古》1992年第9期。

④ 图29—38系海南省委统战部提供，感谢海南省道教协会会长陆文荣的大力协助。

图 31—32　西沙群岛甘泉岛土地庙外观、内景（红砖、水泥砌）

4. 琛航岛（2 座）

（1）百年前，渔民曾用珊瑚石在岛的东南部堆成一小庙，庙里安放了一尊瓷制女佛像，渔民俗称“三脚婆”。(1974)①

（2）琛航岛东南角，距海水约 50 米，面向南，用珊瑚石垒砌单间小屋，顶已毁，只留三面残墙，墙有用灰沙砌的残迹，残高 1.3 米，长 1.7 米，宽 1.2 米，周围散落一些板瓦和筒瓦。庙门前有一些清代青花碎瓷片，可能是庙内的供器。(1974)②

（3）琛航岛西北角，距海水约 30 米，用珊瑚石垒砌，今年三月，因建房屋拆毁。庙内供一件明代龙泉窑的观音像，脸手露胎，双手抱净瓶，渔民俗称“三脚婆”，一对近代的青花瓶，画青花山水。(1974)③

5. 晋卿岛（3 座，图 33—36）

---

① 《琼海县潭门等地区渔民在西南沙群岛进行生产和居住情况的调查》（1974 年 1 月 26 日整理），载韩振华编《我国南海诸岛史料汇编》，第 440 页。

② 《西沙文物：中国南海诸岛之一西沙群岛文物调查》之表三“西沙群岛珊瑚石小庙登记表”，广东省博物馆编，文物出版社 1974 年版，第 25 页。

③ 同上。

图33—34　西沙群岛晋卿岛西部土地庙外观、内景（珊瑚石堆砌）

图35　西沙群岛晋卿岛旧土地庙

图36　西沙群岛晋卿岛新土地庙

（珊瑚石、木板堆砌）（砖、水泥砌）

（1）其椰树及石上，多德人刻画之字，皆西历一千八百余年所书。德人布朗士以笔抄其文记之。其石亦非沙石，乃无数珊瑚虫结成者，因名之曰珊瑚石。又至一处，有石室一所，宽广八九尺，四围以珊瑚石砌成，上盖以极大蛤壳两片为之。余于此而休息焉。石上亦有刀刻之德文，盖千八五十年所书也。均有照片，后不知失于何处矣。余督工刻字珊瑚石上曰："大清光绪三十三年广东水师提督李某巡阅至此。"勒石命名伏波岛。以余乘伏波先至其地，故以名之。(1909)①

（2）我看到两个土地庙，上面刻着"有求必应"，两个香炉，虽然年代久远有些残缺，但仍摆在庙前。(1960)②

（3）1947 年，当时的国民党军队曾到该岛，并在岛的西北部立一水泥碑，碑的中间夹一铜片。同年，潭门渔民在该岛西边用珊瑚石叠一小庙。(1974)③

6. 北岛（1 座，图 37）

图 37　西沙群岛北岛土地庙（珊瑚石堆砌）

（1）渔民俗称长峙，80 多年前，潭门公社渔民王家伦在该岛东南部盖一瓦顶小庙。(1974)④

（2）北岛东南角，距海水约 20 米，面向南，用珊瑚石垒砌，已塌，墙上留有灰沙砌的残迹。青花盆两个，清代道光时期德化窑产品，宽平沿，深腹，沿下画青花变形四字纹和花卉图案，釉厚处有深色的进裂纹。木制神主牌两个，字迹浸漶，不能辨认。(1974)⑤

---

① 李准：《李准巡海记》，《国闻周报》1933 年第 10 卷第 33 期。

② 君奋：《西沙群岛见闻》，《今日新闻》1960 年 5 月 15 日第 6 版。

③ 《琼海县潭门等地区渔民在西南沙群岛进行生产和居住情况的调查》（1974 年 1 月 26 日整理），载韩振华编《我国南海诸岛史料汇编》，第 440 页。

④ 同上。

⑤ 《西沙文物：中国南海诸岛之一西沙群岛文物调查》之表三"西沙群岛珊瑚石小庙登记表"，广东省博物馆编，文物出版社 1974 年版，第 25 页。

(3) 两块清代光绪二十八年 (1902) 石碑是在北岛发现的。碑已断裂成碎块，散落在岛东南角珊瑚石小庙和渔民居住的草棚四周。碑虽不大完全，经过对合，文字全能辨认。两块碑都是用深灰色麻石刻成，石质较差，砂眼甚多。第一块长 92 厘米、宽 19 厘米、厚 9 厘米，中间是“视察纪念”四个大字，左侧有“大清光绪念八年”一行小字。第二块残长 58 厘米、宽 24 厘米、厚 9 厘米，中间也是“视察纪念”四个大字，左侧一行小字是“大清光绪二十八年”。(1974)①

(4) 北岛一座庙里现在还有两块木质神主牌，但文字已经模糊不清，渔民说十多年前牌上的文字还是清晰的。一块是“有求必应”，另一块是“明应英烈一百有余兄弟忠魂灵神位”，左边署“沐恩信民冯振东敬送”字样。冯振东也是潭门港的渔民，已亡故。(1976)②

7. 东岛 (和五岛，2 座)

(1) 和五岛东北角，距海水约 30 米，面向西，用珊瑚石垒砌四方形围墙，里面用三块大珊瑚石板盖成神龛，围墙外另砌曲尺形护墙，墙残高 0. 9—1. 6 米，长 3 米，宽 2. 4—4. 2 米。龛内有近代酱釉胎三足香炉一件。(1974)③

(2) 和五岛西南角，用珊瑚石垒砌，1973 年因建房屋拆毁。(1974 年)④

(3) 渔民俗称猫兴，1934 年，长坡公社青葛大队渔民麦发生，在该岛盖了一座庙，面积约十平方米。潭门公社林桐大队渔民莫经琳曾在庙前配对联曰“前向双帆孤魂庙，后座　井兄弟安”。(1974)⑤

8. 广金岛 (2 座)

广金岛西部，距海水约 50 米，面向西，两庙南北并列，用大块的珊瑚石板盖成，高约 0. 5 米。南侧庙内有一件清代道光年间景德镇民窑产的青花双狮戏球小碗，一对铁筒做香炉。北侧庙内有一对近代黄釉陶胎烛台。(1974)⑥

9. 赵述岛 (1 座，图 38)

赵述岛西部，灯塔旁，距海水约 20 米。用珊瑚垒砌，已崩塌。(1974)⑦

10. 南岛 (1 座)

(1) 1975 年 3—4 月间组织了一个调查组进行第二次调查挖掘。……在 11 处岛屿、沙洲、礁盘上调查采集了许多古代遗物，计有：……新发现南岛的现代珊瑚石小庙一座 (连同第一次调查在赵述岛、北岛、永兴岛、东岛、琛航岛、广金岛、珊瑚岛和甘泉岛发

① 广东省博物馆：《广东省西沙群岛文物调查简报》，《文物》1974 年第 10 期。

② 何纪生：《谈西沙群岛古庙遗址》，《文物》1976 年第 9 期。

③ 《西沙文物：中国南海诸岛之一西沙群岛文物调查》之表三“西沙群岛珊瑚石小庙登记表”，广东省博物馆编，文物出版社 1974 年版，第 25—26 页。

④ 同上。

⑤ 《琼海县潭门等地区渔民在西南沙群岛进行生产和居住情况的调查》(1974 年 1 月 26 日整理)，载韩振华编：《我国南海诸岛史料汇编》，第 440—441 页。

⑥ 《西沙文物：中国南海诸岛之一西沙群岛文物调查》之表三“西沙群岛珊瑚石小庙登记表”，广东省博物馆编，文物出版社 1974 年版，第 25 页。

⑦ 《西沙文物：中国南海诸岛之一西沙群岛文物调查》之表三“西沙群岛珊瑚石小庙登记表”，广东省博物馆编，文物出版社 1974 年版，第 25 页。

图 38 西沙群岛赵述岛土地庙（珊瑚石堆砌）

现的古庙共 14 座）。（图 39—40）①

（2）1975 年第二次文物调查时在南岛又发现一座，共为 14 座。②

11. 金银岛（1 座?）、中岛（1 座?）

（1）1975 年 3—4 月间组织了一个调查组进行第二次调查挖掘。……在 11 处岛屿、沙洲、礁盘上调查采集了许多古代遗物，计有：……清代石狮、石柱、石磨等九件（金银岛）、清代砖块一件（只采集一件标本）。③

（2）据广东省博物馆和海南行政区文化局考古人员的调查，仅在赵述岛、北岛、永兴岛、和五岛、琛航岛、广金岛、珊瑚岛和甘泉岛即有古庙 14 座。在中岛、晋卿岛、金银岛等地也有遗存。④

---

① 《广东省西沙群岛第二次文物调查简报》，《文物》1976 年第 9 期。

② 何纪生：《谈西沙群岛古庙遗址》，《文物》1976 年第 9 期。

③ 《广东省西沙群岛第二次文物调查简报》，《文物》1976 年第 9 期。有清代石狮、石柱、石磨，说明岛上清以前应该有庙。

④ 何纪生：《谈西沙群岛古庙遗址》，《文物》1976 年第 9 期。

图 39—40　1974 年考古调查拍摄的珊瑚小庙照片（甘泉岛、广金岛、琛航岛、北岛、和王岛、赵述岛）①

综合上述，西沙群岛的庙宇史迹有几大特点，值得关注。

其一，西沙群岛庙宇的建筑规模较小、形制较为简陋。然而作为南海渔民或疍家日常生产、生活的信仰传统，至今绵延不绝，广受祭祀膜拜。

1974 年的考古调查简报清楚地介绍这方面的内容。庙宇多位于岛礁的边缘地带，庙门向海，结构简单，门面低矮，多数就地取材，用珊瑚石垒砌，渔民俗称“石花”。小部分是从大陆运来的砖瓦、水泥砌筑。其中，永兴岛（兄弟公庙）、甘泉岛（兄弟公庙）、珊瑚岛（金沙庵）、晋卿岛的庙宇，属于近 20 年来重修或重建，建筑形制较为简单。珊瑚岛上的金沙庵建筑面积虽然不大，但建筑面貌颇新，系用红砖、陶瓷砖和水泥砌成，有琉璃瓦屋顶，刻有庵名“金沙庵”，庙门刻有对联“良书播震（?）九洲，好事流传（?）千古”（字迹不太清楚）等字样，庙内外各设一个酱釉三足陶瓷香炉。甘泉岛现存的土地庙皆没有神像，其中一座系由珊瑚石加水泥砌成（图 29—30），较古老，庙顶水泥划刻有一个人头像，庙内神台有二阶，设有一香炉插满香火；另外一座土地庙由红砖和水泥砌成（图 31—32），较新，庙内亦设一香炉。晋卿岛现存两座土地庙皆珊瑚石堆砌，极为简陋。而最近新修的土地庙系水泥建筑，高、宽约 1 米多，呈圆拱门状，亦未设神像。北岛、赵述岛现存的土地庙原状乃系珊瑚石堆砌，仍然有渔民祭拜。

2015 年 4 月 23—25 日，笔者亲往永兴岛考察岛上的孤魂庙。该庙位于现永兴码头附近港务局和海水淡化站旁边，系“中建第七工程局第三建筑公司海南公司陈宗明先生捐款于一九九三年十二月十三日在原址修建”。庙约十多平方米，系水泥结构，门口有半圆

① 广东省博物馆：《广东省西沙群岛文物调查简报》，《文物》1974 年第 10 期。

形的照墙，外墙张贴马赛克，庙顶用琉璃黄瓦。庙内神案设有酱釉三足陶瓷香炉五个，一大四小，上烧有“金玉满堂”等字样，香炉内插满神香。神案上另有陶制的两盏蜡烛台和一箱香烛，未设立神像或牌位。另外有集宝箱（功德箱）、焚纸钱炉各一个。庙门内外有大量的鞭炮屑，庙内屋顶被烟全部熏黑，显见此庙仍受当地居民或渔民的经常膜拜。而沿海渔民还有立于渔船头朝拜海上神明的习俗。据笔者访问陵水新村疍家人郭世荣，海南渔民在西沙捕鱼时，对妈祖、兄弟公的信仰非常虔诚。郭氏自己在20世纪70年代在西沙海域捕鱼时，因迷航在海上漂流了一个星期。后来通过船人请妈祖婆“降神”的方式才找到岛屿陆岸。妈祖降神的启示是一只张开翅膀的海鸟动作，他们开始不理解，最终明白是跟着海上归巢的海鸟方向航行，就能找到陆地。这件妈祖降神救命的神迹，影响他一辈子的信仰，如今他也加入海南道教协会，成为理事。

前述李准《巡海记》提到西沙群岛的晋卿岛有黎族人居住。按黎族人一直有“祭鬼（鼎）”的传统，特别是祭祀“水鬼”，同时有放“纸舟符”的信俗。① 而韩振华提到海南文昌疍民还有向“天后婆”放彩船（纸船）祈求平安的习俗。② 西沙群岛的孤魂崇拜仪式，俗称“做福”，而黎族人也有请“帕唠（鬼公、道公）”到家追祭“祖先鬼”做福的习俗。③ 疍民与黎人在族源上具有共同处，故整个西沙群岛的渔民和疍民的孤魂或兄弟公崇拜，很可能糅合了早期岛上黎族人关于“祖先鬼”“水鬼”等原始信仰的元素。

其二，西沙群岛庙宇古迹是我国拥有南海诸岛领土领海主权的铁证，具有相当重要的文化战略价值。吾等应有忧患意识，加强西沙主权历史的人文教育，复建妈祖庙等历史遗迹。

在西沙群岛中，永兴岛具有重要的战略地位。永兴岛俗称猫岛或猫注，“猫注”就是海南话“妈祖”谐音，④ 故妈祖娘娘庙又称“猫注娘娘庙”。1936年法国借中日将激战之际，“乃藉口安南历史《大南一统志》内载某皇帝曾派人至黄沙岛立祠捕鱼等语”⑤，企图将西沙群岛归其所有。⑥ 1939年又派兵非法侵占永兴岛时，越南人借机拆掉娘娘庙的砖瓦，并在岛的北面伪造文物，把猫注娘娘庙篡改为黄沙寺，以期形成所谓“历史拥有”的证据。其伪书了一对文法不通的汉文对联“春亦有情海深喜逢鱼弄月，人得其意春风

① 高泽强、潘先锷：《祭祀与避邪：黎族民间信仰文化初探》，云南民族出版社2007年版，第31、53页。

② 韩振华、李金明：《西、南沙群岛的娘娘庙和珊瑚石小庙》，《南洋问题研究》1990年第8期。

③ 高泽强、潘先锷：《祭祀与避邪：黎族民间信仰文化初探》，云南民族出版社2007年版，第72页。

④ 韩振华、李金明：《西、南沙群岛的娘娘庙和珊瑚石小庙》，《南洋问题研究》1990年第8期。作者认为“猫注、猫住意即该岛是最适合下锚的，故称猫注、猫住（锚屿）。方言无定字，各以音似相同字代之”。这是另外一种猜测。

⑤ 黄强：《我所知道的西沙群岛》，《国防新报》1947年第5期。

⑥ 越南所谓黄沙岛建有古庙的文献，是指《大南实录正编》154卷：“黄沙在广义（现为广南省）海分，有一处白沙堆，树木森茂。堆之中有井，西南有古庙，碑刻‘万里波平’四字。北面珊瑚石，突立一堆。周围三百四十丈（二尺），高一丈三（二）尺，与沙堆齐，名盘滩石。去年（1834年），帝将于此处建庙、立碑，适因风涛弗果。至是乃遣水军该队范文原率监城兵匠，与广义、平定二府夫船，运往材料，建立庙宇（距古庙七丈）。庙之左置石碑，前设屏障。旬日工竣而还。”见戴可来、童立合编《越南关于西、南沙主权归属问题文件》，河南人民出版社1991年版，第16页。按韩振华已经撰文指出：“越南嘉隆帝所占有的黄沙，即葛洪，亦即今外罗山，又称CAT－ON（意曰黄沙、金沙），它与西沙群岛，风马牛不相及，毫无关系。”见韩振华、李金明《西、南沙群岛的娘娘庙和珊瑚石小庙》（《南洋问题研究》1990年第8期）。

和气鸟逢林"，伪书"大南皇帝保大十四年（1939）三月初一日"云云，本想伪造越南皇帝在明命十六年己未（1835）派人在黄沙岛建黄沙神祠，但保大十四年（1939）却露出马脚。事实上越南的黄沙岛是在今外罗山（理山岛）。[①] 20世纪20年代，海南琼海渔民从西沙珊瑚岛海里捞起一尊石雕像，越南人竟冒认为古占婆人石雕。直到日本投降后，中国渔民始盖庙供奉。

我们看到，1947年李次民在《西沙群岛的现状》中对法越在1938—1939年间伪造所谓"黄沙寺"的证据多有揭露，而1957年贾化民《西沙群岛归来》对伪黄沙寺已经缺乏历史记忆了，误读为反映"孤魂渺渺""碧血黄沙"的意思。韩振华、李金明提到："今永兴岛上的用砖瓦盖造的这间猫注娘娘庙的遗址尚存，但'黄沙寺'的寺匾以及越南人用汉文写的对联，也早已无存，不然的话，还可以作为伪造者的罪证。今后如有可能，可以恢复娘娘庙这个名称，还它原来应有的面目，同时，也是中国渔民先辈在此开始经营的证据之一。"[②] 而最让人担忧的是，1993年永兴岛重建的孤魂庙，居然再次误刻着越南人伪造的对联，并张挂在庙门上。近年出版介绍对联的不少通俗书籍，更是日用而不知，误将此伪造对联视为西沙古庙旧联，以讹传讹，大摆乌龙。包括：任喜民主编《对联艺术》（1983）、马书田《千年对联佳话》（1987）、唐麒主编《中国对联故事总集综合卷》（2004）、许树安和郑春苗《中国文化知识（续编）》（1990）、李从武主编《奇联巧对选赏》（1993）、《对联故事总集》卷4（2002）等书。永兴岛的孤魂庙、娘娘庙是我国最早开发和经营南海诸岛的重要铁证之一。强化我国的领土、领海主权意识教育，普及和培训南海诸岛地理人文知识，刻不容缓。

其三，西沙群岛庙宇的文物遗存与海上丝绸之路的文明交流关系密切。一则庙内所保存的瓷器、香炉、陶烛台、碗、签筒等神圣器物的年代，涉及明清及近代，时间跨度颇大；[③] 二则这些神圣器物来自福建德化和漳州、江西景德镇、浙江龙泉等地窑址，从一个侧面反映了明清时期西沙群岛航线上海外贸易的繁荣；三则这些庙宇历经多次的重建、增建、修葺，是东南沿海的渔民或疍家、过往商船、客商的避灾祈福之所。特别是西沙群岛庙宇史迹，如遗存之神像、瓷器等，与西沙群岛附近岛礁水下沉船出水的宗教文物有着同质性的亲缘关系。诸如永兴岛、珊瑚岛、金银岛、琛航岛的庙宇的石人像或瓷器神像，当同属于西沙岛礁沉船所载之器物，为海上渔民或疍家所发现并加以供奉。这是西沙群岛庙宇古迹的一大特色。特别是近几十年来珊瑚岛附近出水的石头神像，更展示了西沙群岛在"海上丝绸之路"的枢纽地位，体现了我国的宗教文化对"海上丝绸之路"的重要影响。这批水下石像文物的存在，也成为我国拥有西沙主权的历史见证。

根据考古调查，西沙群岛珊瑚岛礁一号沉船遗址，遗留有大量明清时期的石质建筑构件与石雕件。1986年，在西沙群岛珊瑚岛附近海域，打捞出一尊女性石人像（图41）、一尊男性石人像（图42）。文物专家推断女性石人像"年代约为清（1644—1911），1986年西沙群岛珊瑚岛附近海域打捞。通高153厘米。站立于八角形座上。头梳高髻，身穿直袖长衣，下着裙，右手作膜拜状，左手托瓶于胸前。女性形像。当时移居东南亚的华人甚多，并在当地建造庙宇。这些石像可能是运往海外庙宇使用的"。男性石人像"年代约为

① 韩振华、李金明：《西、南沙群岛的娘娘庙和珊瑚石小庙》，《南洋问题研究》1990年第8期。

② 同上。

③ 广东省博物馆：《广东省西沙群岛文物调查简报》，《文物》1974年第10期。

清（1644—1911），1986 年西沙群岛珊瑚岛附近海域打捞。通高 165 厘米。站立于八角形座上，头戴冠，长须飘逸，身穿宽制衣袍。脚穿靴，双手持物，男性形像。”① 值得注意的是，该女性石人像与珊瑚岛金沙庵所祀的石人像（参见图 28）极为相近，似为手持净瓶的观音菩萨（亦有释为妈祖），显见是同一批沉船所载的宗教物品。男性石人像则更接近于道教神或华南闽粤的地方神明。

图 41—42　西沙群岛珊瑚岛附近海域出水的石人像②

2015 年 5 月 18 日，甘肃省博物馆《碧海遗珍——华光礁一号沉船特展》专门展示了一尊石雕男子头像（图 43），文物专家推断此石头像系为“清西沙群岛海域出水，该男子头上戴冠，双目低垂，神态安详镇静，为灰色花岗岩质。石雕刻制品多于珊瑚岛、金银岛、华光礁等地附近海域的礁盘上发现。1986 年琼海县潭门镇的渔船在西沙群岛珊瑚岛东北处打捞出一批石雕文物，均以花岗岩石为材料，雕刻技法粗放、简练、流畅。从组合与技术来看，可能是清代广东潮州或福建地区生产的，应为当时移居东南亚的华人运往海外修建庙宇或大型建筑物的石质建筑材料。”该石人像头冠冕属于明代装饰，应该是华南地区偏地方道教神明信仰的圣像。

① 《南海丝绸之路文物图集》，广东省文物管理委员会、广东省博物馆、广东省文物考古研究所、广州市文物管理委员会编，广东科技出版社 1991 年版，第 104 页。

② 图 41—42 录自广东省文物管理委员会、广东省博物馆、广东省文物考古研究所、广州市文物管理委员会编《南海丝绸之路文物图集》，广东科技出版社 1991 年版，第 104 页。

图43 西沙华光礁1号沉船出水的石人头像（甘肃博物馆特展照片）

2015年4月12日，经国家文物局批准，西沙群岛水下考古工作正式启动。本次考古活动首先对珊瑚岛1号沉船遗址进行水下考古发掘，共发现有石板、石条、八棱柱、柱础、瓷片等300余件。其中有7尊石像尤为重要，3尊女像4尊男像。只有一尊男像还完整保留有头部，通体身高1.4米，脚下有一个20厘米高的连体底座（图44—45）。面部轮廓清晰，线条流畅，五官清秀，这些石像服饰有突出的明代特征。还有两尊石像的右手持有笏板，衣饰上还有仙鹤的补子纹样。男像身形高大，腹部隆起，系腰带。女像身形纤细，手中分别握有方盒、花瓶等物品。根据一同出水的少量瓷片来判断，该遗址的年代为清代晚期。但宗教石像却是典型的明代装扮。这些雕像主要用于祠堂跟庙宇，与现在福建地区的有些祠堂跟庙宇的石像有着相同的风格，包括有一些石质的建筑构件，也在福州地区的祠堂跟庙宇中发现。[①] 事实上，这批用于南洋华人祠堂或庙宇的石人像以明代服饰打扮并不奇怪，其与南洋华人弥漫的“反清复明”正统汉人观念的历史沉淀有一定的关系。即使是今天的南洋地区，如马来西亚、印度尼西亚、新加坡等地，我们仍然可以感受到明代时期的一些生活仪式及其节庆的习俗。因此，西沙群岛庙宇的宗教文物也从一个侧面反映了华南汉人宗教文化的一些特性。

西沙群岛北礁3号沉船遗址（编号：99XSBW3）有大量的青花瓷器出水，共采集标本153件，发现碇石3个。3号沉船遗址的青花瓷器整体面貌一致，属同一沉船的遗存。大部分器物都与漳州窑（福建漳州地区明清时期窑址）瓷器的特征相同，应是明代晚期漳州窑的产品。其中，“标本99XSBW3：0061，残，可复原。薄胎，胎色白。青白釉。青

---

① 《沉船、石像、古庙水下遗存印证海上丝路繁盛》，《海南日报》2015年5月25日（http：//www.hncity.net/zhenwen.asp？id＝53063）。

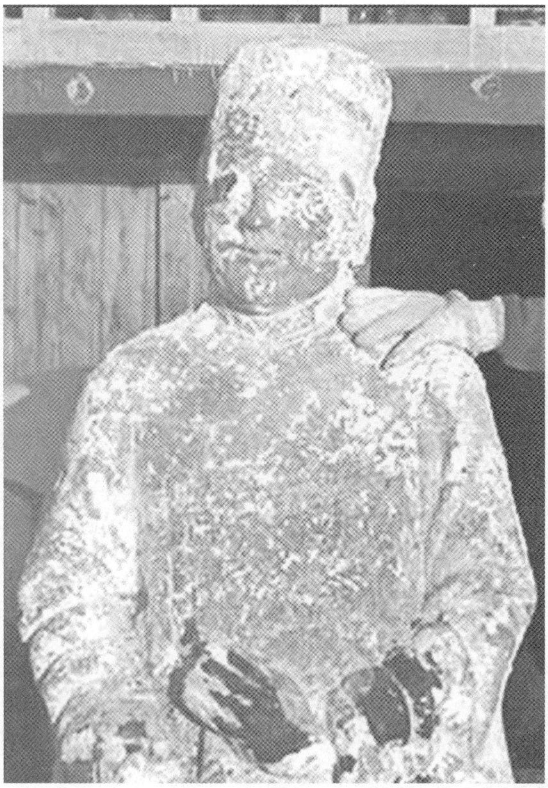

图 44—45 西沙群岛珊瑚岛 1 号沉船遗址出水的石人像

花略泛紫色。碗的内、外壁均有青花纹饰：内壁口沿为山水纹宽带，腹壁为九组祥云和火珠相间的等分图案，碗心双圈弦纹内绘山水楼台；外壁口沿宽带为海水、火焰、奔马图，腹部绘九组折枝花与内壁相对应，之下是简化的花瓣图案，圈足饰一道宽弦纹。口径 21.5 厘米、足径 10.3 厘米、高 11 厘米。”（图 46—47）“标本 99XSBW3：0155，残，可复原。口沿处 5 圈弦纹上绘等距的 5 组青花花卉，内腹部无纹饰，盘心为双圈青花弦纹，内绘城墙、凉亭、山石、楼阁、宝塔等，似为唐诗‘姑苏城外寒山寺’意境。口径 25.6 厘米、足径 15.5 厘米、高 5.2 厘米”（图 48—49）。[①] 值得注意的是，两件北礁 3 号沉船晚明漳州窑生产的青花瓷碗都有典型的佛塔图案，而前述珊瑚礁 1 号和华光礁水下出土的女石人像也具有较典型的明代佛教色彩。而西沙群岛庙宇如永兴岛、珊瑚岛、金银岛、琛航岛的庙宇的不少文物也是出自渔民或疍家的水下发现，这种文物间的同质性面貌，无疑使得西沙群岛的庙宇信仰，一定程度上濡染着汉传佛教的色彩，如琛航岛、珊瑚岛的观音崇拜。

① 中国国家博物馆水下考古研究中心、海南省文物保护管理办公室编著：《西沙水下考古：1998—1999》科学出版社 2005 年版，第 150—151、179 页。

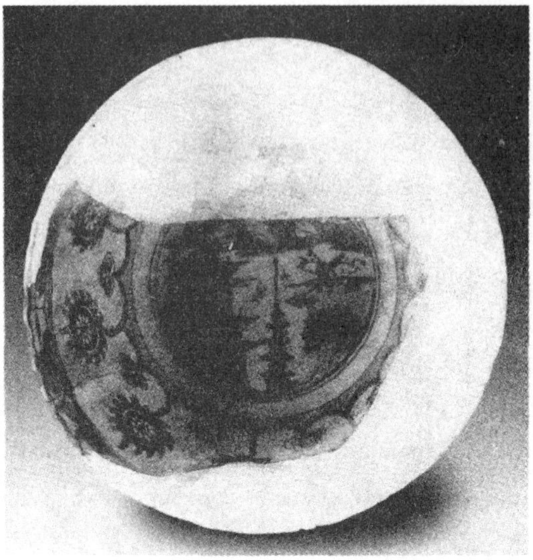

图46—47 西沙群岛北礁3号沉船出水的青花瓷碗（一）

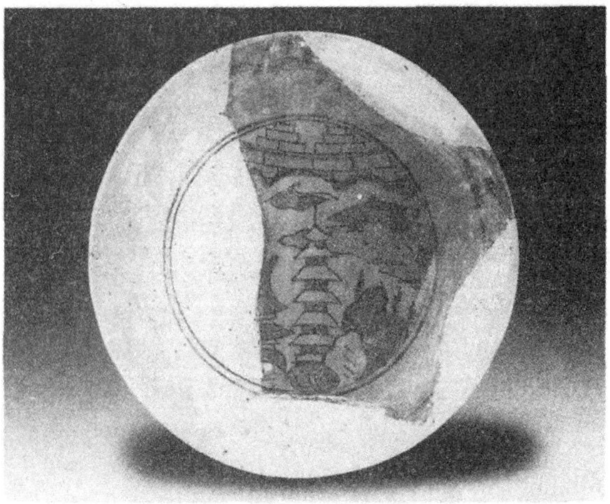
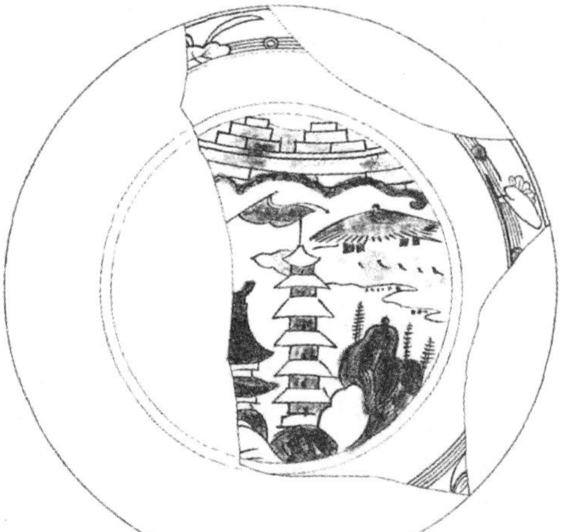

图48—49 西沙群岛北礁3号沉船出水的青花瓷碗（二）

五 结语

文化是一个民族赖以生存的灵魂和生生不息的源泉，也是国与国宣示领土主权的重要依据。庙宇既是我国沿海人民发现和开发海南诸岛的标志和见证，也是我国沿海人民留下的宝贵文化遗产，更是中华民族文化在南海诸岛的重要载体。近代以来越南、日本、菲律宾、马来西亚、印尼等国提出对南海诸岛的所谓主权要求，依据就是所谓的“历史占有”。为此，有些国家侵占岛屿后不惜毁庙灭证，妄添自己民族国家的历史记忆符号。如

1906年日本西泽吉次以“发现”为名，侵占东沙群岛，改为“西泽岛”，并毁掉大王庙、兄弟庙及疍民墓地等。我国政府向日本交涉的证据就是岛上有古庙遗迹和渔民生产。针对后来日本拟借殖民统治下的台湾来坐实对东沙的占有，我国宣示主权的证据仍然是庙宇及其神像，以强调东沙群岛为中国领土，并非“无主之地”。而针对法国在1933年入侵我南沙九小岛事件，国民政府更根据法国人自己承认南沙有庙宇史迹加以严正的批驳。日本在1939年入侵太平岛后，则另建大和民族的“神社”，以强调所谓的文化存在。法国和越南1939年在西沙永兴岛也试图毁灭天妃娘娘庙，改易为所谓的黄沙寺以期伪造历史的占有。今天越南非法占领南沙部分岛礁之后，同样立庙并派驻僧侣上岛以期长久霸占。台湾当局在实际管控的太平岛和东沙岛，则重建土地庙、大王庙、观音堂等民族文化建筑，并由官兵亲自参与庙务管理，常年举行祭拜庆典，以强化在南海诸岛的主权地位。1956年，在处理菲律宾入侵南沙群岛的“克洛马事件”时，国民党当局派海军前去巡弋和驻防，其罗列“南沙群岛之主权”不容他人侵犯的十条理由，其中第二条称：“中国渔民自远祖以来，经常出入于这些岛屿，从事渔业。在这些岛上留下了中国文化的遗迹，如古庙、神像和其他建筑物，其形式，与我国各地所有者毫无二致，而庙前之对联，且经多年风雨的剥蚀，仍可辨识，确为中国文字，而各岛上残存中国人之衣冠形式，俯拾即得，其为中国渔民常渔猎之处，固无待言论。”① 彼时海峡两岸虽然处于严重的分治对峙局面，但如此主权宣示依旧义正词严、掷地有声，值得有志之士加以深思。

改革开放之前，我国受“左”倾错误观念和无神论思想的影响，长期忽视南海诸岛庙宇的历史遗迹价值和文化主权价值，尤其是对于西沙群岛的庙宇，或改作他用，或彻底毁弃。特别是永兴岛孤魂庙的管治现状，以及作为主权象征的娘娘庙的“历史失忆”，管窥出海南三沙市在文化建设方面仍然处于相当薄弱的环节，缺乏主权维护的神圣意识。中国的南海战略政策，是实现“两个一百年”目标的重要一环。南海安全的长治久安，更离不开文化建设的支撑，有了文化建设的支撑基础才能牢靠，布局才能全面。保持南海诸岛文化信仰传统的“原生感”“历史感”和“持续感”，是我国南海诸岛文化生态建设的重要组成部分。站在维护我国文化安全战略的高度，尊重历史，尊重信仰，恢复或重建南海诸岛这些庙宇建筑及其民俗文化活动，有助于我们传承和保护南海诸岛的历史文化遗产，从而捍卫我国的国家主权和文化主权。今后我国更应当动员各种社会、文化资源，在南海诸岛建设包括宗教性建筑在内的各种文教设施、开展相关的文化活动，恢复相关的国家祀典和民俗祭祀。强化守岛的军、政、民对所在岛屿的文化空间的认同感、归宿感。尤其是应当加强各级人文教育设施和项目建设，使本土信仰文化和民俗有所依托，也使整个海岛建设更具可持续性，从而实现南海诸岛的“文治复兴”。

（原文发表于《世界宗教文化》2015年第5期）

---

① 《海军巡弋南沙海疆经过》第一篇“诸论”，载《中国南海诸群岛文献汇编》九，台湾学生书局1974年版，第19页。

“以神道设教”的政治伦理信仰与民间儒教

范丽珠　陈　纳*

从现代社会实践的角度来看，在儒学的政治与意识形态正统性地位不复存的时代，无法否认的是“儒”的传统仍然以其多面性存在于民间社会生活实践中。普遍存在的化民成俗的儒家价值，强调世俗功业、崇德报功等具有的内在超越价值，使得儒学不仅没有成为现代化发展的障碍，反而在儒家文化圈经济发展的过程中发挥了精神动力之作用。一直在为儒学价值奔走呼号的杜维明也发现，“决定儒学与中国现代化转向之相关性的游戏规则已经明显改变了，就儒学本身呈明儒家观念的努力只是在学术象牙塔之内的少数学者中保持着，在象牙塔之外则基本上被忽略了。”① 近年来民间各种各样非制度性的宗教仪式活动恢复与发展，在很大程度上反映了民间宗教，特别是贯彻儒家价值的宗教活动之普遍存在，这种情形在台湾走向现代化的过程中也十分明显，台湾流行的夏教，“从林兆恩的‘疏天文稿’与夏教徒的‘忏悔启章’可以看出儒家思想的宗教性发展，仰赖外传的神明意志来扶持儒家道德生命的实践与完成，并以善恶果报的宗教权威作消极性的行为限制，再以超凡入圣的解脱意念积极地拓展内在的德性涵养。”②

尽管在中国主流的意识形态中“儒学”的面目比较模糊，比如官方往往打着文化的旗帜来使用儒或孔子的符号，地方政府主导并参与的祭孔活动，由中央电视台现场直播，并组织国内外数百家媒体同步报道；将以上坟祭祖为重要内容的清明节定为官方的法定节日。而民间儒学（教）的活动，则更是多种多样，并成为社会运动与宗教运动的重要资源。例如，孔氏后人的祭孔、宗祠的重建、族谱重修；各地出现的读经学堂，如逄飞及其一耽学堂、蒋庆及其阳明精舍、王财贵宣扬儿童读经的演讲；被赞为“儒学慧能”的民国时期王凤仪对人生领悟箴言的重新流行。在各地民间宗教恢复的过程中，传统“政治—伦理”信仰③内容往往有助于某些寺庙、社区仪式的文化合法性建立。④ 也就是说，民间儒教由于不必纠缠于政治与意识形态的争论，更重视日常生活的实践，故其在道德方面的教化得以在日常生活中潜移默化，并在各种各样的仪式与身心修养中逐渐地积聚起社会性能量。“民间儒教”在信仰与神秘主义结合中对现代社会生活发挥着影响力，本文将就

---

* 范丽珠，复旦大学社会学系教授、博士生导师，复旦 - UC 当代中国研究中心执行副主任；陈纳，复旦大学社会发展研究中心研究员。

① 杜维明：《个人、社群与道：古代群体批判的自我意识的出现》，http：//isbrt. ruc. edu. cn/pol04/Article/chinese/c_ general/200412/1433. html。

② 郑志明：《台湾民间宗教结社》，南华管理学院 1998 年版，第 245 页。

③ 杨庆堃：《中国社会中的宗教——宗教的现代社会功能与其历史因素之研究》，范丽珠等译，上海人民出版社 2007 年版，第 143 页。

④ 范丽珠、陈纳：《关于“儒”的宗教性与儒教的复兴》，载《中国儒学》第九辑，中国社会科学出版社 2014 年版。

“民间儒教”的提出进行讨论，并从“民间儒教”的角度提出中国传统宗教、特别是儒学具有的“神道设教”特色的意义。本文中所引用的案例，多数是有着千百年的历史，至今仍然以活的形式存于民众的社会生活中，是社会学和人类学研究考察的对象。

一 “民间儒教”的提出

德国莱比锡大学的汉学家柯若朴（Philip Clart）在对台湾儒宗神教的研究中，探讨了“民间儒教”概念，提出：究竟有没有“民间儒教”？从方法学观点来说，答案应该是“有”，而且可以从民间对于“儒”这个字的了解、解释与使用，来加以理解和掌握。他建议，研究的出发点不应该是我自己（指学者）对于儒教的定义和看法，而是“儒”这个标签在民间文化里面的作用。他在对台湾儒宗神教的鸾堂仪式活动研究中，发现主流儒学与儒宗神教自身对鸾堂的“儒教性”有着不同的观点：主流儒学认为“鸾堂的灵媒活动及对儒经的解释都不符合儒家正统”，而在儒宗神教中不仅以“儒”自称，而且自认为是按照儒教方式举行典礼并学习儒教的经典。同时，柯氏还强调了“三教合一”的意识形态以及民间教派神话的主题使得民间儒教得以表现出民间性，特别是突出了其仪式性的特征。[①]

台湾元智大学学者钟云莺认为“民间儒教”的定义首由柯氏提出，然而在她看来柯氏有关“民间儒教”的认识忽略华人社会三教合一信仰的解经特色，以及信徒们对神圣领域的追求。因之，在柯氏的基础上，钟氏尝试着对民间儒教的内涵做了进一步完善：（一）“民间儒教”乃是将儒家经典（特别是《四书》与《易经》）视为宗教典籍和修行的指南，而非一般的儒家经书；（二）“民间儒教”表现为“以儒为宗”，故重视宋明以来主流儒学的“道统”之说，以继承“道统”为己任，拥有上天所赋予的“天命”；（三）“民间儒教”兼具“三教合一”之民间信仰的成分，表现在对儒家经典的诠释“以儒为宗”，辅以“报”“劫”“因果轮回”“修善层级不同”等的释道之说，与精英儒学显著不同；（四）“民间儒教”对教义阐释，必然存在终极圣域之神圣空间，人必须透过修道回归圣域，以此来劝勉信徒修行之途。[②]

无论是柯氏有关民间儒教的定义还是钟氏对民间儒教特征的描述，都只是针对某种民间儒教群体的研究以及某些流行的教义典籍内容进行讨论。事实上，杨庆堃在其对中国宗教的社会学研究经典著作《中国社会中的宗教》一书中，尽管没有明确地提出“民间儒教”的概念，但他独树一帜地始终强调“经过近两千年的稳固发展，儒家的影响与中国社会的细胞完全融为一体”；认为尽管在传统社会儒学正统价值与传承由受过良好教育的精英群体掌握，支持着王朝政权及其封建伦理秩序，但这并不影响“儒学作为社会教化准则经过千百年来的贯彻实行，已经为广大民众下意识地接受”。[③] 值得关注的是，滥觞

① 参见柯若朴（Philip Clart）《“民间儒教”概念之试探：以台湾儒宗神教为例》，《近代中国史研究通讯》2002年第34期。

② 钟云莺：《清末民初民间儒教对主流儒学的吸收与转化》，台湾大学出版中心2008年版，第22—24页；钟云莺：《修心、修炼、修道：清末民初民间儒教的修行观》，《世界宗教研究》2011年第1期。

③ 杨庆堃：《中国社会中的宗教——宗教的现代社会功能与其历史因素之研究》，范丽珠等译，上海人民出版社2007年版，第225页。

于巫教盛行时代的儒家体系，在宗教影响无所不在的传统社会中形成的制度，宗教性无疑是其中的一个重要面相。故杨庆堃指出了儒学体系是贯穿了知识精英、政治权威以及普通民众生活的完整体系，一方面儒家本身也没有形成一个与传统中国社会宗教生活主流相分离的独立群体，在天、命等超自然概念上与普通民众共享一个宗教信仰的体系，更重要的是，儒家和普通民众之间存在着稳定的宗教思想交流。[①]

在传统中国，儒学体系始终保持着正统地位全面影响着中国政治文化的走向，其中精英群体在政治权威和伦理秩序诠释方面独享一尊，而在将其思想观念化民成俗、通过礼仪来规范社会行为方面，则是透过与释道相融相补达到“三教合一”的境界。儒家借助礼仪规范来教化民间、统合社会的努力是从孔子时代就开始了，故而在《易经·观卦·彖传》中就明确了，“观天之神道，而四时不忒，圣人以神道设教，而天下服矣。”从儒家的政治伦理来看，“以神道设教”来涵化民间信仰，使之相辅于传统政治制度；从社会整合的角度，“以神道设教”则是透过家族传承的祭祀与崇拜，以家族作为其神圣教化的基本单位，来实现天人互动、明礼易俗。鉴于儒家从始至终都是面对如何完善社会秩序这一基本需求，我们认为“民间儒教”就是儒学传统的有机组成部分，“以神道设教”的途径来实现其礼仪秩序天下服膺的目的。“以神道设教”不是一个简单的说法，而在中国社会文化背景中发展出一套机制，将儒家的道德精神、礼仪规范与民间最为活跃的宗教行为相结合，使“民间儒教”成为可能。

有关“以神道设教”的民间儒教的教化方式，荀子有过相当清楚的表述：“……先王案为之立文，尊尊亲亲之义至矣。祭者，志意思慕之情也，忠信爱敬之至矣，礼节文貌之盛矣，苟非圣人，莫之能知也。圣人明知之（指祭祀），士君子安行之；官人以为守，百姓以成俗。其在君子，以为人道也；其在百姓，以为鬼事也……”[②] 故而，作为封建王朝基础理论的儒学，借助“以神道设教”的方式，将道德秩序理想以及实现理想的行动方式——祭祀与礼仪灌输到民间，发展出被杨庆堃称之为的“政治伦理信仰”，在本质上权可以视为“民间儒教”。值得关注的是，在政治伦理功能的实现过程中，儒家的道德秩序、国家政治权威、超自然力量以及民众信仰之间在民间社会获得了丰富的互动，显然，“民间儒教”在这个整体中恰恰是令儒学体系实现其社会秩序建构的重要部分，也在历史发展的过程中成为儒学历经各种变迁仍然保持影响力的社会文化基础。

二　政治伦理信仰：“神道设教”特征的几个面相

“政治伦理信仰”通过家族、社区，也就是对民间社会的教化与渗透，才实现了儒家道德秩序与社会整合的理想——这就是“民间儒教”的基本形式——从与民众日常生活息息相关的祭祀礼仪入手，使人们能够以恰当的方式来面对生命中的终极境遇，而关涉生老病死以及灾难的各种各样的仪式和祭祀的方式显得格外重要。正如荀子所言“礼者，人道之极”。“礼起于何也？曰：人生而有欲，欲而不得……故制礼义以分之，以养人之

① 杨庆堃：《中国社会中的宗教——宗教的现代社会功能与其历史因素之研究》，范丽珠等译，上海人民出版社2007年版，第252页。

② 《荀子·礼论》。

欲，给人之求。”[①] 哲学家芬加瑞（Herbert Fingarette）在对儒家仪式研究中，注意到“礼，为人们铺就一条通向未知领域的道路”[②]。很多学者已经指出了以孔子为代表的儒家，也正是由原始礼仪巫术活动的组织者（所谓巫、尹、史）演化而来的“礼仪”的专职监督保存者。[③] 我们必须承认，儒家所提倡的礼仪和祭祀仪式对中国基层社会的影响千百年来形成了信仰与行为交织在一起的文化血脉，人们在面对特定的事件和情景时是按照这种文化基因来行动的，其中包括着家庭成为社会与宗教的核心，并在世俗生活中来实现个人价值的超越性：从儒家的慎终追远到普通民众的孝亲之义——生事之以礼，死葬之以礼，祭之以礼——祖先崇拜的崇德报功理想既包括了世俗功业的圆满，也包括了对血亲的供奉与祭祀，是民间儒学的最高价值和宗教仪式的具体体现。

“政治伦理信仰”使得“以神道设教”为特征的“民间儒教”在中国社会不仅延续着上古以来的民间信仰和祭祀仪式，也使得民间与官方有着相互影响与沟通的渠道，当然关键在于无论是自然神崇拜、对神化的道德人物崇拜以及民间生产的神灵崇拜都与儒家的价值秩序相辅相成。杨庆堃将“政治伦理信仰”分成三类：有关于天、地和冥界的信仰；对被神化的个人的信仰；以及对孔圣人及其文昌神的信仰。第一类信仰起的作用是把神灵世界整合成一个具有权威的等级系统，像政治伦理价值一样起到强化普遍道德的作用。第二类信仰通过神化有贡献的人物来支持政治伦理价值。第三类信仰通过神圣化的儒学正统和官绅（scholar-official）阶级，使之成为整个政治伦理价值系统主导。[④] 本文在杨氏“政治伦理信仰”的基础上，认为应该再加入一类信仰，这一类与第三类有相关性，那就是经过官方认可与各类儒士们改造的民间信仰，大量的民间（结合了释道）崇拜与仪式方式不断地相互融合，尽管有模糊彼此的倾向，但由于其与“以神道设教”目的相吻合，故而具有合法性和广泛性。

“敬鬼神”与普遍道德的强化　杨庆堃指出从孔子开始，儒家没有任何否认超自然力量存在的迹象，相反，颇为谨慎地保存了超自然的因素，无论在其“敬鬼神”的警告中，对祭祀的强调中，还是对于上天和命运态度的表述中。在孔子所处的时代，超自然的概念在人们的观念中非常普遍地存在[⑤]。孔子更未曾完全忽视超自然概念在规诫人事中所具有的举足轻重的作用。后来，董仲舒对儒学进行了进一步的宗教性改造，确认自然之神威，将日食、月食及其他自然灾祥释为天之意，来对民众劝善惩恶。他在《春秋繁露》中反复强调天意与道德的关系。“‘天意’这个超自然概念不仅被用来令公众接受政治权威，并且巩固着忠诚和服从的价值。在中国政治制度的历史发展中，‘天意’宛如一张白纸，由儒家统治者在上面大书涂写伦理政治内容。统治者的义务和特权是由儒家价值来界定，而上天和相关的神灵系统也要给予认可和支持。”[⑥] 在儒学体系中将“天”所具有的超越性影响置于崇高地位，并与人们对“命”之普遍信仰结合在一起，每一个个体的“命”

---

① 《荀子·礼论》。

② 见 Herbert Fingarette, *The Secular as Sacred*, xx。

③ 李泽厚：《中国古代思想史论》，人民出版社 1985 年版，第 10—11 页。

④ 杨庆堃：《中国社会中的宗教——宗教的现代社会功能与其历史因素之研究》，范丽珠等译，上海人民出版社 2007 年版，第 147 页。

⑤ 见《左传》中不计其数的奇闻逸事。

⑥ 杨庆堃：《中国社会中的宗教——宗教的现代社会功能与其历史因素之研究》，范丽珠等译，上海人民出版社 2007 年版，第 261 页。

与“运”都是在神秘的自然轮转之中，直到今天还非常普遍流行的“谋事在人，成事在天”，就是把一切交托给一个至高的力量“天”。杨庆堃在阐述儒家关于天命信仰在民间道德教化中之影响力时，特别引用了谭嗣同在《仁学》中的观点：现在试执一个乡愚，问他为什么不敢杀人放火？他必回答你说，“这件事，我不能做，举头三尺有神明，若把人杀了，纵然没有国法，难道不怕死后的报应么？”① “举头三尺有神明”是民间最为流行的行为戒律，就是“人在做，天在看”，明确地彰显出“民间儒学”的重要内容就是强调超自然因素和政治伦理信仰之间复杂的相互作用；当然也有佛教和道教鬼神观念、地狱观念以及因果轮回观念在民众中深厚的影响，将天命、善恶、因果报应等在民众生活与信仰中紧密地结合起来，令超自然信仰扮演着强化普遍道德的作用。

神化有贡献的人物 “三不朽”——立德、立功、立言，是儒家圣贤的最高人格理想，而对于普通民众来讲，则是崇拜并供奉那些曾践行儒家道德理想、具有政治伦理意义的历史人物（全国性和地方性），进而使民众也通过其信仰的形式参与到社会秩序的建构与维护之中。在《国语·鲁语上》“展禽论祀爰居”篇中明确了凡是为国家社稷和民众有功绩者，要当作神来祭祀，“夫圣王之制祀也，法施于民则祀之，以死勤事则祀之，以劳定国则祀之，能御大灾则祀之，能捍大患则祀之。”在《礼记》中也有类似的说法。这类信仰崇拜的对象包括大家熟知的城隍信仰和关公信仰，尽管各地供奉城隍多是那些在该地建立过功绩的地方官员，而关公信仰遍及全国并受封于皇帝纳入佛教和道教的神谱之中，但其在道德和政治上属于“民间儒教”的范畴，具有“神道设教”的意义。于是，政治伦理信仰就转化为一种普通的民间信仰，得到种种关乎公众或个人利益的神助；使得信仰的道德意义和政治意义成为“民间儒教”得以出现并存续的重要依据。

全国各地都存在着大量的供奉历史人物的民间寺庙，如在邯郸磁县县城的“崔府君庙”就是一例。崔府君即崔珏，生于隋开皇五年，山西祁州古城人，曾任滏阳县县令（今磁县），为政仁民爱物，事减刑轻，“及殁民思慕之，为之建祠，以崔府君称之，官民岁时致祭”。② 据石碑所记此处崔府君庙的历史最早可以追溯到唐代开元年间，有各种显灵护国佑民的神迹，合境老少赴庙焚香顶礼，尊为邑之福神。安史之乱后，因其曾显灵于玄宗，被封为灵圣护国侯。宋仁宗景佑二年（1035），加封为护国显应公，元符二年（1099）改封为护国显应王。南宋淳熙十三年（1186）改封为“真君”。明清的《磁州志》都有崔府君庙的记载，而历代的文人骚客也不吝笔墨，为崔府君庙题词，称颂其生时造福一方，死后护国佑民；同时也以不同的方式强调了祭祀有功者的政治伦理意义。金元之际著名的文学家、史学家元好问（1190—1257）在“崔府君庙记”中，引述了“有功于民则祀之，以劳定国则祀之”，强调只有存德念功祭祀有功于国与民者，才能使老百姓“断其私祀，以从正礼”。元朝另外一个大学问家王德渊（生卒年不详），至元二十四年（1287）在翰林院任翰林修撰，大德年间任翰林直学士，也为崔府君庙题记，其中指出“磁人思其德，立祠，祀之如生”。所谓此类祭祀礼之意义，全在于“御灾捍患，有功于民祀之。有功不祀，是为慢神，无功祀之，是为淫祠”。在王德渊看来，崔府君庙“是碑之立，非徒炫目，实使人人瞻诵而生敬心”，实为神道设教最佳的解释。此外，还有明朝御史纪杰、清朝磁州知州程光滢等为崔府君庙撰文或题写墓碑。历朝历代著名文人为崔

① 余牧仁：《谭嗣同的宗教观》，《文社月刊》1928年2月第3卷第5号，第24页。

② 《磁州志卷一·地理志·寺庙》。

府君庙所题的碑记和庙文，不完全是对隋唐时期的这位历史人物曾经功绩的赞美，更多地通过文字印证了四方之民奔走祈祷，敬信不怠的事实，更强调了历代之君封加享祭，恩礼不衰的意义。

除此之外，由感激某些造福一方的人物而建造的“生祠”而发展出的地方性信仰，既鼓励了人们谨遵儒家修齐治平的价值，同时也为民众信仰提供了具体的对象，而这种类型的政治伦理—民间信仰正是源于“神道设教”恰如其分地将高尚的理想与民众的宗教行为连在一起，有些从生祠演化而来的地方性信仰至今仍然存在着。根据历史学家的研究，为有德行人物设立“生祠”起源于汉朝，但真正大量出现在史籍中，还是要到唐朝以后。尽管生祠有着明显的“神道设教”的意义，但并非是民间可以随意设立的。《唐六典》卷4明文规定：“凡德政碑及生祠，皆取政绩可称，州为申省，省司勘覆定，奏闻，乃立焉。”[①] 本来《论语》就是读书人必读之书，隋唐之后，随着科举制的完善与确立，对于儒学知识和观念的掌握成为选官的唯一标准，各类官员不外都是那些饱读诗书、长期受儒家思想浸淫者，修齐治平、建功立业是其共同的理想。[②] 从当时的记载也能看到为那些好官良吏设立生祠的记述，为其他官员见贤思齐树立楷模；甚至有些诗作中，也有将立碑建祠作为对友人赴任的寄语。如张籍在送裴度赴镇太原的赠诗中就有这样的诗句：“天子亲临楼上送，朝官齐出道傍辞。明年塞北清蕃落，应建生祠请立碑。”[③] 唐朝著名的宰相狄仁杰（630—700）为官刚正廉明、执法不阿，拜相则敢于犯颜直谏，力劝武则天立庐陵王李显为太子，使得唐朝社稷得以延续，被后人称为“唐室砥柱”。魏州人民为怀念狄公恩德，于唐神功二年（698）为其建造了生祠，以报恩德。

对造福一方、有功社稷者设立“生祠”，在“报功”和“祷祀”之间完成了神道设教的目的。生祠之设当然让那些建立功德者受到尊敬并被永远怀念，更祈求其幻化为强大的力量保佑一方。因此，带有报功之意的普通的“生祠”设立以后，会经历着将纪念对象变为崇拜对象的过程——发生在崇拜对象身后的百年甚至千年，当然“生祠”就演变成了“神祠”。这个不断积累起来的神话体系，包括普通民众相信神佑和显灵，成为民众对张夏神这种代表政治伦理信仰保持虔诚的一个因素。被绍兴府籍人当成家乡守护神和精神象征的张夏神，祭祀的是北宋时人张夏。据记载，张夏为北宋开封府雍邱县（今河南杞县）人，宋景佑年间曾任两浙路转运使。北宋前期，钱塘江潮水为患，江堤由于用柴薪、泥土做成，屡修屡坏。于是张夏开始用石堤代替土堤，长约十余里。到了庆历二年（1042），杭州人怀念张夏之功，在江堤上立起了张夏的祠堂，但此时张夏还在世。宋嘉祐六年（1061）张夏过世后，朝廷褒赠太常少卿。使得张夏这个地方官员能够历经千年仍然被后人铭记其神威，源于他的真实事迹被淡化，而虚假或神异的传说越来越广播。不仅令纪念张夏的祠堂由普通的“生祠”而演变成了“神祠”，而且“张夏神”不断地受到朝廷的认可与敕封。在张夏过世51年后（1112），朝廷首次授予张夏神“宁江侯”的封号，再过86年（1198）其封号已至“王”级，后续封至“八字王”（灵济显佑威烈安

---

① 《唐六典》卷4“礼部郎中员外郎条”，中华书局1992年版，第120页。

② “《论语》是《四书》的第一部，八股命题少不得《论语》，读书人要做官，一般非经过科举不行，《四书》，尤其是《论语》，便成为读书做官的敲门砖，如此经过将近六百年，足见它影响之大且深。”见杨伯峻《经书浅谈》，“论语”，中华书局1984年版。

③ 张籍：《送裴相公赴镇太原》。裴相公，即裴度（765—839），唐朝中期杰出的政治家、文学家。

顺)，达到南宋一代民间神灵的最高级别。到了元代张夏神并没有获得朝廷的任何加封，从而完全沦为民间社会的地方信仰。到了清朝，张夏神再次受到关注，雍正三年（1725）被皇帝敕封为“静安公”①。值得注意的是，浙江各地方志中，留下大量关于张夏祠庙及灵异的记录，足见其神号的影响力。②

儒学正统价值的神圣化与普及化 儒学的正统价值观念，不仅仅是知识精英们的专利，而是作为整个社会的政治伦理价值系统的基础，从而使得“神道设教”有着广泛的民众基础。《礼记·曲礼》有曰，“是故圣人作礼以教人，使人以有礼，知自别于禽兽。”在李泽厚看来以儒家为代表的文化心理结构，就存在于日常现实生活中，也就是“道在伦常日用之中”。这样也就不需要舍弃现实世界、否定日常生活。③ 尽管孔子从未被当作神来崇拜，只是作为至圣先师受到人们千百年的尊崇，而儒家价值对人们超越性的影响，就是存在于伦常日用之中。如，受到中国人普遍尊崇的“天地君亲师”，据钱穆考证，“天地君亲师”五字，始见荀子书中。此下两千年，五字深入人心，常挂口头，其在中国文化、中国人生中之意义价值之重大，自可想象。韩愈在其《师说》中也提到，“师者固与天地君亲并立而为五”。到了明清时期，“天地君亲师”五字已经为里巷常谈。余英时在张履祥（1611—1674）的《丧祭杂说·序》中发现这样的记载，“家礼祠堂之制则贵贱通得用之。乃吾乡千百家无一也。……惟家设一厨曰家堂，或于正寝之旁室置之，或悬之中堂而已……其稍知礼者，则立一主曰：家堂香火之神，或曰：天地君亲师，而以神主置其两旁。”④ 当然，这五项中最为民间儒教所发扬的就是受到儒家精英推崇的祖先崇拜。以崇德报功、慎终追远为核心的祖先崇拜有助于养成人们的忠孝情怀，并达到神道设教的目的。

作为教育家的孔子，被称为“人民导师”⑤，一方面令学习和掌握知识成为一种乐趣并具有道德提升的价值，“学而时习之，不亦乐乎”，另一方面强调有教无类，而接受儒家系统的教育又与获得功名、学而优则仕有关。因此，对“文昌”和“魁星”的信仰，保佑读书人实现金榜题名的愿望，甚至令家境贫寒者也有机会通过寒窗苦读而得到上升的机会，从而光宗耀祖。由此发展出民间对于儒士的尊重与崇拜、对读书这件事有着超越性的重视。在中国南方普遍流行着对文字创造者仓颉的信仰和与文字相关的神话传说；以及后来对文字的尊崇，乃至形成敬惜字纸的传统，都成为“民间儒教”的组成部分，促使人们对文学知识与修养——作为社会与政治传统的儒学之核心——保持敬畏。⑥

在儒学系统构成了传统政治伦理秩序核心的时代，其学说观念就会以各种各样的形式渗透到社会各个方面，并作为教化的方式浸淫着广大普通的老百姓。儒家学者不仅仅擅长经学考据，更有很多饱读诗书致力于将儒家伦理价值通俗化，来教化民众。如，“二十四孝故事”最早取材于西汉经学家刘向编辑的《孝子传》，元代郭守正将二十四位古人孝道

---

① 《世宗宪皇帝朱批谕旨》卷一百七十四之十一。

② 朱海滨：《潮神崇拜与钱塘江沿岸低地开发——以张夏神为中心》，载魏乐博、范丽珠主编《江南地区的宗教与公共生活》，上海人民出版社2015年版。

③ 李泽厚：《中国古代思想史论》，人民出版社1985年版，第39页。

④ 余英时：《“天地君亲师”的起源》，见余英时《现代儒学论》，上海人民出版社2010年版，第165—169页。

⑤ 杨伯峻：《经书浅谈》，“论语”；“天将以夫子为木铎”（《论语·八佾》）。

⑥ 参见杨庆堃《中国社会中的宗教——宗教的现代社会功能与其历史因素之研究》，范丽珠等译，上海人民出版社2007年版，159页。

的事辑录成书《全相二十四孝诗选》，内容为自上古至唐宋二十四个孝亲故事，先后有人为之序诗、作图，刊行多种版本，在民间广为流传乃至“谁人不知，谁人不晓”的程度。[①] 以儒家思想教化普通民众，有各种各样的蒙学读物，《千字文》《三字经》《百家姓》。而事实上，这些蒙学读物的影响力不仅仅在那些读书人间，很多从未进过学堂的人，也能够背诵《三字经》《百家姓》的内容。《三字经》取材典故，包括中国的文学、历史、哲学、天文地理、人伦义理、忠孝节义等基本常识，又涵盖了“仁、义、诚、敬、孝、忠”等人伦价值。那些浅显易懂的故事与朗朗上口的话语将儒家的道德关怀丝丝入扣地灌输到民间，在我们早年田野调查中遇到的一些高龄老妇人，还能背诵三字经的某些段落。

除此之外，还有很多通俗文艺将儒家的忠孝节义的精神以民众喜闻乐见的方式进行演绎，尽管很多带有宗教性说唱表演表现的是儒、释、道三教的内容与仪式，但还是带有明显的透过神道设教的方式来彰显儒家的价值，民间儒教的一个主要特征就是融合三教。作为中国影响最大、流传最广的一种宗教剧，“我们如从头至尾的看目连戏一遍，可以了解不少的民间趣味和思想，这虽然是原始的为多，但实在是国民性的一斑。”[②] 目前我们能看到的目连戏虽然版本不同，但是都有一个共同的主题，那就是“孝亲”。目连放弃世俗的一切剃发为僧，念的是“为子不能报本。咳，何以为人?”[③] 罗卜（目连）为了救母，舍身佛门，探幽冥，担经挑母上西天。结果“皇天不枉孝心人，感得天灵〔怜〕念，行孝人超度娘出幽冥”[④]。发乎情止乎礼的“孝”道得到了强化，而民众有关上天有好生之德的观念也同样不断得到印证。各种目连戏的版本中，影响最大的由明代万历年间祁门秀才郑之珍编剧完成的《目连救母劝善戏文》。郑之珍也是饱读诗书的儒生，“幼学夫子而志春秋，惜文不趋时，而学不获遂，于是萎念于翰场，而游心于方外。”[⑤] 在郑版的目连戏中，其神道设教的思想非常明确，尽管释道的因果报应和鬼神仪式都不少，但所彰显的价值更凸显的是儒教的忠孝节义。已经获得功名的儒生对目连戏也认可，明嘉靖丙辰（1556）科进士叶宗春为郑氏的《目连救母》作过序。“支配三百年来中下社会之人心，允推郑氏。”[⑥]

巢伟逢对河北定县的赛戏活动进行了深入的研究，他发现在社区庙会中表演的那些“乡村戏曲”是民间历史知识和道德观念的重要载体，“大部分乡村戏曲都有着强烈的伦理和道德关切。因为也涉及乡村生活中的具体内容，戏曲演出的道德关切有不少集中在家庭生活方面（比如孝敬长辈、婚姻的忠诚、婆媳关系）……宗教的善恶观念也在道德关切的表达中占有重要位置，出现在这些戏曲演出中的神灵总是明辨善恶，惩恶扬善。”[⑦]

---

① 鲁迅在《朝花夕拾》中的《二十四孝图》中讲到道：“我所收得的最先的画图本子，是一位长辈的赠品：《二十四孝图》。这虽然不过薄薄的一本书，但是下图上说，鬼少人多，又为我一人所独有，使我高兴极了。那里面的故事，似乎是谁都知道的；便是不识字的人，例如阿长，也只要一看图画便能够滔滔地讲出这一段的事迹。”

② 周作人：《周作人早期散文选》，上海文艺出版社 1994 年版，第 300 页。

③ 刘祯校订：《莆仙戏目连救母》，第 159 页。

④ 黄文虎校订：《超轮本目连》，第 250 页。

⑤ 《新编目连戏救母劝善戏文》序

⑥ 参见毛忠《2005 年全国郑之珍目连戏学术研讨会综述》，《戏曲研究》2006 年第 2 期。

⑦ Chao Wei-pang, “Yang-Ko. The Rural Theatre in Ting-hsien, Hopei”, *Folklore Studies* III, Vol. 1, 1944, pp. 27–29.

欧达伟（David Arkush）仍然延续了对定县民间戏曲的研究，着重分析了“河北地方戏曲的伦理世界”。他指出，在这一地区的戏曲演出中，“我们看到天上的神明降临人间惩恶扬善”。神灵在这里就像官员一样，“主持正义，恢复整个世界的道德秩序”。① 这些资料告诉我们，尽管戏剧表演的初衷是娱乐民众，不过中国北方传统戏剧中却包含着丰富的道德内容，特别是儒家道德的忠义、孝顺、诚实和公正等价值。

神的标准化模式 下面讨论的是以神道设教为特征的“民间儒教”的最后一类，经过官方认可与各类儒士们改造的民间信仰，由于其与“以神道设教”目的相吻合，不仅在历史上受到皇帝的敕封与官府的承认，而且在民间社会作为儒家道德准则弥漫的途径，为儒家伦理道德在日常生活中的实践起到监督作用，有助于民间社会的秩序化，这说明在精英儒学、官方儒学以及民间儒教之间彼此相通。

永定河是北京附近最大的河，由于经常改道泛滥成灾危害民众生活，明正统年间（1436—1449）开始，沿岸的老百姓在永定河的河堤上修建了许多座龙神庙、龙王庙。清康熙三十七年（1698），治理永定河的工程竣工之际，康熙皇帝赐河名为“永定”，并敕封永定河为“神”，“立庙卢沟桥北，题额建碑奎文炳，耀河神之封”。后来，雍正皇帝于雍正七年（1729）又建一座惠济庙，因为在卢沟桥河神庙的北边，而称为北河神庙，并写下了《御制永定河神庙告成祭文》，镌刻成碑，立于庙中。②

哈佛大学人类学家 James Watson 在其“神的标准化”一文中专门讨论了这类信仰。“中国大部分地区的宗教活动不是由职业教士组织的。地方民众建造他们自己的庙宇，安放神像，举行节庆。但要更细进行探讨就发现，很明显，国家在以微妙的方式干预，将某种一致的东西强加于地区和地方层次的崇拜。……一种高度的一致性就是以鼓励对神灵的信仰来实现的，由礼部批准，还得到了皇帝本人的认可。”③ 这类由朝廷认可的民间祀神最为典型的例子则是从宋朝以来就形成的妈祖信仰。尽管由于太多的神话传说，使得妈祖的身世有些说法不一，但共同之处在于妈祖是从民间产生的。这个出生于福建湄洲岛林姓仕宦之家的女孩，自幼能预知人间祸福，殁后成为海神。这个湄洲女孩于宋太宗雍熙四年（987）去世，乡人感念其治病救人、保佑渔民的恩惠，在湄洲岛上建庙祀之。有关她的神迹广泛流传，从最初的民间小神，经过当地士绅的提议和倡导，从宋朝开始就得到了朝廷方面的赐封，妈祖的地位变得越来越高。从宣和五年（1123）宋徽宗赐“顺济庙额”，到清朝康熙十九年（1680）赐封“护国庇民妙灵昭应弘仁普济天妃圣母”、康熙二十三年（1684）赐封“护国庇民妙应昭应普济天后”。地方女神从“林大姑”转为“天上圣母”和“天后”。James Watson 提出，“中国官方的思想以何种方式渗透到民间”，一个地方小神如何被官方认可并代表官方的思想观念？在杨庆堃看来，朝廷招安地方神，是源于“它们普遍地具有维系政治伦理系统的重大意义”。为保持政治伦理秩序的稳定，官方在

① 选自 *Ideas Across Cultures: Essays on Chinese thought in Honor of Benjamin I. Schwartz*, edited by Paul A. Cohen and Merle Goldman , Cambridge (Massachusetts) and London, Harvard University Press, 1990, pp. 100－102。

② 碑文全文：“朕注心河务，礼敬神明，远筹捍御之宜，备举尊崇之典。惟永定河源从山右，古号桑干。经马邑以奔趋，湍波易激；历畿南而漫衍，暴涨难驯。显佑于皇考之时，肇祀于卢沟之北。既隆封典，爰锡嘉名。灵贶孔昭，鸿庥协应。朕思石景实处上游，宜建庙以安神，命河臣而度地。冈峦拥卫，控金堤而制洪流；栋宇辉煌，驻云旗而回巨浪。肃将祀事，祗告落成。惟神鉴歆，永垂庇佑。安澜奏绩，俾庐井之恬熙；润下成能，享春秋之祈报。谨告。”载于（光绪）《畿辅通志》卷十三，（清）李鸿章等修。

③ ［美］韦思谛：《中国大众宗教》，陈仲丹译，江苏人民出版社 2006 年版，第 58 页。

很大程度上将民间信仰作为宗教工具直接操纵。①

尽管官方宗教与民间祭祀有差异，如王斯福（Stephan Feuchtwang）曾指出：官方宗教与民间宗教的区别之一在于前者强调其行政层级，而后者强调神的灵验。② 但这并不意味着双方是彼此隔绝的。在现实经验中，常常出现二者结合的可能性，即某些民间祭祀和信仰受到官方认可、获得儒家精英的接受。当然，双方结合的重要关节点就在于，民间信仰具有“政治伦理信仰”的内容，足以纳入“神道设教”的体系中。还包括一些由地方民众发起建立，但经过申报得到国家正式批准的祠祀。不少学者都发现，在历史上地方的各类祭祀活动也被纳入国家祭祀的范畴，这其中所表现的灵活性在事实上将对祠祀性质的判定权下放到地方政府，这就使地方信仰与国家礼制的结合成为可能。③ 以城隍信仰为例，唐朝以来的官员们上任伊始，照例会对作为当地神灵代表的本地城隍进行一次祭祀活动。究其原因，就是城隍信仰所带有的政治伦理意义。

James Watson 认为在官方与民间信仰之间互动中形成了“神的标准化”模式，即朝廷相信其对地方神的册封与接纳，已对大众起到了“教化”的作用，并成功地引进了一种标准形式的宗教，出现了成千上万种的地方信仰都让位于三四种国家允准的神灵。这种模式反映出“政治伦理信仰”是民间认同的，而这个政治伦理信仰是以儒家的忠孝仁义等价值为共同点。故而，有可能出现国家既引导大众、又对民众的压力做出反应；既鼓励神灵信仰，又把它们吸收进来。④ 当然，民间受过儒家教育的文化精英人物在地方神信仰标准化的过程中起了重要的作用，他们确保民间信仰和仪式形成“政治伦理信仰”的模式。而妈祖这样的民间神发展成受历代朝廷册封的天后，也就说明了这一点。表面上看来，是国家正统的儒家伦理、意识形态与地方性崇拜之间进行了妥协，而事实上是正统的信仰以给予民间信仰合法性的方式渗透并规制了民间信仰，当然民间社会也由此得到参与国家秩序建构的机会——因为他们崇拜的神得到官方的认可，发展出具有相当灵活性的民间形态的儒教。由于这类民间儒教形式与民众生活结合在一起，对封建王朝的长治久安具有重要的伦理政治意义。

结语

以上讨论了以神道设教为特征的政治伦理信仰及其在中国基层社会所潜移默化为“民间儒教”的表现方式，我们希望指出的是，政治伦理信仰是传统时代中国宗教的普遍现象，特别是民间社会通过日常仪式与信仰同儒、释、道三教制度性内容相结合，“儒家为社会和政治生活提供道德准则，而道教和佛教则监督着儒家的伦理道德在日常生活中的

---

① 杨庆堃：《中国社会中的宗教——宗教的现代社会功能与其历史因素之研究》，范丽珠等译，上海人民出版社2007年版，第147页。

② 王斯福：《学宫与城隍》，载施坚雅主编《中华帝国晚期的城市》，徐自立译，中华书局2000年版，第708页。

③ 雷闻：《唐代地方祠祀的分层与运作——以生祠与城隍神为中心》，载荣新江主编《唐研究》第十一卷，北京大学出版社2005年版。

④ James Watson：《神的标准化：在中国南方沿海地区对崇拜天后的鼓励（960—1960）》，载韦恩谛编《中国大众宗教》，陈仲丹译，江苏人民出版社2006年版。

实践，并在心理和精神方面为民众提供帮助”①，使得“民间儒教”成为不言而喻的存在。经历了一百多年社会变迁与现代化过程，制度性的儒学与政治伦理信仰难以为继，而浸淫于日常生活中的“民间儒教”则顺应着时代的变化反而显得无处不在。在现代社会出现了越发严重的道德缺失、信任危机和社会失序的情况下，民间儒教在寻常日用中或以经典教化的形式或以生活样态的模式成为多元文化中不可忽视的现象。不少学者指出了中国人生命之中的儒学的沉淀和文化情感，“儒学是常道，是生命生活生存之学，将人生的基本的、普遍的问题予以反思、提升，而后落实于人伦日用之中。即使那些看似高深玄妙的天道性命之学，也是由人生常道问题予以反思提升后又规范引导人生的。这是儒学的特色。”②

正如余英时描述他早年的观察，“1938 年的旧历年，我第一次看见伯父写大批的红纸春联，其中有一个条幅是‘天地国亲师’五个大字，那是贴在放祖先牌位的厅堂中间墙上的。伯父又向我解释，这五个字原来是‘天地君亲师’，不过现在是民国时代，已没有皇帝了，所以‘君’字改成了‘国’字。这一字之改虽然也透露了一点‘现代化’的痕迹，但整个价值系统的结构显然原封未动。这五个字正是五四前夕陈独秀所要彻底铲除的。”③ 这显示了儒学价值在民间影响力的韧性与弹性。类似的现象，在当今时代比比皆是，让人们感受到儒学价值在变中获得存在感；而在其存在中，中国民众在获得基本的文化认同中拥有了日常实践的做法及精神方面的依靠。故而，沿袭原始儒教“慎终追远”传统的祖先崇拜，在现代社会仍然以各种方式为民众所实践，最典型的就是祠堂重修、家谱续修等活跃的宗族活动，以及恢复清明节这个祭祖的日子为公共节日。“民间儒教”崇拜原则“有功于民则祀之，以劳定国则祀之”所彰显的神道设教，不仅反映在对各种各样于中华文明有功的历史人物和历史神话人物的祭拜上，同时也表现在对当代英烈崇拜的实践中。如在福建省惠安县崇武镇的西沙湾东头，有一座供奉着 27 位解放军烈士塑像的解放军庙，这是一座专门为因保护民众生命而牺牲的解放军所建造的庙宇。

显然，中国宗教传统中“以神道设教”的信仰特征体现在“民间儒教”的社会实践中。尽管早在新文化运动时期开始，不少知识分子希望摆脱“儒学（教）”对中国社会的影响以追求一个全新的中国，但是值得我们注意的是各种各样的“民间儒教”现象在中国社会全方位变化中以悄然改变的方式继续延续着其存在。

（原文发表于《世界宗教文化》2015 年第 5 期）

---

① Yao Xinzhong, *An Introduction to Confucianism*, Cambridge University Press, 2000, p. 224.

② 郭齐勇：《儒学是我们的生活方式——郭齐勇先生访谈录》，http：//www. confuchina. com/01%20zong%20lun/guoqiyong%20fangtanlu. htm。

③ 余英时：《“天地君亲师”的起源》，载余英时《现代儒学论》，上海人民出版社 2010 年版，第 165—169 页。

第五篇

年度著作

2015年度十大著作

蒋　森 编

《世界佛教通史》

主编：魏道儒，中国社会科学出版社 2015 年版

内容简介：《世界佛教通史》由中国社会科学院学部委员魏道儒主编、国内外 20 多位学者参与撰写，2015 年 12 月由中国社会科学出版社出版。《世界佛教通史》共 800 多万字，历时 8 年完成，是中国社会科学院创新工程重大科研成果，论述佛教从起源到 20 世纪在世界范围内的兴衰演变主要过程，在国内外学术界属于首创。

《世界佛教通史》由 14 卷 15 册构成。第一卷和第二卷叙述佛教在印度的起源、发展、兴盛、衰亡乃至在近现代复兴的全过程。第三卷到第八卷是对中国汉传、藏传和南传佛教的全面论述，其中，作为中国佛教主体部分的汉传佛教分为四卷，藏传佛教为一卷两册，南传佛教独立成卷。第九卷到第十一卷依次是日本、韩国和越南的佛教通史。第十二卷分章阐述斯里兰卡和东南亚佛教的历史。第十三卷是对亚洲之外佛教，包括欧洲、北美洲、南美洲、大洋洲、非洲等五大洲主要国家佛教的全景式描述。第十四卷是世界佛教大事年表。

各卷内容及作者：

《世界佛教通史》共 14 卷 15 册：

第一卷印度佛教（从佛教起源到公元 7 世纪），周贵华著；

第二卷印度佛教（公元 7 世纪至 20 世纪），周广荣著；

第三卷中国汉传佛教（从佛教传入至公元 6 世纪），魏道儒、李利安著；

第四卷中国汉传佛教（公元 7 世纪至公元 10 世纪），魏道儒等著；

第五卷中国汉传佛教（公元 10 世纪至公元 19 世纪中叶），魏道儒等著；

第六卷中国汉传佛教（公元 19 世纪中叶至公元 20 世纪），纪华传著；

第七卷中国藏传佛教（上、下）（从佛教传入至公元 20 世纪），尕藏加著；

第八卷中国南传佛教（从佛教传入至公元 20 世纪），郑筱筠、梁晓芬著；

第九卷日本佛教（从佛教传入至公元 20 世纪），王颂著；

第十卷韩国佛教（从佛教传入至公元 20 世纪），何劲松著；

第十一卷越南佛教（从佛教传入至公元 20 世纪），（越）释清决等著；

第十二卷斯里兰卡与东南亚佛教（从佛教传入至公元 20 世纪），郑筱筠著；

第十三卷亚洲之外佛教（从佛教传入至公元 20 世纪），杨健著；

第十四卷世界佛教大事年表，夏德美著。

《世界佛教通史》以辩证唯物主义和历史唯物主义为指导，坚持历史与逻辑相统一的原则，以史学和哲学方法为主，并且借鉴考古学、文献学、宗教社会学、宗教人类学、宗教心理学、宗教比较学、文

化传播学等相关学科的理论和方法，全方位、多角度对世界范围内的佛教进行深入研究。

《世界佛教通史》各卷本着“原始察终，见盛观衰”的史学原则，对每一研究对象既进行梳理脉络的纵向贯通，又进行考察制约该对象变化的多种因素的横向贯通。在论述不同国家和地区的佛教时，始终联系制约佛教兴衰变化的政治、经济、民族、科学技术和思想文化等因素，始终将宏观把握和微观探索结合起来，系统阐述众多的佛教思潮、派系、典籍、人物、事件、制度等，并且兼及礼俗、典故、圣地、建筑、文学、艺术等。

《世界佛教通史》各卷在研究不同国家、地区和民族中的佛教时，对于遇到的特殊情况、独有内容和重要问题，或者做出了填补学术空白的创新工作，或者做出了充实科研薄弱环节的提高工作，或者取得了百尺竿头更进一步的闪光突破。在绝大多数卷都不同程度涉及佛教和平传播问题，佛教本土化问题，佛教教义体系、礼仪制度和文化艺术的关系问题，中国佛教在世界佛教中的地位问题等。该部书所取得的具有原创性、基础性、创新性的成果更为丰富多彩，不仅对于以后的佛教研究有重要价值，对于研究其他宗教和研究宗教学基本理论也有重要启发和借鉴意义。

《世界佛教通史》所采用的资料文本主要来自汉文、梵文、巴利文、藏文、西夏文、傣文、日文、英文、法文、越南文等语种，有些分卷在运用田野调查资料、实物资料方面做了比较多的工作。全书的所有叙述、说明、分析和评论都建立在经过考证、辨析可靠资料的基础上，切实做到把资料的权威性、可靠性和多样性结合起来，统一起来。

《世界佛教通史》提出的问题、洞见的规律、形成的观点，是对作为世界三大宗教之一的佛教的全面认识、系统阐述和深度开发，能够为认识和处理当今国内外错综复杂的宗教问题，为建设社会主义精神文明，为践行社会主义核心价值观，为实施“一带一路”伟大战略提供可资参考的历史借鉴和理论依据。

《近代中国宗教文化史研究》（上、下）

作者：何建明，北京师范大学出版社2015年版

内容简介：近代中国宗教是在传统与现代、东方与西方的文明冲撞和文化交流中成长起来的，具有鲜明的现代文化特色。近代中国的各宗教文化都是建立在现代知识文化体系之中的，任何宗教都不能无视或逃避现代知识体系和各种文化思潮的挑战与洗礼。离开了现代知识文化体系，宗教便无法获得其存在的合理性与合法性。因此，近代中国宗教不仅仅是一种信仰体系，也是一种文化体系，是一种有文化的信仰体系，也是一种有信仰的文化体系。

该书在研究方法上，采用通行的文化史和思想史研究方法，以大量的第一手历史文献为基础，并立足于现有的国内外学术研究成果，对近代中国宗教与文化之间的关系问题做了深入的专题阐释，试图将近代中国宗教文化的内在根据和外在影响及其在不同社群精英中的多样性表现形式揭示出来。

《全真教的创立与历史传承》

作者：张广保，中华书局2015年版

内容简介：《全真教的创立与历史传承》探讨了全真教在金元明时代的历史变迁过程，涉及全真教的派系整合、大宗师的传承、全真谱系的形成、全真教戒律的形成、全真教修炼生活、全真教性命双修的内丹学、元代相容并包的道教管理政策，以及有关全真教研究的128年的学术史。

收入《国学论丛》书系。

《河北民间后土地祇崇拜》

作者：尹虎彬，学苑出版社 2015 年版

内容简介：《河北民间后土地祇崇拜》是关于河北易县、涞水民间后土崇拜与口头叙事传统的个案研究，主要涉及当地的后土神庙、音乐会、佛事会及其仪式、口头叙事文本，以及清代以来民俗文献史的分析。这些材料存在于地方民俗社会中，也延续到今天。后土崇拜是一种含有音乐仪式和神话成分的民间信仰活动。后土在季节性重复出现的神灵祭祀仪式中处于中心地位。对于宝卷的实际表演和后土灵验叙事而言，其核心内容表现为讲述后土的故事，把后土作为一位神来召唤，它的力量便可以显现，庇护共同体的人们。地方性的宝卷和民间叙事传统是在本地的后土祭祀中发展起来的。

《绝对视域中的康德宗教哲学：从伦理神学到道德宗教》

作者：傅永军，社会科学文献出版社 2015 年版

内容简介：《绝对视域中的康德宗教哲学：从伦理神学到道德宗教》探讨的是康德的宗教哲学，旨在从“伦理神学”和“道德宗教”两个维度分析康德道德地建构宗教的思想逻辑，阐释存在于纯然理性界限内的宗教信仰在何种意义上“可能”，又在何种意义上“可行”，并在视域中检视康德宗教哲学的现代性效应，理性地诠证自由与至善、神圣、仁慈与正义、善与恶、道德救赎与上帝恩典、良知与信仰、法治与法权等价值理念。

《中庸与调和：儒家和阿拉伯伊斯兰思想的比较研究》

作者：吴旻雁，昆仑出版社 2015 年版

内容简介：《中庸与调和：儒家和阿拉伯伊斯兰思想的比较研究》第一章主要介绍中和与中道，中庸与调和产生的渊源之比较；第二章主要讨论中庸与调和的历史流变；第三章主要探讨碰撞与杂糅，中庸与调和的近代际遇；第四章主要研究和谐与宽容，当代语境下的中庸与调和等内容。

《犹太神秘主义概论》

作者：刘精忠，中国社会科学出版社 2015 年版

内容简介：《犹太神秘主义概论》以时间和专题为线索，从历史学、文献学、宗教学和宗教哲学等多重维度来考察犹太教神秘主义。在方法论的选取上，《犹太神秘主义概论》开宗明义，直陈神秘主义研究的方法并一以贯之，认为神秘主义研究首先在于个体灵性意义上的信仰。唯其如此，研究者方能对神秘主义的理论和学说有所“领悟”。

《西夏汉传密教文献研究》

作者：崔红芬，社会科学文献出版社 2015 年版

内容简介：该书较为系统地对黑水城等地出土的西夏文本和汉文本密教文献进行了梳理和考证，并把出土密教文献放在当时佛教发展的历史背景下进行考察，充分体现了西夏佛教发展的继承性与延续性。书中结合传世文献和出土文献的题记、发愿文等主要对观音、药师、无量寿和星曜等经典和信仰进行深入探讨，考证了汉传密教经典在西夏时期信众中的流行情况，对认识西夏佛教的发展特色、了解周边文化对西夏佛教的影响具有积极意义。

《明清时期西方传教士中国儒道释典籍之翻译与诠释》

作者：李新德，商务印书馆 2015 年版

内容简介：该书研究明清时期西方传教士翻译中国儒道释经典的实践以及他们对中国文化的认知与传播。作者对中国典籍西译的历史以及西方传教士的翻译体例、翻译策略等问题进行了系统考察，对他们塑造的中国儒道释之他者形象进行了深入分析。这有助于重新认识当年传教士中国经典译本的历史价值，尤其是这些译本在西方世界所产生的影响，以及西方读者的接受方式，为中国译学理论建设提供丰富的范例，进而指导中国学者进行典籍西译工作，促进中国文化走向世界。该书广泛搜集各种历史文献资料及中国典籍译本，内容丰富，立论有据，分析中肯，很值得研读。

《众神喧哗中的十字架——基督教与福建民间信仰共处关系研究》

作者：范正义，社会科学文献出版社 2015 年版

内容简介：自明末天主教再次传入，福建乡土社会中基督教与民间信仰共处的局面就一直延续至今。福建民间信仰内容丰富，尤以风水信仰、祖先崇拜和神祇信仰三者最为突出。《众神喧哗中的十字架：基督教与福建民间信仰共处关系研究》采取新的研究视角，对基督教在福建传播时，与福建风水信仰、祖先崇拜以及神祇信仰之间的冲突与融合现象进行了探讨，并对基督教与福建民间信仰的共处关系，从七个方面进行了全面反思。

第六篇

年度人物

2015年度人物

（以姓氏笔画为序）

1. 王作安

（1）个人简历

王作安，1958年生，江苏宜兴人，毕业于南京大学哲学系。1983年就职于中央统战部，主要从事统一战线理论和民族、宗教政策研究。1987年转入国家宗教事务局工作，先后担任研究室、政策法规司、办公室负责人、主任，兼任宗教文化出版社社长和《中国宗教》杂志社主编。2009年担任国家宗教事务局党组书记、局长。2012年担任中共第十八届中央委员会候补委员。

（2）入选理由

王作安现任国家宗教事务局党组书记、局长，中共第十八届中央委员会委员，政协第十二届全国委员会常务委员。兼任中华宗教文化交流协会会长、中国统一战线理论研究会副会长、中国西藏文化保护与发展协会副会长、中国宗教学会顾问等职务。

王作安对宗教理论有深入研究，在《求是》《中国社会科学》《学习时报》《世界宗教研究》等各类报刊上发表数十篇论文。出版著作《中国的宗教问题和宗教政策》，主编《宗教：关切世界和平》《面向新世纪的中国宗教和宗教工作》《宗教工作基础知识》等。

2. 李光富

（1）个人简历

李光富，1955年出生，湖北郧县人。20世纪70年代初中学毕业后在郧县从事林业技术工作。由于自幼深受武当山道教文化的影响，1984年怀着一颗对道教的虔诚之心，徒步登上武当山，皈依武当全真教龙门派。1987年在武当山道协第二届理事会上，李光富道长当选为武当山道教协会副会长，走上了弘扬武当山道教事业的领导岗位。1988年1月被选为丹江口市第三届政协委员。2002年在武当山道教协会第四届代表大会上，李光富道长被选举为武当山道教协会会长。2010年李光富道长当选为中国道教协会副会长。2015年李光富道长当选为中国道教协会会长。

（2）入选理由

李光富现任中国道教协会会长、十堰市政协副主席、第十一届全国政协委员，湖北省道协名誉会长，武当山道教协会会长，武当道教功夫团团长。李光富担任会长后，认真贯彻落实党和国家的宗教法规政策，带领全体道众坚决维护人民利益，维护国家统一，维护民族团结，坚定不移地走爱国爱教与社会主义社会相适应的道路。特别是在搞好教务活动和文物保护方面作出了突出贡献，受到了各级党、政部门的表彰。创办了武当山道教内部刊物——《武当道教》，作为介绍武当山道协和对外交流的窗口。提出武当也要逐步往外走，以太极拳、养生为主，通过办班，向美国、泰国、韩国、新加坡、俄罗斯发展，同时更强调传统文化的内涵。

3. 杨志波

（1）个人简历

杨志波，回族，1954年出生，宁夏银川市人，中国民主促进会会员。上海外国语大学毕业，1973年参加工作。1973年1—7月在宁夏银川市第一中学任英语教师。1976年1—9月在宁夏银川市商业厅工作。1980—1982年在中国伊协国际部工作。1982—1984年在埃及爱资哈尔大学进修阿拉伯语。1984年至今在中国伊协工作。2006年5月至今任中国伊协副会长。

（2）入选理由

杨志波先后任中国伊协国际部副主任、主任、副秘书长，曾为第十一届全国政协委员。现任第十二届全国政协委员，中国伊斯兰教协会副会长。兼任中国宗教界和平委员会副秘书长，中国宗教学会理事、中国中东学会理事。曾多次赴沙特参加中国穆斯林朝觐组织服务工作，为2006年、2008年、2009年和2010年中国朝觐团总团长。出访过埃及、摩洛哥、利比亚、沙特、科威特、叙利亚、俄罗斯、印度尼西亚、文莱、乍得等国家，并多次出席国际和地区宗教会议。著有《千年学府——爱资哈尔大学》，主编《中国穆斯林朝觐实用手册》。

4. 杨曾文

（1）个人简历

杨曾文，1939年生，山东即墨市人，佛教史学者。1959年就读于北京大学历史系中国古代史专业，1964年毕业后到中国社会科学院世界宗教研究所工作。1982年任日本京都大学人文科学研究所外国招聘学者。1985年任日本东京大学东洋文化研究所客座研究员。1991年任美国康乃尔大学访问学者。1991—1992年任日本京都大学文学部招聘教授。1997年10—12月任日本驹泽大学研究员。2003年任中国佛教文化研究所所长。

杨曾文历任中国社会科学院世界宗教研究所佛教研究室主任、研究员、博士生导师，兼任中国社会科学院佛教研究中心主任、中国宗教学会理事、中国中日关系史学会理事，并入选为中国社会科学院荣誉学部委员。

（2）入选理由

杨曾文是国内著名的佛教史学者，从事佛教历史、特别是禅宗及日本佛教研究。著有《中国佛教史》《日本佛教史》《敦煌新本六祖坛经》《神会和尚禅话录》《唐五代禅宗史》；译著《日本佛教史纲》《印度佛教史概说》；主编《日本近现代佛教史》《中日文化交流史大系·宗教卷》《中日佛教学术会议论文集》《当代佛教》《佛教文化面面观》《中国佛教基础知识》《佛教知识读本》。杨曾文治学勤奋，先后曾游学日本、美国等地，对中日、中美佛教学术的交流作出了巨大的贡献。

1996年杨曾文与日本源了圆共同主编的《中日文化交流史大系·宗教卷》获亚洲太平洋出版协会96学术类图书金奖；1999年在日本东京获日本东洋哲学研究所颁发的“东洋哲学学术奖”；2002年《唐五代禅宗史》获第四届中国社会科学院优秀成果二等奖；2008年获中国社会科学出版社优秀作者奖。

5. 余敦康

（1）个人简历

余敦康，出生于1930年，祖籍湖北汉阳。中国社会科学院世界宗教研究所研究员，博士生导师。1951年考入武汉大学哲学系。1952年转入北京大学哲学系，1955年毕业。1956年在北京大学哲学系读研究生。1978年调入中国社会科学院世界宗教研究所工作，历任助理研究员、副研究员、研究员。1987 年调入南京大学思想家研究中心。1989 年又返回中国社会科学院世界宗教研究所任研究员。

（2）入选理由

余敦康长期从事中国哲学史的研究工作，曾参与任继愈主编的《中国哲学发展史》先秦卷、秦汉卷和魏晋南北朝卷的写作，在各种刊物上发表论文多篇。已出版的著作有《何晏王弼玄学新探》《易学今昔》《内圣外王的贯通——北宋易学的现代诠释》《中国哲学论集》《易学与管理》（主编）等。

自 1993 年起至 2002 年，当选第八届和第九届全国政协委员。

6. 罗竹风

（1）个人简历

罗竹风（1911—1996），山东省平度市人。早年在北京求学，1937 年从青州中学罢教回乡，同乔天华组织起平度第一支抗日游击队。1938 年加入中国共产党，任胶东文化联合社编委、胶东文化协会常务委员，1940 年任平度县长，1943 年任胶东文化协会研究部部长。1949 年之后，曾先后任上海市出版局代局长，上海市社联主席，上海市语文学会会长，《辞海》常务副主编等职。

（2）入选理由

罗竹风是中国著名语言学家，宗教学家，出版家，辞书编纂家，杂文家。曾任山东大学、华东师范大学、上海师范大学兼职教授。罗竹风早年曾学习世界语，一直热心于世界语事业，支持上海世界语协会开展工作，是世界语之友会成员。

罗竹风是上海市第七、八届人大代表、常委。历任山东大学教务长，华东、上海市宗教事务处处长，上海市出版局代局长，上海哲学社会科学学会联合会主席，上海市语言文字工作委员会主任，中国语言学会第一届副会长，中国宗教学会副会长，中国出版工作者协会第一届理事、第二届顾问，上海文学会会长，上海宗教学会会长，上海杂文文学会会长等职。并任《辞海》常务副主编，《汉语大词典》主编，《中国大百科全书·宗教卷》主编，《中国人名大词典》副主编，《中国社会主义宗教问题》主编。此外还主持编著有《中国社会主义时期的宗教问题》《宗教通史简编》《宗教学概论》等，著有《杂家与编辑》《行云流水六十年》。

7. 金宜久

（1）个人简历

金宜久，1933 年出生于上海市，1956 年进入北京大学哲学系学习，1961 年毕业留哲学系任教师。1964 年调至中国社会科学院世界宗教研究所工作。1965 年到埃及开罗进修阿拉伯语，此后一直在世界宗教研究所工作。先后赴加拿大多伦多大学宗教研究中心、美国路德神学院和哈德福特神学院访问、进修；多次参加加拿大、美国、澳大利亚、伊朗、意大利等国举办的国际学术会议。

（2）入选理由

金宜久曾任中国社会科学院世界宗教研究所伊斯兰教研究室主任，研究员、博士研究生导师，并以其在伊斯兰教研究方面的卓越贡献当选为中国社会科学院荣誉学部委员，获政府津贴和国务院颁发的“为发展我国社会科学事业做出的突出贡献”证书。

金宜久在伊斯兰教研究方面著述颇丰，代表著作有《伊斯兰教与世界政治》《中国伊斯兰探秘：刘智研究》，主编《伊斯兰教史》《当代伊斯兰教》《伊斯兰概论》《伊斯兰教》《伊斯兰教词典》《中国周边国家的伊斯兰教研究》《十叶派伊斯兰教》等。

8. 学诚法师

（1）个人简历

学诚法师，1966年出生于福建省仙游县。1982于莆田广化寺定海长老座下剃度，并依止圆拙老法师修学。1991年于中国佛学院获硕士学位。于1993年被选为中国佛教协会副秘书长。1995年任福建佛学院院长。1997年任福建省第八届政协常委。1998年被选为福建佛教协会会长，《福建佛教》主编，《福建宗教》顾问。第九届全国政协委员，现任第十届全国政协委员。2002年9月16日（36岁）在第七届佛代会上，当选为中国佛教协会副会长兼秘书长，是中国佛教协会新一届领导集体中最年轻的一位，同时兼任《法音》杂志主编。

2002年应邀担任香港佛教文化产业荣誉顾问。2004年1月荣膺陕西省扶风县法门寺方丈，3月任中国宗教界和平委员会副秘书长，8月任藏传佛教学衔工作指导委员会副主任，是唯一的汉族僧人。2005年当选为中国统一战线理论研究会理事。2007年获授泰国朱拉隆功佛教大学教育学荣誉博士学位。2010年获孟加拉国阿底峡大师和平金奖。

（2）入选理由

学诚法师现任全国政协常委、全国青联副主席、中央国家机关青联副主席、中国宗教界和平委员会秘书长、中国佛教协会驻会副会长、中国佛学院副院长、藏传佛教学衔工作指导委员会副主任、福建省佛教协会会长、福建佛学院院长、福建莆田广化寺方丈、陕西扶风法门寺方丈、北京龙泉寺方丈、香港佛教文化产业荣誉顾问、《法音》主编、《福建佛教》主编等职务。

学诚法师担任主持的广化寺每年举办传授“三皈五戒在家菩萨戒法会”“精进佛七法会”“万佛法会”等。为响应政府提出的“人文奥运、绿色奥运”之号召，为了更好地发现人才、培养人才、使用和储备人才，学诚法师还特于“五一”“十一”黄金周期间倡办“‘福慧之旅’寺院生活体验营法会”，面向青年知识分子和社会精英，开展丰富多彩、寓教于乐的课程，揭示身、心、灵三个层面的生命内涵，以帮助青年人改善生命、净化心灵，重新定位自己的人生目标，思考生命的价值。福慧之旅目前共举办了11届。

学诚法师还任龙泉寺主持，在法师的带领下，寺院从各项基础设施建设到优秀僧才的培养，都不断向前迈进着。龙泉寺已成为继承与发扬传统文化的载体，提升道德、净化心灵的源头，交流文化、联结友谊的纽带，弘法利生、祥和社会的宝地。

9. 赵敦华

（1）个人简历

赵敦华，生于1949年，江苏南通人。北京大学教授、博士生导师。1988年获比利时卢汶大学哲学博士学位。研究领域为西方哲学、基督教哲学、中西比较哲学。

（2）入选理由

1988年，赵敦华成为北京大学哲学系的第一位归国博士，历任北京大学哲学系教授，曾任哲学系、宗教学系主任，人文学部副主任，北京大学学位评定委员会哲学分会主席。主要学术兼职有：中华外国哲学史学会副理事长、中国宗教学会副会长等，长期从事西方哲学和宗教学的研究，并致力于促进西方哲学研究和中国传统哲学研究的积极影响。著有《人性和伦理的跨文化研究》《基督教哲学1500年》《西方哲学简史》和《西方哲学的中国式解读》，以及《西方人学观念史》等著作十余部，多次获得“全国高校社会科学优秀成果奖”和“北京市社会科学优秀成果奖”。1993年获得教育部和人事部颁发的“全国优秀教师”称号。

10. 高峰

（1）个人简历

高峰，1962 年生，毕业于信义宗神学院，获神学博士学位，全国政协常委。2013 年于中国基督教第九次代表大会中当选中国基督教协会第七届会长，此前任中国基督教三自爱国运动委员会副主席、山东省基督教“两会”主席、会长，山东神学院院长等职。

（2）入选理由

高峰提倡要办好中国教会，必须坚持三自原则，必须坚持爱国爱教，必须坚持推进神学思想建设。“促成一个中国人自己所主持的中国教会”，发挥宗教的积极作用。建立神学思想丰富、富有生命活力、符合中国国情、传讲全备真理、弘扬伦理道德、适应社会发展、服务广大民众、满有和谐的中国基督教。中国基督教坚持三自原则有两个重要基础：一是爱国爱教的意识，二是神学思想的支撑，这两个基础保证了中国基督教向前发展的方向。因此，他号召教会加强学习，坚持稳中求进。加强教会自身建设，做好教会场所各项工作，努力服务社会。

第七篇

年度新闻

2015年度中国宗教十大热点

蓝希峰

“一带一路”：宗教文化交流更活跃

2015年，中国实施“一带一路”战略。中国宗教界与其他领域一样，热烈响应与参与。中国宗教界人士与政府、高校、科研机构等一起召开各种形式的座谈会、研讨会、交流会，在“两会”期间积极建言，发挥宗教在“一带一路”战略中的积极作用。中国佛协发声，佛教将搭乘“一带一路”推动文化传播；中国伊斯兰教界讨论服务“一带一路”建设工作。

“一带一路”战略的主角是商贸而不是宗教，但基于宗教的交流，能在一定程度上推动“一带一路”战略的商贸往来。

古丝绸之路是中国与西方文明及世界其他地区经济交流的重要通道。古丝绸之路既是一条商贸之路，也是一条宗教文化传播之路。随驼铃声响与帆船进出的不仅是货物，也有往来经商的世界各地人等，他们带来了不同的生活方式、文化理念，这其中也包括不同的宗教信仰。公历纪元前后，佛教从古印度通过古丝绸之路传入中国。此后，伊斯兰教、基督宗教的传播使得古丝绸之路上一些地方呈现出多样的文化特征。“一带一路”战略的两个“核心区”——新疆和福建宗教信仰的多元性有着非常明显的表现。古丝绸之路上这些多元宗教信仰并存的现象，为古丝绸之路上的这些点增添了丰富多彩的文化底色，也是当今这些地方文化魅力的表现。

同根同祖同患难：两岸宗教界庆祝抗战胜利70周年

2015年是中国抗日战争胜利暨世界反法西斯战争胜利70周年。9月4日，由中国宗教界和平委员会倡议，全国性宗教团体积极响应，中国佛教、道教、伊斯兰教、天主教、基督教举行了各种形式的纪念活动和祈祷。中国宗教界和平委员会发表了《中国宗教界和平文告》。中国宗教界铭记历史、缅怀先烈，祭奠在中国人民抗日战争暨世界反法西斯战争中的遇难者，同时，祝福祖国和平统一、繁荣富强，人民幸福安康，祈祷世界持久和平。

70年前，宗教界是抗日战争的一支力量。宗教界上层人士和广大宗教徒从自身实际和特点出发，为挽救民族危亡做了大量工作。

抗日战争是中华民族的一场灾难。在中华民族生死存亡的历史关头，宗教界爱国人士在“出世”和“入世”间，表现出对信仰的执着和对庄严国土的情怀。

今天，和平依然是各宗教的共同关切。中国宗教界呼吁弘扬和平、和谐的理念和精神，主张宽容、对话、交流，并为消除战争、化解冲突、维护和平发挥着独特而积极的作用。

坚持中国化方向：全国统战工作会议提出宗教工作新精神

2015 年 5 月，中共中央召开统战工作会议。习近平总书记对宗教工作提出了几点要求：要全面贯彻党的宗教信仰自由政策，依法管理宗教事务，坚持独立自主自办原则，积极引导宗教与社会主义社会相适应。积极引导宗教与社会主义社会相适应，必须坚持中国化方向，提高宗教工作法治化水平，辩证地看待宗教的社会作用，重视发挥宗教界人士作用，引导宗教努力为促进经济发展、社会和谐、文化繁荣、民族团结、祖国统一服务。

习近平总书记关于宗教工作新精神的论述引起了宗教界的热议，得到了宗教界的积极回应。一些宗教团体召开各种座谈会、研讨会，回顾各自宗教与中华文化共生共融的历史、途径以及逐渐被中国社会认同的过程。

于中国宗教而言，除了道教是土生土长的宗教外，其他几种宗教都是外来宗教。在进入中国后，这些宗教都进行了中国化与本土化的努力，积极探寻与所在社会相适应的途径，并形成了各自适应中国社会的理念、方式。因此，对基督教、伊斯兰教、佛教而言，中国化并不需要进行“另起炉灶”的努力。

其实，各宗教都有调适自己、适应社会主义社会的任务。在与社会主义社会相适应的过程中，中国化是始终要坚持的方向。

“美美与共，灯灯互映”：第四届世界佛教论坛举行

2015 年 10 月，第四届世界佛教论坛在江苏无锡举行。此次论坛的主题是“同愿同行，交流互鉴”，来自 52 个国家和地区的 1000 多位佛教代表参加了此次盛会。

中国佛教是中华传统文化的组成部分，但它也是外来宗教，是文明交流互鉴的结果。

习近平主席在巴黎联合国教科文组织总部发表演讲时，提出了各种文明应交流互鉴的观点，认为文明因交流而多彩，因互鉴而丰富，要秉持文明是多彩、平等和包容的原则。第四届世界佛教论坛秉承了这种精神。通过创建多层次、多角度、跨领域、可持续的机制，为世界佛教徒搭建了一个交流、合作、对话的高层次长效平台。这次论坛是佛教界的“达沃斯”，为世界文明交流交融、互学互鉴的宏大愿景付诸现实做了积极探索和推动。

“少林危机”：宗教公众人物需自警自醒

2015 年 7 月，一则《少林寺方丈释永信这只大老虎，谁来监督》的帖子在网上引起热议。这则署名“释正义”的帖子举报少林寺方丈释永信，并在各大门户网站迅速传播，引发了网友持续关注。7 月 26 日，“中国嵩山少林寺”官方网站发布报案材料，要求“有关部门尽快对造谣者依法进行查处”。此后，中国佛教协会和国家宗教事务局先后对释永信被举报一事做出回应，要求河南省宗教事务部门协调有关部门和地方，了解核实情况。

7 月 31 日，登封市宗教局公开表示将尽早查明真相，以正视听。

释永信是一个公众人物，尤其是作为佛教文化名胜的少林寺方丈，人们印象中应该和“清静”“清修”等佛教文化相联系，当然也就对其寄予了较高的道德与修为期望。“少林危机”有力昭示了宗教公众人物更需要谨言慎行，需要结合所在的宗教文化，加强自身形象的塑造与提升。身在宗教中，如果总是被花边新闻、负面新闻缠身，或者成了“国际明星”的形象，显然会受到公众的质疑。宗教公众人物形象的塑造靠个人的自警自省，靠其所在的宗教文化的浸润，更靠社会与法治的监督。

政教和谐：十一世班禅坐床 20 周年

2015 年 12 月，西藏自治区为十一世班禅举行坐床 20 周年纪念活动。20 年前，出生于西藏那曲地区的普通藏族儿童坚赞诺布被认定为十世班禅的转世灵童。1995 年 12 月 8 日，遵照十世班禅的遗愿与藏传佛教的历史仪轨，在西藏日喀则的扎什伦布寺为十一世班禅举行了坐床仪式。

藏传佛教在活佛转世上有一套制度和仪轨。这套制度和仪轨是在藏传佛教长期的发展过程中形成的。

2015 年是西藏自治区成立 50 周年。西藏自治区成立 50 年来，藏传佛教积极与社会主义社会相适应。第十世和第十一世班禅大师，是爱国爱教、引导藏传佛教积极与社会主义社会相适应的典范。十一世班禅坐床 20 年，他身体力行为遭遇天灾的人们举行祈福法会、向灾区捐款，到 23 个省区参观学习，开阔视野、服务人民、造福社会，为藏区和谐稳定贡献力量，塑造了宗教界人士带领信教群众积极调适自己，与社会主义社会相适应的典范。十一世班禅勤勉精进，向世界和信众展示了藏传佛教大活佛的良好风范，受到了僧俗信众的爱戴与拥护，也得到了中央的肯定和勉励。2015 年 6 月 10 日，习近平主席在接见十一世班禅时，勉励他刻苦学习、努力修行，秉承十世班禅大师遗愿，秉承佛教众生平等、慈悲为怀的理念，积极促进藏传佛教与社会主义社会相适应，努力成为一位具有精深佛学造诣和深受僧俗信众爱戴的藏传佛教活佛。

西藏的快速发展与藏传佛教展现的良好风貌，充分展现了藏传佛教与社会主义社会相适应的良性关系。

基督教中国化：来自基督教界的发愿

“基督教中国化”并不是一个新命题。但自 2015 年 5 月中央统战工作会议上，习近平总书记提出“积极引导宗教与社会主义社会相适应，必须坚持中国化方向”之后，这一议题又一次成为学界、政界、教界关注的热点。基督教界发起了多场关于基督教中国化的讨论。

基督教中国化在基督教界已形成共识。基督教界从“处境化”方面认识中国化的必然性。“处境化”要求基督教接受各国各阶层文化的“诠释”，要求必须适应所在国的文化、社会与政治的要求。中华文明有独特的价值体系、精神世界与话语体系，对于中国文化，基督教是外来文化，是“异质”的东西，不结合中国文化，它很难在中国生根、发芽、繁盛。清代因“礼仪之争”而造成的“百年教禁”则从反面论证了中国化的必要性。

基督教中国化不只是精神和理念层面，更应该体现为具体的行动。因而基督教界的努力也不仅仅停留在理论的探讨上。江苏省基督教协会会长丘仲辉认为，基督教参与社会服务是基督教中国化的一条极其重要的途径。

宗教慈善与扶贫济困：爱德践行30年

宗教慈善是宗教参与社会、融入社会、服务社会、适应社会的方式与体现。2015年11月，中共中央、国务院下发《关于打赢脱贫攻坚战的决定》，向全社会发出了脱贫攻坚的动员令。中国宗教界于2015年12月23日联合发出了《关于宗教界开展扶贫济困活动的共同倡议》，呼吁各宗教团体、宗教活动场所、宗教院校、宗教界人士和信教群众积极行动起来，共同参与到扶贫开发事业中来，为贫困地区和贫困群众尽一分力量，献一片真情，争做脱贫攻坚的参与者、促进者、践行者。这是宗教界践行社会主义核心价值观的重要体现，是宗教界践行扶贫济困、乐善好施的传统美德的体现，也是各宗教履行教义、教规、教理的自然体现。

宗教慈善除在教义教理中挖掘宗教慈善的思想资源外，还要在宗教发展的实践历史进程中寻找宗教慈善的社会资源。爱德基金会就是一个成功的例子。1985年，践行宗教慈善理念的爱德基金会成立。这是由已故主教丁光训等基督教界人士发起、社会各界共同参与的宗教公益团体。2015年，爱德基金会已一步一个脚印走过了30年。

30年来，爱德基金会在捐资助学、医疗卫生、社区发展与环境保护、灾害救助等方面做了持续不断的努力。爱德通过规范、专业的社会服务，赢得了社会的认可，成为国内最具影响的民间组织之一。爱德为中国基督徒参与社会服务提供了一种新的形式，也树立了基督教与社会主义社会相适应、发挥在构建社会主义和谐社会中的积极作用的榜样。

大数据描述中国宗教：《中国宗教调查报告（2015）》发布

2015年7月，中国人民大学发布《中国宗教调查报告（2015）》（以下简称《报告》）。这一报告是中国人民大学哲学院和中国人民大学中国调查与数据中心联合设计、组织和实施的。该报告一经出炉，在社会上引起巨大反响。

《报告》所依托的调研样本容量大、代表性高，信度高。调研历时两年，以县级单位作为初级抽样单元，在全国243个县、市、区的4382家宗教活动场所进行了调查，抽样比达8.5%。

《报告》的科学性强。例如报告注意民族地区宗教与汉族地区宗教之间的差异，注意到了发达地区和不发达地区的差异。

《报告》在结果与内容的呈现上很好地注意了传播的规律。尽管调研者在调查问卷中对每一个主题都设计了多维度的考察，比如在对“宗教场所”问卷中的一个板块“宗教场所与政府的关系”上，设计了“与主管部门交往、所获荣誉与拥有的政治联系、国家在场、政府支持、宗教管理状况、对政教分离的态度、对政治参与的态度”等多角度的考察。《报告》化繁为简，用“中国宗教与国家之间更多呈现出同甘共苦、同舟共济的关系”来概括。这种大众语言有助于通过媒体向大众宣传其调研内容。

《报告》显示，中国五大宗教各具优势：基督教是与当代中国社会环境适应得最好的宗教；佛教在公益慈善方面贡献最多，是最具影响力的中国传统宗教；最为本土的道教，却具有很强的国际性，11%的道观开展了国际交流，独占鳌头；43%的天主教教务负责人是大学以上文化程度，远远超过五大宗教的平均数18%；95%的清真寺建立了各种规章制度，伊斯兰教是制度建设最为完备的宗教。

人事有代谢，往来有更新：中国佛协、中国道协换届产生新一届领导班子

2015年9月，中共中央印发的《中国共产党统一战线工作条例（试行）》指出："加强爱国宗教界代表人士队伍建设，支持宗教团体加强自身建设，巩固和发展党同宗教界的爱国统一战线。"宗教界人士是党做好宗教工作所倚重的"三支队伍"之一。一支政治上靠得住、学识上有造诣、品德上能服众、关键时刻起作用的宗教界人士组成的队伍是做好宗教工作的关键。

2015年4月，中国佛教协会第九次全国代表会议在北京召开。会议选举产生了以学诚法师为会长的中国佛教协会新一届领导机构。6月，中国道教协会第九次全国代表会议召开。道教协会也换届产生了新一届领导班子，会议选举李光富为中国道教协会第九届理事会会长。

换届后，新一届佛教协会领导机构表示，在今后的工作中，着重开展佛教文化建设、加强教风建设、积极服务社会、开展对外交流、弘扬优良传统，为维护社会稳定和民族团结做贡献。中国佛教应在新时期做出新发展、新建树、新贡献，发扬爱国爱教的优良传统，贡献优秀的文化资源和独特的思想智慧，增强自觉自信，创造条件让中国佛教走向世界，为解决世界性危机和全球性问题贡献中国佛教的思想智慧。

新一届道教协会领导机构表示，要高举爱国爱教、团结进步的旗帜，以社会主义核心价值观为引领，大力加强道教自身建设，努力承担弘扬中华传统的历史使命。

（资料来源：《中国民族报》2016年1月4日）

2015年度世界宗教十大热点

熊坤新　王建华　巴拉吉

光阴荏苒天地转，羊去猴来又一年。坐望宗教起纷争，西亚北非是热点。2015年，国际宗教领域的热点问题不一定直接表现为宗教问题，但这些问题的确包含着宗教因素，而且不仅常和民族问题相交织，还和世界各国的政治、经济、文化、社会、外交、军事等问题交织在一起，确实值得人们关注。

罗马天主教会教宗非洲牧灵访问的“世界意义”

教宗方济各于2015年11月25—30日访问了属于非洲边缘地区的肯尼亚、乌干达和中非共和国。非洲三国之行贯穿着教宗一贯的信条，即“经验告诉我们，暴行、冲突和恐怖主义源于贫穷和挫败所导致的恐惧、不信任及失望”，解决问题的根本途径在于铲除暴行、冲突和恐怖主义的根基或土壤。

教宗此次牧灵访问过程中所触及的议题主要包括青年问题、宗教冲突与和解、宗教极端主义、贫困和被剥夺、战争与暴力、贪腐和治理低效、气候与生存、媒体责任等。显然，这些问题已超出了非洲的范围。

中国智慧倡导正信挤压、法治约束、文化对冲

2015年，中国承办了“第四届世界佛教论坛”“2015崇圣论坛——倡议缔造东南亚、南亚佛教命运共同体”“‘喜悦人生·自在生命’汉传、南传、藏传三大部派佛教领袖‘慈悲与智慧’对话论坛”和“推动亚洲文明对话共建亚洲命运共同体——‘亚洲文明对话’座谈会”，中国佛教界倡导实现“人心和善、家庭和乐、人际和顺、社会和睦、文明和谐、世界和平”的“六和”愿景。中国一直秉持用中华文化浸润我国各宗教的理念，坚持宗教界对宗教思想、教规教义进行符合时代进步要求的阐释，坚决防范西方意识形态渗透，自觉抵御宗教极端主义思潮影响。在宗教治理领域用正信挤压、法治约束、文化对冲的方法“去极端化”日益成为人们的共识，同时也成为中国智慧为人类命运共同体开具的“去极端化”良方。

孟加拉国在世俗化与宗教化的天平上左右摇摆

2015年，孟加拉国先后发生3次宣扬无神论或世俗主义博客作者被杀的案件，引发

了广大民众的抗议与反抗议。早在2013年，首都达卡就有许多无神论者、世俗主义者呼吁对被判犯战争罪行的宗教极端主义者处以死刑，并要求取缔伊斯兰大会党。但有着强大势力的伊斯兰教强硬派却要求政府打击博客作者亵渎神灵、侮辱伊斯兰教的行为，并提出要把“绝对信仰安拉写进宪法”，对诋毁伊斯兰教和先知穆罕默德的罪犯处以死刑。

孟加拉国于1972年独立建国，当年制定的宪法便将世俗主义作为立国的几大原则之一。然而，1977—1988年期间，经过一系列的宪法修正案和政府公告，世俗主义原则逐步让位于“伊斯兰的生活方式”。修改后的宪法确立了伊斯兰教的国教地位，但同时也规定了在保障遵守法律、公共秩序和道德条件下的个人选择宗教的自由。孟加拉国《每日星报》指出：博客作者之死是一个令人毛骨悚然的警告，它提示我们中的每个人都有可能成为被袭击的目标，“我们赖以存在的基础——多样性、宽容和良心自由正在受到挑战”。

高压锅里的“民主”鸡尾酒让世人备尝IS苦果

十多年前，由美国政府臆想出来并夹带着“私货”的“大中东民主改造计划”，非但未实现牢牢控制中东石油资源、最终巩固美国在全球霸主地位的战略构想，还节外生枝地将中亚、南亚恐怖主义的“双月带”经由巴以冲突这个中东最大的“火药桶”，与撒哈拉以南非洲“基穆冲突线”的南苏丹、马里、肯尼亚贯通起来。2015年的世界宗教热点舆情，正是沿着这条战乱、国际冲突与外部干预热点地区的纹理支脉发生井喷。以IS为旗舰发动的一系列恐怖活动，剥夺了一条条鲜活的生命，摧毁了一个个完整的家庭，加剧了一些国家和地区的动荡，破坏了国际局势的稳定。可以说，被称为“21世纪政治瘟疫”的国际恐怖活动已对世界和平、经济发展乃至人类文明构成巨大威胁和严峻挑战。

“境外有种子，境内有土壤，网上有市场”，这句归因中国新疆暴恐呈活跃态势的重要论断，也可以作为解读IS发展模式的理论范式。毫不夸张地说，美国等西方国家发动或插手的一系列战争、冲突以及其在多国煽动的所谓“颜色革命”，是导致西亚、北非包括宗教矛盾在内的各种矛盾大爆发，成为这一地区局势剧烈震荡的根源。同时，发端于西亚、北非的恐怖主义并不会驻留原地，仍将会向世界各地蔓延，继续让国际社会吃尽苦头。

正式效忠IS的“博科圣地”将加剧地区恐患

“博科圣地”是尼日利亚的一个极端组织，而“博科圣地”的意思是“禁止西方教育”。这一恐怖组织2002年成立于尼日利亚东北部的博尔诺州迈杜古里地区，后来逐步扩展至整个尼日利亚北方地区，近年的活动甚至跨出了国界。2015年3月7日，其头目谢考在“推特”上发布一段长约9分钟的阿拉伯语视频，宣称正式效忠IS。后IS头目巴格达迪迅速回应，表示接受“博科圣地”的效忠。

此前，“博科圣地”一直在IS与“基地”间维持平衡，其倒向IS头目或可表明IS在与“基地”竞争中逐渐占据上风。“博科圣地”与IS的勾连态势势必加深，恐令尼日利亚及周边安全形势更加险恶。

进入2015年以来，随着尼日利亚大选日期的临近，“博科圣地”不断加大暴恐力度。

2015 年 1 月，该极端组织在尼日利亚北部巴加镇制造了杀死 2000 人的屠城事件，甚至利用 10 岁的小女孩实施自杀式恐怖袭击。2009 年至今，“博科圣地”已杀害了至少 1.3 万人，仅 2014 年就有约 1 万人死于该组织的屠刀之下。

以色列犹太恐怖主义：激发巴以冲突的重要一环

2015 年 7 月 31 日，犹太极端分子纵火袭击了约旦河西岸一处巴勒斯坦村庄，造成一名 18 个月大的婴儿死亡，另有 3 人重伤。联合国秘书长潘基文对此予以强烈谴责，并称缺乏政治进程、以色列非法修建定居点和拆毁巴勒斯坦民居的行为已经在巴以双方激发暴力极端主义。从现实的角度来看，由于以色列赖以生存的安全环境与其所采取的“定点清除式”的国家恐怖主义措施产生了某种内在的关联，使得彻底根除各种形式的恐怖主义在以色列成为一件颇难完成的使命。

法国频遭宗教极端组织袭击

2015 年 1 月 7 日上午，法国讽刺漫画杂志《查理周刊》位于巴黎的总部遭遇武装分子恐怖袭击，事件造成至少 12 人在冲锋枪袭击中丧生，其中包括两名警察和多名《查理周刊》记者。其后，法国多次成为恐怖袭击的目标，以至于在 11 月 13 日晚间，巴黎发生多起恐怖袭击事件，其中包括 7 起枪击案、6 次爆炸，巴塔克兰剧院还发生人质劫持事件，共有 197 人在恐怖袭击中丧生，总统奥朗德宣布法国进入紧急状态。

佛教极端主义在斯里兰卡甚嚣尘上

近年来，斯里兰卡兴起针对穆斯林少数族群的暴力活动。袭击者是人口占比达 75% 的僧伽罗人中的极端派佛教徒。他们把斯里兰卡存在的一切问题都归咎于“外来者”，认为英国殖民者毁坏了整个国家，而当前存在的问题也是外来者——泰米尔人和穆斯林所造成的。而实际上，大多数泰米尔人、穆斯林已经在这片土地上生活了数百年。宗教极端主义分子不仅攻击穆斯林少数族群，也对温和的佛教徒看不惯。

斯里兰卡历届总统似乎都在申明，斯里兰卡“是一个民主的国家，佛教徒与非佛教徒具有平等的权利和自由。维护种族和宗教和谐，是爱国者应该承担的责任”。但要做到这一点，斯里兰卡当局必须正视宗教极端主义给该国的国家统一与安全造成的直接威胁，并采取切实有效的措施，防范国家被极端主义势力所挟持。

泰国四面佛爆炸至今无人担责

2015 年 8 月 17 日晚至 18 日凌晨，泰国首都曼谷市中心著名旅游景点四面佛附近发生爆炸，造成至少 27 人死亡、78 人受伤，死伤者中包括不少外国游客。警方调查发现，引发爆炸的是一个安装在摩托车上的爆炸装置。警方随后在位于同一路口的一家商厦也发现一枚炸弹。爆炸发生以后，泰国警方全面提升警戒，并在其他主要城市和旅游景点加强安保。

一直没有任何组织和个人宣称对袭击事件负责。泰国国防部长翁素万对媒体表示，袭击者的目标是外国人，企图借此来重创泰国旅游业和经济。究竟是谁制造了这起爆炸案？尽管分析认为可能是南部分离主义势力，或是反政府的“红衫军”以及海外恐怖组织，但这也仅仅是猜测而已。

美国穆斯林群体面临着严重的歧视和排斥

2015 年，正当人们为巴黎恐怖袭击后蔓延整个法国的伊斯兰恐惧症逐渐消退而松口气的时候，一向自以为宗教宽容、宗教自由的美国却接二连三出现了严重的制造和散布伊斯兰恐惧症的事件。参与制造和散布的主角有共和党的政治家、总统候选人，也有普通的民众和公务员。他们参与制造和散布伊斯兰恐惧症的结果无疑进一步强化了美国社会对穆斯林少数群体的偏见和刻板印象，恶化了本已脆弱不堪的美国穆斯林群体的处境。

政治家通过排斥某个群体或制造对某个特定群体的偏见而猎取选票，这在美国的选举史上从未间断，政治家的实用主义和投机本性往往使他们言不由衷，因而其言论一般情况下不足为虑。相形之下，最近发生的美国海关和边境保护署拒绝英国穆斯林公民入境的事件，以及美国弗吉尼亚州奥古斯塔县河源高中的“作业事件”就不那么让人从容了。这两个事件传递出的信息，足以让人们对美国社会蔓延的伊斯兰恐惧症感到担忧。

尽管美国主流社会在“政治正确”意义上给予穆斯林群体很大的支持，但是在实质性的政治、法律、教育和就业层面，穆斯林群体面临严重的歧视和排斥。共和党总统候选人的右倾言论不是发生在真空里，它深深植根于不信任穆斯林的美国法律传统以及对穆斯林社群一贯的管控政策之中。对于宗教异于主流社会的穆斯林群体来说，真正平等地在美国追寻“美国梦”还只能是个愿景。

（资料来源：《中国民族报》2016 年 1 月 5 日）

第八篇

年度会议

2015年度宗教学研究十大会议

王鹤琴 编

1. 5月30—31日，由中国社会科学院世界宗教研究所与中国宗教学会共同主办的马克思主义宗教观研讨会（2015）在北京召开。来自国家宗教事务局、中央社会主义学院、中共中央文献研究室、陕西省社会科学院、江西省社会科学院、天津社会主义学院、四川省人民政府参事室、中国人民大学、中央民族大学、陕西师范大学、新疆师范大学、辽宁大学、四川大学、湘潭大学、渤海大学、燕山大学、内蒙古工业大学、牡丹江师范学院、山东枣庄学院、常德市委党校等单位的中国学者，和来自美国、德国、澳大利亚、韩国及法国等国家的外国学者，共约50人出席会议。

2. 6月13日，“宗教与中国当代文化建设”高层论坛暨2015年中国宗教学会年会在大理大学召开。论坛由中国宗教学会、中国社会科学院世界宗教研究所、大理大学、云南民族大学联合主办。此次学术会议围绕宗教与中国当代文化建设的主题展开，来自中国社会科学院、北京大学、复旦大学、山东大学、上海师范大学的近百名学者参加了会议，学者们围绕当代宗教状况与文化战略、当代宗教现状与文化发展、当代宗教文化与思考、宗教理论与文化发展、区域性宗教与当代文化建设、云南宗教状况与研究、佛教发展与当代中国文化、儒道理论与当代文化、西南民族宗教与文化、基督教与当代文化、伊斯兰教与中国当代文化、云南民间信仰与文化建设等议题，举行12场学术讨论。会议讨论精彩纷呈，气氛热烈，充分展现了近年来宗教学研究的面貌与水平。

3. 9月18日，由中国社会科学院世界宗教研究所、国家宗教事务局外事司、中国宗教学会主办的中国社会科学论坛（2015・宗教学）在北京召开。此次论坛以“一带一路”与宗教对外交流为主题，百余位专家学者、政界人士、宗教界人士出席论坛，围绕“一带一路”国家战略与宗教的关系开展了深入而热烈的讨论，积极为国家有关部门建言献策，提供决策依据和参考。

4. 9月21—22日，由中国社会科学院、全国博士后管理委员会、中国博士后科学基金会主办，中国社会科学院博士后管理委员会、中国社会科学院世界宗教研究所承办的首届全国宗教学博士后论坛在中国社会科学院举行。此次论坛的主题为“宗教学与中华文化复兴”，来自中国社会科学院、北京大学、复旦大学、南京大学、武汉大学、山东大学、四川大学、西北大学等博士后流动站的近30位博士后参会并做主旨发言，来自中国社会科学院、北京大学、清华大学、复旦大学、中国人民大学、中央民族大学等大学和研究机构的博士生导师进行了点评，共计近80人参加了此次论坛。

5. 9月27日，以“儒家思想与当代价值建构”为主题的第七届世界儒学大会在孔子的诞生地山东曲阜召开。共有来自中国大陆和台湾、香港地区以及美国、德国、俄罗斯、马其顿、埃及、澳大利亚、新加坡、韩国、日本、马来西亚、越南、蒙古等15个国家的150余位专家学者参加了大会。

6. 10月24日，第四届世界佛教论坛在江苏无锡开幕，来自52个国家和地区的千余名佛教界人士、专家学者和其他社会知名人士围绕“同愿同行、交流互鉴”这一主题，探讨佛教思想在化解当今世界人类生存和发展中存在问题的作用。

7. 10月24—25日，由中国社会科学院世界宗教研究所、中国宗教学会主办的第四届东南亚宗教研究高端论坛在北京召开。此次论坛的主题为“东南亚宗教的转型与创新”，来自中国社会科学院、北京大学、斯里兰卡凯拉尼亚大学、马来西亚南方大学、马来西亚拉曼大学、香港教育学院、中国政法大学、北京外国语大学、厦门大学、中山大学、暨南大学、华侨大学、云南大学、云南师范大学、云南民族大学、云南社会科学院、宁夏大学、深圳大学等高校和研究机构的学者及来自中国佛学院、云南西双版纳州勐海县佛教协会等机构的宗教界人士共计近80人参加了此次论坛。

8. 11月28日，玄奘与丝绸之路学术研讨会正式在西安开幕，会议由陕西省宗教事务局、西北大学、陕西省佛教协会、陕西省民族宗教文化交流协会联合主办，西北大学佛教研究所及西北大学玄奘研究院承办，200多位海内外学者莅临参会，共收到学术论文120篇。与此同时，西北大学玄奘研究院正式揭牌。

9. 11月20日，由中国社会科学院世界宗教研究所、中国宗教学会、北京基督教“两会”、中国社会科学院基督教研究中心主办的“基督教中国化之路”国际学术研讨会在京举行。来自中央统战部、国家宗教事务局、中国社会科学院、北京市宗教局、四川泸州市宗教局、北京大学、北京师范大学、山东大学、兰州大学、西北师范大学、北京市基督教“两会”、燕京神学院等机构以及来自中国香港、中国台湾、美国、芬兰等国家和地区的近50位专家、学者、教牧人员参加了此次学术研讨会。

10. 12月10—12日，首届宗教与民族高端论坛在云南瑞丽召开，由中国社会科学院世界宗教研究所与云南省社会科学院宗教研究所联合主办，论坛主题为“全球化时代宗教与民族的热点问题”。来自中国社会科学院、清华大学、中央民族大学、北京师范大学、中国政法大学、云南省社会科学院、云南大学、四川大学、陕西师范大学、兰州大学、西南民族大学、西北民族大学、云南民族大学、吉林师范大学、上海宗教文化研究中心、阿坝师范学院、楚雄师范学院等单位的专家学者、博士后近80人参加了此次学术盛会。

第九篇

年度研究数据

2015年度我国宗教研究专业学刊目录

2015年度《世界宗教研究》目录

第一期目录

专稿

在世界宗教研究所建所50周年座谈会上的讲话/王伟光
《续高僧传》所见隋代佛教与政治/朱东润

专题研究

客观宗教与生命宗教：西美尔的宗教理论刍议/邵铁峰
紫柏大师晚节与万历间佛教的生存空间/王启元
明堂建设与武周的皇帝像——从"圣母神皇"到"转轮王"/吕博
佛顶尊胜陀罗尼信仰与宋代丧葬习俗——以尊胜墓幢的建立为中心/夏广兴
太清宫道士吴善经与中唐长安道教/雷闻
民间散佚《灵济宫神文志》与明代灵济道派考论/王福梅、盖建民
民国城市正一火居道士群体研究——以汉口为中心/梅莉
王重阳绘画作品考述/申喜萍
明代几位士大夫对祭祀五显神的解读/朱越利
王阳明九声四气法的三个层次/张昭炜
奥罗修重放光芒？/夏洞奇
从"解放"到"团结"——20世纪70年代的智利教会/张琨、郭长刚
近代中国基督教史上的"传教区划"现象探论——以福建为考察中心/吴巍巍
第一位中国籍耶稣会神父澳门人郑维信生平考略/罗莹
苏慧廉温州话圣经译本研究/李新德
晚清吐鲁番社会中的伊斯兰教首领/王启明

综述

中国中古佛教研究的资料创新与方法论多元重构/胡永辉、洪修平
全球化视野下的基督教中国化研究/郭荣刚、林孝斌
2014年大足学国际学术研讨会暨大足石刻首次科学考察70周年纪念会综述/米德昉、龙小帆
中国社会科学院世界宗教研究所第十届青年学者论坛暨第四届博士后论坛综述/李志鸿

首届“鸡足山迦叶宗风与山林佛教”学术研讨会综述/于光

第二期目录

专稿

佛家思想的哲学理路——学习佛经的一些体会/叶秀山

专题研究

宗教对话和公共空间/李丙权

宗教非政府组织参与欧盟人道主义援助初探——以基督教非政府组织援助柬埔寨为个案/张鹏

对帕特南粘合性社会资本与连接性社会资本关系的研究——兼论西方的教会式社团与中国的香会式社团/吴效群

中观空性的因明论证——“掌珍比量”辨析/何欢欢

武则天的七宝——佛教转轮王的图像、符号及其政治意涵/孙英刚

蒙古文《甘珠尔》版印插图版本源流考/乌日切夫

明清时期长江流域的佛教造像愿文/胡彬彬、吴灿

韩国权泰勋的内丹思想与技术实践考论/詹石窗

北属时期道教南传越南研究/宇汝松

海外华人宗教的文化适应：以泰国德教白云师尊造像演变为例/陈景熙

跨国网络中的何氏九仙信仰与琼瑶教/石沧金

斯坦顿与《妇女圣经》/田海华

勉为其难　善始无终——美国天主教本笃会圣文森总会院对北京辅仁大学的创办始末/孙邦华

民国肇建时期美国传教士对袁世凯之复杂情感/陈才俊

明末基督教插图中的儒家元素：以《天主降生出像经解》为例/曲艺

浅析马注在《清真指南》中对儒家的看法/姚文永

尤苏夫·盖尔达维及其伊斯兰中间主义思想/丁俊

书评

澳门学视角下的澳门圣保禄学院——戚印平《澳门圣保禄学院研究》述评/段世磊

综述

改革开放以来中国基督教会对外交流活动述评/张永广

罗尔斯《政治自由主义》中的宗教思想简评/陈斯彬

复旦大学“重绘中古中国的时代格：知识、信仰与社会的交互视角”学术研讨会综述/钟无末、龚丽坤

国家社科基金重点课题资助项目“梵蒂冈原传信部所藏中国天主教会档案文献编目(1622—1939)”开题会综述/刘国鹏

第三期目录

专稿

第三种辽藏探幽/方广锠

专题研究

现代社会中的意义共契与公民宗教问题——兼论儒教可否建构为中国的公民宗教/孙尚扬

科学主义、文化民族主义与民众对佛道耶之信任：以长三角数据为例/李峰

世俗化的弥赛亚精神：阿甘本的宗教哲学思想/高奇琦

“封禅”溯源及战国、汉初封禅说考/杨英

清代佛教史籍的刊刻/曹刚华

佛教官方译场与中古的外交事业/范晶晶

对朱熹《阴符经考异》的再考察/王宗昱

赣西北发现的天师经箓/吕鹏志

白玉蟾交友考论/方宝璋、于洪涛

中教及中教道义会研究/韩松涛

民间宗教的公共性及其变迁——基于甘肃中部的田野考察/何倩倩、桂华

分立与统一——从“kenosis”一词看德国近代神哲学的早期演化/张严、班高杰

土耳其的宗教少数派——阿拉维派/李艳枝

伊斯兰教与中国传统文化融会的理论建构与路径选择/张建芳

书评

把宗教的还给宗教：评周伟驰《太平天国与启示录》/焦玉琴

《籤占与中国社会文化》评论/李志鸿

《星云大师人间佛教思想研究》评介/王雪梅

一部富有学术内涵的古籍校注——彭绍升著、张培锋校注《居士传校注》读后/桑宝靖

综述

社区信仰与学科进路——宗教人类学介入本土研究的评检/吴青

“中国与伊斯兰世界：文化相遇”国际学术研讨会综述/李林

2013 年两岸重要宗教文化交流活动与台湾宗教文化研究概述/王潇楠

第四期目录

专稿

全球化背景下的中国佛教/学诚

“成长的烦恼”——转型时期中国南传佛教管理之困境/郑筱筠

专题研究

余国藩（1938—2015）先生的学术成就与学术理念/王岗
差序格局、公共性与国家建构——费孝通对宗教的认识/刘拥华
良知与自证分——以王阳明良知学为中心的论述/张卫红
社会剧变中的佛教与国家——中华佛教总会与民初政府关系述评/许效正
周思得道派与明代道录司/陈文龙、郑衡泌
萨满教“灵魂治疗”的心灵奥秘——一种脑与心理认知理论整合的视角/高长江
洛川塬民间宗教信仰考察及其生态伦理价值/李宇遐
道教易学命运观的现代性反思——西方文明视野下的中国术数文化/谭德贵
台湾未登记宗教活动场所管理的经验及借鉴：以神坛为分析样本/张明锋
铁蹄下的福音——日军占领江苏时期基督新教的概况/姚兴富
英国传教士慕雅德与中英鸦片贸易/丁光
费希特的宗教批判/崔文奎
论索伦关于布伯的哈西德研究之争/刘精忠、黄丁
王静斋与近现代伊斯兰教基督教对话/马景
元代伊斯兰教与佛道之关系初探——以回回诗人与僧道之关系为例/马娟

书评

视角新颖　启发现实——评《宗教教化与西南边疆经略》/朱越利
对古代印度思想文化的深层次解析——读《印度婆罗门教哲学与佛教哲学的比较研究》/朱明忠
东亚道教研究的开山之作——读孙亦平教授新著《东亚道教研究》/王玲霞
道教人类学的路径反思——评志贺市子《香港道教与扶乩信仰：历史与认同》/陈进国
跨越“穆斯林—基督徒”鸿沟的桥梁——美国前国会议员司建德《致命的误解》一书评介/周传斌

综述

60 年来中国基督新教史研究评析/赵晓阳、郭荣刚
马克思文本研究的方法论思考——基于“宗教是人民的鸦片”的文本解读/林贤明
首届“中国的东正教研究及东正教群体”学术研讨会综述/李栋材

第五期目录

专稿

中国宗教研究的几个关键问题/张志刚
西夏文《大白伞盖陀罗尼经》及发愿文考释/史金波

专题研究

宗教概念之迻译与格义/曾传辉
高攀龙的主静修养论——以静坐法为中心/李卓
夏曾佑的宗教思想初论/马平安
唐代景教与佛道关系新论/陈怀宇
论宗喀巴大师的三次关键抉择/何峰
试论《坛经》世出世法的不二/刘慧姝
略论道教的名与实——再论道教的产生问题/熊铁基
湄洲妈祖庙祭典及其当代意义研究/周金琰
闽西罗祖教与佛教/李志鸿
关于山西清代部分地区关帝庙碑刻的研究——兼论关帝财神之职/宁俊伟
《箴言》中“外女”意象的唯物史观透视/梁工
从圣经的确立看基督信仰与中国文化的问题——关于法国传教士白日升的“中国福传建议书”/谭立铸
汉语书写与礼仪之争——利玛窦的书写技艺在跨语际文化信仰传播中的作用与后果/何先月
国家治理与君臣之谊：康熙颁布容教诏令的考量/马伟华
“郑和符号”对丝路伊斯兰信仰板块现实影响评估/马丽蓉
简析苏菲学者贾米的《论存在》/王希

书评

美国外交史的“宗教转向”——评《灵魂之剑　信仰之盾——美国战争与外交中的宗教》/徐以骅
十年一剑宝锋出，探史勾秘大化生——评濮文起先生主编《新编中国民间宗教辞典》/张培锋
“超生出死”的学术之旅——读《死亡与超越：论罗马帝国的通俗信念及其实践》有感/代国庆
《敦煌三夷教与中古社会》评介/刘全波、胡康

第六期目录

专稿

提升国际话语权　增强文化软实力——在“英文季刊《中国宗教研究》创刊号发布会”上的讲话/李培林
英文季刊《中国宗教研究》创刊号发布会致辞/卓新平
《世界佛教通史》序言/魏道儒
马注论“命”/金宜久

专题研究

中亚宗教文化和社会的重大转折（9至13世纪）/刘欣如
西方精神性概念的发展、应用及与中国处境的关联/梁恒豪
“建国重道，莫先于学”——安史乱后学校的堕败与地方庙学的兴起/张宏斌
《维摩经》善巧方便概念及其相关思想研究/程恭让、李彬
白伞盖经译传三题/廖旸
中观佛教的渊源及其理论特色/成建华
荆州玄妙观元碑《中兴路创建九老仙都宫记》考论/刘固盛、王凤英
净石宫“玄天上帝应化图”初探/侯慧明
张载易学鬼神观新探/辛亚民
理教六方派调查/冯立
试析亚伯拉罕在保罗思想中的地位——兼论《罗马书》4：16中的含义/王梓
与巨人同行者——西班牙籍耶稣会士庞迪我及其中文著作/叶农、罗诗雅
清朝禁教时期华籍天主教神职人员的国外培养/宾静
马图里迪及其教义学思想/哈宝玉
论古代埃及的神谕审判/王亮、郭丹彤

书评

动态考察中国传统文化的新范式——读洪修平教授《儒佛道思想家与中国思想文化》/马丽娜
老骥伏枥之作——评裴士丹《中国基督教新史》（2012）/杨慧玲

综述

“一带一路”与宗教对外交流——中国社会科学论坛（2015年·宗教学）综述/王鹤琴
东南亚宗教的转型与创新——第四届东南亚宗教研究高端论坛综述/司聃
“中国基督宗教史专题学术研讨会”综述/刘志庆

2015年度《世界宗教文化》目录

第一期目录

理论前沿
论宗教象征及其现代意义/邓子美、赵伟
关于宗教对话及其未来的思考/姜伯奎、谭明智、谭自俊
近现代佛学研究方法论建构的理论来源及其类型/胡永辉
“和而不同，和中共进”：伊斯兰宗教文化在中国本土的生存与发展/刘一虹

专家论坛　宗教与“一带一路”战略研究
丝绸之路的宗教之魂/卓新平
中国“丝路战略”与伊斯兰教丝路人文交流的比较优势/马丽蓉
新丝绸之路上宗教与贸易的互动：以义乌、宁夏为例/邹磊

国际视野　土耳其宗教研究
伊斯兰教、民族国家及世俗主义——土耳其的意识形态与政治文化/刘义
土耳其的宗教自由与基督徒——以正义与发展党执政时期为例/安娜著，徐卉译
伊斯兰认同的历史演进——土耳其“民族观念运动”反思/杨晨
宗教、主权及民主：对伊斯兰教和基督教的观察/哈坎·耶马兹著，郭慧聪译

现状研究
试论福建民间信仰的组织管理模式对基层妇女的影响/郑筱筠
“伊斯兰威胁欧洲”？——政治的想象与宗教的建构/李维建
当代东北地区藏传佛教信仰状况调查研究/王佳
基督徒宗教性与心理幸福感的中介变量研究/许春燕、万明钢、孙继民
“网上宗教”现象在中国的现状、特征与影响/赵冰

学术专题　民族宗教研究
一个正在遭受ISIS“屠杀”的宗教——雅兹迪教初探/梁娟娟
移民社会融合的宗教适应研究——基于西双版纳一个移民村寨的调查/李守雷

深度解读
澫益对《论语》的佛学解读/唐明贵

从文学叙事维度谈儒家伦理对民间信仰的影响/马怡
浅析“乐感文化”的主要特征/刘伟
中古佛典序跋句式的趋同性/赵纪彬
《圣母悼歌》文本解读/焦援
浅议张三丰生命美学价值论/古屿鑫

学海扬帆
近五年玄奘研究综述（2008—2013）/赵欢

第二期目录

特稿
赵朴初的人间佛教思想及其现实意义/洪修平
道教神仙鬼怪所激发的中国人的想象力和创造力/李刚
上帝回归乎？——儒家上帝观的历史演变及对儒教复兴的启示/韩星
“天人合一”还是“天地人合一”？——明清民间宗教之“三才”思想研究/刘平

理论前沿　马克思主义宗教观研究
卢卡奇《历史和阶级意识——马克思主义辩证法研究》对拜物教的分析/王静
解放战争时期中国共产党的宗教工作研究/谢添
“宗教鸦片论”与“宗教异化论”之当代再思/黄杰
论宗教工作法治化与中国梦的实现/高晚欣、王聪

专家论坛　犹太教研究
在义务之外——试析以色列极端正统派犹太教徒的兵役问题/王宇
犹太女性拉比/张淑清
以色列宗教政党具有超常影响力的根源/雷钰

学术空间
对话宗教与“一带一路”战略/卓新平、刘金光、方光华、郑筱筠

国际视野　东南亚宗教研究
神圣与世俗的跨越——从马尼拉黑耶稣节看菲律宾民间天主教节日/霍然
谁是佛教徒？佛教徒是谁？——马来西亚华人佛教信仰探析/［马来西亚］陈爱梅（TAN Ai Boay）
普密蓬国王与泰国伊斯兰教/孟庆顺、［泰］谢金凤

现状研究
当代中国宗教管理创新的法治化路径——以青海的调查研究为例/陈晓林、杜海蓉
民间力量与乡村庙宇重建——基于贵州北部两座庙宇的研究/刘东旭

学术专题　马丁·路德研究及其芬兰学派

马丁·路德研究的芬兰学派及其突出贡献/［芬］黄保罗
路德为什么是如此的迷人？——路德研究的芬兰学派/［芬］曼多马著，张兆译
信与爱：芬兰学派对路德的新诠释——读《芬兰学派之父曼多马文集：马丁·路德研究》/冯梓琏

深度解读

神变、变相与变文——再论变文称名问题/刘正平
由孝入佛：印光大师佛教教育方法论浅析/崔玉卿
论析香港佛教联合会成立的因由/［印度尼西亚］李钧杰
有无之间、系心于佛——再论庐山慧远的法性思想/史经鹏
《佛说皇极结果宝卷》考论/隋爱国

学海扬帆

台湾文献中的“开冥路”丧俗/姜守诚
文心妙相——歙县丛林寺水墨观音壁画的文人画特点/金延林
回顾与展望：藏区藏传佛教寺院社会化管理研究述评/曹群勇

第三期目录

特稿

试析伊斯兰极端主义形成的社会思想根源/吴云贵
星云大师对佛教的十大贡献/程恭让、李彬

理论前沿　宗教与法律研究

南宋佛教与金融司法实践/刘泳斯
唐代法律对宗教异端书籍查禁制度探析——以佛教疑伪经录为个案的研究/张雪松
从基督教传统看奥古斯丁战争法理论的功与过/刘阳阳

专家论坛

儒家的不朽观及其限度——以基督教的永生观为参照/田薇
全球化背景下的中国基督教灵恩亚文化/曹南来
掺乎、神圣与世俗：庙会中物的流转与辩证法/岳永逸、王雅宏
灵屋、物质性与冥界的日常生活/彭牧

现状研究

中国非信徒和基督徒的心态地图比较研究/方文
从范式更替到结构转型：当代中国宗教社会学理论的本土化进程/刘芳

学术专题　马丁·路德研究及其芬兰学派

自然法与信：路德神学中被遗忘的伦理学根基/［芬］拉乌尼奥著，余明、梁玉龙译
作为恩赐和礼物的基督：路德称义观的挑战/［芬］西面·培乌拉著，陈永涛译

国际视野

伊斯兰教宣教团体在东南亚的传播与发展/马景
拉丁美洲解放神学探究/张俭松、叶蕾
托马斯·默顿的无畏之言/［美］乔纳森·蒙塔尔多著，孙帅译

深度解读

宋元时期禅林上堂仪轨探源/王蒙
柳存仁《周易参同契》三期衍变说述评/李国来
族群认同与宗教结构特性——以凉山诺苏彝族及其原生性宗教为例/张可佳
仪式·文学·戏剧——《西游记》故事与目连救母渊源新正/谢健
仪式如何再造传统：读《仪式视角下的夏尔巴人》/李静玮

学海扬帆

茅山神圣空间历史发展脉络的初步探索/陶金
近代外国天主教会组织在华建筑活动及其空间特征/季国良
近5年裕固族宗教研究进展述评——以CNKI收录的论文为例/安玉军

第四期目录

特稿

浙江义乌双林文化的结构、内涵与价值/魏道儒

理论前沿

男人还是女人，谁更虔诚？——基于现代西方女性的宗教性研究/［英］托尼·沃尔特、［英］格蕾丝·戴维著，郑文编译
新范式的转换？——关于罗达尼·斯达克的宗教市场理论的争议与拓展/王康宁

专家论坛

宗教公益慈善事业与中国社会的进步——兼论爱德基金会在中国社会发展中的作用/何虎生、王超
西方宗教教育与政治社会化/杨兰
论《性海渊源》对中国古代人性论的批判及其思想特色/武占江
朝鲜东学创教与思想体系考/王坤

现状研究

城镇化进程中宗教活动场所管理功能的嬗变/肖尧中

丝路沿线民族地区青少年宗教信仰现状及特殊性分析——以甘肃天祝藏族自治县的调查为例/王永智、王金燕、王郡

城市少数民族聚居社区治理的制度分析——以长治市城区回族社区为例/张若琳、常晶

从城乡结合部取得突破的大理白族基督教信仰/张睿

纳西东巴文的自然生态与发展/赵丽明

学术专题　宗教艺术研究

摩尼教绘画艺术对伊斯兰细密画发展的影响/穆宏燕

从祖师道场到明藩佛堂：水陆庵的历史与寺院美术/张建宇

新疆和田达玛沟托普鲁克墩1号佛寺图像研究/陈粟裕

夏鲁寺护法殿门廊御榻图补论/廖旸

炳灵寺第169窟维摩诘变相与关中义学之关系/肖建军

国际视野

新加坡华人基督教的发展现状、原因及趋势/张晶盈

捷克宗教改革家胡斯殉道的多因素分析/曾祥敏

深度解读

明朝中央与藏区地方权力互动中的藏传佛教高僧/切排、唐传营

基督教在近代中国俗世化的尝试及其后果——基于20世纪20年代燕京大学基督教在华实践的历史/陈锦航

上海伦敦会早期藏书研究——基于1857年《伦敦会藏书目录》的考察/芦笛

学海扬帆

裕固族村落社会中的文化生态嬗变研究——以鄂金尼部落春节习俗的演变为例/安惠娟

新中国建立以来回鹘宗教史研究综述/张之佐

第五期目录

理论前沿

南海诸岛庙宇史迹及其变迁辨析/陈进国

宗教的社会科学研究与社会统计学的关系刍议——从社会统计学的甄别能力谈起/张咏

探讨膜拜成员反复原因：心理戒断现象分析与干预策略/陈青萍、周济全、梁颖

专家论坛　儒学研究
“以神道设教”的政治伦理信仰与民间儒教/范丽珠、陈纳
印度尼西亚孔教：中国儒教的宗教化、印尼化/王爱平
波士顿儒学：西方宗教学家对儒学的现代重构——以南乐山为例/武海霞

国际视野
卫国战争时期苏联宗教政策的变化/雷丽平
俄罗斯东正教在沈阳的历史探析/耿海天
从宗教视角分析新教文化与美国务实外交传统/陈力
土耳其伊斯兰复兴与三次军人干政/盛睿

现状研究
宗教嵌入、社会认同与农村治理——衢州 MP 村天主教的实践与表达/姜裕富
大学生宗教经验归因的现状研究——以福州大学生为例/宋兴川、张艺
民间信仰精英的权威建构与实践逻辑——以陕北黑龙庙王氏父子为例/彭尚青、李向平
“师傅林”：天地门教研究的新发现——河北省 HH 市 NPH 镇“师傅林”调查记/濮文起、莫振良、濮蕾

学术专题　东南亚宗教研究
华南民间信仰的建构与海外传播——新加坡蔡府王爷信仰的案例/陈景熙
缅甸僧侣的社会网络与资本累积——一个村落寺庙住持的人类学研究/白志红、钟小鑫

深度解读
郭店楚简《老子》甲组新释/王坤鹏
论中国近代观音信仰的外在形态/王芳
略论汉地佛教中的财神信仰/陈金凤
日本瘟神祭祀历史变迁考/姚琼

学海扬帆
文化生态壁龛：以湖北武陵山片区天主教为例/熊威

第六期目录

特稿
如何理解宗教的“神圣性”/金泽
近年来美国宗教的基本特点/安钰峰编译
从宗教社团认同看 19 世纪“大叙利亚认同”的起源/王霏

理论前沿　宗教管理研究

边境地区宗教群体性事件研究——一种理论整合路径/郭慧玲
宗教事务管理优化的策略建议：基于台湾样本的分析与借鉴/张明锋
试论元代集贤院与地方道教事务管理的关系/林巧薇

专家论坛　丝绸之路与宗教研究

丝绸之路河南道多元宗教文化传播研究/张泽洪、焦丽锋
古丝绸之路的妈祖文化传播及其现实意义/蔡天新
试论佛教在我国与东盟国家友好往来中的助力作用——以柳州开元寺为例/司聃

国际视野　欧洲难民与宗教问题研究

欧洲难民的宗教构成/潘文
欧盟成员国拒绝接受穆斯林难民背后的宗教因素探析——以匈牙利为例/严天钦
论“伊斯兰国”对赴欧洲难民的态度/肖习
穆斯林难民融入欧洲的问题与挑战/陈昕彤

现状研究　伊斯兰教研究

穿透“复古”与“现代”的迷雾——如何理解现代性语境下的伊斯兰教法/李林
试析伊朗的泛伊斯兰主义/吕海军
伊斯兰教税收的分类及渊源/邓苏宁
伊斯兰进步思想初探/晏琼英
伊斯兰文明观：构建与功能/马明贤

学术专题　佛教研究

从度僧看隋初佛教复兴的渐进性/杨维中
越南北传佛教戒律的传承与当代弘扬概述/［越南］阮氏锦
昙鸾对国外净土宗佛教的影响/陈扬

深度解读

当代中国反邪教立法问题简析/黄奎
“叛教者”的宗教设计及其悖论——朱里亚努斯对神明的叙述/王遥
众溪汇潭：广东侨乡梅州客家香花仪式的文化源头分析/张小燕

学海扬帆

哈尔滨俄罗斯东正教史研究综述/王志军

2015年度《宗教学研究》目录

第一期目录

陆希声《道德真经传》的形上学/强昱
早期天师道财神三天万福君研究/蔡林波
从“伦理缺失”到“伦理固化”——道教神仙传记的文学研究与宗教学研究/苟波
《道德经》“治大国若烹小鲜”新解/康德衡
简论《老子中经》的神仙信仰及其特点/何江涛
论道教叩齿养生的理论基础/张崇富
刘名瑞内丹思想略论/丁常春、吴振亚
宋元道教神霄派遣瘟送船仪研究——以《神霄遣瘟送船仪》为中心/姜守诚
清代四川全真道发展略说/田茂泉
早期道教对文艺构思理论的影响/李斯斌
王屋山“第一洞天”独尊地位的形成/李留文
法律、私庙与官官相争：兰州朝元观庙产纷争案研究/邵彦涛
刘国钧在道教史研究方面的贡献/由申
陀罗尼字门及其相关问题研究/吕建福
敦煌伪经《佛说要行舍身经》考略——兼及与三阶教的关联/于淑健
“法施”“无畏施”和“财物施”的融汇与实践——以我国东南沿海佛教社会福利发展为例/谭苑芳
中国济生会所见近代绅商居士之济公信仰/张佳
“人间佛教”的社会观研究——以太虚、巨赞和赵朴初的佛教思想为中心/赵翠翠、李向平
太虚大师与民国“维持佛教同盟会”研究/于光
中古史上佛教与城市空间流变研究/付志刚
新噶当派源流及其历史特征研究/刘秧
藏传佛教格鲁派“三大寺”制度化分析/美朗宗贞
佛教与基督教忏悔思想之比较研究/陈进、费小兵
从过关仪式看科尔沁萨满教的传承与变迁/郭淑云
清末民国东北民间满汉萨满巫神信仰论析/薛刚
广西壮族天地善院信仰考察/莫幼政
羌族祭祀中鸟箭青稞筒礼器美关键象征解读/赵洋、赵曦
从文昌神到阿尼尤拉——一位道教神灵在雪域藏地的本土化考察/看本加

国家在场与湘西苗族椎牛仪式的变迁/焦丽锋

文化冲突视阈下云南部分傣族改信基督教与边境社会稳定——基于对德宏州、西双版纳州的田野调查/侯兴华

艾儒略与叶向高三山论学及其时地考/林金水

中国内地会在中国藏区传教活动研究/张丽萍

嘉庆时期四川总督常明禁教探析/韦羽

清末法国传教士在四川教案中的处境及与地方官员的关系——从成都教案到义和团运动/胡晓

再论 19 世纪晚期来华传教士的儒学观——以 1885 年亚洲文会孝道调查为中心/王毅

希伯来圣经对异族通婚的态度——在中国语境中的跨越解读/孟振华

“阿卡西乌分裂”：中古早期基督教会一次重大冲突初探/武鹏

我国宗教事务管理制度调整优化刍议/闵丽

明代北岳信仰转移及其军事背景/牛敬飞

马神形象的经典塑造与戏剧重构/李龙

巴蜀地区的城隍信仰与民俗戏剧/李祥林

重建与超越：新世纪儒教问题的诉求/王义、黄玉

老庄学研究的新进展——评《近代中国老庄学》/涂立贤

第二期目录

唐玉真公主入道受箓研究/刘仲宇

从语言看灵宝经由传说到史实的演变/叶贵良

从“八素真经”看早期道经的衍生与传布/周作明

《黄帝阴符经疏》是李筌作还是袁淑真作之考证/陈茉

道教文献中“芝”之涵义考论/芦笛

从文化符号到环境美学：论道教视域下“山”的美学特征/李裴

司马承祯《坐忘论》修道阶次思想研究/姜约

气论是道教的根本理论浅析/路永照

道经存思图像初探——以《太上老君大存思图注诀》为例/许宜兰

教界与学界《太平经》研究之比较——以陈撄宁与汤用彤、陈寅恪为中心/赵建永

道教世界观简论/朱展炎

近现代武当山宫观田地租稞考/杨立刚

关于汉、梵《药师经》的若干问题/方广锠

《慧琳音义》所见《利涉论衡》《道氤定三教论衡》考/刘林魁

佛家业力因果的认知方式及认知能力培养解读——以汉译四部《阿含经》为例/刘朝霞

《楞严经》的疏解——以陆西星的《楞严经说约》《楞严经述旨》为例/周黄琴

达天通理与六世班禅之晤考论/柳森

印顺法师对汉藏教理的融摄——以《中观今论》为例/尹邦志、覃江

世俗性与功利化：消费视角下的宋代佛教新发展/秦开凤

论寺庙与民俗的形成——以四川遂宁广德寺与本地观音信仰为例/王大伟
佛像的神圣性建构：从造像标准到祝圣仪轨的考察/蒋家华
佛教僧人网络化修行及其影响研究——以四川省汉传佛寺僧人网络化缘和持戒为例/薛一飞、邢海晶
北魏时期佛教在山西的发展/赵改萍
云南剑川白族道教朝北斗科仪研究/萧霁虹
吕洞山苗族山神祭坛的空间位移与地方形塑/陆群
土家族民间信仰研究述论/陈心林、冯惠玲
羌族宗教祭坛的文化内涵与象征意义/邓宏烈
当代凉山城镇彝族毕摩、苏尼现状调查——以美姑、喜德县城为例/曲比阿果
凉山诺苏彝人的宗教信仰选择——基督教在凉山彝区的传播研究/杨理解
安多热贡地区二郎神信仰的人类学研究/马清虎
论雅克·马里坦的新托马斯主义人学与教育思想/林庆华、唐冬梅
论施莱尔马赫对康德基督论的超越/黄毅
回顾与前瞻：30 年来中国内地会史研究/李楠
19 世纪基督教在中越两国传播的比较研究/李传斌
清末民国时期加拿大差会在四川的医疗事业/苏德华、张贵芳
民国知识分子对耶稣形象的研究/王志希
全球化与地方化：潮汕浸礼教会组织框架研究（1860—1901）/李期耀
黄天道寺庙壁画图像阐微/梁景之
元明之际畏兀儿宗教嬗变述论/王红梅、黎春林
咸同年间鲁西南地区外来民间宗教组织的群保自救与分析——以太谷学派黄崖山寨为特案的考察/朱季康、孔祥德
迈蒙尼德论萨比教/董修元
中国籤占研究的一部力作——评《籤占与中国社会文化》/黄建兴
何为兴衰？谁主浮沉？——读尹志华《清代全真道历史新探》/秦国帅

第三期目录

试析马克思恩格斯宗教批判的生存论特质/江峰
马克思主义宗教观及其方法论与现代宗教文化学研究/叶蕾
老子诞生地及相关文化遗存位置考证/詹石窗、顾宗正
从《东医宝鉴》看道教养生论对东医学的影响/孙亦平
道教炼丹术传入印度考论/韩吉绍
上海浦东传统乡村社区的“家族道士”研究/龙飞俊
道教抄本《先天勘合玄秘并填箓填引》初探/吕鹏志
《九真中经》新考/郜同麟
《老子中经》存思术及其他修炼方术管窥/何江涛、高新文
刘一明金丹论对阳明良知论的融摄/白娴棠
唐代道士罗公远考/严正道

明末全真道士郭静中生平考略/张方
论明代正一道张天师继承制度的演变及其后果/曾龙生
傅山道教书法美学思想研究/朱波
真谛三藏梁安郡的翻译活动考述/杨维中
如何理解大理地区的阿吒力教?/侯冲
积善成佛:一种生活禅的实修路径/段玉明
石头希迁的回互禅学/伍先林、刘渊
佛陀跋陀罗于中国华严宗、禅宗、净土宗贡献新探/周晓微
女性视野下“唯一佛乘、即凡证圣”的佛教成佛观/杨孝容
宋元佛教青苗会研究/郭俊良、赵伟
《无上金刚乘前行讲义》中皈依法的心理分析/尹立
当代藏族尼众新教育体系的调查研究/白玛措
藏传佛教艺术中的哈香尊者(布袋和尚)研究/朱丽霞
社会记忆下的侗族“萨岁”崇拜/吴秋林
中国西南少数民族梅山教的神灵系统/张泽洪
瑶族的宗教文书——以桂北一位盘瑶师公所收藏之宗教经书为例/罗宗志
凉山彝族毕摩文献《奴图》与彝族对麻风病的认识/蔡富莲
从“矻扎扎”节的宗教崇拜看哈尼族文化的自我调适/黄绍文
宁玛派密咒师羌姆表演仪式的人类学解读——以格瓦彭措桑木丹林的羌姆表演为例/完麻加、吉毛措
清末基督新教在华出版机构同文书会研究/陈建明
逆流而行——20世纪初中国处境中的五旬宗传教士/陈明丽
从芬兰学派看马丁·路德的默示观/黄保罗
宗教性:加尔文的“敬虔”和《中庸》之“诚”/冯传涛
论圣神的位格性:一个基础性的神学问题/李科政
死亡中的重生——析德日进神学进化论思想在奥康纳作品中的表达/潘静文
六朝圣火崇拜与异域宗教/罗志
清至民国间新疆伊犁的东正教/胡方艳、吴茜
南宋初年张抃信仰考/丁希勤
先天道坤道的宗教生涯与宝卷的感化作用——以新加坡坤道许慈惠为案例/陈景熙
生态危机中的宗教责任/王晓斌
宗教思想史研究的新思路——读《信仰的考古——中国宗教思想史纲要》/贾学义

第四期目录

明代全真道在武当山的传承与发展/刘固盛、涂立贤
略论《老君音诵诫经》中的“刘举”/刘陶
“天心正法”与唐代正一考召法术/刘莉
阁皂山宫观史及其灵宝派传承世系考/陈文龙
王重阳诗词中有关白鹿观情况的考述/赵国庆

庄子时代道教的长生之术和神秘的生命观/马伯乐、胡锐
李时珍《本草纲目》与道教神仙方术/程雅群
明代理学家罗洪先所传道教导引功法“仙传四十九方”考/魏燕利
晚清鄂西南少数民族地区民间道教的发展——以长阳《宝录》为中心的考察/郭峰
民国时期云游道士进京述论——以民国档案为中心的考察/寇凤凯
“道门文扶”：道教艺术作用论探究/潘显一
略论道教“山居模式”的环境美学意义/李裴
“拈花微笑”与中国禅宗的“以心传心”——兼论云南鸡足山在中国佛教中地位的形成/洪修平
古代写经修复缀接释例——以国图藏《佛名经》敦煌写卷为中心/张涌泉、刘溪
敦煌疑伪经四种残卷缀合研究/张小艳
国图藏敦煌本《四分比丘尼戒本》残卷缀合研究/张磊、胡方方
德异本《坛经》增补材料之文献溯源考证/哈磊
隋唐高僧道信“一行三昧”思想论析/白冰
论净影慧远的佛身思想/张凯
关于破山禅派与聚云法派僧诤的再探讨/刘因灿
佛教偈颂文体三种复合形式研究/王丽娜
近代华严宗僧教育研究/韩朝忠
论藏彝走廊多元宗教的内涵与意义/王建新、王含章
论彝族毕摩文献的价值——以《彝族毕摩经典译注》为中心/罗曲
大理云峰寺白族朵兮中秋祭仪调查/赵敏、杨建伟、王丽梅、赵净泉
贵州安顺跳神戏与乡村社会空间——以二湾河跳神戏堂班正月跳神为中心的考察/周永健
贵州布依族摩经文本《引路幡词》考论/叶成勇
江山是主人是客——以《亚鲁王》为例探讨苗族丧葬古歌的生命观/龙仙艳
文化生态变迁视野下的“瑶传道教”濒危文献调查/聂森、郭晴晴
罗明坚《圣教天主实录》拉丁文版初探/张西平
“福音奋兴运动”与美国对华传教事业的兴起/陈才俊
建国前夕的中国基督教学生运动/张丽霞
保罗生死观中的古典元素/肖剑
近代潮汕教会与抽纱业的兴起/蔡香玉
传统之力 载道之舟——黔西南布依山村天主教宣教对联功能解析/刘振宁
上帝与道：基督教与道教的一种比较/杨玉辉
论宗教在社会现代性建构中的价值/闵丽
晋东南三教信仰的形成、表现形态及分析/段建宏
马来西亚华人社会的关公崇拜/梅红
清代以来四川药王庙与药王信仰研究/廖玲
信佛而非信教——福建民营企业家的传统宗教信仰及其特点研究/陈婉婷、甘满堂
2015 年首届希伯来圣经研讨会综述/孙玥

2015年度《中国宗教》目录

第一期目录

行结算账户有关事项的通知

明晰政策 规范管理/陆国栋

“云南岩泉寺被承包”案例解析/周怡文

弘扬具有时代精神的道教文化/卿希泰

弘扬全真家风 回归立教根本——泰山碧霞祠的理念与实践/张诚达

规范化建设 确保朝觐工作“一年更比一年好”/马玉飞

重视宣传通联是做好宗教工作的重要途径/夏和生

把平凡的事情做得精彩——江苏常州市着力抓好宗教档案工作的经验与体会/赵世平

小教堂的“大舞台”——记河南南阳五里桥基督教堂/本刊编辑部

道教雕塑研究的新成果——评《陶铸永恒》/孙亦平

玄音秦声西北风——记第十四届道教音乐汇演/惠晶

润物细无声——感受四川佛教/李嶷

玲珑镂空 独具匠心——马俊伊斯兰剪纸艺术赏析

庆祝《中国宗教》创刊20周年宗教摄影大赛作品征集启事

星云大师 新年祝福

中国特色的宗教建筑——大理古城天主教堂

第二期目录

共筑中国梦——宗教界的责任与担当/本刊编辑部

俞正声在河北调研时强调——精心做好宗教工作 服务经济社会发展

授箓——绵延千载的道教仪规/熊雄

速读

2014年国际宗教热点观察/平言

以“五种思维”做好新时期宗教工作/蔡晓明

让教堂建筑扎根中国文化土壤/阚保平

道教生态思想要义/刘仲宇

发挥宗教正能量 同心共筑中国梦

佛教界是助推中国梦的重要力量/白虎权

佛教界要积极践行核心价值观/界心

融入时代 共享文明/丁常云

发挥正能量 道教在前行/吉宏忠

凝聚众志 共促和谐/穆可发

宽容和谐 共圆中国梦/摆林

中国梦 天主教界的担当/胡良春

牢记使命 追逐梦想/朱萍

建设中国特色的教会/潘锡安

用责任和行动铸就中国梦

古有玄奘 今有法舫——记中国首位“世佛联”执委法舫法师/鞠志强

多一点儿幽默 多一点儿禅味——记与众不同的“萌和尚”延参法师/梁世和

第三期目录

第四期目录

第五期目录

编辑部

立足新起点 共筑中国梦/王作安

新时期 新使命 新担当/学诚

积极引导宗教与社会主义社会相适应——国家宗教局局长王作安答《学习时报》记者问/李玉梅、兰文飞

大爱无国界 莲花溢妙香——中国佛教界积极救助尼泊尔和我国西藏地震灾区纪实/本刊编辑部

构筑亚洲新未来 宗教不可或缺/米广弘

少林寺走出国门 中国文化造福世界/戴继诚

中国共产党宗教政策形成过程中的法治思维——从 1931 年《宪法大纲》到 1982 年《宪法》/何虎生、王超

担当起中国佛教的新使命

从人间佛教看中国佛教的发展路向/魏常海

文化战略视野下的当代中国佛教/李利安

传承与发展当代中国佛教之省思/陈永革

中国大陆佛教发展变化趋势/文宣方

出家女众将走上更为广阔的弘法利生平台/如瑞

抓住机遇 履职担当/正慈

爱国爱教 持戒守法/仁青、安杰

为实现中国梦贡献南传佛教的力量/诏等傣

长征路上绽放的"格桑花"——记为红军献出一切的拥中降参活佛/陈焱

罗冠宗与"三自"紧密相连的不凡人生/李平晔

龙山寺如何实现自主管理

做好基层宗教工作要绵绵用力，久久为功——访山东烟台民宗局局长于茂清/本刊编辑部

寺庙财产能归个人所有吗？——皖南某寺庙财产归属问题诉讼案例/赵玥

佛教伦理中的"为人之道"/刘媛媛、覃江

"知耻"伊斯兰伦理的重要理念/从恩霖

"敬业"精神与基督教工作伦理/文革

构建当代新道家学说刍议/许抗生

伊斯兰教朝觐工作部际联席会议制度正式启动/马玉飞

基督教中国化要在"化"字上下功夫/苏志明

以象征的方式表达宗教理念——西藏工布响箭中的象征符号解析/杨胜利

江南礼拜寺独特的中国色彩——记上海松江清真寺/孙学成

弘扬中道思想 阐释正信精神——记云南省第 11 届卧尔兹演讲比赛暨《古兰经》诵读比赛/马志明

继承与重构 江苏佛教印象/李巍

慈爱与重生——评伦勃朗的宗教画名作《浪子回头》/邹湘平

宗教的公共表达——读《魏德东的宗教评论》/魏新生

重温尼泊尔光影/陈旻

第六期目录

第七期目录

玄奘精神的现代意义/学诚
宗教界开展养老服务的优势与困难/王生才、王官政
乐居铜仁 大慈佛国——梵净山佛教生态学探析/温金玉
铜仁生态美 梵净天下秀——2015 年中国梵净山生态文明与佛教文化论坛侧记/惠晶
务实求新 宗教工作的甘肃驱动力/张雪梅
“七证一户”依法管理宗教活动场所新抓手/本刊
三“晒”三“坚持”——催生宗教教职人员考核“新常态”/王世良
佛教医学 治心为要/平海兵、曹继刚
道教与中医 中国文化滋养的连理枝/裘梧
《古兰经》中的养生保健启示/从恩霖
基督宗教与医疗 用爱呵护生命/沈朝立
退职老法师反悔，能复职吗？/周平
基层民宗干部更需要法治思维/李仲华
中道·和谐·中国梦——第十届全国卧尔兹演讲比赛暨第十一届全国《古兰经》诵读比赛侧记/马玉飞
担当重任 作光作盐——记福建省天主教第三期平信徒骨干培训班/邓文龙
斋月里的中国穆斯林：感恩、坚忍与分享/丁钰梅
哈达铺清真寺——记录一段红色传奇/马超
《中国宗教》创刊 20 周年宗教摄影大赛获奖作品选
推动交流互鉴 促进合作互信——国家宗教局代表团访问埃及、以色列、土耳其
中国特色的宗教建筑 甘肃陇南哈达铺清真寺

第八期目录

正确把握国法与教规关系 提高宗教工作法治化水平/本刊
廿载耕耘 十方来贺——祝贺《中国宗教》创刊 20 周年重要题词选登
杜青林：健全基层宗教工作网络 提升宗教事务管理水平
速读
增强五种意识 服务宗教工作/王作安
践行“三严三实”推进宗教工作——国家宗教局“三严三实”专题教育学习交流会侧记/本刊编辑部
春华秋实二十载 梅花香自苦寒来 记宗教宣传出版工作研讨会暨 2015 年宣传通联工作会议/本刊编辑部
为佛寺回归本位点赞/刘元春
法治视域下的国法与教规
从三个维度正确认识和处理国法与教规的关系/王作安
国法与教规关系的宗教考量
国法与教规关系的历史、国际与法律视角
正确处理国法与教规关系 中国宗教界在行动
一个完美的穆斯林要兼顾宗教功修与社会责任——访中国伊斯兰教协会副会长阿地里

第九期目录

坚持中国化方向是中国天主教健康发展的关键所在/房兴耀
文化建设中的宗教担当——以佛教道教为例
重视宗教文化建设 树立宗教良好形象/王作安
建设富有时代气息的佛教文化/学诚
探寻道教与现代社会的结合点/李光富
杭州市佛教协会：打造寺院文化新形象
北京龙泉寺：探索弘扬佛教文化的新形式
上海玉佛禅寺：持续推动佛学研究
江西宝积寺：从“农禅并重”到“文禅并重”
河南少林寺：构建民间对外交流的文化符号
重庆华岩寺：用心保护和传承佛教文化
四川阿坝达扎寺：建设农牧区的“文化充电站”
云南勐景来佛寺：守护民族传统文化
福建石竹山道院：以文化为纽带加强两岸交流
北京市道乐团：在与时俱进中传承道乐文化
江西龙虎山天师府：文化为翼，助力道教走向世界
武当山道教协会：挖掘道教养生文化精髓
从六个方面把握国法与教规的关系/卓新平
处理非法宗教活动、违法违规设置功德箱案例解析/林剑卫、胡卓
一位爱国阿訇的民间抗战外交——纪念达浦生大阿訇归真50周年/惠晶
坚定文化自信 推动佛教走出去/觉醒
基督教如何进一步加强自身建设/高峰
藏传佛教的“化身理论”/辛雷乾
探索伊斯兰文明之源——读《伊斯兰世界帝国》/张淼
创建新风拂羊城——广州市民宗局引导宗教界积极参与城市环境创建活动
让爱传承——记香港中华基督教青年会的社会服务/曲萌
宗教建筑的精神内涵与功能/圣凯
中国佛教寺院建筑的历史变革/高晏卿
佛教建筑的现代化尝试——以水月禅寺为例/刘珏
当代中国佛教寺庙建筑现象观察/刘建华
让天主教堂体现中国文化自信/周太良
让公益更加“公益”——广东善缘社会工作服务中心的探索/本刊编辑部
东南佛国 海天胜境：浙江佛教印象/李嶷
黔风古镇古教堂——记贵州黄平旧州天主堂/周坚
“海上丝绸之路”与沿海四大清真古寺/张广林、马丹
当代宗教的政策与知识读本
如何办理订阅手续
佛教胜地行 探寻中国佛教的故事（十五）/杨立泉、徐俊东
《中国宗教》创刊20周年 宗教摄影大赛获奖作品选（三）
大美西藏 热烈庆祝西藏自治区成立50周年

第十期目录

文艺复兴时期的圣母像/朱波
大山深处的百年教堂——记重庆南岸区天主教慈母堂/邓安格
吐鲁番苏公塔：见证民族团结的伊斯兰古塔/张广林、马丹
仙乐缥缈 春城飞花——记第十五届道教音乐汇演/惠晶
先贤泽润厚 八闽话清凉 福建佛教掠影/李嶷
和谐新疆——热烈庆祝新疆维吾尔自治区成立六十周年
佛教胜地行 探寻中国佛教的故事（十六）/杨立泉
中国宗教 当代宗教的政策与知识读本
纪念丁光训主教诞辰100周年暨基督教中国化研讨会在北京召开
中国特色的宗教建筑 重庆南岸区天主教慈母堂

第十一期目录

佛缘结胜缘 交流促互鉴/本刊
五洲聚灵山 携手同行愿——第四届世界佛教论坛举行
速读
加强交流 共同弘扬佛教优秀价值理念/孙春兰
佛教可以为不同文明的交流互鉴做出表率/王作安
我国公民的宗教信仰自由得到充分保障——十四年宗教工作成就回眸之二/张二平
国家宗教局党组认真学习贯彻党的十八届五中全会精神/本刊编辑部
国家宗教局党组认真学习两个党内法规/本刊编辑部
天主教文化遗产亟待保护/朱晓红
宗教和谐 中国文化的特色软实力/王玉、杜君
同愿同行灵山会 交流互鉴五洲和——第四届世界佛教论坛全记录/本刊编辑部
促进宗教工作法治化的若干思考/冯玉军
丝路上宗教交流的历史经验/吕建福
张学良与张冠儒：以信仰为纽带的知音/徐晓鸿
佛教文化建设四议/蒋坚永
重新认识道教医方的价值——从屠呦呦发现青蒿素获诺贝尔奖谈起/詹石窗
准确把握坚持基督教中国化方向中的五个关系/陈宗荣
道教正一派的来龙去脉/邸永君
基督教中国化——中国教会健康发展的必然选择/蔡凌云
蕴积涵育 廿载辉煌/丁军年
对近代中国宗教文化史的追寻/刘泳斯
总结经验 谋划培训工作新思路——记国家宗教局2016年培训工作座谈会/本刊编辑部
基层宗教工作“三得”——访安徽省池州市宗教局局长高根彪/尚诚
凝心聚力 灾区换新颜——青海玉树地震灾后宗教活动场所恢复重建纪实/圈启章
坚持问题导向 抓实教风建设——江苏省常州市加强教风建设的实践与思考/张行高
古树新枝俏——影视剧中的道教/姜守诚、李小龙

第十二期目录

2015年度中国宗教学及宗教类新版图书简目

蒋 淼 编

宗教理论与概况

《中国宗教研究年鉴.2013/中国社会科学年鉴》/曹中建主编，中国社会科学出版社2015年/710页

《中国人的宗教信仰》/卓新平著，中国社会科学出版社2015年/245页

《传统与处境 从隐喻神学看宗教文化》/高健群著，暨南大学出版社2015年/141页

《中国普米族宗教研究》/熊永翔著，中国社会科学出版社2015年/347页

《宗教改革运动思潮》/［英］阿利斯特·麦格拉思著，蔡锦图、陈佐人译，中国社会科学出版社2015年/318页

《比较经学：梵二会议与比较经学（2015年第5辑）》/游斌编，宗教文化出版社2015年/225页

《中国宗教走出去战略论集》/蒋坚永、徐以骅编，宗教文化出版社2015年/201页

《祇园拾穗 立人自选集》/宋立道著，朗宇、清修编，宗教文化出版社2015年/590页

《吠檀多之后的神学》/［美］弗朗西斯·沙勿略·克鲁尼著，王志成编，富瑜译，宗教文化出版社2015年/244页

《五台山学探究》/崔玉卿著，宗教文化出版社2015年/304页

《四分律比丘尼钞校释（共3册）》/道宣律师著，学诚法师注，宗教文化出版社2015年/397页

《四分律删补随机羯磨疏济缘记校释（套装共4册）》/道宣律师、元照律师著，学诚法师注，宗教文化出版社2015年/1317页

《四分律拾毗尼义钞校释（套装共2册）》/道宣律师著，学诚法师注，宗教文化出版社2015年/535页

《四分律删补随机羯磨校释》/道宣律师著，学诚法师注，宗教文化出版社2015年/333页

《信仰之海》/［英］唐·库比特著，王志成编，朱彩红译，宗教文化出版社2015年/351页

《民国时期真言宗回传中的显密之争》/秦萌著，朗宇法师、清修法师编，宗教文化出版社2015年/267页

《澳门宗教报告》/邱永辉、陈进国编，社会科学文献出版社2015年/248页

《宗教社会学（第三辑）》/金泽、李华伟编，社会科学文献出版社2015年/328页

《众神喧哗中的十字架：基督教与福建民间信仰共处关系研究》/范正义著，贾益民编，社会科学文献出版社 2015 年/284 页

《宗教与哲学（第 4 辑）》/金泽、赵广明编，社会科学文献出版社 2015 年/400 页

《清教与美国——美国精神的寻根之旅》/张瑞华著，钱满素编，中央编译出版社 2015 年/320 页

《汉译犹太文化名著丛书：论知识》/［埃及］摩西·迈蒙尼德著，董修元译，山东大学出版社 2015 年/194 页

《宗教社会学（第四版）》/孙尚扬著，北京大学出版社 2015 年/348 页

《科学与宗教引论（第二版）》/［英］阿利斯特·E. 麦克格拉思著，王毅、魏颖译，上海人民出版社 2015 年/164 页

《江南地区的宗教与公共生活》/［美］魏乐博著，范丽珠译，上海人民出版社 2015 年/257 页

《后现代神学》/［美］凯文·范胡泽著，高喆、孙毅译，上海人民出版社 2015 年/305 页

《中东城市民族社团与宗教社团研究》/车效梅、续亚彤著，中国社会科学出版社 2015 年/321 页

《新兴宗教的传播及对国家安全的影响研究》/许宏著，中国社会科学出版社 2015 年/175 页

《东南亚宗教研究报告 全球化时代的东南亚宗教》/郑筱筠编，中国社会科学出版社 2015 年/400 页

《宗教改革运动思潮》/［英］阿利斯特·麦格拉思著，中国社会科学出版社 2015 年/318 页

《正觉之道》/根让仁波切著，中国社会科学出版社 2015 年/170 页

《自己的上帝——宗教的和平能力与潜在暴力》/［德］乌尔利希·贝克著，李荣荣译，上海译文出版社 2015 年/208 页

《传统与处境——从隐喻神学看宗教文化》/高健群著，暨南大学出版社 2015 年/141 页

《吕祖师经忏》/西樵云泉仙馆编，广西师范大学出版社 2015 年/296 页

《信仰与理性之间的和谐愿景——宗教与现代人》/孙洛廉著，现代出版社 2015 年/484 页

《民族宗教研究（第 4 辑）》/广东省民族宗教研究院著，广东人民出版社 2015 年/222 页

《藏族宗教史之实地研究》/李安宅著，商务印书馆 2015 年/224 页

《沧海航灯：岭南宗教信仰文化传播之路》/郑佩瑗著，黄伟宗编，广东经济出版社 2015 年/170 页

《宗教与美国社会（第十一辑）》/徐以骅编，时事出版社 2015 年/267 页

《清教与美国——美国精神的寻根之旅》/张瑞华著，钱满素编，中央编译出版社 2015 年/320 页

《宗法性传统宗教》/刘成有、张宏斌著，中国民主法制出版社 2015 年/205 页

《外国民族宗教》/黄陵渝、邱永辉、色音著，何其敏编，中国民主法制出版社 2015 年/265 页

《中国少数民族宗教》/宝贵贞著，中国民主法制出版社 2015 年/155 页

《马克思主义宗教观》/常宏著、刘成有编，中国民主法制出版社 2015 年/210 页

《和而不同 宗教对话与不同文明之间的和谐之道》/陈建明编，四川大学出版社 2015 年/544 页

《宗教学研究论著与文本解读：当代宗教研究、基督教研究专辑》/王潇楠著，中国社会科学出版社 2015 年/357 页

《云南少数民族宗教文化》/孙浩然著，云南大学出版社 2015 年/228 页

《启示录注疏（上、下卷)》/罗伟著，上海三联书店 2015 年/1263 页

《安徽宗教》/陆勤毅、余秉颐编，安徽文艺出版社 2015 年/285 页

《你应该知道的 100 个道家典故》/广西人民出版社 2015 年/280 页

《阿波罗崇拜研究》/李永斌著，商务印书馆 2015 年/277 页

《塔木德》/塞妮亚编译，上海三联书店 2015 年/196 页

《不安时代的生存哲学》/［日］山竹申二著，朱悦玮译，中信出版集团 2015 年/240 页

《“神迹”概念的哲学探究——以休谟的“论神迹”为中心》/刘金山著，人民出版社 2015 年/197 页

《新时期宗教工作与管理》/新玉言编，台海出版社 2015 年/212 页

《新编中国民间宗教辞典》/濮文起编，福建人民出版社 2015 年/1036 页

《当代美国黑人女作家的基督宗教观》/郭晓霞著，中国社会科学出版社 2015 年/227 页

《宗教美国·世俗欧洲·主题与变奏》/［美］彼得·伯格、［英］格瑞斯·戴维著，曹义昆译，商务印书馆 2015 年/241 页

《华严经讲话》/［日］镰田茂雄著，人民东方出版社 2015 年/340 页

《宗教改革与英国民族国家建构》/李韦著，人民出版社 2015 年/200 页

《大宋僧史略校注》/（宋）赞宁撰，富世平校注，中华书局 2015 年/254 页

《复魅何须超自然主义：过程宗教哲学》/［美］大卫·雷·格里芬著，周邦宪译，译林出版社 2015 年/561 页

《为宗教脱敏：魏德东的宗教评论 2》/魏德东著，民族出版社 2015 年/350 页

《宗教的文化自觉：魏德东的宗教评论 3》/魏德东著，民族出版社 2015 年/413 页

《世界宗教万里行：魏德东的宗教评论 1》/魏德东著，民族出版社 2015 年/396 页

《天主之城》/圣奥古斯丁著，吉林出版集团有限责任公司 2015 年/947 页

《科学无神论》/习五一编，中国社会科学出版社 2015 年/372 页

《民国时期真言宗回传中的显密之争》/秦萌著，朗宇法师、清修法师编，宗教文化出版社 2015 年/267 页

《中国宗教的超越性问题》/李大华著，四川大学出版社 2015 年/476 页

佛教

《十一世班禅 走向世界》/张飙著，中信出版社 2015 年/184 页

《楞伽经集注》/（宋）释正受著，上海古籍出版社 2015 年/344 页

《五六世纪北方民众佛教信仰：以造像记为中心的考察（增订本)》/侯旭东著，社会

科学文献出版社 2015 年/443 页

《西夏汉传密教文献研究》/崔红芬著，社会科学文献出版社 2015 年/325 页

《佛经音义研究：第三届佛经音义研究国际学术研讨会论文集（北海道 2015 年 8 月 25—27 日）》/徐时仪著，上海辞书出版社 2015 年/360 页

《中国宗教思想史大纲（校订版）》/王治心著，商务印书馆 2015 年/306 页

《藏族宗教史之实地研究》/李安宅著，商务印书馆 2015 年/293 页

《佛教逻辑研究》/郑伟宏主编，中西书局 2015 年/635 页

《提婆达多问题的再研究》/夏金华著，上海社会科学院出版社 2015 年/182 页

《女性主义视角下的宗教人格与创作：勃朗特姐妹研究》/张静波著，广西师范大学出版社 2015 年/317 页

《中国佛教史》/蒋维乔著，商务印书馆 2015 年/333 页

《般若波罗蜜多心经讲录》/李叔同著，中州古籍出版社有限公司，2015 年/250 页

《藏族宗教史之实地研究》/李安宅著，上海世纪出版集团 2015 年/293 页

《美德政治学的历史类型与现实型构》/詹世友著，中国社会科学出版社 2015 年/450 页

《佛学大辞典》/丁福保编，文物出版社 2015 年/2814 页

《唐代儒士佛教观研究》/崔海东著，东南大学出版社 2015 年/216 页

《巴国佛踪：巴南区佛教遗址碑拓辑录上》/道坚法师著，四川大学出版社 2015 年/497 页

《藏传佛教研究（第一辑　套装上、下册）》/郑堆、周炜、李德成编，中国藏学出版社 2015 年/1227 页。

《人间佛陀释迦牟尼》/钱文忠著，华文出版社有限公司 2015 年/页

《佛教“法缘宗族”研究中国宗教组织模式探析》/张雪松著，中国人民大学出版社 2015 年/237 页

《牛头禅研究》/洪燕妮著，东方出版社 2015 年/380 页

《云门宗丛书：慈受怀深禅师广录》/（宋）怀深著，释明向、冯焕珍编，陈曦校，上海古籍出版社 2015 年/282 页

《佛经语料与佛经用语散论》/顾满林著，中国社会科学出版社 2015 年/273 页

《印度学与印度研究丛书：佛教逻辑研究》/郑伟宏编，中西书局 2015 年/635 页

《元明清时期天水地区的佛教艺术》/高翾著，甘肃人民出版社 2015 年/179 页

《五六世纪北方民众佛教信仰：以造像记为中心的考察（增订本）》/侯旭东著，社会科学文献出版社 2015 年/472 页

《等不等观杂录》/杨文会著，商务印书馆 2015 年/196 页

《杭州佛教研究（学术辑刊 2014 年卷）》/杭州文史研究会编，宗教文化出版社 2015 年/348 页

《西夏文（吉祥遍至口合本续）整理研究》/孙昌盛著，史金波编，社会科学文献出版社 2015 年/720 页

《汉魏两晋南北朝佛教史》/汤用彤著，商务印书馆 2015 年/804 页

《中国佛教史》/蒋维乔著，商务印书馆 2015 年/332 页

《提婆达多问题的再研究》/夏金华著，上海社会科学出版社 2015 年/182 页

《寒山寺佛学（第10辑）》/秋爽、李尚全编，甘肃人民出版社2015年/381页

《唐代儒士佛教观研究》/崔海东著，东南大学出版社2015年/216页

《南京大报恩寺前世今生》/夏维中、祁海宁编，南京出版社2015年/122页

《世界佛教通史》/魏道儒主编，中国社会科学出版社2015年/932页

《巴国佛踪 巴南区佛教遗址碑拓辑录（上）》/道坚法师著，四川大学出版社2015年/497页

《欧阳竟无内外学》/欧阳竟无著，商务印书馆2015年/779页

《阅读梵文佛典：基本语法指南》/法光法师著，外语教学与研究出版社2015年/464页

《佛教 尼泊尔与中国的文化联系》/［尼泊尔］普利玛·库玛瑞·潘特、香克尔·塔帕编，周晓微译，宗教文化出版社2015年/274页

《吐蕃至归义军时期敦煌佛教经济研究》/王祥伟著，中华书局2015年/374页

《七宝庄严：转轮王小传》/孙英刚著，商务印书馆2015年/214页

《俄藏黑水城文献（24）西夏文佛教部分》/俄罗斯科学院东方文献研究所、中国社科院民族学与人类学研究所著，上海古籍出版社2015年/174页

《北朝佛教研究/第三届河北禅宗文化论坛论文集》/黄夏年编，大象出版社2015年/384页

《禅智山光——扬州佛教文化遗产》/马越著，东南大学出版社2015年/308页

《普照知讷真心思想研究/觉群佛学博士文库》/李海涛著，宗教文化出版社2015年/404页

《第四届三禅会议论文集（上、中、下）》/明海编，宗教文化出版社2015年/1025页

《国际佛学论丛 第2辑 戒律》/夏坝·降央克珠、魏德东编，中国社会科学出版社2015年/216页

《国际佛学论丛 第3辑 菩提心》/夏坝·降央克珠、魏德东编，中国社会科学出版社2015年/224页

《晋隋之际佛教戒律的两次变革》/夏德美著，中国社会科学出版社2015年/280页

《汉地民俗佛教的哲学思考：以唐宋为中心》/宇恒伟著，中国社会科学出版社2015年/201页

《徐恒志佛学全集（套装共6册）》/徐恒志著，许洪亮整理，世界图书出版公司2015年/1940页

《宗教文明品析丛书：汉传佛教》/刘成有、尹岚、吴小丽著，中国民主法制出版社2015年/219页

《宋代妇女的佛教信仰与生活空间》/邵育欣著，中国社会科学出版社2015年/209页

《少林学论文集》/释永信编，宗教文化出版社2015年/467页

《大乘光明正觉禅——周承松居士文集（上、下）》/周承松著，宗教文化出版社2015年/793页

《普陀山大辞典》/普陀山风景管理委员会、普陀山佛教协会编，黄山书社2015年/910页

《水陆庵彩塑》/周萍著，陕西人民美术出版社2015年/249页

《佛教心理学（套装上、下册）》/陈兵著，陕西师范大学出版总社2015年/912页

《佛教世界观》/明贤法师著，华文出版社 2015 年/260 页

《跨界与融合：佛教与民族文化的云南叙事》/郑筱筠著，中国社会科学出版社 2015 年/320 页

《明心见性——超越二元悟入原本的真实》/李新华著，中央编译出版社 2015 年/288 页

道教

《道家文化研究第 29 辑》/陈鼓应主编，生活·读书·新知三联书店 2015 年/545 页

《全真道研究第 4 辑》/赵卫东主编，山东齐鲁书社出版有限公司 2015 年/303 页

《山东道教史》/赵芃著，中国社会科学出版社 2015 年/880 页

《道学文化》/裘承忠著，西泠印社 2015 年/147 页

《道德经》/勒永著，湖北辞书出版社 2015 年/166 页

《伍柳天仙法脉修持指要》/静虚子著，华夏出版社 2015 年/258 页

《内丹实修理法精要》/存诚子著，华夏出版社 2015 年/429 页

《道教史》/许地山著，商务印书馆 2015 年/211 页

《峨眉山道教》/朱华高著，宗教文化出版社 2015 年/222 页

《全真教的创立与历史传承》/张广保著，中华书局 2015 年/457 页

《浙江道教史》/孔令宏、韩松涛著，中国社会科学出版社 2015 年/794 页

《崂山道教与佛教研究》/赵伟、刘怀荣著，人民出版社 2015 年/279 页

《道教丛林 太清宫志》(*A Book Series of Taoism*: *The Taiqing Palace*) / ［日］五十岚、贤隆著，郭晓锋、王晶译，山东齐鲁书社出版有限公司 2015 年/209 页

《钟吕传道集西山群仙会真记》/高丽杨编，中华书局 2015 年/331 页

《艺术与信仰——道经图像与中国传统绘画关系研究（彩色版）》/许宜兰编，宗教文化出版社 2015 年/494 页

《武当山道教宫观（中文版）》/李德喜摄影，中国建筑工业出版社 2015 年/91 页

《老子吕惠卿注》/吕惠卿著，华东师范大学出版社 2015 年/112 页

《列子 诸子现代版丛书》/叶蓓卿著，商务印书馆 2015 年/281 页

《道教/宗教文明品析丛书》/刘成有编，中国民主法制出版社 2015 年/210 页

《道家道教与生态文明》/刘固盛编，华中师大出版社 2015 年/507 页

《中国道观志丛刊正续编（共 64 册）（精）》/高小健编，广陵书社 2015 年/33316 页

《教典籍选刊：黄帝九鼎神丹经诀校释》/韩吉绍注，中华书局 2015 年/361 页

《幻境论道 老子与亚里士多德》/瑀欣著，上海古籍出版社 2015 年/76 页

《道家诗性精神：兼与海德格尔比较》/王凯著，人民出版社 2015 年/590 页

《道教研究论集》［*Essays on Taoist Studies*（*Stephen R. Bokenkamp*）］/［美］柏夷著，孙齐、田禾、谢一峰等译，秦国帅、魏美英、纪赟等校，中西书局 2015 年/283 页

《神仙信仰现象学引论——对几部早期道经的思想性读解》/余平著，四川大学出版社 2015 年/227 页

《清静经集释》/杜光庭、吕纯阳等编，中央编译出版社 2015 年/308 页

《道解庄子》/时金科著，中央编译出版社 2015 年/430 页

《江西省哲学社会科学成果文库：中国道教文化资源开发及产业化》(*Research on the*

Development and Industrialization of Taoist Cultural Resources in China）/陈雅岚著，社会科学文献出版社 2015 年/256 页

《道教与封建王权政治交流研究》/周德全著，人民出版社 2015 年/678 页

《王契真〈上清灵宝大法〉研究》/陈文龙著，山东齐鲁书社出版有限公司 2015 年/413 页

《中华道学论纲》/李尚武著，山东齐鲁书社出版有限公司 2015 年/299 页

《道教炼丹术与中外文化交流》（*Daoist Waidan And Sino - foreign Cultural Exchanges*）/韩吉绍著，中华书局 2015 年/256 页

《中国道教文化资源开发及产业化》/陈雅岚编，社会科学文献出版社 2015 年/241 页

《〈道德真〉经简明教程》/周高德著，任法融、王哲一编，宗教文化出版社 2015 年/248 页

《道教与岭南俗信关系研究》/王丽英编，社会科学文献出版社 2015 年/296 页

《道教修炼养生学》/陈兵著，陕西师范大学出版总社 2015 年/365 页

《黄庭经集释》/（唐）梁丘子等著，中央编译出版社 2015 年/426 页

《悟真篇集释》/翁葆光编，中央编译出版社 2015 年/513 页

《周易参同契集释》/（宋）朱熹编，中央编译出版社 2015 年/523 页

《悟真篇集释》/（宋）张伯端著，翁葆光校注，中央编译出版社 2015 年/513 页

《道藏》/上海书店出版社 2015 年/16719 页

基督宗教

《没有上帝的宗教》/［美］德沃金著，［美］於兴中译，中国民主法制出版社 2015 年/128 页

《宗教美国，世俗欧洲？——主题与变奏》/［美］彼得·伯格等著，商务印书馆 2015 年/248 页

《哲学与宗教的永恒同盟：谢林〈哲学与宗教〉释义》/先刚著，北京大学出版社 2015 年/317 页

《美国的宗教与法律：立国时期考察》/［美］麦康奈尔著，程朝阳译，法律出版社 2015 年/220 页

《灵魂之剑 信仰之盾：美国战争与外交中的宗教》/［美］普雷斯顿著，罗辉译，东方出版中心 2015 年/674 页

《政治的神学》/［德］施米特著，刘宗坤等译，上海人民出版社 2015 年/264 页

《文化的利用和再创造：明清之际宁波天主教思想研究》/刘亚斌著，上海交通大学出版社 2015 年/225 页

《冲突对话妥协——戴维·洛奇天主教小学中宗教与世俗的关系研究》/孙希佳著，安徽大学出版社 2015 年/167 页

《基督的新娘——中国天主教贞女研究》/康志杰著，中国社会科学出版社 2015 年/391 页

《自己的上帝：宗教的和平能力与潜在暴力》/［德］贝克著，李荣荣译，上海译文出版社 2015 年/208 页

《中世纪哲学：历史与哲学导论》/［英］约翰·马仁邦著，吴天岳译，北京大学出

版社 2015 年/536 页

《天主教研究论辑（第 11 辑）》/赵建敏编，当代中国出版社 2015 年/304 页

《天主教世界的复兴活动（1540—1770）》/［美］夏伯嘉著，余芳珍译，上海人民出版社 2015 年/259 页

《“天会”与“吾党”：明末清初天主教徒群体研究》/肖清河著，中华书局 2015 年/323 页

《后现代神学》/范胡泽著，上海人民出版社 2015 年/305 页

《中国近代基督教大学外籍校长办学活动研究（1892—1947）》/谢竹艳、周川著，福建教育出版社 2015 年/345 页

《基督教》/游斌、潘少铎、郭白歌著，中国民主法制出版社 2015 年/194 页

《基督教与中国文化》/吴雷川著，商务印书馆 2015 年/272 页

《众神喧哗中的十字架：基督教与福建民间信仰共处关系研究》/范正义、贾益民著，社会科学文献出版社 2015 年/284 页

《基督教佛教兴起对欧亚地区竞争力的影响》/张文木著，清华大学出版社 2015 年/198 页

《民国时期非基督教运动重要文献汇编》/唐晓峰、王帅编，社会科学文献出版社 2015 年/586 页

《经济金融与基督教视角》/黄元山、林洁珍著，上海社会科学院出版社 2015 年/135 页

《基督教传播与大众媒介》/许正林著，上海人民出版社 2015 年/825 页

《基督教学术（第 12 辑）》/张庆雄、徐以骅主编，上海三联书店 2015 年/304 页

《基督教学术（第 13 辑）》/张庆雄、徐以骅主编，上海三联书店 2015 年/349 页

《基督教学术（第 14 辑）》/张庆雄、徐以骅主编，上海三联书店 2015 年/249 页

《近代新加坡华人基督教研究（1819—1949）》/张钟鑫著，福建人民出版社 2015 年/202 页

《虽至于死：台约尔传》/张陈一萍、戴绍曾著，广西师范大学出版社 2015 年/524 页

《上帝、洛克与平等：洛克政治思想的基督教基础》/［美］沃尔德伦著，郭威等译，华夏出版社 2015 年/207 页

《国家、教育与宗教——基督教教育会与近代中国》/张龙平著，中国社会科学出版社 2015 年/397 页

《简明教会历史》/［美］科尼什，敦煌文艺出版社 2015 年/320 页

《基督教与和谐社会建设》/卓新平、蔡葵著，中国社会科学出版社 2015 年/348 页

《西欧中世纪社会中的基督教教会》/王亚平著，中央编译出版社 2015 年/262 页

《跨文本阅读：〈希伯来圣经〉诠释》/李炽昌著，上海三联书店 2015 年/309 页

《希伯来圣经导论》/游斌著，上海三联书店 2015 年/299 页

《荷马史诗中的生与死》/［英］格里芬著，刘淳译，北京大学出版社 2015 年/252 页

《罗马的文学与宗教：文化、语境和信仰》/［美］费尼著，李雪菲等译，北京大学出版社 2015 年/212 页

《论古代与近代的历史学》/［意］莫米利亚诺著，晏绍祥等译，北京大学出版社 2015 年/420 页

《中世纪哲学：历史与哲学导论》/马仁邦著，北京大学出版社 2015 年/536 页

《古典传统：希腊罗马对西方文学的影响》/［美］海厄特著，王晨译，北京联合出版社 2015 年/640 页

《古典学术史》/［德］普法伊费尔著，北京大学出版社 2015 年/324 页

《心灵与自我的希腊模式》/［美］安东尼·朗著，何博超译，北京大学出版社 2015 年/204 页

《苦难与伟大：修昔底德视野中的人类处境》/白春晓著，北京大学出版社 2015 年/140 页

《古希腊人的宗教生活》/［英］普赖斯著，邢颖译，北京大学出版社 2015 年/267 页

《希腊精神：一部文明史》/［英］汤因比著，乔戈译，商务印书馆 2015 年/225 页

《古罗马的教育：从西塞罗到昆体良》/［英］葛怀恩著，黄汉林译，北京大学出版社 2015 年/215 页

《正义之源：自然法研究》/吴经熊著，法律出版社 2015 年/416 页

《拉英词典（影印本）》/［美］刘易斯编，北京大学出版社 2015 年/968 页

《希英词典（影印本）》/［美］利德尔等编，北京大学出版社 2015 年/920 页

《天主教》/高喆、刘成有著，中国民主法制出版社 2015 年/527 页

《圣经百科辞典》/梁工编，辽宁人民出版社 2015 年/1367 页

《上帝与祖先：东北汉人社会的基督教与亲属制度》/李鹏著，世界图书出版公司 2015 年/163 页

《基督教与中国文化》/吴雷川著，商务印书馆 2015 年/272 页

伊斯兰教

《基于社会主义和谐社会视域下的伊斯兰和谐思想研究》/马文祥著，中国社会科学出版社 2015 年/258 页

《中国回族学（第 5 卷）》/宁夏大学回族研究院编，宁夏人民出版社 2015 年/253 页

《伊斯兰教》/刘成有编，中国民主法制出版社 2015 年/196 页

《伊斯兰新兴宗教运动：全球赛莱菲耶》/［荷］罗伊·梅杰编，杨桂萍、马文、田进宝译，乌勒返、丁燕校，民族出版社 2015 年/380 页

《明清回族伊斯兰哲学范畴研究》/朱国明著，宁夏人民出版社 2015 年/314 页

《长三角都市流动穆斯林与伊斯兰教研究》/葛壮编，上海社会科学出版社 2015 年/383 页

《田野中的洞察——人类学伊斯兰研究散论》/马强著，青海人民出版社 2015 年/277 页

《汉译古兰经第一章详解》/康有玺编，宗教文化出版社 2015 年/209 页

《伊斯兰文化研究论集》/马占明编，宁夏人民出版社 2015 年/264 页

《塔利班：宗教极端主义在阿富汗及其周边地区》/［巴基斯坦］艾哈迈德·拉希德（Ahmed Rashid）著，钟鹰翔译，重庆出版社 2015 年/376 页

《伊斯兰文明的中国之旅丛书：月光下的微笑》/唐荣尧著，陕西师范大学出版总社 2015 年/360 页

《“伊斯兰国”简论》/［英］查尔斯·利斯特著，中信出版社 2015 年/153 页

《中国南方回族团体与宗教场所文史资料辑要》/中国南方回族古籍丛书编委会、马建钊、张菽晖编，广东人民出版社 2015 年/432 页

其他

《由巫到礼　释礼归仁》/李泽厚著，生活·读书·新知三联书店 2015 年/238 页

《图说世界著名教堂》/魏新编，北京工业大学出版社有限责任公司 2015 年/387 页

《天上人间：敦煌艺术》/陈明著，中州古籍出版社 2015 年/125 页

《热贡艺术及传承人·唐卡：斗尕口述史》/卓么措著，学苑出版社 2015 年/525 页

《元明清时期天水地区的佛教艺术》/高翾著，甘肃人民出版社 2015 年/179 页

《西夏文〈吉祥遍至口合本续〉整理研究》/孙昌盛著，社会科学文献出版社 2015 年/712 页

《我书意造本无法——苏轼书画艺术与佛教》/陈中浙著，商务印书馆 2015 年/439 页

《诸相非相：画禅（二）》/林谷芳著，漓江出版社 2015 年/184 页

《小藏经济修——印祖文钞易读》/弘法著，宗教文化出版社 2015 年/432 页

《西藏瑰宝：明清佛教造像精选》/西藏瑰宝编委会编，向红笳译，朝华出版社 2015 年/32 页

《西藏瑰宝（吐蕃分治元代佛教造像精选）（德文版）》/朝华出版社编，朝华出版社 2015 年/32 页

《犹太教律法研究：以法律文化为视域》（*A Study of Jawish Law: From a Perspective of Legal Culture*）/王宏选著，山东大学出版社 2015 年/262 页

《死海古卷概说》/TIMOTHY, H. LIM 著，外语教学与研究出版社 2015 年/280 页

《犹太研究（第 13 辑）》（*Jewish Studies*）/傅有德编，山东大学出版社 2015 年/306 页

《犹太神秘主义概论》/刘精忠著，中国社会科学出版社 2015 年/460 页

《犹太人的文明》/李杰著，新世界出版社 2015 年/243 页

《复活概念的由来及其演变》/［美］凯文·J. 麦迪甘、乔恩·D. 列文森著，傅晓微等译，四川文艺出版社 2015 年/290 页

《研读妥拉：犹太深度释经法入门》/［美］博恩澈（Avigdor Bonchek）著，林梓凤译，刘平校，同济大学出版社 2015 年/191 页

2015年度宗教学研究会议目录

王鹤琴 编

1月

1月5日，题为“宗教艺术与当代文化建设——以禅意书画为中心”学术论坛在中国社会科学院成功举办。此次论坛由中国社会科学院世界宗教研究所、院工会、院书画家协会主办，由广东观音山森林公园协办。

1月8日，浙江嘉兴桐乡市太虚大师研究会在桐乡正式成立，这意味着太虚大师的学术、思想将得到深入而广泛的整理、研究，并进一步弘扬。来自全国各地的专家学者及嘉兴市相关部门负责人齐聚一堂，缅怀太虚大师，弘扬爱国爱教创新精神。

1月15日，由中国文化研究院（香港）、武汉大学哲学院、武汉大学健康禅研究中心联合举办，广东四会六祖寺、亚太经济时报《禅文化》、广东天柱慈善基金会等协办，由湖北六祖文化传播有限公司承办的第二届“健康禅”学术研讨会在湖北武汉隆重举行。

1月18日，上海复旦禅学会2015年度年会在上海璞玉艺术馆召开。复旦禅学会会长王雷泉教授和40余名会员、嘉宾济济一堂，回顾历史，共话新岁。

1月18—19日，由中国社会科学院世界宗教研究所主办的“宗教蓝皮书2014定稿会和2015组稿会”在北京召开。

1月23日，国宗局召开2015年在京特聘专家座谈会。中央党校、国家行政学院、中国社会科学院、北京大学、中国人民大学、中央民族大学等高校和机构的16位在京特聘专家参加会议。

1月24日，由深圳大学主办、深圳大学国学研究所承办的“经典、经学与儒家思想的现代诠释”国际学术研讨会在深圳召开。来自十多个国家和地区的100多位专家学者齐聚一堂，围绕诠释学基本原理、儒学的现代诠释以及反思等前沿课题，展开深入探讨，以期推动儒家诠释学研究的发展。

1月24—26日，首届“心灵探索——哲学与佛学的对话”国际学术研讨会在青岛举行。此次研讨会由上海交通大学生命、心灵与认知研究中心，中国人民大学分析哲学研究中心、中国维特根斯学会主办，上海海青文杰文化传播有限公司承办。国际与国内心灵哲学研究领域的专家学者与藏传佛教宁玛派的佛学大德齐聚一堂，进行了广泛深入的学术与思想交流。

2月

2月10日，中国佛学院普陀山学院与华东师范大学哲学系合作交流会举行。交流会明确了以如何培养佛教“大师级人才”为根本，以如何更好地助推“僧教育”为核心，立足学院与华东师范大学哲学系的实际情况，对2015年国民教育的开展方式、2015年国民教育教学计划的制订，以及未来双方的深层次合作等问题一一作了深入的讨论和研究，对双方下一步合作的具体事项做了细致的商议和部署。

3月

3月17日，国家宗教事务局召开了宗教文化出版工作研讨会。在京知名专家学者、全国性宗教团体分管副会长及国宗局相关部门主要负责人，共约50人出席了会议。

3月18日，中国统一战线理论研究会民族宗教理论甘肃研究基地举行在京专家座谈会，近30名专家学者参加了座谈会。

3月21—22日，由南京大学中华文化研究院主办、佛光山人间佛教研究院和佛光祖庭宜兴大觉寺协办的“第三届星云大师人间佛教理论实践学术研讨会”在大觉寺举行。此次会议讨论星云大师及其人间佛教的相关议题，推进、拓展了人间佛教研究的深度与领域。

3月29日，在博鳌亚洲论坛会议中心举办了以“中道圆融——凝聚善愿的力量”为主题的宗教分论坛，这是博鳌亚洲论坛从2001年成立大会以来，首次举办宗教分论坛。

4月

4月11日，第六届佛教与基督教比较学术研讨会“佛性与圣灵”在重庆西南大学召开。此次研讨会由西南大学宗教研究所、重庆华岩寺和北美华人基督教会共同主办。研讨会的主题是“佛性与圣灵”。

4月12—13日，深圳弘法寺与北京大学佛学教育研究中心在北京大学联合主办“本焕长老与当代佛教”学术研讨会。来自海内外的150余位专家学者、党政领导、媒体代表齐聚一堂。

4月22日，由中国人民大学宗教高等研究院、民族出版社、中国民族报等机构联合主办的“宗教的公共表达”学术研讨会暨《魏德东的宗教评论》新书发布会在京召开。来自中国社会科学院、北京大学、中共中央统战部等机构的专家学者30余人，围绕“宗教与文化建设”“宗教与当代社会发展”“中国宗教与文化软实力建设”等议题进行了深入探讨。

4月25日，当代道教文化建设与人才培养研讨会在中国人民大学举行。此次研讨会由中国人民大学哲学院、宗教高等研究院，武当山道教学院联合举办。与会人士结合本道场和全国道场建设的现状，围绕当代道教文化建设以及人才培养的重点、难点和对策，道文化夏令营活动的开展，当代道教文化与科研机构和高等院校的关系等议题展开了热烈讨论。

4月28日，孟子文献学高端学术研讨会在孟子故里山东邹城召开。来自中国社会科学院、复旦大学、中国人民大学、山东大学等机构的20余名专家学者齐聚一堂，就孟子文献研究、孟子文献的整理与利用、孟学专著研究、孟学史研究等展开研讨。

5月

5月16日，中国佛学院栖霞山分院第三届三论宗学术研讨会在三论宗祖庭栖霞古寺召开。此次共有来自中国社会科学院、北京大学、中国人民大学、南京大学等多所高校以及多个国家和地区60位法师、学者代表参加会议，共收到会议论文53篇。

5月27—28日，由中国社会科学院世界宗教研究所主办，国务院发展研究中心民族发展研究所、河北省信德文化研究所协办的“当代中国天主教发展研讨会”在北京隆重举行。这是改革开放以来国内举办的第一次以当代中国天主教发展为题的学术研讨会，也是国内天主教会教职人员第一次与国内宗教研究机构、高校学者就当代中国天主教会的现状与发展进行面对面的交流与分享。与会者共计30人，发表论文24篇。

5月30—31日，由中国社会科学院世界宗教研究所与中国宗教学会共同主办的马克思主义宗教观研讨会（2015）在北京召开。来自国家宗教事务局、中央社会主义学院、中共中央文献研究室、陕西省社会科学院、江西省社会科学院、天津社会主义学院、四川省人民政府参事室、中国人民大学、中央民族大学、陕西师范大学、新疆师范大学、辽宁大学、四川大学、湘潭大学、渤海大学、燕山大学、内蒙古工业大学、牡丹江师范学院、山东枣庄学院、常德市委党校等单位的中国学者，和来自美国、德国、澳大利亚、韩国及法国等国家的外国学者，共约50人出席会议。

6月

6月6—7日，由中国社会科学院世界宗教研究所主办的“宗教心理学理论、方法、应用探新”研讨会在北京展览馆宾馆召开。参加此次会议的学者有来自中国社会科学院、北京大学、中国人民大学、北京师范大学、中央民族大学、中国政法大学、浙江大学、四川大学、南京师范大学、陕西师范大学、浙江师范大学、济南大学、曲阜师范大学、天津外国语大学等科研机构和高校从事宗教心理学研究的专家学者30余人。

6月6—8日，由北京大学东方学研究院与新加坡炎黄国际文化协会主办的“21世纪东方文化论坛”在北京大学召开。

6月12—13日，第九届近代中国基督教史国际学术研讨会于香港浸会大学举行。这次研讨会的主题是“1949年后的中国基督教”。此次研讨会联合主办单位有：建道神学院基督教与中国文化研究中心、香港浸会大学、香港浸会大学历史系、香港浸会大学近代史研究中心、香港浸会大学社会科学院、香港浸会大学中国研究课程。

6月13日，“宗教与中国当代文化建设”高层论坛暨2015年中国宗教学会年会在大理大学召开。论坛由中国宗教学会、中国社会科学院世界宗教研究所、大理大学、云南民族大学联合主办。全国宗教学界近百位知名学者汇聚一堂，共同研讨“宗教与中国当代文化建设”这一理论意义深远、现实意义重大的课题。

6月17日，中国人民大学法律与宗教研究中心高端论坛之六——“国法与教规的关系”论坛在北京举行。主办单位中国人民大学法学院、中国人民大学国家发展与战略研究院邀请了五大宗教的5位宗教团体领袖，围绕国法与教规的关系做了主题演讲，邀请中国人民大学哲学院与法学院的几位教授进行了会谈交流。

6月26日，“中国金川‘象雄—苯教’文化学术研讨会”在西南民族大学开幕，来自北京、西藏、青海、四川等地权威机构的近50名国内藏学研究者出席了此次研讨会。研讨会会议主题为“探寻象雄文明千古传奇，弘扬苯教文化传世经典”。

6月27日，首届“中国的东正教研究及东正教群体”学术研讨会在中国社会科学院世界宗教研究所召开。研讨会由中国宗教学会、中国社会科学院基督教研究中心举办。

6月29日，以“心灵环保·世界和谐”为主题的2015中国梵净山生态文明与佛教文化论坛在贵州铜仁市梵净山拉开帷幕。来自国内外各地的专家学者、大德高僧共聚弥勒道场梵净山，论道生态文明，以佛学引领心灵环保。

7月

7月3日，“藏传佛教艺术创作研讨会”在北京大学召开。会议由北京大学宗教文化研究院、北京大学图书馆主办，中国宗教艺术网承办，北京衍圣宗艺文化发展中心和北京君梓文化发展有限公司协办。

7月7日，由中国人民大学佛教与宗教学理论研究所、哲学院、宗教高等研究院、国际佛学研究中心联合举办的“方立天学术思想研讨会”在京举行。

7月9日，由中国嵩山少林寺主办的“少林文化丝路行”专家座谈会在北京大学举行。与会专家学者就少林寺“如何践行‘一带一路’视域下的‘少林文化走出去’”“少林寺在中华文明与域外文化交流互鉴中的作用”“历史上与西域文化、东南亚文化、中亚文化等有关的少林高僧”等论题展开了广泛而深入的研讨。

7月9—12日，由中国社会科学院世界宗教研究所、中国宗教学会、北京东岳庙主办，中央民族大学哲学与宗教学院、中国社会科学院巴哈伊研究中心协办的“首届北京宗教研究高端论坛”举办。此次高端论坛主题为“北京的多元宗教与和谐社会建设”。论坛针对北京宗教的历史与现状、北京宗教文化遗产的传承与保护、北京宗教与国际文化交流、宗教在北京和谐社会建设中的积极作用等议题展开探讨。

7月11日，首届宗喀巴国际学术研讨会在青海民族大学召开。来自中国社会科学院、中国藏学研究中心、中央民族大学、西藏大学、西南民族大学、西北民族大学、青海师范大学、日本、韩国及宗教界等国内外相关机构的51位专家学者出席会议。此次会议由青海民族大学宗喀巴研究院主办。

7月16日，国家宗教事务局在京召开“国法与教规关系”研讨会。各全国性宗教团体负责人、宗教学和法学领域的有关专家学者、部分省（区、市）宗教工作部门有关同志及我局有关部门负责同志参加会议。

7月17—18日，第12届宗教社会科学年会在中国人民大学举行。来自大陆、中国香港、中国台湾及英国、美国、日本等高校和研究机构的百余名学者出席了会议，交流论文90余篇。此次年会的总主题是“全球政治中的宗教”。

7月21日，为了更好地总结《中国宗教》杂志社、宗教文化出版社成立20年来取得的成绩与经验，谋划下一步发展，国家宗教局在北京召开了宗教宣传出版工作研讨会。

7月24日，由禅与人类文明研究中心主办、中国佛教学会协办的第七届两岸四地暨国际佛教学术研讨会、第十届青年佛教学者学术研讨会在香港中文大学康本国际学术园开幕。此次研讨会的主题为“禅与人类文明”，从各地远道而来的专家学者近百人参与此次研讨会。

7月25—26日，由石家庄市伊斯兰教协会主办、石家庄清真寺承办的“纪念抗日战争胜利70周年暨石家庄市清真寺重建20周年”系列活动之“城市清真寺的社会功能”研讨会在河北省石家庄市召开。

7月27日，以五台山信仰的多样性和超地域、超文化性研究为主题的世界佛教研讨会在五台山举办。此次会议的目的是促进僧俗两界、信仰者与研究者之间的良性互动、精诚合作。会议由三所大学的几位研究者倡导，得到了山西佛教协会与五台山大圣竹林寺的鼎力支持。

8月

8月5日，《赵朴初全集》编纂工作会议在哈尔滨举行。中国佛教协会，黑龙江省委宣传部，安徽省佛教协会、安徽省赵朴初研究会、安徽大学赵朴初研究中心、安徽省安庆市赵朴初故居管理处、九华山佛教文化研究中心的相关人士出席了会议。

8月6—10日，由中国社会科学院世界宗教研究所宗教学理论研究室、中国社会科学院世界宗教研究所儒教研究中心与中国人民大学国学院联合举办的第四届宗教哲学论坛“古今之辨：哲学、宗教、政治——宗教哲学2015青岛论坛暨《宋儒微言》研讨会”顺利举行。与会的专家学者来自中国社会科学院世界宗教研究所、中国社会科学院哲学研究所、北京大学、中国人民大学、山东大学、中山大学、中央民族大学、首都师范大学、深圳大学、中国海洋大学等院校。

8月8日，第一届佛教义学研讨会在上海华东师范大学隆重开幕。此次会议由佛教义学研究会、华东师范大学哲学系、华东师范大学宗教文化研究中心、杭州佛学院、圣严教育基金会、华海财产保险股份有限公司联合举办。来自中国社会科学院、华东师范大学、清华大学、中国人民大学、中山大学、南京大学、四川大学、台湾大学、台湾南华大学、中国佛教协会、闽南佛学院、杭州佛学院等海峡两岸相关机构的40余位专家学者出席会议。

8月17日，“第二届中韩儒学交流大会”在济南隆重举行，此次会议主题为“中韩儒学比较与发展”。与会中韩儒学研究专家从中韩不同的国情出发，通过比较分析，深入研究了儒学的历史意义，认真审视了儒学的当代价值，广泛探讨了儒学的未来发展。

8月20日，由少林寺和佛教在线主办的“首届海峡两岸青年佛教论坛”主论坛在河南省登封市隆重召开。此次佛教论坛以“佛教文化与民族复兴”为主题，共分为一场主论坛和三场分论坛。

8月29日，由中国佛教文化研究所主办、清华大学道德与宗教研究院协办、北京佛教文化研究所承办的“2015佛教思想建设研讨会”在北京什刹海书院隆重召开。

9月

9月8日，“茶马古道上的文明与宗教”——第四届中国宗教人类学论坛在湖南湘西土家族苗族自治州吉首大学召开，专家学者热议茶马古道上的宗教文化。

9月9—10日，“伊斯兰教与新疆社会发展”学术研讨会在京召开。此次学术研讨会由中国社会科学院世界宗教研究所、中国宗教学会主办，世界宗教研究所伊斯兰教研究室具体承办。与会专家、学者围绕会议主题，集思广益，充分研讨，为“一带一路”建设、新疆社会发展建言献策。

9月11日，“佛教在中国文化发展中的定位”研讨会在北京召开。此次会议由“战略与管理·学习俱乐部”与“佛教义学研究会”联合主办。国内多位著名佛教学者出席了会议。

9月18日，由中国社会科学院世界宗教研究所、国家宗教事务局外事司、中国宗教学会主办的中国社会科学论坛（2015·宗教学）在北京召开。此次论坛以“一带一路”与宗教对外交流为主题，百余位专家学者、政界人士、宗教界人士出席论坛，围绕“一带一路”国家战略与宗教的关系开展了深入而热烈的讨论，积极为国家有关部门建言献策，提供决策依据和参考。

9 月 18 日，福建省基督教两会在福建神学院举行首届“福湾论坛”——“基督教中国化”研讨会，来自政界、学界、教界的学者、九届三次常委会议的与会牧者，共 300 多人参加了此次专题研讨会。

9 月 19 日，湖北省随州市隆重举行“大洪山禅宗文化研讨会”，来自中国内地与澳门地区和日本、韩国、泰国等国的学者参加了会议。中国佛教协会副会长、湖北省佛教协会名誉会长、深圳弘法寺方丈、大洪山大慈恩寺住持印顺法师与专家学者及嘉宾共同探讨禅宗及大洪山文化。

9 月 21—22 日，由中国社会科学院、全国博士后管理委员会、中国博士后科学基金会主办，中国社会科学院博士后管理委员会、中国社会科学院世界宗教研究所承办的首届全国宗教学博士后论坛在北京中国社会科学院举行。此次论坛的主题为“宗教学与中华文化复兴”，来自中国社会科学院、北京大学、复旦大学、南京大学、武汉大学、山东大学、四川大学、西北大学等博士后流动站的近 30 位博士后参会并做主旨发言，来自中国社会科学院、北京大学、清华大学、复旦大学、中国人民大学、中央民族大学等大学和研究机构的博士生导师进行了点评，共计近 80 人参加了此次论坛。

9 月 23 日，第二届“道教 · 中国”文化论坛暨辽宁铁刹山“道教 · 中国”养生文化论坛在辽宁本溪满族自治县隆重举行。此次论坛的主题是“尊道贵德，健康养生”。论坛由辽宁省道教协会主办，本溪市道教协会、本溪市道教文化研究会、铁刹山风景区管理处承办。国家宗教局和辽宁省有关领导以及知名专家学者共计 180 余人出席了论坛活动。

9 月 23—24 日，由山东省佛教协会及山东大学佛教研究中心联合举办的“天台宗与佛教教育学术研讨会”在山东青州广福寺隆重举行。来自全国各地及海内外的专家学者、教内知名法师与会，围绕天台宗教育思想以及新时期如何发展佛教教育等话题，进行了深入的“跨界”研讨交流。

9 月 27 日，以“儒家思想与当代价值建构”为主题的第七届世界儒学大会在孔子的诞生地山东曲阜召开。共有来自中国大陆和台湾、香港地区以及美国、德国、俄罗斯、马其顿、埃及、澳大利亚、新加坡、韩国、日本、马来西亚、越南、蒙古等十几个国家的 150 余位专家学者参加了大会。

9 月 28 日，“儒学与中华文化复兴”理论研讨会在衢州市召开。此次研讨会由中国社会科学院哲学研究所、光明日报社和衢州市委、市政府共同主办，来自国际儒学联合会、北京大学、中国人民大学等十余名专家、教授做了研讨交流发言，对衢州南孔文化的挖掘、传承、弘扬和传播，以及经济社会发展提出了不少真知灼见，具有很强的现实指导和借鉴意义。

9 月 28 日，由山西大学商务学院与山西省当代儒学研究会、山西省民俗博物馆等单位联合主办的山西纪念孔子诞辰 2566 周年学术论坛暨山西省第十一届当代儒学学术研讨会在该院学术交流中心成功举办。来自中共中央党校、山东省社会科学院、山西大学、山西省委党校、山西省社科院、太原科技大学、山东德州学院等教育、学术机构的 30 余名专家学者出席了此次学术研讨会。

10 月

10 月 3 日，由北京大学佛学教育研究中心、中华民族文化交流工作委员会、山东大学佛教研究中心、香港大公报、博山区政协共同发起主办的首届博山文化论坛在山东淄博博山正觉寺隆重举行。从各级政府领导到专家学者，从十方善信到诸山长老，以及两岸四地的数千嘉宾齐聚一堂，就“佛教与中国当代文化建设”这一主题，互相交流、砥砺切磋，探索传统文化传承和发展的道路，为中国梦的实现建言献策。

10 月 5 日，第十届天下赵州国际禅茶文化交流大会在河北石家庄隆重开幕。来自全国各地、日本、韩国、尼泊尔等地共约 1500 人参与了当天的开幕式。5 日下午，第十届天下赵州国际禅茶文化交流高峰论坛正式开始，此次论坛的主题是正念与感恩——茶与现代人生命的安顿，共分上、下两场举行。11 位学者、法师参与讨论。

10 月 12 日，余杭南山大普宁寺与民间佛教学术研讨会在浙江召开。来自各地的专家学者们就白云宗的宗派定位与中国佛教的民间化，白云宗与余杭南山大普宁寺的历史渊源，白云宗在中国佛教史上的独特性及其与元代佛教及西夏佛教之间的相互关系，南山摩崖石刻的造像艺术及其佛教文物价值，《大普宁藏》在中国佛教刻经史上的地位与影响，以及余杭瓶窑南山摩崖石刻的保护及南山佛教历史文化的深入挖掘等学术论题，进行了较全面深入的专题探讨，拓展了杭州佛教历史文化研究的新视野。

10 月 16 日，中国基督宗教史专题学术研讨会在河南省安阳师范学院举行。专家学者、基督宗教界人士挖掘和回溯中国基督宗教历史，共同探讨基督宗教与中华文化共生共融的途径。

10 月 21—23 日，在四川大学宗教学研究所成立 35 周年之际，由教育部重点研究基地四川大学道教与宗教文化研究所、国家“985 工程”四川大学宗教、哲学与社会研究创新基地、青城山道教协会主办的“青城山道教学术研究前沿问题国际论坛”在成都隆重召开。

10 月 21 日，“‘丝路·思路’2015 年克孜尔石窟壁画国际学术研讨会”在杭州开幕。来自美国、德国、英国、意大利、荷兰、匈牙利、俄罗斯、日本等国家和中国大陆与台湾地区的 100 余名著名专家和学者，从当代国际化的视角对古典壁画艺术的保护、修复、研究、文化传承等方面进行卓有成效的沟通和交流，并对古代壁画艺术的风格、流派、历史演变以及文化价值进行了深入的探讨。

10 月 24 日，第四届世界佛教论坛在江苏无锡开幕，来自 52 个国家和地区的千余名佛教界人士、专家学者和其他社会知名人士围绕“同愿同行、交流互鉴”这一主题，探讨佛教思想在化解当今世界人类生存和发展中存在问题的作用。

10 月 24—25 日，陕西师范大学宗教研究中心隆重举行“第二届中国华严国际学术研讨会”。来自中国、日本、韩国的 10 位代表以及中国大陆和台湾地区的嘉宾出席，中心师生 30 余人参加会议。

10 月 24—25 日，河北省首届道教论坛暨第二届太平道学术研讨会在河北平乡举行。此次论坛主题为“大道以和，太平天下”，由河北省道教协会、中央民族大学主办，河北艺术家协会协办。中央民族大学、四川大学、北京师范大学、河北师范大学、中国社会科学院等机构的 20 余名专家学者，河北省道教协会各副会长、副秘书长、部门委员会主任等 60 余名道教界人士参加了此次研讨。

10 月 24—25 日，由中国社会科学院世界宗教研究所、中国宗教学会主办的第四届东南亚宗教研究高端论坛在北京召开。此次论坛的主题为“东南亚宗教的转型与创新”，来自中国社会科学院、北京大学、斯里兰卡凯拉尼亚大学、马来西亚南方大学、马来西亚拉曼大学、香港教育学院、中国政法大学、北京外国语大学、厦门大学、中山大学、暨南大学、华侨大学、云南大学、云南师范大学、云南民族大学、云南社会科学院、宁夏大学、深圳大学等高校和研究机构的学者及来自中国佛学院、云南西双版纳州勐海县佛教协会等机构的宗教界人士共计近 80 人参加了此次论坛。

10 月 31 日，由中国社会科学院世界宗教研究所和“中国社会学会宗教社会学分论坛（筹）”联合举办的“宗教社会学 2015 北京论坛”举行了开幕式。开幕式由中国社会科学院世界宗教研究所宗教学理论研究室主任赵广明研究员主持，由中国宗教学会副会长、中国社会科学院世界宗教研究所金泽研究员致开幕辞。

10 月 31 日，由中国人民大学法学院、宗教高等研究院主办，中国人民大学法律与宗教研究中心、中国社会科学院法律宣教与公法研究中心、北京联合大学膜拜团体与宗教文化研究中心共同承办的“宗教法治的顶层设计与实践创新”学术研讨会在北京举行。研讨会收到论文 40 余篇。具有法学、宗教学、历史学、党史研究等学科背景的专家学者，以及来自宗教界的有关人士和中国人民大学宗教学专业研修班的学员，共 50 余名代表参加了会议。

11 月

11 月 7 日，由西安电子科技大学人文学院主办的终南山文化遗产研讨会在西安举行。西安市副市长方光华先生、陕西省社科联荣誉主席赵馥杰教授、吉林大学常务副校长邴正教授、西北大学佛教研究所所长李利安教授、西安市秦岭办党组书记焦维发先生、《光明日报》国学版主编梁枢先生、陕西省文化遗产研究院院长周萍女士等出席会议并发言。

11 月 7 日，在中国禅宗发祥地之一的河北省，第五届河北禅宗文化学术研讨会开幕。当天来自日本、新加坡、斯里兰卡等国家以及中国包括港、澳、台地区在内的各地专家学者、禅学爱好者等各界人士共 300 人参加会议。

11 月 7—8 日，基督教与现代中国道德建构学术研讨会在北京举行。会议由中国人民大学哲学院、基督教与中国研究中心等单位联合举办，发表论文 23 篇，50 余位专家出席了会议。

11 月 8 日，由河北大学伊斯兰国家社会发展研究中心主办，北京语言大学阿拉伯研究中心承办，17 家大学及社会研究机构协办的“一带一路与伊斯兰国家发展国际研讨会”在北京召开。来自传媒、文化、哲学、国际关系等不同领域的海内外专家学者近 80 人参会。与会专家就“一带一路”沿线国家的发展以及我国“一带一路”战略建设等话题开展了开放、多元的研讨。

11 月 9 日，莆田南少林寺举办主题为“丝路愿行，和合利生”——“丝绸之路”佛教文化高峰论坛，来自海峡两岸的高僧，北京大学、厦门大学等专家学者、信众 200 多人与会，共同探讨佛教文化在当今社会的价值和积极作用。

11 月 10 日，为加强宗教文化交流，促进边境地区和谐稳定，由云南省瑞丽市中缅边境文化交流协会宗教文化交流部主办、瑞丽市佛教协会承办的“2015 中缅边境地区南传佛教文化交流会”在瑞丽市召开。

11 月 16 日，《中华大藏经（汉文部分）·续编》2015 年编纂工作会议在杭州召开。

来自南京大学、西北大学、浙江大学、上海社科院、浙江省社科院、陕西师范大学、山西五台山、上海师范大学、中国社会科学院、中华书局等单位的部分编委出席了会议。

11月20日，由中国社会科学院世界宗教研究所、中国宗教学会、北京基督教“两会”、中国社会科学院基督教研究中心主办的“基督教中国化之路”国际学术研讨会在京举行。来自中央统战部、国家宗教事务局、中国社会科学院、北京市宗教局、四川泸州市宗教局、北京大学、北京师范大学、山东大学、兰州大学、西北师范大学、北京市基督教“两会”、燕京神学院等机构以及来自中国香港、中国台湾、美国、芬兰等国家和地区的近50位专家、学者、教牧人员参加了此次学术研讨会。

11月21日，由中国社会科学院世界宗教研究所与四川大学老子研究院联合举办的中国首届南宗道教论坛在海南省定安县文笔峰隆重举行。来自北京、四川、台湾、福建、江西、浙江、上海等地高校、科研部门以及全国各地道教文化爱好者百余人会聚于南宗宗坛文笔书院，对南宗道教研究的许多热点问题展开了深入研讨。

11月24—26日，第十一届“基督宗教在当代中国的社会作用及其影响”高级论坛在复旦大学举行。论坛由中央人民政府驻香港特别行政区联络办公室协调部与复旦大学宗教与国际关系研究中心共同主办，并得到复旦大学党委统战部的大力支持。

11月28日，玄奘与丝绸之路学术研讨会正式在西安开幕，会议由陕西省宗教事务局、西北大学、陕西省佛教协会、陕西省民族宗教文化交流协会联合主办，西北大学佛教研究所及西北大学玄奘研究院承办，200多位海内外学者莅临参会，共收到学术论文120篇。与此同时，西北大学玄奘研究院正式揭牌。

12月

12月3—4日，“联合之路——中国基督教两会与加拿大联合教会论坛”在金陵协和神学院举行。来自加拿大联合教会的20多名代表和中国教会部分同工以及金陵协和神学院研究生近100人参加了此次论坛。论坛回顾了双方教会的联合之路，分享了共同关注的事工和未来面临的挑战，对双方教会今后的交往与合作具有重大意义。

12月5日，第五届中国道教科学技术史国际学术研讨会暨国家重大项目工作会议在四川大学举行。来自中国大陆、港台及美、日、西班牙等国家和地区的近60名专家学者应邀参加了研讨会。此次会议由国家社科重大项目“宋元明清道教与科学技术研究”课题组主办、上海城隍庙协办、四川大学文化科技协同创新研发中心承办。

12月9—12日，中央社会主义学院在广东珠海市召开全国社院系统民族与宗教工作专题研讨会，来自全国各地的社会主义学院专家、学者，以及有关省、市民族宗教部门代表60多人参加。

12月10日，主题为“真心、正行、无我利他”的第二届四川省藏传佛教文化论坛在成都开幕，学者和佛教界人士就“藏传佛教的现状与未来发展”展开研讨。

12月10—12日，首届宗教与民族高端论坛在云南瑞丽召开，由中国社会科学院世界宗教研究所与云南省社会科学院宗教研究所联合主办，论坛主题为“全球化时代宗教与民族的热点问题”。来自中国社会科学院、清华大学、中央民族大学、北京师范大学、中国政法大学、云南省社会科学院、云南大学、四川大学、陕西师范大学、兰州大学、西南民族大学、西北民族大学、云南民族大学、吉林师范大学、上海宗教文化研究中心、阿坝师范学院、楚雄师范学院等单位的专家学者、博士后近80人参加了此次学术盛会。

12 月 12 日，由汕头大学文学院基督教研究中心、华侨大学华侨华人文献中心主办，汕头大学·香港中文大学联合基督教研究中心、华侨大学海外华人宗教与闽台宗教研究中心（即中国社会科学院世界宗教研究所海外华人宗教与闽台宗教研究基地）、潮汕历史文化研究中心协办的“海外与侨乡：潮汕、闽南族群宗教信仰”国际学术圆桌会议在华侨大学厦门校区举办，海内外 25 所大学及研究机构的 40 余位专家学者和研究人员与会。

12 月 12 日，由中国政法大学人文学院、中国政法大学宗教与法律研究中心（CRLS）、重庆市华岩文教基金会、凤凰佛教联合主办的第三届“宗教·法律·社会”学术研讨会在重庆华岩寺隆重召开。此次研讨会一方面致力于促进宗教与法律的跨学科互动，加深对二者关系的学术探索；另一方面也寻求多元文化间的理性对话，以推动宗教、法律与社会多学科研究在社会发展和国家治理方面发挥积极作用。

12 月 11—13 日，“昆仑高峰论坛”暨老子道学文化研究会 2015 年年会在北京召开，来自学术界、宗教界和企业界共 60 余位代表参加了会议。

12 月 16 日，由中国社会科学院佛教研究中心与宁波市民族宗教事务局联合举办的“佛教文化与‘一带一路’战略学术论坛”在宁波开幕，来自中国社会科学院、北京大学、厦门大学等科研机构及高效的专家学者出席论坛，围绕“佛教文化与‘一带一路’战略”的主题进行了深入的讨论。

12 月 16 日，由江西省民族宗教事务局举办的“新时期、新媒体与宗教”研讨会在江西省南昌市召开。省级宗教团体代表、设区市宗教团体代表、全省重点宗教活动场所负责人、五大宗教界信众代表及专家学者等约 50 人参加研讨。

12 月 17 日，第二届杭州佛教历史文化学术论坛在浙江杭州召开。此次论坛的主题为“一带一路与杭州佛教”。来自中国社会科学院、南京大学、南开大学、东南大学、山东大学、浙江大学及浙江省内相关单位的专家学者 30 余人参加会议。

12 月 18 日，国家宗教事务局邀请中国佛教协会、中国道教协会、部分地方宗教工作部门，以及专家学者代表，召开佛教道教活动场所基本信息公告工作座谈会，蒋坚永副局长出席座谈会并讲话。

12 月 18 日，中韩两国 80 余名学者和 200 余位各界人士聚首孔子故里中国山东曲阜，探寻儒学在两国命运共同体中发挥的文化纽带作用。当天举行的 2015 中韩儒学对话会，设置了“中韩人文的回顾与前望”“生活中的儒学与儒学的生活化”“中韩文化创意振兴事业的现状与未来发展”“儒学生活化的多样形态”“中韩儒学的研究现状及其未来发展”五场对话。

12 月 17—18 日，“首届周边宗教发展趋势及其社会作用”国际学术研讨会在深圳市大鹏新区召开。会议由中国社会科学院世界宗教研究所主办，香港亚太宗教文化交流中心、深圳大鹏观音山文化研究院协办，深圳市大鹏观音山旅游投资有限公司承办。

12 月 19 日，由中国社会科学院世界宗教研究所和中国社会科学院基督教研究中心联合主办的“2015 年天主教研究论坛”在京召开。此次论坛致力于构建一个由政界、教界、学界、媒界共同参与的，有关天主教研究对象、方法、路径和问题、未来发展前沿和学科建设的学术交流平台。来自中央统战部、国家宗教事务局、河北省民族宗教事务厅、清华大学、北京外国语大学、复旦大学、同济大学、上海社会科学院宗教研究所、湖北大学、安阳师范学院、青岛科技大学、暨南大学、武汉轻工业大学、广东财经大学、中国天主教“一会一团”、中国天主教北京教区、河北信德文化学会、河北献县天主教北辰文化研究所、天主教太原教区的有关专家、学者共40余人参与了此次研讨。

12月18—19日，台湾高雄道德院与正修科技大学共同联合主办2015道教及宗教生命关怀国际学术研讨会（宗教的入世精神）。来自中国海峡两岸暨香港、澳门地区和日本、韩国的大学教授与道教专家齐聚，畅谈道教的入世精神，并对高雄道德院近40年来热心公益和广泛济贫，同声赞佩，誉为宗教界造福人群的典范。

12月18—20日，“2015中国佛教文化保护与发展高层论坛”在北京召开。论坛由央视金牌主持人石军先生主持，由红旗求是国际艺术品投资董事局主席方建文先生宣布论坛开幕，并做了有关佛教文化在国家经济建设中的作用等重要讲话。论坛的如期召开，得到了联合国秘书长潘基文先生的祝福。

12月26日，由安徽省佛教协会、安庆市宗教局、太湖县人民政府主办的“第二届赵朴初人间佛教思想暨太湖禅宗文化学术研讨会”在安徽省安庆市太湖县隆重举行。来自全国各地的高僧大德、专家学者等150多人出席了会议。大会专家围绕赵朴初先生的人间佛教思想与太湖禅宗文化进行了深入的探讨。

12月27日，中国东方文化研究会佛教文化遗产保护委员会成立大会在京举行。该委员会由佛学界、学术界、非遗界、工商界、文博界、图书馆界等各界人士发起成立，福建省佛协副会长兼秘书长、福州开元寺方丈本性法师担任会长。委员会业务范围包括调查研究、展览宣传、研讨交流、教育培训，目前的工作中心将围绕与佛教相关的非物质文化遗产展开。

第十篇

论文索引

2015年度马克思主义宗教观研究论文索引

谢　添　编

坚持走中国特色宗教工作之路/王作安/中国宗教/2015.9

宗教工作本质上是群众工作——习近平同志关于如何做好新形势下宗教工作的新阐述/叶小文/中央社会主义学院学报/2015.5

论宗教信仰/卓新平/西北民族大学学报（哲学社会科学版）/2015.3

积极引导宗教 做好四个“必须”/卓新平/大理学院学报/2015.7

发挥宗教在对外交流中的战略支点作用/郑筱筠/中国宗教/2015.10

对话宗教与“一带一路”战略/卓新平、刘金光、方光华、郑筱筠/世界宗教文化/2015.2

中国宗教研究的几个关键问题/张志刚/世界宗教研究/2015.5

胡适的宗教观及其观念史意义反思/张志刚/学术月刊/2015.12

宗教概念之迻译与格义/曾传辉/世界宗教研究/2015.5

马克思主义宗教观研究应关注的几个基本理论问题/牛苏林/中州学刊/2015.12

抗战时期中国共产党的宗教工作研究/何虎生、张琳珏/北京党史/2015.5

宗教界人士对中国社会主义时期宗教问题的认识与思考——以《赵朴初文集》《丁光训文集》为例/毛胜/上海市社会主义学院学报/2015.5

网络宗教的影响及马克思主义宗教观对大学生核心价值观的引领/陈国成/教育评论/2015.2

新疆高校马克思主义宗教观教育的经验与启示/叶蕾、马桂馨/西藏民族学院学报（哲学社会科学版）/2015.1

马克思主义宗教观及其方法论与现代宗教文化学研究/叶蕾/宗教学研究/2015.3

用马克思主义宗教观培育大学生的精神世界/李慧、徐雪松、冯艳/辽宁行政学院学报/2015.6

新疆高校马克思主义宗教观教育的历史回顾与现实思考/叶蕾/新疆大学学报（哲学·人文社会科学版）/2015.2

新形势下如何正确认识和对待宗教问题——基于《导言》的时代思考/钟俊/理论与改革/2015.3

高校思想政治理论课加强马克思主义宗教观教育的思考/张磊/南方论刊/2015.5

用中国化马克思主义宗教观统领宗教工作/姚茂权/知行铜仁/2015.3

马克思主义宗教观及对当代的指导价值/刘爱萍/江苏建筑职业技术学院学报/2015.3

全球化视野下高校马克思主义宗教观教育研究新探/徐雪松、李慧、冯艳/电大理工/

2015. 4

卢卡奇《历史和阶级意识——马克思主义辩证法研究》对拜物教的分析/王静/世界宗教文化/2015. 2

解放战争时期中国共产党的宗教工作研究/谢添/世界宗教文化/2015. 2

高校思想政治理论课中宗教问题教育的现状及对策研究/左鹏/思想教育研究/2015. 1

在新疆高校加强马克思主义宗教观教育的思考/阿地力江·阿布来提/新疆警察学院学报/2015. 3

关于“基础”课教学中的马克思主义宗教观教育的若干问题/何海兵/北京教育（德育）/2015. Z1

“原理”课教学中马克思主义宗教观教育研究/张晓晨/北京教育（德育）/2015. Z1

积极推进马克思主义宗教观大众化研究/张磊/改革与开放/2015. 8

思想政治理论课中的马克思主义宗教观教育研究/陶杨/才智/2015. 2

加强对铁路党员干部的马克思主义宗教观教育/金晓毅/理论学习与探索/2015. 2

从启蒙无神论到科学无神论的转变——论马克思的宗教思想及其内涵/吴星辰/湖北省社会主义学院学报/2015. 6

马克思主义经典作家宗教观的当代意蕴/徐晓风、王玉升/北方论丛/2015. 3

当代新疆大学生对宗教问题认识调查报告/吴敏/新疆社会科学/2015. 5

以马克思主义宗教观看中国古代原始宗教的起源/袁宝龙/云南社会主义学院学报/2015. 1

“宗教鸦片论”与“宗教异化论”之当代再思/黄杰/世界宗教文化/2015. 2

西部地区大学生宗教观调查/周建强/当代青年研究/2015. 2

中国化马克思主义宗教观的价值实现/洪源渤、王静琦/长沙理工大学学报（社会科学版）/2015. 4

高校防范和抵御境外宗教渗透应处理好三个关系/刘亚琦、梁丽萍/文化学刊/2015. 6

当前我国大学生群体宗教信仰问题与对策分析/王新雅/中共济南市委党校学报/2015. 1

泉州地区大学生宗教与邪教辨识度调查研究/吴纾恬/泉州师范学院学报/2015. 4

当代大学生宗教信仰的实证研究与对策分析/赵子林、刘迪翔/湖南师范大学社会科学学报/2015. 6

宗教情感及其理性走向探析——马克思主义宗教观教育的心理视角/傅梅蓉/前沿/2015. 12

欧洲共产主义者的马克思主义观/高云飞/佳木斯大学社会科学学报/2015. 1

马克思“人民的虚幻幸福”观及其当代启示/石燕/理论与改革/2015. 6

社会主义国家处理宗教问题的当代启示/孟宪霞/东岳论丛/2015. 1

马克思主义无神论中国化初探/姚洪越/太原师范学院学报（社会科学版）/2015. 1

马克思文本研究的方法论思考——基于“宗教是人民的鸦片”的文本解读/林贤明/世界宗教研究/2015. 4

宗教信仰泛化对云南边疆意识形态建设的影响/孙伟、王晓艳、杨云/民族论坛/2015. 7

宗教与社会主义社会相适应问题的研究综述/陈洪涛、陈雪贤/社会主义研究/2015. 4

恩格斯晚年宗教理论的价值探究/黄传根/宜春学院学报/2015.7

论周恩来宗教观的实践基础/石琳琳/学理论/2015.7

马克思主义宗教适应观研究/杨志文/宁夏党校学报/2015.5

思想政治教育视域下的大学生宗教信仰问题研究/张德春/中共珠海市委党校珠海市行政学院学报/2015.6

邓小平宗教思想的理论价值与方法启示/马运军/江苏省社会主义学院学报/2015.6

浅谈西藏“四观两论”对西藏社会意识形态的引导意义/魏卿/长春教育学院学报/2015.7

高校学生宗教信仰状况调查研究/林希玲/中央社会主义学院学报/2015.3

大学生宗教信仰状况及教育引导途径探析/田国胜、徐若虹、王健/学理论/2015.17

高校应重视大学生马克思主义无神论信仰教育/林贤明/电子科技大学学报（社科版）/2015.3

宗教的社会性何在？——从马克思的宗教观看宗教的社会性/徐东明/西藏民族学院学报（哲学社会科学版）/2015.1

大学生理性宗教观培育价值追寻/徐海生/内蒙古师范大学学报（教育科学版）/2015.5

思想政治理论课中正确引导学生认识宗教问题研究/谭晓燕/辽宁广播电视大学学报/2015.4

新疆高校抵御和防范宗教极端主义渗透研究/李玲、宋新伟/新疆师范大学学报（哲学社会科学版）/2015.2

高校辅导员引导大学生正确认识和对待宗教问题研究/黄庆胜、林琳/思想教育研究/2015.3

《新疆历史与民族宗教理论政策教程》专题化教学成效分析/王乐/新西部（理论版）/2015.23

当代大学生宗教信仰状况访谈分析/林希玲/青少年研究（山东省团校学报）/2015.1

大学生宗教信仰调查与教育引导对策研究/王珑瑾/郑州师范教育/2015.5

宗教信仰对大学生信仰教育影响的对策研究/穆娜/高教学刊/2015.8

马克思主义生活理论的宗教之维/杨东柱/社科纵横/2015.9

新疆大学生思想政治教育内容体系构建/常卫恒/新西部（理论版）/2015.9

试论少数党员信教现象的遏制与应对/胡启银/中共山西省直机关党校学报/2015.6

李维汉民族宗教事务治理思想与启示/谭星驰、马若龙/湖南农业大学学报（社会科学版）/2015.6

新时期宗教长期性理论的再认识/李杰/吕梁学院学报/2015.4

试析周恩来宗教观的形成过程/石琳琳/党史文苑/2015.6

如何考察沙雅县基层干部的民族宗教观/鲁书勋、曹鹏飞/学理论/2015.35

马克思主义信仰教育内容体系构建的四重维度/曾杰/长沙理工大学学报（社会科学版）/2015.4

中国社会主义核心价值体系研究结题成果简介/徐艳玲/思想政治教育研究/2015.2

普列汉诺夫的另一理论贡献：对宗教概念的有益探索/张俭松/新疆社会科学/2015.2

马克思主义理论视域下的少数民族大学生思想政治教育/杨小磊、李保英、贾月顺/山

西高等学校社会科学学报/2015.11

简论高校图书馆帮助信教学生的途径/王建萍、刘凤云/新西部（理论版）/2015.10

桂中少数民族的宗教生活/胡慕贤/学理论/2015.9

高校宗教工作挑战与对策/赵月、吴济龙/教育教学论坛/2015.27

马克思的宗教批判与文学情感/李志雄/湘潭大学学报（哲学社会科学版）/2015.4

改革开放以来新疆高校思想政治教育的历史回顾与现实思考/杨丽、马燕/黑龙江民族丛刊/2015.1

关于高校宗教工作热点难点问题的调查研究/吴士军、徐金生、成喜峰/内蒙古统战理论研究/2015.2

《〈黑格尔法哲学批判〉导言》中的马克思早期重要思想评析/程松涛、张文富/兰州学刊/2015.12

民族高校大学生宗教信仰利弊分析与策略研究/魏巍/福建教育学院学报/2015.7

论霍克海默批判理论中的宗教观念/殷华成/廊坊师范学院学报（社会科学版）/2015.2

高校抵御宗教渗透的现状及对策探析/李涛/吉林广播电视大学学报/2015.3

试论民族院校大学生“五观”教育/陈宪章/大连民族学院学报/2015.4

论民族思想政治教育学建立的理论基础/朱文、康红梅/贵州民族研究/2015.7

新疆少数民族大学生马克思主义“五观”认知状况与特征分析/李智敏、向智勇/学校党建与思想教育/2015.2

浅谈大学生树立正确的宗教观/吴亮、周建华、徐剑锋/新西部（理论版）/2015.21

大学生宗教信仰情况的调查报告/臧丹、李刚/才智/2015.1

马克思如何看待宗教批判——基于对《论犹太人问题》的解读/林进平/马克思主义与现实/2015.5

依法治疆视域下的长治久安治本策略论/顾华详/实事求是/2015.3

费尔巴哈为什么没有走向历史唯物主义/阮玉春/佳木斯大学社会科学学报/2015.4

“概论”课中党的宗教政策宣传教育现状与对策研究/邹秀春/北京教育（德育）/2015.Z1

新时期民族地区农民思想政治教育探析——基于广西40个行政村的调查/覃雪梅/新西部（理论版）/2015.5

党的十八大以来中国特色社会主义宗教理论的新发展/龚学增/西北民族大学学报（哲学社会科学版）/2015.5

新疆意识形态领域反宗教极端主义斗争的现状和应对策略/郭彩星/喀什师范学院学报/2015.4

新疆长治久安治本策略研究/顾华详/乌鲁木齐职业大学学报/2015.2

高校大学生宗教信仰的现状、原因与对策研究——以浙江水利水电学院为例/徐涛/经营管理者/2015.18

简析中国特色社会主义宗教理论/高襲、潘素洁/吉首大学学报（社会科学版）/2015.S1

用社会主义核心价值观引领大学生的宗教观/李立菊、马丽丹、李野/学理论/2015.18

上海高校大学生宗教信仰问题研究/刘福忠/山西高等学校社会科学学报/2015.2

对象化视域中马克思与费尔巴哈宗教观的差异/文娱/渤海大学学报（哲学社会科学版）/2015. 4

从马克思主义看当代宗教的本质和作用/王黎芳/湖南科技学院学报/2015. 3

把握宗教的本质和规律 精心做好宗教工作/代小红/内蒙古统战理论研究/2015. 3

社会主义制度下的中国宗教属性初探/徐大盛/湖南科技学院学报/2015. 11

《西藏日报》国家民族宗教政策报道研究/潘荣、袁爱中/新闻研究导刊/2015. 10

大学生宗教倾向教育管理问题探析/赵晖/渤海大学学报（哲学社会科学版）/2015. 6

论马克思恩格斯宗教观的思想渊源/秦秋/黑河学刊/2015. 1

“一带一路”建设和重构新南方丝绸之路语境中的宗教文化建设与调适/纳文汇/云南社会科学/2015. 3

创新中奋进 砥砺中前行——十四年宗教工作成就回眸之一/王生才/中国宗教/2015. 10

青藏地区公职人员对宗教生态的认知——对青海省公职人员宗教生态问题调查问卷的分析/何启林/攀登/2015. 3

网络时代大学生宗教信仰教育引导略论/郭苏豫/学校党建与思想教育/2015. 20

大学生信仰教育的合理性探析/熊英/武汉理工大学学报（社会科学版）/2015. 6

辽宁高校少数民族大学生信仰问题探析/白雪峰/鞍山师范学院学报/2015. 1

构建高校反邪教宣传教育工作新常态/王文佳、高原/思想理论教育导刊/2015. 9

高职院校学生宗教信仰研究/张春雪/读与写（教育教学刊）/2015. 7

高校防范和抵御宗教渗透琐谈/陈欣/绥化学院学报/2015. 11

大学生宗教信仰状况及教育对策探析——多元文化背景下/姜晶波/学理论/2015. 26

新疆宗教事务立法研究——兼评《新疆维吾尔自治区宗教事务条例》/陈琪/新疆社会科学/2015. 1

新疆宗教文化生态及其对高校教育的影响/黄皖毅/四川省社会主义学院学报/2015. 2

依法加强宗教管理对民族团结的意义——从宗教渗透、宗教极端思想的危害分析/王新芳/改革与开放/2015. 8

我国农村宗教问题研究/邱雅琳/南方论刊/2015. 1

“纲要”课教学中的宗教问题教育研究/苏彬/北京教育（德育）/2015. Z1

理论的解放：从青年黑格尔派的宗教批判到马克思的法哲学批判/陈雷/理论界/2015. 11

马克思宗教思想与当代核心价值观建设/黄学胜/湖北社会科学/2015. 8

大学生信教自我预期的影响因素研究/黄海波/当代青年研究/2015. 2

西藏高校意识形态工作的特殊性研究/杨富/西藏教育/2015. 6

重庆高校少数民族大学生宗教信仰问题探析——以重庆理工大学为例/郑显涛/学理论/2015. 26

和谐社会视阈下的高校宗教事务管理研究/马强/科教文汇（上旬刊）/2015. 2

当代大学生马克思主义信仰教育研究综述/李艳、陈媛、许晓静、鲁晨阳/教育教学论坛/2015. 28

论宗教教育在引导大学生宗教信仰群体中的重要性/黄小洁/中外企业家/2015. 7

浅析马克思的宗教批判思想/刘东/中国社会科学院研究生院学报/2015. 5

"三重叙事"的"主体民族志"微型实验——一个白族人宗教信仰的"裸呈"及其解读和反思/朱炳祥、刘海涛/民族研究/2015. 1

马克思共产主义思想及其信仰维度——读马克思《1844 年经济学哲学手稿》/张兴国、阚玉双/辽宁大学学报（哲学社会科学版）/2015. 4

马克思论宗教/戴维·麦克莱伦、平川/国外理论动态/2015. 3

"一带一路"战略对我国民族关系的影响——基于马克思主义民族交往理论的分析/田烨/青海社会科学/2015. 6

高校反宗教渗透问题研究现状与反思/伦玉敏、王淑繁/云南社会主义学院学报/2015. 3

以社会主义核心价值观引领信教大学生的诚信观建设/郝瑞斌、窦楠/湖北省社会主义学院学报/2015. 4

青年马克思宗教批判的价值意蕴/李艳萍/黑河学刊/2015. 8

论马克思的宗教思想及其当代价值/张亚萍、魏红霞/赤峰学院学报（汉文哲学社会科学版）/2015. 12

马克思宗教理论的社会学向度——以世俗化为中心的考察/张强/武陵学刊/2015. 3

民族院校大学生宗教信仰状况及对策研究/王晓华、仲天宝、江世鑫、赵丹/教育教学论坛/2015. 12

马克思宗教批判思想的人本意蕴初探/张富文/理论导刊/2015. 12

近年来习仲勋生平与思想研究述评/李绍华、赵平/毛泽东思想研究/2015. 6

现代化进程中的宗教发展趋势探索/姜亦炜/湖州师范学院学报/2015. 7

打击和遏制宗教极端的法治措施研究/顾华详/喀什师范学院学报/2015. 1

古巴宗教政策的变迁/刘澎/炎黄春秋/2015. 2

浅谈对马克思的宗教批判观的理解与反思/陈立伟/四川职业技术学院学报/2015. 6

马克思恩格斯对宗教教育意识形态功能的批判/杨兰/党史文苑/2015. 10

大学生信仰现状及防范抵御对策研究——以高职院校为例/侯利民/邢台职业技术学院学报/2015. 3

重庆高校大学生宗教信仰现状调查及其对校园文化软实力的影响/伍晓霞、刘文君/延边党校学报/2015. 1

新形势下新疆意识形态建设面临的挑战与对策探讨/韩芳/塔里木大学学报/2015. 3

新形势下高校学生工作中民族宗教问题的处理策略/仝泽民、庄玉琳/长春教育学院学报/2015. 7

中国对宗教认同与公民身份关系的认识及其逻辑/刘骞/同济大学学报（社会科学版）/2015. 6

新形势下高校抵御宗教渗透的对策/陈徽/产业与科技论坛/2015. 17

民族与宗教之间——试析郭道甫政治实践中的宗教因素/孟盛彬/文化学刊/2015. 3

宗教对大学生产生影响的作用因素分析/赵斌、叶磊/纺织服装教育/2015. 1

宗教对话与和谐校园——高职学生宗教信仰管理策略研究/郑宝/科技视界/2015. 17

宗教极端思想对新疆高校的渗透与防范/梁炜昊/法制与社会/2015. 24

对马克思早期宗教观的批判解读/宋天阳/成人教育/2015. 9

中外合作办学项目学生宗教问题的调查与思考/邢婧/开封教育学院学报/2015. 5

维护新疆社会稳定和长治久安的几点思考/代小红/湖北省社会主义学院学报/2015. 2

当前维护新疆社会稳定面临的挑战及对策/刘晓霜/湖北省社会主义学院学报/2015. 6

论宗教工作法治化与中国梦的实现/高晚欣、王聪/世界宗教文化/2015. 2

新时期高校大学生宗教信仰问题探究/李浩然、王楠/产业与科技论坛/2015. 15

少数民族学生宗教信仰研究——以大连部分高校为例/管磬馨、冯景、王佳硕、兰晓勇/学周刊/2015. 17

大学生宗教信仰现状、原因及其特点——以西部部分高校为例/周建华、吴亮、徐剑锋、蔡应昌/西安航空学院学报/2015. 6

丝路沿线民族地区青少年宗教信仰现状及特殊性分析——以甘肃天祝藏族自治县的调查为例/王永智、王金燕、王郡/世界宗教文化/2015. 4

大学生宗教信仰调查与对策研究/王建忠/吉林省教育学院学报（上旬）/2015. 1

信仰与理性在当代美国社会的冲突和对话——美国印第安人宗教政策（1978—1994）的反思/刘贤明/历史教学（下半月刊）/2015. 5

大学生的宗教观现状及其教育对策/张标、杨军/知识经济/2015. 10

以马克思主义基本原理来阐述宗教信仰对社会发展作用的思考/谢古越、朱香/改革与开放/2015. 16

基于高校安全保卫和学生管理视野下的宗教工作研究——以东部地区为例/肖明朗/佳木斯职业学院学报/2015. 5

建国初期中国共产党教育与宗教相分离的政策措施述论/张晓晨/理论导刊/2015. 2

充分发挥宗教在中国特色社会主义建设中的积极作用/赵志广、李翠兰/吉林省社会主义学院学报/2015. 1

我国宗教关系存在的问题及对策/孙宝林/宁夏社会科学/2015. 4

论蒙古族传统宗教文化的当代价值/刘海池/黑龙江民族丛刊/2015. 2

城市居民宗教信仰问题分析与透视/杨刘保/城市学刊/2015. 6

浅谈宗教与社会主义相适应/丁真/法制与社会/2015. 27

宗教渗透对少数民族地区大学生政治价值观教育的影响/马晓梅、汤先萍、杨露露/黑河学刊/2015. 12

新疆历史与民族宗教理论政策教程教学中的改革与创新/李红杰/中共山西省直机关党校学报/2015. 5

境外宗教势力对高校的渗透影响及对策/刘保庆/领导科学论坛/2015. 21

基督教在近代中国俗世化的尝试及其后果——基于 20 世纪 20 年代燕京大学基督教在华实践的历史/陈锦航/世界宗教文化/2015. 4

社会稳定和长治久安视域下的新疆高校思想政治工作探析/骆新华、张超/传承/2015. 11

新疆师范类高校宗教渗透现状调查与分析/吴敏/兵团党校学报/2015. 5

新疆高校大学生宗教渗透现状调查结果分析/陈发扬/传承/2015. 10

激发正能量 发挥正效应——论积极引导宗教与社会主义社会相适应/葛慧君/今日浙江/2015. 13

少数民族宗教传播的价值、问题及对策分析/袁爱中/新闻论坛/2015. 5

我国宗教场所治理的经验与问题/潘宏纹/广西社会主义学院学报/2015. 4

对当代大学生宗教信仰问题的几点思考/热依拉·玉素甫/领导科学论坛/2015. 17

青年要做抵御宗教极端思想渗透的先锋/艾尔西丁·阿木都拉/实事求是/2015. 2

宗教工作在法治轨道上行稳致远——十四年宗教工作成就回眸之三/于淼/中国宗教/2015. 12

试论当代青年宗教观/仇明春/河北旅游职业学院学报/2015. 3

新形势下高校民族宗教工作研究/何威/改革与开放/2015. 15

工布地区农村居民宗教信仰生活化探索/宋连久、齐霜、孙前路、白建华、彭岳林/学理论/2015. 5

陕西省榆林市基督教信众：社会组成结构、宗教活动及基本特点/马举魁、赵慧、张渊/榆林学院学报/2015. 1

"网上宗教"现象在中国的现状、特征与影响/赵冰/世界宗教文化/2015. 1

当代大学生马克思主义信仰问题研究——基于青海省高等学校的调研/崔耀鹏/郑州轻工业学院学报（社会科学版）/2015. 2

我们为什么还要坚持科学无神论/汪维钧、张强/南京政治学院学报/2015. 2

论抗战时期中共对宗教事务的处理/张行生/兰台世界/2015. 22

改革开放以来新疆宗教事务管理创新研究综述/龙群、吕敏/西北民族大学学报（哲学社会科学版）/2015. 3

发挥宗教人士正能量 促进社会和谐稳定/刘霞/中共伊犁州委党校学报/2015. 4

边境民族地区宗教治理法治化研究/佴澎、高崇慧、陈肖龙/学术探索/2015. 12

毛泽东在新民主主义革命时期的宗教理论/任俊宏、由新华/湘潭大学学报（哲学社会科学版）/2015. 2

宗教对云南民族团结进步示范区建设的影响/苏翠薇/云南社会科学/2015. 6

提高边疆民族地区宗教工作法治化水平的思考——以云南省德宏州为例/杨晓兰、董国菊/中共云南省委党校学报/2015. 5

宗教对话和公共空间/李丙权/世界宗教研究/2015. 2

关于宗教对话及其未来的思考/姜伯奎、谭明智、谭自俊/世界宗教文化/2015. 1

论宗教在宪政发展过程中的法治价值/梁铭明/枣庄学院学报/2015. 3

论汤一介的宗教观/孙尚扬/学术月刊/2015. 9

2015年度佛教研究论文索引

夏德美 编

缅甸僧侣的社会网络与资本累积——一个村落寺庙住持的人类学研究/白志红、钟小鑫/世界宗教文化/2015.5

常见汉传佛教词汇的文化特性及法译策略/王南颖/广东外语外贸大学学报/2015.5

试论佛教在我国与东盟国家友好往来中的助力作用——以柳州开元寺为例/司聃/世界宗教文化/2015.6

抗战时期中日两国佛教界关系述评/许效正/云南社会科学/2015.6

论佛教在六朝的确立及其对中土丧葬观念的影响/王伟萍/云南社会科学/2015.4

长安地区北魏佛教造像的形制特征/于春/考古与文物/2015.6

印中鸡足山考辨——以是否为迦叶入定之所为中心的研究/张庆松/云南社会科学/2015.2

"佛教音乐"概念的形成与日本佛教音声传统改革/新堀欢乃/中央音乐学院学报/2015.3

中国南传上座部佛教音乐研究现状述评/董宸/云南艺术学院学报/2015.2

夏鲁寺护法殿门廊御榻图补论/廖旸/世界宗教文化/2015.4

辽塔密教图像义蕴考——兼及对图像配置的探讨/于博/南京艺术学院学报（美术与设计）/2015.5

浙江义乌双林文化的结构、内涵与价值/魏道儒/世界宗教文化/2015.4

中国南传上座部佛教音乐研究的两种范式——《贝叶礼赞——傣族南传佛教节庆仪式音乐研究》与《中国南传佛教音乐的人类学研究》之议/黄凌飞/云南艺术学院学报/2015.2

佛教禅定：中国本土心理学研究方法的典型代表/彭彦琴/苏州大学学报（教育科学版）/2015.3

人间佛教研究五十年述评/邓子美、周菲菲/西南民族大学学报（人文社科版）/2015.6

夏同龢与唯识学/王路平/贵州大学学报（社会科学版）/2015.6

关于汉、梵《药师经》的若干问题/方广锠/宗教学研究/2015.2

明清时期江浙地区佛教冬安居的基本形态与成因/孙瑞雪/云南社会科学/2015.1

"成长的烦恼"——转型时期中国南传佛教管理之困境/郑筱筠/世界宗教研究/2015.4

岭南佛经翻译史管窥/施冰芸/外文研究/2015.4

新疆和田达玛沟托普鲁克墩1号佛寺图像研究/陈粟裕/世界宗教文化/2015.4

从《南诏图传·祭柱图》看“南方佛国”的神话历史/安琪/云南社会科学/2015.1

佛教生命伦理的仪式表达/王富宜/东南大学学报（哲学社会科学版）/2015.5

论晋唐佛教小说生成的三种场所/李小荣/福建师范大学学报（哲学社会科学版）/2015.5

南朝佛教与乌伤地方——从四通梁陈碑刻谈起/魏斌/文史/2015.3

从梵汉对勘看全称量化限定词“所有”的形成/王继红/古汉语研究/2015.4

孤独的探索与前进——民国佛教小说创作及理论初探/刘志权/南京师大学报（社会科学版）/2015.5

佛陀“相好”与六朝男性审美形象女性化/张海沙、徐世民/文艺研究/2015.10

吐蕃时期禅定印毗卢遮那图像与禅宗关系研究/席琳/文博/2015.5

对古代印度思想文化的深层次解析——读《印度婆罗门教哲学与佛教哲学的比较研究》/朱明忠/世界宗教研究/2015.4

论近代日本新佛教运动重提“大乘非佛说”的历史意义/梁明霞/广东技术师范学院学报/2015.6

西方环境哲学背景下的佛教生态哲学研究/陈红兵/南京林业大学学报（人文社会科学版）/2015.3

闽西罗祖教与佛教/李志鸿/世界宗教研究/2015.5

早期佛教世界观的演进历程——以说一切有部经论为中心/许潇/北京社会科学/2015.10

西印度佛教石窟艺术刍议/朱浒/南京艺术学院学报（美术与设计）/2015.6

越南北传佛教戒律的传承与当代弘扬概述/阮氏锦/世界宗教文化/2015.6

论人间佛教的社会教化功能/王涵/五台山研究/2015.3

佛教生态思想对生态危机借鉴意义/崔小莉/民族论坛/2015.6

陈撄宁与佛教/郭武/四川大学学报（哲学社会科学版）/2015.5

晓云法师觉之教育理念刍议/程恭让、李彬/西南民族大学学报（人文社会科学版）/2015.11

从祖师道场到明藩佛堂：水陆庵的历史与寺院美术/张建宇/世界宗教文化/2015.4

对大足石刻宋代观音造像艺术特征的探讨分析/黄英华/文物鉴定与鉴赏/2015.10

佛教传播与傣族贝叶文学经典解读/黄方方、陈孟云/云南社会科学/2015.5

大理国时期高氏家族和佛教/魏玉凡、聂葛明/云南农业大学学报（社会科学版）/2015.6

“拈花微笑”与中国禅宗的“以心传心”——兼论云南鸡足山在中国佛教中地位的形成/洪修平/宗教学研究/2015.4

地域视野下的山东佛教造像艺术/李怀杰/艺术探索/2015.2

林希逸的佛教观/王晚霞/南昌大学学报（人文社会科学版）/2015.3

从印度到中国的四臂像/严耀中/敦煌学辑刊/2015.2

论傅大士禅宗著述的特征及文化价值/王宪昭/文化遗产/2015.5

佛教偈颂文体三种复合形式研究/王丽娜/宗教学研究/2015.4

汉传佛经中的“琉璃琴”初探——兼以云冈石窟第六窟“耶输陀罗入梦图”为例/李

美燕/艺术百家/2015.6

沈曾植禅宗史研究评述/翁彪/中国典籍与文化/2015.1

佛教文化对鲁迅文学创作的影响/李书杭/知与行/2015.5

“中国佛教走出去”四问/王颂/中国宗教/2015.12

励行式观音劝善文的教化特征及其本土意蕴/雒少锋、王月清/南京大学学报（哲学·人文科学·社会科学）/2015.1

龙门石窟古阳洞供养人像研究/陈开颖/兰台世界/2015.21

丝路源头河南南阳方城考/贺金峰/荆楚学刊/2015.2

从文物资料看北宋前期定州的佛教邑社/贾敏峰/文物春秋/2015.6

汉传佛寺大雄宝殿内空间要素与声源指向对声场的影响/张东旭、刘大平、康健/建筑科学/2015.6

丝绸之路河南道多元宗教文化传播研究/张泽洪、焦丽锋/世界宗教文化/2015.6

由八大灵塔图像管窥辽代佛教信仰/于博/东北史地/2015.5

清代“功德光”唐卡及其题款探析/陈立华/青海民族研究/2015.3

近代循化厅藏区寺院竞争的文化策略及影响/杨红伟/青海民族研究/2015.2

抗战时期中日两国佛教界关系述评/许效正/云南社会科学/2015.6

佛教文化建设四议/蒋坚永/中国宗教/2015.11

大理国时期高氏家族和佛教/魏玉凡、聂葛明/云南农业大学学报（社会科学版）/2015.6

儒佛道治心思想的一个剪影——徽商融合儒佛道的治心路径/吴冬梅/合肥学院学报（社会科学版）/2015.6

北魏时期佛教在山西的发展/赵改萍/宗教学研究/2015.2

汉唐时期的西域佛教及其东传路径/王欣/中国历史地理论丛/2015.3

唐代南方丝绸之路与中印佛教文化交流/王韵/中华文化论坛/2015.4

陀罗尼字门及其相关问题研究/吕建福/宗教学研究/2015.1

读《续高僧传·道纪传》/方广锠/佛教文化研究/2015.4

女性视野下“唯一佛乘、即凡证圣”的佛教成佛观/杨孝容/宗教学研究/2015.3

佛教与基督教忏悔思想之比较研究/陈进、费小兵/宗教学研究/2015.1

新噶当派源流及其历史特征研究/刘秧/宗教学研究/2015.1

达天通理与六世班禅之晤考论/柳森/宗教学研究/2015.2

宋元时期禅林上堂仪轨探源/王蒙/世界宗教文化/2015.3

《慧琳音义》所见《利涉论衡》《道氤定三教论衡》考/刘林魁/宗教学研究/2015.2

初唐宗教政策的折射：王勃与三教思想/李海燕/理论学刊/2015.8

道家消长律与佛教缘起法之哲学比较——以《老子》与《中论》为主的考察/林建德/文史哲/2015.5

“心学真宗”：论万历时期的王学与佛教之关系/王格/中山大学学报/2015.3

有无之间、系心于佛——再论庐山慧远的法性思想/史经鹏/世界宗教文化/2015.2

“法施”“无畏施”和“财物施”的融汇与实践——以我国东南沿海佛教社会福利发展为例/谭苑芳/宗教学研究/2015.1

中国济生会所见近代绅商居士之济公信仰/张佳/宗教学研究/2015.1

“人间佛教”的社会观研究——以太虚、巨赞和赵朴初的佛教思想为中心/赵翠翠、李向平/宗教学研究/2015. 1

中古史上佛教与城市空间流变研究/付志刚/宗教学研究/2015. 1

太虚大师与民国“维持佛教同盟会”研究/于光/宗教学研究/2015. 1

藏传佛教格鲁派“三大寺”制度化分析/美朗宗贞/宗教学研究/2015. 1

中古史上佛教与城市空间流变研究/付志刚/宗教学研究/2015. 1

新噶当派源流及其历史特征研究/刘秧/宗教学研究/2015. 1

论寺庙与民俗的形成——以四川遂宁广德寺与本地观音信仰为例/王大伟/宗教学研究/2015. 2

佛教僧人网络化修行及其影响研究——以四川省汉传佛寺僧人网络化缘和持戒为例/薛一飞、邢海晶/宗教学研究/2015. 2

世俗性与功利化：消费视角下的宋代佛教新发展/秦开凤/宗教学研究/2015. 2

印顺法师对汉藏教理的融摄——以《中观今论》为例/尹邦志、覃江/宗教学研究/2015. 2

《楞严经》的疏解——以陆西星的《楞严经说约》《楞严经述旨》为例/黄琴/宗教学研究/2015. 2

敦煌伪经《佛说要行舍身经》考略——兼及与三阶教的关联/于淑健/宗教学研究/2015. 1

佛家业力因果的认知方式及认知能力培养解读——以汉译四部《阿含经》为例/刘朝霞/宗教学研究/2015. 2

佛陀跋陀罗于中国华严宗、禅宗、净土宗贡献新探/周晓微/宗教学研究/2015. 3

道教炼丹术传入印度考论/韩吉绍/宗教学研究/2015. 3

真谛三藏梁安郡的翻译活动考述/杨维中/宗教学研究/2015. 3

《无上金刚乘前行讲义》中皈依法的心理分析/尹立/宗教学研究/2015. 3

当代藏族尼众新教育体系的调查研究/白玛措/宗教学研究/2015. 3

近代华严宗僧教育研究/韩朝忠/宗教学研究/2015. 4

信佛而非信教——福建民营企业家的传统宗教信仰及其特点研究/陈婉婷、甘满堂/宗教学研究/2015. 4

当代东北地区藏传佛教信仰状况调查研究/王佳/世界宗教文化/2015. 1

蕅益对《论语》的佛学解读/唐明贵/世界宗教文化/2015. 1

河北正定隆兴寺佛教艺术/李明岩/世界宗教文化/2015. 1

德宏村寨南传佛教艺术/于琛、杨莉/世界宗教文化/2015. 1

近现代佛学研究方法论建构的理论来源及其类型/胡永辉/世界宗教文化/2015. 1

神变、变相与变文——再论变文称名问题/刘正平/世界宗教文化/2015. 2

论析香港佛教联合会成立的因由/李钧杰/世界宗教文化/2015. 2

文心妙相——歙县丛林寺水墨观音壁画的文人画特点/金延林/世界宗教文化/2015. 2

由孝入佛：印光大师佛教教育方法论浅析/崔玉卿/世界宗教文化/2015. 2

赵朴初的人间佛教思想及其现实意义/洪修平/世界宗教文化/2015. 2

明朝中央与藏区地方权力互动中的藏传佛教高僧/切排、唐传营/世界宗教文化/2015. 4

唐代法律对宗教异端书籍查禁制度探析——以佛教疑伪经录为个案的研究/张雪松/世界宗教文化/2015.3

南宋佛教与金融司法实践/刘泳斯/世界宗教文化/2015.3

星云大师对佛教的十大贡献/程恭让、李彬/世界宗教文化/2015.3

略论汉地佛教中的财神信仰/陈金凤/世界宗教文化/2015.5

论中国近代观音信仰的外在形态/王芳/世界宗教文化/2015.5

昙鸾对国外净土宗佛教的影响/陈扬/世界宗教文化/2015.6

从度僧看隋初佛教复兴的渐进性/杨维中/世界宗教文化/2015.6

广西柳州开元寺汉传佛教艺术/蒙超/世界宗教文化/2015.6

石头希迁的回互禅学/伍先林、刘渊/宗教学研究/2015.3

紫柏大师晚节与万历间佛教的生存空间/王启元/世界宗教研究/2015.1

《续高僧传》所见隋代佛教与政治朱东润/世界宗教研究/2015.1

武则天的七宝——佛教转轮王的图像、符号及其政治意涵/孙英刚/世界宗教研究/2015.2

明清时期长江流域的佛教造像愿文/胡彬彬、吴灿/世界宗教研究/2015.2

蒙古文《甘珠尔》版印插图版本源流考/乌日切夫/世界宗教研究/2015.2

第三种辽藏探幽/方广锠/世界宗教研究/2015.3

清代佛教史籍的刊刻/曹刚华/世界宗教研究/2015.3

社会剧变中的佛教与国家——中华佛教总会与民初政府关系述评/许效正/世界宗教研究/2015.4

中国中古佛教研究的资料创新与方法论多元重构/洪修平/世界宗教研究/2015.1

佛家思想的哲学理路——学习佛经的一些体会/叶秀山/世界宗教研究/2015.2

佛顶尊胜陀罗尼信仰与宋代丧葬习俗——以尊胜墓幢的建立为中心/夏广兴/世界宗教研究/2015.1

中观空性的因明论证——"掌珍比量"辨析/何欢欢/世界宗教研究/2015.2

全球化背景下的中国佛教/学诚/世界宗教研究/2015.4

论宗喀巴大师的三次关键抉择/何峰/世界宗教研究/2015.5

动态考察中国传统文化的新范式——读洪修平教授《儒佛道思想家与中国思想文化》/马丽娜/世界宗教研究/2015.6

《世界佛教通史》序言/魏道儒/世界宗教研究/2015.6

《维摩经》善巧方便概念及其相关思想研究/程恭让、李彬/世界宗教研究/2015.6

白伞盖经译传三题/廖旸/世界宗教研究/2015.6

中观佛教的渊源及其理论特色/成建华/世界宗教研究/2015.6

唐代佛教寺院经济/赵扬/企业观察家/2015.12

论孤山智圆的韩愈观/张勇/文学遗产/2015.5

宋元佛教青苗会研究/郭俊良、赵伟/宗教学研究/2015.3

通往唐永徽《律疏》之路——中古佛教律学与世俗律学互动论/陈灵海/学术月刊/2015.9

论佛偈对六朝传统诗歌体裁的影响/张昌红/文艺评论/2015.8

虚云和尚的文学创作与佛教使命/祈伟/哈尔滨工业大学学报（社会科学版）/2015.5

近代日本佛僧在西藏的活动考述——以河口慧海《西藏秘行》、多田等观《入藏纪行》为中心/张军山/西藏民族大学学报（哲学社会科学版）/2015.4

古印度佛教的四姓平等观及多元倾向的思想体系/姚卫群/杭州师范大学学报（社会科学版）/2015.5

岭南佛经翻译史管窥/施冰芸/外文研究/2015.4

金元时期北方社会演变与“先茔碑”的出现/饭山知保/中国史研究/2015.4

佛经文学视野中的唐宋诗学——评《佛教五经与唐宋诗学》/张振谦/暨南学报（哲学社会科学版）/2015.3

从佛教“本土化”发展看宗教与社会主义社会相适应/李晓彤/山西财经大学学报/2015.S1

虚云和尚的文学创作与佛教使命/祈伟/哈尔滨工业大学学报（社会科学版）/2015.5

佛教流行与汉魏两晋正史对佛教的记载/汪增相/河南理工大学学报（社会科学版）/2015.3

南京大报恩寺遗址塔基与地宫发掘简报/黄秝人、王泉、雷雨、董补顺、张建国、王海、熊其亮、沈利华、祁海宁、龚巨平、周保华/文物/2015.5

西夏时期的佛教寺院/梁松涛/西夏研究/2015.2

北京智化寺彩画与佛教器物梵字考/张昕、杨志国、李江/古建园林技术/2015.3

隆昌寺砖石雕中的明代佛教建筑装饰艺术/朱馥艺/古建园林技术/2015.3

浅析晚唐佛教密宗对越窑青瓷莲花碗设计的影响/钱琼/陶瓷研究/2015.1

浅谈西夏番文大藏经翻译相关问题/樊丽沙/兰台世界/2015.36

佛教美术对中国传统绘画影响探究/葛鸿志/兰台世界/2015.36

唐代新罗僧人慧超西行及其《往五天竺国传》考略/王思佳、刘静烨/兰台世界/2015.36

论山西沁源石窑湾石窟艺术/吕耀华/山西档案/2015.6

《金刚经》译本比较研究——以鸠摩罗什本和玄奘本为例/魏玉凡/宜春学院学报/2015.11

本焕长老与临济宗/欧阳镇/宜春学院学报/2015.11

佛教可以为不同文明的交流互鉴做出表率/王作安/中国宗教/2015.11

丝路上宗教交流的历史经验/吕建福/中国宗教/2015.11

施身观与佛教义理/王乐乐/戏剧之家/2015.23

敦煌写本《斋琬文》的文体实质及编纂体例/张慕华/暨南学报（哲学社会科学版）/2015.12

以唯识论直面现代性——章太炎的佛教哲学论要/赵昀晖/社会科学战线/2015.2

敦煌释门诗偈内容综论/王志鹏/兰州学刊/2015.11

论北魏飞天形象的审美意蕴/李梅/民族艺林/2015.4

元代杨琏真伽佛事活动考略/崔红芬/西部蒙古论坛/2015.4

论二程的佛老观/闫鑫/晋中学院学报/2015.6

论张载批佛的三个向度/郑毅/理论月刊/2015.12

康僧铠所译《佛说无量寿经》的文学性/高人雄/兰州学刊/2015.11

杰克·凯鲁亚克佛教禅宗思想研究述评/郑海燕/时代文学（下半月）/2015.11

北魏佛教素食考/陈俏巧/兰台世界/2015.33

宝石山石函路摩崖石刻浅析/叶盛、刘羽阳/文物鉴定与鉴赏/2015.12

从政教关系看佛教的中国化与日本化——以禅宗与日莲宗为例/任婷婷/世界民族/2015.6

药师信仰与生命质量/海波/人文杂志/2015.12

《牟子理惑论》：儒释道三教辨通思路的初建/解兴华/学术界/2015.11

论宋以后禅门清规的礼法化及其影响/郭文/江南大学学报（人文社会科学版）/2015.6

后弘初期卫藏地区藏传佛教寺院的发展及特点/张生寅/青海社会科学/2015.6

从禅净合流的角度分析道信的"一行三昧"思想/白冰/许昌学院学报/2015.6

唐诗中的尼众形象/李小荣/古典文学知识/2015.6

果报与救赎：佛教入冥故事及其演化/王晶波/敦煌学辑刊/2015.3

西北回族话对汉语佛教词的化用形式/李生信/宁夏师范学院学报/2015.5

中国佛教石窟造像的本土化特征探析/冷维娟/雕塑/2015.5

济南黄石崖造像兴衰记/李金凤、侯登义/春秋/2015.6

十六国时期少数民族政权与佛教高僧关系探讨/李海林、张守夫/山西大同大学学报（社会科学版）/2015.6

甘肃省博物馆藏敦煌宋代天禧塔资料辨析/时兰兰/敦煌研究/2015.6

敦煌石窟营建史研究的新篇章——《敦煌佛教与石窟营建》述评/金海峰/敦煌学辑刊/2015.3

莫高窟礼佛仪式的左旋与右旋/刘艳燕、吴军/敦煌研究/2015.6

《张淮深碑》作者再议/杨宝玉/敦煌学辑刊/2015.3

论敦煌北魏石窟艺术成就的历史背景/陈明/敦煌学辑刊/2015.3

论判教思想对敦煌北朝至隋石窟的影响/胡垚/敦煌学辑刊/2015.3

由《颜氏家训》解读颜之推"儒释道"三教兼容思想/雷传平、师衍辉/东岳论丛/2015.11

论法显在佛教中国化进程中的贡献/侯慧明/甘肃社会科学/2015.6

夏同龢与唯识学/王路平/贵州大学学报（社会科学版）/2015.6

坚持中国化发展方向，弘扬爱国主义传统——甘肃藏传佛教爱国主义传统调研/游洛屏、洛桑·灵智多杰、周炜、李德成、李作泰、拉加当周/中国藏学/2015.4

论藏传佛教主属寺系统及其形成原因——以青海格鲁派寺院为例/拉先加/中国藏学/2015.4

藏汉观音信仰与度母信仰的源头关联/陈立华/中国藏学/2015.4

藏传佛教传入河湟土族地区的影响及其后果——兼论游牧与农业地域社会的政治、文化与宗教互动/祁进玉/中国藏学/2015.4

宗喀巴大师生平事迹略考/尕藏加/中国藏学/2015.4

《释量论》的量之性相略探/陈又新/中国藏学/2015.4

龙树的四句否定四解/淮芳、张忠义/中国藏学/2015.4

阿旺丹德尔因明学研究概述/秀仁、图·乌力吉/中国藏学/2015.4

"真常"论的困境与出路/刘立夫、马俊/船山学刊/2015.6

佛教经济伦理思想/商棋/法制博览/2015.36

唐五代敦煌蚕神考——以敦煌文献 S. 5639《蚕延愿文》为中心/赵玉平/敦煌学辑刊/2015. 3

性别之因：唐代中土地区观音女性化的性别因素考察/焦杰/广东技术师范学院学报/2015. 12

佛教在凉州的发展及演变/齐作锋/发展/2015. 5

道安统一释姓与魏晋选官品评制度之关系/谭洁/湖北文理学院学报/2015. 12

文化回馈与文明互鉴——以“佛教中国化”为例/张志刚/中国宗教/2015. 12

略论洛阳出土佛教造像座的装饰题材/冉万里/考古与文物/2015. 5

长安地区北魏佛教造像的形制特征/于春/考古与文物/2015. 6

隋代京畿地区仁寿舍利石函的图像与风格——以神德寺舍利石函为中心/杨效俊/考古与文物/2015. 5

邺城佛教造像的三维重建探索/张蕾/南方文物/2015. 4

砖之莲——江西六朝时期的墓砖纹饰与佛教文化/刘慧中、徐国群/南方文物/2015. 4

略述《阿毗达磨俱舍论》的成书及结构/王新跃/华夏文化/2015. 4

友佛而欲会通：柳宗元的佛教观/崔海东/河南科技大学学报（社会科学版）/2015. 6

佛教对先秦至唐五代哀悼诗的影响/温瑜/文艺评论/2015. 12

历史文化语境视域下的天水“唐僧晒经”遗迹传说及其文化意蕴/张惠强/天水师范学院学报/2015. 6

敦煌早期洞窟分期及存在的问题/王惠民/石河子大学学报（哲学社会科学版）/2015. 6

观音女性化新论/徐世民/五台山研究/2015. 4

金代山西佛寺地理分布研究/刘锦增/五台山研究/2015. 4

佛教寺院之“山门”、“三门”名义辨正/罗凌/五台山研究/2015. 4

从舍身本生看佛教伦理中国化——以《大方便佛报恩经》为例/吕昂/五台山研究/2015. 4

晚明三大师与宁武佛教的殊胜因缘/释圣贤/五台山研究/2015. 4

宗喀巴是文殊菩萨化身/文奎/五台山研究/2015. 4

“俺答封贡”与五台山文殊信仰/周文洁、杨永康/五台山研究/2015. 4

佛教对“悼祭”文学的影响——以“自悼”为例/韩林/安阳师范学院学报/2015. 6

洪州禅观照下的白居易及其创作/吴樱/贵州师范学院学报/2015. 11

《山法了义海论》所引佛教经论藏汉译文比较研究之十/班班多杰/中国藏学/2015. S1

从梵汉对勘看全称量化限定词“所有”的形成/王继红/古汉语研究/2015. 4

拉梢寺石窟造像艺术文化多元性探究/林雪红/雕塑/2015. 6

西佛东渐宗教信仰对六朝人面纹瓦当的影响/王安霞、苏玮/创意与设计/2015. 6

藏传佛教的皈依研究/孙娟/法音/2015. 12

东南亚南传上座部佛教文化圈的形成、发展及其基本特点/贺圣达/东南亚南亚研究/2015. 4

从文物资料看北宋前期定州的佛教邑社/贾敏峰/文物春秋/2015. 6

论早期印度佛教内部的争讼分裂与防治/夏金华/社会科学/2015. 9

循环与线性交互的佛教时间观/周利群/社会科学/2015. 9

心道与民国时期敦煌法幢宗始末/武海龙/吐鲁番学研究/2015. 2

汉译佛典中的“坏（杯）船”“坏（杯）舟”——兼谈“杯度”“一苇渡江”传说之由来/董志翘/文史/2015. 3

义净的律典翻译及其流传——以敦煌西域出土写卷为中心/陈明/文史/2015. 3

西夏佛教艺术中的童子形象/王胜泽/敦煌学辑刊/2015. 4

《酉阳杂俎》中的佛教文化叙事/魏晓虹、苗贤君/古籍整理研究学刊/2015. 6

明代的敦煌佛教/公维章/敦煌学辑刊/2015. 4

生死轮回史——一部来自敦煌的藏文叙事文献（四）/今枝由郎、班玛更珠/敦煌学辑刊/2015. 4

晋青瓷胡人骑神兽烛台及相关问题/王煜/东南文化/2015. 6

“青齐土民”与南朝社会——以五六世纪摄山千佛岩为中心/陆帅/东南文化/2015. 6

论佛教生命观/温珍金/东南大学学报（哲学社会科学版）/2015. S2

《法苑珠林校注》标点疑误补举/吴建伟/古籍整理研究学刊/2015. 6

佛教东传早期的佛名经——《北凉神玺三年宝贤写千佛名号》与汉译《贤劫经》/王丁/敦煌学辑刊/2015. 4

试论北宋时期中韩佛教文化交流的特点/潘其光/开封大学学报/2015. 4

论北魏石窟造像样式的汉化历程/王霞/齐鲁艺苑/2015. 6

清代佛教史籍流传东亚考述/曹刚华/文献/2015. 4

关于西夏文《大般若经》的两个问题/聂鸿音/文献/2015. 1

论玄奘对西域罗汉崇拜的考察/王鹤琴、李利安/西南民族大学学报（人文社会科学版）/2015. 1

凝聚与发散：成都佛教在民国汉藏交流中的中转效应/吴华、段玉明/西南民族大学学报（人文社会科学版）/2015. 1

《永乐北藏》调查/龙达瑞/西南民族大学学报（人文社会科学版）/2015. 2

清代道教龙门西竺心宗初探——兼论云南鸡足山佛教对道教的影响/孙亦平/西南民族大学学报（人文社会科学版）/2015. 3

《美国东方学会会刊》中的西藏宗教史研究（1843—2000）/孟庆波/云南民族大学学报（哲学社会科学版）/2015. 1

唐宋诗禅交融现象成因探析/刘艳芬、吴广昊/济南大学学报（社会科学版）/2015. 1

《了凡四训》与佛教的解脱理论/张丹/吉林广播电视大学学报/2015. 1

略说《大智度论》中的布施法门——《大智度论》卷十一之檀波罗蜜义解/龚隽/河北学刊/2015. 1

清代玛哈噶拉金铜造像研究/李宏坤/中华文化论坛/2015. 1

莫高窟唐代观音画像中的净瓶造型探析/史忠平、马莉/中国国家博物馆馆刊/2015. 1

仇池政权民间文化与佛教探微/樊翔/兰州大学学报（社会科学版）/2015. 1

两晋南北朝时期罽宾来华僧人与佛经传译/黄雷/兰州学刊/2015. 2

论贵霜经雕造像对早期敦煌石窟的影响——以“护法”模式和“二佛并坐”模式为例/黄火、黄雅雯/中北大学学报（社会科学版）/2015. 1

学与戊戌前后知识人精神世界的重构——以《忘山庐日记》为个案的分析/蒋海怒/华东师范大学学报（哲学社会科学版）/2015. 1

《坛经》心性学说与弗兰克尔的意义疗法之比较/许秀娜/理论月刊/2015. 2

唐五代禅僧的行脚游方类型及其文化意义——以《祖堂集》《景德传灯录》为中心/张胜珍/兰州学刊/2015. 2

鄯善国佛教世俗化特征之再探讨/伊家慧/牡丹江大学学报/2015. 2

唐诗中的维摩诘意象/萧丽华/武汉大学学报（人文科学版）/2015. 2

佛教山居诗探源/祁伟/武汉大学学报（人文科学版）/2015. 2

天龙山佛教瘗葬形式综述/苏玲玲/文物世界/2015. 1

西夏僧侣帽式研究/魏亚丽、杨浣/西夏研究/2015. 1

佛教五重唯识心理观的认识论辨析/肖建原/人文杂志/2015. 1

四川禅师在两宋间的学术追求/碧莲/文史杂志/2015. 1

译经、讲经、俗讲与中国早期白话小说/李时人/复旦学报（社会科学版）/2015. 1

佛教寺院经济研究小史/张蕾蕾/法音/2015. 2

浅议佛教慈悲理念的现实意义——《普贤行愿品》的启示/杨理解/法音/2015. 2

地论学派的三种缘集说略述/释昌如/法音/2015. 2

禅宗“不立文字”的因缘探析/孙玮志/法音/2015. 2

佛教眼中的“顺世外道”/秦萌/法音/2015. 2

民国佛教会的影响/麦锦恒/法音/2015. 2

清代律宗师匠述略/任宜敏/浙江学刊/2015. 2

梁武舍道事佛与唐代三教论衡/刘林魁/中南大学学报（社会科学版）/2015. 1

“佛教十三经”简释/赖永海/中国宗教/2015. 3

“华严宗”的语义变迁及其与“宗派”的关系/李熙/中华文化论坛/2015. 2

清初黔僧赤松师承考述/杨锋兵/中华文化论坛/2015. 2

浙江妈祖信仰的“佛教化”研究/陈政禹/浙江档案/2015. 2

近代佛教界显密纷争的再探讨/李郑龙/中山大学学报（社会科学版）/2015. 2

王肯堂及其《八识规矩集解》/倪梁康/中山大学学报（社会科学版）/2015. 2

俄藏佛教文献中夹杂的《同音》残片新考/韩小忙/宁夏社会科学/2015. 2

语义无定与索引表征——与西方相对照的佛教语言哲学/张孟杰、韩璞庚/江汉论坛/2015. 3

《四分律》的词汇特点/金双平/黑龙江史志/2015. 1

杨仁山居士在甲午战后对日本净土真宗的批判/沈文星、姚彬彬/宁夏社会科学/2015. 2

浅论隋唐时期佛教教育的发展与完善/程剑波/学理论/2015. 5

印度佛教与藏传佛教源流关系略述/欧东明/南亚研究季刊/2015. 1

《维摩诘经》思想对东晋士人的影响——以《世说新语》为中心/姜广振/文艺评论/2015. 2

地域视境下的唐代敦煌诗僧群体及其创作/周梦梦/时代文学（下半月）/2015. 1

西夏晚期石窟壁画风格探析/周维娜/兰台世界/2015. 6

宗教学视角下解读佛传史诗《佛所行赞》的神话特征/伊家慧/前沿/2015. 1

结构主义视角下的“像教”社会——北魏兴佛与废佛的社会结构分析/徐婷、陈昌文/四川大学学报（哲学社会科学版）/2015. 2

从出土文书看西夏佛典的印制与传播/樊丽沙/兰台世界/2015.9

南朝佛教忏悔文考论/王飞朋/三峡论坛（三峡文学·理论版）/2015.1

藏族《萨迦格言》与印度龙树格言诗关系研究/李正栓、李霄宇/河北师范大学学报（哲学社会科学版）/2015.2

朝鲜“三国”史传文学中的儒学蕴涵及其本土特色——以《三国史记》《三国遗事》为中心/孙逊/复旦学报（社会科学版）/2015.2

中国早期佛教美术考古泛议/黄文昆/敦煌研究/2015.1

从天台宗依天台山立宗缘起谈佛教感应/释光慧/法音/2015.3

台湾佛教发展现状及带给藏传佛教的思考/郑堆、李德成/中国藏学/2015.1

《旁塘宫目录》——编纂时间、画像题记、文献分类及其价值/才让/中国藏学/2015.1

《俱舍论》色法心法观分析——一种心理哲学的视角/高颖/中国藏学/2015.1

浅淡鸠摩罗什对小乘毗昙的认识/向慧/法音/2015.3

古代朝鲜的佛教统治与佛教故事的盛衰/孙萌/复旦学报（社会科学版）/2015.2

吐鲁番出土北凉时期写经题记研究——以《优婆塞戒经》为中心/吕丽军/太原师范学院学报（社会科学版）/2015.2

飞天与敦煌艺术的再生/尹泓/郑州大学学报（哲学社会科学版）/2015.2

东魏“思惟”图像辨及相关问题/姚远/艺术科技/2015.2

7—8世纪的十六罗汉信仰——以玄奘所译《法住记》为线索（上）/王霖/新美术/2015.1

滋生与嬗变：丝绸之路上的佛教乐舞/陈卉/郑州大学学报（哲学社会科学版）/2015.2

孟简“溺于浮图之教”考/包得义、王树平/中华文化论坛/2015.3

大足北山宋刻《维摩诘经变》及其相关问题考察/米德昉/中国国家博物馆馆刊/2015.3

唐僧神清的佛教史学批评/曹刚华/中州学刊/2015.4

三条鱼的故事——印度佛教故事在丝绸之路的传播例证/陈明/西域研究/2015.2

明清之际佛教传戒制度之再创制/刘晓玉/阴山学刊/2015.2

从《楞严经》中“万法唯心”谈心灵环保/法缘/宜春学院学报/2015.2

藏传佛教格鲁派寺院寺规考述——以“五戒”的承袭与实施为中心/房继荣/西藏大学学报（社会科学版）/2015.1

试论藏传佛教在甘肃地区的传播（一）/丹曲/西藏研究/2015.1

喇钦贡巴饶赛尊证师二汉僧新考/万么项杰/西藏研究/2015.1

藏传佛教宁玛派俄巴群体研究/看本加/西南民族大学学报（人文社会科学版）/2015.4

吉藏“无得正观”思想探析/刘媛媛、陈兵/西南民族大学学报（人文社会科学版）/2015.5

北魏“像教”发展的社会支持研究——以云冈石窟为例的分析/徐婷、陈昌文/西南民族大学学报（人文社会科学版）/2015.5

密教传持与宋代民间五色线习俗的形成与发展/夏广兴、闫伟伟/华东师范大学学报（哲学社会科学版）/2015.2

神州与阎浮、气禀与佛性——论佛教对“夷夏之辨”的超越与民族融合/郑兴中/理论月刊/2015. 4
《颜氏家训》中的佛教思想/汪文忠/华夏文化/2015. 1
汉晋时期西域精绝国与贵霜、苏毗关系考略/刘洁/山东社会科学/2015. 4
晚明文人佛寺旅游风盛述论/陈晖莉/江南大学学报（人文社会科学版）/2015. 2
宋代梵净山周边佛教寺院考/田青/铜仁学院学报/2015. 1
河北正定广惠寺唐代玉石佛座铭文考释——兼议唐代国忌行香和佛教官寺制度/聂顺新/陕西师范大学学报（哲学社会科学版）/2015. 2
论北朝晚期安阳石窟的艺术/李晓飞/兰台世界/2015. 12
道宣《续高僧传》之传叙/朱东润/中华文史论丛/2015. 1
元代新建佛寺略论/陈高华/中华文史论丛/2015. 1
论韩国圆佛教的人文关怀及其当代价值/闵军/五台山研究/2015. 1
中藏 S21 · 002 号西夏文《华严忏仪》残卷考释/许鹏/五台山研究/2015. 1
李通玄的“观心配法”思想研究——以《新华严经论》为中心/刘媛媛、覃江/五台山研究/2015. 1
梁启超对康有为宗教思想的凸显及用意/魏义霞/社会科学辑刊/2015. 2
智顗、吉藏“数论”用法初考/向慧/宁夏大学学报（人文社会科学版）/2015. 2
敦煌西魏画风新诠——以莫高窟第 285 窟工匠及粉本问题为核心/张建宇/敦煌研究/2015. 2
敦煌艺术的哲学精神/吴绍珍/甘肃社会科学/2015. 2
唐代南方丝绸之路与中印佛教文化交流/王韵/中华文化论坛/2015. 4
两汉上郡龟兹属国与陕北地区佛教早期传播/窦新宇/榆林学院学报/2015. 3
五停四念：僧稠禅法的结构特色与四念处修行实践/吴正荣、杨合林/玉溪师范学院学报/2015. 1
入唐僧圆珍：日本天台宗寺门派之祖/佐藤长门、王海燕/浙江大学学报（人文社会科学版）/2015. 3
杭州佛教石窟造像考/周景崇/美术观察/2015. 5
“三坛大戒”制度的仪轨沿革与戒本解析/刘晓玉/衡阳师范学院学报/2015. 2
白云守端禅师生平事迹补考/滑红彬/衡阳师范学院学报/2015. 2
印度佛教中的龙文化/王英芝/吉林工程技术师范学院学报/2015. 5
魏校岭南毁佛述略/林有能/暨南学报（哲学社会科学版）/2015. 3
大慧宗杲“菩提心即忠义心”浅析/张想/学理论/2015. 14
丰子恺的佛学价值取向初探/冉祥华/河南科技大学学报（社会科学版）/2015. 2
论夷夏观念与汉晋佛教的传播——从汉晋禁佛令说起/胡晓明/理论学刊/2015. 4
论东晋佛教诗之类型及其嬗变/刘运好/文学遗产/2015. 1
玄奘译《般若心经》西夏文译本/孙伯君/西夏研究/2015. 2

2015年度基督教研究论文索引

蒋　森编

新生代对基督教的信任态度及中介机制——以长三角地区数据为例/李峰/社会/2015. 2

基督教与罗马帝国的文化张力/赵林/学术月刊/2015. 4

基督教对美国同性婚姻合法化之影响/柴荣/山东社会科学/2015. 12

基督教在韩国的本土化实践/艾菊红/世界民族/2015. 4

人格尊严权的基督教论证/郑琼现、吴易泽/中山大学学报（社会科学版）/2015. 1

基督教中国化进程中的问题与思考——以黑龙江地区为例/刘明、马国利、梁天元/黑龙江民族丛刊/2015. 6

华人网络与基督教网络的相互嵌入——近代新加坡华人基督教跨国网络探析/张钟鑫/华侨华人历史研究/2015. 4

中世纪基督教的灵肉观及其对体育的影响/彭昆/成都体育学院学报/2015. 2

卡森·麦卡勒斯关于基督教爱的伦理的隐性书写/宗连花/外国文学研究/2015. 5

基督教人文主义：托尼政治哲学的底色/曹帅/哲学研究/2015. 8

19世纪基督教在中越两国传播的比较研究/李传斌/宗教学研究/2015. 2

犹太—基督教的时间—历史观念辨析/妥建清/哲学研究/2015. 3

性别与家国：中华基督教妇女节制协会研究/马琰琰、胡卫清/学术月刊/2015. 11

疾病的宗教性建构：理解农民因病信教的行为和动机——以一个河南乡村基督教会为例/梁振华、齐顾波/中国农业大学学报（社会科学版）/2015. 4

关于人类学研究进路的一些思考——以“地方”基督教研究为例/黄剑波/思想战线/2015. 2

清末民初温州基督教本色化探微/牟德刚、丁强/温州大学学报（社会科学版）/2015. 2

警惕打着基督教旗帜的邪教组织——兼论当代中国邪教发展的趋势与特征/习五一/中国人民公安大学学报（社会科学版）/2015. 5

基督教小说在近代韩国的历史演进/林惠彬/外国文学研究/2015. 2

全球化背景下的中国基督教灵恩亚文化/曹南来/世界宗教文化/2015. 3

文化战争视角下的基督教生命伦理学/王永忠/东南大学学报（哲学社会科学版）/2015. 2

《汤姆叔叔的小屋》基督教文化译介研究/吕小莉/重庆科技学院学报（社会科学版）/2015. 1

从禅宗观点看未来基督教的走向/周昌乐/重庆理工大学学报（社会科学版）/2015.6

佛教与基督教忏悔思想之比较研究/陈进、费小兵/宗教学研究/2015.1

扩散与聚合：基督教在我国朝鲜族中的发展历程/刘文娜/北方民族大学学报（哲学社会科学版）/2015.1

论转型期我国乡村文化的“公共性”消解——对农村基督教盛行的一种解释/李鹍、郑晓如/黑河学刊/2015.4

从《罗慕拉》到《乱世女豪》——传教士译本的基督教化研究/宋莉华/文学评论/2015.1

基督教中国化的四个方面/岳清华/中国宗教/2015.8

宗派主义与民末甘肃基督教的本色化/刘继华/青海民族研究/2015.3

威廉·库柏的抒情诗与英国基督教浪漫主义的发轫/李枫/外国文学/2015.2

党化与基督化——国民政府初期基督教学校的挑战与调适/张永广/学术月刊/2015.3

许地山的文学创作与基督教文化精神/张慧佳/南都学坛/2015.1

近代东南亚华人基督教跨国网络研究/张钟鑫/东南学术/2015.5

基督教、佛教兴起与欧亚地区优势竞争力的转移/张文木/世界经济与政治/2015.3

吴哲夫（E. W. Wallace）与基督教教育的中国化实践/张龙平/暨南学报（哲学社会科学版）/2015.5

全球化视野下的基督教中国化研究/郭荣刚、林孝斌/世界宗教研究/2015.1

儒家与基督教“诚”伦理之比较/刘乾阳/伦理学研究/2015.3

文化冲突视阈下云南部分傣族改信基督教与边境社会稳定——基于对德宏州、西双版纳州的田野调查/侯兴华/宗教学研究/2015.1

放逐与怀乡、归回与失丧——试论穆旦诗歌中的基督教因素/魏巍/海南师范大学学报（社会科学版）/2015.7

基督教在近代中国俗世化的尝试及其后果——基于20世纪20年代燕京大学基督教在华实践的历史/陈锦航/世界宗教文化/2015.4

基督教信仰对村落社会生活的影响——基于一个滇中苗村基督教信仰生活的人类学研究/苏斐然/云南民族大学学报（哲学社会科学版）/2015.3

冰心与基督教及其中西文化观再议/杨世海/贵州大学学报（社会科学版）/2015.1

斯宾诺莎是一个基督教哲学家吗？——如何理解《神学政治论》对犹太教的批判/黄启祥/世界哲学/2015.5

泉州元代基督教碑刻“混搭”设计风格研究/占炜/装饰/2015.7

近代中国基督教史上的“传教区划”现象探论——以福建为考察中心/吴巍巍/世界宗教研究/2015.1

近代基督教教育小说的译介及其意义/宋莉华/国际汉学/2015.1

基督教文化在英国珠宝首饰设计中的映射：以英国珠宝品牌 Stephen Webster 的“七宗罪”系列作品为例/孙仲鸣、张红燕、吕宁/宝石和宝石学杂志/2015.5

建国前夕的中国基督教学生运动/张丽霞/宗教学研究/2015.4

基督教对基层政权的影响研究——以安徽省合肥市为例/王力、熊利娟、王云飞/黑河学刊/2015.6

近代日本基督教学校与政府关系述略/张永广/暨南学报（哲学社会科学

版）/2015. 10

论基督教对中世纪大学的积极影响/闫瑾/求知导刊/2015. 4

《汤姆叔叔的小屋》中基督教文化译介比较/吕小莉/淮北师范大学学报（哲学社会科学版）/2015. 1

浅析当下基督教在我国的传播/王鹏/视听/2015. 5

宗教、主权及民主：对伊斯兰教和基督教的观察/哈坎·耶马兹、郭慧聪/世界宗教文化/2015. 1

西欧中世纪的异端运动与基督教会/吕富华、谢胜男/辽宁师范大学学报（社会科学版）/2015. 1

中世纪基督教对体育发展的历史影响/次春雷、张晓华/沈阳体育学院学报/2015. 4

基督教在农村小城镇迅速传播对青年大学生的影响及对策/史明霞、陈晓萍、刘小峰/陕西社会主义学院学报/2015. 1

铁凝小说中基督教文化的存在形态/景莹/南通大学学报（社会科学版）/2015. 5

鲁西乡村文明的衰落与基督教传播/赵少峰/南都学坛/2015. 5

从闽南白话字看近代闽台基督教关系/李少明/海峡教育研究/2015. 4

基督教与天主教的冲突/赵克/西部学刊/2015. 5

浅探基督教在黑人奴隶制度下的社会作用——试析《为奴十二年》的人物形象/向晓红/海外英语/2015. 3

拜占庭帝国在罗斯基督教化过程中的作用/孙广杰/外国问题研究/2015. 1

妥善治理基督教私设聚会点问题之思考/苏宗言/江苏省社会主义学院学报/2015. 3

维京时代斯堪的纳维亚人的基督教化研究/宋晓梅/青海师范大学学报（哲学社会科学版）/2015. 3

茅盾爱国主义思想与基督教形象建构方式论/张慧佳/石家庄学院学报/2015. 1

贝奥武甫——基督教传统下的古日耳曼英雄/王文俊/长江大学学报（社会科学版）/2015. 4

苏北农村基督教信仰研究述评/水玉洁、杨日晨/吕梁教育学院学报/2015. 4

从城乡结合部取得突破的大理白族基督教信仰/张睿/世界宗教文化/2015. 4

凉山诺苏彝人的宗教信仰选择——基督教在凉山彝区的传播研究/杨理解/宗教学研究/2015. 2

达州市基督教传播史研究相关文献资料概述/罗江、邓杰/四川文理学院学报/2015. 6

论基督教“原罪”说的圣经起源与现代意义/林季杉/武汉大学学报（人文科学版）/2015. 3

儒家中庸尚和与基督教崇力尚争之比较/靳浩辉/西南科技大学学报（哲学社会科学版）/2015. 6

改革开放以来中国基督教会对外交流活动述评/张永广/世界宗教研究/2015. 2

构建和谐基督　实现共赢发展——推动齐齐哈尔市基督教与经济社会发展和谐共赢的理论思考/王国宏、卢春梅、黄宝成/理论观察/2015. 1

世俗苦恼与精神困境：农村基督教传播的社会基础——以 F 村女教徒为例/王首燕/广西师范大学学报（哲学社会科学版）/2015. 3

新加坡华人基督教的发展现状、原因及趋势/张晶盈/世界宗教文化/2015. 4

王静斋与近现代伊斯兰教基督教对话/马景/世界宗教研究/2015.4

“爱你们的敌人”——论基督教的敌人伦理/左高山/伦理学研究/2015.5

华东基督教教育会与民国时期华东区域基督教教育的中国化/张龙平/苏州大学学报（教育科学版）/2015.4

智利基督教民主党与“第三条道路”/张琨、郭长刚/拉丁美洲研究/2015.3

沂蒙地区农村基督教传播原因及特点探析——基于兰陵县鲁城镇的调研/刘亚飞/牡丹江大学学报/2015.1

上帝与道：基督教与道教的一种比较/杨玉辉/宗教学研究/2015.4

试析基督教大一统世界的建立与瓦解及其对近代自由主义的影响/李宇、暴景升/长春理工大学学报（社会科学版）/2015.4

“阿卡西乌分裂”：中古早期基督教会一次重大冲突初探/武鹏/宗教学研究/2015.1

西方基督教网络传播研究的三次浪潮/钱婕/现代传播（中国传媒大学学报）/2015.4

近代以来基督教在新疆的教育活动研究/李新华/暨南学报（哲学社会科学版）/2015.5

试析基督教背景对王元化的影响/胡顺琼/社会科学论坛/2015.12

多样性与共同性：中国基督教信众宗教认同研究的新视角/李峰/新疆社会科学/2015.4

农村中小学生基督教信仰的叙事研究/杨学良、李艳红/天水师范学院学报/2015.3

基督教与佛教的生态思想对生态危机的回应/崔小莉/前沿/2015.5

新阶段黑龙江省齐齐哈尔地区基督教发展状况特点及趋势/王国宏、王克娜、卢春梅/世纪桥/2015.1

老骥伏枥之作——评裴士丹《中国基督教新史》/杨慧玲/世界宗教研究/2015.6

《女勇士》中儒家思想和基督教观念在“我”身上的冲突与融合/张妮、彭家海/湖北第二师范学院学报/2015.5

教会·乡村·医疗：南京国民政府时期的基督教乡村卫生建设/李传斌/晋阳学刊/2015.3

基督教在锦州地区的传播及其社会活动/郭文深、李晨/黑河学院学报/2015.4

以死救赎——弗兰纳里·奥康纳的基督教救赎伦理/李慧、惠敏/外国语文/2015.6

建构“公民—民族—宗教”间的“叠合认同”——以基督教与伊斯兰教的对话为例/李向平/西北民族大学学报（哲学社会科学版）/2015.4

从吴耀宗的上帝观看基督教在中国的本土化/陈曦/理论月刊/2015.9

基督宗教媒体、团体与近代中国环境研究——以《益世报》和天津基督教青年会为中心/李净昉、侯杰/汕头大学学报（人文社会科学版）/2015.4

鸦片战争前传教士中文报刊对基督教在华传播的影响——以《察世俗每月统记传》为例/张郁文/传播与版权/2015.6

基督教文化在浪漫主义文学中的灵现/张鸿/牡丹江教育学院学报/2015.1

基督教与中世纪大学的兴起/张贤兵/文史博览（理论）/2015.10

从反叛到屈从——北村基督教小说创作论/张志庆、潘源源/河南大学学报（社会科学版）/2015.1

明末基督教插图中的儒家元素：以《天主降生出像经解》为例/曲艺/世界宗教研究/

2015.2

论南阳福音堂基督教音乐的“本土化”特征/万鸽/吉首大学学报（社会科学版）/2015.2

基督教文化对冰心创作的影响研究/陈利娟、吴殿影/山西大同大学学报（社会科学版）/2015.6

日军侵占海南以前基督教的传教历史概述/聂希/赤子（上中旬）/2015.21

从基督教传统看奥古斯丁战争法理论的功与过/刘阳阳/世界宗教文化/2015.3

云南德宏州景颇族双重宗教认同的关系特征——以德宏州盈江县崩董村基督教信仰为个案/杨林、排启生/临沧师范高等专科学校学报/2015.2

论恩格尔哈特的基督教生命伦理学转向/王永忠/天津社会科学/2015.4

浅谈《许三观卖血记》意象及观念中的基督教人道主义情怀/张一莹/佳木斯职业学院学报/2015.5

达州市基督教史研究综述/邓杰、罗江/攀枝花学院学报/2015.6

试析明末清初基督教对儒学的联合、解读与反对——以《天主实义》为例/计冬桢/人民论坛/2015.20

现代化冲击下滇东北苗族基督教信仰变迁研究——以彝良县老鹰山村为个案/杜丽/吕梁学院学报/2015.4

“显性”之异与“隐性”之通——儒家仁爱与基督教博爱比较研究/靳浩辉/中国石油大学学报（社会科学版）/2015.2

宗教机构养老：一种独特的养老服务方式——以温州基督教会柳市堂“敬老之家”为例/吴旭梅、卢福营/2015.1

试析黔西北基督教传播地区族群文化与族群认同的变迁/黄瑾/贵州民族研究/2015.5

从优秀民族文化中寻觅中国神学的生长处——领导、学者谈基督教中国化/天风/2015.6

鲁迅与基督教关系研究评述/王悦/名作欣赏/2015.23

日本安土桃山时代基督教的传播及影响/尹娜/安徽文学（下半月）/2015.2

中西文化融合下的福州基督教花巷堂/谢承平、关瑞明/中外建筑/2015.7

基督教音乐及对西方音乐的影响/田明/经营管理者/2015.17

近十年来国内农村基督教研究综述/刘双/赤子（上中旬）/2015.14

回族对基督教传教之信仰与文化抵抗——以清末民初的情况为例/宛磊/回族研究/2015.4

《许三观卖血记》主题层面的基督教人道主义情怀/张一莹/黑龙江教育学院学报/2015.6

浅谈潮汕地区基督教的发展及其影响/林锐芬、叶宇威、周要/学理论/2015.3

论“自我批评”的自愿化、彻底化、制度化——基于同基督教忏悔对比研究的视角/宋健林/胜利油田党校学报/2015.3

基督教文化在明清的境遇及文化的相互影响/胡铁生、綦天柱/学习与探索/2015.8

论抗战初期中国基督教会的爱国救亡活动/王淼/长春大学学报/2015.3

狄更斯小说中基督教思想研究/吴睿/广西教育学院学报/2015.6

从资本主义发展角度看宗教改革对基督教伦理的创造性转化/吕富渊/沈阳大学学报

（社会科学版）/2015.4

崩溃中的拯救——浅析海明威作品中的基督教主题/万向兴、陆文苓/安徽文学（下半月）/2015.6

疏离与认同：20世纪美国华人基督教信仰浅析/毕铄/文史博览（理论）/2015.9

基督教中国化要在“化”字上下功夫/苏志明/中国宗教/2015.5

基督教在近代东北地区朝鲜族中的传播及影响/车红兰/边疆经济与文化/2015.9

“东亚基督教与冷战”国际学术研讨会综述/陈铃/世界历史/2015.2

民族和贸易视角下奥莉加接受基督教必然性分析/纪明/牡丹江大学学报/2015.10

拒斥与再发现：近代中国士人对基督教经典的认识/王英维/琼州学院学报/2015.1

基督教美术中“光”的象征意义探究/刘国旭/贵州工程应用技术学院学报/2015.2

西方中世纪基督教音乐管理观念探究/隋欣、陶亚兵/艺术教育/2015.3

浅谈丁光训主教对基督教中国化的神学反思/文革/天风/2015.5

马克思主义：在犹太民族因素和基督教文化基础上的超越/吕翔/长春教育学院学报/2015.12

汉语基督教文学的研究视角——评黎子鹏《经典的转生——晚清〈天路历程〉汉译研究》/姚达兑/文艺研究/2015.1

基督教中的生态思想对解决生态危机的启示/崔小莉/郑州航空工业管理学院学报（社会科学版）/2015.6

基督教会在乌蒙山区苗族社会中举办的教育事业探析/罗锋、王太忠、吴映梅/昭通学院学报/2015.2

心灵的组织化——转型期乡村的基督教传播/董敬畏/中共浙江省委党校学报/2015.5

基督教中国化如何开展？/唐晓峰、茹雪/天风/2015.4

准确把握坚持基督教中国化方向中的五个关系/陈宗荣/中国宗教/2015.11

浅析黑死病对于西欧基督教会的长远影响/贾雪颢/黑龙江史志/2015.3

中国基督教徒与伊斯兰教徒对其“造物主”的认识/刘廷妮/青海民族研究/2015.4

“爱”与“契约精神”——基督教的管理智慧/朱宇杰/中国宗教/2015.10

中国特色的基督教艺术/中国宗教/2015.2

生根建造谋新篇　心意更新创未来——来自“中国基督教加强自身建设经验交流会”的报道/孙琪、邱云/天风/2015.9

厦门早期基督教音乐的源流与特色——以《养心神诗》音乐为例/李建武、蒿志强、苏人登/集美大学学报（哲学社会科学版）/2015.4

坏树如何能结出好果子——康德宗教哲学对基督教“改过迁善”问题的反思/黄若然/重庆交通大学学报（社会科学版）/2015.3

三自与神学思考——一个中国基督教自己的故事/耿卫忠/天风/2015.10

机械宇宙观之于基督教和天道信仰的不同意义/张洪彬/自然辩证法研究/2015.7

“圣经使我们联合！”——中国基督教两会与联合圣经公会合作30周年座谈会在沪举行/房赢/天风/2015.12

《李尔王》：基督教精神的反叛与回归/马林贤/成都师范学院学报/2015.10

朱维之基督教文学翻译观研究/王红玫/现代语文（语言研究版）/2015.3

基督教中国化任重而道远——纪念丁光训主教诞辰100周年暨基督教中国化研讨会在

北京召开/本刊编辑部/中国宗教/2015. 10

在法治环境下推进基督教中国化/傅先伟/中国宗教/2015. 1

“基督教化的斯多亚主义”与功利主义精神——论弗兰西斯·哈奇森的自然情感理论/陈晓曦/南华大学学报（社会科学版）/2015. 1

近代基督教公理会传入汾阳探析/贾登红/黑龙江史志/2015. 5

儒家仁爱观念的本质及其实现之道——以基督教的神爱观念为背景/田薇/哲学分析/2015. 2

基督教信仰当寻求中国化的表达——无锡市基督教堂文化展览馆开馆的启迪/晓望/天风/2015. 7

努力发挥积极作用，切实保证健康发展——江苏省基督教的探索与实践/孙琪、邱云/天风/2015. 7

论许地山《玉官》在中国基督教小说中的独特性/孙开利/唐山师范学院学报/2015. 6

中华基督教教育会与 The Educational Review/张龙平/教育评论/2015. 7

农村基督教信仰的内部因素初探——以华北平原的 X 市 D 村为例/李伟/赤子（上中旬）/2015. 8

信仰是社会的元气——梁启超的基督教观/郑德龙/文化学刊/2015. 4

基督教在陕西临潼区妇女中的传播现状与思考/文泽天/新闻传播/2015. 3

纪念丁光训主教诞辰 100 周年暨基督教中国化研讨会部分发言摘录/天风/2015. 12

中国佛教与西方基督教装饰纹样比较研究/张秦苗、米高峰/现代装饰（理论）/2015. 2

锦州市居民基督教、天主教信仰状况调查/郭文深、李晨/渤海大学学报（哲学社会科学版）/2015. 3

20 世纪初基督教在贵州乌蒙山苗族地区的传播/王文慧/兰台世界/2015. 16

基督教赞美诗——源自心灵的歌唱/陈新宇/中国宗教/2015. 1

儒家的不朽观及其限度——以基督教的永生观为参照/田薇/世界宗教文化/2015. 3

陕西省榆林市基督教信众：社会组成结构、宗教活动及基本特点/马举魁、赵慧、张渊/榆林学院学报/2015. 1

基督教中国化——中国教会健康发展的必然选择/蔡凌云/中国宗教/2015. 11

实践创新求发展　生根建造谋新篇——中国基督教加强自身建设经验交流会侧记/朱圆媛/中国宗教/2015. 8

从基督教人文主义到现实人文主义——文艺复兴时期英国人文主义教育思想的演进/易红郡/教育文化论坛/2015. 5

丁光训——一位基督教中国化的积极推动者——在全国政协纪念丁光训主教诞辰 100 周年座谈会上的发言/傅先伟/天风/2015. 10

中德建交中德国基督教联盟党的作用/张黎月/黑龙江史志/2015. 11

追本溯源再续辉煌——记上海市基督教三自爱国运动委员会成立 60 周年系列活动/天风/2015. 6

俭朴的丰盛基督教的“崇俭”思想/刘永志/中国宗教/2015. 8

汕头磐石堂讲述潮汕基督教的历史故事/本刊编辑部/中国宗教/2015. 2

加尔文《基督教要义》思想研究/贺相铸/名作欣赏/2015. 3

纪念丁光训主教诞辰一百周年暨基督教中国化研讨会在京召开/房赢、袁晓君/天风/2015.11

中国穆斯林与抗战——来自基督教传教士胡籁明的观察记载/马景/北方民族大学学报（哲学社会科学版）/2015.4

用中国特色建筑文化表达信仰——记安徽宿州基督教福音堂/戴永生/中国宗教/2015.8

老子之道与基督教上帝的比较——老子之道的非神性论证/赵娜娜、马松红/学理论/2015.5

理雅各对《论语》性善论与基督教人性论的互释互证/邱业祥/国际汉学/2015.2

农村女性基督徒的皈依之路与生活实践/李艳红/当代教育与文化/2015.1

《骆驼祥子》新论/石小寒/中国现代文学研究丛刊/2015.4

与信仰相合宜的激进（神学）诠释学/曾庆豹/中国比较文学/2015.4

今天，为何仍要强调“基督教中国化”？/诚言/天风/2015.8

基督教融入中国文化　发挥积极作用——中国基督教协会副会长兼总干事阚保平牧师访谈/张雪梅、卢晓容/中国天主教/2015.2

解放与救赎——马克思主义关于人的解放思想对基督教救赎思想的批判比较探要/胡乃岩/理论探讨/2015.3

伊索寓言与明末清初的基督教中国化——基督教中国化的文学范例/孙琪/天风/2015.5

“基督教中国化”思想是丁主教留给我们的宝贵财富——在纪念丁光训主教诞辰100周年暨基督教中国化研讨会上的发言（摘要）/傅先伟/天风/2015.11

人生观问题的儒耶对话/崔小莉/前沿/2015.8

坚持独立自主自办推进基督教中国化/傅先伟/中国宗教/2015.2

基督教中国化的努力/高峰/天风/2015.2

务实的会议前行的方向——纪念丁光训主教诞辰100周年暨基督教中国化研讨会侧记/房赢、袁晓君/天风/2015.11

基督教对西方音乐的影响/张春博/人才资源开发/2015.4

基督教中国化/天风/2015.9

堂会与市基督教两会同步换届的思考与实践——以厦门教会为例/蒿志强/天风/2015.3

原罪与救赎：浅谈《魔戒》中的基督教因素/李佳、龚晴晴/戏剧之家/2015.9

既“来学”，则“往教”：美国教会接触和影响中国留学生的个案研究/陈燕/华侨华人历史研究/2015.1

民间力量戒毒模式多元化发展——论云南省基督教福音戒毒/倪玉霞、严影/云南警官学院学报/2015.2

探讨西方宗教（基督教）与西方绘画的关系/曹丹丹/现代装饰（理论）/2015.10

固本强基发挥作用十四年——基督教工作成就回眸/朱圆媛/中国宗教/2015.12

我们今天需要什么样的信仰？/郭勇健/上海文化/2015.10

欧洲中古“神学”的“天国”/叶秀山/云南大学学报（社会科学版）/2015.1

析基督传教士对中国社会的影响/李鼎垚/边疆经济与文化/2015.1

《马赛勒斯》：《织工马南》早期传教士译本研究/宋莉华/中国比较文学/2015. 2

唱响“三自”先声　演绎中国特色——记福建基督教莆田堂/岳清华、林超群/中国宗教/2015. 4

信仰关系与地方行政权力的互动——以广东南镇基督教与民间信仰关系为例/刘大为/西北民族大学学报（哲学社会科学版）/2015. 4

浅谈基督教音乐对西方声乐的影响——以清唱剧选曲《天赐神粮》和巴赫古诺《圣母颂》为例/曹颖/音乐时空/2015. 7

房兴耀主教出席纪念丁光训主教诞辰100周年暨基督教中国化研讨会/中国天主教/2015. 5

创建星级宗教活动场所　促进基督教工作——江苏省宿迁市泗洪县的探索/仲启双/中国宗教/2015. 10

让爱传承——记香港中华基督教青年会的社会服务/曲萌/中国宗教/2015. 9

在耶路撒冷与雅典之间——信仰和理性的冲突与调和之路/黄旭华、黄萌/高教探索/2015. 8

基督教如何进一步加强自身建设/高峰/中国宗教/2015. 9

清教的流变：美国东镇一位神教会的约定、政体及其现代转型/龚浩群/中央民族大学学报（哲学社会科学版）/2015. 4

西方基督教基要主义运动与“大历史”的兴起/刘艳/史学月刊/2015. 9

西方传统中法宗教学的兴起/约翰·维特、钟瑞华/华东政法大学学报/2015. 1

托马斯·阿奎那上帝观的地位与影响/张卿、王家旋/湖北大学学报（哲学社会科学版）/2015. 5

浅议伦理法律角度下的中国基督教会纪律现状/蒿志强/天风/2015. 6

约翰·厄普代克的基督教信仰——以《圣洁百合》为例/詹佳莉/宁德师范学院学报（哲学社会科学版）/2015. 4

洛林吉亚国王罗退尔二世离婚风波迭起的历史动因/朱君杙/世界历史/2015. 2

与马赛克炫丽相遇——拉韦纳基督教建筑群/陈琳汾/海洋世界/2015. 12

中西文化比较视域中的儒家孝道观/方兰欣/郑州轻工业学院学报（社会科学版）/2015. 6

基督教海淀堂里的复活节崇拜/吴伟庆/中国宗教/2015. 4

宗教非政府组织参与欧盟人道主义援助初探——以基督教非政府组织援助柬埔寨为个案/张鹏/世界宗教研究/2015. 2

门槛时代、推论式理性与恩格尔哈特的生命伦理学转向/王永忠/伦理学研究/2015. 2

《李尔王》中的法律、正义与基督教之爱/冯伟/国外文学/2015. 4

觉察社会需要担当社会责任——哈尔滨市基督教两会自养工作现场经验交流会纪实/邵珊/天风/2015. 3

洛维特对历史进步观念的批判/刘小枫/安徽大学学报（哲学社会科学版）/2015. 6

《后现代生命伦理学》与《基督教生命伦理学基础》首发式隆重举行/郭玉宇、胡芮/东南大学学报（哲学社会科学版）/2015. 4

从女性主义圣经批评视角解读庐隐的小说/谢丽君、管恩森/鲁东大学学报（哲学社会科学版）/2015. 6

河南省新乡市W镇基督教家庭教会法律问题的调研报告/张林/法制博览/2015.6

温和的女权主义——《女铎》与近代中国女性自我构建/吴艳玲/扬州大学学报（人文社会科学版）/2015.1

帕斯卡尔赌注的形式演化/王幼军/上海师范大学学报（哲学社会科学版）/2015.4

让一部分人在中国先信仰起来（上篇）——关于中国文化的“信仰困局”/潘知常/上海文化/2015.8

奥罗修重放光芒？/夏洞奇/世界宗教研究/2015.1

关于欧洲文艺复兴运动几个重要问题的再思考/刘建军/东北师大学报（哲学社会科学版）/2015.5

问题与发展：当代美国道德教育/方蕾蕾、肖三石/郑州师范教育/2015.4

危机与救赎——科拉科夫斯基现代性批判理论的重要维度/李晓敏/学术交流/2015.7

西洋正义战争学说简述——从奥古斯丁到维多利亚/林国华/学术月刊/2015.2

一位美国传教士在燕京大学的“解放”岁月——围绕范天祥教授的日记和书信而展开/杨奎松/华东师范大学学报（哲学社会科学版）/2015.5

羊圈的比喻——在纪念丁光训主教诞辰100周年暨基督教中国化研讨会闭幕礼拜上的证道/张克运、吴新望/天风/2015.11

卡明斯视觉诗中自然主体之生态构式与宗教维度/李娅红、贺音/湖南工业大学学报（社会科学版）/2015.6

基督教恩光堂抢救维修方案研究/张鼎、王泽云、梁艳霞/四川建材/2015.6

新常态下高职院校学生信仰表象的几点思考——以天津市高职学生参与基督教活动为例/张勇、吕杨、刘德春/才智/2015.7

“敬业”精神与基督教工作伦理/文革/中国宗教/2015.5

乡村教会的“文艺范”——记江苏宿迁市基督教涧南教会文艺宣传队/惠晶/中国宗教/2015.11

登州文会馆与中华文明之现代转型/田海林/山东高等教育/2015.3

中国内地会早期宣教事业里的中国同工/张靓/史林/2015.4

科学主义、文化民族主义与民众对佛道耶之信任：以长三角数据为例/李峰/世界宗教研究/2015.3

女性基督徒的主观幸福感研究/刘淑君、李艳红/陇东学院学报/2015.3

早期传教士作品中的新词创制/马云霞/山西大同大学学报（社会科学版）/2015.1

中国特色的宗教建筑安徽宿州基督教福音堂/中国宗教/2015.8

论本·琼生《森林集》中的古典主义/吴美群/重庆科技学院学报（社会科学版）/2015.12

皈依之路——读奥古斯丁《忏悔录》和罗素、马克斯·韦伯/龙潜/贵州民族大学学报（哲学社会科学版）/2015.2

奥利金寓意解经法探析/艾路明、周遥强/理论月刊/2015.6

古今中外社会核心价值的构成与特点/张践/学术界/2015.1

鲁迅视野中的基督世界/吴霞、伍珺/哈尔滨工业大学学报（社会科学版）/2015.5

从格致书院到岭南大学/鲍静静/广东省社会主义学院学报/2015.1

看、听和信——克尔凯郭尔和尼采视域下的信仰/王齐/哲学研究/2015.3

阿奎那论公正（上）/程立显/党政干部学刊/2015.8

“叛教者”的宗教设计及其悖论——朱里亚努斯对神明的叙述/王遥/世界宗教文化/2015.6

宗教对英语发展产生的影响（英文）/云雅娟/语文学刊（外语教育教学）/2015.12

王尔德与安徒生童话比较国内外研究综述/蒋乡慧/吉林省教育学院学报（下旬）/2015.12

对奥古斯丁“符号”思想的解读/吴晓峰/现代语文（语言研究版）/2015.9

培正中学与近代中国教育自立/鲍静静/兰台世界/2015.1

“米兰敕令”新探/徐家玲、李继荣/贵州社会科学/2015.1

安徒生与王尔德童话拯救模式的比较研究/蒋乡慧/长沙大学学报/2015.4

略论近代来华传教士认知中国社会风俗的特点及其演变/王海鹏、武莲莲/唐都学刊/2015.2

文字游戏与价值重估——普罗芭的维吉尔《集句诗》/高峰枫/国外文学/2015.1

柏高德与近代中国社会/章华明/浙江档案/2015.12

让天上来的清风依然荡漾——纪念《天风》创刊70周年座谈会在沪召开/王冬昀/天风/2015.12

中国现代文学进程如何面对俄罗斯文学中的东正教问题/林精华/文学评论/2015.6

艾略特《荒原》中的丑恶女性形象创作成因探析/董爱兰/阴山学刊/2015.5

中西政治传统比较三论/赵昀晖/学习与探索/2015.1

中世纪医德思想考叙/艾容/濮阳职业技术学院学报/2015.5

《经学不厌精》：中西方经学研究的融汇和交流/胡瑞琴/孔子研究/2015.1

高职生宗教信仰调查研究——以河北省某高等职业技术院校为例/张敬、周晓楠、杨立红、董晓芳/中国市场/2015.6

保护与限制的双重性——查士丁尼犹太政策初探/疏会玲/世界民族/2015.5

福斯特小说宗教哲学思想研究/谭万敏、刘立辉/求索/2015.9

《少年维特的烦恼》中的U形叙事结构/高瑞怡/楚雄师范学院学报/2015.1

美国大波士顿地区华人基督徒基本情况调查及分析/万晓宏、孟凯旋/八桂侨刊/2015.3

民族与宗教之间——试析郭道甫政治实践中的宗教因素/孟盛彬/文化学刊/2015.3

全球化与地方化：潮汕浸礼教会组织框架研究（1860—1901）/李期耀/宗教学研究/2015.2

让一部分人在中国先信仰起来（中篇）——关于中国文化的“信仰困局”/潘知常/上海文化/2015.10

苍凉背后的人性——张爱玲的“原罪”情怀/石英杰/佳木斯职业学院学报/2015.2

美国对智利弗雷政府政策探析/吴昊/历史教学（下半月刊）/2015.7

柏拉图：希腊的摩西？——教父对柏拉图哲学的反应/席古拉、李睿/安徽理工大学学报（社会科学版）/2015.1

《汤姆叔叔的小屋》中的死亡意义/薄亚萍/延安职业技术学院学报/2015.3

得胜之歌——高建国牧师遗体告别与追思礼拜在温州举行/陈丰盛/天风/2015.9

伦道夫·斯托道家思想的侨易解读/徐显静/江苏师范大学学报（哲学社会科学

版）/2015.2

让教堂建筑扎根中国文化土壤/阚保平/中国宗教/2015.2

礼失而求诸野：评韩国硕儒丁若镛的《与犹堂全书》/单江东/中国图书评论/2015.9

论《堕落》对《圣经》“罪”与“审判”主题的观照/王影杰/绥化学院学报/2015.9

赛珍珠的宗教观与文学表象——以《东风·西风》《大地》《群芳亭》为例/延缘/中国社会科学院研究生院学报/2015.6

此间仁爱/康太一/读书/2015.11

文明之殇与自然之子——《绿厦》的生态批评解读/曾魁/沧州师范学院学报/2015.3

历史与记忆——福克纳《熊》的国家神话解读/鲁娅辉/佳木斯职业学院学报/2015.8

闽籍现代三作家：个人信仰与作品表现比较分析/林俐达/学术评论/2015.3

通往近代白话文之路：富善在第一次上海传教士大会上的报告之考察评价/段怀清/山东社会科学/2015.7

论西方生命神圣思想及其当代价值/陆树程、杨佳丽、冯李/医学与哲学（A）/2015.8

人神合一的圣洁之作——黄汎舫的编钟与乐队《天坛》/田可文/黄钟（武汉音乐学院学报）/2015.2

英国坎特伯雷大主教韦尔比首次访华/中国宗教/2015.6

浅析《纳尼亚传奇：狮子、女巫和魔衣橱》中的文化隐喻/孟唤/科技视界/2015.3

译者见智，归异争霸孰称雄？——在归化异化视角下探究《汤姆叔叔的小屋》三个译本对西方宗教思想的不同译介/刘洋、许君瑞/中小企业管理与科技（中旬刊）/2015.7

“小木屋”里的“美国梦”——以《汤姆叔叔的小屋》为例谈美国梦的虚幻性/张忆/才智/2015.2

浅析两希文明的一项共同观点——神是一切善的原因/王珊、王家琪/新西部（理论版）/2015.21

救赎：米奇·阿尔博姆作品的主题解析/张红艳、程红平/湖南科技学院学报/2015.12

试论斯宾诺莎“概念论”与莱布尼兹“单子论”/叶秀山/中国社会科学院研究生院学报/2015.1

美国19、20世纪之交的一场“文化战争”——神学现代派与传统福音派之间的斗争/王恩铭/史学集刊/2015.1

治道顺人性而为：韩非的思考/蒋重跃/中国德育/2015.1

不能成立的“极权主义”罪名——论哲学与诗“争吵”的古代启蒙意义/阮炜/文学评论/2015.1

悲剧艺术的力量——尼采与帕特里克·怀特悲剧思想的对比研究/邢冠英、陈颖/内蒙古民族大学学报（社会科学版）/2015.1

“God”汉语译名之嬗变——兼论晚清《圣经》汉译活动中的“译名之争”/刘念业/外国语文/2015.4

宗教公益慈善事业与中国社会的进步——兼论爱德基金会在中国社会发展中的作用/何虎生、王超/世界宗教文化/2015.4

陌生的邻居：仍不熟悉的俄罗斯东正教/林精华/学习与探索/2015.9

政治基金会：德国政府与政党的公共智库/袁峰/理论学习/2015.6

中介角色的正和博弈与潜在隐忧——“中华基督徒信行救国十人团”考述/王德龙/甘肃社会科学/2015.3

有限的理性与自由的意志——从奥古斯丁和洛克看自由主义的意志论维度/李绍猛/江苏行政学院学报/2015.5

马克思哲学论恶/威廉·麦克布莱德、周可/华中师范大学学报（人文社会科学版）/2015.4

《汾州》：一个近代山西县域的画卷/贾登红/山西档案/2015.3

20世纪西方学者对中古宗教生活的解读/龙秀清/经济社会史评论/2015.3

杜尚《已给出：1. 瀑布；2. 照明的燃气》新解——兼论西方现代艺术中“死而复生”的主题/董波/美术学报/2015.6

“千禧年主义”视野中的太平天国运动/陈伟/云南大学学报（社会科学版）/2015.3

《印支搜闻》——孔子思想传入美国的重要原始渠道/张涛/贵州社会科学/2015.6

让八闽教会神人共悦/林超群/天风/2015.8

在自然法的背后：洛克何以赋予自由新的内涵/储昭华、王毅真/浙江学刊/2015.1

从《约伯记》到《卡拉马佐夫兄弟》/王丽欣/外国问题研究/2015.1

天津青年会广播电台与社会服务——以《大公报》为中心的考察/赵天鹭/文学与文化/2015.3

生态危机中的宗教责任/王晓斌/宗教学研究/2015.3

中世纪欧洲的法治元素/程汉大/经济社会史评论/2015.1

北欧先民的生命之歌——《仙宫与诸神》译者序/李修建/民间文化论坛/2015.5

基督复活所带来的恩典/谢炳国、吴新望/天风/2015.4

晚清传教士与进化思想之修正——以《人学》翻译为中心/卢明玉/社会科学研究/2015.5

神学与处境（续）/陈永涛/天风/2015.8

历史主义的神圣解构——兼论伊利亚德的历史观/黄增喜/云南大学学报（社会科学版）/2015.5

耶路撒冷史/阿尔伯特、王向鹏/读书/2015.4

精神共同体观念的现代重建——黑格尔早期宗教、经济与政治思想研究/田冠浩/陕西师范大学学报（哲学社会科学版）/2015.3

奥古斯丁《上帝之城》中的政治思想诠释/金海霞/学理论/2015.6

论近代科学的中世纪理性主义基础/韩彩英/科学技术哲学研究/2015.6

一场回归神话的信仰之旅——《少年Pi的奇幻漂流》之圣经原型解读/梁丽娜/太原大学学报/2015.2

保罗生死观中的古典元素/肖剑/宗教学研究/2015.4

近代欧洲医疗道德思想的来源/赵秀荣/经济社会史评论/2015.3

反映在瓜达卢佩祭礼中的墨西哥宗教融合政策/白瑞斯、吴雅迪/文化遗产/2015.6

试论《闽南圣诗》的音乐元素/邵红缨/集美大学学报（哲学社会科学版）/2015.4

论曹禺早期剧作中的原罪意识/石艳霞/吕梁学院学报/2015.1

活出来，让主得荣耀/陈伟伟、吴新望/天风/2015.9

庐山近代外来宗教文化研究的平民视角/曹欢荣/九江学院学报（社会科学

版）/2015. 4
从埃及到高加索：探索未知的古文献世界/让-皮埃尔·马艾/读书/2015. 12
操纵理论三要素视域下“God”译名之争的历史演变/黄旦/海外英语/2015. 9
从古希腊—罗马文化角度正解《嘉莉妹妹》中嘉莉的形象/岳晓翠/中州大学学报/2015. 3
回归本真的创作启示——浅议欧洲中世纪的图像美学/夏展/美术观察/2015. 5
中国文化语境中“诗人的神学”的当代研究意义/李枫/艺术百家/2015. 6
普罗提诺神秘主义的类型学研究/寇爱林、王华/人文杂志/2015. 6
上帝的肤色——论美籍黑人眼中上帝形象的蜕变/任贝贝/长春教育学院学报/2015. 2
探析哥特式教堂玻璃花窗的艺术与文化价值/高晴/现代装饰（理论）/2015. 9
教父学者/梦隐/科学文化评论/2015. 4
神学与圣经（一）/陈永涛/天风/2015. 11
中世纪西方法人观念的发展与演变/何建/知与行/2015. 2
俞正声出席纪念丁光训主教诞辰100周年座谈会/本刊编辑部/中国宗教/2015. 10
义人的后裔必蒙福——访台湾溪水旁关怀单亲家庭协会理事长蒋方智怡/陈伟/天风/2015. 3
第一位系统神学家奥利金/赵鑫/天风/2015. 2
英国圣公会坎特伯雷大主教贾斯汀·韦尔比中国行/房赢/天风/2015. 7
西方早期风景画中神性与诗性的精神内涵/郑竹平/赤峰学院学报（汉文哲学社会科学版）/2015. 7
世纪荣耀历神恩　百年沧桑证主爱——记福建莆田基督教堂福传150周年暨建堂100周年感恩庆典/方韵/天风/2015. 12
帕莱斯特里那《教皇弥撒曲》与巴赫《b小调弥撒曲》内涵风格比较研究/朱磊/艺术百家/2015. 6
“岂非就是你娶儿媳妇吗？”——从盛足风牧师的婚姻祷文说起/陈丰盛/天风/2015. 4
事实认定“难题”与法官独立审判责任落实/佀化强/中国法学/2015. 6
宗教因素：萨顶顶《万物生》专辑成功的关键/谢丹、张子开、宋玥、王铭敏/四川戏剧/2015. 8
湖州市基督教徒宗教性及其影响因素研究/汪梦婷/中小企业管理与科技（下旬刊）/2015. 4
民国时期西南少数民族地区的教会学校及其当代启示/王聪/兵团教育学院学报/2015. 3
论诺瓦利斯作品中的“黄金时代”/曹霞/武陵学刊/2015. 5
神的居所——教堂之艺术设计/王娟/雕塑/2015. 4
善良仁爱的化身——《献给艾米莉的玫瑰》中黑奴托比形象浅析/赵治文/湖北函授大学学报/2015. 3
“教会历史”之父优西比乌/赵鑫/天风/2015. 3
谈“奥运三问”的历史真相/韩丹/体育与科学/2015. 6
建设中国特色的教会/潘锡安/中国宗教/2015. 2
向谁求雨：晚清基督徒的言说及国人的回应/张洪彬/民俗研究/2015. 5

读《日耳曼尼亚志》的联想/吴芮/黑龙江史志/2015.9

简论高校图书馆帮助信教学生的途径/王建萍、刘凤云/新西部（理论版）/2015.10

南京国民政府时期大学边疆服务活动的开展及其影响/张学强、胡君/高等教育研究/2015.5

走向哲学思想深处的文化背景——赵林教授访谈/赵林、周玄毅/学术月刊/2015.4

当前中东形势分析/李小鹿/国际研究参考/2015.2

宗教、政治与文化：索隐派与来华传教士的易学研究/王宏超/华文文学/2015.3

从洛克到休谟：论英国政治社会思路的转向/杨璐/社会/2015.6

古代中国足球与现代英国足球跨越时空的文明对话/龚波/上海体育学院学报/2015.6

鲁迅赴香港演讲经过的几点质疑/林曼叔/鲁迅研究月刊/2015.9

在黄虎穴中——利类思和安文思在张献忠朝廷（1644—1647）/许理和、何高济/国际汉学/2015.4

信仰三题：概念、历史和现实/邓晓芒/马克思主义与现实/2015.4

从“宗教自由”到“宗教接触”：奥巴马政府国际宗教自由政策的新转向/张凤梅、郭长刚/上海大学学报（社会科学版）/2015.2

逆流而行——20世纪初中国处境中的五旬宗传教士/陈明丽/宗教学研究/2015.3

国民政府授勋的金陵大学外籍教师/赵飞飞、殷昭鲁/档案与建设/2015.10

历史进程中的作者（下）——西方作者理论的四种主导范式/张永清/学术月刊/2015.12

晚清来华传教士中文报刊之外在发展与内在演变/牟彩霞/编辑之友/2015.7

身体的线索：文艺复兴时期体育缺席的哲学思考/张孝禄、梁勤超、韩玉姬/成都体育学院学报/2015.6

论劳动人道主义对资本人道主义的超越/黄云明/观察与思考/2015.5

甘肃天水地区老年基督教徒宗教卷入与主观幸福感的关系/王璇、马琪山/中国老年学杂志/2015.2

文明、经济与布罗代尔的现实情怀/赖国栋/厦门大学学报（哲学社会科学版）/2015.3

历史进程中的作者（上）——西方作者理论的四种主导范式/张永清/学术月刊/2015.11

历史循环理论的两种模式/安延明/哲学研究/2015.8

“悲情效应”下的全球反恐/李伟/世界知识/2015.6

马克思如何看待宗教批判——基于对《论犹太人问题》的解读/林进平/马克思主义与现实/2015.5

基督宗教在中国边疆地区传播研究回顾/赵晓阳/中国边疆史地研究/2015.4

60年来中国基督新教史研究评析/赵晓阳、郭荣刚/世界宗教研究/2015.4

王卓然与张学良的生死交谊/王世铎/民主与科学/2015.6

童话小镇——特热比奇/黄健/广西城镇建设/2015.3

圣玛利亚女校（美国）——张爱玲宗教认知的始末/王莹、吴康茹/牡丹江大学学报/2015.11

“大时代”的声音/张春田/书屋/2015.12

“香格里拉”再生产——一个“希望世界”现世化/徐新建/民族艺术/2015. 1

哲学抵抗与“真正的生活”——福柯论犬儒主义/杜玉生/外国文学/2015. 2

从雨果笔下的神父形象分析其宗教观/曾诣/韶关学院学报/2015. 3

“感性世界”的挑战/叶秀山/江苏行政学院学报/2015. 1

汉译英中的宗教文化原型碰撞——基于对“塔”与“tower”的认知分析/李宗强/渭南师范学院学报/2015. 4

基辅罗斯时期的翻译文学/李彤晖/淮北职业技术学院学报/2015. 3

大学生宗教文化认知调查分析/覃辉银/高教探索/2015. 11

论近代“西医东渐”的途径与反响/郭剑波/贵州社会科学/2015. 8

论余华小说的救赎书写/霍巧莲/小说评论/2015. 6

中世纪英格兰教俗关系的变迁/邵政达/南都学坛/2015. 3

受难、救赎：析《宠儿》的《圣经》母题/史敏/深圳大学学报（人文社会科学版）/2015. 1

科学与文明（英文）/斯蒂芬·戈克罗格尔/自然辩证法通讯/2015. 3

从反日爱国到抗日救亡——九一八事变前后东北先进知识分子对日斗争的历程与特点/石岩/中国国家博物馆馆刊/2015. 2

生命和死亡判定的伦理变迁/Peter Singer、郑林娟、张晶/道德与文明/2015. 5

12—14 世纪英格兰人朝圣活动考察/张红/南京大学学报（哲学·人文科学·社会科学）/2015. 6

宗教生态语境下卡明斯视觉诗与中国古典佛禅诗中自然主体生态构式之比较/李娅红/河池学院学报/2015. 4

神话原型在电影《雪国列车》中的运用/任和/当代电影/2015. 9

让天主教堂体现中国文化自信/周太良/中国宗教/2015. 9

新乡农村宗教信仰特征分析——以新农村文化建设为视阈/王振军/河南科技学院学报/2015. 3

超越时代的伊拉斯谟/陈甜/读书/2015. 11

《燕大周刊》与五四新文学的互动/王翠艳/中国现代文学研究丛刊/2015. 9

二战后西欧民主社会主义思潮评析/高欢/社科纵横/2015. 3

张学良与张冠儒以信仰为纽带的知音/徐晓鸿/中国宗教/2015. 11

蒋介石基督徒身份的建构与民国基督徒的政治认同/杨卫华/四川大学学报（哲学社会科学版）/2015. 3

“理”“神”与心灵解释——马勒伯朗士和莱布尼茨对中国心灵哲学的“发现”与“西式解读”/王世鹏/江海学刊/2015. 3

“绝对精神”在青年黑格尔思想中的演进过程/王天成、田伟松/理论探讨/2015. 3

化解“形而上学语法”：神学诠释学的可能借鉴/杨慧林/中国比较文学/2015. 4

殊途同归　一致百虑——试论蒲松龄与爱伦·坡小说中的“借尸还魂”/袁俊卿/蒲松龄研究/2015. 2

男人还是女人，谁更虔诚？——基于现代西方女性的宗教性研究/托尼·沃尔特、格蕾丝·戴维、郑文/世界宗教文化/2015. 4

良心自由的宗教基础及其核心地位/陈斯彬/浙江社会科学/2015. 12

人文教育与科学教育的博弈及其影响——以中古时期的西方大学为例/张曙光/湖南师范大学教育科学学报/2015. 5

中国特色社会主义法治还需关注其道德内涵——中国古代治理文明中“礼法合治”思想的启示/王建芹/哈尔滨市委党校学报/2015. 1

黑格尔论命运与惩罚——早期文本中的康德批判与同一哲学的构想/罗久/北京社会科学/2015. 4

福建霞浦抄本元代天主教赞诗辨释——附：霞浦抄本景教《吉思呪》考略/林悟殊/西域研究/2015. 4

铸以代刻——传教士与中文印刷变局/苏精、本刊编辑部/现代出版/2015. 5

古代入华犹太人研究综述/李大伟/中国史研究动态/2015. 3

意大利文艺复兴时期画面边框的功能与意义——以安吉利科修士《天使报喜》壁画为例/高远/艺术设计研究/2015. 2

拜占庭服饰初探/桑珊、刘娟/山东纺织经济/2015. 12

理雅各对儒家祭祀礼的解读——以理雅各《诗经》译本为中心/姜燕/孔子研究/2015. 6

神圣之维的美学建构——关于“美的神圣性”的思考/潘知常/中州学刊/2015. 4

从斯拉夫民族的殡葬文化看其生死观和宗教信仰/于玲玲、李雅君/俄罗斯文艺/2015. 4

卫礼贤《孟子》德译研究举隅/李雪涛、ZhuYuan/孔学堂/2015. 2

英国社会是如何对待犹太人的（1066—1656 年）？/陈建军/经济社会史评论/2015. 4

浅评周凯模《祭舞神乐——宗教与音乐舞蹈》/孟泉希/音乐天地/2015. 2

理雅各《易经》中的“帝”与解释者的“前见”问题/吴礼敬/学术界/2015. 5

智者雅罗斯拉夫与基辅罗斯文化的繁荣/劳华夏/俄语学习/2015. 2

被伪饰的形而上学——探询《第一哲学沉思集》的写作动机/李琍/现代哲学/2015. 4

现代性第一次浪潮中的马基雅维利与霍布斯/赵雪纲/南海学刊/2015. 1

教会学校立案中的宗教教育和华人管理权问题研究——以广东教会学校为例/鲍静静/广东社会科学/2015. 4

西方历史哲学解释模式的历史引入与现代演进/孙晓喜、吕洋/人文杂志/2015. 11

日本杏雨书屋藏唐代敦煌景教写本《志玄安乐经》释考/王兰平/敦煌学辑刊/2015. 2

论施莱尔马赫对康德基督论的超越/黄毅/宗教学研究/2015. 2

齐鲁大学、国学研究和路思义的一生/劳泰瑞、方堃杨/山东高等教育/2015. 4

从新教三大教派看宗教改革对西欧社会转型的意义/桑田/江苏第二师范学院学报/2015. 1

刍议中国的法律信仰/张燕/社科纵横/2015. 4

论古叙利亚文《智慧之精华》对亚里士多德德性论的解释/何博超/世界哲学/2015. 1

“全球化视野下的中国高等教育史暨登州文会馆 150 周年”国际学术研讨会综述/刘家峰、崔华杰/山东高等教育/2015. 2

道格拉斯的宗教观对美国黑人解放事业的影响/高春常/世界民族/2015. 3

近世初期东亚海域纷争中日本的策略——从平山常陈事件的再考察出发/王来特/日本研究/2015. 2

狄更斯《双城记》中道德观解读/吴晓凤/漯河职业技术学院学报/2015. 3

19 世纪美国圣地游记与贝都因人的文化重构/王传顺/世界民族/2015. 3

阿坝藏区宗教传播概述/胡尧/四川职业技术学院学报/2015. 1

中西方文化对程抱一“死亡观”的影响/刘天南/法国研究/2015. 2

晚清西方传教士对中国现代化进程的贡献/黄建刚/社科纵横/2015. 8

浪漫和灵知——一场没有时间的遭遇（上）/胡继华/上海文化/2015. 9

医患矛盾视角下中西方死亡观差异与死亡教育研究/王正、潘华峰、赵金媛、林钟宇、叶晓宪/中国民族民间医药/2015. 12

修女的赤贫与修道：《圣佳兰修道院院规》初探/周施廷/历史教学（下半月刊）/2015. 11

“再现”到“表现”——从“天使报喜”看西方绘画图像表现的演变/李杰文/艺术研究/2015. 4

餐桌上的戏台——《最后的晚餐》流水宴/任东升、郑帆/世界文化/2015. 11

论大卫·弗里德兰德的犹太教改革思想/胡浩/学海/2015. 6

生态伦理视域下启蒙理性的堕落与救赎/张晓庆/南京林业大学学报（人文社会科学版）/2015. 2

锡德尼的诗学思想/权莉/河北师范大学学报（哲学社会科学版）/2015. 3

1989 年—2012 年中国宗教旅游研究综述/谭艳寒/旅游纵览（下半月）/2015. 3

新加坡华人宗教信仰现状及前景/沈庆利、叶枝梅/国际研究参考/2015. 8

《政府论·上篇》的三种研究路向/陆建松/江苏大学学报（社会科学版）/2015. 6

多元与保守之间——玛丽莲·罗宾逊的《年少爱读书》/唐莹/外国文学动态研究/2015. 1

奥古斯丁神学自然法思想浅析/胡菁/法制与社会/2015. 1

论雅克·马里坦的新托马斯主义人学与教育思想/林庆华、唐冬梅/宗教学研究/2015. 2

《断背山》对传统的颠覆研究/邢莉娜、赵海军/电影文学/2015. 8

解读《窄门》中的圣经元素/王艳/六盘水师范学院学报/2015. 1

从国际性到地域性：中世纪大学特征嬗变/朱治军/山东高等教育/2015. 8

透过塞缪尔·柏格理探究晚清贵州花苗生活状态/艾容/兰台世界/2015. 6

从伦理世界到新教伦理——论黑格尔的“苦恼意识”概念/刘心舟/社会科学论坛/2015. 11

“二希”文学传统在外国文学史教材中的模糊性书写/曹卫军/天水师范学院学报/2015. 1

波罗的海十字军文本学述析/王云龙/经济社会史评论/2015. 2

论《性海渊源》对中国古代人性论的批判及其思想特色/武占江/世界宗教文化/2015. 4

从《圣经》解读文学中的孩童形象/刘佳婷/艺术科技/2015. 8

早期美国教育书籍中的孔子形象/张涛/社会科学辑刊/2015. 4

“教友圈”：青年白领基督徒的交际方式/张凤池/当代青年研究/2015. 2

党化教育与教会学校：广州国民政府时期圣心、圣三一中学学潮/陈钊/南京理工大学

学报（社会科学版）/2015. 6

黄世明与福建学前教师教育的早期本土化/陈忠辉/教育评论/2015. 10

当代女神运动的生态寻根/张妮妮/重庆文理学院学报（社会科学版）/2015. 3

论有关西藏的两个传说及其传递的西方价值观/何文华/四川民族学院学报/2015. 1

牧领话语与鲁迅再解读/朱崇科/现代中文学刊/2015. 1

近代呼和浩特多元宗教文化共存及成因分析/双宝/大连民族学院学报/2015. 6

晚清西洋汉学家与宁波方言（上）/徐春伟/宁波通讯/2015. 5

《哈姆雷特》剧中圣经文化母题的应用/黄金京/湖北经济学院学报（人文社会科学版）/2015. 2

论波提切利绘画与希腊艺术精神的连结——以波提切利作品《维纳斯的诞生》为例/贾成良/大众文艺/2015. 2

《天路历程》的讽喻外衣与救赎思考/李文斌/安徽文学（下半月）/2015. 6

英国宪政中的知识与智慧——以齐延平《自由大宪章研究》为素材的分析/蒋志如/安徽警官职业学院学报/2015. 3

从“文艺复兴”到“东方文艺复兴”——中国高校“文艺复兴”研究的当代价值/王钰/艺术教育/2015. 11

死亡中的重生——析德日进神学进化论思想在奥康纳作品中的表达/潘静文/宗教学研究/2015. 3

论“悔过自新”观念的普世性/王珊/赤子（上、中旬）/2015. 5

浅论志贺直哉作品中的正义/胡琴/文学教育（下）/2015. 5

智利阿连德政府时期党争研究/贺喜/江苏师范大学学报（哲学社会科学版）/2015. 6

世纪拜占庭皇帝土地立法中的农本思想/孙广杰/农业考古/2015. 3

《河的第三条岸》的互文性解读/惠婧蕊/绥化学院学报/2015. 8

神的理性与自然理性主义的重张——中世纪理性主义政治观解析/周明军/湖北工程学院学报/2015. 2

阿奎那论公正（下）/程立显/党政干部学刊/2015. 9

中世纪宗教音乐中“技艺”因素的隐伏与流变——以经文歌体裁的发展演变为例/张水娜/音乐时空/2015. 6

教会学校在山东的发展——从登州蒙养学堂到潍县广文中学/沈颖/齐鲁师范学院学报/2015. 5

试析奥古斯丁人学思想中的二重性/刘林/江苏第二师范学院学报/2015. 7

母爱之外的宗教审判和人性孤独——从马尔克斯的马孔多系列小说看《礼拜二午睡时刻》的主题/陆静/名作欣赏/2015. 7

乔治·艾略特宗教思想对其女性意识的影响/陈芳/长江大学学报（社科版）/2015. 4

留学与入教——蒋廷黻入教动机浅谈/乔佳伟/学理论/2015. 6

西方传统色彩文化及其对中国画的影响/李鑫、赵丽萍/艺术百家/2015. 5

约翰·巴赫曼的“一元发生论”及其对创造论的强化/梁冠博/哈尔滨师范大学社会科学学报/2015. 5

丝绸之路上的景教/卓新平/天风/2015. 5

条分缕析，钩沉辑新——哈特马特·瓦拉文斯编著《卫礼贤（1873—1930）：驻华传

教士与中国精神财富的传播者》评析/国际汉学/2015.3

乌托邦的传承与发展——浅论太平天国的乌托邦思想与中国古代乌托邦思想的渊源/李辉/经营管理者/2015.5

论《家园》的救赎主题/孙静/名作欣赏/2015.3

希腊化时期埃及的犹太人/夏水云/洛阳师范学院学报/2015.1

《君主论》与马基雅维利的政治哲学/张金伟/牡丹江教育学院学报/2015.7

法国启蒙作家阿尔让斯与中国文化/曹文刚/齐齐哈尔大学学报（哲学社会科学版）/2015.4

浅析道家的生态自然观/宋宇/新西部（理论版）/2015.6

“诗人的神学”用诗意的语言传达信仰/李枫/中国宗教/2015.6

民族主义思潮下的刘廷芳本色基督徒观/许高勇/暨南学报（哲学社会科学版）/2015.9

“第三世界”视野和理想主义的重构——论陈映真1979年之后的批判实践/蔡伟保/苏州科技学院学报（社会科学版）/2015.5

《莎乐美》——唯美主义的爱情表达/任少云/太原大学教育学院学报/2015.4

法律的宗教性与法律如何被信仰/刘紫微/法制与社会/2015.8

相信与怀疑之间的徘徊——试析艾米莉·迪金森的矛盾死亡观/汪宇/湖北经济学院学报（人文社会科学版）/2015.11

清末维新派民权思想的本土化特色及其形成原因/孙启河/南都学坛/2015.4

经院哲学之父安瑟伦/赵鑫/天风/2015.11

乔治·赫伯特宗教抒情诗歌的音乐性探微/王卓、刘唯/长江大学学报（社会科学版）/2015.11

管窥教会的圣职按立/王雷/天风/2015.2

唯一神教对盖斯凯尔夫人的影响/吴庆宏/江苏第二师范学院学报/2015.7

2015年度儒教研究论文索引

张宏斌 编

论日本国学的历史发展/史少博/理论学刊/2015.12

另类的“新教伦理”：中国古代的五通神信仰研究/王易萍、谭志坚/兰台世界/2015.36

公民信仰危机及应对举措/刘毅/吉首大学学报（社会科学版）/2015.S2

中国梦：历史、精神与世界影响/赵岚/中央财经大学学报/2015.S1

论陈无择七情理论的由来/庞铁良/中医学报/2015.12

《黄帝内经太素》肝脏象理论结构分析/金珉串、李成卫、王庆国/世界中医药/2015.11

历史之书　智慧之书——论《王鼎钧回忆录》四部曲/袁勇麟/扬子江评论/2015.6

关于韩国筷子的文化特性研究/林凤娇/艺术科技/2015.11

共和还是君主——重思民国初期关于国体问题的论争（1915—1917）/宋宏/学术月刊/2015.4

三民主义思潮研究述要/郭辉/中国文化研究/2015.4

游移于情礼困境：魏晋士人阶层的人生哲学/张文浩/新疆大学学报（哲学·人文社会科学版）/2015.5

藏族传统社会道德生活方式及其特点研究/余仕麟/西藏大学学报（社会科学版）/2015.4

韦伯宗教伦理述评/李佳哲、张俊东/鲁东大学学报（哲学社会科学版）/2015.6

明代小说“高德低能”领袖现象流变之思想史考察/刘彦彦/明清小说研究/2015.4

清代预防民间宗教教化手段与措施探析/周向阳/湖州师范学院学报/2015.11

儒教问题研究/李俊文/教育现代化/2015.14

日本神道教与泛家族规则关联探究/奚欣华/合肥工业大学学报（社会科学版）/2015.6

庐山近代外来宗教文化研究的平民视角/曹欢荣/九江学院学报（社会科学版）/2015.4

太湖中的“神神鬼鬼”——古代知识世界与道教鬼神观/王启元/书城/2015.12

浅析陆蠡的天台山文化气质/邱熠/台州学院学报/2015.5

《易经》在西方的翻译与传播/杨平/外语教学与研究/2015.6

儒学与社会主义核心价值观的关系探析/李冉冉/商/2015.41

旧邦新命与文化传统——兼论中国传统文化创造性转化与创新性发展/关健英/苏州大

学学报（哲学社会科学版）/2015. 6

唐宋儒学复兴运动中的《史通》批判/王嘉川/天津社会科学/2015. 6

论姚从吾的民族史观与民族史研究/杨燕燕/唐山师范学院学报/2015. 6

魏晋南北朝《尚书》注疏方式的新变/郭爱涛、程兴丽/社会科学家/2015. 10

中国古典共和观及其传承价值/林明、樊响/文史哲/2015. 6

晚明耶教“民间布道”之考察：龙华民路线的新定位/柴可辅/文史哲/2015. 6

西汉元、成时代郊祀改制中的政治叙述/张立克/学术界/2015. 10

上天衣考/王晓玲、吕恩国/南京艺术学院学报（美术与设计）/2015. 6

简谈曾宝荪与吴贻芳/秦燕春/书屋/2015. 12

孔子怎样解构道德——儒家道德哲学纲要/黄玉顺/学术界/2015. 11

“内圣外王”——在文本与历史之间/王志、陈文洁/肇庆学院学报/2015. 6

傅玄《傅子》在魏晋文学变革中的独特风貌/吴婉霞/甘肃社会科学/2015. 6

晋惠帝司马衷为中心的文学活动钩沉/来森华/辽东学院学报（社会科学版）/2015. 6

许地山的学术研究与文学创作/黄林非/湖南大众传媒职业技术学院学报/2015. 5

刘师培的“六经皆文”说及其文章学史意义/刘春霞/安康学院学报/2015. 6

汉籍译出者文化身份与儒道人格的蕴涵/熊力游/长沙大学学报/2015. 6

清代清水江流域土司宗族的兴学活动与社会变迁——以锦屏亮司龙氏土司为中心/李斌/贵州大学学报（社会科学版）/2015. 6

朝鲜族传统婚礼主要习俗/吴致鸫/大众文艺/2015. 22

社会主义核心价值观与中国优秀传统文化的关系分析/方晓珍/思想理论教育导刊/2015. 11

柳诒徵论中国传统史学的治史原则与方法/徐国利、徐焜尧/安徽史学/2015. 5

陈独秀“非孔批儒”说之检讨/李燕/安徽史学/2015. 5

儒学传统与时代精神——兼论儒学与新文化运动的和解/朱承/船山学刊/2015. 6

略论清代西北陆路丝绸之路兴盛中的民族文化交流/赵旭国、杨发鹏/大理学院学报/2015. 11

胡文虎的慈善公益思想研究/古惠文/北华大学学报（社会科学版）/2015. 5

儒家公羊派与历史哲学——对现代公羊学问题的一个简扼回顾/刘小枫/甘肃社会科学/2015. 6

礼乐重建与儒家学派的产生/张厚知/贵州师范大学学报（社会科学版）/2015. 6

现代中国的“中国梦”思想与儒家哲学/李哲承、林海顺/国外理论动态/2015. 11

由《颜氏家训》解读颜之推“儒释道”三教兼容思想/雷传平、师衍辉/东岳论丛/2015. 11

王守仁心学视阈下的基层社会治理实践/刘聪/大连理工大学学报（社会科学版）/2015. 4

谭嗣同《仁学》思想浅探/毛靖宇、陈婉/湖南工程学院学报（社会科学版）/2015. 4

试析秦人责任伦理形成的早期根源/刘晓燕/湖北社会科学/2015. 11

民粹主义与民主主义的比较分析/庄吟茜/学术论坛/2015. 10

孔子与柏拉图政治伦理思想差异探讨/琚亚兵/新西部（理论版）/2015. 23

韩国的民主化与民主主义的韩国化/祁鲁/延边党校学报/2015. 6

古代的“学习型政府”和官员培训/李晓巧/党政视野/2015.10

兴起与废止：科举考试的制度特征及其批判性反思/张会杰/华东师范大学学报（教育科学版）/2015.4

新加坡共同价值观建设对我国核心价值观培育的启示/薛金华/中国井冈山干部学院学报/2015.6

对内主张民主宪政对外强调维护国家主权的陈独秀的法律思想（一）/华友根/衡水学院学报/2015.6

世界国家与普世文明——梁启超的新天下主义/高力克/天津社会科学/2015.6

儒家文化影响下的青藏地区少数民族价值观及特征/苏雪芹、张利涛/青海社会科学/2015.6

明镜高悬：传统社会司法的价值追求/林洋/齐齐哈尔大学学报（哲学社会科学版）/2015.12

首部探究日本社会深层的历史专著——读李卓《“儒教国家”日本的实像——社会史视野的文化考察》/王金林/东北亚学刊/2015.6

牟平孔氏著述考/刘树伟/当代图书馆/2015.4

《西游记》三教关系论/肖菲/科技展望/2015.32

清代文官补子纹样的演变/李晓玲/艺术设计研究/2015.4

儒家思想基础上的中国本土信任伦理探析/王润稼/北方工业大学学报/2015.4

索隐派传教士对中国经典的诠译研究/张涌、张德让/中国外语/2015.5

《论语》在法国的译介历程与阐释/周新凯/中国翻译/2015.6

再论“新子学”与中华文化之重构/汤漳平/中州学刊/2015.12

19世纪中西关系逆转与黑格尔的中国观研究/张西平/学术研究/2015.12

本真而不神秘：儒家本源体验的特质/李海超/中南大学学报（社会科学版）/2015.6

内圣外王新诠/石永之/周易研究/2015.5

儒学史的叙述与建构反思/干春松/学术月刊/2015.11

崔大华的儒学论说及其意义/郭齐勇、袁永飞/中州学刊/2015.12

比较哲学视野中的《论语》研究/史学冬/中华文化论坛/2015.12

晚清鄂西南少数民族地区民间道教的发展——以长阳《宝录》为中心的考察/郭峰/宗教学研究/2015.4

传统之力　载道之舟——黔西南布依山村天主教宣教对联功能解析/刘振宁/宗教学研究/2015.4

上帝与道：基督教与道教的一种比较/杨玉辉/宗教学研究/2015.4

晋东南三教信仰的形成、表现形态及分析/段建宏/宗教学研究/2015.4

受众视阈观照的《荀子》“琐”字今证/杨机红/赤峰学院学报（汉文哲学社会科学版）/2015.12

“理想型”之作为“理想”——韦伯式国家观之政治哲学/陈德中/现代哲学/2015.6

中西视域中的五四独身叙事缘起及困境/吴志凌/兰州学刊/2015.12

基于语料库的泰国华文儒学成语定量研究/张伟伟/河南科技大学学报（社会科学版）/2015.6

《论语》中的“华夷之辨”及译者文化身份研究/赵巍/孔子研究/2015.6

荷印时期巴达维亚华人的主要节庆——以吧城华人公馆（吧国公堂）档案资料为中心/聂德宁/南洋问题研究/2015.4

初探越南黎圣宗时期的民族意识/张慧丽/学理论/2015.36

法国巴黎藏满文古籍述略/王敌非/满语研究/2015.2

宋元时期江南文化世族华亭卫氏的崛起及其特征/孔妮妮/史林/2015.6

“孤竹国”所在地探究/李良戈/河北科技师范学院学报（社会科学版）/2015.4

儒教的价值体系及其评价/刘洋洋/华夏文化/2015.4

丽末鲜初朱子学在韩国的传播/洪军/史林/2015.6

理雅各对儒家祭祀礼的解读——以理雅各《诗经》译本为中心/姜燕/孔子研究/2015.6

韩国重孝思想及其当代启示/王曰美/孔子研究/2015.6

探求儒学真精神　促进价值新建构——第七届世界儒学大会学术综述/房伟/孔子研究/2015.6

“文质”与“南北”：刘师培《南北文学不同论》探析/吴键/文艺理论研究/2015.6

从陶渊明诗文中的典故看《论语》对陶渊明的影响/杜治伟/琼州学院学报/2015.6

鲁迅的魏晋文学研究及与刘师培、陈寅恪相关研究之比较/刘克敌/山东师范大学学报（人文社会科学版）/2015.6

圣经汉译与清末民初语言文字变革/石晓岩/南京师范大学文学院学报/2015.4

辜鸿铭与日本武士道——错寄东瀛的文化理想/李斌瑛/日本问题研究/2015.5

儒学与日本近代思想序论——以西晋一郎为例/刘岳兵/深圳大学学报（人文社会科学版）/2015.6

石田梅岩的三教合一思想/韩立红/深圳大学学报（人文社会科学版）/2015.6

“用儒时代”儒学历史定位与根本任务/戢斗勇/深圳大学学报（人文社会科学版）/2015.6

雏论孔子思想之逻辑建构/黄云/人文天下/2015.7

儒家修身思想与高校教师文化管理关系初探/薛莹/文化学刊/2015.12

论范晔《后汉书》群像列传之论赞/关天辰、曲景毅/淮北师范大学学报（哲学社会科学版）/2015.6

中国汉籍传入韩国研究/琴知雅/国际汉学/2015.4

朝鲜后期对《读礼通考》的接受及其影响/朴钟天/国际汉学/2015.2

对新文化运动的反思：经济学的视角/林毅夫/北京大学学报（哲学社会科学版）/2015.6

论唐朝尊崇老子与道教的原因及举措/李哲/广州广播电视大学学报/2015.6

清朝外族王朝统治下的中国18世纪盛世/傅海波、袁剑/国际汉学/2015.1

自性与共生——儒学现代转化的路向/周瑾/北京大学学报（哲学社会科学版）/2015.6

中国古代社会结构与社会伦理间关系的多视角解析方法论略/任辉/前沿/2015.11

我国青年社会思潮新动向及政策建议/雷开春、杨雄/当代青年研究/2015.6

加藤弘之与梁启超社会进化论的比较及启示/王长汶/日本问题研究/2015.6

唐宋时期的庄园经济研究述评/崔永盛/农林经济管理学报/2015.6

天德之美——儒家审美精神中蕴含的神性审美主义倾向/侯双双/艺海/2015. 12

胡适的宗教观及其观念史意义反思/张志刚/学术月刊/2015. 12

由《关雎正义》论林语堂的《诗经》学概念/洪文婷/闽台文化研究/2015. 4

圣人体无：道家自然观影响下的人格审美/管才君/广西社会科学/2015. 12

霞浦林瞪崇拜之我见/林悟殊/文史/2015. 2

《欧罗巴国记》：古代中国最早介绍欧洲的著述/龚缨晏/社会科学战线/2015. 11

荀学与人权——当代儒教以联合国为“王朝礼”体系下的荀学发展/郑文泉/邯郸学院学报/2015. 4

名教的内在理路——由此而论儒家的价值理想如何落实/苟东锋/社会科学/2015. 12

敦煌吐鲁番摩尼教文献研究述评/杨富学、盖佳择/吐鲁番学研究/2015. 2

周敦颐与《太极图说》/朱惠芳/湘南学院学报/2015. 6

明代王祎经学思想述评/程继红/浙江海洋学院学报（人文科学版）/2015. 6

《习斋四存编》对儒学的传承论析/闫敏、鲁先文/淮南师范学院学报/2015. 6

中国古代礼仪制度的几个特征/杨华/武汉大学学报（人文科学版）/2015. 1

汉泰人称代词比较研究/云秀礼/学周刊/2015. 3

明清时期武陵地区土司与下属交往策略：以容美田氏为例/赵秀丽/西南民族大学学报（人文社会科学版）/2015. 3

朱子学的知识体系及其在东亚的普遍意义/吾妻重二/厦门大学学报（哲学社会科学版）/2015. 1

民国时期从阶级分析入手的朱子学研究/乐爱国/西南民族大学学报（人文社会科学版）/2015. 1

信仰·差序·责任：传统宗教信仰与企业家社会责任的关系研究——基于福建民营企业家的调查/陈婉婷、罗牧原/民俗研究/2015. 1

魏晋南北朝私人书信的社会功能/梁满仓/史学集刊/2015. 1

战火中的传承：明郑时期闽台儒学的亲缘关系/陈舒劼/石家庄学院学报/2015. 1

中国农村宗教复兴与“宗教”的中国命运/梁永佳/社会/2015. 1

明清时期中朝关系与中华传统文化的价值取向——对“朝贡”和“三田渡盟约”的深度解读/陈放/北京联合大学学报（人文社会科学版）/2015. 1

消亡前夜的“谶纬”/童岭/读书/2015. 1

差序格局和伦理本位——从丧服制度看中国社会结构的基本原则/周飞舟/社会/2015. 1

权威主义在韩国的当代表现——由韩亚货机失事及“岁月”号沉船事故引发的思考/赵巍路、丁斕斕/科技视界/2015. 6

文学视域中清末侠义精神的重塑/蔡爱国/云南师范大学学报（哲学社会科学版）/2015. 1

儒道乐舞思想浅议及其在舞蹈实践中的体现/陈洁/音乐时空/2015. 1

20 世纪初期欧洲艺术设计教育体系中的神性审美主义倾向/侯双双/艺术教育/2015. 1

“祖”文化之认知性与社会性的表达范式/尤明慧/中华文化论坛/2015. 1

“神道设教”与“神道助教”——儒家“神道”观发微/白欲晓/中山大学学报（社会科学版）/2015. 1

儒学理论主题的古今推演——对崔大华先生儒家论著的要旨绎读/袁永飞/中州学刊/2015. 1

颜之推对儒家思想的坚守与世俗化传播——以《颜氏家训》为中心的考察/洪卫中/郑州大学学报（哲学社会科学版）/2015. 1

崆峒山佛道儒三教共存共尊现象分析/张艳斌/新西部（理论版）/2015. 2

2015年度道教研究论文索引

张维祺 编

民国城市正一火居道士群体研究——以汉口为中心/梅莉/世界宗教研究/2015.1

周思得道派与明代道录司/陈文龙、郑衡泌/世界宗教研究/2015.4

对朱熹《阴符经考异》的再考察/王宗昱/世界宗教研究/2015.3

荆州玄妙观元碑《中兴路创建九老仙都宫记》考论/刘固盛、王凤英/世界宗教研究/2015.6

唐代景教与佛道关系新论/陈怀宇/世界宗教研究/2015.5

道教人类学的路径反思——评志贺市子《香港道教与扶乩信仰：历史与认同》/陈进国/世界宗教研究/2015.4

道教易学命运观的现代性反思——西方文明视野下的中国术数文化/谭德贵/世界宗教研究/2015.4

赣西北发现的天师经箓/吕鹏志/世界宗教研究/2015.3

东亚道教研究的开山之作——读孙亦平教授新著《东亚道教研究》/王玲霞/世界宗教研究/2015.4

韩国权泰勋的内丹思想与技术实践考论/詹石窗/世界宗教研究/2015.2

北属时期道教南传越南研究/宇汝松/世界宗教研究/2015.2

王重阳绘画作品考述/申喜萍/世界宗教研究/2015.1

元代伊斯兰教与佛道之关系初探——以回回诗人与僧道之关系为例/马娟/世界宗教研究/2015.4

略论道教的名与实——再论道教的产生问题/熊铁基/世界宗教研究/2015.5

白玉蟾交友考论/方宝璋、于洪涛/世界宗教研究/2015.3

民间散佚《灵济宫神文志》与明代灵济道派考论/王福梅、盖建民/世界宗教研究/2015.1

太清宫道士吴善经与中唐长安道教/雷闻/世界宗教研究/2015.1

古代茅山题材绘画艺术/陶金/世界宗教文化/2015.3

道教神仙鬼怪所激发的中国人的想象力和创造力/李刚/世界宗教文化/2015.2

浅议张三丰生命美学价值论/古屿鑫/世界宗教文化/2015.1

郭店楚简《老子》甲组新释/王坤鹏/世界宗教文化/2015.5

茅山神圣空间历史发展脉络的初步探索/陶金/世界宗教文化/2015.3

柳存仁《周易参同契》三期衍变说述评/李国来/世界宗教文化/2015.3

试论元代集贤院与地方道教事务管理的关系/林巧薇/世界宗教文化/2015.6

论明代正一道张天师继承制度的演变及其后果/曾龙生/宗教学研究/2015. 3

民国时期云游道士进京述论——以民国档案为中心的考察/寇凤凯/宗教学研究/2015. 4

明末全真道士郭静中生平考略/张方/宗教学研究/2015. 3

傅山道教书法美学思想研究/朱波/宗教学研究/2015. 3

刘国钧在道教史研究方面的贡献/由申/宗教学研究/2015. 1

道经存思图像初探——以《太上老君大存思图注诀》为例/许宜兰/宗教学研究/2015. 2

王重阳诗词中有关白鹿观情况的考述/赵国庆/宗教学研究/2015. 4

道教炼丹术传入印度考论/韩吉绍/宗教学研究/2015. 3

唐代道士罗公远考/严正道/宗教学研究/2015. 3

閤皂山宫观史及其灵宝派传承世系考/陈文龙/宗教学研究/2015. 4

刘一明金丹论对阳明良知论的融摄/白娴棠/宗教学研究/2015. 3

老子诞生地及相关文化遗存位置考证/詹石窗、顾宗正/宗教学研究/2015. 3

“天心正法”与唐代正一考召法术/刘莉/宗教学研究/2015. 4

司马承祯《坐忘论》修道阶次思想研究/姜约/宗教学研究/2015. 2

从文昌神到阿尼尤拉——一位道教神灵在雪域藏地的本土化考察/看本加/宗教学研究/2015. 1

简论《老子中经》的神仙信仰及其特点/何江涛/宗教学研究/2015. 1

《九真中经》新考/郜同麟/宗教学研究/2015. 3

《老子中经》存思术及其他修炼方术管窥/何江涛、高新文/宗教学研究/2015. 3

上帝与道：基督教与道教的一种比较/杨玉辉/宗教学研究/2015. 4

道教文献中“芝”之涵义考论/杨玉辉/宗教学研究/2015. 2

论道教叩齿养生的理论基础/张崇富/宗教学研究/2015. 1

略论《老君音诵诫经》中的“刘举”/刘陶/宗教学研究/2015. 4

早期天师道财神三天万福君研究/蔡林波/宗教学研究/2015. 1

明代全真道在武当山的传承与发展/刘固盛、涂立贤/宗教学研究/2015. 4

从“伦理缺失”到“伦理固化”——道教神仙传记的文学研究与宗教学研究/苟波/宗教学研究/2015. 1

何为兴衰？谁主浮沉？——读尹志华《清代全真道历史新探》/秦国帅/宗教学研究/2015. 2

上海浦东传统乡村社区的“家族道士”研究/龙飞俊/宗教学研究/2015. 3

《道德经》“治大国若烹小鲜”新解/康德衡/宗教学研究/2015. 1

明代北岳信仰转移及其军事背景/牛敬飞/宗教学研究/2015. 1

陆希声《道德真经传》的形上学/强昱/宗教学研究/2015. 1

法律、私庙与官官相争：兰州朝元观庙产纷争案研究/邵彦涛/宗教学研究/2015. 1

老庄学研究的新进展——评《近代中国老庄学》/涂立贤/宗教学研究/2015. 1

道教抄本《先天勘合玄秘并填箓填引》初探/吕鹏志/宗教学研究/2015. 3

刘名瑞内丹思想略论/丁常春、吴振亚/宗教学研究/2015. 1

云南剑川白族道教朝北斗科仪研究/萧霁虹/宗教学研究/2015. 2

早期道教对文艺构思理论的影响/李斯斌/宗教学研究/2015.1

王屋山“第一洞天”独尊地位的形成/李留文/宗教学研究/2015.1

清代四川全真道发展略说/田茂泉/宗教学研究/2015.1

近现代武当山宫观田地租稞考/杨立刚/宗教学研究/2015.2

“道门文扶”：道教艺术作用论探究/潘显一/宗教学研究/2015.4

宋元道教神霄派遣瘟送船仪研究——以《神霄遣瘟送船仪》为中心/姜守诚/宗教学研究/2015.1

道教世界观简论/朱展炎/宗教学研究/2015.2

李时珍《本草纲目》与道教神仙方术/程雅群/宗教学研究/2015.4

气论是道教的根本理论浅析/路永照/宗教学研究/2015.2

从《东医宝鉴》看道教养生论对东医学的影响/孙亦平/宗教学研究/2015.3

从文化符号到环境美学：论道教视域下“山”的美学特征/李裴/宗教学研究/2015.2

教界与学界《太平经》研究之比较——以陈撄宁与汤用彤、陈寅恪为中心/赵建永/宗教学研究/2015.2

晚清鄂西南少数民族地区民间道教的发展——以长阳《宝录》为中心的考察/郭峰/宗教学研究/2015.4

从语言看灵宝经由传说到史实的演变/叶贵良/宗教学研究/2015.2

略论道教“山居模式”的环境美学意义/李裴/宗教学研究/2015.4

《黄帝阴符经疏》是李筌作还是袁淑真作之考证/陈茉/宗教学研究/2015.2

唐玉真公主入道受箓研究/刘仲宇/宗教学研究/2015.2

庄子时代道教的长生之术和神秘的生命观/马伯乐、胡锐/宗教学研究/2015.4

元明清时期全真道在西南地区的传播/张泽洪/全真道研究/2015.1

诗、书、琴、园：清末南阳全真道主领的精英艺术/刘迅/全真道研究/2015.1

浅谈道教对于吉田神道的影响——以《北斗经》与内丹学的关系为中心的考察/松下道信/全真道研究/2015.1

钟吕传说与金代全真教的谱系建构/吴光正/全真道研究/2015.1

身患、无身、真身及等观一切——王重阳对于老子“身体”说的体证及发展/萧进铭/全真道研究/2015.1

全真道与禅宗的心性思想比较/聂清/全真道研究/2015.1

全真道与玄教在元代中后期发展之比较研究/林巧薇/全真道研究/2015.1

明清崂山全真教的神明信仰及宗教身份/秦国帅/全真道研究/2015.1

全真道士周玄贞与万历皇帝/张方/全真道研究/2015.1

论刘一明《道德经会义》的诠释特点/王闯/全真道研究/2015.1

上善若水的处事智慧 读《人往低处走——〈老子〉天下第一》/陈丽/中国宗教/2015.2

立足传统 创新道学/詹石窗/中国宗教/2015.7

发扬优良传统 开拓道教新的境界/牟钟鉴/中国宗教/2015.7

道教生态思想要义/刘仲宇/中国宗教/2015.2

道教雕塑研究的新成果——评《陶铸永恒》/孙亦平/中国宗教/2015.1

道教与中医——中国文化滋养的连理枝/裘梧/中国宗教/2015.7

“无为”与“自然”——道教的管理智慧/黎臻/中国宗教/2015. 10
用旋律表达信仰——音乐在宗教中的作用/佟羽佳/中国宗教/2015. 1
古树新枝俏——影视剧中的道教/姜守诚、李小龙/中国宗教/2015. 11
道教“崇俭”——从生活准则到治国之方/王进/中国宗教/2015. 8
道教舞蹈的思想内涵与艺术之维/程群/中国宗教/2015. 6
细说道教“万法宗坛”的由来/张金涛/中国宗教/2015. 2
重视道教在“一带一路”建设中的文化认同作用/吉宏忠/中国宗教/2015. 10
授箓——绵延千载的道教仪规/熊雄/中国宗教/2015. 2
激发道教文化的时代活力/吴诚真/中国宗教/2015. 7
以经为径　以戒为师——加强道风建设/胡诚林/中国宗教/2015. 7
道教洞天福地　生态文明的样板/熊铁基/中国宗教/2015. 3
道教“养性”——追求心与身的和谐/裘梧/中国宗教/2015. 4
构建当代新道家学说刍议/许抗生/中国宗教/2015. 5
道乐——让心灵超越凡俗的天籁/李佳佳/中国宗教/2015. 1
中国传统文化的独特结构——儒释道互补互融/张广保/中国宗教/2015. 1
全真道对当代社会的借鉴意义/胡诚林/中国宗教/2015. 12
弘扬具有时代精神的道教文化/卿希泰/中国宗教/2015. 1
道教神仙画——美术中的神仙世界/吴日哲/中国宗教/2015. 12
道教正一派的来龙去脉/邸永君/中国宗教/2015. 11
盛世修藏——重视道教文化工程建设/王卡/中国宗教/2015. 7
道教文化对中国民俗的影响/邓学林/中国宗教/2015. 12
富好行德　财聚裕民——文财神范蠡信仰的当代启示/范恩君/中国道教/2015. 1
自我的迷失与回归——《黄庭经》的超个人心理学分析/丛伟/中国道教/2015. 2
道教的文化定位与文化担当/刘仲宇/中国道教/2015. 1
“治世玄岳”牌坊上的仙鹤图案/杨立志/中国道教/2015. 2
道教与贵州花灯/孙青/中国道教/2015. 1
陶弘景与沈约/刘永霞/中国道教/2015. 1
梅泽本《老子经序》与宋刻本《老子道德经序诀》的比较/王玉环/中国道教/2015. 2
朱权以道养生思想简论/叶明花、蒋力生/中国道教/2015. 2
丘处机《摄生消息论》中的养生理念/章原/中国道教/2015. 1
早期道巾源流辑考/蔡林波、杨蓉/中国道教/2015. 1
依科行仪：早期天师道之修行方式刍议/魏小巍/中国道教/2015. 1
清末民国时期的宝金山玉虚宫/尹志华/中国道教/2015. 2
论道观档案管理/熊贞/中国道教/2015. 2
天下祈福地　白岳齐云山——齐云山的道教文化渊源/王卡/中国道教/2015. 2
明代武当山修志实践的若干启示/张全晓/中国道教/2015. 4
《云笈七签》中的道教慈爱思想/黄海德/中国道教/2015. 4
道家和谐之道的四个要点/杨玉辉/中国道教/2015. 4
道教授箓制度的历史与现状/张金涛/中国道教/2015. 2
《西游记》里的四大天师/尹志华/中国道教/2015. 4

重药重生——打造道教中药园林宫观/贺信萍/中国道教/2015. 4

宗教标识的商标法保护——从“城隍”商标撤销案谈起/周俊武/中国道教/2015. 1

明代高道周玄贞生平事迹考——以新发现的周法主墓表为中心/张琰/中国道教/2015. 2

桂林筌塘的明代真武石塔/王群韬/中国道教/2015. 4

张继先天师与北帝派地宗/张崇富/中国道教/2015. 4

顾瑛与道家、道教/黄新华/中国道教/2015. 4

《山海经》中的仙境/张丽霞/中国道教/2015. 4

制器尚象：道家思想对宋瓷的影响/解荣昌/中国道教/2015. 4

道教对中医药的影响——从本草与服食养生说起/王振国、刘鹏/中国道教/2015. 4

“红楼”遗梦与道教精神——从《好了歌》说开来/阮海云、段海宝/中国道教/2015. 5

刘渊然的养生著述——兼论藏外道教养生文献的抢救与整理/萧霁虹、晏祥磊/中国道教/2015. 5

以身观身：对道教与中医学身体观的认识/刘鹏、王振国/中国道教/2015. 5

武宁太平山道教广慧派的历史与传承/雷晓晓/中国道教/2015. 5

清代全真道传戒史料补述/尹志华/中国道教/2015. 5

论海洋文化对道教东部起源的催化/王巧玲/中国海洋大学学报（社会科学版）/2015. 1

道教内丹溯源及修炼法门中的黄庭说与炁海神龟说/萧登福/湖南大学学报（社会科学版）/2015. 1

论中国道教对日本阴阳道的影响——以阴阳道的泰山府君信仰为例/孙亦平/湖南大学学报（社会科学版）/2015. 1

道教文化养生及其现代价值/詹石窗/湖南大学学报（社会科学版）/2015. 1

清代道教龙门西竺心宗初探——兼论云南鸡足山佛教对道教的影响/孙亦平/西南民族大学学报（人文社会科学版）/2015. 3

《太平经》与中国早期道教文学观念/刘湘兰/文学评论/2015. 1

武当武术中道教内丹养生功法分析/周锦锋/体育文化导刊/2015. 3

唐宋时期敦煌道教大众化的特征——以敦煌文献为中心的研究/杨秀清/敦煌研究/2015. 2

从《山海经》到《神异经》《海内十洲记》——博物志怪走向道教仙话的叙事丕变/阳清、李贺/广西社会科学/2015. 1

清初苏州的道教与民间信仰——穹窿山施道渊的个案/高万桑、张安琪/清史研究/2015. 1

以道书为线索看道教在日本的传播/孙亦平/南京大学学报（哲学·人文科学·社会科学）/2015. 1

李白与神仙道教关系新论/钱志熙/中国高校社会科学/2015. 5

北朝道教造像再考察——以造像碑为中心/刘睿/考古与文物/2015. 4

近代道教与地方社会互动——以杭州玉皇山福星观为中心/郭峰/华中师范大学学报（人文社会科学版）/2015. 4

晋北民间道教科仪音乐的历史源流与地域分布/陈瑜/中国音乐学/2015.3

中国道教宫观主位神造像的梳理研究/汪小洋/民族艺术/2015.6

赣南道教节日祈祥法事仪式音乐折射的畲客族群关系——以“认同”的视角/蒋燮/赣南师范学院学报/2015.1

《无上秘要》与早期道教经书/周作明/西南民族大学学报（人文社会科学版）/2015.3

道教斋醮礼仪中的养生意蕴/逄礼文、盖建民/湖南大学学报（社会科学版）/2015.1

成都地区道教建筑布局特点探析/张净妮、陈一、李沄璋/建筑与文化/2015.2

黑水城出土元代道教文书初探/陈广恩/宁夏社会科学/2015.3

从道教文化的视角看李白诗歌的审美特质——以《梦游天姥吟留别》为例/余虹/中华文化论坛/2015.4

南北朝道教斋乐传承之研究/蒲亨强、陈芳/中国音乐学/2015.2

南朝道教仪式音乐初步研究/蒲亨强/音乐艺术（上海音乐学院学报）/2015.2

峨眉山作为道教名山的早期历史刍论/韩坤/商丘师范学院学报/2015.8

百年道教戏剧研究述评/李艳/莆田学院学报/2015.3

唐代道教为何独尊及对唐文人和文学的深度浸渍/李珺平/青海社会科学/2015.3

试论高丽睿宗的道教政策——以福源宫的建造为中心/黄勇/东北师大学报（哲学社会科学版）/2015.4

唐宋时期敦煌大众的道教知识与思想——以敦煌文献为中心的研究/杨秀清/敦煌研究/2015.3

论《周易》哲学思想对中国道教建筑的影响/李欣遥、李星丽/求索/2015.8

依附抑或借用：隋唐五代都市道教与政治互动/冯兵/云南社会科学/2015.5

黄道十二宫与道教关系考论/孙伟杰、盖建民/中国哲学史/2015.3

形与真：道教“形”论思想阐释/蔡林波/四川大学学报（哲学社会科学版）/2015.5

论道家与道教的“平安”意涵/詹石窗、屈燕飞/中国高校社会科学/2015.5

从《儒教与道教》看马克斯·韦伯对道家的误读/陈中权/温州职业技术学院学报/2015.3

南朝长江流域的宫观碑记与道教造像——南朝十三通宫观碑记的梳理与讨论/包艳、汪小洋/湖南大学学报（社会科学版）/2015.6

金荷仙与王欣——江南洞天福地景观研究进展/苗诗麒/中国园林/2015.12

论道教文化中的鹤崇拜现象/刘赢/安徽文学（下半月）/2015.1

略论天津天后宫与道教文化的关系/刘芹/中华文化论坛/2015.1

六朝道教中的“清”思想/张晓立/商丘师范学院学报/2015.2

华县发现清代道教“玄天上帝”造像碑初探/刘合心/文博/2015.1

早期道教医书《肘后方》的医学成就/肖红艳、周蕾/现代中医临床/2015.2

论赣南道教节日祈祥法事仪式声乐的风格特征/蒋燮/云南艺术学院学报/2015.1

道教神话与中国古典小说/赵越/襄阳职业技术学院学报/2015.2

道教风水美学文献新探/王巧玲/浙江万里学院学报/2015.1

论道教五岳神与国家祭祀五岳神的首次完整交融——以北宋五岳观为中心/刘兴顺/泰山学院学报/2015.2

正说道教发祥地/张东/成都大学学报（社会科学版）/2015. 1

道教内丹学论“道的演化”/戈国龙/中国哲学史/2015. 1

道教中的龙文化/王英芝/辽宁工业大学学报（社会科学版）/2015. 3

“三言”中的道教超越思想论析/沈媛媛/绥化学院学报/2015. 5

梵道之间：从印度吠檀多思想到全真道的心性学/吴学国、徐长波/中国高校社会科学/2015. 3

以信证道：道教培育传统社会核心价值观“孝”的方式/周山东、叶丹/井冈山大学学报（社会科学版）/2015. 3

浅谈何家村出土医药文物与唐代道教外丹术的发展/田卫丽/文博/2015. 3

论道家、道教中和均平的社会发展观/孔令宏/船山学刊/2015. 3

略论两宋时期道教南宗对儒佛思想的吸收与融会——以张伯端和白玉蟾为中心/李玉用、陆杨/中华文化论坛/2015. 7

中国道家思想与道教文化对园林景观设计的影响探析/李登飞、严贤春/大众科技/2015. 7

论《红楼梦》道教思想中的宇宙境界与超越精神/李佩英/求索/2015. 8

林灵真与《灵宝领教济度金书》的编撰及其意义/张泽洪/中国高校社会科学/2015. 5

打拉池道教复振的人类学研究/龚成红/西北师大学报（社会科学版）/2015. 5

试析新疆道教的发展脉络/张辉辉/塔里木大学学报/2015. 3

唐代道教传授仪时日禁忌初探——以《洞玄灵宝道士受三洞经诫法箓择日历》为中心的考察/廖宇/中华文化论坛/2015. 7

近三十年道教仙传文学研究的回顾与反思/李蕊芹/延安大学学报（社会科学版）/2015. 5

明清时期徽州佛道教生存环境透视/赵元元/池州学院学报/2015. 4

论元代北京地区道教的发展——从北京地区现存元代道教碑刻谈起/陈晓敏/北京文博文丛/2015. 1

老庄道家思想对道教唱道情影响研究/张泽洪/老子学刊/2015. 1

论道教世俗化倾向对《聊斋志异》创作的影响/陈晨/现代语文（学术综合版）/2015. 1

论《老子节解》的养生思想/刘固盛、王凤英/湖南大学学报（社会科学版）/2015. 1

当代中国道教社会责任刍论/刘雄峰/中华文化论坛/2015. 1

道教舞蹈之宗教哲学内涵考察/程群/新疆艺术学院学报/2015. 1

汉画所见存思术考——兼论《老子中经》对汉画的文本化继承/姜生、冯渝杰/复旦学报（社会科学版）/2015. 2

论道教“仙境”观念世俗化对唐人小说创作的影响/陈晨/太原大学学报/2015. 1

晋末南朝灵宝派经教仪式与天文历算关系新论/杨子路、盖建民/科学技术哲学研究/2015. 3

论《老子想尔注》改易《老子》原文与道教理论的构建/陈辉/陕西理工学院学报（社会科学版）/2015. 2

元代道教剧中的民间道教文化/孙越/宜春学院学报/2015. 4

论早期道教发展与道法传承的选择/陈辉/廊坊师范学院学报（社会科学版）/2015. 3

道经图像论要/许宜兰/荣宝斋/2015. 5

口承民俗视阈中的河湟道教信仰/蒲生华/青海民族大学学报（社会科学版）/2015. 3

何家村窖藏中的唐代道教文物/田卫丽/收藏/2015. 11

论佛道教发展与庙会文化的变迁——浙西南地区庙会习俗的历史考察/张祝平/贵州民族大学学报（哲学社会科学版）/2015. 2

《云笈七籤》心性思想——以“性”、“心”、“神”、“情”为中心/邹秀季/河北科技师范学院学报（社会科学版）/2015. 2

闽西客家的真仙信仰与祖先崇拜：清流大丰山的象征意义/魏德毓/福州大学学报（哲学社会科学版）/2015. 3

宋初道教政治谶语研究/栗艳/科学经济社会/2015. 2

试论辽朝时期道教在草原地区的传播/李月新/赤峰学院学报（汉文哲学社会科学版）/2015. 9

道教“承负”思想论析——基于中国道德文化的逻辑必然/宋宇/文化学刊/2015. 5

唐代铜镜上的道教文化/徐文楷、丁杰杰、尹钊/东方收藏/2015. 5

国家图书馆道教文献残页“xixdi11jian1. 4 – 1”等三张考辨/项璇/宁夏社会科学/2015. 4

韩湘子故事的神化历程及其文化意蕴/任正君、石彦霞/天中学刊/2015. 4

论王阳明中后期对道家道教思想的融摄/朱晓鹏/中共宁波市委党校学报/2015. 6

略谈《庄子》神人与道教神仙的差异/刘怡/华夏文化/2015. 3

宋代道教与医学知识的建构——以医方为中心/张园园/科学经济社会/2015. 3

简论道教对苏辙的影响/司聃/南昌大学学报（人文社会科学版）/2015. 5

道教服食食材与修仙层级关系探析/徐刚/西南民族大学学报（人文社会科学版）/2015. 11

论唐朝尊崇老子与道教的原因及举措/李哲/广州广播电视大学学报/2015. 6

葛洪《抱朴子内篇》对《庄子》的接受浅析/袁朗/现代语文（学术综合版）/2015. 3

浅析新疆道教历史沿革与道教音乐现状/李雪娜/新疆艺术学院学报/2015. 1

《道藏》中医药文献研究考略/刘珊等/中医文献杂志/2015. 1

唐代以来主要官私书录中的佛道之争/罗凌/图书馆理论与实践/2015. 4

论道教信仰对现代社会伦理的影响/陈俊志/赤子（上、中旬）/2015. 16

道教音乐在中国传统音乐中的功能分析/詹林平、和春花/民族音乐/2015. 4

道教玄帝信仰之核心价值观/邵文涛、杨立志/郧阳师范高等专科学校学报/2015. 4

早期道教济世度人思想的内容及历史演变/田正波/郧阳师范高等专科学校学报/2015. 4

从闽地王天君传说看道教神祇的本地化/庄恒恺/长春工程学院学报（社会科学版）/2015. 3

明万历间崂山太清宫庙产之争及道教形象初探/秦国帅/故宫学刊/2015. 1

晚清白云观方丈高仁峒道教思想研究/盖菲/老子学刊/2015. 1

道教长春派与《玉阳施食》科仪研究/萧霁虹/西南古籍研究/2015. 1

明代道教管理制度刍议/唐怡/中共成都市委党校学报/2015. 1

江山态度，风月情怀——白玉蟾美学思想研究/蔡军波/重庆文理学院学报（社会科

学版）/2015.1

《道藏·洞玄部》中医药文献特点初探/张青颖等/中医文献杂志/2015.4

道教视野下乏嗣原因考/廖宇/兰台世界/2015.21

蓝山瑶族道教仪式的文化内涵及表演民族志考察/杜娟/贵州民族研究/2015.11

道家人文医疗及其现实意义/詹石窗、李冀/河北学刊/2015.6

碑刻资料与全真道研究/赵卫东/海岱学刊/2015.1

朱熹陆九渊无极太极之辩与道家道教的关系/孔令宏/上饶师范学院学报/2015.5

明清学术视野下的道教思想特征论析/许伟/文教资料/2015.26

浅论道教科仪音乐的"美"与"审美"/田宇/北方音乐/2015.7

浅析北宋神宗时期道教发展的影响/姚幸祺/黑龙江史志/2015.3

论上清道之自然性、非人格性和虚空性/詹姆斯·米勒、梁燕华/商丘师范学院学报/2015.10

《本际经》对灵宝经的扬弃/崔启华/戏剧之家/2015.22

试论鬼道与五斗米道的分野/陈辉/内江师范学院学报/2015.3

青岛地域民间道教神像探究/董宇/艺术教育/2015.5

"炁"字考略/耿纪朋、郑小红/鄂州大学学报/2015.6

晋北民间道教科仪音乐/陈瑜/文艺研究/2015.9

理与气——《道教义枢》道论的双重进路/王洁/商丘师范学院学报/2015.10

道教何以崇拜女性/熊施施/文史博览/2015.7

试论西域道教研究的深远意义/唐晖/赤子（上、中旬）/2015.21

弥足珍贵的《魏书·释老志》与《元史·释老传》/张箭/唯实/2015.10

《中华道藏》录校指瑕——以敦煌本《太上洞渊神咒经》为例/牛尚鹏/古籍研究/2015.1

金丹派南宗诗词论要/詹石窗/老子学刊/2015.1

王屋山道教的两个高峰期/姚景强/老子学刊/2015.1

中国古代儒家和道教的影响/王宇萌/黑龙江史志/2015.3

近年来明世宗崇道缘由研究概述/云天禄/学理论/2015.3

道家之"道"与道教之"道"/李娟/山海经/2015.18

浅析明清道教神仙的世俗化/张丽霞/鸭绿江（下半月版）/2015.5

刘裕与道教关系考/吴靖梅/长江丛刊/2015.19

"玄学"称谓流变考论/杨杰/中国哲学史/2015.1

试析张宇初的本体论美学思想/姜约/宝鸡文理学院学报（社会科学版）/2015.4

全真道关于物的生命伦理思想/周建强/青海师范大学学报（哲学社会科学版）/2015.5

葛洪形象接受述略/袁朗/晋阳学刊/2015.4

《牟子理惑论》中所见的老子/王启发/湖南大学学报（社会科学版）/2015.3

葛洪养生思想撮述/胡可涛/商丘师范学院学报/2015.10

从"方外之人"到"宇内之民"——明代国家体制中的道士/余来明/学术交流/2015.9

陆修静斋醮科仪改革中的孝道伦理意蕴/周山东/长沙大学学报/2015.6

武当山祭祀文化的内容及特点/王盛苗/佳木斯职业学院学报/2015. 4
葛洪交趾丹道之行考论/宇汝松/史志学刊/2015. 2
老子的体道论探析/孙功进/商丘师范学院学报/2015. 10
高荣墓银壶性质考——兼论早期天师道的南传/温星金/吕梁学院学报/2015. 4
浅论六朝时期上清经系的奔星术/亓尹/老子学刊/2015. 1
清代武当山志考略/张全晓/湖南科技学院学报/2015. 6
庄子“坐忘”说与司马承祯的“坐忘”之关系探析/张倩/唐山师范学院学报/2015. 1
变革与创新：唐代道教戒律对儒释道法的融摄/李帮/周口师范学院学报/2015. 6
明清道教解《老》特色略论/许伟/阴山学刊/2015. 6
道教仪式中的“轿舆车辇”考略/耿纪朋、郑小红/参花（上）/2015. 2
道教文献中“开通道路”考释/姜守诚/东方论坛/2015. 2

2015年度伊斯兰教研究论文索引

李维建 编

在网络奇观中建构“抵抗性认同”——“伊斯兰国”网络视频对西方穆斯林青年的影响解读/杨光影、刘娜/中国青年研究/2015. 11

《穆斯林的葬礼》与伊斯兰文化探究/岳凌、王本朝/乐山师范学院学报/2015. 7

社会性别视域下的伊斯兰教与中国穆斯林女性研究/马亚萍/回族研究/2015. 8

流动穆斯林人口与长三角城市伊斯兰教的新发展——以义乌、温州、绍兴为例/马清虎/回族研究/2015. 5

穆斯林“荣誉谋杀”与伊斯兰妇女权益观——基于多维视角的应对之道/王吉春/重庆三峡学院学报/2015. 9

浅析伊斯兰婚姻家庭法对新疆穆斯林婚姻的影响/王白中、文婧/新西部（理论版）/2015. 3

伊斯兰教信仰对建设现代法治政府的思考/陈莹莹/法制博览（中旬刊）/2015. 6

西北穆斯林民间公益组织的文化分析/苏慕瑜/北方民族大学学报/2015. 11

朝觐与穆斯林社会道德的重建/张建芳、敏俊卿/北方民族大学学报/2015. 11

镇江伊斯兰教发展史述略/张学玲/北方民族大学学报/2015. 11

伊斯兰国与基地组织在东南亚、南亚的扩张比较/杨凯/东南亚研究/2015. 12

“伊斯兰国”与恐怖主义的变形/王晋/外交评论（外交学院学报）/2015. 3

“伊斯兰国”的意识形态：叙事结构及其影响/李捷、杨恕/世界经济与政治/2015. 12

论防范和控制恐怖分子跨境流动的国际法律规制——以“伊斯兰国”为例的分析/徐军华/法学评论/2015. 3

“伊斯兰国”的宣传/万婧/新闻与传播研究/2015. 10

“伊斯兰国”最新发展趋势探析/周鑫宇、石江/现代国际关系/2015. 5

“伊斯兰国”突起及西亚北非恐怖活动的变化/张金平/国际观察/2015. 1

“伊斯兰国”武装活动特点及走向/张金平/国际论坛/2015. 3

“一带一路”视角下的伊斯兰金融监管制度研究/齐萌/上海财经大学学报/2015. 10

请求（同意）原则与武力打击“伊斯兰国”的合法性/戴轶/法学评论/2015. 1

欧洲穆斯林问题的三个维度：阶级、身份与宗教/储殷、唐恬波、高远/欧洲研究/2015. 2

“伊斯兰国”的资源动员和策略选择/曾向红、陈亚州/国际展望/2015. 5

从法国《查理周刊》事件看欧洲穆斯林青年群体认同危机/储殷、高远/中国青年研究/2015. 5

试析伊斯兰极端主义形成的社会思想根源/吴云贵/世界宗教文化/2015. 6

伊斯兰的瓦哈比化：ISIS 的不平等根源与世界秩序危机/殷之光/文化纵横/2015. 2

Web2. 0 技术在“伊斯兰国”崛起中的作用及影响/周意珉/和平与发展/2015. 8

欧洲伊斯兰极端主义的性质和内在结构研究/汪波/国际观察/2015. 7

世界各国打击“伊斯兰国”反恐立法的焦点与困境/贾宇、张金平/云南师范大学学报（哲学社会科学版）/2015. 11

霍达《穆斯林的葬礼》与叶广芩《采桑子》的比较研究/白宪华/中央民族大学学报/2015. 3

从“伊斯兰国”肆虐看国际反恐新困境/李伟/现代国际关系/2015. 2

伊斯兰教国家亵渎宗教言论的法律规制研究——基于对埃及、巴基斯坦和沙特阿拉伯三国的比较法分析/卢家银/国际新闻界/2015. 8

《打击伊斯兰极端分子恐怖主义的非军事战略：以往反暴恐行动中的经验教训》翻译的项目报告/刘晓童/广西大学/2015. 6

中亚伊斯兰复兴运动对新疆安全稳定的影响研究/索南卓玛/新疆师范大学/2015. 5

网络恐怖主义中的“伊斯兰国”/马国春、曹君/上海公安高等专科学校学报/2015. 6

G20 全球经济治理与伊斯兰世界——印尼视域下的国际关系基础/徐凡/亚太经济/2015. 3

试析中亚伊斯兰极端主义的历史文化根源/苏畅/俄罗斯东欧中亚研究/2015. 6

西欧伊斯兰极端主义形成的根源研究/汪波/阿拉伯世界研究/2015. 3

中亚五国伊斯兰金融发展研究/周亚军/欧亚经济/2015. 4

“伊斯兰国”影响下的西方青年极端化现象分析/李宁/阿拉伯世界研究/2015. 11

从伊斯兰政治学试析 ISIS 恐怖组织的本质/姜昱同/学理论/2015. 2

“伊斯兰国”正在开辟域外“战线”/李伟/世界知识/2015. 3

“一带一路”的历史负担：反恐战争与“政治伊斯兰”困境/殷之光/文化纵横/2015. 6

“伊斯兰全球化”对中国未来的影响/罗伯特 · R. 比安奇、忻华/阿拉伯世界研究/2015. 9

“伊斯兰威胁欧洲”？——政治的想象与宗教的建构/李维建/世界宗教文化/2015. 2

当代中东伊斯兰教教派冲突：神学还是政治？/王宇洁/西亚非洲/2015. 10

中国“丝路战略”与伊斯兰教丝路人文交流的比较优势/马丽蓉/世界宗教文化/2015. 2

穆斯林难民融入欧洲的问题与挑战/陈昕彤/世界宗教文化/2015. 12

正本清源，润物无声——对穆斯林激进主义发展的回顾与思考/陆忠伟/现代国际关系/2015. 10

关于“基地”组织和“伊斯兰国”（IS）比较研究/杨增光/云南警官学院学报/2015. 9

现代化进程中新疆伊斯兰教的适应性研究/龙群、王立娟/新疆社会科学/2015. 1

积极发展伊斯兰金融 推动“丝绸之路”经济带建设——以宁夏自治区为例/李濛/国际金融/2015. 9

“伊斯兰国”基于社交媒体的网络动员模式探析/刘挺/江南社会学院学报/2015. 12

“伊斯兰国”组织的全球野心及其对中国的影响/朱泉钢/国际关系研究/2015. 12

论“伊斯兰国”对赴欧洲难民的态度/肖习/世界宗教文化/2015. 12

伊斯兰国与基地组织在东南亚、南亚的扩张比较/杨凯/东南亚研究/2015. 10

极端组织“伊斯兰国”在南亚的渗透：现状、动因与趋势/郑迪、张金平/理论月刊/2015. 11

伊斯兰教、民族国家及世俗主义——土耳其的意识形态与政治文化/刘义/世界宗教文化/2015. 2

伊斯兰四国宗教教育模式的比较分析/肖建飞/世界民族/2015. 2

土耳其“民族观念运动”与伊斯兰政党的发展/郭长刚/阿拉伯世界研究/2015. 9

“伊斯兰国”的建立对印度的影响/安高乐/东南亚南亚研究/2015. 3

英国穆斯林族裔及其社会融入：回顾与反思/胡雨/世界民族/2015. 10

唐宋时期穆斯林蕃坊的性质、特点及演变/白建灵/回族研究/2015. 2

中东变局中的穆斯林兄弟会/丁俊、马黛瑞/西北民族大学学报（哲学社会科学版）/2015. 1

伊斯兰教与中国传统文化融会的理论建构与路径选择/张建芳/世界宗教研究/2015. 6

文化碰撞中小人物的挣扎——小说《穆斯林的葬礼》主要人物形象分析/孟柏严/克拉玛依学刊/2015. 7

宗教、主权及民主：对伊斯兰教和基督教的观察/哈坎·耶马兹、郭慧聪/世界宗教文化/2015. 2

“伊斯兰国”对中国安全的挑战/陈雪健/科技展望/2015. 5

泰国北部华人穆斯林的“跨国穆斯林身份认同”（1991 年—现在）/冯瑜、合富祥/西南边疆民族研究/2015. 6

欧盟成员国拒绝接受穆斯林难民背后的宗教因素探析——以匈牙利为例/严天钦/世界宗教文化/2015. 12

中、东部地区城市穆斯林流动人口社会关系融入状况——基于武汉、广州、杭州、宁波的调查/李吉和、杨春娥/西南民族大学学报（人文社会科学版）/2015. 5

“伊斯兰国”为何牵动世界的神经/田文林/党建/2015. 4

伊斯兰金融在香港地区的发展及其税制环境/侯可峰、李木子/国际税收/2015. 3

三论伊斯兰教在中国的地方化和民族化/金宜久/西北民族大学学报（哲学社会科学版）/2015. 7

德国推动穆斯林社会融入政策考察/杨友孙/学术界/2015. 2

当前新疆“穆斯林妇女蒙面问题”的审视与对策/王磊/新疆社会科学/2015. 1

“伊斯兰国”的威胁与对国际安全的思考/王黎、王英良/中东问题研究/2015. 8

伊斯兰教派别形成、发展的促成因子及属性和影响研究/蔡伟良/西北民族大学学报（哲学社会科学版）/2015. 1

切断“伊斯兰国”的资金链：美国的金融“暗战”/董春岭/世界知识/2015. 1

“穆斯林能不能充当人体炸弹?”——论多元文化主义的忧虑/沃尔克·考尔、冯红/国外理论动态/2015. 5

建构“公民—民族—宗教”间的“叠合认同”——以基督教与伊斯兰教的对话为例/李向平/西北民族大学学报（哲学社会科学版）/2015. 7

浅析《穆斯林的葬礼》中韩子奇的悲剧色彩/魏铮/鸡西大学学报/2015. 3

撒旦之血：浅析“伊斯兰国”恐怖组织的资金来源/廖南杰/现代军事/2015. 7

国际社会联手打击“伊斯兰国”的障碍分析/黄萍/学理论/2015. 6

伊斯兰教在俄罗斯帝国的发展特点研究/李昕/黑龙江民族丛刊/2015. 4

“一带一路”战略与伊斯兰金融发展的思考/肖忠意/经济界/2015. 7

“郑和符号”对丝路伊斯兰信仰板块现实影响评估/马丽蓉/世界宗教研究/2015. 10

法国伊斯兰布卡运动20年——政教分离传统下的本土治理和移民文化的纷争/陈振铎/世界民族/2015. 12

伊斯兰金融的发展潜力研究/阿布都瓦力·艾百、玉素甫·阿布来提/青海民族研究/2015. 1

伊斯兰复兴：谁之复兴？何种复兴？/王宇洁/文化纵横/2015. 4

社交媒体在新生代恐怖组织中的应用——以“伊斯兰国”为例/姚瑶/传播与版权/2015. 4

中、东部地区城市穆斯林流动人口制度融入状况——基于武汉、广州、杭州、宁波的调查/李吉和、卢时秀/广西民族大学学报（哲学社会科学版）/2015. 7

元代伊斯兰教与佛道之关系初探——以回回诗人与僧道之关系为例/马娟/世界宗教研究/2015. 8

浅析非洲伊斯兰教与欧洲殖民主义的关系/李文刚/亚非纵横/2015. 1

中、东部地区城市穆斯林流动人口社会认同研究——基于广州、上海等城市的调查/李吉和、马冬梅/中南民族大学学报（人文社会科学版）/2015. 11

“伊斯兰国”：一个原教旨极端组织的崛起/田文林、汪岚、廖南杰、于雪/现代军事/2015. 10

文本认同与文化表征——中国西北伊斯兰教哲合忍耶门宦研究述评/马英杰/宁夏社会科学/2015. 5

晚清吐鲁番社会中的伊斯兰教首领/王启明/世界宗教研究/2015. 2

“伊斯兰国”怎样“治国理政”/李伟/世界知识/2015. 5

伊斯兰本质主义思想流变/冯璐璐、白韶璞/回族研究/2015. 2

回汉杂居社区伊斯兰社会文化空间的构建——以滇中纳古镇为例/薛熙明、杨茜好、马创/民族学刊/2015. 1

发展伊斯兰金融　支持“一带一路”建设/白宇飞、杜晓雨/全球化/2015. 11

试析伊朗的泛伊斯兰主义/吕海军/世界宗教文化/2015. 12

伊斯兰教与“一带一路”建设/马明良/中国穆斯林/2015. 11

泰国整合马来穆斯林族群的困境与出路——基于影响民族同化因素的分析/阳举伟/印度洋经济体研究/2015. 12

伊斯兰教协会在城市民族工作中的作用与问题研究——湖北省伊协组织个案调查/李安辉、陈晓敏/回族研究/2015. 2

近期吉尔吉斯斯坦国内伊斯兰极端主义发展及影响分析/再米娜·伊力哈木/新疆大学学报（哲学·人文社会科学版）/2015. 1

中亚地区面临的“伊斯兰国”威胁分析/廖成梅、杨航/外国问题研究/2015. 12

韦伯的伊斯兰社会控制理论研究/冯璐璐/宁夏社会科学/2015. 5

“和而不同，和中共进”：伊斯兰宗教文化在中国本土的生存与发展/刘一虹/世界宗教文化/2015.2

谈我国周边的伊斯兰教与伊斯兰原教旨主义/孙振玉/当代中国民族宗教问题研究（第9集）/2015.1

霍梅尼伊斯兰民主思想探析/吕海军/世界民族/2015.12

解读俄罗斯军事打击“伊斯兰国”行动/胡向春/现代军事/2015.12

“伊斯兰国”阴影下的沙甸小镇/刘烨/文化纵横/2015.8

中国宫廷画院体制对伊斯兰细密画艺术发展的影响/穆宏燕/回族研究/2015.2

尤苏夫·盖尔达维及其伊斯兰中间主义思想/丁俊/世界宗教研究/2015.4

试论9—19世纪西方文本中的伊斯兰形象/刘宇/宁夏社会科学/2015.7

伊斯兰“瓦哈比主义”的起源及“圣战观”/范静雯/云南警官学院学报/2015.9

西方穆斯林的社会整合研究/杨忠东/阿拉伯世界研究/2015.11

伊斯兰革命后伊朗青年失业问题探析/陈卓/西北大学/2015.6

从安全环境分析“伊斯兰国”在北非的扩张/张金平/山东警察学院学报/2015.11

王静斋与近现代伊斯兰教基督教对话/马景/世界宗教研究/2015.8

伊斯兰认同的历史演进——土耳其“民族观念运动”反思/杨晨/世界宗教文化/2015.2

城市发展中穆斯林群体的公共安全——以上海及长三角城市为例/葛壮/西北民族大学学报（哲学社会科学版）/2015.7

埃及“1·25革命”与伊朗伊斯兰革命之比较/范鸿达/阿拉伯世界研究/2015.11

“一带一路”建设与伊斯兰文化的关系/高占福/中国穆斯林/2015.11

经院化与多元化：对回族伊斯兰教育问题的反思/马强/北方民族大学学报（哲学社会科学版）/2015.3

丝绸之路经济带“甘肃黄金段”建设的碳金融模式——基于伊斯兰金融视阈的选择探析/秦梓华、张四军/兰州文理学院学报（社会科学版）/2015.11

伊斯兰教中国化的两个层面/马明良/中国宗教/2015.4

伊斯兰的和平理念：论文化概念的索引性与社会安全/周玉佳/西北民族研究/2015.8

试析欧美移民穆斯林的共同境遇/杨忠东/回族研究/2015.8

伊斯兰教在中国本土特色的历史见证/高占福/中国穆斯林/2015.1

认同·迷失·重构——台湾穆斯林文化认同的思考/罗强强/回族研究/2015.5

土耳其伊斯兰复兴与三次军人干政/盛睿/世界宗教文化/2015.10

理论与实践中的伊斯兰教民族关系/马占明/西北民族大学学报（哲学社会科学版）/2015.9

应对“伊斯兰国”危机/理查德·哈斯/中国经济报告/2015.4

纳吉姆丁·纳萨菲与中国伊斯兰教义学/哈宝玉/北方民族大学学报（哲学社会科学版）/2015.7

突尼斯的和平缘何屡受“伊斯兰国”的挑战/王金岩/当代世界/2015.11

伊斯兰教税收的分类及渊源/邓苏宁/世界宗教文化/2015.12

孔氏穆斯林：记忆与历史/杨德亮/回族研究/2015.2

浅析儒家天人合一说与马德新伊斯兰教理论体系的构建/姚文永/宁夏社会科学/

2015. 3

浅析《穆斯林的葬礼》中玉器对情节的推动/张世维/镇江高专学报/2015. 4

伊斯兰教宣教团体在东南亚的传播与发展/马景/世界宗教文化/2015. 6

新疆文化现代转型中的伊斯兰文化自觉/张春霞/新疆财经大学学报/2015. 12

香港外籍穆斯林社会管理的特点与启示/刘欣路、刘辰/宁夏社会科学/2015. 1

毛杜迪伊斯兰人权思想略论/吕耀军/北方民族大学学报（哲学社会科学版）/2015. 1

论伊斯兰教对新疆民族经济发展的积极影响/芮国星、袁祖社/北方民族大学学报（哲学社会科学版）/2015. 5

基于比较视角的清真食品与穆斯林用品专利信息分析/赵丽莉/新疆财经/2015. 4

摩尼教绘画艺术对伊斯兰细密画发展的影响/穆宏燕/世界宗教文化/2015. 8

伊斯兰文化在促进对阿经贸发展中的应用研究/冯奎/回族研究/2015. 8

香港拓展伊斯兰金融 抓“一带一路”机遇/谢涌海/新商务周刊/2015. 4

伊斯兰史学研究范式的突破——评伊本·赫勒敦的《历史绪论》/冯杰文/史学理论研究/2015. 10

“伊斯兰国”在南亚地区渗透的态势及影响/姚芸/国际研究参考/2015. 11

穆斯林茶文化的文化人类学解读/郭福亮/农业考古/2015. 4

浅谈伊斯兰极端主义的泛起、威胁及应对/张昊天/科学与无神论/2015. 3

伊斯兰教国家亵渎宗教言论的法律规制研究——基于对埃及、巴基斯坦和沙特阿拉伯三国的比较法分析/卢家银/媒介秩序与媒介文明研讨会暨第二届新闻传播伦理与法制学术研讨会论文集/2015. 4

伊斯兰“圣战”观念探究/李志强/才智/2015. 4

中国当代伊斯兰教民间慈善组织运行机制探析/庚荣/北方民族大学学报（哲学社会科学版）/2015. 5

扬州回族伊斯兰教碑刻述评/郭成美、杨志娟/回族研究/2015. 8

穿透“复古”与“现代”的迷雾——如何理解现代性语境下的伊斯兰教法/李林/世界宗教文化/2015. 12

明代永宣青花瓷的伊斯兰风格及其成因/谢文璇/回族研究/2015. 2

略论回族伊斯兰教门宦的宗教伦理思想/梁向明、梁晓雪/回族研究/2015. 2

伊斯兰教与儒学在伦理层面的辨异及对话——兼论清末伊斯兰教学者马德新的伦理思想/王丽宏/中国穆斯林/2015. 11

印度伊斯兰教：异质还是传统？——读《宗教思想史》一书中有关印度宗教的论述/钟德志/东南亚南亚研究/2015. 6

从波斯帝国到伊斯兰共和国——地区变局下的伊朗政治体制透视/范鸿达/当代世界/2015. 8

马来西亚伊斯兰金融体系初探/曹庆锋/中国穆斯林/2015. 7

阿拉伯人如何看待伊斯兰极端势力在欧洲/若木/世界知识/2015. 9

用伊斯兰文化交流助力“一带一路”建设/杨志波/中国宗教/2015. 10

“社会凝聚力与多样性：欧洲穆斯林与中国回族穆斯林”国际学术研讨会在云南大学召开/冯瑜/西南边疆民族研究/2015. 6

回族社区清真寺信息传播实施策略——以宁夏地区清真寺“穆斯林书屋”为例/马君

丽/图书馆理论与实践/2015. 12

文明冲突视阈下的伊斯兰极端宗教主义/杜伟/世纪桥/2015. 6

青海穆斯林民族服饰及用品产业基地发展研究——基于 SWOT 分析方法/吴茜茜、王玮/青藏高原论坛/2015. 4

伊斯兰教宗教极端思想新媒体传播的特点/王飞/青年记者/2015

中国传统工艺品中的伊斯兰纹饰/刘艳华/北方民族大学学报（哲学社会科学版）/2015. 1

当代穆斯林学者人权探讨路径评介/张红娟、吕耀军/回族研究/2015. 8

晚清新教传教士对中国穆斯林的传教活动探析/徐炳三/近代史学刊/2015. 4

“伊斯兰国”老大其人其事/朱宇伦/新民周刊/2015. 8

伊斯兰进步思想初探/晏琼英/世界宗教文化/2015. 12

国民教育与伊斯兰经堂教育的冲突与协调——国家宗教管理“前置化”刍议/谢晶/回族研究/2015. 11

和谐共生 扶危解难高于利——伊斯兰视阈中的高利贷与善贷/马少卿、马巍/西北民族大学学报（哲学社会科学版）/2015. 1

马来西亚的穆斯林教育/马立武/中国穆斯林/2015. 3

跨越“穆斯林—基督徒”鸿沟的桥梁——美国前国会议员司建德《致命的误解》一书评介/周传斌/世界宗教研究/2015. 8

伊斯兰教法中债务契约对规范我国民间借贷的启示/张云雁/行政与法/2015. 11

城市穆斯林流动人口的社会认同研究——以武汉市清真拉面馆从业人员为例/常岚/贵州师范大学学报（社会科学版）/2015. 12

“一带一路”的伊斯兰因素与新型国家安全战略/李林/中国穆斯林/2015. 11

民国回族报刊话语下的“穆斯林女子剪发问题”争论透视/刘莉/北方民族大学学报（哲学社会科学版）/2015. 3

从罗马法系与伊斯兰法系看法学家的力量/李军兰/胜利油田党校学报/2015. 5

论穆斯林联盟的不干涉土邦政策/金兴礼/世界民族/2015. 12

德国反伊斯兰运动兴起的原因及影响/李超/国际研究参考/2015. 2

基于质性访谈的中国穆斯林大学生职业价值观研究/苏迪、冯明礼/民族论坛/2015. 9

伊斯兰金融对中国意味着什么？/Abdulaziz Goni、岩岩/新商务周刊/2015. 4

法国学者的伊斯兰研究/穆罕默德·阿尔昆、马丹/中国穆斯林/2015. 3

普密蓬国王与泰国伊斯兰教/孟庆顺、谢金凤/世界宗教文化/2015. 4

中西玉石文化比较研究——以《穆斯林的葬礼》和《玉石人像》为例/杨潇/重庆城市管理职业学院学报/2015. 3

政治伊斯兰在土耳其的嬗变及其特殊性/郭蒙蒙/长沙大学学报/2015. 5

美国穆斯林拒绝极端化的经验探析/杨忠东/中国穆斯林/2015. 11

征服与被征服：穆斯林与欧洲关系的历史考察/王宇洁/文化纵横/2015. 12

伊斯兰银行经营模式探究/杜晓雨/商/2015. 3

我国西北地区伊斯兰体育探究/姜晨/体育文化导刊/2015. 6

论台湾穆斯林后裔丁氏与日本殖民者的抗争/王晓云/武汉理工大学学报（社会科学版）/2015. 10

阿拉伯谚语与阿拉伯伊斯兰文化/李小卫/阿拉伯研究论丛/2015. 1
浅析伊斯兰法的“五功”/沈贾贾/法制博览/2015. 1
试论伊斯兰文化对回商企业人力资源管理的启示/田晓娟/宁夏社会科学/2015. 3
冷战后沙特在中亚的伊斯兰外交/刘玉琴/国际研究参考/2015. 3
伊斯兰教本土化的特点——以回族文化为例/马亚军/中国宗教/2015. 6
从“伊斯兰国”看恐怖主义背后的宗教诉求/周戎/学习时报/2015. 8
伊斯兰教与海上丝绸之路/周燮藩/中国宗教/2015. 12
伊斯兰斋戒习俗中的“替代”与“补偿”——散杂区新野回族的攒茶文化研究/马玮、白君涛/民族论坛/2015. 1
回族茶艺：西北穆斯林文化的传承与发展/赵翔宇、张洁/农业考古/2015. 4
中国穆斯林与抗战——来自基督教传教士胡籁明的观察记载/马景/北方民族大学学报（哲学社会科学版）/2015. 7
穆斯林相亲会：城市回族婚介传统的现代“发明”/杨文笔/回族研究/2015. 8
新疆伊斯兰建筑装饰艺术在家具设计中的运用/高婷、周宁昌/家具/2015. 11
试论中古时期阿拉伯—伊斯兰科学技术的特点/胡耀辉/渭南师范学院学报/2015. 11
朝觐与穆斯林社会道德的重建/张建芳、敏俊卿/北方民族大学学报（哲学社会科学版）/2015. 11
伊斯兰思想与中国儒家思想中离异制度之对比/庄子悦/宁夏社会科学/2015. 3
抗战时期回族穆斯林的爱国与兴教——以回民报刊为中心的考察/汪洋/中国穆斯林/2015. 7
中国基督教徒与伊斯兰教徒对其“造物主”的认识/刘廷妮/青海民族研究/2015. 10
西北穆斯林民间公益组织的文化分析/苏慕瑜/北方民族大学学报（哲学社会科学版）/2015. 11
伊斯兰文明观：构建与功能/马明贤/世界宗教文化/2015. 12
浅谈伊斯兰债券——苏库克/杨雪/企业导报/2015. 3
伊斯兰金融发展综述/李翠萍/对外经贸/2015. 6
英国的伊斯兰研究（上）/C. E. 博斯沃思、马睿智/中国穆斯林/2015. 7
俄罗斯境内伊斯兰教早期历史探究/李昕/黑龙江民族丛刊/2015. 10
伊朗“三环外交”战略透视——兼评冀开运教授的《伊朗与伊斯兰世界关系研究》/赵广成/中东问题研究/2015. 8
“一带一路”背景下中国加快发展伊斯兰金融的建议/李淑萍/现代经济信息/2015. 9
“伊斯兰国”与“基地”：恐怖双煞的竞争/肖建明/党政论坛（干部文摘）/2015. 3
阿尔及利亚政治转型时期的伊斯兰运动/慈志刚/内蒙古民族大学学报（社会科学版）/2015. 11
俄罗斯的穆斯林问题/黎江/国际研究参考/2015. 9
丝绸之路上的伊斯兰教文化传播——以陕西地区为例/冶倩/戏剧之家/2015. 1
重思伊斯兰研究/穆罕默德·阿尔昆、马睿智/中国穆斯林/2015. 1
从李珣兄妹透视唐五代穆斯林作家华化现象/韩文慧/社会科学论坛/2015. 5
我国发展伊斯兰金融研究/郭秋生/现代商贸工业/2015. 11
伊斯兰金融框架和政策效应/朱颖、罗英/金融教学与研究/2015. 10

新疆伊斯兰教管理理念和管理机制创新的实践与思考/周应斌/当代中国民族宗教问题研究（第9集）/2015.1

"一带一路"下中国与伊斯兰国家慈善合作/金忠杰、马海/中国穆斯林/2015.11

伊斯兰研究、东方学与美国（上）/穆辛·马哈迪、马丹/中国穆斯林/2015.11

王岱舆——在宗教比较中阐扬伊斯兰思想/帕林达/中国穆斯林/2015.1

美国穆斯林与普通公众的比较研究/杨忠东/中国穆斯林/2015.3

《移民与融入——伊斯兰移民的融入与欧洲的文化边界》/伍慧萍/德国研究/2015.3

新疆伊斯兰建筑中装饰审美的两极共存现象/左力光/北方民族大学学报（哲学社会科学版）/2015.5

白寿彝与伊斯兰文化学会/马景/回族研究/2015.5

伊斯兰教伦理道德观与其经济思想的关系/甄华杰/生产力研究/2015.7

伊斯兰作为回族"民族特征"的近代史——以民国时期泉州"恢复祖教"活动为例/杨阳/民族史研究/2015.5

马来西亚伊斯兰法官制度评析/陈爱飞/东南司法评论/2015.9

英国的伊斯兰研究（下）/C. E. 博斯沃思、马睿智/中国穆斯林/2015.9

马赫默德二世征服与君士坦丁堡伊斯兰化研究/车效梅、续亚彤/都市文化研究/2015.8

论回族伊斯兰习惯法的发展脉络及其当代价值/高鹏怀、廉睿/胜利油田党校学报/2015.11

俄罗斯穆斯林、清真寺及其社会处境/江秋丽/中国穆斯林/2015.7

中世纪的伊斯兰大学对欧洲大学的影响/严丹、敏敬/中国穆斯林/2015.7

基准利率对伊斯兰衍生证券的重要性/陈晓芳/武汉理工大学学报（信息与管理工程版）/2015.6

中国西北伊斯兰教门宦制度的形成原因及影响研究/杨群、谢卫国/西部学刊/2015.36

政治问题抑或宗教问题——关于俄罗斯帝国穆斯林问题的探讨/孟君/人民论坛/2015.12

怎样认识伊斯兰教法与国法/从恩霖/中国穆斯林/2015.3

新疆蒙古族比西米特服饰中的伊斯兰艺术因素/王松、王凡/装饰/2015.6

真纳对国大党与穆斯林联盟合作与决裂的影响/张冬霞/濮阳职业技术学院学报/2015.8

当前青海省宗教界代表人士培养问题研究——以藏传佛教和伊斯兰教为例/张科、马明忠/青海民族研究/2015.10

"社会凝聚力与多样性：欧洲穆斯林与中国回族穆斯林"国际学术研讨会在云南大学召开/冯瑜/西南边疆民族研究/2015.6

圣训学家穆斯林·本·哈贾吉及其《圣训实录》/祁学义/西北民族大学学报（哲学社会科学版）/2015.1

回族穆斯林文化建设与云南社会经济和谐发展/马惠萍、虎利平/中国穆斯林/2015.1

王岱舆伊斯兰认主思想探析/顾玉军/中国穆斯林/2015.5

伊斯兰卫生观基本内涵及其特点初探/孟亚会、杨德仁、周俊强/中国穆斯林/2015.7

对伊斯兰教传统慈善与现代社会公益相结合的一些思考/黑德昆/中国穆斯林/2015.7

回族聚居地区恢复性司法的路径选择：伊斯兰文化与恢复性司法的综合/杨国举/回族研究/2015.11

伊斯兰文化的本土化——桂林清真寺建筑初探/哈栱、罗瑜斌/四川建筑科学研究/2015.8

伊斯兰慈善观探析/马海成、马菊香/民族艺林/2015.11

宁夏回族伊斯兰砖雕艺术传承及其发展研究/陆文军/北方民族大学学报（哲学社会科学版）/2015.5

都市穆斯林自发宗教生活点调查报告/许兵/江苏省社会主义学院学报/2015.6

台湾穆斯林的历史与清真寺/周晶/中国穆斯林/2015.9

从婚丧习俗看伊斯兰教两世并重的生死观/祖晓春、周泽超/回族研究/2015.11

伊斯兰教苏菲派人神和谐关系探究/王新刚、杨新会/西部学刊/2015.5

明末清初汉译伊斯兰教典籍的语言学价值/丁桃源/中国穆斯林/2015.5

伊斯兰极端主义对新疆公安机关基层党组织建设的影响及对策研究/顾秀艳/法制与社会/2015.8

东南亚伊斯兰教的趋势与特点/吴云贵/中国宗教/2015.10

计划生育药具发放服务融入穆斯林生殖健康项目的实践与思考/何生仁/中国计划生育学杂志/2015.4

伊斯兰经商文化对新疆维吾尔企业经营活动影响浅析/热孜燕·瓦卡斯/中国穆斯林/2015.7

加拿大穆斯林移民的历史考察/王建波/中国穆斯林/2015.9

城镇化与伊斯兰教门宦组织的变迁——以宁夏银川市闽宁镇为例/陈红梅/回族研究/2015.11

伊斯兰教经学思想建设探析/王德才/中国穆斯林/2015.3

在粤外国穆斯林社会管理面临的问题与应对/冯刚、刘欣路/中国穆斯林/2015.5

恐怖主义活动中的社交媒体应用分析——以“伊斯兰国”为例/杨增光、范春林/安徽警官职业学院学报/2015.11

中国西北伊斯兰教门宦制度浅议/杨群、谢卫国/兰台世界/2015.12

“基地”组织与“伊斯兰国”：从合作到竞争/郭强/国际研究参考/2015.12

兰州伊斯兰教灵明堂建筑艺术赏析/墨骥/中国穆斯林/2015.5

明代伊斯兰教在内蒙古地区的传播初探/马宁/前沿/2015.9

朝鲜半岛（韩国）穆斯林群体内外互动关系考论/侯宇翔/韩国研究论丛/2015.12

马赫默德二世征服与君士坦丁堡伊斯兰化研究/车效梅、续亚彤/都市文化研究（第12辑）——城市史与城市研究/2015.8

晚清新教传教士对中国穆斯林的传教活动探析/徐炳三/近代史学刊/2015.4

阿拉伯谚语与阿拉伯伊斯兰文化/李小卫/阿拉伯研究论丛/2015.1

马来西亚伊斯兰法官制度评析/陈爱飞/东南司法评论/2015.9

伊斯兰作为回族“民族特征”的近代史——以民国时期泉州“恢复祖教”活动为例/杨阳/民族史研究/2015.5

“伊斯兰国”的威胁与对国际安全的思考/王黎、王英良/中东问题研究/2015.8

朝鲜半岛（韩国）穆斯林群体内外互动关系考论/侯宇翔/韩国研究论丛/2015.12

伊朗伊斯兰共和国与欧盟经贸关系发展分析/贺婷/生产力研究/2015. 11

浅释回族及伊斯兰文化对回族人物画创作的意义/马红霞/回族研究/2015. 11

试论伊斯兰人权伦理思想及其现代意义/陈阳/新西部（理论版）/2015. 1

浅析喀山地区伊斯兰教在俄罗斯帝国的发展/李昕/黑河学院学报/2015. 6

抗战初期陶行知与中国伊斯兰教界的互动/洪伟/中国穆斯林/2015. 11

新疆穆斯林朝觐活动概述/蔡江帆、李平/中国穆斯林/2015. 11

元代内蒙古地区的穆斯林社会初探——以亦集乃路为个案/马宁/内蒙古统战理论研究/2015. 10

伊斯兰教的慈善文化探析/安冬/吕梁学院学报/2015. 4

巧用文化金钥匙 打开合作新天地——宁夏依托穆斯林文化优势加强内外合作对我区的启示及建议/赵云平、曹永萍、吴露露/北方经济/2015. 11

以色列为何不打“伊斯兰国”？/肖建明/南风窗/2015. 11

伊斯兰文化对撒拉族人力资源开发的影响/刘懿霆、张和平/山东农业工程学院学报/2015. 1

伊朗伊斯兰革命以来女性失业问题简析/陈卓/学理论/2015. 3

宽容是伊斯兰教的基本精神/洪勇明/中国穆斯林/2015. 5

依法治国与提振伊斯兰教正能量/从恩霖/中国穆斯林/2015. 9

伊斯兰与慈善/铁明亮/中国穆斯林/2015. 7

剑桥大学所藏的一份清代新疆穆斯林的文献/玉努斯江·艾力、潘勇勇/兰台世界/2015. 6

利用伊斯兰债券促进中国西部大开发对策思路/潘志、栾春苹/城市地理/2015. 1

汉语系中国伊斯兰教义学的概念与特征/贾建萍/中国穆斯林/2015. 11

土耳其对“伊斯兰国”的真实态度/李明波/南风窗/2015. 6

《古兰经》：伊斯兰教立法的渊源/刘璧君、顾盈颖/检察风云/2015. 5

科学与伊斯兰教的关系探讨/刘春燕/传承/2015. 10

试论伊斯兰教的经济思想/张志湘/广州社会主义学院学报/2015. 10

中国穆斯林对外文化交流的体验/张广林/中国穆斯林/2015. 11

信用报告在穆斯林经济社会中应用情况调查/李克尚、王兰芳、马继洲/西部金融/2015. 8

镇江伊斯兰教发展史述略/张学玲/北方民族大学学报（哲学社会科学版）/2015. 11

评斯蒂芬·戴尔《穆斯林帝国：奥斯曼、萨法维与莫卧儿》/毛佳鹏/全球史评论/2015. 6

当代伊斯兰教公益慈善事业的实践及特点/庾荣/红河学院学报/2015. 8

《伊斯兰金融学研究译丛·伊斯兰金融理论与实践》出版/回族研究/2015. 11

伊斯兰金融在宁夏的发展潜力/Rihanna、Abdullah/新商务周刊/2015. 7

伊朗学者阿亚图拉·泰斯希里的伊斯兰中间主义思想/丁俊/当代中国民族宗教问题研究（第9集）/2015. 1

依法治国视域下的宗教院校教师资格认定——以伊斯兰教经学院为例/从恩霖/中国宗教/2015. 4

加强伊斯兰教教职人员培训培养的思考/付军杰/中国宗教/2015. 6

浅析伊斯兰教与保安族女性的关系/石晶晶/新西部（理论版）/2015. 6

“知耻”——伊斯兰伦理的重要理念/从恩霖/中国宗教/2015. 5

民族英雄马本斋——中国穆斯林的骄傲/马文敬/中国穆斯林/2015. 7

谈“伊斯兰国”对南亚的渗透/郑迪/中国社会科学报/2015. 9

伊斯兰文化与青海省中小企业信用建设/马维宗/中国经贸导刊/2015. 4

伊斯兰教信仰在回族聚居区医患关系中的价值分析/马建军/人力资源管理/2015. 10

湖北省伊斯兰教解经工作的思考/马秉仁、陈晓敏/中国穆斯林/2015. 11

伊斯兰白釉陶溯源研究/顾雯/文物保护与考古科学/2015. 8

积极推进新疆伊斯兰教的中国化/彭无情/中国民族报/2015. 9

浅论伊斯兰教建筑的中国化——基于明清西安清真寺的考察/赵子恒/黑龙江史志/2015. 4

伊斯兰宗教语言的内涵探究/李琼、王建春/山西青年/2015. 11

简论伊斯兰教门宦制度的教主：“道祖”“太爷”/崔苗苗/学理论/2015. 11

浅析伊斯兰法的婚姻家庭法/龙昭/知识经济/2015. 7

论伊斯兰文化对永乐青花纹饰的影响/罗群/艺术品鉴/2015. 1

哈尔滨穆斯林饮食文化演变初探/谭野、裴冬雪/大众文艺/2015. 12

2015年度民间信仰研究论文索引

王皓月　王　伟 编

佛顶尊胜陀罗尼信仰与宋代丧葬习俗——以尊胜墓幢的建立为中心/夏广兴/世界宗教研究/2015.1

跨国网络中的何氏九仙信仰与琼瑶教/石沧金/世界宗教研究/2015.2

明代几位士大夫对祭祀五显神的解读/朱越利/世界宗教研究/2015.1

试论福建民间信仰的组织管理模式对基层妇女的影响/郑筱筠/世界宗教文化/2015.1

南海诸岛庙宇史迹及其变迁辨析/陈进国/世界宗教文化/2015.5

从文学叙事维度谈儒家伦理对民间信仰的影响/马怡/世界宗教文化/2015.1

民间力量与乡村庙宇重建——基于贵州北部两座庙宇的研究/刘东旭/世界宗教文化/2015.2

众溪汇潭：广东侨乡梅州客家香花仪式的文化源头分析/张小燕/世界宗教文化/2015.6

晋东南三教信仰的形成、表现形态及分析/段建宏/宗教学研究/2015.4

马来西亚华人社会的关公崇拜/梅红/宗教学研究/2015.4

清代以来四川药王庙与药王信仰研究/廖玲/宗教学研究/2015.4

信佛而非信教——福建民营企业家的传统宗教信仰及其特点研究/陈婉婷、甘满堂/宗教学研究/2015.4

乡村的文治构建与公益文化建设——以福建永春东关外碧村为例/陈进国/世界遗产/2015.11

论杨庆堃对“民间信仰”与“弥散型宗教”的研究：贡献、问题与超越/李华伟/宗教人类学/2015.10

村落社会的知识生产与传统再造——以山西寺庙重建为例/刘正爱/宗教人类学/2015.10

分布扩散中的宗教：大众文化中的“通灵”/平野直子著，高塔娜译/宗教人类学/2015.10

中国萨满教研究专著文献计量学分析/乌云格日勒、色音/宗教人类学/2015.10

“非典型”傣族与壮族之间被忽视的共同文化/屈永仙/文山学院学报/2015.S1

论民族大学生对民族地区文化的传承与保护/宋艳/当代教育实践与教学研究/2015.9

“调解大王”的985个“百姓故事”——记陕西省合阳县司法局杨家庄司法所所长、乡人民调解委员会主任黄秦宝/人民调解/2015.11

文化多样性对槟榔屿乔治市植物景观保护与营造的影响/林添财、黄越、李树华/中国

园林/2015.12

丹东地区民间信仰与民众生活研究/张芳/亚太教育/2015.35

周公庙祈子庙会中后稷感生神话衍生的行为叙事/王志清、陈曲/民族文学研究/2015.6

从出土《日书》简看汉代河西一带的民间信仰/赵兰香/图书馆研究/2015.6

赣南兴国跳觋仪式的象征意义阐释/黄苗/黄河之声/2015.18

多民族视野中的城隍会及傩俗民艺/李祥林/内蒙古大学艺术学院学报/2015.4

生态自觉视域下的壮族师公唱本与民间审美内涵/金乾伟/山西煤炭管理干部学院学报/2015.4

陕西华县清代“玄天上帝”造像碑考略/赵超、巫骁/文博/2015.6

中亚古代民族文化中崇七习俗探源/刘学堂/苏州大学学报（哲学社会科学版）/2015.6

灵济道派与福建地方社会/王福梅/莆田学院学报/2015.6

壮族“社公”之社会功能探析/韦妮/南宁职业技术学院学报/2015.6

农业、气候与祭祀——尧山圣母庙会时间的区域解读/侯晓东/青海社会科学/2015.6

奇异惊险的粤东客家民间绝技舞蹈——铙钹花/刘德欢、肖灿/大众文艺/2015.22

长乐漳港显应宫出土开漳圣王神像之探究/汤漳平/闽江学院学报/2015.6

对亚鲁王崇拜的神圣性/余未人/当代贵州/2015.44

呼兰老城区神鼓生存现状调查/李同、张家境、周朋/才智/2015.35

哈萨克族传统民俗中的生态文化——从自然崇拜中衍生的生态保护意识/孜娜提古丽·阿布/新疆林业/2015.3

福泉阳戏中的川主神/周永健/原生态民族文化学刊/2015.4

人观、养育实践与成年礼——西汉水流域汉人“寄保”习俗的人类学研究/台文泽/原生态民族文化学刊/2015.4

大理云峰寺白族朵兮中秋祭仪调查/赵敏、杨建伟、王丽梅、赵净泉/宗教学研究/2015.4

宗教信仰对居民环境行为影响的回归分析——基于 CGSS2010 年数据库/万翀昊、司汉武/忻州师范学院学报/2015.6

西王母信仰的形成及其历史意义/冯保魁、周亚莹、朱维冬、赵睿/陇东学院学报/2015.6

根植于乡土的民族情怀——浅议宁夏回族青年作家的小说创作/苏文兰/宁夏大学学报（人文社会科学版）/2015.6

历史文化语境视域下的天水“唐僧晒经”遗迹传说及其文化意蕴/张惠强/天水师范学院学报/2015.6

论青海湖来历传说中的民间文化内涵/央吉卓玛/青藏高原论坛/2015.4

民间信仰研究的“中层理论”探析/崔明/青海师范大学学报（哲学社会科学版）/2015.6

理教六方派调查/冯立/世界宗教研究/2015.6

民间信仰的地方化与苗族移民家族社会构建的关系——基于鄂西南官坝苗寨的历史人类学考察/陈文元/黔南民族师范学院学报/2015.6

都市边缘区渔业疍民的生计、信仰与日常生活——广州渔民新村的个案研究/邱运胜/文化学刊/2015. 12

民俗文化语境中的闽南民间舞蹈研究/翁世晖/北京舞蹈学院学报/2015. 6

西佛东渐宗教信仰对六朝人面纹瓦当的影响/王安霞、苏玮/创意与设计/2015. 6

发挥“互联网＋”优势 探索赫哲民俗文化保护新模式/孙同刚/奋斗/2015. 12

五将信仰与明清时期府江中游地区社会变迁/麦思杰/史志学刊/2015. 6

古代中国社神/沙畹、卢梦雅/国际汉学/2015. 2

贵阳市高坡乡国苏寨苗族的宗教信仰与变迁/周永健/贵州师范学院学报/2015. 11

民间信仰与社会治理创新研究——以厦门市为例/方轻/厦门特区党校学报/2015. 6

论西部少数民族地区大调解机制的特殊价值/魏晓欣/经济研究导刊/2015. 24

奇观视域下民间信仰的现代传播——以美剧《邪恶力量》为例/索南措/新闻知识/2015. 12

湘西苗族银饰造型艺术中盘瓠神格符号的来源与形成/易子晴/艺术与设计（理论）/2015. 12

基于民俗文化的江南灶画图案色彩应用探究/沈懿旻/现代装饰（理论）/2015. 12

瑶族《黄氏女古记》的比较与探析/古贤明、刘永红/学术论坛/2015. 12

浅析满族萨满文化/张寒冰/中国培训/2015. 18

窥探人类丛林经验的记忆留存——评林美容、李家恺著《魔神仔的人类学想象》/庄小芳/闽台文化研究/2015. 4

从日本的新年食品看日本人“清净和寂”的精神世界/李琳/陇东学院学报/2015. 4

海河水文化的特征研究/冯石岗、杨哲/开封教育学院学报/2015. 12

构筑精神家园 促进两岸交流——以闽南民间信仰为研究对象/郑镛、黄文疆、罗臻辉/闽台文化研究/2015. 4

从《朱峙三日记》看清末民初武昌县的节日风俗及其转变/曾留香/成都师范学院学报/2015. 12

桂东南閭山教临水夫人信仰探析——兼论陈靖姑暨閭山教的宗教特色/刘道超/贺州学院学报/2015. 4

民间信仰与村落生活——以庄户—千军台幡会为例/韩同春/人文天下/2015. 23

天花藏主人小说地域民俗叙事考察/刘雪莲/古籍整理研究学刊/2015. 6

共生与和谐：彝族民间信仰中蕴含的“水”的生态伦理观/张玫/贵州工程应用技术学院学报/2015. 6

华阳珠珍娘娘信俗/罗堃/潮商/2015. 6

壮族巫术剪纸视觉符号中民俗意识的体现/李青青、窦均林/桂林航天工业学院学报/2015. 4

舟山群岛海洋民间信仰的特征及意义/肖隆中、王颖/浙江海洋学院学报（人文科学版）/2015. 6

跨文化比较视野下的壮族“末伦”艺术/陆晓芹/贵州大学学报（艺术版）/2015. 6

韩国傩礼活动中的传统戏剧/田耕旭/地方文化研究/2015. 4

浙、赣、闽民间樟树信仰风俗及其成因分析/黄新华/地方文化研究/2015. 5

社会治理视阈下的民间信仰作用研究/韩裕程/山东行政学院学报/2015. 6

当下浙南民间仪式乐队的生态考察——以平阳县水头区域为例/蓝天棉/中国音乐/2015.4

河北民间音乐在文化创意产业中的开发应用研究/马婕、王岩、张雅静/黄河之声/2015.24

另类的"新教伦理"：中国古代的五通神信仰研究/王易萍、谭志坚/兰台世界/2015.36

晋东南地区羿神信仰源起及神庙分布考/王崇恩、段恩泽/山西档案/2015.6

明清时期洪洞民间信仰——以碑刻和地方志所载庙宇为例/张敏之/山西档案/2015.6

民间规约中的"佛教规约"功能与限度研究/邱玉强/研究生法学/2015.5

腊尔山地区苗族"巴岱"仪式音乐个案调查/熊晓辉/音乐探索/2015.1

羌族民间信仰及其社会价值功能/肖燕/西南民族大学学报（人文社会科学版）/2015.3

浮动的"中心"：湄洲岛妈祖信仰空间考察/吴晓美、周金琰/民俗研究/2015.1

六祖慧能崇拜的文化建构——基于广东新兴县的历史人类学考察/区锦联/文化遗产/2015.1

论日本七夕传说的祭文形态/毕雪飞/文化遗产/2015.1

庐陵喊船民俗器物——祭祀的纸扎艺术/张会安/美与时代（上）/2015.1

"民间信仰"与诗化乡村——论"土改"和"十七年"农村题材小说的民俗审美/肖向明、杨林夕/扬子江评论/2015.1

苗画：一种多神信仰的形象阐释/谷利民/装饰/2015.1

民间信仰视阈下的乐平古戏台研究/徐进、张晓颜/装饰/2015.1

《水浒传》的宗教记忆：白莲教的叙述与想象/张同胜/兰州大学学报（社会科学版）/2015.1

浅析惠山彩塑服饰中的民俗心理/吕志博、李敏/美术观察/2015.1

从民间信仰的角度看传统文化的现代价值——以冼太夫人文化为例/陈童敏/岭南学刊/2015.1

死亡的神异书写及道德救世——兼论话本小说民间信仰书写之由/杨宗红/内蒙古社会科学（汉文版）/2015.1

民族生态文化与舞蹈民族风格/杨雯、张大鸣/四川戏剧/2015.1

传统身体文化如何重回传统：回答双重处境下的双重问题/李睿/体育与科学/2015.1

松滋山区民间信仰中的"脏东西"研究/向建华、刘艳/民族论坛/2015.1

近代中国民间信仰研究的理论反思/李俊领/南京社会科学/2015.1

土族民间信仰中的"发神"习俗探析/鲁占奎/青海民族大学学报（社会科学版）/2015.1

清初苏州的道教与民间信仰——穹窿山施道渊的个案/高万桑、张安琪/清史研究/2015.1

上海高校大学生宗教信仰问题研究/刘福忠/山西高等学校社会科学学报/2015.2

无定河流域民间上香行为与"老儿家"话语解读——以陕西榆林镇川为田野点/杨继成/文化学刊/2015.1

民族民间舞蹈教育中田野作业的方法与策略/潘扬弘一/大众文艺/2015.2

矛盾的灶神信仰/任有海/赤子（上、中旬）/2015.2

山东省非物质文化遗产传承及发展现状的调查分析/时红帅/赤子（上、中旬）/2015.3

西北汉族村落民间信仰的人类学调查——以甘肃渭源吊坡社的“保山”祭祀仪式为例/赵亚川/广东技术师范学院学报/2015.1

从官方到民间：安溪城隍信仰的历史考察/杨彦杰/东南学术/2015.1

试析鄂西南地区土家族民间信仰的特点/饶峰铭、杜鹏、罗欣/才智/2015.5

历代妈祖神像鉴赏/唐宏杰/东方收藏/2015.2

长阳土家族识别叙事中的政府认同研究/谭必友、胡云、冯宁莎/青海民族大学学报（社会科学版）/2015.1

繁忙的割胶与热闹的“扩塔”：拉祜族族性认同的加强——以西盟南约寨拉祜族为例/林春大/广东技术师范学院学报/2015.1

谶纬与《齐民要术》/吕宗力/中国农史/2015.1

区域生态环境保护中地方性知识的作用及转型——以嘉绒藏区林业资源保护为例/蒋培/云南社会科学/2015.2

武强年画非物质文化遗产传承与保护/张瑞民/现代农村科技/2015.5

中国民间美术的意蕴空间——本原信仰下的民间美术/马铮、丁密金/艺术教育/2015.2

汉代小说与民间信仰之关系考论/姚圣良/云南师范大学学报（哲学社会科学版）/2015.2

论《金瓶梅词话》的民间信仰基础及其文学再现——以“万回老祖”为例/刘紫云/云南大学学报（社会科学版）/2015.1

民间艺术纸马的文化渊源/何马玉涓/艺术教育/2015.3

先人崇拜冥俗的同源与异流——越北岱依地区与桂东南民间丧葬礼俗之异同/陈杭、陈家友/玉林师范学院学报/2015.1

文化生态学视野下乡村传统文化的社会“软控制”功能探析/罗昌勤/云南行政学院学报/2015.2

从“雨”与“雷”看卜辞中的自然气象神灵/郭晨晖、景若凡/殷都学刊/2015.1

汉代墓葬中的北斗形象/朱青、杜林渊/延安大学学报（社会科学版）/2015.1

论早期泰山信仰及其道教化/卜祥伟/山东理工大学学报（社会科学版）/2015.1

身体、家庭与超越：凡女得道故事的中法比较/鞠熙/民俗研究/2015.2

文化生态视角下的闽南文学/骆婧/华侨大学学报（哲学社会科学版）/2015.1

民族文化旅游背景下“伊玛堪”的开发与传承/祝招玲、付秀冬、王爽/黑龙江史志/2015.1

试论宋元时期的钟馗信仰/马洪琳、黄勇刚/兰州教育学院学报/2015.3

清口地区妈祖信仰与文化遗产综考/奚敏、徐业龙/莆田学院学报/2015.1

生命与转化——中国古代信仰的核心“话语”/钱斌/广西民族师范学院学报/2015.1

从场域与惯习看乡村“问神”现象/黄秀莉、李德宽/民族艺林/2015.1

民间信仰与欠发达地区农村社会生活——以临沧世居民族民间信仰为例/周家瑜、李琼/黑龙江史志/2015.1

环境塑造下的神祠景观——以明甘州卫（清张掖县）民间信仰神祠景观为例/张梦娇/河西学院学报/2015.1

瑶族度戒仪式及其用乐观念所属信仰体系辨析/肖文朴/南京艺术学院学报（音乐与表演）/2015.1

河西宝卷中传统人物形象的颠覆及其演变/鲍玥如、敖运梅/文艺评论/2015.2

白马藏族“兄弟型”民间故事及其价值取向——以《大南瓜》、《狐狸和摇钱树》等故事为例/杨军/攀枝花学院学报/2015.1

马六甲华人的郑和崇拜/解濮畅/世界文化/2015.2

傩的泛化：“千人一面”到“千人千面”——傩文化理论探讨之二/任伟/学术界/2015.2

中泰民俗文化的交融与比较/陆广民/四川戏剧/2015.2

因时因事而变：在时代的需求中适应传统——论魏晋南北朝丧葬文化的特征/陈华文、陈淑君/西北民族研究/2015.1

村域视野下的民间信仰与“祭祀圈”——以西和县冯村春节祭祀家神为例/马向阳/天水师范学院学报/2015.1

“说”和“做”：地方信仰知识的构建方式/李向振/文化遗产/2015.2

闽王信仰与海峡两岸文化认同/李志坚/寻根/2015.1

潮州青龙（安济）庙的信仰渊源及其变迁/吴榕青/文化遗产/2015.2

多维叙事视角下莱芜南部地区安期生信仰研究/程鹏/文化遗产/2015.2

中国民间信仰的当代处境与发展前瞻——首届中国民间信仰研究高端论坛述评/肖健美/西北民族研究/2015.1

民间信仰与民众生活——以临沧永德俐侎人节日民俗为例/周家瑜/文史博览（理论）/2015.1

牛津大学藏中国宝卷述略/崔蕴华/北京社会科学/2015.4

土族纳顿节锣鼓乐的考察及研究/商文娇/大众文艺/2015.3

区域音乐文化视野下的岳阳巴陵戏研究/侯新兰/贵州民族研究/2015.2

湘黔桂边区少数民族稻俗与日本稻俗的比较研究/刘芝凤、王晓、谌香菊/广西民族大学学报（哲学社会科学版）/2015.1

论转型期我国乡村文化的“公共性”消解——对农村基督教盛行的一种解释/李鸥、郑晓如/黑河学刊/2015.4

韩国诸葛亮庙宇的由来和现况/朴现圭/重庆理工大学学报（社会科学版）/2015.2

从现代性和文化多样性看非物质文化遗产的法律保护/蒋万来/知识产权/2015.2

壮族民间宗教信仰研究与壮学体系构建/黄桂秋/广西民族研究/2015.1

农村宗教活动的现状及其对治安影响的实证调查研究——以江苏农村地区为例/周晓婷、邢超/经济研究导刊/2015.6

变迁与建构：盐城宗教生态的历史演进与当代格局/马登军、李卫东/江苏省社会主义学院学报/2015.1

坪坦河流域申遗侗寨民间信仰调查/钮小静、王淑贞、王文明/怀化学院学报/2015.2

作为权力中介的“非遗”项目与民间信仰的生存变迁——基于江西赣州A村的个案研究/张晓艺、李向平/晋阳学刊/2015.2

内丘纸马造型设计艺术溯源/史庆丰、侯佳/现代装饰（理论）/2015. 3

形态流变与观念固守——艺术人类学视野下的浙南夹缬/李洋/包装世界/2015. 2

湖南礼俗仪式音乐研究/曾娜妮/艺海/2015. 4

湘中地区“和娘娘”音乐文化研究/赵书峰/云南艺术学院学报/2015. 1

客家民间传统仪式音声研究——以五华“扮古事”为例/张快彩、黄东阳/学术研究/2015. 3

中国济生会所见近代绅商居士之济公信仰/张佳/宗教学研究/2015. 1

论“仙婆”在当地中的文化隐喻——以广西平南县官成新新村为例/林业锦、潘薇薇/宜春学院学报/2015. 2

清末民国东北民间满汉萨满巫神信仰论析/薛刚/宗教学研究/2015. 1

广西壮族天地善院信仰考察/莫幼政/宗教学研究/2015. 1

从文昌神到阿尼尤拉——一位道教神灵在雪域藏地的本土化考察/看本加/宗教学研究/2015. 1

文化冲突视阈下云南部分傣族改信基督教与边境社会稳定——基于对德宏州、西双版纳州的田野调查/侯兴华/宗教学研究/2015. 1

马神形象的经典塑造与戏剧重构/李龙/宗教学研究/2015. 1

巴蜀地区的城隍信仰与民俗戏剧/李祥林/宗教学研究/2015. 1

塔吉克族民间文学中的鹰文化及其象征意义探究/焦景丹/黑龙江史志/2015. 3

闽台保生大帝进香仪式及音声/许国红/音乐研究/2015. 2

密教传持与宋代民间五色线习俗的形成与发展/夏广兴、闫伟伟/华东师范大学学报（哲学社会科学版）/2015. 2

海南黎族符号文化概观/余杰/民族论坛/2015. 3

从维吾尔历史达斯坦看民俗文化现象/果海尔妮萨·阿卜力克木/喀什师范学院学报/2015. 2

湘东地区的包公信仰/刘博/黑龙江史志/2015. 5

明清时期临沂地区民间信仰述略/胡梦飞/临沂大学学报/2015. 2

神灵信仰的标准化与本土化——以胶东半岛妈祖信仰为例/李凡/民俗研究/2015. 3

“为虎作伥”微探——以《太平广记》虎类母题展开/马梦莹/西安文理学院学报（社会科学版）/2015. 2

中国民间剪纸在礼仪民俗中的有形化利用研究/李淑燕/品牌（下半月）/2015. 1

豫北“香童”群体概览/高海珑/广西师范学院学报（哲学社会科学版）/2015. 2

民间庙会文化探究——以杨凌区白龙村娘娘庙为例/龚海英/品牌（下半月）/2015. 1

宋元时期晋东南三嵕山神信仰的兴起与传播/宋燕鹏、何栋斌/山西档案/2015. 1

清代霞浦“灵源法师”考论/林悟殊/中华文史论丛/2015. 1

试论西北民间信仰中的地域守护神/李正元/北方民族大学学报（哲学社会科学版）/2015. 2

象征隐喻与传统再造——甘肃盐神信仰的人类学研究/王含章/北方民族大学学报（哲学社会科学版）/2015. 2

试论鬼道与五斗米道的分野/陈辉/内江师范学院学报/2015. 3

村庙文化的变迁研究——以关中地区恩义寺为例/曹艺苑/品牌（下半月）/2015. 1

南北朝时期项羽神信仰的文化内涵/董艳玲/齐鲁学刊/2015. 1

信仰民俗对西部地区民间美术的影响/王文业/大舞台/2015. 3

黑龙江省三少民族说唱音乐的比较研究及传承策略——以达斡尔族的乌钦、鄂伦春族的摩苏昆、赫哲族的伊玛堪为例/王晔/大众文艺/2015. 5

从青花供养款窥探晚明宗教与信仰/张欣怡/大众文艺/2015. 5

从来华传教士卢公明眼中的中国丧葬习俗看晚清闽都民间信仰/史伟明/湖北函授大学学报/2015. 5

作为民间镇物的山神信仰遗存——泰山石敢当习俗/袁生/地方文化研究/2015. 1

宋代潮汕地区的福佬化/谢重光/地方文化研究/2015. 1

宋元时期河北临城的密宗陀罗尼信仰/王晓薇、张春芳/保定学院学报/2015. 2

江西宗族研究综述/阳水根/地方文化研究/2015. 1

勺子·女人与魂：论日本勺子的民间信仰/王秀文/大连大学学报/2015. 1

民间信仰在社会主义新农村建设中的功能研究——以鄂西东瀼口镇为例/梁丹玉、唐卫青/湖北函授大学学报/2015. 5

新乡农村宗教信仰特征分析——以新农村文化建设为视阈/王振军/河南科技学院学报/2015. 3

壮族韦大将军信仰研究/黄衍云/民族论坛/2015. 3

民间信仰与纠纷解决的实证研究/王丽/湖北函授大学学报/2015. 6

公共活动、社会资本与乡村治理中的社会动员——基于 L 村“会首制”的个案考察/韩万渠/华中科技大学学报（社会科学版）/2015. 3

安徽池州傩戏服饰文化探究/陈炜、杜兆芳/纺织学报/2015. 5

对山西郭庄村昭泽王庙建筑形制的研究/李梦蛟/商/2015. 6

浅谈宝物折射出的精神内涵——以中国满通古斯语族诸民族民间宝物故事为例/刘淑珍/延边大学学报（社会科学版）/2015. 3

陕西民间“夜啼帖”名义考原/陈宇/咸阳师范学院学报/2015. 3

花山岩画反映壮族先民宇宙观与灵魂信仰/黄桂秋/沿海企业与科技/2015. 2

赣西北湘赣边民间杨孝仙信仰考/杨永俊/宜春学院学报/2015. 4

漳州嘉济庙石真君崇拜探析/丁向阳/闽南师范大学学报（哲学社会科学版）/2015. 1

中韩牛郎织女故事比较研究/潘雪玲/黑河学刊/2015. 5

南岳衡山宗教音乐研究/杨丹、刘煜/创作与评论/2015. 8

淮阳“担经挑”巫舞新诠/王娟/洛阳师范学院学报/2015. 4

徽州遗存的非物质文化遗产资料考述——以黄山学院图书馆藏资料为中心/俞乃华、张晓峰/合肥学院学报（社会科学版）/2015. 3

“热闹”不是“狂欢”——多民族视野下的黄土文明乡村习俗介休个案/郭明军/民族艺术/2015. 2

俗民祭祀群体结构特征——基于河北涉县俗民女娲祭祀活动的研究/常玉荣/河北学刊/2015. 3

论中国民间信仰中的文艺神祇/于丹/海南师范大学学报（社会科学版）/2015. 4

罗斯社会控制视角下当代城隍信仰的功能——以晋中榆次、平遥和左权城隍为例/梁润萍/学理论/2015. 14

明清时期赣南的风水信仰与自然生态环境/郭起华、郑小龙/老区建设/2015.6

明清时期海州地区民间信仰初探/胡梦飞/连云港师范高等专科学校学报/2015.1

福建东岱海洋族群的信仰空间与仪式传统/张先清、吴华靖/闽台文化研究/2015.1

在融合与渗透中重塑——河湟口传文学中的民间神灵信仰/耿英春/青藏高原论坛/2015.1

土司政权与民族关系——基于桑植白族本主信仰的口述史分析/陆群/青海民族研究/2015.2

民国时期社会信仰态势嬗变之缘由/赵英兰、贾小壮/社会科学战线/2015.2

羌族村落社区的民间信仰变迁——以羌峰村释比戏为例/陈玉堂、曾玉洪/四川戏剧/2015.5

海洋民间信仰的地方性实践与民俗学思考——兼论沿海地域研究的视角问题/邓苗/唐都学刊/2015.3

从农村庙宇兴修看民间信仰的地域特征及功能——以湖南省L市C镇为例/颜娟娟、朱平/长沙民政职业技术学院学报/2015.1

粤西高州地区冼夫人民间祭祀圈与信仰圈/冼春梅/广东石油化工学院学报/2015.2

略论客家民间信仰的“非遗”属性及其在两岸文化交流中的作用/邹春生/赣南师范学院学报/2015.2

历史成因：瓦氏夫人崇拜研究之二/陈文俊/桂林师范高等专科学校学报/2015.2

唐代惩禁妖妄犯罪规则之现代省思/陈玺/法学/2015.4

同治回民战争后的民众信仰、记忆与社会整合/孟文科/贵州民族研究/2015.5

华夏根祖之源——汾阴后土信仰与祭祀变迁/焦艳、朱慧芳/山东工会论坛/2015.2

民间信仰的新发展：论汉晋鬼道/陈辉/重庆科技学院学报（社会科学版）/2015.5

当前农村宗教信仰问题研究——以江苏启东市为例/陈海燕/河北省社会主义学院学报/2015.2

农村宗教信仰的现状分析与应对策略——以江苏启东市为例/陈海燕/湖北省社会主义学院学报/2015.2

清代水师旗营的民间信仰建筑谱系——以福州琴江村为例/毛键源、黄靖琳/建筑学报/2015.5

湘西苗族接龙仪式中“接龙舞”的文化解读/王婷/艺海/2015.5

“纸马”与中国古典戏剧中的土地和山神/姚小鸥、卢翮/戏剧艺术/2015.3

明清以来山西村落的庙宇与商业发展——基于对高平市寺庄村现存庙宇碑刻的考察/廖声丰、孟伟/中国社会经济史研究/2015.2

青岛地域民间道教神像探究/董宇/艺术教育/2015.5

妈祖学与《妈祖藏》/孙晓/中国史研究动态/2015.3

土家族民间信仰研究述论/陈心林、冯惠玲/宗教学研究/2015.2

“摩苏昆”中的萨满文化解读/张文静/黑龙江史志/2015.7

探寻赫哲族“伊玛堪”活态传承/侯儒/黑龙江民族丛刊/2015.3

探论黑龙江省民俗艺术与现代艺术设计的融合发展/林园、林学伟/美术大观/2015.5

关陇庙会礼仪论/赵凡、赵德利/民俗研究/2015.4

生命的“自由空间”形式——山东阳信秦台民俗信仰中的红马/孙笑非、孙永奇/民

俗研究/2015. 4

烧蛋：对于一种湘西边城民间医疗习俗的探究/周大鸣、廖子宜/民俗研究/2015. 4

石灰瓶：被遗忘的越南文化符号/覃柳姿/百色学院学报/2015. 2

关于卫辉比干庙地方风物传说分类研究/武男亚/黑龙江史志/2015. 7

客家民间风水信仰与水资源的利用和保护/罗勇/民俗研究/2015. 4

张三丰传说的本土化研究——以贵州地区的传说为例/蒋娟/青海社会科学/2015. 3

唐代农村家庭信仰礼俗研究/崔名芳/聊城大学学报（社会科学版）/2015. 3

长治观音堂金石碑记的宗教社会学考察/黄吉宏/五台山研究/2015. 2

壮族图腾崇拜文化及旅游开发研究/刘楠、吴忠军/市场周刊（理论研究）/2015. 5

从物质文化角度看民间信仰在香港长洲/昌敬惠/时代文学（下半月）/2015. 5

遵义仡佬族民间信仰中的伦理观念/袁礼辉/文学教育（下）/2015. 7

论清代坛庙的神祇信仰及其文化价值/王树平、包得义/求索/2015. 5

门神起源与信仰的文化特征/陈元芳、苏思/兰台世界/2015. 13

民间宗教的公共性及其变迁——基于甘肃中部的田野考察/何倩倩、桂华/世界宗教研究/2015. 3

社区信仰与学科进路——宗教人类学介入本土研究的评检/吴青/世界宗教研究/2015. 3

莫言作品中的高密民间信仰/宁明/东岳论丛/2015. 5

闽南民俗文化传承与微电影创作互动研究/郭泽青/福建艺术/2015. 3

道教与贵州花灯/孙青/中国道教/2015. 1

论骂社火价值走向的思考/王才俊/湖北经济学院学报（人文社会科学版）/2015. 6

传统民俗节日的循环再生——以广西隆安县那桐镇“四月八”农具节为个案/李瑞彬、胡小安/传承/2015. 5

岫岩单鼓的传承与生存现状/刘仁智/大众文艺/2015. 9

谶纬之学的社会功能分析/李小龙、李新洛/法制博览/2015. 17

晋北古村镇佛教信仰与民俗生活——以云冈镇吴官屯村佛教信仰为例/侯姝慧、王海霞/山西大同大学学报（社会科学版）/2015. 3

明清福州妈祖信仰的发展及其缘由/杨榕/闽江学院学报/2015. 3

白马藏族信仰与神灵体系的田野考察/格桑卓玛、杨士宏、班旭东/中国藏学/2015. 2

“考神”崇拜的民间信仰机制及教育建议——基于网民留言的内容分析/孟洁、李朝旭、毕玉洁、姜劭斐、王新路、冯静芳/赤子（上、中旬）/2015. 14

壮族韦大将军祭祀圈研究/黄衍云/传承/2015. 4

社火盘出的世界——陇中城子川“社火”活动的文化与象征意义/孙旭/西南民族大学学报（人文社会科学版）/2015. 7

西宁彭家寨多宗教并存现象探析/张会敏/新西部（理论版）/2015. 9

当前农村宗教信仰问题研究——以江苏启东市为例/陈海燕/广西社会主义学院学报/2015. 2

汉女剪刀下的回族形象建构——对周国霞剪纸艺术的人类学观察与思考/杜靖/地方文化研究/2015. 2

从上海世博会中国馆的建筑设计看民间美术的传承和应用/韩姣姣、常笑、冯哲/现代

装饰（理论）/2015.6

试论咸宁民间叙事长歌的伦理道德观/何岳球、石荷露/湖北科技学院学报/2015.5

巫术思维与三霄娘娘之原型/徐永安/湖北文理学院学报/2015.6

四川彝族原始宗教音乐研究/杜梦甦/音乐探索/2015.3

从年画角度看明代山东财神范蠡的影响/董宇、李莉/艺术教育/2015.7

藏族煨桑仪式的宗教文化内涵/王新平/中国宗教/2015.6

内蒙古准格尔旗松王爷民间信仰传说分析1/张慧达/赤峰学院学报（汉文哲学社会科学版）/2015.7

评朱海滨《祭祀政策与民间信仰变迁——近世浙江民间信仰研究》/杨歌/浙江社会科学/2015.7

试析潮汕民间故事的历史文化研究价值/陈友义/南方职业教育学刊/2015.3

论仙游枫塘宫《天后显圣故事图轴》/柯立红/美术观察/2015.8

民族地区传统民族节俗的传承发展探析/吕红艳/龙岩学院学报/2015.3

明代中叶吴中士人居官“毁淫祠”现象探析/王健/史林/2015.3

屯堡民间信仰源流初探/杨清虎/怀化学院学报/2015.6

作为朝圣行为的进香活动——以台湾地区妈祖进香仪式为例/宋嘉健/集美大学学报（哲学社会科学版）/2015.3

论湘西的苗传道教/田泥/吉首大学学报（社会科学版）/2015.4

女娲神话在羌区的地方认同和当代表述/李祥林/南开学报（哲学社会科学版）/2015.4

中国民间信仰研究的路径与意义/温春香/理论与改革/2015.4

福建畲族民间信仰述略/宋云/旅游纵览（下半月）/2015.6

山西永济宝卷与河东道情/尚丽新、袁野/文化遗产/2015.4

延续传统与嬗变：宗族势力柔性较量下的舞龙灯民俗文化——基于赣南H村的田野调查/陈讯/青海民族大学学报（社会科学版）/2015.3

宝卷与道情关系论略/王定勇/文化遗产/2015.4

民间信仰中的孝道传播——以绍兴舜王信仰为个案/袁瑾/民间文化论坛/2015.3

清代四川坛神信仰源流考/林移刚/四川师范大学学报（社会科学版）/2015.4

多种宗教并行不悖的民间信仰体系——以云南维西玛丽玛萨人为例/丁柏峰、逯文杰/青海民族大学学报（社会科学版）/2015.3

口承民俗视阈中的河湟道教信仰/蒲生华/青海民族大学学报（社会科学版）/2015.3

民族民间信仰的伦理意蕴与发展境遇——以侗族为例/邓立/青海民族大学学报（社会科学版）/2015.3

“神缘”与身份认同：祖籍地信仰与海外华人——以猴屿张村与新加坡潘家村为例/袁佳方/文化学刊/2015.7

将傩舞改编成傩操的区域性地方特色课程的研究/傅治华/东华理工大学学报（社会科学版）/2015.2

新出土江西地区宋元时期买地券概述/李桥、郭锐瑜/保定学院学报/2015.4

民间家训的社会伦理功能及其启示——以汀州客家严婆田村为例/陈桂蓉/道德与文明/2015.4

妈祖信仰的北方传播及其特点/张利民/安庆师范学院学报（社会科学版）/2015.3

中国民间信仰在都市化语境中纠纷解决功能——以广州增埗的拆迁事件为例/黄韧/地方文化研究/2015.2

从胡峄阳传说信仰看祖先神传说在民间的传播演进/董婷、郭泮溪、王岩/东方论坛/2015.3

闽西客家的真仙信仰与祖先崇拜：清流大丰山的象征意义/魏德毓/福州大学学报（哲学社会科学版）/2015.3

西南民族地区村民自治的影响因素及对策研究——基于云南富民县芭蕉箐村实地调研分析/饶凤艳、张文政/山西农业大学学报（社会科学版）/2015.8

宗教权威型纠纷解决机制的运作实践——以西部少数民族地区为例/魏晓欣、李剑/甘肃政法学院学报/2015.4

福州市区境庙场所存续之探讨/梁虎/华中建筑/2015.8

探寻民间宗教与小说关系研究的新路径——评易瑛《巫文化与中国现当代小说》/陈进武/中国文学研究/2015.3

宋金时期“雁衔芦”纹的产生与演化/常樱/装饰/2015.7

反抗颓废——三位作家的西部民族民间信仰书写/徐兆寿、刘强祖/民族文学研究/2015.4

宋代民间“说话”的形成与民间信仰/高有鹏/民族艺术/2015.4

广西彩调中的多元民族审美文化意蕴/何飞雁/广西社会科学/2015.7

海风哈调 请神听歌：京族非物质文化遗产/百色学院学报/2015.3

琉球的民俗文化/游童芯、江娅娅、刘熊艳、吴凌志/黑龙江史志/2015.13

台湾汉人民间习俗与信仰仪式中的水边行事/林美容、林伯奇/闽台文化研究/2015.2

析冀南民间“奶奶”民俗信仰文化/任有海/黑龙江史志/2015.13

论佛教与籤占的结合/马海燕/闽台文化研究/2015.2

民间信仰的社会服务功能——以靖江宝卷中儒释道三教为例/孙跃、杨旺生/绵阳师范学院学报/2015.7

古代镇水神物的文化背景解密和文化价值探析/涂师平/华北水利水电大学学报（社会科学版）/2015.3

疾病的宗教性建构：理解农民因病信教的行为和动机——以一个河南乡村基督教会为例/梁振华、齐顾波/中国农业大学学报（社会科学版）/2015.4

浅谈招财猫信仰的特点与社会功能/张春萍/时代文学（下半月）/2015.7

民间信仰庙会“赛社”、“香会”的身份认同和精神实践——以北京妙峰山、山西潞城贾村碧霞宫为例/陈姵瑄/民间文化论坛/2015.4

信仰关系与地方行政权力的互动——以广东南镇基督教与民间信仰关系为例/刘大为/西北民族大学学报（哲学社会科学版）/2015.4

信仰方式与乡村社会规则的构成——以广东某村的信仰关系为例/刘友富/西北民族大学学报（哲学社会科学版）/2015.4

神明之下的结合：论清代民间的神会——以徽州“神会”文书为线索/童旭/安徽大学学报（哲学社会科学版）/2015.5

潮汕民间善堂组织的历史嬗变/杨正军/汕头大学学报（人文社会科学版）/2015.3

甘青民族走廊民间信仰多元特征及族际研究模式初探/崔明/西北民族研究/2015.3

风土信仰与空间形制——巴蜀民间信仰体系下的传统建筑空间构成关系解析/张兴国、徐辉/新建筑/2015.4

中国镇水文物探析/涂师平/农业考古/2015.4

建构、诠释与社会管理：新时期浊漳河两岸民间信仰研究/段建宏、李静/农业考古/2015.4

娘娘词与瓯越传统文化互动关系研究/陈洁/民族音乐/2015.4

明清时期紫姑神信仰与戏曲活动考述/赵云彩/戏剧文学/2015.9

台湾客家惜字民俗与汉字文化传承/李孟舜/中原文化研究/2015.5

妈祖精神探析/刘清、侯立/新西部（理论版）/2015.16

新加坡华人社会祭祀中的鬼神世界/李向振/寻根/2015.4

试论唐英戏曲的“鬼神”形象/陈秋婷/龙岩学院学报/2015.4

论屈原楚辞创作中的巫觋色彩——以当今湖湘巫术信仰民俗为参证/刘铁峰/湖南人文科技学院学报/2015.4

美学视阈下民间礼俗的成因探讨——以河北固义傩戏为例/秦佩/内蒙古大学艺术学院学报/2015.3

浅析灶神信仰的民俗心理/任有海/黑龙江史志/2015.11

论中央苏区戏剧对客家民间文化重构与客家民间文化的自我保存/郑紫苑/井冈山大学学报（社会科学版）/2015.4

南京市高淳区薛城古社民间诸神信仰研究/杜臻、朱莉莉、丁津津/江苏地方志/2015.4

并州炉神考/智宇晖/广西社会科学/2015.6

民间信仰、社会变迁与乡村精英——以营村三山国王信仰为视角/温建钦、吴孟显/客家文博/2015.2

明嘉靖初广东毁淫祠的局限及其原因考析/程肖力/民俗研究/2015.5

转型时期民间信仰的发展与保护/黄刚、张国富、程明贝/黑龙江史志/2015.11

清代甘肃河东地区雨神信仰初探/王晓向/学理论/2015.23

侗族“阳牒”制的文化解读/邵晓飞/广西民族研究/2015.4

明清戏曲中的文昌信仰/李艳/青海民族研究/2015.3

《晋北民间道教科仪音乐》/陈瑜/文艺研究/2015.9

作为共生文化的妈祖文化——以妈祖文化的日本传播为对象/林晶/日本问题研究/2015.3

庄廓民居中的人神空间配置观念——以青海省互助县大河欠村为例/刘大伟/青海师范大学学报（哲学社会科学版）/2015.3

宋代基层社会控制组织与模式研究/吴维维/兰台世界/2015.24

近代康区公共生活中的汉藏关系/邹立波/青海民族研究/2015.3

洛川塬民间宗教信仰考察及其生态伦理价值/李宇遐/世界宗教研究/2015.4

灵动的中华神——妈祖信仰的中华文化特质透视/沈庆利、叶枝梅/文化遗产/2015.5

萨满教“灵魂治疗”的心灵奥秘——一种脑与心理认知理论整合的视角/高长江/世界宗教研究/2015.4

作为仪式的布依戏研究/吴秋林、吴晓梅/贵州民族大学学报（哲学社会科学版）/2015.4

消逝的神秘——桐城厝葬礼俗研究/江梦恺/四川职业技术学院学报/2015.4

从《夷坚志》看南宋皖江地区民间信仰/陈思瑞、李梦圆/安庆师范学院学报（社会科学版）/2015.4

民间信仰、国家秩序与历史记忆——湖南沅水流域苗族地区的关公信仰/石甜、刘冰清/湖北民族学院学报（哲学社会科学版）/2015.4

河湟流域藏族民间信仰的历史地理探析/李然/赤子（上、中旬）/2015.17

社区营造视野下的乡村文化自觉——以一个苗族社区为例/罗康隆/中南民族大学学报（人文社会科学版）/2015.5

论中国民间教育信仰的形成及其对国民性的形塑/刘晖、张勇/教育学报/2015.4

内丘神码传承人魏进军口述史/耿涵/民族艺术/2015.5

福州茉莉花茶文化与两岸临水夫人信俗之渊源探析/郭莉/福建茶叶/2015.4

艺术人类学中的神圣空间建构——以中越边境布傣天琴仪式为例/崔凡/艺苑/2015.4

由人到神：民间传说的桥梁作用——以妈祖、吴真人和清水祖师为例/张小琴/信阳师范学院学报（哲学社会科学版）/2015.5

西藏传统杂技艺术保护与传承的思考/丁玲辉/西藏民族大学学报（哲学社会科学版）/2015.4

壮族乡村仪式演剧与节日神话叙事/金乾伟/戏剧文学/2015.10

丹东地区民间信仰与民间文化研究/张芳/亚太教育/2015.32

从蚩尤传说到蚩尤文化跨越对接存在的问题——渝东南地域文化民间信仰相关资料的阅读与思考/赵心宪/重庆第二师范学院学报/2015.5

中国西南少数民族梅山教的神灵系统/张泽洪/宗教学研究/2015.3

从“矻扎扎”节的宗教崇拜看哈尼族文化的自我调适/黄绍文/宗教学研究/2015.3

六朝圣火崇拜与异域宗教/罗志/宗教学研究/2015.3

南宋初年张抃信仰考/丁希勤/宗教学研究/2015.3

中国民间信仰研究的理论与实践/曾丽容、王启龙/西南民族大学学报（人文社会科学版）/2015.10

广西德保县李将公传说研究/陈金文、张兰芝/广西民族师范学院学报/2015.4

近现代中国画中“狮子”的图式与观念/倪纯如/民俗研究/2015.6

轩辕黄帝与龙鼎文化/雍际春/宁夏社会科学/2015.5

壮族六月节与民间信仰重构社会生态秩序/金乾伟/佳木斯大学社会科学学报/2015.5

我国汉族神话发展因素探析/宋宜文/怀化学院学报/2015.8

非物质文化遗产：民间信仰的香火观念与进香仪式/张珣/民俗研究/2015.6

从民间信仰看川西北尔玛人的生态意识/李祥林/民俗研究/2015.6

民俗生活中的神马信仰——以云南腾冲神马为例/刘燕/民俗研究/2015.6

呼兰老城区狐黄民间信仰的生存状态田野调查/周朋、张家境、刘宝月、李同、马雅云/学理论/2015.30

民间武术的“礼治”传统及神圣运作——冀南广宗乡村地区梅花拳文场考察/张士闪/民俗研究/2015.6

从“拉扎”释义看“拉扎”节的文化内涵——基于人类学视野的田野调查/晏周琴/民族艺林/2015. 3

莫言与山东神秘文化——兼论当代山东作家与神秘文化/樊星/百家评论/2015. 4

白马藏族“猴玃抢婚”型故事及其文化内涵——以陇南白马藏族故事《猴子抢姑娘》为中心/杨军、蒲向明/西安石油大学学报（社会科学版）/2015. 5

十五世纪末江南毁淫祠运动与地方社会/王健/社会科学/2015. 6

民间信仰精英的权威建构与实践逻辑——以陕北黑龙庙王氏父子为例/彭尚青、李向平/世界宗教文化/2015. 5

华南民间信仰的建构与海外传播——新加坡蔡府王爷信仰的案例/陈景熙/世界宗教文化/2015. 5

日本瘟神祭祀历史变迁考/姚琼/世界宗教文化/2015. 5

民间宗教与古代帝国体制公共性关系的类型比较/聂家昕/沈阳师范大学学报（社会科学版）/2015. 5

明清时期的娘娘神信仰研究/郑民德/齐鲁师范学院学报/2015. 5

海洋文化视野下的三亚民间信仰与祭海习俗研究/周琳琳/文化学刊/2015. 9

壮族《麽经》的神灵体系研究/林安宁/广西师范学院学报（哲学社会科学版）/2015. 5

非遗视阈下的桂东南客家大幡醮仪——兼论民间信仰之性质及其与儒释道之结构关系/刘道超/广西师范学院学报（哲学社会科学版）/2015. 4

从民间传说看民间信仰——评《壮族民间信仰的传说学管窥》/黄尚茂/广西师范学院学报（哲学社会科学版）/2015. 4

福兮祸兮：从《夷坚志》看宋代蛇信仰的双重性/张春芳/保定学院学报/2015. 5

丽江纳西族勒巴舞的生态意蕴/贾蔓、肖敬波/大理学院学报/2015. 9

从“撩病消灾”到“外慷内俭”——河西走廊的民间信仰规范及其法人类学意涵/王勇、张宏/福建行政学院学报/2015. 4

民间“宗族信仰”对构建和谐社会的促进作用/高镜骐、刘双、林斗秀/办公室业务/2015. 15

布朗族民间信仰研究的回顾与前瞻/子志月、于霄/楚雄师范学院学报/2015. 8

传统与现代：民国知识分子眼中的民间信仰——以华北方志为例/段文艳/大连大学学报/2015. 4

论西南鬼魅信仰的起源与变迁/杨清虎/广东技术师范学院学报/2015. 9

口头叙事与仪式对民间信仰的建构——以大理波长廊地区白族葬俗为个案/李世武/百色学院学报/2015. 4

布依摩经《母祝文》伦理思想研究/杨元丽、王顺松/民族论坛/2015. 9

转型时期民众信仰状况及趋势分析——以浙江省湖州市为例/闫红果/湖北省社会主义学院学报/2015. 5

自然圣境与生物多样性保护/裴盛基/中央民族大学学报（自然科学版）/2015. 4

一个祭祀禳灾的神话文本：臊子面文化传统论/李永平/思想战线/2015. 6

祭礼空间：祠庙与戏台——大理本主庙与戏台景观构形研究/刘朦/理论界/2015. 10

探寻民间信仰研究的本土路径——以汪毅夫《客家民间信仰》为中心/庄恒恺/福建

工程学院学报/2015.5

村落文化对民间宗教的建构现象研究——以闽南J村“文武姑妈”信仰为例/屈勇、陈森蔚/中国农史/2015.5

阿·萨伊嘎——科尔沁蒙古族莱青“祛邪灵”仪式音乐考/王晓东/中央音乐学院学报/2015.4

水陆法会与水陆画的发展及图像分析/苏金成/中国国家博物馆馆刊/2015.10

从开漳圣王信仰看闽南文化的传播/郑镛/闽南师范大学学报（哲学社会科学版）/2015.3

巴蜀庆坛考论/周永健/中华文化论坛/2015.10

传入日本的钟馗信仰研究/姚琼/浙江社会科学/2015.11

论唐代的凶宅小说及其艺术特征/李朋/宁波教育学院学报/2015.5

祭、戏的互文——湘中新化县“酬还都猖大愿”仪式音声解读/赵书峰/民族艺术研究/2015.5

民俗图形从观念符号到产业资源的转型/周著/内蒙古社会科学（汉文版）/2015.6

绛州木版年画与当地民俗的互文关系/张文菊/美术大观/2015.11

“井”字里外各不同：区域社会史视野下北京香会的形成与分化/张青仁/史林/2015.5

潮汕游神赛会民俗文化旅游开发的思考/吴莹、刘炳献/南方职业教育学刊/2015.5

岁时节庆体育与南北朝时期的民间信仰——《荆楚岁时记》之研究/张艳/南京体育学院学报（自然科学版）/2015.5

1934年亢旱中的江南祈雨——以信仰、参与者和方式为中心的考察/张帆/宁波大学学报（人文科学版）/2015.6

从民间信仰看藏族灵魂观中的自然主义倾向/娥满/昆明理工大学学报（社会科学版）/2015.5

民间信仰与制度化宗教关系研究——以临沧世居民族民间信仰为个案的考察/周家瑜/学理论/2015.32

从民间信仰看中国传统农业社会中的商业因素——以冀北的保家仙信仰为例/张超/理论月刊/2015.11

妈祖信仰与临水夫人信仰的比较研究/黄建兴、林国平/闽台文化研究/2015.3

“胡公信仰”仪式音乐传播之演变及动因考察——以浙江“白竹案”为例/林莉君/天津音乐学院学报/2015.3

传统与现代的交融——非物质文化遗产视域下山西中阳剪纸的传承/毛巧晖/贺州学院学报/2015.3

关中地区庙会特征调查——以陕西省周至县为例/潘明娟、徐清/西安文理学院学报（社会科学版）/2015.4

明代泰山的佛道和谐与合一/高强/泰山学院学报/2015.5

国际视野下的当代民间信仰/王霄冰/文化遗产/2015.6

日本的丰桥鬼祭：对一项无形民俗文化遗产的现场观察/周星/文化遗产/2015.6

仪式美术的符号象征与民俗意象——以上海浦东三林西城隍神出巡仪式为例/游红霞/文化遗产/2015.6

论海洋宗教信仰的“社会整合治理功能”——以舟山群岛为例/倪浓水、刘洋/温州大学学报（社会科学版）/2015. 6

浅谈蒙古族与维吾尔族“顶碗舞”中风格的联系与区别及其成因/潘彦君、赵霞/黄河之声/2015. 14

从民间信仰看红坎京族与汉族的关系/卢纯/歌海/2015. 5

仡佬族民间信仰的演变与传承/余群/传承/2015. 10

侗族民间信仰中的“村寨意识”探究/谭志满、杜鹏/贵州民族研究/2015. 11

水神向王：清江流域“向王信仰”的人类学阐释/葛政委、黄柏权/三峡大学学报（人文社会科学版）/2015. 6

民间信仰与乡村娱乐——对黄州唐家渡村“五龙奉圣”灯会的考察/胡绍宗/湖北民族学院学报（哲学社会科学版）/2015. 5

浅谈中国原始巫文化信仰视域下的民间美术/马铮、丁密金/艺术教育/2015. 11

朝鲜汉文小说宝物母题的叙事功能及民族性认同/刘卫英、刘畅/学术交流/2015. 11

从传奇到传说——对夏同龢状元故事的文化人类学考察/周之翔/教育文化论坛/2015. 5

论“非遗”影响下的民间信仰/杨清虎/新余学院学报/2015. 5

心像·物像·绘像：阿尼格冬与藏边社会地方历史的图像隐喻/李菲/西南民族大学学报（人文社会科学版）/2015. 12

潮州古城信仰场所空间形态初探/陈怿生/韩山师范学院学报/2015. 5

试论明清时期鄱阳湖地区民间信仰的佛教化趋同/程宇昌/江西社会科学/2015. 10

侗族萨文化与布努瑶密洛陀文化比较研究/姜莉芳/怀化学院学报/2015. 10

明清时期京杭运河沿线区域的晏公信仰/胡梦飞/华北水利水电大学学报（社会科学版）/2015. 5

岷江上游茶马古道多元宗教研究/张泽洪/青海民族研究/2015. 4

青海乡村社会中的民间信仰与历史记忆/鄂崇荣/青海民族研究/2015. 4

国家正祀在河湟流域的推行与传播/鄂崇荣/青海民族大学学报（社会科学版）/2015. 4

多民族杂居村落的民间信仰调查研究/王默、李臣玲/青海民族研究/2015. 4

文化传承的融离与回眸——以日本长崎的“妈祖信仰”为对象/林晶、陈凌菁、吴光辉/东南学术/2015. 6

民间信仰价值的文化人类学解读/王默、李臣玲/湖北民族学院学报（哲学社会科学版）/2015. 5

第十一篇

年度信息

2015年度宗教研究发展大事记

杨 莉编

1月

1月4日，国家社科基金中华学术外译项目成果选介——《中国佛教与传统文化》(英文版)。《中国佛教与传统文化》，英文版名称为 *China's Buddhist Culture*，由圣智学习出版公司（Cengage Learning）于2011年出版发行。原著作者方立天，中国人民大学哲学院教授；英文译者惟善，中国人民大学副教授。

1月5日，"中国历代政教关系分析及启示"宗教学术讲座在杭州举行。杭州市宗教研究会于2014年12月30日上午举办宗教理论讲座，浙江大学中国思想文化研究所所长、浙江大学佛教文化研究中心主任董平教授以"中国历代政教关系分析及启示"为题向与会的120余位会员和宗教界人士作了讲演。

1月6日，中国城市民族与宗教事务治理研究中心在中南民族大学成立。近日，作为国家民委批准成立的人文社科重点研究基地，由中南民族大学和武汉市民委共建的中国城市民族与宗教事务治理研究中心在中南民族大学揭牌。国家民委研究室主任石玉钢，武汉市民宗委主任王献良、副主任朱绍华，中南民族大学副校长杜冬云等出席了揭牌仪式并共同为研究中心揭牌。

1月8日，天主教宁夏教区第二期神学思想与社会和谐研讨会在银川工会大厦举行，共有特邀嘉宾、宁夏教区的神父、教友等60余人参加了会议。中国天主教主教团副主席、神学研究会主任、榆林教区主教杨晓亭，天主教北京教区爱国会副主任、秘书长石洪喜，中国天主教"一会一团"研究室主任谭立柱博士，中国天主教"一会一团"宣传出版部主任杨舜涛受邀莅临会议，并进行了主题演讲。自治区宗教局副局长李文明出席会议并致辞，自治区、银川市、兴庆区统战、民族宗教部门的领导、工作人员参加了研讨会。

1月8日，《宁夏穆斯林》创刊十周年座谈会召开。近日，《宁夏穆斯林》创刊十周年座谈会在银川召开。自治区民委（宗教局）、自治区党委统战部、自治区伊斯兰教协会、宁夏伊斯兰教经学院有关负责同志以及宁夏社科院、宁夏大学、北方民族大学专家学者、五市伊协负责人参加座谈会。

1月8日，世界宗教研究所成功举办"宗教艺术与当代文化建设——以禅意书画为中心"学术论坛。2015年1月5日下午，题为"宗教艺术与当代文化建设——以禅意书画为中心"学术论坛在中国社会科学院成功举办。此次论坛由中国社会科学院世界宗教研究所、院工会、院书画家协会主办，由广东观音山森林公园协办。论坛由中国社科院书画研究中心主任、"禅意书画"学科创立者何劲松教授主持。"禅意书画"的理念是多年前由何劲松教授率先提出并在理论上和实践上积极倡导的，其宗旨可概括为："以笔墨作参禅之阶，以意象显真实世界。”近年来已产生广泛的社会影响，已被纳入中国社会科学院的创新工程，并作为博士生和博士后的培养方向。新年前后所举办的“红炉点雪——中国社会科学院书画研究中心禅意书画邀请展”已引起社会的广泛关注，此次论坛则重在从理论上探讨禅意书画在当代文化建设中的意义和价值。

1月8日，嘉兴桐乡市太虚大师研究会成立。浙江嘉兴桐乡市太虚大师研究会在桐乡正式成立，意味着太虚大师的学术、思想将得到深入而广泛的整理、研究，并进一步弘扬。来自全国各地的专家学者及嘉兴市相关部门负责人齐聚一堂，缅怀太虚大师，弘扬爱国爱教创新精神。

1月9日，儒学研究泰斗庞朴逝世，终生对中华文化保有敬意。国际著名哲学家、中国著名哲学史专家、儒学研究泰斗、山东大学终身教授庞朴先生因病医治无效，在山东济南去世，享年87岁。

1月12日，孟子故里举行祭孟大典。近日，孟子故里山东邹城举行了祭孟大典，以纪念杰出思想家、亚圣孟子逝世2303周年，主祭是孟子第七十五代嫡次孙孟祥居先生。大典主要包括启户、排班、瘗毛血、迎神、初献、亚献、终献、饮福受胙、读祝、焚帛、彻馔、送神等仪式。祭祀时的音乐是上古的韶乐遗韵，八音齐奏，中和雅致；舞蹈是大禹时代的《大夏》，有96个舞姿，刚劲舒展，具有汉雕之美。

1月12日，瑞典要关闭欧洲第一所孔子学院。据“德国之声”中文网11日报道，瑞典斯德哥尔摩大学近日宣布将关闭孔子学院。该学院开办于2005年，是欧洲第一所孔子学院。《环球时报》记者看到，瑞典斯德哥尔摩大学网站发布通告说，大学与孔子学院的合作协议于2014年底到期后不再续约，孔子学院将于6月30日关闭。

1月13日，广州市道教协会举办第二届星斗文化节暨梅社成立86周年作品展。为弘扬道教传统优秀文化，加强宗教文化交流，由广州市道教协会与香港道教学院联合举办的“第二届星斗文化节暨梅社成立86周年作品展”近日在纯阳观举行。在开幕式上，广州市道教协会会长潘志贤道长致欢迎词，香港道教青松观主席、香港道教学院院长黄健荣先生，中国道教协会张继禹副会长，市民族宗教事务局汪茂铸副局长分别致辞。开幕式结束后，纯阳观分别在弘道堂和朝斗台举办了道教与星斗信仰讲座和传统拜斗法会，在梅社书画院展出了多幅名家书画作品。

1月13日，中国首本贝叶经研究刊物创刊。记者7日从西藏社科院贝叶经研究所获悉，中国首本专门研究贝叶经的学术刊物——《西藏贝叶经研究》创刊，标志着西藏贝叶经研究保护工作从抢救整理进入文本研究阶段。《西藏贝叶经研究》由西藏社科院贝叶经研究所主办，以藏汉双语集中出版相关研究成果。

1月14日，巴黎中国文化中心举办《中西文明对话》系列讲座第三期第二讲，主题为“印度佛教在中国和亚洲的传播与翻译”。主讲人为巴黎第三大学及巴黎高等商学院HEC欧亚学院教授韦遨宇先生，近百位热爱中国文化的法国友人出席了此次讲座。

1月15—18日，由中国文化研究院（香港）、武汉大学哲学院、武汉大学健康禅研究中心联合举办，广东四会六祖寺、亚太经济时报《禅文化》、广东天柱慈善基金会等协办，由湖北六祖文化传播有限公司承办的第二届“健康禅”学术研讨会在湖北武汉光谷生物城二妃山庄隆重举行。

1月18—19日，由中国社会科学院世界宗教研究所主办的“宗教蓝皮书2014定稿会和2015组稿会”在北京召开。2015年1月18日上午，会议开幕式和第一场主旨发言由中国社会科学院世界宗教研究所郑筱筠副所长主持。《宗教蓝皮书：中国宗教报告》主编之一邱永辉研究员首先介绍了《宗教蓝皮书》的基本情况以及与会的各位学者。

1 月 22 日，许昌市基督教两会首届《神学思想建设》研讨会在市五一路中心教堂举行，许昌市宗教局领导莅临指导。此次研讨会旨在进一步加强神学思想建设，增强广大信徒在信仰道路上的是非观念，提升其文化涵养和道德修养，促进教会事工和谐发展。

1 月 24 日，由深圳大学主办、深圳大学国学研究所承办的“经典、经学与儒家思想的现代诠释”国际学术研讨会 1 月 24 日在深圳召开。来自 10 多个国家和地区的 100 多位专家学者齐集一堂，围绕诠释学基本原理、儒学的现代诠释以及反思等前沿课题，展开深入探讨，以期推动儒家诠释学研究的发展。

1 月 24—26 日，首届“心灵探索——哲学与佛学的对话”国际学术研讨会在青岛举行。此次研讨会由上海交通大学生命、心灵与认知研究中心，中国人民大学分析哲学研究中心，中国维特根斯学会主办，上海海青文杰文化传播有限公司承办。

1 月 27 日，基督教全国两会“新约圣经研讨会”在金陵协和神学院举行开班仪式。中国基督教协会副会长兼总干事阚保平牧师主持了开班仪式，中国基督教协会会长、金陵协和神学院院长高峰牧师作了重要讲话。

1 月 29 日，南京理工大学中国与阿拉伯国家文化研究中心成立大会在南京召开。

1 月，《任继愈文集》（以下简称《文集》）由国家图书馆出版社推出。这套《文集》将任继愈先生一生的学术思想和研究成果进行系统整理和总结，为后人学习与研究先生的思想提供系统性的学习与参考资料。《文集》共分为八编：宗教学与科学无神论研究、中国哲学史研究、佛教研究、儒教研究、道教研究、论古籍整理、史学研究与杂著。全书十册，共计 500 万字，出版历时 4 年。

1 月，由广东省佛山市人民政府立项、佛山市人民政府地方志办公室主持的佛山文化项目——《佛教与佛山文化》一书由齐鲁书社出版。作者刘正刚教授为广东区域史研究专家暨南大学古籍所所长。该书系统梳理了自晋唐至民国初年佛教在佛山的千年变迁史，为佛山地方史的研究提供了科学翔实的研究成果。

2 月

2 月 5 日，中华宗教文化交流协会第二次理事会在北京召开。会议听取和审议了中华宗教文化交流协会会长王作安所作的《中华宗教文化交流协会 2014 年工作报告》。会议增选了 3 名常务理事、4 名理事。中华宗教文化交流协会副会长陈宗荣、学诚法师、张继禹、郭承真、马英林以及常务理事、理事代表等出席会议。会议由中华宗教文化交流协会副会长兼秘书长蒋坚永主持。

2 月 8 日，从江苏省无锡市统战工作座谈会上获悉，2015 年下半年，第四届世界佛教论坛将在永久会址——灵山胜境举办，这是时隔六年后，无锡市再次承办这一国际盛会。市委常委、统战部长陈德荣参加座谈会。

2 月 8 日，常州宝林佛教文化研究会首届（2014 年度）年会在常州武进区宝林寺方丈楼会议室隆重举行。

2 月 8 日，经上海市民政局和上海市社会团体管理局批准，由上海龙华古寺发起创建的“上海大慈公益基金会”在浦东国际会议中心举行成立大会。

2 月 28 日，伊斯兰事务最高理事会在埃及首都召开第二十四届国际大会。此次国际大会的主题是“伊斯兰的伟大以及对某些穆斯林所犯错误的纠正”。来自40多个国家的250名学者和部长级代表，以及22名伊斯兰事务研究员出席了此次国际大会开幕式。大会为期两天，与会的各国伊斯兰学者们将就阿拉伯—伊斯兰世界宗教宣讲主题的统一问题，以及在各国开办中正宽容论坛，邀请各国专业人士就如何应对极端思潮等问题展开讨论与交流。

3月

3月3日，全国政协十二届三次会议开幕，全国政协主席俞正声作政协全国委员会常务委员会工作报告。大公网记者细数今年的《报告》，全文有10处提到“宗教”，比2014年的15处，2013年的16处频率略低，但首次提及与宗教领域相关的“文物保护”和“非物质文化遗产”。同时，在保障宗教界权益方面更加翔实具体，除了继续强调宗教界在我国政治协商、爱国统一战线等方面的作用，此次《报告》还有五个“首次”和六大变化，将对我国宗教领域和政协宗教界别等产生重大影响。

3月7日，全国政协十二届三次会议进行分组讨论。国家宗教事务局局长王作安、副局长蒋坚永、陈宗荣和局机关有关部门主要负责人应邀列席宗教组会议。各位委员联系各教实际，结合讨论政府工作报告，就加强宗教人才培养和宗教团体建设、加强与信教群众联系、维护宗教界合法权益、开展依法加强宗教事务管理调研、积极引导宗教与社会主义社会相适应等方面提出了意见建议。

3月8日，政协会议休会期间，十二届全国政协民宗委第三次全体会议在北京友谊宾馆召开。全国政协常委、全国政协民宗委主任朱维群主持会议并讲话，全国政协委员、全国政协民宗委副主任王学仁、白玛分别做民宗委2014年工作总结和2015年工作计划报告。王学仁在民宗委2014年工作总结中提到，民宗委2014年围绕党和国家中心任务，配合党政有关部门各项工作，充分发挥政协委员主观能动性，在政治协商、民主监督、参政议政各方面均有积极进展。主要开展了以下几方面工作：组织委员及时传达学习中央精神；组织开展专项调研，包括民族地区优化产业布局、民族地区职业教育发展问题、“推进乌蒙山片区扶贫开发”宗教教职人员社会保障政策落实、加强农村宗教事务管理、引导宗教与社会主义社会相适应等专项调研；承办“民族地区城镇化进程中的就业问题及对策”双周协商座谈会；对涉及民族宗教方面有关法律法规草案、修订案等提出意见建议；督办了陈际瓦委员《关于加快民族地区职业教育发展的提案》、何星亮委员《应高度重视我国某些宗教出现的“去中国化”现象》等重点提案，与提案承办单位教育部、国家宗教事务局就提案相关意见和建议进行沟通，推动问题解决；落实全国政协领导重要批示精神，就五台山一处寺庙房产问题、宗教界收养弃婴孤儿问题进行调研，邀集相关部门研究协商解决；围绕民族团结、宗教和睦，积极开展活动；加强与台湾、香港宗教界沟通联系；指导中国宗教界和平委员会开展工作等。

3月13日，英国佛教研究协会前主席兰斯·卡曾斯（Lance Cousins）因突发心脏病去世，享年73岁。

3月15日，《第四届世界佛教论坛工作备忘录》签字仪式暨第四届世界佛教论坛新闻发布会在国家宗教事务局银安殿举行。备受海内外佛教界瞩目的第四届世界佛教论坛，将于2015年10月下旬在世界佛教论坛永久会址——江苏省无锡市灵山胜境举办。论坛由中国佛教协会和中华宗教文化交流协会共同主办，第四届世界佛教论坛江苏组委会承办。

3 月 17 日，中国佛学院在北京法源寺客厅举行《中国佛教教育年鉴》评审会议，邀请佛教界法师、佛学研究界专家学者齐聚一堂，对《中国佛教教育年鉴》（审议稿）进行研究讨论。

3 月 20 日，第五届“纳通国际儒学奖”颁奖典礼在四川大学文科楼隆重召开。该奖是由国际儒学联合会、北京纳通医疗集团在四川大学设立的儒学专门奖项，旨在推动研究儒家学术，弘扬儒学精神，培养儒学人才，促进西部文化建设。

3 月 21—22 日，由南京大学中华文化研究院主办、佛光山人间佛教研究院和佛光祖庭宜兴大觉寺协办的“第三届星云大师人间佛教理论实践学术研讨会”在江苏宜兴大觉寺多宝白塔举行。

3 月 18 日，中国统一战线理论研究会民族宗教理论甘肃研究基地举行在京专家座谈会，近 30 名专家学者参加了座谈会。

3 月 24—30 日，以中国佛教协会副会长学诚法师为团长，副会长兼广东省佛教协会会长、广州光孝寺方丈明生法师为副团长，王健秘书长为秘书长的中国佛教协会代表团一行 21 人访问日本，出席在日本京都召开的第十八次中韩日佛教友好交流预备会议。副秘书长张琳、国际部主任普正法师等随团出席。以副会长泓坡法师、事务总长月道法师为首的韩国佛教宗团协议会代表团一行 8 人也出席了此次会议。

3 月 25 日，由上海市伊斯兰教协会主办，上海社会科学院宗教研究所和上海宗教文化研究中心协办的“提振正能量　助推中国梦”伊斯兰教学术研讨会在上海明珠大饭店召开。

3 月 26 日，中国基督教两会神学思想建设推进工作会议在沪召开。国家宗教事务局二司司长郭伟、基督教处副处长崔晓忠，以及神学思想建设宣讲团的成员 50 余人参加了会议。

3 月 28 日，宁波市民族宗教事务局与中国社会科学院佛教研究中心签署合作协议，合作共建中国社会科学院佛教研究中心宁波调研基地。中国社会科学院世界宗教研究所所长卓新平、党委书记曹中建，浙江省民族宗教事务委员会副主任莫幸福，宁波市人民政府副秘书长何国强出席签约仪式。市民族宗教局局长张慧珍与中国社会科学院佛教研究中心主任魏道儒代表双方签约。

3 月 28 日，国际儒学联合会顾问联络委员会、儒学与企业管理委员会成立暨首届学术论坛在北京国宾酒店举办。会议宣布，国际儒学联合会正式成立顾问联络委员会、儒学与企业管理委员会。会议还对这两个专委会 2015 年的工作做了初步安排和具体部署，并围绕如何认识成立这两个专委会的意义、如何有效开展这两个专委会的工作，以及如何进一步学习和领会习近平主席有关讲话精神，做好国际儒联各项工作，继承和弘扬好中华优秀传统文化等问题进行了热烈讨论。

3 月 28 日，中山大学哲学系与广州大佛寺共建佛教研究与教学实验基地签约仪式在大佛寺隆重举行。

3 月 29 日，在博鳌亚洲论坛会议中心举办了以“中道圆融——凝聚善愿的力量”为主题的宗教分论坛，这是博鳌亚洲论坛从 2001 年成立大会以来，首次举办宗教分论坛。国际佛光会创会会长星云大师、印度尼西亚伊斯兰教法学者委员会中央委员会主席丁·汕苏汀、香港圣公会大主教邝保罗、中国伊斯兰教协会副会长阿地里江·阿吉克力木、中国佛教协会副会长印顺法师、凤凰卫视董事局主席及行政总裁刘长乐这 6 位来自中国海峡两岸和香港地区及印尼的三大宗教领袖与文化学者与会。

3 月，由南京大学东方哲学与宗教文化研究中心主办的《佛教文化研究》集刊在南京正式出版发行。

4 月

4 月 8 日，中泰共建大乘佛教研究中心曼谷挂牌揭幕。福建省开元佛教文化研究所对外透露，为加强中国与泰国佛教的友好交流、深化南传与北传佛教的密切合作，为促进中泰的睦邻友好、延伸中国历史的丝绸之路，中国福州开元寺与泰国摩诃朱拉隆功佛教大学共建的大乘佛教研究中心在泰国摩诃朱拉隆功佛教大学隆重举行挂牌揭幕仪式。

4 月 10 日，2015 年度国家宗教事务局科研项目立项工作暨科研管理培训会议在国宗局银安殿召开。来自科研机构、高校和宗教工作系统的 19 位科研项目负责人与会。国家宗教事务局副局长陈宗荣出席会议并讲话。

4 月 9—10 日，一场主题为“现代东亚视野下的佛教大藏经”（the Buddhist Canon in Modern East Asia）的学术研讨会在美国犹他州普洛佛市杨伯翰大学（Brigham Young University）顺利举行并圆满结束。

4 月 11 日，第六届佛教与基督教比较学术研讨会在重庆西南大学召开。此次研讨会由西南大学宗教研究所、重庆华岩寺和北美华人基督教会共同主办，主题是“佛性与圣灵”。

4 月 11 日，由台湾佛教僧伽终身教育学会主办的“当代僧侣弘法新场域——寺院与社区的共存共荣”研讨会在台湾台北市南山放生寺举行。七个讨论小组分别从寺院与老人关怀、新住民服务、原住民服务、青少年教育、社区临终关怀、偏乡培力以及勒戒辅导等层面，分享彼此的经验，也提出观察到的问题和挑战，并从中学习到可以贡献给自己和他人、社区的知识与方法。

4 月 12 日，“本焕长老与当代佛教”学术研讨会开幕式隆重举行。在本焕长老圆寂三周年之际，深圳弘法寺与北京大学佛学教育研究中心在北京大学联合主办“本焕长老与当代佛教”学术研讨会，来自海内外的 150 余位专家学者、党政领导、媒体代表齐聚一堂。

4 月 13 日，“多元通和，以道相生”——2015 年新加坡道教论坛在新加坡管理大学隆重举行。此次活动由新加坡道教总会主办，新加坡道教学院承办，新加坡国立大学中文系和新加坡道教总会青年团联合协办。

4 月 17—19 日，由华东师范大学先秦诸子研究中心、中国诸子学会主办的第二届“新子学”国际学术研讨会在上海召开。来自海内外的 120 余名诸子学专家学者齐聚申城，围绕“新子学”理念，就诸子国家治理思想展开深入探讨，并对其现代价值做出正面阐述。

4 月 19 日，中国佛教协会第九次全国代表会议在北京开幕。来自全国 31 个省、自治区、直辖市，包括汉、藏、蒙、羌、傣、满、佤、土、壮、裕固、布朗、纳西 12 个民族的三大语系佛教代表 551 人、特邀代表 87 人出席会议。此次会议的主题是：高举爱国爱教伟大旗帜，深入学习中共十八大，十八届三中、四中全会精神和习近平总书记系列重要讲话精神，积极探索在全面建成小康社会、全面深化改革、全面依法治国、全面从严治党新形势下加强佛教自身建设、发挥积极作用的途径，坚持以戒为师、正信正行，努力践行

"人间佛教"思想，不断推动佛教事业健康全面发展，为实现中华民族伟大复兴的中国梦做出新贡献。

4月19日，作为基督教圣物之一的都灵裹尸布在都灵主教堂对公众展出，接受来自全世界天主教徒的朝拜。都灵裹尸布又称耶稣圣体裹尸布，尽管其真实性无法最终证实，但是一直以来仍被认为是基督教的圣物。出于文物保护的需求，这块著名的裹尸布平日里都被卷放在木筒里，尘封在都灵主教堂，只有在特殊时刻才展开对公众开放参观，近百年来只公开展出过9次。2015年是基督教圣人圣若望·鲍思高诞辰200周年，为了纪念这位出生在都灵的圣人，教皇方济各决定将裹尸布展出，接受信徒朝拜和游客参观。

4月24—27日，"文献、历史、思想与文化——现代视野下的佛学研究"学术研讨会在上海华东师范大学隆重举行。此次学院研讨会由普陀山佛教协会、中国佛学院普陀山学院、华东师范大学哲学系、华东师范大学宗教文化研究中心联合举办，这也是中国佛学院普陀山学院和华东师范大学哲学系联合举办的第二次学术盛会。

4月25日，当代道教文化建设与人才培养研讨会在中国人民大学逸夫会议中心举行。此次研讨会由中国人民大学哲学院、宗教高等研究院，武当山道教学院联合举办。

4月28日，孟子文献学高端学术研讨会在孟子故里山东邹城召开。来自中国社科院、复旦大学、中国人民大学、山东大学等机构的20余名专家学者齐聚一堂，就孟子文献研究、孟子文献的整理与利用、孟学专著研究、孟学史研究等展开研讨。

4月，由龙虎山道教协会、龙虎山嗣汉天师府主办，腾讯道学、中国鬼谷子研究院、中国老子国学会等共同协办的"问道龙虎山，证道天师府"高端论坛暨"龙虎山老子文化专修学院"揭牌庆典在龙虎山举行。

4月，皮尤研究中心发布报告《世界宗教的未来》（*The Future of World Religions*）。其宗教研究专家阿兰·库珀曼（Alan Cooperman）表示，研究人员历时6年完成该报告，发现如果当下的死亡率、出生率、宗教转变等因素保持不变，2050年，世界穆斯林人数与基督教徒人数将近乎持平。研究人员在此基础上又做了进一步预测，发现约在2070年，穆斯林人数将超过基督教徒人数。

5月

5月10日，在广东省妈祖文化交流协会于惠州举办的纪念妈祖诞辰1055周年座谈会上获悉，该协会正在推动筹建世界首个妈祖文化学院，初步选址汕尾市海丰县大云岭山。

5月12日，南京大学"东方哲学与宗教文化研究中心"在南京大学哲学系成立。陈鼓应、王邦维等来自全国各地的专家学者前来参加中心揭牌仪式。当日下午还举行了学术研讨会。

5月12日，印度Newsx媒体集团的Kartikeya Sharma先生访问西北大学佛教研究所，并参加"中印古代文化交流学术座谈会"。

5月13日，中国佛教协会在北京广济寺举办"文明互鉴·弘扬玄奘精神座谈会"。中国佛教协会会长学诚法师、副会长第十一世班禅额尔德尼·确吉杰布大师，玄奘研究中心主任黄心川教授，以及来自北京大学、中国人民大学、中国社会科学院、清华大学、南京大学、西北大学、玄奘研究中心等高校、科研院所的专家学者近30人出席。座谈会探讨了玄奘大师的历史功绩，玄奘精神的内涵和现代价值，以及如何发挥佛教在"一带一路"国家战略和促进世界文化交流中的积极作用等。

5月16日上午，蒙古文《大藏经》——《甘珠尔》《丹珠尔》赠送及开篇仪式在内蒙古自治区赤峰学院举行。全国人大常委、民族委员会委员、中国宗教学会会长、中国社科院世界宗教研究所所长卓新平，内蒙古师范大学教授、蒙古文《甘珠尔》和《丹珠尔》总编委员会总编金峰，赤峰市人大常委会主任钱荣旭，市委常委、统战部长德杰，副市长梁淑琴，赤峰市政协副主席布和朝鲁及赤峰学院党委书记李春林，党委副书记、纪委书记于建设等出席。赤峰学院职能部门和二级学院领导及部分教师参加仪式。

5月16日，中国佛学院栖霞山分院第三届三论宗学术研讨会在三论宗祖庭栖霞古寺召开。江苏省佛教协会副会长、南京市佛教协会会长、三论宗研究所所长栖霞寺方丈隆相法师，北京大学哲学系教授楼宇烈，中国社会科学院荣誉学部委员，世界宗教研究所杨曾文研究员，南京市宗教局副局长纪勤等佛教法师，专家学者及市领导出席上午的开幕式并讲话。楼宇烈教授还欣然留下“三轮祖庭　正法久住”墨宝。

5月17日，由上海市赵朴初研究会、民进上海市委主办，上海宗教学会等协办的“纪念赵朴初先生逝世十五周年座谈会”在上海师范大学会议中心第二报告厅举办。会议由上海市赵朴初研究会执行副会长慧量法师主持。

5月18日，应浙江大学古籍所冯国栋教授邀请，中国社会科学院世界宗教研究所佛教研究室主任纪华传研究员赴该校讲学。在浙江大学人文学院咖啡馆，纪华传先生为该校师生作了题为“中峰明本与元代杭州佛教”的学术报告，讲座由冯国栋教授主持。

5月19日，在赵朴初先生诞辰108周年之际，百余人汇集国家图书馆，举办系列纪念活动之一——“‘赤子佛心’——赵朴初先生文化思想研讨会”，以演讲形式重新回顾赵朴初先生为中国佛教做出的毕生贡献。会议上，各位专家学者发言阐释赵朴初思想。中央党校组织部原部长张虎林发言表示，赵朴初先生是杰出的宗教家、书法家、社会活动家，是中华传统文化的集大成者，研究和弘扬赵朴初思想，就是在弘扬中国传统文化的优秀成果。

5月27日，云南省政协在昆明国际会展中心举办研讨会。各州市政协、民宗委有关负责人及部分宗教界委员、专家学者和宗教界人士围绕“加强佛教文化交流、促进‘一带一路’战略”主题进行了交流讨论。研讨会上，参会代表围绕佛教在历史上中国与东南亚、南亚交往交流中发挥的重要作用，云南佛教文化的发展历史和现状，充分发挥佛教文化中的积极因素，引导佛教更好地服务于社会道德建设和文化繁荣发展，通过加强佛教文化交流、促进“一带一路”战略等主题作了精彩的发言。

5月27日，浙江省慈溪市伏龙山上，清风阵阵，鲜花丛丛，梵呗声声，伏龙禅寺、弘一书画院与北京人间佛教合唱团携手共同于此举办惟贤长老莲花精神与人间佛教思想研讨会暨惟贤长老舍利灵骨入塔法会。

5月27—28日，由中国社会科学院世界宗教研究所主办，国务院发展研究中心民族发展研究所、河北省信德文化研究所协办的“当代中国天主教发展研讨会”在北京隆重举行。

5月28—29日，浙东古刹五磊讲寺举行了“恢复开放三十周年庆典暨谛闲大师与民国佛教研讨”系列活动。

5月28—30日，2015年第十二届联合国卫塞节国际佛教大会在泰国隆重举行。联合国秘书长潘基文、联合国教科文组织总干事伊琳娜发来致贺信。中国佛教协会会长学诚法师受邀出席此次盛会。

5 月 29 日，作为联合国主办的第 12 届国际卫塞节庆典系列活动之一的福州开元寺与泰国摩诃朱拉隆功大学共建大乘佛教研究中心及合作备忘录签约仪式在泰国摩诃朱拉隆功大学隆重举行。

5 月 30 日，“第五届中国佛医高峰论坛暨世界传统功夫养生大会”在中国嵩山少林寺大禅堂隆重开幕，此次佛医论坛的主题为——世界传统功夫与养生。

5 月 30—31 日，中国社会科学院世界宗教研究所与中国宗教学会共同主办的马克思主义宗教观研讨会（2015）在北京召开。此次研讨会以“事实与价值：新常态视野中的马克思主义宗教观”为主题。会议研讨了宗教研究中的事实判断和价值判断、资本运动视阈中的宗教图景、全球信教人口统计分析、宗教事务法治化管理、宗教公益慈善、新疆伊斯兰教地域化现状及对策、基督教中国化等问题。

5 月，北京市伊协举行“国法与教规的关系”主题研讨会。来自 7 个区县的 10 名阿訇围绕如何认识和处理国法与教规的关系、引导穆斯林群众做知法学法守法的好公民等方面进行深入研讨。

5 月，“儒家文化与家庭教育”论坛在京召开，多位专家参会进行讨论。知名学者李汉秋围绕“重振伦理文化家庭文化”主题提出要增强人伦主题节日，从而重振传统节日体系。山东大学哲学与社会发展学院教授颜炳罡提出，家训文化是中华优秀传统文化的重要组成部分，在社会教化系统中起着学校无法代替的作用。

5 月，张延昭著《元代儒学教化研究》由中国社会科学出版社出版。

5 月，由中国社会科学院世界宗教研究所邱永辉研究员主编及其约请的 15 位专家撰写的《中国宗教报告 2014》由社会科学文献出版社出版发行。

6 月

6 月 5—6 日，“首届蒙山文化艺术与净土思想研讨会”在山西太原成功举行。研讨会由中国社会科学院世界宗教研究所、中国宗教学会、三晋文化研究会、山西省社会科学院主办，中国社会科学院书画协会、日本同朋大学协办，太原蒙山大佛风景管理中心、三晋都市报、晋祠宾馆、三晋国际饭店承办。

6 月 6—7 日，由中国社会科学院世界宗教研究所主办的“宗教心理学理论、方法、应用探新”研讨会在北京展览馆宾馆召开。讨论的主题包括从心理学视角阐释中国传统宗教和文化，探讨在中国进行宗教心理研究可运用的研究方法；对中国的宗教现象和教徒心理进行的实证研究；关注社会和谐和个体身心健康。与会学者报告了最新的研究成果，并积极参与讨论，最后就充分发挥宗教的积极作用，以及中国宗教心理学的学科建设问题等提出了意见和建议。

6 月 10 日，第五届世界与传统宗教领袖大会在哈萨克斯坦首都阿斯塔纳开幕。此次大会的主题为“宗教领袖和政界人士在促进人类和平与发展中的精诚合作”。

6 月 10 日，安徽省安庆岳西县佛教协会举行“国法与教规的关系”主题研讨会。岳西县佛协会长、副会长、常务理事、理事以及各场所负责人共计 40 人参加了研讨会。

6 月 12—13 日，第九届近代中国基督教史国际学术研讨会于香港浸会大学举行。这次研讨会的主题是“1949 年后的中国基督教”。此次研讨会联合主办单位有：建道神学院基督教与中国文化研究中心、香港浸会大学、香港浸会大学历史系、香港浸会大学近代史研究中心、香港浸会大学社会科学院、香港浸会大学中国研究课程。

6月13日，“宗教与中国当代文化建设”高层论坛在大理大学古城校区图书馆报告厅召开，论坛由中国宗教学会、中国社会科学院世界宗教研究所、大理大学、云南民族大学联合主办。全国宗教学界近百位知名学者汇聚一堂，共同研讨“宗教与中国当代文化建设”这一理论意义深远、现实意义重大的课题。

6月15日，在第七届海峡论坛·两岸民间宫庙叙缘交流会三官道院会场上，道学与创造文化中心、道教实践基地正式挂牌。

6月18日，由中国宗教学会、中国社会科学院世界宗教研究所主办、世界宗教研究所妇工委协办的题为“宗教与生态的新兴联盟”的学术讲座在世界宗教研究所会议室举办。主讲人安乐哲（Mary Evelyn Tucker）是耶鲁大学的高级讲师和研究员。讲座由中国社会科学院世界宗教研究所郑筱筠副所长主持，所长卓新平参加了该讲座并作重要讲话。

6月19—20日，第四届中日韩国际佛教学术会议在韩国扶余市百济历史文化馆大讲堂隆重举行。中央民族大学哲学与宗教学学院院长刘成有教授作为中方代表出席了大会。

6月20—21日，“首届中国宗教人类学工作坊：世俗时代的修行”在海南定安文笔峰举行。来自中国大陆与台湾地区、美国、芬兰的宗教人类学专家学者与会。据悉，“宗教人类学”是中国社会科学院重点扶持的交叉学科。此次活动由中国社会科学院世界宗教研究所主办，南京大学社会学院人类学研究所、华东师范大学人类学研究所协办，海南省道教协会、海南文笔峰盘古文化旅游区承办。与会专家学者广泛涉猎宗教修行实践，分享了他们对中国湘西苗族巴岱、中国侗族村落、中国的道教学院新式传习法，巴哈伊社团的儒禧研习课程，以及台湾神佛授法通灵与修行、缅甸帕奥禅修系统在中国的修与行、女性基督教徒的信仰与生活，泰国城市中产阶层佛教实践、美国华人教会信徒等的田野调查，围绕修行与灵性教育、修行与身心实践、修行与信仰戒律、个体与集体的修行、修行的语义学分析等主题展开研讨。

6月21日，重庆市北碚区温泉寺内，四众云集，梵呗声声，隆重举办了纪念惟贤长老诞辰95周年回向法会暨惟老践行人间佛教思想研讨会。

6月23日，第二届藏传佛教新阐释研讨会在西藏佛学院召开。会议阐述了开展教规教义新阐释工作对于推动经济发展、构建和谐社会，引导藏传佛教与社会主义社会相适应，促进藏传佛教健康发展，挖掘优秀宗教人才、提高藏学研究水平的重要意义；从新阐释人才队伍建设、开展理论研究、促进理论成果转化、形成办学特色、建立新阐释推广模式等方面总结交流了新阐释研讨工作经验。

6月23日，为纪念“梵蒂冈宗教对谈理事会”成立50周年，邀请美国纽约、华府、芝加哥、旧金山、洛杉矶等5大区、40余位佛教和天主教代表，前往梵蒂冈“玛丽亚会议中心”，举行为期一周的“佛教与天主教对谈研讨会”。此次研讨主题，从两大宗教对“知苦、解脱、融合”观点，依序从传统到现代的演变，分组展开探讨与交流。

6月24日，黑龙江神学院举行了“神学思想建设暨基督教中国化”研讨会。黑龙江神学院常务副院长李美兰牧师主持此次研讨会。

6月26—27日，首届“汉传佛教青年学者论坛”在法鼓山世界佛教教育园区教育行政大楼举行。

6月27日，首届“中国的东正教研究及东正教群体”学术研讨会在中国社会科学院世界宗教研究所召开。研讨会由中国宗教学会、中国社会科学院基督教研究中心举办。

6月27日，中国道教协会第九次全国代表会议在北京隆重开幕。此次会议（含预备会议）共为期 4 天。来自全国 29 个省、自治区、直辖市的正式代表 355 人、特邀代表 66 人出席会议。

6 月，“道教—基督教对话”研讨会在中央民族大学召开。来自国内外的十余名道教、基督教及宗教对话学者参加了研讨会。

6 月，云南省社会科学院宗教研究所编写的论文集《云南宗教研究：“一带一路”与宗教文化交流》由云南人民出版社公开出版。

7 月

7 月 3 日，山东烟台市福山合卢寺举行“药师道场未来发展暨药师如来与佛教仪轨研讨会”。法师大德、专家学者共同为合卢寺药师道场发展献计献策。

7 月 4 日，由日本鹤见大学佛教文化研究所与中国台湾佛光大学佛教研究中心联合主办的“2015 年国际学术研讨会——东亚佛教的形成与发展”在日本横滨市鹤见大学会馆举行。

7 月 4 日，由北京桑杰佛教艺术博物馆和国际饭店联合主办的“草原丝路民族文物及佛教造像艺术精品展”在北京举行。来自北京艺术界、收藏界、书画界以及佛教艺术爱好者近百人出席了开幕式并参观了展览。

7 月 7 日，中国人民大学发布《中国宗教调查报告（2015）》。该调查受中国人民大学科学研究基金的持续支持，由中国人民大学哲学院与中国人民大学中国调查与数据中心联合设计、组织、实施，是我国首个严格按照社会调查的国际标准和概率抽样原则执行，从个人、组织、区域等多个层次全面反映我国宗教状况与发展趋势的连续性学术性社会调查项目。

7 月 7 日，著名哲学史家、佛教学家方立天教授（1933 年 3 月 3 日—2014 年 7 月 7 日）不幸逝世。为深入研究方立天教授的学术思想，继承和发扬方立天教授“锲而不舍，金石可镂”的学术精神，进一步推动中国宗教学的发展，由中国人民大学佛教与宗教学理论研究所、哲学院、宗教高等研究院、国际佛学研究中心联合举办的“方立天学术思想研讨会”在京举行。

7 月 7 日，由中国友谊促进会和中国藏学研究中心宗教研究所主办，西藏友谊促进会协办的中尼藏传佛教文化交流活动在北京市中国藏学研究中心举办。此次活动旨在促进中尼双方在藏传佛教文化方面的交流，弘扬并宣传我国藏传佛教文化研究的优秀成果。来自中国和尼泊尔共 27 名专家学者出席了研讨活动。

7 月 9 日，国家宗教事务局在京召开网络宗教事务管理工作座谈会。王作安局长出席并讲话，陈宗荣副局长主持会议并作总结讲话。部分中央部委有关负责同志，各省、自治区、直辖市和新疆生产建设兵团宗教工作部门负责同志，全国性宗教团体秘书长，中华基督教青年会、女青年会全国协会总干事及国家宗教事务局有关部门负责同志参加会议。

7 月 9—12 日，“首届北京宗教研究高端论坛”在京举办。此次论坛的协办单位是中央民族大学哲学与宗教学院、中国社会科学院巴哈伊研究中心。论坛主题为：“北京的多元宗教与和谐社会建设”。论坛针对北京宗教的历史与现状、北京宗教文化遗产的传承与保护、北京宗教与国际文化交流、宗教在北京和谐社会建设中的积极作用等议题展开探讨。

7 月 11 日，由江苏省民族宗教研究会主办，常州白龙观承办，常州道协、武进道协协办的“2015 横山道教论坛——道教伦理与中国核心价值观”研讨会在常州横山桥顺利召开。来自国内宗教学、社会科学、哲学等方面的知名专家学者，全国各地道教界代表近50人参加了会议。

7月11日，首届宗喀巴国际学术研讨会在青海民族大学召开。来自中国社会科学院、中国藏学研究中心、中央民族大学、西藏大学、西南民族大学、西北民族大学、青海师范大学、日本、韩国及宗教界等国内外相关机构的51位专家学者出席会议。此次会议由青海民族大学宗喀巴研究院主办。

7月13日，新疆社科院宗教研究所、历史研究所、哲学研究所的相关领域专家学者召开“宗教政策在新疆的实践”座谈会，根据2015年斋月期间落实民族宗教政策的真实情况，依据我国一贯实行的宗教政策以及大量调研的客观事实，批驳当前一些别有用心的人在国际上散布的谣言，澄清真相。

7月16—17日，国家宗教事务局在京召开“国法与教规关系”研讨会。王作安局长出席并讲话，陈宗荣副局长主持会议并作总结讲话。各全国性宗教团体负责人、宗教学和法学领域的有关专家学者、部分省（区、市）宗教工作部门有关同志及国家宗教事务局有关部门负责同志参加会议。

7月17—18日，第12届宗教社会科学年会在中国人民大学举行。来自中国内地、香港和台湾地区及英国、美国、日本等高校和研究机构的百余名学者出席了会议，交流论文90余篇。此次年会的总主题是“全球政治中的宗教”。

7月20日，在青海省委统战部、青海省民宗委的关心和支持下，由青海省佛教协会举办的“全省第二届佛教论坛”在西宁隆重举行。

7月21日，国家宗教局在北京召开了宗教宣传出版工作研讨会。国家宗教事务局局长王作安、国家新闻出版广电总局党组成员宋明昌出席会议并讲话。

7月23日，国家宗教事务局围绕修订《宗教事务条例》需要关注的重大问题举办第10期宗教工作论坛。王作安局长、陈宗荣副局长出席。国家宗教事务局一司赵志军、宋晓燕，二司崔晓忠，三司付军杰，四司王勇，研究中心董栋等6位年轻同志作了重点发言。他们紧密结合本部门实际，针对工作中存在的一些于法不适或于法无据的突出问题进行了深入的阐述，并紧紧围绕解决这些问题对修订《宗教事务条例》提出意见建议。之后进行交流互动，就有关问题进行了讨论。

7月23日，中国社科院世界宗教研究所在中国社科院北戴河培训中心召开“道家学术思想”研讨会。世界宗教研究所王卡研究员做了专题报告，就进行中的道家思想史的研究情况进行了介绍。

7月24日，由禅与人类文明研究中心主办、中国佛教学会协办的“第七届两岸四地暨国际佛教学术研讨会”、第十届青年佛教学者学术研讨会在香港中文大学康本国际学术园举行了隆重的开幕仪式。

7月25日，以“爱国爱教、守法持戒、团结诚信、服务社会”为主题的海东市第五届藏传佛教论坛在化隆县支扎上寺举行。来自全市重点寺院民管会主任、部分活佛和经师、市县（区）佛协理事和部分寺院管理干部、支扎上寺全体僧众近600人参加了论坛。

7月25日，2015年“宗教与法治”研讨会在北京举行。多位宗教事务从业者和法学学者齐聚由北大法学院全国人大与议会研究中心和北京普世社会科学研究所主办的2015年“宗教与法治”研讨会，会议共同探讨宗教活动的边界。

7月25—26日，由石家庄市伊斯兰教协会主办、石家庄清真寺承办的“纪念抗日战争胜利70周年暨石家庄市清真寺重建20周年”系列活动之“城市清真寺的社会功能”研讨会在河北省石家庄市召开。

7月，“重构中的儒学暨北京大学儒学研究院成立五周年学术研讨会”在北京大学英杰交流中心举行。乐黛云、杜维明、牟钟鉴、陈来、郭齐勇、杨国荣、张祥龙、李明辉、朱汉民、郑宗义、王博等来自中国内地、香港及台湾地区的40余位学者出席了会议。

8月

8月1日，五台山信仰国际学术研讨会在大圣竹林寺圆满落下帷幕。在为期6天的学术研讨会中，欧美亚三大洲30所大学的33位学者齐聚五台山，对五台山信仰进行了多学科、跨方域、多文化视野的学术论文交流，实现了学界与教界的友好互动，为实际学术研究提供了丰富的研究资料，极大地利于五台山信仰研究层次的提升。

8月3—7日，四川省基督教两会在成都召开深化神学思想建设暨基督教中国化研讨会。来自全省基督教教职人员、神学院牧长与教师共计190位同工参加了会议。

8月6—10日，由中国社会科学院世界宗教研究所宗教学理论研究室、中国社会科学院世界宗教研究所儒教研究中心与中国人民大学国学院联合举办的第四届宗教哲学论坛“古今之辨：哲学、宗教、政治——宗教哲学2015青岛论坛暨《宋儒微言》研讨会”顺利举行。

8月8日，第一届佛教义学研讨会在华东师范大学隆重开幕。此次会议由佛教义学研究会、华东师范大学哲学系、华东师范大学宗教文化研究中心、杭州佛学院、圣严教育基金会、华海财产保险股份有限公司联合举办。来自中国社科院、华东师范大学、清华大学、中国人民大学、中山大学、南京大学、四川大学、台湾大学、台湾南华大学、中国佛教协会、闽南佛学院、杭州佛学院等海峡两岸相关机构的40余位专家学者出席会议。

8月11—12日，山东省基督教两会在威海召开“基督教中国化”研讨会。

8月17日，“第二届中韩儒学交流大会”开幕式上，“中韩儒家文化研究中心”揭牌成立。该中心由山东社会科学院与韩国国立安东大学共同成立。

8月19日，宜春·佛光山禅文化专题片《跟着祖师参禅去》首映式暨赣台禅文化高峰论坛在宜春禅都文化博览园举行。两岸高僧、学者约30人，省市领导、嘉宾共300人参加。

8月20日，由少林寺和佛教在线主办的“首届海峡两岸青年佛教论坛”主论坛在河南省登封市隆重召开。此次佛教论坛以“佛教文化与民族复兴”为主题，共分为一场主论坛和三场分论坛。

8月25—26日，由江苏省基督教两会、江苏神学院主办的第二届“基督教中国化”神学研讨会于南京举行，主要围绕“国法与教规”“教会管理”“教会礼仪建设”“教会人才建设”“基督徒妇女”“教会公益事业”“中国传统文化”和“城镇化进程”八个方面与基督教中国化的关系进行探讨。

8月25—28日，国家宗教事务局在培训中心举办以“加强文化建设，树立良好形象”为主题的“佛教道教文化建设研讨班”。来自全国各地佛教道教团体负责人、文化建设典型寺观代表和宗教工作干部共140多人参加此次研讨班。

8月29日，由中国佛教文化研究所主办、清华大学道德与宗教研究院协办、北京佛教文化研究所承办的“2015佛教思想建设研讨会”在北京什刹海书院隆重召开。

8月30—31日，为培养高素质道教人才，提高道教院校规范化办学水平，全国道教院校规范化教学研讨会在四川省青城山道教学院举办。此次研讨会由国家宗教局和中国道教协会主办，四川省民宗委和四川省道教协会协办，青城山道教协会、青城山道教学院具体承办。主要内容是，交流各道教院校办学情况，研讨道教院校教学大纲、课程设置和道教院校教材编写规范。

8月31日至9月4日，中国天主教第七期教区管理研讨班在“一会一团”驻地举行。来自20多个教区的主教、教区负责人及“一会一团”的神父30人参加。

9月

9月6日，第八届海峡两岸道文化艺术交流论坛在中国台北举行。论坛由江西省台办、鹰潭市政府主办，龙虎山嗣汉天师府、台湾中华道教联合总会承办。江西省人大常委会副主任洪礼和出席论坛开幕式并致辞。

9月7—11日，第七届全国基督教两会养老服务研讨会在黑龙江省哈尔滨神学院教育基地橄榄山举办。此次研讨会的主题是“养老院舍的设计和环境布局”。

9月8日，由摩诃朱拉隆功佛教大学主办、泰国中国文化中心和重庆市华岩文教基金会协办的第三届中泰佛教论坛开幕式在曼谷中国文化中心隆重召开。

9月9—10日，“伊斯兰教与新疆社会发展”学术研讨会在京召开。此次学术研讨会由中国社会科学院世界宗教研究所、中国宗教学会主办，世界宗教研究所伊斯兰教研究室具体承办。与会专家、学者围绕会议主题，集思广益，充分研讨，为“一带一路”建设、新疆社会发展建言献策。

9月18日，福建省基督教两会在福建神学院学术演讲厅举行首届“福湾论坛”——“基督教中国化”研讨会，来自政界、学界、教界的学者及九届三次常委会议的与会牧者共300多人参加了此次专题研讨会。

9月18日，在2015中国（武汉）期刊交易博览会上，国家新闻出版广电总局公布了2015年中国“百强报刊”名单。中国社会科学院有10种期刊入选2015年中国“百强报刊”，由世界宗教研究所主办的《世界宗教研究》名列其中。

9月19日，由青年会全国协会、天津青年会与南开大学合作举办的“青年会义工运动与当代志愿服务发展论坛”在南开大学举行。

9月18—20日，由中国社会科学院世界宗教研究所、国家宗教事务局外事司、中国宗教学会主办的中国社会科学论坛（2015·宗教学）在北京召开。此次论坛以“一带一路”与宗教对外交流为主题，百余位专家学者、政界人士、宗教界人士出席论坛，围绕“一带一路”国家战略与宗教的关系开展了讨论。

9月19日，结合省级宗教团体负责人“红色之旅”活动，浙江省民宗委在杭州举办了“国法与教规”论坛。

9月19—20日，湖北省随州市隆重举行“大洪山禅宗文化研讨会”。来自中国大陆、澳门和日本、韩国、泰国等地的学者参加了会议，共同探讨禅宗及大洪山文化。

9月21—22日，由中国社会科学院、全国博士后管理委员会、中国博士后科学基金会主办，中国社会科学院博士后管理委员会、中国社会科学院世界宗教研究所承办的首届全国宗教学博士后论坛在北京中国社会科学院举行。此次论坛的主题为“宗教学与中华文化复兴”，来自中国社会科学院世界宗教研究所、民族学与人类学研究所、亚太与全球战略研究院，以及北京大学、复旦大学、南京大学、武汉大学、山东大学、四川大学、西北大学等博士后流动站的近30位博士后参会并做主旨发表，来自中国社会科学院、北京大学、清华大学、复旦大学、中国人民大学、中央民族大学等大学和研究机构的博士生导师进行了点评，共计近80人参加了此次论坛。

9月23日，第二届“道教·中国”文化论坛暨辽宁铁刹山“道教·中国”养生文化论坛在辽宁本溪满族自治县隆重举行。此次论坛的主题是“尊道贵德，健康养生”。论坛由辽宁省道教协会主办，本溪市道教协会、本溪市道教文化研究会、铁刹山风景区管理处承办。

9月23—24日，第二届“黄寺论坛”在北京西黄寺隆重举行。与会的藏传佛教高僧大德和专家学者围绕习近平总书记接受十一世班禅拜见时提出的“弘扬藏传佛教教义中的扬善抑恶、平等宽容、扶贫济苦等积极思想”的要求，热议如何开展藏传佛教教义教规与文化阐释。

9月23—24日，由山东省佛教协会及山东大学佛教研究中心联合举办的“天台宗与佛教教育学术研讨会”在山东青州广福寺隆重举行，来自全国各地及海内外专家学者、教内知名法师与会，围绕天台宗教育思想以及新时期如何发展佛教教育等话题，进行了深入的“跨界”研讨交流。

9月27日，以“儒家思想与当代价值建构”为主题的第七届世界儒学大会在孔子的诞生地山东曲阜召开。共有来自中国内地和台湾、香港地区以及美国、德国、俄罗斯、马其顿、埃及、澳大利亚、新加坡、韩国、日本、马来西亚、越南、蒙古等15个国家的150余位专家学者参加了大会。

9月28日，由山西大学商务学院与山西省当代儒学研究会、山西省民俗博物馆等单位联合主办的山西纪念孔子诞辰2566周年学术论坛暨山西省第十一届当代儒学学术研讨会在该院学术交流中心成功举办。

9月，深圳市民宗局举办“基督教与社会的关系”研讨会，邀请国家宗教局有关司室负责人、广东省基督教两会牧师、深圳市委党校学者就宗教政策法规、基督教三自爱国运动历史、国家安全战略等专题作辅导讲座，组织与会基督教人士就“基督教如何与社会相适应”“基督教中国化”等问题进行研讨。

10月

10月9日，重庆市华岩文教基金会与内蒙古师范大学签约、聘任、揭牌仪式在内蒙古师范大学国际交流学院会议室举行。

10月12日，余杭南山大普宁寺与民间佛教学术研讨会在浙江召开。中国社会科学院世界宗教研究所黄夏年，杭州市文史研究会常务副会长宋涛，瓶窑镇副镇长高箭飞，南山佛教研究者朱麒云，东南大学董群，浙江社科院陈永革，苏州大学韩焕忠，上海师范大学侯冲，南京大学杨维中，浙江大学冯国栋，南昌大学习细平，河北师范大学崔红芬等出席会议。

10月21—23日，在四川大学宗教学研究所成立35周年之际，由教育部重点研究基地四川大学道教与宗教文化研究所、国家“985工程”四川大学宗教、哲学与社会研究创新基地、青城山道教协会主办的“青城山道教学术研究前沿问题国际论坛”在成都市都江堰青城山豪生国际酒店隆重召开。

10月24—25日，由中国社会科学院世界宗教研究所、中国宗教学会主办的第四届东南亚宗教研究高端论坛在北京展览馆宾馆召开。此次论坛学者发言分为七场，分别为“主旨发言”“东南亚天主教研究”“南亚、东南亚佛教研究”“东南亚伊斯兰教研究”“跨境民族与宗教研究”“东南亚儒学研究”与“‘一带一路’与中国佛教研究”。内容以东南亚地区的天主教、佛教、伊斯兰教三教为主，兼有儒学、民族学、宗教外交等其他方面的研究。

10月24—25日，陕西师范大学宗教研究中心隆重举行“第二届中国华严国际学术研讨会”。

10月24—25日，河北省首届道教论坛暨第二届太平道学术研讨会在河北平乡举行。此次论坛主题为“大道以和，太平天下”，由河北省道教协会、中央民族大学主办，河北艺术家协会协办。

10月25日，第四届世界佛教论坛与会佛教代表在闭幕式上宣读《第四届世界佛教论坛宣言》，就佛教交流、公益慈善、宗教对话等内容提出9项倡议。

10月27日，纪念《天风》创刊70周年座谈会在上海召开。

10月27—29日，“伊斯兰教与中国社会”全国伊斯兰教学术研讨会在北京宁夏大厦召开。与会代表围绕“伊斯兰教与中国化”“伊斯兰教与本土化”“中国伊斯兰教与对外交流”“伊斯兰教与当代中国社会”“伊斯兰教与中国地方社会”“伊斯兰教与地方知识”“伊斯兰教与中国文化”以及“伊斯兰思想与文化”等主题展开发言和讨论，共计九个场次。

10月28日，“时代特色人间佛教在亚洲的演进历程和现实意义”2015崇圣（国际）论坛隆重举行。

10月31日，由中国人民大学佛教与宗教学理论研究所主办，中国浙江新昌大佛寺承办的“2015（新昌）大佛文化节第六届中日佛学会议”隆重开幕。

10月31日，由中国人民大学法学院、宗教高等研究院主办，中国人民大学法律与宗教研究中心、中国社会科学院法律宣教与公法研究中心、北京联合大学膜拜团体与宗教文化研究中心共同承办的“宗教法治的顶层设计与实践创新”学术研讨会在北京举行。研讨会设置了“完善宗教法治体系”“宗教财产的法律保护与宗教法人制度”“国法—教规的关系及宗教习俗综合研究”“宗教法律的历史—比较—规范分析与判例研究”“膜拜团体的法律规制”等分议题。

10月31日—11月1日，由中国社会科学院世界宗教研究所和“中国社会学会宗教社会学分论坛（筹）”联合举办的“宗教社会学2015北京论坛”在京召开。“宗教社会学2015北京论坛”的主题是“宗教的功能与公共性”，旨在对宗教社会学上的功能论进行追根溯源，厘清其内涵与流变，并考察宗教的公共性及宗教的社会治理。

11月

11月1日，“中华孔圣会”在深圳正式成立。“中华孔圣会”是由深圳孔圣堂发起的，以“尊孔崇儒、弘扬传统、重建信仰、复兴中华”为宗旨的公益性儒家民间组织。根据其章程，“中华孔圣会”的组织架构，包括儒家学者委员会、理事会、行政执行机构及各地分支机构。其中，由众多儒家学者组成的学者委员会是“孔圣会”最高决策机构，目前由大陆新儒家代表人物蒋庆担任学者委员会主席，首都师范大学儒教研究中心主任陈明教授担任副主席。

11月2日，中国伊斯兰教协会主办的“中国伊斯兰教界服务‘一带一路’建设工作研讨会”在北京开幕。

11 月 3 日，由乌鲁木齐市民宗委主办的“国法与教规关系”论坛在沙依巴克区西山团结寺召开。论坛邀请宗教学领域的专家学者和市伊斯兰教、佛教、道教、基督教、天主教宗教人士代表，围绕“国法与教规的关系”主题在论坛演讲发言。

11 月 7 日，在中国禅宗发祥地之一的河北省，第五届河北禅宗文化学术研讨会开幕。当天来自日本、新加坡、斯里兰卡等国家以及中国包括港澳台地区在内的各地专家学者、禅学爱好者等各界人士共 300 人参加会议。

11 月 7—8 日，基督教与现代中国道德建构学术研讨会在北京举行。会议围绕对基督教神学与道德的一般关系，基督教与中国近代道德的变迁，基督教对现代中国道德建构的影响，基督教道德与儒家、道家、自由主义及马克思主义的互动，基督教与当代中国道德实践等问题，进行了全面深入的探讨。

11 月 8 日，《道医集成》编纂工作会议在中国道教协会召开。

11 月 8 日，由河北大学伊斯兰国家社会发展研究中心主办，北京语言大学阿拉伯研究中心承办，17 家大学及社会研究机构协办的“一带一路与伊斯兰国家发展国际研讨会”在北京召开。来自传媒、文化、哲学、国际关系等不同领域的海内外专家学者近 80 人参会。与会专家就“一带一路”沿线国家的发展以及我国“一带一路”战略建设等话题开展了开放、多元的研讨。

11 月 9 日，中国南岳第三届千年佛教论坛暨慧思大师诞辰 1500 周年纪念活动在南岳衡山磨镜台恢宏启幕。

11 月 9 日，莆田南少林寺举办主题为“丝路愿行，和合利生”——“丝绸之路”佛教文化高峰论坛，来自海峡两岸高僧，北京大学、厦门大学等专家学者及信众 200 多人与会，共同探讨佛教文化在当今社会的价值和积极作用。

11 月 11 日，由西北大学佛教研究所举办的“佛道关系学术座谈会”在西北大学历史学院一楼会议室召开。此次座谈会共有“什么是生命”“世界与自然”“各家说‘道’”“终极归宿”四个主题，参加者讨论热烈，会场内掌声迭起，笑声不断，涌现了不少新思路、新观点、新认识和新体会。

11 月 13—15 日，由中国社会科学院世界宗教研究所儒教研究中心、国际儒联普及委员会、尼山圣源书院与武汉云深书院、中国宗教学会联合主办的“乡村儒学与乡土文明学术研讨会”在北京召开。

11 月 16 日，“岭南佛教文化交流”学术研讨会圆满闭幕。会议邀请 70 余名中外与岭南佛教深有研究的专家学者及佛教界人士出席。本次研讨会共分三个场次围绕“岭南佛教文化交流”这一主题，分别从“海路佛教传播的意义和作用”“海路弘法高僧大德生平事迹研究”“南海航道与岭南佛教发展之关系研究”三个方面进行深入讨论。

11 月 16 日，《中华大藏经（汉文部分）·续编》2015 年编纂工作会议在杭州百合花酒店召开。来自南京大学、西北大学、浙江大学、上海社科院、浙江省社科院、陕西师范大学、中华书局等单位的部分编委出席了会议。

11 月 16—18 日，G20 信仰间峰会在土耳其伊斯坦布尔举行。作为 G20 峰会的一部分，信仰间峰会肇始于去年的澳大利亚布里斯班，现已作为 G20 峰会的常规分会延续下来。

11 月 18 日，由中国佛教文化研究所主办，广东省佛教协会、汉传佛教讲经交流基地协办，广东韶关南华寺承办的，以“佛教经典的阐释与弘扬”为主题的2015中国佛教讲经交流研讨会在广东韶关南华寺多宝阁召开，与会教界法师和学界专家学者从不同角度，就如何继续办好讲经交流会、如何进一步发展新时代佛教经典阐释进行了充分交流和深入探讨。

11月20日，由中国社会科学院世界宗教研究所、中国宗教学会、北京基督教“两会”、中国社会科学院基督教研究中心主办的“基督教中国化之路”国际学术研讨会在京举行。

11月20日，“藏传佛典汉译之重要性与未来展望学术研讨会”在法鼓文理学院大讲堂举行，会中邀请佛教律学、般若、中观、唯识、阿毗达摩、因明等各相关领域的学者专家进行分享，借以汲取宝贵的经验与建言。

11月20日，由北京大学佛学教育研究中心主办、山东菏泽惠慈集团承办的“第二届佛教媒体编辑研讨会”在北京大学英杰交流中心正式开幕。来自全国各地的佛教媒体精英共同围绕“办刊与当代佛教发展”这一主题进行交流。

11月21日，来自中国大陆、台湾和香港地区以及美国、韩国、匈牙利、日本等国的50余名大德法师、专家学者齐聚江南文化名城常熟，出席“百年华严　百城烟水——首届华严论坛”。

11月21日，由中国社会科学院世界宗教研究所与四川大学老子研究院联合举办的中国首届南宗道教论坛在海南省定安县文笔峰隆重举行。来自北京、四川、台湾、福建、江西、浙江、上海等地高校、科研部门以及全国各地道教文化爱好者百余人会聚于南宗宗坛文笔书院，对南宗道教研究的许多热点问题展开了深入研讨。

11月24—26日，第十一届“基督宗教在当代中国的社会作用及其影响”高级论坛在复旦大学举行。与会专家学者和教会领袖围绕基督宗教中国化、“一带一路”与基督宗教、基督宗教在香港的作用及影响、基督宗教的治理、基督宗教与社会公益、基督宗教与学术研究、基督宗教与中国宗教外交等话题进行了神学、哲学、宗教学、法学、社会学、历史学等多学科视角的深入探讨。

11月26日，是中国禅宗三祖僧璨大师涅槃1410周年纪念日，安徽省天柱山三祖禅寺举行祈福法会隆重纪念，并主办召开第三届禅文化论坛。

11月28日，由中国社会科学院世界宗教研究所和中共龙岩市委统战部联合主办、新罗区政府承办的“法眼宗思想传承与当代文化建设”学术研讨会在福建龙岩隆重举行。

11月28日，由陕西省宗教事务局、西北大学、陕西省佛教协会、陕西省民族宗教文化交流协会主办，西北大学佛教研究所、西北大学玄奘研究院承办的“弘扬玄奘精神·推进文明互鉴”——玄奘与丝绸之路学术研讨会在西安召开。

11月29日，由北京佛教文化研究所、清华大学道德与宗教研究院主办，《佛学研究》编辑部协办的“2015民国北京佛教学术研讨会”在北京什刹海书院隆重开幕。

12月

12月3—4日，“联合之路——中国基督教两会与加拿大联合教会论坛”在金陵协和神学院举行。来自加拿大联合教会的20多名代表和中国教会部分同工以及金陵协和神学院研究生近100人参加了此次论坛。论坛回顾了双方教会的联合之路，分享了共同关注的事工和未来面临的挑战，对双方教会今后的交往与合作具有重大意义。

12 月 5 日，第五届中国道教科学技术史国际学术研讨会暨国家重大项目工作会议在四川大学望江校区明德楼 401 会议室举行。会议旨在在东西方文化差异的背景下探讨中国古代科学技术的思想文化基础，探索中国未来科学创造力发展的本土依据，同时围绕国家重点项目“中国道教科学技术史”第三卷的编撰进行深入研讨。研讨会以专题报告、评议讨论等形式展开。

12 月 5 日，由新昌县委宣传部、中国计量学院人文社科学院联合举办的“浙东唐诗之路与佛教文化”学术研讨会在新昌举行。

12 月 5—6 日，中国无神论学会 2015 年学术年会在北京科技大学召开。中国无神论学会理事长朱晓明，中国社科院荣誉学部委员杜继文、金宜久研究员，北科大党委副书记权良柱出席开幕式，马克思主义学院左鹏教授主持活动。

12 月 6 日，由重庆市华岩文教基金会与云南大学人文学院哲学系主办的“第四届西南佛教文化学术研讨会——碑刻 · 民族 · 哲学”在东陆校区科学馆举行。云南大学人文学院副教授、哲学系系主任、云南大学佛教与现代宗教理论研究所所长李兵教授主持并介绍各位专家学者。

12 月 9—12 日，中央社会主义学院在广东珠海市召开全国社院系统民族与宗教工作专题研讨会，就“基督教中国化”“宗教去极端化”“藏传佛教与社会主义社会相适应”“引导伊斯兰教与社会主义社会相适应”等进行了经验介绍，珠海、安庆、桐城等地民族宗教部门代表介绍了民族宗教工作经验。

12 月 10 日，清华大学举行道德与宗教研究院揭牌仪式暨“全球化视域下的道德与宗教”学术论坛，国家宗教事务局蒋坚永副局长应邀出席并致辞。

12 月 10 日，主题为“真心、正行、无我利他”的第二届四川省藏传佛教文化论坛在成都金牛宾馆隆重开幕。

12 月 10—12 日，首届宗教与民族高端论坛在云南瑞丽召开，由中国社会科学院世界宗教研究所与云南省社会科学院宗教研究所联合主办，论坛主题为“全球化时代宗教与民族的热点问题”。此次论坛共有七个议题，分别为“全球化时代宗教与民族的热点问题”主旨发言、民族宗教的理论与实践研究、全球化时代的宗教工作与宗教政策研究、民族地区的宗教热点问题研究、孟中印缅经济带之跨境民族宗教研究、民族地区的萨满教研究、民族地区的宗教与文化研究。针对以上议题，与会学者进行了深入研讨，对当前我国宗教与民族研究中的理论热点、难点问题进行了梳理。阐释了我国当前多民族、多宗教形态共存相生的现状，剖析了存在的问题，提出了相应的对策。

12 月 11—13 日，“昆仑高峰论坛”暨老子道学文化研究会 2015 年年会在北京召开。来自学术界、宗教界和企业界共 60 余位代表参加了会议。

12 月 12 日，来自德国、日本、新加坡、马来西亚、泰国等国家和中国内地、香港及台湾地区的 25 所大学及研究机构的 40 余位专家学者云集厦门，探讨潮汕、闽南族群宗教信仰等学术课题。

12 月 12 日，由中国政法大学人文学院、中国政法大学宗教与法律研究中心（CRLS）、重庆市华岩文教基金会、凤凰佛教联合主办的第三届“宗教 · 法律 · 社会”学术研讨会在重庆华岩寺隆重召开。此次研讨会一方面致力于促进宗教与法律的跨学科互动，加深对二者关系的学术探索；另一方面也寻求多元文化间的理性对话，以推动宗教、法律与社会多学科研究在社会发展和国家治理方面发挥积极作用。

12月13日，中国政法大学人文学院宗教学教研所与重庆长寿区菩提寺联合设立的宗教学教研基地授牌仪式和重庆市华岩文教基金会长寿菩提寺分会授牌仪式在长寿区菩提寺举行。

12月15日，按照《关于处理涉及佛教寺庙、道教宫观管理有关问题的意见》要求，国家宗教事务局公布了第四批经政府宗教事务部门登记的佛教道教活动场所的基本信息，第四批包含河北、内蒙古、湖南、四川、贵州、云南、西藏、陕西、青海、宁夏、新疆11个省（自治区）。

12月15—17日，佛教文化与“一带一路”战略学术论坛在浙江宁波召开。此次论坛由中国社会科学院佛教研究中心、宁波市民族宗教事务局主办，中国社会科学院佛教研究中心宁波调研基地、宁波市佛教协会、宁波雪窦山佛教协会、天童禅宗文化研究交流基地承办，浙江省佛教协会协办。此次论坛分两组进行研讨，第一组主题为“一带一路”战略与中国区域佛教；第二组主题为“一带一路”与中外佛教文化交流。

12月16日，由江西省民族宗教事务局举办的“新时期、新媒体与宗教”研讨会在江西省南昌市召开。省级宗教团体代表、设区市宗教团体代表、全省重点宗教活动场所负责人、五大宗教界信众代表及专家学者等约50人参加研讨。

12月17—18日，“首届周边宗教发展趋势及其社会作用”国际学术研讨会在深圳市大鹏新区召开。会议由中国社会科学院世界宗教研究所主办，香港亚太宗教文化交流中心、深圳大鹏观音山文化研究院协办，深圳市大鹏观音山旅游投资有限公司承办。

12月18日，国家宗教局邀请中国佛教协会、中国道教协会、部分地方宗教工作部门，以及专家学者代表，召开佛教道教活动场所基本信息公告工作座谈会。蒋坚永副局长出席座谈会并讲话。

12月18日，中韩两国80余名学者和200余位各界人士聚首孔子故里中国山东曲阜，探寻儒学在两国命运共同体中发挥的文化纽带作用。当天举行的2015中韩儒学对话会，设置了“中韩人文的回顾与前望”“生活中的儒学与儒学的生活化”“中韩文化创意振兴事业的现状与未来发展”“儒学生活化的多样形态”“中韩儒学的研究现状及其未来发展”五场对话。

12月18—19日，台湾高雄道德院与正修科技大学共同联合主办2015道教及宗教生命关怀国际学术研讨会（宗教的入世精神）。来自中国海峡两岸暨香港、澳门地区和日本、韩国的大学教授与道教专家齐聚，畅谈道教的入世精神，并对高雄道德院近40年来热心公益和广泛济贫，同声赞佩，誉为宗教界造福人群的典范。

12月19日，由中国社会科学院世界宗教研究所和中国社会科学院基督教研究中心联合主办的“2015年天主教研究论坛”在京召开。此次论坛致力于构建一个由政界、教界、学界、媒介共同参与的，有关天主教研究对象、方法、路径和问题、未来发展前沿和学科建设的学术交流平台。

12月26—27日，崆峒文化研讨会及实地考察活动于甘肃崆峒区举行。“文武”专家学者围绕打造崆峒山道源文化、佛教文化、崆峒武术文化、民俗文化、养生文化进行研讨和实地考察。

12月27日，中国东方文化研究会佛教文化遗产保护委员会成立大会在京举行。

2015年度中国社会科学院世界宗教研究所大事记

刘玉萍　编

一　科研成果获奖评奖概况

科研成果获奖1项，如下：

2月10日，中国社科院世界宗教研究所周燮藩研究员主持的伊斯兰教神秘主义研究课题成果《苏菲之道——伊斯兰神秘主义研究》荣获中国社会科学院第六届离退休人员优秀科研成果一等奖（该书于2012年6月由中国社会科学院出版社出版，作者有周燮藩、王俊荣、沙秋真、李维建、晏琼英）。

12月28日，由于中国社科院世界宗教研究所“宗教名词委员会”工作成绩突出，获得全国科学技术名词审定委员会颁发的“优秀分委会”奖状。

本年度中国社科院世界宗教研究所共举办国际学术会议4场，国内学术会议10场。

二　学术会议

（一）国际学术会议

1. 5月30—31日，中国社会科学院世界宗教研究所主办的“马克思主义宗教观研讨会（2015）”于北京召开。卓新平所长、郑筱筠副所长出席会议，此外还有来自国家宗教事务局、中央社会主义学院、中央文献研究室、陕西省社科院、江西省社科院、天津市社会主义学院、四川省人民政府参事室、中国人民大学、中央民族大学、陕西师范大学、新疆师范大学、辽宁大学、四川大学、湘潭大学、渤海大学、燕山大学、内蒙古工业大学、牡丹江师范学院、山东枣庄学院、常德市委党校等单位的中国学者，和来自美国、德国、澳大利亚、韩国及法国等国家的外国学者，共约50人出席会议。此次研讨会以“事实与价值：新常态视野中的马克思主义宗教观”为主题，与会者围绕宗教研究中的事实判断和价值判断、资本运动视域中的宗教图景、全球信教人口统计分析、宗教事务法治化管理、宗教公益慈善、新疆伊斯兰教地域化现状及对策、基督教中国化等问题各抒己见，并在互动环节展开热烈讨论。

2. 6月5—6日，“首届蒙山文化艺术与净土思想研讨会”在山西太原举行。研讨会由中国社会科学院世界宗教研究所、中国宗教学会、三晋文化研究会、山西省社会科学院主办，中国社会科学院书画协会、日本同朋大学协办，太原蒙山大佛风景管理中心、三晋都市报、晋祠宾馆、三晋国际饭店承办。曹中建书记、何劲松研究员、王志远研究员，以及中国社会科学院副秘书长晋保平、三晋文化研究会名誉会长李玉明、山西省政协原副主席边鸣涛、山西省社科院副院长贾桂梓、三晋文化研究会副会长范世康、山西省新闻出版局原局长李锐锋、原山西省社科院院长李留澜、太原市晋源区统战部部长李志民、晋源区宗教局局长杨秀生、日本同朋大学原校长中村薰，以及来自中国社会科学院世界宗教研究所、哲学研究所、考古研究所、外国文学研究所、亚太与全球战略研究院、山西省社科院、日本同朋大学的专家学者参加了会议。

3. 10月24—25日，由中国社会科学院世界宗教研究所、中国宗教学会主办的第四届东南亚宗教研究高端论坛在北京召开。来自中国社会科学院、北京大学、斯里兰卡凯拉尼亚大学、马来西亚南方大学、马来西亚拉曼大学、香港教育学院、中国政法大学、北京外国语大学、厦门大学、中山大学、暨南大学、华侨大学、云南大学、云南师范大学、云南民族大学、云南社会科学院、宁夏大学、深圳大学等高校和研究机构的学者及来自中国佛学院、云南省佛教协会等机构的宗教界人士参会并进行会议发言，共计近80人参加了此次论坛。论坛开幕式由中国社会科学院世界宗教研究所副所长郑筱筠主持，中国社会科学院世界宗教研究所党委书记曹中建与国务院发展研究中心民族研究所副所长王虹分别致辞。此次论坛学者发言分为七场，分别为“主旨发言”“东南亚天主教研究”“南亚、东南亚佛教研究”“东南亚伊斯兰教研究”“跨境民族与宗教研究”“东南亚儒学研究”与“‘一带一路’与中国佛教研究”。内容以东南亚地区的天主教、佛教、伊斯兰教三教为主，兼有儒学、民族学、宗教外交等其他方面的研究。与会学者围绕东南亚宗教的现状与处境进行讨论，在回溯历史、阐述现实的同时进行反思。24日上午，中国社会科学院世界宗教研究所副所长郑筱筠就东南亚宗教的转型与创新这一主题进行主旨发言，深入阐释东南亚宗教在数千年的发展历程中经历的复杂演变和多次转型。与会学者、嘉宾们一致认为此次论坛有重要的学术价值，在认清东南亚宗教在现代社会的转型与变迁的同时，对我国处理本国宗教问题也能提供一定的借鉴。中国社科院世界宗教研究所金泽研究员、卢国龙研究员、王卡研究员、王美秀研究员、基督教室主任唐晓峰研究员、道教与民间宗教研究室主任汪桂平研究员、马景副研究员以及杨莉、司聃、王鹤琴等博士后参加了会议并发言。

4. 12月17—18日，“首届周边宗教发展趋势及其社会作用”国际学术研讨会在深圳市大鹏新区召开。会议由中国社会科学院世界宗教研究所主办，香港亚太宗教文化交流中心、深圳大鹏观音山文化研究院协办，深圳市大鹏观音山旅游投资有限公司承办。

会议开幕式于12月17日上午9：00—10：00举行。开幕式由中国社会科学院世界宗教研究所金泽研究员主持，中央统战部二局原局长赵学义，国家宗教事务局宗教研究中心主任张训谋，中国科学院院士、第12届全国政协委员、香港浸会大学原校长陈新滋院士，香港宗教文化交流中心张斌主任，深圳市大鹏王母股份合作公司黄志葵董事长分别致辞。

会议得到了来自中央统战部二局、国家宗教事务局等行政机关领导的大力支持。出席会议的嘉宾还有中国社会科学院世界宗教研究所副所长郑筱筠研究员，香港饶宗颐学会主席、太平绅士、香港大学荣誉大学院士孙少文先生，香港饶宗颐基金会副主席、香港亚太宗教文化交流中心副理事长、广东省政协委员郑泽权先生，印度尼西亚邦加勿里洞省槟港市圣托萨基金会副主席、关帝庙及圣母庙管理委员会主席郭文平先生，印度尼西亚邦加勿里洞省槟港市圣托萨基金会秘书长张碧强先生，国务院发展研究院民族发展研究所原所长赵曙青先生，上海宗教文化研究中心副主任张海峰先生等。

出席会议的60多位专家学者来自中国社会科学院世界宗教研究所、中国人民大学、中央民族大学、中山大学、兰州大学、中央财经大学、陕西师范大学、新疆师范大学、华侨大学、上海宗教文化研究中心、香港饶宗颐文化馆、阿曼苏丹国高等教育部、香港大学佛学研究中心等单位。此外，还有来自斯里兰卡、蒙古、泰国、缅甸、印度尼西亚和中国台湾等国家和地区的专家学者。

（二）国内学术会议

1. 1月20日，在中国社会科学院世界宗教研究所小会议室召开“宗教学名词审定会议”。卓新平所长、郑筱筠副所长，各研究室负责人及代表金泽、邱永辉、汪桂平、纪华传、李林、李志鸿、赵法生、杨健、王希、梁恒豪，离退休学者段琦、周燮藩、韩秉芳、邹昌林、黄陵渝，以及国家名词委专家邱碧华等二十余位专家学者参加会议。会上对国家名词委委托课题“宗教学名词审定”项目进行了汇报总结，预计今年第二季度将结项并出版一本《宗教学名词审定》工具书。

2. 5月27—28日，由中国社会科学院世界宗教研究所主办，国务院发展研究中心民族发展研究所、河北省信德文化研究所协办的“当代中国天主教发展研讨会”在京举行。此次研讨会是基督教研究室首席研究员王美秀主持的国家社科基金重点课题“梵蒂冈和世界天主教最新发展及对我国的影响研究”的阶段性研讨会。出席此次会议的有郑筱筠副所长、任延黎研究员、袁朝晖编辑、张宏斌博士，以及国务院发展研究中心民族发展研究所名誉所长、首席研究员赵曙青、所长常波、所长助理朱丽，上海社会科学院宗教研究所所长晏可佳研究员，安阳师范学院河南省宗教问题研究基地主任刘志庆教授，青岛科技大学李晓晨教授，武汉轻工大学白虹副教授。此外还有来自北京、运城、呼和浩特、上海、河北、福建等地的多名天主教界人士，与会者共计30人，发表论文24篇。这是改革开放以来国内举办的第一次以当代中国天主教发展为题的学术研讨会，也是国内天主教会教职人员第一次与国内宗教研究机构、高校学者就当代中国天主教会的现状与发展进行面对面的交流与分享。

3. 6月6—7日，由中国社会科学院世界宗教研究所主办的“宗教心理学理论、方法、应用探新”研讨会在北京召开。卓新平研究员、金泽研究员、赵广明研究员、世界宗教研究所部分同事以及来自中国社会科学出版社、北京大学、中国人民大学、北京师范大学、中央民族大学、中国政法大学、浙江大学、四川大学、南京师范大学、陕西师范大学、浙江师范大学、济南大学、曲阜师范大学、天津外国语大学等科研机构和高校从事宗教心理学研究的专家学者共30余人出席了会议。

4. 7月9—12日，由中国社会科学院世界宗教研究所、中国宗教学会、北京东岳庙联合主办的“首届北京宗教研究高端论坛”在京举行。此次论坛的主题是“北京的多元宗教与和谐社会建设”。卓新平所长、曹中建书记、郑筱筠副所长等出席会议，另有来自中央统战部、国家宗教事务局、北京市委统战部、北京市民委宗教局、全国及北京市五大宗教组织、中国社会科学院、中央民族大学、北京市社会科学院、北京大学、中国人民大学、北京师范大学、华中师范大学、北京联合大学、中国劳动关系学院、兰州交通大学、西南民族大学、巴哈伊社团等相关单位的领导、宗教界人士和资深学者共50余人参加会议。

5. 8月6—10日，卓新平所长和曹中建书记共同赴山东青岛参加由中国社会科学院世界宗教研究所宗教学理论研究室、中国社会科学院世界宗教研究所儒教研究中心与中国人民大学国学院联合举办的第四届宗教哲学论坛“古今之辨：哲学、宗教、政治——宗教哲学 2015 青岛论坛”及《宋儒微言》研讨会。

6. 9 月 9—10 日，“伊斯兰教与新疆社会发展”学术研讨会在京召开。此次学术研讨会由中国社会科学院世界宗教研究所、中国宗教学会主办，世界宗教研究所伊斯兰教研究室具体承办。曹中建书记主持会议开幕式，卓新平所长、郑筱筠副所长参加了会议，卓新平所长致闭幕词。

7. 9 月 18 日由中国社会科学院世界宗教研究所、国家宗教事务局、中国宗教学会主办的中国社会科学论坛（2015 · 宗教学）在北京召开。郑筱筠副所长主持开幕式。中国社会科学院副院长、党组副书记赵胜轩，国家宗教事务局副局长陈宗荣，中国社会科学院世界宗教研究所党委书记曹中建分别致辞。中国社会科学院国际合作局局长王镭、中国社会科学院中国边疆研究所所长邢广程、国家宗教事务局外事司司长肖虹、国家宗教事务局外事司副司长薛树琪以及各宗教界领袖等出席了论坛开幕式，郑筱筠副所长做了主旨发言。

8. 11 月 13—15 日，由中国社会科学院世界宗教研究所儒教研究中心、国际儒联普及委员会、尼山圣源书院与武汉云深书院、中国宗教学会联合主办的“乡村儒学与乡土文明学术研讨会”在北京召开。开幕式由郑筱筠副所长主持，曹中建书记出席了此次研讨会。

9. 12 月 15—17 日，佛教文化与“一带一路”战略学术论坛在浙江宁波召开。此次论坛由中国社会科学院佛教研究中心、宁波市民族宗教事务局主办，中国社会科学院佛教研究中心宁波调研基地、宁波市佛教协会、宁波雪窦山佛教协会、天童禅宗文化研究交流基地承办，浙江省佛教协会协办。来自全国 20 多所高校、科研院所及佛教界的 160 多位著名专家学者、高僧大德出席了论坛，提交论文 30 余篇。卓新平所长参加开幕式并致辞。学部委员魏道儒参加了此次论坛并做主旨发言。论坛主题发言由中国社会科学院世界宗教研究所佛教研究室主任纪华传研究员主持，黄夏年、周广荣、尕藏加等参加了分组论坛。论坛闭幕式由中国社会科学院世界宗教研究所佛教研究室尕藏加研究员主持。

10. 12 月 19 日，由中国社会科学院世界宗教研究所和中国社会科学院基督教研究中心联合主办的“2015 年天主教研究论坛”在京召开，来自中央统战部、国家宗教事务局、河北省民族宗教事务厅、清华大学、北京外国语大学、复旦大学、同济大学、上海社会科学院宗教研究所、湖北大学、安阳师范学院、青岛科技大学、暨南大学、武汉轻工业大学、广东财经大学、中国天主教“一会一团”、中国天主教北京教区等单位的专家、学者共 40 余人参与了此次研讨。中国社会科学院世界宗教研究所卓新平所长、中央统战部二局王志刚副局长、国家宗教事务局《中国宗教》杂志社刘金光社长、国家宗教事务局二司天主教处王涛处长出席了开幕式。卓新平所长和刘金光社长分别致辞。

三 其他学术活动

1. 5 月 31 日—6 月 30 日，“相法心源——夏吾角藏传佛教艺术精品展”在北京艺术博物馆（万寿寺）开展。此次展览由中国社会科学院世界宗教研究所、中国宗教学会、文化部恭王府管理中心、青海省文化厅、北京艺术博物馆、青海省黄南藏族自治州宣传部联合主办，由中国宗教艺术网、青海省同仁县人民政府、中慈（北京）国际文化交流中心、北京衍圣宗艺文化发展中心承办，由中国社会科学院世界宗教研究所、中国宗教学会提供学术支持。卓新平所长、曹中建书记，以及中国艺术研究院宗教艺术研究中心主任田青，国家宗教事务局《中国宗教》杂志社社长韩松，北京市文物局局长舒晓峰，青海省文化厅副厅长孔蓉，黄南州委常委、统战部长公保扎西，黄南州宣传部部长马明生，黄南州热贡生态保护实验区管委会主任马建宏，中国红楼梦学会会长张庆善，中国工艺美术大师、著名热贡艺术家西合道，中国工艺美术大师娘本，中华慈善总会秘书长、中慈国际交流中心主任麻桂林，北京艺术博物馆馆长张树伟，黄南州文化体育局局长拉龙当周，中国社会科学院世界宗教研究所研究员张总，中国佛教协会《法音》杂志社编辑部主任桑吉，凤凰卫视中文台台长王纪言等出席了开展仪式。

2. 9月21—22日，由中国社会科学院、全国博士后管理委员会、中国博士后科学基金会主办，中国社会科学院博士后管理委员会、中国社会科学院世界宗教研究所承办的首届全国宗教学博士后论坛在北京中国社会科学院举行。

此次论坛的主题为"宗教学与中华文化复兴"，来自中国社会科学院世界宗教研究所、民族学与人类学研究所、亚太与全球战略研究院，以及北京大学、复旦大学、南京大学、武汉大学、山东大学、四川大学、西北大学等博士后流动站的近30位博士后参会并做主旨发言，来自中国社会科学院、北京大学、清华大学、复旦大学、中国人民大学、中央民族大学等大学和研究机构的博士生导师进行了点评，共计近80人参加了此次论坛。

开幕式上，中国社会科学院人事教育局局长、院博士后管理委员会委员张冠梓，中国社会科学院世界宗教研究所副所长郑筱筠致辞。卓新平所长参加圆桌会议并在闭幕式上致辞。中国社科院世界宗教研究所多位专家学者参加了此次论坛。

（一）马克思主义宗教观研究

新书目

中国社科院世界宗教研究所曾传辉研究员主编的论文集《马克思主义宗教观研究（2013）》于2015年1月由社会科学文献出版社出版，全书28万字。

（二）佛教研究

1. 新书目：

尕藏加研究员的专著《文化时空与信仰人生》于2014年12月由西藏人民出版社出版，全书25.5万字。

我所王鹰博士的专著《试析艾香德的耶佛对话观——基督教与佛教的相遇与互动》于2015年5月由宗教文化出版社出版，全书30万字。

2. 创新交流

1月，尕藏加研究员被青海省宗喀巴研究院聘为特约研究员。

1月，尕藏加研究员的著作《清代藏传佛教研究》被评为"2014年度中国社会科学出版社好书"。

4月17日，"2015年度多闻多思系列学术讲座——哲思问道（第一讲）"在北京横山书院开讲。学部委员魏道儒受邀作题为"佛教心学及其现代价值"的主题讲座。

6月21—22日，由中国社会科学院社科成果开发中心与浙江省义乌市政协联合主办的"义乌双林佛教文化历史与当代价值研讨会"在义乌幸福湖国际会议中心举行。卓新平所长、曹中建书记、魏道儒研究员、佛教研究室纪华传主任、杨健副主任参加了会议。

7月10—12日，尕藏加研究员应青海民族大学邀请，赴青海西宁参加“首届宗喀巴国际学术研讨会”，发表了以“宗喀巴生平事迹略考”为题的学术论文。

11月29日，学部委员魏道儒应邀在西北大学历史学院作《研究佛教应该注意的几个问题》的学术讲座。

（三）宗教学理论研究

1. 新书目

金泽、赵广明研究员主编的论文集《宗教与哲学》（第四辑）于2015年2月由社会科学文献出版社出版，全书39.2万字。

2015年8月，金泽、李华伟主编的《宗教社会学》第三辑，由社会科学文献出版社出版。

2. 创新交流

2月6日，金泽研究员在所小会议室主持召开国家社科基金重大委托项目“周边国家宗教发展态势及其对我国社会稳定和安全的影响”启动会，曹中建书记、郑筱筠副所长、中国社会科学院科研局项目处金朝霞处长、全球与亚太战略研究院党委书记王灵桂、史谢虹、郭继东研究员、中国社会科学院边疆研究所许建英、孙宏年研究员、中国社会科学院民族所色音研究员、中央民族大学民族学与社会学学院丁宏教授，以及中国社科院世界宗教研究所课题组部分成员参加会议。

5月11—14日，金泽研究员、王卡研究员参加中宣部国家社科规划办举办的社科基金项目评审会议，中国社科院世界宗教研究所网络信息室主任霍群英作为宗教学科评审组秘书也参加了会议。

（四）道教与民间宗教研究

1. 新书目

戈国龙研究员的新著《宗教智慧II——让沉睡的醒来》于2015年1月由华夏出版社出版，全书22.7万字。

王卡主编、汪桂平副主编的工具书《中华大典·宗教典·道教分典》于2015年3月由河北人民出版社出版，全书351.6万字。

汪桂平、王皓月、刘志点校，王卡审订的资料集《齐云山志》于2015年4月由社会科学文献出版社出版，全书29.3万字。

由中国社会科学院荣誉学部委员马西沙先生主编的《中华珍本宝卷·第三辑》（21—30册）共8000余页，于2015年8月由社会科学文献出版社出版发行。第三辑延续了第一辑、第二辑的高水准。整个第三辑收录了明代清初珍本宝卷44部，大型折本30余部、明代孤本宝卷半数以上。

2. 创新交流

1月9日，中国社会科学院2015年度老年科研基金资助科研项目，吴受琚研究员的《陇山龙门洞及其景福山地区道教碑铭的收集、整理与研究》立项。

3月21日，荣誉学部委员马西沙应邀在北京师范大学哲学院做了两场学术报告，题目分别为“正统宗教与民间宗教之关系”和“变文变相与宝卷之关系”。马西沙研究员的学术报告得到了与会师生和学者的一致好评，报告现场气氛热烈。

4 月 24 日，中国社科院世界宗教研究所道教与中国民间宗教研究室、道家与道教文化研究中心在所小会议室举办了第七期“道教学术研究沙龙”活动。该活动属于世界宗教研究所创新工程项目“新时期的道教与中国民间宗教研究”子课题之一，也是道家与道教文化研究中心的年度活动之一。

此次沙龙的主题是“道教与密教的关系”。沙龙由中国社会科学院历史研究所雷闻研究员主持，世界宗教研究所副所长郑筱筠研究员出席活动。此外，著名道教研究学者朱越利研究员、北京师范大学强昱教授、章伟文教授、中国人民大学吴真教授、清华大学陶金教授、中央美院赵伟教授、中国社科院语言所刘祥柏研究员、外文所东方研究室郑国栋副研究员，以及中国社科院世界宗教研究所邱永辉研究员、王卡研究员、曾传辉研究员、戈国龙研究员、汪桂平副研究员、李志鸿副研究员、周广荣副研究员、林巧薇博士、夏德美博士、王皓月博士等众多学者参加了讨论。

5 月 11—14 日，金泽研究员、王卡研究员参加中宣部国家社科规划办举办的社科基金项目评审会议，我所网络信息室主任霍群英作为宗教学科评审组秘书也参加了会议。

7 月 31 日，“道教学术研究沙龙”在所大会议室举行第 8 期学术活动，此次沙龙的主题是“道教灵宝研究”，郑筱筠副所长以及部分科研人员参加了此次活动。

8 月 22—23 日，戈国龙研究员出席北京大学宗教文化研究院主办的“2015 东亚人文论坛：东方文化与医道国际学术研讨会”，并发表论文《修道智慧与生命科学》。

9 月 1 日，戈国龙研究员出席北京大学道家研究中心举办的“道教心性学及其与佛学的交涉学术研讨会”，并发表论文《略论佛道之相通》。

12 月 3 日，荣誉学部委员马西沙研究员第二次向世界宗教研究所捐赠《中华珍本宝卷·第三辑》一套。《中华珍本宝卷》是继《敦煌文书》《中华大藏经》《中华道藏》之后，最重要的宗教典籍整理项目。《中华珍本宝卷·第三辑》从第 21 册至第 30 册，共计 8000 页，收录了 44 部宝卷。

（五）基督教研究

1. 新书目

由卓新平、蔡癸主编的论文集《基督教与和谐社会建设》于 2015 年 3 月由中国社会科学出版社出版，全书 36.7 万字。

卓新平研究员的专著《中国人的宗教信仰》于 2015 年 5 月由中国社会科学出版社出版，全书 22.5 万字。

卓新平研究员的自选集《信仰探索》于 2015 年 5 月由首都师范大学出版社出版，全书 39 万字。

卓新平主编的《基督宗教研究（第十七辑）》于 2014 年 12 月由宗教文化出版社出版，全书 40 万字。

卓新平、郑筱筠主编的《宗教慈善与社会发展》于 2015 年 7 月由中国社会科学出版社出版，全书共 39.3 万字。

2015 年 9 月，张志刚、唐晓峰主编的《基督教中国化研究》（第二辑）由宗教文化出版社出版。

2015 年 7 月，张雅平翻译著作《存在与价值》由华东师范大学出版社出版。

2015 年 6 月，唐晓峰、王帅编著的《民国时期非基督教运动重要文献汇编》由社会科学文献出版社出版。

2. 创新交流

2 月 9 日，卓新平所长在所小会议室接受由中央国家机关团工委联合中国科学院、中国工程院、中国社会科学院等有关部门开展的“与院士面对面”活动的专访。

4 月 17 日，卓新平所长在所小会议室召开“阅读中国”主题读书活动工作会议。卓新平所长希望全所人员，特别是青年学者、青年干部，要多读书、爱读书，不断提高自己的专业素质和人文修养。

5 月 4—12 日，卓新平所长参加全国人大组织的专家学者国情调研活动。

5 月 19 日，卓新平所长在所小会议室会见北京市基督教两会主席蔡葵，商讨共同举办学术会议的相关事宜。

5 月 19—22 日，卓新平所长、伊斯兰教研究室室主任李林、马景副研究员在新疆兵团党委党校进行新疆宗教现状调研，并看望我所援疆干部刘志。

5 月 29 日，卓新平所长在北京大学参加英国坎特伯雷大主教的演讲会，并做主题回应发言。

5 月 31 日—6 月 3 日，卓新平所长参加在广西师范大学举行的宗教文化座谈会。

6 月 21—22 日，由中国社会科学院社科成果开发中心与浙江省义乌市政协联合主办的“义乌双林佛教文化历史与当代价值研讨会”在义乌幸福湖国际会议中心举行。卓新平所长、曹中建书记、魏道儒研究员、佛教研究室纪华传主任、杨健副主任参加了会议。

6 月 27—28 日，“首届中国东正教研究及东正教群体”学术研讨会在所大会议室举行。研讨会由中国宗教学会、中国社会科学院基督教研究中心举办。出席会议的有卓新平所长，曹中建书记，郑筱筠副所长，国家宗教事务局四司司长戴晨京女士，北京大学哲学系徐凤林教授，北京师范大学哲学系张百春教授，现代国际关系研究院蒋莉研究员，北京外国语大学戴桂菊教授，以及来自新疆、黑龙江、贵州、哈尔滨、沈阳等地从事中国东正教研究的 40 余名学者及新疆乌鲁木齐东正教堂管委会、新疆伊宁东正教堂管委会、黑龙江哈尔滨东正教堂管委会、内蒙古拉布达林东正教管委会的负责人也参加了会议。学者们围绕“中国东正教史研究”“东正教与国际关系、社会生活”“东正教与哲学、文学”“东正教研究现状”“中国的东正教现状”等专题进行了热烈的讨论。

7 月 3 日，卓新平所长赴浙江宁波参加人大民宗委宗教工作座谈会。

7 月 16 日，卓新平所长参加中央编译局的马克思主义理论研究和建设工程讨论会。

7 月 16—17 日，卓新平所长、郑筱筠副所长参加由国家宗教事务局主办的“国法与教规关系研讨会”。

7 月 21 日，卓新平所长参加由国家宗教事务局主办的宗教文化出版社、《中国宗教》杂志社成立 20 周年庆祝大会。

9 月 16—20 日，卓新平所长赴意大利威尼斯大学参加国际儒学联合会举办的学术研讨会。

9 月 25—26 日，卓新平所长、郑筱筠副所长参加由上海宗教文化研究中心主办的“若干民族文化和宗教问题座谈会”。

10 月 13 日，卓新平所长参加由北京市委统战部、北京市民族宗教局组织的宗教领袖培训班。

10月16—17日，卓新平所长参加在安阳师范学院召开的、由中国社会科学院世界宗教研究所基督教研究室与安阳师范学院联合举办的“中国基督教的历史联合学术研讨会”。

10月19日，卓新平所长参加由共青团员中央组织的“全国宗教委员会学术研讨会”。

10月21日，卓新平所长参加在四川大学举行的“四川大学宗教学研究所建所35周年暨道教前沿问题国际研讨会”。

10月23日，卓新平所长参加在上海交大举行的“全球宗教与当代中国研讨会”。

10月24—25日，卓新平所长参加中国社科院在昆明召开的“中华思想通史高峰论坛”，魏道儒研究员参加了此次论坛。

10月27—29日，卓新平所长、曹中建书记、郑筱筠副所长参加在京召开的“伊斯兰教与中国社会”全国伊斯兰教学术研讨会。全国人大常委会原副委员长许嘉璐出席开幕式并做主题发言。

11月14—15日，卓新平所长出席在上海召开的由中国社会科学院世界宗教研究所巴哈伊研究中心、上海社会科学院宗教研究所和全球文明研究中心联合主办的“巴哈伊教关于世界和平与社会发展的原则、话语和实践国际学术研讨会”。

11月23日，卓新平所长赴福建参加近代史所与福建师大在厦门举办的“当代中国基督教与社会治理”研讨会。

11月26—27日，卓新平所长赴上海参加复旦大学举办的“基督教在当代中国的社会作用及其影响”研讨会。

12月9—11日，卓新平所长赴泉州参加全国台联召开的“一带一路战略与两岸文化发展会议”。

12月10—14日，卓新平所长、郑筱筠副所长赴中国社科院世界宗教研究所云南德宏国情调研基地，参加世界宗教研究所与云南省社会科学院联合主办的“全球化时代的宗教与民族热点高端论坛”。

12月14日，卓新平所长赴云南昆明，应邀在云南社科院“智库论坛”做讲座。

12月30日，卓新平所长赴杭州参加浙江计量大学宗教学科评估会议。

（六）伊斯兰教研究

1. 创新交流

5月19—22日，卓新平所长、伊斯兰教研究室室主任李林、马景副研究员在新疆兵团党委党校进行新疆宗教现状调研，并看望我所援疆干部刘志。

7月22日，李维建副研究员受山东省公安厅反恐总队之邀，在济南为全省各地市反恐支队队长作报告，就伊斯兰教、宗教极端主义、新疆问题等话题进行诠释，释疑解惑，反响良好。

（七）儒教研究

新书目

由卢国龙研究员主编的论文集《儒道研究》（第二辑）于2014年12月由社会科学文献出版社出版，全书26.9万字。

10月，王健著《观念与历史的际会：朱熹中庸思想研究》由华东师范大学出版社出版。

（八）宗教文化艺术研究

新书目

陈粟裕博士的专著《从于阗到敦煌——以唐宋时期图像的东传为中心》于2014年12月由方志出版社出版，全书33.7万字。

（九）《世界宗教研究》编辑部

创新交流

6月30日，世界宗教研究编辑部邀请美国亚利桑那大学陈怀宇副教授做题为“中古佛教纪念碑性及其悖论：以唐代石灯为中心”讲座。郑筱筠副所长主持讲座，编辑部主任李建欣编审、于光副编审、于静、袁朝晖以及周齐研究员、周广荣研究员、张总研究员、周伟弛研究员等其他人员参加了讲座。

9月18日，在2015中国（武汉）期刊交易博览会上，国家新闻出版广电总局公布了2015年中国“百强报刊”名单。中国社会科学院有10种期刊入选2015年中国“百强报刊”，由世界宗教研究所主办的《世界宗教研究》名列其中。

11月17日，曹中建书记、卓新平所长出席在宗教所会议室召开的英文季刊《中国宗教研究》创刊号发布会，李培林副院长出席了此次会议并致辞。

（十）《世界宗教文化》编辑部

1. 新书目

7月，卓新平、郑筱筠主编的《宗教慈善与社会发展》由中国社会科学出版社出版，全书共39.3万字。

8月，郑筱筠著《跨界与融合：佛教与民族文化的云南叙事》由中国社会科学出版社出版，全书35.8万字。

10月，郑筱筠研究员主编《东南亚宗教研究报告——全球化时代的东南亚宗教》由中国社会科学出版社出版，共计45万字。

2. 创新交流

1月22日，郑筱筠副所长参加由院信息办组织召开的“数码博物馆建设会议”。

1月23日，郑筱筠副所长、原副所长金泽研究员、原伊斯兰教研究室主任周燮藩研究员参加由国家宗教事务局主办的“宗教工作专家库专家”座谈会。

2月5日，郑筱筠副所长参加由国家宗教事务局主办的2015年中华宗教文化交流协会理事会。

3月18日，郑筱筠副所长及所内相关同志参加院所志研讨会。

3月23日，郑筱筠副所长应国家宗教事务局邀请，参加第四届“世界佛教论坛”筹备会会议。

4月17日，郑筱筠副所长在世界宗教研究所小会议室召开“守纪律、讲规矩、促成长”主题活动工作会议，鼓励青年同志要严格遵守党纪，以更好地发挥创新工程生力军的作用。

4月12日，郑筱筠副所长参加在北京大学召开的“本焕与当代佛教研讨会”，荣誉学部委员杨曾文也参加了会议。

4 月 15 日，郑筱筠副所长参加“《任继愈文集》出版座谈会”，荣誉学部委员杜继文研究员和金宜久研究员等参加了会议。

6 月 6 日，郑筱筠副所长在延安干部学院学员讲坛作题为《关于我国“一带一路”战略实施中的宗教因素的几点思考》的报告。

6 月 12 日，郑筱筠副所长参加由中国社科院社会政策中心、社会科学文献出版社共同主办的“2015《慈善蓝皮书》发布会暨 2015 中国慈善事业发展研讨会”，并作《2014 中国宗教慈善报告》主旨发言。

7 月 3 日，郑筱筠副所长参加我院召开的“优秀信息对策表彰大会”。

7 月 13 日，郑筱筠副所长参加由国际合作局主办的“中韩人文学论坛”第一次筹备会议。

7 月 14 日，郑筱筠副所长应邀参加国家宗教事务局主办的“宗教活动场所财产归属问题研讨会”。

7 月 14 日，郑筱筠副所长主持召开世界宗教研究所学术委员会会议，讨论学科建设评估情况及重点学科研究室的建设，学部委员魏道儒参加会议。

7 月 24—25 日，郑筱筠副所长赴柳州参加宗教与“一带一路”工作调研。

7 月 26—27 日，郑筱筠副所长参加中泰战略研讨会，并做主旨发言。

7 月 27 日，郑筱筠副所长在华侨大学做“东南亚宗教与一带一路战略研究”讲座。

7 月 29 日，应山西省委统战部邀请，郑筱筠副所长做《关于“一带一路”战略实施进程中的宗教因素的几点思考》报告，来自山西各部门的领导干部 300 多人参加了报告会。

8 月 29 日上午，作为理事单位，郑筱筠副所长代表中国出席了国际宗教史学会理事会会议及换届选举会议。

9 月 8 日，郑筱筠副所长主持召开了“首届中国宗教学博士后论坛”会议日程研究会议，卓新平所长出席并作重要指示。

9 月 23 日，郑筱筠副所长参加由中国藏语系高级佛学院主办的第二届黄寺讲坛。

10 月 23—25 日，曹中建书记、郑筱筠副所长出席“第四届东南亚宗教研究高端论坛”。

10 月 31 日—11 月 1 日，郑筱筠副所长参加在京召开的“宗教社会学 2015”学术论坛。

11 月 1 日，郑筱筠副所长参加由中国社会科学院世界宗教研究所和“中国社会学会宗教社会学分论坛（筹）”联合举办的“宗教社会学 2015 北京论坛”。开幕式由中国社会科学院世界宗教研究所宗教学理论研究室主任赵广明研究员主持，由中国宗教学会副会长、中国社会科学院世界宗教研究所金泽研究员致开幕辞。

11 月 11 日，郑筱筠副所长出席由人民日报社《民生周刊》、中央电视台、新华社等单位联合主办的“第九届国际公益慈善论坛”，并在大会作题为《中国宗教慈善发展特点与趋势》的主旨发言。

11 月 16—19 日，郑筱筠副所长、李林副研究员参加在土耳其召开的 G20 跨信仰峰会，并在大会做主旨发言。

12 月 28 日，郑筱筠副所长参加全国科学技术名词审定委员会第七届全国委员会全体会议。

（十一）当代宗教研究

新书目

邱永辉研究员主编及其约请的15位专家共同撰写的《宗教蓝皮书·中国宗教报告（2014）》，于2015年5月由社会科学文献出版社出版，全书35.7万字。

11月，邱永辉、陈进国主编《澳门宗教报告》由社会科学文献出版社出版。该书是中国社会科学院世界宗教研究所当代宗教研究室的创新工程项目——“当代宗教发展态势”的一项子课题成果。

2015年9月，王潇楠著《宗教学研究论著与文本解读》由中国社会科学出版社出版。

（十二）中国宗教学会

创新交流

6月12—15日，“宗教与中国当代文化建设”高层论坛暨2015年中国宗教学会年会在大理大学举行。论坛由中国宗教学会、中国社会科学院世界宗教研究所、大理大学、云南民族大学联合主办。曹中建书记主持了开幕仪式，卓新平所长、郑筱筠副所长、金泽研究员以及大理大学校长张桥贵教授、北京大学宗教文化研究院院长张志刚教授、山东大学犹太教与跨宗教研究中心主任傅有德教授、大理白族自治州洪云龙副州长等出席开幕式。

此次学术会议围绕宗教与中国当代文化建设的主题展开，来自中国社会科学院、北京大学、复旦大学、山东大学、上海师范大学的近百名学者参加了会议。学者们围绕当代宗教状况与文化战略、当代宗教现状与文化发展、当代宗教文化与思考、宗教理论与文化发展、区域性宗教与当代文化建设、云南宗教状况与研究、佛教发展与当代中国文化、儒道理论与当代文化、西南民族宗教与文化、基督教与当代文化、伊斯兰教与中国当代文化、云南民间信仰与文化建设等议题，举行了12场学术讨论。会议讨论精彩纷呈，气氛热烈，充分展现了近年来宗教学研究的面貌与水平。

6月27—28日，“首届中国东正教研究及东正教群体”学术研讨会在中国社科院世界宗教研究所大会议室举行，研讨会由中国宗教学会、中国社会科学院基督教研究中心举办。出席会议的有卓新平所长、曹中建书记、郑筱筠副所长，国家宗教事务局四司司长戴晨京女士、北京大学哲学系徐凤林教授、北京师范大学哲学系张百春教授、现代国际关系研究院蒋莉研究员、北京外国语大学戴桂菊教授以及来自新疆、黑龙江、贵州、哈尔滨、沈阳等地从事中国东正教研究的四十余名学者及新疆乌鲁木齐东正教堂管委会、新疆伊宁东正教堂管委会、黑龙江哈尔滨东正教堂管委会、内蒙古拉布达林东正教管委会的负责人也参加了会议。学者们围绕“中国东正教史研究”“东正教与国际关系、社会生活”“东正教与哲学、文学”、“东正教研究现状”“中国的东正教现状”等专题进行了热烈的讨论。

（十三）科研管理

1. 新书目

由曹中建主编的《中国宗教研究年鉴（2013）》于2015年4月由中国社会科学出版社出版。

2015年9月，李文彬译著《孔学古微》由华东师范大学出版社出版。

2. 创新交流

1月5日，卓新平所长、郑筱筠副所长与国际合作局有关部门座谈，商讨2月学术会议的相关事项。

1月12日，内蒙古师范大学校长云图宏、副校长照日格图，校长办公室主任霍日查，社会学民俗学学院副院长巴·孟和、校长办公室白明等一行5人访问中国社会科学院世界宗教研究所。所长卓新平、学部委员佛教研究中心主任魏道儒、佛教研究室主任纪华传、科研处白文飞、姜宗强等接待了云国宏校长一行。在友好的气氛中举行了座谈会，云国宏校长就内蒙古师范大学关于佛学文化研究院的机构设置和人员聘任情况征求了世界宗教研究所方面的意见，双方围绕着蒙古文《大藏经》的研究，蒙古族佛教文献的搜集、整理与研究工作，以及联合举办国际学术会议等事宜进行了深入而友好的交流。

1月30日，国际合作局亚非处处长刘影翔、副处长李斌来所，与卓新平所长、郑筱筠副所长座谈，商讨有关二月土耳其学术活动的相关事宜。

2月13日，卓新平所长、曹中建书记、郑筱筠副所长应邀与社科文献出版社就未来的合作事宜进行座谈。

5月6日，党委书记曹中建在所小会议室与威海市宗教局就“全真道的发源地及现状发展”进行座谈。

5月7日，曹中建书记、郑筱筠副所长参加由我所青年工作小组为庆祝“五·四”青年节举办的“世界宗教研究所青年学者专题理论研讨会暨青年趣味运动会”。

7月1日，党委书记曹中建、科研处白文飞等在所会议室会见包头市石拐区区长黄敏一行，商讨与石拐区人民政府联合主办“2015中国·五当召旅游文化高峰论坛”的相关事宜。

9月21日，四川绵阳宗教局局长久华等一行人来世界宗教研究所学习、交流，郑筱筠副所长、金泽研究员等与之会谈。

9月21—22日，曹中建书记前往广州考察佛教研究合作项目。

10月13—15日，曹中建书记赴四川省泸州市与泸州市委市政府商谈宗教学术合作事宜。

10月18日，曹中建书记参加中国社会科学院历史研究所“中华历史文化大观园”项目方案评审会

10月23—25日，曹中建书记、郑筱筠副所长出席“第四届东南亚宗教研究高端论坛”。

11月19—22日，曹中建书记、卓新平所长出席在京召开的“基督教中国化之路”国际学术研讨会。

11月26日，曹中建书记、郑筱筠副所长参加我院2015年度创新工程考核会议暨甘肃挂职锻炼干部汇报会。

11月28日，由中国社会科学院世界宗教研究所和中共龙岩市委统战部联合主办、新罗区政府承办的“法眼宗思想传承与当代文化建设”学术研讨会在福建龙岩隆重举行。曹中建书记参加此次学术研讨会。

四 院及所内学术讲座

1月5日，由中国社会科学院世界宗教研究所、院工会、院书画家协会主办的“宗教艺术与当代文化精神——以禅意书画为中心”学术论坛在所小会议室举行。所长卓新平、副所长郑筱筠、学部委员魏道儒，以及何劲松研究员，嘉木扬·凯朝研究员，纪华传研究员，李林、唐晓峰、李志鸿、聂清等各研究室负责人，同来自中央美术学院、首都师范大学、中央文史观书画院、雍和宫研究室、东方禅意书画院、广东观音山国家森林公园的专家学者和媒体界的朋友们莅临会议。论坛由何劲松研究员主持，各位专家纷纷发言，论坛氛围热烈而真诚。

1月18—19日，由中国社会科学院世界宗教研究所主办的“宗教蓝皮书2014定稿会和2015组稿会”在北京中协宾馆召开。卓新平所长，郑筱筠副所长，专家学者金泽、邱永辉、周齐、段琦、陈进国、汪桂平、唐晓峰、刘国鹏、马景、李华伟、苏杭、王皓月、杨莉等参加了会议。还有来自国务院发展研究中心民族发展研究所、北京大学、中国人民大学、中央民族大学、上海宗教研究中心、国家宗教事务局、社会科学文献出版社等多家单位的专家学者与会。与会代表一致认为，会议的召开极为及时，对宗教蓝皮书2014年的定稿和2015年的写作起到了澄清认识、达成共识的作用，意义重大。

1月21日，由《世界宗教研究》编辑部主办的“进一步办好《世界宗教研究》座谈会”在世界宗教研究所小会议室举行。世界宗教研究所卓新平所长、曹中建书记、郑筱筠副所长，中国社会科学评价中心荆林波副主任、项目部副主任王力力、苏金燕，项目部的耿海英博士，《世界宗教研究》编委会委员、研究室正（副）主任何劲松、唐晓峰、赵法生、李林、李志鸿，科研处副处长白文飞、姜宗强，网络中心主任霍群英，财务处处长张丽蓉，办公室副主任李锋，《世界宗教研究》编辑部主任李建欣，编辑部全体成员以及相关专家学者参加了座谈会。会议由曹中建书记主持，与会人员结合新颁布的中国社会科学评价体系从多个角度对进一步办好《世界宗教研究》提出了建议。

3月3日，为庆祝“三八妇女节”，世界宗教研究所妇工委主办了“世界宗教研究春季讲座”，并邀请国务院参事室张立平副司长做题为“美国文化对政治的影响”的讲座。卓新平所长、曹中建书记、郑筱筠副所长出席讲座。部分科研人员金泽、魏道儒、曾传辉、汪桂平、嘉木扬·凯朝、王美秀、周伟驰、叶涛、周齐、尕藏加、谭德贵、韩秉方、张雅平、陈进国、李林、唐晓峰、刘国鹏、赵法生、杨健、王鹰、林巧薇、孙艳燕、王潇楠，以及行政部门的张丽蓉、陈平等同志参加了讲座。世界宗教研究所及兄弟单位的数十位博士后和研究生也参加了这次活动。世界宗教研究所妇工委的张丽蓉、苏冠安、王潇楠、王鹰、王梓、陈粟裕等同志为此次讲座的成功举办做了大量细致周密的准备工作。

3月24日，在世界宗教研究所小会议室，郑筱筠副所长出席并主持了“要报经验交流会”。交流会请到信息情报研究院文史哲编研室梁俊兰主任为主讲，部分科研人员出席会议。

4月11—13日，《中华封建社会宗教思想通史》第三次工作会议在北京香山饭店举行。所长卓新平、副所长郑筱筠、学部委员魏道儒，以及纪华传、杨健、尕藏加、周广荣、夏德美、王鹰、李志鸿、李维建、郑开、张广保、张径真、王蒙等参加会议。

4月17日，卓新平所长在世界宗教研究所小会议室召开“阅读中国”主题读书活动工作会议。卓新平所长希望全所人员，特别是青年学者、青年干部，要多读书、爱读书，不断提高自己的专业素质和人文修养。

6月18日，由中国宗教学会、中国社会科学院世界宗教研究所主办、世界宗教研究所妇工委协办的题为“宗教与生态的新兴联盟”的学术讲座在世界宗教研究所会议室举办。主讲人安乐哲（Mary Evelyn Tucker）是耶鲁大学的高级讲师和研究员，演讲题目为“宗教与生态的新兴联盟”。讲座由郑筱筠副所长主持，卓新平所长参加了讲座并作重要讲话。此外还有三十余名研究人员以及博士生、硕士生听取了讲座。

6月20—21日，“首届中国宗教人类学工作坊：世俗时代的修行”在海南定安文笔峰举行。此次活动由中国社会科学院世界宗教研究所主办，南京大学社会学院人类学研究所、华东师范大学人类学研究所协办，海南省道教协会、海南文笔峰盘古文化旅游区承办，来自中国海峡两岸与美国、芬兰的多名宗教人类学专家学者与会。

6月23日，中国社科院老干部局举行报告会，邀请世界历史研究所研究员陈之骅作《苏联的最后一年》导读报告会。世界宗教研究所曹家祥、李华民、吴军、李毓凤同志参加报告会。

6月25日，根据离退休干部工作局的要求，世界宗教研究所老干部办公室和离退休党支部结合建党94周年组织世界宗教研究所离退休老干部召开了《苏联的最后一年》读书座谈会。会议由韩秉芳主持，郑筱筠副所长出席座谈会，冯今源同志为此次座谈会做了精心准备并发言，金宜久、于本源、韩秉芳、李文厚、张雅平等同志先后在会上发言，对苏联的解体发表了看法。

7月20日，《世界宗教研究》年度系列讲座在世界宗教研究所大会议室举行，主讲人是美国亚利桑那州立大学副教授陈怀宇博士，演讲题目为《中古佛教纪念碑性及其悖论：以唐代石灯为中心》，讲座由郑筱筠副所长主持。

7月31日，“道教学术研究沙龙”在世界宗教研究所大会议室举行第8期学术活动。此次沙龙的主题是“道教灵宝研究”，郑筱筠副所长以及部分科研人员参加了此次活动。

五　外事活动及与港澳台的交流

（一）世界宗教研究所人员出访

1月10—15日，曹中建书记、郑筱筠副所长一行赴澳大利亚进行学术交流。

1月22—28日，卓新平所长等一行6人出访以色列进行学术交流。

2月2—6日，卓新平所长及伊斯兰教研究室李林、李维建、王希、马景、晏琼英一行6人赴土耳其参加“第二届中国与伊斯兰文明研讨会”。

4月10日—5月30日，叶涛研究员赴香港中文大学进行短期访学，并于访学期间进行学术讲演。

5—7月，刘国鹏副研究员赴意大利罗马第三大学作学术访问与交流。

8月23—30日，郑筱筠副所长率团赴德国艾尔福特参加国际宗教史学会，中国社会科学院学部委员，世界宗教研究所研究员魏道儒、世界宗教研究所研究员唐晓峰、助理研究员林巧薇等人组成的中国代表团出席此次大会。

（二）外国研究机构人员来访

12 月 7 日，加拿大联合教会负责人坎特维尔（Jordan Cantwell）女士、总干事桑德斯（Nora Sanders）女士、代表团顾问 Ray Whitehead 先生一行 20 余人来到世界宗教研究所访问，卓新平所长及基督教研究室、佛教研究室、宗教学理论研究室、《世界宗教研究》编辑部等多位成员参与了座谈。双方就宗教间对话、宗教研究的国际交往、历史上的基督教传播等问题展开深入讨论。

（三）外方及港澳台学者讲座

6 月 5 日，卓新平所长参加在世界宗教研究所小会议室举行的学术讲座，主讲人为美国布兰代斯大学的阿布施教授，讲演主题为“古代美索不达米亚的巫术”。

6 月 30 日，世界宗教研究编辑部邀请美国亚利桑那大学陈怀宇副教授做题为《中古佛教纪念碑性及其悖论：以唐代石灯为中心》讲座。郑筱筠副所长主持讲座，编辑部主任李建欣编审、于光副编审、于静、袁朝晖以及周齐研究员、周广荣研究员、张总研究员、周伟弛研究员等其他人员参加了讲座。

7 月 14 日，郑筱筠副所长主持在世界宗教研究所大会议室举行的学术报告会，主讲人为英国埃塞特大学的社会学教授格雷斯・戴维，演讲题目为《对宗教的理性思考：欧洲范式及其全球适用性》。

（四）与港澳台的交流

3 月 24 日，卓新平所长、曹中建书记、郑筱筠副所长等在世界宗教研究所小会议室会见中国台湾“中华华夏文化交流协会”沈智慧副会长等一行 5 人。

（五）国外访问学者

1 月 9 日，美国杨伯翰大学法学院院长杜克文教授一行来访，卓新平所长、郑筱筠副所长出席活动，双方回顾了以往的文化交流经验，并就未来更好地合作交换了意见。

6 月 16 日，曹中建书记在世界宗教研究所小会议室会见蒙古国立科学院国际关系研究所所长旭日呼博士一行。

第十二篇

附　录

主题索引

D

F

G

H

J

K

L

M

N

O

P

Q

R

S

T

W

X

Y

人名索引

A

B

C

D

E

F

G

H

J

K

M

N

O

P

Q

R

S

T

W

X

Y

Z